CB128036

Curso de Direito Previdenciário

João Ernesto Aragonés Vianna

Curso de Direito Previdenciário

6ª Edição

SÃO PAULO
EDITORA ATLAS S.A. – 2013

© 2009 by Editora Atlas S.A.

As duas primeiras edições são da LTr; 3. ed. 2010;
4. ed. 2011; 5. ed. 2012; 6. ed. 2013

Capa: Leonardo Hermano
Projeto gráfico e composição: Set-up Time Artes Gráficas

Dados Internacionais de Catalogação na Publicação (CIP)
(Câmara Brasileira do Livro, SP, Brasil)

Vianna, João Ernesto Aragonés
Curso de direito previdenciário / João Ernesto Aragonés Vianna.
-- 6. ed. -- São Paulo: Atlas, 2013.

Bibliografia.
ISBN 978-85-224-7742-5
eISBN 978-85-224-7748-7

1. Direito previdenciário – Brasil 2. Previdência social – Brasil I. Título.

09-11130
CDD-34:368.4(81)

Índice para catálogo sistemático:

1. Brasil : Direito previdenciário 34:368.4(81)

TODOS OS DIREITOS RESERVADOS – É proibida a reprodução total ou parcial, de qualquer forma ou por qualquer meio. A violação dos direitos de autor (Lei nº 9.610/98) é crime estabelecido pelo artigo 184 do Código Penal.

Depósito legal na Biblioteca Nacional conforme Lei nº 10.994, de 14 de dezembro de 2004.

Impresso no Brasil/*Printed in Brazil*

Editora Atlas S.A.
Rua Conselheiro Nébias, 1384
Campos Elísios
01203 904 São Paulo SP
011 3357 9144
atlas.com.br

Sumário

Nota à Sexta Edição

Chegamos à sexta edição de nosso *Curso de Direito Previdenciário*. Desde a primeira edição, temos intensificado nossa relação com a atividade docente e com as políticas públicas voltadas para a previdência social. Na área acadêmica, ministramos aulas em diversas instituições de ensino, dentre elas a Rede de Ensino LFG, o Complexo Educacional Damásio de Jesus, a Escola Superior da Magistratura Federal no Rio Grande do Sul (ESMAFE), a PUC/RS, o Grupo Educacional Fortium, em Brasília, a Escola Paulista de Direito (EPD), a JusPodivm, em Salvador.

A constante alteração da legislação previdenciária no plano constitucional, legal ou regulamentar tem contribuído para dificultar o estudo de nossa disciplina, o que já nos levou a afirmar que essa missão equivale a sobreviver num campo de batalha.

Mas não podemos recuar.

O desenvolvimento de nosso país depende, necessariamente, do fortalecimento do sistema de seguridade social que, sem dúvida, constitui-se no principal instrumento para a efetivação dos objetivos fundamentais de nossa República, consoante o artigo 3º da Constituição Federal.

Os dados da cobertura social – a maior da América Latina! – apresentados nesta edição demonstram a responsabilidade de todos os envolvidos com a seguridade social, em especial com o direito previdenciário, seja na Advocacia – Pública ou Privada –, no Ministério Público, na Magistratura, na articulação das políticas previdenciárias ou na vida acadêmica.

Neste curso, temos preocupação, sobretudo didática, com a finalidade de facilitar o trato da matéria; por essa razão, procuramos seguir à risca a apresentação da mesma nas duas leis de regência – Leis nºs 8.212 e 8.213/91. Acreditamos que essa técnica irá contribuir para o estudo previdenciário.

Embora nosso raciocínio siga o caminho marcado por essas duas leis, preferimos não estudar artigo por artigo, mas desenvolver o tema com maior liberdade de sistematização, o que nos levou a estruturar o trabalho em três partes.

A primeira, denominada INTRODUÇÃO À SEGURIDADE SOCIAL, cuida do seu desenvolvimento ao longo dos séculos, pois é impossível realizar qualquer trabalho científico sem a consideração do processo histórico – ainda mais de um direito tipicamente social –, e aborda conceitos fundamentais para a compreensão de nossa disciplina.

A segunda, intitulada FINANCIAMENTO DA SEGURIDADE SOCIAL, é dividida em dois capítulos: o Capítulo 2 trata das contribuições de seguridade social com ênfase numa abordagem constitucional; o Capítulo 3 é dedicado ao estudo da lei orgânica da seguridade social – Lei nº 8.212/91.

A terceira desdobra o plano de benefícios da PREVIDÊNCIA SOCIAL, previsto na Lei nº 8.213/91. Nesta oportunidade, abordaremos toda a sistemática das prestações previdenciárias, integradas por benefícios e serviços, estudaremos os conceitos de segurados, dependentes, entre muitos outros.

Em face dos inúmeros diplomas normativos relacionados com o nosso estudo, não poupamos referências legislativas ao longo do curso, com o objetivo de facilitar a compreensão da matéria abordada e permitir, a qualquer tempo, imediata consulta à legislação de regência. A tudo isso, acrescentamos a mais atualizada jurisprudência previdenciária dominante e distintas posições doutrinárias.

Desejamos a todos bons estudos.

O Autor

Nota à Quinta Edição

Chegamos à quinta edição de nosso *Curso de Direito Previdenciário*. Desde a primeira edição, temos intensificado nossa relação com a atividade docente e com as políticas públicas voltadas para a previdência social. Na área acadêmica, ministramos aulas em diversas instituições de ensino, dentre elas a Escola Superior da Magistratura Federal no Rio Grande do Sul, a PUC/RS, o Grupo Educacional Fortium, em Brasília, a Escola Paulista de Direito (EPD) e a JusPodivm, em Salvador.

A constante alteração da legislação previdenciária no plano constitucional, legal ou regulamentar tem contribuído para dificultar o estudo de nossa disciplina, o que já nos levou a afirmar que essa missão equivale a sobreviver num campo de batalha.

Mas não podemos recuar.

O desenvolvimento de nosso país depende, necessariamente, do fortalecimento do sistema de seguridade social que, sem dúvida, constitui-se no principal instrumento para a efetivação dos objetivos fundamentais de nossa República, consoante o artigo 3º da Constituição Federal.

Os dados da cobertura social – a maior da América Latina! – apresentados nesta edição demonstram a responsabilidade de todos os envolvidos com a seguridade social, em especial com o direito previdenciário, seja na Advocacia – Pública ou Privada –, no Ministério Público, na Magistratura, na articulação das políticas previdenciárias ou na vida acadêmica.

Neste curso, temos preocupação, sobretudo didática, com a finalidade de facilitar o trato da matéria; por essa razão, procuramos seguir à risca a apresentação da mesma nas duas leis de regência – Leis nºs 8.212 e 8.213/91. Acreditamos que essa técnica irá contribuir para o estudo previdenciário.

Embora nosso raciocínio siga o caminho marcado por essas duas leis, preferimos não estudar artigo por artigo, mas desenvolver o tema com maior liberdade de sistematização, o que nos levou a estruturar o trabalho em três partes.

A primeira, denominada INTRODUÇÃO À SEGURIDADE SOCIAL, cuida do seu desenvolvimento ao longo dos séculos, pois é impossível realizar qualquer trabalho científico sem a consideração do processo histórico – ainda mais de um direito tipicamente social –, e aborda conceitos fundamentais para a compreensão de nossa disciplina.

A segunda, intitulada FINANCIAMENTO DA SEGURIDADE SOCIAL, é dividida em dois capítulos: o Capítulo 2 trata das contribuições de seguridade social com ênfase numa abordagem constitucional; o Capítulo 3 é dedicado ao estudo da lei orgânica da seguridade social – Lei nº 8.212/91.

A terceira desdobra o plano de benefícios da PREVIDÊNCIA SOCIAL, previsto na Lei nº 8.213/91. Nesta oportunidade, abordaremos toda a sistemática das prestações previdenciárias, integradas por benefícios e serviços, estudaremos os conceitos de segurados, dependentes, entre muitos outros.

Em face dos inúmeros diplomas normativos relacionados com o nosso estudo, não poupamos referências legislativas ao longo do curso, com o objetivo de facilitar a compreensão da matéria abordada e permitir, a qualquer tempo, imediata consulta à legislação de regência. A tudo isso, acrescentamos a mais atualizada jurisprudência previdenciária dominante e distintas posições doutrinárias.

Desejamos a todos bons estudos.

O Autor

Nota à Quarta Edição

É com grande satisfação que apresentamos a quarta edição de nosso *Curso de Direito Previdenciário*. Desde a primeira edição, temos intensificado nossa relação com a atividade docente, ministrando aulas em diversas instituições de ensino, dentre elas a Escola Superior da Magistratura Federal no Rio Grande do Sul, o Grupo Educacional Fortium, em Brasília, a Escola Paulista de Direito (EPD) e a JusPodivm, em Salvador.

A constante alteração da legislação previdenciária no plano constitucional, legal ou regulamentar tem contribuído para dificultar o estudo de nossa disciplina, o que já nos levou a afirmar que essa missão equivale a sobreviver num campo de batalha.

Mas não podemos recuar.

O desenvolvimento de nosso país depende, necessariamente, do fortalecimento do sistema de seguridade social que, sem dúvida, constitui-se no principal instrumento para a efetivação dos objetivos fundamentais de nossa República, consoante o artigo 3º da Constituição Federal.

Os dados da cobertura social – a maior da América Latina! – apresentados nesta edição demonstram a responsabilidade de todos os envolvidos com a seguridade social, em especial com o direito previdenciário, seja na Advocacia – Pública ou Privada –, no Ministério Público, na Magistratura, na articulação das políticas previdenciárias ou na vida acadêmica.

Neste curso, temos preocupação, sobretudo didática, com a finalidade de facilitar o trato da matéria; por essa razão, procuramos seguir à risca a apresentação da mesma nas duas leis de regência – Leis nºs 8.212 e 8.213/91. Acreditamos que essa técnica irá contribuir para o estudo previdenciário.

Embora nosso raciocínio siga o caminho marcado por essas duas leis, preferimos não estudar artigo por artigo, mas desenvolver o tema com maior liberdade de sistematização, o que nos levou a estruturar o trabalho em três partes.

A primeira, denominada INTRODUÇÃO À SEGURIDADE SOCIAL, cuida do seu desenvolvimento ao longo dos séculos, pois é impossível realizar qualquer trabalho científico sem a consideração do processo histórico – ainda mais de um direito tipicamente social –, e aborda conceitos fundamentais para a compreensão de nossa disciplina.

A segunda, intitulada FINANCIAMENTO DA SEGURIDADE SOCIAL, é dividida em dois capítulos: o Capítulo 2 trata das contribuições de seguridade social com ênfase numa abordagem constitucional; o Capítulo 3 é dedicado ao estudo da lei orgânica da seguridade social – Lei nº 8.212/91.

A terceira desdobra o plano de benefícios da PREVIDÊNCIA SOCIAL, previsto na Lei nº 8.213/91. Nesta oportunidade, abordaremos toda a sistemática das prestações previdenciárias, integradas por benefícios e serviços, estudaremos os conceitos de segurados, dependentes, entre muitos outros.

Em face dos inúmeros diplomas normativos relacionados com o nosso estudo, não poupamos referências legislativas ao longo do curso, com o objetivo de facilitar a compreensão da matéria abordada e permitir, a qualquer tempo, imediata consulta à legislação de regência. A tudo isso, acrescentamos a mais atualizada jurisprudência previdenciária dominante e distintas posições doutrinárias.

Desejamos a todos bons estudos.

O Autor

PREFÁCIO À TERCEIRA EDIÇÃO

Foi com grande satisfação que recebi o convite do autor para escrever o prefácio de seu *Curso de Direito Previdenciário* – 3ª edição.

Conheci João Ernesto Aragonés Vianna em 2003, oportunidade em que dirigia a Procuradoria-Geral do INSS. Posteriormente, esteve à frente da Consultoria Jurídica do Ministério da Previdência Social e, em 2007, assumiu a Procuradoria-Geral Federal, chegando, em 2009, a conduzir a Advocacia-Geral da União na qualidade de Ministro interino.

O autor sempre demonstrou profunda preocupação com a Previdência Social de nosso país – na verdade, convencido de que ela é instrumento fundamental para superar as desigualdades sociais e construir uma sociedade mais justa e solidária.

Não obstante suas elevadas responsabilidades institucionais – seja no âmbito da Advocacia-Geral da União ou do Ministério da Previdência Social –, o autor encontrou tempo para exercer, com êxito, sua vida acadêmica. Concluiu o mestrado em Direito Previdenciário na PUC/SP e cursa doutorado na mesma instituição. É Professor em inúmeras instituições de ensino, em todo o Brasil.

Esta 3ª edição de seu Curso, como não poderia deixar de ser, é o resultado da combinação de toda sua experiência profissional. Nela, como o leitor facilmente concluirá, o autor insiste em estudar a previdência social inserida num sistema maior, que é o da seguridade social. Ao contrário dos manuais tradicionais, custeio e prestações previdenciárias são estudados numa só obra, com a devida atenção para as regras específicas que informam o financiamento da seguridade social e vão muito além daquelas inseridas no Sistema Tributário Nacional. Como resultado, o autor descortina um sistema lógico, impossível de ser compreendido com a só consideração destas últimas.

Por razões didáticas, divide seu Curso numa parte introdutória, onde aborda conceitos gerais, outra acerca do financiamento, com enfoque legal e constitucional e, por fim, uma terceira tratando das prestações previdenciárias, estudando, assim, o Direito Previdenciário em sua plenitude – o que demonstra ser um trabalho de fôlego.

Enfim, a densidade doutrinária própria do autor, combinada com a mais atualizada jurisprudência dos Tribunais Superiores e referências a posições distintas da sua, resulta nesta obra que agora se apresenta à comunidade jurídica, com a certeza de sua contribuição marcante para a evolução do Direito Previdenciário.

Brasília, novembro de 2009.

José Antônio Dias Toffoli
Ministro do Supremo Tribunal Federal

Prefácio à Segunda Edição

Incumbiu-me o meu ilustre colega João Ernesto Aragonés Vianna de elaborar o prefácio deste seu *Curso de Direito Previdenciário*.

Confesso que, de início, pensei em recusar a tarefa, porque me parecia não ser usual a apresentação de livros com o formato de Curso, como é o caso deste.

Porém, entendi de aceitar a honrosa tarefa para poder alinhavar, em espaço para essa finalidade adequado, algumas ideias que se ajustam não apenas ao propósito do estudo, cuja forma expositiva é abrangente de todo o Direito Previdenciário, como ao próprio desenvolvimento que nossa disciplina tem obtido nesta época.

Com efeito, o autor faz parte de uma geração que resolveu se dedicar aos estudos sistemáticos de um ramo difícil do conhecimento jurídico. Difícil não tanto por reunir gama de conceitos diferenciada, o que seria esperado e até normal nas disciplinas autônomas, mas principalmente pela pletora legislativa e pela mutabilidade que a mesma apresenta.

De fato, estudar o Direito Previdenciário é tarefa das mais complexas porque nos deparamos, a cada dia, com modificações por vezes essenciais em legislação cambiante, na qual corremos o risco (passe a expressão, tão frequente nesta seara) de trabalharmos com afinco em conceitos tidos e havidos como essenciais que, pela via menor das simples medidas provisórias, desaparecem para sempre do universo temático da disciplina.

Ocorre que a realidade social está a exigir dos estudiosos não apenas compromisso com a respectiva transformação, em prol da universalização da cobertura da seguridade social, seu objetivo magno, como, principalmente, cabedal de conhecimentos que permitam a avaliação doutrinária serena, competente e coerente das consequências de tais mudanças.

O autor cuidou de, sem perder em nenhum momento o rigor científico que caracteriza todo o seu discurso, expor o seu pensamento sem descurar o dos demais. Assumiu posições serena e objetivamente, sem menosprezar os pontos de vista distintos do seu.

Em linguajar objetivo, onde revela o domínio dos princípios – elemento essencial para que a visão de conjunto do Curso tenha como característica a coerência –, vai desenvolvendo os temas em todas as suas dimensões, com certa ousadia em algumas posições e algum tanto de recato em outras, mas todas bastante bem fundamentadas no melhor do pensamento jurídico daqui e de outras searas.

Quanto ao autor, como já de início me referi, trata-se de um colega de carreira, que não conheci ao tempo em que militei no Serviço Público Federal. Ambos integramos a Advocacia-Geral da União, tendo já deixado suas fileiras enquanto que o Procurador Federal João Ernesto Aragonés Vianna só faz galgar, a cada passo, postos cada vez mais importantes. Já desempenhou as elevadas funções de Procurador-Geral do INSS e Consultor Jurídico do Ministério da Previdência Social e, presentemente, se encontra no posto de Procurador-Geral Federal.

Conheço o autor de suas lides no Programa de Pós-Graduação da Pontifícia Universidade Católica de São Paulo, onde concluiu o Mestrado em Direito Previdenciário. Também nesse campo tem se revelado estudioso dedicado e disciplinado.

Eis, pois, a obra que agora se dá à estampa, assim como a breve referência à pessoa que a elaborou. Verá o leitor que os conhecimentos teóricos serviram para demonstrar que, com a vivência profissional intensa do autor, o direito será sempre, sobretudo, instrumento de ação.

São Paulo, julho de 2007.

Wagner Balera
Professor Titular da Faculdade de Direito e Coordenador
do Programa de Pós-Graduação em Direito Previdenciário
da Pontifícia Universidade Católica de São Paulo

Agradecimentos

Este Curso é o resultado de quinze anos de trabalho com o Direito Previdenciário. Tempo suficiente para conhecer muita gente sinceramente envolvida com a Seguridade Social, nas mais diversas áreas, sem as quais esta obra jamais seria publicada. Colegas da Advocacia – pública ou privada –; Membros do Ministério Público Federal e da Magistratura Federal; Colegas da vida acadêmica – em especial da UFRGS e da PUC/SP –; Agentes Públicos verdadeiramente preocupados com o planejamento e a execução da Política Previdenciária. A todos, meu muito obrigado.

Àqueles que, por meio do Direito, lutam, sem tréguas, por um mundo melhor.

Aos meus pais, Bárbara Aragonez e Hugo Maciel Vianna, sem os quais eu não teria chegado até aqui.

Ao meu filho, Rafael.

PARTE I

Introdução à Seguridade Social

1 INTRODUÇÃO

1 Evolução histórica

Há um provérbio que diz: "os inteligentes aprendem com os próprios erros, os sábios aprendem com os erros dos outros e os burros nunca aprendem". O estudo da evolução histórica de qualquer instituto do Direito não é mera formalidade, "peça obrigatória" de qualquer curso, mas caminho necessário para a compreensão do objeto, sob todos os ângulos. Não há como compreender o momento presente do Direito, sobretudo do Direito da Seguridade Social, que é um direito de luta, sem estudar as bases históricas sobre as quais desenvolveu-se cada instituto. Da mesma forma que, no passado, consolidaram-se as bases estruturais da seguridade social de hoje, temos a missão de pavimentar o caminho para o futuro. Daí vem à lembrança aquele provérbio. É preciso refletir sobre tudo o que foi feito, ao longo dos séculos, em termos de seguridade social – ou nas suas mais remotas manifestações, quando o nome por certo não seria apropriado –, as experiências fracassadas, para não repetirem-se os erros, as experiências exitosas, para evoluir-se rumo ao futuro. Indagar o porquê dos erros e acertos. Como afirma, com precisão, Clóvis Juarez Kemmerich, "o estudo da história é fundamental para o entendimento do fenômeno jurídico e, principalmente, para evitar soluções modistas".[1] Assim desenvolve-se o estudo científico do Direito: considerando, sempre, as experiências passadas – tenham elas resultado em sucesso ou não.

Wagner Balera compartilha de nossa opinião:

> O estudo da seguridade social, assentado num tempo determinado – o presente –, não inibe o nosso interesse acerca da história constitucional que, embora seja disciplina

---

[1] Disponível em: <http://www.geocities.com/kemmerichepistemology/>.

não jurídica (no entender de Santi Romano), nos fornece válidos critérios de interpretação da nova ordem constitucional.[2]

A compreensão do processo histórico ganha relevo ao considerarmos a afirmação do italiano G. Mazzoni de que "na realidade, não é possível dar uma definição jurídica de Seguridade Social – pelo menos em nosso país – já que não existem, entre nós – como em outras nações – estudos de direito positivo, orgânico e efetivo, mais ou menos completos, sobre a Seguridade Social".[3]

No presente estudo, é preciso ter em mente que os direitos compreendidos na seguridade social integram o catálogo de direitos e garantias fundamentais da Constituição de 1988, os quais não estão ao alcance do poder constituinte reformador, por expressa determinação constitucional – art. 60, § 4º, CF/88.[4] Não obstante isso, concordamos com Daniel Machado da Rocha quando este afirma:

> Evidentemente, o fato de integrar o elenco das "cláusulas pétreas" não tem o condão de obstaculizar qualquer adaptação que seja necessária ao aperfeiçoamento da cobertura previdenciária ou a sua adequação aos contornos evolucionantes de nossa realidade social, ainda que o efeito seja uma indesejada redução de sua amplitude. [...] somente a alteração agressora do núcleo fundamental da proteção previdenciária – instituída pelo legislador constituinte, diagnosticada no caso concreto pela insuportável afetação à dignidade da pessoa humana – não poderá ser admitida em qualquer circunstância.[5]

Qualquer modelo de proteção social – e, sobretudo, os modernos sistemas de seguridade social – tem por finalidade propiciar ao indivíduo a superação de um estado de necessidade social gerado por uma contingência social – ou risco social.

Baltazar e Rocha ensinam:

> O termo risco social é empregado para designar os eventos, isto é, os fatos ou acontecimentos que ocorrem na vida de todos os homens, com certeza ou probabilidade significativa, provocando um desajuste nas condições normais de vida, em especial a obtenção de rendimentos decorrentes do trabalho, gerando necessidades a serem

---

[2] BALERA, Wagner. *A seguridade social na Constituição de 1988*. São Paulo: Revista dos Tribunais, 1989, p. 15.

[3] Existe um conceito jurídico de seguridade social? Trad. da revista italiana *I Problemi della Sicurezza Sociale*, p. 23.

[4] Art. 60. A Constituição poderá ser emendada mediante proposta:

§ 4º Não será objeto de deliberação a proposta de emenda tendente a abolir:

IV – os direitos e garantias individuais.

[5] *O direito fundamental à previdência social*, p. 114.

atendidas, pois nestes momentos críticos, normalmente não podem ser satisfeitas pelo indivíduo.[6]

Mattia Persianni, por sua vez, comentando os riscos sociais, afirma:

> Trata-se de acontecimentos, pela natureza das coisas ou pelo modo em que a sociedade é organizada, normalmente inevitáveis que, devido à estrutura socioeconômica, determinam para quem vive do próprio trabalho, uma situação de necessidade, geralmente em consequência da impossibilidade ou incapacidade de trabalhar que dela resulta.[7]

Armando de Oliveira Assis adverte que o risco social não põe em perigo apenas o indivíduo, considerado isoladamente, mas a própria sociedade:

> Numa nova concepção de risco social, como propomos, a noção fundamental será a de que o perigo que ameaça o indivíduo se transfere para a sociedade, ou por outra, se ameaça uma das partes componentes do todo, fatalmente ameaçará a própria coletividade, o que faz com que as necessidades daí surgidas, além e acima de serem apenas do indivíduo, se tornem igualmente necessidades da sociedade.[8]

A superação dessas necessidades, hodiernamente, dá-se por meio de prestações nas áreas de saúde, previdência e assistência social. Precisamente por isso, Miguel Horvath Júnior diz que "seguridade social é um sistema em que o Estado garante a libertação da necessidade".[9]

A ideia da superação de um estado de necessidade por meio do esforço coletivo foi o que impulsionou os primeiros esquemas de proteção social.

Aécio Pereira Júnior, com fundamento nas lições de Daibert e Almansa Pastor, dá um breve panorama desses primeiros esquemas de proteção social.

> De início convém fazer menção aos primeiros mecanismos de proteção articulados pelo homem que apresentavam algum nível de organização, de inspiração mutualista, já que voltados ao auxílio recíproco dos seus membros.
>
> A doutrina refere-se ao Talmud, ao Código de Hamurabi e ao Código de Manu, como as primeiras ordenações normativas a instituir métodos de proteção contra os infortúnios, sendo que este último continha disposições, acerca dos empréstimos realizados ao preço dos riscos. Os fenícios, por sua vez, adotaram idênticas normas dos hindus, difundidas mais tarde na Grécia.

---

6 *Comentários à lei de benefícios da previdência social*, p. 33.

7 *Diritto della previdenza sociale*, nº 52

8 *Em busca de uma concepção moderna de "risco social"*, p. 28.

9 *Direito previdenciário*, p. 77.

Da Grécia para Roma surgiram as associações denominadas de *collegia* ou *sadalitia* formadas por pequenos produtores e artesãos livres, igualmente, com caráter mutualista, constituídas de no mínimo três indivíduos que contribuíam periodicamente para um fundo comum, cuja destinação principal estava voltada para os custos dos funerais dos seus associados.[10]

Na Idade Média, assistimos à proliferação de instituições de proteção social, mas todas de cunho mutualista, ou seja, circunstanciadas a determinados grupos – em regra, organizações profissionais – com o objetivo de prestar ajuda mútua a seus integrantes, razão pela qual ainda não podemos falar propriamente de esquemas de proteção social, de cunho universal.

O ano de 1601 foi um marco na seguridade social. Nesse ano foi editada a Lei dos Pobres – *Poor Law Act* –, na Inglaterra, a qual instituiu um programa de assistência social, de responsabilidade da Igreja, visando combater os efeitos da miséria, dirigido principalmente às crianças, velhos, inválidos e desempregados. Com o objetivo de custear tais ações, foi instituída uma contribuição obrigatória. Veja-se que não estamos mais diante de uma simples associação mutualista, mas, de outra banda, de uma instituição com caráter universal.

A Declaração dos Direitos do Homem e do Cidadão, de 1789, afirma que a seguridade social é direito de todos, semeando a ideia de universalização do sistema.

Em 1883 e nos anos seguintes, na Alemanha, por obra de Otto Von Bismarck surge o primeiro sistema de seguro social. Envolvia seguro-doença, seguro de acidentes do trabalho, seguro de invalidez e proteção à velhice, mediante contribuição do Estado, dos empregados e dos empregadores, iniciando-se aí a tríplice forma de custeio, em prática até hoje.

Dissemos antes que o Direito da Seguridade Social é um direito de luta. O modelo de Bismarck é prova disso. Não resultou de bondade do Estado, mas da pressão exercida pelas classes trabalhadoras. Estas, com a crise industrial, organizavam-se em movimentos socialistas contra o poder reinante na época. Bismarck, objetivando angariar apoio popular e enfraquecer referidos movimentos sociais, instituiu seu plano de proteção social. Sem a pressão social, certamente não teria sido instituído o modelo de Bismarck.

Em 1911, o sistema de repartição tríplice foi aperfeiçoado com a instituição do National Insurance Act, uma medida que buscava o equilíbrio financeiro do sistema.

A Constituição Mexicana de 1917, a qual indubitavelmente marcou nova fase no constitucionalismo pela sua expressiva preocupação social, deu ao seguro social *status* constitucional.

---

[10] *Evolução histórica da previdência social*, p. 6.

Em 1919, foi criada a Organização Internacional do Trabalho (OIT), com características de órgão internacional, cuja função é não apenas cuidar das normas internacionais referentes ao trabalho, mas também daquelas relativas à seguridade social. As decisões da OIT têm a forma de "convenção".

Após a crise de 1929, o Presidente Franklin Roosevelt adotou novas políticas sociais com a finalidade de superar a crise econômica então vigente. Essas políticas vieram a inspirar a doutrina do Welfare State, ou Estado de Bem-Estar Social, conhecidas como New Deal, consistindo numa série de medidas nas áreas de saúde, assistência e previdência social, sobretudo no combate ao desemprego. Uma das medidas dessa nova política foi o Social Security Act.

Em 1941, foi instituído o Plano Beveridge. Seu criador, Lord Beveridge, afirmava que o cidadão deveria ter proteção social "do berço ao túmulo". O Plano Beveridge foi um importante passo na consolidação dos sistemas de seguridade social. Não visava atender apenas os trabalhadores, mas toda a sociedade, avançando, ainda mais, na ideia de universalização da seguridade social, embora, até hoje, no Brasil, a universalização do sistema não seja total, pois o regime previdenciário, como veremos adiante, ainda é contributivo, ou seja, somente participam da previdência social aqueles que contribuírem. Mantinha a tríplice forma de custeio, o que demonstrava sua preocupação com o equilíbrio atuarial do sistema e dava possibilidades de vida longa aos planos recém-criados.

A Declaração Universal dos Direitos Humanos, de 1948, contemplou a seguridade social como direito de qualquer pessoa.

A doutrina do Welfare State sofreu severa crítica do Banco Mundial, sobretudo em seu informe de 1994, denominado "Averting the Old Age Crisis" (Como Evitar a Crise da Velhice), segundo o qual os sistemas públicos de previdência social fracassaram, sendo necessário substituí-los por sistemas privados, de capitalização, ao invés dos sistemas de repartição simples. O Chile seguiu à risca esse modelo e promoveu a privatização do seu sistema previdenciário em 1980, mantendo o Estado a responsabilidade por benefícios mínimos – pensões de velhice, invalidez e sobrevivência –, sendo apontado, por muito tempo, como paradigma para os demais países. A privatização do sistema previdenciário, entretanto, arruína com sua principal vantagem que é a solidariedade nacional com a consequente redistribuição de renda, já que os regimes privados nada mais são do que depósitos em contas individuais. Aos ricos, contas excessivas; aos pobres, a exclusão social.

O principal problema do informe do Banco Mundial está em aplicar lições de economia no campo da seguridade social, elegendo – como é de seu costume – economia como prioridade e deixando as questões sociais em segundo plano. Por essa razão, aludido informe foi profundamente revisto em 2005.

É claro que a realidade econômica de um país está umbilicalmente relacionada com a questão social, o que levou Mario L. Deveali a afirmar:

> Atualmente passou-se [...] à ilusão de que a previdência social possa prover a todas as necessidades humanas: do berço à tumba. Entendemos ser necessário reagir contra essa ilusão, tendo presente que a previdência social realiza simplesmente uma função distributiva: que os recursos destinados à previdência social incidem fatalmente sobre a parte da renda nacional que cabe à retribuição do trabalho e que essa parte está necessariamente vinculada ao montante daquela. Se desejarmos melhorar os benefícios da previdência social, torna-se necessário aumentar também a renda nacional, o que só se consegue mediante aumento da produção.[11]

Entretanto, como bem afirmaram Roger Beattie e Warren McGillivray, em elaborada crítica a esse informe do Banco Mundial, "aplicar a la política social principios relacionados con la actividad económica general, no conduce necesariamente a un esclarecimiento de las cosas".[12]

Vê-se daí que seguridade social é um problema de responsabilidade de toda sociedade, o que levou Ingo Sarlet a afirmar que as discussões sobre a crise do Welfare State não se restringem mais ao campo político, jurídico, econômico ou social, mas transformaram-se em preocupação da humanidade não só pela manutenção de suas condições de vida, mas por sua própria sobrevivência.[13]

Walter E. Schulthess elaborou importante trabalho, no âmbito da Iniciativa de Estocolmo, "O debate sobre a reforma da seguridade social: em busca de um novo consenso", onde apresentou um panorama da previdência social na América Latina, sob três fatores: a estrutura populacional, o grau de desenvolvimento econômico e o nível de desenvolvimento dos regimes previdenciários. A taxa de dependência, ou seja, a relação entre o número de trabalhadores ativos e inativos tem diminuído assustadoramente, em função do envelhecimento da população, o que leva o autor a propor profundas mudanças nos sistemas de seguridade social da América Latina.[14]

A simples privatização do regime, por certo, não coaduna-se com as aspirações do Estado Democrático de Direito, mostrando-se mesmo incompatível com

[11] Alguns princípios básicos em matéria de previdência social, *Seguridad social*, nº 4, p. 24.

[12] BEATTIE, Roger; McGILLIVRAY, Warren. Una estrategia riesgosa: reflexiones acerca del informe del Banco Mundial titulado envejecimento sin crisis. *Revista Internacional de Seguridad Social*, p. 26.

[13] Cf. *O estado social de direito, a proibição de retrocesso e a garantia fundamental da propriedade*, p. 1.

[14] Cf. A iniciativa de Estocolmo: análise do processo de reforma na América Latina. Essa taxa era de 8 trabalhadores para um inativo em 1950 e 2,3 para 1 em 1990; cf. José Paulo Baltazar Júnior e Daniel Machado Rocha, *Comentários à lei de benefícios da previdência social*, p. 32. No regime próprio da União, a taxa é de 1 ativo para 1,1 inativo.

o bem-estar e a justiça sociais, objetivos da ordem social estampados no artigo 193 da Constituição Federal.[15]

Carmelo Mesa-Lago realizou estudo inédito sobre a privatização dos regimes previdenciários na América Latina. Segundo esse autor, há dois tipos de reformas implementadas no mundo: estruturais ou não estruturais. As primeiras alteram profundamente o sistema público, substituindo-lhe completamente pelo privado ou mesmo parcialmente. As segundas, denominadas não estruturais ou paramétricas, buscam melhorar o sistema público para fortalecê-lo financeiramente. Cita como exemplo desta última o aumento de idade para aposentadoria.

Na linha de seu estudo, existem três modelos gerais de reformas de previdência estruturais na América Latina: substitutivo, paralelo e misto. O modelo substitutivo é adotado em seis países: Chile (o primeiro), Bolívia, México, El Salvador, República Dominicana e Nicarágua. Nesse modelo, a previdência pública é fechada para os novos filiados e substituída por um sistema privado. Um estudo de 22 países com reformas estruturais na América Latina, Europa Ocidental e Oriental demonstrou que o Cazaquistão foi o único que introduziu esse modelo fora da América Latina. O modelo paralelo foi assumido em dois países: Peru e Colômbia. Nesse modelo, é implantado um regime privado ao lado do público, havendo competição entre ambos. Nenhum país seguiu esse modelo fora da América Latina. Por fim, o modelo misto é seguido por quatro países: Argentina, Uruguai, Costa Rica e Equador. Nesse modelo funciona um primeiro pilar, público e básico, associado a um segundo pilar, privado e complementar. É o modelo mais difundido fora da América Latina, sendo adotado em pelo menos 12 países da Europa Ocidental e Oriental.

A tabela da página seguinte demonstra o ano em que cada país implementou a reforma estrutural em seu regime previdenciário:

- Reformas estruturais
- Chile 1981
- Bolívia 1997
- México 1997
- El Salvador 1998
- República Dominicana 2003
- Nicarágua 2004
- Peru 1993

---

[15] CF/88, art. 193: A ordem social tem como base o primado do trabalho, e como objetivo o bem-estar e a justiça sociais.

- Colômbia 1994
- Argentina 1994
- Uruguai 1996
- Costa Rica 2001
- Equador 2004

Comparando a cobertura previdenciária, com base nos contribuintes de cada país, existente antes e depois das reformas estruturais, Mesa-Lago chegou ao seguinte quadro:[16]

País	Cobertura antes %	Cobertura 2002 %
Chile	64 (1980)	58
Bolívia	12 (1996)	11
México	37 (1997)	30
El Salvador	26 (1996)	19
Peru	31 (1993)	11
Colômbia	32 (1993)	24
Argentina	50(1994)	24
Uruguai	73 (1997)	60
Costa Rica	53 (2000)	48

A conclusão inarredável é a diminuição da cobertura previdenciária em todos os países, o que levou o Banco Mundial a rever seu informe de 1994 por meio da publicação de outro, em 2005, intitulado "Old-Age Income Support in the 21st Century" (O Apoio à Renda dos Idosos no Século XXI). Segundo o novo informe, "a maioria dos sistemas de aposentadoria no mundo não cumpre seus objetivos sociais, contribuem para distorções importantes no funcionamento das economias de mercado e não são financeiramente sustentáveis, quando exigidos por uma população em envelhecimento".

[16] A coluna 1 indica o país, a coluna 2, a cobertura existente no ano anterior ou da reforma e a coluna 3, a cobertura existente em 2002.

De fato, conforme levantamento daquele autor, estudos feitos no Chile e no Peru mostram que 30% dos homens e 50-60% das mulheres filiados em 2000 não se qualificarão para receber o benefício mínimo. No Chile, duas décadas depois da reforma, apenas 5% dos autônomos estão cobertos pelo sistema e 2,5% do total de contribuintes são trabalhadores por conta própria, não obstante esse grupo constituir 25% da força de trabalho do país. No México, menos de 1% dos contribuintes são autônomos. O impacto dessa evasão previdenciária na efetividade dos direitos fundamentais na região é devastador, o que levou Mesa-Lago à seguinte indagação: "Há que se perguntar por que o Banco, que utiliza tantas projeções e simulações no seu novo documento, não fez o mesmo em seu relatório de 1994 para a América Latina a fim de estimar o impacto adverso na cobertura de fatores como a informalidade do mercado de trabalho, os perfis na distribuição de renda, a incidência de pobreza e as necessidades dos lares com relação à moradia, saúde, educação e poupança."[17]

Ainda segundo o autor, na América Latina, oito países não introduziram um elemento privado em seus regimes previdenciários, ou seja, não realizaram reformas estruturais: Brasil, Cuba, Guatemala, Haiti, Honduras, Panamá, Paraguai e Venezuela.[18]

No Brasil, a previdência privada teve origem em 1543, quando Braz Cubas criou um plano de pensão para os empregados da Santa Casa de Santos.

A Constituição de 1824 previu os socorros públicos, ação de assistência social sem efeitos práticos.

Em 1835, foi fundado o MONGERAL, Montepio Geral dos Servidores do Estado, primeira entidade privada organizada de previdência do país, muito embora sua primeira manifestação tenha sido em 1543. O MONGERAL, entretanto, contemplava modernos institutos de previdência privada.

Em 1888, o Decreto nº 9.912-A regulou o direito à aposentadoria dos empregados dos Correios. Eram exigidos 30 anos de efetivo serviço e idade mínima de 60 anos. No mesmo ano, a Lei nº 3.397 criou uma Caixa de Socorros em cada uma das Estradas de Ferro do Império.

A Constituição de 1891 assegurou aposentadoria por invalidez aos funcionários públicos.

A Lei nº 3.724/19 tornou o seguro contra acidentes do trabalho obrigatório em certas atividades.

---

[17] Cf. *As reformas de previdência na América Latina e seus impactos nos princípios de seguridade social*, p. 39 ss.

[18] Idem.

Em 1923, foi publicada a Lei Eloy Chaves, marco fundamental da previdência social no país. Essa lei criou caixas de aposentadorias e pensões para os trabalhadores das estradas de ferro, com tríplice forma de custeio: trabalhadores, empresas e Estado. Posteriormente, surgiram muitas outras caixas, mas sempre atreladas à ideia de mutualismo, pois vinculadas a certas categorias profissionais ou grupos de empresas – professores, bancários, marítimos etc.

Ainda em 1923, foi publicado o Decreto nº 16.037, o qual criou o Conselho Nacional do Trabalho, com atribuições, inclusive, de decidir sobre questões relativas à Previdência Social, implicando uma aproximação entre Direito do Trabalho e Direito Previdenciário que somente foi rompida com a Constituição Federal de 1988[19] – somente em 1992 o Ministério da Previdência Social foi definitivamente apartado do Ministério do Trabalho.

Em 1926, a Lei nº 5.109 estendeu o regime da Lei Eloy Chaves aos portuários e marítimos e em 1928 a Lei nº 5.485 fê-lo em relação aos trabalhadores dos serviços telegráficos e radiotelegráficos.

O Decreto nº 19.433/30 criou o Ministério do Trabalho, Indústria e Comércio, tendo como uma de suas atribuições orientar e supervisionar a Previdência Social, inclusive como órgão de recursos das decisões das Caixas de Aposentadorias e Pensões.

O Decreto nº 20.465/31 estendeu o regime da Lei Eloy Chaves aos empregados dos demais serviços públicos concedidos ou explorados pelo Poder Público, além de consolidar a legislação referente às Caixas de Aposentadorias e Pensões. Paulatinamente, os trabalhadores, ainda divididos por categorias profissionais, vão sendo incluídos na Previdência Social.

Em 1933, o Decreto nº 22.872 criou o Instituto de Aposentadoria e Pensões dos Marítimos, considerado a primeira instituição brasileira de previdência social de âmbito nacional, com base na atividade genérica da empresa.

A Constituição de 1934 previu a tríplice forma de custeio para a previdência, com contribuição obrigatória, constituindo relevante passo para a busca do equilíbrio financeiro do sistema.

Em 1939, foi reorganizado o Conselho Nacional do Trabalho, criando-se a Câmara e o Departamento de Previdência Social.

Em 1943, foi publicado o Decreto-lei nº 5.452, que aprovou a Consolidação das Leis do Trabalho (CLT), elaborada pelo Ministério do Trabalho, Indústria e Comércio, o qual elaborou também o primeiro projeto de Consolidação das Leis de Previdência Social.

---

[19] Nesse sentido, vide RE nº 463629, *DJ* 19 dez. 2007.

O Decreto-lei nº 7.835/45 estabeleceu que as aposentadorias e pensões não poderiam ser inferiores a 70% e 35% do salário-mínimo.

A Constituição de 1946 substituiu a expressão *seguro social* por *previdência social*, avançou na organização do sistema, manteve a tríplice contribuição e determinou a obrigatoriedade do empregador de instituir seguro contra acidentes do trabalho. Nesse mesmo ano, foram publicados os Decretos-leis nºs 8.738 e 8.742, os quais criaram, respectivamente, o Conselho Superior da Previdência Social – com atribuição de julgar os recursos interpostos contra as decisões das Juntas de Julgamento e Revisão dos diversos institutos de previdência – e o Departamento Nacional de Previdência Social – com atribuição de planejar a previdência social.

Em 1950, foi publicado o Decreto nº 35.448, denominado Regulamento Geral dos Institutos de Aposentadoria e Pensões.

Em 1960, foi publicada a Lei nº 3.807, conhecida como Lei Orgânica da Previdência Social (LOPS), a qual teve o mérito de unificar a legislação existente sobre previdência social, sedimentando o caminho para o sistema implementado em 1988. Naquele mesmo ano foi criado o Ministério do Trabalho e Previdência Social.

A Lei nº 4.214/63 criou o Fundo de Assistência ao Trabalhador Rural (FUNRURAL).

Em 1966, o Decreto-lei nº 72 reuniu os seis Institutos de Aposentadorias e Pensões no Instituto Nacional de Previdência Social (INPS).

A Constituição de 1967 não trouxe novidades significativas em matéria previdenciária, mantendo as disposições anteriores. Nesse mesmo ano, a Lei nº 5.316 integrou o seguro de acidentes do trabalho na previdência social.

Em 1971, a Lei Complementar nº 11 instituiu o Programa de Assistência ao Trabalhador Rural (PRO-RURAL), em substituição ao plano básico de Previdência Social rural.

A Lei nº 5.859/72 incluiu os empregados domésticos na Previdência Social.

A Lei nº 5.939/73 instituiu o salário-de-benefício do jogador de futebol profissional.

Em 1974, houve dois fatos emblemáticos para a previdência social: a Lei nº 6.036 criou o Ministério da Previdência e Assistência Social, desmembrado do Ministério do Trabalho e Previdência Social, e a Lei nº 6.125 autorizou o Poder Executivo a constituir a Empresa de Processamento de Dados da Previdência Social (DATAPREV), em funcionamento até hoje. Nesse mesmo ano foi publicada a Lei nº 6.179, a qual instituiu o amparo previdenciário para os maiores de 70 anos ou inválidos, também conhecido como renda mensal vitalícia.

Em 1975, o Decreto nº 75.208 estendeu os benefícios do PRO-RURAL aos garimpeiros e a Lei nº 6.226 dispôs sobre a contagem recíproca, para efeito de aposentadoria, do tempo de serviço público federal e de atividade privada.

O Decreto nº 77.077/76 expediu a Consolidação das Leis da Previdência Social.

A Lei nº 6.435/77 dispôs sobre previdência privada aberta e fechada (complementar).

Em 1984, o Decreto nº 89.312 aprovou nova Consolidação das Leis da Previdência Social.

O Decreto-lei nº 2.283/86 instituiu o seguro-desemprego.

Em 1988, a Constituição Cidadã institui verdadeiro sistema de seguridade social, integrado de ações de iniciativa dos Poderes Públicos e da sociedade, destinadas a assegurar os direitos relativos à saúde, previdência e assistência social, o qual foi aos poucos sendo regulamentado pela legislação posterior.

A Lei nº 8.029/90, em retrocesso histórico, extinguiu o Ministério da Previdência e Assistência Social e restabeleceu o Ministério do Trabalho e da Previdência Social. A mesma lei autorizou a criação do Instituto Nacional do Seguro Social (INSS), como autarquia federal, mediante fusão do Instituto de Administração da Previdência e Assistência Social (IAPAS), com o Instituto Nacional de Previdência Social (INPS), o que foi efetivado pelo Decreto nº 99.350/90. No mesmo ano foi publicada a Lei nº 8.080, a qual dispõe sobre o Sistema Único de Saúde (SUS), as condições para a promoção, proteção e recuperação da saúde, a organização e o funcionamento dos serviços correspondentes, bem como a Lei nº 8.142, que dispõe sobre a participação da comunidade na gestão do Sistema Único de Saúde e sobre as transferências intergovernamentais de recursos financeiros na área da saúde.

Em 1991, foram publicadas as Leis nºs 8.212 e 8.213. A primeira dispôs sobre a organização da Seguridade Social e instituiu seu Plano de Custeio; a segunda instituiu o Plano de Benefícios da Previdência Social.

A Lei nº 8.540/92 dispôs sobre a contribuição do empregador rural para a Seguridade Social. Nesse mesmo ano, a Lei nº 8.422/92 criou o Ministério da Previdência Social.

O Decreto nº 752/93 dispôs sobre a concessão do Certificado de Entidade Filantrópica. Nesse mesmo ano foi publicada a Lei nº 8.742, a qual dispôs sobre a organização da Assistência Social e deu outras providências.

Em 1995, a Medida Provisória nº 813/95 criou o Ministério da Previdência e Assistência Social.

A Emenda Constitucional nº 20/98 modificou o sistema de previdência social e estabeleceu normas de transição.

Em 1999, foi publicado o Decreto nº 3.048/99 – em vigor até hoje –, o qual aprovou o Regulamento da Previdência Social.

A Lei nº 10.421/02 estendeu à mãe adotiva o direito à licença-maternidade e ao salário-maternidade, alterando a Consolidação das Leis do Trabalho e a Lei nº 8.213/91.

Em 2003, a Lei nº 10.741 dispôs sobre o Estatuto do Idoso; a Emenda Constitucional nº 41 modificou artigos da Constituição Federal e dispositivos da Emenda Constitucional nº 20/98 e fixou o limite máximo de R$ 2.400,00 para os benefícios do Regime Geral da Previdência Social; a Lei nº 10.683 criou o Ministério da Assistência Social, destacando essa atividade do Ministério da Previdência Social.

A Lei nº 11.098/05 criou a Secretaria da Receita Previdenciária no âmbito do Ministério da Previdência Social.

A Emenda Constitucional nº 47/05 efetivou algumas alterações no regime geral e nos regimes próprios de previdência social.

Em 2007, a Lei nº 11.457 criou a Secretaria da Receita Federal do Brasil, órgão do Ministério da Fazenda, decorrente da fusão da Secretaria da Receita Federal com a Secretaria da Receita Previdenciária.

1. Evolução histórica

No mundo

Idade Média – Instituições mutualistas – organizações profissionais
1601 – Lei dos Pobres – *Poor Law Act*.
1789 – Declaração dos Direitos do Homem e do Cidadão – seguridade social como direito de todos.
1883 – Otto Von Bismarck – tríplice forma de custeio.
1911 – National Insurence Act – busca do equilíbrio financeiro do sistema.
1917 – Constituição Mexicana – *status* constitucional ao seguro social.
1919 – Organização Internacional do Trabalho – OIT.
1929 – New Deal – Franklin Roosevelt adotou novas políticas sociais com a finalidade de superar a crise econômica (Doutrina do Welfare State ou Estado de Bem-Estar Social). Social Security Act.
1941 – Plano Beveridge – Proteção social *"do berço ao túmulo"*.
1948 – Declaração Universal dos Direitos Humanos – seguridade social como direito de qualquer pessoa.
1994 – Banco Mundial – *Averting the Old Age Crisis* (Como Evitar a Crise da Velhice) – crítica aos sistemas públicos de previdência social e necessidade de substituição por sistemas privados, de capitalização, ao invés dos sistemas de repartição simples.
2005 – Após resultado negativo da privatização com a diminuição da cobertura previdenciária em todos os países, Banco Mundial publica informe "Old-Age Income Support in the 21st Century" (O Apoio à Renda dos Idosos no Século XXI).

No Brasil

1543 – Plano de pensão para os empregados da Santa Casa de Santos.
1824 – Constituição previu os socorros públicos.
1835 – MONGERAL – Montepio Geral dos Servidores do Estado.
1888 – Aposentadoria dos empregados dos Correios.
1891 – Constituição assegurou aposentadoria por invalidez aos funcionários públicos.
1923 – Lei Eloy Chaves – marco fundamental da previdência social no país. Caixas de aposentadorias e pensões para os trabalhadores das estradas de ferro, com tríplice forma de custeio: trabalhadores, empresas e Estado.
1923 – Conselho Nacional do Trabalho.
1930 – Criação do Ministério do Trabalho, Indústria e Comércio, com atribuições de orientar e supervisionar a Previdência Social, inclusive como órgão de recursos das decisões das Caixas de Aposentadorias e Pensões.
1934 – Constituição previu a tríplice forma de custeio para a previdência, com contribuição obrigatória.
1939 – Reorganização do Conselho Nacional do Trabalho, criando-se a Câmara e o Departamento de Previdência Social.
1943 – Consolidação das Leis do Trabalho – CLT.
1945 – Decreto-lei nº 7.835 estabeleceu que as aposentadorias e pensões não poderiam ser inferiores a 70% e 35% do salário-mínimo.
1946 – Constituição substituiu a expressão *seguro social* por *previdência social*.
1960 – Lei nº 3.807, LOPS – Lei Orgânica da Previdência Social – unificação da legislação existente sobre previdência social.
1960 – Criação do Ministério do Trabalho e Previdência Social.
1963 – Lei nº 4.214 – Fundo de Assistência ao Trabalhador Rural (FUNRURAL).
1966 – Fusão de seis Institutos de Aposentadorias e Pensões no Instituto Nacional de Previdência Social – INPS.
1967 – Constituição de 1967 não trouxe novidades significativas em matéria previdenciária.
1967 – Lei nº 5.316 integrou o seguro de acidentes do trabalho na previdência social.
1971 – Instituição do Programa de Assistência ao Trabalhador Rural – PRO-RURAL, em substituição ao plano básico de Previdência Social rural.
1972 – Lei nº 5.859 incluiu os empregados domésticos na Previdência Social.
1974 – Criação do Ministério da Previdência e Assistência Social, desmembrado do Ministério do Trabalho e Previdência Social.
1974 – Lei nº 6.179 – amparo previdenciário para os maiores de 70 anos ou inválidos – renda mensal vitalícia.
1976 – Consolidação das Leis da Previdência Social.
1977 – Lei nº 6.435 – previdência privada aberta e fechada (complementar).
1984 – Decreto-Lei nº 89.312 – nova Consolidação das Leis da Previdência Social.
1986 – Decreto-Lei nº 2.283 instituiu o seguro-desemprego.
1988 – Constituição institui verdadeiro sistema de seguridade social.
1990 – Lei nº 8.029 – Extinção do Ministério da Previdência e Assistência Social e restabelecimento do Ministério do Trabalho e da Previdência Social. Autorização para criação do Instituto Nacional do Seguro Social – INSS, como autarquia federal, mediante fusão do Instituto de Administração da Previdência e Assistência Social – IAPAS, com o Instituto Nacional de Previdência Social – INPS, o que efetivamente ocorreu com o Decreto nº 99.350/90.
1990 – Lei nº 8.080 – SUS – Sistema Único de Saúde.
1991 – Leis nºs 8.212 – organização da Seguridade Social e Plano de Custeio; e 8.213 – Plano de Benefícios da Previdência Social.
1992 – Criação do Ministério da Previdência Social.
1995 – Criação do Ministério da Previdência e Assistência Social.
1998 – Emenda Constitucional nº 20.
1999 – Decreto nº 3.048/99 – em vigor até hoje – aprovou o Regulamento da Previdência Social.
2002 – Lei nº 10.421 estendeu à mãe adotiva o direito à licença-maternidade e ao salário-maternidade.
2003 – Lei nº 10.741 – Estatuto do Idoso.
2003 – Emenda Constitucional nº 41.
2003 – Lei nº 10.683 – Criação do Ministério da Assistência Social – separação do Ministério da Previdência Social.
2005 – Lei nº 11.098 – Criação da Secretaria da Receita Previdenciária no âmbito do Ministério da Previdência Social.
2005 – Emenda Constitucional nº 47.
2007 – Lei nº 11.457 – Secretaria da Receita Federal do Brasil, órgão do Ministério da Fazenda, decorrente da fusão da Secretaria da Receita Federal com a Secretaria da Receita Previdenciária.

2 Conceituação e princípios constitucionais[20]

A seguridade social compreende um conjunto integrado de ações de iniciativa dos poderes públicos e da sociedade, destinado a assegurar o direito relativo à saúde, à previdência e à assistência social, nos termos do artigo 1º da Lei nº 8.212/91, tendo os seguintes princípios e diretrizes:

– Universalidade da cobertura e do atendimento. Esse princípio comporta desdobramentos sob os aspectos objetivo e subjetivo. À luz do primeiro, significa dizer que todos os riscos sociais – ou eventos – devem ser cobertos, ou seja, universalidade da cobertura; de acordo com o segundo, todas as pessoas devem ter proteção social, ou seja, universalidade do atendimento.

Robert Alexy, discorrendo sobre os direitos fundamentais no Estado Constitucional Democrático, distingue os direitos do homem de outros direitos, dentre outras, pela marca da "universalidade da titularidade", ou seja, "direitos que competem a todos os homens".[21] No mesmo sentido, o princípio da universalidade do atendimento – por envolver direitos fundamentais – deveria alcançar a todos, indistintamente. Entretanto, não é bem assim. O princípio comporta exceções, pois o regime previdenciário é contributivo, significando dizer que somente terão proteção previdenciária aqueles que contribuírem, restando sem proteção os não contribuintes. Por essa razão, a OIT afirma que assegurar efetividade a esse princípio é o maior desafio dos modernos sistemas de seguridade social.

– Uniformidade e equivalência dos benefícios e serviços às populações urbanas e rurais. Antes da edição das Leis nºs 8.212/91 e 8.213/91, o Brasil possuía distintos regimes de previdência voltados aos trabalhadores do setor privado, sendo um destinado aos trabalhadores rurais, com menor proteção social, e outro destinado aos trabalhadores urbanos. Jane Berwanger, a esse respeito, afirma:

> A Previdência Social, no Brasil, chega ao meio rural 48 anos após ser inaugurada na área urbana. E é implantada com caráter nitidamente assistencial, no período do regime militar, como uma concessão do Estado, ou seja, com um viés de esmola [...]. Reforça a concepção assistencialista o fato de que o benefício era extremamente limitado, quanto ao valor (meio salário-mínimo) e quanto ao público (somente o chefe de família, em geral, o homem). [...] Como todos os direitos sociais conquistados na Constituição, esse também foi fruto de muita mobilização pelos trabalhadores rurais.[22]

---

[20] Os princípios arrolados no art. 1º da Lei nº 8.212/91 têm *status* constitucional, pois expressamente previstos no art. 194, parágrafo único, da Constituição Federal.

[21] Cf. *Constitucionalismo discursivo*, p. 45.

[22] *Previdência rural*: inclusão social, p. 174.

Buscando acabar com a desigualdade de tratamento, o legislador constitucional determinou a uniformidade e equivalência dos benefícios e serviços, sem, entretanto, determinar a unificação de regimes. Ao legislador ordinário, contudo, pareceu melhor unificar os regimes num só. Melhor assim. Dessa feita, tanto a população urbana como rural gozam dos mesmos benefícios e serviços, num único regime.

– Seletividade e distributividade na prestação dos benefícios e serviços. De acordo com o princípio da seletividade o legislador ordinário fará a seleção dos benefícios e serviços que serão oferecidos pelo sistema. Está intimamente relacionado com a capacidade financeira, o que significa dizer que, tendo em vista o caixa da seguridade social, os benefícios e serviços serão prestados na medida de sua essencialidade, sempre partindo do mais essencial em direção ao menos essencial. Se admitirmos, por exemplo, que o benefício de auxílio-doença é mais essencial que o benefício de gratificação natalina – apenas para argumentar –, teremos que a seguridade social deve garantir antes o primeiro para depois garantir o segundo. Isso é seletividade. Na distributividade está uma das funções mais importantes do sistema, que é a redistribuição de renda. Distributividade, assim, é uma forma de realizar a justiça distributiva, oferecendo maior proteção social justamente à camada da sociedade mais necessitada. A seu respeito Wagner Balera afirma: "a distributividade faculta a escolha, pelo legislador, de prestações que – sendo direito comum a todas as pessoas – contemplam de modo mais abrangente os que se encontrem em maior estado de necessidade".[23]

– Irredutibilidade do valor dos benefícios. A irredutibilidade pode ser nominal ou real. A primeira significa dizer que o valor expresso em números não pode ser reduzido. Se é R$ 1.000,00, não pode ser reduzido para R$ 900,00. Isso, entretanto, não traz garantia alguma ao beneficiário, ainda mais em tempos de inflação. A outra – a verdadeira irredutibilidade – é a real. Significa dizer que o poder aquisitivo deve ser mantido. Hoje está expressamente consagrada no artigo 201, § 4º, da Constituição Federal, segundo o qual "é assegurado o reajustamento dos benefícios para preservar-lhes, em caráter permanente, o valor real, conforme critérios definidos em lei".

– Equidade na forma de participação do custeio. Equidade no custeio significa dizer que cada contribuinte deve participar na medida de suas possibilidades. Assim, quem pode mais, contribui com mais; quem pode menos, contribui com menos. É um desdobramento específico do princípio geral da igualdade na seguridade social. Aqui a igualdade tem cores próprias, em face do princípio da solidariedade contributiva e da consequente redistribuição de renda. Note-se que em todo sistema onde há redistribuição de renda o princípio da igualdade não

---

[23] *Sistema de seguridade social*, p. 21.

pode ser absoluto, pois necessariamente um *quantum* da contribuição dos mais afortunados será redistribuído para os mais necessitados; por essa razão, na seguridade social jamais haverá equivalência absoluta entre o que se contribui e a proteção oferecida pelo sistema. Esse raciocínio é corroborado pelo artigo 201, § 11, da Constituição Federal, segundo o qual "os ganhos habituais do empregado, a qualquer título, serão incorporados ao salário para efeito de contribuição previdenciária e consequente repercussão em benefícios, nos casos e na forma da lei". Ou seja, essa repercussão não é absoluta, na medida em que a Constituição expressamente autoriza sua regulamentação pela lei.[24] Pela mesma razão o artigo 149 da Constituição Federal excluiu do trato das contribuições a limitação constitucional da igualdade tributária, arrolada no artigo 150, II, segundo a qual "sem prejuízo de outras garantias asseguradas ao contribuinte, é vedado à União, aos Estados, ao Distrito Federal e aos Municípios: [...] instituir tratamento desigual entre contribuintes que se encontrem em situação equivalente, proibida qualquer distinção em razão de ocupação profissional ou função por eles exercida, independentemente da denominação jurídica dos rendimentos, títulos ou direitos". Essa limitação constitucional é incompatível com o princípio da solidariedade contributiva e aquele aqui tratado.[25] A Lei nº 8.212/91 explicita o princípio da equidade no custeio ao definir alíquotas diferenciadas para o contribuinte empregado, empregado doméstico e avulso, na medida de seus salários-de-contribuição – artigo 20. A Emenda Constitucional nº 20/98 também deu impulso a esse princípio ao incluir o § 9º no artigo 195, determinando que as contribuições sociais a cargo do empregador, da empresa e da entidade a ela equiparada poderão ter alíquotas ou bases de cálculo diferenciadas, em razão da atividade econômica ou da utilização intensiva de mão de obra, critérios de diferenciação que foram ampliados com a Emenda Constitucional nº 47/05, para inclusão, entre estes, do porte da empresa ou da condição estrutural do mercado de trabalho.

– Diversidade da base de financiamento: o *caput* do artigo 195 contempla o princípio da solidariedade contributiva, segundo o qual a seguridade social será financiada por toda a sociedade. Com efeito, na medida da relevância das ações de seguridade social para toda a sociedade, mostra-se adequado o chamamento de todos para contribuir, nos termos em que estipulado pela Constituição Federal. A diversidade da base de financiamento traduz-se nas contribuições a cargo do empregador, da empresa, da entidade a ela equiparada, do trabalhador, dos demais segurados da previdência social, do administrador de concursos de prognósticos, do importador de bens ou serviços do exterior, ou de quem a lei a ele equiparar

---

24 A contribuição do aposentado que volta a trabalhar, nos termos do art. 12, § 4º, da Lei nº 8.212/91, é apenas um exemplo desse raciocínio.

25 Para aprofundar o tema, ver meu *Limitações constitucionais à instituição de contribuições de seguridade social*, especialmente p. 114 ss.

e de recursos provenientes dos orçamentos da União, dos Estados, do Distrito Federal e dos Municípios. Além disso, fundamenta o exercício da competência residual da União em matéria de seguridade social, nos termos do artigo 195, § 4º, segundo o qual lei complementar poderá instituir outras fontes destinadas a garantir a manutenção ou expansão da seguridade social. Esse princípio resulta da evolução da tríplice forma de custeio, enunciada por Bismarck em 1883.

– Caráter democrático e descentralizado da administração, mediante gestão quadripartite, com participação dos trabalhadores, dos empregadores, dos aposentados e do Governo nos órgãos colegiados. O artigo 1º, parágrafo único, *g*, da Lei nº 8.212/91, a pretexto de repetir o princípio constitucional em estudo, alterou substancialmente sua redação, nesses termos: "caráter democrático e descentralizado da gestão administrativa, com a participação da comunidade, em especial de trabalhadores, empresários e aposentados". Ora, a gestão quadripartite é mandamento constitucional, não podendo ser afastada por obra do legislador ordinário ou, pior, pelo governo, autor do projeto de lei. Dada a relevância da seguridade social, o princípio constitucional determina a participação dos trabalhadores, empregadores, aposentados e do governo nos órgãos colegiados, justamente porque a seguridade social lida com interesses de todos esses atores sociais.

Os princípios da seguridade social adotados pela Constituição Federal são desdobramentos daqueles enunciados pela OIT, os quais foram assim ordenados, de maneira lógica, por Mesa-Lago: universalidade da cobertura; igualdade, equidade ou uniformidade de tratamento; solidariedade e redistribuição de renda; abrangência e suficiência das prestações; unidade, responsabilidade do Estado, eficiência e participação na gestão; e sustentabilidade financeira.[26]

2. Conceituação e princípios constitucionais

Conjunto integrado de ações de iniciativa dos poderes públicos e da sociedade, destinado a assegurar o direito relativo à saúde, à previdência e à assistência social.

I – universalidade da cobertura e do atendimento;
II – uniformidade e equivalência dos benefícios e serviços às populações urbanas e rurais;
III – seletividade e distributividade na prestação dos benefícios e serviços;
IV – irredutibilidade do valor dos benefícios;
V – equidade na forma de participação do custeio;
VI – diversidade da base de financiamento;
VII – caráter democrático e descentralizado da administração, mediante gestão quadripartite, com participação dos trabalhadores, dos empregadores, dos aposentados e do Governo nos órgãos colegiados.

[26] Cf. *As reformas de previdência na América Latina e seus impactos nos princípios de seguridade social*, p. 20.

3 Da saúde

A saúde é direito de todos e dever do Estado, tendo a Constituição de 1988 universalizado seu acesso independentemente de contribuição à seguridade social, o que, sem dúvida, foi um importante avanço.

As ações e serviços de saúde são prestados pelo Poder Público, de forma direta, ou através de terceiros, e também por pessoa física ou jurídica de direito privado, sendo a assistência à saúde livre à iniciativa privada, obedecidos os preceitos constitucionais.

As atividades de saúde são de relevância pública e sua organização obedecerá aos seguintes princípios e diretrizes:

1. acesso universal e igualitário;
2. provimento das ações e serviços através de rede regionalizada e hierarquizada, integrados em sistema único;
3. descentralização, com direção única em cada esfera de governo;
4. atendimento integral, com prioridade para as atividades preventivas;
5. participação da comunidade na gestão, fiscalização e acompanhamento das ações e serviços de saúde;
6. participação da iniciativa privada na assistência à saúde, obedecidos os preceitos constitucionais.

A Lei nº 8.080/90 dispõe sobre as condições para a promoção, proteção e recuperação da saúde, a organização e o funcionamento dos serviços correspondentes, bem como deu um importante passo para dar maior eficiência às ações de saúde, com a criação do Sistema Único de Saúde (SUS), que é constituído pelo conjunto de ações e serviços de saúde, prestados por órgãos e instituições públicas federais, estaduais e municipais, da Administração direta e indireta e das fundações mantidas pelo Poder Público.

A Lei nº 8.689/93 extinguiu o INAMPS – sucedido pela União –, já tardiamente, pois desde a promulgação da Constituição de 1988, nos termos do artigo 198, as ações e serviços públicos de saúde integram uma rede regionalizada e hierarquizada e constituem um sistema único, organizado de acordo com as seguintes diretrizes:

I – descentralização, com direção única em cada esfera de governo;

II – atendimento integral, com prioridade para as atividades preventivas, sem prejuízo dos serviços assistenciais; e

III – participação da comunidade.

O SUS está em conformidade com o artigo 23, II, do Diploma Fundamental, segundo o qual é competência comum da União, dos Estados, do Distrito Federal e dos Municípios cuidar da saúde.

A saúde integra a seguridade social e por essa razão o financiamento desta contribuirá para o financiamento daquela, mas não de forma exclusiva. Vejamos: as ações e serviços públicos de saúde são geridos pelo SUS, o qual, por sua vez, é integrado pela União, Estados, Distrito Federal e Municípios. A competência para prestação dessas ações é comum; assim, todos devem contribuir para o seu financiamento. A União contribui por meio de uma parcela do orçamento da seguridade social, o que não exclui a participação do orçamento fiscal, e os demais entes por meio de seus respectivos orçamentos. Outras fontes também podem contribuir para o financiamento da saúde.

Dada a relevância da matéria, a saúde conta com níveis mínimos de investimentos fixados no próprio Texto Constitucional. Dessa forma, a União, os Estados, o Distrito Federal e os Municípios aplicarão, anualmente, em ações e serviços públicos de saúde recursos mínimos derivados da aplicação de percentuais calculados da seguinte forma:

I – no caso da União, na forma definida nos termos da lei complementar prevista no artigo 198, § 3º, da Constituição Federal;

II – no caso dos Estados e do Distrito Federal, o produto da arrecadação dos impostos a que se refere o artigo 155 e dos recursos de que tratam os artigos 157 e 159, I, *a*, e II, deduzidas as parcelas que forem transferidas aos respectivos Municípios;

III – no caso dos Municípios e do Distrito Federal, o produto da arrecadação dos impostos a que se refere o artigo 156 e dos recursos de que tratam os artigos 158 e 159, I, *b* e § 3º.

A aludida lei complementar prevista no artigo 198, § 3º, deveria fixar os percentuais arrolados acima; definir os critérios de rateio dos recursos da União vinculados à saúde destinados aos Estados, ao Distrito Federal e aos Municípios e dos Estados destinados a seus respectivos Municípios, objetivando a progressiva redução das disparidades regionais; bem como estipular as normas de fiscalização, avaliação e controle das despesas com saúde nas esferas federal, estadual, distrital e municipal e as normas de cálculo do montante a ser aplicado pela União.

Até hoje, entretanto, não foi editado referido instrumento normativo. Mas o legislador constituinte não deixou a saúde de mãos amarradas. A fixação de percentuais mínimos de investimentos foi incluída no Texto Constitucional por meio da Emenda Constitucional nº 29/00, a qual incluiu o artigo 77 no Ato das Disposições Constitucionais Transitórias, determinando que até o exercício financeiro de 2004, os recursos mínimos aplicados nas ações e serviços públicos de saúde serão equivalentes: no caso da União, no ano 2000, o montante empenhado em ações e serviços públicos de saúde no exercício financeiro de 1999 acrescido de, no mínimo, 5%, do ano 2001 ao ano 2004, o valor apurado no ano anterior, corrigido pela variação nominal do Produto Interno Bruto (PIB); no caso dos Estados e do Distrito Federal, 12% do produto da arrecadação dos impostos a que se refere o artigo 155 e dos recursos de que tratam os artigos 157 e 159, I, *a*, e II, deduzidas as parcelas que forem transferidas aos respectivos Municípios; e no caso dos Municípios e do Distrito Federal, 15% do produto da arrecadação dos impostos a que se refere o artigo 156 e dos recursos de que tratam os artigos 158 e 159, I, *b* e § 3º. Os Estados, o Distrito Federal e os Municípios que apliquem percentuais inferiores aos fixados acima deverão elevá-los gradualmente, até o exercício financeiro de 2004, reduzida a diferença à razão de, pelo menos, 1/5 por ano, sendo que, a partir de 2000, a aplicação será de pelo menos 7%. Dos recursos da União apurados nos termos acima, 15%, no mínimo, serão aplicados nos Municípios, segundo o critério populacional, em ações e serviços básicos de saúde, na forma da lei. Os recursos dos Estados, do Distrito Federal e dos Municípios destinados às ações e serviços públicos de saúde e os transferidos pela União para a mesma finalidade serão aplicados por meio de Fundo de Saúde que será acompanhado e fiscalizado por Conselho de Saúde, sem prejuízo do disposto no artigo 74 da Constituição Federal.

Com o nobre objetivo de não esvaziar o mandamento constitucional, determinou o legislador constituinte ainda que, na ausência da lei complementar a que se refere o art. 198, § 3º, a partir do exercício financeiro de 2005, aplicar-se-á à União, aos Estados, ao Distrito Federal e aos Municípios o disposto acima, ou seja, os percentuais fixados na própria Emenda Constitucional nº 29/00.

A comunidade deve participar na gestão, fiscalização e acompanhamento das ações e serviços de saúde.

3. Da saúde

Princípios e diretrizes:

I – acesso universal e igualitário;
II – provimento das ações e serviços através de rede regionalizada e hierarquizada, integrados em sistema único;
III – descentralização, com direção única em cada esfera de governo;
IV – atendimento integral, com prioridade para as atividades preventivas;
V – participação da comunidade na gestão, fiscalização e acompanhamento das ações e serviços de saúde;
VI – participação da iniciativa privada na assistência à saúde, obedecidos os preceitos constitucionais.

Lei nº 8.080/90 – Sistema Único de Saúde – SUS.

I – descentralização, com direção única em cada esfera de governo;
II – atendimento integral, com prioridade para as atividades preventivas, sem prejuízo dos serviços assistenciais; e
III – participação da comunidade.

4 Da previdência social

A previdência social será organizada sob a forma de regime geral, de caráter contributivo e de filiação obrigatória, observados critérios que preservem o equilíbrio financeiro e atuarial e atenderá, nos termos da lei, à cobertura dos eventos de doença, invalidez, morte, idade avançada, proteção à maternidade, especialmente à gestante, proteção ao trabalhador em situação de desemprego involuntário, salário-família e auxílio-reclusão para os dependentes dos segurados de baixa renda, pensão por morte do segurado, homem ou mulher, ao cônjuge ou companheiro e dependentes, conforme a regra matriz que está estampada no artigo 201 da Constituição Federal.

A organização sob a forma de regime geral significa dizer que o mesmo deve cobrir todos os trabalhadores. A regra comporta exceção, pois os servidores públicos são filiados aos seus respectivos regimes próprios de previdência social (RPPS), nos termos do artigo 40 da Constituição Federal. Dessa forma, o regime geral abrange todos os trabalhadores vinculados à Consolidação das Leis do Trabalho (CLT).[27]

Sob o aspecto do financiamento, os regimes podem ser contributivos ou não contributivos. Nos regimes não contributivos, não há contribuições específicas destinadas ao financiamento da previdência ou seguridade social como um todo. Essas ações são custeadas pelos tributos em geral. Os regimes não contributivos apresentam-se como exceção, pois dependem de uma economia forte, já que o custo financeiro é elevado. Nesses regimes, o princípio da universalidade tem plena eficácia, pois a cobertura independe de contribuição. Nos regimes contributivos, de outro modo, a previdência ou seguridade social é custeada por meio de contribuições específicas que têm destinação própria. No Brasil, a seguridade social é financiada por meio das contribuições sociais de seguridade social, as quais são caracterizadas exatamente por sua finalidade, qual seja, o financiamento da seguridade social. Como o regime previdenciário é contributivo, somente têm cobertura previdenciária aqueles que contribuem – ao contrário da saúde e assistência social, cujas prestações independem de contribuição.

A filiação à previdência social é obrigatória, ou seja, não facultativa, não dependendo de ato de vontade do segurado – ao contrário do que ocorre na previdência privada, onde a adesão aos respectivos planos depende, sempre, da vontade do participante; exercendo atividade sujeita à filiação, a mesma é automática – daí dizer-se que vigora na previdência social o princípio da automaticidade. A filiação obrigatória, além de trazer segurança para o indivíduo e para a sociedade, na medida em que a insegurança individual acaba por acarretar insegurança social,

[27] O tema está detalhado no item 2.1 da Parte III desta obra.

também é decisiva para o equilíbrio financeiro e atuarial, pois a filiação facultativa implicaria o fenômeno conhecido como seleção adversa, segundo o qual os mais abastados tendem a migrar para os regimes privados, onde a proteção, em tese, é maior – e a contribuição, evidentemente, também –, restando filiados aos regimes públicos apenas a camada menos favorecida da população. Com aporte financeiro menor, o equilíbrio financeiro e atuarial do regime restaria afetado. É reflexo também da solidariedade que informa os modernos sistemas de seguridade social.

Como já afirmamos em linhas anteriores, o princípio da universalidade da cobertura e do atendimento na seguridade social é abrandado na previdência social, pois depende de contribuição dos segurados. Assim, quem não contribui está excluído do regime previdenciário.

O valor da renda mensal dos benefícios, substitutos do salário-de-contribuição ou do rendimento do trabalho do segurado, não poderá ser inferior ao do salário-mínimo e o cálculo dos benefícios será realizado considerando-se os salários-de-contribuição, corrigidos monetariamente. Além disso, é direito dos beneficiários a preservação do valor real dos seus benefícios. Note-se bem: apenas os benefícios previdenciários que substituam os salários-de-contribuição ou a renda do trabalho não podem ter valor inferior ao salário-mínimo. Decorre daí que o auxílio-acidente e o salário-família que, como veremos oportunamente, não são benefícios substitutivos nem do salário-de-contribuição, nem da renda do segurado, podem ter valor inferior ao do salário-mínimo – o salário-família, aliás, sempre terá; portanto, é errado afirmar que nenhum benefício previdenciário pode ter valor inferior ao do salário-mínimo.

A redação original do artigo 201, § 7º, da Constituição Federal previa a previdência complementar pública e facultativa, custeada por contribuição adicional. A nova redação dada pela EC nº 20/98 eliminou tal possibilidade, restando aos segurados do regime geral de previdência social apenas a previdência complementar privada, se quiserem, pois é traço marcante desse outro regime a facultatividade.

Os §§ 12 e 13 do artigo 201 da Constituição Federal preveem a criação, por meio de lei ordinária, de um sistema especial de inclusão previdenciária para atender a trabalhadores de baixa renda e àqueles sem renda própria que se dediquem exclusivamente ao trabalho doméstico no âmbito de sua residência, desde que pertencentes a famílias de baixa renda, garantindo-lhes acesso a benefícios de valor igual a um salário-mínimo. Referido sistema terá alíquotas e carências inferiores às vigentes para os demais segurados do regime geral de previdência social.

Esse sistema especial de inclusão previdenciária já foi implementado com sucesso em outros países. Mesa-Lago observa que "o microsseguro, recomendado pela OIT como alternativa à cobertura formal do seguro social em países em desenvolvimento de baixa renda, obteve êxito em vários países da África, assim como em Bangladesh, Índia e Filipinas, mas não foi até agora importante na América Latina com relação aos benefícios".[28]

Não obstante a novidade nascer com a Emenda Constitucional nº 41/03, com alterações efetuadas pela EC nº 47/05, até hoje não foi implementada. Reside aqui uma boa alternativa de inclusão previdenciária para os atuais excluídos, sem afetar o grau de proteção previdenciária para os já cobertos.

O direito da seguridade social, e em especial o direito previdenciário, como já afirmamos, é um direito de luta, ou seja, um direito onde as garantias existentes são decorrência das conquistas dos movimentos sociais.

Por essa razão, Desmond S. King afirma que as origens do Estado de Bem-estar Social devem-se menos a uma estratégia social democrática ou socialista coerente e mais a circunstâncias políticas imediatas, citando como exemplo a introdução da seguridade social e direitos de pensão por Bismarck, na Alemanha, na década de 1870, como esforço para debilitar o apoio aos partidos socialistas e movimentos sindicais.[29]

No Brasil, não foi muito diferente e o modelo de previdência social estampado no artigo 201 do Estatuto Fundamental foi resultante de todas essas forças.[30]

A cobertura dos riscos sociais apontados no artigo 201 da Constituição Federal não exclui outros decorrentes do regime e dos princípios por ela adotados, ou dos tratados internacionais em que a República Federativa do Brasil seja parte, nos termos do artigo 5º, § 2º, daquele Diploma.

Assim, o sistema está preparado para a eleição de novas contingências sociais a serem protegidas pelo Estado, pois, como lembra Maria de los Santos Alonso Ligero, "a seguridade social deve aspirar a alcançar novas realizações, a fim de seguir a evolução das necessidades e as aspirações das novas sociedades industriais".[31]

A previdência social constitui forma de seguro social contra os riscos a que estão submetidos os trabalhadores e seus dependentes. É um esquema segurador, onde participam os trabalhadores, empregadores e o Estado, visto que instituído em favor de todos esses. Releva notar: é um esquema similar ao seguro privado, mas com a marca indelével da solidariedade inerente aos sistemas de seguridade social.

---

[28] *As reformas de previdência na América Latina e seus impactos nos princípios de seguridade social*, p. 56.

[29] Cf. O estado e as estruturas sociais de bem-estar em democracias industriais avançadas, *Novos Estudos*, nº 22, p. 57.

[30] Para aprofundar a compreensão a respeito do choque de interesses capitalistas e interesses sociais no seio do Welfare State veja-se Francisco de Oliveira, O surgimento do antivalor: capital, força de trabalho e fundo público, *Novos Estudos*, nº 22, p. 8-28.

[31] Cf. Los servicios sociales y la seguridad social, *Revista Iberoamericana de Seguridade Social*, nº 6, p. 1507.

Além disso, enquanto no seguro privado estão em jogo, principalmente, interesses particulares, na previdência social concentram-se interesses de toda a nação.

Antes de chegar ao estágio atual, a base da previdência foi estritamente privada, de seguro. A legislação italiana regulou algumas dessas organizações, onde se destacam as mútuas voluntárias. Depois, evolui-se de um sistema individual e voluntário para um obrigatório de categorias profissionais, como já vimos.

A diretriz da previdência social estribada num seguro obrigatório permaneceu inalterada na Constituição Italiana, onde não havia previsão de um regime geral de seguridade social. No pós-guerra, a garantia previdenciária aumentou para proteger os trabalhadores autônomos. Essa proteção decorreu da conscientização dos trabalhadores sobre a importância de proteção social, mas ainda estava o sistema preso à ideia de proteção exclusiva para aqueles que desenvolvessem atividade remunerada.

Diz Marco Aurélio Greco que o direito não existe sem o homem e, para nós, não pode deixar de considerar a realidade social onde, afinal, suas normas jurídicas incidem e geram efeitos.[32]

Previdência social, além de realidade jurídica, é realidade social. No Brasil, a previdência social é o maior programa de redistribuição de renda, sendo que em mais de 90% dos municípios o pagamento de benefícios supera a arrecadação de contribuições e, em 64% destes, supera o Fundo de Participação dos Municípios, conforme dados do Ministério da Previdência Social. Decorre daí uma influência de forte impacto nas economias locais. Ainda, segundo dados do IBGE, para cada segurado da previdência social há aproximadamente 2,5 pessoas beneficiadas indiretamente. Considerando-se que em novembro de 2009 foram 27 milhões de beneficiados, temos um total de 94,5 milhões de pessoas atingidas pelo pagamento de benefícios, ou seja, quase metade da população brasileira!

Álvaro Solon de França, em relevante pesquisa sobre a influência da previdência social nas economias dos municípios brasileiros, afirma:

> Entre 1992 e 1999, a renda *per capita* dos domicílios nos quais residem beneficiários da Previdência subiu cerca de 30%. O crescimento da renda *per capita* média dos

---

[32] Cf. *Contribuições*: uma figura *sui generis*, p. 41. Essa afirmação, com a qual concordamos, vai de encontro à posição assumida por Kelsen, Teoria pura do direito, trad. João Baptista Machado, p. 77, segundo a qual "na afirmação evidente de que o objeto da ciência jurídica é o Direito, está contida a afirmação – menos evidente – de que são as normas jurídicas o objeto da ciência jurídica, e a conduta humana só o é na medida em que é determinada nas normas jurídicas como pressuposto ou consequência, ou – por outras palavras – na medida em que constitui conteúdo de normas jurídicas. Quando à questão de saber se as relações inter-humanas são objeto da ciência jurídica, é importante dizer que elas também só são objeto de um conhecimento jurídico enquanto relações jurídicas, isto é, como relações que são constituídas através de normas jurídicas".

domicílios que não recebem nenhum benefício previdenciário, por sua vez, não ultrapassou 23%. Nos domicílios beneficiados pela Previdência a renda é 32,5% maior que a média nacional e 54% maior que a renda dos domicílios que não são beneficiados. Não para por aí. Em 1999, 34% dos brasileiros possuíam renda mensal menor do que R$ 98,00 vivendo abaixo da linha da pobreza. Se não fosse a Previdência, o percentual seria de 45,3%. Ao receberem os benefícios previdenciários, 18 milhões de pessoas escaparam da linha da miséria.

[...]

Esse mosaico de dados, longe de meros números soltos em páginas de uma publicação institucional, é o atestado da relevância da Previdência Social no país. O fato de o cidadão, muitas vezes, ter a renda multiplicada por três ou quatro vezes (caso de muitos trabalhadores rurais – observação é nossa), no momento da aposentadoria, não significa que o rendimento chegou ao ideal. Para populações miseráveis espalhadas pelo território nacional, entretanto, os recursos da Previdência são a única chance de sobreviverem sem resvalar na indigência. Diante de problemas tão difíceis de solucionar, a discussão não pode ganhar contornos acadêmicos ou entrar para a vala comum dos embates puramente ideológicos, sob pena de a exclusão social aumentar.[33]

Continua o mesmo autor:

Pesquisa publicada pela Secretaria de Previdência Social, com base nos dados de 2006 da PNAD/IBGE, informa que 57,7 milhões (31,5%) dos brasileiros viviam abaixo da linha de Pobreza (linha de pobreza = R$ 175,00). Se não fosse a Previdência, esse percentual seria de 43,5% (79,1 milhões de pessoas), ou seja, a Previdência foi responsável por uma redução de 12% no nível de pobreza, o que significa que 21,9 milhões de pessoas deixaram de ficar abaixo da linha de pobreza, graças aos benefícios previdenciários pagos pelo INSS.[34]

A previdência, assim, tem enorme função social, mas sua eficácia está intimamente ligada ao desenvolvimento nacional, o qual funciona como um limitador do alcance daquela. Não obstante essa íntima relação, não é possível, como já vimos, transpor, sem restrições, conceitos da Economia para a Seguridade Social, pois o objeto dessas duas ciências não se confunde.

---

[33] A importância da previdência social na economia dos municípios brasileiros e no resgate da cidadania, *Revista Conjuntura Social*, nº 14, p. 15-22.

[34] PREVIDÊNCIA – ÂNCORA SOCIAL DO BRASIL.

4. Da previdência social

- Organização sob a forma de regime geral – cobertura a todos os trabalhadores – CLT (exceção: servidores públicos filiados aos seus regimes próprios de previdência social).
  Caráter contributivo – somente têm cobertura previdenciária aqueles que contribuem.
  Filiação obrigatória – independe de ato de vontade do segurado (ao contrário do que ocorre na previdência privada, onde a adesão aos respectivos planos depende, sempre, da vontade do participante). Princípio da automaticidade.
  Observância de critérios que preservem o equilíbrio financeiro e atuarial.
  Renda mensal dos benefícios, substitutos do salário-de-contribuição ou do rendimento do trabalho do segurado, não poderá ser inferior ao do salário-mínimo (benefícios não substitutivos podem ter valor inferior).
  Cálculo dos benefícios será realizado considerando-se os salários-de-contribuição, corrigidos monetariamente.
  Preservação do valor real dos benefícios.
- Riscos constitucionalmente protegidos:
  I – cobertura dos eventos de doença, invalidez, morte e idade avançada;
  II – proteção à maternidade, especialmente à gestante;
  III – proteção ao trabalhador em situação de desemprego involuntário;
  IV – salário-família e auxílio-reclusão para os dependentes dos segurados de baixa renda;
  V – pensão por morte do segurado, homem ou mulher, ao cônjuge ou companheiro e dependentes
  (Art. 5º, § 2º, CF/88 não exclui a cobertura de outros riscos decorrentes do regime e dos princípios por ela adotados, ou dos tratados internacionais em que a República Federativa do Brasil seja parte).
- Art. 201, §§ 12 e 13 da CF/88 – Sistema especial de inclusão previdenciária para atender a trabalhadores de baixa renda e àqueles sem renda própria que se dediquem exclusivamente ao trabalho doméstico no âmbito de sua residência, desde que pertencentes a famílias de baixa renda, garantindo-lhes acesso a benefícios de valor igual a um salário-mínimo. Referido sistema terá alíquotas e carências inferiores às vigentes para os demais segurados do regime geral de previdência social (ainda não implementado).

5 Da assistência social

Nos termos do artigo 203 da Constituição Federal, a assistência social será prestada a quem dela necessitar, independentemente de contribuição à seguridade social, e terá por objetivos a proteção à família, à maternidade, à infância, à adolescência e à velhice; o amparo às crianças e adolescentes carentes; a promoção da integração ao mercado de trabalho; a habilitação e reabilitação das pessoas portadoras de deficiência e a promoção de sua integração à vida comunitária; e a garantia de um salário-mínimo de benefício mensal à pessoa portadora de deficiência e ao idoso que comprovem não possuir meios de prover à própria manutenção ou de tê-la provida por sua família, conforme dispuser a lei.

Essa norma é o ponto de partida para a compreensão da assistência social e, por muito tempo, foi o fundamento da assistência social pública e privada. Nesse sentido trilhava a jurisprudência do Supremo Tribunal Federal, como decidido na Ação Direta de Inconstitucionalidade nº 2.028.[35]

---

[35] STF, *DJ* 16 jun. 2000.

A iniciativa privada também é chamada para atuar na assistência social, visto que, nos termos do artigo 204 da Constituição, as ações governamentais na área da assistência social serão realizadas com recursos do orçamento da seguridade social, previstos no artigo 195, além de outras fontes, e organizadas com base na descentralização político-administrativa, cabendo a coordenação e as normas gerais à esfera federal e a coordenação e a execução dos respectivos programas às esferas estadual e municipal, bem como a entidades beneficentes e de assistência social.

Podemos dizer que essas entidades beneficentes e de assistência social tiveram origem nas antigas mutualidades. Não é de hoje, portanto, que a sociedade vem participando das ações de assistência social.

Os objetivos enumerados no referido artigo 203, paulatinamente, deixaram de constituir um rol taxativo para as entidades privadas, sendo admitidos outros não arrolados expressamente no Texto Constitucional.

Importa referir, aqui, os precedentes do Supremo Tribunal Federal nos julgamentos dos RREE n°s 202700 e 259756.[36]

No julgamento do primeiro desses recursos, uma entidade fechada de previdência complementar buscava, na via do mandado de segurança, o reconhecimento de seu direito à imunidade concedida pelo artigo 150, VI, *c*, da Constituição Federal, em relação ao imposto sobre a propriedade territorial urbana de imóvel de sua propriedade. Referida disposição constitucional está vazada nesses termos:

> Art. 150. Sem prejuízo de outras garantias asseguradas ao contribuinte, é vedado à União, aos Estados, ao Distrito Federal e aos Municípios:
>
> VI – instituir impostos sobre:
>
> c) patrimônio, renda ou serviços dos partidos políticos, inclusive suas fundações, das entidades sindicais dos trabalhadores, das instituições de educação e de assistência social, sem fins lucrativos, atendidos os requisitos da lei.

Daí que, nos termos das argumentações da impetrante, a mesma seria equiparada à entidade de assistência social, conforme o artigo 39, § 3º, da Lei nº 6.435/77, a qual dispôs sobre as entidades de previdência privada, dessa forma:

> Art. 39. As entidades fechadas terão como finalidade básica a execução e operação de planos de benefícios para os quais tenham autorização específica, segundo normas gerais e técnicas aprovadas pelo órgão normativo do Ministério da Previdência e Assistência Social.

---

[36] *DJ* 1º mar. 2002 e 29 ago. 2003, respectivamente.

§ 3º As entidades fechadas são consideradas instituições de assistência social, para os efeitos da letra *c* do item II do artigo 19 da Constituição.

Nesse sentido, Sergio de Andréa Ferreira doutrina, ainda em período anterior à atual Constituição Federal, que as entidades fechadas de previdência privada são consideradas complementares do sistema oficial de previdência e assistência social.[37]

Concluía o impetrante, portanto, que era cristalino seu direito à imunidade pleiteada.

O julgamento, decidido por maioria de votos, trilhou em sentido contrário. Um ponto relevante do julgado foi a distinção que restou feita entre previdência e assistência social. Na esteira do entendimento dominante, os dois termos não se confundem. Nem poderia ser diferente, pois em inúmeras passagens da Constituição Federal ambos são utilizados com conceitos distintos. Sendo assim, concluiu-se que a imunidade referida no artigo 150, VI, *c*, não abrange as entidades de previdência fechada.

Ainda, na linha de argumentação do julgado, ficou assentado que a previdência social é prestada mediante contribuição, não tendo o caráter de universalidade próprio da assistência social, que é devida independentemente de contribuição.

Dessa forma, as entidades de previdência fechada que oferecerem planos previdenciários aos seus participantes mediante contribuição destes não estão ao alcance da imunidade.

Afastando-se do enunciado no artigo 203 da Constituição Federal, foi reconhecido no julgado outro conceito de assistência social, precisamente elaborado pelo Ministro Octavio Gallotti no julgamento do RE nº 136.332, in *RTJ* 150/597:

> Não ignoro que a evolução social dos tempos modernos está a sugerir um conceito de assistência social não estritamente vinculado aos pressupostos de caridade, benemerência, do humanitarismo, da filantropia. Mas a imunidade tributária constitucional continua a ser um estímulo ao altruísmo (desprendimento de alguém em proveito de outrem). Entendo que não comporta a hipótese onde os associados se congregam em seu próprio benefício, mediante o recolhimento de contribuições, mediante o concurso de algum patrocinador e a despeito da reconhecida utilidade social do empreendimento.

Dessa forma, tendo em vista que, no caso em exame, a contribuição dos participantes era fundamental para o plano instituído, o Supremo Tribunal Federal acabou por negar o direito à imunidade.

---

[37] Cf. *Aspectos básicos do moderno direito das fundações de previdência suplementar*, p. 21.

Esse entendimento foi alterado no julgamento de outro recurso extraordinário, em 28 de novembro de 2001. Trata-se do RE nº 259756, onde outra entidade de previdência privada pleiteava, igualmente, a imunidade conferida pelo artigo 150, IV, *c*, da Constituição Federal.

Esse julgado, na realidade, desenvolveu o mesmo raciocínio do anterior, porém deu um passo além.

Mesmo reconhecendo que, sob o ponto de vista constitucional, assistência e previdência social não se confundem – e esse foi o principal argumento da Fazenda Nacional, recorrente na ação –, o Tribunal acabou por enquadrar as entidades fechadas de previdência privada no benefício concedido às entidades de assistência social, desde que não haja contribuição dos participantes e não haja distribuição de lucros.

Considerou, nessa vertente, o artigo 14 do Código Tributário Nacional, o qual reza:

> Art. 14. O disposto na alínea *c* do inciso IV do art. 9º é subordinado à observância dos seguintes requisitos pelas entidades nele referidas:
>
> I – não distribuírem qualquer parcela de seu patrimônio ou de suas rendas, a qualquer título;
>
> II – aplicarem integralmente, no País, os seus recursos na manutenção dos seus objetivos institucionais;
>
> III – manterem escrituração de suas receitas e despesas em livros revestidos de formalidades capazes de assegurar sua exatidão.

Segundo o entendimento majoritário, o termo *assistência social* arrolado no artigo 150, VI, *c*, não se confunde com a assistência social do artigo 203, pois a assistência social do artigo 203 diz respeito àquela de natureza pública, prestada por pessoa jurídica de direito público. Dessa forma, sua imunidade não decorre do artigo 150, VI, *c*, mas sim da alínea *a* do mesmo artigo; logo, como o Texto Constitucional não possui letras mortas, a interpretação que equipara os dois termos carece de consistência jurídica. Por isso, o termo *assistência social* em referência diz respeito à iniciativa privada, incluindo-se, aí, as entidades fechadas de previdência privada que submetam-se ao regime do artigo 14 do Código Tributário Nacional e que não recebam qualquer contribuição de seus participantes.

Nota-se que, nessa hipótese, o Tribunal, na verdade, prestigiou o altruísmo tal qual desenvolvido no voto do Ministro Octávio Gallotti, acima transcrito.

Nesse sentido, já havia consignado, bem antes do julgado, Wagner Balera:

Nada justifica, por conseguinte, que haja tratamento tributário distinto para bens – patrimônio, renda e serviços – de entes colocados a serviço do mesmo ideal de proteção constitucionalmente definido: a seguridade social.[38]

Considerou, ainda, o Tribunal, a irrelevância da gratuidade dos serviços prestados, o que não confunde-se com a finalidade lucrativa. Assim, nada impede a cobrança dos serviços nem a remuneração dos funcionários, desde que ambas sejam compatíveis com valores de mercado e tenham por finalidade a cobertura dos custos.

Por tudo o que foi exposto, e ainda fundamentado no princípio de interpretação constitucional da máxima eficácia, segundo o qual à norma constitucional deve ser dada a interpretação que maior alcance lhe dê, a Corte Suprema acabou por reconhecer a imunidade pleiteada. Tal entendimento restou consagrado na Súmula nº 730, nesses termos:

A imunidade tributária conferida a instituições de assistência social sem fins lucrativos pelo art. 150, VI, *c*, da Constituição, somente alcança as entidades fechadas de previdência social privada se não houver contribuição dos beneficiários.

A decisão ainda foi fundamentada nos seguintes precedentes: RE nº 202700, RE nº 235003, RE nº 222631, AI nº 289176, AI nº 323514, RE nº 246886 e RE nº 360500.

Tudo isso, na verdade, fundamenta o entendimento no sentido de que a correta compreensão do termo *assistência social* não reside, exclusivamente, no artigo 203 da Constituição Federal.

5.1 Benefício de prestação continuada da Lei nº 8.742/93 – LOAS

A renda mensal vitalícia constituía-se num benefício da previdência social criado pela Lei nº 6.179/74. Era devida ao maior de 70 anos ou ao inválido que não exercessem atividade remunerada e que comprovassem não possuir meios de prover sua própria subsistência ou de tê-la provida por sua família, desde que:

I – tenham sido filiados ao regime do INPS, em qualquer época, no mínimo por 12 (doze) meses, consecutivos ou não, vindo a perder a qualidade de segurado; ou

II – tenham exercido atividade remunerada atualmente incluída no regime do INPS ou do FUNRURAL, mesmo sem filiação à Previdência Social, no mínimo por 5 (cinco) anos, consecutivos ou não; ou ainda

[38] Natureza e fins da imunidade dos fundos de pensão, *Revista de Direito Tributário*, nº 65, p. 178.

III – tenham ingressado no regime do INPS após completar 60 (sessenta) anos de idade sem direito aos benefícios regulamentares.

O valor do benefício era igual à metade do maior salário-mínimo vigente no país; entretanto, com a entrada em vigor da Constituição Federal de 1988, dispôs seu artigo 201, § 5º, que nenhum benefício que substitua o salário-de-contribuição ou o rendimento do trabalho do segurado terá valor mensal inferior ao salário-mínimo. O Supremo Tribunal Federal, ao interpretar esse dispositivo constitucional, entendeu que o mesmo é autoaplicável,[39] razão pela qual a partir daquela data o benefício foi majorado para um salário-mínimo.

Nos termos do artigo 139 da Lei nº 8.213/91, a renda mensal vitalícia continuaria integrando o elenco dos benefícios da previdência social até que fosse regulamentado o inciso V do artigo 203 da Constituição Federal, o que finalmente ocorreu com a publicação da Lei nº 8.742/93. Segundo o artigo 20 dessa Lei, o benefício de prestação continuada é a garantia de um salário-mínimo mensal à pessoa com deficiência e ao idoso com 65 anos[40] ou mais que comprovem não possuir meios de prover a própria manutenção nem de tê-la provida por sua família – veja-se que as novas exigências são menos rígidas do que aquelas previstas na Lei nº 6.179/74; entretanto, a concessão do novo benefício deu-se apenas a partir da publicação do Decreto nº 1.744, em 8.12.95, de tal sorte que a antiga renda mensal vitalícia continuou sendo devida até essa data.

O novo benefício é conhecido como BPC ou LOAS, já que instituído pela Lei de Organização da Assistência Social.

Atualmente, nos termos da Lei nº 12.435/11, compõe a família, além do requerente, o cônjuge ou companheiro, os pais e, na ausência de um deles, a madrasta ou o padrasto, os irmãos solteiros, os filhos e enteados solteiros e os menores tutelados, desde que vivam sob o mesmo teto.[41]

Pessoa com deficiência é aquela que tem impedimentos de longo prazo de natureza física, intelectual ou sensorial, os quais, em interação com diversas barreiras, podem obstruir sua participação plena e efetiva na sociedade com as demais

---

[39] STF, RE nº 159413, *DJ* 26 nov. 1993.

[40] Originalmente a idade mínima foi fixada em 70 anos. Com a publicação do Estatuto do Idoso – Lei nº 10.741/03, art. 34, foi reduzida para 65 anos.

[41] Na redação anterior, a Lei nº 8.742/93 tomava emprestado o conceito de dependentes previdenciários fixado na Lei nº 8.213/91 para conceituar a família, causando uma séria inconsistência, senão vejamos. Na hipótese de a mãe – ou de o pai – residir com filhos menores de 21 anos que não trabalhassem, sua renda seria dividida por todos para fins de cálculo de renda *per capita*, noutra hipótese, quando a mãe – ou o pai – residisse com filhos maiores de 21 anos, a renda destes seria excluída do cálculo, permitindo que, mesmo numa situação de elevada renda familiar, os pais tivessem direito ao LOAS.

pessoas. A lei define como impedimentos de longo prazo aqueles que incapacitam a pessoa com deficiência para a vida independente e para o trabalho pelo prazo mínimo de 2 anos.[42] O conceito de deficiência da lei não confunde-se com o de deficiência física. É evidentemente mais amplo; por isso, o benefício não é devido somente aos portadores de deficiência física. Nesse sentido, o seguinte julgado:

> PREVIDENCIÁRIO. BENEFÍCIO DE PRESTAÇÃO CONTINUADA. ART. 20, § 2º DA LEI 8.742/93. PORTADOR DO VÍRUS HIV. INCAPACIDADE PARA O TRABALHO E PARA PROVER O PRÓPRIO SUSTENTO OU DE TÊ-LO PROVIDO PELA FAMÍLIA. LAUDO PERICIAL QUE ATESTA A CAPACIDADE PARA A VIDA INDEPENDENTE BASEADO APENAS NAS ATIVIDADES ROTINEIRAS DO SER HUMANO. IMPROPRIEDADE DO ÓBICE À PERCEPÇÃO DO BENEFÍCIO. RECURSO DESPROVIDO.
>
> I – A pessoa portadora do vírus HIV, que necessita de cuidados frequentes de médico e psicólogo e que se encontra incapacitada, tanto para o trabalho, quanto de prover o seu próprio sustento ou de tê-lo provido por sua família – tem direito à percepção do benefício de prestação continuada previsto no art. 20 da Lei 8.742/93, ainda que haja laudo médico-pericial atestando a capacidade para a vida independente.
>
> II – O laudo pericial que atesta a incapacidade para a vida laboral e a capacidade para a vida independente, pelo simples fato da pessoa não necessitar da ajuda de outros para se alimentar, fazer sua higiene ou se vestir, não pode obstar a percepção do benefício, pois, se esta fosse a conceituação de vida independente, o benefício de prestação continuada só seria devido aos portadores de deficiência tal que suprimisse a capacidade de locomoção do indivíduo – o que não parece ser o intuito do legislador.
>
> III – Recurso desprovido.[43,44]

Considera-se incapaz de prover a manutenção da pessoa com deficiência ou idosa a família cuja renda mensal per capita seja inferior a 1/4 do salário-mínimo.[45] Tendo em vista que o valor atual do salário-mínimo é de R$ 678,00, a renda de cada um dos integrantes da unidade familiar – cujo conceito está acima – deve ser

---

42 Decorre daí que, a partir da publicação da nova lei, o BPC pode ser concedido em caráter temporário. Como exemplo, veja-se a situação de um acidentado incapacitado para a vida independente e para o trabalho pelo prazo de dois anos, necessários para sua recuperação.

43 REsp nº 360202. *DJ* 1º jul. 2002.

44 Com relação a esse requisito – previsto no art. 20, § 2º, da Lei nº 8.742/93 – a Advocacia-Geral da União editou o Enunciado nº 30, segundo o qual "a incapacidade para prover a própria subsistência por meio do trabalho é suficiente para a caracterização da incapacidade para a vida independente, conforme estabelecido no art. 203, V, da Constituição Federal, e art. 20, II, da Lei nº 8.742, de 7 de dezembro de 1993", *DOU* 10 jun. 2008.

45 Nos termos do art. 20, § 9º c/c art. 21-A, § 2º, da Lei nº 8.742/93, a remuneração da pessoa com deficiência na condição de aprendiz não será considerada para fins do cálculo dessa renda, limitado a dois anos o recebimento concomitante da remuneração e do benefício.

inferior a R$ 169,50; logo, a interpretação literal da lei leva à conclusão de que uma família composta por um casal e dois filhos, onde apenas o pai trabalha e um dos filhos preenche os requisitos da deficiência estipulada pela lei, não tem direito ao benefício, já que a renda mensal per capita será igual a ¼ do salário-mínimo.

A jurisprudência tem oscilado em relação a esse critério.

O Supremo Tribunal Federal assumia posição no sentido de que a Lei nº 8.742/93 trazia hipótese objetiva de prestação assistencial do Estado, razão pela qual não poderia, em nenhuma hipótese, ser desconsiderada. Nesse sentido, o seguinte julgado:

> MEDIDA LIMINAR EM AÇÃO DIRETA DE INCONSTITUCIONALIDADE. CONCEITO DE "FAMÍLIA INCAPAZ DE PROVER A MANUTENÇÃO DA PESSOA PORTADORA DE DEFICIÊNCIA OU IDOSA" DADO PELO PAR. 3. DO ART. 20 DA LEI ORGÂNICA DA ASSISTÊNCIA SOCIAL (LEI Nº 8.742, DE 7.12.93) PARA REGULAMENTAR O ART. 203, V, DA CONSTITUIÇÃO FEDERAL. 1. Arguição de inconstitucionalidade do par. 3. do art. 20 da Lei nº 8.472/93, que prevê o limite máximo de 1/4 do salário--mínimo de renda mensal *per capita* da família para que seja considerada incapaz de prover a manutenção do idoso e do deficiente físico, ao argumento de que esvazia ou inviabiliza o exercício do direito ao benefício de um salário-mínimo conferido pelo inciso V do art. 203 da Constituição. 2. A concessão da liminar, suspendendo a disposição legal impugnada, faria com que a norma constitucional voltasse a ter eficácia contida, a qual, por isto, ficaria novamente dependente de regulamentação legal para ser aplicada, privando a Administração de conceder novos benefícios até o julgamento final da ação. 3. O dano decorrente da suspensão cautelar da norma legal é maior do que a sua manutenção no sistema jurídico. 4. Pedido cautelar indeferido.[46]

Posteriormente, por maioria de votos, confirmou esse entendimento no julgamento do mérito da referida ação.[47]

Em 2004, o INSS propôs reclamação em face de sentença onde restou decidido que "esse requisito legal deve ser tomado apenas como parâmetro para se examinar as condições econômicas da família e não como um requisito impeditivo, por si só, para a concessão do benefício" e que "[...] a situação econômica financeira dependerá do exame de outros fatores, como tipo de deficiência da autora, as suas necessidades e as condições de vida dela e de sua família, que não podem ser reunidos em um fator numérico aleatório". O julgamento da citada reclamação, também por maioria, restou assim ementado:

---

[46] ADInMC nº 1232-1, *DJ* 26 maio 1995, votação unânime.

[47] *DJ* 1º jun. 2001, vencidos em parte os Ministros Ilmar Galvão e Néri da Silveira, que davam interpretação conforme a Constituição a fim de não excluir outros meios de prova da miserabilidade.

> RECLAMAÇÃO. SALÁRIO-MÍNIMO. PORTADOR DE DEFICIÊNCIA FÍSICA E IDOSO. ART. 203. CF. A sentença impugnada ao adotar a fundamentação defendida no voto vencido afronta o voto vencedor e assim a própria decisão final da ADI 1.232. Reclamação procedente.[48]

Deve ser registrado que o Supremo Tribunal Federal manteve esse entendimento mesmo após a edição de legislação que introduziu novos critérios para aferição da pobreza, tal qual a Lei nº 10.836/04, que criou o Programa Bolsa-Família e definiu a situação de extrema pobreza como sendo aquela cuja renda *per capita* na família fosse de até R$ 50,00 – valor atual de R$ 70,00.[49]

Nesse sentido, decidiu o Tribunal que "leis que disciplinem outros benefícios não têm o condão de alterar as disposições da Lei nº 8.742/93, que tem como fim específico regulamentar aquele beneficio constitucionalmente previsto".[50]

A posição do Tribunal experimentou sensível alteração a partir do julgamento da Rcl nº 4.374, onde restou decidido:

> [...] Portanto, mantendo-se firme o posicionamento do Tribunal em relação à constitucionalidade do § 3º do art. 20 da Lei nº 8.742/93, tal como esposado no julgamento da ADI 1.232, o mesmo não se poderia afirmar em relação ao que decidido na Rcl – AgR 2.303/RS, Rel. Min. Ellen Gracie (*DJ* 1.4.2005). O Tribunal parece caminhar no sentido de se admitir que o critério de 1/4 do salário-mínimo pode ser conjugado com outros fatores indicativos do estado de miserabilidade do indivíduo e de sua família para concessão do benefício assistencial de que trata o art. 203, inciso V, da Constituição. Entendimento contrário, ou seja, no sentido da manutenção da decisão proferida na Rcl 2.303/RS, ressaltaria ao menos a inconstitucionalidade por omissão do § 3º do art. 20 da Lei nº 8.742/93, diante da insuficiência de critérios para se aferir se o deficiente ou o idoso não possuem meios de prover a própria manutenção ou de tê-la provida por sua família, como exige o art. 203, inciso V, da Constituição. A meu ver, toda essa reinterpretação do art. 203 da Constituição, que vem sendo realizada tanto pelo legislador como por esta Corte, pode ser reveladora de um processo de inconstitucionalização do § 3º do art. 20 da Lei nº 8.742/93. Diante de todas essas perplexidades sobre o tema, é certo que o Plenário do Tribunal terá que enfrentá-lo novamente. Ademais, o próprio caráter alimentar do benefício em referência torna injustificada a alegada urgência da pretensão cautelar em casos como este. Ante o exposto, indefiro o pedido de medida liminar.[51]

---

48 Rcl-AgR nº 2303-6, *DJ* 1º abr. 2005, vencidos os Ministros Carlos Britto, que a julgava improcedente, e Marco Aurélio, pelo não cabimento da reclamação.

49 Vide também as Leis nºs 10.689/03 e 9.533/97.

50 Rcl nº 2323, *DJ* 20 maio 2005, maioria. Em nosso sentir, não poderia ser diferente, em obediência ao disposto no art. 195, § 5º, da CF/88.

51 Rcl nº 4374, *DJ* 6 fev. 2007, decisão singular Min. Gilmar Mendes.

Outras decisões singulares trilham a mesma direção.[52]

A tendência do Supremo Tribunal Federal, portanto, é no sentido de dar nova interpretação ao artigo 203, V, da Constituição Federal, admitindo-se outros critérios para a comprovação do estado de miserabilidade do titular do direito. Note-se, inclusive, que o Tribunal reconheceu a existência de repercussão geral no caso, nos termos do seguinte julgado:

> REPERCUSSÃO GERAL – BENEFÍCIO ASSISTENCIAL DE PRESTAÇÃO CONTINUADA – IDOSO – RENDA *PER CAPITA* FAMILIAR INFERIOR A MEIO SALÁRIO-MÍNIMO – ARTIGO 203, INCISO V, DA CONSTITUIÇÃO FEDERAL. Admissão pelo Colegiado Maior.[53]

O caminho não poderia ser diferente.

Não há dúvidas de que estamos frente à norma constitucional de eficácia contida, visto que o direito é assegurado no Texto Constitucional "conforme dispuser a lei"; entretanto, tal fato não pode levar à conclusão de que a lei ordinária tem o condão de restringir um direito constitucionalmente previsto, sob pena de completa inversão do princípio da hierarquia das leis e transformação da norma constitucional em mera norma programática no sentido que a doutrina clássica concebia, de simples exortação moral ao legislador ordinário.

A jurisprudência do Superior Tribunal de Justiça também é nesse sentido:

> PREVIDENCIÁRIO. BENEFÍCIO DE PRESTAÇÃO CONTINUADA. ASSISTÊNCIA SOCIAL. PREVISÃO CONSTITUCIONAL. BENEFÍCIO RECEBIDO POR PARENTE DO AUTOR. CÔMPUTO DO VALOR PARA VERIFICAÇÃO DE MISERABILIDADE. IMPOSSIBILIDADE. ART. 34 DA LEI Nº 10.741/2003. INTERPRETAÇÃO RESTRITIVA AO BPC. ART. 20, § 3º, DA LEI Nº 8.742/93. POSSIBILIDADE DE AFERIÇÃO DA MISERABILIDADE POR OUTROS MEIOS. PRECEDENTES. RECURSO ESPECIAL PROVIDO.
>
> [...]
>
> 3. A Terceira Seção deste Superior Tribunal consolidou o entendimento de que o critério de aferição da renda mensal previsto no § 3º do art. 20 da Lei nº 8.742/93 deve ser tido como um limite mínimo, um *quantum* considerado insatisfatório à subsistência da pessoa portadora de deficiência ou idosa, não impedindo, contudo, que o julgador faça uso de outros elementos probatórios, desde que aptos a comprovar a condição de miserabilidade da parte e de sua família.[54]

---

[52] Rcl nº 4422, Rel. Min. Celso de Mello, *DJ* 30 jun. 2006; Rcl nº 4133, Rel. Min. Carlos Britto, *DJ* 30 jun. 2006; Rcl nº 4366, Rel. Min. Ricardo Lewandowski, *DJ* 1º jun. 2006; Rcl nº 4280, Rel. Min. Sepúlveda Pertence, *DJ* 30 jun. 2006; Rcl nº 3805, Rel. Min. Carmem Lúcia, *DJ* 18 out. 2006.

[53] RE nº 567985, *DJ* 11 abr. 2008.

[54] REsp nº 841060, *DJ* 25 jun. 2007.

O artigo 20, § 4º, da Lei nº 8.742/93 reza que esse benefício não pode ser acumulado pelo beneficiário com qualquer outro no âmbito da seguridade social ou de outro regime, salvo os da assistência médica e da pensão especial de natureza indenizatória. Impossível acumular LOAS com aposentadoria ou pensão, por exemplo.

Por outro lado, o artigo 34, parágrafo único, da Lei nº 10.741/03 dispõe que o benefício já concedido a qualquer membro da família não será computado para os fins do cálculo da renda familiar *per capita* a que se refere a LOAS, ou seja, nada impede que cada membro da unidade familiar receba o benefício, desde que preenchidos os requisitos, sendo desconsiderado para tal finalidade eventuais LOAS recebidas pelos demais. Essa alteração legislativa acabou por formar corrente doutrinária no sentido de que os benefícios previdenciários recebidos por membros da família, de valor mínimo, também deveriam ser desconsiderados para fins de cálculo de renda familiar *per capita* para fins de LOAS. O raciocínio adotado é o seguinte: se a percepção da LOAS independe de contribuição, porque se trata de benefício assistencial, com maior razão ainda deveria excluir-se benefício previdenciário de valor mínimo, para o qual exigiu-se contribuição do segurado, pois, do contrário, estar-se-ia beneficiando aquele que não contribuiu para o sistema de seguridade social em detrimento daquele que contribuiu.

Muito embora a existência de decisões sufragando o entendimento acima,[55] o Superior Tribunal de Justiça tem entendido de maneira contrária:

> PROCESSUAL CIVIL E PREVIDENCIÁRIO. AGRAVO REGIMENTAL. ASSISTÊNCIA SOCIAL. BENEFÍCIO DE PRESTAÇÃO CONTINUADA. REQUISITOS LEGAIS. ART. 20, § 3º, DA LEI Nº 8.742/93. REEXAME DO CONJUNTO PROBATÓRIO. SÚMULA Nº 7 DO STJ. ART. 34, PARÁGRAFO ÚNICO, DO ESTATUTO DO IDOSO. NÃO INCIDÊNCIA. ANÁLISE DE DISPOSITIVO CONSTITUCIONAL. IMPOSSIBILIDADE EM SEDE DE RECURSO ESPECIAL.
>
> [...]
>
> II – O cônjuge da autora não recebe benefício da assistência social, não se aplicando o parágrafo único do art. 34 do Estatuto do Idoso.[56]

No corpo do voto está assentado que "quanto a alegada negativa de vigência ao art. 34, parágrafo único, da Lei nº 10.741/03, tendo em vista que o benefício de prestação continuada recebido por qualquer um dos membros da família não poderia ser computado para os fins do cálculo da renda familiar *per capita*, o que consta do pronunciamento do e. Tribunal *a quo* é que o cônjuge da recorrida é

[55] *V. g.* TNU, PU 200583035024950, *DJU* 12 fev. 2008.

[56] AgRg no REsp nº 868590, *DJ* 5 fev. 2007.

aposentado por invalidez, não desfrutando do benefício assistencial". Por essa razão entendeu o Tribunal pela inaplicabilidade da referida norma legal.

A condição de acolhimento em instituições de longa permanência não prejudica o direito do idoso ou da pessoa com deficiência ao benefício de prestação continuada.

A concessão do benefício ficará sujeita à avaliação da deficiência e do grau de incapacidade, composta por avaliação médica e avaliação social realizadas por médicos peritos e por assistentes sociais do INSS. Na hipótese de não existirem serviços no município de residência do beneficiário, fica assegurado, na forma prevista em regulamento, o seu encaminhamento ao município mais próximo que contar com tal estrutura.

A renda familiar mensal deverá ser declarada pelo requerente ou seu representante legal, sujeitando-se aos demais procedimentos previstos no regulamento para o deferimento do pedido.

O benefício deve ser revisto a cada dois anos para avaliação da continuidade das condições que lhe deram origem, já que o mesmo deve ser cessado no momento em que forem superadas estas condições ou em caso de morte do beneficiário.[57]

Também configura hipótese de suspensão o exercício de atividade remunerada pela pessoa com deficiência, inclusive na condição de microempreendedor individual.[58]

A lei ainda determina que o desenvolvimento das capacidades cognitivas, motoras ou educacionais e a realização de atividades não remuneradas de habilitação e reabilitação, entre outras, não constituem motivo de suspensão ou cessação do benefício da pessoa com deficiência, bem como que a cessação do benefício de prestação continuada concedido à pessoa com deficiência, inclusive em razão do seu ingresso no mercado de trabalho, não impede nova concessão do benefício, desde que atendidos os requisitos definidos em regulamento.

O Decreto nº 6.214/07 regulamenta o BPC e atribui responsabilidade ao INSS para a operacionalização do mesmo.[59]

---

[57] Este benefício não gera pensão.

[58] Nos termos do art. 21-A, § 1º, da Lei nº 8.742/91, extinta a relação trabalhista ou a atividade empreendedora e, quando for o caso, encerrado o prazo de pagamento do seguro-desemprego e não tendo o beneficiário adquirido direito a qualquer benefício previdenciário, poderá ser requerida a continuidade do pagamento do benefício suspenso, sem necessidade de realização de perícia médica ou reavaliação da deficiência e do grau de incapacidade para esse fim.

[59] Segundo dados do Ministério de Desenvolvimento Social, em 7/11 havia 1.662.193 idosos e 1.854.597 pessoas com deficiência atendidos por meio do benefício de prestação continuada, projetando uma despesa de 24,0 bilhões de reais no ano. No mesmo mês, havia 267.766 benefícios de renda mensal vitalícia ativos, estimando-se uma despesa de 1,75 bilhões de reais no ano.

5.2 *Bolsa família*

O Programa Bolsa Família foi criado pela Lei nº 10.836/04 e regulamentado pelo Decreto nº 5.209/04.

Compreende ações de transferência de renda com condicionalidades relativas ao exame pré-natal, ao acompanhamento nutricional, ao acompanhamento de saúde e à frequência escolar de 85% em estabelecimento de ensino regular. As condicionalidades representam as contrapartidas que devem ser cumpridas para a manutenção dos benefícios e se destinam a estimular as famílias beneficiárias a exercer seu direito de acesso às políticas públicas de saúde, educação e assistência social, promovendo a melhoria das condições de vida da população, bem como a identificar as vulnerabilidades sociais que afetam ou impedem o acesso das famílias beneficiárias aos serviços públicos a que têm direito, por meio do monitoramento de seu cumprimento. É de responsabilidade de todas as esferas de governo garantir o pleno acesso aos serviços públicos relacionados às condicionalidade do programa.

Seus objetivos são:

I – promover o acesso à rede de serviços públicos, em especial, de saúde, educação e assistência social;

II – combater a fome e promover a segurança alimentar e nutricional;

III – estimular a emancipação sustentada das famílias que vivem em situação de pobreza e extrema pobreza;

IV – combater a pobreza; e

V – promover a intersetorialidade, a complementaridade e a sinergia das ações sociais do Poder Público.

O programa tem os seguintes benefícios financeiros:

I – benefício básico, no valor mensal de R$ 70,00, destinado a unidades familiares que se encontrem em situação de extrema pobreza;

II – benefício variável, no valor mensal de R$ 32,00 por beneficiário, até o limite de R$ 160,00 por família, destinado a unidades familiares que se encontrem em situação de pobreza ou extrema pobreza e que tenham em sua composição:

a) gestantes;

b) nutrizes;

c) crianças entre zero e doze anos; ou

d) adolescentes até quinze anos; e

III – benefício variável vinculado ao adolescente, no valor mensal de R$ 38,00 por beneficiário, até o limite de R$ 76,00 por família, destinado a unidades familiares que se encontrem em situação de pobreza ou extrema pobreza e que tenham em sua composição adolescentes com idade de 16 a 17 anos matriculados em estabelecimentos de ensino;

IV – benefício variável de caráter extraordinário: constitui-se de parcela do valor dos benefícios das famílias remanescentes dos Programas Bolsa Escola, Bolsa Alimentação, Cartão Alimentação e Auxílio Gás que, na data da sua incorporação ao Programa Bolsa Família, exceda o limite máximo fixado para o Programa Bolsa Família.

A situação de pobreza e extrema pobreza caracteriza-se pela renda familiar mensal *per capita* de até R$ 140,00 e R$ 70,00, respectivamente.

Entende-se por família a unidade nuclear, eventualmente ampliada por outros indivíduos que com ela possuam laços de parentesco ou de afinidade, que forme um grupo doméstico vivendo sob o mesmo teto e que se mantém pela contribuição de seus membros.

A renda familiar mensal equivale à soma dos rendimentos brutos auferidos mensalmente pela totalidade dos membros da família, excluindo-se os rendimentos concedidos por programas oficiais de transferência de renda.

Os benefícios financeiros previstos nos incisos I, II e III acima poderão ser pagos cumulativamente às famílias beneficiárias, desde que em situação de extrema pobreza.

A família cuja renda familiar mensal *per capita* esteja compreendida em situação de pobreza receberá apenas os benefícios a que se referem os incisos II e III, desde que preenchidos seus requisitos.

O benefício do inciso IV tem caráter excepcional, podendo ser pago a qualquer família compreendida naquela situação.

A Caixa Econômica Federal é o agente operador do programa.

Esse benefício atende a mais de 13 milhões de famílias.[60]

5.3 *Demais programas assistenciais*

A rede de proteção oferecida pela assistência social, nos termos constitucionais, como já vimos, é direcionada para a camada mais necessitada da população. Os programas assistenciais têm desempenhado um papel relevante no combate à

[60] Em 2011, a despesa prevista é de aproximadamente R$ 16,5 bilhões.

pobreza e à miséria no Brasil e nos países da América Latina onde foram implantados. Não é à toa que esses países apresentam os menores índices de pobreza e miséria da região. Segundo Ricardo Paes de Barros, do Instituto de Pesquisas Econômicas Aplicadas (IPEA), o Bolsa família "tem um enorme impacto para reduzir aquela pobreza que é a mais grave de todas. O Bolsa Família vai aonde ninguém estava indo. Pela primeira vez, conseguiu-se criar um canal de comunicação direto com a população mais pobre".[61] Mesa-Lago demonstra "o impacto positivo notável desses benefícios na redução da pobreza e da indigência: 31% e 67% na Argentina em 1997; 24% e 21% na Costa Rica em 2000; e 19% e 69% no Chile em 2000". Os demais países latino-americanos que não adotam programas assistenciais, por outro lado, apresentam a incidência de pobreza mais alta – entre 30% e 68% da população.[62, 63]

Resta evidente, daí, a importância dos programas assistenciais como instrumentos para a garantia dos direitos fundamentais, os quais devem operar ao lado de outros não assistenciais, mas sem descurar daqueles. Noutros termos: se é certo que o país deve investir em programas de geração de emprego e renda, não é menos certo que a assistência aos mais necessitados – os quais frequentemente vivem em condições sub-humanas – exige a transferência direta de renda, pois, como afirmava Betinho, "quem tem fome não pode esperar".

Outros programas de assistência social de responsabilidade do Ministério do Desenvolvimento Social:

- Programa de Atenção Integral à Família – PAIF.
- Centro de Referência de Assistência Social – CRAS.
- Centro de Referência Especializado da Assistência Social – CREAS.
- Projeto Agente Jovem de Desenvolvimento Social e Humano.
- Serviços continuados para o atendimento à criança, à família e à Pessoa Idosa.
- Programa de Erradicação do Trabalho Infantil (PETI).
- Serviço de Enfrentamento à Violência, ao Abuso e à Exploração Sexual de Crianças e Adolescentes (Antigo Programa Sentinela).
- Banco de Alimentos.
- Cozinhas Comunitárias.

---

[61] Cf. Brasil pode ter a década da redução da desigualdade, avaliam pesquisadores.

[62] Cf. *As reformas de previdência na América Latina e seus impactos nos princípios de seguridade social*, p. 57.

[63] Segundo o 4º Relatório Nacional de Acompanhamento dos Objetivos de Desenvolvimento do Milênio, no Brasil houve queda da pobreza extrema de 12% em 2003 para 4,81 em 2008.

5. Da assistência social

Objetivos constitucionais:
I – a proteção à família, à maternidade, à infância, à adolescência e à velhice;
II – o amparo às crianças e adolescentes carentes;
III – a promoção da integração ao mercado de trabalho;
IV – a habilitação e reabilitação das pessoas portadoras de deficiência e a promoção de sua integração à vida comunitária;
V – a garantia de um salário-mínimo de benefício mensal à pessoa portadora de deficiência e ao idoso que comprovem não possuir meios de prover à própria manutenção ou de tê-la provida por sua família, conforme dispuser a lei.

5.1 LOAS

5.1 LOAS – Legislação revogada – Lei nº 6.179/74 – renda mensal vitalícia. Devida ao maior de 70 anos ou ao inválido que não exercessem atividade remunerada e que comprovassem não possuir meios de prover sua própria subsistência ou de tê-la provida por sua família, além de outros requisitos.
Valor do benefício: metade do maior salário-mínimo vigente no país – a partir da Constituição Federal de 1988 foi majorado para um salário-mínimo.
Art. 139 da Lei nº 8.213/91– renda mensal vitalícia continuará integrando o elenco dos benefícios da previdência social até regulamentação do inciso V do artigo 203 da Constituição Federal.
Lei nº 8.742/93 – regulamentou o inciso V do artigo 203 da Constituição Federal – instituiu o benefício de prestação continuada, no valor de um salário-mínimo mensal, à pessoa portadora de deficiência e ao idoso com 70 anos ou mais, desde que comprovem não possuir meios de prover a própria manutenção e nem de tê-la provida por sua família – LOAS.
Lei nº 10.741/03 – Estatuto do Idoso – idade mínima foi reduzida para 65 anos, nos termos do seu artigo 34.
Compõe a família, além do requerente, o cônjuge ou companheiro, os pais e, na ausência de um deles, a madrasta ou o padrasto, os irmãos solteiros, os filhos e enteados solteiros e os menores tutelados, desde que vivam sob o mesmo teto.
Pessoa com deficiência é aquela que tem impedimentos de longo prazo de natureza física, intelectual ou sensorial, os quais, em interação com diversas barreiras, podem obstruir sua participação plena e efetiva na sociedade com as demais pessoas – não confunde-se com o conceito de deficiência física.
Considera-se incapaz de prover a manutenção da pessoa com deficiência ou idosa a família cuja renda mensal *per capita* seja inferior a 1/4 do salário-mínimo.
O LOAS não pode ser acumulado pelo beneficiário com qualquer outro no âmbito da seguridade social ou de outro regime, salvo o da assistência médica e da pensão especial de natureza indenizatória.
Artigo 34, parágrafo único, Lei nº 10.741/03: o benefício já concedido a qualquer membro da família não será computado para os fins do cálculo da renda familiar *per capita* a que se refere a LOAS.
A condição de acolhimento em instituições de longa permanência não prejudica o direito do idoso ou da pessoa com deficiência ao benefício de prestação continuada.
A concessão do benefício ficará sujeita a exame médico-pericial realizado pelo serviço de perícia médica do INSS. Na hipótese de não existirem serviços no município de residência do beneficiário, fica assegurado, na forma prevista em regulamento, o seu encaminhamento ao município mais próximo que contar com tal estrutura.
A renda familiar mensal deverá ser declarada pelo requerente ou seu representante legal, sujeitando-se aos demais procedimentos previstos no regulamento para o deferimento do pedido.
Este benefício deve ser revisto a cada 2 anos para avaliação da continuidade das condições que lhe deram origem.
O Decreto nº 6.214/07 regulamenta o LOAS e atribui responsabilidade ao INSS para a operacionalização do mesmo.
Este benefício não gera pensão por morte.

5.2 Bolsa-família

5.2 Bolsa-família – Criado pela Lei nº 10.836/04 e regulamentado pelo Decreto nº 5.209/04, destinado às ações de transferência de renda com condicionalidades relativas ao exame pré-natal, ao acompanhamento nutricional, ao acompanhamento de saúde, à frequência escolar de 85% em estabelecimento de ensino regular, sem prejuízo de outras previstas em regulamento.
Objetivos:
I – promover o acesso à rede de serviços públicos, em especial, de saúde, educação e assistência social;
II – combater a fome e promover a segurança alimentar e nutricional;
III – estimular a emancipação sustentada das famílias que vivem em situação de pobreza e extrema pobreza;
IV – combater a pobreza; e
V – promover a intersetorialidade, a complementaridade e a sinergia das ações sociais do Poder Público.
Benefícios financeiros:
I – benefício básico, no valor mensal de R$ 70,00, destinado a unidades familiares que se encontrem em situação de extrema pobreza;
II – benefício variável, no valor mensal de R$ 32,00 por beneficiário, até o limite de R$ 160,00 por família, destinado a unidades familiares que se encontrem em situação de pobreza ou extrema pobreza e que tenham em sua composição:
a) gestantes;
b) nutrizes;
c) crianças entre zero e doze anos; ou
d) adolescentes até quinze anos; e
III – benefício variável vinculado ao adolescente, no valor mensal de R$ 38,00 por beneficiário, até o limite de R$ 76,00 por família, destinado a unidades familiares que se encontrem em situação de pobreza ou extrema pobreza e que tenham em sua composição adolescentes com idade de dezesseis a dezessete anos matriculados em estabelecimentos de ensino;
IV – benefício variável de caráter extraordinário: constitui-se de parcela do valor dos benefícios das famílias remanescentes dos Programas Bolsa Escola, Bolsa Alimentação, Cartão Alimentação e Auxílio Gás que, na data da sua incorporação ao Programa Bolsa Família, exceda o limite máximo fixado para o Programa Bolsa Família.
Situação de pobreza: renda familiar mensal *per capita* de até R$ 140,00.
Situação de extrema pobreza: renda familiar mensal *per capita* de até R$ 70,00.

5.3 Demais programas assistenciais

5.3 Demais programas assistenciais
Programa de Atenção Integral à Família – PAIF
Centro de Referência de Assistência Social – CRAS
Centro de Referência Especializado da Assistência Social – CREAS
Projeto Agente Jovem de Desenvolvimento Social e Humano
Serviços continuados para o atendimento à criança, à família e à Pessoa Idosa
Programa de Erradicação do Trabalho Infantil (PETI)
Serviço de Enfrentamento à Violência, ao Abuso e à Exploração Sexual de Crianças e Adolescentes (Antigo Programa Sentinela):
Banco de Alimentos
Cozinhas Comunitárias
Distribuição de Alimentos
Educação Alimentar e Nutricional
Programa de Aquisição de Alimentos – PAA
Restaurante Popular
Agricultura Urbana
Programa Gestão Social com Qualidade

- Distribuição de Alimentos.
- Educação Alimentar e Nutricional.
- Programa de Aquisição de Alimentos – PAA.
- Restaurante Popular.
- Agricultura Urbana.
- Programa Gestão Social com Qualidade.

6 Da organização da seguridade social

A Lei nº 8.212/91 veio a dispor sobre a organização da seguridade social, cumprindo determinação estampada no artigo 194 da Constituição Federal, nos moldes das diretrizes antes estudadas.

Nessa linha de raciocínio, o artigo 5º da citada lei dispôs que as ações nas áreas de saúde, previdência social e assistência social, conforme o disposto no Capítulo II do Título VIII da Constituição Federal, serão organizadas em Sistema Nacional de Seguridade Social.

Wagner Balera, a esse respeito, afirma:

> Expressão maior do caráter democrático e descentralizado da administração, que sobressai como princípio de organização (art. 194, parágrafo único, VII, da CF), incumbiria a certo órgão – o Conselho Nacional de Seguridade Social – exprimir em seu funcionamento: (a) o ideário do sistema; (b) a estrutura organizacional capaz de implementá-lo; e (c) as mudanças necessárias e aptas a ordená-los aos seus superiores fins (que se confundem, é claro, com os fins da Ordem Social).[64]

Pois bem, os artigos 6º e 7º da Lei nº 8.212/91 dispuseram sobre o Conselho Nacional de Seguridade Social – repita-se: não por capricho do legislador ordinário, mas por determinação da Constituição Federal –, conferindo a este as seguintes competências:

I – estabelecer as diretrizes gerais e as políticas de integração entre as áreas, observado o disposto no inciso VII do artigo 194 da Constituição Federal;

II – acompanhar e avaliar a gestão econômica, financeira e social dos recursos e o desempenho dos programas realizados, exigindo prestação de contas;

III – apreciar e aprovar os termos dos convênios firmados entre a seguridade social e a rede bancária para a prestação dos serviços;

[64] *Sistema de seguridade social*, p. 43.

IV – aprovar e submeter ao Presidente da República os programas anuais e plurianuais da Seguridade Social;

V – aprovar e submeter ao Órgão Central do Sistema de Planejamento Federal e de Orçamentos a proposta orçamentária anual da Seguridade Social;

VI – estudar, debater e aprovar proposta de recomposição periódica dos valores dos benefícios e dos salários-de-contribuição, a fim de garantir, de forma permanente, a preservação de seus valores reais;

VII – zelar pelo fiel cumprimento do disposto nesta Lei e na legislação que rege a Seguridade Social, assim como pelo cumprimento de suas deliberações;

VIII – divulgar através do Diário Oficial da União, todas as suas deliberações;

IX – elaborar o seu regimento interno.

Estava efetivado o direito constitucional de participação da sociedade na gestão da seguridade social, mediante a participação quadripartite, competindo ao CNSS a direção superior do sistema.

Ocorre, entretanto, que a Medida Provisória nº 1.799-5/99, reeditada até a de número 2.216-37/01, ainda em vigor por força do artigo 2º da Emenda Constitucional nº 32/01,[65] revogou os artigos 6º e 7º da Lei nº 8.212/91, deixando o sistema "a ver navios".

Não há dúvidas da inconstitucionalidade da revogação, como afirmam, entre outros, Balera e Velloso.[66]

Agora – aliás, desde 1991 – navega sem rumo o sistema de seguridade social. Em que pese às ações coordenadas nas áreas de saúde, assistência e previdência social, essa coordenação funciona no âmbito interno de cada área, não há coordenação externa, com o que pode-se falar apenas precariamente em sistema de seguridade social. Hoje, tais programas são de responsabilidade dos Ministérios da Saúde, da Previdência Social e do Desenvolvimento Social e Combate à fome, realidade que levou Wagner Balera a afirmar que "três Ministérios, em um todo desarticulado, incumbem-se de gerir o mais importante dos programas sociais instituído pela Constituição de 1988".[67] Some-se a isso a publicação da Lei nº 11.457/07, que atribuiu competência à Receita Federal do Brasil para arrecadar as contribuições de seguridade social antes a cargo do

---

[65] Art. 2º As medidas provisórias editadas em data anterior à da publicação desta emenda continuam em vigor até que medida provisória ulterior as revogue explicitamente ou até deliberação definitiva do Congresso Nacional.

[66] Cf. *Sistema de seguridade social*, p. 43, *Comentários à lei do custeio da seguridade social*, p. 47, respectivamente.

[67] *Noções preliminares de direito previdenciário*, p. 151.

INSS. Temos, portanto, quatro Ministérios envolvidos com a Seguridade Social, já que a Receita Federal do Brasil é órgão do Ministério da Fazenda, como demonstrado na Figura 1.

Desmanchado o sistema, cuja competência para instituição foi expressamente arrolada no artigo 194 da Constituição Federal, é de flagrante inconstitucionalidade a revogação.

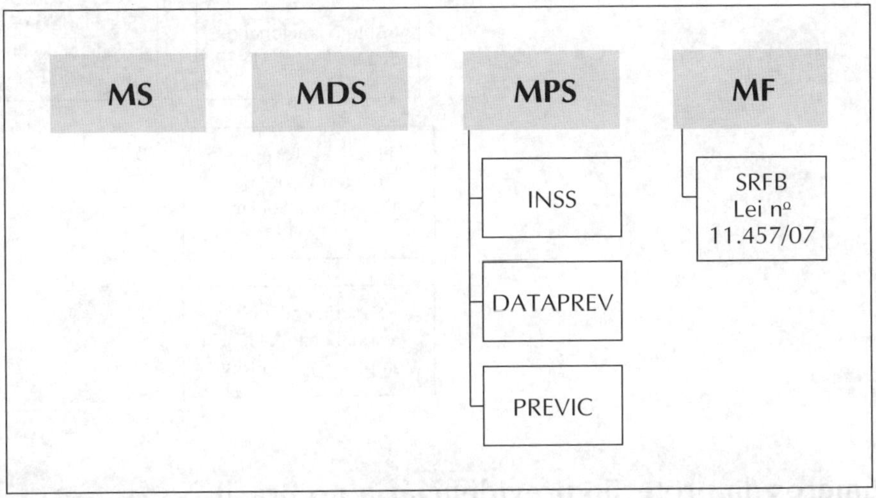

Figura 1 *Organização da seguridade social.*

Veja-se que, entre as atribuições do CNSS, estava a de acompanhar e avaliar a gestão econômica, financeira e social dos recursos e o desempenho dos programas realizados, exigindo prestação de contas, o que impediria a eterna prática, inconstitucional, de desviar recursos da seguridade social para outras áreas de governo, inclusive para realização de superávit primário. Não foi sem razão, portanto, a revogação.

As propostas orçamentárias anuais ou plurianuais da seguridade social serão elaboradas por comissão integrada por três representantes, sendo um da área da saúde, um da área da previdência social e um da área de assistência social. Como veremos em seguida, a seguridade social conta com orçamento próprio, destacado do orçamento fiscal e do orçamento de investimentos. Cabe à referida comissão elaborar a proposta orçamentária da seguridade social, trabalho em muito dificultado pela ausência do CNSS.

As áreas de saúde, previdência social e assistência social são objeto de leis específicas, que regulamentam sua organização e funcionamento. Referidas leis são: Lei nº 8.080/90 – saúde; Leis nºs 8.212 e 8.213/91 – previdência social; e Lei nº 8.742/93 – assistência social.

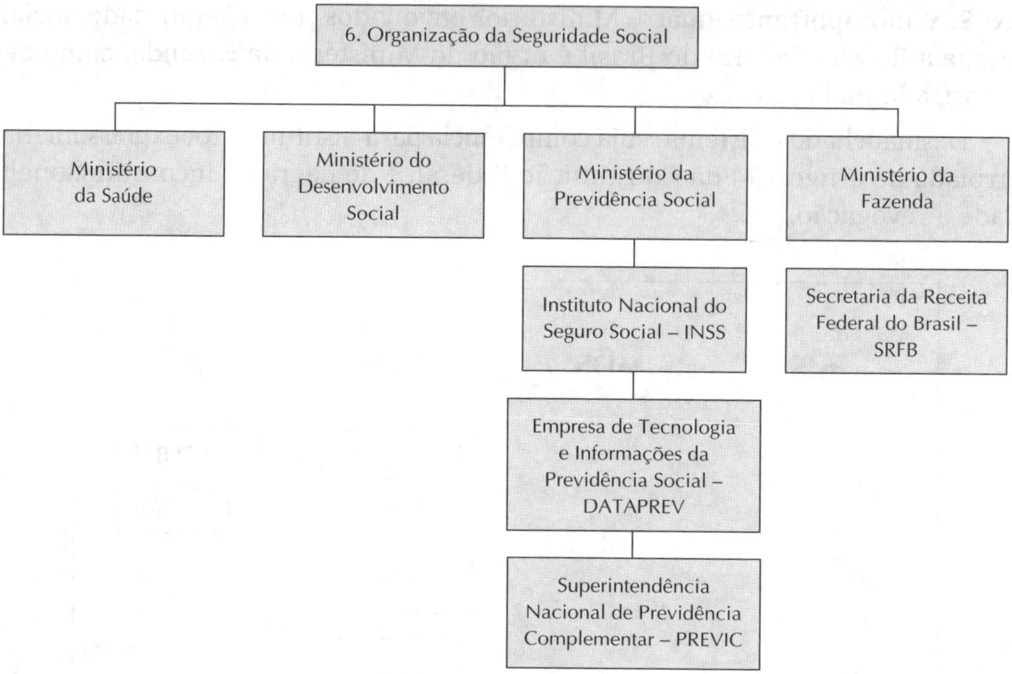

7 Números da proteção previdenciária no Brasil

Conforme dados apresentados por Carmelo Mesa-Lago e já referidos por nós, a proteção social no Brasil, não obstante os enormes desafios a serem vencidos, é a maior da América Latina.

Com fundamento na Pesquisa Nacional por Amostra de Domicílios (PNAD), ano 2009, elaborada pelo IBGE, a Secretaria de Políticas de Previdência Social do MPS publicou estudo onde concluiu que a proteção previdenciária da população ocupada entre 16 e 59 anos no Brasil é a seguinte:[68]

[68] Dados disponíveis em: <www.mps.gov.br>.

Quadro 1 *Panorama da Proteção Social da População Ocupada (entre 16 e 59 anos) – 2009.*

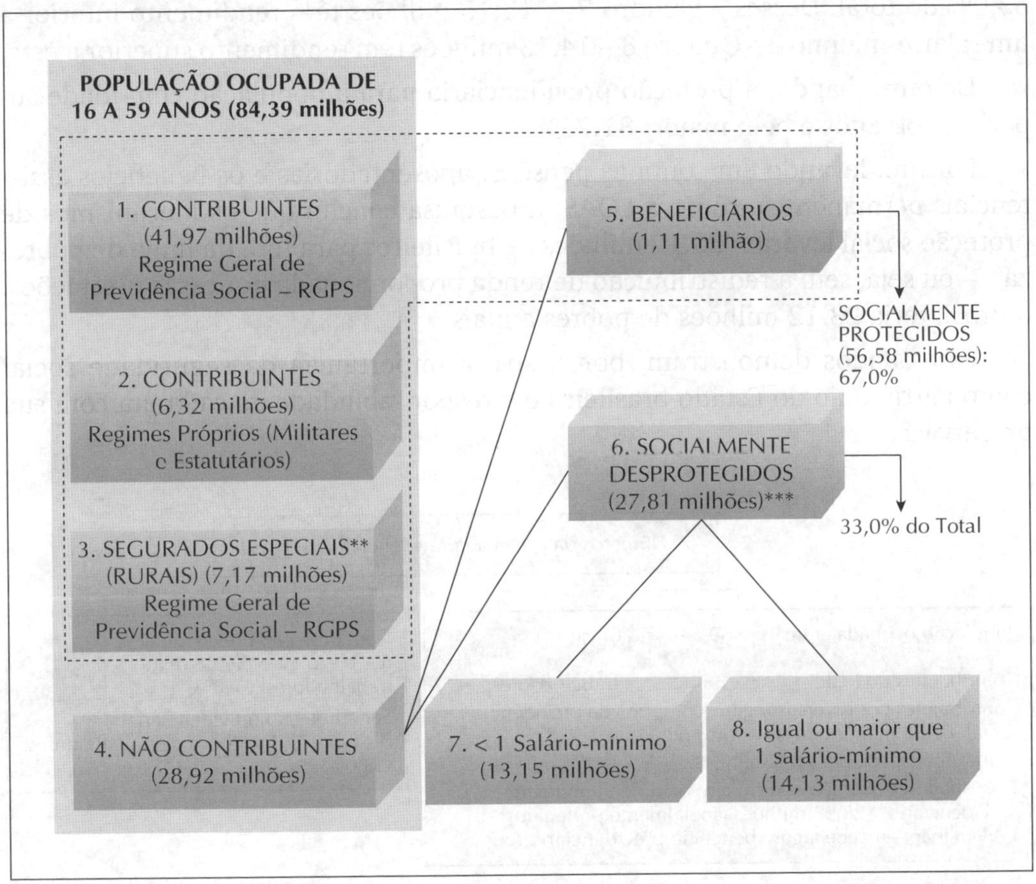

Fonte: Microdados PNAD 2009.
Elaboração: SPS/MPS.
* Inclusive área rural da Região Norte.
** Na PNAD, essas pessoas se autodeclaram não contribuintes.
*** Inclui 525.393 de desprotegidos com rendimento ignorado.

No Quadro 1, temos os contribuintes do RGPS, no total de 41,97 milhões de trabalhadores. No Quadro 2, estão os contribuintes dos diversos regimes próprios de previdência social, somando 6,32 milhões de servidores públicos. No Quadro 3, aparecem os segurados especiais, os quais, mesmo sem contribuírem, têm proteção previdenciária: são 7,17 milhões. O Quadro 4 apresenta os trabalhadores que não contribuem para nenhum regime previdenciário: são 28,92 milhões. Desses, o Quadro 5 destaca os que recebem algum benefício previdenciário, como pensão por morte, por exemplo e, portanto, estão socialmente protegidos: é 1,11 milhão. Disso tudo, conclui-se que 56,58 milhões de trabalhadores com idade entre 16 e 59 anos têm proteção previdenciária no Brasil, representando 67% do total. Finalmente, o Quadro 6 aponta os socialmente desprotegidos: 27,81 milhões ou 33,0% do total. Desses – Quadro 7 –, 13,15 milhões têm rendimento inferior a um salário-mínimo e – Quadro 8 – 14,13 milhões têm rendimento superior a este.

De outra banda, a proteção previdenciária para a população com idade superior a 60 anos é bem maior: 81,73%.

Por fim, levando em conta as pensões, aposentadorias e os benefícios assistenciais permanentes, como a LOAS, a pesquisa conclui que os mecanismos de proteção social levaram 23,12 milhões de brasileiros para fora da linha de pobreza[69] – ou seja, sem a redistribuição de renda proporcionada por essas prestações, o Brasil teria 23,12 milhões de pobres a mais.

Esses dados demonstram, por si sós, a importância da seguridade social como patrimônio do Estado brasileiro e a responsabilidade de cada um com sua preservação.

7. Números da proteção previdenciária no Brasil

População ocupada entre 16 e 59 anos no Brasil:

Contribuintes do RGPS – 41,97 milhões de trabalhadores.
Contribuintes dos diversos regimes próprios de previdência social – 6,32 milhões de servidores públicos.
Segurados especiais – 7,17 milhões.
Trabalhadores que não contribuem para nenhum regime previdenciário – 28,92 milhões (socialmente protegidos: 1,11 milhão – recebe algum benefício previdenciário).

Com proteção previdenciária:
a + b + c + e = 56,58 milhões de trabalhadores (67,0%)
Sem proteção previdenciária:
d – e = 27,81 milhões de trabalhadores (33,0%)

8 Interpretação da legislação previdenciária

8.1 *Conteúdo, fontes, autonomia*

Por meio do conteúdo da legislação previdenciária vamos identificar o objeto que interessa ao nosso estudo. Já vimos que a previdência social está inserida num sistema maior, denominado sistema de seguridade social, o qual compreende saúde, previdência e assistência social; por isso, qualquer espécie normativa que trate dessas matérias estará inserida em nosso conteúdo que preferimos denominar legislação da seguridade social.

Tradicionalmente, podemos dividir as fontes do Direito em fontes materiais e fontes formais.

---

69 Linha de pobreza igual a meio salário-mínimo.

As fontes materiais são os fatos sociais que informam a produção das normas jurídicas, contribuindo para a formação do Direito. A união estável é um exemplo de fato social que interferiu na produção de normas jurídicas, inclusive com *status* constitucional.

As fontes formais do direito previdenciário são as normas jurídicas que o regem. Como o direito previdenciário é formado por normas de Direito Público, todas as suas fontes formais emanam do Estado e decorrem da atividade legiferante: constitucional, legal ou regulamentar. Podem ser aquelas previstas no artigo 59 da Constituição Federal[70] ou ainda decretos, portarias, instruções, pareceres normativos – sempre de acordo com a lei.[71]

É comum a afirmação de que o Direito cria suas próprias realidades, e com o direito previdenciário não é diferente; por isso, goza esse ramo do Direito de autonomia em relação aos demais, especialmente em relação ao direito civil, trabalhista e comercial. Mas essa autonomia tem limites, como veremos no curso desta obra, pois o direito previdenciário não pode alterar substancialmente o conteúdo técnico de expressões jurídicas, como já decidiu o Supremo Tribunal Federal.[72]

8.2 Vigência, hierarquia, aplicação e integração

Para Paulo de Barros Carvalho, "viger é ter força para disciplinar, para reger, cumprindo a norma seus objetivos finais. A vigência é propriedade das regras jurídicas que estão prontas para propagar efeitos, tão logo aconteçam, no mundo fáctico, os eventos que elas descrevem".[73] Em regra, a vigência das leis ocorre com sua publicação.

A Lei de Introdução ao Código Civil – Decreto-lei nº 4.657/42 – traz importantes disposições sobre o assunto.[74]

---

70 Art. 59. O processo legislativo compreende a elaboração de: I – emendas à Constituição; II – leis complementares; III – leis ordinárias; IV – leis delegadas; V – medidas provisórias; VI – decretos legislativos; VII – resoluções.

71 A EC nº 32/01 ressuscitou o decreto autônomo, o qual independe de lei, ao modificar o inciso VI do art. 84 da Constituição Federal: Art. 84. Compete privativamente ao Presidente da República: VI – dispor, mediante decreto, sobre: (a) organização e funcionamento da administração federal, quando não implicar aumento de despesa nem criação ou extinção de órgãos públicos; (b) extinção de funções ou cargos públicos, quando vagos;

72 STF, RE nº 166.772, *DJ* 16 dez. 1994.

73 *Curso de direito tributário*, p. 83.

74 Art. 1º Salvo disposição contrária, a lei começa a vigorar em todo o país quarenta e cinco dias depois de oficialmente publicada. § 1º Nos Estados estrangeiros, a obrigatoriedade da lei brasileira, quando admitida, se inicia três meses depois de oficialmente publicada. § 2º A vigência das leis, que os governos estaduais elaborem por autorização do governo federal, depende da aprovação deste e começa no prazo que a legislação estadual fixar. § 3º Se, antes de entrar a lei em vigor, ocorrer

A doutrina tradicional apontava a existência de hierarquia entre as diversas espécies normativas da seguinte forma:

I – Constituição e suas emendas;

II – leis complementares;

III – leis ordinárias, leis delegadas, medidas provisórias, decretos legislativos e resoluções.

Hodiernamente, entretanto, não se admite mais superioridade das leis complementares em relação às demais espécies normativas arroladas no inciso III acima, pois o que se verifica é uma reserva constitucionalmente determinada às leis complementares. Nesse sentido, o seguinte julgado:

> EMENTA: [...] 1. A norma revogada – embora inserida formalmente em lei complementar – concedia isenção de tributo federal e, portanto, submetia-se à disposição de lei federal ordinária, que outra lei ordinária da União, validamente, poderia revogar, como efetivamente revogou. 2. Não há violação do princípio da hierarquia das leis – *rectius*, da reserva constitucional de lei complementar – cujo respeito exige seja observado o âmbito material reservado pela Constituição às leis complementares. 3. Nesse sentido, a jurisprudência sedimentada do Tribunal, na trilha da decisão da ADC 1, 1.12.93, Moreira Alves, *RTJ* 156/721, e também pacificada na doutrina.[75]

Segundo o artigo 85-A da Lei nº 8.212/91, os tratados, convenções e outros acordos internacionais de que Estado estrangeiro ou organismo internacional e o Brasil sejam partes, e que versem sobre matéria previdenciária, serão interpretados como lei especial.

Dispõe o artigo 5º da LICC que, na aplicação da lei, o juiz atenderá aos fins sociais a que ela se dirige e às exigências do bem comum.

Fundamentados nessa disposição legal, muitos intérpretes do direito previdenciário defendem que o resultado da interpretação deve sempre prestigiar o beneficiário. Não é bem assim. A regra da contrapartida inserida no artigo 195,

---

nova publicação de seu texto, destinada a correção, o prazo deste artigo e dos parágrafos anteriores começará a correr da nova publicação. § 4º As correções a texto de lei já em vigor consideram-se lei nova. Art. 2º Não se destinando à vigência temporária, a lei terá vigor até que outra a modifique ou revogue. § 1º A lei posterior revoga a anterior quando expressamente o declare, quando seja com ela incompatível ou quando regule inteiramente a matéria de que tratava a lei anterior. § 2º A lei nova, que estabeleça disposições gerais ou especiais a par das já existentes, não revoga nem modifica a lei anterior. § 3º Salvo disposição em contrário, a lei revogada não se restaura por ter a lei revogadora perdido a vigência.

[75] STF, RE nº 419629, *DJ* 30 jun. 2006.

§ 5º, da Constituição Federal funciona como vetor interpretativo.[76] O mesmo vale para o princípio da solidariedade contributiva.[77] Por isso, tendo em vista que o regime previdenciário é contributivo, bem como tem o dever de observar critérios que preservem o equilíbrio financeiro e atuarial,[78] não é possível a concessão de benefícios previdenciários sem a respectiva contribuição, sob pena não de "jogar a conta no bolso do Estado", mas de levar o sistema à falência, com prejuízos para toda a sociedade. Essa é a difícil missão, atualmente, do intérprete do direito previdenciário: ponderar a necessidade de equilíbrio financeiro e atuarial e, ao mesmo tempo, assegurar os direitos de saúde, previdência e assistência social, solenemente incluídos no catálogo de direitos fundamentais. Construir uma interpretação que garanta estes é fácil, ainda mais com a invocação principiológica; ponderar, com aquela, nem sempre.

No Brasil, o poder regulamentar funciona debaixo da lei.[79] Por isso, o Decreto nº 3.048/99, que tem a finalidade de regulamentar as Leis nºs 8.212 e 8.213/91, só vale na medida em que encontrar fundamento em lei. O mesmo vale para as instruções normativas e ordens de serviço do INSS – a principal delas é a IN/INSS/PRES nº 20/07. Ao longo deste curso, em algumas oportunidades, citamos disposições regulamentares. E o fazemos porque acreditamos que as mesmas contribuem para a compreensão do direito previdenciário, na medida em que desdobram, muitas vezes, a redação truncada dos textos legais; entretanto, a leitura de todas elas deve ser feita com um olho voltado para a lei, a fim de conferirmos sua legalidade.

Quando a lei for omissa, o juiz decidirá o caso de acordo com a analogia, os costumes e os princípios gerais de direito, segundo o artigo 4º da LICC. Surge aí a questão das lacunas, relacionada com o problema da integração do Direito.

O intérprete recorre à integração na ausência de norma jurídica regulando o caso concreto. Há intensa discussão na doutrina sobre a completude do sistema jurídico, ou seja, se a existência das lacunas tornaria o sistema incompleto. Para nós, como o próprio sistema apresenta a solução, não se pode dizer que o mesmo é incompleto.

Maria Helena Diniz, fundamentada em Bobbio, afirma que o estudo das lacunas exige a discussão do Direito como um ordenamento, entendido como um conjunto de normas.[80]

---

76 Assim decidiu o Supremo Tribunal Federal no caso das "cotas de pensão", como veremos. RE nº 542170, *DJ* 18 maio 2007.

77 Segundo decisão do Supremo Tribunal Federal no RE nº 437640, *DJ* 2 mar. 2007.

78 CF/88, art. 201, *caput*.

79 Salvo o decreto autônomo, que funciona como exceção.

80 *Compêndio de introdução à ciência do Direito*, p. 443.

A respeito das lacunas, veja-se o seguinte julgado:

> CONSTITUCIONAL. PREVIDENCIÁRIO. PENSÃO POR MORTE. CONCESSÃO. COMPANHEIRO. UNIÃO HOMOSSEXUAL. REALIDADE FÁTICA. TRANSFORMAÇÕES SOCIAIS. EVOLUÇÃO DO DIREITO. PRINCÍPIOS CONSTITUCIONAIS DE IGUALDADE. ARTIGOS 3º, IV E 5º. DEPENDÊNCIA ECONÔMICA PRESUMIDA. CORREÇÃO MONETÁRIA. JUROS DE MORA. HONORÁRIOS ADVOCATÍCIOS.
>
> 1. A realidade social atual revela a existência de pessoas do mesmo sexo convivendo na condição de companheiros, como se casados fossem.
>
> 2. O vácuo normativo não pode ser considerado obstáculo intransponível para o reconhecimento de uma relação jurídica emergente de fato público e notório.
>
> 3. O princípio da igualdade consagrado na Constituição Federal de 1988, inscrito nos artigos 3º, IV, e 5º, aboliu definitivamente qualquer forma de discriminação.
>
> 4. A evolução do direito deve acompanhar as transformações sociais, a partir de casos concretos que configurem novas realidades nas relações interpessoais.
>
> 5. A dependência econômica do companheiro é presumida, nos termos do § 4º do art. 16 da Lei nº 8.213/91.
>
> 6. Estando comprovada a qualidade de segurado do *de cujus* na data do óbito, bem como a condição de dependente do autor, tem este o direito ao benefício de pensão por morte, o qual é devido desde a data do ajuizamento da ação, uma vez que o óbito ocorreu na vigência da Lei nº 9.528/97 [...].[81]

8.3 Orientação dos tribunais superiores

A jurisprudência contribui de maneira indelével para a compreensão do Direito. No âmbito do direito previdenciário, todos os casos acabam sendo decididos pelo Superior Tribunal de Justiça ou Supremo Tribunal Federal; por essa razão, não poupamos referências a esses tribunais ao longo deste curso.

---

[81] TRF4, AC nº 2000.04.01.073643-8, *DJ* 10 jan. 2001.

8. Interpretação da legislação previdenciária

8.1 Conteúdo, fontes, autonomia

– conteúdo da legislação previdenciária – objeto – sistema de seguridade social (saúde, previdência e assistência social)

– fontes:
materiais – fatos sociais que informam a produção das normas jurídicas, contribuindo para a formação do Direito.
formais – normas jurídicas

– autonomia – "o Direito cria suas próprias realidades" – direito previdenciário goza de autonomia em relação aos demais ramos do Direito – autonomia tem limites: direito previdenciário não pode alterar substancialmente o conteúdo técnico de expressões jurídicas.

8.2 Vigência, hierarquia, aplicação e integração

– vigência – Paulo de Barros Carvalho: "viger é ter força para disciplinar, para reger, cumprindo à norma seus objetivos finais. A vigência é propriedade das regras jurídicas que estão prontas para propagar efeitos, tão logo aconteçam, no mundo fáctico, os eventos que elas descrevem". Lei de Introdução ao Código Civil – Art. 1º Salvo disposição contrária, a lei começa a vigorar em todo o país quarenta e cinco dias depois de oficialmente publicada.

– hierarquia – I – Constituição e suas emendas;
II – leis complementares, leis ordinárias, leis delegadas, medidas provisórias, decretos legislativos e resoluções.
Artigo 85-A, Lei nº 8.212/91: os tratados, convenções e outros acordos internacionais de que Estado estrangeiro ou organismo internacional e o Brasil sejam partes, e que versem sobre matéria previdenciária, serão interpretados como lei especial.

– aplicação – artigo 5º da LICC – na aplicação da lei, o juiz atenderá aos fins sociais a que ela se dirige e às exigências do bem comum.
regra da contrapartida – vetor interpretativo.

– integração – ausência de norma jurídica regulando o caso concreto (lacunas). Art. 4º, LICC – Quando a lei for omissa, o juiz decidirá o caso de acordo com a analogia, os costumes e os princípios gerais de direito.

Discussão acerca da completude do sistema jurídico.

8.3 Orientação dos tribunais superiores

No âmbito do direito previdenciário, a decisão final sempre será do Superior Tribunal de Justiça ou do Supremo Tribunal Federal.

9 Competência em matéria previdenciária

9.1 Competência ordinária

Reza o artigo 109, I, da Constituição Federal:

> Art. 109. Aos juízes federais compete processar e julgar:
>
> I – as causas em que a União, entidade autárquica ou empresa pública federal forem interessadas na condição de autoras, rés, assistentes ou oponentes, exceto as de falência, as de acidentes de trabalho e as sujeitas à Justiça Eleitoral e à Justiça do Trabalho.

Dessa forma, ordinariamente compete à Justiça Federal julgar as ações relativas a prestações previdenciárias, eis que a pessoa envolvida no feito é uma autarquia federal – o INSS. O inciso excepciona, entretanto, as causas de falência, acidentes do trabalho e as sujeitas à Justiça Eleitoral e à Justiça Laboral. De qualquer forma, a grande maioria das causas envolvendo o INSS são julgadas na Justiça Federal.

9.2 *Competência federal delegada (prestações e custeio)*

O § 3º do mesmo artigo 109 prevê a delegação de competência para a Justiça Estadual julgar causas contra o INSS quando na cidade não houver vara federal instalada:

§ 3º Serão processadas e julgadas na justiça estadual, no foro do domicílio dos segurados ou beneficiários, as causas em que forem parte instituição de previdência social e segurado, sempre que a comarca não seja sede de vara do juízo federal, e, se verificada essa condição, a lei poderá permitir que outras causas sejam também processadas e julgadas pela justiça estadual.

De qualquer sorte, o recurso sempre será dirigido ao Tribunal Regional Federal da respectiva região, nos termos do § 4º do mesmo artigo.[82]

Segundo o entendimento do Supremo Tribunal Federal, o beneficiário pode optar pelo Juízo Federal de sua cidade ou da capital do estado, para o fim de ajuizar ação contra o INSS, nos termos da Súmula 689 daquele Tribunal: O segurado pode ajuizar ação contra instituição previdenciária perante o juízo federal do seu domicílio ou nas varas federais da Capital do Estado-Membro.

A Lei nº 5.010/66 também delegou competência federal para a Justiça Estadual processar e julgar as execuções fiscais propostas pela União e suas autarquias contra os devedores domiciliados no interior, quando na cidade não houver vara federal instalada:

> Art. 15. Nas Comarcas do interior onde não funcionar Vara da Justiça Federal (artigo 12), os Juízes Estaduais são competentes para processar e julgar:
>
> I – os executivos fiscais da União e de suas autarquias, ajuizados contra devedores domiciliados nas respectivas Comarcas.

Nesse caso, também, o recurso será dirigido ao Tribunal Regional Federal da respectiva região.

---

[82] A área de abrangência de cada Tribunal é a seguinte: TRIBUNAL REGIONAL FEDERAL DA 1ª REGIÃO – Brasília-DF: Seção Judiciária do Acre, Seção Judiciária do Amapá, Seção Judiciária do Amazonas, Seção Judiciária da Bahia, Seção Judiciária do Distrito Federal, Seção Judiciária de Goiás, Seção Judiciária do Maranhão, Seção Judiciária de Mato Grosso, Seção Judiciária de Minas Gerais, Seção Judiciária do Pará, Seção Judiciária do Piauí, Seção Judiciária de Rondônia, Seção Judiciária de Roraima, Seção Judiciária de Tocantins. TRIBUNAL REGIONAL FEDERAL DA 2ª REGIÃO – Rio de Janeiro-RJ: Seção Judiciária do Espírito Santo, Seção Judiciária do Rio de Janeiro. TRIBUNAL REGIONAL FEDERAL DA 3ª REGIÃO – São Paulo-SP: Seção Judiciária do Mato Grosso do Sul, Seção Judiciária de São Paulo. TRIBUNAL REGIONAL FEDERAL DA 4ª REGIÃO – Porto Alegre-RS: Seção Judiciária do Paraná. Seção Judiciária do Rio Grande do Sul, Seção Judiciária de Santa Catarina. TRIBUNAL REGIONAL FEDERAL DA 5ª REGIÃO – Recife-PE: Seção Judiciária de Alagoas, Seção Judiciária do Ceará, Seção Judiciária da Paraíba, Seção Judiciária de Pernambuco, Seção Judiciária do Rio Grande do Norte, Seção Judiciária do Sergipe.

Havendo ajuizamento de execução fiscal em vara estadual, sua competência alcança o julgamento de eventual oposição interposta pelo executado. Nesse sentido é a jurisprudência do Superior Tribunal de Justiça:

> CONFLITO DE COMPETÊNCIA. EXECUÇÃO FISCAL. JUSTIÇA ESTADUAL. COMPETÊNCIA DELEGADA DA JUSTIÇA FEDERAL. POSTERIOR AJUIZAMENTO, NA JUSTIÇA FEDERAL, DE AÇÃO ANULATÓRIA DO MESMO DÉBITO FISCAL DO FEITO EXECUTIVO. EXTENSÃO DA COMPETÊNCIA DA JUSTIÇA ESTADUAL. ART. 15, INC. I, DA LEI Nº 5.010/66.
>
> 1. Esta Corte Superior, através da Primeira Seção, já se manifestou pela existência de conexão entre executivo fiscal e ações autônomas que visem anular ou desconstituir o título executivo que embasa a execução fiscal.
>
> 2. No caso, a competência da Justiça estadual se dá por incidência do art. 15, inc. I, da Lei nº 5.010/66. Assim como a Justiça estadual tem competência para processar e julgar as execuções fiscais nas hipóteses do art. 15 do referido diploma normativo, também tem atribuição legal de cuidar das ações que funcionem como oposição do executado ao pleito fazendário. Precedente da Seção.
>
> 3. Conflito de competência conhecido para declarar a competência do Juízo de Direito de Cafelândia/SP, o suscitado.[83]

Note-se que a delegação de competência, em princípio, abrange apenas a execução fiscal ajuizada pela Fazenda Pública, não outras ações de natureza tributária sem qualquer conexão com esta:

> PROCESSUAL CIVIL E CONSTITUCIONAL – AÇÃO ANULATÓRIA – INCOMPETÊNCIA DO JUÍZO ESTADUAL – ART. 109, § 3º, DA CF/88 – INAPLICABILIDADE – COMPETÊNCIA DO TRIBUNAL DE JUSTIÇA PARA ANULAR A DECISÃO – SÚMULA 55 DO STJ.
>
> 1. Ante a ausência de previsão legal para o exercício da competência federal delegada prevista no art. 109, § 3º, da CF/88, é de se reconhecer a incompetência do Juízo Estadual para processar e julgar ação anulatória de débito fiscal [...].[84]

A delegação de competência para a Justiça Estadual não envolve o julgamento de mandado de segurança impetrado contra autoridade federal, pois nesse caso a competência é privativa da Justiça Federal, nos termos do artigo 109, VIII, da Constituição Federal. Nesse sentido é a Súmula 216 do extinto Tribunal Federal de Recursos:

---

83 STJ, CC nº 95840, *DJ* 6 out. 2008.

84 TRF3, REOAC nº 200203990460946, *DJ* 13 fev. 2008.

Compete à Justiça Federal processar e julgar mandado de segurança impetrado contra ato de autoridade previdenciária, ainda que localizada em comarca do interior.

9.3 *Competência para o julgamento das ações relativas ao LOAS*

O benefício conhecido como LOAS não é benefício previdenciário, mas assistencial, como já vimos. Daí que, em princípio, a delegação de competência para o julgamento de ações previdenciárias não lhe seria aplicável. Ocorre que justamente é um benefício destinado aos mais necessitados; assim, não seria razoável exigir-se dos mesmos o deslocamento até a vara federal mais próxima – o que significa, em alguns casos, mais de um dia de viagem – quando mesma exigência não existe em relação aos beneficiários da previdência social. Além do mais, o benefício é administrado pelo INSS, embora de responsabilidade financeira da União. Por essa razão, a competência federal delegada alcança os julgamentos dessas ações.

Nesse sentido vem decidindo o Superior Tribunal de Justiça:

> PREVIDENCIÁRIO. ASSISTÊNCIA SOCIAL. CONFLITO NEGATIVO DE COMPETÊNCIA. JUSTIÇA ESTADUAL E JUIZADO ESPECIAL FEDERAL. RESTABELECIMENTO DE BENEFÍCIO DE PRESTAÇÃO CONTINUADA. DEMANDA AJUIZADA NO JUÍZO ESTADUAL EM DATA ANTERIOR À INSTALAÇÃO DO JUIZADO ESPECIAL FEDERAL. INCIDÊNCIA DO ART. 25 DA LEI 10.259/2001. PRECEDENTES. COMPETÊNCIA DA JUSTIÇA ESTADUAL.
>
> 1. A Terceira Seção desta Corte entendeu que a expressão *beneficiários* constante do art. 109, § 3º, da Constituição Federal, deve ser interpretada extensivamente, englobando também as pessoas que recebem o benefício de prestação continuada, previsto na Lei Orgânica da Assistência Social (LOAS).
>
> 2. O mesmo colegiado firmou entendimento de ser da Justiça Estadual a competência para o julgamento das ações ajuizadas em data anterior à instalação de Juizado Especial Federal, a teor do disposto no art. 25 da Lei nº 10.259/01, o qual estabelece expressamente que tais demandas não serão remetidas aos referidos Juizados Especiais.
>
> 3. Conflito conhecido para declarar competente o Juízo de Direito da 3ª Vara Cível de Catanduva, ora suscitante, para julgar a demanda em tela.[85]

9.4 *Competência para o julgamento de ações acidentárias*

As causas decorrentes de acidente de trabalho foram expressamente excepcionadas da competência da Justiça Federal, na letra do artigo 109, I, da Constituição Federal, devendo ser julgadas pela Justiça Estadual, segundo o rito sumaríssimo,

---

[85] STJ, CC nº 62.524, *DJ* 30 abr. 2007.

inclusive durante as férias forenses, mediante petição instruída pela prova de efetiva notificação do evento à previdência social, através da CAT, segundo determina o artigo 129, II, da Lei nº 8.213/91.

A jurisprudência, porém, tem afastado a necessidade da CAT:

> RECURSO ESPECIAL. PREVIDENCIÁRIO. AÇÃO ACIDENTÁRIA. AUSÊNCIA DA COMUNICAÇÃO DE ACIDENTE DO TRABALHO – CAT. DESNECESSIDADE. AUXÍLIO-ACIDENTE. TERMO INICIAL.
>
> 1. Mesmo após o advento da Lei nº 8.213/91, o ajuizamento da ação acidentária prescinde da prévia Comunicação de Acidente do Trabalho – CAT, por se cuidar de dever do empregador.
>
> 2. Interpretação sistemática dos artigos 129 e 22 da Lei nº 8.213/91 e inteligência da Súmula nº 89 deste Superior Tribunal de Justiça. Precedentes [...].[86]

A exceção de competência não tem razão de ser, pois a Justiça Federal é a especializada em causas previdenciárias. Nas localidades onde não há vara federal poderia haver delegação de competência para a Justiça Estadual, como ocorre nas demais ações que versam sobre benefícios previdenciários e no trâmite das execuções fiscais, mas sempre com recurso dirigido ao Tribunal Regional Federal e não ao Tribunal de Justiça, como ocorre nas causas acidentárias.

A ação judicial é isenta do pagamento de quaisquer custas e de verbas relativas à sucumbência.

A equiparação quase total do acidente de trabalho com o acidente de qualquer natureza também legitima o fim da exceção constitucional de competência.

A respeito da equiparação, afirmam Baltazar e Rocha:

> Com o advento da Lei nº 8.213/91, os benefícios decorrentes de acidente do trabalho passam a ser disciplinados no mesmo diploma legal que trata dos demais benefícios, mas mantidas as regras de cálculo mais favoráveis, como a determinação do salário-de-benefício com base no salário-de-contribuição do dia do acidente. A partir da Lei nº 9.032/95, porém, os benefícios acidentários passam a ser calculados como os demais benefícios por incapacidade (auxílio-doença e aposentadoria por invalidez).
>
> Assim é que, no quadro atual, são mínimas as vantagens asseguradas ao acidentado do trabalho, se comparado com o segurado incapacitado por qualquer outro motivo, o que é correto [...]. Poderíamos enumerar a dispensa da carência (art. 26, II); a renda mensal da aposentadoria por invalidez decorrente de transformação de auxílio-doença

---

[86] STJ, REsp nº 616.139, *DJ* 28 jun. 2004.

acidentário (art. 44, § 2º); a estabilidade (art. 118), e ainda, administrativamente, a preferência para julgamento do recurso (inciso I do art. 129).[87]

O Supremo Tribunal Federal entendia que a competência da Justiça Estadual para o julgamento das ações indenizatórias por danos materiais e/ou morais decorrentes de acidentes do trabalho permanecia incólume mesmo após a promulgação da Emenda Constitucional nº 45/04, independentemente de quem figurasse no polo passivo – INSS ou empregador:

> EMENTA: ACIDENTE DO TRABALHO – INDENIZAÇÃO POR DANOS MATERIAIS E/OU MORAIS – AÇÃO AJUIZADA EM FACE DO EMPREGADOR, COM FUNDAMENTO NO DIREITO COMUM – MATÉRIA QUE, NÃO OBSTANTE A SUPERVENIÊNCIA DA EC 45/2004, AINDA PERMANECE NA ESFERA DE COMPETÊNCIA DO PODER JUDICIÁRIO LOCAL – RECURSO IMPROVIDO. – Compete à Justiça dos Estados-membros e do Distrito Federal, e não à Justiça do Trabalho, o julgamento das ações de indenização por danos materiais e/ou morais resultantes de acidente do trabalho, ainda que fundadas no direito comum e ajuizadas em face do empregador. – Não obstante a superveniência da EC 45/2004, subsiste íntegra, na esfera de competência material do Poder Judiciário local, a atribuição para processar e julgar as causas acidentárias, qualquer que seja a condição ostentada pela parte passiva (INSS ou empregador), mesmo que a pretensão jurídica nelas deduzida encontre fundamento no direito comum. Inaplicabilidade da Súmula 736/STF. Precedente: RE 438.639/MG, Rel. p/ o acórdão Min. CEZAR PELUSO (Pleno).[88]

Posteriormente, entretanto, mudou seu entendimento para fixar a competência da Justiça do Trabalho nas demandas ajuizadas contra o empregador:

> EMENTA: CONSTITUCIONAL. COMPETÊNCIA JUDICANTE EM RAZÃO DA MATÉRIA. AÇÃO DE INDENIZAÇÃO POR DANOS MORAIS E PATRIMONIAIS DECORRENTES DE ACIDENTE DO TRABALHO, PROPOSTA PELO EMPREGADO EM FACE DE SEU (EX-)EMPREGADOR. COMPETÊNCIA DA JUSTIÇA DO TRABALHO. ART. 114 DA MAGNA CARTA. REDAÇÃO ANTERIOR E POSTERIOR À EMENDA CONSTITUCIONAL Nº 45/04. EVOLUÇÃO DA JURISPRUDÊNCIA DO SUPREMO TRIBUNAL FEDERAL. PROCESSOS EM CURSO NA JUSTIÇA COMUM DOS ESTADOS. IMPERATIVO DE POLÍTICA JUDICIÁRIA. Numa primeira interpretação do inciso I do art. 109 da Carta de Outubro, o Supremo Tribunal Federal entendeu que as ações de indenização por danos morais e patrimoniais decorrentes de acidente do trabalho, ainda que movidas pelo empregado contra seu (ex-)empregador, eram da competência da Justiça comum dos Estados-Membros. 2. Revisando a matéria, porém, o Plenário concluiu que a Lei Republicana de 1988 conferiu tal competência

[87] *Comentários à lei de benefícios da previdência social*, p. 93.

[88] STF, RE-AgR 441038, *DJ* 8 abr. 2005.

à Justiça do Trabalho. Seja porque o art. 114, já em sua redação originária, assim deixava transparecer, seja porque aquela primeira interpretação do mencionado inciso I do art. 109 estava, em boa verdade, influenciada pela jurisprudência que se firmou na Corte sob a égide das Constituições anteriores. 3. Nada obstante, como imperativo de política judiciária – haja vista o significativo número de ações que já tramitaram e ainda tramitam nas instâncias ordinárias, bem como o relevante interesse social em causa –, o Plenário decidiu, por maioria, que o marco temporal da competência da Justiça trabalhista é o advento da EC 45/04. Emenda que explicitou a competência da Justiça Laboral na matéria em apreço. 4. A nova orientação alcança os processos em trâmite pela Justiça comum estadual, desde que pendentes de julgamento de mérito. É dizer: as ações que tramitam perante a Justiça comum dos Estados, com sentença de mérito anterior à promulgação da EC 45/04, lá continuam até o trânsito em julgado e correspondente execução. Quanto àquelas cujo mérito ainda não foi apreciado, hão de ser remetidas à Justiça do Trabalho, no estado em que se encontram, com total aproveitamento dos atos praticados até então. A medida se impõe, em razão das características que distinguem a Justiça comum estadual e a Justiça do Trabalho, cujos sistemas recursais, órgãos e instâncias não guardam exata correlação. 5. O Supremo Tribunal Federal, guardião-mor da Constituição Republicana, pode e deve, em prol da segurança jurídica, atribuir eficácia prospectiva às suas decisões, com a delimitação precisa dos respectivos efeitos, toda vez que proceder a revisões de jurisprudência definidora de competência *ex ratione materiae*. O escopo é preservar os jurisdicionados de alterações jurisprudenciais que ocorram sem mudança formal do Magno Texto. 6. Aplicação do precedente consubstanciado no julgamento do Inquérito 687, Sessão Plenária de 25. 8.99, ocasião em que foi cancelada a Súmula 394 do STF, por incompatível com a Constituição de 1988, ressalvadas as decisões proferidas na vigência do verbete. 7. Conflito de competência que se resolve, no caso, com o retorno dos autos ao Tribunal Superior do Trabalho.[89]

9.5 *Competência da Justiça do Trabalho*

À Justiça do Trabalho compete a execução, de ofício, das contribuições sociais previstas no artigo 195, I, *a*, e II, da Constituição Federal, e seus acréscimos legais, decorrentes das sentenças que proferir. Aprofundaremos o assunto no item 11.5.4 do Capítulo II da Parte II deste curso.

---

[89] STF, CC nº 7204, *DJ* 9 dez. 2005.

9. Competência em matéria previdenciária

9.1 Ordinária
Art. 109, I, CF/88 – Justiça Federal – ações relativas a prestações previdenciárias, exceto causas de falência, acidentes do trabalho e as sujeitas à Justiça Eleitoral e à Justiça Laboral do Trabalho.

9.2 Federal delegada
Art. 109, I, § 3º, CF/88 – Justiça Estadual – foro do domicílio dos segurados ou beneficiários – hipótese em que a comarca não seja sede de vara do juízo federal (lei poderá permitir que outras causas sejam também processadas e julgadas pela justiça estadual).
Recurso – sempre ao TRF da respectiva região.
Súmula 689 do STF: o segurado pode ajuizar ação contra instituição previdenciária perante o juízo federal do seu domicílio ou nas varas federais da capital do estado-membro.
Art. 15, Lei nº 5.010/66: Nas Comarcas do interior onde não funcionar Vara da Justiça Federal os Juízes Estaduais são competentes para processar e julgar:
I – os executivos fiscais da União e de suas autarquias, ajuizados contra devedores domiciliados nas respectivas Comarcas;
A delegação de competência para a Justiça Estadual não envolve o julgamento de mandado de segurança impetrado contra autoridade federal – Súmula 216 do extinto Tribunal Federal de Recursos: Compete à Justiça Federal processar e julgar mandado de segurança impetrado contra ato de autoridade previdenciária, ainda que localizada em comarca do interior.

9.3 LOAS
Não há delegação de competência para julgamento do LOAS – benefício assistencial e não previdenciário; entretanto, devido ao fato de o mesmo ser administrado pelo INSS, bem como pela dificuldade de acesso ao Judiciário acaso mantido a competência privativa da Justiça Federal, a jurisprudência tem admitido o processamento e julgamento pela Justiça Estadual, com recurso dirigido ao respectivo TRF.

9.4 Ações acidentárias
Art. 109, I, CF/88 c/c art. 129, II, Lei nº 8.213/91 – Justiça Estadual – recurso dirigido ao respectivo Tribunal de Justiça.

9.5 Justiça do Trabalho
Art. 114, VIII, CF/88 – Compete à Justiça do Trabalho processar e julgar a execução, de ofício, das contribuições sociais do empregador, da empresa e da entidade a ela equiparada na forma da lei, incidentes sobre a folha de salários e demais rendimentos do trabalho pagos ou creditados, a qualquer título, à pessoa física que lhe preste serviço, mesmo sem vínculo empregatício, bem como as do trabalhador e dos demais segurados da previdência social, e seus acréscimos legais, decorrentes das sentenças que proferir.

PARTE II

FINANCIAMENTO DA SEGURIDADE SOCIAL

CONSIDERAÇÕES PRELIMINARES

Como veremos a partir de agora, as contribuições de seguridade social têm natureza tributária. Em função disso, é preciso delimitar a matéria no contexto do Direito Tributário, não esquecendo, jamais, que referidos tributos – enquanto tais – não submetem-se apenas ao Sistema Tributário Nacional,[1] mas também às normas constitucionais insertas no Sistema de Seguridade Social,[2] o que dá contorno especial às mesmas. Decorre daí que enfrentar esse estudo com fundamento apenas no Direito Tributário – como tem insistido parte da doutrina[3] – necessariamente levará a uma visão incompleta do tema, a qual impossibilita a compreensão da Seguridade Social como verdadeiro sistema. O estudioso da Seguridade Social deve compreender o custeio e as prestações como dois lados da mesma moeda. É com esse propósito que abordaremos a matéria a partir de agora e, para isso, dividimos a segunda parte em dois capítulos: o Capítulo I trata das contribuições de seguridade social com ênfase numa abordagem constitucional; o Capítulo II é dedicado ao estudo da lei orgânica da seguridade social – Lei nº 8.212/91.

---

[1] CF/88, Título VI, Capítulo I.

[2] CF/88, Título VIII, Capítulos I e II.

[3] Vide a confusão das contribuições com impostos e/ou taxas, levada a cabo por alguns adeptos da Teoria Tricotômica.

2 As Contribuições de Seguridade Social no Sistema Constitucional Tributário Brasileiro

1 O Sistema Constitucional Tributário Brasileiro

1.1 *Conceito*

Já vimos que a seguridade social está arrumada no Corpo Constitucional sob a forma de sistema. No mesmo sentido, encontramos o sistema constitucional tributário.

A Constituição é um sistema normativo formado por regras e princípios. Como Gomes Canotilho, abandonamos a teoria da metodologia jurídica tradicional que distinguia entre normas e princípios para considerar regras e princípios duas espécies de normas.[1]

Aprofundemos o tema. As Constituições que antecederam a atual não tiveram a mesma *felicidade normativa* desta. Viveram sob a influência europeia reinante na primeira metade do século passado que via nas Constituições meras promessas desprovidas de eficácia, exortações morais ao legislador ordinário, nada mais.

A ideia de força normativa da Constituição traz consigo a necessidade de um órgão de controle, capaz de aferir a adequação das condutas do Estado ao estipulado na Constituição. Surge, então, o mecanismo conhecido como controle de constitucionalidade, criação do constitucionalismo norte-americano,[2] aperfei-

[1] Cf. *Direito constitucional*, p. 172.

[2] Mauro Capelletti faz interessante crítica aos autores norte-americanos que apontam a decisão de 1803 como "marco" do controle da constitucionalidade das leis, relatando que há numerosos exemplos na história onde, embora de forma não expressa e consciente denominada "supremacia da constituição", verificaram-se formas de supremacia de uma lei ou conjunto de leis, tais como o *nómos* em relação ao *pséfisma* no Direito Ateniense. Cf. O controle judicial de constitucionalidade das leis no Direito Comparado. Em que pese haver muitos exemplos ao longo da história, a decisão

çoado desde a célebre decisão de 1803 do juiz Marshall, no caso Marbury *versus* Madison. Como ensina Garcia de Enterria,[3] naquela oportunidade o juiz Marshall verificou que uma lei federal estava em confronto com a Constituição e a decisão somente seria possível no sentido de reconhecer a supremacia de uma ou outra, restando decidido que a Constituição não só era provida de força coativa, como também que estava no ápice da pirâmide normativa, merecendo conformidade de todos os atos inferiores. Esse processo ficou conhecido com *judicial review*, ou controle difuso da constitucionalidade das leis.

Apesar da forte influência da revolução americana na Europa, a *judicial review* não teve o mesmo impacto, de um lado pelo pensamento reinante nas monarquias no sentido de que o monarca era a fonte fundamental do poder, de outro, por influência da esquerda, cujo expoente foi Ferdinand Lasalle, para quem a Constituição era uma mera folha de papel que escondia as reais relações de poder.[4] Assim, somente em 1919, por meio de Kelsen e da Escola Austríaca, o controle de constitucionalidade chega à Europa, mas num sistema diferente do americano, conhecido como sistema concentrado, pois o exercício do controle era atribuído a um só tribunal, o Tribunal Constitucional.

Desde então os sistemas de controle de constitucionalidade multiplicaram-se e aperfeiçoaram-se. Alguns países adotaram o sistema difuso, outros o concentrado, e outros – como o Brasil – uma combinação de ambos.

Reconhecida a força superior e normativa da Constituição, modernamente, impõe-se uma questão do maior relevo: a interpretação da constituição é distinta da interpretação dos demais textos normativos?

Manuel Atienza afirma que a interpretação da Constituição é uma interpretação superior à das outras normas, ou, noutras palavras, a interpretação da Constituição marca os limites da possibilidade de interpretação de todas as outras normas, estabelecendo para todos os níveis da ordem jurídica a obrigação de interpretar de acordo com a Constituição.[5]

Susanna Pozzolo reconhece a especificidade da interpretação constitucional e, no âmbito da Filosofia do Direito, aponta a corrente de pensamento denominada Neoconstitucionalismo como uma de suas expoentes. Para essa corrente, dentre

---

de 1803 parece-nos um divisor de águas. É certo, porém, que o juiz Marshall não teria chegado a essa conclusão sem considerar a evolução do pensamento científico a respeito do tema, pois as novas verdades são reveladas sempre com fundamento em verdades já existentes.

[3] Cf. *La constitución como norma y el tribunal constitucional*, p. 126.

[4] Cf. A essência da constituição.

[5] Cf. *Os limites da interpretação constitucional*, p. 2.

as características que diferenciam a interpretação constitucional da interpretação de outro texto normativo temos:

a. Princípios *versus* normas. O ordenamento jurídico não compõe-se apenas de normas, mas de normas e princípios, e estes diferenciam-se daquelas pela noção de dimensão e peso, por não submeterem-se à lógica do "tudo ou nada" a que estão sujeitas as normas, pelo elevado grau de abstração, em geral sendo vistos como valores morais positivados. Embora os princípios sejam encontráveis em todo ordenamento jurídico, há uma forte concentração nas Constituições.

b. Ponderação *versus* subsunção. Os princípios requerem um particular modo de interpretação, abandonando-se o tradicional método subsuntivo para adotar a ponderação, composta principalmente de três etapas: 1. uma atividade de interpretação para definir quais os princípios que se aplicam ao caso concreto, em regra mais de um e sempre numa posição de antinomia parcial; 2. identificados os princípios, realiza-se uma atividade de ponderação ou balanceamento para colocá-los numa posição hierárquica entre si, prevalecendo o princípio de maior peso, mas não eliminando-se a força dos demais;[6] 3. por fim, a relação axiológica construída não é em abstrato, mas em concreto. Assim, os mesmos princípios, num diverso caso concreto, podem ocupar outra posição hierárquica.[7]

c. Constituição *versus* independência do legislador. Com isso a autora quer significar que a Constituição tem um conteúdo substancial condicionante, o qual vincula materialmente o legislador na sua atividade legislativa. A lei é vista como um instrumento de mediação entre as exigências práticas e as exigências constitucionais. Importa considerar aqui o papel das normas-programa que vinculam a atividade legislativa, funcionando como uma orientação voltada para o futuro.

d. Juízes *versus* liberdade do legislador. Com o novo método de ponderação, o intérprete desenvolve uma atividade criativa, adequando a legislação às prescrições constitucionais. A concretização da constituição envolve num primeiro plano a realização de justiça, no caso concreto, o que pode ser alcançado por meio dos princípios.[8]

---

6 Merece registro nova corrente interpretativa segundo a qual os princípios, assim como as normas, podem submeter-se à lógica do tudo ou nada.

7 Interessante decisão sobre ponderação de princípios constitucionais está consubstanciada no julgamento da ADIn nº 319, *DJ* 30 abr. 1993.

8 Cf. *Neoconstitucionalismo y especificidad de la interpretación constitucional*, p. 339. Outros autores do Neoconstitucionalismo, segundo a autora: Ronald Dworkin, Robert Alexy, Gustavo Zagrebelsky e, em parte, Carlos S. Nino.

A radical mudança ocorre na adoção do método de ponderação, substituindo o tradicional método subsuntivo, que já não responde mais às exigências interpretativas.[9] Note-se bem: não significa abandonar o método subsuntivo e as tradicionais interpretações gramatical, teleológica, sistemática e histórica. Esse método continua sendo aplicado, mas é forçoso reconhecer que nem sempre traz boa solução aos casos concretos.[10]

Um sistema jurídico ideal, na lição de Luis Roberto Barroso, se consubstancia em uma distribuição equilibrada de regras e princípios, nos quais as regras desempenham o papel referente à segurança jurídica – previsibilidade e objetividade das condutas – e os princípios, com sua flexibilidade, dão margem à realização da justiça no caso concreto.[11]

Para Gomes Canotilho, um modelo constitucional integrado apenas por regras nos levaria a um sistema jurídico de limitada racionalidade prática, pois exigiria excessiva disciplina legislativa. Seria um sistema estático. De outra banda, um sistema fundado apenas em princípios seria indeterminado demais, levando à insegurança jurídica, ainda mais considerando o natural conflito entre princípios. Assim, num constitucionalismo adequado, um sistema deve ter princípios, regras e valores, consagrados pelos princípios – tais como liberdade, democracia, dignidade –, além de procedimentos e processos que deem operacionalidade prática aos princípios e regras.[12]

Uma última observação se faz necessária. No sistema de elementos da natureza, os objetos estão ligados entre si por uma relação de causa e efeito, segundo um princípio que denominamos causalidade. Se ocorre "X", a consequência será "Y", daí designarmos mundo do ser. Nos sistemas jurídicos, como registra Kelsen,[13] incide outro princípio, o da imputação, segundo o qual ocorrido certo evento, "A", a consequência "B" *deve ser*. Daí dizermos que o Direito pertence ao mundo do *dever ser*. Mas não somos obrigados a obedecer a todos os mandamentos jurídicos

---

[9] Luís Roberto Barroso ensina sobre o método subsuntivo: "Nessa perspectiva, a interpretação jurídica consiste em um processo silogístico de subsunção dos fatos à norma: a lei é a premissa maior, os fatos são a premissa menor e a sentença é conclusão. O papel do juiz consiste em revelar a vontade da norma, desempenhando uma atividade de mero conhecimento, sem envolver qualquer parcela de criação do Direito para o caso concreto." *O começo da história*: a nova interpretação constitucional e o papel dos princípios no Direito Brasileiro, p. 331, nota de rodapé nº 7.

[10] Para não ir longe, basta citar a interminável discussão envolvendo o princípio da privacidade *versus* a liberdade de imprensa. Sem a ponderação dos princípios no caso concreto não há qualquer possibilidade de solução.

[11] Cf. *O começo da história*: a nova interpretação constitucional e o papel dos princípios no Direito Brasileiro, p. 339.

[12] Cf. *Direito constitucional*, p. 174-176.

[13] Cf. *Teoria pura do direito*. Trad. João Baptista Machado, p. 85.

o tempo todo, senão quando somos colhidos por suas hipóteses. Assim, realizado o fato descrito abstratamente na hipótese, estamos, por uma relação de imputação normativa, obrigados a obedecer ao respectivo mandamento, como bem apontado por Geraldo Ataliba.[14]

Feitas essas observações, podemos estudar o sistema constitucional tributário brasileiro que, para nós, é o conjunto de normas constitucionais de direito tributário que têm relação lógica entre si, as quais não podem ser consideradas de forma isolada, mas sim com elevado grau de interdependência. Sistematicamente, formam a essência desse ramo do direito, fundamentando todo restante do ordenamento jurídico-tributário, ao mesmo tempo que conferem legitimidade às pessoas políticas para cobrarem tributos e asseguram garantias aos contribuintes.

Para Celso Ribeiro Bastos, "o sistema tributário nacional é o conjunto de princípios e de normas unificados em torno da ideia de tributo".[15]

Paulo de Barros Carvalho, preferindo a expressão *subsistema constitucional tributário*, visto que, para este autor, o sistema constitucional brasileiro é um só, composto por normas de comportamento e normas de estrutura, englobando vários subsistemas, assim leciona a respeito:

> Pertencendo ao estrato mesmo da Constituição, da qual se destaca por mero expediente lógico de cunho didático, o subsistema constitucional tributário realiza as funções do todo, dispondo sobre os poderes capitais do Estado, no campo da tributação, ao lado de medidas que asseguram as garantias imprescindíveis à liberdade das pessoas, diante daqueles poderes.[16]

Vejamos agora os desdobramentos do sistema constitucional tributário em relação às pessoas políticas e aos contribuintes.

1.2 Competência tributária

No trato dessa matéria, alguns doutrinadores fazem referência a "poder tributário" ao invés de competência tributária. Parece-nos, na verdade, que o termo *poder* tem o condão de significar algo soberano, sem limites. Por essa razão preferimos a expressão *competência tributária*. Igual linha de pensamento é desenvolvida por Roque Carrazza, ao afirmar que a força tributante estatal não atua entre nós livremente, mas dentro dos limites traçados pelo direito positivo,

---

14 Cf. *Hipótese de incidência tributária*, p. 42.

15 *Curso de direito constitucional*, p. 349.

16 *Curso de direito tributário*, p. 142.

daí que cada um dos entes políticos não possui poder tributário, mas sim competência tributária como decorrência de sua autonomia.[17]

Com efeito, a delimitação das competências tributárias, em nosso país – sempre e sempre por meio da Constituição Federal –, é decorrência natural dos princípios federativo e da autonomia, funcionando como meio para a garantia destes.

É bom lembrar, aqui, que a Constituição Federal não cria tributos. Atribui competência tributária para as pessoas jurídicas de direito público instituí-los. Como é uma faculdade e não uma obrigação, essas pessoas instituem os tributos se quiserem, nada impedindo que não o façam.[18] Só essas pessoas podem criar tributos, por meio de seus parlamentos, visto que a competência tributária é exercida por meio de lei.

Não se confunda, entretanto, competência tributária com capacidade tributária. A primeira diz respeito à atribuição dada pela Constituição Federal a certas pessoas públicas para instituírem o tributo, enquanto a segunda diz respeito à capacidade de ser sujeito ativo da relação jurídico-tributária. Noutros termos: a capacidade para cobrar o tributo. É atribuída pela própria Constituição ou por lei. Note-se que a capacidade tributária pode ser exercida por quem não possui Poder Legislativo, pois depende exclusivamente de atos administrativos. Era o caso, *v. g.*, até o período pretérito à Lei nº 11.457/07, do Instituto Nacional do Seguro Social – INSS, que possuía capacidade tributária para exigir inúmeras contribuições sociais e, de fato, figurava como sujeito ativo na relação jurídico-tributária. Como registra Geraldo Ataliba, nada impede que a lei atribua capacidade tributária a pessoas privadas, desde que tenham finalidades públicas, mesmo não realizando atos administrativos.[19] É o caso do SESC/SENAC e SESI/SENAI.

1.3 Tributo

O conceito de tributo é puramente constitucional. Daí a assertiva de Alfredo Augusto Becker:

> Quem preferir caminho diferente, defrontar-se-á com múltiplos problemas jurídicos e não os poderá resolver; apenas conseguirá apaziguar as suas dúvidas, embriagando-se com ilogismos eruditos dissolvidos no remoinho da retórica e utilizando o estupidificante, aliás muito cômodo, dos fundamentos "óbvios".[20]

---

[17] Cf. *Curso de direito constitucional tributário*, p. 435.

[18] A União, até hoje, decorridos mais de 15 anos da promulgação da Constituição Federal, não institui o imposto sobre grandes fortunas – art. 153, VII.

[19] Cf. *Hipótese de incidência tributária*, p. 35.

[20] Apud Geraldo Ataliba, *Hipótese de incidência tributária*, p. 33.

Por essa razão, é com cautela que deve ser analisado o conceito de tributo insculpido no artigo 3º do Código Tributário Nacional, *in litteris*:

> Tributo é toda prestação pecuniária compulsória, em moeda ou cujo valor nela se possa exprimir, que não constitua sanção de ato ilícito, instituída em lei e cobrada mediante atividade administrativa plenamente vinculada.

Já adiantamos que a concepção de tributo do Código Tributário Nacional – artigos 3º, 4º e 5º – não se presta, *in totum*, para definir as contribuições e os empréstimos compulsórios, tributos por determinação constitucional. Nenhum problema nisso, pois o conceito de tributo não mantém-se inalterado *ad eternum*, ao contrário, é dependente da realidade jurídica onde está inserido, o que levou Geraldo Ataliba a afirmar que "há de ser formulado, hoje, de modo diverso, relativamente ao passado. Sofreu evolução. Aquele, aqui vigente, pode não ser extensível a todos os sistemas atuais. [...] Como todo conceito jurídico-positivo, é mutável, por reforma constitucional". [21]

Eis a definição de tributo de Geraldo Ataliba:

> Juridicamente, define-se tributo como obrigação jurídica pecuniária, *ex lege*, que se não constitui em sanção de ato ilícito, cujo sujeito ativo é uma pessoa pública (ou delegado por lei desta), e cujo sujeito passivo é alguém nessa situação posto pela vontade da lei, obedecidos os desígnios constitucionais (explícitos ou implícitos).[22]

Para Roque Carrazza, o conceito também deriva do Estatuto Supremo:

> Temos, pois, que, tributo, ao lume de nosso Estatuto Magno, é a relação jurídica que se estabelece entre o Fisco e o contribuinte (pessoa colhida pelo direito positivo), tendo por base a lei, em moeda, igualitária e decorrente de um fato lícito qualquer.[23]

Paulo de Barros Carvalho anota que o vocábulo *tributo* pode ser utilizado com pelo menos seis conceitos diversos. São eles: quantia em dinheiro, prestação correspondente ao dever jurídico do sujeito passivo, direito subjetivo de que é titular o sujeito ativo, relação jurídica tributária, norma jurídica tributária e, finalmente, norma, fato e relação jurídica.[24]

---

[21] Cf. *Hipótese de incidência tributária*, p. 40.

[22] Idem, p. 34.

[23] *Curso de direito constitucional tributário*, p. 352.

[24] Cf. *Curso de direito tributário*, p. 19.

Com efeito, já afirmamos em linhas anteriores que a Constituição Federal é o ponto de partida do estudioso do direito tributário e – não poderia ser diferente – dela é que vamos extrair o conceito de tributo.

Tributo é a relação jurídica, decorrente de lei, na qual uma pessoa, o sujeito ativo, pode exigir de outra, o sujeito passivo, o cumprimento de uma obrigação, em moeda, sendo lícito o fato que originou a obrigação, observados os limites constitucionais.

Gomes Canotilho ensina que ao lado dos direitos fundamentais existem deveres fundamentais. Os deveres fundamentais não são "o outro lado da moeda" dos direitos fundamentais, mas, ao contrário, têm vida própria, o que não impede a existência de deveres conexos com direitos fundamentais. Dentre os deveres fundamentais autônomos refere o dever de pagar tributos.[25]

1.3.1 Estrutura da norma jurídico-tributária

A estrutura das normas jurídico-tributárias é idêntica à das normas jurídicas em geral, segundo os ensinamentos da Teoria Geral do Direito, o que pode ser sintetizado na afirmação de Marcos Bernardes de Melo para quem estas preveem fatos (suporte fático) aos quais imputa certas consequências (eficácia jurídica) com implicações no plano do relacionamento intersubjetivo.[26] Por isso diz-se que, no mundo do direito, ao contrário do mundo da natureza, a relação é de imputação e não de causalidade. Note-se bem: as consequências nascem para o mundo do Direito, daí ser lícito dizer que o Direito cria suas próprias realidades.

O fenômeno da incidência nasce, assim, a partir da ocorrência, no mundo dos fatos, da situação hipoteticamente prevista na norma jurídica, é dizer, a incidência opera entre iguais: a consequência prevista hipoteticamente na norma jurídica terá lugar se e somente se o fato concreto for exatamente idêntico ao previsto naquela.

Paulo de Barros Carvalho ensina que a regra matriz de incidência é composta por uma hipótese à qual se conjuga um mandamento, por meio de uma forma associativa denominada cópula-deôntica, ou seja, o dever-ser que caracteriza a imputação jurídico-normativa.[27]

---

[25] Cf. *Direito constitucional*, p. 559. Canotilho cita os seguintes exemplos de deveres conexos com direitos fundamentais: o dever de trabalhar, correlacionado com o direito ao trabalho; o dever de educação dos filhos correspondente ao direito dos pais; o dever de defesa e promoção da saúde associado ao direito à proteção da saúde; o dever de defesa do ambiente relacionado com o direito ao ambiente; o dever de escolaridade básica relacionado ao direito ao ensino; entre outros.

[26] Cf. *Teoria do fato jurídico*, p. 26.

[27] Cf. *Curso de direito tributário*, p. 238.

Nessa linha de raciocínio, a hipótese trará a descrição de um fato, relevante para o direito, e a consequência determinará a relação jurídica que nascerá com a ocorrência do fato. Daí aludido autor falar em descritor e prescritor.

Pois bem, tanto a hipótese (descritor) quanto a consequência (prescritor, mandamento) contêm aspectos que nem sempre saltam aos olhos num primeiro momento, sendo frequentemente necessária a atividade de interpretação do jurista para revelá-los, sem, entretanto, fugir à regra: toda regra matriz de incidência possui tais aspectos. Essa realidade levou Paulo de Barros Carvalho a afirmar que o jurista, assim, é compelido a um penoso trabalho de composição. Sucintamente, assim descreve a estrutura da regra matriz de incidência:

> Na hipótese (descritor), haveremos de encontrar um critério material (comportamento de uma pessoa), condicionado no tempo (critério temporal) e no espaço (critério espacial). Já na consequência (prescritor) depararemos com um critério pessoal (sujeito ativo e sujeito passivo) e um critério quantitativo (base de cálculo e alíquota). A conjugação desses dados indicativos nos oferece a possibilidade de exibir, na sua plenitude, o núcleo lógico-estrutural da norma-padrão de incidência tributária.[28]

Tomemos um exemplo: a contribuição para a seguridade social, a cargo da empresa, incidente sobre o total das remunerações pagas ou creditadas a qualquer título, no decorrer do mês, aos segurados contribuintes individuais que lhe prestem serviços, instituída pela Lei nº 8.212/91, artigo 22, III.

Na hipótese encontraremos os critérios material – remunerar segurado contribuinte individual da seguridade social; temporal – o decorrer do mês, não importa se 30 dias, 1 dia ou uma fração de dia;[29] e espacial – o território nacional, já que a competência para a instituição de contribuições de seguridade social é privativa da União, por meio de lei federal. Geraldo Ataliba observa que raramente o critério espacial vem de forma explícita na hipótese de incidência, o que é dispensável, pois está vinculado ao âmbito de competência do legislador infraconstitucional.[30]

No consequente estão os critérios pessoal – sujeito ativo, a União, sujeito passivo, a empresa; e quantitativo – base de cálculo, o total das remunerações pagas ou creditadas a qualquer título, no decorrer do mês, aos segurados contribuintes individuais que lhe prestem serviços; e alíquota, 20%.

---

[28] Idem, p. 239.

[29] O critério temporal não se confunde com o prazo para pagamento do tributo que, nas contribuições de seguridade social, vence no mês seguinte ao da competência.

[30] Cf. *Hipótese de incidência tributária*, p. 105.

Tem-se, assim, revelada a integralidade da regra matriz de incidência do tributo em questão.

Como Daniel Pulino, pensamos que esse modo de abordagem do fenômeno jurídico não pode consistir num fim em si mesmo, mas sim como valioso instrumento de análise.[31] Por feliz coincidência com esse autor, também estamos convencidos de que esse instrumento contribuirá para a compreensão do objeto de nosso estudo.

1.3.2 Classificação

A doutrina brasileira, inspirada em A. D. Giannini (*Istituzioni di Diritto Tributario*) e liderada por Geraldo Ataliba, classifica os tributos em vinculados e não vinculados.[32]

O critério utilizado para essa classificação reside na consistência da hipótese de incidência, é dizer, em seu aspecto material. Segundo expôs Geraldo Ataliba, em todas as legislações existentes verificamos que o aspecto material da hipótese de incidência ou consiste numa atividade do poder público (ou numa repercussão desta) ou, de outro modo, num fato absolutamente indiferente a uma atuação estatal.[33]

Para os autores que adotaram o critério tricotômico,[34] entre eles Geraldo Ataliba, a classificação fundamentada na consistência da hipótese de incidência é suficiente para a distinção de todos os tributos, pois para estes a Constituição de 88 previu apenas impostos, taxas e contribuições. Negam autonomia para os empréstimos compulsórios e para as contribuições previstas no artigo 149. Assim, tributos vinculados seriam as taxas e as contribuições e tributos não vinculados seriam os impostos.

A Constituição de 88, porém, trouxe ingrediente novo que não pode passar despercebido: a finalidade constitucionalmente determinada.

Por muito tempo – e até hoje – muitos dos maiores tributaristas acusaram de "anticientífico" e "antijurídico" qualquer critério de classificação que levasse em consideração a finalidade, argumentando, inclusive, que essa característica deveria preocupar exclusivamente a Ciência das Finanças. Marco Aurélio Greco faz crítica a esse respeito, concluindo que, nesse pensar, o Direito acabaria fechado em si mesmo, sempre construído em função do passado e, quando algo novo surgisse,

---

31 Cf. *A aposentadoria por invalidez no direito positivo brasileiro*, p. 65.

32 Cf. Hugo de Brito Machado, *Curso de direito tributário*, p. 235.

33 Cf. *Hipótese de incidência tributária*, p. 130.

34 A expressão vem da admissão de apenas três espécies tributárias: impostos, taxas e contribuições.

ou seria enquadrado dentro dos padrões já existentes ou seria uma exceção, uma categoria "atípica".[35]

Para os que admitem que a Constituição de 1988 previu cinco espécies tributárias,[36] a consistência da hipótese de incidência não é suficiente para classificação dos empréstimos compulsórios e das contribuições previstas no artigo 149, já que a destinação constitucionalmente determinada integra a definição constitucional desses tributos. Tal observação não retira a validade da classificação de Giannini, mas é necessário considerar a finalidade para a nova classificação. Longe de nos afastar de um critério jurídico, seguimos as lições de Alfredo Augusto Becker, Geraldo Ataliba e Roque Carrazza, para quem o conceito de tributo é puramente constitucional, já que essa conclusão deriva da interpretação sistemática do Texto Constitucional, buscando, como ensina Vito Velluzzi, fazer coerente o sistema, prevenindo antinomias e conflitos entre as normas.[37]

O artigo 145 da Constituição Federal inaugura o Capítulo do Sistema Tributário Nacional, anunciando a competência comum da União, dos Estados, do Distrito Federal e dos Municípios para a instituição de impostos; taxas, em razão do exercício do poder de polícia ou pela utilização, efetiva ou potencial, de serviços públicos específicos e divisíveis, prestados ao contribuinte ou postos a sua disposição; e contribuições de melhoria, decorrentes de obras públicas.

A só leitura dessa disposição constitucional leva à conclusão, precipitada, de que nosso sistema jurídico admite a existência exclusiva dessas três espécies tributárias. Mas o sistema jurídico, sobretudo o corpo constitucional, deve ser considerado como um todo harmônico, o que levou alguns autores à construção do princípio da unidade da Constituição. Tércio Sampaio, a esse respeito, discorren-

---

[35] Cf. *Contribuições*: uma figura *sui generis*, p. 28. Vale transcrever seu comentário sobre essa situação: "Postura deste tipo encontra-se, por exemplo, nos doutrinadores que, por não admitirem que possam existir outras figuras além dos tributos vinculados e não vinculados, mas como não conseguem explicar o elemento finalidade que é inerente às contribuições, acabam por serem levados a sustentar que elas seriam 'impostos com destinação específica'. A perplexidade que subjaz a este tipo de colocação é semelhante à relatada por Umberto Eco (*Kant e l'ornitorrinco*, Bompiani, Milão, 1997.) em relação aos biólogos do século XVIII quando depararam com o ornitorrinco, um animal que não se enquadrava em nenhuma das categorias 'científicas' existentes pois é ovíparo e mamífero. A primeira reação de tais cientistas foi afirmar que o animal empalhado que lhes fora apresentado era uma farsa; mas quando os exploradores da Austrália trouxeram um animal vivo e que se reproduzia, o debate sobre a sua 'classificação' estendeu-se por 80 anos sem que houvesse consenso quanto à 'natureza' do animal. Os cientistas debatiam sobre categorias abstratas, sobre ideias, enquanto o animal se alimentava e reproduzia. E, paradoxalmente, passados 80 anos, a solução encontrada foi criar, dentro da classificação dos animais, uma categoria específica para ele (Umberto Eco, op. cit., p. 208 ss, especialmente p. 215.). Isto leva a perguntar, em tom jocoso, se as contribuições não seriam o ornitorrinco do Direito Tributário brasileiro!"

[36] É a posição do Supremo Tribunal Federal, *v. g.*, RE 146733, *DJ* 12 mar. 1993.

[37] Cf. *Interpretação sistemática*: um conceito realmente útil?, p. 81.

do sobre o método de interpretação sistemática, aponta que a sua pressuposição hermenêutica é a da unidade do sistema jurídico do ordenamento.[38]

Assim, não podem deixar de ser considerados os artigos 148 e 149 da Constituição Federal, os quais autorizam a União a instituir, mediante lei complementar, empréstimos compulsórios e, mediante lei ordinária, contribuições sociais, de intervenção no domínio econômico e de interesse das categorias profissionais ou econômicas, como instrumento de sua atuação nas respectivas áreas.

Mas se os empréstimos compulsórios e as contribuições (sociais, interventivas e corporativas) são tributos, por que razão não estão previstos no artigo 145?

Pela razão de que no artigo 145 estão previstos tributos cuja competência para instituição é comum à União, Estados, Distrito Federal e Municípios, enquanto que aqueles previstos nos artigos 148 e 149 são de competência exclusiva da União.[39]

Decorre daí o reconhecimento de cinco espécies tributárias. Cumpre oferecer critério seguro para distingui-las, com fundamento na Constituição Federal, para o que apresentamos a seguinte proposta de classificação, levando em consideração os estudos de Geraldo Ataliba:

> UMA PROPOSTA DE CLASSIFICAÇÃO – A CONJUGAÇÃO DO CRITÉRIO DA CONSISTÊNCIA DA HIPÓTESE DE INCIDÊNCIA COM A FINALIDADE CONSTITUCIONALMENTE DETERMINADA
>
> O critério da consistência da hipótese de incidência como parâmetro de classificação já foi visto anteriormente. A esse critério, conjugamos um outro: a previsão, no corpo constitucional, de finalidade determinada.
>
> Assim, percorremos as seguintes etapas para classificar juridicamente um tributo: primeiro, analisamos se o tributo foi criado com finalidade constitucionalmente determinada. Em caso positivo, buscamos desvendar qual foi a finalidade. A Constituição Federal admite as seguintes hipóteses:
>
> 1. para atender a despesas extraordinárias, decorrentes de calamidade pública, de guerra externa ou sua iminência; ou no caso de investimento público de caráter urgente e de relevante interesse nacional, situação onde estaremos diante de um empréstimo compulsório (artigo 148);
>
> 2. para intervenção no domínio econômico – contribuições interventivas (artigo 149); para o interesse das categorias profissionais ou econômicas, como instrumento de sua atuação nas respectivas áreas – contribuições corporativas (artigo 149); com finalidade social, caso em que estaremos diante de uma contribuição social: ou contribuição

---

[38] Cf. *Introdução ao estudo do direito*: técnica, decisão, dominação, p. 288.

[39] A recente previsão da contribuição de iluminação pública, de competência dos Municípios e Distrito Federal, não invalida esse raciocínio: a um, porque inserida pelo poder constituinte derivado; e, a dois, porque, não sendo de competência comum da União, Estados, Distrito Federal e Municípios, não poderia figurar no rol do artigo 145.

social geral (artigo 149 – Lei Complementar nº 110/01)[40] ou contribuições sociais especiais (artigos 195 e 239 – contribuições sociais de seguridade social; artigo 212, § 5º – contribuição social denominada salário-educação; artigo 240 – contribuição social do Sistema "S"); por fim, se o tributo tiver por finalidade custear o serviço de iluminação pública, estaremos diante de contribuição para o custeio de iluminação pública, uma quarta espécie de contribuição, gerada no mesmo parto da Emenda Constitucional nº 39/02.

Respondida negativamente aquela pergunta, ou seja, o tributo não foi criado com finalidade constitucionalmente determinada, passamos ao critério de classificação proposto por Geraldo Ataliba, com fundamento nos estudos de A. D. Giannini: a consistência do aspecto material da hipótese de incidência, visto que nessa etapa da classificação podem ter sobrevivido apenas impostos, taxas e contribuições de melhoria.

De forma esquemática, temos os seguintes passos (Figura 2):

Há finalidade constitucionalmente determinada?

[40] A LC nº 110/01 é um exemplo de instituição de contribuição social geral com fundamento no artigo 149 da Constituição Federal. Reza seu art. 1º: "Fica instituída contribuição social devida pelos empregadores em caso de despedida de empregado sem justa causa, à alíquota de dez por cento sobre o montante de todos os depósitos devidos, referentes ao Fundo de Garantia do Tempo de Serviço – FGTS, durante a vigência do contrato de trabalho, acrescido das remunerações aplicáveis às contas vinculadas." Tem finalidade determinada: o FGTS.

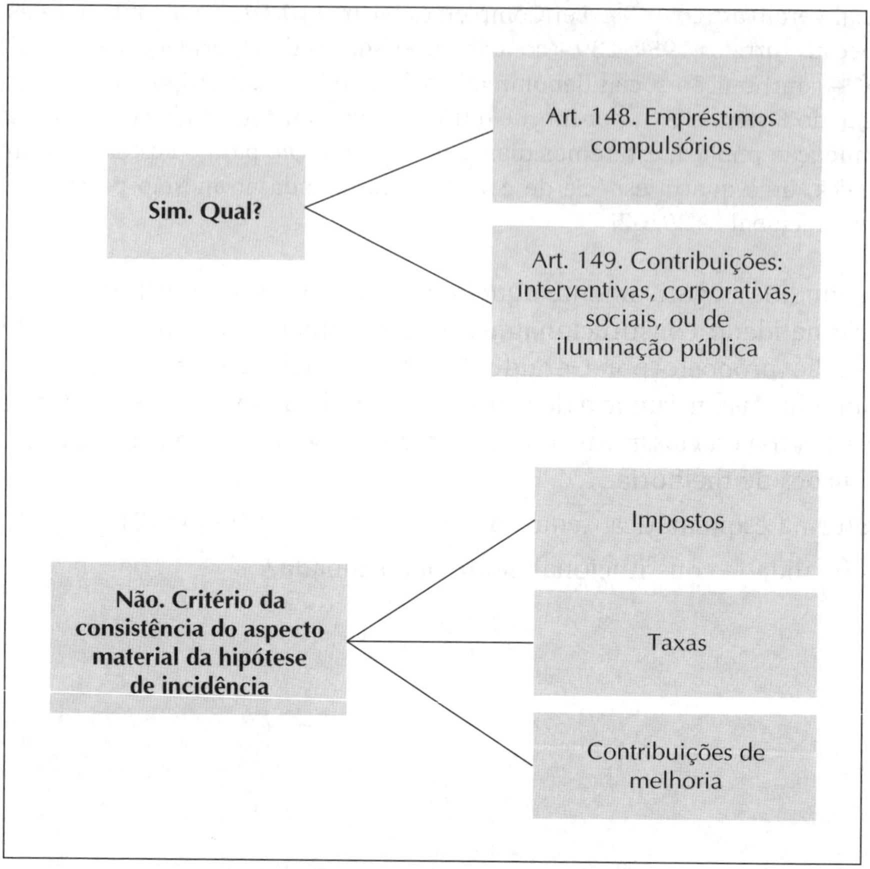

Figura 2 *Proposta de classificação dos tributos.*

1.3.3 Espécies tributárias

1.3.3.1 Impostos

O conceito de imposto decorre da própria Constituição. O Código Tributário Nacional, em seu artigo 16, assim define imposto:

> Imposto é o tributo cuja obrigação tem por fato gerador uma situação independente de qualquer atividade estatal específica, relativa ao contribuinte.

Como afirma Geraldo Ataliba, por sorte o conceito acima esposado está correto, mas não incumbe ao legislador formular conceitos, visto que não é mais lúcido do que a doutrina.[41]

---

[41] Cf. *Hipótese de incidência tributária*, p. 135.

Impostos são tributos não vinculados, ou seja, não relacionados com qualquer atividade específica do Estado relativa ao contribuinte. O fato gerador dos impostos não tem qualquer relação com alguma atividade estatal (*v. g.*, auferir renda, circular mercadorias, transmitir bens imóveis). É pura consequência da soberania estatal – sempre dentro dos limites constitucionais.

De sua natureza de tributo não vinculado decorre a necessidade de observarem-se rigidamente os limites constitucionais. Com efeito, podendo ser eleito qualquer comportamento humano revelador de capacidade econômica para figurar no aspecto material da hipótese de incidência, não há qualquer possibilidade de ampliação dos conceitos constitucionalmente previstos.

O Supremo Tribunal Federal já decidiu nesse sentido:

> TRIBUTO – FIGURINO CONSTITUCIONAL. A supremacia da Carta Federal é conducente a glosar-se a cobrança de tributo discrepante daqueles nela previstos. IMPOSTO SOBRE SERVIÇOS – CONTRATO DE LOCAÇÃO. A terminologia constitucional do Imposto sobre Serviços revela o objeto da tributação. Conflita com a Lei Maior dispositivo que imponha o tributo considerado contrato de locação de bem móvel. Em Direito, os institutos, as expressões e os vocábulos têm sentido próprio, descabendo confundir a locação de serviços com a de móveis, práticas diversas regidas pelo Código Civil, cujas definições são de observância inafastável – artigo 110 do Código Tributário Nacional.[42]

Várias podem ser as classificações dos impostos. A Constituição Federal parece ter classificado os impostos segundo a competência para sua instituição. Assim, seriam federais, estaduais e municipais. Hugo de Brito Machado adota essa classificação.[43]

Geraldo Ataliba, por seu turno, afirma que os impostos podem ser classificados em pessoais e reais.[44]

Pessoais são aqueles que levam em consideração, no aspecto material da hipótese de incidência, qualidades juridicamente qualificadas do sujeito passivo.

Reais, por outro lado, são aqueles onde o aspecto material da hipótese de incidência limita-se a descrever um fato indiferente ao sujeito passivo e suas qualidades.

Nos termos do artigo 145, § 1º, da Constituição Federal, sempre que possível, os impostos terão caráter pessoal e serão graduados segundo a capacidade econômica do contribuinte, facultado à administração tributária, especialmente

---

[42] RE nº 116121, *DJ* 25 maio 2001.

[43] Cf. *Curso de direito tributário*, p. 237.

[44] Cf. *Hipótese de incidência tributária*, p. 143.

para conferir efetividade a esses objetivos, identificar, respeitados os direitos individuais e nos termos da lei, o patrimônio, os rendimentos e as atividades econômicas do contribuinte.

É preciso compreender essa disposição.

Américo Lacombe entende que a expressão *sempre que possível* somente pode referir-se ao caráter pessoal dos impostos e não à graduação segundo a capacidade econômica do contribuinte, já que esta seria um corolário lógico do princípio da igualdade. Acaba concluindo que o sentido da expressão é este: sempre que possível os impostos terão caráter pessoal, sendo graduados, em qualquer caso, segundo a capacidade econômica do contribuinte.[45]

Como vimos, os impostos podem ser classificados em pessoais ou reais. Para nós, a capacidade econômica do contribuinte diz respeito a suas qualidades juridicamente qualificadas, ou seja, refere-se aos impostos pessoais. Assim, a capacidade econômica do contribuinte não pode ser considerada nos impostos reais. Veja-se, a título de exemplo, que o valor final do imposto sobre a propriedade de veículos automotores para dois veículos idênticos – por óbvio – é o mesmo, não importando se para um contribuinte o veículo representa 90% de sua fortuna e para outro apenas 1%. Nesse sentido vem decidindo o Supremo Tribunal Federal.[46]

1.3.3.2 Taxas

Taxas são tributos vinculados, pois seu fato gerador é vinculado a uma atividade estatal diretamente relacionada com o contribuinte. Nos termos do artigo 145, II, da Constituição Federal, as taxas são cobradas em razão do exercício do poder de polícia ou pela utilização, efetiva ou potencial, de serviços públicos específicos e divisíveis, prestados ao contribuinte ou postos a sua disposição. É a consistência da hipótese de incidência, portanto, que permite identificar um tributo como taxa. Além disso, sua base imponível deve medir o conteúdo dimensível dos fatos que expressam a atividade estatal, na precisa lição de Aires Barreto.[47]

---

[45] Cf. *Princípios constitucionais tributários*, p. 27 ss.

[46] RE nº 248892, *DJ* 31 mar. 2000. Eis a ementa: TRIBUTÁRIO. IPTU PROGRESSIVO. MUNICÍPIO DO RIO DE JANEIRO. ARTIGO 67 DA LEI Nº 691/84. PRECEDENTES. 1. É pacífica a jurisprudência desta Corte no sentido de que a progressividade do IPTU, que é imposto de natureza real em que não se pode levar em consideração a capacidade econômica do contribuinte, só é admissível, em face da Constituição Federal, para o fim extrafiscal de assegurar o cumprimento da função social da propriedade. 2. O artigo 67 da Lei nº 691/84, do Município do Rio de Janeiro, que instituiu a progressividade do IPTU levando em conta a área e a localização dos imóveis – fatos que revelam a capacidade contributiva –, não foi recepcionado pela Carta Federal de 1988. 3. Recurso extraordinário não conhecido.

[47] Cf. *Base de cálculo, alíquota e princípios constitucionais*, p. 70.

No mesmo sentido, Paulo de Barros Carvalho:

> Taxas são tributos que se caracterizam por apresentarem, na hipótese da norma, a descrição de um fato revelador de uma atividade estatal, direta e especificamente dirigida ao contribuinte. Nisso diferem dos impostos, e a análise de suas bases de cálculo deverá exibir, forçosamente, a medida da intensidade da participação do Estado. Acaso o legislador mencione a existência de taxa, mas eleja base de cálculo mensuradora de fato estranho a qualquer atividade do Poder Público, então a espécie tributária será outra, naturalmente imposto.[48]

A base de cálculo da taxa, assim, revela sempre uma dimensão econômica do exercício do poder de polícia ou do serviço público específico e divisível. Noutros termos: o valor total arrecadado pela taxa deve ser equivalente ao custo da atividade para o Estado. Dessa forma, o Estado divide esses gastos específicos com os usuários do serviço, evitando o enriquecimento sem causa destes e obedecendo ao princípio da isonomia.

É preciso diferenciar o mecanismo de divisão dos gastos públicos que se verifica nas taxas com a finalidade constitucionalmente determinada das contribuições, sobretudo das contribuições de seguridade social.

A seguridade social tem orçamento próprio – artigo 165, § 5º, III. Na dicção constitucional, todas as contribuições de seguridade social vão integrar esse orçamento, o qual vai financiar a seguridade social. Por isso, essas contribuições têm como finalidade constitucionalmente determinada o respectivo orçamento com o objetivo de financiar a seguridade social.

Nas demais contribuições arroladas nos artigos 149, 212, § 5º, e 240, todos da Constituição Federal, não há orçamento próprio, mas esses tributos são instituídos sempre com finalidade determinada. O valor arrecadado é separado do orçamento, já nasce vinculado à despesa que o originou. Assim, a contribuição social denominada salário-educação tem finalidade constitucionalmente determinada, qual seja, o financiamento do ensino fundamental público, e os valores arrecadados são depositados no Fundo Nacional de Desenvolvimento da Educação. Mas, ao contrário das taxas, nas contribuições é o próprio valor arrecadado que vai financiar aquelas atividades específicas. Nas taxas, por outro lado, os gastos ocorrem antecipadamente, são custeados pelo próprio Estado, e o valor arrecadado apenas vai "compensar" aqueles gastos. Não têm finalidade constitucionalmente determinada. Não são separados do orçamento, pelo contrário, vão integrar o orçamento fiscal. Esse mecanismo diferencia profundamente as taxas das contribuições e será novamente abordado no item 2.3 deste capítulo.

---

48 *Curso de direito tributário*, p. 38-39.

A prestação do serviço público que enseja a cobrança de taxa é aquela específica e divisível, ou seja, capaz de ser mensurada em relação a cada contribuinte.

Se for instituído tributo pela prestação de serviço público *uti universi*, estaremos diante de imposto, mesmo que denominado taxa.

Nesse sentido vem decidindo o Supremo Tribunal Federal, como demonstra o seguinte julgado:

> Recurso extraordinário. Mandado de segurança. Taxa de Conservação e Manutenção das Vias Públicas. Inconstitucionalidade incidental. 2. Acórdão que declarou a inconstitucionalidade de lei que instituiu a cobrança de Taxa de Conservação e Manutenção das Vias Públicas, por afronta ao disposto no art. 145, II, da CF. 3. Entendimento firmado pelo STF no sentido de que a base de cálculo é "própria de imposto e não de taxa por serviços específicos e divisíveis postos à disposição do seu contribuinte" e "não tendo o município – uma vez que, em matéria de impostos, a competência é da União – competência para criar tributos outros que não os que a Constituição lhe atribui, o imposto dissimulado pela taxa é inconstitucional" (RE 121.617). 4. Recurso não conhecido. Lei Complementar nº 37, de 29 de dezembro de 1998, do Município de Aracaju, declarada inconstitucional.[49]

Como decorrência da cobrança por meio de taxa, os serviços públicos específicos e divisíveis sujeitam-se ao regime jurídico-tributário, inclusive à limitação constitucional da legalidade e ao princípio da destinação pública dos tributos. Este último decorre do princípio republicano e mereceu as seguintes palavras de Aliomar Baleeiro:

> Tributo, imposto designam, em todas as línguas, pagamento compulsório ao Estado e para o Estado. Só para o Estado se tributa. Não há tributo privado. Não o diz a Constituição, mas está implícito que esse poder extremo e fundamental corresponde aos encargos com o funcionamento dos serviços públicos, ou exercício das atribuições em que são investidas as três órbitas governamentais. Não havia, aliás, necessidade de deixar expressa essa destinação exclusiva, porque, historicamente, nunca foi de outro modo, desde que a Igreja perdeu a competência tributária dos tempos coloniais, quando associada outrora à Coroa portuguesa. Os tributos são reservados exclusivamente para fins públicos. Não existem discrepâncias entre os financistas.[50]

Nesse sentido é a jurisprudência do Supremo Tribunal Federal:

> AÇÃO DIRETA DE INCONSTITUCIONALIDADE – CUSTAS JUDICIAIS E EMOLUMENTOS EXTRAJUDICIAIS – NATUREZA TRIBUTÁRIA (TAXA) – DESTINAÇÃO

---

[49] RE nº 293536, *DJ* 17 maio 2002.

[50] *Limitações constitucionais ao poder de tributar*, p. 784.

PARCIAL DOS RECURSOS ORIUNDOS DA ARRECADAÇÃO DESSES VALORES A INSTITUIÇÕES PRIVADAS – INADMISSIBILIDADE – VINCULAÇÃO DESSES MESMOS RECURSOS AO CUSTEIO DE ATIVIDADES DIVERSAS DAQUELAS CUJO EXERCÍCIO JUSTIFICOU A INSTITUIÇÃO DAS ESPÉCIES TRIBUTÁRIAS EM REFERÊNCIA – DESCARACTERIZAÇÃO DA FUNÇÃO CONSTITUCIONAL DA TAXA – RELEVÂNCIA JURÍDICA DO PEDIDO – MEDIDA LIMINAR DEFERIDA. NATUREZA JURÍDICA DAS CUSTAS JUDICIAIS E DOS EMOLUMENTOS EXTRAJUDICIAIS. – A jurisprudência do Supremo Tribunal Federal firmou orientação no sentido de que as custas judiciais e os emolumentos concernentes aos serviços notariais e registrais possuem natureza tributária, qualificando-se como taxas remuneratórias de serviços públicos, sujeitando-se, em consequência, quer no que concerne à sua instituição e majoração, quer no que se refere à sua exigibilidade, ao regime jurídico-constitucional pertinente a essa especial modalidade de tributo vinculado, notadamente aos princípios fundamentais que proclamam, dentre outras, as garantias essenciais (a) da reserva de competência impositiva, (b) da legalidade, (c) da isonomia e (d) da anterioridade. Precedentes. Doutrina. SERVENTIAS EXTRAJUDICIAIS. – A atividade notarial e registral, ainda que executada no âmbito de serventias extrajudiciais não oficializadas, constitui, em decorrência de sua própria natureza, função revestida de estatalidade, sujeitando-se, por isso mesmo, a um regime estrito de direito público. A possibilidade constitucional de a execução dos serviços notariais e de registro ser efetivada "em caráter privado, por delegação do poder público" (CF, art. 236), não descaracteriza a natureza essencialmente estatal dessas atividades de índole administrativa. – As serventias extrajudiciais, instituídas pelo Poder Público para o desempenho de funções técnico-administrativas destinadas "a garantir a publicidade, a autenticidade, a segurança e a eficácia dos atos jurídicos" (Lei nº 8.935/94, art. 1º), constituem órgãos públicos titularizados por agentes que se qualificam, na perspectiva das relações que mantêm com o Estado, como típicos servidores públicos. Doutrina e Jurisprudência. – DESTINAÇÃO DE CUSTAS E EMOLUMENTOS A FINALIDADES INCOMPATÍVEIS COM A SUA NATUREZA TRIBUTÁRIA. – Qualificando-se as custas judiciais e os emolumentos extrajudiciais como taxas (*RTJ* 141/430), nada pode justificar seja o produto de sua arrecadação afetado ao custeio de serviços públicos diversos daqueles a cuja remuneração tais valores se destinam especificamente (pois, nessa hipótese, a função constitucional da taxa – que é tributo vinculado – restaria descaracterizada) ou, então, à satisfação das necessidades financeiras ou à realização dos objetivos sociais de entidades meramente privadas. É que, em tal situação, subverter-se-ia a própria finalidade institucional do tributo, sem se mencionar o fato de que esse privilegiado (e inaceitável) tratamento dispensado a simples instituições particulares (Associação de Magistrados e Caixa de Assistência dos Advogados) importaria em evidente transgressão estatal ao postulado constitucional da igualdade. Precedentes.[51]

---

51 ADI nº 1378, *DJ* 30 maio 1997.

1.3.3.3 Contribuições de melhoria

Contribuições de melhoria são tributos vinculados, eis que seu fato gerador é relacionado com a atividade estatal que resultou na valorização imobiliária, qual seja, uma obra pública.

O que dá ensejo à cobrança de contribuição de melhoria não é qualquer obra pública, mas a valorização de imóvel do contribuinte dela decorrente. Assim, realização de obra pública sem valorização não dá lugar a esse tributo. Esse cenário já existia no ordenamento constitucional pretérito e manteve-se na atual Carta.

O Supremo Tribunal Federal tem decidido nesse sentido:

> Contribuição de melhoria. Recapeamento de via pública já asfaltada, sem configurar a valorização do imóvel, que continua a ser requisito ínsito para a instituição do tributo, mesmo sob a égide da redação dada, pela Emenda nº 23, ao art. 18, II, da Constituição de 1967. Recurso extraordinário provido, para restabelecer a sentença que julgara inconstitucional a exigência.[52]

Tendo em vista que todos os contribuintes concorrem para os recursos públicos, por meio dos impostos, não seria justo permitir que alguns auferissem vantagem do esforço comum, razão pela qual referido tributo busca evitar o enriquecimento sem causa. Por essa razão o valor do tributo não pode ultrapassar a valorização imobiliária auferida pelo contribuinte.

Geraldo Ataliba classifica as contribuições pela posição relativa do elemento intermediário integrante da hipótese de incidência. Esse elemento estabelece a conexão entre a atuação estatal e o contribuinte.[53]

O elemento intermediário pode ser causado pela ação estatal ou, noutros termos, a atuação estatal provoca uma consequência que é o elemento intermediário, caso em que estamos diante de uma contribuição provocante, pois a ação estatal provoca, dá origem, ao elemento intermediário. É o caso da contribuição de melhoria, onde a ação estatal – realização da obra pública – provoca o elemento intermediário – valorização da obra – que se liga ao contribuinte.

De outro modo, o elemento intermediário, que se relaciona com o contribuinte, pode provocar a ação estatal, hipótese de contribuição provocada. Nessa situação, o contribuinte desenvolve uma atividade que causa o elemento intermediário que, por sua vez, provoca a atuação estatal. Geraldo Ataliba, com fundamento em Giannini, cita a *contributo integrativo di utenza stradale*, "cuja h.i. é o particular

---

[52] RE nº 116148, *DJ* 21 maio 1993.

[53] Cf. *Hipótese de incidência tributária*, p. 185.

desempenhar atividade comercial ou industrial que causa, com o trânsito de certos veículos, especial desgaste nas estradas". O elemento intermediário, provocante da atuação estatal, é o desgaste.[54]

É da maior importância ressaltar que a contribuição de melhoria prevista no artigo 145, III, da Constituição Federal tem em comum com as demais contribuições do Texto Constitucional – artigo 149 – exclusivamente o nome, nada mais. É outra espécie de tributo, obedece a distinto regime jurídico e não tem finalidade constitucionalmente determinada. Aqui, diferentemente inclusive das taxas, o poder público não busca ressarcimento com o gasto da obra, que não integra a base de cálculo do tributo, já que esta é uma medida da valorização imobiliária experimentada pelo contribuinte, mas tão somente evitar o enriquecimento sem causa e dar cumprimento ao princípio da igualdade.

1.3.3.4 *Empréstimos compulsórios*

O artigo 148 da Constituição Federal revela o conceito de empréstimo compulsório: é tributo com finalidade constitucionalmente determinada, ou para atender a despesas extraordinárias, decorrentes de calamidade pública, de guerra externa ou sua iminência, ou no caso de investimento público de caráter urgente e de relevante interesse nacional.

Na tradicional classificação dos tributos em vinculados e não vinculados, Geraldo Ataliba aponta como critério de discrímen entre taxas e contribuições a referibilidade entre o aspecto material e pessoal.[55] Se a referibilidade em questão for direta, teremos taxa. Pelo contrário, se for indireta, teremos contribuição.

Assim, continua o autor, "a hipótese de incidência da taxa é uma atuação estatal diretamente referida ao obrigado [...]. A h.i. da contribuição é uma atuação estatal indiretamente referida ao obrigado [...]".

Concordamos plenamente com essa tese no que diz respeito à distinção entre taxas e contribuições de melhoria, mas o critério não vale para empréstimos compulsórios e contribuições. Veja-se que os empréstimos compulsórios podem ser instituídos para atender a despesas extraordinárias decorrentes de calamidade pública. Assim, nada impede a cobrança do tributo de contribuintes residentes em todo o país para atender a calamidade pública verificada em uma região específica, segundo pensamos. Não há, nessa hipótese, referibilidade alguma em relação aos contribuintes residentes em outras regiões.

O mesmo raciocínio vale para as contribuições corporativas. Nesse caso, não há sequer atividade estatal.

---

54 Idem, p. 186.

55 Idem, p. 147.

O Supremo Tribunal Federal, à luz da Constituição anterior, considerou que o empréstimo compulsório não revelava natureza tributária,[56] entendimento esse que consideramos superado pela inserção do empréstimo compulsório no Sistema Constitucional Tributário Brasileiro.

1.3.3.5 Contribuições

1.3.3.5.1 A contribuição como espécie tributária

A natureza jurídica das contribuições é tema que suscita caloroso debate na doutrina.

O Código Tributário Nacional, em sua redação primitiva, não contemplava a figura das contribuições, sendo alterado menos de um mês após sua promulgação para a inclusão do artigo 217, nestes termos:

> Art. 217. As disposições desta Lei, notadamente as dos arts 17, 74, § 2º, e 77, parágrafo único, bem como a do art. 54 da Lei nº 5.025, de 10 de junho de 1966, não excluem a incidência e a exigibilidade:
>
> I – da "contribuição sindical", denominação que passa a ter o Imposto Sindical de que tratam os arts. 578 e segs. da Consolidação das Leis do Trabalho, sem prejuízo do disposto no art. 16 da Lei nº 4.589, de 11 de dezembro de 1964;
>
> II – das denominadas "quotas de previdência" a que aludem os arts. 71 e 74 da Lei nº 3.807, de 26 de agosto de 1960, com as alterações determinadas pelo art. 34 da Lei nº 4.863, de 29 de novembro de 1965, que integram a contribuição da União para a Previdência Social, de que trata o art. 157, item XVI, da Constituição Federal;
>
> III – da contribuição destinada a constituir "Fundo de Assistência" e "Previdência do Trabalhador Rural", de que trata o art. 158 da Lei nº 4.214, de 2 de março de 1963;
>
> IV – da contribuição destinada ao Fundo de Garantia do Tempo de Serviço, criada pelo art. 2º da Lei nº 5.107, de 13 de setembro de 1966;
>
> V – das contribuições enumeradas no § 2º do art. 34 da Lei nº 4.863, de 29 de novembro de 1965, com as alterações decorrentes do disposto nos arts. 22 e 23 da Lei nº 5.107, de 13 de setembro de 1966, e outras de fins sociais criadas por lei.

A Constituição Federal de 1967 também não contemplava a figura das contribuições, tendo a Emenda Constitucional nº 1/69 disposto sobre o tema em seu artigo 21, § 2º, I:

> *Art. 21. Compete à União instituir imposto sobre:*
>
> I – importação de produtos estrangeiros, facultado ao Poder Executivo, nas condições e nos limites estabelecidos em lei, alterar-lhe as alíquotas ou as bases de cálculo;

---

[56] STF, Súmula 418.

> II – exportação, para o estrangeiro, de produtos nacionais ou nacionalizados, observado o disposto no final do item anterior;
>
> III – propriedade territorial rural;
>
> IV – renda e proventos de qualquer natureza, salvo ajuda de custo e diárias pagas pelos cofres públicos na forma da lei;
>
> V – produtos industrializados, também observado o disposto no final do item I;
>
> VI – operações de crédito, câmbio e seguro ou relativas a títulos ou valores mobiliários;
>
> VII – serviços de transporte e comunicações, salvo os de natureza estritamente municipal;
>
> VIII – produção, importação, circulação, distribuição ou consumo de lubrificantes e combustíveis líquidos ou gasosos e de energia elétrica, imposto que incidirá uma só vez sobre qualquer dessas operações, excluída a incidência de outro tributo sobre elas; e
>
> IX – a extração, a circulação, a distribuição ou o consumo dos minerais do País enumerados em lei, imposto que incidirá uma só vez sobre qualquer dessas operações, observado o disposto no final do item anterior.
>
> § 1º A União poderá instituir outros impostos, além dos mencionados nos itens anteriores, desde que não tenham fato gerador ou base de cálculo idênticos aos dos previstos nos artigos 23 e 24.
>
> § 2º A União pode instituir:
>
> I – contribuições, nos termos do item I deste artigo, tendo em vista intervenção no domínio econômico e o interesse da previdência social ou de categorias profissionais.

Posteriormente, com a Emenda Constitucional nº 8/77, foi acrescentado o inciso X ao artigo 43 da Constituição Federal de 1967:

> Art. 43. Cabe ao Congresso Nacional, com a sanção do Presidente da República, dispor sobre todas as matérias de competência da União, especialmente:
>
> I – tributos, arrecadação e distribuição de rendas;
>
> II – orçamento anual e plurianual; abertura e operação de crédito; dívida pública; emissões de curso forçado;
>
> III – fixação dos efetivos das forças armadas para o tempo de paz;
>
> IV – planos e programas nacionais e regionais de desenvolvimento;
>
> V – criação de cargos públicos e fixação dos respectivos vencimentos, ressalvado o disposto no item III do artigo 55;
>
> VI – limites do território nacional; espaço aéreo e marítimo; bens do domínio da União;
>
> VII – transferência temporária da sede do Governo Federal;
>
> VIII – concessão de anistia; e
>
> IX – organização administrativa e judiciária dos Territórios.

Com a referida emenda, foi incluído o inciso X, nestes termos:

> X – contribuições sociais para custear os encargos previstos nos artigos 165, itens II, V, XIII, XVI e XIX, 166, § 1º, 175, § 4º e 178.[57]

Assim, restou nitidamente apartada a competência do Congresso Nacional para dispor sobre matéria tributária (inciso I) e contribuições sociais (inciso X). Daí decorre o entendimento de que as contribuições, a partir da Emenda Constitucional nº 8/77, perderam sua natureza tributária, não estando mais sujeitas ao Código Tributário Nacional.

A Carta de 1988 dispôs de maneira expressa sobre as contribuições.

A fixação do regime jurídico de um instituto é relevante para determinarmos quais as normas jurídicas aplicáveis. No caso das contribuições, a resposta está na própria Constituição Federal.

Nossa Carta Política dispõe sobre o Sistema Tributário Nacional em seu Título VI, Capítulo I, englobando os artigos 145 a 162. Incluído, portanto, no Sistema Tributário Nacional, está o artigo 149, com a seguinte redação:

> Art. 149. Compete exclusivamente à União instituir contribuições sociais, de intervenção no domínio econômico e de interesse das categorias profissionais ou econômicas, como instrumento de sua atuação nas respectivas áreas, observado o disposto nos arts. 146, III, e 150, I e III, e sem prejuízo do previsto no art. 195, § 6º, relativamente às contribuições a que alude o dispositivo.

---

[57] Artigo 165. A Constituição assegura aos trabalhadores os seguintes direitos, além de outros que, nos termos da lei, visem à melhoria de sua condição social: II – salário-família aos seus dependentes; V – integração na vida e no desenvolvimento da empresa, com participação nos lucros e, excepcionalmente, na gestão, segundo for estabelecido em lei; XIII – estabilidade, com indenização ao trabalhador despedido ou fundo de garantia equivalente; XVI – previdência social nos casos de doença, velhice, invalidez e morte, seguro-desemprego, seguro contra acidentes do trabalho e proteção da maternidade, mediante contribuição da União, do empregador e do empregado; XIX – aposentadoria para a mulher, aos trinta anos de trabalho, com salário integral. Art. 166. É livre a associação profissional ou sindical; a sua constituição, a representação legal nas convenções coletivas de trabalho e o exercício de funções delegadas de poder público serão regulados em lei. § 1º. Entre as funções delegadas a que se refere este artigo, compreende-se a de arrecadar, na forma da lei, contribuições para custeio da atividade dos órgãos sindicais e profissionais e para a execução de programas de interesse das categorias por eles representados. Art. 175. A família é constituída pelo casamento e terá direito à proteção dos Poderes Públicos § 4º. Lei especial disporá sobre a assistência à maternidade, à infância e à adolescência e sobre a educação de excepcionais. Art. 178. As empresas comerciais, industriais e agrícolas são obrigadas a manter o ensino primário gratuito de seus empregados e o ensino dos filhos destes, entre os sete e os quatorze anos, ou a concorrer para aquele fim, mediante a contribuição do salário-educação, na forma que a lei estabelecer.

A redação parece não deixar dúvidas: as contribuições têm natureza tributária, sem exceção.

Note-se, ainda, que o legislador constituinte determinou a necessidade de observação de lei complementar para estabelecer normas gerais de direito tributário, bem como das limitações constitucionais da legalidade, irretroatividade e anterioridade, sendo que, em relação à última, vale a anterioridade especial ou nonagesimal para as contribuições de seguridade social, nos termos do art. 195, § 6º, da Constituição Federal, matéria que será objeto de estudo adiante.[58]

A só leitura desse artigo deixa claro que referidas contribuições deverão obedecer ao regime jurídico tributário, como bem anota Roque Antônio Carrazza.[59]

Outra interpretação do artigo 149 poderia levar à conclusão diametralmente oposta, qual seja, em função de a parte final desse artigo determinar a observação tão somente dos artigos 146, III, e 150, I e III, da Constituição Federal, tal situação é juridicamente relevante para a conclusão no sentido de que as contribuições previstas nesse artigo não têm natureza tributária, pois, do contrário, deveriam estar submetidas à integralidade do regime jurídico-tributário e não somente a uma parte deste. O argumento é consistente e não passou despercebido por Marco Aurélio Greco,[60] o que nos leva a tecer algumas considerações, principalmente responder à seguinte pergunta: para a inserção de uma determinada categoria jurídica no contexto de tributo é necessária sua submissão à integralidade do regime jurídico-tributário? Pensamos que não. O regime jurídico-tributário compreende a totalidade das normas jurídicas que dispõe sobre o direito tributário, nada impedindo que certas figuras submetam-se a umas e não a outras, não só por razões políticas, de opção do legislador constitucional, como também por incompatibilidade com certas espécies tributárias, tal como aquela verificada entre o princípio geral enunciado no artigo 146, I, e as contribuições do artigo 149.[61] Outros muitos exemplos há. Os impostos políticos – CF/88, art. 153, I, II, IV e V – não submetem-se integralmente à limitação da legalidade, eis que podem ter suas alíquotas alteradas pelo Poder Executivo, não obstante nos limites da lei. A delimitação da competência tributária, ponto fundamental de nosso sistema cons-

---

[58] Vale a pena frisar: a exceção da anterioridade especial ou nonagesimal somente se aplica para as contribuições de seguridade social, não para as demais.

[59] *Curso de direito constitucional tributário*, p. 519.

[60] *Contribuições*: uma figura *sui generis*, p. 74.

[61] Nos termos do artigo 146, I, da CF/88 cabe à lei complementar dispor sobre conflitos de competência, em matéria tributária, entre a União, os Estados, o Distrito Federal e os Municípios. Ocorre que nos termos do artigo 149 é competência exclusiva da União instituir as contribuições ali previstas, razão pela qual não há qualquer necessidade de aplicar o artigo 146, I, às contribuições.

titucional tributário, intimamente relacionada com os princípios federativo e da autonomia municipal e distrital, pode ser dobrada com a instituição de impostos extraordinários de guerra pela União, nos termos do artigo 154, II. Enfim, são vários os exemplos de simples exclusão ou temperamento das normas jurídico-tributárias aplicáveis aos diversos tributos.

De todo exposto, entendemos que as contribuições têm natureza tributária.[62] Mais adiante, no item 2.6.3 deste Capítulo, voltaremos à discussão sobre as limitações constitucionais ao poder de tributar excluídas pelo artigo 149, *in fine*.

1.3.3.5.2 A finalidade constitucionalmente determinada

O grande diferencial das contribuições trazido pela Constituição de 1988 foi a finalidade constitucionalmente determinada. Diferentemente do que fez em relação aos impostos, taxas e contribuições de melhoria, a Constituição não apontou, quanto às contribuições, possíveis fatos geradores, mas qualificou os fins a serem atingidos com a sua instituição, fato esse bem observado por Marco Aurélio Greco.[63] Daí por que tais tributos diferenciam-se dos demais por terem sua finalidade constitucionalmente determinada, o que significa dizer que o produto de sua arrecadação deve ser destinado à consecução dessas finalidades.

Uma primeira observação já se impõe: no mar revolto do Código Tributário Nacional, naufraga aqui o artigo 4º daquele diploma ao prescrever que é irrelevante para determinar a natureza jurídica específica de um tributo a destinação legal do produto de sua arrecadação.

Souto Maior Borges ensina que as teorias científicas devem submeter-se a um "teste de verificabilidade", o qual opera como uma espécie de "seleção darwiniana", onde, segundo ao autor:

---

[62] Já registramos que é a posição do Supremo Tribunal Federal. Se a aceitação das contribuições como tributos autônomos constitui um caso jurídico difícil – ao menos em sede doutrinária, pois na jurisprudência a matéria está pacificada – é interessante notar a posição de Aulis Aarnio sobre o assunto. Para esse autor, nos casos jurídicos difíceis não há uma única resposta correta, mas, de outro modo, o máximo a que se pode chegar é uma solução de tal modo justificada que a maioria da comunidade jurídica possa aceitá-la. A aceitabilidade como meta do raciocínio jurídico é suficiente para os seres humanos. Nesse sentido se pode tratar de maximizar as expectativas da certeza jurídica. Pressupor uma resposta correta, continua o autor, não nos ajudará a servir melhor a sociedade. E conclui: o que realmente necessitamos é uma justificação racional. Cf. *La tesis de la única respuesta correcta y el principio regulativo del razonamiento jurídico*. A esses argumentos, Robert Alexy acrescenta que "a ideia regulativa de uma única resposta correta não pressupõe que para cada caso exista uma única resposta correta. Somente pressupõe que em alguns casos se pode dar uma única resposta correta e que não se sabe em que casos será assim, de maneira que vale a pena procurar encontrar em cada caso a única resposta correta". Cf. Sistemas jurídicos, principios jurídicos y razón práctica.

[63] *Contribuições*: uma figura *sui generis*, p. 38.

> [...] persistem e sobrevivem apenas as que se mostrem mais resistentes à agressão de experimentos cruciais, nada mais que tentativas, malogradas ou não, de ser substituídas por outras de melhor e mais abrangente conteúdo de explicação. [...] Toda contemplação do mundo jurídico é, também ela, observação à luz de teorias, hipótese, seleção de critérios, propostas, a demandar testes os mais rigorosos de confirmação provisória, porque somente deve ser acatada até a superação da teoria por outra.[64]

Ora, resta claro que a teoria jurídica encampada pelo artigo 4º do Código Tributário Nacional não sobrevive frente ao disposto no artigo 149 da Constituição Federal. Nenhum problema aqui, pois não é demasiado repetir que o estudioso do direito tributário deve partir sempre e sempre da Constituição Federal, laborando em erros graves e frequentes aquele que não o fizer. Nesse sentido, não cansava de dizer Geraldo Ataliba: "Constrói-se o conceito jurídico-positivo de tributo pela observação e análise das normas jurídicas constitucionais."[65]

As contribuições legitimam-se pela determinação de sua finalidade e não pela ocorrência do respectivo fato gerador. É dizer, como Marco Aurélio Greco, que as contribuições têm validação finalística, em oposição à validação condicional dos impostos, taxas e contribuições de melhoria.[66] Dessa forma, a finalidade adquire relevância superior ao fato gerador, embora este não seja desprezível.

Wagner Balera também dá relevância a finalidade. Segundo esse autor "só existirão verdadeiras contribuições sociais quando atentar o legislador para a finalidade constitucionalmente definida como sendo a própria desse tipo de exação".[67]

O estudo das contribuições de seguridade social enquanto espécie tributária é extraordinariamente dificultado pela visão parcial de grande parte dos estudiosos sobre o assunto, os quais consideram o sistema constitucional tributário e desprezam o sistema constitucional de seguridade social que, inequivocamente, possui normas jurídicas referentes ao custeio da seguridade social, sem as quais resta impossível um estudo científico acerca do assunto, como já alertamos no início deste trabalho.

Segundo a clássica divisão tricotômica dos tributos, a hipótese de incidência é única por tributo, inconfundível com todas as outras, o que possibilitaria a sua eleição como critério de discrímen dos tributos em geral. Nessa linha de raciocínio, não haveria distinção entre o imposto de renda de pessoa jurídica e a contribuição

---

[64] Cf. *Obrigação tributária*: uma introdução metodológica, p. 23 ss.

[65] Cf. *Hipótese de incidência tributária*, p. 33.

[66] Cf. *Contribuições*: uma figura *sui generis*, p. 117.

[67] Contribuições destinadas ao custeio da seguridade social, *Cadernos de Direito Tributário*, nº 49, p. 110.

social incidente sobre o lucro, pois a hipótese de incidência de ambas é idêntica. Entretanto, como as contribuições são qualificadas pela finalidade, os dois tributos em questão são distintos, pois o segundo tem finalidade constitucionalmente determinada, qual seja, a seguridade social. Disso tudo, resulta evidenciado que a materialidade da hipótese de incidência não se presta mais como único critério para classificar os tributos à luz da Constituição de 1988.

Questão muito importante e que tem relação com a constitucionalidade do tributo refere-se à destinação material – e não meramente formal – que o Estado dá ao produto da arrecadação.

Noutros termos: é juridicamente relevante, sob o ponto de vista do direito tributário, eventual desvio de finalidade do produto da arrecadação das contribuições?

Ora, como a finalidade integra o próprio conceito jurídico-tributário das contribuições, parece que o desvio de finalidade material tem o condão de anular a própria instituição do tributo, pois ausente pressuposto constitucional que autoriza sua cobrança. A mácula de nulidade contamina a instituição do tributo da mesma forma que o desvio de finalidade contamina o ato administrativo.

Hugo de Brito Machado também entende que a destinação é constitucionalmente relevante "e faz parte da própria hipótese em que a criação da exação está autorizada, de sorte que o desvio constitui uma desfiguração da situação de fato que, à luz da Constituição, enseja a instituição e a cobrança dessas espécies tributárias".[68]

Misabel Derzi, discorrendo sobre a importância constitucional da destinação do produto arrecadado, assim se manifesta:

> A Constituição de 1988, pela primeira vez, cria tributos finalisticamente afetados, que são as contribuições e os empréstimos compulsórios, dando à destinação que lhes é própria relevância não apenas do ponto de vista do Direito Financeiro ou Administrativo, mas igualmente do Direito Tributário. [...] A destinação passou a fundar o exercício da competência da União. Sem afetar o tributo às despesas expressamente previstas na Constituição, falece competência à União para criar contribuições. [...] O contribuinte pode opor-se à cobrança de contribuição que não esteja afetada aos fins, constitucionalmente admitidos; igualmente poderá reclamar a repetição do tributo pago, se, apesar da lei, houver desvio quanto à aplicação dos recursos arrecadados. É que, diferentemente da solidariedade difusa ao pagamento de impostos, a Constituição prevê a solidariedade do contribuinte no pagamento de contribuições e empréstimos compulsórios e a consequente faculdade outorgada à União de instituí-los, de forma direcionada e vinculada a certos gastos. Inexistente o gasto ou desviado o produto

[68] Destinação do tributo.

arrecadado para outras finalidades não autorizadas na Constituição, cai a competência do ente tributante para legislar e arrecadar.[69]

Marco Aurélio Greco também entende que o destino efetivo do produto da arrecadação das contribuições é elemento essencial à sua constitucionalidade.[70] Em sentido contrário argumenta Humberto Ávila.[71]

A matéria já foi debatida no Supremo Tribunal Federal em decisão que restou assim ementada:

> CONSTITUCIONAL. TRIBUTÁRIO. ICMS/SÃO PAULO. MAJORAÇÃO DA ALÍQUOTA COM DESTINAÇÃO ESPECÍFICA: CONSTRUÇÃO DE CASAS POPULARES: INCONSTITUCIONALIDADE. I. – Inconstitucionalidade dos artigos 3º a 9º da Lei 6.556, de 30.11.89, do Estado de São Paulo, que aumentaram de 17% para 18% a alíquota do ICMS, com destinação específica da majoração. Inconstitucionalidade frente ao art. 167, IV, da C.F. II. – Precedente do STF: RE 183.906-SP, Min. Marco Aurélio, Plenário, 18.9.97. III. – Voto vencido do Ministro Carlos Velloso: a norma inscrita no art. 167, IV, da C.F., que veda a vinculação de receita de impostos, com as ressalvas ali inscritas, é norma de direito financeiro e não de direito tributário, com caráter institucional, não gerando para o contribuinte, se descumprida, direito ao não pagamento do tributo. Se lhe fosse possível arguir a inconstitucionalidade da destinação, a declaração não o exoneraria do pagamento do tributo. É que cairia a destinação do imposto e não este. <u>Ressalva quanto às contribuições e ao empréstimo compulsório. Nestes, a destinação do tributo diz com a legitimidade deste</u>. C.F., artigos 148 e 149. IV. – Ocorrência de sucumbência recíproca: compensação proporcional dos ônus. V. – Agravo não provido (o grifo é nosso).[72]

É interessante notar que a destinação não integra o conceito jurídico-tributário dos impostos e, mesmo assim, o Tribunal considerou o contribuinte parte legítima para discutir a constitucionalidade do imposto em questão. Daí que, em relação às contribuições, onde a finalidade integra a própria definição constitucional do tributo, a legitimidade do contribuinte resulta evidente.

1.3.3.5.3 Espécies de contribuições

O artigo 149 encerra a regra matriz das contribuições no Sistema Constitucional Tributário. Segundo este, são três as espécies de contribuições: contribuições

---

69 Aliomar Baleeiro, *Limitações constitucionais ao poder de tributar*, atualização de Misabel Derzi, p. 598.

70 *Contribuições*: uma figura *sui generis*, p. 241.

71 *As contribuições no sistema tributário brasileiro*, p. 325.

72 RE nº 329196, *DJ* 11 out. 2002.

de intervenção no domínio econômico, contribuições de interesse de categorias profissionais ou econômicas e contribuições sociais.[73] A Emenda Constitucional nº 39/02 acrescentou o artigo 149-A ao Texto Constitucional, dispondo sobre a contribuição de iluminação pública. Passemos a análise de cada uma delas.

1.3.3.5.3.1 Contribuições de intervenção no domínio econômico

Nos termos da Constituição Federal, o Estado poderá agir de dois modos distintos na economia: de um modo direto, como agente explorador da atividade econômica, e de um modo indireto, como agente regulador da ordem econômica, o que levou José Afonso da Silva a afirmar que a Constituição reconhece duas formas de ingerência do Estado na ordem econômica: a participação e a intervenção.[74]

Como reflexo do modelo adotado, predominantemente capitalista, a participação constitui a exceção e a intervenção constitui a regra.

A instituição de contribuições de intervenção no domínio econômico, também denominadas pela doutrina de contribuições interventivas, estará sempre diretamente relacionada com os princípios arrolados no artigo 170 da Constituição Federal:

> Art. 170. A ordem econômica, fundada na valorização do trabalho humano e na livre iniciativa, tem por fim assegurar a todos existência digna, conforme os ditames da justiça social, observados os seguintes princípios:
>
> I – soberania nacional;
>
> II – propriedade privada;
>
> III – função social da propriedade;
>
> IV – livre concorrência;
>
> V – defesa do consumidor;
>
> VI – defesa do meio ambiente, inclusive mediante tratamento diferenciado conforme o impacto ambiental dos produtos e serviços e de seus processos de elaboração e prestação;
>
> VII – redução das desigualdades regionais e sociais;
>
> VIII – busca do pleno emprego;
>
> IX – tratamento favorecido para as empresas de pequeno porte constituídas sob as leis brasileiras e que tenham sua sede e administração no País.

---

[73] Já afirmamos antes e é oportuno repetir aqui: as contribuições de melhoria – art. 145, III – em comum com as contribuições elencadas no artigo 149 só têm o nome, nada mais.

[74] *Curso de direito constitucional positivo*, p. 782.

Parágrafo único. É assegurado a todos o livre exercício de qualquer atividade econômica, independentemente de autorização de órgãos públicos, salvo nos casos previstos em lei.

Essa norma jurídica aponta os princípios da ordem econômica, os quais autorizam a intervenção estatal na economia.

No dizer de Lúcia Valle Figueiredo, "verifica-se, pois, que a intervenção do Estado na ordem econômica justifica-se se e na medida da consagração dos valores assinalados no texto constitucional e pertinentes, sobretudo, à ordem econômica".[75]

Assim, a instituição das contribuições interventivas tem sempre uma finalidade constitucionalmente determinada: prestigiar os valores que fundamentam a ordem econômica.

Dissemos acima que nossa Carta contempla um modelo de economia capitalista, ou seja, fundado na iniciativa privada, mas, ao lado desta, a valorização do trabalho humano também é fundamento da ordem econômica e, o mais importante, a sua finalidade é assegurar a todos existência digna, conforme os ditames da justiça social; portanto, a compreensão da ordem econômica em nosso sistema constitucional depende de uma interpretação sistemática de todo Estatuto Constitucional, pois não será encontrado seu real significado apenas nas normas jurídicas constantes no Título VII.

Wagner Balera, discorrendo sobre o tema, afirma que "o tipo específico de desenvolvimento, que o constituinte engendrou para o Brasil, está adstrito a aliar progresso econômico com progresso social".[76] E, lançando luz à noção de justiça social, afirma que "a redução das desigualdades sociais – tarefa que exige esforço colossal da comunidade – prepara o terreno onde se assenta uma sociedade mais justa".[77]

Daí conclui-se, já com segurança, que o conceito ultrapassa os limites "Da Ordem Econômica e Social".

Exemplo de contribuição interventiva é aquela instituída pela Lei nº 10.336/01, incidente sobre a importação e a comercialização de petróleo e seus derivados, gás natural e seus derivados e álcool etílico. Nos termos do artigo 1º da citada lei, o produto de sua arrecadação será destinado ao pagamento de subsídios a preços ou transporte de álcool combustível, de gás natural e seus derivados e de derivados de petróleo; financiamento de projetos ambientais relacionados com a indústria do petróleo e do gás; e financiamento de programas de infraestrutura de transportes.

---

75 Hugo de Brito Machado (Coordenador), *As contribuições no sistema tributário brasileiro*, p. 391.

76 *Noções preliminares de direito previdenciário*, p. 27.

77 Idem, p. 23.

Verifica-se que a finalidade da contribuição, inclusive, busca resguardar a defesa do meio ambiente, valor prestigiado pelo artigo 170 da Constituição Federal.

As contribuições de intervenção no domínio econômico também são conhecidas como "CIDE".

1.3.3.5.3.2 Contribuições de interesse das categorias profissionais ou econômicas

As contribuições de interesse das categorias profissionais ou econômicas, também conhecidas como contribuições corporativas, têm por finalidade propiciar recursos financeiros para o desenvolvimento de atividades de regulação e defesa do exercício profissional das categorias atingidas, por meio de suas respectivas entidades de classe.

O Supremo Tribunal Federal já decidiu que referidos Conselhos Profissionais têm natureza pública:

> DIREITO CONSTITUCIONAL E ADMINISTRATIVO. AÇÃO DIRETA DE INCONSTITUCIONALIDADE DO ART. 58 E SEUS PARÁGRAFOS DA LEI FEDERAL Nº 9.649, DE 27.5.1998, QUE TRATAM DOS SERVIÇOS DE FISCALIZAÇÃO DE PROFISSÕES REGULAMENTADAS. 1. Estando prejudicada a Ação, quanto ao § 3º do art. 58 da Lei nº 9.649, de 27.5.1998, como já decidiu o Plenário, quando apreciou o pedido de medida cautelar, a Ação Direta é julgada procedente, quanto ao mais, declarando-se a inconstitucionalidade do *caput* e dos § 1º, 2º, 4º, 5º, 6º, 7º e 8º do mesmo art. 58. 2. Isso porque a interpretação conjugada dos artigos 5º, XIII, 22, XVI, 21, XXIV, 70, parágrafo único, 149 e 175 da Constituição Federal, leva à conclusão, no sentido da indelegabilidade, a uma entidade privada, de atividade típica de Estado, que abrange até poder de polícia, de tributar e de punir, no que concerne ao exercício de atividades profissionais regulamentadas, como ocorre com os dispositivos impugnados. 3. Decisão unânime.[78]

A Ordem dos Advogados do Brasil tem recebido do Superior Tribunal de Justiça tratamento diferenciado dos demais Conselhos Profissionais, entendendo-se que suas contribuições não têm natureza tributária. Veja-se o seguinte julgado:

> EMENTA: PROCESSUAL CIVIL. OAB. LEI Nº 8.906/94. DÉBITOS RELATIVOS A ANUIDADES. NATUREZA JURÍDICA. AÇÃO DE EXECUÇÃO. INAPLICABILIDADE DA LEI DE EXECUÇÕES FISCAIS.
>
> 1. A Ordem dos Advogados do Brasil – OAB é uma autarquia *sui generis* e, por conseguinte, diferencia-se das demais entidades que fiscalizam as profissões.

---

[78] STF, ADIn nº 1717, *DJ* 28 mar. 2003.

2. "O título executivo extrajudicial, referido no art. 46, parágrafo único, da Lei nº 8.906/94, deve ser exigido em execução disciplinada pelo Código de Processo Civil, não sendo possível a execução fiscal regida pela Lei nº 6.830/80" (EREsp nº 503.252/SC, relator Ministro Castro Meira).

3. Embargos de divergência providos.[79]

O Supremo Tribunal Federal, por outro lado, em voto de lavra do Ministro Carlos Veloso, entende que as contribuições da OAB têm natureza tributária. Eis o trecho do voto:

> As contribuições de intervenção do domínio econômico (art. 149), como as contribuições do I.A.A., do I.B.C., estão sujeitas ao princípio da anterioridade. As corporativas (art. 149), cobradas, por exemplo, pela O.A.B., pelos Conselhos de Fiscalização de profissões liberais e pelos sindicatos (contribuição sindical), estão sujeitas, também, ao princípio da anterioridade.[80]

Não há razão para o tratamento diferenciado da OAB, pois sua contribuição preenche todos os requisitos constitucionais da contribuição corporativa. Essa questão, entretanto, exige maiores digressões, que ultrapassam os limites desta obra.[81]

1.3.3.5.3.3 Contribuições sociais – classificação

As contribuições sociais constituem a terceira espécie do gênero contribuição. Alguns autores fazem confusão com a redação truncada[82] do artigo 149 da Constituição e acabam por considerar contribuição social como gênero e as contribuições interventivas, corporativas e de seguridade social como espécies. Não se trata disso, *data venia*. A um, porque as interpretações literal e sistemática levam à nossa conclusão; a dois, porque, sendo tributos com finalidade constitucionalmente determinada, as três espécies têm finalidades distintas – as contribuições sociais têm finalidades claramente distintas das contribuições corporativas e das interventivas; a três, porque há contribuições sociais, como o salário-educação, que não pertencem a nenhuma daquelas "espécies" (interventivas, corporativas

---

[79] EResp nº 462273, *DJ* 2 maio 2005.

[80] RE nº 138284, *DJ* 28 ago. 1992.

[81] Para aprofundamento do tema merece ser lida, entre outras, a ADIn nº 3.026, *DJ* 29 set. 2006, referente ao artigo 79, § 1º, do Estatuto da OAB, e os julgados de números 9104164261, *DJ* 18 jun. 1997, e 9504065058, *DJ* 13 mar. 1996, do Tribunal Regional Federal da 4ª Região, versando sobre a imunidade tributária da OAB.

[82] Paulo de Barros Carvalho, em comentário ao artigo 4º, I, do CTN, aduz que "manifesta o legislador uma extraordinária lucidez, ao declarar que suas palavras não devem ser levadas ao pé da letra". *Curso de direito tributário*, p. 30.

e de seguridade social); finalmente, a quatro, porque, na esteira do entendimento do Supremo Tribunal Federal, a Constituição Federal admite a instituição de contribuições sociais gerais, as quais, também, não se incluem em nenhuma daquelas "espécies".

Classificamos as contribuições sociais em dois grupos, considerando-se como fator de discrímen a previsão expressa ou não no próprio Texto Constitucional: no primeiro grupo, com previsão expressa, inclui-se a contribuição denominada salário-educação, as contribuições do sistema "S" e as contribuições de seguridade social – estas últimas estudadas no próximo capítulo; no segundo grupo, sem previsão expressa, encontramos as contribuições sociais gerais.

Passemos ao estudo de cada uma delas.

1.3.3.5.3.3.1 Contribuição social denominada salário-educação

Dispõe o artigo 212, § 5º, da Constituição Federal:

> Art. 212. A União aplicará, anualmente, nunca menos de dezoito, e os Estados, o Distrito Federal e os Municípios vinte e cinco por cento, no mínimo, da receita resultante de impostos, compreendida a proveniente de transferências, na manutenção e desenvolvimento do ensino.
>
> § 5º A educação básica pública terá como fonte adicional de financiamento a contribuição social do salário-educação, recolhida pelas empresas na forma da lei.

A leitura dessa disposição constitucional deixa claro que estamos diante de uma contribuição social, o salário-educação, com finalidade constitucionalmente determinada – o que a enquadra no rol das contribuições previstas no artigo 149 –, qual seja, o financiamento adicional da educação básica pública.

Em 24 de dezembro de 1996, foi publicada a Lei Ordinária nº 9.424, a qual dispôs sobre o salário-educação,[83] dispensando-se lei complementar, como queriam alguns, não só porque a Constituição faz expressa referência à *lei* e doutrina e jurisprudência são quase unânimes em afirmar que somente exige-se lei complementar quando a Constituição expressamente o prevê, como também porque o artigo 146, III, *a*, da Constituição – exigência de lei complementar para definição de fato gerador, base de cálculo e alíquota – aplica-se somente aos impostos, não às contribuições.

---

[83] Art 15. O Salário-Educação, previsto no art. 212, § 5º, da Constituição Federal e devido pelas empresas, na forma em que vier a ser disposto em regulamento, é calculado com base na alíquota de 2,5% (dois e meio por cento) sobre o total de remunerações pagas ou creditadas, a qualquer título, aos segurados empregados, assim definidos no art. 12, inciso I, da Lei nº 8.212, de 24 de julho de 1991.

A constitucionalidade dessa lei já foi reconhecida pelo Supremo Tribunal Federal.[84] Posteriormente, a Corte reconheceu a exigibilidade da exação também no período anterior à promulgação da Lei nº 9.424/96.[85]

1.3.3.5.3.3.2 Contribuições sociais do sistema "S"

Dispõe o artigo 240 da Constituição Federal:

> Art. 240. Ficam ressalvadas do disposto no art. 195 as atuais contribuições compulsórias dos empregadores sobre a folha de salários, destinadas às entidades privadas de serviço social e de formação profissional vinculadas ao sistema sindical.

Da leitura da norma acima transcrita salta aos olhos que não se trata de contribuição para a seguridade social, não só pela utilização do termo *ressalvadas*, como também porque a destinação da contribuição é voltada para as entidades privadas de serviço social e de formação profissional vinculadas ao sistema sindical. Referidas entidades são o SESC, Senac, Sesi e Senai.

Wagner Balera, a esse respeito, ensina:

> Segundo a métrica traçada pelo constituinte, o que caracteriza as contribuições é a aplicação da receita, com exclusividade, no fim previsto, em benefício de um determinado círculo de pessoas.
>
> Entendo que essa exigência da Lei Magna pode ser atendida diretamente pelo Poder Público ou indiretamente por certos setores da sociedade para tanto qualificadas.
>
> No modelo primitivo de financiamento do regime geral de previdência social, a contribuição social incidente sobre a folha de salários só podia ser utilizada para o custeio das prestações devidas por aquele regime.
>
> Cedo se percebeu que o Estado não daria conta de todas as múltiplas atividades compreendidas no imenso catálogo da proteção social, admitindo-se que entidades privadas operassem alguns programas assistenciais.
>
> Posteriormente, entidades da administração indireta também foram chamadas a cumprir certo papel social.
>
> É o que ocorreu, nomeadamente, com os serviços sociais da indústria e do comércio, em fase mais remota, e com o Banco Nacional da Habitação, em época mais recente.
>
> Encartado no conceito de Seguridade Social não se encontra, é certo, o de formação profissional dos trabalhadores.
>
> Mas, para essa atividade, que é complementada pelos programas de assistência social (esses, sim, exemplares de Seguridade Social), o constituinte autorizou que siga sendo

[84] STF, ADC nº 3, *DJ* 9 maio 2003.

[85] RE nº 290079, *DJ* 4 abr. 2003.

destinada parcela do produto da arrecadação das contribuições que incidem sobre a folha de salários. Referimo-nos ao disposto no art. 240 que, como se lê, preservou a alíquota adicional da contribuição social que será vertida para o Sesi, o Sesc, o Senai e o Senac, órgãos que cuidam de prestar serviço social e de formação profissional para os trabalhadores.[86]

Temos, então, contribuições sociais que são destinadas não ao Estado, mas a entidades privadas que realizam atividades de cunho social, complementadas pelos programas de assistência social, pois é objetivo desta a promoção da integração ao mercado de trabalho, nos precisos termos do artigo 203, III, da Carta Política.

Não é só.

A Constituição Federal autorizou a exploração econômica pela iniciativa privada desde que fundamentada na valorização do trabalho humano e sempre buscando assegurar a todos existência digna. Assim, referidas contribuições também visam a concretizar essa promessa constitucional.[87]

---

86 Hugo de Brito Machado (Coordenador), *As contribuições no sistema tributário brasileiro*, p. 600.

87 Nesse sentido decidiu a Primeira Seção do Superior Tribunal de Justiça no Resp nº 431347, *DJ* 25 nov. 2002, onde ficou acordado que as empresas prestadoras de serviço são contribuintes das contribuições em estudo. Eis o acórdão em questão:

> TRIBUTÁRIO. CONTRIBUIÇÃO PARA O SESC E SENAC. ENTIDADE HOSPITALAR. ENTIDADE VINCULADA À CONFEDERAÇÃO CUJA INTEGRAÇÃO É PRESSUPOSTO DA EXIGIBILIDADE DA EXAÇÃO. RECEPÇÃO DO ART. 577 CLT E SEU ANEXO PELA CONSTITUIÇÃO FEDERAL. CONTRIBUIÇÃO COMPULSÓRIA CONCRETIZADORA DA CLÁUSULA PÉTREA DE VALORIZAÇÃO DO TRABALHO E DIGNIFICAÇÃO DO TRABALHADOR. EMPRESA COMERCIAL. AUTOQUALIFICAÇÃO, MERCÊ DOS NOVOS CRITÉRIOS DE AFERIÇÃO DO CONCEITO. VERIFICAÇÃO DE OCORRÊNCIA DE VIOLAÇÃO DA LEI À LUZ DO PRINCÍPIO DE SUPRADIREITO DETERMINANDO A APLICAÇÃO DA NORMA AOS FINS SOCIAIS A QUE SE DESTINA, À LUZ DE SEU RESULTADO, REGRAS MAIORES DE HERMENÊUTICA E APLICAÇÃO DO DIREITO.
>
> 1. As empresas prestadoras de serviços médicos e hospitalares estão incluídas dentre aquelas que devem recolher, a título obrigatório, contribuição para o SESC e para o SENAC, porquanto enquadradas no plano sindical da Confederação Nacional do Comércio, consoante a classificação do artigo 577 da CLT e seu anexo, recepcionados pela Constituição Federal (art. 240) e confirmada pelo seu guardião, o STF, a assimilação no organismo da Carta Maior.
>
> 2. Deveras, dispõe a Constituição da República Federativa do Brasil, em seu art. 240, que: "Ficam ressalvadas do disposto no art. 195 as atuais contribuições compulsórias dos empregadores sobre a folha de salários, destinadas às entidades privadas de serviço social e de formação profissional vinculadas ao sistema sindical."
>
> 3. As Contribuições referidas visam a concretizar a promessa constitucional insculpida no princípio pétreo da "valorização do trabalho humano" encartado no artigo 170 da Carta Magna: *verbis*: "A ordem econômica, fundada na valorização do trabalho humano e na livre iniciativa, tem por fim assegurar a todos existência digna, conforme os ditames da justiça social, [...]"
>
> 4. Os artigos 3º, do Decreto-Lei 9.853 de 1946 e 4º, do Decreto-lei 8.621/46 estabelecem como sujeitos passivos da exação em comento os estabelecimentos integrantes da Confederação a que pertence e sempre pertenceu a recorrente (antigo IAPC; DL 2381/40), conferindo "legalidade" à exigência tributária.

Resta enfrentar a natureza jurídica dessas contribuições.

Para nós, a Constituição Federal admite cinco espécies tributárias: impostos, taxas, contribuições de melhoria, contribuições e empréstimos compulsórios.

O que diferencia as contribuições das demais espécies tributárias, como já afirmamos, é a finalidade constitucionalmente determinada. A exação em apreço tem nítida natureza de contribuição, eis que destinada às entidades privadas de serviço social e de formação profissional.

Daí resulta seu evidente caráter social. Mas, já vimos, de contribuições de seguridade social não se trata. Tampouco acreditamos estar à frente de uma sexta espécie tributária. Concluímos tratar-se de uma espécie de contribuição social que, ao lado da contribuição social denominada salário-educação e das contribuições sociais de seguridade social, encerram o arquétipo de contribuições sociais expressamente nominadas no Texto Constitucional.[88]

Repetimos que nada impede que uma pessoa jurídica de direito privado seja destinatária de tributos, desde que tenha finalidades públicas.

---

5. Os empregados do setor de serviços dos hospitais e casas de saúde, ex- segurados do IAPC, antecedente orgânico das recorridas, também são destinatários dos benefícios oferecidos pelo SESC e pelo SENAC.

6. As prestadoras de serviços que auferem lucros são, inequivocamente estabelecimentos comerciais, quer por força do seu ato constitutivo, oportunidade em que elegeram o regime jurídico próprio a que pretendiam se submeter, quer em função da novel categorização desses estabelecimentos, à luz do conceito moderno de empresa.

7. O SESC e o SENAC têm como escopo contribuir para o bem-estar social do empregado e a melhoria do padrão de vida do mesmo e de sua família, bem como implementar o aprimoramento moral e cívico da sociedade, beneficiando todos os seus associados, independentemente da categoria a que pertençam;

8. À luz da regra do art. 5º, da LICC – norma supralegal que informa o direito tributário, a aplicação da lei, e nesse contexto a verificação se houve sua violação, passa por esse aspecto teleológico-sistêmico – impondo-se considerar que o acesso aos serviços sociais, tal como preconizado pela Constituição, é um "direito universal do trabalhador", cujo dever correspectivo é do empregador no custeio dos referidos benefícios.

9. Consectariamente, a natureza constitucional e de cunho social e protetivo do empregado, das exações *sub judice*, implica em que o empregador contribuinte somente se exonere do tributo, quando integrado noutro serviço social, visando a evitar relegar ao desabrigo os trabalhadores do seu segmento, em desigualdade com os demais, gerando situação anti-isonômica e injusta.

10. A pretensão de exoneração dos empregadores quanto à contribuição compulsória em exame recepcionada constitucionalmente em benefício dos empregados, encerra arbítrio patronal, mercê de gerar privilégio abominável aos que através da via judicial pretendem dispor daquilo que pertence aos empregados, deixando à calva a ilegitimidade da pretensão deduzida.

11. Recurso especial Improvido.

[88] Com mera diferença terminológica, o STF, no julgamento do RE nº 138284, *DJ* 28 ago. 1992, concluiu que as contribuições previstas no art. 240 têm natureza de contribuição social geral.

Geraldo Ataliba, sobre o assunto, assim se manifesta: "Nada obsta, porém, a que a lei atribua capacidade de ser sujeito ativo de tributos a pessoas privadas – o que, embora excepcional, não é impossível – desde que estas tenham finalidades de interesse público."[89]

Roque Carrazza, por sua vez, conclui:

> [...] os tributos quase sempre são arrecadados pela pessoa política que os instituiu. Como, porém, a capacidade tributária ativa é delegável por lei, nada obsta a que uma pessoa diversa daquela que criou a exação venha, afinal, a arrecadá-la. Para tanto, basta, fundamentalmente, que a pessoa beneficiada persiga finalidades públicas ou, pelo menos, de interesse público, isto por exigência do princípio da destinação pública do dinheiro arrecadado mediante o exercício da tributação. Ora bem, quando uma pessoa que não aquela que criou o tributo vem a arrecadá-lo para si própria, dizemos que está presente o fenômeno da parafiscalidade. E, de modo mais ou menos invariável, o tributo assim cobrado ganha o nome de "contribuição parafiscal".[90]

Misabel Derzi, em comentário ao princípio da destinação pública dos tributos de Aliomar Baleeiro, aduz que "a parafiscalidade não representa uma exceção, uma vez que as pessoas beneficiadas com o produto arrecadado de certos tributos (muitas vezes privadas), paralelamente ao Estado, exercem atividade considerada de alta relevância e interesse público, como o Sesi, o Senai, o Senac e o Sesc, os sindicatos (art. 240 e 8º da Constituição). Tais recursos são canalizados para a instituição, cuja atividade é de interesse público, e que se quer preservar, jamais podendo beneficiar um particular".[91]

Em registro fulminante, anotamos que as contribuições devidas ao SEBRAE não têm suporte de validade no artigo 240 da Constituição Federal, mas sim no artigo 149, eis que são contribuições de intervenção no domínio econômico.[92]

1.3.3.5.3.3.3 Contribuições sociais gerais

Matéria controvertida na doutrina é a possibilidade de instituição de contribuições sociais gerais, ou seja, outras que não as expressamente previstas no Texto Constitucional.

Em sentido contrário a essa tese, Humberto Ávila argumenta que "inexiste competência constitucional para instituir novas contribuições sociais senão aquelas

---

89 *Hipótese de incidência tributária*, p. 35.

90 *Curso de direito constitucional tributário*, p. 515.

91 *Limitações constitucionais ao poder de tributar*, p. 784.

92 Nesse sentido decidiu o STF no julgamento do RE nº 396266, *DJ* 7 maio 2004.

mencionadas pelo § 4º do art. 195, isto é, contribuições instituídas no exercício de competência residual da União Federal".[93]

Por outro lado, José Eduardo Soares de Melo admite a instituição dessas contribuições, "desde que haja observância aos elementos básicos, como, receita pública derivada, compulsoriedade, parafiscalidade, destinação específica dos seus recursos, e vinculação a determinado grupo".[94]

A arrecadação de contribuições de seguridade social pelo Tesouro Nacional e a falta de posterior destinação à seguridade social – inclusive, mas não só, pela institucionalização da DRU, a Desvinculação das Receitas da União – acabam por aumentar as receitas gerais da União, incentivando-a a voos mais altos, sobretudo pela desnecessidade de repartir tais receitas com Estados, Distrito Federal e Municípios.

Por outro lado, o crescimento do Estado Social exige cada vez mais recursos financeiros para fazer frente às novas necessidades públicas que, antes, eram necessidades meramente privadas. Daí a exigência de novas fontes de recursos.

A regra matriz das contribuições – art. 149 da Constituição Federal – reza que *compete exclusivamente à União instituir contribuições sociais*. Ora, parece-nos que essa disposição deixa claro que há possibilidade de instituição de outras contribuições sociais que não apenas aquelas já previstas no Texto Constitucional, pois, caso contrário, não teria sentido a atribuição de competência tributária à União para a instituição dessas contribuições no artigo 149, pois as demais espécies de contribuição social estão previstas em artigos próprios – 195, 212, § 5º, e 240.

Nessa linha de raciocínio decidiu o Supremo Tribunal Federal, ao reconhecer a constitucionalidade da contribuição social geral instituída pela Lei Complementar nº 110/01.[95]

---

[93] Hugo de Brito Machado (Coordenador), *As contribuições no sistema tributário brasileiro*, p. 320.

[94] Idem, p. 356.

[95] STF, ADI nº 2556, *DJ* 8 ago. 2003. EMENTA: Ação direta de inconstitucionalidade. Impugnação de artigos e de expressões contidas na Lei Complementar federal nº 110, de 29 de junho de 2001. Pedido de liminar. – A natureza jurídica das duas exações criadas pela lei em causa, neste exame sumário, é a de que são elas tributárias, caracterizando-se como contribuições sociais que se enquadram na subespécie "contribuições sociais gerais" que se submetem à regência do artigo 149 da Constituição, e não à do artigo 195 da Carta Magna. – Não ocorrência de plausibilidade jurídica quanto às alegadas ofensas aos artigos 145, § 1º, 154, I, 157, II, e 167, IV, da Constituição. – Também não apresentam plausibilidade jurídica suficiente para a concessão de medida excepcional como é a liminar às alegações de infringência ao artigo 5º, LIV, da Carta Magna e ao artigo 10, I, de seu ADCT. – Há, porém, plausibilidade jurídica no tocante à arguição de inconstitucionalidade do artigo 14, *caput*, quanto à expressão *produzindo efeitos*, e seus incisos I e II da Lei Complementar objeto desta ação direta, sendo conveniente, dada a sua relevância, a concessão da liminar nesse ponto. Liminar deferida em parte, para suspender *ex tunc* e até final

Note-se que, ao contrário dessa contribuição social geral, de nítida natureza tributária, as contribuições para o FGTS não têm natureza tributária, mas sim natureza trabalhista e social, como decidido pelo Supremo Tribunal Federal e pelo Superior Tribunal de Justiça.[96] Decorre daí que lhe é inaplicável o regime jurídico tributário. Nesse sentido, inclusive, a Súmula nº 353 deste último Tribunal: as disposições do Código Tributário Nacional não se aplicam às contribuições para o FGTS.

1.3.3.5.3.3.4 Contribuições sociais de seguridade social

As contribuições de seguridade social são as grandes responsáveis pelo financiamento da seguridade social. Por sua relevância para o nosso estudo, dedicaremos todo o próximo capítulo a elas.

1.3.3.5.3.4 Contribuição de iluminação pública

A contribuição de iluminação pública foi gerada no mesmo parto da Emenda Constitucional nº 39/02, a qual acrescentou o artigo 149-A ao Texto Constitucional, nesses termos:

> Art. 149-A Os Municípios e o Distrito Federal poderão instituir contribuição, na forma das respectivas leis, para o custeio do serviço de iluminação pública, observado o disposto no art. 150, I e III.
>
> Parágrafo único. É facultada a cobrança da contribuição a que se refere o *caput*, na fatura de consumo de energia elétrica.

Referido tributo tem natureza constitucionalmente determinada, qual seja, o custeio do serviço de iluminação pública, o que evidencia sua natureza de contribuição.

O Superior Tribunal de Justiça já decidiu pela natureza tributária desta exação:

> PROCESSUAL CIVIL. AÇÃO CIVIL PÚBLICA. COBRANÇA DE TAXA DE ILUMINAÇÃO PÚBLICA. ILEGITIMIDADE ATIVA. ASSOCIAÇÃO CATARINENSE DE DEFESA DO CONSUMIDOR. NATUREZA TRIBUTÁRIA.
>
> [...]
>
> 3. A Taxa de Iluminação Pública tem inequívoca natureza tributária, posto encartada na definição de tributo do CTN, *in verbis*: "Art. 3º Tributo é toda prestação pecuniária compulsória, em moeda ou cujo valor nela se possa exprimir, que não constitua

---

julgamento, a expressão *produzindo efeitos* do *caput* do artigo 14, bem como seus incisos I e II, todos da Lei Complementar federal nº 110, de 29 de junho de 2001.

[96] STF, RE nº 100249, *DJ* 1º jul. 1988; RE nº 134328, *DJ* 19 fev. 1993; STJ, REsp nº 491326, *DJ* 3 maio 2004.

sanção de ato ilícito, instituída em lei e cobrada mediante atividade administrativa plenamente vinculada."

4. Recurso especial desprovido.[97]

1. O Sistema Constitucional Tributário Brasileiro

1.1 Conceito
Conjunto de normas constitucionais de direito tributário que têm relação lógica entre si, as quais não podem ser consideradas de forma isolada, mas sim com elevado grau de interdependência. Sistematicamente, formam a essência desse ramo do direito, fundamentando todo o restante do ordenamento jurídico-tributário, ao mesmo tempo que confere legitimidade às pessoas políticas para cobrarem tributos e assegura garantias aos contribuintes.

Constituição – sistema normativo formado por regras e princípios.

Controle de constitucionalidade:
- norte-americano – *judicial review* – controle difuso da constitucionalidade
- escola austríaca (Kelsen) – controle concentrado

Especificidade da interpretação constitucional (neoconstitucionalismo):
I – princípios *versus* normas.
II – ponderação *versus* subsunção.
III – Constituição *versus* independência do legislador.
IV – juízes *versus* liberdade do legislador.

1.2 Competência Tributária
Conceito – atribuição dada pela Constituição Federal a certas pessoas políticas para instituírem o tributo.
Decorrência dos princípios federativo e da autonomia.
Constituição Federal não cria tributos.
Capacidade tributária – capacidade de ser sujeito ativo da relação jurídico-tributária (capacidade para cobrar o tributo). Nada impede que a lei atribua capacidade tributária a pessoas privadas, desde que tenham finalidades públicas (ex. SESC/SENAC e SESI/SENAI).

1.3 Tributo
Tributo é a relação jurídica, decorrente de lei, na qual uma pessoa, o sujeito ativo, pode exigir de outra, o sujeito passivo, o cumprimento de uma obrigação, em moeda, sendo lícito o fato que originou a obrigação, observados os limites constitucionais.
O conceito é puramente constitucional.
Art. 3º, CTN: *Tributo é toda prestação pecuniária compulsória, em moeda ou cujo valor nela se possa exprimir, que não constitua sanção de ato ilícito, instituída em lei e cobrada mediante atividade administrativa plenamente vinculada.*

---

[97] REsp nº 778936, *DJ* 18 out. 2007.

1.3 Tributo

1.3.1 Estrutura da norma jurídico-tributária

Paulo de Barros Carvalho: regra-matriz de incidência = hipótese + mandamento. Na hipótese (descritor), haveremos de encontrar um critério material (comportamento de uma pessoa), condicionado no tempo (critério temporal) e no espaço (critério espacial). Já na consequência (prescritor) depararemos com um critério pessoal (sujeito ativo e sujeito passivo) e um critério quantitativo (base de cálculo e alíquota). A conjugação desses dados indicativos nos oferece a possibilidade de exibir, na sua plenitude, o núcleo lógico-estrutural da norma-padrão de incidência tributária.

Hipótese – descrição de um fato (relevante para o direito)

Consequência – determinação da relação jurídica gerada com a ocorrência do fato.

1.3.2 Classificação

Doutrina brasileira (Geraldo Ataliba) – vinculados e não vinculados

Teoria Tricotômica (três espécies tributárias: impostos, taxas e contribuições. Negam autonomia para os empréstimos compulsórios e as contribuições do art. 149 da CF/88).

Critério utilizado – consistência da hipótese de incidência (aspecto material).

Vinculados

atividade do poder público = taxas

repercussão da atividade do poder público = contribuições

Não vinculados

fato absolutamente indiferente a uma atuação estatal = impostos

CF/88 – elemento novo: finalidade constitucionalmente determinada.

para atender a despesas extraordinárias, decorrentes de calamidade pública, de guerra externa ou sua iminência; ou no caso de investimento público de caráter urgente e de relevante interesse nacional, situação onde estaremos diante de um empréstimo compulsório (artigo 148).

para intervenção no domínio econômico – contribuições interventivas (artigo 149);

para o interesse das categorias profissionais ou econômicas, como instrumento de sua atuação nas respectivas áreas – contribuições corporativas (artigo 149);

finalidade social, caso em que estaremos diante de uma contribuição social:

contribuição social geral (artigo 149 – Lei Complementar nº 110/01); ou

contribuições sociais especiais (artigos 195 e 239 – contribuições sociais de seguridade social; artigo 212, § 5º – contribuição social denominada salário-educação; artigo 240 – contribuição social do Sistema "S");

para custear o serviço de iluminação pública (art. 149-A).

CF/88 – 5 espécies tributárias: impostos, taxas, contribuições de melhoria, empréstimos compulsórios e contribuições (art. 149) – posição do STF.

1.3.3 Espécies tributárias

1.3.3.1 Impostos – art. 16, CTN:

Imposto é o tributo cuja obrigação tem por fato gerador uma situação independente de qualquer atividade estatal específica, relativa ao contribuinte.

CF/88 – classificação segundo a competência para sua instituição – federais, estaduais e municipais.

Geraldo Ataliba – pessoais e reais.

Pessoais – levam em consideração, no aspecto material da hipótese de incidência, qualidades juridicamente qualificadas do sujeito passivo. Ex.: Imposto de Renda.

Reais – aspecto material da hipótese de incidência limita-se a descrever um fato indiferente ao sujeito passivo e suas qualidades. Ex.: imposto sobre propriedade de veículos automotores.

1.3.3.2 Taxas – art. 145, II, CF/88:

cobradas em razão do exercício do poder de polícia ou pela utilização, efetiva ou potencial, de serviços públicos específicos e divisíveis, prestados ao contribuinte ou postos a sua disposição.

Base de cálculo – dimensão econômica do exercício do poder de polícia ou do serviço público específico e divisível.

1.3.3.3 Contribuições de melhoria

– fato gerador relacionado com a atividade estatal que resultou na valorização imobiliária – obra pública.

Imprescindível a valorização de imóvel do contribuinte – valor do tributo não pode ultrapassar essa valorização.

1.3.3.4 Empréstimos compulsórios

– art. 148, CF/88: tributo com finalidade constitucionalmente determinada, ou para atender a despesas extraordinárias, decorrentes de calamidade pública, de guerra externa ou sua iminência, ou no caso de investimento público de caráter urgente e de relevante interesse nacional.

1.3.3.5 Contribuições

- 1.3.3.5 Contribuições
  - 1.3.3.5.1 A contribuição como espécie tributária
    - Até EC nº 08/77 – natureza tributária
    - EC nº 08/77 – CF/88 – natureza não tributária
    - CF/88 – natureza tributária – art. 149.
  - 1.3.3.5.2 A finalidade constitucionalmente determinada
    - Impostos, taxas e contribuições de melhoria – possíveis fatos geradores
    - Empréstimos compulsórios e contribuições – finalidade a ser atingida com sua instituição – produto de sua arrecadação deve ser destinado à consecução dessas finalidades.
    - Inconstitucionalidade do art. 4º, II, do CTN: A natureza jurídica específica do tributo é determinada pelo fato gerador da respectiva obrigação, sendo irrelevantes para qualificá-la à destinação legal do produto da sua arrecadação.
  - 1.3.3.5.3 Espécies de contribuições
    - 1.3.3.5.3.1 Contribuições de intervenção no domínio econômico (CIDE) – prestigiar os valores que fundamentam a ordem econômica.
    - 1.3.3.5.3.2 Contribuições de interesse das categorias profissionais ou econômicas – propiciar recursos financeiros para o desenvolvimento de atividades de regulação e defesa do exercício profissional das categorias atingidas, por meio de suas respectivas entidades de classe.
    - 1.3.3.5.3.3 Contribuições sociais – classificação
      - 1.3.3.5.3.3.1 Contribuição social denominada salário-educação – art. 212, § 5º, CF/88 – financiamento adicional da educação básica pública.
      - 1.3.3.5.3.3.2 Contribuições sociais do sistema "S" (SESC, SENAC, SESI, SENAI) – art. 240, CF/88 – destinadas a entidades privadas que realizam atividades de cunho social.
      - 1.3.3.5.3.3.3 Contribuições sociais gerais – art. 149, CF/88.
      - 1.3.3.5.3.3.4 Contribuições sociais de seguridade social – art. 195, CF/88 – financiamento da seguridade social.
    - 1.3.3.5.3.4 Contribuição de iluminação pública – art. 149-A, CF/88 – custeio do serviço de iluminação pública.

2 Contribuições de seguridade social

2.1 Conceito

Já vimos que a finalidade qualifica as contribuições. Nessa linha de raciocínio, podemos conceituar a exação em estudo como tributos com finalidade constitucionalmente determinada a financiar as atividades do Estado na área de seguridade social, aí compreendidas as ações de saúde, assistência e previdência social. Tem sua regra matriz no artigo 195 da Constituição Federal:

> Art. 195. A seguridade social será financiada por toda a sociedade, de forma direta e indireta, nos termos da lei, mediante recursos provenientes dos orçamentos da União, dos Estados, do Distrito Federal e dos Municípios, e das seguintes contribuições sociais:
>
> I – do empregador, da empresa e da entidade a ela equiparada na forma da lei, incidentes sobre:
>
> a) a folha de salários e demais rendimentos do trabalho pagos ou creditados, a qualquer título, à pessoa física que lhe preste serviço, mesmo sem vínculo empregatício;
>
> b) a receita ou o faturamento;
>
> c) o lucro;
>
> II – do trabalhador e dos demais segurados da previdência social, não incidindo contribuição sobre aposentadoria e pensão concedidas pelo regime geral de previdência social de que trata o art. 201;
>
> III – sobre a receita de concursos de prognósticos;
>
> IV – do importador de bens ou serviços do exterior, ou de quem a lei a ele equiparar.
>
> § 1º As receitas dos Estados, do Distrito Federal e dos Municípios destinadas à seguridade social constarão dos respectivos orçamentos, não integrando o orçamento da União.
>
> § 2º A proposta de orçamento da seguridade social será elaborada de forma integrada pelos órgãos responsáveis pela saúde, previdência social e assistência social, tendo em vista as metas e prioridades estabelecidas na lei de diretrizes orçamentárias, assegurada a cada área a gestão de seus recursos.
>
> § 3º A pessoa jurídica em débito com o sistema da seguridade social, como estabelecido em lei, não poderá contratar com o Poder Público nem dele receber benefícios ou incentivos fiscais ou creditícios.
>
> § 4º A lei poderá instituir outras fontes destinadas a garantir a manutenção ou expansão da seguridade social, obedecido o disposto no art. 154, I.
>
> § 5º Nenhum benefício ou serviço da seguridade social poderá ser criado, majorado ou estendido sem a correspondente fonte de custeio total.
>
> § 6º As contribuições sociais de que trata este artigo só poderão ser exigidas após decorridos noventa dias da data da publicação da lei que as houver instituído ou modificado, não se lhes aplicando o disposto no art. 150, III, *b*.

§ 7º São isentas de contribuição para a seguridade social as entidades beneficentes de assistência social que atendam às exigências estabelecidas em lei.

§ 8º O produtor, o parceiro, o meeiro e o arrendatário rurais e o pescador artesanal, bem como os respectivos cônjuges, que exerçam suas atividades em regime de economia familiar, sem empregados permanentes, contribuirão para a seguridade social mediante a aplicação de uma alíquota sobre o resultado da comercialização da produção e farão jus aos benefícios nos termos da lei.

§ 9º As contribuições sociais previstas no inciso I do *caput* deste artigo poderão ter alíquotas ou bases de cálculo diferenciadas, em razão da atividade econômica, da utilização intensiva de mão de obra, do porte da empresa ou da condição estrutural do mercado de trabalho.

§ 10. A lei definirá os critérios de transferência de recursos para o sistema único de saúde e ações de assistência social da União para os Estados, o Distrito Federal e os Municípios, e dos Estados para os Municípios, observada a respectiva contrapartida de recursos.

§ 11. É vedada a concessão de remissão ou anistia das contribuições sociais de que tratam os incisos I, *a*, e II deste artigo, para débitos em montante superior ao fixado em lei complementar.

§ 12. A lei definirá os setores de atividade econômica para os quais as contribuições incidentes na forma dos incisos I, *b*; e IV do *caput*, serão não cumulativas.

§ 13. Aplica-se o disposto no § 12 inclusive na hipótese de substituição gradual, total ou parcial, da contribuição incidente na forma do inciso I, *a*, pela incidente sobre a receita ou o faturamento.

Como já afirmado, a Constituição Federal não cria tributos, mas delega competência tributária para as pessoas políticas o fazerem. No caso das contribuições de seguridade social, essa competência é exclusiva da União, nos termos do artigo 149 da Constituição Federal.[98] O Supremo Tribunal Federal tem posição firme no sentido de que o suporte de validade das contribuições de seguridade social instituídas por meio de lei ordinária reside precisamente no *caput* e incisos do artigo 195.[99] Em outras palavras, ou as contribuições de seguridade social instituídas na legislação ordinária têm previsão no *caput* e incisos do artigo 195 ou, fatalmente, estarão fadadas à inconstitucionalidade. Isso é assim porque, nos termos do § 4º

[98] O artigo 149, § 1º, da CF abre uma exceção a essa exclusividade ao delegar competência tributária aos Estados, Distrito Federal e Municípios para instituição de contribuição, cobrada de seus servidores, para o custeio, em benefício destes, do regime previdenciário de que trata o artigo 40 da CF, cuja alíquota não será inferior à da contribuição dos servidores titulares de cargos efetivos da União. Trata-se de norma essencial para o financiamento dos regimes próprios de previdência social dos servidores desses entes da federação.

[99] STF, ADIn nº 1432, *DJ* 29 nov. 1996.

do artigo 195, novas contribuições – ou seja, sem previsão no *caput* e incisos do artigo 195 – devem ser instituídas por meio de lei complementar. Decorre daí que todas as contribuições instituídas por meio da Lei Ordinária nº 8.212/91 devem ter suporte de validade aqui – ou serão inconstitucionais. Ao tratarmos das contribuições residuais desdobraremos o tema.

Marco Aurélio Greco faz precisa observação no sentido de que, nas contribuições, "o conceito básico não é o poder de império do Estado, nem o benefício que o indivíduo vai obter diretamente de uma atividade do Estado (nem necessariamente o seu custo), mas sim o conceito de solidariedade em relação aos demais integrantes de um grupo social ou econômico, em função de certa finalidade".[100]

Nas contribuições sociais de seguridade social, mais do que em qualquer outra espécie de contribuição, a solidariedade é característica indelével, pois diz respeito, com maior ou menor intensidade, à toda população brasileira.

Esmiucemos a ideia.

Embora o conceito de capacidade contributiva seja aplicado, essencialmente, aos impostos, é inegável que o *status* de sujeito passivo de qualquer tributo somente pode ser ocupado por quem demonstrar alguma capacidade econômica, inclusive por força do artigo 3º do Código Tributário Nacional, segundo o qual tributo é uma prestação pecuniária. Não se pode confundir, portanto, a existência de capacidade econômica com sua consideração para fins de tributação. A capacidade econômica sempre estará presente nos contribuintes, mas nem sempre poderá, de forma juridicamente válida, ser considerada.

Decorre daí que somente aqueles que detêm alguma capacidade econômica poderão ser eleitos contribuintes das contribuições de seguridade social. Essas contribuições, entretanto, como veremos a seguir, irão formar o orçamento próprio da seguridade social, o qual irá custear ações não só na área de previdência social, dirigida aos contribuintes pessoas físicas, mas também nas áreas de saúde e assistência social. Estas duas últimas independem de contribuição, sendo a primeira informada pelo acesso universal igualitário e a última prestada a quem dela necessitar, em regra os menos favorecidos, sem qualquer capacidade econômica, o que demonstra a amplitude da solidariedade que informa o sistema.

2.2 *Distinção do imposto*

Parte da doutrina classifica as contribuições de seguridade social ora como imposto, ora como taxa, de acordo com a materialidade da hipótese de incidência.

---

[100] Cf. *Contribuições*: uma figura *sui generis*, p. 83.

Não concordamos com essa classificação. A confusão, para nós, tem endereço certo: o artigo 4º do Código Tributário Nacional.[101]

Isso porque, como já afirmamos, o referido artigo 4º não encontra mais suporte de validade na Constituição Federal. Nessa linha de pensamento não estamos sozinhos.

Hugo de Brito Machado afirma categoricamente que "em se tratando de contribuições a destinação é essencial. Às contribuições não se aplica a norma do art. 4º do Código Tributário Nacional". [102]

Roque Antônio Carrazza a esse respeito afirma:

> Não pretendemos aqui questionar o art. 4º, II, do Código Tributário Nacional, quando prescreve que a destinação legal do produto da arrecadação de um tributo não lhe altera a natureza jurídica.
>
> Todavia, tal proposição é estranha ao assunto que ora nos ocupa, uma vez que, como cuidamos de demonstrar, a vinculação da receita obtida, por incontornável determinação constitucional, é da essência das contribuições do art. 149 da Constituição Federal. [103]

Eurico Marcos Diniz de Santi assim se manifesta:

> Se a Constituição, *ex vi* do art. 167, IV, ressalvada a repartição constitucional, veda expressamente a vinculação de receita de impostos a órgãos, fundo ou despesa, então o art. 4º, II, do CTN infirma a desimportância da destinação legal, e esse aspecto passa a tornar-se relevante (pelo menos negativamente) para se determinar a espécie tributária. Havendo destinação legal do gravame, de imposto é que não se trata.[104]

Para Zélia Luiza Pierdoná "está demonstrado que a questão é prenhe de controvérsias, não podendo aceitar-se, de forma absoluta, a regra inserta no inciso II do artigo 4º do Código Tributário Nacional. Além desse preceito legal não encontrar fundamento de validade no texto constitucional". [105]

---

[101] Art. 4º A natureza jurídica específica do tributo é determinada pelo fato gerador da respectiva obrigação, sendo irrelevantes para qualificá-la:
I – a denominação e demais características formais adotadas pela lei;
II – a destinação legal do produto da sua arrecadação.

[102] Cf. *As contribuições no sistema tributário brasileiro*, p. 21.

[103] *Curso de direito constitucional tributário*, p. 523-524.

[104] As classificações no sistema tributário brasileiro, in Justiça Tributária: I Congresso Internacional de Direito Tributário, p. 139, apud Zélia Luiza Pierdoná, Contribuições para a seguridade social, p. 85. Segundo a autora, o autor citado aponta três critérios diferenciadores das espécies tributárias previstos constitucionalmente: a vinculação ou não de uma atividade estatal no desenho da hipótese tributária; a previsão do destino legal do tributo; e a previsão legal da restituição.

[105] *Contribuições para a seguridade social*, p. 37-38.

Wagner Balera trilha na mesma direção:

> A definição da espécie tributária, no caso das contribuições, é complementada pela qualificação jurídica do respectivo destino.
>
> No sistema tributário há um critério objetivo determinante para a qualificação do tributo como sendo espécie de contribuição social, além da referibilidade indireta e mediata da atuação estatal defronte ao obrigado, critério comum às contribuições: é o critério da finalidade social do recurso amealhado pelo Estado.
>
> Está longe, portanto, de ser exato o comando estampado no art. 4º do Código Tributário Nacional, cujo teor, como demonstrado até aqui, fora refutado em passado remoto (desde, pelo menos, a legislação da previdência social) e recente (desde a Lei nº 5.107, editada no mesmo ano de 1966).[106]

Enfim, o Supremo Tribunal Federal reiteradamente tem reconhecido a existência constitucional de cinco espécies tributárias.[107]

Do exposto até aqui, notamos a linha divisória intransponível entre impostos e contribuições: enquanto aos primeiros é expressamente vedada a vinculação de sua receita a órgão, fundo ou despesas – com as ressalvas constitucionais, que não lhe retiram essa característica –, para as contribuições a finalidade é constitucionalmente determinada. Ela integra a definição constitucional das contribuições.

Atendidas as limitações constitucionais, qualquer fato-signo presuntivo de riqueza, na expressão cunhada por Alfredo Augusto Becker, pode dar ensejo à incidência da regra de tributação, via impostos, e não poderemos esperar nada do Estado em contrapartida.[108] No caso das contribuições de seguridade social, ao contrário, a incidência da regra de tributação implica destinação do produto arrecadado ao sistema de seguridade social, inclusive nascendo, daí, o direito subjetivo do contribuinte de exigir essa destinação, pois, como já vimos, a destinação material integra a legitimidade constitucional das contribuições. O desenho traçado pelo legislador constituinte é completamente diferente para impostos e contribuições!

Essa diferenciação já foi enfrentada pelo Supremo Tribunal Federal no RE nº 329196.[109]

Wagner Balera também reconhece diferenças entre contribuições e impostos:

---

106 Hugo de Brito Machado (Coordenador), *As contribuições no sistema tributário brasileiro*, p. 582.

107 Nesse sentido: STF, RE nº 146733, *DJ* 12 mar. 1993.

108 Exceto, evidentemente, a destinação do produto arrecadado em prol do interesse público, decorrente do princípio republicano.

109 *DJ* 11 out. 2002.

Enquanto a definição do imposto depende, exclusivamente, da consistência material da respectiva hipótese, a da contribuição exige que essa materialidade, de algum modo, indireto e mediato, esteja relacionada com a atuação estatal apta a provocar a cobrança do tributo.[110]

Misabel Derzi repousa na finalidade o discrímen entre impostos e contribuições:

> A destinação aos órgãos de Seguridade é toda a modificação essencial que o Texto Fundamental de 1988 previu para submeter um tributo ao regime das contribuições sociais, referidas no art. 195. Muitas dessas contribuições teriam natureza específica de impostos, mas já nascem, por vontade constitucional, afetadas a órgão, fundo ou despesa.[111]

A convivência da contribuição social sobre o lucro líquido e o imposto de renda, como duas espécies tributárias diferentes, elucidam bem a questão, senão vejamos.

O comportamento humano de "auferir renda" constitui o aspecto material da hipótese de incidência tanto de uma como de outro. O que os diferencia é a finalidade constitucionalmente determinada da primeira. Daí que a análise tão somente da materialidade da hipótese de incidência já não serve para diferenciar ambos, como registramos em páginas anteriores.

A Constituição, assim, dá tratamento jurídico distinto para impostos e contribuições, determinando, em consequência, aplicação de diferentes regimes jurídicos para cada um.

2.3 *Distinção da taxa*

As contribuições de seguridade social também são distintas das taxas.

Acerca destas, afirma Roque Carrazza:

> De um modo geral, porém, tem-se entendido que a taxa é uma obrigação *ex lege* que nasce da realização de uma atividade estatal relacionada, de modo específico, ao contribuinte, embora muitas vezes por ele não requerida ou, até mesmo, para ele desvantajosa.[112]

As contribuições de seguridade social, assim como as taxas, circulam numa via de duas mãos com o Poder Público. Decorrem de uma atividade estatal e são devidas em função dessa atividade.

---

[110] Hugo de Brito Machado (Coordenador), *As contribuições no sistema tributário brasileiro*, p. 568.

[111] Contribuições sociais, *Caderno de pesquisas tributárias*, nº 17, p. 142, apud Zélia Luiza Pierdoná, Contribuições para a seguridade social, p. 34.

[112] *Curso de direito constitucional tributário*, p. 469.

As taxas, porém, não têm finalidade constitucionalmente determinada, ao contrário das contribuições sociais. A compreensão desse ponto é fundamental.

No aspecto material da hipótese de incidência da taxa, haverá sempre uma atividade estatal específica relativa ao contribuinte. A taxa é cobrada em função dessa atividade. O produto da arrecadação deve servir para custear esse específico gasto público, mas isso não significa dizer que a finalidade da taxa é constitucionalmente determinada, até porque a taxa não é afetada a órgão, fundo ou despesa. Não estamos abandonando conceitos jurídicos para diferenciar essas espécies tributárias,[113] mas fixando-nos nos regimes jurídicos distintos traçados pela própria Constituição.

Justamente porque a arrecadação total da taxa deve ser equivalente ao total do custo da atividade pública é que o critério quantitativo da regra matriz de incidência deve ser uma medida daquela atividade.

Para Aires Barreto, a base de cálculo da taxa sempre deve medir o conteúdo dimensível desses fatos, ou seja, do serviço público prestado. Geraldo Ataliba afirma que "se a h.i. da taxa é só uma atuação estatal, referida a alguém, sua base imponível é uma dimensão qualquer da própria atividade do estado: custo, valor ou outra grandeza qualquer (da própria atividade)".[114] Idêntico é o pensamento de Rafael Pandolfo, para quem "a base de cálculo (da taxa) há de ser uma medida efetiva do fato jurídico tributário, recolhido como tal pela regra matriz de incidência tributária".[115]

Essa correlação entre o critério quantitativo da regra matriz de incidência e o custo total da atividade pública nada tem a ver com a finalidade constitucional do tributo, pois o produto da arrecadação das taxas, assim como dos impostos e das contribuições de melhoria, vai integrar o orçamento fiscal geral. É irrelevante, sob o ponto de vista jurídico, a destinação que a pessoa política competente dará ao produto de quaisquer desses três tributos para determinar sua natureza jurídica.

Na seguridade social, como o princípio da solidariedade contributiva informa todo o sistema, não há correlação entre o critério quantitativo da regra matriz de incidência e o custo total da atividade pública, ou, noutras palavras, o valor da contribuição de seguridade social não tem relação direta com o custo total das ações de seguridade social. Repousa aqui outra diferença entre taxas e contribuições de seguridade social: a falta de um conteúdo dimensível do serviço público prestado na base de cálculo das contribuições de seguridade social.

---

[113] O que nos levaria a incidir nos erros tão apontados por Geraldo Ataliba e Alfredo Augusto Becker.

[114] *Hipótese de incidência tributária*, p. 150.

[115] *Fundamentos do direito processual tributário*, p. 57.

Sem dúvida, as bases de cálculo "folha de salários", "faturamento", "lucro", "receita de concursos de prognósticos", "resultado da comercialização da produção", "remuneração do trabalhador" não traduzem estimativa alguma do custo do sistema de seguridade social. Além do mais, dois trabalhadores com idêntica base de cálculo – ou seja, idêntica remuneração – podem ter contribuições diferentes – *v. g.*, um contribuinte na classe de empregado com alíquota de 11% e outro na classe de contribuinte individual, com alíquota de 20% – e, no entanto, direito a benefícios previdenciários de igual valor, pois estes são calculados com base no salário-de-contribuição que equivale à sua remuneração.

Salta aos olhos que não há correlação entre o critério quantitativo da regra matriz de incidência e o custo da atividade pública, nesse caso, o sistema de seguridade social. Isso é assim porque, em função da solidariedade, o custo desse serviço público será atendido pela totalidade dos recursos que verterem para o sistema, nos termos do plano de custeio.[116]

Portanto, segundo o plano de custeio,[117] é o total da arrecadação que deve ser equivalente ou levemente superior ao total das despesas, não havendo que se falar nessa correlação em relação a cada contribuição considerada em si própria.[118]

Daí discordarmos de Geraldo Ataliba quando este afirma que a base de cálculo, nas contribuições sociais, deve repousar no elemento intermediário.[119] Esse raciocínio é válido para as contribuições de melhoria, mas não para as contribuições do artigo 149 da Constituição Federal.

Wagner Balera trilha no mesmo sentido:

> De outra parte, o ideário do seguro social não pode ser deixado de lado. Pretende-se que haja – e o Direito há de ser para isso instrumento – uma solidariedade entre as gerações e dentro da própria geração que está sendo coberta pelos planos de seguridade social.
>
> Desta sorte, quando cada um contribui o montante que paga não tem relação direta com o valor do benefício ou serviço que irá receber – pois a tanto equivaleria um

116 Ao tratarmos da regra da contrapartida voltaremos a falar sobre o plano de custeio.

117 Wagner Balera registra que o atual plano de custeio da seguridade social foi elaborado sem qualquer levantamento prévio – estatístico, demográfico e atuarial – e sem nenhum apoio na técnica que norteia planos dessa envergadura. Cf. Contribuições sociais, *Caderno de pesquisa tributária*, nº 17, p. 313.

118 Para esse cálculo será fundamental o auxílio das Ciências Atuariais. Veja-se o art. 96 do Plano de Custeio da Seguridade Social, Lei nº 8.212/91: "O Poder Executivo enviará ao Congresso Nacional, anualmente, acompanhando a Proposta Orçamentária da Seguridade Social, projeções atuariais relativas à Seguridade Social, abrangendo um horizonte temporal de, no mínimo, 20 (vinte) anos, considerando hipóteses alternativas quanto às variáveis demográficas, econômicas e institucionais relevantes".

119 Cf. *Hipótese de incidência tributária*, p. 194.

regime de capitalização que, em nosso direito, só vigora na esfera da previdência privada. A contribuição de cada um serve (diria melhor, custeia) os benefícios que estão sendo pagos e os serviços que estão sendo prestados aos que hoje se enquadram nas situações de risco previstas em lei.

E a ausência de relação entre o montante pago pelo trabalhador e aquilo que lhe será devido, se e quando o mesmo vier a enquadrar-se em qualquer das contingências cobertas pela seguridade social, é mais um argumento em favor da distinta natureza das contribuições quando cotejadas com o tributo denominado taxa[120] (O grifo é nosso).

Resta evidenciada, também, a diferença existente entre taxas e contribuições de seguridade social.

2.4 *Financiamento e orçamento próprio*

Nosso sistema jurídico disciplina três orçamentos distintos para a União, nos termos do artigo 165, § 5º, da Constituição Federal:

Art. 165. Leis de iniciativa do Poder Executivo estabelecerão:

I – o plano plurianual;

II – as diretrizes orçamentárias;

III – os orçamentos anuais.

§ 5º A lei orçamentária anual compreenderá:

I – o orçamento fiscal referente aos Poderes da União, seus fundos, órgãos e entidades da administração direta e indireta, inclusive fundações instituídas e mantidas pelo Poder Público;

II – o orçamento de investimento das empresas em que a União, direta ou indiretamente, detenha a maioria do capital social com direito a voto;

III – o orçamento da seguridade social, abrangendo todas as entidades e órgãos a ela vinculados, da administração direta ou indireta, bem como os fundos e fundações instituídos e mantidos pelo Poder Público.

Assim, a seguridade social tem orçamento apartado dos demais, ao lado do orçamento fiscal referente aos Poderes da União, seus fundos, órgãos e entidades da administração direta e indireta, inclusive fundações instituídas e mantidas pelo Poder Público e do orçamento de investimento das empresas em que a União, direta ou indiretamente, detenha a maioria do capital social com direito a voto.

A elaboração de um orçamento destacado dos demais justifica-se na medida da importância que adquirem as ações de seguridade social, todas elas envolven-

[120] *Contribuições destinadas ao custeio da seguridade social*, p. 115.

do direitos fundamentais. Com orçamento apartado, imaginou o constituinte, seria mais difícil a União apanhar recursos da seguridade social para investir em despesas gerais, tecnicamente custeada pelos impostos. A Emenda Constitucional nº 20/98 expressamente vinculou os recursos provenientes das contribuições sociais de que trata o artigo 195, I, *a*, e II, do mesmo Texto, para a realização de pagamento de benefícios do regime geral de previdência social, incluindo o inciso XI ao artigo 167 da Constituição Federal.

Os orçamentos não se confundem. Por essa razão, Wagner Balera afirma que as contribuições sociais situam-se no campo da parafiscalidade.

Parafiscalidade, como já comentado em linhas anteriores, é a técnica segundo a qual uma pessoa política detentora de competência tributária arrecada diretamente determinado tributo ou delega capacidade tributária para um órgão seu arrecadá-lo, mas sempre objetivando a gestão dos recursos arrecadados pelo órgão descentralizado, na consecução de suas finalidades.

Tal distinção é relevante e não pode passar despercebida.

A esse respeito afirmou Hugo de Brito Machado:

> Não pode prevalecer, como sustentam alguns, por ignorância ou má-fé, o princípio da unidade orçamentária. Esse princípio não pode sobrepor-se à Constituição Federal, que estabeleceu de forma diferente exatamente para superar tal princípio, que ficou restrito a contas do Tesouro e das autarquias comuns. Não se aplica à seguridade social, que se tornou uma autarquia de nível constitucional por força dos supra citados dispositivos. [...]
>
> A desinformação de muitos, e o descaso de poucos que efetivamente decidem, está destruindo a obra do constituinte de 1988, e tudo leva a acreditar que, em breve, as contribuições sobre o faturamento e o lucro serão transformadas em impostos, a engordar as burras do Tesouro Nacional.[121]

Wagner Balera fez pesquisa importante sobre o assunto:

> É prática comum que o Congresso Nacional aprove leis mediante as quais são desviados recursos da seguridade social para finalidades distintas das áreas de saúde, previdência e assistência social. Em sumária pesquisa, pudemos encontrar, apenas no período de 1995 a 2002, cento e nove leis que oficializaram o inconstitucional desvio de recursos. No mesmo dia, 28 de dezembro de 2001, oito leis (nºs 10.376, 10.380, 10.384, 10.387, 10.391, 10.392, 10.396 e 10.400) ordenaram o remanejamento de verbas do orçamento da seguridade social para todas as outras atividades e funções governamentais que em nada se relacionam com a saúde, com a previdência social e com a assistência social.[122]

---

[121] *Curso de direito tributário*, p. 346.

[122] *Sistema de seguridade social*, p. 58.

Contribui para o agravamento desse quadro a arrecadação das contribuições de seguridade social incidentes sobre o faturamento e o lucro pelo Tesouro Nacional e o não repasse das mesmas à seguridade social, como bem demonstrado em estudo feito pela Associação Nacional dos Fiscais da Previdência Social (ANFIP). De ver que agora, com a publicação da Lei nº 11.457/07, todas as contribuições de seguridade social passaram a ser arrecadadas diretamente pela União.

Sacha Calmon Navarro Coelho não vê inconstitucionalidade na arrecadação de contribuições de seguridade social pelo Tesouro Nacional,[123] desde que não haja "tredestinação real, ou seja, o emprego do tributo arrecadado noutros fins, contra o orçamento ditado pelo Congresso e a destinação indicada pela Constituição".[124]

O aumento percentual das contribuições de seguridade social em relação ao total arrecadado pela União foi assim registrado por Hugo de Brito Machado:

> O exame dos balanços gerais da União revela que as contribuições de previdência, cujo total representava, em 1989, apenas 34% da receita tributária, passou a oscilar entre 110% e 121% nos anos de 1990 a 1994. Em 1995 a arrecadação dessas contribuições correspondeu a mais de 148% da receita tributária. Em outras palavras, as contribuições de previdência corresponderam, em 1995, a quase vez e meia de tudo quanto a União arrecadou com todos os seus tributos.[125]

Atualizamos esses dados para o ano de 2004, segundo informações do próprio Governo Federal, disponível nos *sites* oficiais, e verificamos que do total de tributos federais, as contribuições de seguridade social somaram 244 bilhões de reais, ou seja, 58% do total arrecadado, que foi de 422 bilhões de reais. Na matemática de Hugo de Brito, a arrecadação dessas contribuições equivaleu a 137% do total arrecadado com todos os demais tributos federais – 178 bilhões de reais em 2004.

Ainda, sempre segundo dados oficiais, no mesmo ano de 2004 o orçamento total do Ministério da Saúde foi de 40,5 bilhões de reais, do Ministério de Desenvolvimento Social, responsável pelos programas de assistência social, foi de 13,6 bilhões de reais, e as despesas gerais de previdência somaram 140 bilhões de reais. Excluímos de nossa conta o total de contribuições vertidas para o PIS/PASEP, as quais vão integrar o FAT – 19,4 bilhões de reais –, tendo em vista que esses recursos vão financiar os benefícios de seguro-desemprego, abono anual e programas de desenvolvimento econômico e social a cargo do BNDES, atividades que extrapolam o âmbito da seguridade social; entretanto, no final das contas, a arrecadação desses recursos é levemente superior às despesas do FAT, garantido, é

---

[123] No mesmo sentido decidiu o STF no julgamento do RE nº 146733, *DJ* 6 nov. 1992.

[124] Estudo breve sobre contribuições sociais às luzes da Constituição de 1988, *Revista de Direito Tributário*, nº 60, p. 99.

[125] *Curso de direito tributário*, p. 346.

claro, à União, 20% dos recursos, por meio da DRU. Assim, o total de despesas da seguridade social foi de 194,1 bilhões de reais, para uma receita de 244 bilhões de reais, o que, excluídos os recursos do FAT, resulta num superávit de 30,5 bilhões de reais![126] Onde está o déficit da previdência social?

Nos anos de 2005 e 2006 o superávit da Seguridade Social foi de, respectivamente, 50 e 47 bilhões de reais!

Em 2007, 2008 e 2009, segundo dados da ANFIP, o saldo positivo foi de 72, 64 e 32 bilhões de reais.[127]

Em 2010, o superávit da seguridade social foi de R$ 60,34 bi, conforme Tabela 1:[128]

Tabela 1 *Receitas e despesas da seguridade social – 2008 a 2010.*

Dados preliminares

Receitas realizadas	Acumulado no exercício (R$ bilhões)			Variação (%)	Diferença R$ bilhões
Classificação	**2008**	**2009**	**2010**	**2010/2009**	**2010/2009**
1. Receita de contribuições sociais	359,83	375,89	441,27	**17,39**	**65,38**
Receita Previdenciária Líquida RGPS (1)	163,36	182,01	211,97	**16,46**	29,96
Cofins	120,09	116,76	140,02	**19,92**	23,26
CPMF (2)	1,00	0,00	0,00	0,00	0,00
CSLL	42,50	43,59	45,75	**4,96**	2,16
PIS/PASEP	30,83	31,03	40,37	**30,11**	9,34
Outras contribuições (3)	2,05	2,50	3,15	**26,17**	0,65
2. Receitas dos Órgãos e entidades da Seguridade	**13,67**	**14,37**	**17,66**	**22,88**	**3,29**
Recursos próprios do MDS	0,13	0,20	0,37	**83,66**	0,17
Recursos próprios do MPS	0,63	0,29	0,27	**– 8,12**	– 0,02
Recursos próprios do MS	2,60	2,83	2,99	**5,91**	0,17
Recursos próprios do FAT (4)	10,01	10,68	13,57	**27,00**	2,88
Taxas de Órgãos e entidades	0,31	0,36	0,45	**24,70**	0,09
3. Contrapartida do Orçamento Fiscal p/ EPU	**2,05**	**2,02**	**2,14**	**5,98**	**0,12**
Receita Total (1 + 2 + 3)	**375,55**	**392,27**	**461,06**	**17,54**	**68,79**

[126] Valor nominal de mar. 2005.

[127] *Revista Análise da Seguridade Social* – 2009.

[128] ANFIP – Resultado do Orçamento da Seguridade Social em 2010.

Despesas liquidadas	Acumulado no exercício (R$ bilhões)			Variação (%)	Diferença R$ bilhões
Classificação	**2008**	**2009**	**2010**	**2010/2009**	**2010/2009**
1. Benefícios Previdenciários	**199,56**	**255,10**	**254,86**	**13,22**	**29,76**
Previdenciários urbanos	158,95	179,00	198,06	**10,65**	19,06
Previdenciários rurais	40,00	44,85	55,47	**23,68**	10,62
Compensação previdenciária [5]	0,61	1,25	1,33	**6,34**	0,08
2. Benefícios assistenciais	**15,64**	**18,71**	**22,23**	**18,82**	**3,52**
Assistenciais – LOAS	13,75	16,86	20,38	**20,84**	3,52
Assistenciais – RMV	1,89	1,85	1,85	**0,36**	0,01
3. Outros Benefícios Assistenciais – Transferências de Renda	10,53	11,85	13,49	**13,86**	**1,64**
4. EPU – Benefícios de Legislação Especial	2,05	2,02	2,14	**5,98**	**0,12**
5. Saúde: pessoal ativo e outras despesas do MS	50,26	58,26	61,18	**5,01**	**2,92**
6. Assistência social: pessoal ativo e outras despesas do MDS	2,68	2,77	3,23	**16,64**	**0,46**
7. Previdência social: pessoal ativo e outras despesas do MPS	4,75	6,26	6,47	**3,37**	**0,21**
8. Outras ações da seguridade social	3,89	7,17	7,51	**4,62**	**0,33**
9. Benefícios FAT	20,69	27,08	29,20	**7,82**	**2,12**
10. Outras ações do FAT	0,72	0,67	0,42	**- 37,48**	**- 0,25**
Despesa Total (1 + 2 + 3 + 4 + 5 + 6 + 7 + 8 + 9 + 10)	**310,77**	**359,88**	**400,72**	**11,35**	**40,84**
Saldo da Seguridade Social (RGPS)	**64,78**	**32,39**	**60,34**	**86,31**	**27,95**

Fonte: MPS (receitas e despesas previdenciárias); SIAFI (demais receitas e despesas). Elaboração ANFIP e Fundação ANFIP.

Notas:

(1) Receita Previdenciária Líquida corresponde a Receitas Previdenciárias Próprias do INSS deduzidas as Transferências a Terceiros;

(2) A CPMF foi extinta a partir de 2008, valores arrecadados posteriormente referem-se a fatos anteriores.

(3) Incluem contribuições sobre concursos de prognósticos, contribuição para correção do FGTS e outras contribuições. O PPA 2008-2011 transferiu as programações relativas à complementação do FGTS para o Orçamento Fiscal; por coerência, essas receitas e despesas não foram consideradas a partir de 2008;

(4) A compensação previdenciária foi criada pelo PPA 2008-2011 e representa o saldo do ajuste de contas entre os regimes previdenciários (RGPS e RPPS da União, estados e municípios);

(5) vide nota (4).

Em 2011, segundo dados da mesma entidade o superávit chegou a R$ 78 bilhões de reais.

Foi exatamente essa realidade orçamentária que fundamentou a aprovação da Desvinculação das Receitas da União, a DRU, por meio da Emenda Constitucional nº 42/03, segundo a qual são desvinculados de órgão, fundo ou despesa, no período de 2003 a 2007, 20% da arrecadação da União de impostos, contribuições sociais e de intervenção no domínio econômico, já instituídos ou que vierem a ser criados no referido período, seus adicionais e respectivos acréscimos legais. A Emenda Constitucional nº 56/07 prorrogou a DRU até 31 de dezembro de 2011. Claro, se o orçamento fosse deficitário, não haveria o que desvincular!

Ressalte-se que a OIT rechaça qualquer desvio do orçamento da seguridade social para cobrir déficit orçamentário, em obediência ao princípio do equilíbrio financeiro, como expressamente disposto na Convenção nº 102.

Outra prova robusta do "superávit social" – exclusivamente no que diz respeito a termos financeiros – foi a pesquisa realizada pela *Revista Consultor Jurídico,* onde restou demonstrado que, apenas nos meses de novembro e dezembro de 2002, foram desviados R$ 5.070.203.446,00 do orçamento da seguridade social para outras áreas do governo, em flagrante violação à vontade do legislador original constituinte.[129]

2.5 Solidariedade contributiva (financiamento direto e indireto)

Nos termos do *caput* do artigo 195 da Constituição Federal, a seguridade social será financiada por toda a sociedade.

Muito mais que regra, a norma jurídica em questão representa verdadeiro *princípio,* denominado princípio da solidariedade contributiva.

Com efeito, nos termos do artigo 194, VI, da Carta Política, é objetivo da seguridade social a *diversidade da base de financiamento*. Objetivo, aqui, deve ser entendido como princípio. Aliás, nessa linha de raciocínio, o artigo 1º da Lei de Custeio da Seguridade Social arrola entre seus princípios e diretrizes a *diversidade da base de financiamento*.

José Afonso da Silva, no mesmo sentido, entende o princípio da diversidade da base de financiamento como princípio da solidariedade financeira.[130]

João Antônio Pereira Leite ensina que, entre os objetivos sociais do custeio, segundo a Organização Internacional do Trabalho, está o de adotar métodos que conscientizem a pessoa protegida do custo das prestações que recebe e, ao mesmo

[129] *Revista Consultor Jurídico*, abr. 2003.

[130] Cf. *Curso de direito constitucional positivo*, p. 808.

tempo, acarretem uma ampla aplicação do princípio da solidariedade entre os participantes do sistema, inclusive entre ricos e pobres.[131]

O financiamento da seguridade social dá-se de forma direta e indireta.

Na forma direta, a própria sociedade é chamada a contribuir, por meio das contribuições de seguridade social. Assim, nos termos do artigo 195, I, II, III e IV, são sujeitos passivos das contribuições de seguridade social o empregador, a empresa, a entidade a ela equiparada na forma da lei, o trabalhador, os demais segurados da previdência social, o empresário responsável pelos concursos de prognósticos e o importador de bens ou serviços do exterior, ou quem a lei a ele equiparar.

Na forma indireta, por outro lado, é a União, os Estados, o Distrito Federal e os Municípios que contribuem mediante recursos provenientes de seus orçamentos. Diz-se indireta porque, na verdade, também é a sociedade quem contribui, mas por meio dos tributos em geral, os quais vão suprir os orçamentos públicos.

Como acentua Wagner Balera, "ainda que haja uma parcela do financiamento previdenciário que advirá dos orçamentos das diversas pessoas políticas (artigo 195, *caput*), os maiores responsáveis pelo custeio do sistema prosseguem sendo os trabalhadores e os empregadores".[132]

2.6 Limitações constitucionais à instituição de contribuições de seguridade social

2.6.1 Princípios, limitações, imunidades, isenção e não incidência – distinções preliminares

Misabel Derzi ensina que capacidade contributiva, certeza, comodidade e economicidade são os princípios básicos do sistema tributário, formulados por Von Justi e difundidos por Adam Smith, os quais "inspiram códigos e constituições por mais de duzentos anos, porque mesclam não só padrões mínimos de ética e de justiça, como de técnica e razoabilidade".[133]

A evolução do pensamento científico propiciou a diferenciação entre princípios tributários, limitações constitucionais ao poder de tributar e imunidades.

Já vimos – item 1.1 – a diferenciação existente entre regras e princípios como espécies distintas de normas jurídicas. Dentre as diferenças apontadas está o método de interpretação subsuntivo ao qual estão submetidas as primeiras em

---

[131] *Curso elementar de direito previdenciário*, p. 171.

[132] *Contribuições destinadas ao custeio da seguridade social*, p. 111.

[133] Cf. Aliomar Baleeiro, *Limitações constitucionais ao poder de tributar*. Atualização: Misabel Derzi, p. 3.

contraste com o método de ponderação, típico dos princípios. Ainda, o elevado grau de abstração dos princípios opõe-se à certeza das regras, visto que estas estão submetidas à lógica do "tudo ou nada". Os princípios, como bem anotou Rafael Pandolfo com a acuidade que é peculiar a esse tributarista, "fixam, em geral, um estado de coisas reputado ideal, que deve ser perseguido".[134]

Por isso não restam dúvidas de que as regras traduzem uma certeza muito maior do que os princípios, não só porque aquelas são descritivas de conduta e estes são valorativos ou finalísticos, como também porque um princípio tem em comum com uma regra apenas um núcleo essencial, donde revela-se um alcance mínimo, a partir de então aponta para um espaço de indeterminação, "no qual a demarcação de seu conteúdo estará sujeita à concepção ideológica ou filosófica do intérprete".[135]

Daí o equívoco da doutrina brasileira, muito bem observado por Marco Aurélio Greco, no sentido de "inflar" o número de princípios, procurando caracterizar de princípio todas as disposições constitucionais tributárias, pensando que, com isso, estará muito mais protegida contra investidas do Estado, já que, na expressão desse autor, invocar um princípio numa discussão tributária seria como "brandir uma espada contra o Fisco"", quando, na realidade, o resultado é exatamente o inverso, visto que a invocação de uma regra traduz-se em segurança e certeza jurídicas, ao passo que a invocação de um princípio revela sempre uma postura prospectiva, ou seja, de cumprimento não obrigatório.[136]

Princípios e regras, portanto, não se confundem.

Em nosso Sistema Constitucional a diferenciação entre princípios gerais e limitações do poder de tributar resulta evidente inclusive porque os mesmos estão distribuídos em seções diversas do Sistema Tributário Nacional, respectivamente Seção I e II do Capítulo I do Título VI.

Diferentemente dos princípios, que têm caráter prospectivo, voltado para o futuro, apontando um caminho a ser seguido, as limitações indicam exatamente o inverso: um caminho proibido, o qual não pode ser trilhado sem ofensa à Constituição.

Veja-se que todos os artigos que compõem a seção das limitações ao poder de tributar contêm a expressão *é vedado*, revelando o caráter negativo das limitações.

Marco Aurélio Greco aponta três tipos de limitações:

---

[134] *Fundamentos do direito processual tributário*, p. 25.

[135] Luis Roberto Barroso, *O começo da história*: a nova interpretação constitucional e o papel dos princípios no direito brasileiro, p. 341.

[136] Cf. *Contribuições*: uma figura *sui generis*, p. 156-157.

a) umas estão ligadas ao plano de produção da norma jurídica, categoria em que está inserida, por exemplo, a legalidade, de modo que desatendê-la implica vício do processo de produção que contamina o produto (= norma) como um todo;

b) outras, estão ligadas ao conteúdo da norma, por inibirem preceitos que atinjam pessoas, coisas etc., como é o caso das imunidades, de modo que seu efeito poderá ser inibir a lei como um todo ou inibir parcialmente a eficácia daquela lei. De fato, a lei instituidora de um tributo pode ser válida como um todo, mas inaplicável a determinadas pessoas imunes; e

c) outras preocupam-se com os efeitos da norma, ao inibirem certas consequências que podem resultar dos preceitos, como é o caso da anterioridade, vedação ao confisco, limitação ao tráfego etc., hipóteses que, tratando-se de limitação principalmente ligada ao plano dos fatos, comportam adequação diante do caso concreto: por exemplo, tratando-se de fatos futuros, diferindo a aplicação da lei para o início do exercício financeiro seguinte.[137] (Grifo nosso)

Será necessária a previsão expressa das limitações no Texto Constitucional, ou, de outra banda, admite-se a forma implícita?

O *caput* do artigo 150 da Constituição Federal parece supor a desnecessidade de previsão expressa, visto que aquelas limitações são impostas "sem prejuízo de outras garantias asseguradas ao contribuinte".

Além disso, muitas limitações são desdobramentos de direitos e garantias fundamentais, o que possibilita a existência de limitações além do Título da Tributação e do Orçamento da Constituição Federal.

Nesse particular, observe-se que o Supremo Tribunal Federal, no julgamento da ADIn nº 939, decidiu que a limitação constitucional da anterioridade – denominada "princípio" no referido acórdão – é garantia individual do contribuinte. Assim, por força do artigo 5º, § 2º, da Constituição Federal, há uma vinculação estreita entre as garantias do contribuinte e os direitos e garantias fundamentais.[138]

---

[137] *Contribuições*: uma figura *sui generis*, p. 168.

[138] STF, ADIn nº 939, *DJ* 18 mar. 1994. Eis a ementa: Direito Constitucional e Tributário. Ação Direta de Inconstitucionalidade de Emenda Constitucional e de Lei Complementar. I.P.M.F. Imposto Provisório sobre a Movimentação ou a Transmissão de Valores e de Créditos e Direitos de Natureza Financeira – I.P.M.F. Artigos 5º, par. 2º, 60, par. 4º, incisos I e IV, 150, incisos III, *b*, e VI, *a*, *b*, *c* e *d*, da Constituição Federal. 1. Uma Emenda Constitucional, emanada, portanto, de Constituinte derivada, incidindo em violação a Constituição originária, pode ser declarada inconstitucional, pelo Supremo Tribunal Federal, cuja função precípua é de guarda da Constituição (art. 102, I, *a*, da C.F.). 2. A Emenda Constitucional nº 3, de 17.3.1993, que, no art. 2º, autorizou a União a instituir o I.P.M.F., incidiu em vício de inconstitucionalidade, ao dispor, no parágrafo 2º desse dispositivo, que, quanto

Misabel Derzi a esse respeito afirma que

> [...] a grande massa das imunidades e dos princípios consagrados na Constituição de 1988, dos quais decorrem limitações ao poder de tributar, são meras especializações ou explicações dos direitos e garantias individuais [...], ou de outros grandes princípios estruturais, como a forma federal de Estado [...]. São, portanto, imodificáveis por emenda, ou mesmo por revisão, já que fazem parte daquele núcleo de normas irredutível, a que se refere o art. 60, § 4º, da Constituição.[139]

Bem de ver que essa tese não foi acolhida pelo Supremo Tribunal Federal.[140]

Ensina Aliomar Baleeiro que a imunidade recíproca das pessoas políticas não está expressa em nenhum dispositivo da Constituição dos Estados Unidos, a qual surge como decorrência natural do princípio federativo.[141]

Misabel Derzi, no mesmo sentido, afirma que "do princípio federal resulta a imunidade recíproca, dedutível mesmo na ausência de recepção literal do Texto, porque expressão da autonomia relativa dos entes estatais e de sua posição isonômica, logicamente dedutíveis".[142]

---

a tal tributo, não se aplica "o art. 150, III, *b* e VI", da Constituição, porque, desse modo, violou os seguintes princípios e normas imutáveis (somente eles, não outros): 1. – o princípio da anterioridade, que é garantia individual do contribuinte (art. 5º, par. 2º, art. 60, par. 4º, inciso IV e art. 150, III, *b* da Constituição); 2. – o princípio da imunidade tributária recíproca (que veda à União, aos Estados, ao Distrito Federal e aos Municípios a instituição de impostos sobre o patrimônio, rendas ou serviços uns dos outros) e que é garantia da Federação (art. 60, par. 4º, inciso I, e art. 150, VI, *a*, da C.F.); 3. – a norma que, estabelecendo outras imunidades impede a criação de impostos (art. 150, III) sobre: "b"): templos de qualquer culto; "c"): patrimônio, renda ou serviços dos partidos políticos, inclusive suas fundações, das entidades sindicais dos trabalhadores, das instituições de educação e de assistência social, sem fins lucrativos, atendidos os requisitos da lei; e "d"): livros, jornais, periódicos e o papel destinado a sua impressão; 3. Em consequência, e inconstitucional, também, a Lei Complementar nº 77, de 13.7.1993, sem redução de textos, nos pontos em que determinou a incidência do tributo no mesmo ano (art. 28) e deixou de reconhecer as imunidades previstas no art. 150, VI, *a*, *b*, *c* e *d* da C.F. (arts. 3º, 4º e 8º do mesmo diploma, L.C. nº 77/93). 4. Ação Direta de Inconstitucionalidade julgada procedente, em parte, para tais fins, por maioria, nos termos do voto do Relator, mantida, com relação a todos os contribuintes, em caráter definitivo, a medida cautelar, que suspendera a cobrança do tributo no ano de 1993.

[139] *Limitações constitucionais ao poder de tributar*. Atualização: Misabel Derzi, p. 14.

[140] STF, RE 372600, *DJ* 23 abr. 2004. Eis a ementa: IMUNIDADE. ART. 153, § 2º, II DA CF/88. REVOGAÇÃO PELA EC Nº 20/98. POSSIBILIDADE. 1. Mostra-se impertinente a alegação de que a norma art. 153, § 2º, II, da Constituição Federal não poderia ter sido revogada pela EC nº 20/98 por se tratar de cláusula pétrea. 2. Esta norma não consagrava direito ou garantia fundamental, apenas previa a imunidade do imposto sobre a renda a um determinado grupo social. Sua supressão do texto constitucional, portanto, não representou a cassação ou o tolhimento de um direito fundamental e, tampouco, um rompimento da ordem constitucional vigente. 3. Recurso extraordinário conhecido e improvido.

[141] *Limitações constitucionais ao poder de tributar*. Atualização: Misabel Derzi, p. 234.

[142] Idem, p. 15.

Concluímos, assim, pela possibilidade de limitações constitucionais implícitas ao poder de tributar.

Por outro lado, as imunidades são concebidas como uma espécie de limitação. Muitas imunidades estão contidas no artigo 150, VI, da Constituição Federal, mas outras há espalhadas pelo Texto Constitucional, tal qual a imunidade prevista no artigo 195, § 7º.

O estudo das imunidades comporta uma monografia exclusiva, o que por certo não se compatibiliza com os limites deste trabalho, razão pela qual trataremos do tema dentro dessa perspectiva.

Aécio Pereira Júnior dá uma dimensão do caminho a ser trilhado:

> O instituto da imunidade tributária, indiscutivelmente, ainda oferece um enorme campo para se travar novas discussões. Isso acontece por se tratar de um instituto tipicamente brasileiro que não encontra paralelo no direito alienígena, ficando afastada a possibilidade de se socorrer às experiências alheias, já que de pouca valia.[143]

Para Misabel Derzi imunidade é

> "regra expressa da Constituição (ou implicitamente necessária), que estabelece a não competência das pessoas políticas da Federação para tributarem certos fatos e situações, de forma amplamente determinada, delimitando negativamente, por meio de redução parcial, a norma de atribuição de poder tributário".[144]

Hugo de Brito Machado afirma que

> "imunidade é o obstáculo decorrente de regra da Constituição à incidência de regra jurídica de tributação. O que é imune não pode ser tributado. A imunidade impede que a lei defina como hipótese de incidência tributária aquilo que é imune. É limitação da competência tributária".[145]

Paulo de Barros Carvalho, após incluir a imunidade entre as regras de estrutura, define imunidade como sendo

> "classe finita e imediatamente determinável de normas jurídicas, contidas no texto da Constituição Federal, e que estabelecem, de modo expresso, a incompetência das pessoas políticas de direito constitucional interno para expedir regras instituidoras de tributos que alcancem situações específicas e suficientemente caracterizadas". [146]

---

[143] *A imunidade das entidades beneficentes de assistência social*, p. 1.

[144] Aliomar Baleeiro, *Limitações constitucionais ao poder de tributar*. Atualização: Misabel Derzi, p. 16.

[145] *Curso de direito tributário*, 221.

[146] *Curso de direito tributário*, p. 181.

Já vimos que a Constituição Federal atribui competência tributária às pessoas políticas. Pois bem, imunidade é limitação da competência tributária. Desse modo, nas hipóteses de imunidade, a própria Constituição Federal atribui competência tributária já com impedimento constitucional à regra jurídica de tributação. É o sentido negativo da norma de competência. Por isso diz-se que a imunidade estabelece exceção.

Imunidade, isenção e não incidência não se confundem.

Há tradicional distinção entre imunidade e isenção, onde é apontado como traço distintivo entre ambas sua hierarquia: a primeira com sede constitucional e a segunda com sede legal. Não obstante a procedência da afirmação, as diferenças vão muito além.

A imunidade, limitando a competência tributária, impede a instituição do tributo – simplesmente porque inexiste atribuição de competência. Não havendo instituição do tributo, sequer ocorre o fato gerador.

Na isenção, diferentemente, é a própria pessoa política detentora da competência tributária que – por meio de lei ordinária, lei complementar ou decreto legislativo – exclui parte do fato gerador da norma de tributação. Sabemos que o tributo é instituído por meio de lei – ordinária ou complementar – editada pela pessoa política para a qual a Constituição Federal atribuiu competência para tanto. A pessoa política pode, por decisão sua, conceder isenção, ou seja, excluir parte do fato gerador compreendido no âmbito de sua competência tributária, pois quem tem competência para tributar também o tem para isentar.

A concessão de isenção depende de uma decisão política da pessoa competente, mas, como as isenções integram as competências tributárias e estas integram o sistema constitucional tributário, a concessão de isenções está submetida aos princípios gerais e limitações do poder de tributar.

Situação relevante diz respeito à possibilidade de o Poder Judiciário estender isenções a situações isonômicas não contempladas, como corolário do princípio da igualdade.

O Supremo Tribunal Federal, fundamentado na consolidada jurisprudência no sentido de que é vedado ao Judiciário atuar como legislador positivo, tem posição conservadora nessa matéria.[147]

---

[147] *V. g.*, STF, RE nº 178932, *DJ* 7 abr. 1995. Eis a ementa: RECURSO EXTRAORDINÁRIO – IOF/CÂMBIO – DECRETO-LEI 2.434/88 (ART. 6º) – GUIAS DE IMPORTAÇÃO EXPEDIDAS EM PERÍODO ANTERIOR A 1º DE JULHO DE 1988 – INAPLICABILIDADE DA ISENÇÃO FISCAL – EXCLUSÃO DE BENEFÍCIO – ALEGADA OFENSA AO PRINCÍPIO DA ISONOMIA – INOCORRÊNCIA – NORMA LEGAL DESTITUÍDA DE CONTEÚDO ARBITRÁRIO – ATUAÇÃO DO JUDICIÁRIO COMO LEGISLADOR POSITIVO – INADMISSIBILIDADE – RECONHECIDO E PROVIDO. – A isenção tributária concedida pelo art. 6º do DL 2.434/88, precisamente porque se acha despojada de qualquer coeficiente de arbitrariedade, não se qualifica, tendo presentes as razões de política governamental que lhe são

Celso Antônio Bandeira de Mello aponta três questões para o reconhecimento de tratamento desigual que viola o princípio da isonomia:

a) a primeira diz com o elemento tomado como fator de desigualação;
b) a segunda reporta-se à correlação lógica abstrata existente entre o fator erigido em critério de discrímen e a disparidade estabelecida no tratamento jurídico diversificado;
c) a terceira atina à consonância dessa correlação lógica com os interesses absorvidos no sistema constitucional e destarte juridicizados.[148]

Pois bem, imaginemos a concessão de isenção tributária por meio da lei "z", de reconhecida constitucionalidade, beneficiando a situação "x". Um contribuinte, relacionado com a situação "y", análoga à situação "x", não é colhido pela norma de isenção. Não pode questionar a constitucionalidade da lei "z", pois essa é constitucional. Ao mesmo tempo, continua titular do direito de igualdade, este com *status* de princípio constitucional. Parece não haver outra solução exceto estender, por decisão judicial, o benefício da lei de isenção ao segundo contribuinte.

Várias são as razões.

Em primeiro lugar, em decorrência do princípio da máxima efetividade, formulado por Gomes Canotilho, segundo o qual a uma norma constitucional deve ser atribuído o sentido que maior eficácia lhe dê.[149]

Em segundo lugar, porque estamos diante de direitos e garantias fundamentais, normas de aplicação imediata – Constituição Federal, artigo 5º, § 1º. Nesse

---

subjacentes, como instrumento de ilegítima outorga de privilégios estatais em favor de determinados estratos de contribuintes. A concessão desse benefício isencional traduz ato discricionário que, fundado em juízo de conveniência e oportunidade do Poder Público, destina-se, a partir de critérios racionais, lógicos e impessoais estabelecidos de modo legítimo em norma legal, a implementar objetivos estatais nitidamente qualificados pela nota da extrafiscalidade. – A exigência constitucional de lei formal para a veiculação de isenções em matéria tributária atua como insuperável obstáculo à postulação do contribuinte, eis que a extensão dos benefícios isencionais, por via jurisdicional, encontra limitação absoluta no dogma da separação de poderes. Os magistrados e Tribunais – que não dispõem de função legislativa – não podem conceder, ainda que sob fundamento de isonomia, o benefício da exclusão do crédito tributário em favor daqueles a quem o legislador, com apoio em critérios impessoais, racionais e objetivos, não quis contemplar com a vantagem da isenção. Entendimento diverso, que reconhecesse aos magistrados essa anômala função jurídica, equivaleria, em última análise, a converter o Poder Judiciário em inadmissível legislador positivo, condição institucional esta que lhe recusou a própria Lei Fundamental do Estado. E de acentuar, neste ponto, que, em tema de controle de constitucionalidade de atos estatais, o Poder Judiciário só atua como legislador negativo (*RTJ* 146/461, rel. Min. CELSO DE MELLO).

[148] *Conteúdo jurídico do princípio da igualdade*, p. 21.

[149] Cf. *Direito constitucional*, p. 233.

sentido, Friedrich Müller observa que o *Bundesverfassungsgericht*[150] desenvolveu um princípio de interpretação denominado "efetividade dos direitos fundamentais" – semelhante àquele designado por este autor de "força normativa da constituição" –, inferindo desse princípio que os direitos fundamentais devem ser submetidos a uma interpretação ampla.[151]

Em terceiro lugar, porque entendimento contrário subverte a hierarquia das leis, reconhecendo à lei ordinária aptidão suficiente para afastar a eficácia de norma constitucional, transformando esta em mera norma programática no sentido que a doutrina clássica lhe concebia, de simples exortação moral dirigida ao legislador ordinário.

Por fim, em quarto lugar, nessa hipótese o Judiciário não estará atuando como legislador positivo, mas apenas aplicando a norma constitucional da isonomia. É função precípua sua aplicar a Constituição e as leis. Essa foi a atribuição que o Poder Constituinte lhe deu. Misabel Derzi vai além, observando que a vedação do Judiciário de atuar como legislador positivo era suficiente no Estado liberal, mas não no Estado Democrático de Direito atual, onde a exigência de efetividade e concreção faz com que os direitos e garantias fundamentais tenham aplicação imediata, "sem intervenção do Poder Legislativo, e concede poder regulamentador, normatizador-supletivo ao Poder Judiciário (art. 5º, LXXI)".[152]

Roque Carrazza também entende que o Judiciário, em homenagem ao princípio da isonomia, pode "[...] estender o benefício a contribuintes que se encontrem em situação análoga à dos isentos (*v. g.*, aos laringologistas, se a isenção favorece expressamente aos pneumologistas) [...]".[153]

Não incidência são os fatos não abrangidos pela norma de tributação. Verifica-se em função da norma tributária. É o sentido negativo da norma. Em regra a não incidência é implícita. Quando explícita, ou seja, expressamente apontada pelo legislador, diz-se hipótese de não incidência legal.

Cabe ressaltar que não há hipóteses de isenção com sede constitucional. Em qualquer desses casos estaremos diante de situações de imunidade, mesmo quando o legislador constitucional, por cochilo, enuncia uma situação de isenção.

2.6.1.1 *Princípio da proporcionalidade*

O princípio da proporcionalidade está intimamente relacionado com o exercício da tributação e merece tratamento em separado. Confunde-se, numa acepção

150 Tribunal Constitucional Federal Alemão

151 Cf. Friedrich Müller, *Métodos de trabalho do direito constitucional*. Trad. Peter Naumann, p. 87.

152 Cf. Aliomar Baleeiro, *Limitações constitucionais ao poder de tributar*. Atual. Misabel Derzi, p. 36.

153 *Curso de direito constitucional tributário*, p. 752.

ampla, com o princípio da razoabilidade, não obstante as diferenciações que faz Humberto Ávila.[154] Sua conformação vem evoluindo através do tempo, encontrando em Cesare Beccaria um dos seus mais ilustres expoentes.[155]

Nossa Constituição, diferentemente de outras, como a Constituição Portuguesa de 1976, a qual em seu artigo 18, § 2º, prevê que "a lei só pode restringir os direitos, liberdades e garantias nos casos expressamente previstos na Constituição, devendo as restrições limitar-se ao necessário para salvaguardar outros direitos ou interesses constitucionalmente protegidos",[156] não dispôs de forma expressa sobre o princípio da proporcionalidade. Este decorre, como ensina Luís Roberto Barroso, de duas concepções: a primeira, inspirada na doutrina alemã, segundo a qual o princípio da razoabilidade é inerente ao Estado de Direito, como princípio constitucional não escrito; a segunda, de influência norte-americana, por força da qual o princípio é desdobramento da cláusula do devido processo legal, visto que esta contém um sentido processual, inicialmente aplicável ao processo penal, civil e administrativo, e um sentido substancial, o qual deu origem a um exercício criativo de jurisdição constitucional, "um impulso de ascensão do Judiciário, provavelmente só comparável ao que se verificara quando da introdução do controle judicial da constitucionalidade das leis, em 1803, com Marbury vs. Madison".[157]

Prosseguindo na linha de raciocínio do mesmo autor, temos no princípio da razoabilidade um mecanismo de aferição dos atos do Poder Público, inclusive os atos legislativos e não só os atos administrativos, tendo vem vista a realização da justiça. Em primeiro lugar, a razoabilidade é aferida dentro da lei, daí chamar-se razoabilidade interna, traduzindo-se numa relação racional e proporcional entre seus motivos, meios e fins. Em segundo lugar, é preciso haver razoabilidade externa, ou seja, adequação dos meios e fins garantidos pela Constituição. Por fim, em terceiro lugar, por influência do pensamento alemão, há que se verificar a existência de proporcionalidade em sentido estrito, ou seja, "uma verificação da relação custo-benefício da medida, isto é, da ponderação entre os danos causados e os resultados a serem obtidos".[158]

---

[154] Cf. *A distinção entre princípios e regras e a redefinição do dever de proporcionalidade.*

[155] Em 1763, aos 26 anos de idade, Cesare Beccaria publicou seu *Dos delitos e das penas*, onde insurgiu-se contra os abusos cometidos pelos juízes da época na aplicação das penas e formulou o princípio da proporcionalidade, segundo o qual, "para não ser um ato de violência contra o cidadão, a pena deve ser, de modo essencial, pública, pronta, necessária, a menor das penas aplicáveis nas circunstâncias dadas, proporcionada ao delito e determinada pela lei". p. 107.

[156] A esse princípio a doutrina denomina de proibição de excesso.

[157] Cf. *Interpretação e aplicação da constituição*, p. 219-220 e 237.

[158] Cf. Idem, p. 226-229.

O tema é, ao mesmo tempo, fascinante e consideravelmente subjetivo. Encanta e seduz porque pode traduzir-se na solução de todas as leis "injustas" promulgadas. Não estamos tratando aqui das leis expressamente inconstitucionais, pois em relação a estas o sistema oferece soluções no âmbito do processo de controle de constitucionalidade, seja difuso, seja concentrado. Aqui o problema é outro: leis aparentemente constitucionais, mas desconformes com os superiores valores de justiça.

O assunto não é novo no âmbito do Supremo Tribunal Federal, que já decidiu pela inconstitucionalidade de tributo que viola o princípio da proporcionalidade, em julgado onde ficou assentado que "se a taxa judiciária, por excessiva, criar obstáculo capaz de impossibilitar a muitos a obtenção de prestação jurisdicional, é ela inconstitucional".[159]

Recentemente, a Corte entendeu que o princípio da proporcionalidade é desdobramento material da cláusula do devido processo legal, no seguinte julgado:

> Sanções políticas no direito tributário. Inadmissibilidade da utilização, pelo poder público, de meios gravosos e indiretos de coerção estatal destinados a compelir o contribuinte inadimplente a pagar o tributo (súmulas 70, 323 e 547 do STF). Restrições estatais, que, fundadas em exigências que transgridem os postulados da razoabilidade e da proporcionalidade em sentido estrito, culminam por inviabilizar, sem justo fundamento, o exercício, pelo sujeito passivo da obrigação tributária, de atividade econômica ou profissional lícita. Limitações arbitrárias que não podem ser impostas pelo estado ao contribuinte em débito, sob pena de ofensa ao "substantive due process of law". Impossibilidade constitucional de o estado legislar de modo abusivo ou imoderado (*RTJ* 160/140-141 – *RTJ* 173/807-808 – *RTJ* 178/22-24). O poder de tributar – que encontra limitações essenciais no próprio texto constitucional, instituídas em favor do contribuinte – "não pode chegar à desmedida do poder de destruir" (Min. Orosimbo Nonato, *RDA* 34/132). A prerrogativa estatal de tributar traduz poder cujo exercício não pode comprometer a liberdade de trabalho, de comércio e de indústria do contribuinte. A significação tutelar, em nosso sistema jurídico, do "Estatuto Constitucional do Contribuinte". Recurso Extraordinário conhecido e provido.[160]

A solução, é certo, deu-se a partir de um juízo de compatibilidade entre a lei e a Constituição, típica do controle de constitucionalidade, mas é inegável a carga de subjetividade contida na decisão. Daí, necessariamente, vem a pergunta: qual o limite para a aplicação do princípio da proporcionalidade? Uma norma constitucional pode ser declarada inconstitucional por afronta a esse princípio?

---

159 STF, Rp nº 1077, *DJ* 28 set. 1984.

160 STF, RE nº 374981, *DJ* 8 abr. 2005.

A problemática das normas constitucionais inconstitucionais tem recebido alguma atenção da doutrina. Pouco se discute sobre a possibilidade de normas constitucionais derivadas inconstitucionais, pois "uma Emenda Constitucional, emanada, portanto, de Constituinte derivada, incidindo em violação à Constituição originária, pode ser declarada inconstitucional, pelo Supremo Tribunal Federal, cuja função precípua é de guarda da Constituição (art. 102, I, *a*, da C.F.)".[161] A discussão ganha novos contornos ao analisar-se a possibilidade de normas constitucionais originárias inconstitucionais.

Jorge Miranda não admite a possibilidade dessas normas, mas tempera sua posição:

> Não vamos, porém, ao ponto de afastar o poder, e até o dever, do juiz de não aplicar normas constitucionais contrárias a imperativos de Direito natural, violadoras de valores fundamentais, gravemente injustas (assim como não negamos o direito de resistência dos cidadãos). Mas, repetimos, a questão não é então de inconstitucionalidade, mas de injustiça da lei constitucional, e como tal tem de ser assumida. Tudo está então em saber se o juiz – qualquer juiz, e não especificamente o Tribunal Constitucional – goza de autoridade social para isso e se na comunidade é suficientemente clara a consciência daqueles imperativos e valores.[162]

Gomes Canotilho observa que a possibilidade de normas constitucionais originárias inconstitucionais num estado de legalidade democrática é praticamente nula, o que não tem conduzido a soluções práticas dignas de registro, muito embora reconheça que o problema diga respeito à validade material do direito. Aponta duas espécies de normas constitucionais originárias inconstitucionais, embora não admita nenhuma delas: a primeira verifica-se com eventuais contradições entre o direito constitucional positivo e os valores, diretrizes, ideias superiores que servem de modelação para o direito positivo, como, *v. g.*, o direito natural; a segunda é decorrente de uma contradição das próprias normas escritas, o que implica reconhecer uma hierarquia entre as normas constitucionais. Esse autor também aborda o problema do órgão legitimado para realizar esse controle, registrando que o Tribunal Constitucional Alemão "considerou-se competente para medir valorativamente a própria constituição".[163]

Otto Bachof, por outro lado, aceita a inconstitucionalidade de normas constitucionais originárias em virtude de violação a direito constitucional não escrito, ao

---

[161] Cf STF, ADIn nº 939, *DJ* 18 mar. 1994.

[162] *Manual de direito constitucional*, p. 322.

[163] Cf. *Direito constitucional*, p. 240-241.

argumento de que há princípios cuja modificação não está ao alcance do legislador constituinte originário.[164]

Essa brevíssima incursão no tema das normas constitucionais inconstitucionais serviu para alertar sobre a necessidade de fixação de limites na interpretação do princípio da proporcionalidade, o qual, teoricamente, pode ser invocado para o reconhecimento de normas constitucionais originárias inconstitucionais. A problemática dos limites da interpretação é tema sempre em voga no Direito, o que levou Lambert a cunhar a expressão *governo dos juízes*, como consequência de uma interpretação criativa, sem limites, mais tarde manifestada no pensamento de Charles Hugges, para quem "a Constituição é aquilo que os juízes dizem que é". É bom lembrar, como alerta Luís Roberto Barroso, que, "num Estado democrático, a definição das políticas públicas deve recair sobre os órgãos que têm o batismo da representação popular, o que não é o caso de juízes e tribunais".[165]

Daí a excelência da teoria de Montesquieu, embora não se possa esquecer, como alerta Fabiano Beserra, que "essa separação não é rígida, constituindo-se muito mais numa técnica de limitação do poder estatal legada pela tradição política ocidental do que propriamente um critério científico para a distinção das funções estatais".[166]

O princípio da igualdade ganha novos contornos em vista do princípio da proporcionalidade, o qual contribui para a verificação da conformidade da desigualação eleita em função dos valores prestigiados no Texto Constitucional.

Celso Antônio Bandeira de Mello, discorrendo sobre os critérios para identificação do desrespeito à isonomia, afirma:

> Esclarecendo melhor: tem-se que investigar, de um lado, aquilo que é adotado como critério discriminatório; de outro lado, cumpre verificar se há justificativa racional, isto é, fundamento lógico, para, à vista do traço desigualador acolhido, atribuir o específico tratamento jurídico construído em função da desigualdade proclamada. Finalmente, impende analisar se a correlação ou fundamento racional abstratamente existente é, *in concreto*, afinado com os valores prestigiados no sistema normativo constitucional.[167]

Atento ao binômio razoabilidade-igualdade e considerando que legislar implica discriminar situações e pessoas por múltiplos critérios, Luís Roberto Barroso

---

164 Cf. *Normas constitucionais inconstitucionais?*, p. 64-65.

165 Cf. *Interpretação e aplicação da Constituição*, p. 232.

166 Cf. *Limites constitucionais ao arbítrio judicial*.

167 *Conteúdo jurídico do princípio da igualdade*, p. 21-22.

afirma que "a razoabilidade é o parâmetro pelo qual se vai aferir se o fundamento da diferenciação é aceitável e se o fim por ela visado é legítimo".[168]

Enfim, o princípio da proporcionalidade, com suas máximas de adequação, necessidade e proibição de excesso, é tema atual do Direito, ainda carente de significado que lhe conforme com os ditames da segurança jurídica e da justiça.

2.6.2 Relevância das limitações

"O poder de tributar é o poder de destruir." A célebre expressão cunhada pelo Juiz Marshall, em 1819, quando do julgamento do caso McCullock *versus* Maryland, bem retrata as relevâncias das limitações constitucionais ao poder de tributar como limites negativos à atuação do Fisco.

A atividade tributária do Estado desenvolve-se pressionada por duas forças que agem na mesma direção, mas em sentidos opostos. A primeira delas – embora não necessariamente nessa ordem – diz respeito à necessidade de financiamento das atividades públicas. Muito embora os impostos representem o tributo apto a financiar as atividades gerais do Estado, é inegável que todos os tributos financiam atividades públicas, inclusive as contribuições de seguridade social. Daí a necessidade cada vez maior de arrecadação para fazer frente às necessidades cada vez maiores decorrentes das políticas públicas em expansão, o que é típico do Estado Social. A segunda leva em consideração que a carga tributária não pode ser excessiva, a ponto de afetar de forma desproporcional o patrimônio do contribuinte. Embora o limite entre o permitido e o proibido constitua uma zona cinzenta, é passível de controle pelo Poder Judiciário, não só com fundamento nos princípios gerais e limitações constitucionais ao poder de tributar, mas também no princípio da proporcionalidade.

A atividade desmedida do Fisco vem recebendo censura no âmbito do Supremo Tribunal Federal. Como paradigma distante, mas sempre lembrado, há decisão de lavra do Ministro Orosimbo Nonato, o qual, relembrando Bilac Pinto, afirma que "essa extraordinária prerrogativa estatal traduz, em essência, um poder que somente pode ser exercido dentro dos limites que o tornem compatível com a liberdade de trabalho, de comércio e de indústria e com o direito de propriedade".[169]

Aliomar Baleeiro, com sua visão ímpar de nosso sistema tributário, não deixou o problema político da tributação passar despercebido, tanto que dedicou um capítulo inteiro de sua *Limitações constitucionais ao poder de tributar* a ele – Capítulo XIX. Misabel Derzi, em nota, observa:

---

168 Cf. *Interpretação e aplicação da Constituição*, p. 246.

169 STF, RE nº 18331, *DJ* 10 ago. 1953.

> O Estado Democrático de Direito é síntese dialética que supera o individualismo abstrato e a neutralidade do Estado liberal. Na nova formulação jurídica encontrada pela Constituição de 1988, não há de modo algum renúncia às clássicas garantias jurídicas, inerentes ao Estado de Direito. Entretanto, ao mesmo tempo, se buscam metas de maior justiça social, condições efetivas de uma vida digna para todos por meio do desenvolvimento e da conciliação entre liberdade e solidariedade. A Constituição de 1988 supõe um constitucionalismo que trabalha essas exigências jurídicas concretas. O Estado deve por-se a serviço de uma nova ordem social e econômica mais justa, menos desigual, em que seja possível a cada homem desenvolver digna e plenamente sua personalidade. Prejudicadas ficam, dessa forma, as teorias de política econômica ou de política fiscal incompatíveis com o Estado Democrático de Direito.[170]

Nesse contexto, as limitações constitucionais ao poder de tributar assumem extraordinária relevância, relacionando-se não só com os direitos e garantias fundamentais do cidadão-contribuinte, mas também com a sobrevivência do próprio Estado Democrático de Direito, de um lado como limite negativo à atuação do Fisco, de outro, como limite positivo, tal como decidido pelo Supremo Tribunal Federal no julgamento da ADIn nº 3105, onde aquela Corte reconheceu a possibilidade de tributação dos proventos dos servidores públicos inativos e pensionistas, a título de contribuição de seguridade social, em função da inexistência de limitação constitucional asseguradora de imunidade absoluta a esses agentes no que diz respeito à incidência da nova contribuição.

2.6.3 Limitações gerais de competência tributária

As limitações gerais, ou seja, aquelas aplicáveis, em regra, a todo regime jurídico-tributário, estão previstas no artigo 150 da Constituição Federal.

A limitação da legalidade tributária está insculpida no artigo 150, I, segundo o qual *nenhum tributo será exigido ou aumentado sem lei que o estabeleça*. É a aplicação concreta no campo do Direito Tributário do princípio da legalidade inserto nos Direitos Fundamentais – artigo 5º, II, CF/88 –, mas, ao contrário do caráter prospectivo deste, possui elevado grau de certeza, sem margem de ponderação para o intérprete, o que é da natureza dos princípios.

Por muito tempo discutiu-se sobre a possibilidade de medidas provisórias disporem sobre matéria tributária. Noutros termos: a edição de medida provisória nesse específico campo do direito estaria conforme o princípio da legalidade tributária?

A Constituição Federal, em sua redação original, era claríssima no sentido de que medida provisória não convertida em lei no período de 30 dias perderia sua

---

[170] Aliomar Baleeiro, *Limitações constitucionais ao poder de tributar*. Atual. Misabel Derzi, p. 839-840.

eficácia com efeitos *ex tunc*, vale dizer, desde sua edição. Em vista da submissão das medidas provisórias ao critério da relevância e urgência e, por outro lado, da necessidade de observar-se a limitação constitucional da anterioridade em matéria tributária, salta aos olhos a incompatibilidade entre ambos. Como algo será, ao mesmo tempo, urgente e estará submetido à anterioridade? Entretanto, após período tormentoso, firmou-se jurisprudência no Supremo Tribunal Federal, em oposição à grande maioria da doutrina, no sentido da possibilidade da edição dessa espécie normativa no campo do Direito Tributário, em patamar de igualdade com a lei ordinária, visto que possui *força de lei* – o argumento é do Supremo Tribunal Federal.[171]

Parece-nos que a República regrediu, nesse ponto, a período anterior ao do reinado de João Sem Terra. Kiyoshi Harada, no mesmo sentido, em comentário à edição da Medida Provisória nº 232/04, entende que essas espécies normativas não se prestam para regular matéria tributária, por afronta ao princípio da separação dos poderes e ao princípio da legalidade tributária, "que tem na Carta Magna de 1215, outorgada por João Sem Terra, o mais expressivo exemplo de que a criação de qualquer tributo ou sua majoração deve ser previamente aprovado pelo Parlamento".[172]

O regime das medidas provisórias foi profundamente alterado com a promulgação da Emenda Constitucional nº 32/01, a qual veio impor limites à pratica disseminada de editar e reeditar medidas provisórias, transformando-as em *medidas permanentes* e causando insegurança no mundo jurídico.

A esse respeito não é dado ao cientista do direito desconhecer as palavras de Celso Antônio Bandeira de Mello.

> Além disto, é evidente – e da mais solar evidência – que medidas provisórias não podem ser reiteradas ante os mesmos fatos e situações. A razão é óbvia. Salta aos olhos e é perceptível por qualquer pessoa que tenha noções rudimentares de direito. A saber: posto que a Constituição as denominou "provisórias" e as colocou, tão logo publicadas, ao inteiro líbito do Congresso; posto que estabeleceu, ainda, um prazo máximo de trinta dias para que suas disposições adquiram caráter permanente, "se convertidas em lei", ou para que percam a eficácia desde o início se lhes faltar este aval parlamentar, resulta cristalinamente claro que a falta dele implica repúdio à medida expedida. Reeditá-la corresponderia, então, a uma afronta ao Poder Legislativo e a um manifesto extravasamento da competência do Presidente. É que, dessarte, um ato que foi definido como subalterno à apreciação do Congresso estaria sendo sobreposto ao juízo dos legisladores. Haveria nisto uma patente inversão daquela que

[171] Nesse sentido: ADIn nº 1417, *DJ* 24 maio 1996.

[172] A batalha contra a MP nº 232/04.

> a Lei Magna definiu como a ordem natural das coisas e possível incursão em crime de responsabilidade (art. 85 da CF).
>
> Aduza-se que se tão petulante e disparatada conduta fosse concebível, o Presidente poderia manter vigorante para sempre medidas provisórias que o Congresso recusasse converter em lei. Bastaria republicá-las a cada trinta dias! Com isto haveria completo desnaturamento não só do instituto, mas das funções próprias do Executivo e do Legislativo, e a tripartição do poder – base de nosso sistema – perderia qualquer significação efetiva. Como não é de crer que intérprete algum assisado possa sufragar tão grotesco disparate, cabe concluir que nenhuma dúvida poderia prosperar sobre a impossibilidade de reedição de medida provisória não convertida em lei. [173]

O Supremo Tribunal Federal, entretanto, ignorando a lição acima, considerou constitucional a reedição de medida provisória não convertida em lei no trintídio constitucional, nesses termos:

> Não perde a eficácia a medida provisória, com força de lei, não apreciada pelo Congresso Nacional, mas reeditada, por meio de outro provimento da mesma espécie, dentro de seu prazo de validade de trinta dias.[174]

A partir do regime instituído pela Emenda Constitucional nº 32/01, as medidas provisórias perderão eficácia, desde a edição, se não forem convertidas em lei no prazo de 60 dias, prorrogável uma vez por igual período, por meio de ato do Presidente da Mesa do Congresso Nacional, devendo essa Casa disciplinar, por decreto legislativo, as relações jurídicas dela decorrentes. Acaso não editado esse decreto até 60 dias após a rejeição ou perda de eficácia de medida provisória, as relações jurídicas constituídas e decorrentes de atos praticados durante sua vigência conservar-se-ão por ela regidas. Não raras vezes, é aprovado projeto de lei de conversão alterando o texto original da medida provisória. Nessa hipótese, a medida provisória manter-se-á integralmente em vigor até que seja sancionado ou vetado o projeto, com a finalidade de evitar-se um *vazio normativo*. Medida provisória que implique instituição ou majoração de impostos, exceto os impostos aduaneiros, IPI, IOF e extraordinário de guerra, só produzirá efeitos no exercício financeiro seguinte se houver sido convertida em lei até o último dia daquele em que foi editada.

O artigo 150, II, desdobramento do princípio geral da igualdade, veda tratamento desigual entre contribuintes que se encontrem em situação equivalente, proibida qualquer distinção em razão de ocupação profissional ou função por eles exercida, independentemente da denominação jurídica dos rendimentos,

---

173 *Curso de direito administrativo brasileiro*, p. 65.

174 STF, ADin nº 1617, j. 15.8.97.

títulos ou direitos. Assim, não é mais possível, como no regime anterior, isenções a determinadas categorias profissionais, como ocorria na tributação do imposto de renda. Bom para a República.

A parte final do artigo 149 exclui essa limitação do regime das contribuições, mas esta, como já vimos, é desdobramento do princípio geral da igualdade. Qual o significado da exclusão? É preciso lembrar que os princípios têm um caráter prospectivo, voltado para o futuro, enquanto as limitações indicam um caminho proibido, o qual não pode ser trilhado sem ofensa à Constituição. Daí que o princípio da igualdade, incidente no trato das contribuições, tem elevado grau de abstração, admitindo ponderação, o que permite uma ampla interpretação do princípio da solidariedade contributiva. Incidente, nesse caso, a limitação do artigo 150, II, certamente o princípio da solidariedade contributiva teria outras cores, incompatíveis com a redistribuição típica de um sistema de seguridade social. Veja-se que, no caso das contribuições de seguridade social, nos termos do artigo 195, § § 9º e 12º, as contribuições sociais a cargo do empregador, da empresa e da entidade a ela equiparada na forma da lei poderão ter alíquotas ou bases de cálculo diferenciadas, em razão da atividade econômica, da utilização intensiva de mão de obra, do porte da empresa ou da condição estrutural do mercado de trabalho, bem como a lei poderá definir os setores de atividade econômica para os quais as contribuições incidentes sobre a receita ou faturamento e do importador de bens ou serviços do exterior serão não cumulativas, o que por certo estaria em colisão com eventual incidência do artigo 150, II, às contribuições de seguridade social.

A limitação constitucional da irretroatividade é também manifestação específica no Direito Tributário de princípio geral de direito.[175] Nas palavras de Roque Carrazza, *o passado não pertence ao domínio do legislador*. Significa dizer, no campo do direito tributário, que a lei deve ser anterior ao fato gerador do tributo respectivo. Está definido no artigo 150, III, *a*, de nossa Constituição.

A limitação constitucional da anterioridade traduz-se na obrigatoriedade de a lei ser publicada no exercício anterior àquele no qual o tributo será cobrado. Está expresso no artigo 150, III, *b*.

Hugo de Brito Machado assim leciona sobre o assunto:

> Anterioridade é irretroatividade qualificada. Exige lei anterior ao exercício financeiro no qual o tributo é cobrado. Irretroatividade quer dizer que a lei há de ser anterior ao fato gerador do tributo por ela criado, ou majorado.[176]

---

[175] A irretroatividade e a igualdade tributária são desdobramentos de princípios, mas têm baixo grau de abstração, não admitindo ponderação, e nisso diferenciam-se dos princípios.

[176] *Curso de direito tributário*, p. 36.

Verificados incontestáveis abusos, agora vigora a limitação constitucional da anterioridade qualificada para os tributos em geral – à exceção das contribuições de seguridade social –, nos termos do artigo 150, III, *c*: a lei que instituir ou aumentar tributo não só deve ser publicada no exercício anterior, como também a cobrança do tributo está sujeita à noventena, ou seja, não pode ser realizada antes de decorridos 90 dias da data da publicação da lei.

A limitação constitucional da anterioridade, registra Roque Carraza, refere-se à eficácia e não à vigência ou validade das leis tributárias.[177]

Considerando a lógica do Sistema Constitucional Tributário, no regime anterior à Emenda Constitucional nº 42/03, de tornar a limitação constitucional da anterioridade especial mais onerosa para o contribuinte do que a limitação constitucional da anterioridade plena, Roque Carrazza já sustentava que, mesmo naquele regime, a limitação constitucional da anterioridade plena significava dizer que a lei tributária só adquiria eficácia decorridos 91 dias de sua publicação.[178]

Uma observação é pertinente. Para evitar confusões, lembre-se de que a limitação constitucional da anterioridade não se confunde com a limitação constitucional da anualidade.

A última, não mais contemplada entre nós, significava a obrigatoriedade da previsão da cobrança de cada tributo na lei orçamentária aprovada no exercício anterior ao da cobrança. Muito mais exigente, portanto, que a limitação constitucional da anterioridade.

A limitação constitucional do não confisco está prevista no artigo 150, IV, segundo a qual é vedado utilizar tributo com efeito de confisco.

O Supremo Tribunal Federal já teve oportunidade de manifestar-se sobre o confisco nos seguintes termos:

> [...] A TRIBUTAÇÃO CONFISCATÓRIA É VEDADA PELA CONSTITUIÇÃO DA REPÚBLICA. – A jurisprudência do Supremo Tribunal Federal entende cabível, em sede de controle normativo abstrato, a possibilidade de a Corte examinar se determinado tributo ofende, ou não, o princípio constitucional da não confiscatoriedade consagrado no art. 150, IV, da Constituição. Precedente: ADI 1.075-DF, Rel. Min. CELSO DE MELLO (o Relator ficou vencido, no precedente mencionado, por entender que o exame do efeito confiscatório do tributo depende da apreciação individual de cada caso concreto). – A proibição constitucional do confisco em matéria tributária nada mais representa senão a interdição, pela Carta Política, de qualquer pretensão governamental que possa conduzir, no campo da fiscalidade, à injusta apropriação

[177] *Curso de direito constitucional tributário*, p. 175.

[178] Idem, p. 183.

> estatal, no todo ou em parte, do patrimônio ou dos rendimentos dos contribuintes, comprometendo-lhes, pela insuportabilidade da carga tributária, o exercício do direito a uma existência digna, ou a prática de atividade profissional lícita ou, ainda, a regular satisfação de suas necessidades vitais (educação, saúde e habitação, por exemplo). A identificação do efeito confiscatório deve ser feita em função da totalidade da carga tributária, mediante verificação da capacidade de que dispõe o contribuinte – considerado o montante de sua riqueza (renda e capital) – para suportar e sofrer a incidência de todos os tributos que ele deverá pagar, dentro de determinado período, à mesma pessoa política que os houver instituído (a União Federal, no caso), condicionando-se, ainda, a aferição do grau de insuportabilidade econômico-financeira, à observância, pelo legislador, de padrões de razoabilidade destinados a neutralizar excessos de ordem fiscal eventualmente praticados pelo Poder Público. Resulta configurado o caráter confiscatório de determinado tributo, sempre que o efeito cumulativo – resultante das múltiplas incidências tributárias estabelecidas pela mesma entidade estatal – afetar, substancialmente, de maneira irrazoável, o patrimônio e/ou os rendimentos do contribuinte. – O Poder Público, especialmente em sede de tributação (as contribuições de seguridade social revestem-se de caráter tributário), não pode agir imoderadamente, pois a atividade estatal acha-se essencialmente condicionada pelo princípio da razoabilidade [...][179]

Efetivamente não há como compreender-se a real dimensão dessa limitação constitucional sem levar em consideração o princípio da proporcionalidade, com suas máximas de adequação, necessidade e proibição de excesso.

Celso Ribeiro Bastos não destoa desse entendimento ao afirmar:

> A atividade tributária deve ater-se à captação de apenas uma parte da expressão econômica da operação tributária. Deve cifrar-se ao razoável, no sentido de não ser tão ínfima a ponto de tornar-se insignificante para a arrecadação do Estado, como também não pode exceder um determinado montante, a partir do qual estaria havendo uma apropriação que sacrificaria o próprio direito à propriedade.[180]

O exame da violação ao não confisco deve ser realizado tendo em vista a totalidade da carga tributária suportada pelo contribuinte, e não considerando cada tributo individualmente, pois a soma de vários tributos não confiscatórios pode resultar em uma carga tributária confiscatória. Nesse caso, entendemos que a inconstitucionalidade deve ser reconhecida em relação ao último tributo, ou seja, àquele que por último passou a ser suportado pelo contribuinte.

---

179 STF, ADIn nº 2.010, *DJ* 12 abr. 2002.

180 *Curso de direito financeiro e de direito tributário*, p. 134.

Marco Aurélio Greco, com fundamento em lições de Sampaio Dória, distingue impostos confiscatórios de impostos proibitivos. O confisco como privação de patrimônio revela-se tipicamente nos impostos que atingem a propriedade ou a renda, mas não naqueles incidentes sobre a circulação de bens ou serviços. Decorre daí que o IPI incidente sobre cigarros, com alíquotas superiores a 300% do valor do produto, não é confiscatório, justamente porque não está privando alguém de seu patrimônio ou de sua renda.[181]

A limitação constitucional do não confisco incide no campo dos tributos, ou seja, não impede a instituição de multas com elevadas alíquotas, mesmo que estas atinjam o patrimônio do contribuinte. Isso é assim porque as multas têm justamente função inibitória e, como se sabe, multas não são tributos. O Supremo Tribunal Federal tem julgados em sentido contrário, estendendo a limitação constitucional do não confisco para as multas.[182]

Cláudio Renato do Canto Farag leciona de igual modo. Para esse autor, "as limitações constitucionais ao Poder de Tributar se aplicam às leis e procedimentos que impõem multas fiscais, devendo o legislador e o Fisco atentarem que as multas têm como limite formal os princípios constitucionais tributários".[183]

Para nós, o princípio da proporcionalidade pode ser invocado para impedir a cobrança de multas exorbitantes, desarrazoadas, mas não a limitação constitucional do não confisco.

Essa limitação constitucional também foi excluída do trato das contribuições pela parte final do artigo 149. Referido artigo, já vimos, trata das três espécies de contribuições – sociais, interventivas e corporativas. A exclusão da limitação constitucional do não confisco, portanto, pode dar-se em relação a uma, duas ou todas.

A garantia do não confisco é decorrência dos direitos e garantias fundamentais, notadamente daqueles inscritos no artigo 5º, XXII, XXIII e XXIV, a saber, garantia do direito de propriedade, com observância da sua função social e justa e prévia indenização em dinheiro por ato de desapropriação por necessidade ou utilidade pública, ou por interesse social, ressalvados os casos previstos na Constituição.

---

181 Cf. *Contribuições*: uma figura *sui generis*, p. 220-221.

182 Entre outros, STF, ADIn nº 551, *DJ* 14 fev. 2003. Eis a ementa: AÇÃO DIRETA DE INCONSTITUCIONALIDADE. §§ 2º E 3º DO ART. 57 DO ATO DAS DOSPOSIÇÕES CONSTITUCIONAIS TRANSITÓRIAS DA CONSTITUIÇÃO DO ESTADO DO RIO DE JANEIRO. FIXAÇÃO DE VALORES MÍNIMOS PARA MULTAS PELO NÃO RECOLHIMENTO E SONEGAÇÃO DE TRIBUTOS ESTADUAIS. VIOLAÇÃO AO INCISO IV DO ART. 150 DA CARTA DA REPÚBLICA. A desproporção entre o desrespeito à norma tributária e sua consequência jurídica, a multa, evidencia o caráter confiscatório desta, atentando contra o patrimônio do contribuinte, em contrariedade ao mencionado dispositivo do texto constitucional federal. Ação julgada procedente.

183 As limitações constitucionais ao poder de tributar e sua aplicabilidade às multas fiscais.

As ressalvas estão no artigo 184, segundo o qual compete à União desapropriar por interesse social, para fins de reforma agrária, o imóvel rural que não esteja cumprindo sua função social, mediante prévia e justa indenização em títulos da dívida agrária, com cláusula de preservação do valor real, resgatáveis no prazo de até 20 anos, a partir do segundo ano de sua emissão, e cuja utilização será definida em lei, e no artigo 243, o qual dispõe que as glebas de qualquer região do País onde forem localizadas culturas ilegais de plantas psicotrópicas serão imediatamente expropriadas e especificamente destinadas ao assentamento de colonos, para o cultivo de produtos alimentícios e medicamentosos, sem qualquer indenização ao proprietário e sem prejuízo de outras sanções previstas em lei, bem como todo e qualquer bem de valor econômico apreendido em decorrência do tráfico ilícito de entorpecentes e drogas afins será confiscado e reverterá em benefício de instituições e pessoal especializados no tratamento e recuperação de viciados e no aparelhamento e custeio de atividades de fiscalização, controle, prevenção e repressão do crime de tráfico dessas substâncias.

Decorre disso que o confisco continua proibido em matéria de contribuições, mas não por decorrência do artigo 150, IV, e sim por desdobramento dos direitos e garantias fundamentais, o que não implica os mesmos efeitos, como já vimos, inclusive pelos diferentes graus de abertura e densidade destas últimas normas jurídicas em comparação com as limitações constitucionais ao poder de tributar.[184] Resulta daí a possibilidade de efeitos diversos para contribuições diversas. Explica-se. No trato das contribuições de seguridade social, cuja finalidade é o financiamento do sistema de seguridade social, o tributo não pode "conduzir [...] à injusta apropriação estatal, no todo ou em parte, do patrimônio ou dos rendimentos dos contribuintes, comprometendo-lhes, pela insuportabilidade da carga tributária, o exercício do direito a uma existência digna, ou a prática de atividade profissional lícita ou, ainda, a regular satisfação de suas necessidades vitais [...]",

---

[184] Para J. J. Gomes Canotilho um sistema jurídico é um sistema normativo aberto de regras e princípios, o que significa dizer que é um sistema dinâmico de normas; é aberto porque as normas constitucionais têm "capacidade de aprendizagem" para captarem as mudanças da realidade; é normativo porque feito através de normas; e é um sistema de regras e princípios, pois as normas do sistema tanto podem revelar-se sob a forma de princípios como sob a forma de regras, de diferentes graus de concretização, ou seja, de diferente densidade semântica. As normas constitucionais também têm diferentes graus de abertura, a qual pode ser horizontal, para significar seu caráter incompleto, fragmentário e não codificador de um texto constitucional, e vertical, para revelar o caráter geral e indeterminado de muitas normas constitucionais que, por isso mesmo, se "abrem" à mediação legislativa concretizadora. Por isso, prossegue o autor, há certas normas cuja densidade pressupõe um menor espaço de "discricionariedade" do que outras. A norma constitucional que regula a liberdade de imprensa é uma norma mais "densa" do que a norma que estabelece como tarefa do Estado promover o aumento do bem-estar social e econômico e da qualidade de vida do povo. Mesmo considerando que ambas necessitam de mediação legislativa, não há dúvidas de que no primeiro caso a liberdade do legislador é muito menor do que no segundo, o que revela a diversidade de graus de densidade das normas constitucionais. Cf. *Direito constitucional*, p. 171-199.

como decidido pelo Supremo Tribunal Federal, em acórdão já referido. O mesmo diga-se das contribuições corporativas, cuja finalidade é financiar a regulação da atuação das categorias profissionais ou econômicas em suas respectivas áreas. As contribuições de intervenção no domínio econômico têm por finalidade prestigiar os valores que fundamentam a ordem econômica. Pois bem, incluso nesses valores está a defesa do meio ambiente – artigo 170, VI. É possível que, para assegurar esse específico valor constitucional, a União institua uma contribuição interventiva que tenha efeito confiscatório – note-se bem: utilizar tributo com efeito de confisco tem acepção mais ampla do que tributo confiscatório –, acarretando, por exemplo, a apreensão da totalidade de determinado produto químico. A contribuição terá efeito confiscatório, mas a Constituição, acreditamos, permanecerá incólume, o que não ocorreria na hipótese de aplicação do artigo 150, IV, às contribuições. Essa a razão da exclusão contida na parte final do artigo 149.

O artigo 150, V, veda a imposição de limitações ao tráfego de pessoas ou bens, por meio de tributos interestaduais ou intermunicipais, ressalvada a cobrança de pedágio pela utilização de vias conservadas pelo Poder Público. Sem fugir à regra, essa limitação constitucional é desdobramento do direito fundamental de ir e vir, consubstanciado no artigo 5º, XV, segundo o qual é livre a locomoção no território nacional em tempo de paz, podendo qualquer pessoa, nos termos da lei, nele entrar, permanecer ou dele sair com seus bens.

Para Roque Carrazza, "juridicamente interpretado, o art. 150, V, da Constituição Federal revela que o único tributo que pode validamente limitar o tráfego de pessoas ou bens entre Estados ou Municípios é o pedágio, e, mesmo assim, só em havendo utilização de vias conservadas pelo Poder Público".[185]

Essa limitação constitucional também foi excluída pela parte final do artigo 149, significando dizer que não é aplicável às contribuições, as quais, entretanto, estão submetidas ao conteúdo do artigo 5º, XV. Muito embora as limitações ao tráfego de pessoas ou bens, a princípio, sejam incompatíveis com as contribuições sociais ou corporativas, nada impede que as contribuições interventivas, a fim de prestigiar os valores que fundamentam a ordem econômica, acabem por estabelecer referidas limitações, respeitado o direito constitucional de ir e vir. Daí a razão de sua exclusão.

As imunidades gerais estão previstas no artigo 150, VI, da Constituição Federal e dizem respeito exclusivamente a impostos, em que pesem respeitáveis opiniões em sentido contrário. Com efeito, a letra da lei é clara: *é vedado instituir impostos* [...].

A primeira é a imunidade recíproca existente entre a União, Estados, Distrito Federal e Municípios no que diz respeito à incidência de impostos sobre o

185 Cf. *Curso de direito constitucional tributário*, p. 492.

patrimônio, renda ou serviços, uns dos outros, a qual decorre do princípio federativo. É extensiva às autarquias e às fundações instituídas e mantidas pelo Poder Público, no que se refere ao patrimônio, renda e aos serviços, vinculados a suas finalidades essenciais ou às delas decorrentes.

A segunda imunidade veda a instituição de impostos incidentes sobre o patrimônio, renda ou serviços dos templos de qualquer culto, exclusivamente no que se refere com as suas finalidades essenciais.[186]

A terceira imunidade veda a instituição de impostos sobre o patrimônio, renda ou serviços dos partidos políticos, inclusive suas fundações, das entidades sindicais dos trabalhadores, das instituições de educação e de assistência social, sem fins lucrativos, atendidos os requisitos da lei. Assim como a segunda imunidade, diz respeito exclusivamente às atividades essenciais dessas instituições. Essa imunidade será regulada por meio de lei ordinária, pois a Constituição utilizou o termo *lei* e sabidamente exige-se lei complementar somente onde o legislador constituinte expressamente determinou. Voltaremos ao tema quando da análise do artigo 195, § 7º, da Constituição Federal.

A quarta e última imunidade diz respeito aos livros, jornais, periódicos e ao papel destinado à sua impressão.[187] Consciente da falta de acesso à educação que assola nosso País desde os primórdios, o constituinte tratou de reduzir os custos desses materiais. A norma constitucional, entretanto, não tem se mostrado suficiente para garantir livros a preços acessíveis.

O artigo 151, I, veda à União instituir tributo que não seja uniforme em todo o território nacional ou que implique distinção ou preferência em relação a Estado, ao Distrito Federal ou a Município, em detrimento de outro, admitida a concessão de incentivos fiscais destinados a promover o equilíbrio do desenvol-

---

[186] Nesse sentido decidiu o STF: EMENTA: Recurso extraordinário. 2. Imunidade tributária de templos de qualquer culto. Vedação de instituição de impostos sobre o patrimônio, renda e serviços relacionados com as finalidades essenciais das entidades. Artigo 150, VI, *b* e § 4º, da Constituição. 3. Instituição religiosa. IPTU sobre imóveis de sua propriedade que se encontram alugados. 4. A imunidade prevista no art. 150, VI, *b*, CF, deve abranger não somente os prédios destinados ao culto, mas, também, o patrimônio, a renda e os serviços "relacionados com as finalidades essenciais das entidades nelas mencionadas". 5. O § 4º do dispositivo constitucional serve de vetor interpretativo das alíneas *b* e *c* do inciso VI do art. 150 da Constituição Federal. Equiparação entre as hipóteses das alíneas referidas. 6. Recurso extraordinário provido. RE nº 325822, *DJ* 14 maio 2004.

[187] Sobre a extensão da aludida imunidade, veja-se o seguinte julgado do STF: EMENTA: IMUNIDADE – IMPOSTOS – LIVROS – JORNAIS E PERIÓDICOS – ARTIGO 150, INCISO VI, ALÍNEA *D*, DA CONSTITUIÇÃO FEDERAL. A razão de ser da imunidade prevista no texto constitucional, e nada surge sem uma causa, uma razão suficiente, uma necessidade, está no interesse da sociedade em ver afastados procedimentos, ainda que normatizados, capazes de inibir a produção material e intelectual de livros, jornais e periódicos. O benefício constitucional alcança não só o papel utilizado diretamente na confecção dos bens referidos, como também insumos nela consumidos com são os filmes e papéis fotográficos. RE nº 174476, *DJ* 12 dez. 1997.

vimento socioeconômico entre as diferentes regiões do País. Essa limitação foi igualmente excluída pela parte final do artigo 149. Marco Aurélio Greco entende que as contribuições não estão sujeitas à uniformidade nacional, já que sempre levam em consideração um grupo ou área (social, econômico ou profissional). Assim, a unidade nacional não é critério relevante para as contribuições, mas sim a qualificação da finalidade e a existência de determinado grupo, "sendo que a identificação deste grupo pode ocorrer em razão da sua localização geográfica: são os seringueiros da Amazônia, os agricultores do cerrado, os empreendedores turísticos da orla marítima etc.". Por essa razão, concordamos com esse autor: a uniformidade nacional não é critério relevante para as contribuições.[188]

O artigo 151, II e III, institui limitações que não têm relação com o trato das contribuições, a saber, veda à União tributar a renda das obrigações da dívida pública dos Estados, do Distrito Federal e dos Municípios, bem como a remuneração e os proventos dos respectivos agentes públicos, em níveis superiores aos que fixar para suas obrigações e para seus agentes e instituir isenções de tributos da competência dos Estados, do Distrito Federal ou dos Municípios.

Por fim, o artigo 152, também estranho ao estudo das contribuições, veda aos Estados, ao Distrito Federal e aos Municípios estabelecer diferença tributária entre bens e serviços, de qualquer natureza, em razão de sua procedência ou destino.

2.6.4 Limitações especiais de seguridade social

Além das limitações gerais ao poder de tributar, ou seja, daquelas aplicáveis em regra a todo regime jurídico-tributário,[189] há limitações especiais aplicáveis exclusivamente ao regime das contribuições de seguridade social. Iniciamos pelo estudo das imunidades especiais que, segundo Zélia Luiza Pierdoná, são apenas três: "a introduzida pela Emenda Constitucional nº 20/98, prevista na parte final do inciso II do art. 195; a do art. 149, § 2º, I, preceituada pela Emenda Constitucional nº 33/2001; e a do § 7º do art. 195, todos da Constituição Federal".[190]

2.6.4.1 Imunidade sobre aposentadorias e pensões concedidas pelo RGPS

A Emenda Constitucional nº 20/98 alterou a redação do artigo 195, II, e determinou que não incidirá contribuição sobre aposentadoria e pensão concedidas pelo regime geral de previdência social. Trata-se, não há dúvidas, de imunidade.

---

188 Cf. *Contribuições*: uma figura *sui generis*, p. 226-227.

189 Dissemos em regra porque o próprio artigo 150 arrola uma série de exceções, principalmente em seu § 1º.

190 *Contribuições para a seguridade social*, p. 97.

A redação original do dispositivo não continha tal vedação, o que possibilitava ao legislador complementar instituir referido tributo com fundamento na competência residual prevista no artigo 195, § 4º, eis que a hipótese de incidência não estava prevista no *caput* do referido artigo. Sem vedação constitucional, conservavam-se abertas as portas da competência residual. Hoje, com a instituição da imunidade, todas as portas estão fechadas. Mas, cabe perguntar: nova emenda constitucional pode revogar o benefício?

Já afirmamos que as limitações constitucionais, em regra, são desdobramentos de direitos e garantias fundamentais e, bem por isso, integram o "núcleo duro" da Constituição Federal, verdadeiras cláusulas pétreas, pois "não será objeto de deliberação a proposta de emenda tendente a abolir os direitos e garantias individuais", nos termos do artigo 60, § 4º, IV.

Ocorre que é preciso, em cada caso, analisar em que medida a limitação constitucional consagra um valor prestigiado pela Constituição a ponto de justificar sua imutabilidade através do tempo. Veja-se que a redação original do artigo 153, § 2º, II, consagrava a imunidade, em relação ao imposto de renda, sobre rendimentos provenientes de aposentadoria e pensão, pagos pela Previdência Social da União, dos Estados, do Distrito Federal e dos Municípios, à pessoa com idade superior a 65 anos, cuja renda total fosse constituída, exclusivamente, de rendimentos do trabalho. Pois bem, o artigo 17 da Emenda Constitucional nº 20/98 expressamente revogou essa imunidade. Não nos parece que referida imunidade consagrasse um valor constitucionalmente relevante, a ponto de integrar as cláusulas pétreas, razão pela qual entendemos que o artigo 17 da Emenda Constitucional nº 20/98 não incidiu em inconstitucionalidade.[191] A matéria já foi analisada pelo Supremo Tribunal Federal, em julgado que restou assim ementado:

> IMUNIDADE. ART. 153, § 2º, II DA CF/88. REVOGAÇÃO PELA EC Nº 20/98. POSSIBILIDADE. 1. Mostra-se impertinente a alegação de que a norma art. 153, § 2º, II, da Constituição Federal não poderia ter sido revogada pela EC nº 20/98 por se tratar de cláusula pétrea. 2. Esta norma não consagrava direito ou garantia fundamental, apenas previa a imunidade do imposto sobre a renda a um determinado grupo social. Sua supressão do texto constitucional, portanto, não representou a cassação ou o tolhimento de um direito fundamental e, tampouco, um rompimento da ordem constitucional vigente. 3. Recurso extraordinário conhecido e improvido.[192]

Tratando-se de seguridade social, onde toda a sociedade é chamada para contribuir, em nome do princípio da solidariedade contributiva – o qual, é bom

[191] Roque Carrazza tem opinião em sentido contrário. Veja-se *Curso de direito constitucional tributário*, p. 712 ss.

[192] STF, RE nº 372600, *DJ* 23 abr. 2004.

registrar, parafraseando Geraldo Ataliba, não é um "abre-te-Sésamo, que derroga os princípios constitucionais, arreda os direitos fundamentais, paralisa o regime tributário e exclui qualquer consideração jurídica"[193] –, não é fácil vislumbrar um benefício, tal qual a imunidade referida no artigo 195, II, com cores de eternidade.

Recentemente foi aprovada a Emenda Constitucional nº 41/03, a qual instituiu, em seu artigo 4º, a contribuição dos servidores inativos e pensionistas da União, dos Estados, do Distrito Federal e dos Municípios.

Na vigência da Emenda Constitucional nº 3/93, a incidência de contribuição previdenciária sobre os proventos dos servidores inativos e pensionistas era legítima, tendo em vista o disposto no artigo 40, §§ 4º e 6º, da Constituição Federal, já que o regime era contributivo e os aposentados do setor público mantinham vínculo de índole financeira com o ente público respectivo, daí que restava legítima a contribuição, pois "as aposentadorias e pensões serão custeadas com recursos provenientes da União e dos servidores" e os inativos, nos termos das disposições constitucionais, são servidores.[194]

O contexto constitucional, entretanto, foi profundamente alterado pela Emenda Constitucional nº 20/98, não só pela supressão do § 6º do artigo 40, como também porque o regime instituído, de caráter contributivo e base atuarial, elegeu como contribuintes os servidores titulares de cargos efetivos, nos termos do *caput* do mesmo artigo.

Na vigência desse ordenamento constitucional foi publicada a Lei nº 9.783/99, a qual pretendeu instituir contribuição dos servidores inativos e pensionistas. Sua constitucionalidade foi questionada por meio da ADIn nº 2010.

Considerando inclusive que a redação então vigente do artigo 40, § 12, determinava que "além do disposto neste artigo, o regime de previdência dos servidores públicos titulares de cargo efetivo observará, no que couber, os requisitos e critérios fixados para o regime geral de previdência social", e levando em consideração a imunidade prevista no artigo 195, II, o Supremo Tribunal Federal entendeu pela inconstitucionalidade da contribuição. Nem lei complementar poderia instituir tal exação.[195]

---

[193] *Hipótese de incidência tributária*, p. 188.

[194] Nesse sentido, STF, ADIn nº 1441, *DJ* 18 out. 1996; ADIn nº 1430, *DJ* 13 dez. 1996.

[195] Eis a ementa do julgado: EMENTA: SERVIDORES PÚBLICOS FEDERAIS – CONTRIBUIÇÃO DE SEGURIDADE SOCIAL – LEI Nº 9.783/99 – ARGUIÇÃO DE INCONSTITUCIONALIDADE FORMAL E MATERIAL DESSE DIPLOMA LEGISLATIVO – RELEVÂNCIA JURÍDICA DA TESE PERTINENTE À NÃO INCIDÊNCIA DA CONTRIBUIÇÃO DE SEGURIDADE SOCIAL SOBRE SERVIDORES INATIVOS E PENSIONISTAS DA UNIÃO FEDERAL (CF, ART. 40, *CAPUT*, E RESPECTIVO § 12, C/C O ART. 195, II, NA REDAÇÃO DADA PELA EC Nº 20/98) – ALÍQUOTAS PROGRESSIVAS – ESCALA DE PROGRESSIVIDADE DOS ADICIONAIS TEMPORÁRIOS (ART. 2º DA LEI Nº 9.783/99) – ALEGAÇÃO DE OFENSA AO PRINCÍPIO QUE VEDA A TRIBUTAÇÃO CONFISCATÓRIA (CF, ART. 150, IV) E DE

DESCARACTERIZAÇÃO DA FUNÇÃO CONSTITUCIONAL INERENTE À CONTRIBUIÇÃO DE SEGURIDADE SOCIAL – PLAUSIBILIDADE JURÍDICA – MEDIDA CAUTELAR DEFERIDA EM PARTE. PRINCÍPIO DA IRREPETIBILIDADE DOS PROJETOS REJEITADOS NA MESMA SESSÃO LEGISLATIVA (CF, ART. 67) – MEDIDA PROVISÓRIA REJEITADA PELO CONGRESSO NACIONAL – POSSIBILIDADE DE APRESENTAÇÃO DE PROJETO DE LEI, PELO PRESIDENTE DA REPÚBLICA, NO INÍCIO DO ANO SEGUINTE ÀQUELE EM QUE SE DEU A REJEIÇÃO PARLAMENTAR DA MEDIDA PROVISÓRIA. – A norma inscrita no art. 67 da Constituição – que consagra o postulado da irrepetibilidade dos projetos rejeitados na mesma sessão legislativa – não impede o Presidente da República de submeter, à apreciação do Congresso Nacional, reunido em convocação extraordinária (CF, art. 57, § 6º, II), projeto de lei versando, total ou parcialmente, a mesma matéria que constituiu objeto de medida provisória rejeitada pelo Parlamento, em sessão legislativa realizada no ano anterior. – O Presidente da República, no entanto, sob pena de ofensa ao princípio da separação de poderes e de transgressão à integridade da ordem democrática, não pode valer-se de medida provisória para disciplinar matéria que já tenha sido objeto de projeto de lei anteriormente rejeitado na mesma sessão legislativa (*RTJ* 166/890, Rel. Min. OCTAVIO GALLOTTI). Também pelas mesmas razões, o Chefe do Poder Executivo da União não pode reeditar medida provisória que veicule matéria constante de outra medida provisória anteriormente rejeitada pelo Congresso Nacional (*RTJ* 146/707-708, Rel. Min. CELSO DE MELLO). RESERVA CONSTITUCIONAL DE LEI COMPLEMENTAR – INCIDÊNCIA NOS CASOS TAXATIVAMENTE INDICADOS NA CONSTITUIÇÃO – CONTRIBUIÇÃO DE SEGURIDADE SOCIAL DEVIDA POR SERVIDORES PÚBLICOS FEDERAIS EM ATIVIDADE – INSTITUIÇÃO MEDIANTE LEI ORDINÁRIA – POSSIBILIDADE. – Não se presume a necessidade de edição de lei complementar, pois esta é somente exigível nos casos expressamente previstos na Constituição. Doutrina. Precedentes. – O ordenamento constitucional brasileiro – ressalvada a hipótese prevista no art. 195, § 4º, da Constituição – não submeteu, ao domínio normativo da lei complementar, a instituição e a majoração das contribuições sociais a que se refere o art. 195 da Carta Política. – Tratando-se de contribuição incidente sobre servidores públicos federais em atividade – a cujo respeito existe expressa previsão inscrita no art. 40, *caput*, e § 12, c/c o art. 195, II, da Constituição, na redação dada pela EC nº 20/98 – revela-se legítima a disciplinação do tema mediante simples lei ordinária. As contribuições de seguridade social – inclusive aquelas que incidem sobre os servidores públicos federais em atividade –, embora sujeitas, como qualquer tributo, às normas gerais estabelecidas na lei complementar a que se refere o art. 146, III, da Constituição, não dependem, para o específico efeito de sua instituição, da edição de nova lei complementar, eis que, precisamente por não se qualificarem como impostos, torna-se inexigível, quanto a elas, a utilização dessa espécie normativa para os fins a que alude o art. 146, III, *a*, segunda parte, da Carta Política, vale dizer, para a definição dos respectivos fatos geradores, bases de cálculo e contribuintes. Precedente: *RTJ* 143/313-314. A CONSTITUIÇÃO DA REPÚBLICA NÃO ADMITE A INSTITUIÇÃO DA CONTRIBUIÇÃO DE SEGURIDADE SOCIAL SOBRE INATIVOS E PENSIONISTAS DA UNIÃO. – A Lei nº 9.783/99, ao dispor sobre a contribuição de seguridade social relativamente a pensionistas e a servidores inativos da União, regulou, indevidamente, matéria não autorizada pelo texto da Carta Política, eis que, não obstante as substanciais modificações introduzidas pela EC nº 20/98 no regime de previdência dos servidores públicos, o Congresso Nacional absteve-se, conscientemente, no contexto da reforma do modelo previdenciário, de fixar a necessária matriz constitucional, cuja instituição se revelava indispensável para legitimar, em bases válidas, a criação e a incidência dessa exação tributária sobre o valor das aposentadorias e das pensões. O regime de previdência de caráter contributivo, a que se refere o art. 40, *caput*, da Constituição, na redação dada pela EC nº 20/98, foi instituído, unicamente, em relação "Aos servidores titulares de cargos efetivos...", inexistindo, desse modo, qualquer possibilidade jurídico-constitucional de se atribuir, a inativos e a pensionistas da União, a condição de contribuintes da exação prevista na Lei nº 9.783/99. Interpretação do art. 40, §§ 8º e 12, c/c o art. 195, II, da Constituição, todos com a redação que lhes deu a EC nº 20/98. DEBATES PARLAMENTARES E INTERPRETAÇÃO DA CONS-

TITUIÇÃO. – O argumento histórico, no processo de interpretação constitucional, não se reveste de caráter absoluto. Qualifica-se, no entanto, como expressivo elemento de útil indagação das circunstâncias que motivaram a elaboração de determinada norma inscrita na Constituição, permitindo o conhecimento das razões que levaram o constituinte a acolher ou a rejeitar as propostas que lhe foram submetidas. Doutrina. – O registro histórico dos debates parlamentares, em torno da proposta que resultou na Emenda Constitucional nº 20/98 (PEC nº 33/95), revela-se extremamente importante na constatação de que a única base constitucional – que poderia viabilizar a cobrança, relativamente aos inativos e aos pensionistas da União, da contribuição de seguridade social – foi conscientemente excluída do texto, por iniciativa dos próprios Líderes dos Partidos Políticos que dão sustentação parlamentar ao Governo, na Câmara dos Deputados (Comunicado Parlamentar publicado no Diário da Câmara dos Deputados, p. 4110, edição de 12/2/98). O destaque supressivo, patrocinado por esses Líderes partidários, excluiu, do Substitutivo aprovado pelo Senado Federal (PEC nº 33/95), a cláusula destinada a introduzir, no texto da Constituição, a necessária previsão de cobrança, aos pensionistas e aos servidores inativos, da contribuição de seguridade social. O REGIME CONTRIBUTIVO É, POR ESSÊNCIA, UM REGIME DE CARÁTER EMINENTEMENTE RETRIBUTIVO. A QUESTÃO DO EQUILÍBRIO ATUARIAL (CF, ART. 195, § 5º). CONTRIBUIÇÃO DE SEGURIDADE SOCIAL SOBRE PENSÕES E PROVENTOS: AUSÊNCIA DE CAUSA SUFICIENTE. – Sem causa suficiente, não se justifica a instituição (ou a majoração) da contribuição de seguridade social, pois, no regime de previdência de caráter contributivo, deve haver, necessariamente, correlação entre custo e benefício. A existência de estrita vinculação causal entre contribuição e benefício põe em evidência a correção da fórmula segundo a qual não pode haver contribuição sem benefício, nem benefício sem contribuição. Doutrina. Precedente do STF. A CONTRIBUIÇÃO DE SEGURIDADE SOCIAL DOS SERVIDORES PÚBLICOS EM ATIVIDADE CONSTITUI MODALIDADE DE TRIBUTO VINCULADO. – A contribuição de seguridade social, devida por servidores públicos em atividade, configura modalidade de contribuição social, qualificando-se como espécie tributária de caráter vinculado, constitucionalmente destinada ao custeio e ao financiamento do regime de previdência dos servidores públicos titulares de cargo efetivo. Precedentes. A GARANTIA DA IRREDUTIBILIDADE DA REMUNERAÇÃO NÃO É OPONÍVEL À INSTITUIÇÃO/MAJORAÇÃO DA CONTRIBUIÇÃO DE SEGURIDADE SOCIAL RELATIVAMENTE AOS SERVIDORES EM ATIVIDADE. – A contribuição de seguridade social, como qualquer outro tributo, é passível de majoração, desde que o aumento dessa exação tributária observe padrões de razoabilidade e seja estabelecido em bases moderadas. Não assiste ao contribuinte o direito de opor, ao Poder Público, pretensão que vise a obstar o aumento dos tributos – a cujo conceito se subsumem as contribuições de seguridade social (RTJ 143/684 – RTJ 149/654) –, desde que respeitadas, pelo Estado, as diretrizes constitucionais que regem, formal e materialmente, o exercício da competência impositiva. Assiste, ao contribuinte, quando transgredidas as limitações constitucionais ao poder de tributar, o direito de contestar, judicialmente, a tributação que tenha sentido discriminatório ou que revele caráter confiscatório. A garantia constitucional da irredutibilidade da remuneração devida aos servidores públicos em atividade não se reveste de caráter absoluto. Expõe-se, por isso mesmo, às derrogações instituídas pela própria Constituição da República, que prevê, relativamente ao subsídio e aos vencimentos dos ocupantes de cargos e empregos públicos – (CF, art. 37, XV), a incidência de tributos, legitimando-se, desse modo, quanto aos servidores públicos ativos, a exigibilidade da contribuição de seguridade social, mesmo porque, em tema de tributação, há que se ter presente o que dispõe o art. 150, II, da Carta Política. Precedentes: *RTJ* 83/74 – RTJ 109/244 – *RTJ* 147/921, 925. CONTRIBUIÇÃO DE SEGURIDADE SOCIAL – SERVIDORES EM ATIVIDADE – ESTRUTURA PROGRESSIVA DAS ALÍQUOTAS: A PROGRESSIVIDADE EM MATÉRIA TRIBUTÁRIA SUPÕE EXPRESSA AUTORIZAÇÃO CONSTITUCIONAL. RELEVO JURÍDICO DA TESE. – Relevo jurídico da tese segundo a qual o legislador comum, fora das hipóteses taxativamente indicadas no texto da Carta Política, não pode valer-se da progressividade na definição das alíquotas pertinentes à contribuição de seguridade social devida por servidores públicos em atividade. Tratando-se de matéria sujeita a estrita previsão constitucional – CF, art. 153, § 2º, I; art. 153, § 4º; art. 156, § 1º; art. 182, § 4º, II; art. 195, § 9º (contribuição social devida pelo empregador) – inexiste espaço de liberdade decisória para o Congresso Nacional, em tema de progressividade tributária, instituir alíquotas progressivas em situações não autorizadas pelo texto da Constituição. Inaplicabilidade, aos servidores estatais, da norma inscrita no art. 195, § 9º, da Constituição, introduzida pela EC nº 20/98. A inovação do quadro normativo resultante da promulgação da EC nº 20/98 – que introduziu, na Carta Política, a regra consubstanciada no art. 195, § 9º (contribuição patronal) – parece tornar insuscetível de invocação o precedente firmado na ADI nº 790-DF (*RTJ* 147/921). A TRIBUTAÇÃO CONFISCATÓRIA É VEDADA PELA CONSTITUIÇÃO DA REPÚBLICA. – A jurisprudência do Supremo Tribunal Federal entende cabível, em sede de controle normativo abstrato, a possibilidade de a Corte examinar se determinado tributo ofende, ou não, o princípio constitucional da não confiscatoriedade consagrado no art. 150, IV, da Constituição. Precedente: ADI 1.075-DF, Rel. Min. CELSO DE MELLO (o Relator ficou vencido, no precedente mencionado, por entender que o exame do efeito confiscatório do tributo depende da apreciação individual de cada caso concreto). – A proibição constitucional do confisco em matéria tributária nada mais representa senão a interdição, pela Carta Política, de qualquer pretensão governamental que possa conduzir, no campo da fiscalidade, à injusta apropriação estatal, no todo ou em parte, do patrimônio ou dos rendimentos dos contribuintes, comprometendo-lhes, pela insuportabilidade da carga tributária, o exercício do direito a uma existência digna, ou a prática de atividade profissional lícita ou, ainda, a regular satisfação de suas necessidades vitais (educação, saúde e habitação, por exemplo). A identificação do efeito confiscatório deve ser feita em função da totalidade da carga tributária, mediante verificação da capacidade de que dispõe o contribuinte – considerado o montante de sua riqueza (renda e capital) – para suportar e sofrer a incidência de todos os tributos que ele deverá pagar, dentro de determinado período, à mesma pessoa política que os houver instituído (a União Federal, no caso), condicionando-se, ainda, a aferição do grau de insuportabilidade econômico-financeira, à observância, pelo legislador, de padrões de razoabilidade destinados a neutralizar excessos de ordem fiscal eventualmente praticados pelo Poder Público. Resulta configurado o caráter confiscatório de determinado tributo, sempre que o efeito cumulativo – resultante das múltiplas incidências tributárias estabelecidas pela mesma entidade estatal – afetar, substancialmente, de maneira irrazoável, o patrimônio e/ou os rendimentos do contribuinte. – O Poder Público, especialmente em sede de tributação (as contribuições de seguridade social revestem-se de caráter tributário), não pode agir imoderadamente, pois a atividade estatal acha-se essencialmente condicionada pelo princípio da razoabilidade. A CONTRIBUIÇÃO DE SEGURIDADE SOCIAL POSSUI DESTINAÇÃO CONSTITUCIONAL ESPECÍFICA. – A contribuição de seguridade social não só se qualifica como modalidade autônoma de tributo (*RTJ* 143/684), como também representa espécie tributária essencialmente vinculada ao financiamento da seguridade social, em função de específica destinação constitucional. A vigência temporária das alíquotas progressivas (art. 2º da Lei nº 9.783/99), além de não implicar concessão adicional de outras vantagens, benefícios ou serviços – rompendo, em consequência, a necessária vinculação causal que deve existir entre contribuições e benefícios (*RTJ* 147/921) – constitui expressiva evidência de que se buscou, unicamente, com a arrecadação desse *plus*, o aumento da receita da União, em ordem a viabilizar o pagamento de encargos (despesas de pessoal) cuja satisfação deve resultar, ordinariamente, da arrecadação de impostos. RAZÕES DE ESTADO NÃO PODEM SER INVOCADAS PARA LEGITIMAR O DESRESPEITO À SUPREMACIA DA CONSTITUIÇÃO DA REPÚBLICA. – A invocação das razões de Estado – além de deslegitimar-se como fundamento idôneo de justificação de medidas legislativas – representa, por efeito das gravíssimas consequências provocadas por seu eventual acolhimento, uma ameaça inadmissível às liberdades públicas, à supremacia da ordem constitucional e aos valores democráticos que a informam, culminando por introduzir, no sistema de direito positivo, um preocupante fator de ruptura e de desestabilização político-jurídica. Nada compensa a ruptura da ordem constitucional. Nada recompõe os gravíssimos efeitos que derivam do gesto de infidelidade ao texto da Lei Fundamental. A defesa da Constituição

Tendo em vista a alteração do regime previdenciário disposto no artigo 40, por meio da Emenda Constitucional nº 41/03, determinando a tributação dos servidores inativos e pensionistas, apenas eventual limitação constitucional ao poder de tributar teria o condão de impedir a tributação, levando em consideração que a contribuição previdenciária é tributo; entretanto, não há qualquer vedação nesse sentido no Sistema Tributário Nacional. Dessa forma, mostra-se legítima a nova tributação. O próprio Supremo Tribunal Federal, ao julgar a ADIn nº 1.441, assentou que "o provento, assim como os vencimentos do servidor, não se acha imune à incidência dos tributos e das contribuições dotadas desse caráter". Por isso, o Tribunal considerou constitucional a nova contribuição.[196]

---

não se expõe, nem deve submeter-se, a qualquer juízo de oportunidade ou de conveniência, muito menos a avaliações discricionárias fundadas em razões de pragmatismo governamental. A relação do Poder e de seus agentes, com a Constituição, há de ser, necessariamente, uma relação de respeito. Se, em determinado momento histórico, circunstâncias de fato ou de direito reclamarem a alteração da Constituição, em ordem a conferir-lhe um sentido de maior contemporaneidade, para ajustá-la, desse modo, às novas exigências ditadas por necessidades políticas, sociais ou econômicas, impor-se-á a prévia modificação do texto da Lei Fundamental, com estrita observância das limitações e do processo de reforma estabelecidos na própria Carta Política. A DEFESA DA CONSTITUIÇÃO DA REPÚBLICA REPRESENTA O ENCARGO MAIS RELEVANTE DO SUPREMO TRIBUNAL FEDERAL. – O Supremo Tribunal Federal – que é o guardião da Constituição, por expressa delegação do Poder Constituinte – não pode renunciar ao exercício desse encargo, pois, se a Suprema Corte falhar no desempenho da gravíssima atribuição que lhe foi outorgada, a integridade do sistema político, a proteção das liberdades públicas, a estabilidade do ordenamento normativo do Estado, a segurança das relações jurídicas e a legitimidade das instituições da República restarão profundamente comprometidas. O inaceitável desprezo pela Constituição não pode converter-se em prática governamental consentida. Ao menos, enquanto houver um Poder Judiciário independente e consciente de sua alta responsabilidade política, social e jurídico-institucional. *DJ* 12 abr. 2002.

[196] STF, ADIn nº 3105, *DJ* 18 fev. 2005. Ementa: 1. Inconstitucionalidade. Seguridade social. Servidor público. Vencimentos. Proventos de aposentadoria e pensões. Sujeição à incidência de contribuição previdenciária. Ofensa a direito adquirido no ato de aposentadoria. Não ocorrência. Contribuição social. Exigência patrimonial de natureza tributária. Inexistência de norma de imunidade tributária absoluta. Emenda Constitucional nº 41/2003 (art. 4º, *caput*). Regra não retroativa. Incidência sobre fatos geradores ocorridos depois do início de sua vigência. Precedentes da Corte. Inteligência dos arts. 5º, XXXVI, 146, III, 149, 150, I e III, 194, 195, *caput*, II e § 6º, da CF, e art. 4º, *caput*, da EC nº 41/2003. No ordenamento jurídico vigente, não há norma, expressa nem sistemática, que atribua à condição jurídico-subjetiva da aposentadoria de servidor público o efeito de lhe gerar direito subjetivo como poder de subtrair *ad aeternum* a percepção dos respectivos proventos e pensões à incidência de lei tributária que, anterior ou ulterior, os submeta à incidência de contribuição previdenciária. Noutras palavras, não há, em nosso ordenamento, nenhuma norma jurídica válida que, como efeito específico do fato jurídico da aposentadoria, lhe imunize os proventos e as pensões, de modo absoluto, à tributação de ordem constitucional, qualquer que seja a modalidade do tributo eleito, donde não haver, a respeito, direito adquirido com o aposentamento. 2. Inconstitucionalidade. Ação direta. Seguridade social. Servidor público. Vencimentos. Proventos de aposentadoria e pensões. Sujeição à incidência de contribuição previdenciária, por força de Emenda Constitucional. Ofensa a outros direitos e garantias individuais. Não ocorrência. Contribuição social. Exigência patrimonial de natureza tributária. Inexistência de norma de imunidade tributária absoluta. Regra não retroativa. Instrumento de atuação do Estado na área da previdência social. Obediência aos princípios da solidariedade e do equilíbrio

Portanto, se emenda constitucional possibilitou a incidência de contribuição previdenciária sobre aposentadorias e pensões pagas pelos diversos regimes próprios, pelas mesmas razões a imunidade relativa a aposentadorias e pensões concedidas pelo Regime Geral de Previdência Social está sujeita à revogação.

2.6.4.2 Imunidade sobre receitas decorrentes de exportação

Nos termos do artigo 149, § 2º, da Constituição Federal, com a redação dada pela Emenda Constitucional nº 33/01, as contribuições sociais não incidirão sobre as receitas decorrentes de exportação.

Mencionada imunidade tem o objetivo de evitar a exportação de tributos e, em função disso, diminuir a competitividade do País no exterior.

Assim como na imunidade anterior, não vislumbramos nesta um valor constitucionalmente prestigiado a ponto de justificar a impossibilidade de sua revogação por emenda constitucional.

2.6.4.3 Imunidades das entidades beneficentes de assistência social

Nos termos do artigo 195, § 7º, da Constituição Federal, "são *isentas* de contribuição para a seguridade social as entidades beneficentes de assistência social que atendam às exigências estabelecidas em lei".

Não obstante o termo *isentas*, sabemos que estamos diante de uma imunidade, pois não há isenção com sede constitucional. No mesmo sentido é o pensamento de Rafael Pandolfo.[197]

---

financeiro e atuarial, bem como aos objetivos constitucionais de universalidade, equidade na forma de participação no custeio e diversidade da base de financiamento. Ação julgada improcedente em relação ao art. 4º, *caput*, da EC nº 41/2003. Votos vencidos. Aplicação dos arts. 149, *caput*, 150, I e III, 194, 195, *caput*, II e § 6º, e 201, *caput*, da CF. Não é inconstitucional o art. 4º, *caput*, da Emenda Constitucional nº 41, de 19 de dezembro de 2003, que instituiu contribuição previdenciária sobre os proventos de aposentadoria e as pensões dos servidores públicos da União, dos Estados, do Distrito Federal e dos Municípios, incluídas suas autarquias e fundações. 3. Inconstitucionalidade. Ação direta. Emenda Constitucional (EC nº 41/2003, art. 4º, § único, I e II). Servidor público. Vencimentos. Proventos de aposentadoria e pensões. Sujeição à incidência de contribuição previdenciária. Bases de cálculo diferenciadas. Arbitrariedade. Tratamento discriminatório entre servidores e pensionistas da União, de um lado, e servidores e pensionistas dos Estados, do Distrito Federal e dos Municípios, de outro. Ofensa ao princípio constitucional da isonomia tributária, que é particularização do princípio fundamental da igualdade. Ação julgada procedente para declarar inconstitucionais as expressões *cinquenta por cento do* e *sessenta por cento do*, constante do art. 4º, § único, I e II, da EC nº 41/2003. Aplicação dos arts. 145, § 1º, e 150, II, cc. art. 5º, *caput* e § 1º, e 60, § 4º, IV, da CF, com restabelecimento do caráter geral da regra do art. 40, § 18. São inconstitucionais as expressões *cinquenta por cento do* e *sessenta por cento do*, constantes do § único, incisos I e II, do art. 4º da Emenda Constitucional nº 41, de 19 de dezembro de 2003, e tal pronúncia restabelece o caráter geral da regra do art. 40, § 18, da Constituição da República, com a redação dada por essa mesma Emenda.

[197] Cfe. O artigo 195, § 7º, da Constituição Federal e o minotauro lógico.

A imunidade prevista no artigo 150, VI, *c*, relativa a impostos, é extensiva a instituições de assistência social sem fins lucrativos. Serão aquelas equivalentes às entidades beneficentes de assistência social?

José Guilherme Ferraz da Costa entende que os conceitos de entidade beneficente de assistência social e instituição de assistência social sem fins lucrativos são equivalentes, pois ambos encerram as características de gratuidade, generalidade e fim público de suprir mínimos sociais aos necessitados.[198] Prossegue esse autor, referindo julgado do Supremo Tribunal Federal que, com fundamento nas lições de Leopoldo Braga, define essas três características como aquelas que devem ser preenchidas pelas instituições para os efeitos da imunidade tributária.[199]

Deve ser considerado, também, para a perfeita compreensão do termo, o enunciado no artigo 203 da Constituição Federal, pois não obstante o comando dessa norma constitucional ser dirigido principalmente para o Poder Público, define limites para a atuação da iniciativa privada.

Dessa forma, não nos parece haver diferenças entre entidade beneficente de assistência social e instituição de assistência social sem fins lucrativos, o que leva à conclusão de que tais entidades têm na imunidade aqui em estudo um *plus* em relação às demais instituições arroladas no artigo 150, VI, *c*, da Constituição Federal. Vamos buscar o fundamento dessa diferenciação.[200]

Como já vimos, seguridade social envolve ações nas áreas de saúde, previdência e assistência social e, nos termos do artigo 165, § 5º, da Constituição Federal, seu orçamento é destacado dos demais, constituindo, na verdade, orçamento próprio.

As entidades beneficentes de assistência social devem realizar atividades compreendidas no leque de atribuições do Poder Público, o que justifica a imunidade em questão, pois tais atividades, num primeiro momento, deveriam ser

---

198 *Incentivos fiscais na seguridade social*, p. 91.

199 STF, RE nº 202.700, *DJ* 1º mar. 2002. Trecho do voto do Min. Celso de Mello: "E, sob tal perspectiva, cumpre considerar características essenciais de uma instituição, tais como definidas por LEOPOLDO BRAGA ('Do Conceito Jurídico de Instituições de Educação e de Assistência Social', p. 128/148, 2ª ed. 1971, Rio de Janeiro), que delas destaca, como expressões relevantes, finalidade de ordem pública, a gratuidade ou ausência de intuito lucrativo e a generalidade na prestação de serviços ou na distribuição de utilidades e benefícios, sempre enfatizando, a propósito da configuração das instituições de assistência social que estas – precisamente porque voltadas à coletividade – devem possuir caráter absolutamente desinteressado, impessoal e neutro."

200 É importante observar, também, a seguinte distinção que José Guilherme Ferraz da Costa faz, com fundamento nas lições de Celso Barroso Leite: "Destaca a distinção entre os conceitos de 'filantropia' e de 'assistência social', pois, segundo ele, toda entidade de assistência social é filantrópica, mas nem toda entidade filantrópica é de assistência social, isto porque as ditas filantrópicas podem prestar serviços úteis e com frequência valiosos, mas nem sempre essenciais, enquanto a assistência social tem por objetivo atender a necessidades vitais das pessoas carentes, ou seja, os mínimos sociais." Cf. *Incentivos fiscais na seguridade social*, p. 99.

prestadas pelo Estado. Ocorre, todavia, que frente aos escassos recursos públicos somados aos problemas de administração, tais serviços não são prestados com a eficiência esperada.

E de qual orçamento o Estado retiraria recursos para realizar essas atividades? Do orçamento da seguridade social, visto que a assistência social está absorvida pelo conjunto de ações daquela. Então, temos que a imunidade em questão "subtrai" recursos do orçamento da seguridade social, pois para este seriam destinadas as contribuições excluídas pela imunidade. Sendo assim, as entidades educacionais não podem ser beneficiadas pela imunidade, não só porque suas atividades não estão contempladas, nem de longe, no citado artigo 203, como também porque a educação pública é custeada pelos impostos em geral e pela contribuição do salário-educação, não pelas contribuições de seguridade social. Assim, inconcebível retirar-se, indiretamente, recursos do orçamento da seguridade social para custear atividades educacionais. Por mais relevante que seja a atividade educacional – e efetivamente o é –, a Constituição determina que a mesma seja custeada com recursos estranhos ao orçamento da seguridade social.

Outro argumento relevante sustenta essa posição: o artigo 150, VI, *c*, concede imunidade ao "patrimônio, renda ou serviços dos partidos políticos, inclusive suas fundações, das entidades sindicais dos trabalhadores, das instituições de educação e de assistência social, sem fins lucrativos, atendidos os requisitos da lei." Veja-se que a própria Constituição Federal distingue instituições de educação e instituições de assistência social. Noutros termos: ao tratar da imunidade de impostos, a Constituição Federal incluiu, expressamente, as instituições de educação; ao tratar da imunidade de contribuições de seguridade social, pelo contrário, fez referência apenas às entidades beneficentes de assistência social. É óbvio que não quis incluir as educacionais.

O legislador ordinário, entretanto, a pretexto de regulamentar a imunidade em questão, incluiu as entidades educacionais e de saúde como destinatárias do benefício em estudo, mas sob o rótulo de isenção – Lei nº 8.212/91, artigo 55, III –, o que tem levado alguns ao raciocínio no sentido de que se a imunidade não contempla as entidades educacionais, a lei ordinária concedeu verdadeira isenção. Não é bem assim. Eis a redação original:

> Art. 55. Fica isenta das contribuições de que tratam os arts. 22 e 23 desta lei a entidade beneficente de assistência social que atenda aos seguintes requisitos cumulativamente:[201]

---

[201] Na redação original, os artigos 22 e 23 tratavam da contribuição, a cargo da empresa, incidentes sobre a folha de salários, o faturamento e o lucro.

> III – promova a assistência social beneficente, inclusive educacional ou de saúde, a menores, idosos, excepcionais ou pessoas carentes.

Em relação às entidades de saúde, o legislador ordinário poderia conceder isenção, pelas mesmas razões da imunidade: subtração de recursos do orçamento da seguridade social para entidades privadas prestarem serviços que, afinal, são de responsabilidade da seguridade social. Mas esse raciocínio, já dissemos, não vale para as entidades educacionais.

Zélia Luiza Pierdoná captou bem essa redução indevida de recursos do orçamento da seguridade social em função da isenção concedida às entidades educacionais:

> Caso se estenda a imunidade a elas, tais entidades deixarão de contribuir para a seguridade social, comprometendo a concessão de benefícios e serviços das áreas da seguridade.
>
> Além de não estarem incluídas na norma de imunidade relativa às contribuições para a seguridade social, as entidades educacionais também não podem ser beneficiadas com enunciados, previstos na legislação infraconstitucional, relativos à isenção, visto que o art. 195, *caput*, da Lei Maior estabelece que toda a sociedade financiará a seguridade social. [...] Somente poderão ser excluídos [...] os três casos de imunidade.[202]

Nessa linha de raciocínio, a isenção concedida às entidades educacionais é inconstitucional, por violar o princípio da solidariedade contributiva.

Questão de grande relevância diz respeito à parte final do artigo 195, § 7º, onde há determinação no sentido de que referidas instituições atendam às exigências estabelecidas em lei para o gozo da imunidade. Qual lei?

A imunidade é limitação constitucional ao poder de tributar. Como afirma Misabel Derzi, "a imunidade é, portanto, regra de exceção, somente inteligível se conjugada à outra, que concede o poder tributário, limitando-lhe a extensão, de forma lógica e não sucessiva no tempo".[203]

Nos termos do artigo 146, II, da Constituição Federal, cabe à lei complementar regular as limitações constitucionais ao poder de tributar. Nessa linha de raciocínio, a imunidade em questão deve ser regulada por lei complementar.

Por muito tempo pensamos assim. Hoje pensamos diferente.

É inegável a forte corrente doutrinária e jurisprudencial no sentido de que somente exige-se lei complementar quando a Constituição expressamente o prevê. Todos os demais casos são reservados à lei ordinária. Nesse sentido, o termo *lei*

---

202 *Contribuições para a seguridade social*, p. 104.

203 Aliomar Baleeiro, *Limitações constitucionais ao poder de tributar*. Atual. Misabel Derzi, p. 637.

na parte final do dispositivo está a indicar a necessidade de mera lei ordinária, constituindo exceção à regra geral.

Por outro lado, o artigo 149 da Constituição Federal, ao atribuir competência tributária à União para instituição de contribuições sociais, não determinou a observância do disposto no artigo 146, II, justamente onde há determinação no sentido de que cabe à lei complementar regular as limitações constitucionais ao poder de tributar.

Na esteira da jurisprudência do Supremo Tribunal Federal, a imunidade em questão depende de regulamentação, ou seja, estamos diante de norma de eficácia contida. No julgamento do mandado de injunção nº 616, publicado no *DJ* de 25 out. 02, o Tribunal Pleno, por unanimidade de votos, julgou a impetrante, entidade beneficente de assistência social, carecedora de ação quanto ao pedido de regulamentação, por meio de lei complementar, da imunidade prevista no artigo 195, § 7º, ao argumento de que "a matéria já foi regulamentada pelo art. 55 da Lei nº 8.212/91, com as alterações da Lei nº 9.732/98".

Filiamo-nos à linha de pensamento daqueles que defendem a necessidade de simples lei ordinária para o caso e, por essa razão, temos que o artigo 55 da Lei nº 8.212/91 regulamenta a imunidade em questão.[204]

Nesse sentido, defendemos, na tribuna, a constitucionalidade da referida norma legal no julgamento da Arguição de Inconstitucionalidade na AC nº 2002.71.00.005645-6 junto ao Tribunal Regional Federal da 4ª Região, cujo julgado restou assim ementado:

> ARGUIÇÃO DE INCONSTITUCIONALIDADE. DIREITO CONSTITUCIONAL E TRIBUTÁRIO. CONTRIBUIÇÕES SOCIAIS. SEGURIDADE SOCIAL. ENTIDADES BENEFICENTES DE ASSISTÊNCIA SOCIAL. IMUNIDADE TRIBUTÁRIA. FRUIÇÃO. REQUISITOS. ARTIGO 55, LEI Nº 8.212/1991, EM SUAS SUCESSIVAS REDAÇÕES. EXCLUSÃO DO OBJETO DA ADI Nº 2.028. CONSTITUCIONALIDADE. REJEIÇÃO DO INCIDENTE.
>
> 1. Incidente de arguição de inconstitucionalidade limitado ao exame da compatibilidade dos artigos 55 da Lei nº 8.212/91, 5º da Lei nº 9.429/96, 1º da Lei nº 9.528/97 e 3º da MP nº 2.187/01, o primeiro na sua integralidade e os demais nos tópicos em que alteraram a redação daquele, com a Constituição Federal, excetuada a análise das disposições da Lei nº 9.732/1998 que restaram com a eficácia suspensa por obra do decidido pelo colendo STF em sede liminar na ADI nº 2.028.
>
> 2. Questionamento acerca da constitucionalidade formal dos preceptivos indicados, que versam sobre os requisitos necessários à fruição do benefício constitucional de dispensa do pagamento de contribuições sociais para a Seguridade Social,

[204] O Decreto nº 2.536/98 dispõe sobre a concessão do Certificado de Entidade de Fins Filantrópicos.

contemplado no § 7º do artigo 195 da Constituição Federal em favor das entidades beneficentes de assistência social.

3. Dispondo o referido § 7º do artigo 195 da Constituição Federal sobre limitação constitucional ao poder de tributar, cumpre a sua regulamentação à lei complementar, nos precisos termos do inciso II do artigo 146 da mesma Constituição.

4. Confirma essa regra o entendimento que compatibiliza o seu enunciado com a possibilidade de veiculação por lei ordinária das exigências específicas para o alcance às entidades beneficentes de assistência social do benefício de dispensa do pagamento de contribuições sociais para a Seguridade Social, na forma do já mencionado § 7º do artigo 195 da Constituição Federal.

5. Assim, fica reservado o trato a propósito dos limites do benefício de dispensa constitucional do pagamento do tributo, com a definição do seu objeto material, mediante a edição de lei complementar, pertencendo, de outra parte, à lei ordinária o domínio quanto às normas atinentes à constituição e ao funcionamento das entidades beneficiárias do favor constitucional.

6. Nessa linha de compreensão, evidenciada na recente jurisprudência de lavra do colendo Supremo Tribunal Federal, não resta outra possibilidade além da rejeição da presente arguição de inconstitucionalidade, na medida em que os preceptivos inquinados de inconstitucionais em verdade rezam sobre os requisitos específicos quanto à constituição e ao funcionamento das entidades beneficentes de assistência social, à vista da pretensão ao deferimento do benefício tributário em liça.

7. Incidente de arguição de inconstitucionalidade rejeitado.[205]

Igual linha de raciocínio desenvolve José Guilherme Ferraz da Costa e Zélia Luiza Pierdoná.[206]

Posteriormente, a Lei nº 9.732/98 alterou a redação do artigo 55 da Lei nº 8.212/91, nos termos de seus seguintes artigos:

Art. 1º Os arts. 22 e 55 da Lei nº 8.212, de 24 de julho de 1991, passam a vigorar com as seguintes alterações:

[...]

Art. 55.

III – promova, gratuitamente e em caráter exclusivo, a assistência social beneficente a pessoas carentes, em especial a crianças, adolescentes, idosos e portadores de deficiência;

§ 3º Para os fins deste artigo, entende-se por assistência social beneficente a prestação gratuita de benefícios e serviços a quem dela necessitar.

---

205 *DJ* 29 mar. 2007.

206 Cf. *Incentivos fiscais na seguridade social*, p. 84, e *Contribuições para a seguridade social*, p. 106, respectivamente.

> § 4º O Instituto Nacional do Seguro Social – INSS cancelará a isenção se verificado o descumprimento do disposto neste artigo.
>
> § 5º Considera-se também de assistência social beneficente, para os fins deste artigo, a oferta e a efetiva prestação de serviços de pelo menos sessenta por cento ao Sistema Único de Saúde, nos termos do regulamento.
>
> Art. 4º As entidades sem fins lucrativos educacionais e as que atendam ao Sistema Único de Saúde, mas não pratiquem de forma exclusiva e gratuita atendimento a pessoas carentes, gozarão da isenção das contribuições de que tratam os arts. 22 e 23 da Lei nº 8.212, de 1991, na proporção do valor das vagas cedidas, integral e gratuitamente, a carentes e do valor do atendimento à saúde de caráter assistencial, desde que satisfaçam os requisitos referidos nos incisos I, II, IV e V do art. 55 da citada Lei, na forma do regulamento.
>
> Art. 5º O disposto no art. 55 da Lei nº 8.212, de 1991, na sua nova redação, e no art. 4º desta Lei terá aplicação a partir da competência abril de 1999.
>
> Art. 7º Fica cancelada, a partir de 1º de abril de 1999, toda e qualquer isenção concedida, em caráter geral ou especial, de contribuição para a Seguridade Social em desconformidade com o art. 55 da Lei nº 8.212, de 1991, na sua nova redação, ou com o art. 4º desta Lei.

Assim fazendo, acabou por incidir em inconstitucionalidade material, pois estabeleceu requisitos que desvirtuam o conceito constitucional de entidade beneficente de assistência social, bem como limitou a própria extensão da imunidade ao determinar a promoção gratuita e em caráter exclusivo da assistência social, como ficou decidido pelo Supremo Tribunal Federal. Nesse mesmo julgado, o Tribunal reconheceu a equivalência de relevâncias entre as teses opostas, a saber, da necessidade de lei complementar e da suficiência de lei ordinária, postergando para o julgamento de mérito o deslinde da questão.[207]

---

[207] STF, ADIn nº 2.028, *DJ* 16 jun. 2000. Eis a ementa: Ação direta de inconstitucionalidade. Art. 1º, na parte em que alterou a redação do artigo 55, III, da Lei 8.212/91 e acrescentou-lhe os §§ 3º, 4º e 5º, e dos artigos 4º, 5º e 7º, todos da Lei 9.732, de 11 de dezembro de 1998. – Preliminar de mérito que se ultrapassa porque o conceito mais lato de assistência social – e que é admitido pela Constituição – é o que parece deva ser adotado para a caracterização da assistência prestada por entidades beneficentes, tendo em vista o cunho nitidamente social da Carta Magna. – De há muito se firmou a jurisprudência desta Corte no sentido de que só é exigível lei complementar quando a Constituição expressamente a ela faz alusão com referência a determinada matéria, o que implica dizer que quando a Carta Magna alude genericamente a "lei" para estabelecer princípio de reserva legal, essa expressão compreende tanto a legislação ordinária, nas suas diferentes modalidades, quanto a legislação complementar. – No caso, o artigo 195, § 7º, da Carta Magna, com relação a matéria específica (as exigências a que devem atender as entidades beneficentes de assistência social para gozarem da imunidade aí prevista), determina apenas que essas exigências sejam estabelecidas em lei. Portanto, em face da referida jurisprudência desta Corte, em lei ordinária. – É certo, porém, que há forte corrente doutrinária que entende que, sendo a imunidade uma limitação constitucional ao poder de tributar, embora o § 7º do artigo 195 só se refira a "lei" sem qualificá-

Finalmente, no julgamento do RE-AgR 428815, decidiu a Corte Suprema:

I. Imunidade tributária: entidade filantrópica: CF, arts. 146, II e 195, § 7º: delimitação dos âmbitos da matéria reservada, no ponto, à intermediação da lei complementar e da lei ordinária (ADI-MC 1802, 27.8.1998, Pertence, *DJ* 13.2.2004; RE 93.770, 17.3.81, Soares Muñoz, *RTJ* 102/304). A Constituição reduz a reserva de lei complementar da regra constitucional ao que diga respeito "aos lindes da imunidade", à demarcação do objeto material da vedação constitucional de tributar; mas remete à lei ordinária "as normas sobre a constituição e o funcionamento da entidade educacional ou assistencial imune". II. Imunidade tributária: entidade declarada de fins filantrópicos e de utilidade pública: Certificado de Entidade de Fins Filantrópicos: exigência de renovação periódica (L. 8.212, de 1991, art. 55). Sendo o Certificado de Entidade de Fins Filantrópicos mero reconhecimento, pelo Poder Público, do preenchimento das condições de constituição e funcionamento, que devem ser atendidas para que a entidade receba o benefício constitucional, não ofende os arts. 146, II, e 195, § 7º,

---

-la como complementar – e o mesmo ocorre quanto ao artigo 150, VI, *c*, da Carta Magna –, essa expressão, ao invés de ser entendida como exceção ao princípio geral que se encontra no artigo 146, II ("Cabe à lei complementar: II – regular as limitações constitucionais ao poder de tributar"), deve ser interpretada em conjugação com esse princípio para se exigir lei complementar para o estabelecimento dos requisitos a ser observados pelas entidades em causa. – A essa fundamentação jurídica, em si mesma, não se pode negar relevância, embora, no caso, se acolhida, e, em consequência, suspensa provisoriamente a eficácia dos dispositivos impugnados, voltará a vigorar a redação originária do artigo 55 da Lei 8.212/91, que, também por ser lei ordinária, não poderia regular essa limitação constitucional ao poder de tributar, e que, apesar disso, não foi atacada, subsidiariamente, como inconstitucional nesta ação direta, o que levaria ao não conhecimento desta para se possibilitar que outra pudesse ser proposta sem essa deficiência. – Em se tratando, porém, de pedido de liminar, e sendo igualmente relevante a tese contrária – a de que, no que diz respeito a requisitos a ser observados por entidades para que possam gozar da imunidade, os dispositivos específicos, ao exigirem apenas lei, constituem exceção ao princípio geral –, não me parece que a primeira, no tocante à relevância, se sobreponha à segunda de tal modo que permita a concessão da liminar que não poderia dar-se por não ter sido atacado também o artigo 55 da Lei 8.212/91 que voltaria a vigorar integralmente em sua redação originária, deficiência essa da inicial que levaria, de pronto, ao não conhecimento da presente ação direta. Entendo que, em casos como o presente, em que há, pelo menos num primeiro exame, equivalência de relevâncias, e em que não se alega contra os dispositivos impugnados apenas inconstitucionalidade formal, mas também inconstitucionalidade material, se deva, nessa fase da tramitação da ação, trancá-la com o seu não conhecimento, questão cujo exame será remetido para o momento do julgamento final do feito. – Embora relevante a tese de que, não obstante o § 7º do artigo 195 só se refira a "lei", sendo a imunidade uma limitação constitucional ao poder de tributar, é de se exigir lei complementar para o estabelecimento dos requisitos a ser observados pelas entidades em causa, no caso, porém, dada a relevância das duas teses opostas, e sendo certo que, se concedida a liminar, revigorar-se-ia legislação ordinária anterior que não foi atacada, não deve ser concedida a liminar pleiteada. – É relevante o fundamento da inconstitucionalidade material sustentada nos autos (o de que os dispositivos ora impugnados – o que não poderia ser feito sequer por lei complementar – estabeleceram requisitos que desvirtuam o próprio conceito constitucional de entidade beneficente de assistência social, bem como limitaram a própria extensão da imunidade). Existência, também, do *periculum in mora*. Referendou-se o despacho que concedeu a liminar para suspender a eficácia dos dispositivos impugnados nesta ação direta.

da Constituição Federal a exigência de emissão e renovação periódica prevista no art. 55, II, da Lei 8.212/91.[208]

Assim, consolidou entendimento no sentido de que a exigência de lei complementar restringe-se "aos lindes da imunidade" ou à demarcação do seu objeto material e a lei ordinária é instrumento normativo legítimo para dispor acerca das normas sobre a constituição e o funcionamento da entidade imune, tal qual disposto no artigo 55 da Lei nº 8.212/91.

Com a declaração de inconstitucionalidade material das inovações feitas pela Lei nº 9.732/98, voltou a vigorar a redação anterior do artigo 55 da Lei nº 8.212/91:[209]

> Art. 55. Fica isenta das contribuições de que tratam os arts. 22 e 23 desta Lei a entidade beneficente de assistência social que atenda aos seguintes requisitos cumulativamente:
>
> I – seja reconhecida como de utilidade pública federal e estadual ou do Distrito Federal ou municipal;
>
> II – seja portadora do Certificado e do Registro de Entidade de Fins Filantrópicos, fornecido pelo Conselho Nacional de Assistência Social, renovado a cada três anos;
>
> III – promova a assistência social beneficente, inclusive educacional ou de saúde, a menores, idosos, excepcionais ou pessoas carentes;
>
> IV – não percebam seus diretores, conselheiros, sócios, instituidores ou benfeitores, remuneração e não usufruam vantagens ou benefícios a qualquer título;
>
> V – aplique integralmente o eventual resultado operacional na manutenção e desenvolvimento de seus objetivos institucionais apresentando, anualmente ao órgão do INSS competente, relatório circunstanciado de suas atividades.
>
> § 1º Ressalvados os direitos adquiridos, a isenção de que trata este artigo será requerida ao Instituto Nacional do Seguro Social-INSS, que terá o prazo de 30 (trinta) dias para despachar o pedido.

---

[208] *DJ* 24 jun. 2005.

[209] No sentido da repristinação provocada por declaração de inconstitucionalidade em sede de controle concentrado é a posição do STF, conforme o seguinte julgado: [...] FISCALIZAÇÃO NORMATIVA ABSTRATA – DECLARAÇÃO DE INCONSTITUCIONALIDADE EM TESE E EFEITO REPRISTINATÓRIO. – A declaração de inconstitucionalidade *in abstracto*, considerado o efeito repristinatório que lhe é inerente (RTJ 120/64 – RTJ 194/504-505 – ADI 2.867/ES, *v. g.*), importa em restauração das normas estatais revogadas pelo diploma objeto do processo de controle normativo abstrato. É que a lei declarada inconstitucional, por incidir em absoluta desvalia jurídica (RTJ 146/461-462), não pode gerar quaisquer efeitos no plano do direito, nem mesmo o de provocar a própria revogação dos diplomas normativos a ela anteriores. Lei inconstitucional, porque inválida (RTJ 102/671), sequer possui eficácia derrogatória. A decisão do Supremo Tribunal Federal que declara, em sede de fiscalização abstrata, a inconstitucionalidade de determinado diploma normativo tem o condão de provocar a repristinação dos atos estatais anteriores que foram revogados pela lei proclamada inconstitucional. Doutrina. Precedentes (ADI 2.215-MC/PE, Rel. Min. CELSO DE MELLO, *Informativo/STF* nº 224, *v. g.*). [...]. ADI 3.148, *DJ* 28 set. 2007.

§ 2º A isenção de que trata este artigo não abrange empresa ou entidade que, tendo personalidade jurídica própria, seja mantida por outra que esteja no exercício da isenção.

A norma jurídica prescrita no § 2º seria mesmo desnecessária, pois o benefício fiscal não pode alcançar empresa ou entidade que, tendo personalidade jurídica própria, seja mantida por outra que esteja no gozo daquele.

Os requisitos arrolados na lei devem ser atendidos cumulativamente.

O reconhecimento de entidade de utilidade pública deve ser feito pela União e pelo respectivo Estado, Distrito Federal ou município onde se encontre a sua sede.

A concessão ou renovação do Certificado de Entidade de Fins Filantrópicos, requisito previsto na redação do art. 55, II, da Lei nº 8.212/91, é efetuada pelo Conselho Nacional de Assistência Social – CNAS, segundo o disposto no Decreto nº 2.536/98, o qual regulamentou o inciso IV do artigo 18 da Lei nº 8.742/93.

Para os fins desse decreto, considera-se entidade beneficente de assistência social a pessoa jurídica de direito privado, sem fins lucrativos, que atue no sentido de:

I – proteger a família, a maternidade, a infância, a adolescência e a velhice;
II – amparar crianças e adolescentes carentes;
III – promover ações de prevenção, habilitação e reabilitação de pessoas portadoras de deficiências;
IV – promover, gratuitamente, assistência educacional ou de saúde;
V – promover a integração ao mercado de trabalho.

Faz jus ao Certificado de Entidade Beneficente de Assistência Social – CEBAS a entidade beneficente de assistência social que demonstre, cumulativamente:

I – estar legalmente constituída no País e em efetivo funcionamento nos três anos anteriores à solicitação do Certificado;
II – estar previamente inscrita no Conselho Municipal de Assistência Social do município de sua sede se houver, ou no Conselho Estadual de Assistência Social, ou Conselho de Assistência Social do Distrito Federal;
III – estar previamente registrada no CNAS;
IV – aplicar suas rendas, seus recursos e eventual resultado operacional integralmente no território nacional e manutenção e no desenvolvimento de seus objetivos institucionais;
V – aplicar as subvenções e doações recebidas nas finalidades a que estejam vinculadas;

VI – aplicar anualmente, em gratuidade, pelo menos vinte por cento da receita bruta proveniente da venda de serviços, acrescida da receita decorrente de aplicações financeira, de locação de bens, de venda de bens não integrantes do ativo imobilizado e de doações particulares, cujo montante nunca será inferior à isenção de contribuições sociais usufruída;

VII – não distribuir resultados, dividendos, bonificações, participações ou parcelas do seu patrimônio, sob nenhuma forma ou pretexto;

VIII – não perceberem seus diretores, conselheiros, sócios, instituidores, benfeitores ou equivalente, remuneração, vantagens ou benefícios, direta ou indiretamente, por qualquer forma ou título, em razão das competências, funções ou atividades que lhes sejam atribuídas pelos respectivos atos constitutivos;

IX – destinar, em seus atos constitutivos, em caso de dissolução ou extinção, o eventual patrimônio remanescente a entidades congêneres registradas no CNAS ou a entidade pública;

X – não constituir patrimônio de indivíduo ou de sociedade sem caráter beneficente de assistência social;

XI – seja declarada de utilidade pública federal.

O Certificado de Entidade de Fins Filantrópicos somente será fornecido a entidade cuja prestação de serviços gratuitos seja permanente e sem qualquer discriminação de clientela, de acordo com o plano de trabalho de assistência social apresentado e aprovado pelo CNAS.

Importa registrar que, recentemente, o Superior Tribunal de Justiça mudou seu entendimento e trilhou posição no sentido da inexistência de direito adquirido à expedição do CEBAS, nos termos do seguinte julgado:

> MANDADO DE SEGURANÇA. CERTIFICADO DE ENTIDADE BENEFICENTE DE ASSISTÊNCIA SOCIAL – CEBAS. INSTITUIÇÃO PORTADORA DE CERTIFICADO PROVISÓRIO DE ENTIDADE DE FINS FILANTRÓPICOS À ÉPOCA DA PUBLICAÇÃO DO DECRETO-LEI 1.572/77. DIREITO ADQUIRIDO À MANUTENÇÃO DE REGIME JURÍDICO. INEXISTÊNCIA. COMPROVAÇÃO DOS REQUISITOS DA NOVEL LEGISLAÇÃO. NECESSIDADE. DIREITO LÍQUIDO E CERTO. INEXISTÊNCIA. DILAÇÃO PROBATÓRIA. NECESSIDADE.
>
> 1. A declaração de intributabilidade pertinente a relações jurídicas que se sucedem no tempo não ostenta o caráter de imutabilidade e de normatividade de forma a abranger eventos futuros (*RTJ* 106/1189).
>
> 2. A assertiva opera-se *pro et* contra o contribuinte, por isso que, se por um lado não há direito adquirido a regime jurídico tributário, por outro a declaração de que

indevida a exação fiscal em determinado exercício, não se reveste do manto da coisa julgada em relação aos posteriores (*ratio essendi* da Súmula 239, do CPC).

3. A obtenção do certificado de entidade beneficente, posto ostentarem os estatutos finalidades filantrópicas na forma do Decreto-Lei 1.572/77, não exonera a pessoa jurídica, findo o prazo da isenção, da satisfação dos requisitos da *lege superveniens, in casu*, a Lei 8.212/91, no seu artigo 55, no afã de persistir no gozo do benefício fiscal, exatamente por força da não imutabilidade do regime fiscal.

4. Deveras, apreciando a questão do cognominado CEBAS, decidiu o Eg. STF que "sendo o Certificado de Entidade de Fins Filantrópicos mero reconhecimento, pelo Poder Público, do preenchimento das condições de constituição e funcionamento, que devem ser atendidas para que a entidade receba o benefício constitucional, não ofende os arts. 146, II, e 195, § 7º, da Constituição Federal a exigência de emissão e renovação periódica prevista no art. 55, II, da Lei 8.212/91" (RE-AgR 428815/AM, Relator Ministro Sepúlveda Pertence, Primeira Turma, publicado no *DJ* de 24.6.2005).

5. O mandado de segurança é servil à comprovação desses requisitos, restando inviável extingui-lo em razão da oposição da entidade fiscal ou da necessidade de análise da documentação acostada, porquanto nenhuma dessas circunstâncias retira a liquidez e certeza do direito. Na primeira hipótese, porque a complexidade jurídica da causa não desqualifica a incontestabilidade do direito *in foco*, mercê de a entidade, nas informações, ter o dever de provar as objeções ao pedido formulado no *writ*. Na segunda hipótese, porque a documentação acostada pelo impetrante representa a denominada prova pré-constituída exigível para o *mandamus*.

6. É cediço que, para obter o favor fiscal (isenção da quota patronal da contribuição previdenciária), a entidade beneficente de assistência social carece comprovar, entre outros requisitos cumulativos, ser portadora do Certificado e do Registro de Entidade de Fins Filantrópicos, fornecido pelo Conselho Nacional de Assistência Social, renovado a cada três anos (artigo 55, inciso II, da Lei 8.212/91).

7. A concessão do Certificado e do Registro de Entidade de Fins Filantrópicos, pelo Conselho Nacional de Assistência Social, *ex vi* dos artigos 9º e 18, IV, da Lei 8.742/93 (LOAS) c/c o artigo 3º, do Decreto 2.536/98, reclama a demonstração cumulativa: (a) de estar legalmente constituída no País e em efetivo funcionamento nos três anos anteriores à solicitação do Certificado; (b) de estar previamente inscrita no Conselho Municipal de Assistência Social do município de sua sede se houver, ou no Conselho Estadual de Assistência Social, ou Conselho de Assistência Social do Distrito Federal; (c) de estar previamente registrada no CNAS; (d) da aplicação de suas rendas, seus recursos e eventual resultado operacional integralmente no território nacional e manutenção e no desenvolvimento de seus objetivos institucionais; (e) da aplicação das subvenções e doações recebidas nas finalidades a que estejam vinculadas; (f) da aplicação anual, em gratuidade, de pelo menos vinte por cento da receita bruta proveniente da venda de serviços, acrescida da receita decorrente de aplicações financeiras, de locação de bens, de venda de bens não integrantes do ativo imobilizado e de doações particulares, cujo montante nunca será inferior à isenção de contribuições sociais usufruída; (g) da não distribuição de resultados, dividendos, bonificações,

participações ou parcelas do seu patrimônio, sob nenhuma forma ou pretexto; (h) da não percepção, por seus diretores, conselheiros, sócios, instituidores, benfeitores ou equivalente, de remuneração, vantagens ou benefícios, direta ou indiretamente, por qualquer forma ou título, em razão das competências, funções ou atividades que lhes sejam atribuídas pelos respectivos atos constitutivos; (i) da destinação, em seus atos constitutivos, em caso de dissolução ou extinção, do eventual patrimônio remanescente a entidades congêneres registradas no CNAS ou a entidade pública; (j) da não constituição de patrimônio de indivíduo ou de sociedade sem caráter beneficente de assistência social; (k) de ser declarada de utilidade pública federal.

8. *In casu*, a autoridade impetrada indeferiu o CEBAS, sob o fundamento de que a entidade, dita beneficente, teria deixado de demonstrar a aplicação anual, em gratuidade, de pelo menos vinte por cento da receita bruta proveniente da venda de serviços, acrescida da receita decorrente de aplicações financeiras, de locação de bens, de venda de bens não integrantes do ativo imobilizado e de doações particulares (artigo 3º, VI, do Decreto 2.536/98).

9. Deveras, não obstante a vastidão de documentos e contas apresentadas pela impetrante, não se vislumbra o direito líquido e certo alegado, em virtude da imprescindibilidade de produção de prova pericial contábil a fim de demonstrar o cumprimento da exigência de aplicação de percentual mínimo em gratuidade, *ex vi* dos Decretos 752/93 e 2.536/98, o que revela a inadequação da via eleita, ressalvando-se o direito do impetrante discutir a *quaestio* em demanda de cognição exauriente.

10. Mandado de segurança denegado.[210]

Esse entendimento acabou consolidado com a edição da Súmula 352 do Supremo Tribunal de Justiça:

A obtenção ou a renovação do Certificado de Entidade Beneficente de Assistência Social (Cebas) não exime a entidade do cumprimento dos requisitos legais supervenientes.

Registre-se que o Supremo Tribunal Federal, no julgamento do RMS nº 24065,[211] decidiu afetar ao Plenário exame de recurso ordinário em mandado de segurança no qual instituição beneficente de assistência social pretende, para gozar da imunidade aqui tratada, a renovação do seu certificado de entidade de fins filantrópicos, pedido esse indeferido pelo Conselho Nacional de Assistência Social (CNAS), porquanto não comprovada a aplicação anual de, pelo menos, 20% da receita bruta em gratuidade. Alega a recorrente que o Decreto nº 752/93,[212] ao determinar a aplicação do aludido percentual, possui natureza autônoma, haja

210 STJ, MS nº 11394, *DJ* 2 abr. 2007.

211 *DJ* 12 jun. 2008.

212 Revogado pelo Decreto nº 2.536/98.

vista a inexistência de lei que estabeleça tal obrigatoriedade. Nesse sentido, aduz que a imunidade constitui limitação ao poder de tributar e que a expressão *em lei*, contida na parte final do citado § 7º, deve ser entendida como lei complementar, em razão do que estabelece o art. 146, II, da Constituição Federal. Na falta de lei complementar específica disciplinando as condições a serem preenchidas pelas entidades beneficentes, alega a recorrente que devem incidir apenas os requisitos dispostos nos artigos 9º e 14 do Código Tributário Nacional.[213]

Já registramos nossa discordância com a necessidade de lei complementar e consequente incidência do Código Tributário Nacional na espécie. A questão das disposições autônomas do decreto é relevante, na medida em que, efetivamente, não encontra fundamento legal e não enquadra-se na autorização constitucional concedida pela EC nº 32/01 ao Presidente da República.[214]

2.6.4.3.1 Situação atual

Em 30.11.09 foi publicada a Lei nº 12.101, a qual alterou profundamente a sistemática de concessão do certificado de entidade filantrópica, bem como os procedimentos para o gozo da referida imunidade.

Agora, nos termos do art. 21 da nova lei, a análise e a decisão dos requerimentos de concessão ou de renovação dos certificados das entidades beneficentes de assistência social serão apreciadas no âmbito dos seguintes Ministérios:

I – da Saúde, quanto às entidades da área de saúde;

II – da Educação, quanto às entidades educacionais; e

III – do Desenvolvimento Social e Combate à Fome, quanto às entidades de assistência social.

Considerando que desde a criação da Secretaria da Receita Federal do Brasil o Ministério da Previdência Social não trata mais do custeio da Seguridade Social, referida Pasta não participa do processo de reconhecimento da imunidade. Mais. No período pretérito, os próprios Fiscais Previdenciários

---

213 Cfe. STF, *Informativo* nº 509.

214 CF/88. Art. 84. Compete privativamente ao Presidente da República:

VI – dispor, mediante decreto, sobre: (Redação dada pela Emenda Constitucional nº 32, de 2001)

a) organização e funcionamento da administração federal, quando não implicar aumento de despesa nem criação ou extinção de órgãos públicos; (Incluída pela Emenda Constitucional nº 32, de 2001)

b) extinção de funções ou cargos públicos, quando vagos; (Incluída pela Emenda Constitucional nº 32, de 2001).

promoviam auditorias nas entidades filantrópicas, a fim de conferirem, *in locu*, o cumprimento das exigências legais. Esses procedimentos eram fundamentais para a saúde financeira do sistema, pois, ao lado de verdadeiras filantrópicas que prestam um serviço essencial à sociedade, correm soltas outras, não à toa denominadas "pilantrópicas", as quais nada realizam de assistência social e não raro frequentam as páginas policiais sob acusações de lavagem de dinheiro e outros crimes contra a ordem tributária – a renúncia fiscal em questão envolve aproximadamente R$ 5 bilhões/ano.

De acordo com a nova lei, os Ministérios arrolados acima serão os responsáveis pela certificação da filantropia em questões não tributárias – já que estas estão – ou deveriam estar – sob a mira da Nova Receita. Um detalhe, porém, parece ter passado despercebido: quem realizará as fiscalizações externas – *in locu* – se nenhuma daquelas Pastas possui quadro próprio de fiscais? Esta é uma questão para a qual não temos resposta, mas certamente implicará outro duro golpe contra a Seguridade Social causado pela criação "da Super-receita".

Em 21.7.10, oito meses após a publicação da nova lei, foi publicado o Decreto nº 7.237 com a finalidade de regulamentá-la.

Uma última palavra é pertinente. A assistência social será prestada a quem dela necessitar e tem por objetivo oferecer o mínimo vital aos desamparados, o que, na forma do artigo 6º da Constituição Federal, integra o catálogo dos direitos e garantias fundamentais. Dessa forma, podemos constatar que a imunidade em questão consagra um valor constitucionalmente relevante, o qual não está ao alcance do poder constituinte derivado por força do artigo 60, § 4º, IV, da Constituição Federal. Sendo assim, essa imunidade não pode ser revogada sem ofensa à Constituição, exatamente por ser desdobramento de um direito fundamental.

2.6.4.4 A hipótese do artigo 155, § 3º

A redação original dessa disposição constitucional determinava que à exceção do ICMS e dos impostos aduaneiros, nenhum outro tributo incidiria sobre operações relativas a energia elétrica, combustíveis líquidos e gasosos, lubrificantes e minerais do País.

A interpretação meramente literal leva à conclusão de que estamos diante de mais uma imunidade no campo das contribuições de seguridade social. Mas, por força da interpretação sistemática, a norma jurídica em estudo deve ser interpretada levando em consideração o princípio da solidariedade contributiva, segundo o qual todos devem contribuir para a seguridade social. Dessa forma, concluímos que as contribuições de seguridade social não estão abrangidas por essa norma constitucional.

O Supremo Tribunal Federal julgou a matéria em 1.7.99, considerando constitucional a cobrança da COFINS sobre as operações referidas no citado § 3º, de acordo com o princípio da solidariedade contributiva, como observa Zélia Luiza Pierdoná.[215]

Com a promulgação da Emenda Constitucional nº 33/01 a discussão perdeu o sentido, tendo em vista a nova redação do referido parágrafo:

> § 3º À exceção dos impostos de que tratam o inciso II do *caput* deste artigo e o art. 153, I e II, nenhum outro imposto poderá incidir sobre operações relativas a energia elétrica, serviços de telecomunicações, derivados de petróleo, combustíveis e minerais do País.

Resta claro, agora, que a imunidade em questão diz respeito exclusivamente a impostos, não a contribuições.[216]

2.6.4.5 *Limitação constitucional da anterioridade especial*

A limitação constitucional da anterioridade especial está prevista no artigo 195, § 6º, segundo o qual as contribuições de seguridade social só poderão ser exigidas após decorridos 90 dias da data da publicação da lei que as houver instituído ou modificado, não se lhes aplicando a limitação constitucional da anterioridade plena.

Note-se que, no regime anterior à Emenda Constitucional nº 42/03, isso não significava dizer que o prazo para a exigibilidade das contribuições de seguridade social seria sempre menor em relação ao prazo dos demais tributos, visto que, quanto aos últimos, uma lei instituidora publicada no último dia de um exercício já tornava o tributo exigível no início do exercício seguinte – não obstante respeitáveis opiniões em sentido contrário –, enquanto que, para as contribuições de seguridade social, uma lei publicada no último dia de um exercício ficará, irremediavelmente, sujeita à noventena.[217]

A limitação constitucional aqui estudada diz respeito à garantia do contribuinte e está relacionada com o princípio da não surpresa. Da mesma forma, a limitação constitucional da anterioridade, plena ou mitigada, decorre do princípio da segurança jurídica. Por essa razão, somente tem aplicação nos casos de

---

215 Cf. *Contribuições para a seguridade social*, p. 100.

216 Note-se a importância da determinação da natureza jurídica das contribuições. Se imposto fossem, estariam abarcadas por essa disposição constitucional.

217 Como exemplo máximo desse abuso, veja-se a Lei nº 8.383, publicada no dia 31 de dezembro de 1991, para produzir efeitos financeiros já no primeiro dia do exercício seguinte, ou seja, no dia seguinte!

aumento da carga tributária, jamais quando a norma jurídica vier reduzir tributo ou mesmo suprimi-lo.

De fato, quando a lei nova extingue ou reduz o tributo, deve ter aplicação imediata, não se impondo a noventena. Consequentemente, a nova carga tributária, de imediato, será suprimida ou reduzida.

Situação diversa ocorre na hipótese em que nova contribuição de seguridade social é instituída em substituição à anterior. A contribuição nova – disso não há dúvidas – está sujeita à aludida limitação, sendo exigível somente após decorridos 90 dias da publicação da nova lei. A extinção da contribuição antiga, entretanto, nessa hipótese, também estará sujeita às consequências da referida limitação, pois não soa lógico imaginar um *vazio de exigibilidade* quando a intenção do legislador era a de substituir uma pela outra. A estreita relação entre custeio e benefício, decorrente da regra da contrapartida, reforça esse argumento.

O Tribunal Regional Federal da 4ª Região, ao julgar ação onde discutia-se a exigibilidade de contribuição previdenciária criada por Estado, para custear regime próprio, em substituição à contribuição devida ao regime geral de previdência social, assim decidiu:

> PREVIDENCIÁRIO. ESTADO. REGIME PRÓPRIO. ANTERIORIDADE MITIGADA. CUSTEIO. BENEFÍCIO. A contribuição criada pelo Estado para custeio de sistema de previdência e assistência social próprio está sujeita ao princípio da anterioridade mitigada do § 6º do art. 195, da CF.
>
> Sendo o sistema previdenciário caracterizado por um plano de custeio e benefícios, é inviável sustentar-se que o servidor estadual, mesmo sem contribuir para a previdência do Estado, estaria amparado por ela nesse lapso intermediário. O regime próprio, portanto, só passa a viger noventa dias após a sua instituição, quando passa a ser custeado pelos beneficiários. Até lá, os servidores estão sujeitos ainda ao regime geral, sendo devida a contribuição objeto de execução.
>
> Apelo provido.[218]

Na hipótese de instituição ou majoração de contribuição de seguridade social por meio de medida provisória, a noventena é contada a partir da data da publicação da referida espécie normativa. Nesse sentido é a jurisprudência do Supremo Tribunal Federal:

> TRIBUTÁRIO. PIS E COFINS. HIERARQUIA DAS LEIS. CONSTITUCIONALIDADE DAS LEIS 9.715/98 E 9.718/98. MAJORAÇÃO DE ALÍQUOTA. PRAZO NONAGESIMAL. OBSERVÂNCIA. I – o Pleno desta Corte já analisou e declarou constitucional as Leis 9.715/98 e 9.718/98. Inocorrência de afronta ao princípio da hierarquia das leis.

---

[218] TRF 4ª R, AC nº 1999.04.01.131601-5, *DJU* 31 jan. 2001.

II – O prazo nonagesimal (CF, art. 195, § 6º) é contado a partir da publicação da Medida Provisória que houver instituído ou modificado a contribuição. Precedentes. III – Constitucionalidade da exigência do PIS, com as alterações introduzidas pela Lei 9.715/98, para os fatos geradores ocorridos a partir da contagem do prazo nonagesimal da MP 1.212/95. IV – Agravo Regimental improvido.[219]

2.6.4.6 Regra da contrapartida

Uendel Domingues Ugatti ensina que a regra da contrapartida passou a integrar o Texto Constitucional por meio da Emenda Constitucional nº 11/65, a qual acrescentou ao artigo 157 o parágrafo segundo, nesses termos:

> Nenhuma prestação de serviço de caráter assistencial ou de benefício compreendido na previdência social poderá ser criada, majorada ou estendida sem a correspondente fonte de custeio total.[220]

Para Wagner Balera a regra da contrapartida é limitação constitucional dirigida contra abusos do Poder Legislativo, o qual, "seduzido pela demagogia (notadamente em anos eleitorais), viesse a cometer, mediante a criação de prestações que não tivessem previsão das respectivas receitas de cobertura". Por essa razão, esse autor define a regra da contrapartida como "garante" do sistema.[221]

A regra da contrapartida está umbilicalmente relacionada com a saúde financeira de um plano de seguridade social, é dizer, com a elaboração do plano de custeio, o qual é definido nesses termos por Rio Nogueira:

> O conjunto de normas quantificadoras das receitas que deverão ser investidas pela entidade, a fim de gerar os recursos necessários e suficientes à cobertura dos compromissos por ela assumidos em relação a toda a massa amparada, quer em relação a prestações já iniciadas, quer em relação a prestações a conceder. [222]

Segundo o mesmo autor, o atuário tem vasto campo para fixar as receitas necessárias, devendo, todavia, atender a duas condições:

> a) Princípio do equilíbrio financeiro:
> O valor descontado provável do fluxo constituído pelas receitas deve igualar o valor descontado provável do fluxo das despesas de prestações.

---

219 RE-AgR nº 400287, *DJ* 22 jun. 2007.

220 Cf. *O princípio constitucional da contrapartida na seguridade social*, p. 74.

221 Cf. *Noções preliminares de direito previdenciário*, p. 123-124.

222 *A crise moral e financeira da previdência social*, p. 34.

b) Princípio da solvência:

O montante capitalizado das receitas previstas para um lapso qualquer, contado a partir da data da implantação, não pode ser inferior ao montante capitalizado das despesas previstas para esse mesmo lapso.[223]

De posse desses conceitos, o atuário deve fixar o regime financeiro apto para fazer frente às despesas da seguridade social. No Brasil, citado regime veio à lume com a edição da Lei nº 8.212/91, a qual instituiu um *Plano de Custeio*. Referido instrumento normativo, entretanto, de forma inacreditável, não foi precedido de estudo adequado para apontar as reais bases financeiras suficientes para o equilíbrio atuarial do sistema, considerando-se, inclusive, o aumento anual da expectativa de vida da população decorrente da diminuição da taxa de mortalidade e o aumento da taxa de natalidade, fatores que influenciam diretamente as despesas da seguridade social.

Uendel Domingues Ugatti observa que a regra da contrapartida, denominada por ele de *princípio* da contrapartida, assim como as demais "premissas constitucionais traçadas para o exercício da competência legislativa na instituição de contribuições e prestações da seguridade social", são aplicáveis à União, Estados, Distrito Federal e Municípios, quando legislarem sobre os respectivos regimes próprios de previdência social. Reforça seu argumento na seguinte decisão do Supremo Tribunal Federal, proferida na Ação Direita de Inconstitucionalidade nº 1002:

> Ementa: DIREITO CONSTITUCIONAL E PREVIDENCIÁRIO. AÇÃO DIRETA DE INCONSTITUCIONALIDADE. LEI Nº 511, DE 4.10.1993, QUE ACRESCENTOU O INCISO VI AO ART. 5º DA LEI Nº 135, DE 23.10.1986, AMBAS DO ESTADO DE RONDÔNIA. CONSTITUIÇÃO FEDERAL, ARTS. 195, *CAPUT* E § 5º; 194, PARÁGRAFO ÚNICO, E 149, § 1º. LEI FEDERAL Nº 8.213, DE 24.7.1991. 1. O dispositivo impugnado incluiu, para fins previdenciários, como dependentes dos associados, "os pais, que forem aposentados e pensionistas do Instituto Nacional de Seguridade Social – INSS e outros, cujas rendas não ultrapassem o valor de dois salários-mínimos", violando o § 5º do art. 195 da Constituição Federal, segundo o qual "nenhum benefício ou serviço de seguridade social pode ser criado, majorado ou estendido sem correspondente fonte de custeio total". 2. Tal norma constitucional federal (art. 195, § 5º) está inserida nas Disposições Gerais da Seguridade Social, a serem observadas, por isso mesmo, também pelos Estados, sem prejuízo do disposto no parágrafo 1º do art. 149. 3. O parágrafo único do art. 194 da C.F. deixou claro que ao Poder Público compete, nos termos da lei, organizar a seguridade social, com observância dos princípios enunciados em seus incisos, dentre eles o da equidade na forma de participação no custeio, como

223 Idem, p. 34.

estabelecido no *caput*, seus incisos e parágrafos do art. 195. 4. E a Lei nº 8.213, de 24.7.1991, que dispôs sobre Planos de Benefícios da Previdência Social, não inclui, como dependentes do segurado, "os pais, que forem aposentados e pensionistas do INSS e outros, cujas rendas não ultrapassem o valor de dois salários-mínimos", como fez a norma impugnada, sem a correspondente fonte de custeio total. 5. Ação Direta julgada procedente, declarando-se a inconstitucionalidade da Lei nº 511, de 4.10.1993, que acrescentou o inciso VI ao art. 5º da Lei nº 135, de 23.10.1986, ambas do Estado de Rondônia. 6. Plenário. Decisão unânime.[224]

A regra da contrapartida, ensina Wagner Balera, está associada à noção de "caixa" como regra elementar de contabilidade. "Não é por acaso que a entidade previdenciária, em tempos passados, era conhecida como a 'CAIXA'"![225] Ainda, segundo o mesmo autor, a regra da contrapartida deve ser observada em qualquer sistema de proteção social, seja o básico, seja o complementar.[226]

Mas não basta o respeito à regra da contrapartida para garantir o equilíbrio atuarial do sistema. É preciso pôr fim à prática consagrada da União de desviar recursos da seguridade social para outras áreas do governo, em flagrante prejuízo das ações de saúde, assistência e previdência social.

2.6.4.7 *Limitações constitucionais referentes à instituição de contribuições residuais*

O *caput* do artigo 195 da Constituição Federal arrola as contribuições de seguridade social ordinárias, ou seja, aquelas já previstas no próprio Texto e que podem ser instituídas por meio de simples lei ordinária, como já vimos.

Consciente das variações que podem afetar o equilíbrio financeiro da seguridade social, bem como da natural expansão que é de se esperar do sistema, o constituinte não deixou o legislador infraconstitucional de mãos amarradas. Autorizou, no § 4º do mesmo artigo, a instituição de contribuições residuais, nos seguintes termos: "a lei poderá instituir outras fontes destinadas a garantir a manutenção ou expansão da seguridade social, obedecido o disposto no art. 154, I". Exemplo do exercício dessa competência residual foi a Lei Complementar nº 84/96, a qual instituiu "fonte de custeio para a manutenção da Seguridade Social, na forma do § 4º do art. 195 da Constituição Federal". Referida lei foi expressamente revogada pela Lei nº 9.876/99, sem vício de inconstitucionalidade, pois após a promulga-

---

224 Cf. *O princípio constitucional da contrapartida na seguridade social*, p. 99.

225 Cf. Contribuições sociais, *Caderno de Pesquisa Tributária*, nº 17, p. 321.

226 Cf. A proteção jurídica dos bens que integram o patrimônio das entidades de previdência complementar, *Revista de Direito Social*, nº 8, p. 95.

ção da Emenda Constitucional nº 20/98 toda matéria disciplinada naquela lei complementar passou ao campo de atuação da lei ordinária.[227]

Dentre os limites da eleição da hipótese de incidência tributária das contribuições, quaisquer que sejam estas, parte da doutrina aponta a impossibilidade de descrever-se fato gerador próprio da competência tributária dos Estados ou Municípios, o que implicaria atingir a repartição de competência tributária delimitada pela Constituição, pois a competência para a instituição das contribuições em estudo é exclusiva da União.[228]

Não concordamos com essa conclusão.

O argumento mais sólido parece repousar na interpretação *a contrario sensu* do artigo 154, II, da Constituição Federal,[229] segundo o qual a invasão da competência tributária das demais pessoas políticas depende, para a União, de autorização expressa.[230]

Ocorre que o artigo 154, em sua totalidade, diz respeito aos *impostos*. No inciso I trata da competência residual da União e no inciso II trata dos impostos de guerra, mas, sempre e sem exceção, em relação a *impostos*. Daí que essa autorização expressa, para nós, diz respeito exclusivamente aos impostos, não às contribuições.

Tal raciocínio é coerente com a interpretação dada ao artigo 195, § 4º, *in fine*, da Constituição Federal, no sentido de que a determinação da observação do disposto no artigo 154, I, significa dizer apenas da necessidade de lei complementar para o exercício da competência residual. Não negamos, é verdade, a péssima técnica adotada pelo legislador constituinte. Melhor se tivesse dito isso no próprio artigo 195, § 4º. Mas a redação truncada de textos legais não deve assustar o intérprete.

A jurisprudência do Supremo Tribunal Federal trilha no mesmo sentido do texto:

---

227 Dentre outros, no sentido da possibilidade de alteração de lei formalmente complementar, mas materialmente ordinária por outra lei ordinária, vide RE-AgR nº 517414, *DJ* 2 maio 2008.

228 Nesse sentido, Roque Antonio Carrazza, *Curso de direito constitucional tributário*, p. 543.

229 Art. 154. A União poderá instituir:

I – mediante lei complementar, impostos não previstos no artigo anterior, desde que sejam não cumulativos e não tenham fato gerador ou base de cálculo próprios dos discriminados nesta Constituição;

II – na iminência ou no caso de guerra externa, impostos extraordinários, compreendidos ou não em sua competência tributária, os quais serão suprimidos, gradativamente, cessadas as causas de sua criação.

230 Nesse sentido, Hugo de Brito Machado (Coordenador), *As contribuições no sistema tributário brasileiro*, p. 12.

Ementa: Contribuição social. Constitucionalidade do artigo 1º, I, da Lei Complementar nº 84/96. – O Plenário desta Corte, ao julgar o RE 228.321, deu, por maioria de votos, pela constitucionalidade da contribuição social, a cargo das empresas e pessoas jurídicas, inclusive cooperativas, incidente sobre a remuneração ou retribuição pagas ou creditadas aos segurados empresários, trabalhadores autônomos, avulsos e demais pessoas físicas, objeto do artigo 1º, I, da Lei Complementar nº 84/96, por entender que não se aplica às contribuições sociais novas a segunda parte do inciso I do artigo 154 da Carta Magna, ou seja, que elas não devam ter fato gerador ou base de cálculos próprios dos impostos discriminados na Constituição. – Nessa decisão está ínsita a inexistência de violação, pela contribuição social em causa, da exigência da não cumulatividade, porquanto essa exigência – e é este, aliás, o sentido constitucional da cumulatividade tributária – só pode dizer respeito à técnica de tributação que afasta a cumulatividade em impostos como o ICMS e o IPI – e cumulatividade que, evidentemente, não ocorre em contribuição dessa natureza cujo ciclo de incidência é monofásico –, uma vez que a não cumulatividade no sentido de sobreposição de incidências tributárias já está prevista, em caráter exaustivo, na parte final do mesmo dispositivo da Carta Magna, que proíbe nova incidência sobre fato gerador ou base de cálculo próprios dos impostos discriminados nesta Constituição. – Dessa orientação não divergiu o acórdão recorrido. Recurso extraordinário não conhecido.[231] (grifo nosso)

Dessa forma, a referência ao artigo 154, I, diz respeito tão somente à exigência de lei complementar para o exercício da competência residual.

Veja-se ainda que o artigo 195, § 4º, autoriza a instituição de novas fontes não só para garantir a expansão do sistema de seguridade social, mas também para garantir a sua manutenção, o que significa dizer que novas contribuições podem ser criadas sem a ampliação dos benefícios ou serviços já existentes, mas, sempre e sempre, na medida da necessidade do equilíbrio financeiro e atuarial do sistema.

Para Uendel Domingues Ugatti essa observação não passou despercebida:

O princípio da contrapartida atua, de forma nítida, como fundamento de validade de todo o sistema de seguridade social, pois todas as prestações, seja nas áreas de saúde, previdência ou assistência social, apenas podem existir ou ser instituídas pelo legislador ordinário com a respectiva previsão da fonte de custeio total, assim como a criação de fontes de custeio encontram-se atreladas às prestações sempre de acordo com o plano atuarial, sob pena de sua nulidade, por absoluta ausência de fundamento de validade.[232]

[231] STF, RE nº 258.470, *DJ* 12 maio 2000.

[232] *O princípio constitucional da contrapartida na seguridade social*, p. 106.

Dessa forma, merece temperos a interpretação dada por alguns à regra da contrapartida no sentido de que ela veda a majoração ou criação de contribuição sem a correspondente ampliação ou criação de benefício ou serviço. Não. Ela veda a majoração ou criação de contribuição sem causa suficiente, ou seja, sem necessidade imposta pelo equilíbrio financeiro e atuarial do sistema, o que pode permitir majoração ou criação de contribuição, sem qualquer reflexo nos benefícios ou serviços existentes. Exemplo disso ocorrerá se porventura as despesas superarem as receitas do sistema. Novas fontes serão criadas sem necessidade de criação, majoração ou extensão de benefícios ou serviços, mas simplesmente destinadas a garantir a manutenção da seguridade social.

A competência residual vem ao encontro do princípio da diversidade da base de financiamento e complementa o princípio da solidariedade contributiva.

O legislador pode, então, escolher novos comportamentos humanos aptos a configurarem o aspecto material da hipótese de incidência de contribuições de seguridade social.[233]

---

[233] Na defesa de nossa dissertação de Mestrado na PUC/SP, tivemos a oportunidade de apresentar uma nova limitação constitucional à instituição de contribuições de seguridade social, denominada por nós de "necessidade de correlação lógica entre os contribuintes e a finalidade da contribuição". Diz respeito a uma situação peculiar muito pouco estudada pela doutrina, não obstante estar diretamente relacionada com a constitucionalidade das contribuições. Essa limitação é daquela espécie relacionada ao *conteúdo da norma*, segundo a classificação de Marco Aurélio Greco, pois inibe preceitos que atinjam determinadas pessoas, quais sejam, aquelas que não têm correlação lógica com a finalidade da contribuição. Dentre os raros doutrinadores pátrios que debruçaram-se sobre o tema encontramos Geraldo Ataliba, o qual, em que pese adotar classificação jurídica dos tributos diversa daquela seguida por nós, observou com precisão que: *Impõe-se, destarte, reconhecer a necessidade – constitucionalmente postulada – de que haja, ainda que indiretamente (embora clara e objetiva), correlação entre os beneficiários da ação do estado e as pessoas chamadas a contribuir; ou seja: correlação entre os efeitos ou causa da ação estatal custeada pela "contribuição" e seus contribuintes (sujeitos passivos)* (*Hipótese de incidência tributária*, p. 205. Geraldo Ataliba diferencia a correlação entre os efeitos ou causa da ação estatal em função de sua classificação das contribuições em provocantes ou provocadas). O mesmo autor ensina que a ausência de discricionariedade do legislador infraconstitucional no que diz respeito à fixação do sujeito passivo também está presente nos demais tributos. Dessa forma, "sujeito passivo só quem, nos impostos, revele capacidade econômica (art. 145, § 1º) provocando o fato ou dele participando, ou quem receba os atos de polícia ou serviços públicos (art. 145, II) ou, ainda o proprietário imobiliário (art. 145, III)". (Idem, p. 34).

Marco Aurélio Greco, após afastar a postura no sentido de que é possível sustentar que todo e qualquer pressuposto escolhido pelo legislador ordinário estaria legitimado em função da validação finalística das contribuições, afirma que é necessário verificar a compatibilidade entre os meios eleitos e os fins visados, por meio dos critérios de necessidade, adequação e proibição de excesso, daí ser "pertinente verificar se o fenômeno captado pela contribuição está em sintonia com a finalidade. Uma contribuição que defina como fato determinante do dever de pagar algo que não tem nenhuma relação com a finalidade que justifica sua instituição fere a norma da validação constitucional por desatender ao requisito da adequação" (*Contribuições*: uma figura *sui generis*, p. 142). Aprofundemos o tema. No caso das contribuições corporativas não é difícil vislumbrar a necessidade de correlação lógica entre os contribuintes e a finalidade da contribuição. Salta aos olhos que integrantes da categoria profissional de engenharia não podem ser eleitos sujeitos passivos da contribuição corporativa de interesse da categoria profissional de advogado, pois os primeiros não têm qualquer relação com a finalidade desta contribuição. Se a finalidade da contribuição cobrada dos integrantes da categoria profissional de advogado é propiciar recursos financeiros para o desenvolvimento de atividades de regulação e defesa do exercício profissional desta categoria, por meio de sua respectiva entidade de classe, fica claro que somente pode ser eleito contribuinte aquele que tiver relação direta com a atividade profissional ou econômica que se pretende regular, ou seja, os advogados. A correlação lógica está presente sempre que os contribuintes estiverem relacionados com a finalidade da contribuição. Há uma nítida relação de adequação entre meios e fins, pois o comportamento humano colhido pela norma jurídica de tributação – sempre relacionado com alguém: o sujeito passivo ou contribuinte –, é dizer, o exercício da atividade de advocacia, é meio adequado para o alcance da finalidade da contribuição.

Nas contribuições interventivas não é diferente. Somente poderá ser eleito sujeito passivo da exação aquele que estiver relacionado com a exploração da atividade econômica onde se pretenda intervir. E a intervenção sempre terá finalidade, qual seja, regular a atividade econômica de forma a assegurar os valores constitucionalmente protegidos. Mais difícil é apurar essa correlação lógica no trato das contribuições sociais de seguridade social, pois suas ações são dirigidas para toda a sociedade. Daí, poderíamos concluir que qualquer um poderia ser chamado, indistintamente, para ocupar o polo passivo na relação jurídico-tributária. Mas não é bem assim. Geraldo Ataliba, com sua especial visão das contribuições, também deparou-se com essa dificuldade, o que o levou a concluir "ter cabimento, na teoria das contribuições, elaborada no plano financeiro, estender o círculo dos sujeitos passivos às pessoas indiretamente relacionadas com a ação estatal pela contribuição suportada" (Cf. *Hipótese de incidência tributária*, p. 205). Com efeito, devemos considerar aqui o princípio da solidariedade contributiva, segundo o qual todos devem contribuir para a seguridade social. Referido princípio, todavia, deve ser ponderado com os demais princípios aplicáveis no trato das contribuições, tais como os princípios da igualdade e da proporcionalidade. A respeito deste último, Eduardo Rocha Dias afirma: *O princípio da proporcionalidade, com suas máximas de adequação, necessidade e proporcionalidade em sentido estrito, constitui limite para a cobrança de contribuições, permitindo aferir a idoneidade destas últimas para a consecução dos fins previstos pela Constituição* (Hugo de Brito Machado (Coordenador), *As contribuições no sistema tributário brasileiro*, p. 233). Não cansamos de dizer que seguridade social abrange ações de saúde, assistência e previdência social. O regime de saúde assegura acesso universal, não obstante permitir a instituição de contribuições específicas a título de fonte adicional de custeio. O regime de assistência social, por sua vez, é não contributivo, pois "a assistência social será prestada a quem dela necessitar, independentemente de contribuição à seguridade social" (Aqui Constituição Federal, artigo 203). Por outro lado, o regime previdenciário é contributivo, o que significa dizer que somente terão acesso aos benefícios e serviços da previdência social aqueles que contribuírem (Idem, artigo 201). Levando em consideração as prestações de saúde, assistência e previdência social, podemos dividir os participantes do sistema em dois grandes grupos: um grupo de beneficiários gerais, formado por aqueles que não são atingidos pelas prestações previdenciárias, e outro grupo de beneficiários especiais, integrado por pessoas que se encontram numa situação específica porque recebem um *plus* do sistema em relação aos beneficiários gerais, exatamente as vantagens das prestações de previdência social. Seguindo essa linha de raciocínio, os beneficiários gerais não podem ser chamados para contribuir, na medida em que não são destinatários da proteção previdenciária. O financiamento da seguridade social, portanto, ficará a cargo dos beneficiários especiais, ou seja, somente daqueles que recebem um *plus* do sistema. Nota-se, facilmente, que esse *plus* é o elemento que justifica a cobrança das contribuições de seguridade social. Basta um breve lançar de olhos para verificar que todos os contribuintes arrolados no artigo 195 da Constituição Federal, ou seja, os contribuintes das contribuições de seguridade social, recebem esse *plus* do sistema. Pois bem, não há como ser instituída uma contribuição de seguridade social restrita ao grupo dos beneficiários gerais sem quebra da necessária correlação lógica entre contribuintes e finalidade da contribuição. Não há relação de adequação entre meios e fins, pois eventual contribuinte eleito pela norma jurídica de tributação estaria desprestigiado em relação à finalidade da contribuição, exatamente por receber um grau menor de proteção

2. Contribuições de seguridade social

- **2.1 Conceito**
  Tributos com finalidade constitucionalmente determinada a financiar as atividades do Estado na área de seguridade social, aí compreendidas as ações de saúde, assistência e previdência social – regra-matriz: art. 195, CF/88.
  Competência exclusiva da União.
  Solidariedade é característica indelével – relativa a toda população brasileira.

- **2.2 Distinção do imposto**
  Teoria Tricotômica – contribuições de seguridade social: ora imposto, ora como taxa.
  Distinção marcante: aos impostos é expressamente vedada a vinculação de sua receita a órgão, fundo ou despesas; nas contribuições a finalidade é constitucionalmente determinada.

- **2.3 Distinção da taxa**
  Contribuições de seguridade social e taxas – circulam numa via de duas mãos com o Poder Público.
  Taxas – não têm finalidade constitucionalmente determinada – orçamento geral.
  Contribuições de seguridade social – têm finalidade constitucionalmente determinada – orçamento específico.
  Taxas – base de cálculo é expressão do custo do serviço público.
  Contribuições de seguridade social – base de cálculo não é expressão do custo do serviço público – solidariedade – plano de custeio.

- **2.4 Financiamento e orçamento próprio**
  Art. 165, § 5º, CF/88: três orçamentos da União:
  – orçamento fiscal;
  – orçamento de investimento das empresas em que a União, direta ou indiretamente, detenha a maioria do capital social com direito a voto;
  – orçamento da seguridade social, abrangendo todas as entidades e órgãos a ela vinculados, da administração direta ou indireta, bem como os fundos e fundações instituídos e mantidos pelo Poder Público.
  Convenção nº 102 – OIT: proibição de desvio do orçamento da seguridade social para cobrir déficit orçamentário – princípio do equilíbrio financeiro.

- **2.5 Solidariedade contributiva (Financiamento direto e indireto)**
  Art. 195, CF/88 – princípio da solidariedade contributiva – todos devem contribuir para o financiamento da seguridade social.
  Financiamento – forma direta e indireta.
  Direta – a própria sociedade é chamada a contribuir, por meio das contribuições de seguridade social.
  Indireta – a União, os Estados, o Distrito Federal e os Municípios contribuem mediante recursos provenientes de seus orçamentos.

- **2.6 Limitações constitucionais à instituição de contribuições de seguridade social**

---

da seguridade social. A falta do *plus* presente em todos os contribuintes apontados no artigo 195 da Constituição Federal impede a instituição da contribuição. Por outro lado, a presença desse *plus* é o fator que legitima a discriminação para autorizar a instituição de contribuição de seguridade social. Em exemplo singelo, mas elucidativo, imaginemos a instituição de contribuição de seguridade social, por meio de lei complementar, incidente sobre a aquisição de máquina fotográfica digital, a cargo de pessoas físicas. O contribuinte eleito pela norma jurídica de tributação, considerando-se exclusivamente sua condição de adquirente de máquina fotográfica digital, não revela um grau maior ou menor de proteção em relação à seguridade social. Não é possível identificar o *plus* nesse contribuinte pela simples situação jurídica eleita pela norma jurídica de tributação, razão pela qual a contribuição é inconstitucional. Não há critério constitucionalmente válido para legitimar a contribuição, tampouco correlação lógica entre o contribuinte eleito e a finalidade da contribuição, exceto a correlação geral que qualquer um tem com a seguridade social na condição de destinatário das prestações de saúde e assistência social, o que não é critério válido de discriminação, justamente porque, discriminação, nesse caso, não existe. Não se verifica relação de adequação entre meios e fins, pois o meio escolhido não tem relação direta ou indireta com a finalidade da contribuição. Para aprofundamento do tema vide nosso *Limitações constitucionais à instituição de contribuições de seguridade social*, p. 163 ss.

2.6 Limitações constitucionais à instituição de contribuições de seguridade social

2.6.1 Princípios, limitações, imunidades, isenção e não incidência – distinções preliminares

Capacidade contributiva, certeza, comodidade e economicidade – princípios básicos do sistema tributário (Von Justi; Adam Smith).

Regras – método subsuntivo; certeza; lógica do "tudo ou nada; descritivas de conduta; invocação de uma regra traduz-se em segurança e certeza jurídicas.

Princípios – método de ponderação; elevado grau de abstração; estado de coisas reputado ideal, que deve ser perseguido; valorativos ou finalísticos; demarcação de seu conteúdo estará sujeita à concepção ideológica ou filosófica do intérprete"; postura prospectiva – cumprimento não obrigatório.

Limitações – caminho proibido – não pode ser trilhado sem ofensa à Constituição (é vedado...).

Marco Aurélio Greco – três tipos de limitações:

- plano de produção da norma jurídica;
- conteúdo da norma;
- efeitos da norma.

Possibilidade de limitações constitucionais implícitas ao poder de tributar.

Imunidades – limitação da competência tributária. A própria Constituição Federal atribui competência tributária já com impedimento constitucional à regra jurídica de tributação – sentido negativo da norma de competência (imunidade estabelece exceção).

Imunidade x isenção x não incidência

Primeira – sede constitucional; segunda – sede legal.

Imunidade – limita competência tributária – impede a instituição do tributo – inexiste atribuição de competência – não ocorre o fato gerador.

Isenção – própria pessoa política exclui parte do fato gerador da norma de tributação (lei ordinária, lei complementar ou decreto legislativo) – decisão política (submetida aos princípios gerais e limitações do poder de tributar). STF – Poder Judiciário não pode estender isenções a situações isonômicas não contempladas, como corolário do princípio da igualdade (vedação de atuar como legislador positivo). Não há hipóteses de isenção com sede constitucional. Em qualquer desses casos estaremos diante de situações de imunidade, mesmo quando o legislador constitucional, por cochilo, enuncia uma situação de isenção.

Não incidência – fatos não abrangidos pela norma de tributação – verifica-se em função da norma tributária – em regra é implícita (se explícita: hipótese de não incidência legal). Em qualquer desses casos estaremos diante de situações de imunidade, mesmo quando o legislador constitucional, por cochilo, enuncia uma situação de isenção.

2.6.6.1 Princípio da proporcionalidade

Relação estreita com o exercício da tributação.

Constituição Portuguesa de 1976 – art. 18, § 2º: "a lei só pode restringir os direitos, liberdades e garantias nos casos expressamente previstos na Constituição, devendo as restrições limitar-se ao necessário para salvaguardar outros direitos ou interesses constitucionalmente protegidos" (princípio de proibição de excesso).

Constituição brasileira – sem cláusula expressa.

Duas concepções:

alemã – inerente ao Estado de Direito, como princípio constitucional não escrito;

norte-americana – desdobramento da cláusula do devido processo legal (sentido processual e substancial).

Máximas de adequação, necessidade e proibição de excesso.

2.6.2 Relevância das limitações

"O poder de tributar é o poder de destruir" – Juiz Marshall – 1819.

Necessidade de financiamento das atividades públicas x carga tributária proporcional.

Extraordinária importância – direitos e garantias fundamentais do cidadão-contribuinte x sobrevivência do próprio Estado Democrático de Direito.

Limite negativo e positivo à atuação do Fisco.

2.6.3 Limitações gerais de competência tributária

Art. 150, CF/88 – aplicáveis, em regra, a todo regime jurídico-tributário.

Proibido à União, aos Estados, ao Distrito Federal e aos Municípios:

I – exigir ou aumentar tributo sem lei que o estabeleça;

II – instituir tratamento desigual entre contribuintes que se encontrem em situação equivalente, proibida qualquer distinção em razão de ocupação profissional ou função por eles exercida, independentemente da denominação jurídica dos rendimentos, títulos ou direitos;

III – cobrar tributos:

a) em relação a fatos geradores ocorridos antes do início da vigência da lei que os houver instituído ou aumentado;

b) no mesmo exercício financeiro em que haja sido publicada a lei que os instituiu ou aumentou;

c) antes de decorridos noventa dias da data em que haja sido publicada a lei que os instituiu ou aumentou, observado o disposto na alínea *b*;

IV – utilizar tributo com efeito de confisco;

V – estabelecer limitações ao tráfego de pessoas ou bens, por meio de tributos interestaduais ou intermunicipais, ressalvada a cobrança de pedágio pela utilização de vias conservadas pelo Poder Público;

VI – instituir impostos sobre:

a) patrimônio, renda ou serviços, uns dos outros;

b) templos de qualquer culto;

c) patrimônio, renda ou serviços dos partidos políticos, inclusive suas fundações, das entidades sindicais dos trabalhadores, das instituições de educação e de assistência social, sem fins lucrativos, atendidos os requisitos da lei;

d) livros, jornais, periódicos e o papel destinado a sua impressão.

2.6.4 Limitações especiais de seguridade social aplicáveis exclusivamente ao regime das contribuições de seguridade social.

2.6.4 Limitações especiais de seguridade social

2.6.4.1 Imunidade sobre aposentadorias e pensões concedidas pelo RGPS
Art. 195, II, *in fine*, CF/88 (redação EC nº 20/98) – não incidirá contribuição sobre aposentadoria e pensão concedidas pelo regime geral de previdência social.
Apenas nova EC pode permitir a tributação.

2.6.4.2 Imunidade sobre receitas decorrentes de exportação
Art. 149, § 2º, CF/88 – as contribuições sociais não incidirão sobre as receitas decorrentes de exportação.

2.6.4.3 Imunidades das entidades beneficentes de assistência social
Art. 195, § 7º, CF/88 – são isentas de contribuição para a seguridade social as entidades beneficentes de assistência social que atendam às exigências estabelecidas em lei.
Não há isenção com sede constitucional – trata-se de imunidade.
Fundamento – prestação de relevantes serviços a cargo da seguridade social (saúde, assistência e previdência social).
Inconstitucionalidade da isenção concedida às entidades educacionais – violação ao princípio da solidariedade contributiva.

Art. 146, II, CF/88 – cabe à lei complementar regular as limitações constitucionais ao poder de tributar – lei complementar.
Menção à expressão "lei" – simples necessidade de lei ordinária – art. 55, Lei nº 8.212/91 – Tendência do Supremo Tribunal Federal.

Inconstitucionalidade material da Lei nº 9.732/98.

Certificado de Entidade de Fins Filantrópicos – CEBAS – Conselho Nacional de Assistência Social – CNAS – Decreto nº 2.536/98 – art. 18, IV, Lei nº 8.742/93.
Inexistência de direito adquirido ao CEBAS – Súmula 352 do STJ: A obtenção ou a renovação do Certificado de Entidade Beneficente de Assistência Social (Cebas) não exime a entidade do cumprimento dos requisitos legais supervenientes.

2.6.4.4 A hipótese do artigo 155, § 3º
Redação original – à exceção do ICMS e dos impostos aduaneiros, nenhum outro tributo incidirá sobre operações relativas a energia elétrica, combustíveis líquidos e gasosos, lubrificantes e minerais do País.
Imunidade não alcançava as contribuições de seguridade social – princípio da solidariedade contributiva.
Redação atual – à exceção dos impostos de que tratam o inciso II do *caput* deste artigo e o art. 153, I e II, nenhum outro imposto poderá incidir sobre operações relativas a energia elétrica, serviços de telecomunicações, derivados de petróleo, combustíveis e minerais do País.

2.6.4 Limitações especiais de seguridade social

2.6.4.5 Limitação constitucional da anterioridade especial (noventena ou anterioridade nonagesimal)

Art. 195, § 6º, CF/88 – as contribuições de seguridade social só poderão ser exigidas após decorridos noventa dias da data da publicação da lei que as houver instituído ou modificado, não se lhes aplicando a limitação constitucional da anterioridade plena.

Garantia do contribuinte – princípio da não surpresa – somente tem aplicação nos casos de aumento da carga tributária, jamais quando a norma jurídica vier reduzir tributo ou mesmo suprimi-lo.

Instituição ou majoração de contribuição de seguridade social por meio de medida provisória – noventena é contada a partir da data da publicação da referida espécie normativa.

2.6.4.6 Regra da contrapartida

Art. 195, § 5º, CF/88 – Nenhum benefício ou serviço da seguridade social poderá ser criado, majorado ou estendido sem a correspondente fonte de custeio total.

Regra de caixa.

Relação estreita com a saúde financeira de um plano de seguridade social – plano de custeio.

Aplicável à União, Estados, Distrito Federal e Municípios, quando legislarem sobre os respectivos regimes próprios de previdência social.

2.6.4.7 Limitações constitucionais referentes à instituição de contribuições residuais

Art. 195, *caput*, CF/88 – contribuições de seguridade social ordinárias – lei ordinária.

Art. 195, § 4º, CF/88 – contribuições residuais – a lei poderá instituir outras fontes destinadas a garantir a manutenção ou expansão da seguridade social, obedecido o disposto no artigo 154, I – lei complementar.

Referência ao artigo 154, I, diz respeito tão somente à exigência de lei complementar para o exercício da competência residual.

Expansão e manutenção do sistema de seguridade social.

Conforme o princípio da diversidade da base de financiamento – complementa o princípio da solidariedade contributiva.

3 Lei Orgânica da Seguridade Social

1 Observação inicial

A Lei nº 8.212/91 é a Lei Orgânica da Seguridade Social. Dispõe sobre sua organização, institui Plano de Custeio, e dá outras providências.

Por uma questão didática, já vimos os Títulos I – Conceituação e princípios constitucionais; II – Da saúde; III – Da previdência social; IV – Da assistência social; e V – Da organização da seguridade social na primeira parte desta obra, visto dizer respeito a toda seguridade social e não apenas ao seu financiamento. Da mesma forma, a introdução do Título VI – Do financiamento da seguridade social, já foi tratada no item 2.4 do Capítulo I desta segunda parte, para melhor compreensão da matéria.

Iniciamos agora o financiamento propriamente dito, com o estudo dos contribuintes da seguridade social, os quais dividem-se em segurados (obrigatórios e facultativo), empresa e empregador doméstico e demais disposições da Lei nº 8.212/91. A União não pode ser contribuinte da seguridade social, pois desde a publicação da Lei nº 11.457/07 passou a ser sujeito ativo na relação jurídico-tributária referente a todas as contribuições de seguridade social, restando daí evidente que não pode, ao mesmo tempo, ocupar os polos ativo e passivo daquela relação. Por essa razão, a participação da União no financiamento da seguridade social dá-se por meio de destinações orçamentárias do orçamento fiscal para o orçamento geral, como disposto no artigo 16 da Lei nº 8.212/91.[1]

[1] Destinações essas que, na prática, não ocorrem, pois, como já vimos, o orçamento da seguridade social ano após ano tem registrado superávit, acabando por acontecer exatamente o inverso: o orçamento da seguridade social financiando o orçamento fiscal.

1. Observação inicial
Lei nº 8.212/91 – Lei Orgânica da Seguridade Social (organização, Plano de Custeio e outras providências).

2 Dos contribuintes

2.1 Dos segurados

Os segurados da previdência social dividem-se em obrigatórios e facultativos, conforme esquema da Figura 1.

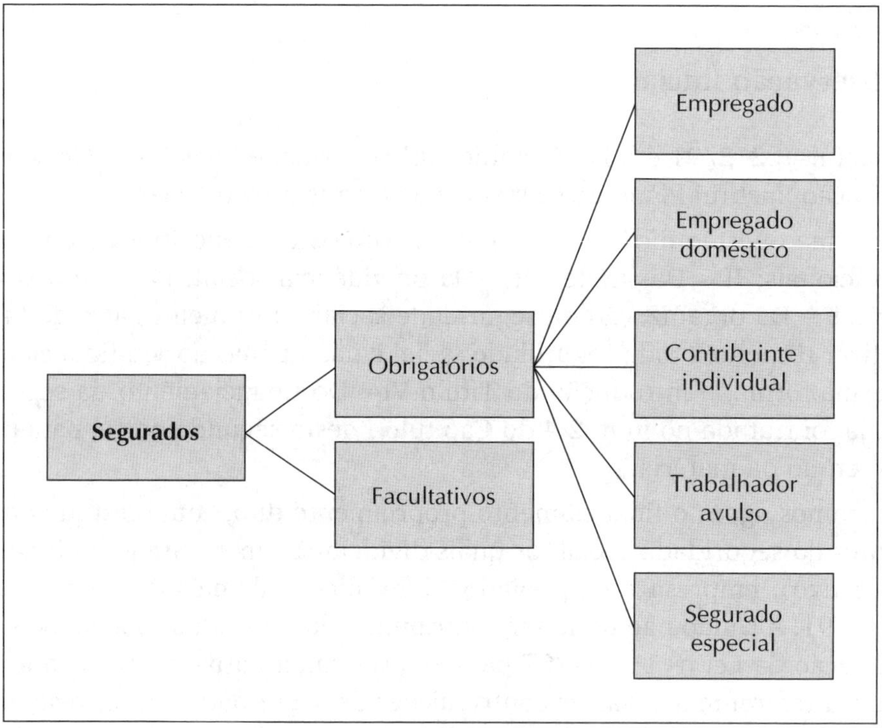

Figura 1 *Segurados da previdência social.*

Nos termos do artigo 12 da Lei nº 8.212/91, são segurados obrigatórios da previdência social as seguintes pessoas físicas.[2]

[2] Os segurados da previdência social, sejam obrigatórios ou facultativo, serão sempre pessoas físicas.

2.1.1 Empregado

Antes de adentrarmos a categoria dos contribuintes empregados, é necessário enfatizar que, se por um lado compete à Justiça do Trabalho conciliar e julgar dissídios individuais e coletivos entre trabalhadores e empregadores, essa realidade jurídica não afasta a competência das autoridades administrativas, seja no âmbito trabalhista, seja no previdenciário, de zelar pelo cumprimento da legislação pertinente.

Essa atividade administrativa é exercida pela fiscalização do Ministério do Trabalho, a qual tem o poder/dever de identificar e penalizar as irregularidades atentatórias às normas trabalhistas, inclusive o não registro dos empregados quando presentes os pressupostos da relação de emprego, mesmo negados pelo empregador.

Da mesma forma, compete à fiscalização fazendária zelar pelo cumprimento das normas de custeio da seguridade social. Tal atuação, embora intimamente ligada a conceitos trabalhistas (*v. g.*, identificação de relação de emprego negada ou mesmo mascarada), tem âmbito próprio e finalidade social específica.

É evidente que nem o fiscal do trabalho, nem o fiscal fazendário, dependem de declaração judicial para identificação e autuação das transgressões às normas legais, de vez que no exercício de suas competências podem verificar a existência de contrato de trabalho, ante a constatação dos elementos fáticos que lhe são constitutivos.

Assim não fosse, estariam diluídas suas funções, concentrando-se no Judiciário todo o controle do cumprimento das normas trabalhistas e previdenciárias.

No âmbito fiscal/previdenciário resta evidente que a constatação dos fatos constitutivos da relação de emprego conduz e autoriza a autoridade ao lançamento próprio à espécie.

Toda incidência tributária está ligada à ocorrência de um fato gerador. Assim sendo, compete à autoridade fiscal, sempre que verificada a existência do fato gerador não reconhecido pelo contribuinte, proceder ao lançamento de ofício, o qual é ato plenamente vinculado.

Nesse sentido é firme a jurisprudência:

> PROCESSUAL CIVIL E TRIBUTÁRIO. CONTRIBUIÇÃO PREVIDENCIÁRIA. INSS. FISCALIZAÇÃO DE EMPRESA. CONSTATAÇÃO DE EXISTÊNCIA DE VÍNCULO EMPREGATÍCIO NÃO DECLARADO. COMPETÊNCIA. AUTUAÇÃO. POSSIBILIDADE. VIOLAÇÃO AO ART. 535 DO CPC. INOCORRÊNCIA.
>
> [...]
>
> II – O INSS, "ao exercer a fiscalização acerca do efetivo recolhimento das contribuições por parte do contribuinte, possui o dever de investigar a relação laboral entre

a empresa e as pessoas que a ela prestam serviços. Caso constate que a empresa erroneamente descaracteriza a relação empregatícia, a fiscalização deve proceder a autuação, a fim de que seja efetivada a arrecadação" (REsp nº 515.821/RJ, Rel. Min. FRANCIULLI NETTO, *DJ* de 25.4.2005).

III – Destaque-se que remanesce hígida a competência da Justiça do Trabalho na chancela da existência ou não do aludido vínculo empregatício, na medida em que: "O juízo de valor do fiscal da previdência acerca de possível relação trabalhista omitida pela empresa, a bem da verdade, não é definitivo e poderá ser contestado, seja administrativamente, seja judicialmente" (REsp nº 575.086/PR, Rel. Min. CASTRO MEIRA, *DJ* de 30.3.2006).

IV – Recurso especial provido.[3]

Dessa forma, a fiscalização tem competência para reconhecer relação de trabalho.

Passamos ao estudo dos contribuintes segurados obrigatórios da previdência social, na classe dos empregados.

a) aquele que presta serviço de natureza urbana ou rural à empresa, em caráter não eventual, sob sua subordinação e mediante remuneração, inclusive como diretor empregado;

Os elementos tipificadores da incidência coincidem com os preceitos ensejadores da relação de emprego previstos na Consolidação das Leis do Trabalho, em seu artigo 3º, *caput*, nesses termos:

Art. 3º Considera-se empregado toda pessoa física que prestar serviços de natureza não eventual a empregador, sob a dependência deste e mediante salário.

O contrato de trabalho não obedece a qualquer rigor formal. Sua existência, embora tendo origem na vontade das partes, não deriva apenas dessa manifestação: ocorrerá sempre que presentes os elementos fáticos que lhe caracterizam.

É da essência do direito laboral a limitação à autonomia da vontade.

O contrato de trabalho é, pois, como afirma Délio Maranhão, um contrato de realidade: são fatos que definem sua existência e não o *nomem juris* que lhe possa ser atribuído.[4]

Fabiano Holz Beserra aponta que a mais importante espécie de relação de trabalho é a relação de emprego, por sua relevância histórica, econômica, social

---

[3] STJ, REsp nº 859.956, *DJ* 26 out. 2006. A competência da Justiça do Trabalho para chancelar ou não a existência do vínculo de emprego não afasta a competência da Justiça Federal para julgar a respectiva ação anulatória de débito fiscal. Nesse sentido: STJ, CC nº 89.972, *DJ* 25 ago. 2008.

[4] Cf. *Direito do trabalho*, p. 37.

e cultural, traduzindo-se num instituto que foi o pivô das mais significativas transformações econômicas e sociais dos últimos séculos e surgindo como forma de trabalho, por excelência, do capitalismo.[5]

A jurisprudência trabalhista é tranquila no sentido de que o contrato de trabalho se constitui, de forma perfeita e acabada, pela realidade dos fatos. Nesse sentido, o seguinte julgado:

> Ementa: Relação de emprego – Para a configuração da relação de emprego importa essencialmente o que ocorre no terreno dos fatos. É irrelevante que outra denominação seja emprestada à figura jurídica que envolve a prestação pessoal de serviços, quando demonstrada, pela presença dos elementos que a tipificam, a existência de relação de emprego.[6]

A diferença entre o serviço de natureza urbana e o serviço de natureza rural não será demonstrada pelo local onde o trabalho é prestado, mas sim pela natureza da prestação. Dessa forma, o trabalho prestado em um escritório, no meio rural, será de natureza urbana.

Entende-se por serviço prestado em caráter não eventual aquele relacionado direta ou indiretamente com as atividades normais da empresa.

Diretor empregado é aquele segurado que, não obstante exercer cargo de direção, tem em sua atividade os elementos tipificadores de incidência, quais sejam, subordinação, não eventualidade e remuneração. Ainda considera-se diretor empregado aquele que, participando ou não do risco econômico do empreendimento, seja contratado ou promovido para cargo de direção das sociedades anônimas, mantendo as características inerentes à relação de emprego e aquele que, participando ou não do risco econômico do empreendimento, seja eleito, por assembleia geral dos acionistas, para cargo de direção das sociedades anônimas, mantendo as características inerentes à relação de emprego.

Como veremos adiante, o estagiário pode filiar-se ao RGPS na condição de segurado facultativo, pois sua atividade difere daquela do empregado, como assinalado pelo Superior Tribunal de Justiça:

> Ementa: [...] Não há que se confundir vínculo estabelecido para fins de estágio, cujo interesse é o aprendizado do bolsista, com a atividade empregatícia, tendo em vista sua natureza diversa, que é a exploração da mão de obra [...][7]

Entretanto, se constatado que o "estágio", na verdade, é uma forma utilizada para mascarar verdadeira relação de emprego, a fiscalização previdenciária poderá

---

5 Cf. *Ação civil pública e relações de trabalho*, p. 32.

6 TRT, 12ª Reg., *DJ*/SC 6 fev. 1990.

7 STJ, REsp. nº 617.689, *DJ* 7 jun. 2004.

enquadrar o "estagiário" na classe de empregado, desde que satisfeitos os requisitos legais e descumpridos os requisitos do estágio. Por essa razão o regulamento da Lei nº 8.212/91 prevê que o bolsista e o estagiário que prestam serviços a empresa, em desacordo com a Lei nº 11.788/08, são considerados empregados.

b) aquele que, contratado por empresa de trabalho temporário, definida em legislação específica, presta serviço para atender a necessidade transitória de substituição de pessoal regular e permanente ou a acréscimo extraordinário de serviços de outras empresas;

O trabalhador temporário é aquele contratado por empresa de trabalho temporário para prestar serviços na empresa tomadora. Essa empresa de trabalho temporário não é qualquer uma, mas aquela definida na Lei nº 6.019/74, artigo 4º, como a pessoa física ou jurídica urbana, cuja atividade consiste em colocar à disposição de outras empresas, temporariamente, trabalhadores, devidamente qualificados, por ela remunerados e assistidos.

A finalidade do serviço é a substituição temporária de pessoal, como na hipótese de empregados em gozo de licença ou férias, ou atender a acréscimo extraordinário de serviços, como ocorre no comércio na época de Natal.

c) o brasileiro ou estrangeiro domiciliado e contratado no Brasil para trabalhar como empregado em sucursal ou agência de empresa nacional no exterior;

A lei previdenciária da União tem eficácia em todo o território nacional; assim, toda relação de emprego constituída no Brasil sofre os efeitos de sua incidência. Nesses termos, o brasileiro ou estrangeiro aqui domiciliado e contratado para trabalhar no exterior, em empresa nacional, na condição de empregado, é segurado obrigatório da previdência social. Veja-se que ele trabalha no exterior, mas foi contratado no Brasil e aqui tem seu domicílio.

d) aquele que presta serviço no Brasil à missão diplomática ou a repartição consular de carreira estrangeira e a órgãos a ela subordinados, ou a membros dessas missões e repartições, excluídos o não brasileiro sem residência permanente no Brasil e o brasileiro amparado pela legislação previdenciária do país da respectiva missão diplomática ou repartição consular;

Nesse item está incluído o brasileiro ou estrangeiro que prestam serviços no Brasil a corpo diplomático estrangeiro ou a seus membros, excluídos o brasileiro amparado pela legislação previdenciária do país de origem e o estrangeiro sem residência permanente no País. Diferentemente do item acima, aqui estamos diante de serviço prestado em território nacional.

e) o brasileiro civil que trabalha para a União, no exterior, em organismos oficiais brasileiros ou internacionais dos quais o Brasil seja membro efetivo, ainda que lá domiciliado e contratado, salvo se segurado na forma da legislação vigente do país do domicílio;

O brasileiro militar está submetido a regime próprio de previdência social; por isso, está incluso aqui apenas o brasileiro civil. Deve trabalhar para a União, no exterior, nos organismos apontados – cujo exemplo clássico é a Organização das Nações Unidas. É indiferente que seja domiciliado e contratado no Brasil ou no exterior. Fica excluído o brasileiro civil segurado nos termos da legislação específica do País do domicílio.

f) o brasileiro ou estrangeiro domiciliado e contratado no Brasil para trabalhar como empregado em empresa domiciliada no exterior, cuja maioria do capital votante pertença a empresa brasileira de capital nacional;

A redação anterior do artigo 171, II, da Constituição Federal definia como empresa brasileira de capital nacional aquela cujo controle efetivo esteja em caráter permanente sob a titularidade direta ou indireta de pessoas físicas domiciliadas e residentes no País ou de entidades de direito público interno, entendendo-se por controle efetivo da empresa a titularidade da maioria de seu capital votante e o exercício de fato e de direito do poder decisório para gerir suas atividades. A Emenda Constitucional nº 6/95, entretanto, revogou todo esse inciso, razão pela qual, agora, há somente empresas brasileiras e não brasileiras, com traços distintivos meramente formais. Sob esse novo enfoque deve ser interpretado o item em comento.

g) o servidor público ocupante de cargo em comissão, sem vínculo efetivo com a União, Autarquias, inclusive em regime especial, e Fundações Públicas Federais;

Não obstante a alínea em questão ter sido incluída pela Lei nº 8.647/93, é preciso distinguir o período anterior e posterior à promulgação da Emenda Constitucional nº 20/98. Com efeito, essa emenda acrescentou o § 13º ao artigo 40 da Constituição Federal, determinando que ao servidor ocupante, exclusivamente, de cargo em comissão declarado em lei de livre nomeação e exoneração bem como de outro cargo temporário[8] ou de emprego público, aplica-se o regime geral de previdência social.

Assim, antes da alteração constitucional, somente os servidores públicos ocupantes exclusivamente de cargos em comissão – chamados comissionados – no âmbito federal eram abarcados por essa alínea *g*, tendo em vista que inexistia qualquer restrição, em sede constitucional, para os Municípios, Estados e Distrito Federal instituírem regime próprio de previdência social que englobasse todos os seus servidores, não podendo a União, por meio de lei ordinária, impor tal restrição.

Nesse sentido decidiu o Tribunal Regional Federal da 4ª Região:

> Ementa: [...] A autonomia política do município só encontra limite na Constituição. Até a publicação da Emenda Constitucional nº 20/98 os municípios podiam instituir regime previdenciário próprio que abarcasse todos seus servidores. Não havia qualquer restrição à autonomia municipal, em vista disso não cabe ao INSS impor tais restrições [...].[9]

De se observar, entretanto, que na falta de regime próprio de previdência social, os comissionados dos Estados, Distrito Federal e Municípios já eram vinculados ao RGPS mesmo antes da Emenda Constitucional nº 20/98, não por imposição da Lei Previdenciária, mas porque esses entes da federação não exerceram a faculdade que lhes foi conferida pela Constituição Federal no sentido de instituírem seus próprios regimes – artigo 149, § 1º.

A partir da Emenda Constitucional nº 20/98 todos os comissionados, independentemente de trabalharem para a União, Estados, Distrito Federal ou Municípios, passaram a condição de segurados obrigatórios do Regime Geral de Previdência Social, como empregados. Nesse sentido, foi publicada a Portaria 4.883, de 16 de dezembro de 1998, do MPAS, dispondo em seu artigo 10:

> Art. 10. O servidor da União, do Estado, do Distrito Federal e do Município, incluídas suas autarquias e fundações, ocupante, exclusivamente, de cargo em comissão declarado em lei de livre nomeação e exoneração, bem como de outro cargo temporário ou de emprego público, é segurado obrigatório do RGPS, como empregado, vedada a inclusão desse servidor em regime próprio de previdência social.

---

[8] A contratação por tempo determinado para atender a necessidade temporária de excepcional interesse público tem previsão no artigo 37, IX, da CF/88 e foi regulamentada pela Lei nº 8.745/93. A esse respeito, ensina Aloísio Zimmer Júnior que "o recrutamento do pessoal será por processo seletivo simplificado, visto que o concurso público é obrigatório apenas para cargos ou para empregos, e essa forma de contratação refere-se a prover função pública. Nesse sentido, o contratado emergencialmente não ocupa cargo, nem mesmo emprego público, mas sim exerce uma função". Cfe. *Curso de direito administrativo*, p. 319.

[9] TRF4, AC nº 2000.70.10.002147-7, *DJU* 4 set. 2002.

§ 1º O servidor a que se refere o *caput*, filiado a regime próprio de previdência social, está excluído desse regime e automaticamente filiado ao RGPS.

§ 2º O disposto neste artigo aplica-se a partir de 16 de dezembro de 1998.

Vários entes da federação questionaram a constitucionalidade da alteração promovida pela EC nº 20/98, ao argumento de violação ao princípio federativo. O Supremo Tribunal Federal acabou decidindo pela legitimidade da nova redação:

I. Ação direta de inconstitucionalidade: seu cabimento – sedimentado na jurisprudência do Tribunal – para questionar a compatibilidade de emenda constitucional com os limites formais ou materiais impostos pela Constituição ao poder constituinte derivado: precedentes. II. Previdência social (CF, art. 40, § 13, cf. EC 20/98): submissão dos ocupantes exclusivamente de cargos em comissão, assim como os de outro cargo temporário ou de emprego público ao regime geral da previdência social: arguição de inconstitucionalidade do preceito por tendente a abolir a "forma federativa do Estado" (CF, art. 60, § 4º, I): improcedência. 1. A "forma federativa de Estado" – elevado a princípio intangível por todas as Constituições da República – não pode ser conceituada a partir de um modelo ideal e apriorístico de Federação, mas, sim, daquele que o constituinte originário concretamente adotou e, como o adotou, erigiu em limite material imposto às futuras emendas à Constituição; de resto as limitações materiais ao poder constituinte de reforma, que o art. 60, § 4º, da Lei Fundamental enumera, não significam a intangibilidade literal da respectiva disciplina na Constituição originária, mas apenas a proteção do núcleo essencial dos princípios e institutos cuja preservação nelas se protege. 2. À vista do modelo ainda acentuadamente centralizado do federalismo adotado pela versão originária da Constituição de 1988, o preceito questionado da EC 20/98 nem tende a aboli-lo, nem sequer a afetá-lo. 3. Já assentou o Tribunal (MS 23047-MC, Pertence), que no novo art. 40 e seus parágrafos da Constituição (cf. EC 20/98), nela, pouco inovou "sob a perspectiva da Federação, a explicitação de que aos servidores efetivos dos Estados, do Distrito Federal e dos Municípios, 'é assegurado regime de previdência de caráter contributivo, observados critérios que preservem o equilíbrio financeiro e atuarial', assim como as normas relativas às respectivas aposentadorias e pensões, objeto dos seus numerosos parágrafos: afinal, toda a disciplina constitucional originária do regime dos servidores públicos – inclusive a do seu regime previdenciário – já abrangia os três níveis da organização federativa, impondo-se à observância de todas as unidades federadas, ainda quando – com base no art. 149, parág. único – que a proposta não altera – organizem sistema previdenciário próprio para os seus servidores": análise da evolução do tema, do texto constitucional de 1988, passando pela EC 3/93, até a recente reforma previdenciária. 4. A matéria da disposição discutida é previdenciária e, por sua natureza, comporta norma geral de âmbito nacional de validade, que à União se facultava editar, sem prejuízo da legislação estadual suplementar ou plena, na falta de lei federal (CF 88, arts. 24, XII, e 40, § 2º): se já o podia ter feito a lei federal, com base nos preceitos recordados do texto constitucional originário, obviamente não afeta ou, menos ainda, tende a abolir a autonomia dos Estados-membros que assim agora tenha prescrito diretamente a norma constitucional sobrevinda. 5. É da jurisprudência do Supremo Tribunal que o princípio da imunidade tributária recíproca (CF, art. 150, VI, *a*) – ainda que se discuta a sua aplicabilidade a outros tributos, que não os impostos – não pode ser invocado na hipótese de contribuições previdenciárias. 6. A autoaplicabilidade do novo art. 40, § 13 é questão estranha à constitucionalidade do preceito e, portanto, ao âmbito próprio da ação direta.[10]

Aplica-se o disposto nesta alínea ao ocupante de cargo de Ministro de Estado, de Secretário Estadual, Distrital ou Municipal, sem vínculo efetivo com a União, Estados, Distrito Federal e Municípios, suas autarquias, ainda que em regime especial, e fundações.

h) (alterada para *j*);

i) o empregado de organismo oficial internacional ou estrangeiro em funcionamento no Brasil, salvo quando coberto por regime próprio de previdência social;

A alínea em estudo foi incluída pela Lei nº 9.876/99. Os empregados dos organismos oficiais internacionais ou estrangeiros em funcionamento no Brasil são vinculados ao regime geral de previdência social, exceto se filiados a regime próprio de previdência social, que é o regime disciplinado no artigo 40 da Constituição Federal e destinado aos servidores públicos efetivos.

j) o exercente de mandato eletivo federal, estadual ou municipal, desde que não vinculado a regime próprio de previdência social;

Essa disposição foi incluída originalmente pela Lei nº 9.506/97, na alínea *h* desse artigo 12, I, com idêntica redação, com fundamento no artigo 195, II, da Constituição Federal, na redação anterior à Emenda Constitucional nº 20/98, pois os trabalhadores são contribuintes da seguridade social. Veja-se que o significado técnico da expressão trabalhador é diferente do significado técnico da expressão empregado. Assim, os exercentes de cargos eletivos, na condição de trabalhadores, desde que não vinculados a regime próprio, foram considerados segurados obrigatórios da previdência social. Havia uma impropriedade técnica na lei, pois os considerava empregados – o que, sabidamente, não são –, mas o que importava era o fundamento constitucional de validade da exação e quanto a esse, de nossa parte, não havia dúvidas: são trabalhadores.

A matéria gerou grandes discussões antes da promulgação da Emenda Constitucional nº 20/98, sendo objeto, inclusive, de Arguição de Inconstitucionalidade no Tribunal Regional Federal da 4ª Região, à qual restou rejeitada nesses termos:

[10] ADIn nº 2.024-2, *DJ* 22 jun. 2007.

Ementa: CONSTITUCIONAL. PREVIDENCIÁRIO. ARGUIÇÃO DE INCONSTITUCIONALIDADE. ARTIGO 12, INCISO I, *H*, DA LEI Nº 8212/91 EM FACE DO ARTIGO 195, II, DA CF. REJEIÇÃO.

1. A alínea *h* do inciso I do artigo 12 da Lei nº 8212/91, introduzida pela Lei nº 9506/97, não é incompatível com o artigo 195, inciso II, da Constituição Federal, porque o exercente de mandato eletivo federal, estadual e municipal também pode ser considerado trabalhador.

2. Arguição de inconstitucionalidade rejeitada.[11]

Ocorre que, posteriormente, o Supremo Tribunal Federal adotou posição contrária, no seguinte julgado:

EMENTA: CONSTITUCIONAL. TRIBUTÁRIO. PREVIDÊNCIA SOCIAL. CONTRIBUIÇÃO SOCIAL: PARLAMENTAR: EXERCENTE DE MANDATO ELETIVO FEDERAL, ESTADUAL ou MUNICIPAL. Lei 9.506, de 30.10.97. Lei 8.212, de 24.7.91. C.F., art. 195, II, sem a EC 20/98; art. 195, § 4º; art. 154, I. I. – A Lei 9.506/97, § 1º do art. 13, acrescentou a alínea *h* ao inc. I do art. 12 da Lei 8.212/91, tornando segurado obrigatório do regime geral de previdência social o exercente de mandato eletivo, desde que não vinculado a regime próprio de previdência social. II. – Todavia, não poderia a lei criar figura nova de segurado obrigatório da previdência social, tendo em vista o disposto no art. 195, II, C.F.. Ademais, a Lei 9.506/97, § 1º do art. 13, ao criar figura nova de segurado obrigatório, instituiu fonte nova de custeio da seguridade social, instituindo contribuição social sobre o subsídio de agente político. A instituição dessa nova contribuição, que não estaria incidindo sobre "a folha de salários, o faturamento e os lucros" (C.F., art. 195, I, sem a EC 20/98), exigiria a técnica da competência residual da União, art. 154, I, *ex vi* do disposto no art. 195, § 4º, ambos da C.F. É dizer, somente por lei complementar poderia ser instituída citada contribuição. III. – Inconstitucionalidade da alínea *h* do inc. I do art. 12 da Lei 8.212/91, introduzida pela Lei 9.506/97, § 1º do art. 13. IV. – R.E. conhecido e provido.[12]

Em função desse julgado, o Senado Federal expediu a Resolução nº 26/05, publicada no *DOU* de 22.6.05, cujo artigo 1º determina:

Art. 1º É suspensa a execução da alínea *h* do inciso I do art. 12 da Lei Federal nº 8.212, de 24 de julho de 1991, acrescentada pelo § 1º do art. 13 da Lei Federal nº 9.506, de 30 de outubro de 1997, em virtude de declaração de inconstitucionalidade em decisão definitiva do Supremo Tribunal Federal, nos autos do Recurso Extraordinário nº 351.717-1 – Paraná.

[11] Incidente de inconstitucionalidade na REOMS nº 1998.04.01.080564-6, *DJU* 4 out. 2000.

[12] STF, RE nº 351.717, *DJ* 21 nov. 2003.

Pois bem, em 21.6.04, foi publicada a Lei nº 10.887, a qual incluiu a mesma norma jurídica no artigo 12, I, da Lei nº 8.212/91, agora sob a forma de alínea *j*.

Com a promulgação da Emenda Constitucional nº 20/98, não há dúvidas da constitucionalidade da vinculação dos agentes políticos ao regime geral de previdência social, pois a nova redação do artigo 195, II, incluiu, entre os contribuintes da seguridade social, o trabalhador e os demais segurados. Agora, mesmo que não se considerem os agentes políticos como trabalhadores, como fez o Supremo Tribunal Federal, não há dúvidas de que são considerados demais segurados, pois a Lei nº 8.213/91 os incluiu nessa categoria – art. 11, I, *j*.

A impropriedade técnica, contudo, persiste. Os agentes políticos não são, é elementar, empregados! Não é dado ao legislador alterar o conteúdo próprio das expressões jurídicas.

Questão interessante diz respeito à exigibilidade da exação no período imediatamente posterior à promulgação da Emenda Constitucional nº 20/98, já que a Lei nº 10.887 foi publicada, como já vimos, em 21.6.04, e a Resolução nº 26/05 foi publicada em 22.6.05, ou seja, quando suspensa a execução da norma jurídica anterior, já estava em vigor a norma jurídica posterior.

O Juiz Vilson Darós, do Tribunal Regional Federal da 4ª Região, consignou em seu voto, quando do julgamento do Agravo de Instrumento nº 1999.04.01.128798-2, relativo à matéria em estudo:

> Todavia, com a promulgação da Emenda Constitucional nº 20, de 15 de dezembro de 1998, tenho que tal contribuição passou a ser exigível, na medida em que tal emenda emprestou plena eficácia à Lei 9.506/97. Dita emenda constitucional modificou o artigo 195, inciso I da Constituição Federal, que passou a vigorar com a seguinte redação:
>
> "Art. 195. A seguridade social será financiada por toda a sociedade, de forma direta e indireta, nos termos da lei, mediante recursos provenientes dos orçamentos da União, dos Estados, do Distrito Federal e dos Municípios, e das seguintes contribuições sociais:
>
> I – do empregador, da empresa e da entidade a ela equiparada na forma da lei, incidentes sobre:
>
> a) a folha de salários e demais rendimentos do trabalho pagos ou creditados, a qualquer título, à pessoa física que lhe preste serviço, mesmo sem vínculo empregatício;
>
> b) a receita ou o faturamento;
>
> c) o lucro
>
> II – do trabalhador e dos demais segurados da previdência social, não incidindo contribuição sobre aposentadoria e pensão concedidas pelo regime geral de previdência social de que trata o art. 201;
>
> [...]"
>
> No que concerne ao assunto, duas correntes doutrinárias se contrapõem. Uma afirmando a impossibilidade de nova disposição constitucional reconhecer como válida

lei tida como inconstitucional frente ao antigo ordenamento, e outra, à qual me filio, tem entendimento contrário, capitaneado pela lição do emérito professor Celso Ribeiro Bastos:

"Mais delicado problema se coloca quando a norma subconstitucional apresenta algum vício diante da norma constitucional então em vigor.

Com a substituição desta, desaparece a relação de antinomia. Alguns autores preferem achar que continua a haver o vício de inconstitucionalidade, mesmo debaixo da situação gerada pela emenda. Pensamos contrariamente. A inconstitucionalidade há de ser aferida a partir de relação atual de compatibilidade entre a lei e a Constituição.

A única exigência para que o direito ordinário anterior sobreviva debaixo da nova Constituição é que não mantenha com ela nenhuma contrariedade não importando que a mantivesse com a anterior, quer do ponto de vista material, quer formal. Não que a nova constituição esteja a convalidar vícios anteriores. Ela simplesmente dispõe *ex novo* (in *Curso de direito constitucional*, Saraiva, 19. ed., 1999, p. 78)."

Assim, tenho que a contribuição criada pela Lei nº 9.506/97 não era exigível dos agentes políticos, por vício formal, tendo em vista a ausência de previsão constitucional, até a promulgação da Emenda Constitucional nº 20, em 15 de dezembro de 1998. Todavia, tendo essa emenda dado pleno sustentáculo à lei em questão, referida contribuição passou a ser plenamente eficaz e exigível, respeitado, é claro, o prazo nonagesimal previsto no § 6º do artigo 195 da Constituição da República, o qual se conta da promulgação da emenda.[13]

Veja-se que o Supremo Tribunal Federal reconheceu a inconstitucionalidade dessa norma jurídica em sede de controle difuso das leis, é dizer, a mesma continuou vigente e eficaz. Somente a posterior resolução do Senado Federal suspendeu a execução da norma jurídica em questão. Assim, verificada a compatibilidade da norma anterior com o novo Texto Constitucional, não se via razão para afastar os efeitos daquela. Esse raciocínio levava à conclusão de que a contribuição era devida desde a promulgação da Emenda Constitucional nº 20/98, respeitada a noventena, até os dias atuais, por força da Lei nº 10.887/04.

O Tribunal Regional Federal da 4ª Região decidia nesse sentido:

Ementa: MUNICÍPIO E UNIÃO. CÁLCULO DE PARCELAMENTO. SELIC. TJLP. CONTRIBUIÇÃO DOS EXERCENTES DE MANDATO ELETIVO. RETENÇÃO DE VALORES. FPM. PAE. SUSPENSÃO DOS RECOLHIMENTOS.

1. O § 6º do art. 1º da Lei 9.639/98, com a redação conferida pela Medida Provisória 2.187/2001, estabeleceu a possibilidade de incidência da Taxa de Juros a Longo Prazo – TJLP sobre os parcelamentos, norma esta destinada exclusivamente às pessoas jurídicas de direito público interno.

---

13 *DJU* 18 jan. 2000.

> 2. O entendimento desta Corte (Arguição de Inconstitucionalidade nº 1998.04.01.080564-6, sessão de 5.9.2000, Relator Juiz José Luiz B. Germano da Silva) de que o agente político pode ser considerado trabalhador, devendo ser incluído entre os contribuintes da Previdência Social, restou superado pela manifestação do Excelso STF, no sentido da inconstitucionalidade da alínea *h* do inc. *I* do art. 12 da Lei 8.212/91, introduzida pelo § 1º do art. 13, IV, da Lei 9.506/97 (Recurso Extraordinário 351717/PR, Relator Ministro Carlos Velloso, julgado em 8.10.2003, publicado no *DJU* de 21.11.2003). No entanto, a posterior alteração constitucional promovida pela EC 20/98 convalidou a referida contribuição, conforme entendimento adotado por esta Corte quando do julgamento do AI nº 2004.04.01.029507-5/RS, em 14.9.2004, relator o eminente Des. Federal Antônio Albino Ramos de Oliveira.
>
> [...][14]

No âmbito do Tribunal Regional Federal da 4ª Região, entretanto, esse entendimento restou superado. O próprio Supremo Tribunal Federal, no julgamento do RE nº 346084-6 decidiu, por maioria de votos, que "o sistema jurídico brasileiro não contempla a figura da constitucionalidade superveniente".[15]

k) a situação do menor aprendiz

A Constituição Federal, nos termos de seu artigo 7º, XXXIII, em sua redação original, proibia o trabalho noturno, perigoso ou insalubre aos menores de 18 e de qualquer trabalho a menores de 14 anos, salvo na condição de aprendiz. Posteriormente, a EC nº 20/98 alterou essa redação, no sentido de proibir "trabalho noturno, perigoso ou insalubre a menores de 18 (dezoito) e de qualquer trabalho a menores de 16 (dezesseis) anos, salvo na condição de aprendiz, a partir de 14 (quatorze) anos".

Para João de Lima Teixeira Filho a aprendizagem é "o processo de formação técnico-profissional a que se submete o menor, por prazo certo, objetivando qualificar-se para posteriormente disputar uma colocação no mercado de trabalho".[16] Não obstante a aprendizagem ocorrer concomitantemente com a atividade laboral, a essência do contrato é aquela, não esta.

O contrato de aprendizagem está disposto no art. 428 da CLT.[17] A idade do aprendiz está compreendida entre os 14 e 24 anos.

---

[14] TRF4, AG nº 200404010070971, *DJU* 26 jan. 2005.

[15] *DJ* 1º set. 2006.

[16] *Instituições de direito do trabalho*, p. 921.

[17] Art. 428. Contrato de aprendizagem é o contrato de trabalho especial, ajustado por escrito e por prazo determinado, em que o empregador se compromete a assegurar ao maior de 14 (quatorze) e menor de 24 (vinte e quatro) anos inscrito em programa de aprendizagem formação técnico-profissional metódica, compatível com o seu desenvolvimento físico, moral e psicológico, e o

A Lei nº 10.097/00 trouxe significativas alterações nos contratos de aprendizagem. Deu nova redação ao art. 431 da CLT, segundo o qual a contratação do aprendiz poderá ser efetivada pela empresa onde se realizará a aprendizagem ou por entidades sem fins lucrativos que tenham por objetivo a assistência ao adolescente e à educação profissional, registradas no Conselho Municipal dos Direitos da Criança e do Adolescente. Neste último caso, a contratação não gera vínculo de emprego com a empresa tomadora dos serviços.

Dessa forma, na hipótese de o aprendiz ser contratado diretamente pela empresa onde realizará a aprendizagem, será segurado obrigatório da previdência social, como empregado, pois presentes os traços do art. 3º da CLT. Doutra banda, se contratado por entidades sem fins lucrativos que tenham por objetivo a assistência ao adolescente e à educação profissional, registradas no Conselho Municipal dos Direitos da Criança e do Adolescente, não será segurado obrigatório da previdência social, pois sua situação, para fins previdenciários, em nada difere daquela do estagiário. Para alguns, a primeira hipótese contempla a "aprendizagem empresária" e a segunda a "aprendizagem escolar".[18] Na primeira, a relação é empresa-empregado; na segunda, escola-aluno.[19,20]

---

aprendiz, a executar com zelo e diligência as tarefas necessárias a essa formação. § 1º A validade do contrato de aprendizagem pressupõe anotação na Carteira de Trabalho e Previdência Social, matrícula e frequência do aprendiz na escola, caso não haja concluído o ensino médio, e inscrição em programa de aprendizagem desenvolvido sob orientação de entidade qualificada em formação técnico-profissional metódica. § 2º Ao menor aprendiz, salvo condição mais favorável, será garantido o salário-mínimo hora. § 3º O contrato de aprendizagem não poderá ser estipulado por mais de 2 (dois) anos, exceto quando se tratar de aprendiz portador de deficiência. § 4º A formação técnico-profissional a que se refere o *caput* deste artigo caracteriza-se por atividades teóricas e práticas, metodicamente organizadas em tarefas de complexidade progressiva desenvolvidas no ambiente de trabalho § 5º A idade máxima prevista no *caput* deste artigo não se aplica a aprendizes portadores de deficiência. § 6º Para os fins do contrato de aprendizagem, a comprovação da escolaridade de aprendiz portador de deficiência mental deve considerar, sobretudo, as habilidades e competências relacionadas com a profissionalização.

[18] Nesse sentido, Oris de Oliveira, *O trabalho do adolescente em curso profissionalizante*, p. 904.

[19] O art. 3º da IN INSS/PRES nº 20/07 dispõe que é segurado na categoria de empregado o aprendiz, com idade de 14 a 24 anos, sujeito à formação profissional metódica do ofício em que exerça o seu trabalho, observado que a contratação como aprendiz, atendidos os requisitos da Lei nº 10.097/00, poderá ser efetivada pela empresa onde se realizará a aprendizagem ou pelas entidades sem fins lucrativos, que têm por objetivo a assistência ao adolescente e a educação profissional, caso em que não gera vínculo de emprego com a empresa tomadora dos serviços.

[20] A respeito da contagem de tempo de contribuição do aluno-aprendiz, a Advocacia-Geral da União editou o Enunciado nº 24, segundo o qual "é permitida a contagem, como tempo de contribuição, do tempo exercido na condição de aluno-aprendiz referente ao período de aprendizado profissional realizado em escolas técnicas, desde que comprovada a remuneração, mesmo que indireta, à conta do orçamento público e o vínculo empregatício", *DOU* 10 jun. 2008.

2.1.2 Empregado doméstico

Aquele que presta serviço de natureza contínua a pessoa ou família, no âmbito residencial desta, em atividades sem fins lucrativos

O traço distintivo do empregado doméstico em relação aos demais segurados é que o primeiro trabalha em residência de pessoa ou família, em atividades sem fins lucrativos. Para sua caracterização o serviço deve ser de natureza contínua. A continuidade, assim, é de sua essência; logo, o jardineiro ou a faxineira que prestam serviços no âmbito residencial da família, semanalmente, não são empregados domésticos, mas sim contribuintes individuais, como veremos adiante, por faltar-lhes esse traço.

Em ação onde discutia-se a questão de vínculo empregatício com empregada doméstica que laborava na residência da reclamada dois dias por semana, o TST decidiu no seguinte sentido:

> DIARISTA. VÍNCULO DE EMPREGO. Salvo pactuação expressa em sentido contrário, não há vínculo de emprego quando o (a) diarista presta serviços em residências, executando uma tarefa especial, de forma intermitente sem rigidez obrigacional e até com certa liberdade quanto a frequência e horário. Revista conhecida e desprovida.[21]

Em geral, a jurisprudência tem reconhecido a continuidade para aqueles que trabalham mais de dois dias por semana, sendo importante notar que a longa duração dos serviços – muitas vezes por anos – não altera a natureza do trabalho.

---

[21] RR nº 523.690/1998, *DJ* 16 mar. 2001. Consta no voto do Relator: o trabalho em casa de família de forma intermitente na condição denominada "diarista" merece uma consideração especial por suas particularidades. Com efeito, o (a) "diarista" é o (a) trabalhador (a) que, normalmente, não se dispõe, por razões várias, a se vincular a um empregador através de um contrato de trabalho doméstico, com rigidez obrigacional de presença ao serviço e de horário e nem a perceber salário fixo mensal, pois prefere pactuá-lo com base na unidade dia, recebendo sempre ao final da jornada. É um (a) trabalhador (a) que se dispõe a prestar serviços em algum dia ou outro da semana, conforme seu interesse ou disponibilidade. Seja porque seus compromissos pessoais ou mesmo familiares não lhe permitem a disponiblidade integral na semana, seja porque prefere este tipo de atividade trabalhando em residências várias, executando um tipo especial de serviço. A sua remuneração, por isto mesmo, é sempre, em proporção, maior do que a da empregada doméstica mensalista. E como sua tarefa é específica, muitas vezes, terminando-a, libera-se antes da jornada normal. Também por isso, por realizar normalmente um serviço, a subordinação, a fiscalização, o comando, a ingerência durante a execução dos serviços é praticamente nenhuma. E exatamente porque o tomador de serviço não se considera como empregador, e também o (a) trabalhador (a) não se considera como empregado (a), é que quando este (a) não comparece ao serviço não sofre punição alguma. Provavelmente atento a estas particularidades do contrato de emprego doméstico é que o legislador preferiu defini-lo como aquele que é prestado de maneira contínua em residência ou casa de família. Não quis usar a expressão *não eventual* consagrada há muito para definir a relação de emprego comum, tal como está no art. 3º, da CLT. Deve mesmo ter querido diferençar a situação do empregado doméstico em virtude das suas evidentes particularidades.

Assim, um trabalho prestado duas vezes por semana, durante cinco anos, não será de natureza contínua.

2.1.3 Contribuinte individual[22]

Os incisos III e IV do artigo 12 da Lei nº 8.212/91, em sua redação original, foram revogados pela Lei nº 9.876/99, a qual também deu nova redação ao inciso V.

A Lei nº 9.876/99 trouxe profundas alterações ao artigo 12. Além de revogar os incisos III e IV, que dispunham sobre os segurados empresário e autônomos, deu nova redação a vários dispositivos do inciso V, o qual tratava do segurado equiparado a autônomo. Hoje todos são chamados contribuintes individuais. Eis o rol desses contribuintes:

a) a pessoa física, proprietária ou não, que explora atividade agropecuária, a qualquer título, em caráter permanente ou temporário, em área superior a 4 (quatro) módulos fiscais; ou, quando em área igual ou inferior a 4 (quatro) módulos fiscais ou atividade pesqueira, com auxílio de empregados ou por intermédio de prepostos; ou ainda nas hipóteses dos §§ 10 e 11 deste artigo;[23]

---

[22] Não obstante a extensão da cobertura previdenciária aos trabalhadores autônomos ser desafio sempre presente no Brasil, em outros países da América Latina essa cobertura é bem menor, como demonstra Mesa-Lago. No Peru, a previdência privada vedava a filiação dos autônomos até 2002. No México, menos de 1% dos contribuintes são autônomos, dos quais exige-se um certificado da autoridade tributária de que estão em dia com seus pagamentos. Cf. *As reformas de previdência na América Latina e seus impactos nos princípios de seguridade social*, p. 54.

[23] Eis as hipóteses dos referidos parágrafos: § 10. Não é segurado especial o membro de grupo familiar que possuir outra fonte de rendimento, exceto se decorrente de:

I – benefício de pensão por morte, auxílio-acidente ou auxílio-reclusão, cujo valor não supere o do menor benefício de prestação continuada da Previdência Social;

II – benefício previdenciário pela participação em plano de previdência complementar instituído nos termos do inciso IV do § 9º deste artigo;

III – exercício de atividade remunerada em período de entressafra ou do defeso, não superior a 120 (cento e vinte) dias, corridos ou intercalados, no ano civil, observado o disposto no § 13 deste artigo;

IV – exercício de mandato eletivo de dirigente sindical de organização da categoria de trabalhadores rurais;

V – exercício de mandato de vereador do município onde desenvolve a atividade rural, ou de dirigente de cooperativa rural constituída exclusivamente por segurados especiais, observado o disposto no § 13 deste artigo;

VI – parceria ou meação outorgada na forma e condições estabelecidas no inciso I do § 9º deste artigo;

A redação dessa alínea foi dada pela Lei nº 11.718/08, a qual alterou profundamente o conceito do segurado especial – como veremos em seguida.

A pessoa física referida nessa alínea é contribuinte individual. Registre-se: pessoa física. Não entram aqui, portanto, as pessoas jurídicas – as quais, como já dissemos, nunca serão seguradas da previdência social, *status* garantido apenas às pessoas físicas. Pode ser proprietária ou não. Atividade agropecuária diz respeito ao ramo econômico voltado ao desenvolvimento da agricultura e da pecuária nos seus recíprocos interesses. Atividade pesqueira, como diz o próprio nome, é aquela voltada para a pesca. As hipóteses ventiladas no final da alínea são aquelas onde o segurado especial perde essa qualidade, sendo enquadrado como contribuinte individual. Serão estudadas na parte do segurado especial.

> b) a pessoa física, proprietária ou não, que explora atividade de extração mineral – garimpo, em caráter permanente ou temporário, diretamente ou por intermédio de prepostos, com ou sem o auxílio de empregados, utilizados a qualquer título, ainda que de forma não contínua;

A Lei nº 9.876/99 também deu nova redação a essa alínea. A diferença desta para a anterior está em que o legislador separou a atividade de extração mineral, o garimpo, da atividade agropecuária ou pesqueira, tratada no item anterior.

Para os fins previstos nessa alínea e na anterior, entende-se que a pessoa física, proprietária ou não, explora atividade através de prepostos quando, na

---

VII – atividade artesanal desenvolvida com matéria-prima produzida pelo respectivo grupo familiar, podendo ser utilizada matéria-prima de outra origem, desde que a renda mensal obtida na atividade não exceda ao menor benefício de prestação continuada da Previdência Social; e

VIII – atividade artística, desde que em valor mensal inferior ao menor benefício de prestação continuada da Previdência Social.

§ 11. O segurado especial fica excluído dessa categoria:

I – a contar do primeiro dia do mês em que:

a) deixar de satisfazer as condições estabelecidas no inciso VII do *caput* deste artigo, sem prejuízo do disposto no art. 15 da Lei nº 8.213, de 24 de julho de 1991, ou exceder qualquer dos limites estabelecidos no inciso I do § 9º deste artigo;

b) se enquadrar em qualquer outra categoria de segurado obrigatório do Regime Geral de Previdência Social, ressalvado o disposto nos incisos III, V, VII e VIII do § 10 deste artigo, sem prejuízo do disposto no art. 15 da Lei nº 8.213, de 24 de julho de 1991; e

c) se tornar segurado obrigatório de outro regime previdenciário;

II – a contar do primeiro dia do mês subsequente ao da ocorrência, quando o grupo familiar a que pertence exceder o limite de:

a) utilização de trabalhadores nos termos do § 8º deste artigo;

b) dias em atividade remunerada estabelecidos no inciso III do § 10 deste artigo; e

c) dias de hospedagem a que se refere o inciso II do § 9º deste artigo.

condição de parceiro outorgante, desenvolve atividade agropecuária, pesqueira ou de extração de minerais por intermédio de parceiros ou meeiros.

c) o ministro de confissão religiosa e o membro de instituto de vida consagrada, de congregação ou de ordem religiosa;

A redação dessa alínea foi dada pela Lei nº 10.403/02. A norma jurídica diz respeito aos religiosos, aos padres, aos membros da Igreja. Interessante notar que, na redação anterior, dada pela Lei nº 9.876/99, as pessoas acima referidas eram segurados obrigatórios quando mantidos pela entidade a que pertenciam, salvo se filiadas obrigatoriamente à Previdência Social em razão de outra atividade ou a outro regime previdenciário, militar ou civil, ainda que na condição de inativos. Agora, na nova redação, em qualquer hipótese serão segurados obrigatórios do RGPS, mesmo que já filiadas a outro regime.

d) o brasileiro civil que trabalha no exterior para organismo oficial internacional do qual o Brasil é membro efetivo, ainda que lá domiciliado e contratado, salvo quando coberto por regime próprio de previdência social;

Como já se disse anteriormente, o brasileiro militar tem regime próprio de previdência e está excluído de plano do RGPS. O brasileiro civil, mesmo que domiciliado e contratado no exterior, trabalhando em organismo oficial internacional do qual o Brasil é membro efetivo, como a ONU, será segurado obrigatório do RGPS, exceto se filiado a regime próprio.

Se um servidor efetivo da União, necessariamente vinculado ao regime próprio dessa pessoa política, vier a trabalhar, por exemplo, na ONU, não será filiado ao RGPS, pois já está coberto por regime próprio de previdência social, no caso, da União.

Diferentemente da contribuição na condição de empregado prevista no artigo 12, I, *e*, da Lei nº 8.212/91, aqui o segurado trabalha no exterior para o organismo internacional do qual o Brasil é membro efetivo, enquanto naquela outra hipótese o segurado trabalha para a União, no exterior, em organismos oficiais brasileiros ou internacionais dos quais o Brasil seja membro efetivo.

e) o titular de firma individual urbana ou rural, o diretor não empregado e o membro de conselho de administração de sociedade anônima, o sócio solidário, o sócio de indústria, o sócio gerente e o sócio cotista que recebam remuneração decorrente de seu trabalho em empresa urbana ou rural, e o associado eleito para cargo de direção em cooperativa, associação ou entidade de qualquer natureza ou finalidade, bem como o síndico ou administrador eleito para exercer atividade de direção condominial, desde que recebam remuneração;

Na anterior redação da Lei, empresário era o titular de firma individual urbana ou rural, o diretor não empregado, o membro de conselho de administração de sociedade anônima, o sócio solidário, o sócio de indústria e o sócio cotista que participava da gestão ou recebia remuneração decorrente de seu trabalho em empresa urbana ou rural. Foi expressamente acrescentada a figura do sócio gerente, o associado eleito para cargo de direção em cooperativa, associação ou entidade de qualquer natureza ou finalidade, bem como o síndico ou administrador eleito para exercer atividade de direção condominial, desde que recebam remuneração. Todos, agora, são contribuintes individuais, pois não mais existe a figura do empresário.

O titular de firma individual urbana ou rural pratica atos de comércio em nome próprio e não em nome de alguma sociedade. O diretor não empregado é aquele que, participando ou não do risco econômico do empreendimento, foi eleito, por assembleia geral dos acionistas, para cargo de direção das sociedades anônimas, não mantendo as características inerentes à relação de emprego. O membro do conselho de administração de sociedade anônima é aquele descrito na Lei das Sociedades por Ações – Lei nº 6.404/76. O sócio solidário, sócio de indústria, sócio gerente e o sócio cotista, quando recebam remuneração decorrente de seu trabalho, também são contribuintes individuais.

Em relação ao titular da firma individual e ao sócio-cotista, vale anotar que o artigo 13 da Lei nº 8.620/93 determina que ambos respondem solidariamente, com seus bens pessoais, pelos débitos junto à seguridade social.[24] É mais uma tentativa do legislador ordinário de dar vazão ao princípio arrolado no artigo 195 da Constituição Federal no sentido de que todos devem financiar a seguridade social, denominado, como já vimos, princípio da solidariedade contributiva.

O Tribunal Regional Federal da 4ª Região, entretanto, por maioria de votos, declarou a inconstitucionalidade da expressão "e os sócios das empresas por cotas de responsabilidade limitada", contida no artigo 13 da Lei nº 8.620/93.[25]

---

[24] Art. 13. O titular da firma individual e os sócios das empresas por cotas de responsabilidade limitada respondem solidariamente, com seus bens pessoais, pelos débitos junto à Seguridade Social.

Parágrafo único. Os acionistas controladores, os administradores, os gerentes e os diretores respondem solidariamente e subsidiariamente, com seus bens pessoais, quanto ao inadimplemento das obrigações para com a Seguridade Social, por dolo ou culpa.

[25] TRF4, Arguição de Inconstitucionalidade na AC nº 1999.04.01.096481-9, *DJU* 16 ago. 2000.

O Superior Tribunal de Justiça, por sua vez, vem entendendo que o referido artigo 13 só pode ser aplicado quando presentes as condições do art. 135, III, do CTN, como demonstra o seguinte julgado, por maioria, da Primeira Seção:

> TRIBUTÁRIO E PROCESSUAL CIVIL. EXECUÇÃO FISCAL. DÉBITOS PARA COM A SEGURIDADE SOCIAL. REDIRECIONAMENTO. RESPONSABILIDADE DO SÓCIO. SOCIEDADE POR QUOTAS DE RESPONSABILIDADE LTDA. SOLIDARIEDADE. PREVISÃO PELA LEI 8.620/93, ART. 13. NECESSIDADE DE LEI COMPLEMENTAR. CF, ART. 146, III, B). INTERPRETAÇÕES SISTEMÁTICA E TELEOLÓGICA. CTN, ARTS. 124, II, E 135, III. CÓDIGO CIVIL, ARTS. 1.016 E 1.052. VIOLAÇÃO AO ART. 535. INOCORRÊNCIA.
>
> [...]
>
> 3. A solidariedade prevista no art. 124, II, do CTN, é denominada de direito. Ela só tem validade e eficácia quando a lei que a estabelece for interpretada de acordo com os propósitos da Constituição Federal e do próprio Código Tributário Nacional.
>
> 4. Inteiramente desprovidas de validade são as disposições da Lei nº 8.620/93, ou de qualquer outra lei ordinária, que indevidamente pretenderam alargar a responsabilidade dos sócios e dirigentes das pessoas jurídicas. O art. 146, inciso III, *b*, da Constituição Federal, estabelece que as normas sobre responsabilidade tributária deverão se revestir obrigatoriamente de lei complementar.
>
> 5. O CTN, art. 135, III, estabelece que os sócios só respondem por dívidas tributárias quando exercerem gerência da sociedade ou qualquer outro ato de gestão vinculado ao fato gerador. O art. 13 da Lei nº 8.620/93, portanto, só pode ser aplicado quando presentes as condições do art. 135, III, do CTN, não podendo ser interpretado, exclusivamente, em combinação com o art. 124, II, do CTN.[26]

---

[26] REsp nº 717717, *DJ* 8 maio 2006. Vale referir o seguinte trecho do voto vencido, do Min. Teori Zavascki: "Fico vencido, invocando os fundamentos deduzidos em voto proferido na 1ª Turma, em julgamento do RESP nº 656.476-PR (*DJ* 21.3.2005), nos seguintes termos: '*omissis* 2. Há que distinguir, para efeito de determinação da responsabilidade do sócio por dívidas tributárias contraídas pela sociedade, os débitos para com a Seguridade Social, decorrentes do descumprimento de obrigações previdenciárias, aos quais a Lei 8.620/93 deu tratamento especial. O art. 124 do CTN definiu, em seu inciso II, como hipótese de responsabilidade solidária, a das pessoas expressamente designadas por lei, a saber: *Art. 124. São solidariamente obrigadas: (*omissis*) II – as pessoas expressamente designadas por lei.* A Lei 8.620, de 5.1.1993, alterou as regras das Leis 8.212 e 8.213, de 1991, estabelecendo, em seu artigo 13, a responsabilidade dos sócios pelos débitos junto à Seguridade Social, nos seguintes termos: *Art. 13. O titular da firma individual e os sócios das empresas por cotas de responsabilidade limitada respondem solidariamente, com seus bens pessoais, pelos débitos junto à Seguridade Social. Parágrafo único. Os acionistas controladores, os administradores, os gerentes e os diretores respondem solidariamente e subsidiariamente, com seus bens pessoais, quanto ao inadimplemento das obrigações para com a Seguridade Social, por dolo ou culpa.* Assim, nos casos de débitos para com a Seguridade Social, a responsabilidade atribuída pelo citado dispositivo ao sócio-cotista tem respaldo no art. 124, II, do CTN. Nessa situação, portanto, por ser a responsabilidade de todo e qualquer sócio imposta por determinação legal, não há cogitar da necessidade de comprovação, pelo credor exequente, de que o não recolhimento da exação decorreu de ato praticado com violação à lei, ou de que o sócio deteve a qualidade de dirigente da sociedade devedora. [...] 4. Para

Importa notar que o processo não seguiu o trâmite previsto no art. 97 da Constituição Federal, qual seja, a reserva de plenário para declaração de inconstitucionalidade, já que afirmar que as disposições da lei são "inteiramente desprovidas de validade" é o mesmo que declarar sua inconstitucionalidade. Nesse sentido é a posição do Supremo Tribunal Federal.[27]

A Corte Suprema ainda não decidiu a questão.

Por último, são contribuintes individuais os associados eleitos para cargo de direção em cooperativa, associação ou entidade de qualquer natureza ou finalidade, bem como o síndico ou administrador eleito para exercer atividade de direção condominial, desde que recebam remuneração. Aqui entram incontáveis figuras. O diretor eleito de cooperativa, o presidente de clube de bairro e até o síndico eleito em assembleia de condomínio, entre muitos outros, desde que recebam remuneração. Assim, *v. g.*, o síndico de condomínio que exerce tal *munus* sem auferir qualquer vantagem financeira não é, em relação a essa atividade, contribuinte individual da previdência social. E se usufruir isenção da cota de condomínio? Nesse caso, entendemos que se trata de remuneração indireta, implicando filiação obrigatória à previdência social.[28]

f) quem presta serviço de natureza urbana ou rural, em caráter eventual, a uma ou mais empresas, sem relação de emprego;

A eventualidade contrapõe-se à continuidade – ou habitualidade, na linguagem da Justiça Laboral – presente na relação de emprego. Como vimos, a continuidade é traço marcante da relação de emprego, ao lado da subordinação e da remuneração. Aqui, portanto, não estamos, à toda evidência, diante de uma relação de emprego. Enquadra-se nessa situação quem presta serviço, de natureza urbana ou rural, esporadicamente, a uma ou mais empresas. É o caso de quem presta serviços de reparos na rede hidráulica de várias empresas. Tal profissional

---

que se viabilize a responsabilização patrimonial do sócio na execução fiscal, é indispensável que esteja presente uma das situações caracterizadoras da responsabilidade subsidiária do terceiro pela dívida do executado. A simples falta de pagamento do tributo e a inexistência de bens penhoráveis no patrimônio da devedora não configuram, por si sós, nem em tese, circunstâncias que acarretam a responsabilidade subsidiária dos sócios, segundo a jurisprudência do STJ (AGA 463.511/PR, 1ª Turma, Min. Francisco Falcão, *DJ* de 3.2.2003; AGRESP 346.109/SC, 2ª Turma, Min. Eliana Calmon, *DJ* de 4.8.2003; AGRESP 389.110/RS, 2ª Turma, Min. Franciulli Netto, *DJ* de 2.6.2003)".

[27] 1. Controle de constitucionalidade de normas: reserva de plenário (CF, art. 97): reputa-se declaratório de inconstitucionalidade o acórdão que – embora sem o explicitar – afasta a incidência da norma ordinária pertinente à lide para decidi-la sob critérios diversos alegadamente extraídos da Constituição. AI-AgR nº 558.265, *DJ* 20 out. 2006.

[28] No mesmo sentido dispõe o art. 5º, VII, da IN INSS/PRES nº 20/07.

não mantém relação de emprego, pois seu serviço é eventual, somente sendo prestado quando necessário.

O trabalhador rural enquadrado nesta alínea é comumente chamado boia-fria, eventual ou diarista.

g) a pessoa física que exerce, por conta própria, atividade econômica de natureza urbana, com fins lucrativos ou não;

Nessa situação enquadram-se, entre outros, o condutor autônomo de veículo rodoviário, assim considerado aquele que exerce atividade profissional sem vínculo empregatício; aquele que, pessoalmente, por conta própria e a seu risco, exerce pequena atividade comercial em via pública ou de porta em porta, como comerciante ambulante, nos termos da Lei 6.586/78, o advogado, o médico, entre outros. A finalidade lucrativa referida aqui diz respeito àquele para quem o serviço é prestado e não para a pessoa física que presta o trabalho, pois atividade gratuita não implica filiação à previdência social.

Nos termos do artigo 9º, § 15, do Decreto nº 3.048/99, enquadram-se nas situações previstas nesta e na alínea anterior, entre outros:

I – o condutor autônomo de veículo rodoviário, assim considerado aquele que exerce atividade profissional sem vínculo empregatício, quando proprietário, coproprietário ou promitente comprador de um só veículo;

II – aquele que exerce atividade de auxiliar de condutor autônomo de veículo rodoviário, em automóvel cedido em regime de colaboração, nos termos da Lei nº 6.094, de 30 de agosto de 1974;

III – aquele que, pessoalmente, por conta própria e a seu risco, exerce pequena atividade comercial em via pública ou de porta em porta, como comerciante ambulante, nos termos da Lei nº 6.586, de 6 de novembro de 1978;

IV – o trabalhador associado a cooperativa que, nessa qualidade, presta serviços a terceiros;

V – o membro de conselho fiscal de sociedade por ações;

VI – aquele que presta serviço de natureza não contínua, por conta própria, a pessoa ou família, no âmbito residencial desta, sem fins lucrativos;

VII – o notário ou tabelião e o oficial de registros ou registrador, titular de cartório, que detêm a delegação do exercício da atividade notarial e de registro, não remunerados pelos cofres públicos, admitidos a partir de 21 de novembro de 1994;

VIII – aquele que, na condição de pequeno feirante, compra para revenda produtos hortifrutigranjeiros ou assemelhados;

IX – a pessoa física que edifica obra de construção civil;

X – o médico residente de que trata a Lei nº 6.932, de 7 de julho de 1981.

XI – o pescador que trabalha em regime de parceria, meação ou arrendamento, em embarcação com mais de seis toneladas de arqueação bruta, ressalvado o disposto no inciso III do § 14;

XII – o incorporador de que trata o art. 29 da Lei nº 4.591, de 16 de dezembro de 1964;

XIII – o bolsista da Fundação Habitacional do Exército contratado em conformidade com a Lei nº 6.855, de 18 de novembro de 1980;

XIV – o árbitro e seus auxiliares que atuam em conformidade com a Lei nº 9.615, de 24 de março de 1998;

XV – o membro de conselho tutelar de que trata o art. 132 da Lei nº 8.069, de 13 de julho de 1990, quando remunerado;

XVI – o interventor, o liquidante, o administrador especial e o diretor fiscal de instituição financeira de que trata o § 6º do art. 201.

2.1.4 Trabalhador avulso

Aquele que presta, a diversas empresas, sem vínculo empregatício, serviços de natureza urbana ou rural definidos no regulamento.

O avulso tem traços característicos que o distingue dos demais segurados obrigatórios da previdência social. Não há vínculo empregatício entre ele e o tomador dos serviços e nem mesmo com o órgão gestor da mão de obra. É característico da sua atividade a curta duração dos serviços.

Nos termos do artigo 9º, VI, do Decreto nº 3.048/99, trabalhador avulso é aquele que, sindicalizado ou não, presta serviço de natureza urbana ou rural, a diversas empresas, sem vínculo empregatício, com a intermediação obrigatória do órgão gestor de mão de obra, nos termos da Lei nº 8.630/93, ou do sindicato da categoria, assim considerados:

a) o trabalhador que exerce atividade portuária de capatazia, estiva, conferência e conserto de carga, vigilância de embarcação e bloco;

b) o trabalhador de estiva de mercadorias de qualquer natureza, inclusive carvão e minério;

c) o trabalhador em alvarenga (embarcação para carga e descarga de navios);

d) o amarrador de embarcação;

e) o ensacador de café, cacau, sal e similares;

f) o trabalhador na indústria de extração de sal;

g) o carregador de bagagem em porto;

h) o prático de barra em porto;

i) o guindasteiro; e

j) o classificador, o movimentador e o empacotador de mercadorias em portos.

A relação é meramente enunciativa e não taxativa.

Para efeitos do disposto acima, entende-se por:

I – capatazia – a atividade de movimentação de mercadorias nas instalações de uso público, compreendendo o recebimento, conferência, transporte interno, abertura de volumes para conferência aduaneira, manipulação, arrumação e entrega, bem como o carregamento e descarga de embarcações, quando efetuados por aparelhamento portuário;

II – estiva – a atividade de movimentação de mercadorias nos conveses ou nos porões das embarcações principais ou auxiliares, incluindo transbordo, arrumação, peação e despeação, bem como o carregamento e a descarga das mesmas, quando realizados com equipamentos de bordo;

III – conferência de carga – a contagem de volumes, anotação de suas características, procedência ou destino, verificação do estado das mercadorias, assistência à pesagem, conferência do manifesto e demais serviços correlatos, nas operações de carregamento e descarga de embarcações;

IV – conserto de carga – o reparo e a restauração das embalagens de mercadoria, nas operações de carregamento e descarga de embarcações, reembalagem, marcação, remarcação, carimbagem, etiquetagem, abertura de volumes para vistoria e posterior recomposição;

V – vigilância de embarcações – a atividade de fiscalização da entrada e saída de pessoas a bordo das embarcações atracadas ou fundeadas ao largo, bem como da movimentação de mercadorias nos portalós, rampas, porões, conveses, plataformas e em outros locais da embarcação; e

VI – bloco – a atividade de limpeza e conservação de embarcações mercantes e de seus tanques, incluindo batimento de ferrugem, pintura, reparo de pequena monta e serviços correlatos.

2.1.5 Segurado especial

A Lei nº 11.718/08 alterou profundamente a figura do segurado especial prevista no inciso VII do artigo 12 da Lei nº 8.212/91. Segundo a nova redação, segurado especial é a pessoa física residente no imóvel rural ou em aglomerado urbano ou rural próximo a ele que, individualmente ou em regime de economia familiar, ainda que com o auxílio eventual de terceiros a título de mútua colaboração, na condição de:

a) produtor, seja proprietário, usufrutuário, possuidor,[29] assentado, parceiro ou meeiro outorgados, comodatário ou arrendatário rurais, que explore atividade:

[29] Antes mesmo da publicação da Lei nº 11.718/08, o Ministro da Previdência Social aprovou o Parecer CJ/MPS nº 10/08, *DOU* 18 jan. 2008, de lavra do Procurador Federal Cornélio Medeiros Pereira, dispondo sobre o enquadramento do posseiro ocupante de margens de rodovias como segurado especial assim ementado: SOLUÇÃO DE CONTROVÉRSIA. ART. 309 DO DEC. Nº 3.048, DE 6 DE MAIO DE 1999. OCUPANTE DE TERRENOS MARGINAIS DE RODOVIAS. ENQUADRAMENTO COMO SEGURADO ESPECIAL. POSSIBILIDADE. A INEXISTÊNCIA DE TITULAÇÃO OU A EVENTUAL IRREGULARIDADE NA OCUPAÇÃO DA TERRA NÃO AFASTA, POR SI SÓ, A CARACTERIZAÇÃO DO TRABALHADOR RURAL COMO SEGURADO ESPECIAL. COMPATIBILIDADE AO PRINCÍPIO DA UNIVERSALIDADE DA COBERTURA E DO ATENDIMENTO. ART. 194, PARÁGRAFO ÚNICO, INC. I, CF/88. Sobre o tema, publicamos artigo na coluna "Questão de Justiça" de *O Globo* de 12.2.08 onde afirmamos que: "...O cerne da controvérsia reside na interpretação do art. 195, parágrafo 8º, da Constituição, segundo o qual 'o produtor, o parceiro, o meeiro e o arrendatário rurais e o pescador artesanal, bem como os respectivos cônjuges, que exerçam suas atividades em regime de economia familiar, sem empregados permanentes, contribuirão para a seguridade social mediante a aplicação de uma alíquota sobre o resultado da comercialização da produção e farão jus aos benefícios nos termos da lei'. Seguindo recomendação da OIT, nossa Constituição Cidadã ainda assegura o princípio da universalidade, base dos modernos sistemas de seguridade social espalhados mundo afora, que garante proteção social a todos, indistintamente. Mais. Buscando assegurar igualdade de tratamento entre trabalhadores urbanos e rurais, a mesma Constituição expressamente garantiu, como princípio, uniformidade e equivalência dos benefícios e serviços às populações urbanas e rurais. Dessa forma, foi-se construindo um avançado sistema de proteção social que, não obstante os desafios a serem superados, assegura proteção social a 64,1% da população ocupada de 16 a 59 anos. É a maior proteção social de toda a América Latina! A questão previdenciária não se confunde com a civil, comercial ou outras, já que o direito previdenciário tem regras próprias – a maioridade civil aos 18 anos, por exemplo, em nada altera a condição de dependente previdenciário até os 21, para os filhos. Por essa razão, a conclusão do referido parecer pautou-se pelos limites traçados pela norma constitucional, e essa, em nenhum momento, faz referência à propriedade da terra como condição do reconhecimento de segurado especial. E nem poderia fazer, pois se o fizesse estaria, na prática, negando proteção previdenciária, justamente o que a Constituição quis evitar. Não procede o argumento de que o parecer 'incentiva' as invasões, pois em nenhum momento legitima estas. Como já dito, se há ato ilícito, deve ser apurado nas esferas próprias, pois 'ilicitude previdenciária' não há. Também não procede o argumento de que o benefício é assistencialista, pois o elemento de discriminação é o trabalho rural e não a condição social do titular, o que evidencia a natureza previdenciária. A norma constitucional busca prestigiar o trabalho rural, nada mais. Tudo isso, enfim, é reflexo do modelo de Estado assumido pela Constituição de 1988. Excluir o trabalhador rural que não comprove a propriedade da terra da proteção previdenciária é o mesmo que fechar

1. agropecuária em área de até 4 (quatro) módulos fiscais; ou
2. de seringueiro ou extrativista vegetal que exerça suas atividades nos termos do inciso XII do *caput* do art. 2º da Lei nº 9.985/00, e faça dessas atividades o principal meio de vida;

b) pescador artesanal ou a este assemelhado, que faça da pesca profissão habitual ou principal meio de vida; e

c) cônjuge ou companheiro, bem como filho maior de 16 anos de idade ou a este equiparado, do segurado de que tratam as alíneas *a* e *b* acima, que, comprovadamente, trabalhem com o grupo familiar respectivo.

Entende-se como regime de economia familiar a atividade em que o trabalho dos membros da família é indispensável à própria subsistência e ao desenvolvimento socioeconômico do núcleo familiar e é exercido em condições de mútua dependência e colaboração, sem a utilização de empregados permanentes.[30]

Para serem considerados segurados especiais, o cônjuge ou companheiro e os filhos maiores de 16 anos ou os a estes equiparados deverão ter participação ativa nas atividades rurais do grupo familiar.

A idade mínima é fixada em prol do segurado e não em prejuízo deste; por essa razão, a jurisprudência tem admitido a qualidade de segurado especial para os menores de 16 anos:

> AÇÃO RESCISÓRIA. PREVIDENCIÁRIO. APOSENTADORIA POR TEMPO DE SERVIÇO. TRABALHADOR URBANO. CÔMPUTO DO TRABALHO RURAL ANTERIOR À LEI 8.213/91 SEM O RECOLHIMENTO DAS CONTRIBUIÇÕES. POSSIBILIDADE DE NOVO JULGAMENTO NA AÇÃO RESCISÓRIA. DOCUMENTO NÃO ENQUADRADO NO CONCEITO DE DOCUMENTO NOVO DADO PELA LEI PROCESSUAL. AFASTADA A HIPÓTESE DE CONTAGEM RECÍPROCA. CÔMPUTO DO TRABALHO RURAL A PARTIR DOS 12 ANOS DE IDADE. DISPENSA DO RECOLHIMENTO DAS CONTRIBUIÇÕES REFERENTES AO TRABALHO REALIZADO ANTERIORMENTE À LEI 8.213/91.
>
> [...]
>
> 4. Comprovada a atividade rural do trabalhador menor, a partir dos seus 12 anos, em regime de economia familiar, esse tempo deve ser computado para fins previden-

---

os olhos para a erradicação da pobreza, da marginalização e das desigualdades sociais e regionais; negligenciar a promoção do bem de todos, sem preconceitos de origem, raça, sexo, cor, idade e quaisquer outras formas de discriminação; negar ao país o desenvolvimento nacional e a construção de uma sociedade livre, justa e solidária. Portanto, atrelar a aposentadoria rural à titularidade da terra representa uma imprevidência do Estado e vai de encontro aos objetivos fundamentais da República Federativa do Brasil."

[30] Nesse sentido: STJ, REsp nº 449.893, *DJ* 21.3.05: "Para caracterização do regime de economia familiar, é exigência inafastável que o labor rurícola seja indispensável à subsistência do trabalhador."

ciários. Princípio da universalidade da cobertura da Seguridade Social. A proibição do trabalho ao menor de 14 anos foi estabelecida em benefício do menor e não em seu prejuízo. [...].[31]

O grupo familiar poderá utilizar-se de empregados contratados por prazo determinado ou trabalhador contribuinte individual de que trata a alínea *g* do inciso V do art. 12 da Lei nº 8.212/91, em épocas de safra, à razão de no máximo 120 pessoas/dia no ano civil,[32] em períodos corridos ou intercalados ou, ainda, por tempo equivalente em horas de trabalho.

Não descaracteriza a condição de segurado especial:

I – a outorga, por meio de contrato escrito de parceria, meação ou comodato, de até 50% de imóvel rural cuja área total não seja superior a 4 módulos fiscais, desde que outorgante e outorgado continuem a exercer a respectiva atividade, individualmente ou em regime de economia familiar;

II – a exploração da atividade turística da propriedade rural, inclusive com hospedagem, por não mais de 120 dias ao ano;

III – a participação em plano de previdência complementar instituído por entidade classista a que seja associado, em razão da condição de trabalhador rural ou de produtor rural em regime de economia familiar;

IV – ser beneficiário ou fazer parte de grupo familiar que tem algum componente que seja beneficiário de programa assistencial oficial de governo;

V – a utilização pelo próprio grupo familiar, na exploração da atividade, de processo de beneficiamento ou industrialização artesanal, na forma do § 11 do art. 25 da Lei nº 8.212/91; e

VI – a associação em cooperativa agropecuária.

Não é segurado especial o membro de grupo familiar que possuir outra fonte de rendimento, exceto se decorrente de:

I – benefício de pensão por morte, auxílio-acidente ou auxílio-reclusão, cujo valor não supere o do menor benefício de prestação continuada da Previdência Social;

[31] STJ, AR nº 3.629, *DJ* 9 set. 2008.

[32] Essa razão equivale a 120 diárias, ou seja, se o contratado for apenas um trabalhador, o mesmo poderá trabalhar para o grupo familiar por até 120 dias; sendo dois os contratados, por até 60 dias e assim por diante.

II – benefício previdenciário pela participação em plano de previdência complementar instituído nos termos do inciso IV do § 9º do artigo 12 da Lei nº 8.212/91;

III – exercício de atividade remunerada em período de entressafra ou do defeso, não superior a 120 dias, corridos ou intercalados, no ano civil, observado o disposto no § 13 do artigo 12 da Lei nº 8.212/91;

IV – exercício de mandato eletivo de dirigente sindical de organização da categoria de trabalhadores rurais;

V – exercício de mandato de vereador do município onde desenvolve a atividade rural, ou de dirigente de cooperativa rural constituída exclusivamente por segurados especiais, observado o disposto no § 13 do artigo 12 da Lei nº 8.212/91;

VI – parceria ou meação outorgada na forma e condições estabelecidas no inciso I do § 9º do artigo 12 da Lei nº 8.212/91;

VII – atividade artesanal desenvolvida com matéria-prima produzida pelo respectivo grupo familiar, podendo ser utilizada matéria-prima de outra origem, desde que a renda mensal obtida na atividade não exceda ao menor benefício de prestação continuada da Previdência Social; e

VIII – atividade artística, desde que em valor mensal inferior ao menor benefício de prestação continuada da Previdência Social.

O disposto acima nos incisos III e V não dispensa o recolhimento da contribuição devida em relação ao exercício das atividades de que tratam os referidos incisos.

O segurado especial fica excluído dessa categoria:

I – a contar do primeiro dia do mês em que:

a) deixar de satisfazer as condições estabelecidas no inciso VII do artigo 12 da Lei nº 8.212/91, sem prejuízo do disposto no art. 15 da Lei nº 8.213/91, ou exceder qualquer dos limites estabelecidos no inciso I do § 9º do artigo 12 da Lei nº 8.212/91;

b) se enquadrar em qualquer outra categoria de segurado obrigatório do Regime Geral de Previdência Social, ressalvado o disposto nos incisos III, V, VII e VIII do § 10 do artigo 12 da Lei nº 8.212/91, sem prejuízo do disposto no art. 15 da Lei nº 8.213/91; e

c) se tornar segurado obrigatório de outro regime previdenciário;

II – a contar do primeiro dia do mês subsequente ao da ocorrência, quando o grupo familiar a que pertence exceder o limite de:

a) utilização de trabalhadores nos termos do § 8º do artigo 12 da Lei nº 8.212/91;

b) dias em atividade remunerada estabelecidos no inciso III do § 10 do artigo 12 da Lei nº 8.212/91; e

c) dias de hospedagem a que se refere o inciso II do § 9º do artigo 12 da Lei nº 8.212/91.

O cônjuge ou companheiro do produtor rural enquadrado como contribuinte individual – artigo 12, V, a, da Lei nº 8.212/91 – também será enquadrado como contribuinte individual quando participar da atividade rural por este explorada e não como segurado especial.

A figura do segurado especial está prevista no artigo 195, § 8º, da Constituição Federal.[33] Essa mesma norma jurídica determina que sua contribuição será equivalente à aplicação de uma alíquota sobre o resultado da comercialização de sua produção. De se notar, portanto, que o fato de a atividade ser prestada individualmente ou em regime de economia familiar não significa que o resultado do trabalho seja destinado, exclusivamente, para o consumo familiar.

Considera-se pescador artesanal aquele que, individualmente ou em regime de economia familiar, faz da pesca sua profissão habitual ou principal meio de vida, desde que utilize embarcação de até seis toneladas de arqueação bruta, ainda que com auxílio de parceiro, não utilize embarcação ou, na condição, exclusivamente, de parceiro outorgado, utilize embarcação de até dez toneladas de arqueação bruta. Entende-se por tonelagem de arqueação bruta a expressão da capacidade total da embarcação constante da respectiva certificação fornecida pelo órgão competente.

2.1.6 Atividades concomitantes

O exercício de mais de uma atividade remunerada sujeita ao RGPS implica filiação obrigatória em relação a cada uma delas. Nesse caso, o total da contribuição está limitado ao teto, ou seja, se em relação a uma atividade a contribuição for "7" e em relação a outra for "4", mas o teto for "10", a contribuição será "10".

2.1.7 Carteira de identificação e contribuição

O INSS instituirá Carteira de Identificação e Contribuição, sujeita a renovação anual, que será exigida da pessoa física, proprietária ou não, que explora atividade

---

[33] CF/88, art. 195, § 8º O produtor, o parceiro, o meeiro e o arrendatário rurais e o pescador artesanal, bem como os respectivos cônjuges, que exerçam suas atividades em regime de economia familiar, sem empregados permanentes, contribuirão para a seguridade social mediante a aplicação de uma alíquota sobre o resultado da comercialização da produção e farão jus aos benefícios nos termos da lei.

agropecuária ou pesqueira, em caráter permanente ou temporário, diretamente ou por intermédio de prepostos e com auxílio de empregados, utilizados a qualquer título, ainda que de forma não contínua e do segurado especial, para sua inscrição, comprovação da qualidade de segurado e do exercício de atividade rural e habilitação aos benefícios de que trata a Lei nº 8.213/91.

2.1.8 Aposentado que exerce atividade remunerada

O aposentado pelo RGPS que estiver exercendo ou que voltar a exercer atividade abrangida por esse Regime é segurado obrigatório em relação a essa atividade, ficando sujeito ao recolhimento de contribuições sociais, para fins de custeio da seguridade social.

A regra em comento dá vazão à determinação constitucional no sentido de que todos devem contribuir para o financiamento da seguridade social e, em especial, ao princípio da diversidade da base de financiamento.

Imediatamente após essa alteração legislativa, introduzida pela Lei nº 9.032/95, inúmeras ações foram ajuizadas contra a nova regra, fundamentadas, principalmente, no argumento de que seria indevido o recolhimento de contribuições previdenciárias por segurados aposentados porque os mesmos não teriam direitos a benefícios, o que não estaria conforme a Constituição Federal.

Data venia, ledo engano.

A um, pelos argumentos acima expostos, fundados na solidariedade contributiva; a dois, porque o artigo 18, § 2º, da Lei nº 8.213/91 arrola os benefícios que são devidos ao segurado aposentado;[34] e finalmente, a três, porque segundo o artigo 201, § 11, da CF/88, "os ganhos habituais do empregado, a qualquer título, serão incorporados ao salário para efeito de contribuição previdenciária e consequente repercussão em benefícios, nos casos e na forma da lei", ou seja, a Constituição Federal deixa claro que cabe à lei ordinária determinar os casos em que as contribuições terão – ou não – repercussão em benefícios, nada impedindo a existência de casos onde as contribuições não repercutirão em benefícios. Isso é assim devido à solidariedade.

Nesse sentido é o seguinte julgado:

Ementa: CONTRIBUIÇÃO PREVIDENCIÁRIA. APOSENTADO QUE CONTINUA TRABALHANDO.

---

[34] Art. 18, § 2º O aposentado pelo Regime Geral de Previdência Social–RGPS que permanecer em atividade sujeita a este Regime, ou a ele retornar, não fará jus a prestação alguma da Previdência Social em decorrência do exercício dessa atividade, exceto ao salário-família e à reabilitação profissional, quando empregado.

O aposentado que estiver exercendo ou voltar a exercer atividade remunerada é segurado obrigatório da Previdência Social, devendo contribuir para o custeio, na forma da lei, por força do princípio da universalidade.

O argumento de que inexiste contraprestação à contribuição do aposentado sucumbe frente aos direitos que lhe são assegurados pelo art. 18, da Lei nº 8.213, de 1991, que trata dos benefícios da Previdência Social.[35]

O Supremo Tribunal Federal acabou decidindo a matéria no sentido em que sustentamos:

> EMENTA: Contribuição previdenciária: aposentado que retorna à atividade: CF, art. 201, § 4º; L. 8.212/91, art. 12: aplicação à espécie, *mutatis mutandis*, da decisão plenária da ADIn 3.105, red. p/acórdão Peluso, *DJ* 18.2.05. A contribuição previdenciária do aposentado que retorna à atividade está amparada no princípio da universalidade do custeio da Previdência Social (CF, art. 195); o art. 201, § 4º, da Constituição Federal "remete à lei os casos em que a contribuição repercute nos benefícios".[36]

2.1.9 Dirigente sindical no exercício do mandato eletivo

O dirigente sindical mantém, durante o exercício do mandato eletivo, o mesmo enquadramento no RGPS de antes da investidura.

O dirigente sindical é eleito para representar os interesses de sua categoria, no sindicato. Quando se inscreve como candidato, no sindicato, deve integrar a respectiva base sindical. Assim, o candidato a mandato classista no sindicato dos bancários deve ser bancário; o candidato a mandato classista no sindicato dos comerciários deve ser comerciário e assim por diante. No exercício do mandato não há mudança de categoria. Dessa forma, natural que mantenha o mesmo enquadramento no RGPS existente antes de sua investidura.

Da mesma forma que o dirigente sindical, o magistrado da Justiça Eleitoral, oriundo da classe dos advogados, nomeado para o Tribunal Superior Eleitoral ou para o Tribunal Regional Eleitoral, mantém o mesmo enquadramento no RGPS de antes da investidura no cargo, tendo em vista que a nomeação desses membros é sempre temporária e não vitalícia.

2.1.10 Servidores públicos

O servidor civil ocupante de cargo efetivo ou o militar da União, dos Estados, do Distrito Federal ou dos Municípios, bem como o das respectivas autarquias e

---

[35] AC 2000.71.00.035762-9, TRF 4ª R., Rel. Des. Fed. Vilson Darós, *DJU* 18 set. 2002.

[36] RE 437640, *DJ* 2 mar. 2007.

fundações, são excluídos do RGPS, desde que amparados por regime próprio de previdência social, nos termos do artigo 13 da Lei nº 8.212/91.

Como já dito anteriormente, os servidores públicos ocupantes exclusivamente de cargos em comissão, sem vínculo efetivo com a União, Distrito Federal, Estados e Municípios, ou suas Autarquias e Fundações, são segurados obrigatórios da Previdência Social na condição de empregados – art. 12, I, *g*.

Tratamos aqui, portanto, dos servidores que possuem vínculo efetivo com a Administração Pública. Em relação a estes pode ser instituído regime próprio de previdência pelos diversos entes da Federação, oportunidade em que serão excluídos do RGPS, como faculta o artigo 149, § 1º, da Constituição Federal.

Por regime próprio de previdência social entende-se o que assegura pelo menos as aposentadorias e pensão por morte previstas no artigo 40 da Constituição Federal, nos termos do artigo 10, § 3º, do Decreto nº 3.048/99.

Nesse sentido o seguinte julgado:

> Ementa: TRIBUTÁRIO. CONTRIBUIÇÃO PREVIDENCIÁRIA. MUNICÍPIOS. SERVIDORES PÚBLICOS TEMPORÁRIOS. OCUPANTES DE CARGO EM COMISSÃO. LEI Nº 8.647/93. ART. 12, I, G, E ART. 13 DA LEI Nº 8.212/91. INAPLICABILIDADE À ADMINISTRAÇÃO MUNICIPAL.
>
> [...]
>
> 2. Ao contrário do que aconteceu no âmbito da União com a edição da Lei nº 8.647/93, não havia no período de apuração do auto de infração – anos de 1993 e 1994 – qualquer norma, seja na esfera federal ou local, que submetesse os servidores públicos municipais temporários e os ocupantes de cargos municipais em comissão ao Regime Geral de Previdência Social-RGPS, quando houvesse no Município regime previdenciário próprio.
>
> 3. No particular, não há amparo legal para a exclusão de agentes públicos municipais sem vínculo efetivo com o Município do regime próprio de previdência, pois servidor público é gênero do qual fazem parte o ocupante em cargo em comissão e o servidor temporário (RMS 11.722/DF, Rel. Min. Hamilton Carvalhido, *DJU* de 29.10.01).
>
> 4. A mera estipulação de carências de forma diversa da prevista no RGPS não tem o condão de afastar a cobertura dos <u>benefícios de aposentadoria ou pensão, essenciais para configurar a natureza previdenciária de qualquer regime de seguridade</u>.
>
> 5. Além disso, não restou demonstrado pelo recorrente que o prazo de carência para a pensão por morte, estipulado pelo regime próprio do Município de Picada Café, foi estabelecido de forma desproporcional ou teria violado qualquer dispositivo de lei federal.
>
> 6. Recurso especial conhecido em parte e, nessa parte, improvido. (grifo nosso)[37]

---

[37] STJ, REsp nº 366357, *DJ* 7 mar. 2005.

Na hipótese do servidor civil ou o militar vir a exercer, concomitantemente, uma ou mais atividades abrangidas pelo RGPS, tornar-se-á segurado obrigatório em relação a essas atividades. O regime próprio de previdência social somente pode dizer respeito à atividade pública que o servidor exercer, como é elementar. Em relação aos Estados, Distrito Federal e Municípios, há expressa determinação constitucional nesse sentido – art. 149, § 1º, da Constituição Federal. Assim, como o exercício de atividade remunerada sujeita à filiação obrigatória ao RGPS, o desempenho de outras atividades torna o servidor ou militar segurado obrigatório em relação a essas atividades.

Na hipótese de o servidor civil ou o militar, amparado por regime próprio de previdência social, ser requisitado para outro órgão ou entidade cujo regime previdenciário não permita a filiação nessa condição, permanecerá vinculado ao regime de origem, obedecidas as regras que cada ente estabeleça acerca de sua contribuição. Por exemplo, na hipótese de um servidor civil da União, vinculado ao respectivo regime próprio, ser requisitado para uma empresa pública federal, digamos a Caixa Econômica Federal, cujo regime de previdência é o RGPS, pois o vínculo desses trabalhadores é de natureza celetista, não permitindo a filiação na condição de servidor público civil, o requisitado permanecerá filiado ao regime próprio da União, obedecidas as regras desta para a contribuição.[38]

2.1.11 Segurado facultativo

É segurado facultativo o maior de 16 anos de idade que se filiar ao RGPS, mediante contribuição, desde que não esteja exercendo atividade remunerada que o enquadre como segurado obrigatório da previdência social. A redação legal ainda faz referência a idade de 14 anos, mas pelas razões já apontadas a idade mínima para filiação é de 16 anos – art. 7º, XXXIII, da CF/88 na redação da Emenda Constitucional nº 20/98.

A figura do segurado facultativo existe com o intuito de albergar aqueles que não exercem atividades remuneradas, mas que, por medidas de política social, devem ser acolhidos pelo sistema previdenciário, mediante contribuição.

O segurado facultativo não pode exercer atividade remunerada que o enquadre como segurado obrigatório da Previdência Social.

Nos termos do artigo 11, § 1º, do Decreto nº 3.048/99 podem filiar-se como segurados facultativos, entre outros:

I – a dona de casa;

II – o síndico de condomínio, quando não remunerado;

[38] Para maiores detalhes sobre os regimes previdenciários, vide item 2.1 da Parte III deste livro.

III – o estudante;

IV – o brasileiro que acompanha cônjuge que presta serviço no exterior;

V – aquele que deixou de ser segurado obrigatório da previdência social;

VI – o membro de conselho tutelar de que trata o art. 132 da Lei nº 8.069/90, quando não esteja vinculado a qualquer regime de previdência social;

VII – o bolsista e o estagiário que prestam serviços a empresa de acordo com a Lei nº 6.494/77;

VIII – o bolsista que se dedique em tempo integral a pesquisa, curso de especialização, pós-graduação, mestrado ou doutorado, no Brasil ou no exterior, desde que não esteja vinculado a qualquer regime de previdência social;

IX – o presidiário que não exerce atividade remunerada nem esteja vinculado a qualquer regime de previdência social; e

X – o brasileiro residente ou domiciliado no exterior, salvo se filiado a regime previdenciário de país com o qual o Brasil mantenha acordo internacional.

Nos termos do artigo 201, § 5º, da CF/88, é vedada a filiação ao RGPS, na qualidade de segurado facultativo, de pessoa participante de regime próprio de previdência social. O artigo 11, § 2º, do Decreto nº 3.048/99 abre exceção a essa regra, autorizando a filiação na hipótese de afastamento sem vencimento e desde que não permitida, nessa condição, contribuição ao respectivo regime próprio. A regra nos parece válida, pois deu interpretação razoável à norma constitucional.

A filiação na qualidade de segurado facultativo representa ato volitivo, gerando efeito somente a partir da inscrição e do primeiro recolhimento, não podendo retroagir e não permitindo o pagamento de contribuições relativas a competências anteriores à data da inscrição, ressalvada a hipótese de opção pelo recolhimento trimestral.

Após a inscrição, o segurado facultativo somente poderá recolher contribuições em atraso enquanto não ocorrer a perda da qualidade de segurado, o que verifica-se após seis meses da cessação das contribuições.

2.2 *Da empresa e do empregador doméstico*

Nos termos do artigo 15 da Lei nº 8.212/91, considera-se:

I – empresa – a firma individual ou sociedade que assume o risco de atividade econômica urbana ou rural, com fins lucrativos ou não, bem como os órgãos e entidades da administração pública direta, indireta e fundacional.

No âmbito do Direito Previdenciário o termo *empresa* tem significado próprio, sem identificação com os conceitos do Direito Comercial ou Trabalhista. Aqui é considerado como empresa aquele que exerce individualmente o comércio – chamado titular de firma individual – ou a sociedade que assume o risco de atividade urbana ou rural, não importando que tenha fins lucrativos ou não, pois tal traço não importa diretamente ao Direito Previdenciário.

Também são considerados como empresa os órgãos e entidades da administração pública direta, indireta ou fundacional. Isso significa dizer que os Municípios, Estados, Distrito Federal, bem como seus órgãos, também podem ser contribuintes da seguridade social. Exemplo disso ocorre na hipótese de não instituírem regime próprio de previdência social em benefício de seus servidores, nos termos do artigo 149, § 1º, da Constituição Federal, como já foi estudado – nessa situação, seus servidores serão segurados obrigatórios do RGPS e os respectivos entes contribuição na condição de empresa.

Não obstante a diversidade da base de financiamento, as empresas são as principais contribuintes da seguridade social.

São equiparados à empresa, nos termos do artigo 15, parágrafo único, da Lei nº 8.212/91, o contribuinte individual em relação a segurado que lhe presta serviço, bem como a cooperativa, a associação ou entidade de qualquer natureza ou finalidade, a missão diplomática e a repartição consular de carreira estrangeiras.

Acabamos de afirmar que no Direito Previdenciário o termo *empresa* tem significado próprio. Disso não temos dúvida. Mas é sempre oportuno lembrar que a Lei nº 8.212/91 – como toda legislação infraconstitucional – encontra suporte de validade na Constituição Federal. Pois bem. Nos termos do artigo 195, I, da CF/88, o empregador, a empresa e a entidade a ela equiparada na forma da lei são contribuintes da seguridade social. Decorre daí que a equiparação à empresa efetivada pelo artigo 15, parágrafo único, da Lei nº 8.212/91 deve encontrar suporte de validade na referida norma constitucional. A equiparação feita em relação à cooperativa, à associação ou entidade de qualquer natureza ou finalidade, à missão diplomática e à repartição consular de carreira estrangeiras parece estar conforme a norma constitucional, pois todas enquadram-se no conceito constitucional de "entidade equiparada à empresa". Mas a Constituição Federal não autorizou o legislador ordinário a equiparar qualquer um à empresa, mas somente "a entidade a ela equiparada". Parafraseando Geraldo Ataliba, lembramos que as contribuições não são um "abre-te-Sésamo" que derroga o sistema tributário nacional. Não! Dessa forma, é preciso perguntar: o contribuinte individual em relação a segurado que lhe presta serviço enquadra-se na equiparação constitucionalmente autorizada, ou seja, pode ser equiparado à empresa pela Lei nº 8.212/91?

Veja-se que a Emenda Constitucional nº 42/03, ao incluir o inciso IV no artigo 195 e eleger o importador de bens ou serviços do exterior como contribuinte da seguridade social, autorizou a lei ordinária a eleger outros por equiparação, mediante a expressão "ou de quem a lei a ele equiparar". Muito mais abrangente, portanto, do que "entidade a ele equiparada". Decorre daí que até mesmo a pessoa física poderá figurar como sujeito passivo da exação, o que foi efetivamente levado à cabo pelo artigo 5º da Lei nº 10.865/04.[39]

De outra banda, em tema estranho à seguridade social mas que tem relação com o assunto aqui tratado, a redação original do artigo 155, § 2º, IX, da CF/88 determinava que o ICMS incidiria também "sobre a entrada de mercadoria importada do exterior, ainda quando se tratar de bem destinado a consumo ou ativo fixo do estabelecimento, assim como sobre serviço prestado no exterior, cabendo o imposto ao Estado onde estiver situado o estabelecimento destinatário da mercadoria ou do serviço". Na vigência dessa norma constitucional, o Supremo Tribunal Federal decidiu:

> RECURSO EXTRAORDINÁRIO. CONSTITUCIONAL. TRIBUTÁRIO. IMPORTAÇÃO DE BEM POR SOCIEDADE CIVIL PARA PRESTAÇÃO DE SERVIÇOS MÉDICOS. EXIGÊNCIA DE PAGAMENTO DO ICMS POR OCASIÃO DO DESEMBARAÇO ADUANEIRO. IMPOSSIBILIDADE. 1. A incidência do ICMS na importação de mercadoria tem como fato gerador operação de natureza mercantil ou assemelhada, <u>sendo inexigível o imposto quando se tratar de bem importado por pessoa física</u>. 2. Princípio da não cumulatividade do ICMS. Importação de aparelho de mamografia por sociedade civil, não contribuinte do tributo. Impossibilidade de se compensar o que devido em cada operação com o montante cobrado nas anteriores pelo mesmo ou outro Estado ou pelo Distrito Federal. Inexistência de circulação de mercadoria. Não ocorrência da hipótese de incidência do ICMS. Recurso extraordinário não conhecido.[40] (grifo nosso)

Em função desse julgado, a Emenda Constitucional nº 33/01 alterou citada norma constitucional, para determinar a incidência, também, sobre bem ou mercadoria importados por pessoa física.[41]

---

[39] Art. 5º São contribuintes: I – o importador, assim considerada a pessoa física ou jurídica que promova a entrada de bens estrangeiros no território nacional; II – a pessoa física ou jurídica contratante de serviços de residente ou domiciliado no exterior; e III – o beneficiário do serviço, na hipótese em que o contratante também seja residente ou domiciliado no exterior. Parágrafo único. Equiparam-se ao importador o destinatário de remessa postal internacional indicado pelo respectivo remetente e o adquirente de mercadoria entrepostada.

[40] RE nº 185789, *DJ* 19 maio 2000.

[41] CF/88, art. 155, § 2º, IX, *a*: sobre a entrada de bem ou mercadoria importados do exterior por pessoa física ou jurídica, ainda que não seja contribuinte habitual do imposto, qualquer que seja a sua finalidade, assim como sobre o serviço prestado no exterior, cabendo o imposto ao Estado onde estiver situado o domicílio ou o estabelecimento do destinatário da mercadoria, bem ou serviço.

De tudo isso, parece que a Lei nº 8.212/91 incidiu em inconstitucionalidade ao equiparar a pessoa física à empresa, ainda mais considerando que pessoa física não aufere receita ou faturamento, nem lucro, exceto quando empresário, pois como afirma Bruno Mattos e Silva, "a lei não faz qualquer restrição no sentido de proibir, como regra geral, o exercício da atividade empresária por pessoa física ou por pessoa jurídica",[42] mas, daí, o contribuinte não será equiparado à empresa, mas empresa propriamente dita.

Por outro lado, quando o contribuinte individual tiver empregados a seu serviço será considerado empregador, pois nos termos do artigo 2º, § 1º, da CLT, "equiparam-se ao empregador, para os efeitos exclusivos da relação de emprego, os profissionais liberais,[43] as instituições de beneficência, as associações recreativas ou outras instituições sem fins lucrativos, que admitirem trabalhadores como empregados."

No mesmo sentido é a posição de Andrei Pitten Velloso:

> Sem embargo, há limites à liberdade do legislador para equiparar entidades às empresas com vistas a tal desiderato. O principal limite decorre dos lindes semânticos do termo *entidade*: somente entidades podem ser equiparadas à empresa, e não quaisquer pessoas. Dever-se-ia, pelo postulado da unidade do ordenamento jurídico, adotar a acepção jurídica do vocábulo *entidades*, que denota as sociedades e as associações juridicamente constituídas para determinado fim. Em tal acepção, revela-se legítima a equiparação de cooperativas e associações às empresas, mas não de contribuintes individuais e tampouco das associações diplomáticas. A inviabilidade de equiparação à empresa, no entanto, não implica necessariamente a ilegitimidade da cobrança das contribuições sobre as remunerações, sobre a receita ou sobre o lucro, porquanto essas exações podem ser exigidas se houver vínculo empregatício, com base na autorização constitucional para a tributação dos "empregadores" (art. 195, I).[44]

Nos termos do artigo 12 do Decreto nº 3.048/99, ainda equiparam-se à empresa o operador portuário e o órgão gestor de mão de obra de que trata a Lei nº 8.630/93, bem como o proprietário ou dono de obra de construção civil, quando pessoa física, em relação a segurado que lhe presta serviço. Em relação a este último, vale o raciocínio exposto acima. Acerca deste, afirmam Lazzari e Castro: não há vínculo de emprego entre o pedreiro e o proprietário de imóvel que o contrata para construção de sua própria residência ou a empresa que, não explorando a atividade de construção civil, realiza obra em imóvel seu.[45]

---

[42] *Direito de empresa*, p. 41.

[43] É o caso do advogado em relação a sua secretária.

[44] *Constituição tributária interpretada*, p. 345. Para nós, a missão diplomática e a repartição consular de carreira estrangeiras sujeitam-se às contribuições de seguridade social.

[45] *Manual de direito previdenciário*, p. 150.

II – empregador doméstico – a pessoa ou família que admite a seu serviço, sem finalidade lucrativa, empregado doméstico.

Empregador doméstico é aquele que admite a seu serviço o empregado doméstico, definido como aquele que presta serviço de natureza contínua, mediante remuneração, a pessoa ou família, no âmbito residencial desta, em atividade sem fins lucrativos.

2. Dos contribuintes

2.1. Dos segurados

I – Obrigatórios (empregado, empregado doméstico, contribuinte individual, trabalhador avulso e segurado especial).

II – Facultativos.

2.2. Da empresa e do empregador doméstico

I – empresa – a firma individual ou sociedade que assume o risco de atividade econômica urbana ou rural, com fins lucrativos ou não, bem como os órgãos e entidades da administração pública direta, indireta e fundacional.

Equiparados – o contribuinte individual em relação a segurado que lhe presta serviço, bem como a cooperativa, a associação ou entidade de qualquer natureza ou finalidade, a missão diplomática e a repartição consular de carreira estrangeiras (possibilidade de equiparação da pessoa física?).

Direito Previdenciário – significado próprio.

II – empregador doméstico – a pessoa ou família que admite a seu serviço, sem finalidade lucrativa, empregado doméstico.

2.1. Dos segurados

2.1.1 Empregado

Competência da Justiça do Trabalho não afasta competência das autoridades administrativas de zelar pelo cumprimento da legislação pertinente – fiscalização fazendária tem competência para reconhecer relação de emprego – fato gerador das contribuições.

Art. 3º, CLT – não eventualidade, subordinação, remuneração.

Contrato de trabalho – contrato de realidade.

Natureza urbana ou rural.

2.1.2 Empregado doméstico

Serviço de natureza contínua a pessoa ou família, no âmbito residencial desta, em atividades sem fins lucrativos.

Continuidade – essência.

2.1.3 Contribuinte individual

Denominação anterior – empresário, trabalhador autônomo e equiparado.

Inexistência de vínculo empregatício.

Natureza urbana ou rural.

2.1.4 Trabalhador avulso

Presta, a diversas empresas, sem vínculo empregatício, serviços de natureza urbana ou rural definidos no regulamento (exemplo: trabalhador portuário).

Intermediação do sindicato ou órgão gestor da mão de obra.

Curta duração dos serviços.

2.1.5 Segurado especial

Pessoa física residente no imóvel rural ou em aglomerado urbano ou rural próximo a ele que, individualmente ou em regime de economia familiar, ainda que com o auxílio eventual de terceiros a título de mútua colaboração, na condição de:

a) produtor, seja proprietário, usufrutuário, possuidor, assentado, parceiro ou meeiro outorgados, comodatário ou arrendatário rurais, que explore atividade agropecuária em área de até 4 módulos fiscais; ou de seringueiro ou extrativista vegetal e faça dessas atividades o principal meio de vida;

b) pescador artesanal ou a este assemelhado, que faça da pesca profissão habitual ou principal meio de vida; e

c) cônjuge ou companheiro, bem como filho maior de 16 anos de idade ou a este equiparado, do segurado de que tratam as alíneas *a* e *b* acima, que, comprovadamente, trabalhem com o grupo familiar respectivo.

Regime de economia familiar – atividade em que o trabalho dos membros da família é indispensável à própria subsistência e ao desenvolvimento socioeconômico do núcleo familiar e é exercido em condições de mútua dependência e colaboração, sem a utilização de empregados permanentes.

Como regra, é vedado ao segurado especial possuir outra fonte de rendimento (há exceções).

Previsão no artigo 195, § 8º, da Constituição Federal.

2.1.6 Atividades concomitantes

Exercício de mais de uma atividade remunerada sujeita ao RGPS implica filiação obrigatória em relação a cada uma delas.

Contribuição é limitada ao teto

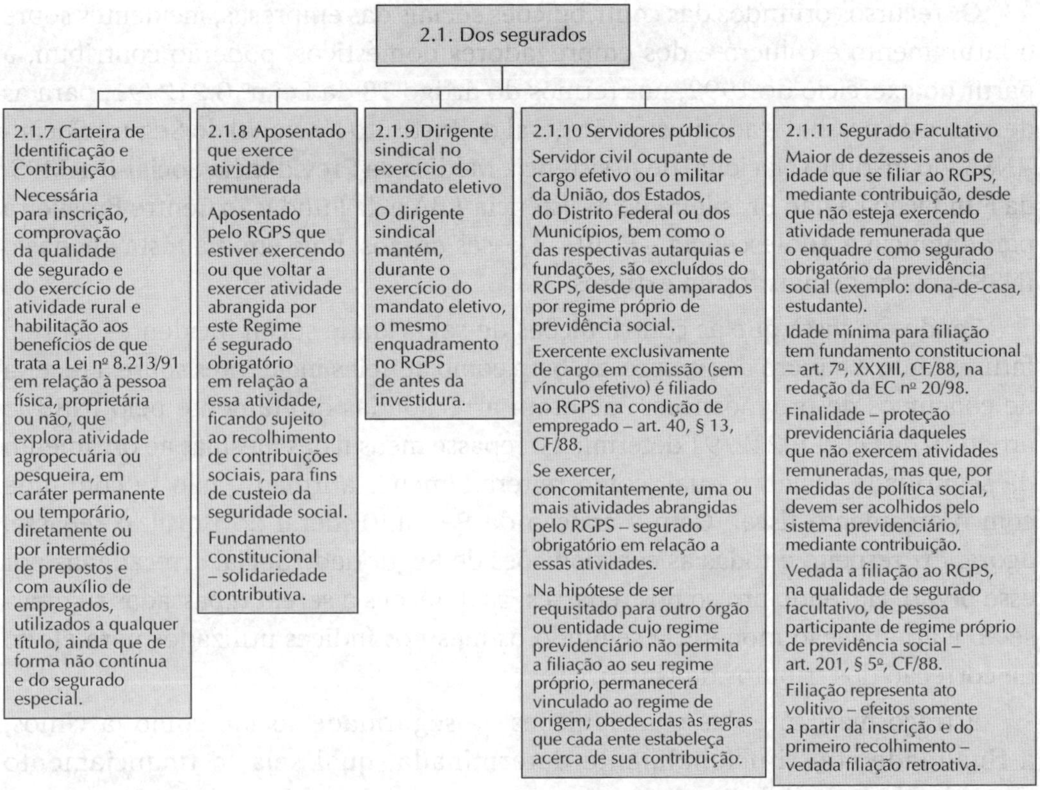

3 Da contribuição da União

Já vimos que o financiamento da seguridade social dá-se de forma direta e indireta, sendo que na forma indireta as pessoas políticas contribuem por meio dos seus orçamentos fiscais. A contribuição da União, modalidade de financiamento indireto, é constituída de recursos adicionais do orçamento fiscal que são fixados obrigatoriamente na lei orçamentária anual.

Havendo déficit na seguridade social, decorrente do pagamento de benefícios de prestação continuada da previdência social, a União deve assumir sua responsabilidade, nos termos da lei orçamentária anual.[46]

Para pagamento dos encargos previdenciários da União, poderão contribuir os recursos da seguridade social arrecadados das empresas, incidentes sobre o faturamento e o lucro, na forma da lei orçamentária anual, assegurada a destinação de recursos para as ações de saúde e assistência social.

[46] Como já vimos no item 2.4 do Capítulo I desta Parte II, o orçamento da seguridade social é superavitário.

Os recursos oriundos das contribuições sociais das empresas, incidentes sobre o faturamento e o lucro e dos empregadores domésticos, poderão contribuir, a partir do exercício de 1992, nos termos do artigo 18 da Lei nº 8.212/91, para as despesas de pessoal e administração geral do Instituto Nacional do Seguro Social--INSS, do Instituto Nacional de Assistência Médica da Previdência Social-INAMPS, da Fundação Legião Brasileira de Assistência-LBA e da Fundação Centro Brasileira para Infância e Adolescência – FCBIA. Desses órgãos, hoje em dia resta apenas o INSS, pois os demais foram extintos.

Tendo em vista que as contribuições de seguridade social incidentes sobre o faturamento e o lucro das empresas, bem como aquelas incidentes sobre a receita de concursos de prognósticos, não eram arrecadadas diretamente pelo INSS, o artigo 19 da Lei nº 8.212/91 determina o repasse mensal das mesmas ao orçamento da seguridade social, o qual, como reiteradamente afirmado, não se confunde com o orçamento fiscal. Com a criação da Receita Federal do Brasil, o repasse, agora, diz respeito a todas as contribuições de Seguridade Social arrecadadas por esse órgão. Havendo atraso nos repasses, as dotações a serem repassadas sujeitar-se-ão a atualização monetária segundo os mesmos índices utilizados para efeito de correção dos tributos da União.

É traço marcante das contribuições de seguridade social, como já vimos, a finalidade constitucionalmente determinada, qual seja, o financiamento da seguridade social. Por isso, os recursos oriundos do recolhimento dessas contribuições devem ser destinados a ações nas áreas de saúde, previdência e assistência social.

> 3. Da contribuição da União
>
> Modalidade de financiamento indireto – recursos adicionais do orçamento fiscal – fixados obrigatoriamente na lei orçamentária anual.
>
> Havendo déficit decorrente do pagamento de benefícios de prestação continuada da previdência social – responsabilidade da União.

4 Da contribuição do segurado

4.1 Da contribuição dos segurados empregado, empregado doméstico e trabalhador avulso

A contribuição dos segurados, quaisquer que sejam, sempre será calculada mediante a aplicação de uma alíquota sobre o seu salário-de-contribuição. Este, por sua vez, constitui base de cálculo das contribuições. O salário-de-contribuição varia de um salário-mínimo até R$ 4.159,00,[47] pois nenhum segurado pode contribuir sobre valor inferior ao do salário-mínimo, tampouco sobre valor superior ao teto.

A contribuição dos segurados empregado, empregado doméstico e do trabalhador avulso é calculada mediante a aplicação da correspondente alíquota sobre o seu salário-de-contribuição mensal, de forma não cumulativa, de acordo com a seguinte tabela:[48]

SALÁRIO-DE-CONTRIBUIÇÃO (R$)	ALÍQUOTA PARA FINS DE RECOLHIMENTO AO INSS
até 1.247,70	8,00%
de 1.247,71 até 2.079,50	9,00%
de 2.079,51 até 4.159,00	11,00%

Em sua redação original, a Lei nº 8.212/91 previa alíquotas de 8, 9 e 10%. Posteriormente, a Lei nº 9.032/95 fixou as alíquotas em 8, 9 e 11%; entretanto, o artigo 17, II, da Lei nº 9.311/96, autorizou a redução das alíquotas incidentes sobre salários iguais até três salários-mínimos, a título de compensação de CPMF, o que implicava alíquotas de 7,65, 8,65, 9 e 11%. Com o fim da CPMF, voltaram as alíquotas de 8, 9 e 11%.

Conforme a faixa de enquadramento do segurado, incidirá sobre o salário-de--contribuição uma alíquota diferente, de forma não cumulativa, tendo em vista que, dando vazão ao princípio constitucional da equidade na forma de participação no custeio, o legislador ordinário impôs uma carga tributária maior àqueles que têm maior salário-de-contribuição.

Assim, o empregado que tem um salário-de-contribuição igual a R$ 800,00 contribuirá com 8% para a seguridade social, ou seja, R$ 64,00. Aquele que tem salário-de-contribuição igual a R$ 2.000,00 contribuirá com 9% sobre o seu salário--de-contribuição, ou seja, R$ 180,00. Já aquele que tem remuneração superior ao limite máximo do salário-de-contribuição contribuirá com 11% sobre o teto e não sobre o total da sua remuneração – *v. g.*, um empregado que tenha remuneração

---

[47] Esse valor é reajustado anualmente, na mesma data de reajuste dos benefícios previdenciários, que coincide com a data de reajuste do salário-mínimo.

[48] Portaria Interministerial MPS/MF nº 15/13.

de R$ 10.000,00 contribuirá com uma alíquota de 11% sobre R$ 4.159,00, ou seja, R$ 457,49.[49]

Os valores do salário-de-contribuição são reajustados, para todos os segurados, na mesma época e com os mesmos índices que os do reajustamento dos benefícios de prestação continuada da previdência social.

Até 31.3.93, os empregados das microempresas eram beneficiados com a incidência da alíquota mínima de 8%, independentemente de sua remuneração, nos termos da Lei nº 7.256/84. Desde a publicação da Lei nº 8.620/93 a tabela progressiva vale para todos, indistintamente.

4.2 Da contribuição dos segurados contribuinte individual e facultativo

Os segurados contribuinte individual e facultativo contribuem com uma alíquota de 20%, aplicada, também, sobre o respectivo salário-de-contribuição, observado os limites mínimo e máximo, conforme a tabela a seguir:

Tabela de contribuição para segurados contribuinte individual e facultativo	
Salário-de-contribuição (R$)	Alíquota para fins de recolhimento ao INSS (%)
de 678,00 (valor mínimo) até 4.159,00 (valor máximo)	20

Assim, um contribuinte individual com remuneração de R$ 800,00 contribuirá para a seguridade social com R$ 180,00, e outro, com remuneração de R$ 3.000,00, contribuirá com R$ 600,00. Aquele que receber acima do limite máximo do salário-de-contribuição também contribuirá com uma alíquota de 20% incidente sobre o teto – *v. g.*, um contribuinte individual que tenha remuneração de R$ 10.000,00 contribuirá com uma alíquota de 20% sobre R$ 4.159,00, ou seja, R$ 831,80.

Sob a visão das ciências atuariais, justifica-se uma alíquota maior para esses segurados porque, diferentemente dos segurados empregados, não prestam seus serviços necessariamente a uma empresa. Assim, muitas vezes a única contribuição decorrente de seu trabalho para a previdência social será a sua própria contribuição, inexistindo contribuição da empresa – diferentemente do que acontece na

[49] Ao estudarmos as prestações previdenciárias, veremos que nesse caso a seguridade social considera a sua remuneração, para fins de cálculo de benefícios previdenciários, o teto do salário-de-contribuição e não os R$ 10.000,00.

hipótese de contribuição do empregado, onde, além da sua, também há a contribuição da empresa.[50] O artigo 30, § 4º, da Lei nº 8.212/91 abre exceção a essa regra, como veremos mais adiante.

A Lei Complementar nº 123/06, conhecida como Lei do Supersimples, criou um regime especial de contribuição destinado aos contribuintes individuais e facultativos, atualmente previsto no parágrafo 2º do artigo 21 da Lei nº 8.212/91, nesses termos:

> No caso de opção pela exclusão do direito ao benefício de aposentadoria por tempo de contribuição, a alíquota de contribuição incidente sobre o limite mínimo mensal do salário-de-contribuição será de:
>
> I – 11%, no caso do segurado contribuinte individual, ressalvado o disposto no inciso II, que trabalhe por conta própria, sem relação de trabalho com empresa ou equiparado e do segurado facultativo, observado o disposto na alínea *b* do inciso II deste parágrafo;
>
> II – 5%:
>
> a) no caso do microempreendedor individual, de que trata o art. 18-A da Lei Complementar nº 123, de 14 de dezembro de 2006; e
>
> b) do segurado facultativo sem renda própria que se dedique exclusivamente ao trabalho doméstico no âmbito de sua residência, desde que pertencente a família de baixa renda.

Considera-se de baixa renda, para os fins do disposto na alínea *b* acima, a família inscrita no Cadastro Único para Programas Sociais do Governo Federal – CadÚnico, cuja renda mensal seja de até 2 salários-mínimos.

Esse regime especial de contribuição tem elevado potencial para retirar da zona de exclusão previdenciária grande parte dos trabalhadores autônomos, principalmente os de menor remuneração, como os ambulantes, assim como os trabalhadores domésticos das famílias de baixa renda.

O segurado que tenha contribuído na forma desse regime e pretenda contar o tempo de contribuição correspondente para fins de obtenção da aposentadoria por tempo de contribuição ou da contagem recíproca do tempo de contribuição a que se refere o artigo 94 da Lei nº 8.213/91 deverá complementar a contribuição mensal mediante recolhimento, sobre o valor correspondente ao limite mínimo mensal do salário-de-contribuição em vigor na competência a ser complementada,

---

[50] O mesmo raciocínio vale para os empregados domésticos e trabalhadores avulsos. Em relação a estes últimos, o art. 7º, XXXIV, da CF/88 expressamente assegura "igualdade de direitos entre o trabalhador com vínculo empregatício permanente e o trabalhador avulso".

da diferença entre o percentual pago e o de 20%, acrescido dos juros moratórios de que trata o § 3º do artigo 5º da Lei nº 9430/96, ou seja, à taxa SELIC.

A contribuição complementar referida acima será exigida a qualquer tempo, sob pena de indeferimento do benefício.

4. Da contribuição do segurado

4.1 Da contribuição dos segurados empregado, empregado doméstico e trabalhador avulso

Cálculo da contribuição = aplicação de uma alíquota (8%, 9% ou 11%) sobre o seu salário-de-contribuição.

Salário-de-contribuição = base de cálculo das contribuições – varia de um salário-mínimo até R$ 4.159,00.

Salário-de-contribuição – reajuste na mesma época e com os mesmos índices que os do reajustamento dos benefícios de prestação continuada da previdência social.

4.2 Da contribuição dos segurados contribuinte individual e facultativo

Cálculo da contribuição = aplicação da alíquota de 20% sobre o seu salário-de-contribuição.

Salário-de-contribuição = base de cálculo das contribuições – varia de um salário-mínimo até R$ 4.159,00.

Salário-de-contribuição – reajuste na mesma época e com os mesmos índices que os do reajustamento dos benefícios de prestação continuada da previdência social.

Exclusão ATC – alíquota incidente sobre o salário-mínimo:
I – 11%:
a) contribuinte individual, ressalvado o disposto no inciso II, que trabalhe por conta própria, sem relação de trabalho com empresa ou equiparado e segurado facultativo, observado o disposto na alínea *b* do inciso II.
II – 5%:
a) microempreendedor individual, e
b) segurado facultativo sem renda própria que se dedique exclusivamente ao trabalho doméstico no âmbito de sua residência, desde que pertencente a família de baixa renda.

SALÁRIO-DE-CONTRIBUIÇÃO (R$)
ALÍQUOTA PARA FINS DE RECOLHIMENTO AO INSS

até 1.247,70
8,00%
de 1.247,71 até 2.079,50
9,00%
de 2.079,51 até 4.159,00
11,00 %

Tabela de contribuição para segurados contribuinte individual e facultativo para pagamento de remuneração a partir de 1º de janeiro de 2011.

Salário-de-contribuição (R$)
Alíquota para fins de recolhimento ao INSS (20%)
de 678,00 (valor mínimo) até 4.159,00 (valor máximo)

5 Da contribuição da empresa

As empresas são as principais financiadoras do sistema de seguridade social, havendo várias contribuições sob sua responsabilidade. Analisemos cada uma separadamente.

5.1 Contribuição incidente sobre o total das remunerações pagas aos segurados empregados e trabalhadores avulsos

A empresa contribui com 20% sobre o total das remunerações pagas, devidas ou creditadas a qualquer título, durante o mês, aos segurados empregados e trabalhadores avulsos que lhes prestem serviços, destinadas a retribuir o trabalho, qualquer que seja a sua forma, inclusive as gorjetas, os ganhos habituais sob a forma de utilidades e os adiantamentos decorrentes de reajuste salarial, quer pelos serviços efetivamente prestados, quer pelo tempo à disposição do empregador ou tomador de serviços, nos termos da lei ou do contrato ou, ainda, de convenção ou acordo coletivo de trabalho ou sentença normativa.

Em sua redação original, o artigo 22, I, da Lei nº 8.212/91, o qual instituiu referida contribuição, dispunha que a contribuição era de 20% sobre o total das remunerações pagas ou creditadas, a qualquer título, no decorrer do mês, aos segurados empregados, empresários, trabalhadores avulsos e autônomos que prestassem serviços à empresa.

O Supremo Tribunal Federal, entretanto, no julgamento do RE nº 166772, adotou posição no sentido de que a expressão *folha de salários* utilizada no artigo 195, I, da Constituição Federal, apontado como suporte de validade da contribuição – em sua redação original –, tem conteúdo técnico, não abrangendo qualquer pagamento.

Sendo assim, excluiu dessa relação a contribuição incidente sobre a remuneração devida aos administradores e autônomos, prevista na redação original, justamente porque não derivada de contrato de trabalho nos termos da Consolidação das Leis do Trabalho. O mesmo raciocínio foi adotado em relação aos trabalhadores avulsos. Essas contribuições somente poderiam ser instituídas no exercício da competência residual, por meio de lei complementar, por inexistir previsão no *caput* do artigo 195 da Constituição Federal.

Eis o teor do julgado:

> Ementa: INTERPRETAÇÃO – CARGA CONSTRUTIVA – EXTENSÃO. Se é certo que toda interpretação traz em si carga construtiva, não menos correta exsurge a vinculação a ordem jurídico-constitucional. O fenômeno ocorre a partir das normas em vigor, variando de acordo com a formação profissional e humanística do intérprete. No exercício gratificante da arte de interpretar, descabe "inserir na regra de direito o próprio juízo – por mais sensato que seja – sobre a finalidade que 'conviria' fosse por ela perseguida" – Celso Antonio Bandeira de Mello – em parecer inédito. Sendo o Direito uma ciência, o meio justifica o fim, mas não este aquele. CONSTITUIÇÃO – ALCANCE POLÍTICO – SENTIDO DOS VOCÁBULOS – INTERPRETAÇÃO. O conteúdo político de uma Constituição não é conducente ao desprezo do sentido vernacular das palavras, muito menos ao do técnico, considerados institutos consagrados pelo Direito. Toda ciência pressupõe a adoção de escorreita linguagem, possuindo os institutos, as expressões e os vocábulos que a revelam conceito estabelecido com a passagem do tempo, quer por força de estudos acadêmicos quer, no caso do Direito, pela atuação dos Pretórios. SEGURIDADE SOCIAL – DISCIPLINA – ESPÉCIES – CONSTITUIÇÕES FEDERAIS – DISTINÇÃO. Sob a égide das Constituições

Federais de 1934, 1946 e 1967, bem como da Emenda Constitucional nº 1/69, teve-se a previsão geral do tríplice custeio, ficando aberto campo propício a que, por norma ordinária, ocorresse a regência das contribuições. A Carta da República de 1988 inovou. Em preceitos exaustivos – incisos I, II e III do artigo 195 – impôs contribuições, dispondo que a lei poderia criar novas fontes destinadas a garantir a manutenção ou expansão da seguridade social, obedecida a regra do artigo 154, inciso I, nela inserta (par. 4. do artigo 195 em comento). CONTRIBUIÇÃO SOCIAL – TOMADOR DE SERVIÇOS – PAGAMENTOS A ADMINISTRADORES E AUTÔNOMOS – REGÊNCIA. A relação jurídica mantida com administradores e autônomos não resulta de contrato de trabalho e, portanto, de ajuste formalizado à luz da Consolidação das Leis do Trabalho. Daí a impossibilidade de se dizer que o tomador dos serviços qualifica-se como empregador e que a satisfação do que devido ocorra via folha de salários. Afastado o enquadramento no inciso I do artigo 195 da Constituição Federal, exsurge a desvalia constitucional da norma ordinária disciplinadora da matéria. A referência contida no par. 4. do artigo 195 da Constituição Federal ao inciso I do artigo 154 nela insculpido, impõe a observância de veículo próprio – a lei complementar. Inconstitucionalidade do inciso I do artigo 3º da Lei nº 7.787/89, no que abrangido o que pago a administradores e autônomos. Declaração de inconstitucionalidade limitada pela controvérsia dos autos, no que não envolvidos pagamentos a avulsos. (grifo nosso) in *DJ* 16.12.94.

Em função disso, foi publicada a Lei Complementar nº 84/96, a qual, em seu artigo 1º, instituiu duas contribuições de seguridade social:

I – a cargo das empresas e pessoas jurídicas, inclusive cooperativas, no valor de quinze por cento do total das remunerações ou retribuições por elas pagas ou creditadas no decorrer do mês, pelos serviços que lhes prestem, sem vínculo empregatício, os segurados empresários, trabalhadores autônomos, avulsos e demais pessoas físicas; e

II – a cargo das cooperativas de trabalho, no valor de quinze por cento do total das importâncias pagas, distribuídas ou creditadas a seus cooperados, a título de remuneração ou retribuição pelos serviços que prestem a pessoas jurídicas por intermédio delas.

O Supremo Tribunal Federal julgou válida a nova exação, em decisão que restou assim ementada:

EMENTA – Ação direta de inconstitucionalidade. Medida cautelar. Lei Complementar nº 84, de 18.1.1996, que institui fonte de custeio para manutenção da seguridade social, na forma do § 4º do art. 195 da Constituição Federal. 2. Precedentes do STF nos RREE nºs 166.772-9 e 177.296-4, com a declaração de inconstitucionalidade das expressões *autônomos*, *administradores* e *avulsos*, constantes do inciso I do art. 3º da Lei nº 7787/1989. ADIN nº 1102-2-DF e a inconstitucionalidade das expressões *empresários* e *autônomos* insertas no inciso I do art. 22 da Lei nº 8.212, de 25.7.1991. 3. Constituição, arts. 149, 195, § 4º, e 154, I; Lei Complementar nº 84/1996. 4. Adotado fato gerador da contribuição, na espécie, semelhante ao dos empregados em geral, ut art. 195, I, da Constituição, decerto não cabe, em juízo cautelar, desde logo, reconhecer a plausibilidade do fundamento invocado de coincidência com o fato gerador do imposto de renda, em se cuidando de contribuição social e não de taxa, em ordem à pretendida suspensão de vigência da Lei Complementar, editada na linha da recomendação que exsurge das decisões do STF sobre a matéria. 5. Outros aspectos da inicial que não estão a merecer, aqui, acolhida, no âmbito da medida cautelar. 6. Medida liminar indeferida.[51]

Com a promulgação da Emenda Constitucional nº 20/98, a redação do artigo 195, I, da Constituição Federal passou a abranger não só a folha de salários, mas também os demais rendimentos do trabalho pagos ou creditados, a qualquer título, à pessoa física que preste serviço à empresa, mesmo sem vínculo empregatício, englobando a todos, o que possibilitou a alteração legislativa por meio de lei ordinária, inclusive a revogação da Lei Complementar nº 84/96 pela Lei nº 9.876/99, eis que toda matéria disciplinada naquela lei passou ao campo de atuação da lei ordinária.

A contribuição agora em vigor é genericamente denominada "folha de salários". Entretanto, por força da decisão do Supremo Tribunal Federal, não é correta essa denominação, justamente porque engloba relações estranhas à folha de salários, tais como o pagamento efetuado aos trabalhadores avulsos.

Importante ressaltar que a contribuição da empresa, diferentemente da contribuição dos segurados, não está sujeita a qualquer teto, incidindo sobre o total das remunerações.[52]

Tendo em vista que a redação original do artigo 195 da Constituição Federal abarcava apenas a expressão *empregadores*, alguns defendiam posição no sentido de que as contribuições de seguridade social "não podiam ser cobradas de empresas que não fossem empregadoras à luz do Direito do Trabalho" no período pretérito à Emenda Constitucional nº 20/98.[53] A tese é relevante, mas não foi acolhida pelo Supremo Tribunal Federal:

---

[51] STF, ADIn nº 1432, *DJ* 29 nov. 1996.

[52] Relembrando o exemplo anterior, um empregado que tenha remuneração de R$ 10.000,00 contribuirá com uma alíquota de 11% sobre R$ 4.159,00, ou seja, R$ 457,49, mas a empresa contribuirá com 20% sobre o total de sua remuneração, o que significa 20% sobre R$ 10.000,00, resultando em R$ 2.000,00.

[53] Cfe. VELLOSO, Andrei Pitten. *Constituição tributária interpretada*, p. 343.

EMENTA: CONSTITUCIONAL. TRIBUTÁRIO. PREVIDENCIÁRIO. CONTRIBUIÇÃO: COFINS – PIS – FINSOCIAL. C.F., art. 195, I. I. – Pessoa jurídica habilitada a operar, admitindo trabalhadores. O vocábulo empregador inscrito no art. 195, I, C.F., compreende a pessoa jurídica empregadora em potencial. II. – Agravo não provido.[54]

5.2 *Contribuição para o financiamento da aposentadoria especial e dos benefícios concedidos em razão do grau de incidência de incapacidade laborativa decorrente dos riscos ambientais do trabalho*

Nos termos dos artigos 57 e 58 da Lei nº 8.213/91, a aposentadoria especial é devida ao segurado que tiver trabalhado sujeito a condições especiais que prejudiquem a saúde ou integridade física durante 15, 20 ou 25 anos, conforme dispuser a lei. Exemplo clássico é o trabalhador de mina de carvão.

Para o financiamento dessa aposentadoria especial e dos benefícios concedidos em razão do grau de incidência de incapacidade laborativa decorrente dos riscos ambientais do trabalho, a contribuição da empresa, sobre o total das remunerações pagas ou creditadas, no decorrer do mês, aos segurados empregados e trabalhadores avulsos, é de:

a) 1% (um por cento) para as empresas em cuja atividade preponderante o risco de acidentes do trabalho seja considerado leve;
b) 2% (dois por cento) para as empresas em cuja atividade preponderante esse risco seja considerado médio;
c) 3% (três por cento) para as empresas em cuja atividade preponderante esse risco seja considerado grave.

Nos termos do artigo 57 da Lei nº 8.213/91, essas alíquotas serão acrescidas de doze, nove ou seis pontos percentuais, respectivamente, se a atividade exercida pelo segurado a serviço da empresa ensejar a concessão de aposentadoria especial após 15, 20 ou 25 anos de contribuição. Esse acréscimo incide exclusivamente sobre a remuneração do segurado sujeito às condições especiais que ensejam aposentadoria especial.

A Lei nº 10.666/03 estendeu o direito à aposentadoria especial ao cooperado filiado à cooperativa de trabalho e de produção que trabalha sujeito a condições especiais que prejudiquem a sua saúde ou a sua integridade física. Em função disso, instituiu duas contribuições adicionais, nos termos a seguir:

---

[54] STF, RE nº 364.215, *DJ* 3 set. 2004.

I – nove, sete ou cinco pontos percentuais, a cargo da empresa tomadora de serviços de cooperado filiado a cooperativa de trabalho, incidente sobre o valor bruto da nota fiscal ou fatura de prestação de serviços, conforme a atividade exercida pelo cooperado permita a concessão de aposentadoria especial após quinze, vinte ou vinte e cinco anos de contribuição, respectivamente;

II – doze, nove ou seis pontos percentuais, a cargo da cooperativa de produção, incidente sobre a remuneração paga, devida ou creditada ao cooperado filiado, na hipótese de exercício de atividade que autorize a concessão de aposentadoria especial após quinze, vinte ou vinte e cinco anos de contribuição, respectivamente.

A lei considera cooperativa de produção aquela em que seus associados contribuem com serviços laborativos ou profissionais para a produção em comum de bens, quando a cooperativa detenha por qualquer forma os meios de produção. Nos termos do artigo 15, parágrafo único, da Lei nº 8.212/91, a cooperativa de produção equipara-se à empresa, daí os percentuais de contribuição serem os mesmos.

Considera-se preponderante a atividade que ocupa, na empresa, o maior número de segurados empregados e trabalhadores avulsos. Assim, se determinada empresa tem 20 funcionários trabalhando em seus escritórios, em atividade que comporta grau mínimo, e outros 100 em atividades externas, que comportam grau máximo, o enquadramento da mesma será em função do grau máximo, eis que possui maior número de empregados em atividade nessa situação.

Nesse sentido é a jurisprudência:

> Ementa: PREVIDENCIÁRIO. CONTRIBUIÇÃO REFERENTE À ACIDENTE DO TRABALHO – ATIVIDADE PREPONDERANTE – PESSOAL DE ESCRITÓRIO – DECRETO Nº 83.081/79.
>
> Sendo a atividade preponderante da empresa a construção civil, sujeita-se às contribuições o pessoal que trabalha no seu escritório de engenharia.
>
> Recurso provido.[55]

O enquadramento da empresa deve ser feito em relação a cada estabelecimento na hipótese de haver vários CNPJs. Havendo um único CNPJ, o enquadramento será feito pela atividade preponderante.

Nesse sentido é a jurisprudência:

---

[55] STJ, REsp nº 171.526, *DJ* 29 nov. 1999.

> Ementa: TRIBUTÁRIO. EMBARGOS DE DIVERGÊNCIA. SEGURO DE ACIDENTE DO TRABALHO (SAT). GRAU DE RISCO. APURAÇÃO EM CADA ESTABELECIMENTO DA EMPRESA IDENTIFICADO PELO SEU CNPJ.
>
> 1. A alíquota da contribuição para o Seguro de Acidente do Trabalho (SAT) deve corresponder ao grau de risco da atividade desenvolvida em cada estabelecimento da empresa, individualizado pelo seu CNPJ (antigo CGC).
> 2. *Contrario sensu*, nas hipóteses em que a empresa possui um único CNPJ, a alíquota deve corresponder à sua atividade preponderante.
> 3. Embargos de divergência providos.[56]

A respeito da matéria o Superior Tribunal de Justiça editou a Súmula nº 351, nesses termos: A alíquota de contribuição para o Seguro de Acidente do Trabalho (SAT) é aferida pelo grau de risco desenvolvido em cada empresa, individualizada pelo seu CNPJ, ou pelo grau de risco da atividade preponderante quando houver apenas um registro.

O enquadramento no correspondente grau de risco é de responsabilidade da empresa, observada a sua atividade econômica preponderante e com periodicidade mensal, cabendo à fiscalização rever o autoenquadramento a qualquer tempo.

A fiscalização previdenciária poderá alterar o enquadramento das empresas no que se refere às contribuições devidas ao SAT, com base nas estatísticas de acidentes do trabalho, apuradas em inspeção, objetivando estimular investimentos em prevenção de acidentes.

O fato de a lei não definir o que seja atividade preponderante, tampouco grau de risco, deixando essa atribuição para o decreto regulamentar, gerou grandes discussões jurídicas. De imediato os contribuintes questionaram a validade da exação, ao argumento de que não fora obedecida a legalidade em matéria tributária.

Data venia, a legalidade em matéria tributária diz respeito à base de cálculo, alíquota, fato gerador, sujeição ativa e passiva. Nada mais. Assim, mostra-se cumprido o disposto no artigo 97 do CTN.[57] Não estamos diante de situação onde a lei necessita de outra lei para sua interpretação, mas sim de examinar se o regulamento foi editado dentro dos limites definidos pela própria lei instituidora do tributo.

A jurisprudência do Superior Tribunal de Justiça é firme no sentido da exigibilidade da exação:

---

[56] STJ, EREsp nº 604660, *DJ* 1º jul. 2005.

[57] CTN, art. 97. Somente a lei pode estabelecer: I – a instituição de tributos, ou a sua extinção; II – a majoração de tributos, ou sua redução, ressalvado o disposto nos arts. 21, 26, 39, 57 e 65; III – a definição do fato gerador da obrigação tributária principal, ressalvado o disposto no inciso I do § 3º do art. 52, e do seu sujeito passivo; IV – a fixação de alíquota do tributo e da sua base de cálculo, ressalvado o disposto nos arts. 21, 26, 39, 57 e 65; V – a cominação de penalidades para as ações ou omissões contrárias a seus dispositivos, ou para outras infrações nela definidas; VI – as hipóteses de exclusão, suspensão e extinção de créditos tributários, ou de dispensa ou redução de penalidades.

Ementa: TRIBUTÁRIO. CONTRIBUIÇÃO PARA O SEGURO DE ACIDENTE DO TRABALHO-SAT. ART. 22, II, DA LEI Nº 8.212/91, NA REDAÇÃO DADA PELA LEI Nº 9.528/97. ARTS. 97 E 99, DO CTN. ATIVIDADES ESCALONADAS EM GRAUS, PELOS DECRETOS REGULAMENTARES Nºs 356/91, 612/92, 2.173/97 E 3.048/99. SATISFEITO O PRINCÍPIO DA RESERVA LEGAL.

– Matéria decidida em nível infraconstitucional, atinente ao art. 22, II, da Lei nº 8.212/91, na redação da Lei nº 9.528/97 e aos arts. 97 e 99 do CTN.

– Atividades perigosas desenvolvidas pelas empresas, escalonadas em graus leve, médio e grave, pelos Decretos nºs 356/91, 612/92, 2.173/97 e 3.048/99.

– Não afronta o princípio da legalidade, o estabelecimento, por decreto, dos mencionados graus de risco, partindo-se da atividade preponderante da empresa.[58]

No mesmo sentido é á jurisprudência do Supremo Tribunal Federal:

EMENTA: – CONSTITUCIONAL. TRIBUTÁRIO. CONTRIBUIÇÃO: SEGURO DE ACIDENTE DO TRABALHO – SAT. Lei 7.787/89, arts. 3º e 4º; Lei 8.212/91, art. 22, II, redação da Lei 9.732/98. Decretos 612/92, 2.173/97 e 3.048/99. C.F., artigo 195, § 4º; art. 154, II; art. 5º, II; art. 150, I. I. – Contribuição para o custeio do Seguro de Acidente do Trabalho – SAT: Lei 7.787/89, art. 3º, II; Lei 8.212/91, art. 22, II: alegação no sentido de que são ofensivos ao art. 195, § 4º, c/c art. 154, I, da Constituição Federal: improcedência. Desnecessidade de observância da técnica da competência residual da União, C.F., art. 154, I. Desnecessidade de lei complementar para a instituição da contribuição para o SAT. II. – O art. 3º, II, da Lei 7.787/89, não é ofensivo ao princípio da igualdade, por isso que o art. 4º da mencionada Lei 7.787/89 cuidou de tratar desigualmente aos desiguais. III. – As Leis 7.787/89, art. 3º, II, e 8.212/91, art. 22, II, definem, satisfatoriamente, todos os elementos capazes de fazer nascer a obrigação tributária válida. O fato de a lei deixar para o regulamento a complementação dos conceitos de "atividade preponderante" e "grau de risco leve, médio e grave", não implica ofensa ao princípio da legalidade genérica, C.F., art. 5º, II, e da legalidade tributária, C.F., art. 150, I. IV. – Se o regulamento vai além do conteúdo da lei, a questão não é de inconstitucionalidade, mas de ilegalidade, matéria que não integra o contencioso constitucional. V. – Recurso extraordinário não conhecido.[59]

5.3 *Contribuição incidente sobre o total das remunerações pagas aos segurados contribuintes individuais que lhe prestem serviços*

Na redação original da Lei nº 8.212/91 não existia a figura do contribuinte individual, o qual foi inserido pela Lei nº 9.876/99, em substituição ao empresário, autônomo e ao equiparado a autônomo.

---

58 STJ, REsp nº 345601, *DJ* 16 set. 2002.

59 STF, RE nº 343446, *DJ* 4 abr. 2003.

A inserção desses contribuintes na Lei nº 8.212/91 foi possível em face da promulgação da Emenda Constitucional nº 20/98, como já vimos, tendo em vista a nova redação do artigo 195, I, da Constituição Federal, dispensando a edição de lei complementar para regular a matéria. Assim, fundamentada nessa nova redação constitucional, foi publicada a Lei nº 9.876/99, instituindo a contribuição agora em estudo e revogando, por completo, a Lei Complementar nº 84/96.[60]

Essa contribuição é de 20% sobre o total das remunerações pagas ou creditadas a qualquer título, no decorrer do mês, aos segurados contribuintes individuais que prestem serviços à empresa.

Nos termos do artigo 201, § 5º, do Decreto nº 3.048/99, no caso de sociedade civil de prestação de serviços profissionais relativos ao exercício de profissões legalmente regulamentadas, a contribuição da empresa referente a todos os sócios, nas sociedades em nome coletivo e de capital e indústria, ao sócio gerente e ao sócio cotista que recebam remuneração decorrente de seu trabalho e ao administrador não empregado na sociedade por cotas de responsabilidade limitada, urbana ou rural, bem como ao associado eleito para cargo de direção em cooperativa, associação ou entidade de qualquer natureza ou finalidade, e ao síndico ou administrador eleito para exercer atividade de direção condominial, desde que recebam remuneração, será de 20% sobre:

I – a remuneração paga ou creditada aos sócios em decorrência de seu trabalho, de acordo com a escrituração contábil da empresa; ou

II – os valores totais pagos ou creditados aos sócios, ainda que a título de antecipação de lucro da pessoa jurídica, quando não houver discriminação entre a remuneração decorrente do trabalho e a proveniente do capital social ou tratar-se de adiantamento de resultado ainda não apurado por meio de demonstração de resultado do exercício.

A cooperativa de trabalho não está sujeita a essa contribuição em relação às importâncias por ela pagas, distribuídas ou creditadas aos respectivos cooperados, a título de remuneração ou retribuição pelos serviços que, por seu intermédio, tenham prestado a empresas, pois nesse caso o sujeito passivo da exação será a empresa tomadora dos serviços, como veremos a seguir.

Situação diferente ocorre na hipótese em que a cooperativa presta serviços a pessoas físicas, como ocorre nas cooperativas médicas. Nesse caso, a cooperativa

---

[60] Com efeito, é sabido que lei ordinária não tem o condão de revogar lei complementar. Mas com a promulgação da EC nº 20/98 a LC nº 84/96 perdeu seu *status* de lei complementar e ingressou na nova ordem constitucional com simples força de lei ordinária, possibilitando a revogação.

será equiparada à empresa e deve recolher a contribuição. Nesse sentido, o julgado do seguinte recurso especial, de nossa autoria:

> Ementa: PREVIDENCIÁRIO. PROCESSUAL CIVIL. EMBARGOS DECLARATÓRIOS. OMISSÃO.
>
> 1. As cooperativas de trabalho médico, em período anterior à LC nº 84/96, são, também, equiparadas à empresa para fins de recolher contribuição previdenciária.
>
> 2. Precedente: REsp 293.562/RS, 1ª Turma.
>
> 3. As cooperativas médicas, antes e depois da LC nº 84/96, por serem consideradas equiparadas à empresa, estão obrigadas ao recolhimento da contribuição social a ser calculada sobre os valores apurados mensalmente por serviços prestados e pagos aos médicos autônomos que são seus associados.
>
> 4. Embargos de declaração acolhidos para complementar o acórdão, afastando, consequentemente, a omissão, sem efeitos modificativos. Recurso especial do INSS que se mantém provido.[61]

5.4 *Contribuição incidente sobre o serviço prestado por cooperados por intermédio de cooperativas de trabalho*

5.4.1 Histórico da contribuição

Antes de iniciarmos o estudo da contribuição instituída pela Lei nº 9.876/99 faz-se necessária uma breve análise da contribuição a cargo das cooperativas instituída pela Lei Complementar nº 84/96, já revogada.

Relembrando, rezava o art. 1º, da citada lei:

> Art. 1º Para a manutenção da Seguridade Social, ficam instituídas as seguintes contribuições sociais:
>
> I – a cargo das empresas e pessoas jurídicas, inclusive cooperativas, no valor de quinze por cento do total das remunerações ou retribuições por elas pagas ou creditadas no decorrer do mês, pelos serviços que lhes prestem, sem vínculo empregatício, os segurados empresários, trabalhadores autônomos, avulsos e demais pessoas físicas; e
>
> II – a cargo das cooperativas de trabalho, no valor de quinze por cento do total das importâncias pagas, distribuídas ou creditadas a seus cooperados, a título de remuneração ou retribuição pelos serviços que prestem a pessoas jurídicas por intermédio delas.

O inciso I do referido artigo instituiu contribuição de seguridade social a cargo das cooperativas incidente sobre pagamentos efetuados a empresários, avulsos, autônomos e demais pessoas físicas que lhe prestem serviços e que não sejam cooperados.

---

61 STJ, REsp nº 542210, *DJ* 1º ago. 2005.

O inciso II, por sua vez, instituiu contribuição de seguridade social, a cargo das cooperativas de trabalho, incidente sobre pagamentos efetuados a seus cooperados por serviços prestados a pessoas jurídicas por intermédio delas.

5.4.2 Sujeição passiva

Na redação da Lei Complementar nº 84/96, a cooperativa era o sujeito passivo da relação jurídico-tributária. Assim, ela arcava com a contribuição de 15% do total das importâncias pagas aos cooperados por serviços prestados a pessoas jurídicas. Possuía legitimidade para discutir em juízo a exação.

Com a publicação da Lei nº 9.876/99 foi extinta a contribuição a cargo da cooperativa, pois agora a sujeição passiva é da empresa, nos termos do artigo 22, IV, da Lei nº 8.212/91. Assim, a empresa deve contribuir com 15% sobre o valor bruto da nota fiscal ou fatura de prestação de serviços, relativamente a serviços que lhe são prestados por cooperados por intermédio de cooperativas de trabalho.

Nos termos do artigo 121 do CTN, sujeito passivo da obrigação principal é a pessoa obrigada ao pagamento de tributo ou penalidade pecuniária, podendo denominar-se contribuinte, quando tenha relação pessoal e direta com a situação que constitua o respectivo fato gerador ou responsável, quando, sem revestir a condição de contribuinte, sua obrigação decorra de disposição expressa de lei.

Dessa forma, resulta claro que a empresa é contribuinte da nova exação, não tendo mais as cooperativas legitimidade para discussão em juízo, pois interesses de conteúdo meramente econômico não legitimam a parte para o ajuizamento da ação.

5.4.3 Constitucionalidade da exação

Não cansamos de repetir que as contribuições de seguridade social instituídas pela Lei nº 8.212/91 devem estar previstas no *caput* do artigo 195 da Constituição Federal, pois tratando-se de contribuição nova o veículo normativo necessário é a lei complementar, nos termos do § 4º do mesmo artigo.

A contribuição agora em destaque incide sobre valores pagos por serviços que são prestados a empresas por cooperados, por intermédio de cooperativas de trabalho.

As cooperativas, nos termos do artigo 4º da Lei nº 5.764/71, que instituiu o regime jurídico das sociedades cooperativas, são sociedades de pessoas, com forma e natureza jurídica próprias, de natureza civil, não sujeitas à falência, constituídas para prestar serviços aos associados, com características próprias.

Dessa forma, não é atividade típica das cooperativas prestar serviços a terceiros, mas somente a seus associados. Como conclusão inarredável temos que o serviço é prestado às empresas pelos cooperados, e não pela cooperativa. Assim, o fundamento de validade da exação é o artigo 195, I, da Constituição Federal, o qual dispõe sobre a contribuição social a cargo do empregador, da empresa e da entidade a ela equiparada na forma da lei, incidentes sobre a folha de salários e demais rendimentos do trabalho pagos ou creditados, a qualquer título, à pessoa física que lhe preste serviço, mesmo sem vínculo empregatício.

Com efeito, os cooperados são pessoas físicas que lhe prestam serviços sem vínculo empregatício. Além do mais, são segurados obrigatórios da previdência social como contribuintes individuais, o que legitima a cobrança da contribuição tanto daqueles que prestam o serviço como daqueles que se beneficiam do mesmo, gerando isonomia de tratamento com a hipótese de a empresa remunerar seus próprios empregados ou remunerar autônomos que lhe prestam serviços.

Nesse ponto releva notar que foi dado cumprimento ao mandamento constitucional de tratamento diferenciado às cooperativas, previsto no artigo 174, § 2º, nesses termos:

> Art. 174. Como agente normativo e regulador da atividade econômica, o Estado exercerá, na forma da lei, as funções de fiscalização, incentivo e planejamento, sendo este determinante para o setor público e indicativo para o setor privado.
>
> § 2º A lei apoiará e estimulará o cooperativismo e outras formas de associativismo.

Nesse sentido, foi fixada a alíquota dessa contribuição em 15%, enquanto a alíquota da empresa incidente sobre o trabalho prestado pelo empregado, avulso ou contribuinte individual é de 20%, instituindo-se verdadeiro incentivo a esse sistema de trabalho, já que resta mais vantajoso a utilização dos serviços prestados por cooperados.

Por outro lado, como já decidiu o Tribunal Regional Federal da 3ª Região, "a hipótese de incidência não sofreu alteração, pois continua sendo a remuneração da prestação de serviços por pessoas físicas cooperadas. É verdade que, pela redação legal da nova contribuição, a hipótese de incidência é o valor bruto da nota fiscal ou fatura emitida pela cooperativa de trabalho, mas logo a seguir vem a delimitação de que se trata do valor relativo à prestação de serviços dos seus cooperados, motivo pelo qual realmente não há diferença entre esta e aquela anterior prevista na LC nº 84/96, sob esse aspecto. Sem consistência, portanto, a alegação de que o objeto de contratação com cooperativas de trabalho seria um produto muito mais amplo do que a prestação de serviços, pelo que não poderia a contribuição incidir sobre a nota fiscal ou fatura por ela emitida".[62]

---

[62] Cf. TRF3, AMS nº 2000.61.00.038989-5, *DJ* 15 jul. 2002.

Assim, o valor sobre o qual efetivamente incide a contribuição é aquele relativo à prestação dos serviços pelos cooperados, não incluídos valores devidos pelo fornecimento de materiais ou disposição de equipamentos – comum quando se trata de cooperativas médicas – ou despesas da cooperativa. Daí a necessidade da discriminação dos valores na nota fiscal ou fatura, como autoriza o artigo 219, §§ 7º e 8º, do Decreto nº 3.048/99.

Também não estamos diante da situação descrita no artigo 146, III, c, da Constituição Federal, segundo o qual cabe à lei complementar estabelecer normas gerais em matéria de legislação tributária, especialmente sobre adequado tratamento tributário ao ato cooperativo praticado pelas sociedades cooperativas, pois nos termos da Lei nº 5.764/71 denominam-se atos cooperativos aqueles praticados entre as cooperativas e seus associados, entre estes e aquelas e pelas cooperativas entre si quando associadas, para a consecução dos objetivos sociais. Assim, na relação jurídica presente no artigo 22, IV, da Lei nº 8.212/91, não estamos, por certo, diante de ato cooperativo.

Foi suscitado incidente de arguição de inconstitucionalidade no Tribunal Regional Federal da 4ª Região a fim de que seu Órgão Especial analisasse a constitucionalidade dessa contribuição. Tivemos a oportunidade de defender, na tribuna, a legitimidade da exação no referido julgamento que restou assim ementado:

> Ementa: ARGUIÇÃO DE INCONSTITUCIONALIDE. INCISO IV, ART. 22, LEI Nº 8.212/91, ACRESCENTADO PELA LEI Nº 9.876/99.
>
> ("Art. 22: a contribuição a cargo da empresa [...] IV – é de quinze por cento sobre o valor bruto da nota fiscal ou fatura de serviços, relativamente a serviços que lhes são prestados por cooperados por intermédio de cooperativas de trabalho.")
>
> – A inovação legislativa em questão não constituiu inovação tributária, independendo, pois, de viabilização por lei complementar. Interpretação concertada do art. 195, I, *a*, da Constituição Federal, com a disposição atacada que conduz ao reconhecimento de sua compatibilidade. Pagamentos, a qualquer título, à pessoa física que lhe preste serviços – a empresa – abrange constitucionalmente o "valor bruto da nota fiscal ou fatura" de serviços que são prestados pelo cooperado à empresa, por meio de cooperativas de trabalho.
>
> – Arguição rejeitada, com votos vencidos pela inconstitucionalidade formal.[63]

No Supremo Tribunal Federal, pende de julgamento a ADIN nº 2.594, onde é questionada a constitucionalidade da exação. O Tribunal, entretanto, tem deferido algumas medidas cautelares para conceder efeito suspensivo a recursos extraordinários que questionam a contribuição. Nesse sentido, o seguinte julgado:

---

63 TRF4, INAMS nº 200070000090908, *DJ* 17 set. 2003.

EMENTA: AÇÃO CAUTELAR. CONCESSÃO DE EFEITO SUSPENSIVO A RECURSO EXTRAORDINÁRIO. LIMINAR DEFERIDA *AD REFERENDUM*: ART. 21, INC. V, DO REGIMENTO INTERNO DESTE TRIBUNAL. PRECEDENTES. 1. Ação cautelar para afastar a exigibilidade da retenção da contribuição previdenciária prevista no art. 22, inc. IV, da Lei nº 8.212/91, incidente sobre o valor bruto da nota fiscal ou fatura emitida em decorrência dos serviços prestados por intermédio de cooperativa de trabalho. 2. O efeito suspensivo concedido ao recurso extraordinário da Autora, interposto nos autos da Apelação em Ação Declaratória nº 2002.61.00.005267-8, do Tribunal Regional Federal da 3ª Região, limita-se até o julgamento do Recurso Extraordinário nº 546.323. 3. Decisão referendada.[64]

5.5 *Contribuição das entidades financeiras e equiparadas*

Os bancos comerciais, bancos de investimentos, bancos de desenvolvimento, caixas econômicas, sociedades de crédito, financiamento e investimento, sociedades de crédito imobiliário, sociedades corretoras, distribuidoras de títulos e valores mobiliários, empresas de arrendamento mercantil, cooperativas de crédito, empresas de seguros privados e de capitalização, agentes autônomos de seguros privados e de crédito e entidades de previdência privada abertas e fechadas, além das contribuições acima tratadas e daquelas incidentes sobre o faturamento e o lucro, devem recolher contribuição adicional de 2,5%, segundo o art. 22, § 1º, da Lei nº 8.212/91, sobre:

- o total das remunerações pagas, devidas ou creditadas a qualquer título, durante o mês, aos segurados empregados e trabalhadores avulsos que lhe prestem serviços, destinadas a retribuir o trabalho, qualquer que seja a sua forma, inclusive as gorjetas, os ganhos habituais sob a forma de utilidades e os adiantamentos decorrentes de reajuste salarial, quer pelos serviços efetivamente prestados, quer pelo tempo à disposição do empregador ou tomador de serviços, nos termos da lei ou do contrato ou, ainda, de convenção ou acordo coletivo de trabalho ou sentença normativa; e
- o total das remunerações pagas ou creditadas a qualquer título, no decorrer do mês, aos segurados contribuintes individuais que lhe prestem serviços.

A contribuição adicional das entidades financeiras tem sido causa de divergência na doutrina e jurisprudência, ainda mais considerando que, apenas com a promulgação da EC nº 20/98, foi incluído o § 9º no artigo 195 da Constituição

[64] STF, AC-MC 1805, *DJ* 29 maio 2008.

Federal, segundo o qual as contribuições do empregador, da empresa e da entidade a ela equiparada, na forma da lei, poderão ter alíquotas ou bases de cálculo diferenciadas, em razão da atividade econômica ou da utilização intensiva de mão de obra, critérios que foram ampliados, com a promulgação da EC nº 47/05, para abranger também o porte da empresa ou a condição estrutural do mercado de trabalho.

O Supremo Tribunal Federal, por meio de decisão singular do Ministro Marco Aurélio, deferiu medida cautelar para emprestar efeito suspensivo a recurso extraordinário referente à matéria, nesses termos:

> [...] 2. A matéria de fundo do extraordinário – a inconstitucionalidade do dispositivo da Lei nº 8.212/91 que fixa o acréscimo de 2,5% na contribuição social das instituições financeiras – não chegou a ser apreciada pelo Plenário da Corte. O tema, dadas as garantias constitucionais, está a merecer crivo em julgamento regular do recurso extraordinário, ou seja, pelo Colegiado, cabendo notar que, sob o ângulo do tratamento igualitário, consideradas as contribuições sociais, somente com a Emenda Constitucional nº 20/98 previu-se a possibilidade de haver alíquotas com base de cálculo diferenciadas em razão da atividade econômica ou da utilização intensiva de mão de obra. Isso ocorreu mediante a inserção do § 9º no artigo 195 do Diploma Maior. Vale dizer que, no período anterior à promulgação da Emenda, inexistia exceção à regra do tratamento isonômico. [...][65]

Posteriormente, por maioria de votos, o Plenário daquela Corte não referendou essa decisão singular, em julgado assim ementado:

> PROCESSO CIVIL. MEDIDA CAUTELAR. EFEITO SUSPENSIVO A RECURSO EXTRAORDINÁRIO. INSTITUIÇÃO FINANCEIRA. CONTRIBUIÇÃO PREVIDENCIÁRIA SOBRE A FOLHA DE SALÁRIOS. ADICIONAL. § 1º DO ART. 22 DA LEI Nº 8.212/91. A sobrecarga imposta aos bancos comerciais e às entidades financeiras, no tocante à contribuição previdenciária sobre a folha de salários, não fere, à primeira vista, o princípio da isonomia tributária, ante a expressa previsão constitucional (Emenda de Revisão nº 1/94 e Emenda Constitucional nº 20/98, que inseriu o § 9º no art. 195 do Texto permanente). Liminar a que se nega referendo. Processo extinto.[66]

Em decisão singular mais antiga, de lavra do Ministro Gilmar Mendes, onde discutia-se a contribuição social diferenciada das entidades financeiras incidente sobre o lucro líquido, decidiu o Tribunal:

---

[65] STF, AC nº 1109, *DJ* 3 abr. 2006.

[66] STF, AC nº 1109, *DJ* 18 out. 2007.

Como se viu, de um lado o mandamento isonômico encontra sua maior concretização com a aplicação do princípio da capacidade contributiva; de outro, a igualdade tributária manifesta-se nas contribuições, a rigor, pela proporcionalidade entre custo e benefício da atividade estatal.

Na hipótese dos autos, todavia, cuida-se da contribuição social sobre o lucro, tributo que foge dessa específica relação de proporcionalidade, já que, por se tratar de contribuição social, prevalece a diretriz de solidariedade, em conformidade com o art. 195 da CF/88, no sentido de que "a seguridade social será financiada por toda a sociedade, de forma direta e indireta..." Além disso, incidindo a exação da capacidade contributiva para melhor abordar essa manifestação econômica, justamente para que se realiza a propalada justiça tributária. [...] De outra parte, a discriminação das instituições financeiras compatibiliza-se com o princípio da capacidade contributiva, pois não se pode negar que, objetivamente consideradas, tais pessoas auferem lucros dignos de destaque, não inibindo essa distinção a circunstância de existirem empresas outras com maiores lucros, ou empresas da área financeira com pequena margem de lucro.[67]

A solução, para nós, reside no princípio da equidade na forma de participação do custeio, por força do qual cada contribuinte deve participar na medida de suas possibilidades. Assim, como já afirmamos antes, quem pode mais, contribui com mais; quem pode menos, contribui com menos.

Tem passado despercebido pela doutrina e jurisprudência que o artigo 149 da Constituição Federal expressamente excluiu do trato das contribuições a limitação constitucional da igualdade tributária, prevista no artigo 150, II, do mesmo Texto. Isso não significa dizer que a igualdade não tem espaço aqui. Tem. Mas não com o conteúdo negativo próprio das limitações e sim com o caráter prospectivo dos princípios.[68] Por isso a equidade é um desdobramento específico do princípio geral da igualdade na seguridade social e tem cores próprias, em face do princípio da solidariedade contributiva e da consequente redistribuição de renda. Note-se que em todo sistema onde há redistribuição de renda o princípio da igualdade não pode ser absoluto, pois necessariamente um *quantum* da contribuição dos mais afortunados será redistribuído para os mais necessitados. Daí o constituinte originário ter excluído aquela limitação constitucional do trato das contribuições.

O princípio da equidade na forma de participação do custeio está inserido na Constituição Federal desde a sua promulgação. Assim como fundamenta a instituição de alíquotas diferenciadas para os segurados empregados, domésticos e avulsos – Lei nº 8.212/91, art. 20 –, as quais são progressivas em função do

[67] STF, RE nº 235036, *DJ* 21 nov. 2002.

[68] Tratamos desse assunto no item 2.6.1 do Capítulo I desta Segunda Parte de nosso livro.

aumento da remuneração, fundamenta a contribuição adicional das entidades financeiras. A inclusão do § 9º no artigo 195 da Constituição Federal apenas ampliou as hipóteses de tratamento desigual já contempladas no referido princípio.[69]

5.6 *Contribuição de associação desportiva que mantém equipe de futebol profissional*

5.6.1 Histórico da contribuição

A contribuição das entidades desportivas foi constantemente alterada nos últimos tempos, sendo oportuna uma análise histórica da contribuição, desde a Lei nº 5.939/73.

Nos termos do artigo 2º dessa lei, foi instituída a seguinte contribuição:

> Art. 2º Em substituição à contribuição empresarial prevista no item III, do artigo 69, da Lei nº 3.807, de 26 de agosto de 1960, incidirá sobre a renda líquida dos espetáculos realizados em todo o território nacional entre associações desportivas, uma percentagem de cinco por cento devido pelos clubes como contribuição previdenciária, global e exclusiva, e que será recolhida diretamente ao Instituto Nacional de Previdência Social pela Federação promotora da partida, até quarenta e oito horas após a realização do espetáculo.
>
> § 1º As associações desportivas, que mantenham departamentos amadoristas dedicados à prática de, pelo menos, três modalidades de esportes olímpicos, estão incluídas no regime deste artigo.
>
> § 2º Os clubes de futebol profissional e as associações desportivas estão obrigados ao recolhimento das contribuições descontadas de seus empregados, atletas ou não, e do prêmio do Seguro de Acidentes de Trabalho.
>
> § 3º As federações promotoras de jogos serão responsáveis, individualmente, pelo recolhimento da contribuição a que se refere este artigo, respondendo as Confederações respectivas, subsidiariamente, pela inobservância das presentes disposições.

A contribuição substitutiva era direcionada aos clubes de futebol e às associações desportivas profissionais. As associações desportivas não profissionais poderiam integrar o sistema, desde que mantivessem departamentos amadoristas dedicados à prática de, pelo menos, três modalidades de esportes olímpicos, fossem entidades integrantes obrigatórias do Sistema Desportivo Nacional, organizada sob a forma comunitária, nos termos da Lei nº 6.215/75, e comprovassem, anualmente, junto à entidade previdenciária, a prática de esportes olímpicos e participação de competição oficial em cada uma dessas modalidades.

---

[69] Vide comentário ao princípio da equidade na forma de participação do custeio no item 2 da Primeira Parte desta obra.

Algumas decisões judiciais manifestaram entendimento no sentido de que, não havendo renda, não seria exigível a contribuição previdenciária, por inexistir fato gerador.[70]

Data venia, não concordamos com tal linha de raciocínio.

Da leitura do artigo 2º da Lei nº 5.939/73 resulta claro o fato de ser imprescindível a associação desportiva auferir renda para beneficiar-se do sistema substitutivo instituído por aquela lei. Do contrário recolher-se-ia o percentual de 5% sobre o quê? Ou ainda, estaria o contribuinte isento dos recolhimentos previdenciários, pelo simples fato de não auferir renda nos espetáculos esportivos em que participa?

Certo que não. Por isso, em não sendo possível à entidade proceder aos recolhimentos na forma da Lei nº 5.939/73, deveria fazê-lo em conformidade com as disposições aplicáveis às empresas de modo geral, naquela época o artigo 122 da CLPS, de sorte a não ficar completamente isenta de qualquer espécie de contribuição para a previdência social.

O Superior Tribunal de Justiça acolheu essa tese, em julgamento de recurso especial de nossa autoria, cujo acórdão restou assim ementado:

> Ementa: Tributário. Contribuição Previdenciária. Associação Desportiva. Renda Líquida dos Espetáculos. Lei 3.807/60 (art. 69). Lei 5.939/73 (art. 2º e § 1º). Lei 6.251/75 (art. 2º). Decreto 77.210 (art. 3º).
>
> 1. A substituição da contribuição estabelecida no art. 69, III, Lei 3.807/60, pelo percentual de 5% previsto no art. 2º, Lei 5.939/73, pressupõe que a associação desportiva participe de espetáculos oficiais promovidos pela Federação respectiva e que produzam renda, a fim de que, sobre esta última (renda líquida) incida a aludida percentagem, a ser recolhida "pela federação promotora da partida" (art. 2º, Lei 5.939/73).
>
> 2. Conquanto a Federação promotora da partida seja diretamente responsável pelo recolhimento e a Confederação subsidiariamente por essa obrigação, a dívida é dos clubes ou associações. A Federação só é responsável se, existindo renda, deixar de proceder o desconto ou, se procedendo, deixar de efetivar o recolhimento.
>
> 3. A Autora não faz jus à substituição prevista no art. 2º, Lei 5.939/73, sujeitando-se ao pagamento da contribuição objeto da demanda.
>
> 4. Precedente jurisprudencial.
>
> 5. Recurso provido.[71]

---

70 *V. g.*, TRF4, AC nº 97.04.71032-1, *DJ* 5 maio 1999.

71 STJ, REsp 241.129, Rel. Min. Milton Luiz Pereira, *DJ* 6 maio 2002.

Com a edição da Lei nº 7.787/89 todas as associações desportivas passaram a contribuir da mesma forma que as empresas em geral, à exceção dos clubes de futebol profissional, para os quais foi instituída a seguinte contribuição pelo artigo 5º dessa lei:

> Art. 5º Os clubes de futebol profissional contribuirão com 5% do total de sua receita bruta, sem prejuízo do acréscimo para financiamento das prestações por acidente do trabalho.

Alguns defendem que a Lei nº 7.787/89 apenas alterou a base de cálculo para os clubes de futebol, permanecendo o regime da Lei nº 5.939/73 para as demais entidades desportivas.

Tal raciocínio também não procede, inclusive porque nos termos do artigo 111 do Código Tributário Nacional merece interpretação literal a legislação tributária que disponha sobre exclusão de crédito tributário.

Daí por que não prospera a conclusão no sentido de que a Lei nº 7.787/89 apenas alterou a base de cálculo dos clubes de futebol, pois o raciocínio é exatamente o inverso: a lei nova apenas excepcionou os clubes de futebol. Ora, não havendo exceção às demais entidades desportivas, incidente é a regra geral, ou seja, os artigos 3º e 4º da Lei nº 7.787/89. Essa é a conclusão que exsurge da interpretação sistemática do Código Tributário Nacional e do artigo 2º, § 1º, da LICC ao dispor que "a lei posterior revoga a anterior quando expressamente o declare, quando seja com ela incompatível ou quando regule inteiramente a matéria de que tratava a lei anterior".

5.6.2 Situação na Lei nº 8.212/91

Com o advento da Lei nº 8.212/91, todas as entidades desportivas, inclusive os clubes de futebol profissional, passaram a contribuir normalmente como qualquer empresa, nos termos do artigo 15 combinado com o artigo 22 dessa lei. Por isso, o artigo 29 do Decreto nº 356/91 dispôs, *in litteris*:

> Art. 29. As entidades desportivas, inclusive clubes de futebol profissional e aquelas equiparadas na forma da Lei nº 5.939, de 19 de novembro de 1973, também contribuem na forma dos arts. 25, 26 e 28, a partir da competência novembro de 1991.

Com a edição da Lei nº 8.641/93, a contribuição devida pelos clubes de futebol profissional foi novamente alterada, correspondendo, nos termos do artigo 1º dessa lei, em substituição à prevista no artigo 22 da Lei nº 8.212/91, a 5% da receita bruta, de acordo com o borderô referente a todo espetáculo desportivo de que o clube participe no território nacional, inclusive jogos internacionais, não admitida nenhuma dedução.

A Lei nº 8.641/93 ainda determinou, em seu artigo 1º, § 4º, que "as demais entidades desportivas de que tratam as Leis nº 5.939, de 19 de setembro de 1973, e nº 6.251, de 8 de outubro de 1975, continuam a recolher suas contribuições na forma estabelecida para as empresas em geral, segundo as disposições da Lei nº 8.212/91, e legislação subsequente". Essa norma jurídica não criou qualquer nova contribuição à seguridade social, apenas explicitou aquela já prevista na Lei nº 8.212/91, constituindo o que a doutrina denomina de norma interpretativa.

Tal interpretação, emanada do próprio Legislativo, Poder que elaborou a norma cujo sentido se declara, tem força coativa, pois, assim como a norma interpretada, tem status de lei. É um típico caso de interpretação autêntica.[72]

O CTN assim dispõe sobre a lei tributária interpretativa, em seu artigo 106, I:

> Art. 106. A lei aplica-se a ato ou fato pretérito:
>
> I – em qualquer caso, quando seja expressamente interpretativa, excluída a aplicação de penalidade à infração dos dispositivos interpretados.
>
> Essa norma jurídica deve ser interpretada conforme a Constituição de 1988, eis que editada em período anterior.

Com efeito, nos termos do artigo 5º, XXXVI, da Constituição Federal, a lei não prejudicará o direito adquirido, o ato jurídico perfeito e a coisa julgada.

Carlos Maximiliano, a respeito da interpretação autêntica, ensina:

> Opera-se a exegese autêntica, em regra, por meio de disposição geral, e, ainda que defeituosa, injusta, em desacordo com o verdadeiro espírito do texto primitivo, prevalece enquanto não a revoga o Poder Legislativo; é obrigatória, deve ser observada por autoridades e particulares. Entretanto, só se aplica aos casos futuros, não vigora desde a data do ato interpretado, respeita os direitos adquiridos em consequência da maneira de entender um dispositivo por parte do Judiciário, ou do Executivo. Nos países onde o princípio fulminador da retroatividade das leis se acha inserto na Constituição, ele adquire excepcional amplitude, expunge as restrições comuns entre os povos que adotam a mesma regra como doutrina para ser observada pelos tribunais, ou preceito positivo, porém ordinário, sem força para vincular o parlamento. No Brasil e nos Estados Unidos nem as próprias Câmaras se isentam do dever imperioso de não entender texto algum em seu sentido retroativo.[73]

Do exposto, podemos concluir que a lei nova, com vestes de lei interpretativa, não pode retroagir, sob pena de flagrante inconstitucionalidade, pois,

---

[72] A interpretação autêntica difere da interpretação doutrinal, pois esta última não tem força coativa, não vincula o julgador, mas legitima-se na exata medida de seu convencimento.

[73] *Hermenêutica e aplicação do direito*, p. 105.

nesse caso, não estamos diante de verdadeira lei interpretativa, mas de simples lei nova. Dessa forma, deve ela dispor para o futuro, sob pena de ferir direitos adquiridos ao tempo da lei velha. Situação diversa ocorre quando a lei interpretativa vem definir o conteúdo e alcance da lei interpretada, mas dentro de limites definidos pelo próprio ato que se interpreta. Essa é a interpretação adequada do artigo 106, I, do Código Tributário Nacional e a hipótese presente na Lei nº 8.641/93.

Finalmente, com a edição da Medida Provisória nº 1.523/96 e reedições, convertida na Lei nº 9.528/97, foi dada nova redação ao artigo 22, §§ 6º a 10, da Lei nº 8.212/91, instituindo-se contribuição empresarial dos clubes de futebol profissional destinada à seguridade social, em substituição à: (a) contribuição incidente sobre o total das remunerações pagas aos segurados empregados e trabalhadores avulsos que prestem serviços à empresa, prevista no artigo 22, I, da Lei nº 8.212/91; e (b) à contribuição para o financiamento da aposentadoria especial e dos benefícios concedidos em razão do grau de incidência de incapacidade laborativa decorrente dos riscos ambientais do trabalho, prevista no artigo 22, II, da Lei nº 8.212/91.

A nova contribuição corresponde a 5% da receita bruta decorrente dos espetáculos desportivos de que participem no território nacional em qualquer modalidade desportiva, inclusive jogos internacionais, e de qualquer forma de patrocínio, licenciamento de uso de marcas e símbolos, publicidade, propaganda e de transmissão dos espetáculos desportivos.

Cabe à entidade promotora do espetáculo a responsabilidade de efetuar o desconto de 5% da receita bruta decorrente da renda dos espetáculos desportivos e o recolhimento do respectivo valor ao INSS, no prazo de até dois dias úteis após a realização do evento.

Assim como na vigência da Lei nº 5.939/73, o contribuinte é o clube de futebol, cabendo à entidade promotora do evento a responsabilidade pelo recolhimento da contribuição.

É de responsabilidade do clube de futebol profissional informar à entidade promotora do espetáculo desportivo todas as receitas auferidas no evento, discriminando-as detalhadamente.

No caso de o clube celebrar contrato com empresa ou entidade, esta ficará com a responsabilidade de reter e recolher o percentual de 5% da receita bruta decorrente do valor dos contratos de patrocínio, de licenciamento de uso de marcas e símbolos, de publicidade ou propaganda e de transmissão dos espetáculos desportivos, até o dia dois do mês seguinte àquele no qual se realizou o negócio.

Nos termos do artigo 205, § 4º, do Decreto nº 3.048/99, o Conselho Deliberativo do Instituto Nacional de Desenvolvimento do Desporto informará ao INSS, com a antecedência necessária, a realização de todo espetáculo esportivo de que o clube de futebol profissional participe no território nacional.

A Lei nº 9.528/97 expressamente revogou a Lei nº 5.939/73.

Com a publicação da Lei nº 11.345/06, foi acrescentado o § 11 ao artigo 22 da Lei nº 8.212/91, o qual determinou que a contribuição substitutiva aplica-se à associação desportiva que mantenha equipe de futebol profissional e atividade econômica organizada para a produção e circulação de bens e serviços e que se organize regularmente, segundo um dos tipos regulados nos arts. 1.039 a 1.092 da Lei nº 10.406/02 – Código Civil.

Apenas as atividades diretamente relacionadas com a manutenção e administração de equipe profissional de futebol estão sujeitas ao regime diferenciado de contribuição, não se estendendo às outras atividades econômicas exercidas pelas referidas sociedades empresariais beneficiárias.

As demais associações desportivas continuam contribuindo na forma prevista para as empresas em geral.

5.7 *Entidades religiosas*

Não se considera como remuneração direta ou indireta, para os efeitos da Lei nº 8.212/91, os valores despendidos pelas entidades religiosas e instituições de ensino vocacional com ministro de confissão religiosa, membros de instituto de vida consagrada, de congregação ou de ordem religiosa em face do seu mister religioso ou para sua subsistência desde que fornecidos em condições que independam da natureza e da quantidade do trabalho executado.

As verbas recebidas pelos religiosos, quando desprovidas de natureza salarial, não integram a base de cálculo das contribuições de seguridade social, como, por exemplo, as despesas para realização de curso no exterior relacionado com o mister religioso. A fim de não descaracterizar o traço próprio desses recursos, os mesmos não podem ter relação direta com a natureza ou quantidade do trabalho executado, sob pena de sofrer incidência das aludidas contribuições, por tratar-se, daí, de remuneração indireta.

5.8 *Contribuição das agroindústrias*

Essa contribuição é tratada no artigo 22-A da Lei nº 8.212/91, segundo o qual conceitua-se agroindústria como o produtor rural pessoa jurídica cuja atividade econômica seja a industrialização de produção própria ou de produção própria e adquirida de terceiros. Exemplo de agroindústria é a empresa dedicada à criação de frangos para posterior abate e industrialização, não importando, para os efeitos da lei, se a produção é exclusivamente da agroindústria ou, também, adquirida de terceiros, como é comum em diversas regiões do País onde ocorre a terceirização da produção para pequenos produtores rurais. Aliás, não seria exagero afirmar que tal prática sustenta a atividade econômica de vários municípios do interior.

A contribuição das agroindústrias foi originalmente instituída como contribuição especial pelo artigo 25, § 2º, da Lei nº 8.870/94, em substituição à contribuição prevista no artigo 22 da Lei nº 8.212/91, e deveria ser calculada sobre o valor estimado da produção agrícola própria, considerado seu preço de mercado. Foram instituídas duas contribuições: uma de 2,5% e outra de 0,1%, esta última especificamente para o financiamento da complementação das prestações por acidente de trabalho.

Ocorre que a base de cálculo "valor estimado da produção" não está contemplada no *caput* do artigo 195 da Constituição Federal, o que levou o Supremo Tribunal Federal a declarar a inconstitucionalidade da exação no julgamento da ADIn nº 1.103, nestes termos:

> EMENTA: AÇÃO DIRETA DE INCONSTITUCIONALIDADE. CONTRIBUIÇÃO DEVIDA À SEGURIDADE SOCIAL POR EMPREGADOR, PESSOA JURÍDICA, QUE SE DEDICA À PRODUÇÃO AGROINDUSTRIAL (§ 2º DO ART. 25 DA LEI Nº 8.870, DE 15.4.94, QUE ALTEROU O ART. 22 DA LEI Nº 8.212, DE 24.7.91): CRIAÇÃO DE CONTRIBUIÇÃO QUANTO À PARTE AGRÍCOLA DA EMPRESA, TENDO POR BASE DE CÁLCULO O VALOR ESTIMADO DA PRODUÇÃO AGRÍCOLA PRÓPRIA, CONSIDERADO O SEU PREÇO DE MERCADO. DUPLA INCONSTITUCIONALIDADE (CF, art. 195, I E SEU § 4º) PRELIMINAR: PERTINÊNCIA TEMÁTICA. 1. Preliminar: ação direta conhecida em parte, quanto ao § 2º do art. 25 da Lei nº 8.870/94; não conhecida quanto ao *caput* do mesmo artigo, por falta de pertinência temática entre os objetivos da requerente e a matéria impugnada. 2. Mérito. O art. 195, I, da Constituição prevê a cobrança de contribuição social dos empregadores, incidentes sobre a folha de salários, o faturamento e o lucro; desta forma, quando o § 2º do art. 25 da Lei nº 8.870/94 cria contribuição social sobre o valor estimado da produção agrícola própria, considerado o seu preço de mercado, é ele inconstitucional porque usa uma base de cálculo não prevista na Lei Maior. 3. O § 4º do art. 195 da Constituição prevê que a lei complementar pode instituir outras fontes de receita para a seguridade social; desta forma, quando a Lei nº 8.870/94 serve-se de outras fontes, criando contribuição nova, além das expressamente previstas, é ela inconstitucional, porque é lei ordinária, insuscetível de veicular tal matéria. 4. Ação direta julgada procedente, por maioria, para declarar a inconstitucionalidade do § 2º da Lei nº 88.870/94.[74]

Voltou a vigorar, portanto, para as agroindústrias, a regra geral do artigo 22 da Lei nº 8.212/91.

[74] STF, ADIn nº 1103, *DJ* 25 abr. 1997.

Essa situação gerou um grande transtorno para os contribuintes, pois para inúmeras empresas a contribuição devida nos moldes da Lei nº 8.870/94 resultava num valor menor do que o devido nos termos da Lei nº 8.212/91, o que implicou uma série de autuações por parte do INSS. Sensível a essa realidade, o Executivo sancionou a Lei nº 10.736/03, que assim dispôs em seu artigo 1º:

> Art. 1º Ficam extintos os créditos previdenciários, constituídos ou não, inscritos ou não em dívidas ativas, ajuizados ou não, com exigibilidade suspensa ou não, contra as pessoas jurídicas que se dediquem à produção agroindustrial em decorrência da diferença entre a contribuição instituída pelo § 2º do art. 25 da Lei nº 8.870, de 15 de abril de 1994, declarada inconstitucional pelo Supremo Tribunal Federal, e a contribuição a que se refere o art. 22 da Lei nº 8.212, de 24 de julho de 1991, em razão dos fatos geradores ocorridos entre a data de publicação daquela Lei e a da declaração de sua inconstitucionalidade.[75]

A Lei nº 10.256/01, que deu a atual redação ao artigo 22-A da Lei nº 8.212/91, instituiu nova contribuição especial para as agroindústrias, incidente sobre o valor da receita bruta proveniente da comercialização da produção, em substituição às contribuições previstas nos incisos I e II do artigo 22 da mesma lei, nos seguintes percentuais:

I – dois vírgula cinco por cento destinados à seguridade social; e

II – zero vírgula um por cento para o financiamento do benefício previsto nos arts. 57 e 58 da Lei nº 8.213, de 24 de julho de 1991, e daqueles concedidos em razão do grau de incidência de incapacidade para o trabalho decorrente dos riscos ambientais da atividade.

A substituição agora em vigor não alcança as contribuições previstas nos incisos III e IV desse artigo.

Ficaram excluídas da contribuição substitutiva as operações relativas à prestação de serviços a terceiros, cujas contribuições previdenciárias continuam sendo devidas de acordo com a regra geral. Nesse caso, a receita bruta correspondente aos serviços prestados a terceiros será excluída da base de cálculo da contribuição substitutiva.

Entende-se por receita bruta o valor total da receita proveniente da comercialização da produção própria e da adquirida de terceiros, industrializada ou não.

Matéria delicada veio à baila na nova redação do § 4º do referido artigo 22-A, segundo o qual "o disposto neste artigo não se aplica às sociedades cooperativas e às agroindústrias de piscicultura, carcinicultura, suinocultura e avicultura".

---

[75] A declaração de inconstitucionalidade deu-se em 18 dez. 1996.

É preciso aferir a constitucionalidade dessa discriminação, segundo o princípio da proporcionalidade, o qual está intimamente relacionado com o exercício da tributação.

Nossa Constituição, diferentemente de outras, como a Constituição Portuguesa de 1976, a qual em seu artigo 18, § 2º, prevê que "a lei só pode restringir os direitos, liberdades e garantias nos casos expressamente previstos na Constituição, devendo as restrições limitar-se ao necessário para salvaguardar outros direitos ou interesses constitucionalmente protegidos",[76] não dispôs de forma expressa sobre o princípio da proporcionalidade. Este decorre, como ensina Luís Roberto Barroso, de duas concepções: a primeira, inspirada na doutrina alemã, segundo a qual o princípio da razoabilidade é inerente ao Estado de Direito, como princípio constitucional não escrito; a segunda, de influência norte-americana, por força da qual o princípio é desdobramento da cláusula do devido processo legal, visto que esta contém um sentido processual, inicialmente aplicável ao processo penal, civil e administrativo, e um sentido substancial, o qual deu origem a um exercício criativo de jurisdição constitucional, "um impulso de ascensão do Judiciário, provavelmente só comparável ao que se verificara quando da introdução do controle judicial da constitucionalidade das leis, em 1803, com Marbury vs. Madison".[77]

Prosseguindo na linha de raciocínio do mesmo autor, temos no princípio da razoabilidade um mecanismo de aferição dos atos do Poder Público, inclusive os atos legislativos e não só os atos administrativos, tendo em vista a realização da justiça. Em primeiro lugar, a razoabilidade é aferida dentro da lei, daí chamar-se razoabilidade interna, traduzindo-se numa relação racional e proporcional entre seus motivos, meios e fins. Em segundo lugar, é preciso haver razoabilidade externa, ou seja, adequação dos meios e fins garantidos pela Constituição. Por fim, em terceiro lugar, por influência do pensamento alemão, há que se verificar a existência de proporcionalidade em sentido estrito, ou seja, "uma verificação da relação custo-benefício da medida, isto é, da ponderação entre os danos causados e os resultados a serem obtidos".[78]

O assunto não é novo no âmbito do Supremo Tribunal Federal, que já decidiu pela inconstitucionalidade de tributo que viola o princípio da proporcionalidade, em julgado onde ficou assentado que "se a taxa judiciária, por excessiva, criar

---

[76] A esse princípio a doutrina denomina de proibição de excesso.

[77] Cf. *Interpretação e aplicação da Constituição*, p. 219-220 e 237.

[78] Cf. Idem, p. 226-229.

obstáculo capaz de impossibilitar a muitos a obtenção de prestação jurisdicional, é ela inconstitucional".[79]

Recentemente, a Corte entendeu que o princípio da proporcionalidade é desdobramento material da cláusula do devido processo legal, no seguinte julgado:

> Ementa: Sanções políticas no direito tributário. Inadmissibilidade da utilização, pelo poder público, de meios gravosos e indiretos de coerção estatal destinados a compelir o contribuinte inadimplente a pagar o tributo (súmulas 70, 323 e 547 do STF). Restrições estatais, que, fundadas em exigências que transgridem os postulados da razoabilidade e da proporcionalidade em sentido estrito, culminam por inviabilizar, sem justo fundamento, o exercício, pelo sujeito passivo da obrigação tributária, de atividade econômica ou profissional lícita. Limitações arbitrárias que não podem ser impostas pelo estado ao contribuinte em débito, sob pena de ofensa ao "substantive due process of law". Impossibilidade constitucional de o estado legislar de modo abusivo ou imoderado (*RTJ* 160/140-141 – *RTJ* 173/807-808 – *RTJ* 178/22-24). O poder de tributar – que encontra limitações essenciais no próprio texto constitucional, instituídas em favor do contribuinte – "não pode chegar à desmedida do poder de destruir" (Min. Orosimbo Nonato, *RDA* 34/132). A prerrogativa estatal de tributar traduz poder cujo exercício não pode comprometer a liberdade de trabalho, de comércio e de indústria do contribuinte. A significação tutelar, em nosso sistema jurídico, do "Estatuto Constitucional do Contribuinte". Recurso Extraordinário conhecido e provido.[80]

O princípio da igualdade ganha novos contornos em vista do princípio da proporcionalidade, o qual contribui para a verificação da conformidade da desigualação eleita em função dos valores prestigiados no Texto Constitucional.

Celso Antônio Bandeira de Mello, discorrendo sobre os critérios para identificação do desrespeito à isonomia, afirma:

> Esclarecendo melhor: tem-se que investigar, de um lado, aquilo que é adotado como critério discriminatório; de outro lado, cumpre verificar se há justificativa racional, isto é, fundamento lógico, para, à vista do traço desigualador acolhido, atribuir o específico tratamento jurídico construído em função da desigualdade proclamada. Finalmente, impende analisar se a correlação ou fundamento racional abstratamente existente é, *in concreto*, afinado com os valores prestigiados no sistema normativo constitucional.[81]

---

79 STF, Rp nº 1077, *DJ* 28 set. 1984.

80 STF, RE nº 374981, *DJ* 8 abr. 2005.

81 *Conteúdo jurídico do princípio da igualdade*, p. 21-22.

Atento ao binômio razoabilidade-igualdade e considerando que legislar implica discriminar situações e pessoas por múltiplos critérios, Luís Roberto Barroso afirma que "a razoabilidade é o parâmetro pelo qual se vai aferir se o fundamento da diferenciação é aceitável e se o fim por ela visado é legítimo".[82]

Do exposto, salta aos olhos a inconstitucionalidade do citado § 4º, pois o critério discriminatório não possui qualquer fundamento lógico para legitimar a discriminação em função de valores constitucionalmente prestigiados.

Com efeito, não parece nada razoável um fator de discrímen que leve em consideração as atividades de piscicultura, carcinicultura, suinocultura e avicultura em relação às demais, pois a situação desses contribuintes é equivalente às outras, para as quais foi instituída a contribuição substitutiva.

Reconhecida a inconstitucionalidade da norma, resta a seguinte indagação: como se dará a contribuição das agroindústrias referidas nesse § 4º?

Em nosso sistema constitucional a declaração de inconstitucionalidade tem, em regra, efeitos *ex tunc*,[83] pois a inconstitucionalidade nada mais é do que o reconhecimento da falta de suporte de validade no sistema jurídico. Se a norma jurídica era desprovida de validade, não poderia gerar efeitos, daí a declaração de morte, desde o início. Assim sendo, a exceção inconstitucional do § 4º também não pode gerar efeitos; logo, tem-se, como solução, que a contribuição substitutiva instituída pelo artigo 22-A da Lei nº 8.212/91, na redação da Lei nº 10.256/01, vale, na verdade, para todas as agroindústrias abrangidas pela redação do *caput*, inclusive as dedicadas à piscicultura, carcinicultura, suinocultura e avicultura.

Não se aplica o regime substitutivo à pessoa jurídica que, relativamente à atividade rural, se dedique apenas ao florestamento e reflorestamento como fonte de matéria-prima para industrialização própria mediante a utilização de processo industrial que modifique a natureza química da madeira ou a transforme em pasta celulósica, ainda que a pessoa jurídica comercialize resíduos vegetais ou sobras ou partes da produção, desde que a receita bruta decorrente dessa comercialização represente menos de 1% de sua receita bruta proveniente da comercialização da produção.

O disposto no inciso I do art. 3º da Lei nº 8.315/91 não se aplica às agroindústrias, que contribuirão com o adicional de 0,25% da receita bruta proveniente

---

[82] Cf. *Interpretação e aplicação da Constituição*, p. 246.

[83] Nos termos do artigo 25 da Lei nº 9.868/99, "ao declarar a inconstitucionalidade de lei ou ato normativo, e tendo em vista razões de segurança jurídica ou de excepcional interesse social, poderá o Supremo Tribunal Federal, por maioria de dois terços de seus membros, restringir os efeitos daquela declaração ou decidir que ela só tenha eficácia a partir de seu trânsito em julgado ou de outro momento que venha a ser fixado".

da comercialização da produção, destinado ao Serviço Nacional de Aprendizagem Rural (SENAR).[84]

5.9 *Contribuições da empresa incidentes sobre o faturamento e o lucro (FINSOCIAL, COFINS, PIS/PASEP, Importação de bens e serviços do exterior, CSLL)*

Além das contribuições acima, a empresa está sujeita às contribuições destinadas à seguridade social incidentes sobre o faturamento e o lucro, nos termos do artigo 23 da Lei nº 8.212/91.

Nos termos do inciso I do referido artigo, é devida contribuição de 2% incidente sobre a receita bruta da empresa, de acordo com o Decreto-lei nº 1.940/82. Esse diploma normativo institui a contribuição social denominada FINSOCIAL, destinada a custear investimentos de caráter assistencial em alimentação, habitação popular, saúde, educação e amparo ao pequeno agricultor, finalidade bem mais ampla do que aquela relativa às atuais contribuições de seguridade social. Criou ainda o Fundo de Investimento Social, destinado a dar apoio financeiro a programas e projetos de caráter assistencial relacionados com as finalidades acima relacionadas.

Essa contribuição foi recepcionada de maneira transitória pelo artigo 56 do ADCT, nos seguintes termos:

> Art. 56. Até que a lei disponha sobre o art. 195, I, a arrecadação decorrente de, no mínimo, cinco dos seis décimos percentuais correspondentes à alíquota da contribuição de que trata o Decreto-Lei nº 1.940, de 25 de maio de 1982, alterada pelo Decreto-Lei nº 2.049, de 1º de agosto de 1983, pelo Decreto nº 91.236, de 8 de maio de 1985, e pela Lei nº 7.611, de 8 de julho de 1987, passa a integrar a receita da seguridade social, ressalvados, exclusivamente no exercício de 1988, os compromissos assumidos com programas e projetos em andamento.

Com a promulgação da Lei Complementar nº 70/91, foi instituída a COFINS, nos termos dos artigos 1º e 2º dessa lei:

> Art. 1º Sem prejuízo da cobrança das contribuições para o Programa de Integração Social (PIS) e para o Programa de Formação do Patrimônio do Servidor Público (PASEP), fica instituída contribuição social para financiamento da Seguridade Social,

[84] Art. 3º Constituem rendas do SENAR: I – contribuição mensal compulsória, a ser recolhida à Previdência Social, de 2,5% (dois e meio por cento) sobre o montante da remuneração paga a todos os empregados pelas pessoas jurídicas de direito privado, ou a elas equiparadas, que exerçam atividades: (a) agroindustriais; (b) agropecuárias; (c) extrativistas vegetais e animais; (d) cooperativistas rurais; (e) sindicais patronais rurais.

> nos termos do inciso I do art. 195 da Constituição Federal, devida pelas pessoas jurídicas inclusive as a elas equiparadas pela legislação do imposto de renda, destinadas exclusivamente às despesas com atividades-fins das áreas de saúde, previdência e assistência social.
>
> Art. 2º A contribuição de que trata o artigo anterior será de dois por cento e incidirá sobre o faturamento mensal, assim considerado a receita bruta das vendas de mercadorias, de mercadorias e serviços e de serviço de qualquer natureza.

A contribuição ao FINSOCIAL foi expressamente revogada pela LC nº 70/91, visto que a COFINS veio a substituir aquela contribuição, com alíquota de 2% e base de cálculo eleita o faturamento mensal, assim considerada a receita bruta das vendas de mercadorias, de mercadorias e serviços e de serviço de qualquer natureza.

No trato das contribuições de seguridade social, não é raro depararmo-nos com hipóteses onde a Constituição Federal exige a veiculação de lei complementar e o legislador acabar editando simples lei ordinária, em atuação inconstitucional. No caso da LC nº 70/91, temos um exemplo oposto, pois a contribuição incidente sobre o faturamento, denominada COFINS, tem previsão no *caput* do artigo 195 da Carta Política, o que autoriza a edição de simples lei ordinária para o trato da matéria. A edição de lei complementar, entretanto, não tem o condão de alterar competência constitucionalmente definida, o que significa dizer que a matéria nela tratada pode ser a qualquer tempo alterada por lei ordinária. Entendimento diverso significaria atribuir competência ao legislador complementar para alterar competência fixada na própria Constituição Federal.

A Lei nº 9.718/98 alterou a base de cálculo da COFINS, nos termos de seu artigo 3º, para definir faturamento como sinônimo de receita bruta, ou seja, a totalidade das receitas auferidas pela pessoa jurídica, sendo irrelevantes o tipo de atividade por ela exercida e a classificação contábil adotada para as receitas.

Essa alteração provocou vários questionamentos acerca de sua constitucionalidade, sobretudo porque quando da publicação da Lei nº 9.718/98 – 28.11.98 – estava em vigor a redação original do artigo 195, I, da Constituição Federal, o qual fazia referência apenas ao termo *faturamento* e sabidamente a nova base de cálculo extrapolava esse conceito; entretanto, com a promulgação da Emenda Constitucional nº 20/98 – em 15.12.98 –, o termo *receita* foi incluído ao lado da expressão *faturamento* no artigo 195, I, da Constituição Federal. O Supremo Tribunal Federal acabou julgando definitivamente a matéria nos autos do Recurso Extraordinário nº 346084, oportunidade em que decidiu pela inconstitucionalidade da nova redação, em julgado que restou assim ementado:

> CONSTITUCIONALIDADE SUPERVENIENTE – ARTIGO 3º, § 1º, DA LEI Nº 9.718, DE 27 DE NOVEMBRO DE 1998 – EMENDA CONSTITUCIONAL Nº 20, DE 15 DE DEZEMBRO

DE 1998. O sistema jurídico brasileiro não contempla a figura da constitucionalidade superveniente. TRIBUTÁRIO – INSTITUTOS – EXPRESSÕES E VOCÁBULOS – SENTIDO. A norma pedagógica do artigo 110 do Código Tributário Nacional ressalta a impossibilidade de a lei tributária alterar a definição, o conteúdo e o alcance de consagrados institutos, conceitos e formas de direito privado utilizados expressa ou implicitamente. Sobrepõe-se ao aspecto formal o princípio da realidade, considerados os elementos tributários. CONTRIBUIÇÃO SOCIAL – PIS – RECEITA BRUTA – NOÇÃO – INCONSTITUCIONALIDADE DO § 1º DO ARTIGO 3º DA LEI Nº 9.718/98. A jurisprudência do Supremo, ante a redação do artigo 195 da Carta Federal anterior à Emenda Constitucional nº 20/98, consolidou-se no sentido de tomar as expressões receita bruta e faturamento como sinônimas, jungindo-as à venda de mercadorias, de serviços ou de mercadorias e serviços. É inconstitucional o § 1º do artigo 3º da Lei nº 9.718/98, no que ampliou o conceito de receita bruta para envolver a totalidade das receitas auferidas por pessoas jurídicas, independentemente da atividade por elas desenvolvida e da classificação contábil adotada.[85]

A alíquota da COFINS foi alterada para 3%, nos termos do artigo 8º da Lei nº 9.718/98.

A Lei nº 10.833/03 novamente alterou a sistemática da COFINS, introduzindo a não cumulatividade e elevando a alíquota para 7,6%. Dessa forma encerrou, por ora, o aumento de alíquota de 2% – redação original do artigo 23, I, da Lei nº 8.212/91 – para 7,6%.

A contribuição devida ao PIS/PASEP, nos termos da Lei nº 10.637/02, também tem o faturamento como base de cálculo e alíquota de 1,65%, sendo contribuinte, da mesma forma que ocorre na COFINS, a pessoa jurídica que auferir receitas, o que exclui as pessoas físicas. Sujeito ativo dessa contribuição e da COFINS é a União.

As contribuições para o PIS/PASEP foram expressamente recepcionadas pela Constituição Federal, sem solução de continuidade,[86] nos termos do seu artigo 239:

Art. 239. A arrecadação decorrente das contribuições para o Programa de Integração Social, criado pela Lei Complementar nº 7, de 7 de setembro de 1970, e

---

[85] STF, *DJ* 1º set. 2006.

[86] Nesse sentido, decidiu o STF, RE nº 169091, *DJ* 4 ago. 1995. Eis a ementa: PIS: LC 7/70: RECEPÇÃO, SEM SOLUÇÃO DE CONTINUIDADE, PELO ART. 239 DA CONSTITUIÇÃO. DISPONDO O ART. 239 CF SOBRE O DESTINO DA ARRECADAÇÃO DA CONTRIBUIÇÃO PARA O PIS, A PARTIR DA DATA MESMA DA PROMULGAÇÃO DA LEI FUNDAMENTAL EM QUE SE INSERE, É EVIDENTE QUE SE TRATA DE NORMA DE EFICÁCIA PLENA E IMEDIATA, MEDIANTE A RECEPÇÃO DE LEGISLAÇÃO ANTERIOR; O QUE, NO MESMO ART. 239, SE CONDICIONOU A DISCIPLINA DA LEI FUTURA NÃO FOI A CONTINUIDADE DA COBRANÇA DA EXAÇÃO, MAS APENAS – COMO EXPLÍCITO NA PARTE FINAL DO DISPOSITIVO – OS TERMOS EM QUE A SUA ARRECADAÇÃO SERIA UTILIZADA NO FINANCIAMENTO DO PROGRAMA DE SEGURO-DESEMPREGO E DO ABONO INSTITUÍDO POR SEU PAR. 3º.

para o Programa de Formação do Patrimônio do Servidor Público, criado pela Lei Complementar nº 8, de 3 de dezembro de 1970, passa, a partir da promulgação desta Constituição, a financiar, nos termos que a lei dispuser, o programa do seguro--desemprego e o abono de que trata o § 3º deste artigo.

Para perfeita compreensão da matéria, é fundamental uma breve análise histórica da contribuição. Wagner Balera, a respeito, ensina:

> Na mensagem encaminhada ao Congresso Nacional que acabou instituindo o chamado Programa de Integração Social, em cumprimento ao comando estampado no art. 160, itens I, II, IV e VI, da Constituição de 1967, o Governo Federal tratava de garantir a liberdade de iniciativa; a harmonia e solidariedade entre as categorias sociais da produção e a expansão das oportunidades de emprego produtivo, utilizando-se uma vez mais das contribuições como instrumental para o cumprimento dessas superiores finalidades.

O tipo de obrigação que o Programa impunha às empresas se depreende da simples leitura do art. 10, da Lei Complementar nº 7, de 1970, que se acha assim redigido:

> "Art. 10. As obrigações das empresas, decorrentes desta Lei, são de caráter exclusivamente fiscal, não gerando direitos de natureza trabalhista nem incidência de qualquer contribuição previdenciária em relação a quaisquer prestações devidas por lei ou por sentença judicial, ao empregado."
>
> De obrigação tributária, sem dúvida, cuidava a regra, consoante a definição dessa figura jurídica que o Título II do Código Tributário Nacional enuncia.
>
> Essa mesma contribuição seria recepcionada pelo vigente art. 239 da Lei Maior, agora destinada ao financiamento do seguro-desemprego e do abono anual.[87]

Pois bem, o antigo Fundo PIS/PASEP foi sucedido pelo FAT – Fundo de Amparo ao Trabalhador –, gerido pelo Ministério do Trabalho, responsável pelo financiamento das prestações do seguro-desemprego e do abono anual. A finalidade constitucionalmente determinada ao financiamento da seguridade social faz desta uma típica contribuição de seguridade social. Significa dizer que o artigo 239 merece tratamento jurídico idêntico aos incisos do artigo 195.

No julgamento da ADC nº 1-1, o Supremo Tribunal Federal decidiu que a Constituição Federal autoriza a eleição do faturamento do empregador como

---

87 Hugo de Brito Machado (Coordenador), *As contribuições no sistema tributário brasileiro*, p. 571.

base de cálculo da contribuição incidente sobre o faturamento e da contribuição PIS/PASEP.[88]

Com a inclusão do inciso IV ao *caput* do artigo 195 da Constituição Federal, o importador de bens e serviços do exterior, ou quem a lei a ele equiparar, foi eleito sujeito passivo das contribuições de seguridade social, o que possibilitou a instituição de novas contribuições pela Lei nº 10.865/04, denominadas por esta de contribuição para os Programas de Integração Social e de Formação do Patrimônio do Servidor Público incidente na Importação de Produtos Estrangeiros ou Serviços – PIS/PASEP – Importação e a Contribuição Social para o Financiamento da Seguridade Social devida pelo Importador de Bens Estrangeiros ou Serviços do Exterior – COFINS – Importação.

O fato gerador dessas contribuições é:

I – a entrada de bens estrangeiros no território nacional; ou

II – o pagamento, o crédito, a entrega, o emprego ou a remessa de valores a residentes ou domiciliados no exterior como contraprestação por serviço prestado.

São contribuintes:

I – o importador, assim considerada a pessoa física ou jurídica que promova a entrada de bens estrangeiros no território nacional, equiparando-se a este o destinatário de remessa postal internacional indicado pelo respectivo remetente e o adquirente de mercadoria entrepostada.

II – a pessoa física ou jurídica contratante de serviços de residente ou domiciliado no exterior; e

III – o beneficiário do serviço, na hipótese em que o contratante também seja residente ou domiciliado no exterior.

A base de cálculo será:

I – o valor aduaneiro, ou

II – o valor pago, creditado, entregue, empregado ou remetido para o exterior, antes da retenção do imposto de renda, acrescido do Imposto sobre Serviços de qualquer Natureza – ISS e do valor das próprias contribuições.

[88] STF, ADC nº 1, *DJ* 16 jun. 1995.

Em geral, as alíquotas são:

I – 1,65%, para o PIS/PASEP-Importação; e

II – 7,6%, para a COFINS-Importação.

O sujeito ativo é a União.

O inciso II do artigo 23 da Lei nº 8.212/91 faz referência a contribuição incidente sobre o lucro líquido – CSLL. Referida contribuição foi instituída pela Lei nº 7.689/88, a qual elegeu como base de cálculo da contribuição o valor do resultado do exercício, antes da provisão para o imposto de renda, e fixou a alíquota em 8%. Elegeu como contribuintes as pessoas jurídicas domiciliadas no País e as que lhes são equiparadas pela legislação tributária e como sujeito ativo a União.

Essa contribuição tem fundamento no *caput* do artigo 195 da Constituição Federal, o que possibilita sua veiculação por lei ordinária.

A alíquota foi elevada para 10% pela Lei nº 7.856/89 e 15% para as instituições financeiras pela Lei nº 8.114/90, o que foi mantido pela Lei nº 8.212/91.

A Lei nº 10.637/02 reduziu a alíquota para 9%, nos termos do seu artigo 37, em relação aos fatos geradores ocorridos a partir de 1º.1.03, não fazendo mais distinções entre os contribuintes, como havia na legislação pretérita.

A Lei nº 11.727/08 reintroduziu o sistema de alíquotas diferenciadas: 15%, no caso das pessoas jurídicas de seguros privados, das de capitalização e das referidas nos incisos I a VII, IX e X do § 1º do art. 1º da Lei Complementar nº 105/01; e 9%, no caso das demais pessoas jurídicas.

Cabe observar que a alíquota diferenciada para as instituições financeiras tem suporte de validade no artigo 195, § 9º, da Constituição Federal e no princípio da equidade na forma de participação no custeio, como já vimos.

Não incide CSLL sobre as receitas e o lucro decorrentes de exportação, como decidido pelo Supremo Tribunal Federal:

> EMENTA: TRIBUTO. Contribuição Social sobre Lucro Líquido – CSLL. Incidência sobre as receitas e o lucro decorrentes de exportação. Inadmissibilidade. Ofensa aparente ao disposto no art. 149, § 2º, inc. I, da CF, incluído pela Emenda Constitucional nº 33/2001. Pretensão de inexigibilidade. Razoabilidade jurídica, acrescida de perigo de dano de repação dificultosa. Efeito suspensivo ao recurso extraordinário admitido na origem. Liminar cautelar concedida para esse fim. Aparenta ofender o disposto no art. 149, § 2º, inc. I, da Constituição da República, incluído pela Emenda nº 33/2001, a exigência da Contribuição Social sobre Lucro Líquido – CSSL calculada sobre as grandezas específicas que decorram de receitas de exportação.[89]

[89] STF, AC-MC nº 1738, *DJ* 19 out. 2007.

Segundo a estrutura da regra matriz de incidência, à qual alude Paulo de Barros Carvalho, a norma jurídica é composta de um descritor (hipótese) e um prescritor (consequência).[90] No primeiro, encontramos os critérios material, espacial e temporal, ao passo que no segundo estão os critérios pessoal e quantitativo. Pois bem, o critério material do imposto de renda da pessoa jurídica é idêntico ao critério material da contribuição de seguridade social sobre o lucro, ou seja, o comportamento de uma pessoa jurídica auferir lucro. Noutros termos, é um *bis in idem*, mas expressamente autorizado pela Constituição Federal. Além do mais, a finalidade da contribuição a distingue do imposto de renda. Inconformados, inúmeros contribuintes ingressaram em juízo buscando a declaração de inconstitucionalidade da exação, o que foi, nesse ponto, rechaçado pelo Supremo Tribunal Federal, no seguinte julgado:

> Ementa: CONTRIBUIÇÃO SOCIAL SOBRE O LUCRO DAS PESSOAS JURIDICAS. LEI 7.689/88. – NÃO É INCONSTITUCIONAL A INSTITUIÇÃO DA CONTRIBUIÇÃO SOCIAL SOBRE O LUCRO DAS PESSOAS JURÍDICAS, CUJA NATUREZA É TRIBUTÁRIA. CONSTITUCIONALIDADE DOS ARTIGOS 1º, 2º E 3º DA LEI 7.689/88. REFUTAÇÃO DOS DIFERENTES ARGUMENTOS COM QUE SE PRETENDE SUSTENTAR A INCONSTITUCIONALIDADE DESSES DISPOSITIVOS LEGAIS. – AO DETERMINAR, PORÉM, O ARTIGO 8º DA LEI 7.689/88 QUE A CONTRIBUIÇÃO EM CAUSA JÁ SERIA DEVIDA A PARTIR DO LUCRO APURADO NO PERÍODO-BASE A SER ENCERRADO EM 31 DE DEZEMBRO DE 1988, VIOLOU ELE O PRINCÍPIO DA IRRETROATIVIDADE CONTIDO NO ARTIGO 150, III, *A*, DA CONSTITUIÇÃO FEDERAL, QUE PROÍBE QUE A LEI QUE INSTITUI TRIBUTO TENHA, COMO FATO GERADOR DESTE, FATO OCORRIDO ANTES DO INÍCIO DA VIGÊNCIA DELA. RECURSO EXTRAORDINÁRIO CONHECIDO COM BASE NA LETRA *B* DO INCISO III DO ARTIGO 102 DA CONSTITUIÇÃO FEDERAL, MAS A QUE SE NEGA PROVIMENTO PORQUE O MANDADO DE SEGURANÇA FOI CONCEDIDO PARA IMPEDIR A COBRANÇA DAS PARCELAS DA CONTRIBUIÇÃO SOCIAL CUJO FATO GERADOR SERIA O LUCRO APURADO NO PERÍODO-BASE QUE SE ENCERROU EM 31 DE DEZEMBRO DE 1988. DECLARAÇÃO DE INCONSTITUCIONALIDADE DO ARTIGO 8º DA LEI 7.689/88.[91]

As cooperativas não estão sujeitas à incidência dessa contribuição, em relação aos atos cooperativos, pois são criadas para benefício comum dos sócios, sem finalidade lucrativa. Nesse sentido dispõe o artigo 39 da Lei nº 10.865/04:

> Art. 39. As sociedades cooperativas que obedecerem ao disposto na legislação específica, relativamente aos atos cooperativos, ficam isentas da Contribuição Social sobre o Lucro Líquido – CSLL.

[90] *Curso de direito tributário*, p. 238.

[91] STF, RE nº 146733, *DJ* 12 mar. 1993.

A não incidência da contribuição, todavia, não decorre dessa "isenção", mas sim da ausência de competência impositiva por parte da União, como bem captado por Andrei Pitten Velloso:

> O legislador, consciente da impossibilidade de exigência da CSLL sobre os resultados das cooperativas, consagrou, no art. 39 da Lei nº 10.865/04, a "isenção" das sociedades cooperativas que observarem a legislação específica, a partir de 1º de janeiro de 2005. Na realidade, não se trata de uma autêntica isenção, porquanto a outorga de uma isenção pressupõe a existência de competência impositiva: caso o ente político não disponha de competência, a suposta outorga de isenção não passará de uma declaração de intributabilidade. E, consequentemente, não poderá ser sujeita a condições ou a limitações temporais, tais como a prevista no art. 48 da Lei nº 10.865/04.[92]

As contribuições sobre o faturamento e o lucro não são devidas pelo empregador rural pessoa física e pelo segurado especial.

[92] VELLOSO, Andrei Pitten; ROCHA, Daniel Machado da; BALTAZAR JÚNIOR, José Paulo. *Comentários à lei do custeio da seguridade social*, p. 177.

5. Da contribuição da empresa
Principais financiadoras do sistema de seguridade social

5.1 Contribuição incidente sobre o total das remunerações pagas aos segurados empregados e trabalhadores avulsos

20% do total das remunerações pagas, devidas ou creditadas a qualquer título, durante o mês, aos segurados empregados e trabalhadores avulsos que lhes prestem serviços, destinadas a retribuir o trabalho, qualquer que seja a sua forma, inclusive as gorjetas, os ganhos habituais sob a forma de utilidades e os adiantamentos decorrentes de reajuste salarial, quer pelos serviços efetivamente prestados, quer pelo tempo à disposição do empregador ou tomador de serviços, nos termos da lei ou do contrato ou, ainda, de convenção ou acordo coletivo de trabalho ou sentença normativa.

STF – inconstitucionalidade da redação original (20% sobre o total das remunerações pagas ou creditadas, a qualquer título, no decorrer do mês, aos segurados empregados, empresários, trabalhadores avulsos e autônomos que prestassem serviços à empresa) – folha-de-salários utilizada no artigo 195, I, CF/88, tem conteúdo técnico, não abrangendo qualquer pagamento – exclusão dos empresários, autônomos e avulsos.

5.2 Contribuição para o financiamento da aposentadoria especial e dos benefícios concedidos em razão do grau de incidência de incapacidade laborativa decorrente dos riscos ambientais do trabalho.

Incidente sobre o total das remunerações pagas ou creditadas, no decorrer do mês, aos segurados empregados e trabalhadores avulsos.

Alíquotas:

1% – risco leve;

2% – risco médio;

3% – risco grave.

Art. 57, Lei nº 8.213/91 – acréscimo de 12, 9 ou 6%, respectivamente, se a atividade exercida pelo segurado a serviço da empresa ensejar a concessão de aposentadoria especial após quinze, vinte ou vinte e cinco anos de contribuição.

Art. 1º, Lei nº 10.666/03 – estendeu o direito à aposentadoria especial ao cooperado filiado à cooperativa de trabalho e de produção que trabalha sujeito a condições especiais que prejudiquem a sua saúde ou a sua integridade física. Criou duas contribuições adicionais:

Atividade preponderante – atividade que ocupa, na empresa, o maior número de segurados empregados e trabalhadores avulsos.

Enquadramento da empresa:

Vários CNPJs – cada estabelecimento, separadamente.

Único CNPJ – atividade preponderante.

STJ, Súmula nº 351: a alíquota de contribuição para o Seguro de Acidente do Trabalho (SAT) é aferida pelo grau de risco desenvolvido em cada empresa,

individualizada pelo seu CNPJ, ou pelo grau de risco da atividade

preponderante quando houver apenas um registro.

STF: "O fato de a lei deixar para o regulamento a complementação dos conceitos de 'atividade preponderante' e 'grau de risco leve, médio e grave', não implica ofensa ao princípio da legalidade genérica, CF, art. 5º, II, e da legalidade tributária, CF, art. 150, I."

5.3 Contribuição incidente sobre o total das remunerações pagas aos segurados contribuintes individuais que lhe prestem serviços

20% sobre o total das remunerações pagas ou creditadas a qualquer título, no decorrer do mês, aos segurados contribuintes individuais que prestem serviços à empresa.

5.4 Contribuição incidente sobre o serviço prestado por cooperados por intermédio de cooperativas de trabalho

5.4.1 Histórico da contribuição

Originalmente instituída pela LC nº 84/96, já revogada.

5.4.2 Sujeição passiva

LC nº 84/96 – cooperativa – alíquota: 15%.

Lei nº 9.876/99 – empresa – alíquota: 15%.

5.4.3 Constitucionalidade da exação

Incidência – valores pagos por serviços que são prestados a empresas por cooperados, por intermédio de cooperativas de trabalho.

Art. 4º, Lei nº 5.764/71 – cooperativas: sociedades de pessoas, com forma e natureza jurídica próprias, de natureza civil, não sujeitas à falência, constituídas para prestar serviços aos associados, com características próprias.

Art. 195, I, CF/88 – contribuição social a cargo do empregador, da empresa e da entidade a ela equiparada na forma da lei, incidentes sobre a folha de salários e demais rendimentos do trabalho pagos ou creditados, a qualquer título, à pessoa física que lhe preste serviço, mesmo sem vínculo empregatício.

Art. 174, § 2º, CF/88 – como agente normativo e regulador da atividade econômica, o Estado exercerá, na forma da lei, as funções de fiscalização, incentivo e planejamento, sendo este determinante para o setor público e indicativo para o setor privado. A lei apoiará e estimulará o cooperativismo e outras formas de associativismo (alíquota diferenciada).

Contribuição incidente sobre rendimentos do trabalho pagos ao cooperativado (pessoa física).

5.5 Contribuição adicional das entidades financeiras e equiparadas

Bancos comerciais, bancos de investimentos, bancos de desenvolvimento, caixas econômicas, sociedades de crédito, financiamento e investimento, sociedades de crédito imobiliário, sociedades corretoras, distribuidoras de títulos e valores mobiliários, empresas de arrendamento mercantil, cooperativas de crédito, empresas de seguros privados e de capitalização, agentes autônomos de seguros privados e de crédito e entidades de previdência privada abertas e fechadas – contribuição adicional de 2,5% sobre:

o total das remunerações pagas, devidas ou creditadas a qualquer título, durante o mês, aos segurados empregados e trabalhadores avulsos que lhe prestem serviços, destinadas a retribuir o trabalho, qualquer que seja a sua forma, inclusive as gorjetas, os ganhos habituais sob a forma de utilidades e os adiantamentos decorrentes de reajuste salarial, quer pelos serviços efetivamente prestados, quer pelo tempo à disposição do empregador ou tomador de serviços, nos termos da lei ou do contrato ou, ainda, de convenção ou acordo coletivo de trabalho ou sentença normativa; e

o total das remunerações pagas ou creditadas a qualquer título, no decorrer do mês, aos segurados contribuintes individuais que lhe prestem serviços.

Fundamento constitucional – princípio da equidade na forma de participação do custeio.

5. Da contribuição da empresa
Principais financiadoras do sistema de seguridade social

5.6 Contribuição de associação desportiva que mantém equipe de futebol profissional

5.6.1 Histórico da contribuição

Art. 2º, Lei nº 5.939/73: contribuição substitutiva – clubes de futebol e associações desportivas profissionais.

Art. 5º, Lei nº 7.787/89: contribuição substitutiva mantida exclusivamente para os clubes de futebol profissional – alíquota: 5%.

5.6.2 Situação na Lei nº 8.212/91

Redação original – todas as entidades desportivas, inclusive os clubes de futebol profissional, passaram a contribuir normalmente como qualquer empresa.

Lei nº 8.641/93 – volta da contribuição substitutiva para os clubes de futebol profissional – alíquota: 5%.

Lei nº 9.528/97 – manutenção da contribuição substitutiva para os clubes de futebol profissional – alíquota: 5%.

Base de cálculo – receita bruta decorrente dos espetáculos desportivos de que participem no território nacional em qualquer modalidade desportiva, inclusive jogos internacionais, e de qualquer forma de patrocínio, licenciamento de uso de marcas e símbolos, publicidade, propaganda e de transmissão dos espetáculos desportivos.

Entidade promotora do espetáculo – responsabilidade de efetuar o desconto e o recolhimento do respectivo valor ao Fisco.

Contribuinte – clube de futebol.

Lei nº 9.528/97 expressamente revogou a Lei nº 5.939/73.

5.7 Entidades Religiosas

Não se considera como remuneração direta ou indireta os valores despendidos pelas entidades religiosas e instituições de ensino vocacional com ministro de confissão religiosa, membros de instituto de vida consagrada, de congregação ou de ordem religiosa em face do seu mister religioso ou para sua subsistência desde que fornecidos em condições que independam da natureza e da quantidade do trabalho executado.

5.8 Contribuição das agroindústrias

Agroindústria – produtor rural pessoa jurídica cuja atividade econômica seja a industrialização de produção própria ou de produção própria e adquirida de terceiros.

Originalmente instituída, como contribuição substitutiva, pelo artigo 25, § 2º, da Lei nº 8.870/94 – base de cálculo: valor estimado da produção agrícola própria, considerado seu preço de mercado. STF – inconstitucionalidade.

Lei nº 10.256/01 – redação atual – incidente sobre o valor da receita bruta proveniente da comercialização da produção, em substituição às contribuições previstas nos incisos I e II do artigo 22 da Lei nº 8.212/91.

Receita bruta – valor total da receita proveniente da comercialização da produção própria e da adquirida de terceiros, industrializada ou não.

Alíquotas:

I – 2,5% destinados à seguridade social; e

II – 0,1% para o financiamento da aposentadoria especial e do SAT.

Excluídas da contribuição substitutiva:

– operações relativas à prestação de serviços a terceiros, cujas contribuições previdenciárias continuam sendo devidas de acordo com a regra geral.

– sociedades cooperativas e as agroindústrias de piscicultura, carcinicultura, suinocultura e avicultura;

– pessoa jurídica que, relativamente à atividade rural, se dedique apenas ao florestamento e reflorestamento como fonte de matéria-prima para industrialização própria mediante a utilização de processo industrial que modifique a natureza química da madeira ou a transforme em pasta celulósica, ainda que a pessoa jurídica comercialize resíduos vegetais ou sobras ou partes da produção, desde que a receita bruta decorrente dessa comercialização represente menos de um por cento de sua receita bruta proveniente da comercialização da produção.

5.9 Contribuições da empresa incidentes sobre o faturamento e o lucro (FINSOCIAL, COFINS, PIS/PASEP, Importação de bens e serviços do exterior, CSLL)

Faturamento

FINSOCIAL – Decreto-lei nº 1.940/82 (art. 56, ADCT) – alíquota: 2%.

COFINS – LC nº 70/91 – alíquota: 2%.

Lei nº 9.718/98 – alíquota: 3%; mudança na base de cálculo. STF – inconstitucionalidade.

Lei nº 10.833/03 – alíquota: 7,6%.

PIS/PASEP

LC nº 7/70 e LC nº 8/70 (art. 239, CF/88).

Lei nº 10.637/02 – alíquota de 1,65%.

Fundo PIS/PASEP – sucedido pelo FAT – Fundo de Amparo ao Trabalhador/Ministério do Trabalho e Emprego.

STF – constitucional

PIS/PASEP – Importação e COFINS – Importação.

Lei nº 10.865/04 – alíquotas: 1,65% – PIS/PASEP – Importação; 7,6% – COFINS – Importação.

Contribuição incidente sobre o lucro líquido – CSLL

Lei nº 7.689/88 – alíquota: 8%.

Lei nº 7.856/89 – alíquota: 10%.

Lei nº 8.114/90 – alíquota diferenciada para as instituições financeiras: 15% (mantida pela Lei nº 8.212/91).

Lei nº 10.637/02 – alíquota única: 9%.

Lei nº 11.727/08 – reintroduziu o sistema de alíquotas diferenciadas: 15% para as instituições financeiras e 9% para as demais pessoas jurídicas.

6 Da contribuição do empregador doméstico

A contribuição do empregador doméstico é de 12% do salário-de-contribuição do empregado doméstico a seu serviço. Como o salário-de-contribuição está sujeito a um limite máximo, a contribuição do empregador doméstico também estará, ao contrário da contribuição da empresa que incide sobre o total das remunerações pagas aos empregados. Assim, no caso do empregador doméstico, se o salário de seu empregado doméstico ultrapassar o teto do salário-de-contribuição, a parte excedente não sofrerá incidência de contribuição, nem para o empregado, nem para o empregador.

O empregador doméstico, diferentemente da empresa, não participa da contribuição adicional para o seguro de acidente do trabalho.

> 6. Da contribuição do empregador doméstico
>
> 12% sobre o salário-de-contribuição do empregado doméstico a seu serviço.
> Inexistência de contribuição adicional para o seguro de acidente do trabalho.

7 Da contribuição do produtor rural e do pescador

O empregador rural pessoa física definido no artigo 12, V, *a*, da Lei nº 8.212/91 como sendo a pessoa física, proprietária ou não, que explora atividade agropecuária ou pesqueira, em caráter permanente ou temporário, diretamente ou por intermédio de prepostos e com auxílio de empregados, utilizados a qualquer título, ainda que de forma não contínua, contribui, como segurado individual – pois é pessoa física e não jurídica –, na forma do artigo 21 da Lei nº 8.212/91, ou seja, com a aplicação da alíquota de 20% sobre o respectivo salário-de-contribuição.

Além dessa contribuição, o artigo 25 da Lei nº 8.212/91 prevê outra contribuição, de responsabilidade do empregador rural pessoa física e do segurado especial.

Nos termos desse artigo, a contribuição do empregador rural pessoa física em substituição à contribuição de que tratam os incisos I e II do artigo 22, da mesma lei, e a do segurado especial referido no artigo 12, VII, como o produtor, o parceiro, o meeiro e o arrendatário rurais, o pescador artesanal e o assemelhado, que exerçam essas atividades individualmente ou em regime de economia familiar, ainda que com auxílio eventual de terceiros, bem como seus respectivos cônjuges ou companheiros e filhos maiores de 16 anos ou a eles equiparados, desde que trabalhem, comprovadamente, com o grupo familiar respectivo, destinada à seguridade social, é de 2% da receita bruta proveniente da comercialização da sua produção e de 0,1% da receita bruta proveniente da comercialização da sua produção para financiamento das prestações por acidente do trabalho.

A contribuição do segurado especial tem fundamento no artigo 195, § 8º, da Constituição Federal, segundo o qual o produtor, o parceiro, o meeiro e o arrendatário rurais e o pescador artesanal, bem como os respectivos cônjuges, que exerçam suas atividades em regime de economia familiar, sem empregados permanentes, contribuirão para a seguridade social mediante a aplicação de uma alíquota sobre o resultado da comercialização da produção e farão jus aos benefícios nos termos da lei.

A contribuição do empregador rural pessoa física incidente sobre a receita bruta proveniente da comercialização de sua produção foi instituída com fundamento no artigo 195, I, da Constituição Federal, pois, nessa condição, de acordo com a lei, está equiparado à empresa e uma das bases de cálculo eleitas pela Carta Política é o faturamento ou receita, o que autorizaria sua veiculação por meio de lei ordinária. Entretanto, o Supremo Tribunal Federal não entendeu assim. No julgamento do RE nº 363852, a recorrente alegou que o artigo 1º da Lei nº 8.540/92 teria criado nova fonte de custeio da seguridade social ao instituir contribuição sobre a receita bruta decorrente da comercialização da produção rural equiparando "empregadores rurais pessoas físicas" a "segurados especiais", o que somente poderia ser feito por meio de lei complementar.[93] O recurso extraordinário foi provido no argumento de que, no período anterior à EC nº 20/98, não subsiste referida obrigação tributária.[94] A controvérsia diz respeito exclusivamente à contribuição dos empregadores rurais pessoas físicas, não à contribuição dos segurados especiais.

O segurado especial, além da contribuição obrigatória incidente sobre a receita bruta, poderá contribuir na condição de segurado facultativo.

Integram a produção os produtos de origem animal ou vegetal, em estado natural ou submetidos a processos de beneficiamento ou industrialização rudimentar, assim compreendidos, entre outros, os processos de lavagem, limpeza, descaroçamento, pilagem, descascamento, lenhamento, pasteurização, resfriamento, secagem, fermentação, embalagem, cristalização, fundição, carvoejamento, cozimento, destilação, moagem, torrefação, bem como os subprodutos e os resíduos obtidos através desses processos.

Considera-se processo de beneficiamento ou industrialização artesanal aquele realizado diretamente pelo próprio produtor rural pessoa física, desde que não esteja sujeito à incidência do Imposto sobre Produtos Industrializados – IPI.

---

[93] Essa discussão tem relação com a constitucionalidade da equiparação de contribuinte individual à empresa, já abordada por nós no item 2.2 do Capítulo II da Segunda Parte desta obra.

[94] *DJE* 20.4.10.

Também integra a receita bruta aquela proveniente:

I – da comercialização da produção obtida em razão de contrato de parceria ou meação de parte do imóvel rural;

II – da comercialização de artigos de artesanato de que trata o inciso VII do § 10 do art. 12 da Lei nº 8.212/91;

III – de serviços prestados, de equipamentos utilizados e de produtos comercializados no imóvel rural, desde que em atividades turística e de entretenimento desenvolvidas no próprio imóvel, inclusive hospedagem, alimentação, recepção, recreação e atividades pedagógicas, bem como taxa de visitação e serviços especiais;

IV – do valor de mercado da produção rural dada em pagamento ou que tiver sido trocada por outra, qualquer que seja o motivo ou finalidade; e

V – de atividade artística de que trata o inciso VIII do § 10 do art. 12 da Lei nº 8.212/91.

Nos termos do artigo 25-A da Lei nº 8.212/91, equipara-se ao empregador rural pessoa física o consórcio simplificado de produtores rurais, formado pela união de produtores rurais pessoas físicas, que outorgar a um deles poderes para contratar, gerir e demitir trabalhadores para prestação de serviços, exclusivamente, aos seus integrantes, mediante documento registrado em cartório de títulos e documentos, o qual deverá conter a identificação de cada produtor, seu endereço pessoal e o de sua propriedade rural, bem como o respectivo registro no Instituto Nacional de Colonização e Reforma Agrária – INCRA ou informações relativas a parceria, arrendamento ou equivalente e a matrícula no INSS de cada um dos produtores rurais.

A matrícula do consórcio no INSS deverá ser em nome do empregador a quem hajam sido outorgados os poderes, sendo que todos os produtores rurais integrantes do consórcio são responsáveis solidários em relação às obrigações previdenciárias.

Para esse consórcio simplificado de produtores rurais as contribuições de que tratam os incisos I e II do artigo 22 da Lei nº 8.212/91 são substituídas, em relação à remuneração paga, devida ou creditada ao trabalhador rural por ele contratado, pela contribuição dos respectivos produtores rurais, calculada na forma do artigo 25.

A contribuição do empregador rural, pessoa física, não se confunde com a contribuição do empregador, pessoa jurídica, que se dedique à produção rural. Esta última está prevista no artigo 25 da Lei nº 8.870/94, na redação dada pela Lei nº 10.256/01, nos seguintes termos:

> Art. 25. A contribuição devida à seguridade social pelo empregador, pessoa jurídica, que se dedique à produção rural, em substituição à prevista nos incisos I e II do art. 22 da Lei nº 8.212, de 24 de julho de 1991, passa a ser a seguinte:
>
> I – dois e meio por cento da receita bruta proveniente da comercialização de sua produção;
>
> II – um décimo por cento da receita bruta proveniente da comercialização de sua produção, para o financiamento da complementação das prestações por acidente de trabalho.

A contribuição devida pelo produtor rural, pessoa física, na condição de equiparado à empresa, ou pelo produtor rural pessoa jurídica, tem como base de cálculo a receita bruta proveniente de sua comercialização. Levando em consideração que o valor comercial é o resultado da soma dos custos do produto, o valor do frete integra a base de cálculo da contribuição, como demonstra o seguinte julgado do Superior Tribunal de Justiça, em recurso especial de nossa autoria:

> Ementa: TRIBUTÁRIO. FUNERAL. BASE DE CÁLCULO. VALOR COMERCIAL. FRETE DO TRANSPORTE. INCLUSÃO. PRECEDENTE.
>
> 1. O valor comercial é o resultado da soma dos custos do produto, nela incluído o valor do transporte, que deve integrar a base de cálculo do FUNRURAL.
>
> 2. Recurso especial conhecido e provido.[95]

> 7. Da contribuição do produtor rural e do pescador
>
> Contribuição substitutiva (em relação à contribuição do art. 22, I e II, da Lei nº 8.212/91):
> – 2% da receita bruta proveniente da comercialização da sua produção – destinada à seguridade social;
> – 0,1% da receita bruta proveniente da comercialização da sua produção para financiamento das prestações por acidente do trabalho.
>
> Empregador rural pessoa física (art. 12, V, *a*, Lei nº 8.212/91) – contribui também como segurado individual. Contribuição do segurado especial – art. 195, § 8º, CF/88.
> STF – RE nº 363.852 – inconstitucionalidade.
> Segurado especial: além da contribuição obrigatória incidente sobre a receita bruta, poderá contribuir na condição de segurado facultativo.
> Empregador rural pessoa física equiparado – consórcio simplificado de produtores rurais, formado pela união de produtores rurais pessoas físicas, que outorgar a um deles poderes para contratar, gerir e demitir trabalhadores para prestação de serviços, exclusivamente, aos seus integrantes, mediante documento registrado em cartório de títulos e documentos, o qual deverá conter a identificação de cada produtor, seu endereço pessoal e o de sua propriedade rural, bem como o respectivo registro no Instituto Nacional de Colonização e Reforma Agrária – INCRA ou informações relativas a parceria, arrendamento ou equivalente e a matrícula no INSS de cada um dos produtores rurais. Todos os produtores rurais integrantes do consórcio são responsáveis solidários em relação às obrigações previdenciárias.

---

[95] STJ, REsp 245253, *DJ* 1º jul. 2002. O julgado diz respeito ao FUNRURAL. Há julgados em sentido contrário. *V. g.*, STJ, REsp 616592, *DJ* 27 set. 2004.

8 Da contribuição sobre a receita de concursos de prognósticos

Nos termos do artigo 26 da Lei nº 8.212/91, constitui receita da seguridade social a renda líquida dos concursos de prognósticos, excetuando-se os valores destinados ao Programa de Crédito Educativo. O fundamento dessa contribuição é o artigo 195, III, da Constituição Federal, o qual elegeu a receita de concursos de prognósticos como base de cálculo de contribuições de seguridade social. É bom registrar que a Constituição Federal não excetuou os valores destinados ao crédito educativo da referida base de cálculo, o que torna duvidosa a constitucionalidade da exceção legalmente prevista.

O sujeito passivo da exação é o administrador do concurso. Por concurso de prognósticos entende-se todo e qualquer sorteio de números, loterias, apostas, inclusive as realizadas em reuniões hípicas, nos âmbitos federal, estadual, do Distrito Federal e municipal. Entendemos que os bingos estão abrangidos por esse dispositivo,[96] no mesmo sentido do pensamento de Carlos Alberto P. de Castro e João Batista Lazzari.[97] Em sentido contrário é a posição de Sergio Pinto Martins.[98]

É preciso verificar a natureza jurídica dessa contribuição.

A pessoa política competente para sua instituição, já vimos, é a União, nos termos do artigo 149 da Constituição Federal. Por outro lado, "sendo essencial a qualquer relação jurídica a diversidade de sujeitos, caso os concursos de prognósticos sejam explorados diretamente pela União, na qualidade de administradora, exação tributária inexistirá, mas mera imposição da destinação dos recursos".[99]

Por essa razão, a contribuição não terá natureza tributária na hipótese de exploração direta pela União, pois esta não pode, ao mesmo tempo, ocupar o polo ativo e passivo da relação jurídico-tributária.[100]

Essa situação, no entanto, constitui exceção, pois na hipótese de exploração por outras pessoas políticas ou por pessoas jurídicas de direito privado à contribuição aplica-se todo o raciocínio jurídico-tributário válido para as demais

---

[96] Melhor do que fechar as portas dos bingos, extinguindo milhares de postos de trabalho, seria regularizar seu funcionamento, abrindo aí nova fonte de custeio da seguridade social. Diga-se o mesmo sobre a instituição do imposto sobre grandes fortunas, o qual, nos termos do art. 80 do ADCT, compõe o Fundo de Combate e Erradicação da Pobreza, desde a promulgação da EC nº 31/00. Hiberna, entretanto, há 20 anos, como se a classe mais desprotegida pudesse esperar.

[97] *Manual de direito previdenciário*, p. 275.

[98] *Direito da seguridade social*, p. 228.

[99] VELLOSO, Andrei Pitten; ROCHA, Daniel Machado da; BALTAZAR JÚNIOR, José Paulo, *Comentários à lei do custeio da seguridade social*, p. 196.

[100] Atualmente, essa situação inexiste, pois no âmbito federal a administração dos concursos de prognósticos dá-se pela Caixa Econômica Federal, pessoa jurídica de direito privado que não confunde-se com a União.

contribuições de seguridade social.[101] É que, nessa situação, haverá diversidade de sujeitos nos dois polos da relação jurídico-tributária. Impende registrar que a imunidade prevista no artigo 150, VI, *a*, da Constituição Federal diz respeito exclusivamente a impostos, não a contribuições.[102] Daí que nada impede a eleição do Distrito Federal, Estados e Municípios à condição de contribuintes dessa exação. Aliás, essas pessoas políticas também são contribuintes das contribuições de seguridade social incidentes sobre a remuneração paga aos seus servidores não incluídos em regime próprio de previdência e em relação à remuneração paga aos servidores ocupantes exclusivamente de cargos em comissão declarados em lei de livre nomeação e exoneração, bem como de outro cargo temporário ou de emprego público, nos exatos termos do artigo 149, § 1º, e 40, § 13, ambos da Constituição Federal.

A disciplina normativa dessa contribuição passa por um emaranhado de portarias, ofícios-circulares e decretos, fixando bases de cálculo e alíquotas, em flagrante violação à limitação constitucional da legalidade, constituindo-se em mais um fato a integrar o manicômio tributário ao qual referia-se Alfredo Augusto Becker.

A Lei nº 8.212/91, em redação infeliz, não fixou alíquota para essa contribuição, o que foi feito pelo artigo 212 do Decreto nº 3.048/99, nos seguintes termos:

> Art. 212. Constitui receita da seguridade social a renda líquida dos concursos de prognósticos, excetuando-se os valores destinados ao Programa de Crédito Educativo.
>
> § 1º Consideram-se concurso de prognósticos todo e qualquer concurso de sorteio de números ou quaisquer outros símbolos, loterias e apostas de qualquer natureza no âmbito federal, estadual, do Distrito Federal ou municipal, promovidos por órgãos do Poder Público ou por sociedades comerciais ou civis.
>
> § 2º A contribuição de que trata este artigo constitui-se de:
>
> I – renda líquida dos concursos de prognósticos realizados pelos órgãos do Poder Público destinada à seguridade social de sua esfera de governo;
>
> II – cinco por cento sobre o movimento global de apostas em prado de corridas; e

---

[101] No julgamento da ADIn nº 1169, *DJ* 29 jun. 2001, o STF reconheceu a possibilidade de pessoas jurídicas de direito privado explorarem "bingos", o que não contrasta com a competência privativa da União para legislar sobre a matéria. A competência privativa da União decorre do seguinte raciocínio, explícito no julgamento da ADIn nº 2.948, *DJ* 13 maio 2005: 1. A Constituição do Brasil determina expressamente que compete à União legislar sobre sistemas de consórcios e sorteios (art. 22, inciso XX). 2. A exploração de loterias constitui ilícito penal. Nos termos do disposto no art. 22, inciso I, da Constituição, lei que opera a migração dessa atividade do campo da ilicitude para o campo da licitude é de competência privativa da União. 3. Pedido de declaração de inconstitucionalidade julgado procedente.

[102] Art. 150. Sem prejuízo de outras garantias asseguradas ao contribuinte, é vedado à União, aos Estados, ao Distrito Federal e aos Municípios: VI – instituir impostos sobre: a) patrimônio, renda ou serviços, uns dos outros.

III – cinco por cento sobre o movimento global de sorteio de números ou de quaisquer modalidades de símbolos.

§ 3º Para o efeito do disposto no parágrafo anterior, entende-se como:

I – renda líquida – o total da arrecadação, deduzidos os valores destinados ao pagamento de prêmios, de impostos e de despesas com administração;

II – movimento global das apostas – total das importâncias relativas às várias modalidades de jogos, inclusive o de acumulada, apregoadas para o público no prado de corrida, subsede ou outra dependência da entidade; e

III – movimento global de sorteio de números – o total da receita bruta, apurada com a venda de cartelas, cartões ou quaisquer outras modalidades, para sorteio realizado em qualquer condição.

É elementar, entretanto, que a fixação de alíquotas é matéria reservada à lei tributária, como disciplinado no artigo 150, I, da Constituição Federal, razão pela qual as contribuições previstas nos incisos II e III do § 2º acima são indevidas, por ausência de previsão legal.

Quanto às contribuições previstas no inciso I, de responsabilidade do Poder Público, as mesmas vêm sendo exigidas, no âmbito da União, como ensina Andrei Pitten Velloso,[103] com o nome de "destinação de receitas", o que não altera sua natureza tributária, com fundamento em Circulares da CEF, as quais fixam alíquotas de 7,95% da renda bruta nos concursos de prognósticos esportivos e de 18,10% nos concursos de prognósticos numéricos, sem qualquer fundamento legal, o que é de arrepiar os cabelos de qualquer iniciante no trato do Direito Tributário.

Em relação aos concursos de prognósticos realizados pelas demais pessoas políticas, o mesmo artigo 212, § 2º, I, do Decreto nº 3.048/99, determina que a respectiva renda líquida será destinada à seguridade social de sua esfera de governo e não ao orçamento federal da seguridade social. Essa disposição regulamentar também não encontra fundamento legal, tampouco constitucional, pois a determinação contida no artigo 195, § 1º, da Constituição Federal, no sentido de que as receitas dos Estados, do Distrito Federal e dos Municípios destinadas à seguridade social constarão dos respectivos orçamentos, não integrando o orçamento da União, não autoriza a conclusão estampada na norma regulamentar, sobretudo porque as contribuições de seguridade social têm finalidade constitucionalmente determinada: o orçamento da seguridade social da União.

---

[103] Cf. VELLOSO, Andrei Pitten; ROCHA, Daniel Machado da; BALTAZAR JÚNIOR, José Paulo, *Comentários à lei do custeio da seguridade social*, p. 205.

Por fim, não podemos deixar de registrar que essa é mais uma fonte de custeio da seguridade social mal aproveitada, em flagrante violação ao princípio da diversidade da base de financiamento, com prejuízos para toda a sociedade.[104]

> 8. Da contribuição sobre a receita de concursos de prognósticos
>
> Constitui receita da seguridade social a renda líquida dos concursos de prognósticos, excetuando-se os valores destinados ao Programa de Crédito Educativo – art. 195, III, CF/88.
> Sujeito passivo – administrador do concurso.
> Concurso de prognósticos – todo e qualquer sorteio de números, loterias, apostas, inclusive as realizadas em reuniões hípicas, nos âmbitos federal, estadual, do Distrito Federal e municipal.
> Natureza jurídica:
> – exploração direta pela União: não tributária (mera imposição da destinação dos recursos);
> – exploração por outras pessoas políticas ou por pessoas jurídicas de direito privado: tributária.
> Inconsistente disciplina normativa (portarias, ofícios-circulares, decretos).

---

[104] A Lei nº 11.345/06 dispôs sobre a "Timemania", instituindo concurso de prognóstico destinado ao desenvolvimento da prática desportiva, a participação de entidades desportivas da modalidade futebol nesse concurso e o parcelamento de débitos tributários e para com o Fundo de Garantia do Tempo de Serviço – FGTS. Tem, dentre outros, o objetivo de facilitar o pagamento de débitos vencidos dos clubes de futebol para com a Seguridade Social. O total dos recursos arrecadados terá exclusivamente a seguinte destinação: I – 46%, para o valor do prêmio; II – 22%, para remuneração das entidades desportivas da modalidade futebol que cederem os direitos de uso de suas denominações, marcas, emblemas, hinos ou símbolos para divulgação e execução do concurso de prognóstico; III – 20%, para o custeio e manutenção do serviço; IV – 3%, para o Ministério do Esporte, para distribuição de: (a) 2/3 (dois terços), em parcelas iguais, para os órgãos gestores de esportes dos Estados e do Distrito Federal para aplicação exclusiva e integral em projetos de desporto educacional desenvolvido no âmbito da educação básica e superior e; (b) 1/3 (um terço), para as ações dos clubes sociais, de acordo com os projetos aprovados pela Confederação Brasileira de Clubes; V – 3%, para o Fundo Penitenciário Nacional – FUNPEN; VI – 3% para o Fundo Nacional de Saúde, que destinará os recursos, exclusivamente, para ações das Santas Casas de Misericórdia, de entidades hospitalares sem fins econômicos e de entidades de saúde de reabilitação física de portadores de deficiência; VII – 2%, para atender aos fins previstos no § 1º do art. 56 da Lei nº 9.615/98, com a redação dada pela Lei nº 10.264/01, observado o disposto nos §§ 2º ao 5º do citado artigo; e VIII – 1%, para o orçamento da seguridade social. A participação da entidade desportiva na Timemania condiciona-se à celebração de instrumento instituído pela Caixa Econômica Federal, do qual constará, dentre outros, a autorização para a destinação, diretamente pela CEF, da importância da remuneração de que trata o inciso II acima para pagamento de débitos com a Secretaria da Receita Federal do Brasil, o Instituto Nacional de Seguro Social – INSS, a Procuradoria-Geral da Fazenda Nacional e o Fundo de Garantia do Tempo de Serviço – FGTS, inclusive os relativos às contribuições instituídas pela Lei Complementar nº 110/01.

9 Das outras receitas

Nos termos do artigo 27 da Lei nº 8.212/91, constituem outras receitas da seguridade social:

I – as multas, a atualização monetária e os juros moratórios;

II – a remuneração recebida por serviços de arrecadação, fiscalização e cobrança prestados a terceiros;

III – as receitas provenientes de prestação de outros serviços e de fornecimento ou arrendamento de bens;

IV – as demais receitas patrimoniais, industriais e financeiras;

V – as doações, legados, subvenções e outras receitas eventuais;

VI – 50% dos valores obtidos e aplicados na forma do parágrafo único do art. 243 da Constituição Federal;[105]

VII – 40% do resultado dos leilões dos bens apreendidos pelo Departamento da Receita Federal;

VIII – outras receitas previstas em legislação específica.

As companhias seguradoras que mantêm o seguro obrigatório de danos pessoais causados por veículos automotores de vias terrestres, de que trata a Lei nº 6.194/74, deverão repassar à seguridade social 50% do valor total do prêmio recolhido e destinado ao Sistema Único de Saúde, para custeio da assistência médico-hospitalar dos segurados vitimados em acidentes de trânsito.

[105] CF/88, art. 243. As glebas de qualquer região do País onde forem localizadas culturas ilegais de plantas psicotrópicas serão imediatamente expropriadas e especificamente destinadas ao assentamento de colonos, para o cultivo de produtos alimentícios e medicamentosos, sem qualquer indenização ao proprietário e sem prejuízo de outras sanções previstas em lei. Parágrafo único. Todo e qualquer bem de valor econômico apreendido em decorrência do tráfico ilícito de entorpecentes e drogas afins será confiscado e reverterá em benefício de instituições e pessoal especializados no tratamento e recuperação de viciados e no aparelhamento e custeio de atividades de fiscalização, controle, prevenção e repressão do crime de tráfico dessas substâncias.

9. Das outras receitas

I – as multas, a atualização monetária e os juros moratórios;
II – a remuneração recebida por serviços de arrecadação, fiscalização e cobrança prestados a terceiros;
III – as receitas provenientes de prestação de outros serviços e de fornecimento ou arrendamento de bens;
IV – as demais receitas patrimoniais, industriais e financeiras;
V – as doações, legados, subvenções e outras receitas eventuais;
VI – 50% dos valores obtidos e aplicados na forma do parágrafo único do art. 243 da Constituição Federal;
VII – 40% do resultado dos leilões dos bens apreendidos pelo Departamento da Receita Federal;
VIII – outras receitas previstas em legislação específica.
As companhias seguradoras que mantêm o seguro obrigatório de danos pessoais causados por veículos automotores de vias terrestres, de que trata a Lei nº 6.194/74, deverão repassar à seguridade social 50% do valor total do prêmio recolhido e destinado ao Sistema Único de Saúde, para custeio da assistência médico-hospitalar dos segurados vitimados em acidentes de trânsito.

10 Do salário-de-contribuição

10.1 Conceito

Nos termos do artigo 195, II, da Constituição Federal, o trabalhador e os demais segurados da previdência social são contribuintes da seguridade social.

A contribuição dessas pessoas é calculada mediante a aplicação de uma alíquota sobre o seu salário-de-contribuição, o qual é definido pelo artigo 28 da Lei nº 8.212/91. Veja-se que o salário-de-contribuição é um conceito próprio do direito previdenciário, sem relação com o direito do trabalho ou com outros ramos do direito. Por isso, é possível atribuir um salário-de-contribuição para os contribuintes individuais e avulsos, os quais não recebem salários, sob o ponto de vista do Direito Laboral, pois sua remuneração não decorre de uma relação de emprego. Mesmo os segurados facultativos, que sequer precisam auferir alguma remuneração, têm, no direito previdenciário, salário-de-contribuição.

Passamos à análise do salário-de-contribuição em relação a cada um dos segurados da previdência social:

I – para o empregado e trabalhador avulso: a remuneração auferida em uma ou mais empresas, assim entendida a totalidade dos rendimentos pagos, devidos ou creditados a qualquer título, durante o mês, destinados a retribuir o trabalho, qualquer que seja a sua forma, inclusive as gorjetas, os ganhos habituais sob a forma de utilidades e os adiantamentos decorrentes de reajuste salarial, quer pelos serviços efetivamente prestados, quer pelo tempo à disposição do empregador ou tomador de serviços nos termos da lei ou do contrato ou, ainda, de convenção ou acordo coletivo de trabalho ou sentença normativa;[106]

II – para o empregado doméstico: a remuneração registrada na Carteira de Trabalho e Previdência Social;

III – para o contribuinte individual: a remuneração auferida em uma ou mais empresas ou pelo exercício de sua atividade por conta própria, durante o mês;[107]

IV – para o dirigente sindical na qualidade de empregado: a remuneração paga, devida ou creditada pela entidade sindical, pela empresa ou por ambas;

V – para o dirigente sindical na qualidade de trabalhador avulso: a remuneração paga, devida ou creditada pela entidade sindical; e

VI – para o segurado facultativo: o valor por ele declarado.

10.2 Limites

Os salários-de-contribuição de todos os segurados estão sujeitos a um limite mínimo e máximo.

O limite mínimo do salário-de-contribuição corresponde ao piso salarial, legal ou normativo, da categoria ou, inexistindo este, ao salário-mínimo, tomado no seu valor mensal, diário ou horário, conforme o ajustado e o tempo de trabalho efetivo durante o mês.[108] Para o menor aprendiz, o limite mínimo do salário-de-contribuição corresponde à sua remuneração mínima definida em lei.[109]

A partir de 1º.1.13, o limite máximo do salário-de-contribuição é de R$ 4.159,00, fixado pela Portaria Interministerial MPS/MF nº 15/13. Esse valor deve ser reajustado na mesma época e com os mesmos índices que os do reajustamento dos benefícios de prestação continuada da previdência social.

---

[106] Os adicionais de hora-extra, noturno, periculosidade e insalubridade têm natureza salarial, razão pela qual integram o salário-de-contribuição. Nesse sentido, REsp nº 486697, *DJ* 17 dez. 2004. Verbas pagas com habitualidade, tais como ajuda de custo para deslocamento noturno e ajuda de custo para aluguel, também integram o salário-de-contribuição. Nesse sentido, REsp nº 439133, de nossa autoria, *DJ* 22 set. 2008.

[107] As comissões pagas aos corretores de seguros pela intermediação de serviços integram o salário-de-contribuição. Nesse sentido, Resp nº 993599, *DJ* 7 ago. 2008.

[108] Assim, se uma diarista recebe R$ 200,00 num determinado mês, tanto ela como o tomador dos serviços devem contribuir sobre esse salário-de-contribuição, não importando que o valor seja inferior ao de um salário-mínimo.

[109] As particularidades do enquadramento do menor aprendiz foram tratadas na alínea *k* do item 2.1.1 do Capítulo II da Segunda Parte desta obra.

Quando a admissão, a dispensa, o afastamento ou a falta do empregado, inclusive o doméstico, ocorrer no curso do mês, o salário-de-contribuição será proporcional ao número de dias de trabalho efetivo.

10.3 Inclusão do salário-maternidade

O salário-maternidade é considerado salário-de-contribuição. A Constituição Federal não proibiu essa inclusão na medida em que previu apenas a imunidade das aposentadorias e pensões concedidas pelo RGPS, nos termos do inciso II do artigo 195. Em relação ao salário-maternidade, a previdência social assumiu um ônus que antes recaía sobre o empregador, cuja natureza era nitidamente salarial, razão pela qual mostra-se legítima a incidência da contribuição. Nesse sentido, o seguinte julgado:

> Ementa: TRIBUTÁRIO. SALÁRIO-MATERNIDADE. NATUREZA SALARIAL. INCIDÊNCIA SOBRE A BASE DE CÁLCULO DA CONTRIBUIÇÃO PREVIDENCIÁRIA. PRECEDENTES.
>
> 1. "A exação referente à maternidade, originariamente cabia ao empregador, circunstância que revelava seu caráter salarial, constituindo obrigação trabalhista. Posteriormente, assumiu o seu ônus a Previdência Social, com a edição da Lei 6.136/74, seguindo tendência mundial, por sugestão da OIT. Através desse diploma normativo, o salário-maternidade foi alçado à categoria de prestação previdenciária. O fato de ser custeado pelos cofres da Autarquia Previdenciária, porém, não exime o empregador da obrigação tributária relativamente à contribuição previdenciária incidente sobre a folha de salários, incluindo, na respectiva base de cálculo, o salário-maternidade auferido por suas empregadas gestantes (Lei 8.212/91, art. 28, § 2º)" (REsp nº 529951/PR, 1ª Turma, *DJ* de 19.12.2003, Rel. Min. LUIZ FUX).
>
> 2. O salário-maternidade possui natureza salarial e integra, consequentemente, a base de cálculo da contribuição previdenciária.
>
> 3. Precedentes da egrégia 1ª Turma desta Corte.
>
> 4. Recurso não provido.[110]

Assim, o salário-maternidade sofre a incidência da contribuição da empresa e do segurado.[111,112]

---

[110] STJ, REsp nº 572626, *DJ* 20 set. 2004.

[111] No mesmo sentido: STJ, REsp nº 800024, *DJ* 31 maio 2007.

[112] O STF ainda não julgou a matéria.

10.4 *Décimo terceiro salário*

O décimo terceiro salário integra o salário-de-contribuição, exceto para o cálculo de benefício, na forma estabelecida em regulamento. A gratificação natalina tem natureza salarial, razão pela qual é legítima a incidência de contribuição. Nesse sentido, é o seguinte julgado:

> Ementa: TRIBUTÁRIO. CONTRIBUIÇÃO PREVIDENCIÁRIA COMPENSAÇÃO. PRÓ-LABORE. TRIBUTO SUJEITO A LANÇAMENTO POR HOMOLOGAÇÃO. REPERCUSSÃO FINANCEIRA. CORREÇÃO MONETÁRIA. LIMITES. LEIS N°s 9.032/95 e 9.129/95. DÉCIMO-TERCEIRO SALÁRIO. INCIDÊNCIA. (SÚMULA 83/STJ). PRECEDENTES.
>
> [...]
>
> 4. A orientação desta Corte se coaduna com a do acórdão recorrido de que incide a contribuição previdenciária no décimo-terceiro salário, em razão de sua natureza salarial (Súmula 83/STJ). Precedentes.[113]

O Supremo Tribunal Federal tem posição no mesmo sentido, nos termos de sua Súmula nº 688:

> É LEGÍTIMA A INCIDÊNCIA DA CONTRIBUIÇÃO PREVIDENCIÁRIA SOBRE O 13º SALÁRIO.

Questão importante diz respeito à forma de cálculo da contribuição incidente sobre o 13º salário, já que a Lei nº 8.212/91 não dispôs a respeito e o artigo 37, § 7º, do Decreto nº 612/92 determinou o cálculo em separado, nestes termos:

§ 7º A contribuição de que trata o § 6º (incidente sobre o 13º salário) incidirá sobre o valor bruto da gratificação, sem compensação dos adiantamentos pagos, mediante aplicação, em separado, da tabela de que trata o art. 22 e observadas as normas estabelecidas pelo INSS.

O pano de fundo da discussão é o seguinte: a tabela referida nessa norma jurídica é a tabela progressiva da contribuição dos segurados empregados, domésticos e avulsos, segundo a qual a alíquota de contribuição varia de 8 até 11%, na medida do aumento do salário-de-contribuição. Atualmente, como já vimos, a tabela é a seguinte:

---

[113] STJ, REsp nº 420175, *DJ* 16 ago. 2004.

SALÁRIO-DE--CONTRIBUIÇÃO (R$)	ALÍQUOTA PARA FINS DE RECOLHIMENTO AO INSS
até 1.247,70	8,00%
de 1.247,71 até 2.079,50	9,00%
de 2.079,51 até 4.159,00	11,00 %

Pois bem: se o segurado empregado tiver salário-de-contribuição igual ao teto, com aplicação da tabela em separado contribuirá com 11% em relação ao salário normal do mês e mais 11% em relação ao 13º. Do contrário, se não houver aplicação em separado, esse mesmo segurado contribuiria apenas com 11% em relação ao teto, o que implicaria, na prática, isenção de contribuição sobre o 13º.

O artigo 7º, § 2º, da Lei nº 8.620/93 veio determinar, em sede legal, a aplicação das alíquotas em separado, nestes termos:

> § 2º A contribuição de que trata este artigo incide sobre o valor bruto do décimo-terceiro salário, mediante aplicação, em separado, das alíquotas estabelecidas nos arts. 20 e 22 da Lei nº 8.212, de 24 de julho de 1991.

O Superior Tribunal de Justiça, no julgamento do REsp nº 415604, de nossa autoria, decidiu a matéria no seguinte sentido:

> Ementa: TRIBUTÁRIO. CONTRIBUIÇÃO SOCIAL. GRATIFICAÇÃO NATALINA. EXTENSÃO DE DECRETO REGULAMENTADOR. LEI. Nº 8.212/91. DECRETO Nº 612/92. LEI Nº 8.620/93.
>
> 1. O regulamento não pode estender a incidência ou forma de cálculo de contribuição sobre parcela de que não cogitou a lei. Deve restringir-se ao fim precípuo de facilitar a aplicação e execução da lei que regulamenta.
> 2. No período anterior à Lei nº 8.620/93, o Decreto nº 612/92 (art. 37, § 7º), ao regulamentar o art. 28, § 7º, da Lei nº 8.212/91, extrapolou sua competência ao determinar que a contribuição incidente sobre a gratificação natalina deva ser calculada mediante aplicação, em separado, da tabela de alíquotas prevista para os salários-de-contribuição. Precedentes.
> 3. Entretanto, com o advento da Lei nº 8.620/93, a tributação em separado da gratificação natalina galgou *status* legal, nos termos do art. 7º, § 2º, desse diploma normativo.
> 4. Recursos especiais improvidos.[114]

[114] STJ, REsp nº 415604, *DJ* 16 nov. 2004.

Assim, o cálculo em separado é legítimo a partir da publicação da Lei nº 8.620/93.[115]

Atualmente, o artigo 214, §§ 6º e 7º do Decreto nº 3.048/99, dispõe sobre a matéria nesses termos:

> § 6º A gratificação natalina – décimo-terceiro-salário – integra o salário-de-contribuição, exceto para o cálculo do salário-de-benefício, sendo devida a contribuição quando do pagamento ou crédito da última parcela ou na rescisão do contrato de trabalho.
>
> § 7º A contribuição de que trata o § 6º incidirá sobre o valor bruto da gratificação, sem compensação dos adiantamentos pagos, mediante aplicação, em separado, da tabela de que trata o art. 198 e observadas as normas estabelecidas pelo Instituto Nacional do Seguro Social.

A ocorrência do fato gerador, portanto, dá-se no momento do pagamento ou crédito da última parcela ou na rescisão do contrato de trabalho e não em "duodécimos" – 1/12 por mês trabalhado – ou ao longo do exercício. Essa definição é importante na hipótese de alteração da forma de cálculo ao longo do ano. O Superior Tribunal de Justiça, quando do julgamento do Resp nº 461030, de nossa autoria, consignou que o fato gerador da contribuição previdenciária incidente sobre o 13º é a percepção da remuneração, sendo irrelevante, para esse fim, que a aquisição do direito à referida verba dê-se ao longo do ano, a cada mês ou fração superior a 15 dias.[116]

10.5 Diárias

O artigo 28, § 8º, da Lei nº 8.212/91 determina que o total das diárias pagas, quando excedente a 50% da remuneração mensal, integra o salário-de-contribuição, pelo seu valor total, pois, nessa hipótese, há uma presunção de que as diárias têm natureza salarial e não indenizatória. Essa disposição legal está de acordo com a Súmula nº 101 do Tribunal Superior do Trabalho:

> Diárias de viagem. Salário
>
> Integram o salário, pelo seu valor total e para efeitos indenizatórios, as diárias de viagem que excedam a 50% (cinquenta por cento) do salário do empregado.

---

[115] No mesmo sentido: STJ, EREsp nº 442781, *DJ* 10 dez. 2007.

[116] O julgado refere-se à contribuição de servidor público federal, mas o raciocínio é válido para a matéria em questão. *DJ* 3 set. 2008.

10.6 *Parcelas excluídas do salário-de-contribuição*

O artigo 28, § 9º, da Lei nº 8.212/91 arrola as rubricas que não integram o salário-de-contribuição.

A Medida Provisória nº 1.523-11/97 buscou incluir no salário-de-contribuição "os abonos de qualquer espécie ou natureza e as parcelas denominadaas indenizatórias". O Supremo Tribunal Federal, no julgamento da ADIn nº 1.659,[117] acabou por declarar a inconstitucionalidade da norma em questão, por afronta ao artigo 201, § 4º, da Constituição Federal, segundo o qual "os ganhos habituais do empregado, a qualquer título, serão incorporados ao salário para efeito de contribuição previdenciária e consequente repercussão em benefícios, nos casos e na forma da lei".[118] Dessa forma, as verbas de natureza indenizatória não podem, por força constitucional, serem incluídas no salário-de-contribuição, razão pela qual as rubricas arroladas no § 9º agora estudado não têm natureza taxativa, como sugere a redação do dispositivo.[119]

São as seguintes:

a) os benefícios da previdência social, nos termos e limites legais, salvo o salário-maternidade.

   O salário-maternidade, como já vimos, integra o salário-de-contribuição, mas não é o único, como leva a crer essa disposição legal. Isso porque, nos termos do artigo 31 da Lei nº 8.213/91, o valor mensal do auxílio-acidente integra o salário-de-contribuição, para fins de cálculo do salário-de-benefício de qualquer aposentadoria;

b) as ajudas de custo e o adicional mensal recebidos pelo aeronauta nos termos da Lei nº 5.929/73;

---

[117] STF, *DJ* 8 maio 1998.

[118] Renumerado para § 11 pela EC nº 20/98.

[119] Com a aposentadoria do Ministro Moreira Alves, Relator originário, o Ministro Joaquim Barbosa assumiu o feito e em 5 fev. 2007 proferiu decisão singular julgando prejudicada a ação direta de inconstitucionalidade ao argumento, dentre outros, de que com "a publicação da EC 20/1998, a competência constitucional para a instituição de contribuições destinadas ao custeio da seguridade social passou a permitir a tributação dos demais rendimentos do trabalho (art. 195, I, *a*), além da própria folha de salários. A alteração substancial do parâmetro de controle constitucional existente no momento da publicação dos dispositivos impugnados causa o prejuízo do prosseguimento do controle concentrado, como tem decidido a Corte (cf. ADI 1.691, rel. min. Moreira Alves, *DJ* 4.4.2003; ADI 1.143, rel. min. Moreira Alves, *DJ* 6.9.2001; ADI 188-QO, rel. min. Moreira Alves, *DJ* 22.2.2002; ADI 512, rel. min. Marco Aurélio, *DJ* 18.6.1999, e ADI 1.907-QO, rel. min. Octavio Gallotti, *DJ* 26.3.1999, *v. g.*)". De qualquer sorte, para nós, a vedação constitucional de incluir verbas indenizatórias no salário-de-contribuição persiste, pois continua em vigor o § 11 do art. 201 da Constituição Federal.

c) a parcela *in natura* recebida de acordo com os programas de alimentação aprovados pelo Ministério do Trabalho e da Previdência Social, nos termos da Lei nº 6.321/76, que trata do Programa de Alimentação do Trabalhador – PAT. Inicialmente, havia uma tendência no sentido de interpretar-se literalmente essa disposição legal, a fim de ser excluída do salário-de-contribuição somente a parcela *in natura* concedida rigorosamente nos termos do PAT, pois, do contrário, a verba seria considerada salário indireto e integrava a remuneração. Hoje essa interpretação não encontra mais eco nos tribunais, pois deve ser prestigiada a interpretação que, com fundamento nos artigos 195, I, *a*, e 201, § 11, da Constituição Federal conclui que as verbas indenizatórias não estão sujeitas à incidência de contribuição de seguridade social, no sentido que, aliás, já decidiu o Supremo Tribunal Federal.[120] Daí não exigir-se mais o registro no PAT, como demonstra o seguinte julgado:

> PROCESSUAL CIVIL E TRIBUTÁRIO – PROGRAMA DE ALIMENTAÇÃO DO TRABALHADOR – SALÁRIO *IN NATURA* – DESNECESSIDADE DE INSCRIÇÃO NO PROGRAMA DE ALIMENTAÇÃO DO TRABALHADOR-PAT – NÃO INCIDÊNCIA DA CONTRIBUIÇÃO PREVIDENCIÁRIA.
>
> 1. Quando o pagamento é efetuado *in natura*, ou seja, o próprio empregador fornece a alimentação aos seus empregados, com o objetivo de proporcionar o aumento da produtividade e eficiência funcionais, não sofre a incidência da contribuição previdenciária, sendo irrelevante se a empresa está ou não inscrita no Programa de Alimentação ao Trabalhador – PAT.
> 2. Recurso especial não provido.[121]

A Legislação do PAT prevê as seguintes modalidades que poderão ser adotadas pela empresa:

- Serviço Próprio: A empresa prepara a alimentação do seu trabalhador no próprio estabelecimento.
- Administração de Cozinha: Uma outra empresa (terceirizada) produz a alimentação dentro do refeitório da sua empresa.
- Alimentação-Convênio: Chamado de tíquete alimentação. O funcionário o utiliza para comprar os alimentos no supermercado.
- Refeição-Convênio: Tíquete refeição. O funcionário poderá usar para almoçar/jantar/lanchar em qualquer restaurante credenciado no PAT.

---

[120] STF, ADIn nº 1659, *DJ* 8 maio 1998.

[121] STJ, REsp nº 1051294, *DJ* 5 mar. 2009.

- Refeições transportadas: Uma outra empresa prepara a alimentação e a leva até os funcionários. A empresa poderá também fazer um convênio com um restaurante para que seus funcionários recebam a alimentação, desde que as duas sejam cadastradas no PAT.
- Cesta de Alimentos: A empresa compra cestas de alimentos de empresas credenciadas no PAT e as fornece aos seus funcionários.

De outra banda, quando o pagamento do auxílio-alimentação é feito em dinheiro, sofre a incidência de contribuição previdenciária, pois configura salário-indireto. Nesses termos, é a jurisprudência:

> TRIBUTÁRIO. EMBARGOS À EXECUÇÃO. RECURSO ESPECIAL. AUXÍLIO-ALIMENTAÇÃO. PARCELAS PAGAS EM PECÚNIA, EM CARÁTER HABITUAL E REMUNERATÓRIO. INCIDÊNCIA DA CONTRIBUIÇÃO PREVIDENCIÁRIA. PRECEDENTES.
>
> [...]
>
> 3. Na espécie, as parcelas referentes à ajuda-alimentação foram pagas em pecúnia, em caráter habitual e remuneratório, mediante depósito em conta-corrente dos respectivos valores, integrando, assim, a base de cálculo da contribuição previdenciária.[122]

d) as importâncias recebidas a título de férias indenizadas e respectivo adicional constitucional, inclusive o valor correspondente à dobra da remuneração de férias de que trata o art. 137 da Consolidação das Leis do Trabalho-CLT. As rubricas arroladas nesta alínea têm natureza indenizatória e por isso não podem sofrer incidência de contribuição. Reza o artigo 137 da CLT:

> Art. 137. Sempre que as férias forem concedidas após o prazo de que trata o art. 134, o empregador pagará em dobro a respectiva remuneração.

Por sua vez, dispõe o citado artigo 134:

> Art. 134. As férias serão concedidas por ato do empregador, em um só período, nos 12 (doze) meses subsequentes à data em que o empregado tiver adquirido o direito.

O terço constitucional está previsto no artigo 7º, XVII, da Constituição Federal, segundo o qual é direito do trabalhador gozo de férias anuais remuneradas com, pelo menos, um terço a mais do que o salário normal.

Quando o terço for indenizado, não incidirá contribuição, como previsto na alínea em estudo.

---

122 STJ, REsp nº 895146, *DJ* 19 abr. 2007.

Quando não for, entendia o Superior Tribunal de Justiça que deveria haver incidência de contribuição, pois nítido seu caráter remuneratório. Nesse sentido, o seguinte julgado:

> PROCESSUAL CIVIL. EMBARGOS DE DECLARAÇÃO. CONTRIBUIÇÃO PREVIDENCIÁRIA. ADICIONAL DE 1/3 DE FÉRIAS. OMISSÃO. CARÁTER REMUNERATÓRIO. PRECEDENTES. AUXÍLIO-ACIDENTE E SAT. TEMAS ANALISADOS PELO JULGADO. PRETENSÃO INFRINGENTE.
>
> [...]
>
> 2. No que toca ao adicional de 1/3 de férias, o julgado foi omisso. Sobre a referida parcela, diante do seu caráter remuneratório, incide contribuição previdenciária. Precedentes: REsp 512848/RS, Ministro Teori Albino Zavascki, *DJ* 28.9.2006; REsp 805.072/PE, Rel. Min. Luiz Fux, *DJ* de 15.2.2007. [...].[123]

Recentemente, o Tribunal mudou seu entendimento, no sentido da não incidência, ao argumento de que somente sobre as parcelas incorporáveis ao salário de servidor e empregados devem incidir contribuições previdenciárias.[124]

O Supremo Tribunal Federal, por sua vez, entende que sobre o terço de férias não incide contribuição previdenciária:

> EMENTA: Agravo regimental em recurso extraordinário. 2. Prequestionamento. Ocorrência. 3. Servidores públicos federais. Incidência de contribuição previdenciária. Férias e horas extras. Verbas indenizatórias. Impossibilidade. 4. Agravo regimental a que se nega provimento.[125]

e) as importâncias:

1. previstas no inciso I do art. 10 do Ato das Disposições Constitucionais Transitórias. Essa norma jurídica diz respeito à indenização de 40% do valor do depósito do FGTS, a título de rescisão do contrato de trabalho sem justa causa por parte da empresa;

2. relativas à indenização por tempo de serviço, anterior a 5 de outubro de 1988, do empregado não optante pelo Fundo de Garantia do Tempo de Serviço-FGTS;

3. recebidas a título da indenização de que trata o art. 479 da CLT, nesses termos:

---

[123] STJ, REsp nº 973436, *DJ* 19 jun. 2008.

[124] STJ, REsp 719355, Inf. 365.

[125] STF, RE-AgR 545317, *DJ* 13 mar. 2008. Não obstante referente a servidor público, o julgado aplica-se ao RGPS.

> Art. 479. Nos contratos que tenham termo estipulado, o empregador que, sem justa causa, despedir o empregado será obrigado a pagar-lhe, a título de indenização, e por metade, a remuneração a que teria direito até o termo do contrato.
>
> Parágrafo único. Para a execução do que dispõe o presente artigo, o cálculo da parte variável ou incerta dos salários será feito de acordo com o prescrito para o cálculo da indenização referente à rescisão dos contratos por prazo indeterminado.

4. recebidas a título da indenização de que trata o art. 14 da Lei nº 5.889/73:

> Art. 14. Expirado normalmente o contrato, a empresa pagará ao safrista, a título de indenização do tempo de serviço, importância correspondente a 1/12 (um doze avos) do salário mensal, por mês de serviço ou fração superior a 14 (quatorze) dias.
>
> Parágrafo único. Considera-se contrato de safra o que tenha sua duração dependente de variações estacionais da atividade agrária.

5. recebidas a título de incentivo à demissão. Este item trata dos Planos de Demissão Voluntária, instituídos tanto no âmbito da Administração Pública como nas empresas privadas.

6. recebidas a título de abono de férias na forma dos arts. 143 e 144 da CLT:

> Art. 143. É facultado ao empregado converter 1/3 (um terço) do período de férias a que tiver direito em abono pecuniário, no valor da remuneração que lhe seria devida nos dias correspondentes.
>
> § 1º O abono de férias deverá ser requerido até 15 (quinze) dias antes do término do período aquisitivo.
>
> § 2º Tratando-se de férias coletivas, a conversão a que se refere este artigo deverá ser objeto de acordo coletivo entre o empregador e o sindicato representativo da respectiva categoria profissional, independendo de requerimento individual a concessão do abono.
>
> Art. 144. O abono de férias de que trata o artigo anterior, bem como o concedido em virtude de cláusula do contrato de trabalho, do regulamento da empresa, de convenção ou acordo coletivo, desde que não excedente de 20 (vinte) dias do salário, não integrarão a remuneração do empregado para os efeitos da legislação do trabalho.

7. recebidas a título de ganhos eventuais e os abonos expressamente desvinculados do salário;

8. recebidas a título de licença-prêmio indenizada;

9. recebidas a título da indenização de que trata o art. 9º da Lei nº 7.238/84:

> Art. 9º O empregado dispensado, sem justa causa, no período de 30 (trinta) dias que antecede a data de sua correção salarial, terá direito à indenização adicional

equivalente a um salário mensal, seja ele optante ou não pelo Fundo de Garantia do Tempo de Serviço – FGTS.

f) a parcela recebida a título de vale-transporte, na forma da legislação própria.

A jurisprudência pátria há muito havia consolidando-se no sentido de que, para não sofrer a incidência da contribuição, o vale-transporte deveria ser fornecido na forma da lei de regência – ou seja, por meio de "fichas". Assim, se fornecido gratuitamente pelo empregador, equivalia a salário *in natura*, submetendo-se ao desconto da contribuição. Nesse sentido o seguinte julgado, em recurso especial de nossa autoria:

> Ementa: PREVIDENCIÁRIO – CONTRIBUIÇÃO – INCIDÊNCIA SOBRE O SERVIÇO DE TRANSPORTE.
>
> 1. A jurisprudência da Corte tem entendido que o transporte, quando gratuitamente fornecido pelo empregador, sem compensação ou desconto, constitui-se salário *in natura*.
>
> 2. Sobre o salário *in natura* incide a contribuição previdenciária.
>
> 3. Recurso especial provido.[126]

Também quando fornecido em dinheiro deveria sofrer a incidência de contribuições previdenciárias:

> TRIBUTÁRIO. MULTA FISCAL. CONTRIBUIÇÃO PREVIDENCIÁRIA. AUXÍLIO-CRECHE. NÃO INCIDÊNCIA. VALE-TRANSPORTES. PAGAMENTO EM PECÚNIA. INCIDÊNCIA. LEI Nº 7.418/85. DECRETO Nº 95.247/87.
>
> [...]
>
> 2. O pagamento habitual em pecúnia do vale-transporte não está albergado pelas normas isentivas da contribuição previdenciária (artigos 28, § 9º, alínea "f", da Lei nº 8.212/91 e 2º, alínea "b", da Lei nº 7.418/85), encerrando, inclusive, prática vedada, conforme se infere do disposto no art. 5º do Decreto nº 95.247/87: "Art. 5º É vedado ao empregador substituir o Vale-Transporte por antecipação em dinheiro ou qualquer outra forma de pagamento, ressalvado o disposto no parágrafo único deste artigo. Parágrafo único. No caso de falta ou insuficiência de estoque de Vale-Transporte, necessário ao atendimento da demanda e ao funcionamento do sistema, o beneficiário será ressarcido pelo empregador, na folha de pagamento imediata, da parcela correspondente, quando tiver efetuado, por conta própria, a despesa para seu deslocamento."

---

126 STJ, Resp nº 443820, *DJ* 4 out. 2004.

3. Destarte, pago habitualmente o auxílio-transporte em pecúnia, e não por meio de vales, como determina a Lei nº 7.418/85, o benefício deve incluir o salário-de-contribuição para efeito de incidência da contribuição previdenciária (Precedentes: REsp nº 873.503/PR, Segunda Turma, Rel. Min. Castro Meira, *DJU* de 1/12/2006; REsp nº 387.149/PR, Segunda Turma, Rel. Min. João Otávio de Noronha, *DJU* de 25/5/2006; REsp nº 508.583/PR, Segunda Turma, Rel. Min. Eliana Calmon, *DJU* de 12/9/2005)

4. Recurso especial parcialmente provido;[127]

Contrariando esse entendimento, o Supremo Tribunal Federal, no julgamento do RE nº 478410, decidiu que "a cobrança de contribuição previdenciária sobre o valor pago, em dinheiro, a título de vales-transporte, pelo recorrente aos seus empregados afronta a Constituição, sim, em sua totalidade normativa".[128]

g) a ajuda de custo, em parcela única, recebida exclusivamente em decorrência de mudança de local de trabalho do empregado, na forma do art. 470 da CLT:

Art. 470. As despesas resultantes da transferência correrão por conta do empregador.

h) as diárias para viagens, desde que não excedam a 50% da remuneração mensal;

i) a importância recebida a título de bolsa de complementação educacional de estagiário, quando paga nos termos da Lei nº 6.494/77. Já vimos

[127] STJ, REsp nº 816829, *DJ* 19 nov. 2007.

[128] *DJe* 13.5.10. RECURSO EXTRORDINÁRIO. CONTRIBUIÇÃO PREVIDENCIÁRIA. INCIDÊNCIA. VALE-TRANSPORTE. MOEDA. CURSO LEGAL E CURSO FORÇADO. CARÁTER NÃO SALARIAL DO BENEFÍCIO. ARTIGO 150, I, DA CONSTITUIÇÃO DO BRASIL. CONSTITUIÇÃO COMO TOTALIDADE NORMATIVA. 1. Pago o benefício de que se cuida neste recurso extraordinário em *vale-transporte* ou em *moeda*, isso não afeta o caráter não salarial do benefício. 2. A admitirmos não possa esse benefício ser pago em dinheiro sem que seu caráter seja afetado, estaríamos a relativizar o curso legal da moeda nacional. 3. A funcionalidade do conceito de moeda revela-se em sua utilização no plano das relações jurídicas. O instrumento monetário *válido* é *padrão de valor*, enquanto instrumento de pagamento sendo dotado de *poder liberatório*: sua entrega ao credor libera o devedor. *Poder liberatório* é qualidade, da moeda enquanto instrumento de pagamento, que se manifesta exclusivamente no plano jurídico: somente ela permite essa liberação indiscriminada, a todo sujeito de direito, no que tange a débitos de caráter patrimonial. 4. A aptidão da moeda para o cumprimento dessas funções decorre da circunstância de ser ela tocada pelos atributos do *curso legal* e do *curso forçado*. 5. A exclusividade de circulação da moeda está relacionada ao *curso legal*, que respeita ao instrumento monetário *enquanto em circulação*; não decorre do *curso forçado*, dado que este atinge o instrumento monetário *enquanto valor* e a sua instituição [do *curso forçado*] importa apenas em que não possa ser exigida do poder emissor sua conversão em outro valor. 6. A cobrança de contribuição previdenciária sobre o valor pago, em dinheiro, a título de vales-transporte, pelo recorrente aos seus empregados afronta a Constituição, sim, em sua totalidade normativa. Recurso Extraordinário a que se dá provimento.

que o bolsista e o estagiário são considerados empregados quando prestarem serviços à empresa em desacordo com a Lei nº 6.494/77. Nessa hipótese, sua remuneração integrará o salário-de-contribuição. Do contrário, ou seja, na situação ventilada nesta alínea, não;

j) a participação nos lucros ou resultados da empresa, quando paga ou creditada de acordo com lei específica. A participação nos lucros está prevista no artigo 7º, XI, da Constituição Federal, como direito dos trabalhadores, nos seguintes termos: participação nos lucros, ou resultados, desvinculada da remuneração e, excepcionalmente, participação na gestão da empresa, conforme definido em lei. Não há dúvida, é uma norma de eficácia contida. A Lei nº 8.212/91 desvinculou a participação nos lucros do salário-de-contribuição, mas, também, de acordo com lei específica, o que veio à tona com a publicação da Medida Provisória nº 794, de 29.12.94, segundo o artigo 3º deste diploma legal, nos seguintes termos: "Art. 3º A participação de que trata o art. 2º (participação nos lucros) não substitui ou complementa a remuneração devida a qualquer empregado, nem constitui base de incidência de qualquer encargo trabalhista ou previdenciário."

Pois bem, nesses termos, defendia o INSS que, a partir da publicação dessa Medida Provisória, a contribuição não era mais devida; entretanto, essa tese não encontrou respaldo nos Tribunais, como demonstra o seguinte julgado:

> Ementa: RECURSO ESPECIAL. ALÍNEA *A*. TRIBUTÁRIO. SALÁRIO-DE-CONTRIBUIÇÃO. VERBAS PERCEBIDAS PELOS EMPREGADOS A TÍTULO DE PARTICIPAÇÃO NOS LUCROS. NÃO INCIDÊNCIA DA CONTRIBUIÇÃO PREVIDENCIÁRIA. ARTIGO 7º, INCISO XI, DA CONSTITUIÇÃO FEDERAL. NORMA DE EFICÁCIA CONTIDA, APENAS EM PARTE. ART. 28, § 9º, LETRA *J*, DA LEI Nº 8.212/91. RECURSO NÃO CONHECIDO.

A questão merece ser apreciada no âmbito exclusivamente infraconstitucional, notadamente à luz do art. 28, § 9º, letra *j*, da Lei nº 8.212/91, com observância do inciso XI do artigo 7º da Carta Magna. Deve prevalecer o entendimento segundo o qual a análise da aplicação de uma lei federal não é incompatível com o exame de questões constitucionais subjacentes ou adjacentes. A competência somente seria deslocada para a Máxima Corte se a v. decisão recorrida tivesse julgado o feito única e exclusivamente sob o prisma constitucional, o que se não verifica na espécie. A letra fria desse dispositivo da Carta Maior, embora não totalmente autoaplicável ou de eficácia contida, é plenamente eficaz num ponto, mesmo antes da Medida Provisória nº 794/94, de 29 de dezembro de 1994, ou seja, no que diz respeito à desvinculação entre participação nos lucros e remuneração do trabalhador. Recurso não conhecido.[129]

Assim, desde a promulgação da Carta de 1988 a participação nos lucros não integra o salário-de-contribuição.

Atualmente a matéria está disciplinada na Lei nº 10.101/00. Importa registrar que, segundo o art. 3º, § 2º, desse diploma legal, é vedado o pagamento de qualquer antecipação ou distribuição de valores a título de participação nos lucros ou resultados da empresa em periodicidade inferior a um semestre civil, ou mais de duas vezes no mesmo ano civil. Dessa forma, violada a norma em questão, os valores pagos integrarão o salário-de-contribuição.

k) o abono do Programa de Integração Social-PIS e do Programa de Assistência ao Servidor Público-PASEP;

l) os valores correspondentes a transporte, alimentação e habitação fornecidos pela empresa ao empregado contratado para trabalhar em localidade distante da de sua residência, em canteiro de obras ou local que, por força da atividade, exija deslocamento e estada, observadas as normas de proteção estabelecidas pelo Ministério do Trabalho. Por sua natureza evidentemente indenizatória essas parcelas estão excluídas do salário-de-contribuição;

m) a importância paga ao empregado a título de complementação ao valor do auxílio-doença, desde que este direito seja extensivo à totalidade dos empregados da empresa. Algumas empresas complementam a diferença entre o valor do auxílio-doença e o valor da remuneração do empregado, na hipótese de o auxílio-doença ser menor que a remuneração. Sobre esta complementação não incidirá contribuição previdenciária.

Ao estudarmos o auxílio-doença, veremos que nos primeiros 15 dias do afastamento do empregado a obrigação pelo pagamento de sua remuneração continua sendo do empregador. Sobre esse valor não incide contribuição previdenciária. Nesse sentido, é a jurisprudência:

> TRIBUTÁRIO – CONTRIBUIÇÃO PREVIDENCIÁRIA – VERBAS RECEBIDAS NOS 15 (QUINZE) PRIMEIROS DIAS DE AFASTAMENTO POR MOTIVO DE DOENÇA – IMPOSSIBILIDADE – BENEFÍCIO DE NATUREZA PREVIDENCIÁRIA.
> 1. A jurisprudência desta Corte firmou entendimento no sentido de que não incide a contribuição previdenciária sobre a remuneração paga pelo empregador ao empre-

[129] STJ, REsp nº 283512, *DJ* 31 mar. 2003.

gado, durante os primeiros dias do auxílio-doença, uma vez que tal verba não tem natureza salarial.

2. Recurso especial improvido.[130]

n) as parcelas destinadas à assistência ao trabalhador da agroindústria canavieira, de que trata o art. 36 da Lei nº 4.870/65, nesses termos:

Art. 36. Ficam os produtores de cana, açúcar e álcool obrigados a aplicar, em benefício dos trabalhadores industriais e agrícolas das usinas, destilarias e fornecedores, em serviços de assistências médica, hospitalar, farmacêutica e social, importância correspondente no mínimo, às seguintes percentagens:

a) de 1% (um por cento) sobre preço oficial de saco de açúcar de 60 (sessenta) quilos, de qualquer tipo, revogado o disposto no art. 8º do Decreto-lei nº 9.827, de 10 de setembro de 1946;

b) de 1% (um por cento) sobre o valor oficial da tonelada de cana entregue, a qualquer título, às usinas, destilarias anexas ou autônomas, pelos fornecedores ou lavradores da referida matéria;

c) de 2% (dois por cento) sobre o valor oficial do litro de álcool de qualquer tipo produzido nas destilarias.

§ 1º Os recursos previstos neste artigo serão aplicados diretamente pelas usinas, destilarias e fornecedores de cana, individualmente ou através das respectivas associações de classe, mediante plano de sua iniciativa, submetido à aprovação e fiscalização do I.A.A.

§ 2º Ficam as usinas obrigadas a descontar e recolher, até o dia 15 do mês seguinte, a taxa de que trata a alínea *b* deste artigo, depositando seu produto em conta vinculada, em estabelecimento indicado pelo órgão específico da classe dos fornecedores e à ordem do mesmo.

O descumprimento desta obrigação acarretará a multa de 50% (cinquenta por cento) da importância retida, até o prazo de 30 (trinta) dias, e mais 20% (vinte por cento) sobre aquela importância, por mês excedente.

§ 3º A falta de aplicação total ou parcial, dos recursos previstos neste artigo, sujeita o infrator à multa equivalente ao dobro da importância que tiver deixado de aplicar.

o) o valor das contribuições efetivamente pagos pela pessoa jurídica relativo a programa de previdência complementar, aberto ou fechado, desde que disponível à totalidade de seus empregados e dirigentes, observados, no que couber, os arts. 9º e 468 da CLT.

130 STJ, REsp nº 768255, *DJ* 16 maio 2006. No mesmo sentido: STJ, REsp nº 973436, *DJ* 25 fev. 2008.

Por meio da Emenda Constitucional nº 20/98 foi alterada a redação do artigo 202 da Constituição Federal e a previdência privada ganhou novos contornos. Nos termos do *caput* dessa disposição, o regime de previdência privada tem caráter complementar e é organizado de forma autônoma em relação ao regime geral de previdência social. Diferentemente do regime geral, tem caráter facultativo e é baseado na constituição de reservas que garantam o benefício contratado.

O regime geral de previdência social adota o regime de repartição simples, onde as gerações atuais financiam as aposentadorias das gerações passadas. Noutro sentido, a previdência complementar adota o regime de capitalização, onde os participantes acumulam riquezas ao longo de sua vida laboral – chamado período de acumulação ou diferimento – para usufruírem das reservas no período de gozo de benefício. De forma simplificada, o valor dos benefícios será um percentual das reservas acumuladas.

Buscando dar estabilidade ao regime de previdência complementar, o constituinte derivado determinou sua regulamentação por meio de lei complementar, segundo a dicção do artigo 202 da Constituição Federal de 1988 na redação da Emenda Constitucional nº 20/98.

Essa regulamentação veio por meio das Leis Complementares nºs 108 e 109/01. A primeira dispõe sobre a relação entre a União, os Estados, o Distrito Federal e os Municípios, suas autarquias e fundações, sociedades de economia mista e outras entidades públicas e suas respectivas entidades fechadas de previdência complementar. Não é, portanto, como costumeiramente se diz, a lei complementar que instituiu a previdência complementar dos servidores públicos, mas apenas a lei que regulamentou a relação das pessoas jurídicas de direito público com as suas entidades fechadas de previdência complementar. A segunda dispôs sobre o regime de previdência complementar.

De forma incipiente, o § 2º do artigo 202 do Texto Constitucional vedou a tributação sobre as contribuições do empregador no que diz respeito aos tributos que incidem sobre a remuneração dos participantes, nos termos da lei, sendo a alínea em estudo desdobramento dessa norma constitucional.

A previdência privada tem íntima relação com o desenvolvimento econômico e social. Países em desenvolvimento, como o Brasil, têm uma enorme dependência do capital especulativo internacional, em especial do Fundo Monetário Internacional, o FMI. Esses capitais, em função de sua natureza especulativa, de investimento financeiro, sem qualquer interesse social, são extremamente voláteis, o que significa dizer que rumam de um país para outro de acordo com a rentabilidade oferecida, causando instabilidade financeira e insegurança econômica e social. A previdência privada é uma enorme fonte de poupança interna, desde que devidamente regulada e administrada.

Segundo Arthur Bragança de Vasconcellos Weintraub, na Holanda e na Suíça o patrimônio dos fundos de pensão ultrapassa 100% do valor do PIB – 113 e 102%, respectivamente.[131] No Brasil, esse patrimônio está aproximando-se dos 20%. O maior fundo de pensão do mundo, do Sindicato dos professores da Califórnia, acumula reservas num total de 140 bilhões de dólares!

A tributação justa, assim, pode ser incentivo à poupança interna, por meio da previdência privada, permitindo ao país utilizar-se desses recursos para o financiamento de atividades essenciais.

A acumulação de grandes reservas econômicas, todavia, não implica, necessariamente, o desenvolvimento do país. Muitos dos recursos acumulados nos fundos de pensão existentes pelo mundo vão exatamente formar o capital especulativo internacional, ou seja, aquele capital despreocupado com interesses sociais. Dessa forma, é preciso, mais uma vez, a regulação e intervenção estatal para determinar, em certa medida, o destino das aplicações financeiras dessas reservas. Com efeito, a atividade tributária é exercida com fundamento no poder de império do Estado e tem sempre por objetivo a realização de interesses públicos. A concessão de isenções ou imunidades privilegia determinados contribuintes em função da coletividade, é dizer, a outra parte da sociedade acabará arcando com despesas públicas que seriam assumidas pela parcela isenta ou imune. Ora, por essa razão, é inadmissível a concessão de isenção ou imunidade tributária às operações de previdência privada se o capital acumulado servir para a especulação internacional – ou mesmo nacional – e não para investimentos relevantes no país. Ocorrendo isso, o tratamento tributário privilegiado torna-se insubsistente – e mesmo inconstitucional, por violação ao princípio da igualdade.

p) o valor relativo à assistência prestada por serviço médico ou odontológico, próprio da empresa ou por ela conveniado, inclusive o reembolso de despesas com medicamentos, óculos, aparelhos ortopédicos, despesas médico-hospitalares e outras similares, desde que a cobertura abranja a totalidade dos empregados e dirigentes da empresa. Essas verbas poderiam ser consideradas salário indireto, mas, por medida de política pública, resolveu o legislador, com acerto, excluí-las do salário-de-contribuição. Se o empregador não fornecesse tais recursos, os mesmos acabariam sendo concedidos, na medida do possível, pelo Estado e, o que é pior, se integrassem base de cálculo das contribuições, acabariam não sendo concedidas pelo empregador, prejudicando a parte mais fraca da relação: o trabalhador;

[131] *Manual de direito previdenciário privado*, São Paulo: Juarez de Oliveira, 2004. p. 99.

q) o valor correspondente a vestuários, equipamentos e outros acessórios fornecidos ao empregado e utilizados no local do trabalho para prestação dos respectivos serviços. Esses acessórios são fornecidos para o trabalho, não constituindo salário indireto;

r) o ressarcimento de despesas pelo uso de veículo do empregado e o reembolso-creche pago em conformidade com a legislação trabalhista, observado o limite máximo de seis anos de idade, quando devidamente comprovadas as despesas realizadas. Essa alínea foi incluída pela Lei nº 9.528/97. O ressarcimento pelo uso do veículo do empregado tem caráter nitidamente indenizatório. A questão do reembolso-creche merece maiores digressões. Tem fundamento no artigo 7º, XXV, da Constituição Federal, segundo o qual é direito dos trabalhadores "assistência gratuita aos filhos e dependentes desde o nascimento até 5 (cinco) anos de idade em creches e pré-escolas".[132] No período anterior à Lei nº 9.528/97, o auxílio-creche era considerado salário indireto, como demonstra o seguinte julgado, em sede de recurso especial de nossa autoria:

> Ementa. PREVIDENCIÁRIO. SALÁRIO-DE-CONTRIBUIÇÃO. AUXÍLIO-CRECHE.
>
> 1. O auxílio-creche tem natureza utilitária em benefício do empregado. São ganhos habituais sob forma de utilidades, pelo que os valores pagos a tal título integram o salário-de-contribuição.
>
> 2. Recurso especial provido.[133]

O cientista do Direito, contudo, deve atuar no mundo dos fatos, onde as normas jurídicas incidem e geram efeitos, e não no mundo das ideias. Noutras palavras: é fácil, no período anterior à Lei nº 9.528/97, defender a natureza remuneratória do auxílio-creche. Mas qual a consequência dessa linha de pensamento? O simples cancelamento do pagamento do benefício, por parte do empregador. Novamente o prejudicado será o mais fraco da relação: o trabalhador. Pior, nesse caso, o filho menor de seis anos. Talvez por essa e certamente por outras razões, a jurisprudência mudou, no sentido do seguinte julgado, também proferido em sede de recurso especial por nós interposto:

> Ementa: PREVIDENCIÁRIO – CONTRIBUIÇÃO – DECADÊNCIA – AUXÍLIO-CRECHE, AUXÍLIO-QUILOMETRAGEM E GRATIFICAÇÃO SEMESTRAL: NATUREZA JURÍDICA.
>
> [...]

---

[132] A redução de idade efetivada pela EC nº 53/06 não impede que a legislação previdenciária mantenha, como de fato fez, a idade limite em seis anos.

[133] STJ, REsp nº 279081, *DJ* 9 abr. 2001.

2. A contribuição previdenciária incide sobre base de cálculo de nítido caráter salarial, de sorte que não a integram as parcelas de natureza indenizatória.

3. O auxílio-creche, conforme precedente da Primeira Seção (EREsp 394.530-PR), não integra a base de cálculo da contribuição previdenciária.

[...]

6. Recurso especial improvido.[134]

Por isso, o auxílio-creche, desde a Carta de 88, não integra o salário-de-contribuição, pois o "auxílio-creche e o auxílio-babá não remuneram o trabalhador, mas o indenizam por ter sido privado de um direito previsto no art. 389, § 1º, da Consolidação das Leis do Trabalho, vendo-se, por conseguinte, forçado a pagar alguém para que vele por seu filho no horário do trabalho. Assim, como não integra o salário-de-contribuição, não há incidência da contribuição previdenciária".[135]

O Superior Tribunal de Justiça acabou editando a Súmula nº 310 sobre o assunto, nesses termos:

O auxílio-creche não integra o salário-de-contribuição.

s) o valor relativo a plano educacional que vise à educação básica, nos termos do art. 21 da Lei nº 9.394/96, e a cursos de capacitação e qualificação profissionais vinculados às atividades desenvolvidas pela empresa, desde que não seja utilizado em substituição de parcela salarial e que todos os empregados e dirigentes tenham acesso ao mesmo. Nos termos do artigo 21 da Lei nº 9.394/96, a educação escolar básica compõe-se de educação infantil, ensino fundamental e ensino médio, excluído o ensino superior; logo, inexplicavelmente, o valor relativo a plano educacional que vise à educação superior integra a base de cálculo das contribuições. Também a qualificação profissional vinculada à atividade desenvolvida pela empresa está excluída do salário-de-contribuição, obedecidos os limites acima.

A jurisprudência tem entendido que outros valores pagos a título de auxílio-educação, inclusive para curso superior, não integram a base de cálculo das contribuições, como demonstra o seguinte julgado:

Ementa: PREVIDENCIÁRIO. SALÁRIO-DE-CONTRIBUIÇÃO. VERBAS CREDITADAS A TÍTULO DE AUXÍLIO-EDUCAÇÃO E AUXÍLIO-MATRIMÔNIO.

---

134 STJ, REsp nº 420390, *DJ* 11 out. 2004.

135 Cf. STJ, REsp nº 489955, *DJ* 13 jun. 2005.

1. "O auxílio-educação, embora contenha valor econômico, constitui investimento na qualificação de empregados, não podendo ser considerado como salário *in natura*, porquanto não retribui o trabalho efetivo, não integrando, desse modo, a remuneração do empregado. É verba empregada para o trabalho, e não pelo trabalho" (REsp 324.178-PR, Relatora Min. Denise Arruda, *DJ* de 17.12.2004).

2. *In casu*, o auxílio-educação é pago pela empresa em forma de reembolso das mensalidades da faculdade, cursos de línguas e outros do gênero, destinados ao aperfeiçoamento dos seus empregados. Precedentes: REsp 324178/PR, 1ª T., Rel. Min. Denise Arruda, *DJ* 17.2.2004; AgRg no REsp 328602/RS, 1ª T., Rel. Min. Francisco Falcão, *DJ* 2.12.2002; REsp 365398/RS, 1ª T., Rel. Min. José Delgado, *DJ* 18.3.2002.

3. O auxílio matrimônio, fornecido uma única vez ao empregado, por ocasião de suas primeiras núpcias, não integra o salário-de-contribuição, porquanto ausente a habitualidade do seu pagamento.

4. Recurso Especial provido.[136]

t) a importância recebida a título de bolsa de aprendizagem garantida ao adolescente até quatorze anos de idade, de acordo com o disposto no art. 64 da Lei nº 8.069/90: "Art. 64. Ao adolescente até quatorze anos de idade é assegurada bolsa de aprendizagem";[137]

u) os valores recebidos em decorrência da cessão de direitos autorais;

v) o valor da multa prevista no § 8º do art. 477 da CLT, o qual diz respeito ao descumprimento do prazo para pagamento das parcelas constantes do instrumento de rescisão de contrato de trabalho.

Considera-se salário-de-contribuição, para o segurado empregado e trabalhador avulso, durante o exercício de mandato eletivo, a remuneração efetivamente auferida na entidade sindical ou empresa de origem. O dirigente sindical mantém, durante o exercício do mandato eletivo, o mesmo enquadramento no RGPS de antes da investidura, ou seja, se era contribuinte empregado, mantém-se contribuinte empregado, se era contribuinte individual, mantém-se contribuinte individual etc.

Não se considera remuneração direta ou indireta os valores despendidos pelas entidades religiosas e instituições de ensino vocacional com ministro de confissão religiosa, membros de instituto de vida consagrada, de congregação ou de ordem religiosa em face do seu mister religioso ou para sua subsistência,

---

[136] STJ, REsp nº 676627, *DJ* 9 maio 2005.

[137] Tratamos detalhadamente da situação do menor aprendiz na alínea *k* do item 2.1.1 do Capítulo II da Segunda Parte desta obra, para onde remetemos o leitor.

desde que fornecidos em condições que independam da natureza e da quantidade do trabalho executado.

10.7 Salário-base

O artigo 29 da Lei nº 8.212/91 tratava do salário-base que era a forma de contribuição do trabalhador autônomo e equiparado, empresário e facultativo. Nos termos da anterior redação do artigo 21 da mesma lei, combinado com o artigo 29, esses segurados contribuíam com uma alíquota de 10 ou 20%, dependendo do valor dos seus salários-de-contribuição. Havia uma tabela que determinava o número mínimo de meses de permanência em cada classe a fim de permitir que o segurado passasse para a próxima classe, conforme demonstrado a seguir:

ESCALA DE SALÁRIOS-BASE		
CLASSE	**SALÁRIO-BASE**	**NÚMERO MÍNIMO DE MESES DE PERMANÊNCIA EM CADA CLASSE (INTERSTÍCIOS)**
1	R$ 130,00	12
2	R$ 216,30	12
3	R$ 324,45	24
4	R$ 432,59	24
5	R$ 540,75	36
6	R$ 648,90	48
7	R$ 757,04	48
8	R$ 865,21	60
9	R$ 973,35	60
10	R$ 1.081,50	–

A Lei nº 9.876/99 revogou o artigo 29, de tal sorte que todos esse segurados passaram a contribuir com base no salário-de-contribuição, como já estudado por nós.

10. Do salário-de-contribuição

10.1 Conceito

Base de cálculo sobre a qual incidem as contribuições previdenciárias.

Conceito próprio do direito previdenciário – sem relação com o direito do trabalho ou com outros ramos do direito.

10.2 Limites

Salários-de-contribuição de todos os segurados estão sujeitos a um limite mínimo e máximo.

– mínimo – piso salarial, legal ou normativo, da categoria ou, inexistindo este, ao salário-mínimo, tomado no seu valor mensal, diário ou horário, conforme o ajustado e o tempo de trabalho efetivo durante o mês. Menor aprendiz – remuneração mínima definida em lei.

– máximo – R$ 4.159,00 – reajustado na mesma época e com os mesmos índices que os do reajustamento dos benefícios de prestação continuada da previdência social.

Se admissão, dispensa, afastamento ou a falta do empregado, inclusive o doméstico, ocorrer no curso do mês – salário-de-contribuição será proporcional ao número de dias de trabalho efetivo.

10.3 Inclusão do salário-maternidade

Salário-maternidade – considerado salário-de-contribuição – sofre incidência da contribuição da empresa e do segurado.

10.4 Décimo-terceiro salário

Décimo-terceiro salário – integra o salário-de-contribuição, exceto para o cálculo de benefício.

Natureza salarial.

STF – Súmula nº 688: é legítima a incidência da contribuição previdenciária sobre o 13º salário.

Forma de cálculo da contribuição incidente sobre o 13º salário:

– até Lei nº 8.620/93 – integral

– após Lei nº 8.620/93 – em separado.

10.5 Diárias

Integram o salário-de-contribuição, pelo seu valor total, quando excedente a 50% da remuneração mensal.

Súmula nº 101 do TST: diárias de viagem. Salário. Integram o salário, pelo seu valor total e para efeitos indenizatórios, as diárias de viagem que excedam a 50% (cinquenta por cento) do salário do empregado.

10.6 Parcelas excluídas do salário-de-contribuição

Fundamento constitucional – art. 201, § 4º, CF/88: "os ganhos habituais do empregado, a qualquer título, serão incorporados ao salário para efeito de contribuição previdenciária e consequente repercussão em benefícios, nos casos e na forma da lei".

Verbas de natureza indenizatória – excluídas – ausência de habitualidade.

Possibilidade de exclusão por medida de política pública (ex. valor relativo à assistência prestada por serviço médico ou odontológico).

Valores despendidos pelas entidades religiosas e instituições de ensino vocacional com os respectivos membros, em face do seu mister religioso ou para sua subsistência, desde que fornecidos em condições que independam da natureza e da quantidade do trabalho executado.

10.7 Salário-base

Anterior sistemática de contribuição do trabalhador autônomo e equiparado, empresário e facultativo – alíquota de 10 ou 20% – exigência de número mínimo de meses de permanência em cada classe.

Lei nº 9.876/99 – revogação.

11 Da arrecadação e recolhimento das contribuições

11.1 Das normas gerais relativas à arrecadação e recolhimento de contribuições

As expressões *arrecadação* e *recolhimento* têm significados próprios na seguridade social, como ensina André Studart Leitão:

> Pela conduta de arrecadar, a empresa desconta (retém) da remuneração do trabalhador o montante correspondente à contribuição deste. Portanto, a arrecadação só está presente quando se referir à contribuição de um terceiro (trabalhador, p. ex.).
>
> O recolhimento, por outro lado, é o ato de transferência de recursos aos cofres públicos. Ao contrário da arrecadação, o recolhimento independe da origem da contribuição, o que significa que a empresa tanto deve recolher as suas próprias contribuições, como as contribuições alheias, anteriormente arrecadadas.[138]

A arrecadação e o recolhimento das contribuições e de outras importâncias devidas à seguridade social obedecem às seguintes normas gerais:

I – a empresa é obrigada a:

a) arrecadar a contribuição do segurado empregado, do trabalhador avulso e do contribuinte individual a seu serviço, descontando-a da respectiva remuneração.

A natureza jurídica da retenção é ponto polêmico que suscita calorosas discussões. Para a maioria, essa sistemática integra a relação jurídico-tributária, nos exatos termos do artigo 128 do Código Tributário Nacional.

Dessa forma, aquele encarregado por lei de reter o tributo é o responsável tributário. O Superior Tribunal de Justiça tem decisões nesse sentido.[139]

De qualquer sorte, o regime jurídico a ser seguido será sempre o do contribuinte, ou seja, daquele que sofreu a retenção na fonte. A legitimidade do "agente arrecadador" – ou seja, daquele que realiza a retenção da fonte – para discutir a constitucionalidade do tributo também é tormentosa, não havendo posição jurisprudencial firme. Em todo caso, este não tem legitimidade para pleitear a restituição de tributo já descontado do contribuinte e repassado ao Fisco, porque os valores não lhe pertencem, mas sim ao contribuinte. Nesse sentido, é a jurisprudência:

---

[138] BALERA, Wagner (Coordenador), *Previdência social comentada*, p. 160.

[139] STJ, REsp nº 695458, *DJ* 18 abr. 2005.

Ementa: PROCESSUAL CIVIL. TRIBUTÁRIO. RECURSO ESPECIAL. CONTRIBUIÇÃO AO FUNRURAL. ILEGITIMIDADE DO SUBSTITUTO TRIBUTÁRIO PARA REIVINDICAR COMPENSAÇÃO OU REPETIÇÃO DE INDÉBITO DE TRIBUTO.

1. Trata-se de mandado de segurança impetrado por CEREALISTA ANDREASSA IMPORTAÇÃO E EXPORTAÇÃO LTDA. objetivando o reconhecimento da inexigibilidade da contribuição para o FUNRURAL e a compensação dos valores recolhidos indevidamente. No juízo monocrático, foi concedida parcialmente a segurança para o fim de autorizar, em parte, a compensação dos valores recolhidos. Em apelação, foi extinto o processo sem exame de mérito, com base no art. 267, VI, do CPC, por reconhecer a ilegitimidade ativa da autora. Nesta via recursal, alega negativa de vigência dos artigos 121, 128, 165 e 166 do CTN sob o argumento de que, na qualidade de substituto tributário, está autorizada legalmente a pleitear a devolução das exações recolhidas indevidamente.

2. Não sendo o substituto tributário o contribuinte das parcelas devidas ao FUNRURAL, não tem o direito de reivindicar, em seu benefício, compensação ou repetição de indébito das quantias recolhidas do substituído, salvo se por ele autorizado, sob pena de enriquecimento sem causa.

3. O substituto atua como órgão arrecadador, sendo-lhe concedida uma sub-rogação limitada, que não abrange os aspectos financeiros já consumados e com reflexos no patrimônio do substituído.

4. Recurso especial improvido.[140]

b) recolher o produto arrecadado na forma da alínea anterior e as contribuições a seu cargo incidentes sobre as remunerações pagas, devidas ou creditadas, a qualquer título, inclusive adiantamentos decorrentes de reajuste salarial, acordo ou convenção coletiva, aos segurados empregado, contribuinte individual e trabalhador avulso a seu serviço, e sobre o valor bruto da nota fiscal ou fatura de serviço, relativo a serviços que lhe tenham sido prestados por cooperados, por intermédio de cooperativas de trabalho, até o dia 20 do mês seguinte àquele a que se referirem as remunerações, bem como as importâncias retidas na forma do artigo 31 até o dia 20 do mês seguinte àquele da emissão da nota fiscal ou fatura, antecipando-se o vencimento para o dia útil imediatamente anterior quando não houver expediente bancário no dia 20;

A redação do artigo 30, I, *b*, da Lei nº 8.212/91, o qual prevê a sistemática de recolhimento agora em estudo, determina que o mesmo deve ser feito "até o dia 20 do mês seguinte ao da competência". Em função disso, inúmeros contribuintes argumentaram que, como o pagamento das remunerações é feito no mês seguinte

[140] STJ, REsp nº 643989, *DJ* 8 nov. 2004.

ao da prestação do trabalho, o recolhimento da contribuição previdenciária deveria ser feito no mês seguinte ao do pagamento da remuneração aos trabalhadores, ou seja, no segundo mês após a prestação do trabalho.

É preciso ter em mente que o fato gerador da contribuição, a cargo da empresa, incidente sobre a remuneração paga aos segurados que lhe prestam serviço, não é "o pagamento das remunerações", mas sim a prestação de serviços por segurados obrigatórios da previdência social, o que ocorre no mês anterior ao do pagamento das remunerações. Dessa forma, o recolhimento da contribuição previdenciária deve ser feito no mês seguinte àquele onde foi prestado o serviço. Nesse sentido, é a jurisprudência:

> Ementa: RECURSO ESPECIAL – TRIBUTÁRIO – CONTRIBUIÇÃO PREVIDENCIÁRIA – ALEGADA OFENSA AO DISPOSTO NOS ARTS. 106, II, *C*, DO CTN E 35 DA LEI Nº 8.212/91. SÚMULA 211 DO STJ – PRAZO DE RECOLHIMENTO DA EXAÇÃO – MÊS SUBSEQUENTE AO DA PRESTAÇÃO DO SERVIÇO.
>
> Impõe-se o não conhecimento do recurso especial no tocante à alegada ofensa ao disposto nos arts. 106, II, *c*, do CTN e 35 da Lei nº 8.212/91. Incidência da Súmula 211 do STJ.
>
> É firme a orientação desse Sodalício, na linha do que restou decidido no v. acórdão recorrido, no sentido de que "está pacificado neste STJ o entendimento segundo o qual o mês de competência mencionado no artigo 30 da Lei nº 8.212/91 refere-se àquele efetivamente trabalhado, e não ao mês do pagamento dos salários.
>
> Assim, a contribuição previdenciária em questão deve ser recolhida no mês seguinte àquele em que foram prestados os serviços" (AGA 556.983/PR, Rel. Min. Denise Arruda, *DJU* 30 ago. 2004). Precedente: REsp 502.650/SC, Rel. Min. Eliana Calmon, *DJU* 25 fev. 2004.
>
> Recurso especial improvido.[141]

c) recolher as contribuições incidentes sobre o faturamento e o lucro na forma e prazos definidos pela legislação tributária federal.

II – o segurado contribuinte individual, quando exercer atividade econômica por conta própria ou prestar serviço a pessoa física ou a outro contribuinte individual, produtor rural pessoa física, missão diplomática ou repartição consular de carreira estrangeiras, ou quando tratar-se de brasileiro civil que trabalha no exterior para organismo oficial internacional do qual o Brasil seja membro efetivo, ou ainda, quando prestar serviços a mais de uma empresa e, por qualquer razão, tiver que complementar a sua contribuição, e o facultativo estão obrigados a recolher sua contribuição, por iniciativa própria, até o dia 15 do mês seguinte àquele

141 STJ, REsp nº 648931, *DJ* 21 fev. 2005.

a que as contribuições se referirem, prorrogando-se o vencimento para o dia útil subsequente quando não houver expediente bancário no dia quinze. É facultado aos segurados contribuinte individual e facultativo, cujos salários-de-contribuição sejam iguais ao valor de um salário-mínimo, optarem pelo recolhimento trimestral das contribuições previdenciárias, com vencimento no dia quinze do mês seguinte ao de cada trimestre civil, prorrogando-se o vencimento para o dia útil subsequente quando não houver expediente bancário no dia quinze.

III – a empresa adquirente, consumidora ou consignatária ou a cooperativa são obrigadas a recolher a contribuição do empregador rural pessoa física e do segurado especial incidente sobre a receita bruta da comercialização da produção rural até o dia 20 do mês subsequente ao da operação de venda ou consignação da produção, independentemente de estas operações terem sido realizadas diretamente com o produtor ou com o intermediário pessoa física, na forma estabelecida em regulamento.

IV – o produtor rural pessoa física e o segurado especial são obrigados a recolher a contribuição incidente sobre a receita bruta da comercialização da produção rural até o dia 20 do mês subsequente ao da operação de venda, caso comercializem a sua produção com adquirente domiciliado no exterior, diretamente, no varejo, a consumidor pessoa física, a outro produtor rural pessoa física ou a outro segurado especial. A contribuição referida neste inciso, em regra, é recolhida e arrecadada pelas pessoas referidas no inciso anterior. Havendo comercialização direta, sem intermediação de empresa adquirente, consumidora, consignatária ou cooperativa, a responsabilidade pelo recolhimento é do próprio contribuinte. Por força da Lei nº 11.718/08, o produtor rural pessoa física e o segurado especial são, também, obrigados a recolher, diretamente, a contribuição incidente sobre a receita bruta proveniente: da comercialização de artigos de artesanato elaborados com matéria-prima produzida pelo respectivo grupo familiar; de comercialização de artesanato ou do exercício de atividade artística; e de serviços prestados, de equipamentos utilizados e de produtos comercializados no imóvel rural, desde que em atividades turística e de entretenimento desenvolvidas no próprio imóvel, inclusive hospedagem, alimentação, recepção, recreação e atividades pedagógicas, bem como taxa de visitação e serviços especiais.

V – *omissis*.

VI – a pessoa física não produtor rural que adquire produção para venda, no varejo, a consumidor pessoa física é obrigada a recolher a contribuição do produtor rural pessoa física e do segurado especial até o dia 20 do mês subsequente ao da operação de venda. Essa é a hipótese da pessoa física que adquire produção rural, diretamente do produtor, para venda em feiras de rua.

VII – o produtor rural pessoa jurídica é obrigado a recolher a contribuição incidente sobre o total da receita bruta proveniente da comercialização da produção rural até o dia 20 do mês subsequente ao da operação de venda.

VIII – o empregador doméstico é obrigado a arrecadar a contribuição do segurado empregado doméstico a seu serviço e recolhê-la, assim como a parcela a seu cargo, até o dia 15 do mês seguinte ao da competência, cabendo-lhe durante o período da licença-maternidade da empregada doméstica apenas o recolhimento da contribuição a seu cargo. O empregador doméstico também pode optar pelo recolhimento trimestral da contribuição, relativamente aos empregados a seu serviço, cujos salários-de-contribuição sejam iguais ao valor de um salário-mínimo, ou inferiores nos casos de admissão, dispensa ou fração do salário em razão de gozo de benefício.

IX – a empresa que remunera empregado licenciado para exercer mandato de dirigente sindical é obrigada a recolher a contribuição deste, bem como as parcelas a seu cargo.

X – a entidade sindical que remunera dirigente que mantém a qualidade de segurado empregado, licenciado da empresa, ou trabalhador avulso é obrigada a recolher a contribuição destes, bem como as parcelas a seu cargo.

XI – a entidade sindical que remunera dirigente que mantém a qualidade de segurado contribuinte individual é obrigada a recolher a contribuição de vinte por cento sobre o total de sua remuneração ou retribuição pagas ou creditadas no decorrer do mês.

XII – a empresa que remunera contribuinte individual é obrigada a fornecer a este comprovante do pagamento do serviço prestado consignando, além dos valores da remuneração e do desconto feito, o número da inscrição do segurado no Instituto Nacional do Seguro Social. Dentre outras finalidades, esta declaração é imprescindível ao contribuinte individual na hipótese de prestar serviços, durante o mês, a mais de uma empresa, e seu salário-de-contribuição ultrapassar o teto, a fim de contribuir até esse valor, não mais.

XIII – cabe ao empregador, durante o período de licença-maternidade da empregada, recolher apenas a parcela da contribuição a seu cargo. Já vimos que o salário-maternidade integra o salário-de-contribuição, consequentemente é base de cálculo para contribuições previdenciárias.

XIV – Na hipótese de o contribuinte individual prestar serviço a uma ou mais empresas, poderá deduzir, da sua contribuição mensal, quarenta e cinco por cento da contribuição da empresa, efetivamente recolhida ou declarada, incidente sobre a remuneração que esta lhe tenha pago ou creditado, limitada a dedução a nove por cento do respectivo salário-de-contribuição.[142] Essa disposição é aplicável ao cooperado que prestar serviço a empresa por intermédio de cooperativa de trabalho.

Imaginemos a seguinte situação: um contribuinte individual prestou serviço a uma empresa e recebeu por isso R$ 1.000,00. A empresa contribuirá com uma alíquota de 20% sobre o total do valor pago, ou seja, R$ 200,00. Assim, o contribuinte individual poderá deduzir de sua contribuição mensal 45% da contribuição patronal, limitada a 9% do seu salário-de-contribuição, resultando numa dedução de R$ 90,00. Por isso, contribuirá com R$ 200,00 – R$ 90,00 = R$ 110,00, o que equivaleria, na prática, a uma alíquota de 11% sobre seu salário-de-contribuição, igual à alíquota máxima de contribuição dos empregados, pois aqui haverá contribuição da empresa, permitindo esse abatimento da contribuição do segurado, o que não ocorre quando este presta serviço por conta própria, já que, nessa última hipótese, será o único a contribuir para a seguridade social em relação ao seu serviço prestado. De qualquer sorte, devem ser observadas as alterações levadas a efeito no artigo 21 da Lei nº 8.212/91 pela Lei Complementar nº 123/06.

Nos termos do artigo 216, § 26, do Decreto nº 3.048/99, quando o contribuinte individual prestar serviço à entidade beneficente de assistência social imune, não haverá dedução alguma. O raciocínio do decreto é o seguinte: sendo a empresa imune, não haverá contribuição sua para ser deduzida da contribuição do segurado, razão pela qual, nesse caso, a alíquota aplicável ao contribuinte individual será de 20%.

Ledo engano. Essa conclusão equivale a "subtrair" da imunidade patronal a contribuição devida em relação aos contribuintes individuais. Noutros termos: já que não se pode cobrar a contribuição da entidade imune, que se cobre dos segurados individuais, ao menos em relação a sua parte. Essa norma regulamentar não tem recebido guarida dos Tribunais, como demonstra o seguinte julgado:

> Ementa: TRIBUTÁRIO – CONTRIBUIÇÃO PREVIDENCIÁRIA – MÉDICO RESIDENTE – CONTRIBUINTE INDIVIDUAL – PRESTAÇÃO DE SERVIÇOS PARA ENTIDADES BENEFICENTES DE ASSISTÊNCIA SOCIAL – DIREITO DE DEDUZIR, DE SUA CONTRIBUIÇÃO MENSAL, ATÉ 45% DA CONTRIBUIÇÃO RECOLHIDA OU DECLARADA PELA EMPRESA.
>
> 1. O contribuinte individual que prestar serviços a uma ou mais empresas poderá deduzir, de sua contribuição mensal, até 45% da contribuição recolhida ou declara-

[142] A limitação em 9% deve-se ao fato de que, diferentemente da empresa, a base de cálculo de contribuição do segurado está limitada ao teto.

da pela empresa, limitada essa redução a 9% do respectivo salário-de-contribuição (art. 30, § 4º, da Lei nº 8.212/91).

2. Esse mecanismo praticamente equipara o contribuinte individual, que presta serviços a empresas, ao segurado empregado, porquanto a contribuição deste (art. 20, idem) oscila entre um mínimo de 8% e um máximo de 11% sobre o salário-de-contribuição. Implícito nessa equiparação está o princípio da isonomia. Equiparam-se em ônus e benefícios os prestadores de serviços, independentemente da categoria jurídica sob a qual os serviços são prestados.

3. A orientação administrativa, consolidada no art. 20, § 4º, da Instrução Normativa INSS/DC nº 89, de 11.6.2003, não é compatível com a interpretação sistemática das normas previdenciárias de custeio. Primeiro, porque a alíquota da contribuição do contribuinte individual, que presta serviços a empresa, é de 11% (art. 20, § 1º, da IN 89/2003). Segundo porque é evidente que essa alíquota foi fixada para harmonizar o encargo do contribuinte individual com aquele do trabalhador assalariado. Terceiro, porque não há motivo razoável para discriminar o contribuinte individual, que presta serviços às entidades imunes, fazendo-o arcar com encargo muito superior àquele dos demais contribuintes individuais, que se encontram sem situação absolutamente idêntica.

4. A única diferença entre tais contribuintes se encontra na condição da empresa tomadora de seus serviços. O fato de a tomadora dos serviços ser imune às contribuições previdenciárias não pode servir de motivo de discrímen contra o trabalhador. Cobrar do trabalhador a contribuição que, em regra, seria da empresa, significa, na prática, fazê-lo arcar com os ônus financeiros da anistia constitucional. Isso seria tão absurdo quanto cobrar dos empregados da empresa imune a contribuição patronal de cujo pagamento é ela dispensada.

5. A cláusula "efetivamente recolhida ou declarada", prevista no § 4º do art. 30 da Lei nº 8.212/91, tinha como objetivo impedir a fraude, obrigando o prestador de serviços a exigir do tomador a comprovação de que recolhera sua quota.

6. Apelação provida, reconhecendo-se o direito dos médicos residentes filiados ao Sindicato impetrante de recolher sua contribuição pela alíquota de 11%, em igualdade de condições com os demais contribuintes individuais que prestam serviços a empresas não abrangidas por imunidade ou isenção.[143]

XV – O desconto da contribuição do segurado incidente sobre o valor bruto da gratificação natalina, sem compensação dos adiantamentos pagos – décimo-terceiro salário –, é devido quando do pagamento ou crédito da última parcela e deverá ser calculado em separado, e recolhida, juntamente com a contribuição a cargo da empresa, até o dia vinte do mês de dezembro, antecipando-se o

[143] TRF4, AMS nº 200371000347662, *DJU* 4 maio 2005. Contra essa decisão foi interposto recurso extraordinário, autuado no STF sob nº 502634. Em 22.11.06 foi negado seguimento ao mesmo, ao argumento de inexistir discussão constitucional nos autos.

vencimento para o dia útil imediatamente anterior se não houver expediente bancário no dia vinte.

XVI – No caso de rescisão de contrato de trabalho, as contribuições devidas serão recolhidas até o dia 20 do mês subsequente à rescisão, computando-se em separado a parcela referente à gratificação natalina – décimo-terceiro salário.

XVII – A pessoa jurídica de direito privado beneficiada pela imunidade de que trata o artigo 195, § 7º, da Constituição Federal, é obrigada a arrecadar a contribuição do segurado empregado e do trabalhador avulso a seu serviço, descontando-a da respectiva remuneração, e recolhê-la até o dia dez do mês seguinte ao da competência.

XVIII – Nos termos do artigo 50 da Lei nº 8.212/91, para fins de fiscalização previdenciária, o Município, por intermédio do órgão competente, fornecerá relação de alvarás para construção civil e documentos de "habite-se" concedidos.

XIX – O crédito relativo a contribuições, cotas e respectivos adicionais ou acréscimos de qualquer natureza arrecadados pelos órgãos competentes, bem como a atualização monetária e os juros de mora, estão sujeitos, nos processos de falência, concordata ou concurso de credores, às disposições atinentes aos créditos da União, aos quais são equiparados. A Fazenda Nacional reivindicará os valores descontados pela empresa de seus empregados e ainda não recolhidos.

A Lei Complementar nº 118/05 alterou profundamente a ordem de preferência dos créditos tributários, conforme a nova redação do artigo 186 do Código Tributário Nacional:

> Art. 186. O crédito tributário prefere a qualquer outro, seja qual for sua natureza ou o tempo de sua constituição, ressalvados os créditos decorrentes da legislação do trabalho ou do acidente de trabalho.
>
> Parágrafo único. Na falência:
>
> I – o crédito tributário não prefere aos créditos extraconcursais ou às importâncias passíveis de restituição, nos termos da lei falimentar, nem aos créditos com garantia real, no limite do valor do bem gravado;
>
> II – a lei poderá estabelecer limites e condições para a preferência dos créditos decorrentes da legislação do trabalho; e
>
> III – a multa tributária prefere apenas aos créditos subordinados.

XX – A arrecadação das contribuições de seguridade social e o pagamento dos benefícios serão realizados através da rede bancária ou por outras formas aprovadas pelo Executivo, sendo os recursos da seguridade social centralizados em banco estatal federal que tenha abrangência em todo o País.

Se não houver expediente bancário nas datas indicadas no inciso VIII, o recolhimento deverá ser efetuado até o dia útil imediatamente posterior, e nos incisos III, IV e XXIV, até o dia útil imediatamente anterior.

XXI – As receitas provenientes da cobrança de débitos dos Estados e Municípios e da alienação, arrendamento ou locação de bens móveis ou imóveis pertencentes ao patrimônio do INSS, deverão constituir reserva técnica, de longo prazo, que garantirá o seguro social estabelecido no Plano de Benefícios da Previdência Social, sendo vedada a utilização desses recursos para cobrir despesas de custeio em geral, inclusive as decorrentes de criação, majoração ou extensão dos benefícios ou serviços da Previdência Social, admitindo-se sua utilização, excepcionalmente, em despesas de capital, na forma da lei de orçamento, conforme preceitua o artigo 61 da Lei nº 8.212/91. O INSS possuía, no início de 2003, 5.175 imóveis distribuídos pelo país, fruto da fusão de inúmeros institutos de previdência, os quais, seguindo uma política adotada no passado, aplicavam excedentes de sua arrecadação em investimentos imobiliários, com a finalidade de construir lastro para o futuro. Desses imóveis, 2090 estavam no Rio de Janeiro, berço da estrutura previdenciária no país. Como não é, nem poderia ser, instituição imobiliária, tem enorme dificuldade de administração, o que implica deterioração de grande parte deles. Por isso está em andamento o plano nacional de desimobilização, por meio do qual pretende-se alienar o maior número possível de imóveis. É preciso atentar, entretanto, para a finalidade determinada que devem ter os recursos auferidos.

Nessa mesma linha, o artigo 97 da Lei nº 8.212/91 autorizou o INSS a proceder à alienação ou permuta, por ato da autoridade competente, de bens imóveis de sua propriedade considerados desnecessários ou não vinculados às suas atividades operacionais, observado o disposto na Lei nº 8.666/93 em relação à alienação.

XXII – A contribuição estabelecida na Lei nº 5.161/66, em favor da Fundação Jorge Duprat Figueiredo de Segurança e Medicina do Trabalho-FUNDACENTRO, será de 2% da receita proveniente da contribuição a cargo da empresa, a título de financiamento da complementação das prestações por acidente do trabalho. Esses recursos poderão contribuir para o financiamento das despesas com pessoal e administração geral da FUNDACENTRO. Nos termos do artigo 1º da Lei nº 5.161/66, o Poder Executivo ficou autorizado a instituir uma Fundação destinada à criação e manutenção de um Centro Nacional de Segurança, Higiene e Medicina do Trabalho, que terá por objetivo principal e genérico a realização de estudos e pesquisas pertinentes aos problemas de segurança, higiene e medicina do trabalho, posteriormente denominada Fundacentro. A norma jurídica em estudo, arrolada no artigo 62 da Lei nº 8.212/91, prevê a destinação de recursos para a manutenção dessa fundação.

XXIII – A Emenda Constitucional nº 20/98 incluiu o artigo 250 na Constituição Federal, nesses termos:

Art. 250. Com o objetivo de assegurar recursos para o pagamento dos benefícios concedidos pelo regime geral de previdência social, em adição aos recursos de sua arrecadação, a União poderá constituir fundo integrado por bens, direitos e ativos de qualquer natureza, mediante lei que disporá sobre a natureza e administração desse fundo.

Para regulamentar essa disposição constitucional foi editado o artigo 68 da Lei Complementar nº 101/00 – Lei de Responsabilidade Fiscal:

> Art. 68. Na forma do art. 250 da Constituição, é criado o Fundo do Regime Geral de Previdência Social, vinculado ao Ministério da Previdência e Assistência Social, com a finalidade de prover recursos para o pagamento dos benefícios do regime geral da previdência social.
>
> § 1º O Fundo será constituído de:
>
> I – bens móveis e imóveis, valores e rendas do Instituto Nacional do Seguro Social não utilizados na operacionalização deste;
>
> II – bens e direitos que, a qualquer título, lhe sejam adjudicados ou que lhe vierem a ser vinculados por força de lei;
>
> III – receita das contribuições sociais para a seguridade social, previstas na alínea *a* do inciso I e no inciso II do art. 195 da Constituição;
>
> IV – produto da liquidação de bens e ativos de pessoa física ou jurídica em débito com a Previdência Social;
>
> V – resultado da aplicação financeira de seus ativos;
>
> VI – recursos provenientes do orçamento da União.
>
> § 2º O Fundo será gerido pelo Instituto Nacional do Seguro Social, na forma da lei.

O Fundo do RGPS integra o orçamento próprio da seguridade social.

XXIV – Tendo em vista que a partir da Lei nº 11.718/08 o regime de economia familiar passou a admitir a contratação de empregados não permanentes, o segurado especial é obrigado a arrecadar a contribuição de trabalhadores a seu serviço e a recolhê-la até o dia 20 do mês seguinte ao da competência.

11.2 Da retenção e da responsabilidade solidária

11.2.1 Retenção de 11% em relação a serviços executados mediante cessão de mão de obra

Segundo o artigo 31 da Lei nº 8.212/91, a empresa contratante de serviços executados mediante cessão de mão de obra, inclusive em regime de trabalho temporário, deverá reter 11% do valor bruto da nota fiscal ou fatura de prestação de serviços e recolher, em nome da empresa cedente da mão de obra, a importância retida até o dia 20 do mês subsequente ao da emissão da respectiva nota fiscal ou fatura, ou até o dia útil imediatamente anterior se não houver expediente bancário naquele dia, observado o disposto no § 5º do artigo 33 da mesma lei. Nos termos do artigo 6º da Lei nº 10.666/03, esse percentual é acrescido de quatro, três ou dois pontos percentuais, relativamente aos serviços prestados pelo segurado empregado cuja atividade permita a concessão de aposentadoria especial após 15, 20 ou 25 anos de contribuição, respectivamente. Nessa hipótese, o percentual será de 15, 14 ou 13%.

Na vigência da redação original do dispositivo,[144] bem como na alteração efetuada pela Lei nº 9.528/97,[145] a responsabilidade pelo recolhimento da contribuição previdenciária era solidária entre o contratante e o contratado, podendo qualquer um deles ser chamado para o cumprimento da obrigação, em caso de inadimplemento, pois inexistia benefício de ordem, conforme decidiu o Superior Tribunal de Justiça no seguinte julgado, proferido em sede de recurso especial por nós interposto:

> TRIBUTÁRIO. CONTRIBUIÇÕES PREVIDENCIÁRIAS. CESSÃO DE MÃO DE OBRA. RESPONSABILIDADE SOLIDÁRIA DO TOMADOR (CONTRATANTE). ART. 31 DA LEI 8.212/91.
>
> 1. O art. 31 da Lei 8.212/91 estabeleceu solidariedade entre o contratante dos serviços executados mediante cessão de mão de obra e o executor.
>
> 2. Trata-se de hipótese de solidariedade tributária, prevista no art. 124 do CTN, cujo parágrafo primeiro dispõe que "a solidariedade referida neste artigo não comporta benefício de ordem".
>
> 3. Para incidir na possibilidade de elisão estabelecida no § 3º, do art. 31, o contratante deveria ter exigido do executor a apresentação dos comprovantes relativos às obrigações previdenciárias, previamente ao pagamento da nota fiscal ou fatura – do que, no caso concreto, não se cogita.
>
> 4. Recurso especial provido.[146]

A solidariedade subsiste mesmo quando a tomadora dos serviços for a Administração Pública, por força do disposto no artigo 71, § 2º, da Lei nº 8.666/93:

---

144 Art. 31. O contratante de quaisquer serviços executados mediante cessão de mão de obra, inclusive em regime de trabalho temporário, responde solidariamente com o executor pelas obrigações decorrentes desta lei, em relação aos serviços a ele prestados, exceto quanto ao disposto no art. 23.

145 Art. 31. O contratante de quaisquer serviços executados mediante cessão de mão de obra, inclusive em regime de trabalho temporário, responde solidariamente com o executor pelas obrigações decorrentes desta Lei, em relação aos serviços prestados, exceto quanto ao disposto no art. 23, não se aplicando, em qualquer hipótese, o benefício de ordem.

146 STJ, REsp nº 410104, *DJ* 24 maio 2004.

> Art. 71. O contratado é responsável pelos encargos trabalhistas, previdenciários, fiscais e comerciais resultantes da execução do contrato.
>
> § 2º A Administração Pública responde solidariamente com o contratado pelos encargos previdenciários resultantes da execução do contrato, nos termos do art. 31 da Lei nº 8.212, de 24 de julho de 1991.

Nesse sentido, é a jurisprudência:

> TRIBUTÁRIO. AGRAVO REGIMENTAL. RECURSO ESPECIAL. CONTRIBUIÇÃO PREVIDENCIÁRIA. RESPONSABILIDADE SOLIDÁRIA. TOMADOR DOS SERVIÇOS. APLICABILIDADE. ENTE PÚBLICO. ART. 71, § 2º, DA LEI Nº 8.666/93.
>
> I – A responsabilidade pelo cumprimento das obrigações previdenciárias é solidária entre o tomador e o executor de obras de construção, sendo somente elidida se a prestadora de serviço recolher, previamente, as ditas contribuições previdenciárias.
>
> II – A referida regra aplica-se mesmo aos entes públicos, ante a previsão do art. 71, § 2º, da Lei nº 8.666/93.
>
> III – Agravo regimental improvido.[147]

Nesse caso, entretanto, a Lei nº 8.666/93 não determina a retenção dos 11% por parte do órgão público contratante.

Entende-se como cessão de mão de obra a colocação à disposição do contratante, em suas dependências ou nas de terceiros, de segurados que realizem serviços contínuos, relacionados ou não com a atividade-fim da empresa, independentemente da natureza e da forma de contratação, inclusive por meio de trabalho temporário na forma da Lei nº 6.019/74, entre outros.

Enquadram-se na cessão ou empreitada de mão de obra os seguintes serviços:

I – limpeza, conservação e zeladoria;

II – vigilância e segurança;

III – construção civil;

IV – serviços rurais;

V – digitação e preparação de dados para processamento;

VI – acabamento, embalagem e acondicionamento de produtos;

VII – cobrança;

VIII – coleta e reciclagem de lixo e resíduos;

IX – copa e hotelaria;

---

[147] STJ, AgRg no REsp nº 460.862, *DJ* 17 maio 2004.

X – corte e ligação de serviços públicos;

XI – distribuição;

XII – treinamento e ensino;

XIII – entrega de contas e documentos;

XIV – ligação e leitura de medidores;

XV – manutenção de instalações, de máquinas e de equipamentos;

XVI – montagem;

XVII – operação de máquinas, equipamentos e veículos;

XVIII – operação de pedágio e de terminais de transporte;

XIX – operação de transporte de passageiros, inclusive nos casos de concessão ou subconcessão;

XX – portaria, recepção e ascensorista;

XXI – recepção, triagem e movimentação de materiais;

XXII – promoção de vendas e eventos;

XXIII – secretaria e expediente;

XXIV – saúde; e

XXV – telefonia, inclusive telemarketing.

O contratado deverá elaborar folha de pagamento e Guia de Recolhimento do Fundo de Garantia do Tempo de Serviço e Informações à Previdência Social distintas para cada estabelecimento ou obra de construção civil da empresa contratante do serviço.

A fim de não haver incidência de contribuições previdenciárias sobre base de cálculo não prevista constitucionalmente, na contratação de serviços em que a contratada se obriga a fornecer material ou dispor de equipamentos, fica facultada a esta discriminar, na nota fiscal, fatura ou recibo, o valor correspondente ao material ou equipamentos, que será excluído da retenção, desde que contratualmente previsto e devidamente comprovado.

O valor retido deverá ser destacado na nota fiscal ou fatura de prestação de serviços e poderá ser compensado por qualquer estabelecimento da empresa cedente da mão de obra por ocasião do recolhimento das contribuições destinadas à seguridade social devidas sobre a folha de pagamento dos seus segurados.

Na impossibilidade de haver compensação integral na própria competência, entendida esta como aquela a que corresponder a data da emissão da nota fiscal, fatura ou recibo, o saldo remanescente poderá ser compensado nas competências subsequentes, inclusive na relativa à gratificação natalina, ou ser objeto de restituição.

Havendo débito da empresa para com o INSS, não há direito à restituição, como demonstra o seguinte julgado:

> Ementa: TRIBUTÁRIO. RECURSO ESPECIAL. CONTRIBUIÇÃO PREVIDENCIÁRIA. RETENÇÃO DE 11% SOBRE O VALOR BRUTO DA NOTA FISCAL OU FATURA DE PRESTAÇÃO DE SERVIÇOS. ART. 31 DA LEI 8.212/91 (REDAÇÃO DA LEI 9.711/98). EXISTÊNCIA DE OUTROS DÉBITOS JUNTO AO INSS. IMPOSSIBILIDADE DE RESTITUIÇÃO DO SALDO REMANESCENTE. DISSÍDIO PRETORIANO NÃO DEMONSTRADO. DESOBEDIÊNCIA AO ART. 255 E PARÁGRAFOS DO STJ.
>
> 1. Tratam os autos de ação sob o rito ordinário com pedido de tutela antecipada ajuizada pela ora recorrente em desfavor do INSS pugnando a restituição dos valores retidos em cumprimento à Lei nº 9.711/98 que conferiu nova redação ao art. 31 da Lei nº 8.212/91. O julgador monocrático julgou improcedentes os pedidos formulados por entender incabível o pleito de restituição dos valores retidos quando a autora encontrar-se em débito com o INSS. O Tribunal *a quo* reiterou o entendimento do juízo singular. Insistindo nessa via especial, sustenta: (a) o art. 31 da Lei nº 8.212/91 não instituiu como obstáculo à restituição a existência de débitos pretéritos; (b) a recorrente aderiu ao Parcelamento Especial instituído pela Lei nº 10.684, tendo a exigibilidade dos débitos restado suspensa; (c) a contribuição previdenciária incide sobre a remuneração dos empregados, e não sobre o faturamento bruto da empresa; (d) o acórdão combatido contraria o sistema de arrecadação de receita da Previdência prevista na Lei nº 8.212/91. Sem contrarrazões. Juízo positivo de admissibilidade.
>
> 2. O art. 31, § 2º da Lei nº 8.212/91 dispõe que somente na impossibilidade de compensação integral, o saldo remanescente será objeto de restituição. *In casu*, de acordo com o noticiado pela sentença e pelo aresto combatido, a empresa prestadora de serviços encontra-se em débito com a Previdência Social, não fazendo jus, desse modo, à restituição postulada.
>
> 3. Dissídio jurisprudencial não demonstrado. Desobediência aos requisitos do art. 255 e parágrafos do RISTJ.
>
> 4. Conheço do recurso apenas pela alínea *a* do permissivo constitucional para, no mérito, negar-lhe provimento.[148]

Para correta compreensão da sistemática da retenção, é preciso conhecer a origem do percentual de 11%, o qual decorre do seguinte cálculo: em regra, 40% do valor de uma nota fiscal de prestação de serviços equivalem ao valor das remunerações dos trabalhadores; a contribuição a cargo da empresa cedente e dos seus empregados é: 20% (contribuição da empresa sobre o total das remunerações) + 1% (alíquota mínima de contribuição ao SAT) + 8% (alíquota mínima de contri-

---

[148] STJ, REsp nº 674362, *DJ* 6 jun. 2005.

buição dos empregados), o que totaliza um percentual de 29%. Se multiplicarmos esses 29% sobre os 40% acima referidos, chegaremos a um percentual de 11,6%, o qual foi arredondado para 11%.[149] Resta claro, portanto, que não se trata de nova exação, mas apenas técnica de arrecadação de contribuições já instituídas, por meio de substituição tributária, com a finalidade de facilitar a fiscalização. O fundamento legal é o artigo 128 do Código Tributário Nacional:

> Art. 128. Sem prejuízo do disposto neste Capítulo, a lei pode atribuir de modo expresso a responsabilidade pelo crédito tributário a terceira pessoa, vinculada ao fato gerador da respectiva obrigação, excluindo a responsabilidade do contribuinte ou atribuindo-a a este em caráter supletivo do cumprimento total ou parcial da referida obrigação.

Acerca do assunto, ensina Vittorio Cassone:

> Assim, a teor do art. 128 do CTN, responsabilidade tributária por substituição ocorre quando, em virtude de disposição expressa de lei, a obrigação tributária surge desde logo contra uma pessoa diferente daquela que esteja em relação econômica com o ato, fato ou situação tributados. Nessa hipótese, é a própria lei que substitui o sujeito passivo direto pelo sujeito passivo indireto.[150]

Por sua vez, reza o artigo 33, § 5º, da Lei nº 8.212/91:

> Art. 33, § 5º O desconto de contribuição e de consignação legalmente autorizadas sempre se presume feito oportuna e regularmente pela empresa a isso obrigada, não lhe sendo lícito alegar omissão para se eximir do recolhimento, ficando diretamente responsável pela importância que deixou de receber ou arrecadou em desacordo com o disposto nesta Lei.

Dessa forma, no regime atual, não há que se falar em responsabilidade solidária, pois a obrigação tributária é do tomador dos serviços. É dele que a seguridade social deve cobrar, num primeiro momento, eventual crédito não pago. Importa notar que o mesmo está sujeito a uma obrigação principal – o pagamento do tributo –, e outra acessória – a retenção de parte do valor devido ao cedente da mão de obra.

Disso tudo, resta evidente que o tomador dos serviços integra a relação jurídico-tributária na qualidade de responsável, enquanto a cedente da mão de

---

149 Os valores são aproximados; por isso, o próprio artigo 31 determina que a empresa cedente faça os ajustes quando do recolhimento das suas contribuições.

150 *Direito tributário*: fundamentos constitucionais, análise dos impostos, incentivos à exportação, doutrina, prática e jurisprudência, p. 123.

obra e seus trabalhadores mantêm-se como contribuintes. O fato do recolhimento dar-se em nome do cedente e não do responsável em nada altera essa relação.[151]

Não estamos também diante da substituição tributária progressiva ou "para frente", incluída no artigo 150 da Constituição Federal por meio da Emenda Constitucional nº 3/93,[152] mas sim diante da substituição tributária regressiva ou "para trás", pois o fato gerador já ocorreu quando da retenção.[153]

A esse respeito, ensina Aldemário Araújo Castro:

> Na substituição tributária para trás (antecedente ou regressiva) a lei atribui a alguém o dever de pagar o tributo nascido de fato gerador já praticado por outro. Na substituição tributária para frente (subsequente ou progressiva) a lei atribui a alguém o dever de pagar o tributo que nascerá de fato gerador a ser praticado por outro (fato gerador presumido). Esta última é fundada no princípio da praticidade da tributação, visando a rapidez e segurança no controle e na cobrança dos tributos devidos.[154]

Normas jurídicas que tenham por objetivo a simplificação e praticidade da tributação têm sido aplicadas em larga escala em todo o mundo. Andrei Pitten Velloso recorda que, há muito tempo, o Tribunal Constitucional Federal alemão tem feito o controle de proporcionalidade nas aludidas normas – também denominadas de normas de tipificação, onde se inserem as normas de substituição tributária adotadas no Brasil – com apoio na doutrina que sustenta a necessidade de tutela dos direitos dos contribuintes contra restrições excessivas decorrentes daquelas.[155]

O fato de o valor retido ser aproximado e não certo não modifica sua natureza tributária, pois, segundo o Supremo Tribunal Federal, na substituição tributária é possível a cobrança por meio de estimativa, o que constitui simples recolhimento cautelar.[156]

Uma questão é da maior importância: na impossibilidade de cobrança do tomador dos serviços, subsiste alguma responsabilidade por parte do cedente da mão de obra?

---

[151] O mesmo ocorre na hipótese de retenção de imposto de renda na fonte.

[152] CF/88, art. 150, § 7º A lei poderá atribuir a sujeito passivo de obrigação tributária a condição de responsável pelo pagamento de imposto ou contribuição, cujo fato gerador deva ocorrer posteriormente, assegurada a imediata e preferencial restituição da quantia paga, caso não se realize o fato gerador presumido.

[153] Já vimos que o fato gerador, nessa hipótese, é a efetiva prestação dos serviços e não seu pagamento.

[154] Cfe. *Direito tributário*, p. 178.

[155] Cfe. *Constituição tributária interpretada*, p. 205.

[156] STF, RE nº 194382, *DJ* 25 abr. 2003.

Há que se diferenciarem duas situações.

Primeira, se o cedente comprovar que sofreu a retenção quando do pagamento dos serviços, não há que se falar em responsabilidade supletiva sua, pois cumpriu a legislação previdenciária.

Segunda, se o cedente não comprovar que sofreu a retenção, aí sim, subsiste sua responsabilidade em caráter supletivo, nos termos do artigo 128 do CTN, pois não é crível admitir-se que possa locupletar-se de sua própria omissão. O princípio da solidariedade contributiva, segundo o qual todos devem contribuir para a seguridade social, reforça essa conclusão. O mesmo raciocínio vale de maneira inversa: se o tomador não efetuar a retenção, mas provar que o cedente recolheu as contribuições devidas, nada há a ser cobrado do tomador, exceto a multa por descumprimento de obrigação acessória, qual seja, a retenção que deixou de realizar, prevista no artigo 92 da Lei nº 8.212/91.

O raciocínio jurídico é o mesmo presente na retenção do imposto de renda na fonte. Nos termos do artigo 45, parágrafo único, do Código Tributário Nacional, a lei pode atribuir à fonte pagadora da renda ou dos proventos tributáveis a condição de responsável pelo imposto cuja retenção e recolhimento lhe caibam. É o que efetivamente ocorre nos casos de pagamentos de salários ou remunerações. Havendo omissão da fonte pagadora, o contribuinte tem o dever de realizar o ajuste no momento de sua declaração anual, o que não exclui a imposição de multa àquela, por descumprimento de obrigação acessória. Nesse sentido, é a jurisprudência:

> TRIBUTÁRIO. IMPOSTO DE RENDA RETIDO NA FONTE. IMPORTÂNCIAS PAGAS EM DECORRÊNCIA DE SENTENÇA TRABALHISTA. RESPONSABILIDADE PELA RETENÇÃO E RECOLHIMENTO DO IMPOSTO. FONTE PAGADORA. CONTRIBUINTE. EXCLUSÃO. INOCORRÊNCIA.
>
> 1. O art. 45, parágrafo único, do CTN, define a fonte pagadora como a responsável pela retenção e recolhimento do imposto de renda na fonte incidente sobre verbas pagas a seus empregados.
>
> 2. Todavia a lei não excluiu a responsabilidade do contribuinte que aufere a renda ou provento, que tem relação direta e pessoal com a situação que configura o fato gerador do tributo, que é a aquisição da disponibilidade econômica ou jurídica da renda ou do provento e, portanto, guarda relação natural com o fato da tributação. Assim, o contribuinte continua obrigado a declarar o valor por ocasião do ajuste anual, podendo, inclusive, receber restituição ou ser obrigado a suplementar o pagamento. A falta de cumprimento do dever de recolher na fonte, ainda que importe em responsabilidade do retentor omisso, não exclui a obrigação do contribuinte, que auferiu a renda, de oferecê-la à tributação, como aliás, ocorreria se tivesse havido o desconto na fonte.

3. Recurso especial a que se nega provimento.[157]

No caso das contribuições de seguridade social, como o pagamento deve-se dar até o dia 20 do mês seguinte ao da competência – Lei nº 8.212/91, artigo 30, I, *b* –, a cedente, na hipótese de omissão da tomadora, deve proceder ao recolhimento até essa data. Para nós, a responsabilidade da cedente, portanto, é subsidiária.[158]

A sistemática da retenção dos 11% encontrou grande resistência dos contribuintes, principalmente fundamentada no argumento de que estava-se diante de nova contribuição, sem previsão constitucional no *caput* do artigo 195, o que exigia a veiculação por meio de lei complementar. Essa tese não obteve guarida jurisprudencial, sobretudo em função do disposto no artigo 128 do Código Tributário Nacional, o qual, como já visto, permite que a lei atribua de modo expresso a responsabilidade pelo crédito tributário a terceira pessoa, vinculada ao fato gerador da respectiva obrigação.

A matéria acabou pacificada no âmbito do Superior Tribunal de Justiça:

TRIBUTÁRIO. AGRAVO REGIMENTAL. CONTRIBUIÇÃO PREVIDENCIÁRIA. EMPRESAS PRESTADORAS DE SERVIÇO. RETENÇÃO DE 11% SOBRE FATURAS. ART. 31, DA LEI Nº 8.212/91, COM A REDAÇÃO DA LEI Nº 9.711/98. NOVA SISTEMÁTICA DE ARRECADAÇÃO MAIS COMPLEXA, SEM AFETAÇÃO DAS BASES LEGAIS DA ENTIDADE TRIBUTÁRIA MATERIAL DA EXAÇÃO.

1. A retenção de contribuição previdenciária determinada pela Lei 9.711/98 não configura nova exação e sim técnica arrecadatória via substituição tributária, sem que, com isso, resulte aumento da carga tributária.

2. A Lei nº 9.711/98, que alterou o artigo 31 da Lei nº 8.212/91, não criou nova contribuição sobre o faturamento, tampouco alterou a alíquota ou a base de cálculo da contribuição previdenciária sobre a folha de pagamento.

3. A determinação do mencionado artigo configura apenas uma nova sistemática de arrecadação da contribuição previdenciária, tornando as empresas tomadoras de serviço como responsáveis tributários pela forma de substituição tributária. Nesse sentido, o procedimento a ser adotado não viola qualquer disposição legal.

4. Precedentes desta Corte (REsp 410355/MG; REsp 496.611/PR; REsp 427.336/MG; REsp 439155/MG e REsp 434105/SP).

---

[157] STJ, REsp nº 527609, *DJ* 30 ago. 2004.

[158] Posição inversa tem Alcides da Fonseca Sampaio, para quem a responsabilidade da tomadora é subsidiária em relação àquela da cedente. Cfe. *Contribuições sociais* – a responsabilidade subsidiária das empresas – retenção de 11% – Lei 9.711, p. 21.

5. Agravo regimental improvido.[159]

E do Supremo Tribunal Federal, onde o

"Tribunal, por maioria, negou provimento a recurso extraordinário interposto contra acórdão da 3ª Turma do TRF da 1ª Região que decidira pela legitimidade da retenção, pela empresa contratante de serviços executados mediante mão de obra, de 11% sobre o valor bruto da nota fiscal ou da fatura de prestação de serviços, para fins de contribuição previdenciária, nos termos previstos no art. 31 da Lei 8.212/91, com a redação dada pela Lei 9.711/98 – v. Informativo 355. Entendeu-se que a alteração introduzida pela Lei 9.711/98 não implicou criação de nova contribuição ou contribuição decorrente de outras fontes com ofensa ao art. 195, § 4º, da CF, porquanto apenas objetivou simplificar a arrecadação do tributo e facilitar a fiscalização no seu recolhimento, não ocorrendo, por conseguinte, violação à regra da competência residual da União (CF, art. 154, I). Salientou-se ser improcedente a assertiva de que o fato gerador estaria ocorrendo posteriormente ao recolhimento, uma vez que o sujeito passivo estaria obrigado a reter 11% do valor bruto da nota fiscal ou fatura de prestação de serviços e recolher a importância retida até o dia 2 do mês subsequente ao da emissão da respectiva nota fiscal ou fatura em nome da empresa cedente da mão de obra, observadas as disposições inscritas nos parágrafos no art. 31 e no § 5º do art. 33 da Lei 8.212/91. Afirmou-se que a CF autoriza a lei a atribuir ao sujeito passivo de obrigação tributária a condição de responsável pelo pagamento de imposto ou contribuição cujo fato gerador deva ocorrer posteriormente, assegurada a imediata e preferencial restituição da quantia paga, caso não se realize o fato gerador presumido (CF, art. 150, § 7º), sendo que o CTN ainda prescreve em seu art. 128 que 'sem prejuízo do disposto neste capítulo, a lei pode atribuir de modo expresso a responsabilidade pelo crédito tributário a terceira pessoa, vinculada ao fato gerador da respectiva obrigação, excluindo a responsabilidade do contribuinte ou atribuindo-a a este em caráter supletivo do cumprimento total ou parcial da referida obrigação'. Concluiu-se, afastando a tese de que a mencionada retenção constituiria empréstimo compulsório (CF, art. 148), que os valores retidos em montante superior ao devido pela empresa contratada deverão ser restituídos nos termos do art. 31, § 2º, da Lei 8.212/91, com a redação da Lei 9.711/98, razão por que também não estaria havendo utilização do tributo com efeito de confisco (CF, art. 150, IV). Vencido o Min. Marco Aurélio que dava provimento ao recurso por considerar que a legislação ordinária acabou por aditar a CF, introduzindo, em termos de adiantamento, uma nova base de incidência da contribuição social, ou seja, o valor da nota fiscal relativa à prestação de serviço, a qual abrangeria outros fatores estranhos à folha de salários, inclusive o lucro".[160]

O julgado foi assim ementado:

---

[159] STJ, AgRg no REsp nº 584890, *DJ* 28 jun. 2004.

[160] STF, *Informativo* nº 368.

> EMENTA: CONSTITUCIONAL. TRIBUTÁRIO. PREVIDENCIÁRIO. CONTRIBUIÇÃO SOCIAL: SEGURIDADE. RETENÇÃO DE 11% SOBRE O VALOR BRUTO DA NOTA FISCAL OU DA FATURA DE PRESTAÇÃO DE SERVIÇO. Lei 8.212/91, art. 31, com a redação da Lei 9.711/98. I. – Empresa contratante de serviços executados mediante cessão de mão de obra: obrigação de reter onze por cento do valor bruto da nota fiscal ou fatura de prestação de serviços e recolher a importância retida até o dia 2 do mês subsequente ao da emissão da respectiva nota fiscal ou fatura, em nome da empresa cedente da mão de obra: inocorrência de ofensa ao disposto no art. 150, § 7º, art. 150, IV, art. 195, § 4º, art. 154, I, e art. 148 da CF. II. – R.E. conhecido e improvido.[161]

Em se tratando de retenção e recolhimento realizados em nome de consórcio de que tratam os artigos 278 e 279 da Lei nº 6.404/76, aplica-se o disposto em todo artigo 31 da Lei nº 8.212/91, observada a participação de cada uma das empresas consorciadas, na forma do respectivo ato constitutivo.[162]

Nos termos do artigo 224-A do Decreto nº 3.048/99, a sistemática da retenção dos 11% não se aplica à contratação de serviços por intermédio de cooperativa de trabalho. Isso é assim porque, nos termos do artigo 22, IV, da Lei nº 8.212/91, na hipótese de prestação de serviços por intermédio dessas cooperativas, o sujeito passivo da exação é a empresa tomadora e não a cooperativa.

11.2.1.1 Simples

A sistemática da retenção também não é aplicável quando a empresa, contratante ou contratada, é optante pelo SIMPLES, tendo em vista que, nessa sistemática, a contribuição da empresa é equivalente a um percentual incidente sobre sua receita bruta mensal, como demonstra o seguinte julgado:

---

161 STF, RE nº 393946, *DJ* 1º abr. 2005.

162 Lei nº 6.404/76. Art. 278. As companhias e quaisquer outras sociedades, sob o mesmo controle ou não, podem constituir consórcio para executar determinado empreendimento, observado o disposto neste Capítulo. § 1º O consórcio não tem personalidade jurídica e as consorciadas somente se obrigam nas condições previstas no respectivo contrato, respondendo cada uma por suas obrigações, sem presunção de solidariedade. § 2º A falência de uma consorciada não se estende às demais, subsistindo o consórcio com as outras contratantes; os créditos que porventura tiver a falida serão apurados e pagos na forma prevista no contrato de consórcio. Art. 279. O consórcio será constituído mediante contrato aprovado pelo órgão da sociedade competente para autorizar a alienação de bens do ativo não circulante, do qual constarão: I – a designação do consórcio se houver; II – o empreendimento que constitua o objeto do consórcio; III – a duração, endereço e foro; IV – a definição das obrigações e responsabilidade de cada sociedade consorciada, e das prestações específicas; V – normas sobre recebimento de receitas e partilha de resultados; VI – normas sobre administração do consórcio, contabilização, representação das sociedades consorciadas e taxa de administração, se houver; VII – forma de deliberação sobre assuntos de interesse comum, com o número de votos que cabe a cada consorciado; VIII – contribuição de cada consorciado para as despesas comuns, se houver. Parágrafo único. O contrato de consórcio e suas alterações serão arquivados no registro do comércio do lugar da sua sede, devendo a certidão do arquivamento ser publicada.

Ementa: TRIBUTÁRIO – CONTRIBUIÇÃO PREVIDENCIÁRIA – EMPRESAS PRESTADORAS DE SERVIÇO OPTANTES PELO SIMPLES – LEI 9.317/96 – RETENÇÃO DE 11% SOBRE FATURAS – LEI 9.711/98 – INAPLICABILIDADE.

1. A Primeira Seção, ao julgar o EREsp 511.001/MG firmou entendimento de que, em homenagem ao princípio da especialidade, é ilegítima a exigência das empresas tomadoras de serviço optantes pelo SIMPLES (na forma da Lei 9.713/96) da retenção de 11% sobre o valor bruto da nota fiscal a título de contribuição previdenciária, na sistemática instituída pela Lei 9.711/98.

2. Hipótese dos autos que não se enquadra na situação descrita no precedente da Primeira Seção, porque a empresa prestadora do serviço (cedente) que é a optante pelo SIMPLES e não a empresa tomadora.

3. A empresa prestadora do serviço, quando optante do simples, também não se submete à sistemática da Lei 9.711/98 (que deu nova redação ao art. 31 da Lei 8.212/91) porque a Lei 9.713/96 já prevê o pagamento da contribuição previdenciária a cargo da pessoa jurídica no montante a ser recolhido mensalmente sobre receita bruta mensal.

4. Recurso conhecido em parte e improvido.[163]

11.2.2 Grupo econômico

As empresas que integram grupo econômico de qualquer natureza, bem como os produtores rurais integrantes de consórcio simplificado, respondem entre si, solidariamente, pelas obrigações decorrentes da Lei nº 8.212/91. A responsabilidade fixada pelo artigo 30, IX, da Lei nº 8.212/91 veio em boa hora, a fim de evitar evasão no pagamento de contribuições previdenciárias. Aplica-se a qualquer grupo econômico, cujo conceito pode ser apanhado do artigo 2º, § 2º, da Consolidação das Leis do Trabalho, nesses termos:

Art. 2º, § 2º. Sempre que uma ou mais empresas, tendo, embora, cada uma delas, personalidade jurídica própria, estiverem sob a direção, controle ou administração de outra, constituindo grupo industrial, comercial ou de qualquer outra atividade econômica, serão, para os efeitos da relação de emprego, solidariamente responsáveis a empresa principal e cada uma das subordinadas.

11.2.3 Da construção civil

O proprietário, o incorporador definido na Lei nº 4.591/64, o dono da obra ou condômino da unidade imobiliária cuja contratação da construção, reforma ou acréscimo não envolva cessão de mão de obra, são solidários com o construtor, e este e aqueles com a subempreiteira, pelo cumprimento das obrigações para com a seguridade social, ressalvado o seu direito regressivo contra o executor ou

[163] STJ, REsp nº 610928, *DJ* 15 ago. 2005.

contratante da obra e admitida a retenção de importância a este devida para garantia do cumprimento dessas obrigações, não se aplicando, em qualquer hipótese, o benefício de ordem. A responsabilidade tratada nesse artigo é solidária, o que significa dizer que qualquer um dos devedores pode ser chamado para responder pela integralidade da obrigação tributária.

A jurisprudência reiteradamente tem reconhecido a legitimidade da responsabilidade solidária prevista acima, como demonstra o seguinte julgado:

> Ementa: TRIBUTÁRIO. CONTRIBUIÇÃO PREVIDENCIÁRIA. RESPONSABILIDADE SOLIDÁRIA. EMPREITADA.
>
> 1. As empresas que firmam contratos de subempreitadas são solidariamente responsáveis pelo recolhimento das contribuições previdenciárias decorrentes dos serviços prestados pela contratada.
>
> 2. As empresas poderão isentar-se da responsabilidade solidária, especialmente as construtoras, em relação às faturas, notas de serviços, recibos ou documentos equivalentes que pagarem por tarefas subempreitadas, de obras a seu cargo, desde que façam o subempreiteiro recolher, previamente, quando do recebimento da fatura, o valor fixado pela Previdência Social, relativamente ao percentual devido como contribuições previdenciárias e de seguro de acidentes do trabalho, incidente sobre a mão de obra inclusa no citado documento. Interpretação do sistema legal fixado sobre a matéria.
>
> 3. Inexistência de provas de que as contribuições discutidas foram recolhidas.
>
> 4. Recurso não provido.[164]

Improcede aplicar, portanto, a Súmula nº 126 do extinto Tribunal Federal de Recursos, segundo a qual, "na cobrança de crédito previdenciário, proveniente da execução de contrato de construção de obra, o proprietário, dono da obra ou condômino de unidade imobiliária, somente será acionado quando não for possível lograr do construtor, através de execução contra ele intentada a respectiva liquidação". Hodiernamente, a mesma está superada.[165]

Não se considera cessão de mão de obra a contratação de construção civil em que a empresa construtora assuma a responsabilidade direta e total pela obra.

O executor da obra deverá elaborar, distintamente para cada estabelecimento ou obra de construção civil da empresa contratante, folha de pagamento, Guia de Recolhimento do Fundo de Garantia do Tempo de Serviço e Informações à Previdência Social e Guia da Previdência Social, cujas cópias deverão ser exigidas

---

[164] STJ, REsp nº 376318, *DJ* 18 mar. 2002.

[165] Nesse sentido: STJ, AgRg nos EREsp nº 707406, *DJ* 9 set. 2008.

pela empresa contratante quando da quitação da nota fiscal ou fatura, juntamente com o comprovante de entrega daquela Guia.

A responsabilidade solidária será elidida:

I – pela comprovação, como previsto acima, do recolhimento das contribuições incidentes sobre a remuneração dos segurados, incluída em nota fiscal ou fatura correspondente aos serviços executados, quando corroborada por escrituração contábil.

II – pela comprovação do recolhimento das contribuições incidentes sobre a remuneração dos segurados, aferidas indiretamente nos termos, forma e percentuais previstos pelo INSS.

III – pela comprovação do recolhimento da retenção permitida.

Considera-se construtor a pessoa física ou jurídica que executa obra sob sua responsabilidade, no todo ou em parte.

Exclui-se da responsabilidade solidária perante a seguridade social o adquirente de prédio ou unidade imobiliária que realize a operação com empresa de comercialização ou com incorporador de imóveis definido na Lei nº 4.591/64, ficando estes solidariamente responsáveis com o construtor.

Nenhuma contribuição é devida à seguridade social se a construção residencial for unifamiliar, com área total não superior a 70 metros quadrados, destinada a uso próprio, do tipo econômico e tiver sido executada sem a utilização de mão de obra assalariada.[166]

Para fins de fiscalização de qualquer incidência tributária, o artigo 50 da Lei nº 8.212/91 determina que o município, por intermédio do órgão competente, fornecerá relação de alvarás para construção civil e documentos de "habite-se" concedidos.

11.2.4 Operador portuário e o órgão gestor de mão de obra

O operador portuário e o órgão gestor de mão de obra são solidariamente responsáveis pelo pagamento das contribuições previdenciárias e demais obrigações, inclusive acessórias, devidas à seguridade social, arrecadadas pela União, relativamente à requisição de mão de obra de trabalhador avulso, vedada a invocação do benefício de ordem.

---

[166] Lei nº 8.212/91, art. 30, VIII c/c Decreto nº 3.048/99, art. 278.

11.2.5 Responsabilidade dos sócios

A questão da responsabilidade dos sócios tem gerado constantes alterações na jurisprudência. A esse respeito, reza o artigo 135 do Código Tributário Nacional:

> Art. 135. São pessoalmente responsáveis pelos créditos correspondentes a obrigações tributárias resultantes de atos praticados com excesso de poderes ou infração de lei, contrato social ou estatutos:
>
> I – as pessoas referidas no inciso anterior;
>
> II – os mandatários, prepostos e empregados;
>
> III – os diretores, gerentes ou representantes de pessoas jurídicas de direito privado.

Fundamentado nessa disposição legal, sempre defendemos que o não recolhimento de contribuições previdenciárias na época própria implicava infração de lei, o que determinava a responsabilidade solidária dos sócios e da empresa – embora responsabilidade de natureza subsidiária, pois os sócios não poderiam ser chamados ao cumprimento da obrigação tributária antes do esgotamento da execução contra a empresa –, pois se a legislação tributária determina, por exemplo, o recolhimento do tributo no dia 20 do mês seguinte ao da competência e, ultrapassado esse dia – sendo útil –, o contribuinte não efetiva o recolhimento, é de ser perguntado: o destinatário da norma legal cumpriu o seu comando? Não! Então, evidentemente, existiu infração à lei, nascendo daí a sua responsabilidade tributária. No caso das contribuições de seguridade social, essa interpretação ainda está conforme o princípio da solidariedade contributiva, previsto no *caput* do artigo 195 da Constituição Federal.

Nesse sentido, já afirmamos:

> A interpretação que busca a responsabilidade pessoal dos sócios na hipótese de não recolhimento de contribuições sociais pela empresa, e na impossibilidade de cobrança desta, seja por inexistência de bens ou da própria pessoa jurídica, dá força ao princípio constitucional e lhe dá maior eficácia, pois reconhece que a determinação da Lei Fundamental é no sentido de que todos devem financiar a Seguridade Social, e não *todos menos os sócios*.[167]

Pois bem, esse era o entendimento majoritário na jurisprudência, inclusive no âmbito do Tribunal Regional Federal da 4ª Região, como demonstra o seguinte julgado proferido em sede de embargos infringentes que tivemos oportunidade de defender da tribuna:

---

[167] *Responsabilidade dos sócios pelo recolhimento de contribuições previdenciárias*, p. 98.

Ementa: RESPONSABILIDADE DO SÓCIO-GERENTE, DIRETOR OU REPRESENTANTE DA PESSOA JURÍDICA. NÃO RECOLHIMENTO DO TRIBUTO. INFRAÇÃO À LEI. ART. 135 DO CTN.

Constitui infração à lei o não pagamento de dívida fiscal regularmente constituída ou no prazo consignado pela legislação atinente. Assim, de acordo com art. 135 do CTN, o sócio-gerente, diretor ou representante da pessoa jurídica é sujeito passivo da obrigação, por substituição, respondendo seus bens particulares pelo débito tributário contemporâneo à sua administração.[168]

O mesmo entendimento era compartilhado pelo Superior Tribunal de Justiça, nesses termos:

Ementa: TRIBUTÁRIO – EXECUÇÃO FISCAL – INCLUSÃO DOS SÓCIOS DA EMPRESA NO POLO PASSIVO DA AÇÃO – RESPONSABILIDADE DOS SÓCIOS PELA PRÁTICA DE INFRAÇÃO À LEI (NO RECOLHIMENTO DO ICMS) QUANDO NO EXERCÍCIO DA GERÊNCIA DA EXECUTADA – PRECEDENTES JURISPRUDENCIAIS.

I – Consoante jurisprudência pacífica deste STJ, os sócios gerentes são responsáveis pela dívida tributária da empresa, resultante de atos praticados com infração à lei, a exemplo do não recolhimento do ICMS devido.

II – Quem, na condição de gerente da empresa, deixa de recolher tributos devidos pela sociedade, pode figurar no polo passivo da execução fiscal contra ela ajuizada.

III – Recurso provido.[169]

Posteriormente, o entendimento foi alterado no sentido de que o simples não recolhimento de tributos na época própria não constitui infração à lei, conforme demonstra o seguinte julgado:

Ementa: TRIBUTÁRIO E PROCESSUAL CIVIL – EXECUÇÃO FISCAL – SÓCIO-GERENTE – RESPONSABILIDADE TRIBUTÁRIA – FALÊNCIA – EXIGUIDADE DE BENS – REDIRECIONAMENTO.

1. Nesta Corte o entendimento é de que o simples inadimplemento da obrigação tributária não enseja a responsabilidade solidária do sócio-gerente, nos termos do art. 135, III, do CTN.

2. A falência não configura modo irregular de dissolução da sociedade, pois além de estar prevista legalmente, consiste numa faculdade estabelecida em favor do comerciante impossibilitado de honrar os compromissos assumidos.

3. Em qualquer espécie de sociedade comercial, é o patrimônio social que responde sempre e integralmente pelas dívidas sociais. Com a quebra, a massa falida responde pelas obrigações a cargo da pessoa jurídica até o encerramento da falência, só

---

168 TRF4, EIAC nº 1998.04.01.027536-0, *DJU* 22 set. 1999.

169 STJ, REsp nº 291617, *DJ* 11 jun. 2001.

estando autorizado o redirecionamento da execução fiscal caso fique demonstrada a prática pelo sócio de ato ou fato eivado de excesso de poderes ou de infração de lei, contrato social ou estatutos.

4. Recurso especial provido.[170]

Por outro lado, o artigo 13 da Lei nº 8.620/93 determinou que:

Art. 13. O titular da firma individual e os sócios das empresas por cotas de responsabilidade limitada respondem solidariamente, com seus bens pessoais, pelos débitos junto à Seguridade Social.

Parágrafo único. Os acionistas controladores, os administradores, os gerentes e os diretores respondem solidariamente e subsidiariamente, com seus bens pessoais, quanto ao inadimplemento das obrigações para com a Seguridade Social, por dolo ou culpa.

A Corte Especial do Tribunal Regional Federal da 4ª Região, no julgamento da arguição de inconstitucionalidade nº 1999.04.01.096481-9, declarou a inconstitucionalidade da expressão "e os sócios das empresas por cotas de responsabilidade limitada", em julgado assim ementado:

Ementa: ARGUIÇÃO DE INCONSTITUCIONALIDADE. ART. 13 DA LEI Nº 8.620/93. É inconstitucional o artigo 13 da Lei nº 8.620/93 na parte em que estabelece: "e os sócios das empresas por cotas de responsabilidade limitada" por invadir área reservada à lei complementar, vulnerando, dessa forma, o art. 146, III, *b*, da Constituição Federal.[171]

Não obstante a decisão regional, o Superior Tribunal de Justiça aplicava reiteradamente a norma legal em comento, como demonstra o seguinte julgado:

Ementa: TRIBUTÁRIO. EXECUÇÃO FISCAL. RESPONSABILIDADE PESSOAL DO SÓCIO-COTISTA. DÉBITOS DA SEGURIDADE SOCIAL CONTRAÍDOS PELA SOCIEDADE. LEI 8.620/93, ART. 13. RESPONSABILIDADE SOLIDÁRIA. APLICABILIDADE, POR SER A DÍVIDA POSTERIOR À SUA EDIÇÃO.

1. Há que distinguir, para efeito de determinação da responsabilidade do sócio por dívidas tributárias contraídas pela sociedade, os débitos para com a Seguridade Social, decorrentes do descumprimento de obrigações previdenciárias

2. Por esses débitos, dispõe o art. 13 da Lei 8.620/93 que "os sócios das empresas por cotas de responsabilidade limitada respondem solidariamente, com seus bens pessoais". Trata-se de responsabilidade fundada no art. 124, II, do CTN, não havendo cogitar, por essa razão, da necessidade de comprovação, pelo credor exequente, de

[170] STJ, REsp nº 697115, *DJ* 27 jun. 2005. No mesmo sentido: STJ, REsp nº 1004908, *DJ* 21 maio 2008.

[171] TRF 4, *DJ* 16 ago. 2000.

que o não recolhimento da exação decorreu de ato praticado com violação à lei, ou de que o sócio deteve a qualidade de dirigente da sociedade devedora.

3. Cumpre salientar que o prosseguimento da execução contra o sócio-cotista, incluído no rol dos responsáveis tributários, fica limitado aos débitos da sociedade no período posterior à Lei 8.620/93.

4. No caso dos autos, o débito objeto da execução refere-se à contribuição previdenciária de junho de 1997, razão pela qual é viável a responsabilização dos sócios de acordo com a disciplina introduzida pela Lei 8.620/93.

5. Recurso especial a que se dá provimento.[172]

Assim, em relação ao sócio cotista e ao titular de firma individual, o não recolhimento de contribuições previdenciárias na época própria implicava sua responsabilidade subsidiária em relação à empresa, não obstante a lei refira à "responsabilidade solidária".

Posteriormente, o Superior Tribunal de Justiça mudou seu entendimento no seguinte sentido:

TRIBUTÁRIO – EXECUÇÃO FISCAL – CONTRIBUIÇÕES PREVIDENCIÁRIAS – REDIRECIONAMENTO – ART. 13 DA LEI Nº 8.620/93 – RESPONSABILIDADE SOLIDÁRIA – INTERPRETAÇÃO DO ART. 135, III, DO CTN.

1. O Superior Tribunal de Justiça firmou o entendimento no sentido de que, mesmo em relação aos débitos para com a Seguridade Social, a responsabilidade pessoal dos sócios, prevista no art. 13 da Lei nº 8.620/93, configura-se somente quando atendidos os requisitos estabelecidos no art. 135, III, do CTN.

2. Recurso especial não provido.[173]

Dessa forma, a responsabilidade dos sócios com fundamento nos artigos 135 do Código Tributário Nacional ou 13 da Lei nº 8.620/93 somente será possível caso fique demonstrada a prática de ato ou fato eivado de excesso de poderes ou de infração de lei, contrato social ou estatutos, o que dificilmente será alcançado pelo Fisco.

A Lei nº 11.941/09 acabou por revogar o artigo 13 da Lei nº 8.620/93.

Cabe ressaltar que o Supremo Tribunal Federal ainda não decidiu a matéria relativa ao disposto no artigo 13 da Lei nº 8.620/93, mas reconheceu sua repercussão geral no seguinte julgado:

[172] STJ, REsp nº 652750, *DJ* 6 set. 2004.

[173] STJ, REsp nº 953993, *DJ* 26 maio 2008.

> CONTRIBUIÇÃO PARA A SEGURIDADE SOCIAL – ARTIGO 13 DA LEI Nº 8.620/93 – RESPONSABILIDADE SOLIDÁRIA DOS SÓCIOS – REPERCUSSÃO GERAL. Surge a repercussão geral da matéria veiculada no recurso extraordinário – a subsistência do artigo 13 da Lei nº 8.620/93, a prever a responsabilidade solidária dos sócios ante contribuição social devida por pessoa jurídica a revelar sociedade por cotas de responsabilidade limitada.[174]

Na hipótese de crime contra a seguridade social, o redirecionamento é possível, pois está configurada a infração à lei. Nesse sentido, o seguinte julgado:

> PROCESSUAL CIVIL. TRIBUTÁRIO. EXECUÇÃO FISCAL. PEDIDO DE REDIRECIONAMENTO. DÉBITOS PARA COM A SEGURIDADE SOCIAL. AUSÊNCIA DE PREQUESTIONAMENTO. SÚMULA Nº 282/STF. RECOLHIMENTO DE CONTRIBUIÇÃO DOS SALÁRIOS DOS EMPREGADOS NÃO REPASSADA AO INSS. INFRAÇÃO À LEI. ART. 135, DO CTN.
>
> [...]
>
> 4. Na espécie, constitui infração à lei e não em mero inadimplemento da obrigação tributária, a conduta praticada pelos sócios-gerentes que recolheram contribuições previdenciárias dos salários dos empregados da empresa executada (art. 20 da Lei nº 8.212/91) e não as repassaram ao INSS, pelo que se aplica o art. 135 do CTN.
>
> 5. Recurso especial conhecido em parte e não provido.[175]

Recentemente, a Lei Complementar nº 123/06 inovou acerca da responsabilidade dos sócios, nos termos de seu artigo 78, nesses termos:

> Art. 78. As microempresas e as empresas de pequeno porte que se encontrem sem movimento há mais de 3 (três) anos poderão dar baixa nos registros dos órgãos públicos federais, estaduais e municipais, independentemente do pagamento de débitos tributários, taxas ou multas devidas pelo atraso na entrega das respectivas declarações nesses períodos.
>
> § 1º Os órgãos referidos no *caput* deste artigo terão o prazo de 60 (sessenta) dias para efetivar a baixa nos respectivos cadastros.
>
> § 2º Ultrapassado o prazo previsto no § 1º deste artigo sem manifestação do órgão competente, presumir-se-á a baixa dos registros das microempresas e as das empresas de pequeno porte.
>
> § 3º A baixa, na hipótese prevista neste artigo ou nos demais casos em que venha a ser efetivada, inclusive naquele a que se refere o art. 9º desta Lei Complementar, não

---

[174] STF, RE nº 567932, *DJe* 13 fev. 2007. A revogação do artigo não implica perda de objeto do julgado, pois a norma jurídica vigorou de 1993 até 2008, ano da publicação da MP nº 449, convertida na Lei nº 11.941/09.

[175] STJ, REsp nº 989724, *DJ* 3 mar. 2008.

impede que, posteriormente, sejam lançados ou cobrados impostos, contribuições e respectivas penalidades, decorrentes da simples falta de recolhimento ou da prática, comprovada e apurada em processo administrativo ou judicial, de outras irregularidades praticadas pelos empresários, pelas microempresas, pelas empresas de pequeno porte ou por seus sócios ou administradores, reputando-se como solidariamente responsáveis, em qualquer das hipóteses referidas neste artigo, os titulares, os sócios e os administradores do período de ocorrência dos respectivos fatos geradores ou em períodos posteriores.

§ 4º Os titulares ou sócios também são solidariamente responsáveis pelos tributos ou contribuições que não tenham sido pagos ou recolhidos, inclusive multa de mora ou de ofício, conforme o caso, e juros de mora.

Dessa forma, cumprido o disposto no artigo 146, III, *b*, da Constituição Federal, a partir da publicação da LC nº 123/06, os sócios respondem solidariamente pelas contribuições previdenciárias não recolhidas no prazo legal.[176]

11.2.6 Dirigente da Administração Pública

O artigo 41 da Lei nº 8.212/91 determinava que o dirigente de órgão ou entidade da administração federal, estadual, do Distrito Federal ou municipal respondia pessoalmente pela multa aplicada por infração de dispositivos daquela lei e do seu regulamento, sendo obrigatório o respectivo desconto em folha de pagamento, mediante requisição dos órgãos competentes e a partir do primeiro pagamento que se seguir à requisição. Essa disposição legal, laborando em excesso, acabou por instituir responsabilidade objetiva desses agentes públicos, o que foi sistematicamente rechaçado pelos Tribunais:

> Ementa: TRIBUTÁRIO. EXECUÇÃO FISCAL. RESPONSABILIDADE PESSOAL DE PREFEITO. OBRIGAÇÃO INSTITUÍDA NO ARTIGO 50, DA LEI 8.212/91. ARTIGO 137, DO CTN.
>
> 1. O artigo 137, I, do CTN, exclui expressamente a responsabilidade pessoal daqueles que agem no exercício regular do mandato, sobrepondo-se tal norma ao disposto nos artigos 41 e 50, da Lei 8.212/91. Em consequência, não pode o Prefeito ser executado diretamente pelo descumprimento da obrigação acessória prevista no referido artigo 50.
>
> 2. Precedente específico da Primeira Turma.
>
> 3. Recurso não provido.[177]

---

[176] CF. Art. 146. Cabe à lei complementar: III – estabelecer normas gerais em matéria de legislação tributária, especialmente sobre: (b) obrigação, lançamento, crédito, prescrição e decadência tributários;

[177] STJ, REsp nº 236902, *DJ* 11 mar. 2002.

A Lei nº 9.476/97 concedeu anistia aos agentes políticos e aos dirigentes de órgãos públicos estaduais, do Distrito Federal e municipais, a quem foram impostas penalidades pecuniárias pessoais em decorrência do disposto no artigo 41 da Lei nº 8.212/91, transformando em letra morta a redação deste dispositivo legal e a Lei nº 11.941/09 acabou por revogá-lo.

11.2.7 Administradores de autarquias e fundações públicas

Os administradores de autarquias e fundações públicas, criadas e mantidas pelo Poder Público, de empresas públicas e de sociedades de economia mista sujeitas ao controle da União, dos Estados, do Distrito Federal ou dos Municípios, que se encontrarem em mora, por mais de 30 dias, no recolhimento das contribuições previstas na Lei nº 8.212/91, tornam-se solidariamente responsáveis pelo respectivo pagamento, ficando ainda sujeitos às proibições do artigo 1º e às sanções dos artigos 4º e 7º do Decreto-lei nº 368/68, conforme determina o artigo 42 da Lei nº 8.212/91.

11.3 Obrigações acessórias

Nos termos do artigo 113 do Código Tributário Nacional, a obrigação tributária é principal ou acessória.

A obrigação principal surge com a ocorrência do fato gerador, tem por objeto o pagamento de tributo ou penalidade pecuniária e extingue-se juntamente com o crédito dela decorrente.

A obrigação acessória, por outro lado, decorre da legislação tributária e tem por objeto as prestações, positivas ou negativas, nela previstas no interesse da arrecadação ou da fiscalização dos tributos. A obrigação acessória, pelo simples fato da sua inobservância, converte-se em obrigação principal relativamente à penalidade pecuniária.

A obrigação principal é uma obrigação de dar, cujo objeto é de natureza patrimonial. A obrigação acessória, por outro lado, é uma obrigação de fazer, onde o objeto é de natureza não patrimonial, mas, inadimplida a obrigação acessória, converte-se em obrigação principal, de natureza patrimonial.

A legalidade em matéria tributária diz respeito à determinação dos sujeitos ativo e passivo, base de cálculo, alíquota e fato gerador, não à instituição de obrigações acessórias, as quais podem ser veiculadas pela legislação tributária que, nos termos do artigo 96 do Código Tributário Nacional, compreende não só as leis, mas também os tratados e as convenções internacionais, os decretos e as normas complementares que versem, no todo ou em parte, sobre tributos e relações jurídicas a eles pertinentes. Nesse sentido, o seguinte julgado que entendeu legítima a instituição de obrigação acessória por meio de Portaria Estadual:

> Ementa: TRIBUTÁRIO. MANDADO DE SEGURANÇA. ICMS. PEDIDO DE AUTORIZAÇÃO DE CRÉDITO (PAC) E PEDIDO DE UTILIZAÇÃO DE CRÉDITO (PUC).
>
> 1. A exigência de preenchimento, pelo contribuinte, de formulários de pedidos de autorização e utilização de créditos do ICMS é legal.
>
> 2. Pode o Estado criar obrigação acessória, com o fim de exercer suas funções de controle e fiscalização.
>
> 3. Recurso ordinário improvido.[178]

Em direito tributário, as obrigações acessórias são instituídas para garantir o cumprimento da obrigação principal. Existem em função da obrigação principal, mas não dependem desta, ou seja, pode haver obrigação acessória sem que haja obrigação principal, tal como acontece nas entidades beneficentes de assistência social imunes, como veremos mais adiante. Essas entidades gozam de imunidade em relação a certas contribuições, mas não podem deixar de cumprir as obrigações acessórias que lhe são impostas, mesmo dispensadas do cumprimento da obrigação principal. Em razão disso, alguns autores preferem a expressão *deveres instrumentais* ao invés de obrigações acessórias.

O artigo 32 da Lei nº 8.212/91 prevê as seguintes obrigações acessórias para a empresa:

I – preparar folhas-de-pagamento das remunerações pagas ou creditadas a todos os segurados a seu serviço, de acordo com os padrões e normas estabelecidos pelo órgão competente da seguridade social;

II – lançar mensalmente em títulos próprios de sua contabilidade, de forma discriminada, os fatos geradores de todas as contribuições, o montante das quantias descontadas, as contribuições da empresa e os totais recolhidos;

III – prestar à Secretaria da Receita Federal do Brasil todas as informações cadastrais, financeiras e contábeis de seu interesse, na forma por ela estabelecida, bem como os esclarecimentos necessários à fiscalização;

IV – declarar à Secretaria da Receita Federal do Brasil e ao Conselho Curador do Fundo de Garantia do Tempo de Serviço – FGTS, na forma, prazo e condições estabelecidos por esses órgãos, dados relacionados a fatos geradores, base de cálculo e valores devidos da contribuição pre-

[178] STJ, RMS nº 17940, *DJ* 20 set. 2004.

videnciária e outras informações de interesse do INSS ou do Conselho Curador do FGTS.

A declaração de que trata o inciso IV constitui instrumento hábil e suficiente para a exigência do crédito tributário, e suas informações comporão a base de dados para fins de cálculo e concessão dos benefícios previdenciários, ou seja, o Cadastro Nacional de Informações Sociais – CNIS.

Essa declaração deverá ser apresentada ainda que não ocorram fatos geradores de contribuição previdenciária. A não apresentação impede a expedição da certidão de prova de regularidade fiscal perante a Fazenda Nacional.

Com a unificação dos Fiscos, houve também a unificação das certidões negativas de débito relativamente à previdência social e à União. Essa novidade veio com a Lei nº 11.941/09. Antigamente, a declaração denominava-se GFIP – Guia de Recolhimento do Fundo de Garantia do Tempo de Serviço e Informações à Previdência Social. A GFIP, assim como o novo documento, já dispensava a constituição do crédito tributário por meio do processo administrativo fiscal, pois era equiparada à confissão de dívida:

> Ementa: TRIBUTÁRIO. TRIBUTOS SUJEITOS A LANÇAMENTO POR HOMOLOGAÇÃO, DECLARADOS E NÃO PAGOS PELO CONTRIBUINTE. NASCIMENTO DO CRÉDITO TRIBUTÁRIO. CERTIDÃO NEGATIVA DE DÉBITO.
>
> 1. Os tributos sujeitos ao lançamento por homologação constituem regra tributária na legislação brasileira. Sua forma de apuração, em linhas gerais, se dá a partir da iniciativa do contribuinte que, observando o prazo e forma de recolhimento legalmente previstos, calcula o montante por ele devido e efetua o pagamento, independentemente de ato prévio da autoridade administrativa, a quem a lei outorga o poder-dever de fiscalizar a atuação do sujeito passivo, concedendo-lhe, para tanto, o prazo de cinco anos para aferição da exatidão do pagamento.
>
> 2. Consequentemente, nos tributos sujeitos a lançamento por homologação o crédito tributário nasce, por força de lei, com o fato gerador, e sua exigibilidade não se condiciona a ato prévio levado a efeito pela autoridade fazendária.
>
> 3. Declarado o débito e efetivado o pagamento, ainda que a menor, não se afigura legítima a recusa, pela autoridade fazendária, da expedição de CND antes da apuração prévia do montante a ser recolhido. Isto porque, conforme dispõe a legislação tributária, o valor remanescente, não pago pelo contribuinte, pode ser objeto de apuração mediante lançamento.
>
> 4. Diversa é a hipótese como a dos autos em que apresentada declaração ao Fisco, por parte do contribuinte, confessando a existência de débito e não efetuado o correspondente pagamento, interdita-se legitimamente a expedição de Certidão Negativa de Débito.

5. Isto porque a GFIP é instrumento de declaração e confissão de dívida tributária, com obrigação acessória para o contribuinte de apresentá-lo mensalmente, declarando o valor a ser recolhido, informação esta que vai ser objeto de batimento entre o valor declarado e o recolhido. Feito o batimento, a correspondência configurará indício de regularidade, sem prejuízo de apuração de crédito devido a menor ou a maior em eventual fiscalização; a verificação de não pagamento ou de pagamento a menor importará em normal inscrição do crédito em Dívida Ativa, como antecedente necessário à cobrança judicial, sem a necessidade de formalização de processo físico de lançamento pelo Fisco Previdenciário.

6. A admissão do Recurso Especial pela alínea *c* exige a comprovação do dissídio na forma prevista pelo RISTJ, com a demonstração das circunstâncias que assemelham os casos confrontados, não bastando, para tanto, a simples transcrição das ementas dos paradigmas.

7. Recurso Especial parcialmente conhecido e, nessa parte, provido.[179]

Em relação aos créditos tributários, os documentos comprobatórios do cumprimento das obrigações acessórias devem ficar arquivados na empresa até que ocorra a prescrição relativa aos créditos decorrentes das operações a que se refiram.

Nos termos do artigo 32-A da Lei nº 8.212/91, o contribuinte que deixar de apresentar a declaração no prazo fixado ou que a apresentar com incorreções ou omissões será intimado a apresentá-la ou a prestar esclarecimentos e sujeitar-se-á às seguintes multas:

I – de R$ 20,00 para cada grupo de 10 informações incorretas ou omitidas; e

II – de 2% ao mês-calendário ou fração, incidentes sobre o montante das contribuições informadas, ainda que integralmente pagas, no caso de falta de entrega da declaração ou entrega após o prazo, limitada a 20%. Para efeito de aplicação desta multa, será considerado como termo inicial o dia seguinte ao término do prazo fixado para entrega da declaração e como termo final a data da efetiva entrega ou, no caso de não apresentação, a data da lavratura do auto de infração ou da notificação de lançamento.

As multas serão reduzidas:

I – à metade, quando a declaração for apresentada após o prazo, mas antes de qualquer procedimento de ofício; ou

[179] STJ, REsp nº 666198, *DJ* 28 mar. 2005.

II – a 75%, se houver apresentação da declaração no prazo fixado em intimação.

Em qualquer caso, a multa mínima a ser aplicada será de:

I – R$ 200,00, tratando-se de omissão de declaração sem ocorrência de fatos geradores de contribuição previdenciária; e

II – R$ 500,00, nos demais casos.

11.4 Da competência para arrecadar e fiscalizar

Ao INSS competia arrecadar, fiscalizar, lançar e normatizar o recolhimento das contribuições sociais das empresas, incidentes sobre a remuneração paga ou creditada aos segurados a seu serviço; dos empregadores domésticos; e dos trabalhadores, incidentes sobre o seu salário-de-contribuição, bem como as contribuições incidentes a título de substituição; e à Secretaria da Receita Federal competia arrecadar, fiscalizar, lançar e normatizar o recolhimento das contribuições sociais das empresas, incidentes sobre faturamento e lucro; e as incidentes sobre a receita de concursos de prognósticos. Agora, com a criação da Secretaria da Receita Federal do Brasil pela Lei nº 11.457/07, novo órgão que abrange as antigas Receita Federal e Receita Previdenciária, compete a essa nova instituição planejar, executar, acompanhar e avaliar as atividades relativas à tributação, à fiscalização, à arrecadação, à cobrança e ao recolhimento de todas as contribuições sociais de seguridade social.

É prerrogativa da Secretaria da Receita Federal do Brasil, por intermédio dos Auditores-Fiscais da Receita Federal do Brasil, o exame da contabilidade das empresas, ficando obrigados a prestar todos os esclarecimentos e informações solicitados o segurado e os terceiros responsáveis pelo recolhimento das contribuições previdenciárias e das contribuições devidas a outras entidades e fundos.

A empresa, o segurado da previdência social, o serventuário da Justiça, o síndico ou seu representante, o comissário e o liquidante de empresa em liquidação judicial ou extrajudicial são obrigados a exibir todos os documentos e livros relacionados com as contribuições de seguridade social.

11.4.1 Da aferição indireta

Não havendo contabilidade formalizada, o Fisco pode constituir o crédito tributário por meio da aferição indireta, nas seguintes situações:

1. Ocorrendo recusa ou sonegação de qualquer documento ou informação, ou sua apresentação deficiente. Nesse caso, a Receita Federal do Brasil

pode, sem prejuízo da penalidade cabível, inscrever de ofício importância que reputar devida, cabendo à empresa ou ao segurado o ônus da prova em contrário.

2. Na falta de prova regular e formalizada pelo sujeito passivo, o montante dos salários pagos pela execução de obra de construção civil pode ser obtido mediante cálculo da mão de obra empregada, proporcional à área construída, de acordo com critérios estabelecidos pela Secretaria da Receita Federal do Brasil, cabendo ao proprietário, dono da obra, condômino da unidade imobiliária ou empresa corresponsável o ônus da prova em contrário.
3. Irregularidade substancial. Se, no exame da escrituração contábil e de qualquer outro documento da empresa, a fiscalização constatar que a contabilidade não registra o movimento real de remuneração dos segurados a seu serviço, do faturamento e do lucro, serão apuradas, por aferição indireta, as contribuições efetivamente devidas, cabendo à empresa o ônus da prova em contrário.

A sistemática da aferição indireta configura norma de exceção, não podendo ser adotada indiscriminadamente pelo Fisco. Nesse sentido, têm decidido os Tribunais:

> Ementa: TRIBUTÁRIO. EXECUÇÃO FISCAL. EMBARGOS. CAPACIDADE DO AGENTE FISCAL. CONTRIBUIÇÃO PREVIDENCIÁRIA. AFERIÇÃO INDIRETA.
>
> – A legislação instituidora da carreira de fiscal previdenciário não exige que este tenha diploma de contador, mas sim que possua certificado de colação de grau em nível superior e que seja aprovado em concurso público regularmente realizado para tal fim.
>
> – A aferição indireta é providência excepcional, que representa uma ruptura na sistemática de determinação do valor da obrigação tributária. Por isso, a lei condiciona a sua aplicação à presença de irregularidade.
>
> – Devidamente demonstradas irregularidades substanciais na escrita contábil, é cabível o arbitramento da mão de obra utilizada na empresa, a teor do que dispõe o § 6º do art. 33 da Lei 8.212/91.[180]

11.4.2 Presunção de desconto

O artigo 33, § 5º, da Lei nº 8.212/91 estipula que o desconto da contribuição e da consignação legalmente determinado sempre se presumirá feito, oportuna e regularmente, pela empresa, pelo empregador doméstico, pelo adquirente,

[180] TRF4, AC nº 200104010637313, *DJU* 30 mar. 2005.

consignatário e cooperativa a isso obrigados, não lhes sendo lícito alegarem qualquer omissão para se eximirem do recolhimento, ficando os mesmos diretamente responsáveis pelas importâncias que deixarem de descontar ou tiverem descontado em desacordo com a lei.

Discorrendo sobre essa norma jurídica, Carlos Alberto P. de Castro e João Batista Lazzari afirmam:

> Processa-se, assim, a responsabilidade por substituição, instituto muito utilizado no Direito Tributário, segundo o qual o órgão tributante desloca a responsabilidade para outra pessoa que não o contribuinte (CTN, art. 128), caso típico do imposto sobre a renda a ser retido na fonte. Segundo esta norma, a empresa é diretamente responsável pelo recolhimento das contribuições de seus empregados, além de já o ser pelo recolhimento de suas próprias contribuições. Ou seja, se uma empresa não faz a dedução, na remuneração de seus empregados, da contribuição social que os mesmos devem recolher, e, consequentemente, não faz o recolhimento das mesmas à Autarquia Previdenciária, esta, ao observar a conduta ilegal, por meio da fiscalização, irá exigir as contribuições não mais dos empregados, mas do empregador, responsável que é por cumprir a obrigação legal.[181]

Ainda, como ensina Andrei Pitten Velloso, a presunção em estudo é absoluta, não admitindo prova em contrário.[182]

11.4.3 Constituição do crédito da seguridade social

De acordo com o artigo 33, § 7º, da Lei nº 8.212/91, o crédito da seguridade social é constituído por meio de notificação de lançamento, de auto de infração e de confissão de valores devidos e não recolhidos pelo contribuinte.

11.5 Das contribuições pagas com atraso

11.5.1 Da multa

A Lei nº 11.941/09 unificou o tratamento dado às contribuições pagas com atraso, revogando o artigo 34 da Lei nº 8.212/91 e dando nova redação ao artigo 35 da mesma lei. A partir de então, a sistemática é aquela prevista no artigo 61 da Lei nº 9.430/96, nada importando se o débito é decorrente de contribuições previdenciárias, antes arrecadadas pelo INSS, ou das demais contribuições de seguridade social, desde o início arrecadadas diretamente pela União.

---

[181] *Manual de direito previdenciário*, p. 323.

[182] Cf. VELLOSO, Andrei Pitten; ROCHA, Daniel Machado da; BALTAZAR JÚNIOR, José Paulo. *Comentários à lei do custeio da seguridade social*, p. 264.

Nos termos do artigo 61 da Lei nº 9.430/96, os débitos para com a União, decorrentes de tributos e contribuições administrados pela Secretaria da Receita Federal, cujos fatos geradores ocorrerem a partir de 1º.1.97, não pagos nos prazos previstos na legislação específica, serão acrescidos de multa de mora, calculada à taxa de 0,33% por dia de atraso. A multa será calculada a partir do primeiro dia subsequente ao do vencimento do prazo previsto para o pagamento do tributo ou da contribuição até o dia em que ocorrer o seu pagamento e seu percentual fica limitado a 20%. Além da multa, incidirão juros de mora calculados à taxa SELIC, a partir do primeiro dia do mês subsequente ao vencimento do prazo até o mês anterior ao do pagamento e de 1% no mês de pagamento.[183]

---

[183] Acerca da redação anterior dos artigos 34 e 35 da Lei nº 8.212/91, escrevemos na edição anterior deste Curso: "Na dicção do artigo 34 da Lei nº 8.212/91, as contribuições sociais e outras importâncias arrecadadas, incluídas ou não em notificação fiscal de lançamento, pagas com atraso, objeto ou não de parcelamento, ficam sujeitas aos juros equivalentes à taxa Selic, prevista na Lei nº 9.065/95, incidentes sobre o valor atualizado. A incidência da taxa Selic ocorre apenas a partir de janeiro de 1996. Antes disso, conforme a jurisprudência do Superior Tribunal de Justiça, 'a correção monetária deverá incidir [...] mediante aplicação do IPC, INPC, UFIR [...]' (STJ, REsp nº 664.835, *DJ* 21.3.05).

O percentual dos juros moratórios relativos aos meses de vencimentos ou pagamentos das contribuições corresponderá a um por cento. Dessa forma, os juros incidem sobre o valor atualizado, da seguinte forma:

a) um por cento no mês do vencimento, quando a contribuição deveria ter sido paga e não foi;

b) taxa SELIC nos meses intermediários; e

c) um por cento no mês do pagamento.

O Superior Tribunal de Justiça tem entendimento no sentido da legitimidade da incidência da SELIC, conforme o seguinte julgado:

Ementa: TRIBUTÁRIO. EMBARGOS DE DIVERGÊNCIA NO RECURSO ESPECIAL INTERPOSTO CONTRA ACÓRDÃO DA 2ª TURMA QUE CONCLUIU PELA NÃO INCIDÊNCIA DA TAXA SELIC (LEI 9.250/95) EM REPETIÇÃO DE INDÉBITO DE VALORES RECOLHIDOS INDEVIDAMENTE AO PIS. RECURSO PROVIDO PARA MODIFICAR O ACÓRDÃO EMBARGADO.

1. O parágrafo 4º, do artigo 39, da Lei nº 9.250/95 dispõe que a compensação ou restituição será acrescida de juros equivalentes à taxa SELIC, calculados a partir de 1º de janeiro de 1996 até o mês anterior ao da compensação ou restituição. A *fortiori*, os valores recolhidos indevidamente devem sofrer a incidência de juros de mora até a aplicação da TAXA SELIC. Consectariamente, os juros de mora devem ser aplicados no percentual de 1% (um por cento) ao mês, com incidência a partir do trânsito em julgado da decisão. Todavia, os juros pela taxa Selic devem incidir somente a partir de 1º/1/96. Decisão que ainda não transitou em julgado implica a incidência, apenas, da taxa SELIC.

2. Destarte, a restituição a que se refere a Lei 9.250/95 não é senão a consequência do pedido de repetição.

3. Aliás, o próprio CTN no seu art. 167 que deu ensejo à Súmula 188 E. S.T.J. que versa o termo *a quo* dos juros na repetição, refere-se à repetição do indébito como 'restituição'. Em assim sendo, impõe-se a higidez da novel legislação (Lei 9.250/95) que é claríssima em seu § 4º, e que mantém-se em vigor até a sua declaração difusa ou concentrada de inconstitucionalidade.

4. Deveras, aplicar a taxa Selic para os créditos da Fazenda e inaplicá-la para as restituições viola o princípio isonômico e o da legalidade, posto causar privilégio não previsto em lei.
5. O eventual confronto entre o CTN e a Lei 9.250/95 implica em manifestação de inconstitucionalidade inexistente, por isso que, vetar a Taxa Selic implica em negar vigência à lei, vício *in judicando* que ao STJ cabe coibir.

6. É assente nas Turmas de Direito Público, com ressalvas minoritárias, que na repetição do indébito, os juros Selic são contados a partir da data da entrada em vigor da lei que determinou a sua incidência do campo tributário (art. 39, parágrafo 4º, da Lei 9.250/95).

7. Deveras, a imputação de juros em débitos tributários ou em créditos da mesma origem prescinde de lei complementar para instituí-la, conforme resta evidente do art. 146, III, da CF, ressoando a fixação dos juros como intervenção estatal no domínio econômico.

8. Sedimentou-se, assim, a tese vencedora de que o termo *a quo* para a aplicação da taxa de juros Selic em repetição de indébito é a data da entrada em vigor da lei que determinou a sua incidência no campo tributário, consoante dispõe o art. 39, parágrafo 4º, da lei 9.250/95.

9. Embargos de divergência acolhidos. (STJ, EREsp nº 291257, *DJ* 6.9.04).

Além da incidência da Selic, sobre as contribuições de seguridade social em atraso, arrecadadas pela União, incidirá multa de mora, nos termos do artigo 35 da Lei nº 8.212/91, segundo três situações distintas – pagamento, após o vencimento de obrigação não incluída em notificação fiscal de lançamento; pagamento de créditos incluídos em notificação fiscal de lançamento, e; pagamento do crédito inscrito em Dívida Ativa –, nos seguintes termos:

I – para pagamento, após o vencimento de obrigação não incluída em notificação fiscal de lançamento:

a) oito por cento, dentro do mês de vencimento da obrigação;

b) quatorze por cento, no mês seguinte;

c) vinte por cento, a partir do segundo mês seguinte ao do vencimento da obrigação;

II – para pagamento de créditos incluídos em notificação fiscal de lançamento:

a) vinte e quatro por cento, em até quinze dias do recebimento da notificação;

b) trinta por cento, após o décimo quinto dia do recebimento da notificação;

c) quarenta por cento, após apresentação de recurso desde que antecedido de defesa, sendo ambos tempestivos, até quinze dias da ciência da decisão do Conselho de Recursos da Previdência Social – CRPS;

d) cinquenta por cento, após o décimo quinto dia da ciência da decisão do Conselho de Recursos da Previdência Social – CRPS, enquanto não inscrito em Dívida Ativa;

III – para pagamento do crédito inscrito em Dívida Ativa:

a) sessenta por cento, quando não tenha sido objeto de parcelamento;

b) setenta por cento, se houve parcelamento;

c) oitenta por cento, após o ajuizamento da execução fiscal, mesmo que o devedor ainda não tenha sido citado, se o crédito não foi objeto de parcelamento;

d) cem por cento, após o ajuizamento da execução fiscal, mesmo que o devedor ainda não tenha sido citado, se o crédito foi objeto de parcelamento.

Na hipótese de parcelamento ou reparcelamento, incidirá um acréscimo de vinte por cento sobre a multa referida acima. Havendo pagamento antecipado à vista, no todo ou em parte, do saldo devedor, esse acréscimo não incidirá sobre a multa correspondente à parte do pagamento que se efetuar. O valor do pagamento parcial, antecipado, do saldo devedor de parcelamento ou do reparcelamento somente poderá ser utilizado para quitação de parcelas na ordem inversa do

Havendo lançamento de ofício, ou seja, *ação fiscal* – designação dada à atuação da fiscalização –, aplica-se às contribuições recolhidas em atraso o disposto no artigo 44 da Lei nº 9.430/96, o qual impõe multas com maior rigor:

> Art. 44. Nos casos de lançamento de ofício, serão aplicadas as seguintes multas:
>
> I – de 75% (setenta e cinco por cento) sobre a totalidade ou diferença de imposto ou contribuição nos casos de falta de pagamento ou recolhimento, de falta de declaração e nos de declaração inexata;
>
> II – de 50% (cinquenta por cento), exigida isoladamente, sobre o valor do pagamento mensal:
>
> a) na forma do art. 8º da Lei nº 7.713, de 22 de dezembro de 1988, que deixar de ser efetuado, ainda que não tenha sido apurado imposto a pagar na declaração de ajuste, no caso de pessoa física;
>
> b) na forma do art. 2º desta Lei, que deixar de ser efetuado, ainda que tenha sido apurado prejuízo fiscal ou base de cálculo negativa para a contribuição social sobre o lucro líquido, no ano-calendário correspondente, no caso de pessoa jurídica.
>
> § 1º O percentual de multa de que trata o inciso I do *caput* deste artigo será duplicado nos casos previstos nos arts. 71, 72 e 73 da Lei nº 4.502, de 30 de novembro de 1964, independentemente de outras penalidades administrativas ou criminais cabíveis.
>
> § 2º Os percentuais de multa a que se referem o inciso I do *caput* e o § 1º deste artigo serão aumentados de metade, nos casos de não atendimento pelo sujeito passivo, no prazo marcado, de intimação para:
>
> I – prestar esclarecimentos;
>
> II – apresentar os arquivos ou sistemas de que tratam os arts. 11 a 13 da Lei nº 8.218, de 29 de agosto de 1991;
>
> III – apresentar a documentação técnica de que trata o art. 38 desta Lei.
>
> § 3º Aplicam-se às multas de que trata este artigo as reduções previstas no art. 6º da Lei nº 8.218, de 29 de agosto de 1991, e no art. 60 da Lei nº 8.383, de 30 de dezembro de 1991.

---

vencimento, sem prejuízo da que for devida no mês de competência em curso e sobre a qual incidirá sempre o acréscimo de que ora se trata. A ordem inversa de pagamento tem por finalidade evitar a prescrição das parcelas mais antigas.

Na hipótese de as contribuições terem sido declaradas na GFIP, ou quando se tratar de empregador doméstico ou de empresa ou segurado dispensados de apresentar o citado documento, a multa de mora será reduzida em cinquenta por cento. Essa é uma forma de incentivar a apresentação correta da GFIP, que é documento fundamental para a previdência social.

Nos termos do artigo 239, § 9º, do Decreto nº 3.048/99, não se aplicam as multas impostas e calculadas como percentual do crédito por motivo de recolhimento fora do prazo das contribuições, nem quaisquer outras penas pecuniárias, às massas falidas de que trata o artigo 192 da Lei nº 11.101/05, e às missões diplomáticas estrangeiras no Brasil e aos membros dessas missões quando assegurada a isenção em tratado, convenção ou outro acordo internacional de que o Estado estrangeiro ou organismo internacional e o Brasil sejam partes."

> § 4º As disposições deste artigo aplicam-se, inclusive, aos contribuintes que derem causa a ressarcimento indevido de tributo ou contribuição decorrente de qualquer incentivo ou benefício fiscal.

Discute-se se a multa referida acima tem natureza moratória ou punitiva, ou seja, se constitui uma compensação pelo atraso no pagamento do tributo ou uma imposição de pena ao contribuinte. Na verdade, a multa moratória não diferencia-se da punitiva, na medida em que ambas visam a penalizar o contribuinte. A função de ressarcir o Erário pelo atraso é cumprida pelo juro e pela correção monetária – no caso das contribuições de seguridade social pela taxa Selic – e não pela multa.

O artigo 138 do Código Tributário Nacional tem estreita relação com o presente estudo. Reza esse dispositivo:

> Art. 138. A responsabilidade é excluída pela denúncia espontânea da infração, acompanhada, se for o caso, do pagamento do tributo devido e dos juros de mora, ou do depósito da importância arbitrada pela autoridade administrativa, quando o montante do tributo dependa de apuração.
>
> Parágrafo único. Não se considera espontânea a denúncia apresentada após o início de qualquer procedimento administrativo ou medida de fiscalização, relacionados com a infração.

Trata-se da denúncia espontânea, segundo a qual a multa é excluída quando o contribuinte, espontaneamente, confessa e paga o tributo devido. Deve preceder qualquer procedimento de fiscalização relacionado com a infração. A propósito, veja-se o seguinte julgado:

> Ementa: TRIBUTÁRIO. DENÚNCIA ESPONTÂNEA. MULTA MORATÓRIA. EXCLUSÃO. NATUREZA DA MULTA. ARTIGO 535 DO CPC.
>
> [...]
>
> 3. O pagamento integral em atraso de tributos, sem que tenha sido iniciado procedimento administrativo, configura-se denúncia espontânea, hipótese amparada pelo artigo 138 do Código Tributário Nacional.
>
> 4. Ressalto que a regra desse dispositivo não estabelece distinção entre multa moratória e punitiva com o fito de excluir apenas esta última.
>
> 5. Recurso especial conhecido em parte e improvido.[184]

A jurisprudência do Superior Tribunal de Justiça evoluiu no sentido de não admitir o benefício da denúncia espontânea nos tributos sujeitos a lançamento por homologação, como é o caso das contribuições de seguridade social. Considera-se

---

[184] STJ, REsp nº 745089, *DJ* 2 jun. 2005.

que, nessas hipóteses, a declaração constitui o crédito tributário, e, constituído este, o seu recolhimento a destempo, ainda que pelo valor integral, não enseja o benefício.

Nesse sentido, o seguinte julgado, proferido em sede de recurso especial de nossa autoria:

> RECURSO ESPECIAL. TRIBUTÁRIO. AGRAVO REGIMENTAL. ART. 138 DO CTN. TRIBUTO SUJEITO A LANÇAMENTO POR HOMOLOGAÇÃO, DECLARADO E RECOLHIDO COM ATRASO PELO CONTRIBUINTE. DENÚNCIA ESPONTÂNEA. NÃO CARACTERIZAÇÃO. INCIDÊNCIA DE MULTA MORATÓRIA.
>
> 1. Este Tribunal Superior vem decidindo pela impossibilidade da aplicação dos benefícios da denúncia espontânea prevista no art. 138 do CTN, quando se tratar de tributos sujeitos a lançamento por homologação, declarados pelo contribuinte e recolhidos com atraso, sendo devida, nesses casos, a multa moratória. [...][185]

Posteriormente, o Tribunal editou a Súmula 360 a respeito da matéria:

O benefício da denúncia espontânea não se aplica aos tributos sujeitos a lançamento por homologação regularmente declarados, mas pagos a destempo.

Surge daí uma questão: e na hipótese dos tributos sujeitos a lançamento por homologação não declarados pelo contribuinte? Exemplo: o caso de contribuições de seguridade social não recolhidas nem declaradas em documento próprio – ou seja, omissão total do contribuinte. Nessa situação, não houve a constituição do crédito tributário, sendo cabível o benefício da denúncia espontânea. Nesse sentido, o seguinte julgado:

> TRIBUTÁRIO. DENÚNCIA ESPONTÂNEA. TRIBUTO SUJEITO A LANÇAMENTO POR HOMOLOGAÇÃO. EXCLUSÃO DA MULTA MORATÓRIA. POSSIBILIDADE.
>
> 1. A jurisprudência assentada no STJ considera inexistir denúncia espontânea quando o pagamento se referir a tributo constante de prévia Declaração de Débitos e Créditos Tributários Federais – DCTF ou de Guia de Informação e Apuração do ICMS – GIA, ou de outra declaração dessa natureza, prevista em lei. Considera-se que, nessas hipóteses, a declaração formaliza a existência (= constitui) do crédito tributário, e, constituído o crédito tributário, o seu recolhimento a destempo, ainda que pelo valor integral, não enseja o benefício do art. 138 do CTN (Precedentes da 1ª Seção: AGERESP 638069/SC, Min. Teori Albino Zavascki, *DJ* de 13.6.2005; AgRg nos EREsp 332.322/SC, 1ª Seção, Min. Teori Zavascki, *DJ* de 21.11.2005).
>
> 2. Entretanto, não tendo havido prévia declaração pelo contribuinte, configura denúncia espontânea, mesmo em se tratando de tributo sujeito a lançamento por homologação, a confissão da dívida acompanhada de seu pagamento integral, an-

[185] STJ, AgRg no REsp nº 527983, *DJ* 24 out. 2005.

teriormente a qualquer ação fiscalizatória ou processo administrativo (Precedente: AgRg no Ag 600.847/PR, 1ª Turma, Min. Luiz Fux, *DJ* de 5.9.2005). [...][186]

Outra questão que causou muita polêmica na jurisprudência foi o alcance da expressão *pagamento do tributo*, contida no artigo 138 do Código Tributário Nacional, especificamente se abarcava as hipóteses de parcelamento ou não. Sempre defendemos que a benesse da denúncia espontânea não contemplava as hipóteses de parcelamento do crédito tributário, por várias razões.

O extinto Tribunal Federal de Recursos editou a Súmula nº 208 a esse respeito, nestes termos:

A simples confissão da dívida, acompanhada do seu pedido de parcelamento, não configura denúncia espontânea.

Os defensores da tese contrária argumentavam que adotar nossa posição implicava aceitar que "o legislador deu com uma mão para tirar com a outra". *Data venia*, não se trata disso, porque o legislador deu se o contribuinte preencher os requisitos para gozar o benefício. Caso contrário, não há denuncia espontânea.

Além disso, não se pode esquecer o disposto no artigo 111 do Código Tributário Nacional, assim redigido:

Art. 111. Interpreta-se literalmente a legislação tributária que disponha sobre:

I – suspensão ou exclusão de crédito tributário;

II – outorga de isenção;

III – dispensa do cumprimento de obrigações tributárias acessórias.

O artigo 138 do Código Tributário Nacional refere-se, literalmente, a pagamento e da interpretação sistemática desse Código concluímos, à toda evidência, que pagamento não tem o mesmo significado que moratória – parcelamento. A título de exemplo, veja-se que, enquanto o primeiro é causa de exclusão do crédito tributário – artigo 156 –, a segunda é, apenas, causa de suspensão – artigo 151.

Essa tese acabou acolhida pelo Superior Tribunal de Justiça, como demonstra o seguinte julgado, proferido em sede de recurso especial por nós interposto:

Ementa: TRIBUTÁRIO – DENÚNCIA ESPONTÂNEA – PARCELAMENTO DO DÉBITO – ART. 138 DO CTN – MULTA MORATÓRIA DEVIDA – SÚMULA 208/TFR – JURISPRUDÊNCIA REVISTA PELA PRIMEIRA SEÇÃO.

1. A Primeira Seção desta Corte, revendo jurisprudência em torno do parcelamento do débito, concluiu que este não equivale a pagamento e, portanto, não se trata de

[186] STJ, REsp nº 835634, *DJ* 29 jun. 2007.

hipótese de denúncia espontânea, capaz de ensejar o afastamento da multa moratória (REsp 284.189/SP).

2. Aplicação da Súmula 208 do extinto TFR.

3. Recurso especial provido.[187]

Posteriormente, a Primeira Seção do Superior Tribunal de Justiça pacificou a questão:

Ementa: TRIBUTÁRIO. EMBARGOS DE DIVERGÊNCIA. DENÚNCIA ESPONTÂNEA. PARCELAMENTO DO DÉBITO, OU SUA QUITAÇÃO COM ATRASO. MULTA MORATÓRIA. CABIMENTO. APLICABILIDADE DA LC Nº 104/2001. ART. 155-A DO CTN. ENTENDIMENTO DA 1ª SEÇÃO. PRECEDENTES.

1. O instituto da denúncia espontânea exige que nenhum lançamento tenha sido feito, isto é, que a infração não tenha sido identificada pelo fisco nem se encontre registrada nos livros fiscais e/ou contábeis do contribuinte.

2. A denúncia espontânea não foi prevista para que favoreça o atraso do pagamento do tributo. Ela existe como incentivo ao contribuinte para denunciar situações de ocorrência de fatos geradores que foram omitidas, como é o caso de aquisição de mercadorias sem nota fiscal, de venda com preço registrado aquém do real, etc.

3. A jurisprudência da egrégia Primeira Seção, por meio de inúmeras decisões proferidas, dentre as quais o REsp nº 284189/SP (Rel. Min. Franciulli Netto, *DJ* de 26.5.2003), uniformizou entendimento no sentido de que, nos casos em que há parcelamento do débito tributário, ou a sua quitação total, mas com atraso, não deve ser aplicado o benefício da denúncia espontânea da infração, visto que o cumprimento da obrigação foi desmembrado, e esta só será quitada quando satisfeito integralmente o crédito. O parcelamento, pois, não é pagamento, e a este não substitui, mesmo porque não há a presunção de que, pagas algumas parcelas, as demais igualmente serão adimplidas, nos termos do art. 158, I, do CTN.

4. A existência de parcelamento do crédito tributário, ou a sua quitação total, mas com atraso, não convive com a denúncia espontânea.

5. Sem repercussão para a apreciação dessa tese o fato de o parcelamento ou o pagamento total e atrasado do débito, ter ocorrido em data anterior à vigência da LC nº 104/2001 que introduziu, no CTN, o art. 155-A. Prevalência da jurisprudência assumida pela 1ª Seção. Não influência da LC nº 104/2001.

6. O pagamento da multa, conforme decidiu a 1ª Seção desta Corte, é independente da ocorrência do parcelamento. O que se vem entendendo é que incide a multa pelo simples pagamento atrasado, quer à vista ou que tenha ocorrido o parcelamento.

7. Embargos de divergência acolhidos.[188]

---

187 STJ, REsp nº 426964, 30 set. 2002.

188 STJ, EREsp nº 629426, *DJ* 21 mar. 2005.

A Lei Complementar nº 104/01 acabou acrescentando o artigo 155-A ao Código Tributário Nacional, o qual, em seu § 1º, expressamente dispõe que "salvo disposição de lei em contrário, o parcelamento do crédito tributário não exclui a incidência de juros e multas".

Por outro lado, o artigo 106 do Código Tributário Nacional reza que:

> Art. 106. A lei aplica-se a ato ou fato pretérito:
>
> I – em qualquer caso, quando seja expressamente interpretativa, excluída a aplicação de penalidade à infração dos dispositivos interpretados;
>
> II – tratando-se de ato não definitivamente julgado:
>
> a) quando deixe de defini-lo como infração;
>
> b) quando deixe de tratá-lo como contrário a qualquer exigência de ação ou omissão, desde que não tenha sido fraudulento e não tenha implicado em falta de pagamento de tributo;
>
> c) quando lhe comine penalidade menos severa que a prevista na lei vigente ao tempo da sua prática.

Assim, tendo em vista o disposto acima, no inciso II, alínea *c*, lei nova que imponha multa menos severa deve ser aplicada a fato pretérito, ou seja, se durante certo tempo incidia uma multa igual a 100 para a situação "x" e, posteriormente, essa multa foi reduzida para 60, a incidência da multa nova tem efeitos retroativos, mesmo que a lei ordinária nova disponha de forma contrária, pois o Código Tributário Nacional, nessa parte, tem *status* de lei complementar. Por isso, foi declarada a inconstitucionalidade da redação do artigo 35 da Lei nº 8.212/91, com a redação dada pela Lei nº 9.528/97, ao limitar os efeitos da redução da multa para os fatos geradores ocorridos a partir de 1º de abril de 1997, pelo Supremo Tribunal Federal, no seguinte julgado:

> Ementa: TRIBUTO – REGÊNCIA – ARTIGO 146, INCISO III, DA CONSTITUIÇÃO FEDERAL – NATUREZA. O princípio revelado no inciso III do artigo 146 da Constituição Federal há de ser considerado em face da natureza exemplificativa do texto, na referência a certas matérias. MULTA – TRIBUTO – DISCIPLINA. Cumpre à legislação complementar dispor sobre os parâmetros da aplicação da multa, tal como ocorre no artigo 106 do Código Tributário Nacional. MULTA – CONTRIBUIÇÃO SOCIAL – RESTRIÇÃO TEMPORAL – ARTIGO 35 DA LEI Nº 8.212/91. Conflita com a Carta da República – artigo 146, inciso III – a expressão "para os fatos geradores ocorridos a partir de 1º de abril de 1997", constante do artigo 35 da Lei nº 8.212/91, com a redação decorrente da Lei nº 9.528/97, ante o envolvimento de matéria cuja disciplina é reservada à lei complementar.[189]

[189] STF, RE nº 407190, *DJ* 13 maio 2005.

11.5.2 Do parcelamento

O parcelamento das contribuições previdenciárias estava previsto no artigo 38 da Lei nº 8.212/91, o qual trazia normas específicas para a matéria. A Lei nº 11.941/09 revogou essa disposição legal, dispondo em seu artigo 1º sobre o parcelamento de todas as contribuições de seguridade social.

O prazo anterior, que era de até 60 meses, foi ampliado para até 180 meses.

Não é a primeira vez que a União promove parcelamento com condições facilitadas para os contribuintes. O mesmo já ocorreu com o REFIS – Lei nº 9.964/00 – e o PAES – Lei nº 10.743/03.

Os Estados, o Distrito Federal e os Municípios têm norma específica para parcelamento de débitos junto ao INSS existentes até 1º de setembro de 1991. Nos termos do artigo 58 da Lei nº 8.212/91, esses valores poderão ser liquidados em até 240 parcelas mensais. Para apuração dos débitos será considerado o valor original atualizado pelo índice oficial utilizado pela seguridade social para correção de seus créditos. As contribuições descontadas até 30 de junho de 1992 dos segurados que tenham prestado serviços aos Estados, ao Distrito Federal e aos Municípios poderão ser objeto de acordo para parcelamento em até 12 meses.

A inexistência de débitos em relação às contribuições previdenciárias, a partir da publicação da Lei nº 8.212/91, é condição necessária para que os Estados, o Distrito Federal e os Municípios possam receber as transferências dos recursos do Fundo de Participação dos Estados e do Distrito Federal-FPE e do Fundo de Participação dos Municípios-FPM, celebrar acordos, contratos, convênios ou ajustes, bem como receber empréstimos, financiamentos, avais e subvenções em geral de órgãos ou entidades da administração direta e indireta da União.

11.5.3 Da dívida ativa e do leilão

Segundo o artigo 39 da Lei nº 8.212/91, o débito original atualizado monetariamente, a multa variável e os juros de mora sobre ele incidentes, bem como outras multas previstas naquela lei, devem ser lançados em livro próprio destinado à inscrição em dívida ativa da União, de onde será extraída a CDA – certidão de dívida ativa – que irá inaugurar o processo de execução fiscal. A CDA goza de presunção de liquidez e certeza que, todavia, não é absoluta, podendo ser afastada por prova do contribuinte. O artigo 2º da Lei de Execuções Fiscais – LEF – Lei nº 6.830/80 – define a dívida ativa:

> Art. 2º Constitui Dívida Ativa da Fazenda Pública aquela definida como tributária ou não tributária na Lei nº 4.320, de 17 de março de 1964, com as alterações posteriores, que estatui normas gerais de direito financeiro para elaboração e controle dos orçamentos e balanços da União, dos Estados, dos Municípios e do Distrito Federal.

§ 1º Qualquer valor, cuja cobrança seja atribuída por lei às entidades de que trata o artigo 1º, será considerado Dívida Ativa da Fazenda Pública.

§ 2º A Dívida Ativa da Fazenda Pública, compreendendo a tributária e a não tributária, abrange atualização monetária, juros e multa de mora e demais encargos previstos em lei ou contrato.

§ 3º A inscrição, que se constitui no ato de controle administrativo da legalidade, será feita pelo órgão competente para apurar a liquidez e certeza do crédito e suspenderá a prescrição, para todos os efeitos de direito, por 180 dias, ou até a distribuição da execução fiscal, se esta ocorrer antes de findo aquele prazo.

§ 4º A Dívida Ativa da União será apurada e inscrita na Procuradoria da Fazenda Nacional.

§ 5º O Termo de Inscrição de Dívida Ativa deverá conter:

I – o nome do devedor, dos corresponsáveis e, sempre que conhecido, o domicílio ou residência de um e de outros;

II – o valor originário da dívida, bem como o termo inicial e a forma de calcular os juros de mora e demais encargos previstos em lei ou contrato;

III – a origem, a natureza e o fundamento legal ou contratual da dívida;

IV – a indicação, se for o caso, de estar a dívida sujeita à atualização monetária, bem como o respectivo fundamento legal e o termo inicial para o cálculo;

V – a data e o número da inscrição, no Registro de Dívida Ativa; e

VI – o número do processo administrativo ou do auto de infração, se neles estiver apurado o valor da dívida.

§ 6º A Certidão de Dívida Ativa conterá os mesmos elementos do Termo de Inscrição e será autenticada pela autoridade competente.

§ 7º O Termo de Inscrição e a Certidão de Dívida Ativa poderão ser preparados e numerados por processo manual, mecânico ou eletrônico.

§ 8º Até a decisão de primeira instância, a Certidão de Dívida Ativa poderá ser emendada ou substituída, assegurada ao executado a devolução do prazo para embargos.

§ 9º O prazo para a cobrança das contribuições previdenciárias continua a ser o estabelecido no artigo 144 da Lei nº 3.807, de 26 de agosto de 1960.

Uma primeira observação se impõe: a dívida ativa é constituída não só de créditos tributários, mas também dos não tributários. Assim, a cobrança judicial de benefício previdenciário pago indevidamente, por exemplo, será por meio de execução fiscal, mesmo não tratando-se, à toda evidência, de crédito tributário. Nesse sentido, o seguinte julgado:

PROCESSUAL – EXECUÇÃO FISCAL – INSS – CRÉDITO PROVENIENTE DE FRAUDE NO RECEBIMENTO DE BENEFÍCIOS.

É lícito ao INSS inscrever em dívida ativa e cobrar em execução fiscal crédito originário de fraude praticada pelo devedor, no recebimento de benefícios previdenciários.[190]

Nos termos do artigo 8º da LEF, o executado será citado para, no prazo de cinco dias, pagar a dívida com os juros e multa de mora e encargos indicados na Certidão de Dívida Ativa, ou garantir a execução.

Paga a dívida, a execução fiscal é extinta.

O devedor pode, ao invés de pagar a dívida, garantir a execução, nos termos do artigo 9º da LEF, hipótese em que poderá discutir sua legalidade. Em garantia da execução, pelo valor da dívida, juros e multa de mora e encargos indicados na Certidão de Dívida Ativa, o executado poderá:

I – efetuar depósito em dinheiro, à ordem do Juízo em estabelecimento oficial de crédito, que assegure atualização monetária;

II – oferecer fiança bancária;

III – nomear bens à penhora, observada a ordem do artigo 11; ou

IV – indicar à penhora bens oferecidos por terceiros e aceitos pela Fazenda Pública.

Não paga, nem garantida, a execução, o oficial de justiça procederá à penhora, a qual poderá recair em qualquer bem do executado, exceto os que a lei declare absolutamente impenhoráveis.

Nos termos do artigo 11 da LEF, a penhora obedecerá à seguinte ordem:

I – dinheiro;

II – título da dívida pública, bem como título de crédito, que tenham cotação em bolsa;

III – pedras e metais preciosos;

IV – imóveis;

V – navios e aeronaves;

VI – veículos;

VII – móveis ou semoventes; e

VIII – direitos e ações.

---

[190] STJ, REsp nº 381721, *DJ* 1º jul. 2002.

Excepcionalmente, a penhora poderá recair sobre estabelecimento comercial, industrial ou agrícola, bem como em plantações ou edifícios em construção.

O Juiz ordenará a remoção do bem penhorado para depósito judicial, particular ou da Fazenda Pública exequente sempre que esta o requerer, em qualquer fase do processo.

A seguir, nos termos do artigo 16, o executado oferecerá embargos, no prazo de 30 dias, contados:

I – do depósito;

II – da juntada da prova da fiança bancária;

III – da intimação da penhora.

O prazo de 30 dias é contado da intimação pessoal da penhora e não da juntada do respectivo mandado aos autos. Nesse sentido, é a jurisprudência:

> PROCESSUAL CIVIL. EXECUÇÃO FISCAL. EMBARGOS DO DEVEDOR. PRAZO. TERMO INICIAL. INTIMAÇÃO DA PENHORA. PRECEDENTES. DISSÍDIO PRETORIANO. COTEJO ANALÍTICO. AUSÊNCIA.
>
> 1. O prazo de 30 (trinta) dias para oposição de embargos do devedor, na execução fiscal, inicia-se da intimação pessoal da penhora, e não da juntada aos autos do respectivo mandado, devendo constar expressamente deste a advertência do prazo para o oferecimento dos aludidos embargos à execução. [...].[191]

Não são admissíveis embargos do executado antes de garantida a execução; entretanto, com vistas a possibilitar o exercício do direito de ampla defesa, a jurisprudência consolidou-se no sentido de que o bem penhorado não necessita ser de valor igual ou superior ao da dívida. Nesse sentido, o seguinte julgado:

> PROCESSUAL CIVIL. EXECUÇÃO FISCAL. PENHORA INSUFICIENTE. ADMISSIBILIDADE DOS EMBARGOS À EXECUÇÃO.
>
> 1. A jurisprudência desta Corte pacificou-se no sentido de que, a despeito do valor do bem penhorado, considera-se segurado o juízo, possibilitando, assim, a admissibilidade dos embargos à execução, sob pena de ofensa ao princípio do contraditório. [...].[192]

A flexibilização jurisprudencial não vai ao ponto de dispensar por completo a garantia:

---

[191] STJ, REsp nº 445550, *DJ* 1º ago. 2006.

[192] STJ, REsp nº 899457, *DJ* 26 ago. 2008.

PROCESSUAL CIVIL. RECURSO ESPECIAL. EMBARGOS À EXECUÇÃO. AUSÊNCIA DA SEGURANÇA DO JUÍZO. EXTINÇÃO DO PROCESSO SEM JULGAMENTO DO MÉRITO. DE OPOSIÇÃO DE EMBARGOS DE DECLARAÇÃO. SUMULA 282 E 356 DO STF.

1. Revela-se inadmissível o conhecimento dos embargos à execução, cujo juízo não foi garantido por nenhum meio em direito admitido (art. 16, § 1º, da Lei nº 6.830/80).

2. É que a presunção que milita em favor do título executivo impõe à admissibilidade dos embargos a garantia do juízo, em face do efeito suspensivo a ser proferido no processo satisfativo, porquanto os embargos formam uma nova relação processual, autônoma e paralela àquela execução, cujo procedimento pressupõe requisitos próprios para constituição e desenvolvimento. [...].[193]

No prazo dos embargos, o executado deverá alegar toda matéria útil à defesa, requerer provas e juntar aos autos os documentos e rol de testemunhas, até três, ou, a critério do juiz, até o dobro desse limite.

Não será admitida reconvenção, nem compensação, e as exceções, salvo as de suspeição, incompetência e impedimentos, serão arguidas como matéria preliminar e serão processadas e julgadas com os embargos.

A Procuradoria pode, antes de ajuizar a cobrança da dívida ativa, promover o protesto de título dado em garantia de sua liquidação, ficando, entretanto, ressalvado que o título será sempre recebido *pro solvendo*.

Em relação ao não recolhimento ou não parcelamento dos valores contidos na GFIP, não há necessidade de formalização de processo administrativo tributário, pois a confissão contida nesse documento pode ser diretamente inscrita em dívida ativa. Nesse sentido, o seguinte julgado:

PROCESSUAL CIVIL E TRIBUTÁRIO. AGRAVO REGIMENTAL. EXECUÇÃO FISCAL. LANÇAMENTO. DCTF. DÉBITO DECLARADO E NÃO PAGO. AUTO-LANÇAMENTO. PRESCRIÇÃO. SUSPENSÃO. DESPACHO CITATÓRIO. ART. 8º, § 2º, DA LEI Nº 6.830/80. ART. 219, § 4º, DO CPC. ART. 174, DO CTN. INTERPRETAÇÃO SISTEMÁTICA. PRECEDENTES.

[...]

2. Acórdão *a quo* segundo o qual: "[...] 2. Nos casos em que o contribuinte comunica a existência de obrigação tributária, como na DCTF e na GFIP, o crédito fiscal é exigível a partir da data do vencimento, podendo ser inscrito em dívida ativa e cobrado em execução, independentemente de qualquer procedimento administrativo.

[...]

6. "Considerando-se constituído o crédito tributário a partir do momento da declaração realizada, mediante a entrega da Declaração de Contribuições de Tributos Federais

[193] STJ, REsp nº 815487, *DJ* 23 ago. 2007.

(DCTF), não há cogitar-se da incidência do instituto da decadência, que retrata o prazo destinado à 'constituição do crédito tributário', *in casu*, constituído pela DCTF aceita pelo Fisco. Destarte, não sendo o caso de homologação tácita, não se opera a incidência do instituto da decadência (artigo 150, § 4º, do CTN), incidindo a prescrição nos termos em que delineados no artigo 174, do CTN, vale dizer: no quinquênio subsequente à constituição do crédito tributário, que, in casu, tem seu termo inicial contado a partir do momento da declaração realizada mediante a entrega da DCTF" (REsp nº 389089/RS, Rel. Min. Luiz Fux, *DJ* de 16.12.2002).

7. "A constituição definitiva do crédito tributário ocorre com o lançamento regularmente notificado ao sujeito passivo. Em se tratando de débito declarado pelo próprio contribuinte e não pago, não tem lugar a homologação formal, sendo o mesmo exigível independentemente de notificação prévia ou instauração de procedimento administrativo"(REsp nº 297885/SC, Rel. Min. Garcia Vieira, *DJ* de 11.6.2001).

8. Nos tributos sujeitos a lançamento por homologação, a declaração do contribuinte por meio da Declaração de Contribuições e Tributos Federais – DCTF – elide a necessidade da constituição formal do débito pelo Fisco. Há de se extinguir a execução fiscal se os débitos declarados e não pagos, através da DCTF, estão atingidos pela prescrição. [...].[194]

Além das normas gerais dispostas na LEF, as quais são aplicáveis à execução judicial para cobrança da dívida ativa da União, dos Estados, do Distrito Federal, dos Municípios e respectivas autarquias, a Lei no 8.212/91 traz normas específicas voltadas exclusivamente para a execução judicial da dívida ativa da União, suas autarquias e fundações públicas, em seu artigo 53. Nos seus termos, será facultado ao exequente indicar bens à penhora, a qual será efetivada concomitantemente com a citação inicial do devedor, a fim de dar maiores garantias ao crédito tributário. Os bens penhorados ficam desde logo indisponíveis, sendo vedado qualquer ato de alienação, conforme o entendimento sufragado no seguinte julgado:

Ementa: PROCESSUAL CIVIL. EXECUÇÃO. PENHORA. INDISPONIBILIDADE. IMÓVEL PENHORADO EM EXECUTIVO FISCAL. ART. 53, § 1º, LEI 8.212/91. ALIENAÇÃO FORÇADA. POSSIBILIDADE. APLICAÇÃO DO ART. 711 DO CPC.

I – A indisponibilidade a que se refere o art. 53, § 1º, da Lei nº 8.212/91, traduz-se na invalidade, em relação ao ente Fazendário, de qualquer ato de alienação do bem penhorado, praticado *sponte propria* pelo devedor-executado após a efetivação da constrição judicial.

II – É possível a alienação forçada do bem em decorrência da segunda penhora, realizada nos autos de execução proposta por particular, desde que resguardados, dentro do montante auferido, os valores atinentes ao crédito fazendário relativo ao primeiro gravame imposto.

---

194 STJ, AgRg no Ag nº 764859, *DJ* 5 out. 2006.

III – Ainda que o executivo fiscal tenha sido suspenso em razão de parcelamento, é possível tal solução, porquanto retirar-se-ia do produto da alienação o valor referente ao crédito tributário, colocando-o em depósito judicial até o adimplemento do acordo, não havendo qualquer prejuízo à garantia do crédito fazendário.

Recurso provido.[195]

Se o executado efetuar o pagamento integral da dívida, com seus acréscimos legais, no prazo de dois dias úteis contados da citação, independentemente da juntada aos autos do respectivo mandado, poderá ser liberada a penhora, desde que não haja outra execução pendente.

Não sendo opostos embargos ou sendo eles julgados improcedentes, os autos serão conclusos ao juiz do feito, para determinar o prosseguimento da execução. Essa norma, arrolada no artigo 53, § 4º, da Lei nº 8.212/91, na verdade, é desdobramento daquela prevista no artigo 520, V, do Código de Processo Civil, nestes termos:

Art. 520. A apelação será recebida em seu efeito devolutivo e suspensivo. Será, no entanto, recebida só no efeito devolutivo, quando interposta de sentença que:

V – rejeitar liminarmente embargos à execução ou julgá-los improcedentes;

Sobre o assunto, o Superior Tribunal de Justiça editou as seguintes Súmulas:

317. É definitiva a execução de título extrajudicial, ainda que pendente apelação contra sentença que julgue improcedentes os embargos.

331. A apelação interposta contra sentença que julga embargos à arrematação tem efeito meramente devolutivo.

O Superior Tribunal de Justiça tem entendido que, nessa situação, a execução pode chegar até mesmo aos atos de alienação, como demonstra o seguinte julgado:

Ementa: RECURSO ESPECIAL – ALÍNEAS *A* E *C* – EXECUÇÃO FISCAL – EMBARGOS À EXECUÇÃO IMPROCEDENTES – INTERPOSIÇÃO DE APELAÇÃO – EXECUÇÃO DEFINITIVA – REMOÇÃO DOS BENS PENHORADOS – POSSIBILIDADE – DIVERGÊNCIA JURISPRUDENCIAL CONFIGURADA QUANTO A ESSE ASPECTO – PRETENDIDA QUEBRA DO SIGILO BANCÁRIO DO EXECUTADO POR MEIO DA EXPEDIÇÃO DE OFÍCIO AO BACEN E RESPECTIVO BLOQUEIO DE VALORES – IMPOSSIBILIDADE – SÚMULA 83 DO STJ.

É pacífica a orientação deste Sodalício no sentido de que o caráter definitivo da execução fiscal não é modificado pela interposição de recurso contra sentença que

[195] STJ, REsp nº 512.398, *DJ* 22 mar. 2004.

julgar improcedentes os embargos. "Tal definitividade abrange todos os atos, podendo realizar-se praça para a alienação do bem penhorado com a expedição da respectiva carta de arrematação" (REsp 144.127/SP, Rel. Min. Waldemar Zveiter, *DJU* 1º.2.1999). Prosseguirá a execução fiscal, pois, até o seu termo, inclusive com a possibilidade de remoção dos bens penhorados. Se, ao término do julgamento dos recursos interpostos da sentença de improcedência dos embargos, recebidos apenas no efeito devolutivo, a solução da lide for favorável ao executado, resolve-se em perdas e danos. Precedentes: EREsp 399618/RJ, Relator Min. Francisco Peçanha Martins, *DJU* 8.9.2003, e AGREsp 182.986/SP, Relatora Min. Eliana Calmon, *DJU* 18.3.02.

[...]

Recurso especial provido em parte para que, reconhecido o caráter definitivo da execução, tenha a ação regular prosseguimento.[196]

A jurisprudência continua firme nesse sentido:

RECURSO ESPECIAL. PROCESSUAL CIVIL. TRIBUTÁRIO. EXECUÇÃO FISCAL. TÍTULO EXTRAJUDICIAL. EMBARGOS DO DEVEDOR JULGADOS IMPROCEDENTES. APELAÇÃO PENDENTE. EFEITO DEVOLUTIVO. EXECUÇÃO DEFINITIVA. RECURSO PROVIDO.

1. O Superior Tribunal de Justiça possui entendimento pacificado no sentido de que é definitiva a execução advinda de título executivo extrajudicial, ainda que esteja pendente recurso interposto contra sentença de improcedência dos embargos opostos pelo executado. Isso, porque, em conformidade com o disposto no art. 587 do Código de Processo Civil, a execução fundada em título extrajudicial tem natureza definitiva, mesmo quando não transitada em julgado a decisão que rejeita os embargos do devedor, na medida em que a apelação eventualmente interposta, em regra, não tem efeito suspensivo (art. 520, V, do CPC).

2. "O título base é que confere definitividade à execução. Assim, se a execução inicia-se com fulcro em título executivo extrajudicial e os embargos oferecidos são julgados improcedentes, havendo interposição pelo executado de apelação sem efeito suspensivo, prossegue-se, na execução, tal como ela era; vale dizer: definitiva, posto fundada em título extrajudicial. Ademais, neste caso, não se está executando a sentença dos embargos senão o título mesmo que foi impugnado por aquela oposição do devedor" (AgRg nos EREsp 582.079/RS, 1ª Seção, Rel. Min. Luiz Fux, *DJ* de 29.5.2006).

3. Tendo em vista a uniformização do referido entendimento nesta Corte de Justiça, foi editada a Súmula 317/STJ: "É definitiva a execução de título extrajudicial, ainda que pendente apelação contra sentença que julgue improcedentes os embargos.' [...].[197]

Levando em conta que qualquer medida de constituição e cobrança de contribuições previdenciárias representa um custo para o Fisco, o artigo 54 da Lei

[196] STJ, REsp nº 527354, *DJ* 25 out. 2004.

[197] STJ, REsp nº 840638, *DJ* 7 fev. 2008.

nº 8.212/91 dispõe que os órgãos competentes estabelecerão critério para a dispensa de constituição ou exigência de crédito de valor inferior ao custo dessa medida. Exemplos dessa medida são as Portarias MF nº 49/04,[198] MPS nº 270/08[199] e IN AGU nº 1/08.[200]

---

[198] O MINISTRO DE ESTADO DA FAZENDA, no uso da atribuição que lhe confere o parágrafo único, inciso II, do art. 87 da Constituição da República Federativa do Brasil, e tendo em vista o disposto no art. 5º do Decreto-Lei nº 1.569, de 8 de agosto de 1977, e no parágrafo único do art. 65 da Lei nº 7.799, de 10 de julho de 1989, resolve: Art. 1º Autorizar: I – a não inscrição, como Dívida Ativa da União, de débitos com a Fazenda Nacional de valor consolidado igual ou inferior a R$ 1.000,00 (mil reais); e II – o não ajuizamento das execuções fiscais de débitos com a Fazenda Nacional de valor consolidado igual ou inferior a R$ 10.000,00 (dez mil reais). § 1º Não se aplicam os limites de valor para inscrição e ajuizamento quando se tratar de débitos decorrentes de aplicação de multa criminal. § 2º Entende-se por valor consolidado o resultante da atualização do respectivo débito originário mais os encargos e acréscimos legais ou contratuais vencidos, até a data da apuração. § 3º No caso de reunião de inscrições de um mesmo devedor, para os fins do limite indicado no inciso II, será considerada a soma dos débitos consolidados relativos às inscrições reunidas. § 4º O Procurador-Geral da Fazenda Nacional, observados os critérios de eficiência, economicidade, praticidade e as peculiaridades regionais, poderá autorizar, mediante ato normativo, as unidades por ele indicadas a promover o ajuizamento de débitos de valor consolidado inferior ao estabelecido no inciso II. Art. 2º A adoção das medidas previstas no art. 1º não afasta a incidência de atualização monetária, juros de mora, nem elide a exigência da prova de quitação em favor da Fazenda Nacional, quando prevista em lei, suspendendo a prescrição dos créditos a que se refere, de acordo com o disposto no art. 5º do Decreto-Lei nº 1.569, de 8 de agosto de 1977. Art. 3º Os órgãos ou unidades responsáveis pela administração, apuração e cobrança de créditos da Fazenda Nacional não remeterão às Procuradorias da Fazenda Nacional processos relativos aos débitos de que trata o inciso I do art. 1º desta Portaria. Parágrafo único. Os débitos administrados pela Secretaria da Receita Federal (SRF) deverão ser agrupados: I – por espécie de tributo, contribuição e respectivos acréscimos e multas; II – os débitos de outras naturezas, inclusive multas; III – no caso do Imposto Territorial Rural (ITR), débitos relativos ao mesmo imóvel rural. Art. 4º O Procurador-Geral da Fazenda Nacional e o Secretário da Receita Federal, em suas respectivas áreas de competência, expedirão as instruções complementares ao disposto nesta Portaria, inclusive quanto à implementação de programas específicos para a cobrança dos débitos não sujeitos, respectivamente, à inscrição em Dívida Ativa e ao ajuizamento das execuções fiscais. Art. 5º Os procedimentos de ajuizamento de execuções fiscais que estejam em curso no âmbito da Procuradoria-Geral da Fazenda Nacional serão ajustados para atender ao disposto nesta Portaria, especialmente o contido no art. 1º. Art. 6º Esta Portaria entra em vigor: I – na data de sua publicação, em relação ao art. 1º, inciso II e §§ 1º a 4º; ficando revogado o inciso II e §§ 1º e 2º do art. 1º da Portaria nº 289, de 31 de outubro de 1997, com a redação dada pela Portaria MF nº 248, de 3 de agosto de 2000; II – em 15 de abril de 2004, em relação aos demais dispositivos, ficando revogados, nessa data, o art. 1º, *caput* e inciso I, e arts. 2º e 5º da Portaria MF nº 248, de 2000, e os arts. 2º e 4º da Portaria MF nº 289, de 31 de outubro de 1997. ANTONIO PALOCCI FILHO. *DOU* 5.4.04.

[199] O MINISTRO DE ESTADO DA PREVIDÊNCIA SOCIAL, no uso da atribuição que lhe confere o art. 54 da Lei nº 8.212, de 24 de julho de 1999, resolve: Art. 1º Nas causas em que o Instituto Nacional do Seguro Social – INSS seja parte interessada, os órgãos de execução da Procuradoria Federal Especializada junto ao INSS ficam autorizados a não propor ações e a desistir daquelas em curso de acordo com os critérios estabelecidos pela Advocacia-Geral da União na Instrução Normativa nº 1, de 14 de fevereiro de 2008, publicada no *DOU* de 18 de fevereiro de 2008. Art. 2º Esta Portaria entra em vigor na data de sua publicação. JOSÉ BARROSO PIMENTEL. *DOU* 1.9.08.

[200] O ADVOGADO-GERAL DA UNIÃO, no uso das atribuições que lhe conferem os incisos I e XIII e o *caput* do art. 4º da Lei Complementar nº 73, de 10 de fevereiro de 1993, e tendo em vista o disposto nos arts. 1º e 2º da Lei nº 9.469, de 10 de julho de 1997, resolve: Art. 1º Os órgãos de execução da

Segundo o artigo 98 da Lei nº 8.212/91, nas execuções fiscais da dívida ativa da União, o leilão judicial dos bens penhorados realizar-se-á por leiloeiro oficial, indicado pelo credor, que procederá à hasta pública:

I – no primeiro leilão, pelo valor do maior lance, que não poderá ser inferior ao da avaliação;

II – no segundo leilão, por qualquer valor, excetuado o vil.

O bem somente será arrematado no primeiro leilão se houver lance igual ao da avaliação. Não havendo, faz-se necessária a realização do segundo leilão, quando o bem poderá ser arrematado por qualquer valor, excetuado o vil.

Nesse sentido, é a Súmula 128 do Superior Tribunal de Justiça:

Na execução fiscal, haverá segundo leilão, se no primeiro não houver lanço superior à avaliação.

Não há critério objetivo para definição do valor vil, devendo ser considerados vários fatores, como o estado de conservação do bem, o valor da dívida etc. Nesse sentido, é a jurisprudência:

> Ementa: EXECUÇÃO FISCAL – BENS PENHORADOS – COBRANÇA – PROCESSO – LEILÃO – PREÇO VIL. NAS EXECUÇÕES FISCAIS APLICA-SE SUBSIDIARIAMENTE, O CPC. A ARREMATAÇÃO POR PREÇO VIL É NULA. CONSIDERADO PREÇO VIL, AQUELE MUITO AQUÉM DO VALOR REAL DE MERCADO E NÃO SENDO SUFICIENTE PARA PAGAR PARTE CONSIDERÁVEL DO DÉBITO. SE NO LEILÃO NÃO HOUVER ARREMATAÇÃO POR PREÇO IGUAL OU SUPERIOR À AVALIAÇÃO, O VALOR DOS BENS PENHORADOS DEVERÁ SER REAJUSTADO. RECURSO PROVIDO.[201]

Procuradoria-Geral Federal ficam autorizados a não propor ações e a desistir daquelas em curso, ou dos respectivos recursos, quando o crédito atualizado for de valor igual ou inferior a R$ 1.000,00 (mil reais), ressalvada a existência de norma específica de cada autarquia ou fundação pública federal em sentido contrário. Parágrafo único. O Procurador-Geral Federal poderá fixar limites inferiores ao previsto no *caput* para a cobrança de créditos, tributários ou não, das autarquias e fundações públicas federais nos casos em que recomendar o interesse público. Art. 2º Fica autorizado o parcelamento de débitos oriundos, exclusivamente, de honorários de sucumbência em parcelas mensais e sucessivas até o máximo de 30 (trinta), nos termos do art. 2º, *caput*, da Lei nº 9.469, de 10 de julho de 1997, observados os seguintes limites: I – até R$ 30.000,00 (trinta mil reais) cabe ao Procurador Chefe do órgão local de execução da Procuradoria-Geral Federal autorizar o parcelamento; II – até R$ 50.000,00 (cinquenta mil reais) cabe ao Procurador-Geral Federal autorizar o parcelamento; III – acima de R$ 50.000,00 (cinquenta mil reais), o parcelamento dependerá de prévia e expressa autorização do Advogado-Geral da União. Parágrafo único. Em nenhuma hipótese o valor das parcelas mensais poderá ser inferior a R$ 200,00 (duzentos reais). Art. 3º Esta Instrução Normativa entrará em vigor na data de sua publicação. *DOU* 18.8.08.

[201] STJ, REsp nº 29314, *DJ* 8 mar. 1993.

A Lei nº 9.528/97 deu um passo importante na direção do sucesso dos leilões judiciais, ao permitir o parcelamento do valor da arrematação, acrescentando os § 1º a 10 no artigo 98 em questão, nestes termos:

> § 1º Poderá o juiz, a requerimento do credor, autorizar seja parcelado o pagamento do valor da arrematação, na forma prevista para os parcelamentos administrativos de débitos previdenciários.
>
> § 2º Todas as condições do parcelamento deverão constar do edital de leilão.
>
> § 3º O débito do executado será quitado na proporção do valor de arrematação.
>
> § 4º O arrematante deverá depositar, no ato, o valor da primeira parcela.
>
> § 5º Realizado o depósito, será expedida carta de arrematação, contendo as seguintes disposições:
>
> a) valor da arrematação, valor e número de parcelas mensais em que será pago;
>
> b) constituição de hipoteca do bem adquirido, ou de penhor, em favor do credor, servindo a carta de título hábil para registro da garantia;
>
> c) indicação do arrematante como fiel depositário do bem móvel, quando constituído penhor;
>
> d) especificação dos critérios de reajustamento do saldo e das parcelas, que será sempre o mesmo vigente para os parcelamentos de débitos previdenciários.
>
> § 6º Se o arrematante não pagar, no vencimento, qualquer das parcelas mensais, o saldo devedor remanescente vencerá antecipadamente, que será acrescido em cinquenta por cento de seu valor a título de multa, e, imediatamente inscrito em dívida ativa e executado.
>
> § 7º Se no primeiro ou no segundo leilões a que se refere o *caput* não houver licitante, o INSS poderá adjudicar o bem por cinquenta por cento do valor da avaliação.
>
> § 8º Se o bem adjudicado não puder ser utilizado pelo INSS, e for de difícil venda, poderá ser negociado ou doado a outro órgão ou entidade pública que demonstre interesse na sua utilização.
>
> § 9º Não havendo interesse na adjudicação, poderá o juiz do feito, de ofício ou a requerimento do credor, determinar sucessivas repetições da hasta pública.
>
> § 10. O leiloeiro oficial, a pedido do credor, poderá ficar como fiel depositário dos bens penhorados e realizar a respectiva remoção.

A sistemática legal deixa claro o procedimento a ser adotado. Tendo em vista que depende da vontade do credor aderir ou não ao parcelamento, efetuada a opção, o arrematante deve assumir todas as condições impostas, inclusive a multa severa imposta pelo § 6º na hipótese de atraso de qualquer uma das parcelas mensais.

Quanto à possibilidade de adjudicação pelo Fisco, na hipótese de não haver licitante nos dois leilões, por 50% do valor da avaliação, foi arguida a inconstitucionalidade da norma, por suposta violação aos princípios da proporcionalidade e da isonomia, no Tribunal Regional Federal da 4ª Região, a qual foi rejeitada no seguinte julgado:

> Ementa: AGRAVO DE INSTRUMENTO. ARGUIÇÃO DE INCONSTITUCIONALIDADE. ARTIGO 98, § 7º, DA LEI Nº 8.212/91, COM A REDAÇÃO DADA PELA LEI Nº 9.528/97. AUSÊNCIA DE VIOLAÇÃO AOS PRINCÍPIOS DA PROPORCIONALIDADE E DA ISONOMIA. CONFIGURAÇÃO, EM CERTOS, CASOS, DE ADJUDICAÇÃO POR PREÇO VIL. DECLARAÇÃO DE INCONSTITUCIONALIDADE SEM REDUÇÃO DE TEXTO. ARTIGO 97 DA CONSTITUIÇÃO FEDERAL.
>
> 1. O art. 98, § 7º, da Lei nº 8.212/91 – com a redação dada pela Lei nº 9.528/97 –, ao permitir a adjudicação de bens penhorados por 50% (cinquenta por cento) do valor da respectiva avaliação não ofende os princípios da isonomia e da proporcionalidade.
>
> 2. Analisando conjuntamente o *caput* e os demais parágrafos do artigo 98 da Lei nº 9.528/97, vê-se que o INSS está autorizado a, após o segundo leilão, requerer sucessivas repetições da hasta pública e, em assim sendo, considerando que após a segunda hasta o bem pode ser arrematado por qualquer valor excetuado o vil; que o credor/exequente, conforme reiterada jurisprudência, pode participar da licitação oferecendo lance abaixo do preço no segundo leilão, não há óbice para que a autarquia adjudique o bem por preço inferior ao da avaliação.
>
> 3. Para aferir o preço vil inexiste um parâmetro matemático, certo, sendo que a solução está em analisar cada caso concreto, como já teve oportunidade de consignar a 3ª Turma do STJ (Resp nº 2.963/RS, relator Ministro Gueiros Leite).
>
> 4. O disposto no § 7º do artigo 9.528/97, portanto, em determinados casos poderá infligir um sacrifício descabido ao contribuinte, confrontando a regra constitucional do direito da propriedade e do "justo preço", bem como malferindo o princípio da proporcionalidade, restando incompatível com a Carta Magna. Contudo, o Plenário deste Tribunal tem inúmeros precedentes no sentido de que não se deve declarar a inconstitucionalidade da lei quando ela puder ser considerada constitucional em determinados casos concretos e inconstitucional em outros. Como já asseverou o ilustrado Juiz Amir Sarti (ED na AMS nº 97.04.33734-5/SC), "o art. 97 da CF só incide quando se tratar de declarar (*rectius*, decretar), a inconstitucionalidade total ou parcial da lei ou ato normativo com redução de texto, não, porém, quando – como na espécie – o caso é de mera interpretação conforme a Constituição, ou seja, pronúncia de inconstitucionalidade sem redução de texto".
>
> 5. Em que pese, no caso, o afastamento da norma pela configuração do preço vil não se tratar de mera interpretação conforme a Constituição (*Verfassungskonforme Auslegung*), porquanto o seu afastamento contraria o sentido inequívoco que o Poder Legislativo lhe pretendeu dar, o fato é que no controle difuso o órgão especial só declara inconstitucionalidade com redução de texto (STF, RE nº 184.093-5/SP).
>
> 6. Também inexiste malferimento ao princípio da isonomia decorrente da circunstância de que a Fazenda Pública restará com um processo de execução mais privilegiado – o

que de qualquer modo não atribui uma desigualdade material com o executado –, porquanto um processo de execução mais célere e efetivo à Fazenda está, ao fim e ao cabo, protegendo os direitos do povo enquanto parte do Estado pois, como dito por Seabra Fagundes, "dos meios pecuniários, depende, prática e primariamente, a realização dos fins do Estado, que, sem eles, não poderia subsistir".
7. Incidente de inconstitucionalidade improcedente.[202]

A Lei nº 10.522/02 acrescentou o § 11 ao artigo 98 com o fito de estender essa sistemática às execuções fiscais da Dívida Ativa da União.

A fim de promover a venda administrativa dos bens adjudicados judicialmente ou que receber em dação de pagamento, o Fisco poderá contratar leiloeiros oficiais, como autorizado no artigo 99 da Lei nº 8.212/91, para fazê-lo em 60 dias. Esse prazo é fixado pela lei, mas nem sempre de fácil cumprimento, não por inércia do Fisco ou do leiloeiro, mas sim por ausência de interessado; logo, é um prazo flexível.

11.5.4 Execução de contribuições na Justiça do Trabalho

Para perfeita compreensão da sistemática de recolhimento das contribuições na Justiça do Trabalho é mister uma breve análise do histórico dessas contribuições.

O artigo 12 da Lei nº 7.787/89 dispunha que:

> Art. 12. Em caso de extinção de processos trabalhistas de qualquer natureza, inclusive a decorrente de acordo entre as partes, de que resultar pagamento de vencimentos, remuneração, salário e outros ganhos habituais do trabalhador, o recolhimento das contribuições devidas à Previdência Social será efetuado *in continenti*.
> Parágrafo único. A autoridade judiciária velará pelo fiel cumprimento do disposto neste artigo.

Essa redação foi sucedida pela redação original do artigo 43 da Lei nº 8.212/91, nestes termos:

> Art. 43. Em caso de extinção de processos trabalhistas de qualquer natureza, inclusive a decorrente de acordo entre as partes, de que resultar pagamento de remuneração ao segurado, o recolhimento das contribuições devidas à Seguridade Social será efetuado incontinenti.

Posteriormente, a Lei nº 8.620/93 deu nova redação aos artigos 43 e 44:

---

[202] TRF4, INAG nº 40664, *DJU* 26 abr. 2000.

> Art. 43. Nas ações trabalhistas de que resultar o pagamento de direitos sujeitos à incidência de contribuição previdenciária, o juiz, sob pena de responsabilidade, determinará o imediato recolhimento das importâncias devidas à Seguridade Social.
>
> Parágrafo único. Nas sentenças judiciais ou nos acordos homologados em que não figurarem, discriminadamente, as parcelas legais relativas à contribuição previdenciária, esta incidirá sobre o valor total apurado em liquidação de sentença ou sobre o valor do acordo homologado.
>
> Art. 44. A autoridade judiciária velará pelo fiel cumprimento do disposto no artigo anterior, inclusive fazendo expedir notificação ao Instituto Nacional do Seguro Social – INSS, dando-lhe ciência dos termos da sentença ou do acordo celebrado.

Segundo a sistemática até aqui exposta, caso não houvesse efetivo recolhimento das contribuições devidas, o INSS deveria constituir o crédito tributário, por meio de NFLD, e ajuizar a correspondente execução fiscal, no foro competente: a Justiça Federal.

A Emenda Constitucional nº 20/98, sob a crítica da ampla maioria dos operadores do Direito Laboral, acrescentou o § 3º ao artigo 114 da Constituição Federal, nestes termos:

> § 3º Compete ainda à Justiça do Trabalho executar, de ofício, as contribuições sociais previstas no art. 195, I, *a*, e II, e seus acréscimos legais, decorrentes das sentenças que proferir.[203]

A partir de então, a execução das contribuições de seguridade social decorrentes das decisões trabalhistas passou a integrar a competência da própria Justiça do Trabalho. A norma constitucional foi regulamentada pela Lei nº 10.035/00, que alterou a Consolidação das Leis do Trabalho.

Não há mais constituição de crédito tributário por meio de NFLD e tampouco ajuizamento de execução fiscal, pois a execução do crédito ocorre no próprio processo trabalhista. Nesse sentido, já decidiu o Superior Tribunal de Justiça:

> Ementa: PROCESSO CIVIL E CONSTITUCIONAL – CONTRIBUIÇÕES PREVIDENCIÁRIAS ORIUNDAS DE SENTENÇAS TRABALHISTAS: COBRANÇA (ART. 114, § 3º DA CF/88, ACRESCENTADO PELA EC Nº 20/98).
>
> 1. A EC nº 20/98 ampliou a competência da Justiça do Trabalho, outorgando-lhe o poder de cobrar débitos para com a Previdência, desde que oriundos de suas próprias sentenças.

[203] Essa norma constitucional foi renumerada pela EC nº 45/04, passando a integrar o inciso VIII do mesmo artigo.

2. Cobrança automática do título judicial, independentemente de inscrição na dívida ativa.
3. Impropriedade do provimento que devolve à Procuradoria do Órgão a iniciativa da execução.
4. Conflito conhecido, para declarar competente a Junta Trabalhista.[204]

Segundo a nova sistemática prevista no artigo 880 da Consolidação das Leis do Trabalho, nas ações trabalhistas de que resultar o pagamento de direitos sujeitos à incidência de contribuição previdenciária, o recolhimento das importâncias devidas à seguridade social será feito em 48 horas, sob pena de penhora.

A Lei nº 11.941/09 deu nova redação ao § 1º do artigo 43 e acrescentou os §§ 2º a 6º, nestes termos:

> § 1º Nas sentenças judiciais ou nos acordos homologados em que não figurarem, discriminadamente, as parcelas legais relativas às contribuições sociais, estas incidirão sobre o valor total apurado em liquidação de sentença ou sobre o valor do acordo homologado.
>
> § 2º Considera-se ocorrido o fato gerador das contribuições sociais na data da prestação do serviço.
>
> § 3º As contribuições sociais serão apuradas mês a mês, com referência ao período da prestação de serviços, mediante a aplicação de alíquotas, limites máximos do salário-de-contribuição e acréscimos legais moratórios vigentes relativamente a cada uma das competências abrangidas, devendo o recolhimento ser efetuado no mesmo prazo em que devam ser pagos os créditos encontrados em liquidação de sentença ou em acordo homologado, sendo que nesse último caso o recolhimento será feito em tantas parcelas quantas as previstas no acordo, nas mesmas datas em que sejam exigíveis e proporcionalmente a cada uma delas.
>
> § 4º No caso de reconhecimento judicial da prestação de serviços em condições que permitam a aposentadoria especial após 15 (quinze), 20 (vinte) ou 25 (vinte e cinco) anos de contribuição, serão devidos os acréscimos de contribuição de que trata o § 6º do art. 57 da Lei nº 8.213, de 24 de julho de 1991.
>
> § 5º Na hipótese de acordo celebrado após ter sido proferida decisão de mérito, a contribuição será calculada com base no valor do acordo.
>
> § 6º Aplica-se o disposto neste artigo aos valores devidos ou pagos nas Comissões de Conciliação Prévia de que trata a Lei nº 9.958, de 12 de janeiro de 2000.

Havendo reconhecimento de vínculo empregatício para empregado doméstico, tanto as contribuições do segurado empregado como as do empregador deverão ser recolhidas na inscrição do trabalhador.

---

[204] STJ, CAt 88, *DJ* 13 nov. 2000.

É exigido o recolhimento da contribuição previdenciária, a cargo da empresa, de 20% sobre o total da remuneração paga ao contribuinte individual, na hipótese da decisão reconhecer a ocorrência de prestação de serviço à empresa, mas não o vínculo empregatício. Nesse caso, a contribuição incidirá sobre o valor total da condenação ou do acordo homologado, independentemente da natureza da parcela e forma de pagamento, segundo a dicção do artigo 276, § 9º, do Decreto nº 3.048/99. Evidentemente a contribuição não poderá incidir sobre verbas indenizatórias.

O fato gerador das contribuições não é a sentença trabalhista, mas sim a prestação de trabalho remunerado por segurado obrigatório da previdência social; logo, o cálculo das contribuições devidas obedece à lei vigente no momento da prestação do trabalho. No recolhimento, tardio, incide multa e juros.[205]

A autoridade judiciária deve velar pelo fiel cumprimento da sistemática de arrecadação, executando, de ofício, quando for o caso, as contribuições devidas, fazendo expedir notificação ao Fisco para dar-lhe ciência dos termos da sentença, do acordo celebrado ou da execução. O Fisco, por seu turno, fornecerá, quando solicitado, as orientações e dados necessários ao cumprimento dessas disposições legais e constitucionais. Nesse sentido, cabe apontar o desenvolvimento do SEFT – Sistema de Execução Fiscal Trabalhista, por parte da Procuradoria-Geral Federal, para servir de ferramenta na cobrança e no controle dos créditos previdenciários executados na Justiça do Trabalho. Sua utilização decorre de Convênio de Cooperação Técnica firmado entre a AGU e o Tribunal Superior do Trabalho.

Com a criação da Secretaria da Receita Federal do Brasil, a competência para cobrança dessas contribuições passou a ser da União e não mais do INSS. Em função disso, inclusive, foi revogado o artigo 44 da Lei nº 8.212/91, o qual determinava a notificação do INSS, pois de acordo com a Lei nº 11.457/07 a intimação deverá ser na pessoa da União. Consequentemente, cabe à Procuradoria-Geral da Fazenda Nacional a atuação em juízo; entretanto, por força da Portaria Conjunta PGF/PGFN nº 433/07,[206] foi delegada à Procuradoria-Geral Federal – PGF a representação judicial e extrajudicial da União nos processos perante a Justiça do Trabalho relacionados com a cobrança de contribuições previdenciárias.

---

[205] Algumas decisões trabalhistas insistem em afirmar que o fato gerador das contribuições é a sentença. *Data venia*, não é assim, inclusive porque no momento em que o trabalho foi prestado, ou seja, no passado, e que as respectivas contribuições não foram recolhidas, o fiscal previdenciário poderia ter autuado a empresa omissa. Essa fato, por si só, demonstra que o fato gerador das contribuições não é a decisão laboral, pois se o fosse, o fiscal não poderia autuar a empresa naquele momento – fato que não é dado a ninguém duvidar.

[206] *DOU* 26 abr. 2007.

A competência para execução das contribuições previdenciárias em relação à decisão proferida na Justiça do Trabalho meramente declaratória de vínculo empregatício, ou seja, sem condenação ao pagamento de valor pecuniário, é matéria que causou grandes discussões no meio jurídico.

A Previdência Social sempre defendeu que da decisão da qual resultar reconhecimento de vínculo empregatício deveriam ser exigidas as contribuições, tanto do empregador como do reclamante, para todo o período reconhecido, ainda que o pagamento das remunerações a ele correspondentes não tivessem sido reclamadas na ação, tomando-se por base de incidência, na ordem, o valor da remuneração paga, quando conhecida, da remuneração paga a outro empregado de categoria ou função equivalente ou semelhante, do salário normativo da categoria ou do salário mínimo mensal, permitida a compensação das contribuições patronais eventualmente recolhidas. Nessa hipótese, as contribuições deveriam ser executadas na própria Justiça do Trabalho mesmo que o pagamento das remunerações correspondentes não tenha sido reclamado na ação.

A esse respeito é importante considerar a Súmula nº 368 do Tribunal Superior do Trabalho, nestes termos:

> Súmula nº 368 do TST Descontos previdenciários e fiscais. Competência. Responsabilidade pelo pagamento. Forma de cálculo. (conversão das Orientações Jurisprudenciais nºs 32, 141 e 228 da SDI-1) – Res. 129/2005 – *DJ* 20.4.05 – Republicada com correção no *DJ* 5.5.05.
>
> I. A Justiça do Trabalho é competente para determinar o recolhimento das contribuições previdenciárias e fiscais provenientes das sentenças que proferir. A competência da Justiça do Trabalho para execução das contribuições previdenciárias alcança as parcelas integrantes do salário de contribuição, pagas em virtude de contrato de emprego reconhecido em juízo, ou decorrentes de anotação da Carteira de Trabalho e Previdência Social – CTPS, objeto de acordo homologado em juízo. (ex-OJ nº 141 – inserida em 27.11.1998)
>
> II. É do empregador a responsabilidade pelo recolhimento das contribuições previdenciárias e fiscais, resultante de crédito do empregado oriundo de condenação judicial, devendo incidir, em relação aos descontos fiscais, sobre o valor total da condenação, referente às parcelas tributáveis, calculado ao final, nos termos da Lei nº 8.541/1992, art. 46, e Provimento da CGJT nº 03/2005. (ex-OJ 32 – inserida em 14.3.1994 e OJ 228 – inserida em 20.06.2001)
>
> III. Em se tratando de descontos previdenciários, o critério de apuração encontra-se disciplinado no art. 276, § 4º, do Decreto nº 3.048/99 que regulamenta a Lei nº 8.212/91 e determina que a contribuição do empregado, no caso de ações trabalhistas, seja calculada mês a mês, aplicando-se as alíquotas previstas no art. 198, observado o limite máximo do salário-de-contribuição. (ex-OJ 32 – inserida em 14.3.1994 e OJ 228 – inserida em 20.6.2001)

Posteriormente, em 25.11.2005, foi alterado o inciso I da referida Súmula, excluindo-se a competência da Justiça Laboral para essa execução específica, nesses termos:

> I. A Justiça do Trabalho é competente para determinar o recolhimento das contribuições fiscais. A competência da Justiça do Trabalho, quanto à execução das contribuições previdenciárias, limita-se às sentenças condenatórias em pecúnia que proferir e aos valores, objeto de acordo homologado, que integrem o salário-de-contribuição (ex-OJ nº 141 da SBDI-1 – inserida em 27.11.1998).

Entretanto, a Lei nº 11.457/07 explicitou a competência da Justiça Laboral, no que pertine ao período contratual reconhecido, dando a seguinte redação ao parágrafo único do artigo 876 da Consolidação das Leis do Trabalho:

> Serão executadas *ex officio* as contribuições sociais devidas em decorrência de decisão proferida pelos Juízes e Tribunais do Trabalho, resultantes de condenação ou homologação de acordo, inclusive sobre os salários pagos durante o período contratual reconhecido.

A partir de então, a Justiça do Trabalho voltou a ter competência para a execução das contribuições previdenciárias relativas às suas decisões meramente declaratórias de vínculo empregatício.

O Supremo Tribunal Federal, entretanto, no julgamento do RE nº 569056,[207] decidiu, por unanimidade de votos, que a competência da Justiça do Trabalho, nos termos do artigo 114 da Constituição Federal, não abarca essas decisões. Segundo o voto do Relator, Ministro Menezes Direito, "o que se executa não é a contribuição social, mas o título que a corporifica ou representa, assim como o que se executa, no juízo comum, não é o crédito representado no cheque, mas o próprio cheque". Mais adiante, conclui que "no caso, a decisão trabalhista que não dispõe sobre o pagamento de salários, mas apenas se limita a reconhecer a existência do vínculo, não constitui título executivo judicial no que se refere ao crédito de contribuições previdenciárias".

Pensamos que o Direito Social não pode ser tratado nas mesmas bases do Direito Processual. Veja-se que o regime previdenciário brasileiro é contributivo, ou seja, a proteção previdenciária depende de contribuição, nos termos do artigo 201 da Constituição Federal. Dessa forma, como já afirmamos, quem contribui tem

---

[207] Eis a ementa: Recurso extraordinário. Repercussão geral reconhecida. Competência da Justiça do Trabalho. Alcance do art. 114, VIII, da Constituição Federal. 1. A competência da Justiça do Trabalho prevista no art. 114, VIII, da Constituição Federal alcança apenas a execução das contribuições previdenciárias relativas ao objeto da condenação constante das sentenças que proferir. 2. Recurso extraordinário conhecido e desprovido. *DJ* 29 set. 2008.

proteção previdenciária, quem não contribui, não tem, pois previdência social não confunde-se com assistência social. Por isso, o reconhecimento de vínculo laboral sem a correspondente contribuição previdenciária poderá, no futuro, prejudicar o próprio trabalhador, sobretudo porque a regra de cálculo dos benefícios previdenciários, como veremos, leva em consideração os maiores salários-de-contribuição de toda a sua vida laboral. Ora, a ausência desses salários-de-contribuição implicará prejuízos para o próprio trabalhador, podendo não só reduzir o valor do seu benefício previdenciário, como também impossibilitar a comprovação dos requisitos do próprio benefício.

De qualquer sorte, a decisão acima jogou uma pá de cal na matéria.[208]

Com relação às contribuições incidentes nos acordos homologados no Juízo Arbitral, criados pela Lei nº 9.958/00 sob a denominação de Comissões de Conciliação Prévia, o Superior Tribunal de Justiça entende que a competência para sua execução é da Justiça Federal, nos termos do seguinte julgado:

> Ementa: CONFLITO NEGATIVO DE COMPETÊNCIA ENTRE JUSTIÇA FEDERAL E TRABALHISTA. EXECUÇÃO DAS CONTRIBUIÇÕES PREVIDENCIÁRIAS. ACORDO EXTRAJUDICIAL. ARTIGO 114, § 3º, CF/88. INAPLICABILIDADE. COMPETÊNCIA DA JUSTIÇA FEDERAL.
>
> "1. A competência da Justiça do Trabalho, conferida pelo § 3º do artigo 114 da Constituição Federal, para executar, de ofício, as contribuições sociais que prevê, decorre de norma de exceção, a ser interpretada restritivamente. Nela está abrangida apenas a execução de contribuições previdenciárias incidentes sobre pagamentos efetuados em decorrência de sentenças proferidas pelo Juízo Trabalhista, única suscetível de ser desencadeada 'de ofício'.
>
> 2. Não compete à Justiça Trabalhista processar execução movida pelo Instituto Nacional do Seguro Social – INSS para cobrar contribuições sociais incidentes sobre pagamentos previstos em acordo celebrado extrajudicialmente, que não submetido à homologação judicial, do qual a autarquia sequer foi parte e que não traz qualquer menção a créditos previdenciários.
>
> 3. Compete à Justiça Federal processar e julgar a causa em que figurar a União, suas autarquias ou empresa pública federal na condição de autora, ré, assistente ou oponente (CF, art. 109, I)". (Conflito de Competência nº 38.315/RJ, Rel. para o Acórdão: Min. Teori Albano Zavascki, *DJ* 23.8.2004)
>
> 4. Ressalva do ponto de vista do Relator, no sentido de que a competência é da Justiça do Trabalho, uma vez que compete ao juízo de cognição a execução do título

[208] Conforme levantamento feito pela Procuradoria-Geral Federal, essa decisão implicará 400.000 novos processos/ano na Secretaria da Receita Federal do Brasil, com o consequente ajuizamento de execuções fiscais na Justiça Federal, já que tais créditos serão constituídos por meio de lançamento direto.

> extrajudicial (art. 877-A da CLT), consistente no Termo de Conciliação derivado de acordo celebrado perante comissão de conciliação prévia (art. 625-E da CLT). Tendo em vista que referido termo constitui título executivo, cabendo ao interessado promover na Justiça do Trabalho a sua efetivação (art. 625-E da CLT), inegável é a legitimação do credor da contribuição para a provocação com o escopo de que se inicie a execução, tanto mais que nas atividades em que o juízo pode agir de ofício, não se exclui a iniciativa da parte.
> 5. Conflito conhecido para declarar a competência do Juízo Federal da 18ª Vara da Seção Judiciária do Estado do Rio de Janeiro/RJ, o suscitante.[209]

As críticas à nova sistemática de execução dos créditos previdenciários na própria Justiça do Trabalho, *data venia*, são improcedentes. Dentre outros argumentos, afirmou-se que a satisfação dos créditos previdenciários passou a ser prioridade em detrimento dos direitos do trabalhador, que o Juiz do Trabalho passou a realizar atividades típicas do Executivo, como *longa manus* do Fisco, em atribuição inconstitucional, por violação à separação dos poderes etc. Não se trata disso. A compreensão do Direito da Seguridade Social e, em especial, do Direito Previdenciário exige uma visão ampla, completa, do sistema. Visões parciais, quer sob o ponto de vista dos benefícios, quer sob o ponto de vista do custeio, não levarão a nenhuma conclusão acertada, muito menos científica. O regime previdenciário adotado pela previdência pública é o de repartição simples, não o de capitalização individual. Este último, *grosso modo*, funciona como uma poupança individual, onde o segurado, no futuro, vai usufruir da sua acumulação realizada ao longo da vida laboral. No primeiro, diferentemente, as contribuições arrecadadas no presente servem para financiar os benefícios já concedidos, o que leva à afirmação de uma ampla solidariedade intergeracional. Entretanto, as contribuições vertidas pelos segurados não são "a fundo perdido", sem qualquer relação com os mesmos. Não! O valor dos salários-de-contribuição sobre os quais incidiram as contribuições, bem como o tempo de contribuição, têm relação direta com a concessão dos benefícios previdenciários, inclusive quanto ao seu valor, como já afirmamos, até mesmo por força do fator previdenciário, o qual já foi denominado de "capitalização virtual".[210] Por isso, é equivocado o argumento de que a execução de ofício na Justiça do Trabalho busca privilegiar o Fisco em detrimento do trabalhador. Quanto à separação dos poderes, da mesma forma, a crítica é improcedente, pois a Teoria de Montesquieu, à luz do Estado Social Contemporâneo, não impede a flexibilização das atividades típicas, mas não exclusivas, de cada Poder, sobretudo na busca do interesse público.

---

[209] STJ, CC nº 41233, *DJ* 29 nov. 2004.

[210] Cf. Miguel Horvath Júnior, *Direito previdenciário*, p. 149.

O valor arrecadado na Justiça do Trabalho tem aumentado a cada ano, conforme demonstram as estatísticas da Procuradoria-Geral Federal – em bilhões de reais:

Ano	2001	2002	2003	2004	2005	2006	2007	2008	2009	2010
Total	0,692	0,713	0,796	0,980	1,169	1,244	1,260	1,511	1,807	1,903

Esses recursos são revertidos em prol de toda a sociedade.

11.5.5 Decadência e prescrição

Podemos conceituar decadência em matéria tributária como a extinção do direito do Fisco de constituir o crédito tributário.

A esse respeito, reza o artigo 146, III, *b*, da Constituição Federal:

> Art. 146. Cabe à lei complementar:
>
> III – estabelecer normas gerais em matéria de legislação tributária, especialmente sobre:
>
> b) obrigação, lançamento, crédito, prescrição e decadência tributários.

Por outro lado, os artigos 45 e 46 da Lei nº 8.212/91 – lei ordinária – dispuseram sobre a decadência e prescrição dos créditos previdenciários, o que provocou inúmeros questionamentos na doutrina e jurisprudência acerca de sua inconstitucionalidade, por invasão de matéria restrita à lei complementar. Nos termos do *caput* do artigo 45, a decadência dos créditos previdenciários opera-se em dez anos. A Corte Especial do Tribunal Regional Federal da 4ª Região reconheceu a inconstitucionalidade do *caput* do artigo 45, ao tratar da decadência, no seguinte julgado:

> Ementa: ARGUIÇÃO DE INCONSTITUCIONALIDADE – *CAPUT* DO ART. 45 DA LEI Nº 8.212/91.
>
> É inconstitucional o *caput* do artigo 45 da Lei nº 8.212/91 que prevê o prazo de 10 anos para que a Seguridade Social apure e constitua seus créditos, por invadir área reservada à lei complementar, vulnerando, dessa forma, o art. 146, III, *b*, da Constituição Federal.[211]

Roque Carrazza, a seu turno, entende que a lei complementar, ao regular a prescrição e decadência tributárias, deverá limitar-se a apontar diretrizes e regras

[211] TRF4, INAG nº 63912, *DJ* 5 set. 2001.

gerais, não podendo adentrar na "economia interna" de cada pessoa política, razão pela qual, entende esse autor, "a fixação dos prazos prescricionais e decadenciais depende de lei da própria entidade tributante. Não de lei complementar". Por isso, o Código Tributário Nacional, no seu entender, ao dispor sobre esses prazos, tem *status* de lei ordinária.[212]

Outro argumento para a disposição de prazos por meio de lei complementar seria a uniformidade de tratamento em todo território nacional, o que não atinge as contribuições de seguridade social, eis que de competência privativa da União. Por isso, na esteira do entendimento de Roque Carrazza, defendíamos que as disposições relativas à decadência e prescrição arroladas na Lei nº 8.212/91 são constitucionais. No sentido da legitimidade da decadência, inclusive, há precedente do Superior Tribunal de Justiça, no julgamento de recurso especial por nós interposto:

> Ementa: TRIBUTÁRIO. EXECUÇÃO FISCAL. CONTRIBUIÇÃO PREVIDENCIÁRIA. PRESCRIÇÃO. PRAZO. TRIBUTO SUJEITO A LANÇAMENTO POR HOMOLOGAÇÃO. CF/88 E LEI Nº 8.212/91.
>
> 1. A Constituição Federal de 1988 tornou indiscutível a natureza tributária das contribuições para a seguridade. A prescrição e decadência passaram a ser regidas pelo CTN cinco anos e, após o advento da Lei nº 8.212/91, esse prazo passou a ser decenal.
>
> 2. *In casu*, o débito relativo a parcelas não recolhidas pelo contribuinte referentes aos anos de 1989, 1990 e 1991, sendo a notificação fiscal datada de 7.4.97, acha-se atingido pela decadência, salvo quanto aos fatos geradores ocorridos a partir de 25 de julho de 1991, quando entrou em vigor o prazo decenal para a constituição do crédito previdenciário, nos termos do art. 45 da Lei nº 8.212/91.
>
> 3. Recurso Especial parcialmente provido.[213]

Posteriormente, entretanto, a Corte Especial daquele Tribunal reconheceu a inconstitucionalidade do artigo 45 da Lei nº 8.212/91:

> CONSTITUCIONAL, PROCESSUAL CIVIL E TRIBUTÁRIO. INCIDENTE DE INCONSTITUCIONALIDADE. DO ARTIGO 45 DA LEI 8.212, DE 1991. OFENSA AO ART. 146, III, *B*, DA CONSTITUIÇÃO.
>
> 1. As contribuições sociais, inclusive as destinadas a financiar a seguridade social (CF, art. 195), têm, no regime da Constituição de 1988, natureza tributária. Por isso mesmo, aplica-se também a elas o disposto no art. 146, III, *b*, da Constituição, segundo o qual cabe à lei complementar dispor sobre normas gerais em matéria de prescrição e decadência tributárias, compreendida nessa cláusula inclusive a fixação dos respectivos prazos. Consequentemente, padece de inconstitucionalidade formal

[212] Cf. *Curso de direito constitucional tributário*, p. 816.

[213] STJ, REsp nº 475559, *DJ* 17 nov. 2003.

o artigo 45 da Lei 8.212, de 1991, que fixou em dez anos o prazo de decadência para o lançamento das contribuições sociais devidas à Previdência Social.

2. Arguição de inconstitucionalidade julgada procedente.[214]

Recentemente, o Supremo Tribunal Federal declarou a inconstitucionalidade do artigo 45, *caput*, da Lei nº 8.212/91, ao argumento de que a matéria deveria ser disciplinada por meio de lei complementar, nos termos do artigo 146, III, b, da Constituição Federal.[215] O julgado resultou na edição da Súmula Vinculante nº 8, nestes termos:

São inconstitucionais o parágrafo único do artigo 5º do decreto-lei nº 1.569/1977 e os artigos 45 e 46 da lei nº 8.212/1991, que tratam de prescrição e decadência de crédito tributário.

A fixação do termo inicial da contagem do prazo decadencial é questão que também suscita polêmica. Tanto o artigo 173, I, do Código Tributário Nacional, como o artigo 45 da Lei nº 8.212/91, fixam esse termo no primeiro dia do exercício seguinte àquele em que o crédito poderia ter sido constituído ou na data em que se tornar definitiva a decisão que houver anulado, por vício formal, a constituição de crédito anteriormente efetuada.

O Superior Tribunal de Justiça adotava entendimento no sentido de que o início do prazo decadencial ocorria após o final do prazo para a homologação tácita, que é de cinco anos, nos termos do artigo 150, § 4º, do Código Tributário Nacional, totalizando dez anos, em qualquer hipótese de lançamento por homologação. Nesse sentido, o seguinte julgado:

Ementa: TRIBUTÁRIO – TRIBUTOS SUJEITOS A LANÇAMENTO POR HOMOLOGAÇÃO – DECADÊNCIA – PRAZO.

Estabelece o artigo 173, inciso I do CTN que o direito da Fazenda de constituir o crédito tributário extingue-se após 05 (cinco) anos, contados do primeiro dia do exercício seguinte àquele em que o lançamento por homologação poderia ter sido efetuado.

Se não houver pagamento, inexiste homologação tácita.

Com o encerramento do prazo para homologação (5 anos), inicia-se o prazo para a constituição do crédito tributário.

Conclui-se que, quando se tratar de tributos a serem constituídos por lançamento por homologação, inexistindo pagamento, tem o fisco o prazo de 10 anos, após a concorrência do fato gerador, para constituir o crédito tributário.

---

[214] STJ, AI no REsp nº 616348, *DJ* 15 out. 2007.

[215] STF, RREE nºs 560626, 556664 e 559882, j. 12.6.08.

Embargos recebidos" (corrigimos o nº do art., eis que no original consta, equivocadamente, art. 73).[216]

Posteriormente, alterou seu entendimento no sentido de que a decadência operava-se sempre em cinco anos, contada do fato gerador ou do primeiro dia do exercício seguinte a este.[217]

Novamente, houve alteração de entendimento, em julgamento realizado em 8.6.05, pela Primeira Seção do Superior Tribunal de Justiça, nestes termos:

> Ementa: TRIBUTÁRIO. EMBARGOS DE DIVERGÊNCIA. TRIBUTO SUJEITO A LANÇAMENTO POR HOMOLOGAÇÃO. DECADÊNCIA. TERMO INICIAL. ART. 150, § 4º E 173, I, AMBOS DO CTN.
>
> 1. No lançamento por homologação, o contribuinte, ou o responsável tributário, deve realizar o pagamento antecipado do tributo, antes de qualquer procedimento administrativo, ficando a extinção do crédito condicionada à futura homologação expressa ou tácita pela autoridade fiscal competente. Havendo pagamento antecipado, o fisco dispõe do prazo decadencial de cinco anos, a contar do fato gerador, para homologar o que foi pago ou lançar a diferença acaso existente (art. 150, § 4º do CTN).
>
> 2. Se não houve pagamento antecipado pelo contribuinte, não há o que homologar nem se pode falar em lançamento por homologação. Surge a figura do lançamento direto substitutivo, previsto no art. 149, V do CTN, cujo prazo decadencial rege-se pela regra geral do art. 173, I do CTN.
>
> 3. Com o encerramento do prazo para homologação (art. 150, § 4º do CTN), inicia-se a contagem do prazo previsto no art. 173, I do CTN. Inexistindo pagamento antecipado, conclui-se ter o Fisco o prazo de 10 anos, após a ocorrência do fato gerador, para constituir o crédito tributário.
>
> 4. Em síntese, o prazo decadencial para a Fazenda Pública constituir o crédito tributário será: (a) de cinco anos a contar do primeiro dia do exercício seguinte àquele em que o lançamento poderia ser efetuado, se o tributo sujeitar-se a lançamento direto ou por declaração (regra geral do art. 173, I do CTN); (b) de cinco anos a contar da ocorrência do fato gerador no caso de lançamento por homologação em que há pagamento antecipado pelo contribuinte (aplicação do art. 150, § 4º do CTN) e (c) de dez anos a contar do fato gerador nos casos de lançamento por homologação sem que nenhum pagamento tenha sido realizado pelo sujeito passivo, oportunidade em que surgirá a figura do lançamento direto substitutivo do lançamento por homologação (aplicação cumulativa do art. 150, § 4º com o art. 173, I, ambos do CTN).
>
> 5. Precedentes da Primeira Seção e das duas Turmas de Direito Público.

---

[216] STJ, EREsp nº 132329, *DJ* 7 jun. 1999.

[217] Nesse sentido, EREsp nº 101407, *DJ* 7 abr. 2000.

6. Embargos de divergência providos.[218]

Hoje, portanto, na linha desse precedente, temos dois prazos de decadência:

a) quando há pagamento parcial do tributo, o prazo é de cinco anos, contado da ocorrência do fato gerador;

b) quando não há nenhum pagamento antecipado, o prazo é de dez anos, a partir da ocorrência do fato gerador.

Trataremos agora da prescrição.

Conceituamos prescrição como a extinção do direito do Fisco de cobrar o crédito tributário. Tem relação com a ação judicial de cobrança de que dispõe aquele, ou seja, a execução fiscal.

O artigo 46 da Lei nº 8.212/91 dispõe que o direito de cobrar os créditos da seguridade social prescreve em dez anos.

A mesma polêmica da decadência ocorre aqui, em face do artigo 146, III, *b*, da Constituição Federal, já citado.

O Tribunal Regional Federal da 4ª Região, por essa razão, reconheceu a inconstitucionalidade da referida norma legal no seguinte julgado:

> TRIBUTÁRIO. CONTRIBUIÇÕES PREVIDENCIÁRIAS. NATUREZA TRIBUTÁRIA. PRAZO PRESCRICIONAL. ART. 174 DO CTN. LEI 8.212/91, ART. 46. INCOMPATIBILIDADE VERTICAL COM O ART. 146, III, *B*, DA CONSTITUIÇÃO FEDERAL.
>
> 1. As contribuições de Seguridade Social, instituídas com suporte legitimador nos arts. 149 e 195 da Carta Política, revelam índole tributária, sobressaindo, por conseguinte, sua submissão aos ditames que disciplinam o Sistema Tributário Nacional talhado pelo Constituinte de 1988.
>
> 2. Assentando o art. 146, III, da Lei Maior que cumpre à lei complementar a tarefa de estabelecer normas gerais em matéria de legislação tributária, especialmente sobre *prescrição* e decadência (alínea *b*), e não havendo qualquer questionamento quanto à natureza jurídica de tributo envergada pelas contribuições previdenciárias, diante da ordem constitucional inaugurada em 1988, resulta vedado ao legislador ordinário imiscuir-se nesse mister. O art. 46 da Lei 8.212/91, portanto, assumindo feição de lei ordinária, não poderia dispor a respeito do prazo de *prescrição* para a cobrança das contribuições devidas à Seguridade Social. Tendo invadido campo temático reservado à lei complementar, mostra-se incompatível com os ditames constitucionais.
>
> 3. Não se pode aceitar o argumento segundo o qual apenas o tratamento geral em torno da prescrição adstringir-se-ia à lei complementar, não existindo veto constitu-

[218] STJ, EREsp nº 466779, *DJ* 1º ago. 2005. No mesmo sentido, REsp nº 852765, *DJ* 6 out. 2008.

cional a que o legislador ordinário disponha, especificamente, sobre o prazo que se lhe deve emprestar. Deveras, a se enveredar por esta senda, estar-se-ia reconhecendo que a matéria em destaque não se conforma às normas gerais de direito tributário (CF, art. 146, inciso III). Noutras palavras, não exigiria tratamento uniforme em todos entes políticos da Federação, permitindo que cada Estado, cada Município, disponha, por intermédio de seus Poderes Legislativos, a respeito de qual o lapso inercial que corresponderá à extinção do crédito tributário pela ocorrência da prescrição. Este raciocínio, por certo, não se coaduna com a *ratio* que animou o Constituinte ao fazer inserir, de maneira expressa, o vocábulo *prescrição* na alínea *b* do inciso III do art. 146, dentre os temas que devem sujeitar-se à disciplina uniformizante traduzida pela lei complementar federal.

4. A circunstância de haver disposição contida no Código Tributário Nacional (Lei 5.172/66, art. 174) – que, sabidamente, fora recepcionado pela Carta de 1988 com estatura de lei complementar –, prevendo prazo diverso daquele agasalhado no art. 46 da Lei de Custeio, não transporta a questão para o plano da legalidade. Com efeito, é o legislador constituinte quem demarca o campo temático a ser preenchido pela referida espécie legislativa, incidindo na pecha de inconstitucionalidade o legislador ordinário que se proponha a fazê-lo. É dizer, lei ordinária que verse sobre tema reservado, por expressa previsão constitucional, à lei complementar, desvela-se inconstitucional. Eventual descompasso com lei complementar já em vigor configura situação meramente secundária, decorrente lógico da incompatibilidade com o ditame da Constituição, não conjurando, mas, ao revés, confirmando, a tisna de inconstitucionalidade.

5. Reconhecimento da inconstitucionalidade do art. 46 da Lei 8.212/91.[219]

O Supremo Tribunal Federal, na mesma oportunidade em que declarou a inconstitucionalidade do artigo 45 da Lei nº 8.212/91, o fez em relação ao artigo 46, pelos mesmos fundamentos: invasão de matéria reservada à lei complementar. Como já dito, esse julgado resultou na Súmula Vinculante nº 8.

Em face desse julgado, podemos afirmar que o prazo prescricional das contribuições previdenciárias, ao longo do tempo, é o seguinte:

a) até a EC nº 8/77 – cinco anos, dada sua natureza tributária (CTN);
b) após a EC nº 8/77 até a CF/88 – 30 anos (Lei nº 3.807/60);
c) após a CF/88 – cinco anos (CTN).

A Lei Complementar nº 128/08 revogou os artigos 45 e 46 da Lei nº 8.212/91.

---

[219] TRF4, 2004.04.01.026097-8, *DJ* 1º fev. 2006.

Na hipótese de o contribuinte ser pessoa jurídica de direito público, o prazo prescricional é regulado pelo Decreto nº 20.910/32, fixado em cinco anos, em seu favor.

11.5.6 Indenização de tempo de serviço do contribuinte individual

Nos termos da redação anterior dos §§ 1º a 4º do artigo 45 da Lei nº 8.212/91, para comprovar o exercício de atividade remunerada, com vistas à concessão de benefícios, seria exigido do contribuinte individual, a qualquer tempo, o recolhimento das correspondentes contribuições. Trata-se da hipótese em que o segurado, no passado, não efetuou o recolhimento devido e, no presente, pretende utilizar aquele tempo de serviço para usufruir de benefícios previdenciários. Tendo natureza de indenização pelos valores que não foram vertidos para a previdência social no seu devido tempo, e não natureza tributária, o *quantum* aqui tratado não está sujeito a prazo decadencial, razão pela qual pode ser efetuado a qualquer tempo. Para apuração e constituição desses créditos, a seguridade social utiliza como base de incidência o valor da média aritmética simples dos maiores salários-de-contribuição, reajustados, correspondentes a 80% de todo o período contributivo decorrido desde a competência julho de 1994.

Os artigos 94 a 99 da Lei nº 8.213/91 tratam da contagem recíproca do tempo de serviço, ou seja, permitem a contagem do tempo de serviço do RGPS na atividade pública e vice-versa, para efeito de concessão de benefícios. Nesse caso, a base de incidência da indenização será a remuneração sobre a qual incidem as contribuições para o regime específico de previdência social a que estiver filiado o interessado, observado o limite máximo do salário-de-contribuição. Portanto, quando o segurado estiver filiado a regime específico, diverso do RGPS, a base de cálculo não será a média explicitada acima, mas sim a sua remuneração atual, limitada ao teto.

A jurisprudência do Superior Tribunal de Justiça entendia legítima a norma jurídica prevista no art. 45, § 4º, no sentido de que sobre os valores apurados na forma descrita acima incidem juros moratórios de 0,5% ao mês, capitalizados anualmente, limitados ao percentual máximo de 50%, e multa de 10%, conforme demonstra julgamento proferido em sede de nosso recurso especial:

> Ementa: TRIBUTÁRIO. CONTRIBUIÇÃO PREVIDENCIÁRIA. RECOLHIMENTO TARDIO. INCIDÊNCIA DE JUROS E MULTA. ART. 45, § 4º, DA LEI Nº 8.212/91.
>
> 1. Incidem de juros de mora e multa quando o contribuinte – visando à obtenção do benefício de aposentadoria – opta por pagar as contribuições previdenciárias não recolhidas a tempo e a modo. Observância do art. 45, § 4º, da Lei nº 8.212/91. Precedentes.

2. Recurso especial provido.[220]

Atualmente, aquele Tribunal não mais admite a incidência de juros e multa em período anterior ao da inclusão da referida norma jurídica na Lei nº 8.212/91, nos termos do seguinte julgado:

> AGRAVO REGIMENTAL. RECURSO ESPECIAL. PREVIDENCIÁRIO. CONTRIBUIÇÕES. RECOLHIMENTO. JUROS DE MORA. MULTA. NÃO INCIDÊNCIA. PERÍODO ANTERIOR À MEDIDA PROVISÓRIA Nº 1.523/1996.
>
> 1. A jurisprudência desta Corte firmou-se no sentido de que só incidem juros de mora e multa no recolhimento das contribuições previdenciárias relativas a período posterior à Medida Provisória nº 1.523/1996, que incluiu o § 4º do art. 45 da Lei nº 8.212/1991.
>
> 2. Agravo regimental a que se nega provimento.[221]

A regra anterior ainda determinava que o recolhimento em atraso a partir da competência abril de 1995, diferentemente, obedeceria às disposições aplicadas às empresas em geral.

A Lei Complementar nº 128/08 revogou os artigos 45 e 46 da Lei nº 8.212/91, incluindo o artigo 45-A, nestes termos:

> Art. 45-A. O contribuinte individual que pretenda contar como tempo de contribuição, para fins de obtenção de benefício no Regime Geral de Previdência Social ou de contagem recíproca do tempo de contribuição, período de atividade remunerada alcançada pela decadência deverá indenizar o INSS.
>
> § 1º O valor da indenização a que se refere o *caput* deste artigo e o § 1º do art. 55 da Lei nº 8.213, de 24 de julho de 1991, corresponderá a 20% (vinte por cento):
>
> I – da média aritmética simples dos maiores salários-de-contribuição, reajustados, correspondentes a 80% (oitenta por cento) de todo o período contributivo decorrido desde a competência julho de 1994; ou
>
> II – da remuneração sobre a qual incidem as contribuições para o regime próprio de previdência social a que estiver filiado o interessado, no caso de indenização para fins da contagem recíproca de que tratam os arts. 94 a 99 da Lei nº 8.213, de 24 de julho de 1991, observados o limite máximo previsto no art. 28 e o disposto em regulamento.
>
> § 2º Sobre os valores apurados na forma do § 1º deste artigo incidirão juros moratórios de 0,5% (cinco décimos por cento) ao mês, capitalizados anualmente, limitados ao percentual máximo de 50% (cinquenta por cento), e multa de 10% (dez por cento).

---

[220] STJ, REsp nº 550254, *DJ* 9 maio 2005.

[221] STJ, AgRg no Resp nº 499969, *DJ* 9 dez. 2008.

§ 3º O disposto no § 1º deste artigo não se aplica aos casos de contribuições em atraso não alcançadas pela decadência do direito de a Previdência constituir o respectivo crédito, obedecendo-se, em relação a elas, as disposições aplicadas às empresas em geral.

Atualmente, portanto, a base de cálculo da indenização varia de acordo com a finalidade da mesma: se para fins de concessão de benefício no âmbito do RGPS, será a média dos maiores salários-de-contribuição correspondentes a 80% do período contributivo; se para fins de contagem recíproca, será a remuneração atual do segurado no respectivo regime próprio, limitada ao teto do RGPS. Apurada a base de cálculo, sobre a mesma será aplicada a alíquota de 20%, e o resultado multiplicado pelo número de meses do período a ser indenizado, nos termos do artigo 216, § 14, do Decreto nº 3.048/99.

No caso de contribuições não atingidas pela decadência, a forma de cálculo não é essa, mas simplesmente a mesma das empresas em geral, pois estaremos diante de débito de natureza tributária.

11.5.7 Prescrição especial da ação anulatória

Segundo o § 5º do artigo 45 da Lei nº 8.212/91, o direito de pleitear judicialmente a desconstituição de exigência fiscal fixada pelo INSS no julgamento de litígio em processo administrativo fiscal extingue-se com o decurso do prazo de 180 dias, contado da intimação da referida decisão. A norma em estudo é nitidamente abusiva. Mesmo entendendo que a lei ordinária pode fixar prazo prescricional no trato de contribuições de seguridade social, não pode, nenhuma lei, afrontar o princípio da proporcionalidade, tal como ocorre na presente hipótese, especificamente no seu desdobramento da proporcionalidade em sentido estrito, pois o ônus imposto ao contribuinte é tamanho, a ponto de fulminar seu direito constitucional de ampla defesa, não sendo em nada legitimado por eventual benefício trazido ao Estado no que diz respeito ao recolhimento das contribuições. A pecha da inconstitucionalidade fulmina a validade da norma em questão.

11. Da arrecadação e recolhimento das contribuições

11.1 Das normas gerais relativas à arrecadação e recolhimento de contribuições

Arrecadação – desconto da remuneração do trabalhador da respectiva contribuição.

Recolhimento – pagamento no banco.

11.2 Da retenção e da responsabilidade solidária

11.3 Obrigações acessórias

CTN, art. 113 – obrigação tributária é principal ou acessória.

– obrigação principal – surge com a ocorrência do fato gerador, tem por objeto o pagamento de tributo ou penalidade pecuniária e extingue-se juntamente com o crédito dela decorrente. Obrigação de dar – natureza patrimonial.

– obrigação acessória – decorre da legislação tributária e tem por objeto as prestações, positivas ou negativas, nela previstas no interesse da arrecadação ou da fiscalização dos tributos. Simples fato da sua inobservância – conversão em obrigação principal relativamente à penalidade pecuniária. Obrigação de fazer – natureza não patrimonial.

Legalidade em matéria tributária – sujeitos ativo e passivo, base de cálculo, alíquota e fato gerador.

Legislação tributária – instituição de obrigações acessórias (leis, tratados e convenções internacionais, decretos e normas complementares que versem, no todo ou em parte, sobre tributos e relações jurídicas a eles pertinentes).

Documentos comprobatórios do cumprimento das obrigações acessórias – dever de guarda até que ocorra a prescrição relativa aos créditos decorrentes das operações a que se refiram.

11.4 Da competência para arrecadar e fiscalizar

Lei nº 11.457/07 – Secretaria da Receita Federal do Brasil (antigas Receita Federal e Receita Previdenciária) – planejar, executar, acompanhar e avaliar as atividades relativas à tributação, à fiscalização, à arrecadação, à cobrança e ao recolhimento de todas as contribuições sociais de seguridade social.

Prerrogativa de exame da contabilidade das empresas.

11.5 Das contribuições pagas com atraso

11.2 Da retenção e da responsabilidade solidária

11.2.1 Retenção de 11% em relação a serviços executados mediante cessão de mão de obra

Empresa contratante de serviços executados mediante cessão de mão de obra, inclusive em regime de trabalho temporário – retenção de 11% do valor bruto da nota fiscal ou fatura de prestação de serviços – recolhimento, em nome da empresa cedente da mão de obra, da importância retida até o dia 20 do mês subsequente ao da emissão da respectiva nota fiscal ou fatura, ou até o dia útil imediatamente anterior se não houver expediente bancário naquele dia (presunção de desconto – impossibilidade de alegar omissão para se eximir do recolhimento – responsabilidade direta pela importância que deixou de receber ou arrecadou em desacordo com a lei).

Exemplo típico: limpeza, conservação, zeladoria, vigilância e segurança.

Valor retido deverá ser destacado na nota fiscal ou fatura de prestação de serviços – possibilidade de compensação por qualquer estabelecimento da empresa cedente da mão de obra por ocasião do recolhimento das contribuições destinadas à seguridade social devidas sobre a folha de pagamento dos seus segurados.

Mera técnica de arrecadação de contribuições já instituídas, por meio de substituição tributária, com a finalidade de facilitar a fiscalização – inexistência de contribuição nova.

Fundamento legal – art. 128, CTN.

STF – constitucionalidade – "apenas objetivou simplificar a arrecadação do tributo e facilitar a fiscalização no seu recolhimento".

11.2.1.1 SIMPLES

Sistemática da retenção não é aplicável – optante pelo SIMPLES – contribuição da empresa é equivalente a um percentual incidente sobre sua receita bruta mensal.

11.2.2 Grupo econômico

Empresas que integram grupo econômico de qualquer natureza e produtores rurais integrantes de consórcio simplificado – responsabilidade solidária – obrigações decorrentes da Lei nº 8.212/91.

Art. 2º, § 2º, CLT – sempre que uma ou mais empresas, tendo, embora, cada uma delas, personalidade jurídica própria, estiverem sob a direção, controle ou administração de outra, constituindo grupo industrial, comercial ou de qualquer outra atividade econômica, serão, para os efeitos da relação de emprego, solidariamente responsáveis a empresa principal e cada uma das subordinadas.

11.2.3 Da construção civil

Proprietário, incorporador, dono da obra ou condômino da unidade imobiliária – solidariedade com o construtor.

Todos acima – solidários com a subempreiteira.

Objeto da solidariedade – cumprimento das obrigações para com a seguridade social.

Ressalva do direito regressivo contra o executor ou contratante da obra.

Permitida a retenção de importância devida para garantia do cumprimento dessas obrigações.

Não se aplica, em qualquer hipótese, o benefício de ordem.

Responsabilidade é solidária – qualquer um dos devedores pode ser chamado para responder pela integralidade da obrigação tributária (superação da Súmula nº 126 do extinto Tribunal Federal de Recursos: "na cobrança de crédito previdenciário, proveniente da execução de contrato de construção de obra, o proprietário, dono da obra ou condômino de unidade imobiliária, somente será acionado quando não for possível lograr do construtor, através de execução contra ele intentada a respectiva liquidação").

Executor da obra – obrigação de elaborar folha de pagamento, Guia de Recolhimento do Fundo de Garantia do Tempo de Serviço e Informações à Previdência Social e Guia da Previdência Social distintas para cada obra ou estabelecimento.

Construtor – pessoa física ou jurídica que executa obra sob sua responsabilidade, no todo ou em parte.

Exclusão da responsabilidade solidária – adquirente de prédio ou unidade imobiliária que realize a operação com empresa de comercialização ou com incorporador de imóveis.

Isenção – construção residencial unifamiliar, com área total não superior a 70 m^2, destinada a uso próprio, do tipo econômico e executada sem a utilização de mão de obra assalariada.

Município – dever de fornecer à fiscalização tributária relação de alvarás para construção civil e documentos de "habite-se" concedidos.

11.2.4 Operador portuário e o órgão gestor de mão de obra

Operador portuário e o órgão gestor de mão de obra – responsabilidade solidária – pagamento das contribuições previdenciárias e demais obrigações, inclusive acessórias, devidas à seguridade social – mão de obra de trabalhador avulso – proibida invocação do benefício de ordem.

11.2 Da retenção e da responsabilidade solidária

11.2.5 Responsabilidade dos sócios

CTN, art. 135. Jurisprudência atual – não recolhimento de contribuições previdenciárias na época própria não significa infração de lei – impossibilidade de responsabilidade solidária dos sócios e da empresa.

Crime contra a seguridade social – possibilidade do redirecionamento – configuração de infração à lei.

Lei nº 8.620/93, art. 13. "A responsabilidade pessoal dos sócios, prevista no art. 13 da Lei nº 8.620/93, configura-se somente quando atendidos os requisitos estabelecidos no art. 135, III, do CTN". Lei nº 11.941/09, revogação do artigo 13 da Lei nº 8.620/93.

Lei Complementar nº 123/06, art. 78 – sócios respondem solidariamente pelas contribuições previdenciárias não recolhidas no prazo legal.

11.2.6 Dirigente da Administração Pública

Responsabilidade objetiva de agentes públicos – impossibilidade.

Lei nº 9.476/97 – anistia.

Lei nº 11.941/09 – revogação.

11.2.7 Administradores de autarquias e fundações públicas

Atraso de mais de 30 dias – recolhimento das contribuições previstas na Lei nº 8.212/91 – responsabilidade solidária – sujeição às proibições do artigo 1º e às sanções dos artigos 4º e 7º do Decreto-lei nº 368/68.

11.4 Da competência para arrecadar e fiscalizar

11.4.1 Da aferição indireta

Inexistência de contabilidade formalizada – meio de constituir o crédito tributário.

Inversão do ônus da prova.

Hipóteses:

– recusa ou sonegação de qualquer documento ou informação, ou sua apresentação deficiente.

– falta de prova regular e formalizada pelo sujeito passivo em relação aos salários pagos na obra.

– irregularidade substancial – contabilidade não registra a realidade.

Norma de exceção.

11.4.2 Presunção de desconto

Desconto da contribuição e da consignação legalmente determinado sempre se presume feito a tempo e modo – responsabilidade direta daquele que deixou de descontar ou tiver descontado em desacordo com a lei.

Presunção absoluta.

11.4.3 Constituição do crédito da seguridade social

– notificação de lançamento.

– auto de infração.

– confissão de valores devidos e não recolhidos pelo contribuinte.

11.5 Das contribuições pagas com atraso

11.5.1 Da multa

Multa de mora – 0,33% por dia de atraso.

Calculada a partir do 1º dia subsequente ao do vencimento do prazo previsto para o pagamento do tributo ou da contribuição até o dia em que ocorrer o seu pagamento.

Percentual limitado a 20%.

Juros de mora – SELIC.

Calculado a partir do 1º dia do mês subsequente ao vencimento do prazo até o mês anterior ao do pagamento e de um por cento no mês de pagamento.

Havendo lançamento de ofício (*ação fiscal*) – art. 44 da Lei nº 9.430/96 – multas com maior rigor.

CTN, art. 138 – denúncia espontânea – inadmissível nos tributos sujeitos a lançamento por homologação (*v. g.*, contribuições de seguridade social) – declaração constitui o crédito tributário.

TFR, Súmula nº 208: a simples confissão da dívida, acompanhada do seu pedido de parcelamento, não configura denúncia espontânea.

11.5.2 Do parcelamento

Redação anterior: art. 38, Lei nº 8.212/91 (parcelamentos especiais: REFIS – Lei nº 9.964/00; PAES – Lei nº 10.743/03).

Redação atual: Lei nº 11.941/09 – prazo: até 180 meses.

11.5.3 Da dívida ativa e do leilão

Livro próprio da dívida ativa (sistema informatizado) – débito original atualizado monetariamente, multa, juros de mora e outras multas previstas em lei – extração da CDA (certidão de dívida ativa).

CDA – início do processo de execução fiscal – presunção de liquidez e certeza (relativa).

Dívida Ativa da Fazenda Pública – natureza tributária ou não tributária.

Citação – 5 dias – pagamento ou garantia da execução.

Pagamento – extinção.

Garantia – discussão em embargos à execução (executado deverá alegar toda matéria útil à defesa, requerer provas e juntar aos autos os documentos e rol de testemunhas, até três, ou, a critério do juiz, até o dobro desse limite).

Sem pagamento ou garantia – penhora. Prazo de 30 dias para embargos à execução, contados da intimação pessoal da penhora (e não da juntada do respectivo mandado aos autos).

Inadmissibilidade de embargos do executado antes de garantida a execução – tendo em vista o exercício do direito de ampla defesa admite-se bem penhorado de valor inferior ao da dívida.

Não recolhimento ou não parcelamento dos valores contidos na GFIP – dispensa de formalização de processo administrativo tributário – inscrição imediata em dívida ativa.

CPC, art. 520, V: a apelação será recebida só no efeito devolutivo quando interposta de sentença que rejeitar liminarmente embargos à execução ou julgá-los improcedentes.

STJ. Súmula 317. É definitiva a execução de título extrajudicial, ainda que pendente apelação contra sentença que julgue improcedentes os embargos.

Súmula 331. A apelação interposta contra sentença que julga embargos à arrematação tem efeito meramente devolutivo.

Leilão judicial dos bens penhorados – leiloeiro oficial, indicado pelo credor, que procederá à hasta pública:

I – no primeiro leilão, pelo valor do maior lance, que não poderá ser inferior ao da avaliação;

II – no segundo leilão, por qualquer valor, excetuado o vil.

STJ. Súmula 128. Na execução fiscal haverá segundo leilão, se no primeiro não houver lanço superior a avaliação.

Ausência de critério objetivo para definição do valor vil – análise do caso concreto (estado de conservação do bem, o valor da dívida etc.).

Possibilidade de parcelamento do pagamento do valor da arrematação na forma prevista para os parcelamentos administrativos da dívida ativa da União.

11.5.4 Execução de contribuições na Justiça do Trabalho

CF/88, art. 114, § 3º. Compete ainda à Justiça do Trabalho executar, de ofício, as contribuições sociais previstas no art. 195, I, *a*, e II, e seus acréscimos legais, decorrentes das sentenças que proferir (redação EC nº 20/98).

CF/88, art. 114, VIII. Compete à Justiça do Trabalho processar e julgar a execução, de ofício, das contribuições sociais previstas no art. 195, I, *a*, e II, e seus acréscimos legais, decorrentes das sentenças que proferir (redação EC nº 45/04).

Lei nº 8.213/91, art. 43. Nas ações trabalhistas de que resultar o pagamento de direitos sujeitos à incidência de contribuição previdenciária, o juiz, sob pena de responsabilidade, determinará o imediato recolhimento das importâncias devidas à Seguridade Social.

Desnecessidade de constituição do crédito tributário por meio de processo administrativo fiscal.

Ausência de discriminação das parcelas legais relativas à contribuição previdenciária – incidência sobre o valor total.

Fato gerador – data da prestação do serviço.

Apuração mês a mês – aplicação de alíquotas, limites máximos do salário-de-contribuição e acréscimos legais moratórios vigentes relativamente a cada uma das competências abrangidas.

Recolhimento – mesmo prazo em que devam ser pagos os créditos encontrados em liquidação de sentença ou em acordo homologado (havendo parcelamento da dívida trabalhista, a dívida previdenciária será paga em tantas parcelas quantas as previstas no acordo, nas mesmas datas em que sejam exigíveis e proporcionalmente a cada uma delas).

Havendo reconhecimento judicial da prestação de serviços que permitam aposentadoria especial – devidos os acréscimos de contribuição.

Acordo celebrado após decisão de mérito – contribuição calculada com base no valor do acordo.

Sistemática válida nas Comissões de Conciliação Prévia – divergência jurisprudencial.

11.5 Das contribuições pagas com atraso

11.5.5 Decadência e prescrição

Decadência – extinção do direito do Fisco de constituir o crédito tributário.

Inconstitucionalidade do art. 45 da Lei nº 8.212/91 – CF/88, art. 146, III, *b*.

Norma aplicável – CTN, art. 173.

Prescrição – extinção do direito do Fisco de cobrar o crédito tributário – ação judicial de cobrança (execução fiscal).

Inconstitucionalidade do art. 46 da Lei nº 8.212/91 – CF/88, art. 146, III, *b*.

Norma aplicável – CTN, art. 174.

Prazo prescricional das contribuições previdenciárias ao longo do tempo:

– até a EC nº 8/77 – 5 anos, dada sua natureza tributária (CTN);

– após a EC nº 8/77 até a CF/88 – 30 anos (Lei nº 3.807/60);

– após a CF/88 – 5 anos (CTN).

STF, Súmula Vinculante nº 8: São inconstitucionais o parágrafo único do artigo 5º do Decreto-lei nº 1.569/77 e os artigos 45 e 46 da Lei nº 8.212/91, que tratam de prescrição e decadência de crédito tributário.

Lei Complementar nº 128/08 – revogação dos artigos 45 e 46 da Lei nº 8.212/91.

Contribuinte pessoa jurídica de direito público – prazo prescricional regulado pelo Decreto nº 20.910/32 (cinco anos, em seu favor).

11.5.6 Indenização de tempo de serviço do contribuinte individual

Hipótese – comprovar o exercício de atividade remunerada, com vistas à concessão de benefícios no RGPS ou contagem recíproca do tempo de contribuição.

Base de cálculo da indenização varia de acordo com a finalidade da mesma:

– se para fins de concessão de benefício no âmbito do RGPS, será a média dos maiores salários-de-contribuição correspondentes a 80% do período contributivo;

– se para fins de contagem recíproca, será a remuneração atual do segurado no respectivo regime próprio, limitada ao teto do RGPS.

Alíquota – 20%.

Resultado – multiplicado pelo número de meses do período a ser indenizado.

Incidência de juros moratórios e multa no resultado – obrigatoriedade nos termos da lei. STJ: "a jurisprudência desta Corte firmou-se no sentido de que só incidem juros de mora e multa no recolhimento das contribuições previdenciárias relativas a período posterior à Medida Provisória nº 1.523/1996, que incluiu o § 4º do art. 45 da Lei nº 8.212/1991".

Contribuições em atraso não alcançadas pela decadência – forma de cálculo é a mesma aplicada às empresas em geral.

11.5.7 Prescrição especial da ação anulatória

Direito de pleitear judicialmente a desconstituição de exigência fiscal fixada pelo INSS no julgamento de litígio em processo administrativo fiscal – extinção com o decurso do prazo de 180 dias. Inconstitucionalidade.

12 Da prova de inexistência de débito

A prova de inexistência de débito perante a previdência social é efetivada mediante a apresentação de CND – Certidão Negativa de Débito. Nos termos do artigo 206 do Código Tributário Nacional, tem os mesmos efeitos da CND a certidão de que conste a existência de créditos não vencidos, em curso de cobrança executiva em que tenha sido efetivada a penhora, ou cuja exigibilidade esteja suspensa, tradicionalmente conhecida como CPD-EN – Certidão Positiva de Débitos com Efeitos de Negativa. Assim, em todas as hipóteses em que se exige CND, nos termos do artigo 47 da Lei nº 8.212/91, pode ser apresentada CPD-EN. São os seguintes casos:

I – da empresa:

a) na contratação com o Poder Público e no recebimento de benefícios ou incentivo fiscal ou creditício concedido por ele;

b) na alienação ou oneração, a qualquer título, de bem imóvel ou direito a ele relativo;

c) na alienação ou oneração, a qualquer título, de bem móvel de valor superior a R$ 42.933,60 incorporado ao ativo permanente da empresa;

d) no registro ou arquivamento, no órgão próprio, de ato relativo a baixa ou redução de capital de firma individual, redução de capital social, cisão total ou parcial, transformação ou extinção de entidade ou sociedade comercial ou civil e transferência de controle de cotas de sociedades de responsabilidade limitada;

II – do proprietário, pessoa física ou jurídica, de obra de construção civil, quando de sua averbação no registro de imóveis, salvo no caso de construção residencial unifamiliar, destinada ao uso próprio, de tipo econômico, executada sem mão de obra assalariada. Entende-se como obra de construção civil a construção, demolição, reforma ou ampliação de edificação ou outra benfeitoria agregada ao solo ou ao subsolo.

A prova de inexistência de débito deve ser exigida da empresa em relação a todas as suas dependências, estabelecimentos e obras de construção civil, independentemente do local onde se encontrem, ressalvado aos órgãos competentes o direito de cobrança de qualquer débito apurado posteriormente.

A CND não tem o condão de impedir a constituição futura de créditos previdenciários em relação ao período certificado.

A prova de inexistência de débito, quando exigível ao incorporador, independe da apresentada no registro de imóveis por ocasião da inscrição do memorial de incorporação.

Fica dispensada a transcrição, em instrumento público ou particular, do inteiro teor do documento comprobatório de inexistência de débito, bastando a referência ao seu número de série e data da emissão, bem como a guarda do documento comprobatório à disposição dos órgãos competentes.

O documento comprobatório de inexistência de débito poderá ser apresentado por cópia autenticada, dispensada a indicação de sua finalidade, exceto no caso referido no inciso II acima.

O prazo de validade da CND é de 60 dias, contados da sua emissão, podendo ser ampliado por regulamento para até 180 dias. O artigo 257, § 7º, do Decreto nº 3.048/99 efetivamente ampliou esse prazo para até 180 dias.

Independe de prova de inexistência de débito:

a) a lavratura ou assinatura de instrumento, ato ou contrato que constitua retificação, ratificação ou efetivação de outro anterior para o qual já foi feita a prova;

b) a constituição de garantia para concessão de crédito rural, em qualquer de suas modalidades, por instituição de crédito pública ou privada, desde que o contribuinte empregador rural pessoa física ou segurado especial não seja responsável direto pelo recolhimento de contribuições sobre a sua produção para a seguridade social;

c) a averbação prevista no inciso II acima, relativa a imóvel cuja construção tenha sido concluída antes de 22 de novembro de 1966.

O condômino adquirente de unidades imobiliárias de obra de construção civil não incorporada na forma da Lei nº 4.591/64 poderá obter documento comprobatório de inexistência de débito, desde que comprove o pagamento das contribuições relativas à sua unidade, conforme dispuser o regulamento.

A Lei nº 11.941/09 revogou o § 8º do artigo 47 da Lei nº 8.212/91, segundo o qual, no caso de parcelamento, a CND somente seria emitida mediante a apresentação de garantia, ressalvada a hipótese de contratação com o Poder Público ou o recebimento de benefícios ou incentivo fiscal ou creditício concedido por ele. Entretanto, o parcelamento suspende a exigibilidade do crédito tributário, nos termos do artigo 151, I, do Código Tributário Nacional, hipótese em que o contribuinte tem direito a CPD-EN. Por essa razão, o artigo 47, § 8º, sempre foi letra morta. Não deveria ser assim. Veja-se que, como as duas certidões têm o mesmo efeito prático, a empresa devedora da previdência social poderia parcelar seu débito em 180 meses, pagar a primeira parcela, obter a CPD-EN e, de posse dela, alienar todo o seu patrimônio, deixando o credor "a ver navios". A solução, entretanto, passa por uma alteração do Código Tributário Nacional.

De outra banda, vários julgados afirmam que a exigência de garantia para emissão de CND, no curso de parcelamento, não é legítima se o credor não fez essa exigência quando do ato de concessão do mesmo; entretanto, nunca houve lei previdenciária autorizando essa exigência, razão pela qual não poderia o administrador fazê-la.

A não exigência de apresentação de CND, nas hipóteses legalmente previstas, acarreta a responsabilidade solidária dos contratantes e do oficial que lavrar ou registrar o instrumento, sendo o ato nulo para todos os efeitos.

Por outro lado, o § 1º do artigo 48 da Lei nº 8.212/91 prevê que os órgãos competentes podem intervir em instrumento que depender de prova de inexistência de débito, a fim de autorizar sua lavratura, desde que o débito seja pago no ato ou o seu pagamento fique assegurado mediante confissão de dívida fiscal com o oferecimento de garantias reais suficientes. Nessa hipótese, sim, a garantia pode ser exigida antecipadamente. Segundo o artigo 260 do Decreto nº 3.048/99, serão aceitas as seguintes modalidades de garantia:

I – depósito integral e atualizado do débito em moeda corrente;

II – hipoteca de bens imóveis com ou sem seus acessórios;

III – fiança bancária;

IV – vinculação de parcelas do preço de bens ou serviços a serem negociados a prazo pela empresa;

V – alienação fiduciária de bens móveis; ou

VI – penhora.

A garantia deve ter valor mínimo de 120% do total da dívida, observado, em qualquer caso, o valor de mercado dos bens indicados, em conformidade com os critérios estabelecidos pelo Fisco.

Em se tratando de alienação de bens do ativo de empresa em regime de liquidação extrajudicial, visando à obtenção de recursos necessários ao pagamento dos credores, independentemente do pagamento ou da confissão de dívida fiscal, o Fisco poderá autorizar a lavratura do respectivo instrumento, desde que o valor do crédito previdenciário conste, regularmente, do quadro geral de credores, observada a ordem de preferência legal.

O servidor, o serventuário da justiça, o titular de serventia extrajudicial e a autoridade ou órgão que infringirem as disposições legais relativas à exigência de CND incorrerão em multa aplicada na forma estabelecida no artigo 92 da Lei nº 8.212/91, sem prejuízo da responsabilidade administrativa e penal cabível.

Nos termos do artigo 52 da Lei nº 8.212/91, às empresas, enquanto estiverem em débito não garantido com a União, aplica-se o disposto no artigo 32 da Lei nº 4.357/64:

> Art 32. As pessoas jurídicas, enquanto estiverem em débito, não garantido, para com a União e suas autarquias de Previdência e Assistência Social, por falta de recolhimento de imposto, taxa ou contribuição, no prazo legal, não poderão:
>
> a) distribuir [...] <u>(VETADO)</u> [...] quaisquer bonificações a seus acionistas;
>
> b) dar ou atribuir participação de lucros a seus sócios ou quotistas, bem como a seus diretores e demais membros de órgãos dirigentes, fiscais ou consultivos;
>
> § 1º A inobservância do disposto neste artigo importa em multa que será imposta:
>
> I – às pessoas jurídicas que distribuírem ou pagarem bonificações ou remunerações, em montante igual a 50% (cinquenta por cento) das quantias distribuídas ou pagas indevidamente; e
>
> II – aos diretores e demais membros da administração superior que receberem as importâncias indevidas, em montante igual a 50% (cinquenta por cento) dessas importâncias.
>
> § 2º A multa referida nos incisos I e II do § 1º deste artigo fica limitada, respectivamente, a 50% (cinquenta por cento) do valor total do débito não garantido da pessoa jurídica.

Em caso similar, entretanto, é importante observar que o Supremo Tribunal Federal, quando do julgamento do RE nº 207946, decidiu que

> "transgride o que assegurado no art. 5º, XIII, da CF ('é livre o exercício de qualquer trabalho, ofício ou profissão, atendidas as qualificações profissionais que a lei estabelecer') exigir que os sócios estejam em dia com o Fisco para poderem constituir sociedade. Com base nesse entendimento, a Turma, por maioria, proveu recurso extraordinário interposto por empresa contribuinte em face do Estado de Minas Gerais que impunha a apresentação de Certidão Negativa de Débito – CND perante a fazenda dessa unidade da federação para o registro de empresa da qual sócio inadimplente, pessoa natural, faria parte. Reputou-se, no caso, abusiva a exigência de se condicionar a criação de empresa, com a participação de sócio devedor, à liquidação do débito. Assentou-se que essa conduta configuraria coação política e que eventual inadimplência com o Fisco poderia ser cobrada por intermédio de sanções apropriadas. Vencido o Min. Menezes Direito, relator, que negava provimento ao recurso por considerar que essa exigência não ofenderia o aludido preceito constitucional".[222]

12. Da prova de inexistência de débito

Lei nº 8.212/91, art. 47 – prova de inexistência de débito perante a previdência social – CND (Certidão Negativa de Débito).

CTN, art. 206 – tem os mesmos efeitos da CND a certidão de que conste a existência de créditos não vencidos, em curso de cobrança executiva em que tenha sido efetivada a penhora, ou cuja exigibilidade esteja suspensa – CPD-EN (Certidão Positiva de Débitos com Efeitos de Negativa).

Todas as hipóteses em que se exige CND – possibilidade de apresentação de CPD-EN.

Necessidade de CND em relação a todas as dependências, estabelecimentos e obras de construção civil.

CND não impede constituição futura de créditos em relação ao período certificado.

Validade – até 180 dias.

Não exigência de apresentação de CND nas hipóteses legalmente previstas – responsabilidade solidária dos contratantes e do oficial que lavrar ou registrar o instrumento, sendo o ato nulo para todos os efeitos.

13 Das disposições gerais

13.1 Da matrícula da empresa

A matrícula é o meio de identificação da empresa no cadastro da Secretaria da Receita Federal do Brasil. Está disciplinada no artigo 49 da Lei nº 8.212/91.

---

222 STF, *Informativo* nº 507.

No caso de obra de construção civil, a matrícula deverá ser efetuada mediante comunicação obrigatória do responsável por sua execução, no prazo de 30 dias, contado do início de suas atividades, quando obterá número cadastral básico, de caráter permanente. Sua omissão implica a imposição da multa prevista no artigo 92 da Lei nº 8.212/91.

O Departamento Nacional de Registro do Comércio (DNRC), por intermédio das Juntas Comerciais, bem como os Cartórios de Registro Civil de Pessoas Jurídicas, prestarão, obrigatoriamente, à Secretaria da Receita Federal do Brasil todas as informações referentes aos atos constitutivos e alterações posteriores relativos a empresas e entidades neles registradas.

A matrícula atribuída pela Secretaria da Receita Federal do Brasil ao produtor rural pessoa física ou segurado especial é o documento de inscrição do contribuinte, em substituição à inscrição no Cadastro Nacional de Pessoa Jurídica (CNPJ), a ser apresentado em suas relações com o Poder Público, inclusive para licenciamento sanitário de produtos de origem animal ou vegetal submetidos a processos de beneficiamento ou industrialização artesanal, com as instituições financeiras, para fins de contratação de operações de crédito, e com os adquirentes de sua produção ou fornecedores de sementes, insumos, ferramentas e demais implementos agrícolas.

Não haverá matrícula substitutiva do CNPJ na hipótese de licenciamento sanitário de produtos sujeitos à incidência de Imposto sobre Produtos Industrializados ou no caso de contribuinte cuja inscrição no Cadastro Nacional de Pessoa Jurídica (CNPJ) seja obrigatória.

Os arts. 17 e ss da Instrução Normativa RFB nº 971/09 consideram:

I – cadastro, o banco de dados contendo as informações de identificação dos sujeitos passivos na Previdência Social;

II – matrícula, a identificação dos sujeitos passivos perante a Previdência Social, podendo ser o número do:

a) Cadastro Nacional de Pessoa Jurídica (CNPJ) para empresas e equiparados a ele obrigados; ou

b) Cadastro Específico do INSS (CEI) para equiparados à empresa desobrigados da inscrição no CNPJ, obra de construção civil, produtor rural contribuinte individual, segurado especial, consórcio de produtores rurais, titular de cartório, adquirente de produção rural e empregador doméstico;

III – inscrição de segurado, o Número de Identificação do Trabalhador (NIT) perante a Previdência Social.

Dispõe ainda que a inscrição ou a matrícula serão efetuadas, conforme o caso:

I – simultaneamente com a inscrição no CNPJ, para as pessoas jurídicas ou equiparados;

II – no CEI, no prazo de 30 dias contados do início de suas atividades, para o equiparado à empresa, quando for o caso, e obra de construção civil, sendo responsável pela matrícula:

a) o equiparado à empresa isenta de registro no CNPJ;

b) o proprietário do imóvel, o dono da obra ou o incorporador de construção civil, pessoa física ou pessoa jurídica;

c) a empresa construtora, quando contratada para execução de obra por empreitada total;

d) a empresa líder, na contratação de obra de construção civil a ser realizada por consórcio mediante empreitada total de obra de construção civil;

e) o produtor rural contribuinte individual e o segurado especial;

f) o consórcio simplificado de produtores rurais;

g) o titular de cartório, sendo a matrícula emitida no nome do titular, ainda que a respectiva serventia seja registrada no CNPJ;

h) a pessoa física não produtor rural que adquire produção rural para venda, no varejo, a consumidor pessoa física;

13.2 *Da imunidade e da isenção*

A partir da 3ª edição desta obra passamos a tratar esse tema no item 2.6.4.3, do Capítulo II, da Segunda Parte.

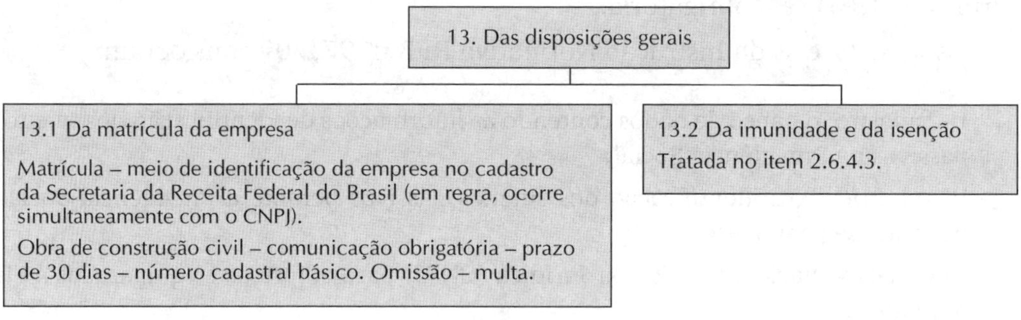

14 Das disposições finais e transitórias

14.1 *Da modernização da Previdência Social*

14.1.1 Cadastros de informações sociais

Nenhum sistema de seguridade social desenvolve-se de forma plena sem um eficiente cadastro de informações sociais.

Wagner Balera fez importante pesquisa histórica sobre o tema:

> Força reconhecer que já vem de longe a preocupação com o cadastramento social.
>
> Em 1932, o Decreto nº 21.175 criava a Carteira Profissional, depois denominada Carteira de Trabalho e Previdência Social, documento que é exigido como indispensável para que alguém atue na indústria, comércio ou no meio rural.
>
> Bastante comum em diversos Estados, a Carteira de Saúde, criada em São Paulo pelo Decreto nº 4.891, de 1931, também configurava registro importante para a conformação de um banco de dados dos trabalhadores.
>
> Em 1965, a Lei nº 4.923 instituía o Cadastro Geral dos Empregados e Desempregados (CAGED), que segue sendo alimentado mensalmente.
>
> Em 1967, a Lei nº 5.107 criou o Fundo de Garantia do Tempo de Serviço que implantava uma conta vinculada do trabalhador que optasse por esse modelo de proteção ao trabalho. Mesmo aqueles que não optassem estariam cadastrados em contabilidade apropriada, que, mais tarde, passou aos cuidados da Caixa Econômica Federal.
>
> Ao implantar o Programa de Integração Social e o Programa de Formação do Patrimônio do Servidor Público, as Leis Complementares nºs 7 e 8, de 1970, preordenaram o cadastramento de todos os trabalhadores do Brasil.
>
> Em 1975, o Decreto nº 76.900, de dezembro daquele ano, instituía a Relação Anual de Informações Sociais – RAIS, que dentre outras finalidades permitiria a elaboração dos indispensáveis estudos técnicos de natureza estatística e atuarial de que se deve valer o sistema de seguridade social para cumprir suas funções.
>
> Ciente da necessidade de configuração de um único banco de dados apto a carrear os dispersos elementos disponíveis em inumeráveis repartições governamentais, o Presidente da República, pelo Decreto nº 97.936, de 1989, modificado pelo Decreto nº 99.378, de 1990, determinava a implantação do Cadastro Nacional de Informações Sociais – CNIS, cujo efetivo funcionamento foi tolhido pelos mais diversos percalços, adiamentos e retardamentos.[223]

Após a criação do CNIS, outros bancos de dados foram criados, como o cadastro único das famílias em situação de extrema pobreza, o que vai de encontro ao princípio de eficiência da Administração Pública, que recomenda a existência de um cadastro verdadeiramente único.

O CNIS sobrevive desde 1989 com condições para tornar-se o principal cadastro de informações sociais da história do país. É destinado a registrar informações de interesse da Administração Pública Federal e dos beneficiários da previdência social. As contribuições aportadas pelos segurados e empresas têm o registro contábil individualizado. Espera-se que no futuro possa desobrigar os segurados da previdência social do ônus que lhes é imposto, hoje, de comprovar suas informações sociais, tais como salários-de-contribuição, tempo de serviço, etc. Há mesmo quem acredite que suas informações podem ser confiáveis a ponto de,

223 *Sistema de seguridade social*, p. 122.

automaticamente, conceder benefícios como aposentadoria por tempo de serviço ou por idade. É composto de quatro bases principais de dados:[224]

1 CADASTRO DE TRABALHADORES

Contém os dados básicos e complementares de pessoas físicas engajadas em atividades produtivas.

Incluem-se neste universo os trabalhadores empregados ou contribuintes individuais, tais como empresários, funcionários públicos, ou quaisquer pessoas detentoras de NIT, PIS ou PASEP e que tenham informado a partir de 1971 (para empregados) ou 1973 (para contribuintes individuais) seus dados sociais, ou previdenciários ao governo federal.

São fontes deste cadastro: PIS/PASEP; RAIS; FGTS; CAGED e Cadastro de Contribuintes Individuais.

2 CADASTRO DE EMPREGADORES

Contém os dados cadastrais de pessoas jurídicas e de estabelecimentos empregadores reconhecidos pela previdência social.

Todos os estabelecimentos empregadores, independente do ramo de suas atividades (rural, comercial, industrial etc.), que tenham fornecido dados sociais, previdenciários ou fiscais ao governo federal a partir de 1964 estarão cadastrados.

São fontes deste cadastro: CGC; Cadastro de Empregadores do INSS; RAIS; CAGED e FGTS;

3 CADASTRO DE VÍNCULOS EMPREGATÍCIOS/REMUNERAÇÕES DO TRABALHADOR EMPREGADO E RECOLHIMENTOS DO CONTRIBUINTE INDIVIDUAL

Contém os dados de vínculos empregatícios desde 1976, e respectivas remunerações mensais a partir de 1990, além de recolhimentos dos contribuintes individuais efetuados mensalmente através de carnê (Guia de Recolhimento do Contribuinte Individual – GRCI) desde 1979.

As informações dos vínculos empregatícios/remunerações e recolhimentos de contribuintes individuais permitem determinar o tempo de serviço do trabalhador e o valor do seu benefício previdenciário.

São fontes deste Cadastro:

Para Vínculos Empregatícios: RAIS, FGTS e CAGED.

Para Remunerações do Trabalhador: RAIS e FGTS.

Para Recolhimentos do CI: Base de Recolhimentos do CI

4 AGREGADOS DE VÍNCULOS EMPREGATÍCIOS/ REMUNERAÇÕES POR ESTABELECIMENTO EMPREGADOR

[224] Conforme registros da Dataprev. Disponível em: <http://www.dataprev.gov.br/cnis/cnis01d.html>. Acesso em: 26 ago. 2005.

> Contém dados acumulados de vínculos empregatícios e remunerações mensais, fornecendo uma visão gerencial de massa salarial e quantidade de vínculos. Permite a realização de confrontos com as bases de arrecadação da previdência social, para detectar possíveis divergências entre contribuição potencial e contribuição efetiva.
>
> São fontes deste cadastro: RAIS; FGTS e base de arrecadação previdenciária.

Em função do desenvolvimento do CNIS, foram revogados os artigos 63 a 66 da Lei nº 8.212/91, os quais tratavam do Cadastro Nacional do Trabalhador – CNT. Melhor assim. Não é possível, a cada governo, reiniciar o trabalho de cadastramento social. Restou vigente o artigo 67, segundo o qual até que seja implantado o Cadastro Nacional do Trabalhador-CNT, as instituições e órgãos federais, estaduais, do Distrito Federal e municipais, detentores de cadastros de empresas e de contribuintes em geral, deverão colocar à disposição do INSS, mediante a realização de convênios, todos os dados necessários à permanente atualização dos cadastros da previdência social. CNT, na aludida norma, deve ser lido como CNIS, tal qual fez o artigo 331, § 2º do Decreto nº 3.048/99.

Com a implantação do CNIS, todos os segurados serão identificados pelo Número de Identificação do Trabalhador – NIT, que será único, pessoal e intransferível, independentemente de alterações de categoria profissional e formalizado pelo Documento de Cadastramento do Trabalhador. O segurado já cadastrado no Programa de Integração Social/Programa de Assistência ao Servidor Público não receberá novo cadastramento.

Por fim, a norma em estudo autoriza o INSS a efetuar permuta de informações, em caráter geral ou específico, com qualquer órgão ou entidade da administração direta ou indireta da União, Estados, Distrito Federal ou Municípios.

A troca de informações sigilosas, no âmbito tributário, foi inserida no Código Tributário Nacional pela Lei Complementar nº 104/01, nesses termos:

> Art. 199. A Fazenda Pública da União e as dos Estados, do Distrito Federal e dos Municípios prestar-se-ão mutuamente assistência para a fiscalização dos tributos respectivos e permuta de informações, na forma estabelecida, em caráter geral ou específico, por lei ou convênio.
>
> Parágrafo único. A Fazenda Pública da União, na forma estabelecida em tratados, acordos ou convênios, poderá permutar informações com Estados estrangeiros no interesse da arrecadação e da fiscalização de tributos.

Infelizmente, os diversos Fiscos têm aplicado de forma restritíssima a autorização dada pelo legislador complementar, em evidente prejuízo ao interesse público. Muitos deles, registre-se, sequer a aplicaram. Em relação ao INSS, a permuta de informações sobre a situação econômica ou financeira dos sujeitos passivos ou de terceiros e sobre a natureza e o estado dos seus negócios ou atividades somente poderá ser efetivada com a Secretaria da Receita Federal ou com a Fazenda Pública dos Estados, do Distrito Federal ou dos Municípios.

14.1.2 Outras disposições relativas a dados cadastrais

Com a finalidade de evitar fraudes, o artigo 68 da Lei nº 8.212/91 determina que o Titular do Cartório de Registro Civil de Pessoas Naturais fica obrigado a comunicar, ao INSS, até o dia 10 de cada mês, o registro dos óbitos ocorridos no mês imediatamente anterior, devendo da relação constar a filiação, a data e o local de nascimento da pessoa falecida. De posse desses dados, o INSS e a Empresa de Processamento de Dados da Previdência Social confrontarão os mesmos com os cadastros da previdência social, determinando o cancelamento dos pagamentos, a partir da data do falecimento dos beneficiários identificados na comunicação do registro civil. Mesmo não havendo nenhum óbito deverá o Titular comunicar esse fato ao INSS, no mesmo prazo referido acima. A falta de comunicação na época própria, bem como o envio de informações inexatas, sujeitará o Titular de Cartório de Registro Civil de Pessoas Naturais à penalidade prevista no artigo 92 da Lei nº 8.212/91.

O INSS possui um sistema próprio sobre informações de óbitos, o SISOB. Com a finalidade de combater fraudes, os dados do SISOB são confrontados com os nomes daquelas pessoas que recebem benefícios previdenciários.

Para um órgão que, em números de novembro de 2011, pagou 29,0 milhões de benefícios no valor total de R$ 31,4 bilhões – apenas no mês 11/11 –, é fundamental manter um programa eficiente de combate a falhas, à fraude e à sonegação. Nesse sentido, o artigo 11 da Lei nº 10.666/03 determina que o Ministério da Previdência Social e o INSS manterão programa permanente de revisão da concessão e da manutenção dos benefícios da previdência social, a fim de apurar irregularidades e falhas existentes. Havendo indício de irregularidade na concessão ou na manutenção de benefício, a previdência social notificará o beneficiário para apresentar defesa, provas ou documentos de que dispuser, por via postal com aviso de recebimento, no prazo de dez dias. Não comparecendo o beneficiário nem apresentando defesa, será suspenso o benefício, com notificação ao mesmo. Decorrido o prazo concedido pela notificação postal, sem que tenha havido resposta, ou caso seja considerada pela previdência social como insuficiente ou improcedente a defesa apresentada, o benefício será cancelado, dando-se conhecimento da decisão ao beneficiário.

Note-se que não é possível o cancelamento do benefício de plano, devendo ser propiciado o direito de ampla defesa ao interessado. Nesse sentido, é a jurisprudência:

Ementa: RECURSO ESPECIAL. PREVIDENCIÁRIO. REVISÃO DE BENEFÍCIO DE APOSENTADORIA. SUSPENSÃO POR SUSPEITA DE FRAUDE. AUSÊNCIA DE PROCEDIMENTO ADMINISTRATIVO. PRECEDENTES DESTA CORTE. SÚMULA Nº 83/STF.

A suspeita de fraude não enseja o cancelamento do benefício previdenciário de plano, dependendo sua apuração de processo administrativo, assegurados os direitos do contraditório e da ampla defesa.

Precedentes (Recursos Especiais nºs 172.869-SP e 279.369-SP).

Recurso desprovido.[225]

O Ministério da Previdência Social e o INSS procederão, no mínimo a cada cinco anos, ao recenseamento previdenciário, abrangendo todos os aposentados e pensionistas do regime geral de previdência social, com a finalidade de prevenir irregularidades e falhas no sistema.

14.1.3 Normas gerais relativas a pagamentos de benefícios

Como veremos no estudo dos benefícios por incapacidade, a aposentadoria por invalidez e o auxílio-doença são benefícios concedidos com a cláusula *rebus sic standibus*, ou seja, devem ser mantidos enquanto presentes as mesmas condições que os ensejaram. Assim, a cessação das condições que levaram à incapacidade implica o cancelamento desses benefícios. Com o objetivo de verificar a manutenção do estado de incapacidade, o artigo 70 da Lei nº 8.212/91 determina que os beneficiários da previdência social, aposentados por invalidez, ficam obrigados, sob pena de sustação do pagamento do benefício, a submeterem-se a exames médico-periciais a cargo da previdência social, realizados a cada dois anos.[226]

Diferentemente do dever de submissão à avaliação médica de que trata a norma acima, o artigo 71 da Lei nº 8.212/91 determina que o INSS deverá rever os benefícios, inclusive os concedidos por acidente do trabalho, ainda que concedidos judicialmente, para avaliar a persistência, atenuação ou agravamento da incapacidade para o trabalho alegada como causa para a sua concessão.

A compreensão da norma jurídica passa pela lição de Daniel Pulino:

> O reconhecimento jurídico da invalidez consiste num juízo complexo, na formação do qual se compreende tanto a avaliação clínica, médica do segurado [...], quanto a aferição, pela Administração, do impacto daquele quadro sob a capacidade de ganho do trabalhador.
>
> [...]

---

[225] STJ, REsp nº 709516, *DJ* 27 jun. 2005.

[226] Art. 70 da Lei nº 8.212/91 c/c art. 46, parágrafo único, do Decreto nº 3.048/99.

> Todavia, como o norte para a concessão deste benefício é, em nosso direito positivo, na verdade, a capacidade de ganho, de subsistência do segurado [...] precisamos ter em mente que, ainda que se mantenha inalterado o quadro clínico – físico, psíquico ou fisiológico –, se o segurado tornar-se melhor capacitado (*v. g.*, porque elevou seu nível de instrução geral e específico por informações veiculadas em rede de computadores, aprendendo a desenvolver novas atividades profissionais, ou se agora o mercado, por inovação, passou a comportar determinada atividade, que se tornou social e profissionalmente valorizada) e com isso adquirir condições de lançar-se em atividade laborativa suficiente para lhe manter a subsistência (e, note-se, até mesmo poderia haver, teoricamente, elevação da capacidade de ganho anterior à invalidação), haveremos de compreender, igualmente, que não mais se justificaria o pagamento da aposentadoria.[227]

Assim, é a capacidade de ganho que deve ser avaliada na revisão dos benefícios a que alude o artigo 70 da Lei nº 8.212/91.

Quando a concessão do benefício por incapacidade deu-se na seara administrativa, é lícito ao INSS, por conta própria, efetuar sua revisão. Por outro lado, quando a concessão ocorreu judicialmente, somente na via judicial poderá ser revista, nos termos do parágrafo único do artigo 70 da Lei nº 8.212/91, o qual autoriza a concessão de liminar nas ações rescisórias e revisional para suspender a execução do julgado rescindendo ou revisando, em caso de fraude ou erro material comprovado.

O artigo 72 da Lei nº 8.212/91 determinou ao INSS a revisão, no prazo de 180 dias a contar da publicação dessa lei, das indenizações associadas a benefícios por acidentes do trabalho, cujos valores excedessem a Cr$ 1.700.000,00.

A Diretoria de Benefícios do INSS deverá estabelecer indicadores qualitativos e quantitativos para acompanhamento e avaliação das concessões de benefícios realizadas pelos órgãos locais de atendimento.

O INSS, enquanto o CNIS não estiver totalmente implantado, deve adotar como prática o cruzamento das informações declaradas pelos segurados com os dados de cadastros de empresas e de contribuintes em geral quando da concessão de benefícios. Como foi dito anteriormente, várias são as bases que alimentam o CNIS. Da mesma forma, os postos de atendimento devem cruzar informações de fontes diferentes, a fim de levantar dados com maior índice de confiabilidade.

14.1.4 Outras normas relativas à modernização da previdência social

Na forma da Lei nº 8.666/93, que institui normas para realização de licitações e contratos no âmbito da Administração Pública, o INSS está autorizado a con-

[227] *A aposentadoria por invalidez no direito positivo brasileiro*, p. 137.

tratar auditorias externas, periodicamente, para analisar e emitir parecer sobre demonstrativos econômico-financeiros e contábeis, bem como pagamento dos benefícios, submetendo os resultados obtidos à apreciação do Conselho Nacional da Previdência Social. Essa norma, contida no artigo 78 da Lei nº 8.212/91, revela preocupação do legislador com a modernização da previdência social. Há uma complicação, entretanto. A quase totalidade das empresas especializadas em auditoria, no Brasil, tem como público alvo o setor privado. Assim, muitas vezes têm dificuldade em enxergar o beneficiário, titular de um direito fundamental, pois estão habituadas a tratar com o cliente, no âmbito de uma relação de consumo. O beneficiário, como é elementar, não é cliente. A previdência social, por evidente, não é empresa. O lucro não é o objetivo daquela, mas sim a garantia de um direito social. Com essas observações, a regra é positiva, pois certamente contribuirá para o desenvolvimento do INSS.

O INSS é obrigado, conforme disposição do artigo 80 da Lei nº 8.212/91, *a*:

I – enviar às empresas e aos contribuintes individuais, quando solicitado, extratos de recolhimento das suas contribuições;

II – emitir automaticamente e enviar às empresas avisos de cobrança de débitos;

III – emitir e enviar aos beneficiários o Aviso de Concessão de Benefício, além da memória de cálculo do valor dos benefícios concedidos;

IV – reeditar versão atualizada, nos termos do Plano de Benefícios, da Carta dos Direitos dos Segurados;

V – divulgar, com a devida antecedência, através dos meios de comunicação, alterações porventura realizadas na forma de contribuição das empresas e segurados em geral;

VI – descentralizar, progressivamente, o processamento eletrônico das informações, mediante extensão dos programas de informatização de postos de atendimento e de regiões fiscais;

VII – disponibilizar ao público, inclusive por meio de rede pública de transmissão de dados, informações atualizadas sobre as receitas e despesas do regime geral de previdência social, bem como os critérios e parâmetros adotados para garantir o equilíbrio financeiro e atuarial do regime, o que é feito por meio do *site* do INSS e MPS.

A Auditoria e a Procuradoria Federal Especializada junto ao INSS deverão, a cada trimestre, elaborar relação das auditorias realizadas e dos trabalhos executados, bem como dos resultados obtidos, enviando-a a apreciação do Conselho Nacional de Previdência Social, nos termos do artigo 82 da Lei nº 8.212/91.

A Previdência Social tem demonstrado constante preocupação com a melhoria da qualidade de atendimento, o que culminou, inclusive, com a criação da Diretoria de Atendimento no âmbito do INSS. Essa meta, entretanto, tem sido prejudicada em muito pelo sucateamento dos recursos da seguridade social. A gestão estratégica de pessoas de um órgão que possui mais de 40 mil servidores exige considerável aporte de recursos financeiros. Nessa linha, o art. 83 da Lei nº 8.212/91 determina que o INSS deverá implantar um programa de qualificação e treinamento sistemático de pessoal, bem como promover a reciclagem e redistribuição de funcionários conforme as demandas dos órgãos regionais e locais, visando à melhoria da qualidade do atendimento e ao controle e à eficiência dos sistemas de pagamento de benefícios.

14.1.5 Da lista de devedores

Nos termos do art. 81 da Lei nº 8.212/91, em sua redação original, o INSS deve divulgar, trimestralmente, lista atualizada dos devedores das seguintes contribuições:

a) as das empresas, incidentes sobre a remuneração paga ou creditada aos segurados a seu serviço;
b) as dos empregadores domésticos;
c) as dos trabalhadores, incidentes sobre o seu salário-de-contribuição.

Tivemos a oportunidade de participar da elaboração e divulgação da primeira lista de devedores do INSS. Não foi por acaso que a norma ficou mais de dez anos sem efetivo cumprimento. O termo "*devedores*" constante no *caput* do artigo 81 precisou ser definido e acabou sendo equiparado aos contribuintes inscritos em dívida ativa cujo crédito tributário não estava com a exigibilidade suspensa, por meio de depósito ou parcelamento.

Alguns entendiam que a lista não deveria ser divulgada, pois a publicação violaria o direito constitucional de proteção à vida privada, apontando a inconstitucionalidade da norma legal. Segundo estes, momentos após a divulgação da lista o Judiciário concederia incontáveis medidas liminares, acabando por determinar a suspensão do ato. A Previdência Social, no entanto, estava disposta a levar a cabo a divulgação, o que acabou sendo feito em 14 de maio de 2003, tendo por referência dados atualizados até 30 de abril do mesmo ano. Foram divulgados os nomes de mais de 176 mil contribuintes que, juntos, deviam R$ 65,37 bilhões de reais à previdência social.[228] As "incontáveis medidas liminares" não apare-

[228] Valores nominais da época.

ceram e, não obstante o alvoroço causado pela divulgação, como bem referiu um dos seus principais articuladores, no dia seguinte à divulgação, "a Esplanada continua de pé".

Além da divulgação trimestral da lista de devedores, deve ser efetuado relatório circunstanciado das medidas administrativas e judiciais adotadas para a cobrança e execução da dívida e encaminhado aos órgãos da administração federal direta e indireta, às entidades controladas direta ou indiretamente pela União, aos registros públicos, cartórios de registro de títulos e documentos, cartórios de registro de imóveis e ao sistema financeiro oficial, para os fins do § 3º do art. 195 da Constituição Federal, o qual veda a contratação com o Poder Público ou o recebimento de benefícios ou incentivos fiscais ou creditícios por pessoa jurídica em débito com o sistema de seguridade social, assim como para os fins da Lei nº 7.711/88, a qual, em seu artigo 1º, determina:

> Art. 1º Sem prejuízo do disposto em leis especiais, a quitação de créditos tributários exigíveis, que tenham por objeto tributos e penalidades pecuniárias, bem como contribuições federais e outras imposições pecuniárias compulsórias, será comprovada nas seguintes hipóteses:
>
> I – transferência de domicílio para o exterior;
>
> II – habilitação e licitação promovida por órgão da administração federal direta, indireta ou fundacional ou por entidade controlada direta ou indiretamente pela União;
>
> III – registro ou arquivamento de contrato social, alteração contratual e distrato social perante o registro público competente, exceto quando praticado por microempresa, conforme definida na legislação de regência;
>
> IV – quando o valor da operação for igual ou superior ao equivalente a 5.000 (cinco mil) obrigações do Tesouro Nacional – OTNs:
>
> a) registro de contrato ou outros documentos em Cartórios de Registro de Títulos e Documentos;
>
> b) registro em Cartório de Registro de Imóveis;
>
> c) operação de empréstimo e de financiamento junto a instituição financeira, exceto quando destinada a saldar dívidas para com as Fazendas Nacional, Estaduais ou Municipais.
>
> § 1º Nos casos das alíneas *a* e *b* do inciso IV, a exigência deste artigo é aplicável às partes intervenientes.
>
> § 2º Para os fins de que trata este artigo, a Secretaria da Receita Federal, segundo normas a serem dispostas em Regulamento, remeterá periodicamente aos órgãos ou entidades sob a responsabilidade das quais se realizarem os atos mencionados nos incisos III e IV relação dos contribuintes com débitos que se tornarem definitivos na instância administrativa, procedendo às competentes exclusões, nos casos de quitação ou garantia da dívida.

§ 3º A prova de quitação prevista neste artigo será feita por meio de certidão ou outro documento hábil, emitido pelo órgão competente.

Com a criação da Secretaria da Receita Federal do Brasil, a Lei nº 11.941/09 revogou o artigo 81 da Lei nº 8.212/91.

14.2 Das demais disposições

14.2.1 Acordos internacionais

Segundo o artigo 85-A da Lei nº 8.212/91, os tratados, convenções e outros acordos internacionais de que Estado estrangeiro ou organismo internacional e o Brasil sejam partes, e que versem sobre matéria previdenciária, serão interpretados como lei especial. A norma é oportuna tendo em vista a alteração constante na legislação previdenciária. Se os tratados internacionais fossem interpretados como lei geral, estariam fadados a ter vida curta. Os acordos internacionais são de grande importância no que diz respeito à reciprocidade de proteção previdenciária. Com fundamento neles, os segurados, brasileiros ou estrangeiros, têm garantida proteção previdenciária quando prestado serviço nos países signatários, inclusive com direitos, nos seus termos, relativos à contagem de tempo de serviço em um para gozo de benefício em outro país, semelhantemente ao que ocorre na contagem recíproca de tempo de contribuição.

De acordo com a previdência social, os motivos pelos quais o governo brasileiro firmou acordos internacionais com outros países enquadram-se em pelo menos uma das seguintes situações:[229]

- elevado volume de comércio exterior;
- recebimento no país de investimentos externos significativos;
- acolhimento, no passado, de fluxo migratório intenso;
- relações especiais de amizade.

Os Acordos Internacionais têm por objetivo principal garantir os direitos de seguridade social previstos nas legislações dos dois países aos respectivos trabalhadores e dependentes legais, residentes ou em trânsito no país.

Os Acordos Internacionais de Previdência Social estabelecem uma relação de prestação de benefícios previdenciários, não implicando na modificação da legislação vigente no país, cumprindo a cada Estado contratante analisar os pedidos

---

[229] Informações disponíveis em: <http://www.mpas.gov.br/10_01.asp>. Acesso em: 29 ago. 2005.

de benefícios apresentados e decidir quanto ao direito e condições, conforme sua própria legislação aplicável.

O Brasil mantém acordos de previdência social com os seguintes países: Argentina, Cabo Verde, Espanha, Grécia, Chile, Itália, Luxemburgo, Paraguai, Uruguai, Portugal, Bolívia e Equador. Em ratificação, Alemanha, Bélgica e Japão.

No Ministério da Previdência Social, a Assessoria de Assuntos Internacionais é o órgão responsável pela celebração dos acordos internacionais e pelo acompanhamento e avaliação de sua operacionalização.

14.2.2 Contribuições das pessoas políticas

As pessoas políticas que não instituírem regime próprio de previdência social são contribuintes do regime geral na condição de equiparadas à empresa, como já vimos. Por essa razão, o artigo 87 da Lei nº 8.212/91 determina que os orçamentos das pessoas jurídicas de direito público e das entidades da administração pública indireta devem consignar as dotações necessárias ao pagamento das contribuições da seguridade social, de modo a assegurar a sua regular liquidação dentro do exercício.

14.2.3 Prescrição em favor da seguridade social

O artigo 88 da Lei nº 8.212/91 reza que os prazos de prescrição de que goza a União aplicam-se à seguridade social, ressalvado o disposto no artigo 46. O Decreto nº 20.910/32, como já vimos, fixa em cinco anos a prescrição na hipótese de pessoa jurídica de direito público figurar como devedora.

14.2.4 Restituição e compensação de contribuições

O artigo 89 da Lei nº 8.212/91 trata da restituição – seja restituição propriamente dita ou na modalidade de compensação – de contribuições na hipótese de pagamento indevido. Para completa compreensão da norma jurídica em estudo é fundamental um breve apanhado histórico da mesma.

Dispunha o artigo 89 da Lei nº 8.212/91, em sua redação anterior:

> Art. 89. Somente poderá ser restituída ou compensada contribuição para a Seguridade Social arrecadada pelo Instituto Nacional do Seguro Social-INSS na hipótese de pagamento ou recolhimento indevido.
>
> § 1º Admitir-se-á apenas a restituição ou a compensação de contribuição a cargo da empresa, recolhida ao INSS, que, por sua natureza, não tenha sido transferida ao custo de bem ou serviço oferecido à sociedade.

§ 2º Somente poderá ser restituído ou compensado, nas contribuições arrecadadas pelo INSS, o valor decorrente das parcelas referidas nas alíneas *a*, *b* e *c* do parágrafo único do art. 11 desta Lei.

§ 3º Em qualquer caso, a compensação não poderá ser superior a trinta por cento do valor a ser recolhido em cada competência.

§ 4º Na hipótese de recolhimento indevido, as contribuições serão restituídas ou compensadas atualizadas monetariamente.

§ 5º Observado o disposto no § 3º, o saldo remanescente em favor do contribuinte, que não comporte compensação de uma só vez, será atualizado monetariamente.

§ 6º A atualização monetária de que tratam os §§ 4º e 5º deste artigo observará os mesmos critérios utilizados na cobrança da própria contribuição.

§ 7º Não será permitida ao beneficiário a antecipação do pagamento de contribuições para efeito de recebimento de benefícios.

§ 8º Verificada a existência de débito em nome do sujeito passivo, o valor da restituição será utilizado para extingui-lo, total ou parcialmente, mediante compensação.

O § 1º, acrescentado pela Lei nº 9.032/95, restringiu a possibilidade de restituição àquelas hipóteses onde o *quantum* da contribuição não tenha sido transferido ao custo de bem ou serviço oferecido à sociedade, num fenômeno conhecido como repercussão, semelhantemente ao disposto no artigo 166 do Código Tributário Nacional e Súmula 546 do Supremo Tribunal Federal.

Por algum tempo essa tese vingou no Superior Tribunal de Justiça, em relação à restituição da contribuição declarada inconstitucional pelo STF incidente sobre a remuneração paga a autônomos, como demonstra o seguinte julgado:

> Ementa: EMBARGOS DE DIVERGÊNCIA. PREVIDENCIÁRIO. CONTRIBUIÇÕES. COMPENSAÇÃO. TRANSFERÊNCIA DO ENCARGO FINANCEIRO. ARTIGO 166 DO CÓDIGO TRIBUTÁRIO NACIONAL. ARTIGO 89 DA LEI Nº 8.212/91, NA NOVA REDAÇÃO. EMBARGOS REJEITADOS. VOTOS VENCIDOS.
>
> Os valores recolhidos indevidamente devem ser restituídos ao contribuinte, podendo a restituição operar-se pela forma de compensação.
>
> Embora reconhecido o direito à compensação, se a ação foi ajuizada antes de entrar em vigor a nova lei (Lei nº 9.032/95), os valores até então compensáveis independem de prova da não repercussão do encargo financeiro. Os demais créditos, que dependem dos débitos a vencer, estão sujeitos à nova disposição legal.[230]

Posteriormente, contudo, o entendimento mudou, nesse sentido:

[230] STJ, EREsp nº 133.154, *DJ* 3 maio 1999.

Ementa: RECURSO ESPECIAL. TRIBUTÁRIO. CONTRIBUIÇÃO SOCIAL. COMPENSAÇÃO. CERTEZA E LIQUIDEZ DOS CRÉDITOS. COMPROVAÇÃO DA REPERCUSSÃO DO ÔNUS TRIBUTÁRIO. DESNECESSIDADE. SÚMULA Nº 83/STJ. ATUALIZAÇÃO DO INDÉBITO.

1. Ao Judiciário incumbe apenas declarar o direito à compensação, ficando resguardado à Administração o direito de fiscalizar a liquidez e certeza dos créditos compensáveis.

2. A contribuição previdenciária incidente sobre a remuneração dos autônomos, avulsos e administradores caracteriza-se como tributo direto, de modo que não se afigura necessário comprovar a não repercussão do ônus tributário daí advindo para a declaração do direito à restituição de indébito dos valores pagos indevidamente.

[...]

5. Os índices de correção monetária aplicáveis na restituição de indébito tributário são: (a) desde o recolhimento indevido, o IPC, de outubro a dezembro/1989 e de março/1990 a janeiro/1991; o INPC, de fevereiro a dezembro/1991; a Ufir, a partir de janeiro/1992 a dezembro/1995; e (b) a taxa Selic, exclusivamente, a partir de janeiro/1996.

6. Recurso especial interposto pelo INSS parcialmente conhecido e, nessa parte, não provido. Recurso especial interposto pelo Colégio Santa Maria parcialmente provido.[231]

O § 1º, assim, restou sem eficácia.

Somente pode ser restituído o valor decorrente das contribuições das empresas, incidentes sobre a remuneração paga ou creditada aos segurados a seu serviço; dos empregadores domésticos e; dos trabalhadores, incidentes sobre o seu salário-de-contribuição.

O § 3º foi acrescentado pela Lei nº 9.032/95, o qual limitou a compensação a 25% do valor a ser recolhido em cada competência, percentual esse alterado para 30% pela Lei nº 9.129/95. O Superior Tribunal de Justiça entendia que tais limitações eram válidas para os créditos nascidos após a publicação dessas leis, mas não incidiam no caso de tributo declarado inconstitucional pelo Supremo Tribunal Federal, nos termos do seguinte julgado:

Ementa: AGRAVO REGIMENTAL EM RECURSO ESPECIAL – CONTRIBUIÇÃO PREVIDENCIÁRIA – COMPENSAÇÃO – TRIBUTO DECLARADO INCONSTITUCIONAL – NÃO INCIDÊNCIA DOS LIMITES FIXADOS PELAS LEIS Nºs 9.032 E 9.129/95 – ALEGADA OMISSÃO ACERCA DE DIREITO ADQUIRIDO – NÃO OCORRÊNCIA.

Os limites percentuais à compensação de contribuições previdenciárias, impostos pelas Leis nºs 9.032 e 9.129/95, segundo a orientação firmada pela egrégia Primeira

---

231 STJ, REsp nº 191478, *DJ* 13 jun. 2005.

Seção desta Corte, somente têm aplicação para os créditos surgidos após o advento das referidas leis, excluindo-se da incidência os recolhimentos indevidos efetuados antes da inovação legislativa.

Para as hipóteses em que foi reconhecida a inconstitucionalidade da exação objeto de compensação, a exemplo da contribuição previdenciária incidente sobre a remuneração de administradores, autônomos e avulsos (RE 166.772-9/RS, Rel. Min. Marco Aurélio, *DJU* 20.5.94, e da ADIn 1.102-2/DF, Rel. Min. Maurício Corrêa, *DJU* 17.11.95), impor restrições à compensação, nos moldes preconizados pelas Leis n°s 9.032 e 9.129/95, corresponderia a uma segunda penalidade ao contribuinte, outrora obrigado a satisfazer a obrigação tributária absolutamente indevida. Esse entendimento prevaleceu no julgamento do EREsp 189.052/SP, Rel. Min. Paulo Medina, julgado em 12 de março de 2003.

[...]

Agravo regimental improvido.[232]

Recentemente, mudou seu entendimento, no sentido de entender legítima tais restrições, nos termos do seguinte julgado:

PROCESSUAL CIVIL. AGRAVO REGIMENTAL EM RECURSO ESPECIAL. TRIBUTÁRIO. CONTRIBUIÇÃO PREVIDENCIÁRIA. ADMINISTRADORES, AUTÔNOMOS E AVULSOS. LEIS 7.787/89 E 8.212/91. COMPENSAÇÃO. ARTIGO 89, § 3º, DA LEI 8.212/91. LIMITAÇÕES INSTITUÍDAS PELAS LEIS 9.032/95 E 9.129/95. POSSIBILIDADE.

1. As Leis 9.032, de 28 de abril de 1995, e 9.129, de 20 de novembro de 1995, promoveram alterações na Lei 8.212/91 (Lei de Organização da Seguridade Social – LOAS), cujo artigo 89, § 3º, passou, sucessivamente, a dispor:

"Art. 89. Somente poderá ser restituída ou compensada contribuição para a Seguridade Social arrecadada pelo Instituto Nacional do Seguro Social (INSS) na hipótese de pagamento ou recolhimento indevido. (Redação dada pela Lei nº 9.032, de 28.4.95)

[...]

§ 3º Em qualquer caso, a compensação não poderá ser superior a 25% (vinte e cinco por cento) do valor a ser recolhido em cada competência. (Incluído pela Lei nº 9.032, de 28.4.95)

[...]"

"Art. 89. Somente poderá ser restituída ou compensada contribuição para a Seguridade Social arrecadada pelo Instituto Nacional do Seguro Social-INSS na hipótese de pagamento ou recolhimento indevido. (Redação dada pela Lei nº 9.129, de 20.11.1995)

[...]

[232] STJ, AgRg no REsp nº 710336, *DJ* 20 jun. 2005.

§ 3º Em qualquer caso, a compensação não poderá ser superior a trinta por cento do valor a ser recolhido em cada competência. (Redação dada pela Lei nº 9.129, de 20.11.1995)

[...]"

2. A jurisprudência da Primeira Seção assentava que: declarada a inconstitucionalidade da contribuição previdenciária a cargo da empresa sobre os pagamentos a administradores, autônomos e empregados avulsos, os valores a esse título recolhidos anteriormente à edição das Leis 9.032/95 e 9.129/95, ao serem compensados, não estavam sujeitos às limitações percentuais por elas impostas, em face das regras de direito intertemporal (*tempus regit actum*) e do princípio constitucional do direito adquirido (Precedentes: EREsp 168.770/RS, Rel. Ministro Garcia Vieira, Primeira Seção, julgado em 29.2.2000, *DJ* 3.4.2000; EREsp 164.739/SP, Rel. Ministra Eliana Calmon, Primeira Seção, julgado em 8.11.2000, *DJ* 12.2.2001; EREsp 211.749/SC, Rel. Ministro Francisco Peçanha Martins, Primeira Seção, julgado em 8.11.2000, *DJ* 19.3.2001; EREsp 194.275/PR, Rel. Ministro Paulo Gallotti, Primeira Seção, julgado em 18.12.2000, *DJ* 4.6.2001; EREsp 227.060/SC, Rel. Ministro Francisco Peçanha Martins, Rel. p/ Acórdão Ministro Milton Luiz Pereira, Primeira Seção, julgado em 27.2.2002, *DJ* 12.8.2002; e EREsp 187.296/PR, Rel. Ministro Franciulli Netto, Primeira Seção, julgado em 23.10.2002, *DJ* 12.5.2003).

3. A Primeira Seção, em 12.3.2003, no julgamento dos EREsp 189.052/SP, sedimentou o entendimento de que o direito à compensação de indébito tributário decorrente da declaração de inconstitucionalidade da exação, não se submete às limitações erigidas pelas Leis 9.032/95 e 9.129/95, porquanto imperativa, nesse caso, a restituição integral dos valores recolhidos indevidamente, sob pena de ofensa ao primado da supremacia da Constituição (publicado no *DJ* de 3.11.2003).

4. Na oportunidade, restou assente que:

"Diante de uma situação de normalidade, ou seja, tendo em vista exação válida perante o ordenamento jurídico, a lei aplicável, em matéria de compensação tributária, será aquela vigente na data do encontro de créditos e débitos, pois neste momento é que surge efetivamente o direito à compensação, de acordo com os cânones traçados pelo Direito Privado a tal instituto, que devem ser respeitados pela lei tributária, *ex vi* do art. 110 do Código Tributário Nacional.

Diversa será, no entanto, a situação quando houver declaração de inconstitucionalidade do tributo, tendo em vista que tal declaração expunge do mundo jurídico a norma, que será considerada inexistente *ab initio*. Sua nulidade contamina, *ab ovo*, a exação por ela criada, que será considerada, a partir da declaração de inconstitucionalidade, devido aos seus efeitos *erga omnes*, como se nunca tivesse existido. O direito à restituição do indébito que emana deste ato de pagar tributo inexistente dar-se-á, na espécie, por meio de compensação tributária, não podendo, em hipótese alguma, ser limitado, sob pena de ofensa ao primado da supremacia da Constituição. E isso porque, o limite à compensação, seja de 25% ou 30%, torna parte do pagamento válido, concedendo, assim, eficácia parcial a lei nula de pleno direito."

5. A Cláusula de Plenário (artigo 97 de CF/1988) resta violada em face da jurisprudência do STJ que excepciona a aplicação das limitações à compensação introduzidas pelas Leis 9.032/95 e 9.129/95 em se tratando de pagamentos indevidos atinentes a contribuições sociais previdenciárias ulteriormente declaradas inconstitucionais em sede de controle concentrado, *ratio essendi* da presente afetação à Seção.

6. Deveras, perfilho a tese de que, enquanto não declaradas inconstitucionais as Leis 9.032/95 e 9.129/95, em sede de controle difuso ou concentrado, sua observância é inafastável pelo Poder Judiciário, uma vez que a norma jurídica, enquanto não regularmente expurgada do ordenamento, nele permanece válida, razão pela qual a compensação do indébito tributário, ainda que decorrente da declaração de inconstitucionalidade da exação, submete-se às limitações erigidas pelos diplomas legais que regem a compensação tributária.

7. A restituição mediante repetição não se subsume às limitações, diferentemente da compensação tributária, instituto jurídico informado pelo princípio da indisponibilidade dos bens públicos, que carece de lei autorizativa que, legitimamente, pode condicioná-la, sendo certo que é facultado ao contribuinte submeter-se às regras impostas pelo legislador ordinário para fazer jus à compensação ou, então, pleitear a repetição do indébito tributário, que não observa qualquer condicionamento, salvo o recebimento por precatório.

8. A declaração de inconstitucionalidade da norma que veicula a regra matriz de incidência tributária, fundamento de validade da norma individual e concreta constitutiva do crédito tributário (lançamento tributário ou ato de formalização do próprio contribuinte), não retira a natureza tributária da importância recolhida a título de tributo e que é objeto da devolução pleiteada, consoante doutrina clássica:

"A importância recolhida a título de tributo pode ser indevida, tanto por exceder ao montante da dívida real, quanto por inexistir dever jurídico de índole tributária. Surge, então, a controvertida figura do tributo indevido, que muitos entendem não ser verdadeiramente tributo, correspondendo antes a mera prestação de fato. Não pensamos assim. As quantias exigidas pelo Estado, no exercício de sua função impositiva, ou espontaneamente pagas pelo administrado, na convicção de solver um débito fiscal, têm a fisionomia própria das entidades tributárias, encaixando-se bem na definição do art. 3º, do Código Tributário Nacional. A contingência de virem a ser devolvidas pelo Poder Público não as descaracteriza como tributo e para isso é que existem os sucessivos controles de legalidade que a Administração exerce e dos quais também participa o sujeito passivo, tomando a iniciativa ao supor descabido o que lhe foi cobrado, ou postulando a devolução daquilo que pagara indebitamente. Não sendo suficiente o procedimento administrativo que para esse fim se instale, terá o interessado acesso ao Poder Judiciário, onde poderá deduzir, com os recursos inerentes ao processo judicial, todos os argumentos e provas que deem substância aos seus direitos" (Paulo de Barros Carvalho, *in* Curso de Direito Tributário, Ed. Saraiva, 16. ed., 2004, págs. 455-456).

9. O efeito *ex tunc* do controle concentrado de constitucionalidade, bem como a presunção de validade constitucional da norma jurídica que ensejou a tributação reveste

de regularidade o pagamento efetuado no período em que ainda não expurgada do ordenamento jurídico.

10. A inconstitucionalidade da norma jurídica que veicula a regra matriz de incidência tributária, uma vez declarada, implica o "fato jurídico ensejador da configuração do débito do fisco" qual o pagamento indevido do tributo, sendo certo que o contribuinte pode optar: (i) pela compensação tributária, sujeitando-se, contudo, às condições estabelecidas na lei autorizativa, ou (ii) pela repetição do indébito (sem quaisquer restrições, somente as de ordem processual).

11. A compensação tributária, posto diversa da figura de direito privado que extingue compulsoriamente a obrigação, é condicionada ao discricionarismo do Tesouro Público: "[...] o sujeito passivo só poderá contrapor seu crédito ao crédito tributário, como direito subjetivo seu, nas condições e sob as garantias que a lei fixar. Fora disso, quando a lei o permite, se aceitar as condições específicas que a autoridade investida de poder discricionário, nos limites legais, para fixá-las, estipular, julgando da conveniência e da oportunidade de aceitar ou recusar o encontro dos débitos" (Aliomar Baleeiro, *in* Direito Tributário Brasileiro, 11. ed., Ed. Forense, Rio de Janeiro, 2000, pág. 898).

12. O artigo 170, do CTN, legitima o ente legiferante a autorizar a compensação de créditos tributários com créditos líquidos e certos, vencidos ou vincendos, do contribuinte, estabelecendo, para tanto, condições e garantias para seu exercício, donde se dessume a higidez da estipulação legal de limites para sua realização.

13. A compensação tributária, por seu turno, configura renúncia fiscal, cuja concessão, afastada dos lindes traçados pelo legislador, compromete o equilíbrio orçamentário do Estado, bem como o equilíbrio financeiro e atuarial do sistema previdenciário, custeado, entre outros, pelas contribuições sociais em tela.

14. A Súmula Vinculante nº 10, do Supremo Tribunal Federal, assentou o entendimento de que: *"Viola a cláusula de reserva de plenário (cf. artigo 97) a decisão de órgão fracionário de tribunal que, embora não declare expressamente a inconstitucionalidade de lei ou ato normativo do poder público, afasta sua incidência, no todo ou em parte"*.

15. A compensação tributária e os limites percentuais erigidos nas Leis 9.032/95 e 9.129/95 mantêm-se, desta sorte, hígida, sendo certo que a figura tributária extintiva deve obedecer o marco temporal da "data do encontro dos créditos e débitos", e não do "ajuizamento da ação", termo utilizado apenas nas hipóteses em que ausente o prequestionamento da legislação pertinente, ante o requisito específico do recurso especial.

16. Agravo regimental da Fazenda Nacional provido, para negar provimento ao recurso especial das empresas, ante a reconhecida higidez das limitações à compensação tributária erigidas pela Leis 9.032/95 e 9.129/95.[233]

A atualização monetária aplicável na restituição obedecerá aos seguintes índices, nos termos do REsp nº 191478: (a) desde o recolhimento indevido, o

233 STJ, AgRg no REsp nº 918821, *DJ* 10 nov. 2008.

IPC, de outubro a dezembro/1989 e de março/1990 a janeiro/1991; o INPC, de fevereiro a dezembro/1991; a Ufir, a partir de janeiro/1992 a dezembro/1995; e (b) a taxa Selic, exclusivamente, a partir de janeiro/1996. E, nos termos da Súmula 162 do Superior Tribunal de Justiça: "Na repetição de indébito tributário, a correção monetária incide a partir do pagamento indevido".

Segundo o artigo 66, § 1º da Lei nº 8.383/91, a compensação só poderá ser efetuada entre tributos, contribuições e receitas da mesma espécie. Interpretando essa norma jurídica, o Superior Tribunal de Justiça concluiu que só pode haver compensação entre tributos da mesma espécie que possuam a mesma destinação constitucional.[234]

Por essa razão, contribuição de intervenção no domínio econômico não pode ser compensada com contribuição de seguridade social, como demonstra o seguinte julgado:

> TRIBUTÁRIO. CONTRIBUIÇÃO PARA O INCRA. IMPOSSIBILIDADE DE COMPENSAÇÃO COM TRIBUTOS DEVIDOS AO INSS. ART. 66 DA LEI Nº 8.383/91.
>
> 1. Tendo em conta a diferença de natureza entre a contribuição vertida ao Incra (intervenção no domínio econômico) e as demais recolhidas pelo INSS (contribuições para a seguridade social), impossível a compensação, por simples inteligência do art. 66 da Lei nº 8.383/91. Precedentes.
>
> 2. Embargos de divergência providos.[235]

A exigência no sentido de os tributos compensáveis serem da mesma espécie não impossibilita a compensação entre tributo e multa, na linha do seguinte julgado:

> EMBARGOS DE DIVERGÊNCIA. TRIBUTÁRIO. DENÚNCIA ESPONTÂNEA. MULTA MORATÓRIA. COMPENSAÇÃO COM VALORES RELATIVOS A TRIBUTO. POSSIBILIDADE. EMBARGOS PROVIDOS.
>
> 1. Na atual sistemática de compensação tributária, não há como preponderar a tese da impossibilidade de compensação entre tributo e multa.
>
> 2. Considerando a amplitude conferida à expressão "crédito relativo a tributo ou contribuição" (art. 74 da Lei 9.430/96), deve-se entender que ela abarca qualquer pagamento indevido feito pelo contribuinte a título de crédito tributário. Por outro lado, do exame sistemático das normas insertas no Código Tributário Nacional (arts. 113, §§ 1º e 3º, e 139), observa-se que crédito tributário não diz respeito apenas a tributo em sentido estrito, mas alcança, também, as penalidades que incidam sobre ele.

[234] Cf. STJ, RE nº 727643, *DJ* 5 maio 2005.

[235] STJ, EREsp nº 696860, *DJ* 9 set. 2008.

3. Embargos de divergência providos.[236]

Os direitos previdenciários são adquiridos pelos beneficiários mediante o cumprimento de uma série de requisitos. Um deles é o pagamento das contribuições, quando devidas, mas não é o único. Por isso, o simples pagamento não gera direitos previdenciários, se não comprovados os demais requisitos, tal qual o exercício de atividade. Nesse sentido, é a norma arrolada no § 7º do artigo 89 em estudo, segundo a qual não será permitida ao beneficiário a antecipação do pagamento de contribuições para efeito de recebimento de benefícios. Com efeito, se as contribuições previdenciárias são tributos, o pagamento é devido somente se ocorrido o fato gerador. Não ocorrido este, não é devido aquele.

Nos termos do artigo 156, II, do Código Tributário Nacional, a compensação extingue o crédito tributário. Por essa razão não pode ser autorizada por meio de medida liminar. Nesse sentido, foi editada a Súmula 212 do Superior Tribunal de Justiça:

A compensação de créditos tributários não pode ser deferida em ação cautelar ou por medida liminar cautelar ou antecipatória.

Posteriormente, o artigo 170-A do Código Tributário Nacional, incluído pela Lei Complementar nº 104/01, dispôs no mesmo sentido:

> Art. 170-A. É vedada a compensação mediante o aproveitamento de tributo, objeto de contestação judicial pelo sujeito passivo, antes do trânsito em julgado da respectiva decisão judicial.

A Lei nº 11.941/09 deu nova redação ao artigo 89 da Lei nº 8.212/91:

> Art. 89. As contribuições sociais previstas nas alíneas *a*, *b* e *c* do parágrafo único do art. 11 desta Lei, as contribuições instituídas a título de substituição e as contribuições devidas a terceiros somente poderão ser restituídas ou compensadas nas hipóteses de pagamento ou recolhimento indevido ou maior que o devido, nos termos e condições estabelecidos pela Secretaria da Receita Federal do Brasil.
>
> § 4º O valor a ser restituído ou compensado será acrescido de juros obtidos pela aplicação da taxa referencial do Sistema Especial de Liquidação e de Custódia – SELIC para títulos federais, acumulada mensalmente, a partir do mês subsequente ao do pagamento indevido ou a maior que o devido até o mês anterior ao da compensação ou restituição e de 1% (um por cento) relativamente ao mês em que estiver sendo efetuada.
>
> § 8º Verificada a existência de débito em nome do sujeito passivo, o valor da restituição será utilizado para extingui-lo, total ou parcialmente, mediante compensação.

[236] STJ, EREsp nº 792628, *DJ* 22 set. 2008.

§ 9º Os valores compensados indevidamente serão exigidos com os acréscimos moratórios de que trata o art. 35 desta Lei.

§ 10º Na hipótese de compensação indevida, quando se comprove falsidade da declaração apresentada pelo sujeito passivo, o contribuinte estará sujeito à multa isolada aplicada no percentual previsto no inciso I do *caput* do art. 44 da Lei nº 9.430, de 27 de dezembro de 1996, aplicado em dobro, e terá como base de cálculo o valor total do débito indevidamente compensado.

§ 11º Aplica-se aos processos de restituição das contribuições de que trata este artigo e de reembolso de salário-família e salário-maternidade o rito previsto no Decreto nº 70.235, de 6 de março de 1972.

A redação atual atribuiu amplos poderes ao Fisco para estabelecer os termos e condições da restituição, o que exigirá especial atenção do intérprete, sobretudo no que diz respeito à conformidade às garantias constitucionais.

A revogação do § 7º não autoriza, a *contrario sensu*, conclusão no sentido de ser possível antecipar o pagamento de contribuições para efeito de recebimento de benefício, pelas mesmas razões já expostas acima.

14.2.5 Créditos da seguridade social contra a União

O desvio de recursos da seguridade social para outras áreas de governo não é de agora. Acreditando na cessação dessa prática, o legislador ordinário determinou, no artigo 90 da Lei nº 8.212/91, que o Conselho Nacional da Seguridade Social, dentro de 180 dias da sua instalação, adotasse as providências necessárias ao levantamento das dívidas da União para com a seguridade social. O CNSS foi extinto, as dívidas não foram levantadas e, pior, o desvio de recursos continua, sobretudo por meio da DRU – Desvinculação das receitas da União, segundo o artigo 76 do ADCT.

Não obstante todo o arcabouço constitucional de proteção das receitas da seguridade social, a imaginação de alguns tem perpetuado o desvio de recursos do orçamento próprio. É preciso agir contra essa prática.

14.2.6 Multa por infração a dispositivo da Lei nº 8.212/91

O princípio segundo o qual não há pena sem prévia cominação legal vale, no âmbito administrativo, para as multas, que têm caráter sancionatório. A previsão de multa pode ser endereçada a um determinado artigo ou, de outra banda, com caráter geral, hipótese onde é denominada "regra de encerramento". O artigo 92 da Lei nº 8.212/91 criou uma multa de caráter geral, determinando que a infração de qualquer dispositivo daquela lei para a qual não haja penalidade expressamente cominada sujeita o responsável, conforme a gravidade da infração, a multa variável de R$ 1.717,38 a R$ 171.736,10, conforme dispuser o regulamento.[237]

O Decreto nº 3.048/99 fixou uma série de penalidades administrativas. O artigo 283 desse regulamento graduou a multa nas infrações que seguem:

I – a partir de R$ 1.717,38 nas seguintes infrações:

a) deixar a empresa de preparar folha de pagamento das remunerações pagas, devidas ou creditadas a todos os segurados a seu serviço, de acordo com este Regulamento e com os demais padrões e normas estabelecidos pelo INSS;

b) deixar a empresa de se matricular no INSS, dentro de trinta dias contados da data do início de suas atividades, quando não sujeita a inscrição no Cadastro Nacional da Pessoa Jurídica;

c) deixar a empresa de descontar da remuneração paga aos segurados a seu serviço importância proveniente de dívida ou responsabilidade por eles contraída junto à seguridade social, relativa a benefícios pagos indevidamente;

d) deixar a empresa de matricular no INSS obra de construção civil de sua propriedade ou executada sob sua responsabilidade no prazo de trinta dias do início das respectivas atividades;

e) deixar o Titular de Cartório de Registro Civil de Pessoas Naturais de comunicar ao INSS, até o dia dez de cada mês, a ocorrência ou a não ocorrência de óbitos, no mês imediatamente anterior, bem como enviar informações inexatas, conforme o disposto no art. 228;

f) deixar o dirigente dos órgãos municipais competentes de prestar ao INSS as informações concernentes aos alvarás, "habite-se" ou documento equivalente, relativos a construção civil, na forma do art. 226; e

g) deixar a empresa de efetuar os descontos das contribuições devidas pelos segurados a seu serviço;

h) deixar a empresa de elaborar e manter atualizado perfil profissiográfico abrangendo as atividades desenvolvidas pelo trabalhador e de fornecer a este, quando da rescisão do contrato de trabalho, cópia autêntica deste documento; e

II – a partir de R$ 171.738,00 nas seguintes infrações:

a) deixar a empresa de lançar mensalmente, em títulos próprios de sua contabilidade, de forma discriminada, os fatos geradores de todas as contribuições, o montante das quantias descontadas, as contribuições da empresa e os totais recolhidos;

b) deixar a empresa de apresentar ao INSS e à Secretaria da Receita Federal os documentos que contenham as informações cadastrais, financeiras e contábeis de interesse dos mesmos, na forma por eles estabelecida, ou os esclarecimentos necessários à fiscalização;

[237] Valores atualizados pela Portaria Interministerial MPS/MF nº 15/13.

c) deixar o servidor, o serventuário da Justiça ou o titular de serventia extrajudicial de exigir documento comprobatório de inexistência de débito, quando da contratação com o poder público ou no recebimento de benefício ou de incentivo fiscal ou creditício;

d) deixar o servidor, o serventuário da Justiça ou o titular de serventia extrajudicial de exigir o documento comprobatório de inexistência de débito, quando da alienação ou oneração, a qualquer título, de bem imóvel ou direito a ele relativo;

e) deixar o servidor, o serventuário da Justiça ou o titular de serventia extrajudicial de exigir a apresentação do documento comprobatório de inexistência de débito na alienação ou oneração, a qualquer título, de bem móvel incorporado ao ativo permanente da empresa, de valor superior a R$ 42.933,60;

f) deixar o servidor, o serventuário da Justiça ou o titular de serventia extrajudicial de exigir documento comprobatório de inexistência de débito no registro ou arquivamento, no órgão próprio, de ato relativo a baixa ou redução de capital de firma individual, redução de capital social, cisão total ou parcial, transformação ou extinção de entidade ou sociedade comercial ou civil e transferência de controle de cotas de sociedades de responsabilidade limitada;

g) deixar o servidor, o serventuário da Justiça ou o titular de serventia extrajudicial de exigir documento comprobatório de inexistência de débito do proprietário, pessoa física ou jurídica, de obra de construção civil, quando da averbação de obra no Registro de Imóveis;

h) deixar o servidor, o serventuário da Justiça ou o titular de serventia extrajudicial de exigir documento comprobatório de inexistência de débito do incorporador, quando da averbação de obra no Registro de Imóveis, independentemente do documento apresentado por ocasião da inscrição do memorial de incorporação;

i) deixar o dirigente da entidade da administração pública direta ou indireta de consignar as dotações necessárias ao pagamento das contribuições devidas à seguridade social, de modo a assegurar a sua regular liquidação dentro do exercício;

j) deixar a empresa, o servidor de órgão público da administração direta e indireta, o segurado da previdência social, o serventuário da Justiça ou o titular de serventia extrajudicial, o síndico ou seu representante, o comissário ou o liquidante de empresa em liquidação judicial ou extrajudicial, de exibir os documentos e livros relacionados com as contribuições previstas neste Regulamento ou apresentá-los sem atender às formalidades legais exigidas ou contendo informação diversa da realidade ou, ainda, com omissão de informação verdadeira;

l) deixar a entidade promotora do espetáculo desportivo de efetuar o desconto da contribuição prevista no § 1º do art. 205;

m) deixar a empresa ou entidade de reter e recolher a contribuição prevista no § 3º do art. 205;

n) deixar a empresa de manter laudo técnico atualizado com referência aos agentes nocivos existentes no ambiente de trabalho de seus trabalhadores ou de emitir documento de comprovação de efetiva exposição em desacordo com o respectivo laudo.

Considera-se dirigente aquele que tem a competência funcional para decidir a prática ou não do ato que constitua infração à legislação da seguridade social.

A falta de inscrição do segurado empregado sujeita o responsável à multa de R$ 1.717,38, por segurado não inscrito.

As demais infrações a dispositivos da legislação, para as quais não haja penalidade expressamente cominada, sujeitam o infrator à multa de R$ 1.717,38.

O Superior Tribunal de Justiça já decidiu pela legitimidade da multa com caráter geral imposta pelo artigo 92 da Lei nº 8.212/91, no julgamento do seguinte recurso especial, de nossa autoria:

> Ementa: PREVIDENCIÁRIO. TRIBUTÁRIO. RECURSO ESPECIAL. INSURGÊNCIA CONTRA APLICAÇÃO DE MULTA DECORRENTE DE FALTA DE ESCRITURAÇÃO CONTÁBIL DA CONTRATAÇÃO DE MÃO DE OBRA PARA CONSTRUÇÃO CIVIL. ARTIGOS 32, 33 E 92 DA LEI 8.212/91. PREQUESTIONAMENTO IMPLÍCITO.
>
> 1. O prequestionamento implícito da questão federal é admitido pela jurisprudência do STJ e deve ser acatado no caso concreto, no tocante ao artigo 92 da Lei 8.212/91, porquanto sistematicamente relacionado com os artigos 32 e 33 do mesmo diploma legal.
>
> 2. O Princípio da Reserva Legal reclama precisa aferição da sanção para as condutas tipificadas em determinado dispositivo ou como regra de "encerramento". É possível ao Legislador homogeneizar a sanção, aplicando-se a todos ou apenas a alguns deveres instituídos na Lei. O art. 92 da Lei 8.212/91 é norma de encerramento e cumpre o postulado da reserva legal, legitimando as sanções às infrações aos deveres legais, ao dispor que a infração de qualquer dispositivo da lei para a qual não haja penalidade expressamente cominada, sujeita o responsável, conforme a gravidade da infração, à multa variável, conforme dispuser o regulamento. Precedentes do STJ no sentido de que a multa prevista de forma genérica como penalidade, não cominada expressamente nos termos dos artigos 32, inciso II, 33, § 3º *da Lei 8.212/91, pode ser aplicada dentro dos critérios estabelecidos pelo artigo 92 do mesmo diploma legal. Interpretação sistemática da lei de custeio da seguridade social.*
>
> 3. Recurso especial conhecido e provido.[238]

14.2.7 Contribuição de terceiros

O artigo 94 da Lei nº 8.212/91 autorizava o INSS a arrecadar e fiscalizar, mediante remuneração de 3,5% do montante arrecadado, contribuição por lei devida a terceiros, desde que provenha de empresa, segurado, aposentado ou pensionista a ele vinculado, aplicando-se a essa contribuição, no que couber, o disposto naquela lei. As contribuições devem ter a mesma base utilizada para o

238 STJ, REsp nº 470789, *DJ* 22 abr. 2003.

cálculo das contribuições incidentes sobre a remuneração paga ou creditada a segurados, ficando sujeitas aos mesmos prazos, condições, sanções e privilégios, inclusive no que se refere à cobrança judicial. Em alguns casos específicos, a taxa de remuneração é menor que 3,5%. Com a publicação da Lei nº 11.457/07, essa atribuição passou à Secretaria da Receita Federal do Brasil, nos termos do artigo 3º daquela lei. Exemplo dessas contribuições são o salário-educação e as contribuições devidas ao sistema "S" – SESC, SENAC, SESI, SENAI.

14.2.7.1 Contribuição ao INCRA

A contribuição ao INCRA integrava o rol das contribuições devidas a terceiros arrecadadas pelo INSS. Por muito tempo, o Superior Tribunal de Justiça manteve posição no sentido de sua revogação pelas leis previdenciárias pós-88.[239] Hodiernamente, entretanto, sufraga entendimento de que a mesma tem natureza de contribuição de intervenção no domínio econômico e não de contribuição previdenciária, com finalidade constitucionalmente determinada, como demonstra o seguinte julgado, em sede de recurso especial por nós interposto:

> TRIBUTÁRIO – CONTRIBUIÇÃO DESTINADA AO INCRA – LEI 2.613/55 (ART. 6º, § 4º) – DL 1.146/70 – LC 11/71 – NATUREZA JURÍDICA E DESTINAÇÃO CONSTITUCIONAL – CONTRIBUIÇÃO DE INTERVENÇÃO NO DOMÍNIO ECONÔMICO – CIDE – LEGITIMIDADE DA EXIGÊNCIA MESMO APÓS AS LEIS 8.212/91 E 8.213/91.
>
> 1. A Primeira Seção desta Corte, no julgamento do EREsp 770.451/SC (acórdão ainda não publicado), após acirradas discussões, decidiu rever a jurisprudência sobre a matéria relativa à contribuição destinada ao INCRA.
>
> 2. Naquele julgamento discutiu-se a natureza jurídica da contribuição e sua destinação constitucional e, após análise detida da legislação pertinente, concluiu-se que a exação não teria sido extinta, subsistindo até os dias atuais e, para as demandas em que não mais se discutia a legitimidade da cobrança, afastou-se a possibilidade de compensação dos valores indevidamente pagos a título de contribuição destinada ao INCRA com as contribuições devidas sobre a folha de salários.
>
> 3. Em síntese, estes foram os fundamentos acolhidos pela Primeira Seção:
>
> a) a referibilidade direta NÃO é elemento constitutivo das CIDE's;

[239] Nesse sentido, EREsp nº 503287, *DJ* 19 set. 2005: TRIBUTÁRIO. CONTRIBUIÇÃO PARA O INCRA. LEI Nº 4.683/65. DECRETO-LEI Nº 1.146/70. LC Nº 11/71. PRORURAL. LEI Nº 7.787/89. EXTINÇÃO DO VALOR INCIDENTE SOBRE A FOLHA DE SALÁRIOS. 1. A contribuição de 0,4% (quatro décimos por cento) prevista no art. 35, § 2º, item VIII, da Lei nº 4.683/65, mantida pelo art. 3º do Decreto-Lei nº 1.146, de 31.12.1970, incidente sobre a folha de salários, e majorada pela Lei Complementar nº 11/71 para 2,6%, sendo 0,2% (dois décimos por cento) destinados ao Incra, foi extinta pela Lei nº 7.787/89, em seu art. 3º, § 1º, a partir de 1º.9.1989. 2. Embargos de divergência providos.

b) as contribuições especiais atípicas (de intervenção no domínio econômico) são constitucionalmente destinadas a finalidades não diretamente referidas ao sujeito passivo, o qual não necessariamente é beneficiado com a atuação estatal e nem a ela dá causa (referibilidade). Esse é o traço característico que as distingue das contribuições de interesse de categorias profissionais e de categorias econômicas;

c) as CIDE's afetam toda a sociedade e obedecem ao princípio da solidariedade e da capacidade contributiva, refletindo políticas econômicas de governo. Por isso, não podem ser utilizadas como forma de atendimento ao interesse de grupos de operadores econômicos;

d) a contribuição destinada ao INCRA, desde sua concepção, caracteriza-se como CONTRIBUIÇÃO ESPECIAL DE INTERVENÇÃO NO DOMÍNIO ECONÔMICO, classificada doutrinariamente como CONTRIBUIÇÃO ESPECIAL ATÍPICA (CF/67, CF/69 e CF/88 – art. 149);

e) o INCRA herdou as atribuições da SUPRA no que diz respeito à promoção da reforma agrária e, <u>em caráter supletivo, as medidas complementares de assistência técnica, financeira, educacional e sanitária, bem como outras de caráter administrativo</u>;

f) a contribuição do INCRA tem finalidade específica (elemento finalístico) constitucionalmente determinada de promoção da reforma agrária e de colonização, visando atender aos princípios da função social da propriedade e a diminuição das desigualdades regionais e sociais (art. 170, III e VII, da CF/88);

g) a contribuição do INCRA não possui REFERIBILIDADE DIRETA com o sujeito passivo, por isso se distingue das contribuições de interesse das categorias profissionais e de categorias econômicas;

h) o produto da sua arrecadação destina-se especificamente aos programas e projetos vinculados à reforma agrária e suas atividades complementares. Por isso, não se enquadram no gênero Seguridade Social (Saúde, Previdência Social ou Assistência Social), sendo relevante concluir ainda que:

h.1) esse entendimento (de que a contribuição se enquadra no gênero Seguridade Social) seria incongruente com o princípio da universalidade de cobertura e de atendimento, ao se admitir que essas atividades fossem dirigidas apenas aos trabalhadores rurais assentados com exclusão de todos os demais integrantes da sociedade;

h.2) partindo-se da pseudopremissa de que o INCRA integra a "Seguridade Social", não se compreende por que não lhe é repassada parte do respectivo orçamento para a consecução desses objetivos, em cumprimento ao art. 204 da CF/88;

i) o único ponto em comum entre o FUNRURAL e o INCRA e, por conseguinte, entre as suas contribuições de custeio, residiu no fato de que o diploma legislativo que as fixou teve origem normativa comum, mas com finalidades totalmente diversas;

j) a contribuição para o INCRA, decididamente, não tem a mesma natureza jurídica e a mesma destinação constitucional que a contribuição previdenciária sobre a folha de salários, instituída pela Lei 7.787/89 (art. 3º, I), tendo resistido à Constituição

Federal de 1988 até os dias atuais, com amparo no art. 149 da Carta Magna, não tendo sido extinta pela Lei 8.212/91 ou pela Lei 8.213/91.

4. Recursos especiais providos.[240]

14.2.8 Crimes previdenciários

Os crimes previdenciários, muito além do patrimônio individual, atingem o patrimônio de toda a sociedade.

Douglas Fischer, discorrendo sobre a delinquência econômica, afirma que "pode-se reconhecer que os delitos contra a ordem tributária, contra o sistema financeiro, contra a previdência social e de lavagem de dinheiro são espécies (*lato sensu*) de crimes contra o patrimônio, com elementares muito mais gravosas na medida em que não atingem interesses de alguns integrantes da sociedade, mas sim violam diretamente o funcionamento institucional do Estado, que tem a função de garantidor das liberdades fundamentais, bem como de promotor dos direitos fundamentais prestacionais". [...] Referentemente aos delitos fiscais em detrimento da Previdência Social, Bajo e Bacigalupo salientam ainda que "el bien jurídico protegido es también el patrimonio, si bien se trata de un patrimonio concreto, el Erario de la Tesorería de La Seguridad Social", de modo que "de forma indirecta también se lesionan la función recaudatoria de la Seguridad Social el deber de prestación económica o de lealtad del contribuyente y la integración de las funciones patrimonial, de justicia y político-económica".[241]

A redação original do artigo 95 da Lei nº 8.212/91 arrolava uma série de condutas tipificadas como crime contra a previdência social, nestes termos:

Art. 95. Constitui crime:

a) deixar de incluir na folha de pagamentos da empresa os segurados empregado, empresário, trabalhador avulso ou autônomo que lhe prestem serviços;

b) deixar de lançar mensalmente nos títulos próprios da contabilidade da empresa o montante das quantias descontadas dos segurados e o das contribuições da empresa;

c) omitir total ou parcialmente receita ou lucro auferidos, remunerações pagas ou creditadas e demais fatos geradores de contribuições, descumprindo as normas legais pertinentes;

d) deixar de recolher, na época própria, contribuição ou outra importância devida à Seguridade Social e arrecadada dos segurados ou do público;

e) deixar de recolher contribuições devidas à Seguridade Social que tenham integrado custos ou despesas contábeis relativos a produtos ou serviços vendidos;

---

[240] STJ, REsp nº 926189, *DJ* 14 ago. 2007.

[241] Cfe. *Delinquência econômica*, p. 127 ss.

f) deixar de pagar salário-família, salário-maternidade, auxílio-natalidade ou outro benefício devido a segurado, quando as respectivas quotas e valores já tiverem sido reembolsados à empresa;

g) inserir ou fazer inserir em folha de pagamentos, pessoa que não possui a qualidade de segurado obrigatório;

h) inserir ou fazer inserir em Carteira de Trabalho e Previdência Social do empregado, ou em documento que deva produzir efeito perante a Seguridade Social, declaração falsa ou diversa da que deveria ser feita;

i) inserir ou fazer inserir em documentos contábeis ou outros relacionados com as obrigações da empresa declaração falsa ou diversa da que deveria constar, bem como omitir elementos exigidos pelas normas legais ou regulamentares específicas;

j) obter ou tentar obter, para si ou para outrem, vantagem ilícita, em prejuízo direto ou indireto da Seguridade Social ou de suas entidades, induzindo ou mantendo alguém em erro, mediante artifício, contrafação, imitação, alteração ardilosa, falsificação ou qualquer outro meio fraudulento.

Descuidando da boa técnica, o legislador ordinário, entretanto, definiu penas para somente algumas delas, em flagrante violação ao princípio *nullum crimen, nulla poena sine lege*. Com efeito, na letra do § 1º do mesmo artigo, "no caso dos crimes caracterizados nas alíneas *d*, *e* e *f* deste artigo, a pena será aquela estabelecida no art. 5º da Lei nº 7.492, de 16 de junho de 1986, aplicando-se à espécie as disposições constantes dos arts. 26, 27, 30, 31 e 33 do citado diploma legal".

Posteriormente, a Lei nº 9.983/00 revogou o *caput* e as alíneas do artigo 95 que definiam as condutas em questão e acrescentou os seguintes artigos ao Código Penal:

> Apropriação indébita previdenciária
>
> Art. 168-A. Deixar de repassar à previdência social as contribuições recolhidas dos contribuintes, no prazo e forma legal ou convencional:
>
> Pena – reclusão, de 2 (dois) a 5 (cinco) anos, e multa.
>
> § 1º Nas mesmas penas incorre quem deixar de:
>
> I – recolher, no prazo legal, contribuição ou outra importância destinada à previdência social que tenha sido descontada de pagamento efetuado a segurados, a terceiros ou arrecadada do público;
>
> II – recolher contribuições devidas à previdência social que tenham integrado despesas contábeis ou custos relativos à venda de produtos ou à prestação de serviços;
>
> III – pagar benefício devido a segurado, quando as respectivas cotas ou valores já tiverem sido reembolsados à empresa pela previdência social.
>
> § 2º É extinta a punibilidade se o agente, espontaneamente, declara, confessa e efetua o pagamento das contribuições, importâncias ou valores e presta as informações

devidas à previdência social, na forma definida em lei ou regulamento, antes do início da ação fiscal.

§ 3º É facultado ao juiz deixar de aplicar a pena ou aplicar somente a de multa se o agente for primário e de bons antecedentes, desde que:

I – tenha promovido, após o início da ação fiscal e antes de oferecida a denúncia, o pagamento da contribuição social previdenciária, inclusive acessórios; ou

II – o valor das contribuições devidas, inclusive acessórios, seja igual ou inferior àquele estabelecido pela previdência social, administrativamente, como sendo o mínimo para o ajuizamento de suas execuções fiscais.

A jurisprudência do Superior Tribunal de Justiça está pacificada no sentido de que o crime de apropriação indébita previdenciária é omissivo próprio, como demonstra o seguinte julgado:

RECURSO ESPECIAL. PENAL. APROPRIAÇÃO INDÉBITA DE CONTRIBUIÇÃO PREVIDENCIÁRIA. DEMONSTRAÇÃO DO *ANIMUS REM SIBI HABENDI*. DESNECESSIDADE. VIOLAÇÃO AO ART. 156 DO CÓDIGO DE PROCESSO PENAL.

1. O crime de apropriação indébita de contribuição previdenciária é omissivo próprio e o seu dolo é a vontade de não repassar à previdência as contribuições recolhidas, dentro do prazo e das formas legais, não se exigindo o *animus rem sibi habendi*, sendo descabida a exigência de se demonstrar o especial fim de agir ou o dolo específico de fraudar a Previdência Social, como elemento essencial do tipo penal.

2. No sistema processual penal brasileiro, em regra, o ônus da prova pertence à acusação, mas, no caso concreto, não é possível exigir do órgão ministerial demonstração de elementares que inexistem no tipo penal.

3. Recurso especial parcialmente conhecido e, nessa parte, provido.[242]

Porém, é importante destacar a observação que faz, com propriedade, José Paulo Baltazar Júnior:

Não raro alega a defesa que o desconto não foi efetuado, pela praxe de pagar aos empregados o salário integral, sem desconto, de modo que o recolhimento seria feito com recursos próprios; ou que o numerário disponível era suficiente apenas para o pagamento dos salários líquidos dos empregados. [...] Resta a segunda hipótese, de gasto dos últimos recursos da empresa com o pagamento da folha líquida. Havendo prova de tal situação, que não é, todavia, fácil, estará elidida a presunção de desconto com o pagamento dos salários, de modo que não haveria crime. Já se afirmou, porém, que: "sendo a atividade econômica feita de mecanismos de longo alcance e de correspondentes estratégias empresariais, não é a verificação da exata relação entre receitas e despesas de cada mês de competência que decide da existência ou não de

[242] STJ, REsp nº 866394, *DJ* 22 abr. 2008.

> apropriação. Pagos os salários e contabilizados os descontos, tem-se como suficientemente provadas as ações de apropriação de valores" (TRF3, AC 200103990581277/SP, Peixoto Júnior, 2ª T., un., 12.8.03; TRF4, EIAC 200071030003020/RS).[243]

Para a configuração de apropriação indébita previdenciária é imprescindível a conclusão do processo administrativo-fiscal:

> PROCESSUAL PENAL. *HABEAS CORPUS*. APROPRIAÇÃO INDÉBITA PREVIDENCIÁRIA. TRANCAMENTO DO INQUÉRITO POLICIAL. PROCESSO ADMINISTRATIVO PENDENTE. DISCUSSÃO DO DÉBITO. AUSÊNCIA DE ELEMENTO NORMATIVO DO TIPO. ATIPICIDADE. ORDEM CONCEDIDA.
>
> 1. Enquanto houver processo administrativo questionando a existência, o valor ou a exigibilidade de contribuição social, atípica é a conduta prevista no artigo 168-A do Código Penal que tem, como elemento normativo do tipo a existência da contribuição devida a ser repassada.
> 2. Não importa violação à independência das esferas administrativa e judiciária o aguardo da decisão administrativa, a quem cabe efetuar o lançamento definitivo.
> 3. Ordem concedida para suspender o inquérito policial até o julgamento definitivo do processo administrativo.[244]

Inserção de dados falsos em sistema de informações

> Art. 313-A. Inserir ou facilitar, o funcionário autorizado, a inserção de dados falsos, alterar ou excluir indevidamente dados corretos nos sistemas informatizados ou bancos de dados da Administração Pública com o fim de obter vantagem indevida para si ou para outrem ou para causar dano:
>
> Pena – reclusão, de 2 (dois) a 12 (doze) anos, e multa.

Modificação ou alteração não autorizada de sistema de informações

> Art. 313-B. Modificar ou alterar, o funcionário, sistema de informações ou programa de informática sem autorização ou solicitação de autoridade competente:
>
> Pena – detenção, de 3 (três) meses a 2 (dois) anos, e multa.
>
> Parágrafo único. As penas são aumentadas de um terço até a metade se da modificação ou alteração resulta dano para a Administração Pública ou para o administrado.

Os crimes tipificados nos artigos 313-A e B são crimes funcionais, pois só podem ser praticados por funcionário público. Distinguem-se, em especial, pelo

---

[243] *Crimes federais*, p. 30.

[244] STJ, HC nº 128672, *DJ* 18 maio 2009.

elemento subjetivo, pois no primeiro há o fim de causar dano ou obter proveito, inexistente no segundo.[245]

> Sonegação de contribuição previdenciária
>
> Art. 337-A. Suprimir ou reduzir contribuição social previdenciária e qualquer acessório, mediante as seguintes condutas:
>
> I – omitir de folha de pagamento da empresa ou de documento de informações previsto pela legislação previdenciária segurados empregado, empresário, trabalhador avulso ou trabalhador autônomo ou a este equiparado que lhe prestem serviços;
>
> II – deixar de lançar mensalmente nos títulos próprios da contabilidade da empresa as quantias descontadas dos segurados ou as devidas pelo empregador ou pelo tomador de serviços;
>
> III – omitir, total ou parcialmente, receitas ou lucros auferidos, remunerações pagas ou creditadas e demais fatos geradores de contribuições sociais previdenciárias:
>
> Pena – reclusão, de 2 (dois) a 5 (cinco) anos, e multa.
>
> § 1º É extinta a punibilidade se o agente, espontaneamente, declara e confessa as contribuições, importâncias ou valores e presta as informações devidas à previdência social, na forma definida em lei ou regulamento, antes do início da ação fiscal.
>
> § 2º É facultado ao juiz deixar de aplicar a pena ou aplicar somente a de multa se o agente for primário e de bons antecedentes, desde que:
>
> I – (VETADO)
>
> II – o valor das contribuições devidas, inclusive acessórios, seja igual ou inferior àquele estabelecido pela previdência social, administrativamente, como sendo o mínimo para o ajuizamento de suas execuções fiscais.
>
> § 3º Se o empregador não é pessoa jurídica e sua folha de pagamento mensal não ultrapassa R$ 3.671,73, o juiz poderá reduzir a pena de um terço até a metade ou aplicar apenas a de multa.
>
> § 4º O valor a que se refere o parágrafo anterior será reajustado nas mesmas datas e nos mesmos índices do reajuste dos benefícios da previdência social.

Os crimes contra a ordem tributária estão tipificados, em regra, na Lei nº 8.137/90. A conduta abarcada por este tipo já era prevista no artigo 1º daquela lei, mas o legislador entendeu por bem especificar o tipo em relação às contribuições de seguridade social. Na esteira da jurisprudência, a decisão final no processo administrativo-fiscal é condição objetiva de punibilidade, não sendo possível o oferecimento da denúncia em momento anterior:

---

245 Cfe. Idem, p. 111.

HABEAS CORPUS. CRIME CONTRA A ORDEM TRIBUTÁRIA. PROCEDIMENTO INVESTIGATIVO QUE APURA AUTOS DE INFRAÇÕES PENDENTES DE RECURSO ADMINISTRATIVO E JÁ INSCRITOS EM DÍVIDA ATIVA. TRANCAMENTO DE INQUÉRITO POLICIAL. POSSIBILIDADE EM RELAÇÃO AOS CRÉDITOS NÃO CONSTITUÍDOS DEFINITIVAMENTE. PRECEDENTE DA TERCEIRA SEÇÃO. ALEGAÇÃO DE PARCELAMENTO DA DÍVIDA. DILAÇÃO PROBATÓRIA. INADEQUAÇÃO DA VIA. ORDEM PARCIALMENTE CONCEDIDA.

1. Segundo orientação do Plenário do Supremo Tribunal Federal (HC 81.611/DF), a decisão definitiva do processo administrativo-fiscal constitui condição objetiva de punibilidade, consistindo elemento fundamental à exigibilidade da obrigação tributária, tendo em vista que os crimes previstos no art. 1º da Lei 8.137/90 são materiais ou de resultado.

2. Consoante posicionamento da Terceira Seção (Rcl 1.985/RJ), deve ser reconhecida a ausência de justa causa para a instauração de inquérito policial na pendência de recurso na esfera administrativa, por inexistir lançamento definitivo do débito fiscal. Precedentes do Supremo Tribunal Federal (HC 83.353-5 e 86.120-2).

3. Hipótese em que diversos autos de infração foram lavrados contra a pessoa jurídica que vincula o paciente, dos quais dois já tem os respectivos créditos tributários constituídos definitivamente, porquanto já inscritos em dívida ativa, passíveis, portanto, de investigação, já que patente a materialidade delitiva [...][246]

A Lei nº 9.983/00 alterou ainda os artigos 153, 296, 297, 325 e 327 do Código Penal, conforme abaixo:

Divulgação de segredo

Art. 153. Divulgar alguém, sem justa causa, conteúdo de documento particular ou de correspondência confidencial, de que é destinatário ou detentor, e cuja divulgação possa produzir dano a outrem:

Pena – detenção, de 1 (um) a 6 (seis) meses, ou multa.

§ 1º Somente se procede mediante representação. (Parágrafo único renumerado pela Lei nº 9.983, de 2000)

§ 1º-A. Divulgar, sem justa causa, informações sigilosas ou reservadas, assim definidas em lei, contidas ou não nos sistemas de informações ou banco de dados da Administração Pública: (Incluído pela Lei nº 9.983, de 2000)

Pena – detenção, de 1 (um) a 4 (quatro) anos, e multa. (Incluído pela Lei nº 9.983, de 2000)

§ 2º Quando resultar prejuízo para a Administração Pública, a ação penal será incondicionada. (Incluído pela Lei nº 9.983, de 2000)

[246] STJ, HC nº 77424, *DJ* 22 set. 2008.

A previdência social tem vários sistemas de informações, sendo o mais importante o CNIS. A simples divulgação de informações sigilosas contidas no CNIS – ou em qualquer outro sistema –, independentemente de causar prejuízo ou não para a previdência social, configura o tipo descrito no § 1º-A.

> Falsificação do selo ou sinal público
>
> Art. 296. Falsificar, fabricando-os ou alterando-os:
>
> I – selo público destinado a autenticar atos oficiais da União, de Estado ou de Município;
>
> II – selo ou sinal atribuído por lei a entidade de direito público, ou a autoridade, ou sinal público de tabelião:
>
> Pena – reclusão, de 2 (dois) a 6 (seis) anos, e multa.
>
> § 1º Incorre nas mesmas penas:
>
> I – quem faz uso do selo ou sinal falsificado;
>
> II – quem utiliza indevidamente o selo ou sinal verdadeiro em prejuízo de outrem ou em proveito próprio ou alheio;
>
> III – quem altera, falsifica ou faz uso indevido de marcas, logotipos, siglas ou quaisquer outros símbolos utilizados ou identificadores de órgãos ou entidades da Administração Pública. (Incluído pela Lei nº 9.983, de 2000)
>
> § 2º Se o agente é funcionário público, e comete o crime prevalecendo-se do cargo, aumenta-se a pena de sexta parte.

A previdência social tem um símbolo próprio.[247] Qualquer das condutas previstas no inciso III acima envolvendo esse símbolo está abarcada pelo tipo.

> Falsificação de documento público
>
> Art. 297. Falsificar, no todo ou em parte, documento público, ou alterar documento público verdadeiro:
>
> Pena – reclusão, de 2 (dois) a 6 (seis) anos, e multa.
>
> § 1º Se o agente é funcionário público, e comete o crime prevalecendo-se do cargo, aumenta-se a pena de sexta parte.
>
> § 2º Para os efeitos penais, equiparam-se a documento público o emanado de entidade paraestatal, o título ao portador ou transmissível por endosso, as ações de sociedade comercial, os livros mercantis e o testamento particular.
>
> § 3º Nas mesmas penas incorre quem insere ou faz inserir: (Incluído pela Lei nº 9.983, de 2000)

247

I – na folha de pagamento ou em documento de informações que seja destinado a fazer prova perante a previdência social, pessoa que não possua a qualidade de segurado obrigatório; (Incluído pela Lei nº 9.983, de 2000)

II – na Carteira de Trabalho e Previdência Social do empregado ou em documento que deva produzir efeito perante a previdência social, declaração falsa ou diversa da que deveria ter sido escrita; (Incluído pela Lei nº 9.983, de 2000)

III – em documento contábil ou em qualquer outro documento relacionado com as obrigações da empresa perante a previdência social, declaração falsa ou diversa da que deveria ter constado. (Incluído pela Lei nº 9.983, de 2000)

§ 4º Nas mesmas penas incorre quem omite, nos documentos mencionados no § 3º, nome do segurado e seus dados pessoais, a remuneração, a vigência do contrato de trabalho ou de prestação de serviços. (Incluído pela Lei nº 9.983, de 2000)

Como veremos, a comprovação de tempo de serviço perante a previdência social deve basear-se em início de prova material. Esses documentos são fundamentais para comprovação do vínculo do segurado. A alteração legislativa teve por objetivo resguardar a autenticidade desses documentos.

A respeito da competência para julgamento da ação, veja-se a Súmula 62 do Superior Tribunal de Justiça:

Compete à Justiça Estadual processar e julgar o crime de falsa anotação na Carteira de Trabalho e Previdência Social, atribuído à empresa privada.

Nesse ponto, concordamos com Douglas Fischer no sentido de que "quando houver a inserção de dados ideologicamente falsos na CPTS ou mesmo a falsificação material (conduta não abarcada pelo comando sumulado, é verdade, mas que merece exame conjunto, porque a solução sistêmica é a mesma), tanto pela ótica do art. 299 ou pela (atual redação) do art. 297, §§ 3º e 4º, ambos do CP, a competência será federal porque a conduta preenche o comando normativo do inciso IV do art. 109 da Constituição Federal".[248, 249]

Recentemente, o Superior Tribunal de Justiça decidiu nesse sentido:

CONFLITO NEGATIVO DE COMPETÊNCIA. FALSIFICAÇÃO DE DOCUMENTO PÚBLICO E SONEGAÇÃO DE CONTRIBUIÇÃO PREVIDENCIÁRIA. INTERESSE DO INSS E DA UNIÃO. CONEXÃO DE CRIMES DE COMPETÊNCIA FEDERAL E ESTADUAL. COMPETE À JUSTIÇA FEDERAL O PROCESSO E JULGAMENTO UNIFICADO DOS

---

[248] O equívoco da Súmula 62 do STJ: anotação falsa ou omissão de anotação em CTPS é crime de competência federal, p. 2.

[249] Art. 109. Aos juízes federais compete processar e julgar: IV – os crimes políticos e as infrações penais praticadas em detrimento de bens, serviços ou interesse da União ou de suas entidades autárquicas ou empresas públicas, excluídas as contravenções e ressalvada a competência da Justiça Militar e da Justiça Eleitoral.

CRIMES CONEXOS. SÚMULA 122 DESTE SUPERIOR TRIBUNAL DE JUSTIÇA. COMPETÊNCIA DA JUSTIÇA FEDERAL.

1. O risco de fraude em detrimento do erário evidencia o interesse do INSS e da União na ação penal.

2. Em se tratando de conexão entre crimes de competência federal e estadual, a competência será da Justiça Federal por força da Súmula 122 do STJ. Segundo esta, "Compete à Justiça Federal o processo e julgamento unificado dos crimes conexos de competência federal e estadual, [...]".

3. Conflito negativo de competência conhecido para declarar competente o Juízo da 2ª Vara Federal, da Seção Judiciária de Uberaba/MG, ora suscitado.[250]

Violação de sigilo funcional

Art. 325. Revelar fato de que tem ciência em razão do cargo e que deva permanecer em segredo, ou facilitar-lhe a revelação:

Pena – detenção, de 6 (seis) meses a 2 (dois) anos, ou multa, se o fato não constitui crime mais grave.

§ 1º Nas mesmas penas deste artigo incorre quem: (Incluído pela Lei nº 9.983, de 2000)

I – permite ou facilita, mediante atribuição, fornecimento e empréstimo de senha ou qualquer outra forma, o acesso de pessoas não autorizadas a sistemas de informações ou banco de dados da Administração Pública; (Incluído pela Lei nº 9.983, de 2000)

II – se utiliza, indevidamente, do acesso restrito. (Incluído pela Lei nº 9.983, de 2000)

§ 2º Se da ação ou omissão resulta dano à Administração Pública ou a outrem: (Incluído pela Lei nº 9.983, de 2000)

Pena – reclusão, de 2 (dois) a 6 (seis) anos, e multa. (Incluído pela Lei nº 9.983, de 2000)

Funcionário público

Art. 327. Considera-se funcionário público, para os efeitos penais, quem, embora transitoriamente ou sem remuneração, exerce cargo, emprego ou função pública.

§ 1º Equipara-se a funcionário público quem exerce cargo, emprego ou função em entidade paraestatal, e quem trabalha para empresa prestadora de serviço contratada ou conveniada para a execução de atividade típica da Administração Pública. (Incluído pela Lei nº 9.983, de 2000)

§ 2º A pena será aumentada da terça parte quando os autores dos crimes previstos neste Capítulo forem ocupantes de cargos em comissão ou de função de direção ou assessoramento de órgão da administração direta, sociedade de economia mista, empresa pública ou fundação instituída pelo poder público. (Incluído pela Lei nº 6.799, de 1980)

A Lei nº 9.983/00 ampliou, ainda mais, o conceito de funcionário público para fins penais. E com razão. A contratação de empresas tercerizadas, embora

---

[250] STJ, CC nº 90396, *DJ* 29 maio 2008.

não recomendável, é prática presente em quase toda Administração Pública e na previdência social não é diferente. Muitos desses trabalhadores têm acesso a sistemas de informações e realizam atividades típicas dos servidores efetivos, o que legitima sua equiparação.

Em face dessas alterações, não existem mais crimes previdenciários tipificados na Lei nº 8.212/91, pois todos estão inseridos no Código Penal. Melhor assim, pois estes seguem o regime jurídico dos delitos e não do custeio da seguridade social.

A legislação tributária acabou por considerar a adesão a parcelamento como causa de suspensão da pretensão punitiva do Estado e o pagamento do tributo como causa de extinção da punibilidade, desde que efetuados antes do recebimento da denúncia, tal como previsto no artigo 15 da Lei nº 9.964/00, nestes termos:

> Art. 15. É suspensa a pretensão punitiva do Estado, referente aos crimes previstos nos arts. 1º e 2º da Lei nº 8.137, de 27 de dezembro de 1990, e no art. 95 da Lei nº 8.212, de 24 de julho de 1991, durante o período em que a pessoa jurídica relacionada com o agente dos aludidos crimes estiver incluída no Refis, desde que a inclusão no referido Programa tenha ocorrido antes do recebimento da denúncia criminal.

A regra foi repetida no artigo 9º da Lei nº 10.684/03:

> Art. 9º É suspensa a pretensão punitiva do Estado, referente aos crimes previstos nos arts. 1º e 2º da Lei nº 8.137, de 27 de dezembro de 1990, e nos arts. 168A e 337A do Decreto-Lei nº 2.848, de 7 de dezembro de 1940 – Código Penal, durante o período em que a pessoa jurídica relacionada com o agente dos aludidos crimes estiver incluída no regime de parcelamento.
>
> § 1º A prescrição criminal não corre durante o período de suspensão da pretensão punitiva.
>
> § 2º Extingue-se a punibilidade dos crimes referidos neste artigo quando a pessoa jurídica relacionada com o agente efetuar o pagamento integral dos débitos oriundos de tributos e contribuições sociais, inclusive acessórios.

O Supremo Tribunal Federal tem considerado constitucional a inovação:

> DENÚNCIA – PARÂMETROS. Contendo a denúncia dados viabilizadores do exercício do direito de defesa, com exposição do fato criminoso e das circunstâncias em que ocorrido, descabe cogitar de inépcia. CRIME TRIBUTÁRIO – CONTRIBUIÇÕES PREVIDENCIÁRIAS – APROPRIAÇÃO – ADESÃO AO PROGRAMA DE RECUPERAÇÃO FISCAL – REFIS – ALCANCE. A adesão ao Programa de Recuperação Fiscal – Refis não implica a novação, ou seja, a extinção da obrigação, mas mero parcelamento. Daí a harmonia com a Carta da República preceito a revelar a simples suspensão da pretensão punitiva do Estado, ficando a extinção do crime sujeita ao pagamento integral do débito – artigo 9º da Lei nº 10.684/2003.[251]

---

[251] STF, RHC 89618, *DJ* 9 mar. 2007.

Restou com vigência apenas o § 2º do artigo 95 da Lei nº 8.212/91, nestes termos:

> § 2º A empresa que transgredir as normas desta Lei, além das outras sanções previstas, sujeitar-se-á, nas condições em que dispuser o regulamento:
> a) à suspensão de empréstimos e financiamentos, por instituições financeiras oficiais;
> b) à revisão de incentivos fiscais de tratamento tributário especial;
> c) à inabilitação para licitar e contratar com qualquer órgão ou entidade da administração pública direta ou indireta federal, estadual, do Distrito Federal ou municipal;
> d) à interdição para o exercício do comércio, se for sociedade mercantil ou comerciante individual;
> e) à desqualificação para impetrar concordata;
> f) à cassação de autorização para funcionar no país, quando for o caso.

O regulamento, entretanto, limitou-se a repetir os termos da lei. Em função do princípio da reserva legal e tendo em vista a gravidade das sanções impostas, dúvidas fundadas há no sentido da legitimidade do regulamento dispor a respeito. A norma legal, entretanto, é autoaplicável, devendo a dosimetria da sanção ser efetuada pela autoridade administrativa, observado o princípio da proporcionalidade.

14.2.9 Equilíbrio atuarial

O artigo 96 da Lei nº 8.212/91 determina ao Poder Executivo que envie ao Congresso Nacional, anualmente, acompanhando a proposta orçamentária da seguridade social, projeções atuariais relativas à seguridade social, abrangendo um horizonte temporal de, no mínimo, 20 anos, considerando hipóteses alternativas quanto às variáveis demográficas, econômicas e institucionais relevantes.

A necessidade de equilíbrio atuarial faz-se presente em qualquer sistema de seguridade social. Nosso sistema não ficou atrás da tradição internacional e previu, de forma expressa, no artigo 195, § 5º, da Constituição Federal, essa obrigação, por meio da regra da contrapartida, já estudada por nós.

O princípio da solidariedade contributiva, ao determinar que toda a sociedade deve contribuir para a seguridade social, atende à necessidade de manutenção do equilíbrio atuarial do sistema.

14.2.10 Reajustes dos valores da lei

Os valores expressos em moeda na Lei nº 8.212/91 devem ser reajustados nas mesmas épocas e com os mesmos índices utilizados para o reajustamento dos benefícios de prestação continuada da previdência social, como determina o artigo 102 daquela lei. Hodiernamente, o reajuste dos benefícios previdenciários ocorre na mesma data de reajuste do salário-mínimo, como determinado pelo artigo 41-A da Lei nº 8.213/91.

Por força de inovação decorrente da Lei nº 11.941/09, o disposto neste artigo 102 não se aplica às penalidades previstas no artigo 32-A, ou seja, o reajuste da multa pela não apresentação do documento previsto naquele artigo não está vinculado ao índice de reajuste dos benefícios previdenciários.

- 14. Das disposições finais e transitórias
  - 14.1 Da modernização da Previdência Social
  - 14.2 Das demais disposições

- 14.1 Da modernização da Previdência Social
  - 14.1.1 Cadastros de informações sociais
    - Decreto nº 97.936/89, modificado pelo Decreto nº 99.378/90 – implantação do Cadastro Nacional de Informações Sociais – CNIS (principal cadastro de informações sociais do país).
    - Bases principais de dados:
      1. CADASTRO DE TRABALHADORES
      2. CADASTRO DE EMPREGADORES
      3. CADASTRO DE VÍNCULOS EMPREGATÍCIOS/ REMUNERAÇÕES DO TRABALHADOR EMPREGADO E RECOLHIMENTOS DO CONTRIBUINTE INDIVIDUAL
      4. AGREGADOS DE VÍNCULOS EMPREGATÍCIOS/ REMUNERAÇÕES POR ESTABELECIMENTO EMPREGADOR
    - NIT – Número de Identificação do Trabalhador – identificação do beneficiário – único, pessoal e intransferível.
  - 14.1.2 Outras disposições relativas a dados cadastrais
    - Titular do Cartório de Registro Civil de Pessoas Naturais – obrigação de comunicar ao INSS o registro dos óbitos ocorridos no mês imediatamente anterior. Ausência de comunicação – multa.
    - Finalidade – cancelamento dos pagamentos, a partir da data do falecimento dos beneficiários identificados na comunicação do registro civil.
    - Recenseamento previdenciário – no mínimo a cada 5 anos – abrangendo todos os aposentados e pensionistas. Finalidade – prevenir irregularidades e falhas no sistema.
  - 14.1.3 Normas gerais relativas a pagamentos de benefícios
    - Beneficiários aposentados por invalidez – obrigação, sob pena de sustação do pagamento do benefício: exames médico-periciais a cargo da previdência social a cada dois anos.
    - INSS deverá rever os benefícios – mesmo concedidos judicialmente – para avaliar a persistência, atenuação ou agravamento da incapacidade para o trabalho alegada como causa para a sua concessão.
  - 14.1.4 Outras normas relativas à modernização da previdência social
    - Necessidade de realização de auditorias permanentes – apreciação pelo Conselho Nacional de Previdência Social.
    - Instituição de programa de qualificação e treinamento sistemático de pessoal.
    - Promoção da reciclagem e redistribuição de funcionários – melhoria da qualidade do atendimento e o controle e a eficiência dos sistemas de pagamento de benefícios.
  - 14.1.5 Da lista de devedores
    - Transparência administrativa.
    - Responsabilidade da Procuradoria-Geral da Fazenda Nacional.

14.2 Das demais disposições

14.2.1 Acordos internacionais

Tratados, convenções e outros acordos internacionais – lei especial.

Importância – reciprocidade de proteção previdenciária.

Objetivo principal – garantir os direitos de seguridade social previstos nas legislações dos dois países aos respectivos trabalhadores e dependentes legais, residentes ou em trânsito no país.

14.2.2 Contribuições das pessoas políticas

Orçamentos das pessoas jurídicas de direito público e das entidades da administração pública indireta – necessidade de consignar as dotações necessárias ao pagamento das contribuições da seguridade social, de modo a assegurar a sua regular liquidação dentro do exercício.

14.2.3 Prescrição em favor da seguridade social

Prazos de prescrição de que goza a União aplicam-se à seguridade social.

14.2.4 Restituição e compensação de contribuições arrecadadas

Hipótese – pagamento ou recolhimento indevido ou maior que o devido, nos termos e condições estabelecidos pela Secretaria da Receita Federal do Brasil.

Incidência da SELIC até o mês anterior ao da compensação ou restituição de 1% relativamente ao mês em que estiver sendo efetuada.

Havendo débito em nome do sujeito passivo (mesmo que parcelado) – valor da restituição será utilizado para extingui-lo, total ou parcialmente, mediante compensação em procedimento de ofício.

STJ, Súmula 162. Na repetição de indébito tributário, a correção monetária incide a partir do pagamento indevido.

Lei nº 8.383/91, art. 66, § 1º. A compensação só poderá ser efetuada entre tributos, contribuições e receitas da mesma espécie – essa exigência não impossibilita a compensação entre tributo e multa.

Impossibilidade de antecipar pagamento de contribuições para efeito de recebimento de benefício – inexistência de fato gerador.

14.2.5 Créditos da seguridade social contra a União

Conselho Nacional da Seguridade Social – obrigação de adotar as providências necessárias ao levantamento das dívidas da União para com a seguridade social. CNSS – extinção. Obrigação não cumprida.

14.2 Das demais disposições

14.2.6 Multa por infração a dispositivo da Lei nº 8.212/91

Lei nº 8.212/91, art. 92 – multa de caráter geral (a infração de qualquer dispositivo desta lei para a qual não haja penalidade expressamente cominada sujeita o responsável, conforme a gravidade da infração, à multa variável conforme dispuser o regulamento).

Fixação dos limites mínimo e máximo – lei.

Graduação entre os limites – decreto.

STJ – legitimidade da multa geral sem violação ao princípio da legalidade – regra de encerramento.

14.2.7 Contribuição de terceiros

Secretaria da Receita Federal do Brasil utiliza sua estrutura administrativa para arrecadar e fiscalizar, mediante remuneração, contribuição por lei devida a terceiros.

14.2.8 Crimes previdenciários

Redação original – art. 95, Lei nº 8.212/91 (violação ao princípio *nullum crimen, nulla poena sine lege* – vários crimes sem penas).

Lei nº 9.983/00 – revogação do art. 95 da Lei nº 8.212/91.

Inserção dos tipos no Código Penal:

– Apropriação indébita previdenciária

– Inserção de dados falsos em sistema de informações

– Modificação ou alteração não autorizada de sistema de informações

– Sonegação de contribuição previdenciária

Alteração do tipo:

– Divulgação de segredo

– Falsificação do selo ou sinal público

– Falsificação de documento público

– Violação de sigilo funcional

– Conceito de funcionário público

Adesão a parcelamento – causa de suspensão da pretensão punitiva do Estado

Pagamento do tributo – causa de extinção da punibilidade.

(desde que efetuados antes do recebimento da denúncia)

14.2.9 Equilíbrio atuarial

Poder Executivo deve enviar ao Congresso Nacional, anualmente, projeções atuariais relativas à seguridade social.

14.2.10 Reajustes dos valores da lei

Nas mesmas épocas e com os mesmos índices utilizados para o reajustamento dos benefícios de prestação continuada da previdência social.

PARTE III

PREVIDÊNCIA SOCIAL

4 Plano de Benefícios da Previdência Social

1 Da finalidade e dos princípios básicos da previdência social

1.1 Da finalidade da previdência social

Já vimos o conceito de previdência social no início deste livro. Cabe lembrar que, nos termos do artigo 201 da Constituição Federal, a previdência social será organizada sob a forma de regime geral, de caráter contributivo e de filiação obrigatória, observados critérios que preservem o equilíbrio financeiro e atuarial, e atenderá, nos termos da lei, a:

I – cobertura dos eventos de doença, invalidez, morte e idade avançada;

II – proteção à maternidade, especialmente à gestante;

III – proteção ao trabalhador em situação de desemprego involuntário;

IV – salário-família e auxílio-reclusão para os dependentes dos segurados de baixa renda;

V – pensão por morte do segurado, homem ou mulher, ao cônjuge ou companheiro e dependentes.

Esses são os eventos, constitucionalmente eleitos, que podem levar a um estado de necessidade social que será superado por meio das prestações previdenciárias, expressas em benefícios e serviços, sem prejuízo do disposto no artigo 5º, § 2º, da Constituição Federal no sentido de que os direitos e garantias expressos na Constituição não excluem outros decorrentes do regime e dos princípios por ela adotados, ou dos tratados internacionais em que a República Federativa do Brasil seja parte.

Nesse contexto, o artigo 1º da Lei nº 8.213/91 veio dispor que a previdência social, mediante contribuição, tem por fim assegurar aos seus beneficiários meios indispensáveis de manutenção, por motivo de incapacidade, desemprego involuntário, idade avançada, tempo de serviço, encargos familiares e prisão ou morte daqueles de quem dependiam economicamente. Podia ter ido além, como autorizado pelo artigo 5º, § 2º, da Constituição Federal, mas ateve-se aos limites traçados no artigo 201 do mesmo Diploma.

1.2 Dos princípios básicos da previdência social

A previdência social rege-se pelos seguintes princípios e objetivos:

1. universalidade de participação nos planos previdenciários;
2. uniformidade e equivalência dos benefícios e serviços às populações urbanas e rurais;
3. seletividade e distributividade na prestação dos benefícios;
4. cálculo dos benefícios considerando-se os salários-de-contribuição corrigidos monetariamente;
5. irredutibilidade do valor dos benefícios de forma a preservar-lhes o poder aquisitivo;
6. valor da renda mensal dos benefícios substitutos do salário-de-contribuição ou do rendimento do trabalho do segurado não inferior ao do salário-mínimo;
7. previdência complementar facultativa, custeada por contribuição adicional;
8. caráter democrático e descentralizado da gestão administrativa, com a participação do governo e da comunidade, em especial de trabalhadores em atividade, empregadores e aposentados, nos três níveis de governo.

Note-se que, na verdade, aqueles enumerados nos itens 1, 2, 3, 5 e 8 são meras repetições dos princípios maiores da seguridade social arrolados no artigo 194, parágrafo único, da Constituição Federal e já estudados por nós. Cabe, agora, analisar os demais:

- cálculo dos benefícios considerando-se os salários-de-contribuição corrigidos monetariamente. Em períodos de inflação, a não correção dos salários-de-contribuição implica severa redução no valor do benefício, pois aqueles integram a base de cálculo deste, ainda mais considerando-

-se o fator previdenciário, como veremos adiante, que considera os salários-de-contribuição, em alguns casos, a partir de 1994. Esse princípio decorre de previsão constitucional expressa – CF/88, art. 201, § 3º;

- valor da renda mensal dos benefícios substitutos do salário-de-contribuição ou do rendimento do trabalho do segurado não inferior ao do salário-mínimo. No regime anterior a 1988, a forma de cálculo dos benefícios poderia implicar valor inferior ao do salário mínimo. Hoje não mais, por determinação constitucional – CF/88, art. 201, § 2º;
- previdência complementar facultativa, custeada por contribuição adicional. A previdência social ordinária tem por finalidade suprir necessidades básicas. Para além dessas, foi prevista a previdência complementar facultativa pública, custeada por meio de contribuição adicional; entretanto, por força da nova redação do artigo 201, § 7º, da Constituição Federal, conferida pela Emenda Constitucional nº 20/98, a previsão legal da previdência complementar pública, que nunca existiu, perdeu o sentido, restando, para os segurados do RGPS, apenas a previdência complementar privada. Voltaremos ao tema oportunamente.

1.3 Do CNPS

Os artigos 3º e seguintes da Lei nº 8.213/91 dispuseram sobre o Conselho Nacional de Previdência Social (CNPS), órgão superior de deliberação colegiada que tem as seguintes competências:

I – estabelecer diretrizes gerais e apreciar as decisões de políticas aplicáveis à previdência social;

II – participar, acompanhar e avaliar, sistematicamente, a gestão previdenciária;

III – apreciar e aprovar os planos e programas da previdência social;

IV – apreciar e aprovar as propostas orçamentárias da previdência social, antes de sua consolidação na proposta orçamentária da seguridade social;

V – acompanhar e apreciar, mediante relatórios gerenciais por ele definidos, a execução dos planos, programas e orçamentos no âmbito da previdência social;

VI – acompanhar a aplicação da legislação pertinente à previdência social;

VII – apreciar a prestação de contas anual a ser remetida ao Tribunal de Contas da União, podendo, se for necessário, contratar auditoria externa;

VIII – estabelecer os valores mínimos em litígio, acima dos quais será exigida a anuência prévia do Procurador-Geral ou do Presidente do INSS para formalização de desistência ou transigência judiciais;

IX – elaborar e aprovar seu regimento interno;

X – aprovar os critérios de arrecadação e de pagamento dos benefícios por intermédio da rede bancária ou por outras formas; e

XI – acompanhar e avaliar os trabalhos de implantação e manutenção do Cadastro Nacional de Informações Sociais.

O CNPS tem como membros, todos nomeados pelo Presidente da República:

I – seis representantes do Governo Federal; e

II – nove representantes da sociedade civil, sendo:

a) três representantes dos aposentados e pensionistas;

b) três representantes dos trabalhadores em atividade; e

c) três representantes dos empregadores.

O CNPS reúne-se ordinariamente uma vez por mês, por convocação de seu Presidente, podendo haver convocação extraordinária.

O artigo 296-A do Decreto nº 3.048/99 instituiu, como unidades descentralizadas do CNPS, Conselhos de Previdência Social (CPS), que funcionarão junto às Gerências-Executivas do INSS ou, na hipótese de haver mais de uma Gerência no mesmo Município, às Superintendências Regionais. Os CPS terão caráter consultivo e de assessoramento, competindo ao CNPS disciplinar os procedimentos para o seu funcionamento, suas competências, os critérios de seleção dos representantes da sociedade e o prazo de duração dos respectivos mandatos, além de estipular por resolução o regimento dos CPS.

Compete ao Ministério da Previdência Social proporcionar ao CNPS os meios necessários ao exercício de suas competências, para o que contará com uma Secretaria Executiva do CNPS.

Os órgãos governamentais devem prestar toda informação necessária ao adequado cumprimento das competências do CNPS, fornecendo inclusive estudos técnicos, e encaminhar àquele Conselho, com antecedência mínima de dois meses do seu envio ao Congresso Nacional, a proposta orçamentária da previdência social, devidamente detalhada.

1.4 Da Ouvidoria-Geral

O artigo 6º da Lei nº 8.213/91 instituiu a Ouvidoria-Geral, no âmbito da previdência social. Conforme a definição do Ministério da Previdência Social, a Ouvidoria-Geral é a instância administrativa responsável por acolher reclamações, denúncias, elogios, críticas e sugestões dos cidadãos quanto aos serviços e atendimento prestados. A Ouvidoria Previdenciária é a maior existente em administrações públicas da América do Sul, com uma média atual de 20 mil registros por mês.

O artigo 1º da Portaria MPS nº 5716/99 dispõe que, ao Ouvidor-Geral, atuando na defesa dos princípios de legalidade, legitimidade, impessoalidade, moralidade, economicidade, publicidade administrativa, bem como na defesa dos direitos e interesses individuais do cidadão-cliente, especialmente do usuário dos serviços da previdência social, incluindo o acompanhamento das reclamações contra atos e omissões cometidos pelos agentes integrantes dos órgãos e unidades da estrutura administrativa do respectivo Ministério, cabe:

I – receber as reclamações, sugestões ou representações relativas à prestação de serviços afetos à previdência social e adotar os procedimentos adequados;

II – receber denúncias de práticas de irregularidades e de atos de improbidade administrativa, envolvendo esses agentes, encaminhando-as para apuração;

III – dar conhecimento aos órgãos de direção superior da previdência social sobre reclamações a respeito das deficiências em suas respectivas áreas, para a adoção de medidas próprias destinadas a prevenir, reprimir e fazer cessarem práticas e condutas inadequadas de órgãos e servidores, melhorando a qualidade do serviço e do atendimento aos clientes;

IV – realizar, por iniciativa própria, inspeções e auditorias operacionais preparatórias, com a finalidade de apurar a procedência de reclamações ou denúncias que lhe forem dirigidas e recomendar ou indicar, quando cabível, a instauração de sindicância e processos administrativos aos órgãos competentes.

1. Da finalidade e dos princípios básicos da previdência social

1.1 Da finalidade da previdência social

Assegurar aos seus beneficiários meios indispensáveis de manutenção, por motivo de incapacidade, desemprego involuntário, idade avançada, tempo de serviço, encargos familiares e prisão ou morte daqueles de quem dependiam economicamente.

1.2 Dos princípios básicos da previdência social

1. universalidade de participação nos planos previdenciários;
2. uniformidade e equivalência dos benefícios e serviços às populações urbanas e rurais;
3. seletividade e distributividade na prestação dos benefícios;
4. cálculo dos benefícios considerando-se os salários-de-contribuição corrigidos monetariamente;
5. irredutibilidade do valor dos benefícios de forma a preservar-lhes o poder aquisitivo;
6. valor da renda mensal dos benefícios substitutos do salário-de-contribuição ou do rendimento do trabalho do segurado não inferior ao do salário-mínimo;
7. previdência complementar facultativa, custeada por contribuição adicional;
8. caráter democrático e descentralizado da gestão administrativa, com a participação do governo e da comunidade, em especial de trabalhadores em atividade, empregadores e aposentados, nos três níveis de governo.

1.3 Do CNPS

Conselho Nacional de Previdência Social – órgão superior de deliberação colegiada composto por representantes do Governo Federal; sociedade civil; aposentados e pensionistas; trabalhadores em atividade; e empregadores.

Unidades descentralizadas do CNPS – Conselhos de Previdência Social (CPS) – funcionamento nas Gerências-Executivas do INSS – caráter consultivo e de assessoramento.

1.4 Da Ouvidoria-Geral

Instância administrativa responsável por acolher reclamações, denúncias, elogios, críticas e sugestões dos cidadãos quanto aos serviços e atendimento prestados.

2 Do plano de benefícios da previdência social

2.1 Dos regimes de previdência social

No Brasil, não existe apenas um único regime de previdência social. Na verdade, são três espécies de regimes previdenciários existentes no país: os regimes próprios dos agentes públicos da União, Distrito Federal, Estados e Municípios; o regime geral de previdência social, administrado pelo INSS, dos trabalhadores em geral, excluídos do regime próprio – daí seu caráter residual;[1] e, por fim, o regime de previdência privada, nos termos do artigo 202 da Constituição Federal.

Os regimes próprios abarcam o regime jurídico único dos servidores civis da União; o regime dos militares, previsto no respectivo estatuto; os diversos regimes

[1] Não obstante o termo *residual*, o RGPS é o maior regime previdenciário do país.

instituídos pelos Estados, Distrito Federal e Municípios com fundamento no artigo 149, § 1º, da Constituição Federal e o plano de seguridade social dos congressistas, instituído pela Lei nº 9.506/97.

A Lei nº 9.717/98 dispõe sobre regras gerais para a organização e o funcionamento dos regimes próprios de previdência social dos servidores públicos da União, dos Estados, do Distrito Federal e dos Municípios, dos militares dos Estados e do Distrito Federal. O Supremo Tribunal Federal já posicionou-se no sentido da legitimidade da mesma, no seguinte julgado:

EMENTA: Ação direta de inconstitucionalidade. Lei Estadual nº 2.120/99. Alegação de que a Lei Estadual violou os arts. 25, §§ 1º e 4º, 40 e 195, *caput*, § 5º, da CF, ao indicar "os filhos solteiros, com idade até 24 anos e frequência a cursos superiores ou técnico de 2º grau como dependentes, para fins previdenciários, no Estado do Mato Grosso do Sul. 2. O art. 195, da CF, na redação da EC nº 20/98, estipula que nenhum benefício ou serviço de seguridade social poderá ser criado, majorado ou estendido sem a correspondente fonte de custeio total. A Lei nº 9.717/98 dispôs sobre regras gerais para a organização e funcionamento dos regimes próprios de previdência social dos servidores públicos da União, dos Estados, do Distrito Federal e dos Municípios, dos militares dos Estados e do Distrito Federal, dando outras providências. 3. No art. 5º, da Lei nº 9.717/98 dispõe que "os regimes próprios de previdência social dos servidores públicos da União, dos Estados, do Distrito Federal e dos Municípios, dos militares dos Estados, e do Distrito Federal, não poderão conceder benefícios distintos dos previstos no Regime Geral de Previdência Social, de que trata a Lei nº 8.213/91. 4. Extensão do benefício impugnada se fez sem qualquer previsão de correspondente fonte de custeio. A competência concorrente dos Estados em matéria previdenciária, não autoriza se desatendam os fundamentos básicos do sistema previdenciário, de origem constitucional. 5. Relevantes os fundamentos da inicial. Medida liminar deferida.[2]

A Lei nº 10.887/04, por sua vez, dispôs sobre a regulamentação da EC nº 41/03, referente ao regime próprio dos servidores públicos.

Nos termos do artigo 10, § 3º, do Decreto nº 3.048/99, o regime próprio deve assegurar, pelo menos, as aposentadorias e pensão por morte previstas no artigo 40 da Constituição Federal.

O regime geral de previdência social, nos termos do artigo 9º da Lei nº 8.213/91, garante a cobertura de todas as situações expressas no artigo 1º daquela lei, como visto acima, exceto a de desemprego voluntário, a qual é regulada

---

[2] STF, ADI nº 2311, *DJ* 7 jun. 2002.

pela Lei nº 7.998/90. Não obstante a regulação por lei especial, este não deixa de ser benefício previdenciário.

Ainda nos termos do artigo 9º da Lei nº 8.213/91, a previdência social compreende, além do RGPS, o regime público facultativo complementar de previdência social, o qual nunca foi instituído. Essa norma, entretanto, perdeu o sentido com a nova redação do artigo 201, § 7º, da Constituição Federal, conferida pela Emenda Constitucional nº 20/98, a qual revogou a redação anterior que previa sua instituição. Aos interessados, resta tão somente a previdência complementar privada.

Por fim, o terceiro regime previdenciário é constituído pela previdência complementar, regulada no artigo 202 da Constituição Federal e pelas Leis Complementares nºs 108 e 109/01. No Brasil, por expressa disposição constitucional, sempre será de natureza facultativa.

Jerônimo Jesus dos Santos, a respeito da previdência privada, ensina que "os planos previdenciários podem ser contratados de forma individual ou coletiva (averbados ou instituídos); e podem oferecer, juntos ou separadamente, os seguintes tipos básicos de benefícios: renda por sobrevivência; renda por invalidez; pensão por morte; pecúlio por morte; e pecúlio por invalidez".[3]

Regimes Previdenciários

RGPS – Regime Geral de Previdência Social art. 201, CF	RPPS – Regimes Próprios de Previdência Social – art. 40, CF		RPP – Regime de Previdência Privada – art. 202, CF
Trabalhadores da iniciativa privada e funcionários públicos celetistas	Servidores públicos estatutários – art. 149, § 1º, CF	Militares federais – art. 142, X, CF	Previdência Complementar
Obrigatório, público, nacional, teto de R$ 3.916,20	Obrigatório, público, esfera federal, estadual e municipal	Obrigatório, público, esfera federal, benefício definido = última remuneração	Facultativa, administrada por fundos de pensão abertos ou fechados
Administrado pelo INSS	Administrado pelos respectivos entes	Administrado pela União	Fiscalização pelo MPS (Fundos Fechados) ou MF (Fundos Abertos)
Repartição simples	Repartição simples ou capitalização	Repartição simples	Capitalização

[3] Cfe. *Previdência privada*, p. 581.

2. Do plano de benefícios da previdência social

2.1 Dos regimes de previdência social

RPPS – regimes próprios de previdência social dos servidores públicos efetivos da União, Distrito Federal, Estados e Municípios;

RGPS – regime geral de previdência social – INSS – trabalhadores em geral, excluídos do regime próprio;

RPP – regime de previdência privada (ou complementar).

3 Do regime geral de previdência social

3.1 Dos beneficiários

Os sujeitos ativos da relação jurídico-previdenciária são denominados beneficiários. Dividem-se em segurados e dependentes, conforme o artigo 10 e seguintes da Lei nº 8.213/91.

3.1.1 Dos segurados

Os segurados, como já vimos, dividem-se em obrigatórios e facultativos. São segurados obrigatórios da previdência social as seguintes pessoas físicas que exercem atividade remunerada sujeita à filiação obrigatória:

- os empregados;
- os trabalhadores avulsos;
- os empregados domésticos;
- os contribuintes individuais; e
- os segurados especiais.

São segurados facultativos os maiores de 16 anos que se filiarem ao regime geral de previdência social, mediante contribuição, desde que não incluídos nas categorias de segurados obrigatórios. A idade mínima de 16 anos decorre do disposto no artigo 7º, XXXIII, da Constituição Federal de 1988, na redação da Emenda Constitucional nº 20/98, a qual fixa nessa idade o limite mínimo para ingresso no mercado de trabalho. Ainda, por força do artigo 201, § 5º, da Carta Política, é vedada a filiação ao regime geral de previdência social, na qualidade de segurado facultativo, de pessoa participante de regime próprio de previdência.

3.1.2 Dos dependentes

Segundo o artigo 16 da Lei nº 8.213/91, há três classes de dependentes do segurado, a saber:

I – o cônjuge, a companheira, o companheiro e o filho não emancipado, de qualquer condição, menor de 21 anos ou inválido ou que tenha deficiência intelectual ou mental que o torne absoluta ou relativamente incapaz, assim declarado judicialmente;

II – os pais;

III – o irmão não emancipado, de qualquer condição, menor de 21 anos ou inválido ou que tenha deficiência intelectual ou mental que o torne absoluta ou relativamente incapaz, assim declarado judicialmente.

A relação de dependência no Direito Previdenciário não se confunde com o trato da mesma relação no Direito Civil, pois aquele tem regras próprias; por isso, em nada foi alterada a relação de dependência na previdência social pela modificação do Código Civil, em 2002, no sentido de por termo à menoridade aos 18 anos completos.

O Direito Previdenciário leva em consideração a dependência econômica das pessoas arroladas neste artigo 16 em relação ao segurado.

Na primeira classe, também denominada classe preferencial, encontra-se o cônjuge, a companheira, o companheiro e o filho não emancipado, de qualquer condição, menor de 21 anos ou inválido ou que tenha deficiência intelectual ou mental que o torne absoluta ou relativamente incapaz, assim declarado judicialmente.

O cônjuge perde a qualidade de dependente em face de separação judicial ou divórcio sem direito a alimentos, certidão de anulação de casamento, certidão de óbito ou sentença judicial, transitada em julgado, nos termos do artigo 17, § 2º, da Lei nº 8.213/91. Portanto, mesmo separado ou divorciado, mas com direito a alimentos, mantém a qualidade de dependente. Com relação à separação de fato, também deve ser adotado o critério da dependência econômica para fundamentar ou não a condição de dependente. Assim, se o segurado estava há anos separado de fato da esposa, mas esta dependia economicamente daquele, em caso de sua morte, a ex-esposa terá direito à pensão.

A respeito do assunto, o Superior Tribunal de Justiça editou a Súmula 336, segundo a qual "a mulher que renunciou aos alimentos na separação judicial tem direito à pensão previdenciária por morte do ex-marido, comprovada a necessidade econômica superveniente".

Considera-se companheira ou companheiro a pessoa que mantenha união estável com o segurado ou segurada. Segundo o artigo 16, § 6º, do Decreto nº 3.048/99, "união estável é aquela configurada na convivência pública, contínua e duradoura entre o homem e a mulher, estabelecida com intenção de constituição de família, observado o § 1º do art. 1.723 do Código Civil, instituído pela Lei nº 10.406, de 10 de janeiro de 2002". Este último, por sua vez, reza:

> Art. 1.723. É reconhecida como entidade familiar a união estável entre o homem e a mulher, configurada na convivência pública, contínua e duradoura e estabelecida com o objetivo de constituição de família.
>
> § 1º A união estável não se constituirá se ocorrerem os impedimentos do art. 1.521; não se aplicando a incidência do inciso VI no caso de a pessoa casada se achar separada de fato ou judicialmente.
>
> Por fim, dispõe o artigo 1.521 citado:
>
> Art. 1.521. Não podem casar:
>
> I – os ascendentes com os descendentes, seja o parentesco natural ou civil;
>
> II – os afins em linha reta;
>
> III – o adotante com quem foi cônjuge do adotado e o adotado com quem o foi do adotante;
>
> IV – os irmãos, unilaterais ou bilaterais, e demais colaterais, até o terceiro grau inclusive;
>
> V – o adotado com o filho do adotante;
>
> VI – as pessoas casadas;
>
> VII – o cônjuge sobrevivente com o condenado por homicídio ou tentativa de homicídio contra o seu consorte.

Da interpretação dos dispositivos legais invocados, surge a conclusão no sentido de que a união estável não se configura quando uma das partes está na constância do casamento, exceto, exclusivamente, se estiver separada de fato.

A matéria é tormentosa na jurisprudência.

O Superior Tribunal de Justiça, no julgamento do REsp nº 742685, decidiu:

> RECURSO ESPECIAL. PENSÃO PREVIDENCIÁRIA. PARTILHA DA PENSÃO ENTRE A VIÚVA E A CONCUBINA. COEXISTÊNCIA DE VÍNCULO CONJUGAL E A NÃO SEPARAÇÃO DE FATO DA ESPOSA. CONCUBINATO IMPURO DE LONGA DURAÇÃO.
>
> "Circunstâncias especiais reconhecidas em juízo". Possibilidade de geração de direitos e obrigações, máxime, no plano da assistência social. [...]
>
> Consta do voto condutor:
>
> [...] A jurisprudência tem reconhecido nesses casos a caracterização da sociedade de fato de concubino casado e não separado de fato da esposa. Neste sentido, reconhece que não se pode invocar o chamado concubinato adulterino. E, nessas hipóteses, o direito é reconhecido apenas em 50% (cinquenta por cento) da pensão instituída pelo

> falecido, como bem fê-lo a Autarquia, ao deferir, pela metade, a pensão deixada pelo ex-companheiro da ora apelante. [...] Afinal, cumpre repisar: o falecido era casado com a recorrente e dela não se separou, mas, concomitantemente, manteve relação amorosa com a recorrida, durante 30 anos, instituiu-a beneficiária da previdência social, abriu com ela conta conjunta em estabelecimento bancário. São esses fatos incontroversos, acertados em 1º e 2º graus. Ante uma situação de fato dessa ordem, que perdurou por 3 (três) décadas, de que se extrai o reconhecimento de efetiva *affectio societatis*, poderia o magistrado prostrar-se inerte, indiferente, apegado ao hermetismo dos textos legais, deslembrado do princípio de que, na aplicação da lei, há de se atender aos fins sociais? [...].[4]

O Supremo Tribunal Federal, entretanto, em sua primeira manifestação sobre a matéria, sufragou posição diversa:

> COMPANHEIRA E CONCUBINA – DISTINÇÃO. Sendo o Direito uma verdadeira ciência, impossível é confundir institutos, expressões e vocábulos, sob pena de prevalecer a babel. UNIÃO ESTÁVEL – PROTEÇÃO DO ESTADO. A proteção do Estado à união estável alcança apenas as situações legítimas e nestas não está incluído o concubinato. PENSÃO – SERVIDOR PÚBLICO – MULHER – CONCUBINA – DIREITO. A titularidade da pensão decorrente do falecimento de servidor público pressupõe vínculo agasalhado pelo ordenamento jurídico, mostrando-se impróprio o implemento de divisão a beneficiar, em detrimento da família, a concubina.
>
> Consta do voto condutor: "sob o ângulo da busca a qualquer preço da almejada justiça, sob o ângulo estritamente leigo, não merece crítica o raciocínio desenvolvido. Entrementes, a atuação do Judiciário é vinculada ao Direito posto. Surgem óbices à manutenção do que decidido, a partir da Carta Federal. [...] O reconhecimento da união estável pressupõe possibilidade de conversão em casamento. [...] Abandonem a tentação de implementar o que poderia ser tida como uma justiça salomônica, porquanto a segurança jurídica pressupõe o respeito às balizas legais, a obediência irrestrita às balizas constitucionais. No caso, vislumbrou-se união estável quando, na verdade, verificado simples concubinado, conforme pedagogicamente previsto no artigo 1.727 do Código Civil: "Art. 1.727. As relações não eventuais entre o homem e a mulher, impedidos de casar, constituem concubinato." O concubinato não se iguala à união estável referida no texto constitucional, no que esta acaba fazendo as vezes, em termos de consequências. Gera, quando muito, a denominada sociedade de fato. Tenho como infringido pela Corte de origem o § 3º do artigo 226 da Constituição Federal. [...].[5]

O argumento de que a união estável pressupõe possibilidade de conversão em casamento, conforme, aliás, expressamente disposto no artigo 1.726 do Código

---

4 STJ, *DJ* 5 set. 2005.

5 STF, RE nº 397762, *DJ* 11 set. 2008. No mesmo sentido: STJ, REsp nº 674176, j. 17.3.09.

Civil,[6] aliado ao impedimento previsto no artigo 1.521, VI, do mesmo Codex, qual seja, a proibição de pessoas casadas novamente casarem, nos leva a acompanhar a posição do Supremo Tribunal Federal.

Veja-se que a novel legislação não exige mais prazo mínimo para a configuração da união estável.

Os companheiros homossexuais também são considerados dependentes para fins previdenciários. O INSS reconheceu essa condição por meio da IN nº 25/00, publicada em face do decidido na Ação Civil Pública nº 2000.71.00.009347-0, com efeitos nacionais, de lavra da Juíza Federal Simone Barbisan Fortes, confirmada pelo Tribunal Regional Federal da 4ª Região, em julgado assim ementado:

> CONSTITUCIONAL. PREVIDENCIÁRIO. PROCESSO CIVIL. AÇÃO CIVIL PÚBLICA. CABIMENTO. MINISTÉRIO PÚBLICO. LEGITIMIDADE. ABRANGÊNCIA NACIONAL DA DECISÃO. HOMOSSEXUAIS. INSCRIÇÃO DE COMPANHEIROS COMO DEPENDENTES NO REGIME GERAL DE PREVIDÊNCIA SOCIAL.
>
> 1. Possui legitimidade ativa o Ministério Público Federal em se tratando de ação civil pública que objetiva a proteção de interesses difusos e a defesa de direitos individuais homogêneos. 2. Às ações coletivas não se nega a possibilidade de declaração de inconstitucionalidade *incidenter tantum,* de lei ou ato normativo federal ou local. 3. A regra do art. 16 da Lei nº 7.347/85 deve ser interpretada em sintonia com os preceitos contidos na Lei nº 8.078/90 (Código de Defesa do Consumidor), entendendo-se que *os limites da competência territorial do órgão prolator*, de que fala o referido dispositivo, não são aqueles fixados na regra de organização judiciária, mas sim, aqueles previstos no art. 93 do CDC. 4. Tratando-se de dano de âmbito nacional, a competência será do foro de qualquer das capitais ou do Distrito Federal, e a sentença produzirá os seus efeitos sobre toda a área prejudicada. 5. O princípio da dignidade humana veicula parâmetros essenciais que devem ser necessariamente observados por todos os órgãos estatais em suas respectivas esferas de atuação, atuando como elemento estrutural dos próprios direitos fundamentais assegurados na Constituição. 6. A exclusão dos benefícios previdenciários, em razão da orientação sexual, além de discriminatória, retira da proteção estatal pessoas que, por imperativo constitucional, deveriam encontrar-se por ela abrangidas. 7. Ventilar-se a possibilidade de desrespeito ou prejuízo a alguém, em função de sua orientação sexual, seria dispensar tratamento indigno ao ser humano. Não se pode, simplesmente, ignorar a condição pessoal do indivíduo, legitimamente constitutiva de sua identidade pessoal (na qual, sem sombra de dúvida, se inclui a orientação sexual), como se tal aspecto não tivesse relação com a dignidade humana. 8. As noções de casamento e amor vêm mudando ao longo da história ocidental, assumindo contornos e formas de manifestação e institucionalização plurívocos e multifacetados, que num movimento de transformação permanente

---

[6] Art. 1.726. A união estável poderá converter-se em casamento, mediante pedido dos companheiros ao juiz e assento no Registro Civil.

colocam homens e mulheres em face de distintas possibilidades de materialização das trocas afetivas e sexuais. 9. A aceitação das uniões homossexuais é um fenômeno mundial – em alguns países de forma mais implícita – com o alargamento da compreensão do conceito de família dentro das regras já existentes; em outros de maneira explícita, com a modificação do ordenamento jurídico feita de modo a abarcar legalmente a união afetiva entre pessoas do mesmo sexo. 10. O Poder Judiciário não pode se fechar às transformações sociais, que, pela sua própria dinâmica, muitas vezes se antecipam às modificações legislativas. 11. Uma vez reconhecida, numa interpretação dos princípios norteadores da constituição pátria, a união entre homossexuais como possível de ser abarcada dentro do conceito de entidade familiar e afastados quaisquer impedimentos de natureza atuarial, deve a relação da Previdência para com os casais de mesmo sexo dar-se nos mesmos moldes das uniões estáveis entre heterossexuais, devendo ser exigido dos primeiros o mesmo que se exige dos segundos para fins de comprovação do vínculo afetivo e dependência econômica presumida entre os casais (art. 16, I, da Lei nº 8.213/91), quando do processamento dos pedidos de pensão por morte e auxílio-reclusão.[7]

Não obstante o Superior Tribunal de Justiça trilhar mesmo entendimento com relação ao mérito,[8] mantém posição pacífica no sentido da ilegitimidade do Ministério Público Federal para tutelar direitos previdenciários,[9] o que levaria à extinção da ação; entretanto, por iniciativa sua, a Previdência Social decidiu que "no âmbito do Regime Geral de Previdência Social a união estável abrange pes-

---

[7] TRF4, *DJ* 10 ago. 2005.

[8] STJ, REsp nº 820475, *DJ* 6 out. 2008. PROCESSO CIVIL. AÇÃO DECLARATÓRIA DE UNIÃO HOMOAFETIVA. PRINCÍPIO DA IDENTIDADE FÍSICA DO JUIZ. OFENSA NÃO CARACTERIZADA AO ARTIGO 132, DO CPC. POSSIBILIDADE JURÍDICA DO PEDIDO. ARTIGOS 1º DA LEI 9.278/96 E 1.723 E 1.724 DO CÓDIGO CIVIL. ALEGAÇÃO DE LACUNA LEGISLATIVA. POSSIBILIDADE DE EMPREGO DA ANALOGIA COMO MÉTODO INTEGRATIVO. [...] 3. A despeito da controvérsia em relação à matéria de fundo, o fato é que, para a hipótese em apreço, onde se pretende a declaração de união homoafetiva, não existe vedação legal para o prosseguimento do feito.

4. Os dispositivos legais limitam-se a estabelecer a possibilidade de união estável entre homem e mulher, dês que preencham as condições impostas pela lei, quais sejam, convivência pública, duradoura e contínua, sem, contudo, proibir a união entre dois homens ou duas mulheres. Poderia o legislador, caso desejasse, utilizar expressão restritiva, de modo a impedir que a união entre pessoas de idêntico sexo ficasse definitivamente excluída da abrangência legal. Contudo, assim não procedeu.

5. É possível, portanto, que o magistrado de primeiro grau entenda existir lacuna legislativa, uma vez que a matéria, conquanto derive de situação fática conhecida de todos, ainda não foi expressamente regulada.

6. Ao julgador é vedado eximir-se de prestar jurisdição sob o argumento de ausência de previsão legal. Admite-se, se for o caso, a integração mediante o uso da analogia, a fim de alcançar casos não expressamente contemplados, mas cuja essência coincida com outros tratados pelo legislador.

5. Recurso especial conhecido e provido.

[9] STJ, Resp nº 766541, *DJe* 22 mar. 2010.

soas do mesmo sexo",[10] antes mesmo da decisão no mesmo sentido do Supremo Tribunal Federal.[11]

---

[10] Portaria MPS nº 513/2010, *DOU* 10 dez. 2010.

[11] STF, RE nº 477554 AgR, *DJe* 26 ago. 2011. UNIÃO CIVIL ENTRE PESSOAS DO MESMO SEXO – ALTA RELEVÂNCIA SOCIAL E JURÍDICO-CONSTITUCIONAL DA QUESTÃO PERTINENTE ÀS UNIÕES HOMOAFETIVAS – LEGITIMIDADE CONSTITUCIONAL DO RECONHECIMENTO E QUALIFICAÇÃO DA UNIÃO ESTÁVEL HOMOAFETIVA COMO ENTIDADE FAMILIAR: POSIÇÃO CONSAGRADA NA JURISPRUDÊNCIA DO SUPREMO TRIBUNAL FEDERAL (ADPF 132/RJ E ADI 4.277/DF) – O AFETO COMO VALOR JURÍDICO IMPREGNADO DE NATUREZA CONSTITUCIONAL: A VALORIZAÇÃO DESSE NOVO PARADIGMA COMO NÚCLEO CONFORMADOR DO CONCEITO DE FAMÍLIA – O DIREITO À BUSCA DA FELICIDADE, VERDADEIRO POSTULADO CONSTITUCIONAL IMPLÍCITO E EXPRESSÃO DE UMA IDEIA-FORÇA QUE DERIVA DO PRINCÍPIO DA ESSENCIAL DIGNIDADE DA PESSOA HUMANA – ALGUNS PRECEDENTES DO SUPREMO TRIBUNAL FEDERAL E DA SUPREMA CORTE AMERICANA SOBRE O DIREITO FUNDAMENTAL À BUSCA DA FELICIDADE – PRINCÍPIOS DE YOGYAKARTA (2006): DIREITO DE QUALQUER PESSOA DE CONSTITUIR FAMÍLIA, INDEPENDENTEMENTE DE SUA ORIENTAÇÃO SEXUAL OU IDENTIDADE DE GÊNERO – DIREITO DO COMPANHEIRO, NA UNIÃO ESTÁVEL HOMOAFETIVA, À PERCEPÇÃO DO BENEFÍCIO DA PENSÃO POR MORTE DE SEU PARCEIRO, DESDE QUE OBSERVADOS OS REQUISITOS DO ART. 1.723 DO CÓDIGO CIVIL – O ART. 226, § 3º, DA LEI FUNDAMENTAL CONSTITUI TÍPICA NORMA DE INCLUSÃO – A FUNÇÃO CONTRAMAJORITÁRIA DO SUPREMO TRIBUNAL FEDERAL NO ESTADO DEMOCRÁTICO DE DIREITO – A PROTEÇÃO DAS MINORIAS ANALISADA NA PERSPECTIVA DE UMA CONCEPÇÃO MATERIAL DE DEMOCRACIA CONSTITUCIONAL – O DEVER CONSTITUCIONAL DO ESTADO DE IMPEDIR (E, ATÉ MESMO, DE PUNIR) "QUALQUER DISCRIMINAÇÃO ATENTATÓRIA DOS DIREITOS E LIBERDADES FUNDAMENTAIS" (CF, ART. 5º, XLI) – A FORÇA NORMATIVA DOS PRINCÍPIOS CONSTITUCIONAIS E O FORTALECIMENTO DA JURISDIÇÃO CONSTITUCIONAL: ELEMENTOS QUE COMPÕEM O MARCO DOUTRINÁRIO QUE CONFERE SUPORTE TEÓRICO AO NEOCONSTITUCIONALISMO – RECURSO DE AGRAVO IMPROVIDO. NINGUÉM PODE SER PRIVADO DE SEUS DIREITOS EM RAZÃO DE SUA ORIENTAÇÃO SEXUAL. – Ninguém, absolutamente ninguém, pode ser privado de direitos nem sofrer quaisquer restrições de ordem jurídica por motivo de sua orientação sexual. Os homossexuais, por tal razão, têm direito de receber a igual proteção tanto das leis quanto do sistema político-jurídico instituído pela Constituição da República, mostrando-se arbitrário e inaceitável qualquer estatuto que puna, que exclua, que discrimine, que fomente a intolerância, que estimule o desrespeito e que desiguale as pessoas em razão de sua orientação sexual. RECONHECIMENTO E QUALIFICAÇÃO DA UNIÃO HOMOAFETIVA COMO ENTIDADE FAMILIAR. – O Supremo Tribunal Federal – apoiando-se em valiosa hermenêutica construtiva e invocando princípios essenciais (como os da dignidade da pessoa humana, da liberdade, da autodeterminação, da igualdade, do pluralismo, da intimidade, da não discriminação e da busca da felicidade) – reconhece assistir, a qualquer pessoa, o direito fundamental à orientação sexual, havendo proclamado, por isso mesmo, a plena legitimidade ético-jurídica da união homoafetiva como entidade familiar, atribuindo-lhe, em consequência, verdadeiro estatuto de cidadania, em ordem a permitir que se extraiam, em favor de parceiros homossexuais, relevantes consequências no plano do Direito, notadamente no campo previdenciário, e, também, na esfera das relações sociais e familiares. – A extensão, às uniões homoafetivas, do mesmo regime jurídico aplicável à união estável entre pessoas de gênero distinto justifica-se e legitima-se pela direta incidência, dentre outros, dos princípios constitucionais da igualdade, da liberdade, da dignidade, da segurança jurídica e do postulado constitucional implícito que consagra o direito à busca da felicidade, os quais configuram, numa estrita dimensão que privilegia o sentido de inclusão decorrente da própria Constituição da República (art. 1º, III, e art. 3º, IV), fundamentos autônomos e suficientes aptos a conferir suporte legitimador à qualificação das conjugalidades entre pessoas do mesmo sexo como espécie do gênero entidade familiar. – Toda pessoa tem o direito fundamental

Os filhos são dependentes até os 21 anos, ou sem limite de idade no caso de serem inválidos ou possuírem deficiência intelectual ou mental que os tornem absoluta ou relativamente incapazes, assim declarados judicialmente. Não há mais qualquer diferença entre os filhos, por determinação do artigo 227, § 6º, da Constituição Federal, segundo o qual os filhos, havidos ou não da relação do casamento, ou por adoção, terão os mesmos direitos e qualificações, proibidas quaisquer designações discriminatórias relativas à filiação. A condição de dependente deve ser averiguada no momento da ocorrência do fato gerador que dá ensejo ao benefício previdenciário e, no caso da pensão por morte, esse evento é a morte do segurado. Assim, o filho maior de 21 anos que, nessa oportunidade, for inválido, será considerado dependente para fins previdenciários, não importa desde quando é inválido. Noutros termos: se um filho, não inválido, completa 21 anos, e aos 25, torna-se inválido, ocorrendo a morte do segurado após essa data, o filho será considerado dependente. No mesmo sentido, se o filho completa 21 anos, não inválido, já recebendo pensão, nesse momento perde a condição de dependente. Se aos 23 tornar-se inválido, não retorna à condição de dependente.

---

de constituir família, independentemente de sua orientação sexual ou de identidade de gênero. A família resultante da união homoafetiva não pode sofrer discriminação, cabendo-lhe os mesmos direitos, prerrogativas, benefícios e obrigações que se mostrem acessíveis a parceiros de sexo distinto que integrem uniões heteroafetivas. A DIMENSÃO CONSTITUCIONAL DO AFETO COMO UM DOS FUNDAMENTOS DA FAMÍLIA MODERNA. – O reconhecimento do afeto como valor jurídico impregnado de natureza constitucional: um novo paradigma que informa e inspira a formulação do próprio conceito de família. Doutrina. DIGNIDADE DA PESSOA HUMANA E BUSCA DA FELICIDADE. – O postulado da dignidade da pessoa humana, que representa – considerada a centralidade desse princípio essencial (CF, art. 1º, III) – significativo vetor interpretativo, verdadeiro valor-fonte que conforma e inspira todo o ordenamento constitucional vigente em nosso País, traduz, de modo expressivo, um dos fundamentos em que se assenta, entre nós, a ordem republicana e democrática consagrada pelo sistema de direito constitucional positivo. Doutrina. – O princípio constitucional da busca da felicidade, que decorre, por implicitude, do núcleo de que se irradia o postulado da dignidade da pessoa humana, assume papel de extremo relevo no processo de afirmação, gozo e expansão dos direitos fundamentais, qualificando-se, em função de sua própria teleologia, como fator de neutralização de práticas ou de omissões lesivas cuja ocorrência possa comprometer, afetar ou, até mesmo, esterilizar direitos e franquias individuais. – Assiste, por isso mesmo, a todos, sem qualquer exclusão, o direito à busca da felicidade, verdadeiro postulado constitucional implícito, que se qualifica como expressão de uma ideia-força que deriva do princípio da essencial dignidade da pessoa humana. Precedentes do Supremo Tribunal Federal e da Suprema Corte americana. Positivação desse princípio no plano do direito comparado. A FUNÇÃO CONTRAMAJORITÁRIA DO SUPREMO TRIBUNAL FEDERAL E A PROTEÇÃO DAS MINORIAS. – A proteção das minorias e dos grupos vulneráveis qualifica-se como fundamento imprescindível à plena legitimação material do Estado Democrático de Direito. – Incumbe, por isso mesmo, ao Supremo Tribunal Federal, em sua condição institucional de guarda da Constituição (o que lhe confere "o monopólio da última palavra" em matéria de interpretação constitucional), desempenhar função contramajoritária, em ordem a dispensar efetiva proteção às minorias contra eventuais excessos (ou omissões) da maioria, eis que ninguém se sobrepõe, nem mesmo os grupos majoritários, à autoridade hierárquico-normativa e aos princípios superiores consagrados na Lei Fundamental do Estado. Precedentes. Doutrina.

Por outro lado, não há possibilidade de estender a idade limite até os 24 anos, quando tratar-se de estudante universitário. Nesse sentido, o seguinte julgado:

> DIREITO ADMINISTRATIVO. RECURSO ESPECIAL. PENSÃO POR MORTE. LEI 8.213/91. IDADE-LIMITE. 21 ANOS. ESTUDANTE. CURSO UNIVERSITÁRIO. PRORROGAÇÃO ATÉ OS 24 ANOS. IMPOSSIBILIDADE. RECURSO ESPECIAL CONHECIDO E PROVIDO.
>
> 1. A pensão pela morte do pai será devida até o limite de 21 anos de idade, salvo se inválido, não se podendo estender até os 24 anos para os estudantes universitários, pois não há amparo legal para tanto. Precedentes.
>
> 2. Recurso especial conhecido e provido.[12]

O enteado e o menor tutelado equiparam-se a filho mediante declaração do segurado e desde que comprovada a dependência econômica. O menor sob guarda foi excluído da condição de equiparado a filho pela Lei nº 9.528/97. O Estatuto da Criança e do Adolescente – Lei nº 8.069/90 –, entretanto, determina no artigo 33, § 3º, que a guarda confere à criança ou adolescente a condição de dependente, para todos os fins e efeitos de direito, inclusive previdenciários. Por essa razão, entendíamos que o menor sob guarda, comprovada a dependência econômica, era equiparado a filho para efeitos previdenciários. Nesse sentido, havia precedentes do Superior Tribunal de Justiça.[13]

Hoje, mudamos nossa posição no sentido daquela assumida pelo Superior Tribunal de Justiça:

Pensão por morte. Regime Geral de Previdência Social. Menor sob guarda. Incidência da lei previdenciária vigente ao tempo do óbito do instituidor do be-

---

[12] STJ, REsp nº 742034, *DJ* 22 out. 2007.

[13] PREVIDENCIÁRIO. MENOR SOB GUARDA. PARÁGRAFO 2º, ART. 16 DA LEI 8.231/91. EQUIPARAÇÃO A FILHO. FINS PREVIDENCIÁRIOS. LEI 9.528/97. ROL DE DEPENDÊNCIA. EXCLUSÃO. PROTEÇÃO AO MENOR. ART. 33, PARÁGRAFO 3º DA LEI 8.069/90. ECA. GUARDA E DEPENDÊNCIA ECONÔMICA COMPROVAÇÃO. BENEFÍCIO. CONCESSÃO. POSSIBILIDADE. PRECEDENTES DO STJ. AGRAVO INTERNO DESPROVIDO. I – A redação anterior do § 2º do artigo 16 da Lei 8.213/91 equiparava o menor sob guarda judicial ao filho para efeito de dependência perante o Regime Geral de Previdência Social. No entanto, a Lei 9.528/97 modificou o referido dispositivo legal, excluindo do rol do artigo 16 e parágrafos esse tipo de dependente. II – Todavia, a questão merece ser analisada à luz da legislação de proteção ao menor. III – Neste contexto, a Lei 8.069/90 – Estatuto da Criança e do Adolescente – prevê, em seu artigo 33, § 3º, que: "a guarda confere à criança ou adolescente a condição de dependente, para todos os fins e efeitos de direito, inclusive previdenciário". IV – Desta forma, restando comprovada a guarda deve ser garantido o benefício para quem dependa economicamente do instituidor, como ocorre na hipótese dos autos. Precedentes do STJ. V – Agravo interno desprovido. STJ, AgRg no REsp nº 684077, *DJ* 21 fev. 2005.

nefício. Inaplicabilidade do Estatuto da Criança e do Adolescente. Precedentes da Terceira Seção. Embargos de divergência conhecidos e recebidos.[14]

Realmente, entendimento contrário implicaria violação à regra da contrapartida, insculpida no artigo 195, § 5º, da Constituição Federal.

Na segunda classe encontram-se os pais do segurado. Na linha de ascendência, a lei incluiu apenas estes, não outros. Não obstante, o Superior Tribunal de Justiça já decidiu que avô pode ser considerado dependente de neto, em situações especialíssimas, no seguinte julgado:

> Ementa: PREVIDENCIÁRIO. PENSÃO POR MORTE. AVÔ. ÓBITO DO NETO. SITUAÇÃO ESPECIALÍSSIMA DOS AUTOS. NETO QUE FORA CRIADO COMO SE FILHO FOSSE EM DECORRÊNCIA DA MORTE DE SEUS PAIS. POSSIBILIDADE.
>
> 1. A teor do art. 16 da Lei nº 8.213/91, o avô não é elencado no rol dos dependentes do segurado, razão pela qual, a princípio não faria jus à pensão gerada pelo óbito do neto em cuja companhia vivia.
>
> 2. Presença, nos autos, de hipótese singular, em que a criação do segurado pelo avô, desde o nascimento, acrescida da morte precoce de seus pais, demonstram que o segurado tinha para com o Autor, na verdade, uma relação filial, embora sanguínea e legalmente fosse neto.
>
> 3. Impossibilidade de exigência da adequação legal da relação que existia à real situação fática, uma vez que é vedada a adoção do neto pelo avô, a teor do disposto no art. 42, § 1º, do Estatuto da Criança e do Adolescente.
>
> 4. Direito à pensão por morte reconhecido.
>
> 5. Recurso especial conhecido e provido.[15]

Muito embora a busca da justiça no caso concreto, não há dúvidas de que a decisão contrariou a regra da contrapartida. Com efeito, a relação de dependência entre avó e neto não está prevista nos cálculos atuariais que informam o custeio da previdência social.

A respeito do tema o Tribunal Federal de Recursos editou a Súmula 229, segundo a qual "a mãe do segurado tem direito à pensão previdenciária, em caso de morte do filho, se provada a dependência econômica, mesmo não exclusiva".

Na terceira classe está o irmão não emancipado, de qualquer condição, menor de 21 anos ou inválido ou que tenha deficiência intelectual ou mental que o torne absoluta ou relativamente incapaz, assim declarado judicialmente.

---

[14] STJ, EREsp nº 801214, *DJ* 28 ago. 2008.

[15] STJ, REsp nº 528.987, *DJ* 9 dez. 2003.

A Lei nº 9.032/95 revogou a quarta classe de dependentes que incluía a pessoa designada, menor de 21 anos ou maior de 60 anos ou inválida. Assim, essas pessoas têm direito à qualificação de dependentes somente se o fato gerador do benefício ocorreu antes da revogação efetuada pela Lei nº 9.032/95, conforme o seguinte julgado:

> Ementa: PREVIDENCIÁRIO. PENSÃO POR MORTE. REQUISITOS LEGAIS. CONDIÇÃO DE DEPENDENTE DESIGNADO. FATO GERADOR OCORRIDO ANTES DA ALTERAÇÃO LEGISLATIVA. EXISTÊNCIA DE DIREITO ADQUIRIDO. LEIS Nºs 8.213/91 E 9.032/95. DISSENSO PRETORIANO. PRESSUPOSTOS FÁTICOS DIVERSOS. AUSÊNCIA DE DEMONSTRAÇÃO.
>
> – Em sede de benefícios previdenciários, sua concessão rege-se pelas normas vigentes ao tempo do fato gerador, que, no caso da pensão por morte, é o próprio óbito do segurado instituidor.
>
> – Esta Colenda Corte tem firmado sua jurisprudência no sentido de que há direito adquirido à pensão por parte do dependente designado sob a égide da lei anterior, na hipótese em que o óbito do segurado instituidor, fato gerador da pensão, ocorrer anteriormente à publicação da Lei 9.032/95, a qual excluiu a pessoa designada do rol de beneficiários da Previdência.
>
> [...]
>
> – Recurso especial não conhecido.[16]

A existência de dependente de qualquer uma das classes exclui do direito às prestações os das classes seguintes. Dessa forma, *v. g.*, havendo cônjuge, não há que se falar no direito dos pais ou irmãos ao benefício previdenciário.

Os dependentes de uma mesma classe concorrem em igualdade de condições. Assim, o valor do benefício previdenciário é dividido pelos dependentes da respectiva classe, em cotas iguais. Habilitando-se esposa e filho menor de 21 anos, por exemplo, a pensão será rateada à ordem de 50% para cada um, não importando que a cota individual seja inferior ao salário-mínimo.

Havendo perda da condição de dependente por um dos integrantes da classe, *v. g.*, por morte, sua respectiva cota é dividida pelos remanescentes da mesma classe. Não há nova habilitação ao benefício previdenciário após a perda da condição de dependente pelo último beneficiário da classe, ou seja, o direito não é transmissível às classes seguintes. Nessa hipótese, o benefício é extinto.

A presunção de dependência econômica, na primeira classe, é absoluta, dispensando qualquer meio de prova. Não importa se o cônjuge, por exemplo, dependia ou não economicamente do segurado. Essa presunção não admite prova

---

[16] STJ, REsp nº 396266, *DJ* 6 maio 2002.

em contrário. Importante registrar que os casais homossexuais integram a classe preferencial de dependentes, portanto, não necessitam comprovar dependência econômica, como muitas vezes exige o INSS. Em relação às demais classes, a dependência econômica deve ser comprovada.

O artigo 22, § 3º, do Decreto nº 3.048/99 dispõe que para comprovação do vínculo e da dependência econômica, conforme o caso, devem ser apresentados no mínimo três dos seguintes documentos:

I – certidão de nascimento de filho havido em comum;

II – certidão de casamento religioso;

III – declaração do imposto de renda do segurado, em que conste o interessado como seu dependente;

IV – disposições testamentárias;

V – revogado;

VI – declaração especial feita perante tabelião;

VII – prova de mesmo domicílio;

VIII – prova de encargos domésticos evidentes e existência de sociedade ou comunhão nos atos da vida civil;

IX – procuração ou fiança reciprocamente outorgada;

X – conta bancária conjunta;

XI – registro em associação de qualquer natureza, onde conste o interessado como dependente do segurado;

XII – anotação constante de ficha ou livro de registro de empregados;

XIII – apólice de seguro da qual conste o segurado como instituidor do seguro e a pessoa interessada como sua beneficiária;

XIV – ficha de tratamento em instituição de assistência médica, da qual conste o segurado como responsável;

XV – escritura de compra e venda de imóvel pelo segurado em nome de dependente;

XVI – declaração de não emancipação do dependente menor de vinte e um anos; ou

XVII – quaisquer outros que possam levar à convicção do fato a comprovar.

No caso de dependente inválido, para fins de inscrição e concessão de benefício, a invalidez será comprovada mediante exame médico-pericial a cargo do INSS.

Os pais ou irmãos deverão, para fins de concessão de benefícios, comprovar a inexistência de dependentes preferenciais, mediante declaração firmada perante o INSS.

A perda da qualidade de dependente ocorre:

I – para o cônjuge, na hipótese ventilada anteriormente;

II – para a companheira ou companheiro, pela cessação da união estável com o segurado ou segurada, enquanto não lhe for garantida a prestação de alimentos;

IIII – para o filho e o irmão, de qualquer condição, ao completarem vinte e um anos de idade, salvo se inválidos; e

IV – para os dependentes em geral:

a) pela cessação da invalidez; ou

b) pelo falecimento.

3.1.3 Da manutenção da qualidade de segurado

Como já vimos, o regime previdenciário é contributivo, o que leva a crer que a manutenção da qualidade de segurado depende do pagamento das contribuições, em dia. O artigo 15 da Lei nº 8.213/91 abre exceção a essa regra, instituindo o denominado "período de graça", onde o segurado mantém sua condição independentemente de verter contribuições para a seguridade social, nas seguintes hipóteses:

I – sem limite de prazo, quem está em gozo de benefício;

II – até 12 meses após a cessação das contribuições, o segurado que deixar de exercer atividade remunerada abrangida pela previdência social ou estiver suspenso ou licenciado sem remuneração;[17]

III – até 12 meses após cessar a segregação, o segurado acometido de doença de segregação compulsória;

IV – até 12 meses após o livramento, o segurado retido ou recluso;

V – até 3 meses após o licenciamento, o segurado incorporado às Forças Armadas para prestar serviço militar;

VI – até 6 meses após a cessação das contribuições, o segurado facultativo.

---

[17] O artigo 13, II, do Decreto nº 3.048/99 amplia a hipótese desse inciso para incluir aqui o segurado que recebeu benefício por incapacidade, nestes termos: até doze meses após a cessação de benefício por incapacidade ou após a cessação das contribuições, o segurado que deixar de exercer atividade remunerada abrangida pela previdência social ou estiver suspenso ou licenciado sem remuneração. Ainda, o parágrafo 4º do mesmo artigo do Decreto determina a aplicação deste inciso ao segurado que se desvincular de regime próprio de previdência social.

A situação descrita no inciso I equivale àquela onde o segurado deixou de contribuir em virtude de incapacidade para o trabalho, pois o prazo de 12 meses, previsto no inciso II, pressupõe voluntariedade. Nesse sentido, o seguinte julgado:

> Ementa: AGRAVO REGIMENTAL EM RECURSO ESPECIAL. PREVIDENCIÁRIO. NÃO RECOLHIMENTO DE CONTRIBUIÇÕES EM RAZÃO DE INCAPACIDADE PARA O TRABALHO. PERDA DA QUALIDADE DE SEGURADO. INOCORRÊNCIA. MATÉRIA PACIFICADA.
>
> 1. A Egrégia 3ª Seção desta Corte Superior de Justiça firmou já entendimento no sentido de que o trabalhador que deixa de contribuir para a Previdência Social por período superior a doze meses, em razão de estar incapacitado para o trabalho, não perde a qualidade de segurado.
>
> [...]
>
> 3. Agravo regimental improvido.[18]

Nesse sentido, a Advocacia-Geral da União editou a Súmula nº 26: Para a concessão de benefício por incapacidade, não será considerada a perda da qualidade de segurado decorrente da própria moléstia incapacitante.[19]

O prazo do inciso II será prorrogado para até 24 meses se o segurado já tiver pago mais de 120 contribuições mensais sem interrupção que acarrete a perda da qualidade de segurado.

O prazo do inciso II, considerado o acréscimo acima, se cabível, será acrescido de 12 meses para o segurado desempregado, desde que comprovada essa situação pelo registro no órgão próprio do Ministério do Trabalho e Emprego.

O Superior Tribunal de Justiça entende imprescindível o registro no órgão próprio do Ministério do Trabalho e Emprego, qual seja, o Cadastro Geral de Empregados e Desempregados – CAGED. Nesse sentido, o seguinte julgado:

> PREVIDENCIÁRIO. RECURSO ESPECIAL. APOSENTADORIA POR IDADE. COMPROVAÇÃO DE DESEMPREGO. EXIGÊNCIA LEGAL DE REGISTRO NO ÓRGÃO COMPETENTE. PREENCHIMENTO DOS REQUISITOS. SIMULTANEIDADE. DESNECESSIDADE. PERDA DA QUALIDADE DE SEGURADO. IRRELEVÂNCIA.
>
> 1. Nos precisos termos da regra do § 2º do art. 15 da Lei de Benefícios, a situação de desemprego, para fins de manutenção da qualidade de segurado por mais 12 (doze) meses, necessita da comprovação pelo registro no órgão próprio do Ministério do Trabalho e da Previdência Social. [...][20]

---

[18] STJ, AgRg no REsp nº 529047, *DJ* 1º ago. 2005.

[19] *DOU* 10 jun. 2008.

[20] STJ, REsp nº 448079, *DJ* 3 out. 2005.

Nesse julgado, foi reformado acórdão do Tribunal Regional Federal da 4ª Região, assim ementado:

> PREVIDENCIÁRIO. APOSENTADORIA POR IDADE. PERDA DA QUALIDADE DE SEGURADO. DESEMPREGADO. AMPLIAÇÃO DO PRAZO PARA 24 MESES. DIREITO ADQUIRIDO. LEI Nº 8.213/91, ART. 15, I, II, E § 2º.
>
> [...]
>
> 4. Para o segurado desempregado, a legislação previdenciária acresce ao prazo do inciso II, mais doze meses, sendo inexigível o registro no órgão próprio do Ministério do Trabalho e da Previdência Social, para efeito de comprovação do desemprego. Basta a apresentação da carteira de trabalho, valendo para este fim os dados que constam no procedimento administrativo.[21]

Não cansamos de dizer que a previdência social é um regime que protege os indivíduos de necessidades sociais causadas por riscos sociais. O desemprego involuntário é risco social expressamente previsto no artigo 201, III, da Constituição Federal. Assim, a ampliação de prazo prevista no artigo 15, § 2º, da Lei nº 8.212/91 deve prestigiar o risco social constitucionalmente protegido – o desemprego involuntário! – e não o registro no CAGED, mera formalidade. Imagine-se num país continental como o Brasil exigir-se dos segurados que laboram nos locais mais remotos aludido registro. *Data venia*, é o mesmo que negar o direito. Por essa razão entendemos que o registro no CAGED é desnecessário, podendo o desemprego ser comprovado por qualquer outro meio de prova idôneo.

O segurado recluso mantém a qualidade de segurado durante o período de cumprimento da pena, independentemente de contribuição, até 12 meses após o livramento. O prazo de 12 meses é concedido pela lei como sendo razoável para a busca de novo emprego.

A perda da qualidade de segurado não implica privação de todos os direitos conquistados anteriormente. Nos termos do artigo 24, parágrafo único, da Lei nº 8.213/91, as contribuições anteriores a essa data serão computadas para efeito de carência, mas somente depois que o segurado contar, a partir da nova filiação à previdência social, com, no mínimo, 1/3 do número de contribuições exigidas para o cumprimento da carência definida para o benefício a ser requerido.

O artigo 3º da Lei nº 10.666/03 determina que a perda da qualidade de segurado não será considerada para a concessão das aposentadorias por tempo de contribuição e especial e, na hipótese de aposentadoria por idade, a perda da qualidade de segurado não será considerada para a concessão desse benefício, desde que o segurado conte com, no mínimo, o tempo de contribuição

21 TRF4, AC nº 1998.04.01.020814-0, *DJ* 7 jun. 2000.

correspondente ao exigido para efeito de carência na data do requerimento do benefício. A carência da aposentadoria por idade será de 180 contribuições, para os segurados inscritos na previdência social a partir de 25 de julho de 1991, ou a fixada na tabela do artigo 142 da Lei nº 8.213/91, para os segurados inscritos anteriormente a essa data.

Assim, merece interpretação restritiva o artigo 102 da Lei nº 8.213/91, segundo o qual a perda da qualidade de segurado importa em caducidade dos direitos inerentes a essa qualidade. Como vimos, de caducidade não se trata. Nesse sentido, é a jurisprudência:

> Ementa: PREVIDENCIÁRIO. APOSENTADORIA POR IDADE. PERDA DA QUALIDADE DE SEGURADA.
>
> A perda da qualidade da segurado, após o atendimento aos requisitos da idade mínima e do recolhimento das contribuições previdenciárias devidas, não impede a concessão da aposentadoria por idade.
>
> Os requisitos exigidos pela legislação previdenciária não precisam ser preenchidos, simultaneamente, no caso de aposentadoria por idade. Interpretação do artigo 102, § 1º, da Lei 8.213/91.
>
> Precedentes.
>
> Recurso provido.[22]

Durante o período de graça o segurado conserva todos os seus direitos perante a previdência social. Dessa forma, se ocorrer sua morte, seus dependentes terão direito à respectiva pensão; se a segurada tiver filho, terá direito ao salário-maternidade etc.

De acordo com o artigo 15, § 4º, da Lei nº 8.213/91, a perda da qualidade de segurado ocorrerá no dia seguinte ao do término do prazo fixado no Plano de Custeio da Seguridade Social para recolhimento da contribuição referente ao mês imediatamente posterior ao do final dos prazos fixados naquele artigo. O artigo 14 do Decreto nº 3.048/99, desdobrando essa norma legal, afirma que o reconhecimento da perda da qualidade de segurado no termo final dos prazos fixados acima ocorrerá no dia seguinte ao do vencimento da contribuição do contribuinte individual relativa ao mês imediatamente posterior ao término daqueles prazos. Assim, considerando que o vencimento da contribuição do contribuinte individual ocorre no dia 15 do mês seguinte ao da competência, a perda da qualidade de segurado ocorrerá no dia 16 do segundo mês seguinte ao fim dos prazos fixados acima, pois a contribuição relativa ao mês imediatamente posterior é paga no mês seguinte. Exemplificando: como regra geral, o segurado que deixar de exercer

---

[22] STJ, REsp nº 743531, *DJ* 1º ago. 2005.

atividade remunerada abrangida pela Previdência Social perde essa qualidade 12 meses após a cessação das contribuições – art. 15, II, da Lei nº 8.213/91. Supondo que sua última contribuição corresponda à competência 1/2008, a perda da qualidade de segurado ocorrerá em 16.3.09.

3.1.4 Da filiação e da inscrição

Filiação não se confunde com inscrição.

Segundo o artigo 20 do Decreto nº 3.048/99, filiação é o vínculo que se estabelece entre pessoas que contribuem para a previdência social e esta, do qual decorrem direitos e obrigações, ou seja, é a relação jurídica existente entre os segurados e a previdência social.

Para os segurados obrigatórios, a filiação decorre automaticamente do exercício de atividade remunerada, independentemente de qualquer ato deste junto à previdência social. Daí dizer-se que vigora o princípio da automaticidade.

Para o segurado facultativo, por outro lado, a filiação decorre da inscrição formalizada com o pagamento da primeira contribuição.

Inscrição é o ato material de registro nos cadastros da previdência social. Pode ser concomitante à filiação ou posterior, mas, logicamente, nunca anterior.

Nos termos do artigo 18 do Decreto nº 3.048/99, considera-se inscrição de segurado para os efeitos da previdência social o ato pelo qual o segurado é cadastrado no RGPS, mediante comprovação dos dados pessoais e de outros elementos necessários e úteis a sua caracterização, na seguinte forma:

I – empregado e trabalhador avulso – pelo preenchimento dos documentos que os habilitem ao exercício da atividade, formalizado pelo contrato de trabalho, no caso de empregado, e pelo cadastramento e registro no sindicato ou órgão gestor de mão de obra, no caso de trabalhador avulso;

II – empregado doméstico – pela apresentação de documento que comprove a existência de contrato de trabalho;

III – contribuinte individual – pela apresentação de documento que caracterize a sua condição ou o exercício de atividade profissional, liberal ou não;

IV – segurado especial – pela apresentação de documento que comprove o exercício de atividade rural; e

V – facultativo – pela apresentação de documento de identidade e declaração expressa de que não exerce atividade que o enquadre na categoria de segurado obrigatório.

A inscrição do segurado empregado e trabalhador avulso será efetuada diretamente na empresa, sindicato ou órgão gestor de mão de obra e a dos demais no INSS.

Deve ser observada a idade mínima de 16 anos para a inscrição do segurado em qualquer categoria.

Nesse ponto, uma observação é importante. A consideração da idade mínima deve levar em conta a legislação de regência à época da prestação do serviço. Assim, para período anterior, é possível a computação de tempo de serviço em função de idade menor do que 16 anos. Veja-se o seguinte julgado:

> Ementa: PREVIDENCIÁRIO. TEMPO DE SERVIÇO RURAL. REGIME DE ECONOMIA FAMILIAR. LEI Nº 8.213/91. CONTRIBUIÇÕES. DISPENSA. PERÍODO ANTERIOR. ABRANGÊNCIA. INÍCIO RAZOÁVEL DE PROVA MATERIAL. DOCUMENTOS EM NOME DOS PAIS. VALIDADE.
>
> [...]
>
> 2. Segundo a vigente lei previdenciária, são segurados especiais os produtores rurais que "exerçam suas atividades em regime de economia familiar, ainda que com o auxílio eventual de terceiros, bem como seus respectivos cônjuges ou companheiros e filhos maiores de 14 anos ou a ele equiparados, desde que trabalhem, comprovadamente, com o grupo familiar respectivo" (art. 11, inciso VII) 3. A idade mínima de 14 (catorze) anos foi imposta em obediência à redação original do art. 7º, inciso XXXIII, da Constituição Federal. Contudo, consoante reiterada jurisprudência deste Tribunal, se as Cartas Magnas anteriores autorizavam o labor em idade inferior, não pode ser o trabalhador prejudicado.
>
> [...]
>
> 7. Recurso parcialmente conhecido e, nessa parte, desprovido.[23]

Miguel Horvath Júnior assim leciona a esse respeito:

> O limite etário mínimo para vinculação ao sistema previdenciário é de 16 anos, salvo na condição de aprendiz (14 anos), a partir da Emenda Constitucional nº 20/98, que alterou o inciso XXXIII do art. 7º da Constituição Federal. Até 28.2.1967 o limite mínimo era de 14 anos; de 1º.3.1967 a 4.10.1988, doze anos; de 5.10.1988 a 15.12.1998, era de 14 anos, exceto para menor aprendiz.[24]

Todo aquele que exercer, concomitantemente, mais de uma atividade remunerada sujeita ao RGPS será obrigatoriamente inscrito em relação a cada uma delas.

---

[23] STJ, REsp nº 538232, *DJ* 15 mar. 2004.

[24] *Dicionário analítico de previdência social*, p. 102.

A inscrição do dependente deve ser efetuada quando do requerimento do benefício a que estiver habilitado e não antes, como era permitido no passado. É indiferente que já tenha ocorrido a morte do segurado. Os seguintes documentos devem ser apresentados:

I – para os dependentes preferenciais:

a) cônjuge e filhos – certidões de casamento e de nascimento;

b) companheira ou companheiro – documento de identidade e certidão de casamento com averbação da separação judicial ou divórcio, quando um dos companheiros ou ambos já tiverem sido casados, ou de óbito, se for o caso; e

c) equiparado a filho – certidão judicial de tutela e, em se tratando de enteado, certidão de casamento do segurado e de nascimento do dependente.

II – pais – certidão de nascimento do segurado e documentos de identidade dos mesmos; e

III – irmão – certidão de nascimento.

Quando da concessão do benefício, o INSS poderá exigir a comprovação de dados pessoais e de outros elementos necessários e úteis à caracterização do segurado.

A anotação na Carteira Profissional ou na Carteira de Trabalho e Previdência Social e, a partir de 1º.7.94, os dados constantes do Cadastro Nacional de Informações Sociais – CNIS valem para todos os efeitos como prova de filiação à previdência social, relação de emprego, tempo de serviço ou de contribuição e salários-de-contribuição, podendo, em caso de dúvida, ser exigida pelo INSS a apresentação dos documentos que serviram de base à anotação. Esse ônus que é imposto ao segurado muitas vezes acaba por prejudicá-lo, pela impossibilidade de prova. Por essa razão é fundamental a implantação total do CNIS, como fonte de dados confiáveis.

O cancelamento da inscrição do cônjuge se processa em face de separação judicial ou divórcio sem direito a alimentos, certidão de anulação de casamento, certidão de óbito ou sentença judicial, transitada em julgado.

A Lei nº 11.718/08 alterou a forma de inscrição do segurado especial. A partir de então, a inscrição do segurado especial será feita de forma a vinculá-lo ao seu respectivo grupo familiar e conterá, além das informações pessoais, a identificação da propriedade em que desenvolve a atividade e a que título, se nela reside ou o Município onde reside e, quando for o caso, a identificação e inscrição da pessoa responsável pela unidade familiar. O segurado especial integrante de grupo familiar que não seja proprietário ou dono do imóvel rural em que desenvolve sua atividade deverá informar, no ato da inscrição, conforme o caso, o nome do parceiro ou meeiro outorgante, arrendador, comodante ou assemelhado. Simultaneamente com a inscrição do segurado especial, será atribuído ao grupo familiar número de Cadastro Específico do INSS – CEI, para fins de recolhimento das contribuições previdenciárias.

3.2 Das prestações em geral

3.2.1 Das espécies de prestações

Por meio das prestações a previdência social vai oferecer condições para os beneficiários superarem o estado de necessidade social que dá ensejo às mesmas. As prestações dividem-se em benefícios e serviços. Os benefícios são prestações de natureza patrimonial, é dizer, são concedidos em dinheiro, enquanto que os serviços têm natureza não patrimonial.

A Lei nº 8.213/91 classificou as prestações previdenciárias levando em consideração os beneficiários aos quais são devidas. Nos termos do artigo 18, o RGPS compreende as seguintes prestações, devidas inclusive em razão de eventos decorrentes de acidente do trabalho:

I – quanto ao segurado:

a) aposentadoria por invalidez;

b) aposentadoria por idade;

c) aposentadoria por tempo de contribuição;

d) aposentadoria especial;

e) auxílio-doença;

f) salário-família;

g) salário-maternidade;

h) auxílio-acidente;

i) abono de permanência em serviço; (revogado pela Lei nº 8.870/94).

II – quanto ao dependente:

a) pensão por morte;

b) auxílio-reclusão.

III – quanto ao segurado e dependente:

a) pecúlio; (revogado pela Lei nº 9.032/95)

b) serviço social;

c) reabilitação profissional.

O aposentado pelo RGPS que permanecer em atividade sujeita a esse regime, ou a ele retornar, não fará jus a prestação alguma da previdência social em decorrência do exercício dessa atividade, exceto ao salário-família e à reabilitação profissional, quando empregado.

O segurado contribuinte individual, que trabalhe por conta própria, sem relação de trabalho com empresa ou equiparado, e o segurado facultativo que contribuam na forma do § 2º do art. 21 da Lei nº 8.212/91, ou seja, no regime especial instituído pela Lei Complementar nº 123/06, não farão jus à aposentadoria por tempo de contribuição. Já estudamos esse regime especial de contribuição, o qual buscou diminuir a exclusão previdenciária. Atente-se que não são todos os contribuintes individuais e segurados facultativos que têm excluído o direito à aposentadoria por tempo de contribuição, mas apenas aqueles que optarem por esse regime diferenciado de contribuição.

Nos termos do artigo 105 da Lei nº 8.213/91, a apresentação de documentação incompleta não constitui motivo para recusa do requerimento de benefício.

3.2.2 Dos períodos de carência

Período de carência é o tempo correspondente ao número mínimo de contribuições mensais indispensáveis para que o beneficiário faça jus ao benefício, consideradas a partir do transcurso do primeiro dia dos meses de suas competências; logo, não há que se confundir com o mês do efetivo pagamento, que sempre será o mês seguinte ao da competência. Está disciplinado no artigo 24 e seguintes da Lei nº 8.213/91.

Daniel Pulino ensina que "sua existência no sistema tem origem constitucional tanto no princípio da contributividade das prestações previdenciárias, quanto no dever de observância de critérios que preservem o equilíbrio financeiro e atuarial do sistema".[25]

A concessão das prestações pecuniárias do RGPS depende dos seguintes períodos de carência.

I – auxílio-doença e aposentadoria por invalidez: 12 contribuições mensais;

II – aposentadoria por idade, aposentadoria por tempo de serviço e aposentadoria especial: 180 contribuições mensais.

III – salário-maternidade para as seguradas contribuinte individual, especial e facultativa: dez contribuições mensais. Em caso de parto ante-

[25] *A aposentadoria por invalidez no direito positivo brasileiro*, p. 74.

cipado, o período de carência será reduzido em número de contribuições equivalente ao número de meses em que o parto foi antecipado.

Tendo em vista que no regime anterior ao da Lei nº 8.213/91 o período de carência era de 60 meses, o artigo 142 dessa lei institui regra de transição, nestes termos:

Art. 142. Para o segurado inscrito na Previdência Social Urbana até 24 de julho de 1991, bem como para o trabalhador e o empregador rural cobertos pela Previdência Social Rural, a carência das aposentadorias por idade, por tempo de serviço e especial obedecerá à seguinte tabela, levando-se em conta o ano em que o segurado implementou todas as condições necessárias à obtenção do benefício.

Ano de implementação das condições	**Meses de contribuição exigidos**
1991	60 meses
1992	60 meses
1993	66 meses
1994	72 meses
1995	78 meses
1996	90 meses
1997	96 meses
1998	102 meses
1999	108 meses
2000	114 meses
2001	120 meses
2002	126 meses
2003	132 meses
2004	138 meses
2005	144 meses
2006	150 meses
2007	156 meses
2008	162 meses
2009	168 meses
2010	174 meses
2011	180 meses

Em 2011, portanto, termina a regra de transição.

Acerca da aplicação dessa regra de transição, surgiu controvérsia no sentido de qual o ano que define o número de contribuições necessárias para fins de carência: o ano em que completada a idade ou o ano em que estiverem atingidos idade e carência? Após tormentosa discussão, pacificou-se entendimento de que o ano em que completada a idade mínima define a carência necessária. Assim, se em 2000 um segurado completa 65 anos de idade com 100 contribuições vertidas para o sistema, basta que contribua com mais 14, totalizando 114 contribuições, mesmo que apenas em 2002, onde, segundo a tabela, os meses de contribuição exigidos somam 126.[26]

A respeito da regra de transição, afirma Daisson Portanova:

> Até então, a legislação previdenciária exigia como tempo mínimo de contribuição, para fazer jus aos mesmos benefícios, o lastro de 60 contribuições mensais. Com respeito ao princípio da proporcionalidade, especialmente para aqueles segurados já filiados ao sistema, não poderia, de forma abrupta, a norma alterar a exigência quanto à carência e fixá-la nos 180 meses previstos pelo novo regramento. Nesse sentido, o legislador foi arguto, criando uma tabela progressiva e garantindo ao beneficiário transitoriedade própria para acesso ao direito. Não lhe frustrou a esperança de acesso em prazo razoável, quanto à contribuição devida ao benefício, bem como estabeleceu uma transição gradual e proporcional, a quem estivesse às portas de usufruir do benefício, a razão da proporção foi exigir, a cada ano, a implementação de mais 6 meses de contribuição.[27]

No caso de perda da qualidade de segurado, ainda que no regime anterior e filiação sob o novo regime, após o pagamento de 1/3 das contribuições exigidas para efeitos de carência, o período anterior pode ser computado para fins de carência de qualquer benefício, como demonstra o seguinte julgado:

> Ementa: PREVIDENCIÁRIO. APOSENTADORIA POR IDADE. CARÊNCIA. FILIAÇÃO ANTERIOR À EDIÇÃO DA LEI Nº 8.213/91. PERDA DA QUALIDADE DE SEGURADO. NOVA FILIAÇÃO APÓS O ADVENTO DA REFERIDA NORMA. CONJUGAÇÃO DO ART. 24, PARÁGRAFO ÚNICO, COM O ART. 142, AMBOS DA LEI Nº 8.213/91. POSSIBILIDADE.
>
> 1. A Lei de Benefícios da Previdência Social favoreceu os segurados que, a despeito da extinção da relação jurídica com o INSS, retome a condição de segurado, com a nova filiação, contando com no mínimo 1/3 (um terço) das contribuições exigidas

---

[26] Esse entendimento – conhecido como "congelamento da idade" – foi pacificado no âmbito da Previdência Social pelo Parecer/Conjur/MPS/nº 616/2010, de lavra do Procurador Federal Gustavo Nakajum, aprovado pelo Ministro de Estado.

[27] BALERA, Wagner (Coordenador), *Previdência social comentada*, p. 731.

> para o cumprimento da carência do benefício a ser requerido, podendo, dessa forma, utilizar-se das contribuições anteriores à perda da condição de segurado.
>
> 2. Para o cômputo das contribuições anteriores à perda da qualidade de segurado, não há na legislação qualquer ressalva em relação aos períodos que devam ser contabilizados, não cabendo ao intérprete fazê-lo restritivamente. Aplica-se, a todos os benefícios que exijam carência, devendo portanto, ser analisado, também, à vista do art. 142 da Lei nº 8.213/91.
>
> 3. Assim, no caso em apreço, a Autora, que era vinculada ao RGPS, mas à época da edição da Lei nº 8.213/91 não detinha a qualidade de segurada, vindo a filiar-se novamente após julho de 1991, com o devido pagamento de 1/3 (um terço) do total devido para a satisfação da carência do benefício, faz jus à concessão da aposentadoria por idade.
>
> 4. Recurso especial desprovido.[28]

Vejamos outro exemplo. A carência do auxílio-doença, em regra, é de 12 contribuições mensais. Se um segurado, após verter dez contribuições mensais, perde essa qualidade, vindo a filiar-se novamente, precisará de apenas mais quatro contribuições mensais para cumprir a carência desse benefício, pois 1/3 de 12 é 4, assim, cumprido o mínimo de quatro contribuições mensais, poderá computar o período anterior para fins de carência.

3.2.2.1 Dispensa de carência

De volta à regra geral, é preciso atentar que a concessão de algumas prestações independe de carência. São as seguintes:

I – pensão por morte, auxílio-reclusão, salário-família e auxílio-acidente;

II – auxílio-doença e aposentadoria por invalidez nos casos de acidente de qualquer natureza ou causa e de doença profissional ou do trabalho, bem como nos casos de segurado que, após filiar-se ao RGPS, for acometido de alguma das doenças e afecções especificadas em lista elaborada pelos Ministérios da Saúde e Previdência Social a cada três anos, de acordo com os critérios de estigma, deformação, mutilação, deficiência, ou outro fator que lhe confira especificidade e gravidade que mereçam tratamento particularizado. A Portaria Interministerial MPAS/MS nº 2998/01 arrolou as seguintes doenças: tuberculose ativa, hanseníase, alienação mental, neoplasia maligna, cegueira, paralisia irreversível e incapacitante, cardiopatia grave, doença de Parkinson, espondiloartrose anquilosante, nefropatia grave, estado avançado da

[28] STJ, REsp nº 664161/RS, *DJ* 20 jun. 2005.

doença de Paget (osteíte deformante), síndrome da deficiência imunológica adquirida – Aids, contaminação por radiação, com base em conclusão da medicina especializada, e hepatopatia grave;

III – os benefícios concedidos na forma do inciso I do art. 39, aos segurados especiais referidos no inciso VII do art. 11 da Lei nº 8.213/91;

IV – serviço social;

V – reabilitação profissional;

VI – salário-maternidade para as seguradas empregada, trabalhadora avulsa e empregada doméstica.

3.2.2.2 *Tempo de contribuição em regime próprio*

Será considerado, para efeito de carência, o tempo de contribuição para o Plano de Seguridade Social do Servidor Público anterior à Lei nº 8.647/93, efetuado pelo servidor público ocupante de cargo em comissão sem vínculo efetivo com a União, autarquias, ainda que em regime especial, e fundações públicas federais. Da mesma forma, as contribuições vertidas para regime próprio de previdência social serão consideradas para todos os efeitos, inclusive para os de carência.

3.2.2.3 *Contagem do período de carência*

O período de carência é contado de formas distintas, dependendo da categoria do segurado:

I – para o segurado empregado e trabalhador avulso, da data de filiação ao RGPS; e

II – para o segurado empregado doméstico,[29] contribuinte individual, e facultativo, da data do efetivo recolhimento da primeira contribuição sem atraso, não sendo consideradas para esse fim as contribuições recolhidas com atraso referentes a competências anteriores. Em relação ao segurado facultativo, após sua inscrição, somente poderá recolher contribuições em atraso enquanto não tiver ocorrido perda da qualidade de segurado.

III – para o segurado especial, a partir do efetivo exercício da atividade rural.

[29] Com relação à situação do empregado doméstico, há julgados que afastam essa sistemática, com o que concordamos, já que a responsabilidade pelo recolhimento de suas contribuições não é dele, mas do empregador doméstico. Abordaremos o assunto logo adiante, no item 3.2.3.2.

Para efeito de carência, considera-se presumido o recolhimento das contribuições do segurado empregado, do trabalhador avulso e, relativamente ao contribuinte individual, a partir da competência abril de 2003, as contribuições dele descontadas pela empresa. Esses três segurados, portanto, apenas devem comprovar o exercício de trabalho.

Questão controvertida diz respeito à possibilidade de computar-se como período de carência o tempo em que o segurado esteve em gozo de benefício por incapacidade – auxílio-doença, por exemplo.

O conceito legal de carência está umbilicalmente associado ao "número mínimo de contribuições mensais". Além disso, esta decorre da contributividade do regime previdenciário. Ora, durante o gozo dos benefícios por incapacidade não há contribuições vertidas, o que parece apontar para a impossibilidade do cômputo desse período para fins de carência.

Nesse pensar, leciona Marina Vasques Duarte:

> O tempo de fruição de auxílio-doença e de aposentadoria por invalidez (art. 55, II, LB) não é contado para a carência, pois ausentes contribuições devidas ou vertidas. A não ser que contribua como segurado facultativo.[30]

Por outro lado, o artigo 29, § 5º, da Lei nº 8.213/91, ao tratar do salário--de-benefício, determina que "se, no período básico de cálculo, o segurado tiver recebido benefícios por incapacidade, sua duração será contada, considerando--se como salário-de-contribuição, no período, o salário-de-benefício que serviu de base para o cálculo da renda mensal, reajustado nas mesmas épocas e bases dos benefícios em geral, não podendo ser inferior ao valor de 1 salário-mínimo".

Essa realidade levou Alex Perozzo Boeira a indagar:

> Seria razoável, então, o Sistema permitir que o benefício por incapacidade componha a renda mensal inicial do benefício decorrente (exemplificativamente, uma aposentadoria por tempo de contribuição/serviço) e não o admita como carência? Extrai-se daí uma antinomia, ao menos aparente, entre os arts. 24, *caput*, e 29, § 5º, ambos da Lei 8.213/91?[31]

Para nós, a regra da contrapartida é fundamento adicional da impossibilidade do cômputo, pois, do contrário, estar-se-ia estendendo benefício sem fonte de custeio prévio.

---

[30] *Direito previdenciário*, p. 85.

[31] *Análise da consideração de benefícios por incapacidade como período de carência*, p. 5. O mesmo autor cita decisões favoráveis à tese – TRF4, AC nº 20000401133723, *DJU* 11 set. 2002; TRF4, AC nº 200172020007382, *DJU* 6 nov. 2002 – e contrárias – TRF1, AC nº 9201274351, *DJ* 4 jun. 1998.

3.2.2.4 Segurado especial

Os segurados especiais têm tratamento diferenciado na lei, fundamentado por sua peculiar situação no meio rural. É preciso, entretanto, que paulatinamente sejam incluídos como contribuintes do sistema.[32]

Acerca deles, reza o artigo 39 da Lei nº 8.213/91:

> Art. 39. Para os segurados especiais, referidos no inciso VII do art. 11 desta Lei, fica garantida a concessão:
>
> I – de aposentadoria por idade ou por invalidez, de auxílio-doença, de auxílio-reclusão ou de pensão, no valor de 1 salário-mínimo, desde que comprove o exercício de atividade rural, ainda que de forma descontínua, no período, imediatamente anterior ao requerimento do benefício, igual ao número de meses correspondentes à carência do benefício requerido; ou
>
> II – dos benefícios especificados nesta Lei, observados os critérios e a forma de cálculo estabelecidos, desde que contribuam facultativamente para a Previdência Social, na forma estipulada no Plano de Custeio da Seguridade Social.
>
> Parágrafo único. Para a segurada especial fica garantida a concessão do salário-maternidade no valor de 1 (um) salário-mínimo, desde que comprove o exercício de atividade rural, ainda que de forma descontínua, nos 12 (doze) meses imediatamente anteriores ao do início do benefício.

Dessa forma, na hipótese de o segurado especial contribuir apenas com base na sua produção rural, faz jus tão somente aos benefícios arrolados no inciso I acima e no parágrafo único, dispensando-se o cumprimento de carência. Nesse caso, o tempo será contado a partir do efetivo exercício da atividade rural. Em relação à aposentadoria por tempo de contribuição, deve contribuir como segurado facultativo, se quiser, como determina o inciso II. Nesse sentido, foi editada a Súmula 272 do Superior Tribunal de Justiça:

> O trabalhador rural, na condição de segurado especial, sujeito à contribuição obrigatória sobre a produção rural comercializada, somente faz jus à aposentadoria por tempo de serviço, se recolher contribuição facultativa.

Na verdade, todos os benefícios arrolados no inciso I acima, além do salário-maternidade, estão ao alcance dos segurados especiais independentemente de qualquer contribuição à seguridade social, pois essas normas jurídicas exigem

[32] Guilherme da Costa Delgado publicou relevante estudo sobre a evasão fiscal no meio rural. Considerando o ano de 1995, onde o valor da comercialização da produção rural foi de pouco mais de R$ 100 bilhões, a receita previdenciária deveria ser de R$ 2 bilhões; entretanto, foi de apenas R$ 440 milhões, ou seja, 22% do potencial – *Política de previdência social rural*, p. 58.

apenas a comprovação do "exercício de atividade rural, ainda que de forma descontínua, no período, imediatamente anterior ao requerimento do benefício, igual ao número de meses correspondentes à carência do benefício requerido". É preciso aprofundar essa discussão, já que, atualmente, os benefícios rurais respondem por 20% do total das despesas previdenciárias do RGPS.

Há uma contradição na lei em relação ao tempo mínimo de exercício de atividade rural necessário para fins de salário-maternidade da segurada especial. Nos termos do artigo 39, parágrafo único, esse tempo é de 12 meses. Já o artigo 25, III, fixa a carência do benefício para a segurada especial em 10 contribuições mensais, determinando, de qualquer forma, que seja observado o parágrafo único do artigo 39. Dessa forma, poderíamos concluir que a sistemática para a segurada especial seria a seguinte: havendo contribuições, carência de 10 contribuições mensais; não havendo, 12 meses de efetiva atividade rural. O Decreto nº 3.048/99, entretanto, optou por uma interpretação que não prejudique a segurada especial, exigindo apenas dez meses de efetiva atividade rural, nestes termos:

> Art. 93. § 2º Será devido o salário-maternidade à segurada especial, desde que comprove o exercício de atividade rural nos últimos dez meses imediatamente anteriores à data do parto ou do requerimento do benefício, quando requerido antes do parto, mesmo que de forma descontínua, aplicando-se, quando for o caso, o disposto no parágrafo único do art. 29.
>
> Art. 29. A concessão das prestações pecuniárias do Regime Geral de Previdência Social, ressalvado o disposto no art. 30, depende dos seguintes períodos de carência:
>
> III – dez contribuições mensais, no caso de salário-maternidade, para as seguradas contribuinte individual, especial e facultativa, respeitado o disposto no § 2º do art. 93 e no inciso II do art. 101.
>
> Parágrafo único. Em caso de parto antecipado, o período de carência a que se refere o inciso III será reduzido em número de contribuições equivalente ao número de meses em que o parto foi antecipado.
>
> Art. 101. O salário-maternidade, observado o disposto nos arts. 35 e 198 ou 199, pago diretamente pela previdência social, consistirá:
>
> II – em um salário-mínimo, para a segurada especial.

3.2.2.5 Trabalhador rural

O artigo 143 da Lei nº 8.213/91, em sua redação original, instituiu outra regra de transição, exclusivamente para os trabalhadores rurais – empregados, trabalhador avulso,[33] autônomo e segurado especial –, afastando a necessidade de carência, nestes termos:

[33] Por força do art. 7º, XXXIV, da CF/88, segundo o qual é assegurada igualdade de direitos entre o trabalhador com vínculo empregatício permanente e o trabalhador avulso.

Art. 143. O trabalhador rural ora enquadrado como segurado obrigatório do Regime Geral de Previdência Social, na forma da alínea *a* do inciso I, ou do inciso IV ou VII do art. 11 desta lei, ou os seus dependentes, podem requerer, conforme o caso:
I – auxílio-doença, aposentadoria por invalidez, auxílio-reclusão ou pensão por morte, no valor de 1 (um) salário-mínimo, durante 1 (um) ano, contado a partir da data da vigência desta lei, desde que seja comprovado o exercício de atividade rural com relação aos meses imediatamente anteriores ao requerimento do benefício, mesmo que de forma descontínua, durante período igual ao da carência do benefício; e
II – aposentadoria por idade, no valor de 1 (um) salário-mínimo, durante 15 (quinze) anos, contados a partir da data da vigência desta lei, desde que seja comprovado o exercício de atividade rural nos últimos 5 (cinco) anos anteriores à data do requerimento, mesmo de forma descontínua, não se aplicando, nesse período, para o segurado especial, o disposto no inciso I do art. 39.

Posteriormente, a Lei nº 9.032/95 deu nova redação ao artigo:

Art. 143. O trabalhador rural ora enquadrado como segurado obrigatório no Regime Geral de Previdência Social, na forma da alínea *a* dos incisos I e IV e nos incisos VI e VII do art. 11 desta lei, pode requerer aposentadoria por idade, no valor de 1 (um) salário-mínimo, durante 15 (quinze) anos, contados a partir da data de vigência desta lei, desde que comprove o exercício de atividade rural, ainda que descontínua, no período imediatamente anterior ao requerimento do benefício, em número de meses idênticos à carência do referido benefício.

Nova alteração legal foi efetivada pela Lei nº 9.063/95:

Art. 143. O trabalhador rural ora enquadrado como segurado obrigatório no Regime Geral de Previdência Social, na forma da alínea *a* do inciso I, ou do inciso IV ou VII do art. 11 desta Lei, pode requerer aposentadoria por idade, no valor de um salário-mínimo, durante quinze anos, contados a partir da data de vigência desta Lei, desde que comprove o exercício de atividade rural, ainda que descontínua, no período imediatamente anterior ao requerimento do benefício, em número de meses idêntico à carência do referido benefício.

Finalmente, o artigo 2º da Lei nº 11.718/08 determinou que:

Art. 2º Para o trabalhador rural empregado, o prazo previsto no art. 143 da Lei nº 8.213, de 24 de julho de 1991, fica prorrogado até o dia 31 de dezembro de 2010.

Parágrafo único. Aplica-se o disposto no *caput* deste artigo ao trabalhador rural enquadrado na categoria de segurado contribuinte individual que presta serviços de natureza rural, em caráter eventual, a 1 (uma) ou mais empresas, sem relação de emprego.

Portanto, hoje em dia, estão albergados pela disposição em estudo os trabalhadores rurais empregados, avulsos e contribuintes individuais descritos no parágrafo único acima.

A referência ao segurado especial é desnecessária aqui, pois o mesmo já está protegido pelo artigo 39, recém visto, o qual não está sujeito a limites temporais. Mais benéfico, portanto.

Na hipótese descrita nesse artigo 143, à semelhança daquela prevista no artigo 39, I, não exige-se o recolhimento de contribuições, mas apenas a comprovação do exercício de atividade rural.[34]

Na letra do artigo 106 da Lei nº 8.213/91, a comprovação do exercício de atividade rural será feita, alternativamente, por meio de:

I – contrato individual de trabalho ou Carteira de Trabalho e Previdência Social;

II – contrato de arrendamento, parceria ou comodato rural;

III – declaração fundamentada de sindicato que represente o trabalhador rural ou, quando for o caso, de sindicato ou colônia de pescadores, desde que homologada pelo Instituto Nacional do Seguro Social – INSS;

IV – comprovante de cadastro do Instituto Nacional de Colonização e Reforma Agrária – INCRA, no caso de produtores em regime de economia familiar;

V – bloco de notas do produtor rural;

VI – notas fiscais de entrada de mercadorias, de que trata o § 7º do art. 30 da Lei nº 8.212, de 24 de julho de 1991, emitidas pela empresa adquirente da produção, com indicação do nome do segurado como vendedor;

VII – documentos fiscais relativos a entrega de produção rural à cooperativa agrícola, entreposto de pescado ou outros, com indicação do segurado como vendedor ou consignante;

VIII – comprovantes de recolhimento de contribuição à Previdência Social decorrentes da comercialização da produção;

IX – cópia da declaração de imposto de renda, com indicação de renda proveniente da comercialização de produção rural; ou

X – licença de ocupação ou permissão outorgada pelo Incra.

[34] Por essa razão, a mesma observação feita quanto à necessidade de incluir os segurados especiais como efetivos contribuintes do regime previdenciário tem vez aqui.

3.2.3 Do cálculo do valor dos benefícios

3.2.3.1 Do salário-de-benefício

3.2.3.1.1 Regra geral

Salário-de-benefício é o valor básico utilizado para cálculo da renda mensal dos benefícios de prestação continuada, inclusive os regidos por normas especiais e aqueles decorrentes de acidente do trabalho, exceto o salário-família e o salário-maternidade.

Com a introdução do fator previdenciário pela Lei nº 9.876/99, houve significativa mudança na forma de cálculo do salário-de-benefício para a aposentadoria por tempo de contribuição. Referida lei também alterou a forma de cálculo dos demais benefícios. Antes, na redação do artigo 29 da Lei nº 8.213/91, o salário-de-benefício consistia na média aritmética simples de todos os últimos salários-de-contribuição dos meses imediatamente anteriores ao do afastamento da atividade ou da data da entrada do requerimento, até o máximo de 36, apurados em período não superior a 48 meses.

De acordo com a nova redação, o salário-de-benefício consiste:

I – para as aposentadorias por idade e por tempo de contribuição, na média aritmética simples dos maiores salários-de-contribuição correspondentes a oitenta por cento de todo o período contributivo, multiplicada pelo fator previdenciário. O artigo 7º da Lei nº 9.876/99 declara ser facultativa a aplicação do fator previdenciário para o cálculo da aposentadoria por idade. É obrigatória, entretanto, para o cálculo da aposentadoria por tempo de contribuição.

II – para as aposentadorias por invalidez e especial, auxílio-doença e auxílio-acidente na média aritmética simples dos maiores salários-de-contribuição correspondentes a oitenta por cento de todo o período contributivo.

O artigo 3º da Lei nº 9.876/99 determina que para o segurado filiado à previdência social até o dia anterior à data de publicação daquela lei, que vier a cumprir as condições exigidas para a concessão dos benefícios do RGPS, no cálculo do salário-de-benefício será considerada a média aritmética simples dos maiores salários-de-contribuição, correspondentes a, no mínimo, oitenta por cento de todo o período contributivo decorrido desde a competência julho de 1994. Assim, no cálculo da média, a competência mais antiga jamais será anterior a julho de 1994 – se o segurado, por exemplo, começou a trabalhar em janeiro de 1990 e aposenta-se por idade hoje, as contribuições efetuadas até junho de 1994 serão desprezadas no referido cálculo.

O artigo 32, § 20, do Decreto nº 3.048/99, dispunha que "nos casos de auxílio-doença e de aposentadoria por invalidez, contando o segurado com menos de cento e quarenta e quatro contribuições mensais no período contributivo, o salário-de-benefício corresponderá à soma dos salários-de-contribuição dividido pelo número de contribuições apurado". Nessa hipótese – conforme o decreto –, o cálculo da média deveria considerar todos os salários-de-contribuição e não apenas os 80% maiores, ou seja, a norma era prejudicial ao segurado, pois este se via privado de descartar os 20% menores salários-de-contribuição, o que acabava reduzindo o valor final do salário-de-benefício. Reiteradamente apontamos a ilegalidade dessa disposição regulamentar. A recente publicação do Decreto nº 6.939/09 acabou por revogar esse § 20.[35]

3.2.3.1.1.1 Fator previdenciário

O fator previdenciário será calculado considerando-se a idade, a expectativa de sobrevida e o tempo de contribuição do segurado ao se aposentar, mediante a fórmula seguinte:

$$f = \frac{Tc \times a}{Es} \times \left[1 + \frac{(Id + Tc \times a}{100} \right]$$

onde:

f = fator previdenciário;

Es – expectativa de sobrevida no momento da aposentadoria;

Tc = tempo de contribuição até o momento da aposentadoria;

Id = idade no momento da aposentadoria; e

a = alíquota de contribuição igual a 0,31, correspondente à contribuição a cargo da empresa – 20% – somada à contribuição a cargo do empregado, na alíquota máxima – 11%.

A expectativa de sobrevida do segurado na idade da aposentadoria será obtida a partir da tábua completa de mortalidade construída pela Fundação Instituto Brasileiro de Geografia e Estatística (IBGE), considerando-se a média nacional única para ambos os sexos. A atual tabela é a seguinte:

---

35 Na verdade, essa regra regulamentar foi sofrendo constantes alterações – Decretos nºs 3.265/99, 5.399/05 e 5.545/05 – na medida em que a lei de regência fosse alterada. Em 2005, por meio da Medida Provisória nº 242, o Poder Executivo pretendeu alterar a sistemática de cálculo do auxílio-doença, para o fim de determiná-lo segundo a "média aritmética simples dos 36 últimos salários-de-contribuição ou, não alcançando esse limite, na média aritmética simples dos salários-de--contribuição existentes". Ocorre que essa Medida Provisória foi rejeitada pelo Congresso Nacional, o que retirou por completo a fundamentação legal do referido cálculo sem a consideração da média aritmética simples dos maiores salários-de-contribuição correspondentes a 80% de todo o período contributivo, tal qual em vigor, hoje, no artigo 29, II, da Lei nº 8.213/91.

Tabela utilizada nos benefícios concedidos a partir de 1º de dezembro de 2011.

TABELA DE EXPECTATIVA DE SOBREVIDA – Ambos os Sexos – 2010*

Idade	Expectativa de Sobrevida	Idade	Expectativa de Sobrevida	Idade	Expectativa de Sobrevida	Idade	Expectativa de Sobrevida	Idade	Expectativa de Sobrevida	Idade	Expectativa de Sobrevida
0	73,5	14	61,6	28	48,6	42	36,0	56	24,4	70	14,7
1	74,1	15	60,6	29	47,7	43	35,1	57	23,6	71	14,1
2	73,3	16	59,7	30	46,8	44	34,2	58	22,9	72	13,5
3	72,3	17	58,7	31	45,8	45	33,4	59	22,1	73	12,9
4	71,4	18	57,8	32	44,9	46	32,5	60	21,4	74	12,4
5	70,4	19	56,8	33	44,0	47	31,7	61	20,7	75	11,9
6	69,5	20	55,9	34	43,1	48	30,8	62	19,9	76	11,4
7	68,5	21	55,0	35	42,2	49	30,0	63	19,2	77	10,9
8	67,5	22	54,1	36	41,3	50	29,2	64	18,6	78	10,5
9	66,5	23	53,2	37	40,4	51	28,4	65	17,9	79	10,0
10	65,5	24	52,3	38	39,5	52	27,5	66	17,2	80+	9,6
11	64,5	25	51,3	39	38,6	53	26,7	67	16,5		
12	63,6	26	50,4	40	37,7	54	25,9	68	15,9		
13	62,6	27	49,5	41	36,9	55	25,2	69	15,3		

* **Fonte:** IBGE – Diretoria de Pesquisas (DPE), Coordenação de População e Indicadores Sociais (COPIS).

O fator previdenciário foi criado com a finalidade de postergar a aposentadoria do segurado, em face da derrubada da idade mínima proposta pelo Governo na PEC que deu origem à Emenda Constitucional nº 20/98. Com efeito, a proposta original pretendia combinar os requisitos de idade e tempo de contribuição, mas, por apenas um voto, o texto original não foi aprovado. Resultaram daí, como veremos, duas aposentadorias distintas: por idade e por tempo de contribuição. Como o fator previdenciário leva em consideração, no seu denominador, a expectativa de sobrevida no momento da aposentadoria e, quanto menor a idade do segurado, maior esta – *v. g.*, na tabela acima, a Es aos 50 anos é de 29,2 e aos 65 anos é de 17,9 –, o segurado que optar pela aposentadoria mais cedo terá uma redução no seu fator. O requisito da idade mínima para aposentadoria já foi adotado em quase todos os países do mundo. Além do Brasil, apenas Equador, Irã e Iraque não o contemplam e, destes, somente o Brasil não condiciona a aposentadoria por tempo de contribuição ao afastamento do mercado de trabalho. Independentemente do juízo que qualquer um tenha a respeito, é uma realidade que impressiona e merece reflexão.

Com o passar dos anos, entretanto, o aumento considerável na expectativa de sobrevida dos brasileiros vem causando forte impacto negativo no fator previdenciário. Em 2000, a expectativa de sobrevida aos 60 anos era de 17,6 anos. Em 2008, passou a ser de 21,2 anos. Dessa forma, o fator previdenciário vem sofrendo redução constante, como demonstra a tabela a seguir – o que, a nosso pensar, justifica a reformulação de seu cálculo:

Fator Previdenciário nas mesmas condições						
GÊNERO	IDADE	TEMPO	2000	2002	2004	2010
HOMEM	60	35	1,0473	1,0355	0,8999	0,874
MULHER	55	30	0,9699	0,9610	0,8542	0,723

A Lei nº 9.876/99 determinou que, para efeito da aplicação do fator previdenciário, ao tempo de contribuição do segurado serão adicionados:

I – cinco anos, quando se tratar de mulher;

II – cinco anos, quando se tratar de professor que comprove exclusivamente tempo de efetivo exercício das funções de magistério na educação infantil e no ensino fundamental e médio;

III – dez anos, quando se tratar de professora que comprove exclusivamente tempo de efetivo exercício das funções de magistério na educação infantil e no ensino fundamental e médio.

Essa soma tem por objetivo manter as desigualdades asseguradas no Texto Constitucional, para os segurados aí referidos.

A sistemática do fator previdenciário foi muito questionada em juízo, acabando o Supremo Tribunal Federal decidindo pela sua constitucionalidade, no seguinte julgado:

> EMENTA: DIREITO CONSTITUCIONAL E PREVIDENCIÁRIO. PREVIDÊNCIA SOCIAL: CÁLCULO DO BENEFÍCIO. FATOR PREVIDENCIÁRIO. AÇÃO DIRETA DE INCONSTITUCIONALIDADE DA LEI Nº 9.876, DE 26.11.1999, OU, AO MENOS, DO RESPECTIVO ART. 2º (NA PARTE EM QUE ALTEROU A REDAÇÃO DO ART. 29, *CAPUT*, INCISOS E PARÁGRAFOS DA LEI Nº 8.213/91, BEM COMO DE SEU ART. 3º ALEGAÇÃO DE INCONSTITUCIONALIDADE FORMAL DA LEI, POR VIOLAÇÃO AO ART. 65, PARÁGRAFO ÚNICO, DA CONSTITUIÇÃO FEDERAL, E DE QUE SEUS ARTIGOS 2º (NA PARTE REFERIDA) E 3º IMPLICAM INCONSTITUCIONALIDADE MATERIAL, POR AFRONTA AOS ARTIGOS 5º, XXXVI, E 201, §§ 1º E 7º, DA CONSTITUIÇÃO FEDERAL, E AO ART. 3º DA EMENDA CONSTITUCIONAL Nº 20, DE 15.12.1998. MEDIDA CAUTELAR. 1. Na inicial, ao sustentar a inconstitucionalidade formal da Lei nº 9.876, de 26.11.1999, por inobservância do parágrafo único do art. 65 da Constituição Federal, segundo o qual "sendo o projeto emendado, voltará à Casa iniciadora", não chegou a autora a explicitar em que consistiram as alterações efetuadas pelo Senado Federal, sem retorno à Câmara dos Deputados. Deixou de cumprir, pois, o inciso I do art. 3º da Lei nº 9.868, de 10.11.1999, segundo o qual a petição inicial da A.D.I. deve indicar "os fundamentos jurídicos do pedido em relação a cada uma das impugnações". Enfim, não satisfeito esse requisito, no que concerne à alegação de inconstitucionalidade formal de toda a Lei nº 9.868, de 10.11.1999, a Ação Direta de Inconstitucionalidade não é conhecida, nesse ponto, ficando, a esse respeito, prejudicada a medida cautelar. 2. Quanto à alegação de inconstitucionalidade material do art. 2º da Lei nº 9.876/99, na parte em que deu nova redação ao art. 29, *caput*, incisos e parágrafos, da Lei nº 8.213/91, a um primeiro exame, parecem corretas as objeções da Presidência da República e do Congresso Nacional. É que o art. 201, §§ 1º e 7º, da C.F., com a redação dada pela E.C. nº 20, de 15.12.1998, cuidaram apenas, no que aqui interessa, dos requisitos para a obtenção do benefício da aposentadoria. No que tange ao montante do benefício, ou seja, quanto aos proventos da aposentadoria, propriamente ditos, a Constituição Federal de 5.10.1988, em seu texto originário, dele cuidava no art. 202. O texto atual da Constituição, porém, com o advento da E.C. nº 20/98, já não trata dessa matéria, que, assim, fica remetida "aos termos da lei", a que se referem o *caput* e o § 7º do novo art. 201. Ora, se a Constituição, em seu texto em vigor, já não trata do cálculo do montante do benefício da aposentadoria, ou melhor, dos respectivos proventos, não pode ter sido violada pelo art. 2º da Lei nº 9.876, de 26.11.1999, que,

dando nova redação ao art. 29 da Lei nº 8.213/91, cuidou exatamente disso. E em cumprimento, aliás, ao *caput* e ao parágrafo 7º do novo art. 201. 3. Aliás, com essa nova redação, não deixaram de ser adotados, na Lei, critérios destinados a preservar o equilíbrio financeiro e atuarial, como determinado no *caput* do novo art. 201. O equilíbrio financeiro é o previsto no orçamento geral da União. E o equilíbrio atuarial foi buscado, pela Lei, com critérios relacionados com a expectativa de sobrevida no momento da aposentadoria, com o tempo de contribuição e com a idade, até esse momento, e, ainda, com a alíquota de contribuição correspondente a 0,31. 4. Fica, pois, indeferida a medida cautelar de suspensão do art. 2º da Lei nº 9.876/99, na parte em que deu nova redação ao art. 29, *caput*, incisos e parágrafos, da Lei nº 8.213/91. 5. Também não parece caracterizada violação do inciso XXXVI do art. 5º da C.F., pelo art. 3º da Lei impugnada. É que se trata, aí, de norma de transição, para os que, filiados à Previdência Social até o dia anterior ao da publicação da Lei, só depois vieram ou vierem a cumprir as condições exigidas para a concessão dos benefícios do Regime Geral da Previdência Social. 6. Enfim, a Ação Direta de Inconstitucionalidade não é conhecida, no ponto em que impugna toda a Lei nº 9.876/99, ao argumento de inconstitucionalidade formal (art. 65, parágrafo único, da Constituição Federal). É conhecida, porém, quanto à impugnação dos artigos 2º (na parte em que deu nova redação ao art. 29, seus incisos e parágrafos da Lei nº 8.213/91) e 3º daquele diploma. Mas, nessa parte, resta indeferida a medida cautelar.[36]

O artigo 5º da Lei nº 9.876/99 introduziu uma regra de transição para aplicação do fator previdenciário. Nos termos da referida norma, para a obtenção do salário-de-benefício, o fator previdenciário será aplicado de forma progressiva, incidindo sobre 1/60 avos da média aritmética de que trata o artigo 3º daquela lei, por mês que se seguir a sua publicação, cumulativa e sucessivamente, até completar 60 avos da referida média. A regra de transição terminou em novembro de 2004.

A fórmula da regra de transição é a seguinte:

$$Fn = \frac{(f \times n)}{60} + \frac{(60 - n)}{60}$$

Onde: Fn = fator de transição

n = número de meses após a publicação da lei

f = fator previdenciário

3.2.3.1.2 Limites do salário-de-benefício

O valor do salário-de-benefício não será inferior ao de um salário-mínimo, nem superior ao do limite máximo do salário-de-contribuição na data de início do

36 STF, ADI nº 2111, *DJ* 5 dez. 2003.

benefício. De acordo com as regras do equilíbrio financeiro do regime previdenciário, deve haver equivalência entre os valores máximos do salário-de-benefício e do salário-de-contribuição. Os salários-de-contribuição considerados no cálculo do valor do benefício serão corrigidos mês a mês de acordo com a variação integral do Índice Nacional de Preços ao Consumidor – INPC, calculado pela Fundação Instituto Brasileiro de Geografia e Estatística – IBGE e pelos índices posteriores. Nesse sentido, é a jurisprudência:

> Ementa: PREVIDENCIÁRIO. SALÁRIO-DE-BENEFÍCIO. LIMITAÇÃO. ART. 29, § 2º, LEI Nº 8.213/91. SALÁRIO-DE-CONTRIBUIÇÃO. LEGALIDADE. CORREÇÃO. INPC.
>
> 1. A teor de pacífica jurisprudência da Egrégia Terceira Seção, os salários-de-contribuição incluídos na elaboração da renda mensal dos benefícios previdenciários concedidos após a Constituição da República vigente, devem ser corrigidos pelo INPC e demais índices que o sucederam.
>
> 2. O valor do salário-de-benefício está limitado ao valor máximo do salário-de-contribuição vigente quando da época da sua concessão.
>
> Precedentes da Terceira Seção.
>
> 3. Recurso especial conhecido e provido.[37]

Os salários-de-contribuição utilizados no cálculo do valor dos benefícios serão considerados respeitando-se os limites mínimo e máximo vigentes nos meses a que se referirem. Nesse sentido, o seguinte julgado:

> Ementa: PREVIDENCIÁRIO. BENEFÍCIOS. PRESERVAÇÃO DO VALOR REAL. EQUIVALÊNCIA. LEI DE REGÊNCIA. TETO. REAJUSTE. PROPORCIONALIDADE. ISENÇÃO DE HONORÁRIOS.
>
> – Em se tratando de benefício concedido posteriormente ao advento da Lei 8.213/91, deve ser regido por este diploma legal.
>
> – Não há correlação permanente entre o salário-de-contribuição e o valor do benefício. Os benefícios previdenciários devem ser reajustados, tendo presente a data da concessão, segundo disposto na Lei nº 8.213/91 e legislação posterior.
>
> – A equivalência pretendida entre o salário-de-contribuição e salário-de-benefício não encontra amparo legal.
>
> – Nos termos do art. 135 da Lei 8.213/91, os limites máximo e mínimo dos salários-de-contribuição utilizados no cálculo do benefício serão aqueles vigentes nos meses a que se referirem.
>
> – A Jurisprudência desta Corte consolidou o entendimento de que, em tema de reajuste de benefícios de prestação continuada, o primeiro reajuste da renda mensal

37 STJ, REsp nº 524578, *DJ* 15 set. 2003.

inicial deve observar o critério da proporcionalidade, segundo a data da concessão do benefício, na forma do art. 41 da Lei 8.213/91.

– O artigo 128 da Lei 8.213/91, apontado como violado pela decisão *a quo*, não trata sobre isenção de honorários.

– Precedentes.

– Recurso desprovido.[38]

O artigo 136 da Lei nº 8.213/91 tem uma redação infeliz. Em seus termos, "ficam eliminados o menor e o maior valor-teto para cálculo do salário-de-benefício". O menor e o maior valor-teto integravam a sistemática de cálculo do regime anterior, não confundem-se com o atual teto do salário-de-benefício. Com a publicação da Lei nº 8.213/91, automaticamente foram eliminados. A respeito do tema já decidiu o Superior Tribunal de Justiça:

Ementa: RECURSO ESPECIAL. PREVIDENCIÁRIO. REVISÃO DE CÁLCULO DE BENEFÍCIO. PLANO DE CUSTEIO E BENEFÍCIOS. EQUIVALÊNCIA SALARIAL. ART. 41, DA LEI 8.213/91. FIXAÇÃO DE TETO.

Descabida a aplicação do princípio da equivalência salarial com o número de salários-mínimos à época da concessão do benefício previdenciário, concedidos na vigência da Lei 8.213, pois a própria Lei, em seu art. 41, incisos I e II, estabelece a fórmula do cálculo do valor inicial da aposentadoria e dita regras para seu reajustamento.

"O art. 136 da Lei nº 8.213/91 não interfere em qualquer determinação do art. 29 da mesma lei, por versarem sobre questões diferentes. Enquanto aquele ordena a exclusão do valor teto do salário-de-contribuição para um determinado cálculo, este estipula limite máximo para o próprio salário-de-benefício." (Precedentes) Recurso do obreiro não conhecido e provido o recurso da autarquia.[39]

3.2.3.1.3 Parcelas integrantes do salário-de-benefício

Serão considerados para cálculo do salário-de-benefício os ganhos habituais do segurado empregado, a qualquer título, sob forma de moeda corrente ou de utilidades, sobre os quais tenham incidido contribuições previdenciárias, exceto o décimo-terceiro salário (gratificação natalina).

Não será considerado, para o cálculo do salário-de-benefício, o aumento dos salários-de-contribuição que exceder o limite legal, inclusive o voluntariamente concedido nos 36 meses imediatamente anteriores ao início do benefício, salvo se homologado pela Justiça do Trabalho, resultante de promoção regulada por

---

[38] STJ, REsp nº 212423, *DJ* 13 set. 1999.

[39] STJ, REsp nº 640697, *DJ* 1º ago. 2005.

normas gerais da empresa, admitida pela legislação do trabalho, de sentença normativa ou de reajustamento salarial obtido pela categoria respectiva.

Se, no período básico de cálculo, o segurado tiver recebido benefícios por incapacidade, sua duração será contada, considerando-se como salário-de-contribuição, no período, o salário-de-benefício que serviu de base para o cálculo da renda mensal, reajustado nas mesmas épocas e bases dos benefícios em geral, não podendo ser inferior ao valor de 1 salário-mínimo.[40] A norma é benéfica para o segurado, pois em certos casos a renda mensal é inferior ao salário-de-benefício, como no auxílio-doença, onde aquela equivale a 91% deste.

3.2.3.1.4 Segurado especial

A Lei nº 11.718/08 deu nova redação ao § 6º ao artigo 29 da Lei nº 8.213/91, determinando que o salário-de-benefício do segurado especial consiste no valor equivalente ao salário-mínimo, ressalvada a hipótese desse contribuir como segurado facultativo e eventuais salários-de-contribuição sob outras categorias de segurado.

3.2.3.1.5 CNIS

De acordo com o artigo 29-A da Lei nº 8.213/91, o INSS utilizará as informações constantes no Cadastro Nacional de Informações Sociais – CNIS sobre os vínculos e as remunerações dos segurados, para fins de cálculo do salário-de-benefício, comprovação de filiação ao Regime Geral de Previdência Social, tempo de contribuição e relação de emprego. O INSS terá até 180 dias, contados a partir da solicitação do pedido, para fornecer ao segurado as informações previstas no *caput* desse artigo. O prazo fixado pela lei não é nada razoável, visto depender de simples consulta aos sistemas informatizados.

Considerando eventuais inconsistências do cadastro, a lei garante ao segurado, a qualquer momento, o direito de solicitar a retificação das informações constantes no CNIS, com a apresentação de documentos comprobatórios sobre o período divergente, bem como a inclusão, exclusão ou retificação de informações, mediante a apresentação de documentos comprobatórios dos dados divergentes, conforme critérios definidos pelo INSS.

---

[40] Não obstante essa determinação legal contida no art. 29, § 5º, da Lei nº 8.213/91, importa registrar que o STF, no julgamento do RE nº 583834, concluiu pela legitimidade do art. 36, § 7º, do Decreto nº 3.048/99, segundo o qual "a renda mensal inicial da aposentadoria por invalidez concedida por transformação de auxílio-doença será de cem por cento do salário-de-benefício que serviu de base para o cálculo da renda mensal inicial do auxílio-doença, reajustado pelos mesmos índices de correção dos benefícios em geral".

A aceitação de informações relativas a vínculos e remunerações inseridas extemporaneamente no CNIS, inclusive retificações de informações anteriormente inseridas, fica condicionada à comprovação dos dados ou das divergências apontadas, conforme critérios definidos em regulamento. A lei considera extemporânea a inserção de dados decorrentes de documento inicial ou de retificação de dados anteriormente informados, quando o documento ou a retificação, ou a informação retificadora, forem apresentados após os prazos estabelecidos em regulamento.

Havendo dúvida sobre a regularidade do vínculo incluído no CNIS e inexistência de informações sobre remunerações e contribuições, o INSS exigirá a apresentação dos documentos que serviram de base à anotação, sob pena de exclusão do período. Em alguns casos, a dúvida é sanada apenas por meio de um procedimento denominado "pesquisa externa", quando o servidor vai a campo com o objetivo de esclarecer a realidade fática.

3.2.3.1.6 Auxílio-acidente

O auxílio-acidente, como veremos oportunamente, não é mais acumulável com benefício de aposentadoria. Sendo assim, como determina o artigo 31 da Lei nº 8.213/91, o seu valor mensal integra o salário-de-contribuição para fins de cálculo do salário-de-benefício de qualquer aposentadoria.

3.2.3.1.7 Atividades concomitantes

O salário-de-benefício do segurado que contribui em razão de atividades concomitantes será calculado com base na soma dos salários-de-contribuição das atividades exercidas até a data do requerimento ou do óbito ou no período básico de cálculo – PBC – de acordo com as seguintes regras, previstas no artigo 32 da Lei nº 8.213/91:

I – quando o segurado satisfizer, em relação a cada atividade, as condições para obtenção do benefício requerido, o salário-de-benefício será calculado com base na soma dos seus salários-de-contribuição;

II – quando não se verificar a hipótese acima, o salário-de-benefício corresponderá à soma das seguintes parcelas:

a) o salário-de-benefício calculado com base nos salários-de-contribuição das atividades em relação às quais são atendidas as condições do benefício requerido; e

b) um percentual da média do salário-de-contribuição de cada uma das demais atividades, equivalente à relação entre o número de meses completos de contribuição e os do período da carência do benefício requerido. Quando se tratar de benefício por tempo de contribuição, esse percentual será o resultante da relação entre os anos completos de atividade e o número de anos de contribuição considerados para a concessão do benefício.

Na hipótese de o segurado ter contribuído apenas em relação a uma das atividades concomitantes, em obediência ao limite máximo do salário-de-contribuição, não há que se falar nessa sistemática de cálculo, pois, embora havendo atividades concomitantes, a contribuição incidiu apenas sobre um único salário-de-contribuição.

Quando o exercício de uma das atividades concomitantes se desdobrar por atividades sucessivas, o tempo a ser considerado para os efeitos desse artigo será a soma dos períodos de contribuição correspondentes.

Para que as contribuições sejam consideradas, é fundamental que integrem o período básico de cálculo. Não importa que o segurado esteja no exercício de apenas uma atividade na data do requerimento.

Na hipótese de concessão de aposentadoria por invalidez posterior a auxílio-doença, o salário-de-benefício daquela deve corresponder à soma das seguintes parcelas:

I – o valor do salário-de-benefício do auxílio-doença a ser transformado em aposentadoria por invalidez, devidamente reajustado; e

II – o valor correspondente ao percentual de média dos salários-de-contribuição de cada uma das demais atividades não consideradas no cálculo do auxílio-doença a ser transformado, percentual este equivalente à relação entre os meses completos de contribuição, até o máximo de doze, e os estipulados como período de carência para a aposentadoria por invalidez.

Quando o segurado sofrer redução do salário-de-contribuição das atividades concomitantes em respeito ao limite máximo desse salário, não aplica-se essa sistemática. Nesse sentido, é a jurisprudência:

> Ementa: PREVIDENCIÁRIO. APOSENTADORIA POR TEMPO DE SERVIÇO. ATIVIDADES CONCOMITANTES. SALÁRIO-DE-CONTRIBUIÇÃO. INAPLICABILIDADE DO ART. 32, INC. II E III, DA LEI Nº 8.213/91.
>
> 1. O cálculo do salário-de-benefício se realiza conforme as regras gerais, previstas no art. 29 da Lei nº 8.213/91, somando-se os salários-de-contribuição de ambas as atividades concomitantes, em uma só etapa de cálculo, desde que ocorra a hipótese contida no § 2º, do art. 32, da mesma lei.
>
> 2. Recurso especial não conhecido.[41]

---

[41] STJ, REsp nº 233739, *DJ* 10 abr. 2000.

3.2.3.2 Da renda mensal do benefício

A renda mensal do benefício é o valor que será pago pela previdência social ao segurado. É calculado mediante a aplicação de uma alíquota sobre o salário-de-benefício. Os percentuais são os seguintes:

Aposentadoria especial: 100% do salário-de-benefício;

Aposentadoria por idade: 70% do salário-de-benefício + 1% por grupo de 12 contribuições mensais, até o limite de 100% do salário-de-benefício;

Aposentadoria por invalidez: 100% do salário-de-benefício;

Aposentadoria por tempo de contribuição:

– Regras permanentes – aposentadoria integral:

I – para a mulher – 100% do salário-de-benefício aos trinta anos de contribuição;

II – para o homem – 100% do salário-de-benefício aos trinta e cinco anos de contribuição; e

III – 100% do salário-de-benefício, para o professor aos trinta anos, e para a professora aos vinte e cinco anos de contribuição e de efetivo exercício em função de magistério na educação infantil, no ensino fundamental ou no ensino médio;

– Regras transitórias – aposentadoria proporcional:

I – para a mulher: 70% do salário-de-benefício aos 25 anos de contribuição, mais 5% por ano de contribuição que supere a soma referida no artigo 9º, § 1º, II, da Emenda Constitucional nº 20/98, até o máximo de 100% do salário-de-benefício.

II – para o homem: 70% do salário-de-benefício aos 30 anos de contribuição, mais 5% por ano de contribuição que supere a soma referida no artigo 9º, § 1º, II, da Emenda Constitucional nº 20/98, até o máximo de 100% do salário-de-benefício.

Auxílio-acidente: 50% do salário-de-benefício;

Auxílio-doença: 91% do salário-de-benefício;

Auxílio-reclusão: 100% do salário-de-benefício;

Pensão por morte: 100% do salário-de-benefício.

Por expressa determinação constitucional estampada no artigo 201, § 2º, da Constituição Federal, nenhum benefício que substitua o salário-de-contribuição ou o rendimento do trabalho do segurado terá valor mensal inferior ao do salário-mínimo. Importa notar que a garantia diz respeito aos benefícios substitutivos do salário-de-contribuição ou do rendimento do trabalho do segurado, não aplicando-se aos benefícios complementares, ou seja, àqueles que não têm o objetivo de substituir, mas sim de complementar o rendimento do segurado, tal como o auxílio-acidente e o salário-família. Essa garantia foi repetida no artigo 33 da Lei nº 8.213/91.

A renda mensal do benefício também está sujeita ao limite máximo do salário--de-contribuição. Mas essa regra comporta duas exceções: a grande invalidez e o salário-maternidade, como veremos adiante.

No cálculo do valor da renda mensal do benefício, inclusive o decorrente de acidente do trabalho, serão computados:

I – para o segurado empregado e trabalhador avulso, os salários-de-contribuição referentes aos meses de contribuições devidas, ainda que não recolhidas pela empresa, sem prejuízo da respectiva cobrança e da aplicação das penalidades cabíveis;

II – para o segurado empregado, o trabalhador avulso e o segurado especial, o valor mensal do auxílio-acidente, considerado como salário-de--contribuição para fins de concessão de qualquer aposentadoria;

III – para os demais segurados, os salários-de-contribuição referentes aos meses de contribuições efetivamente recolhidas.

Os critérios de cálculo da renda mensal do beneficio têm relação direta com a implantação do CNIS. A falta de dados nos bancos da seguridade social tem implicado prejuízo aos segurados. Vejamos o disposto nos artigos 34 a 38 da Lei nº 8.213/91. Ao segurado empregado e ao trabalhador avulso que tenham cumprido todas as condições para a concessão do benefício pleiteado, mas não possam comprovar o valor dos seus salários-de-contribuição no período básico de cálculo, será concedido o benefício de valor mínimo, devendo essa renda ser recalculada, quando da apresentação de prova dos salários-de-contribuição. Ou seja, os descontos das contribuições previdenciárias dos segurados empregados e avulsos presumem-se realizados na época própria, mas apenas para concessão de benefício no valor mínimo. Para percepção de benefícios em valor superior ao mínimo cabe a esses segurados comprovarem o valor dos seus salários-de--contribuição. Se não for possível, por exemplo, por incêndio na empresa e inexistência de outro meio de prova, receberão o valor mínimo, o que não se mostra razoável. Se houvesse um cadastro confiável nos bancos públicos, esse ônus não seria do segurado. Importa observar que os segurados empregados e trabalhadores avulsos devem comprovar apenas o valor dos seus salários--de-contribuição, não o efetivo recolhimento. Para o segurado empregado doméstico a situação é ainda pior. Tendo satisfeito as condições exigidas para a concessão do benefício requerido, deve comprovar o efetivo recolhimento das contribuições devidas – o que é de responsabilidade do empregador, não do empregado doméstico! Se não comprovar o efetivo recolhimento, será concedido o benefício de valor mínimo, devendo sua renda ser recalculada quando da apresentação da prova do recolhimento das contribuições. Há julgados que afastam essa sistemática:

> Ementa: PREVIDENCIÁRIO. APOSENTADORIA POR IDADE. EMPREGADA DOMÉSTICA. CARÊNCIA. COMPROVAÇÃO. RECURSO ESPECIAL.
>
> 1. O recolhimento da contribuição devida pela empregada doméstica é responsabilidade do empregador, cabendo ao INSS fiscalizar e exigir o cumprimento de tal obrigação.
>
> 2. Preenchidos os seus demais requisitos, não se indefere pedido de aposentadoria por idade quando, exclusivamente, não comprovado o efetivo recolhimento das contribuições previdenciárias devidas (Lei 8.213/91, art. 36).
>
> 3. Recurso Especial conhecido mas não provido.[42]

A renda mensal inicial, recalculada pela apresentação dos documentos referidos acima, deve ser reajustada como a dos benefícios correspondentes com igual data de início e substituirá, a partir da data do requerimento de revisão do valor do benefício, a renda mensal que prevalecia até então.

O artigo 38 da Lei nº 8.213/91 acolhe em parte nossa crítica:

> Art. 38. Sem prejuízo do disposto nos arts. 35 e 36, cabe à Previdência Social manter cadastro dos segurados com todos os informes necessários para o cálculo da renda mensal dos benefícios.

3.2.3.2.1 13º salário

O décimo-terceiro salário a que têm direito os beneficiários da previdência social é denominado abono anual. Nos termos do artigo 40 da Lei nº 8.213/91, é devido abono anual ao segurado e ao dependente da previdência social que, durante o ano, recebeu auxílio-doença, auxílio-acidente, aposentadoria, pensão por morte ou auxílio-reclusão. O abono anual será calculado, no que couber, da mesma forma que a gratificação de Natal dos trabalhadores, tendo por base o valor da renda mensal do benefício do mês de dezembro de cada ano. Será sempre proporcional ao *quantum* recebido no ano, calculado da seguinte forma: 1/12 da remuneração devida em dezembro por mês de serviço no ano, considerando-se a fração de 15 dias ou mais como mês integral. Importa observar: o cálculo do benefício não leva em consideração a média do valor recebido durante o ano, mas o valor de benefício no mês de dezembro, o que é mais vantajoso para o segurado, tendo em vista que o reajuste dos benefícios previdenciários ocorre no curso do ano.

---

[42] STJ, REsp nº 272648, *DJ* 4 dez. 2000.

O abono anual aqui tratado em nada confunde-se com o abono anual referido no artigo 239, § 3º, da Constituição Federal e regulamentado pela Lei nº 7.859/89, o qual não tem natureza previdenciária. Este último, no valor de um salário-mínimo, é devido aos empregados que perceberem de empregadores, que contribuem para o Programa de Integração Social (PIS) ou para o Programa de Formação do Patrimônio do Servidor Público (PASEP), até dois salários-mínimos médios de remuneração mensal no período trabalhado, e que tenham exercido atividade remunerada pelo menos durante 30 dias no ano-base e que estejam cadastrados, há pelo menos cinco anos (art. 4º, § 3º, da Lei Complementar nº 26, de 11 de setembro de 1975), no Fundo de Participação PIS-PASEP ou no Cadastro Nacional do Trabalhador.

3.2.3.3 Calculando um benefício previdenciário

De tudo o que foi visto até aqui, podemos agora, na prática, calcular um benefício previdenciário. Para tanto, é preciso seguir os seguintes passos:

1. Delimitar o PBC – período básico de cálculo;
2. Apurar os SC – salários-de-contribuição – do PBC;
3. Atualizar os SC do PBC;
4. Calcular o SB – salário-de-benefício;
5. Calcular a RMI – renda mensal inicial.

Propomos o exemplo de um segurado que requereu auxílio-doença em maio de 2008, tendo começado a trabalhar e a contribuir em maio de 2007. Sua remuneração incial era de R$ 1.000,00, reajustada para R$ 1.200,00 em março de 2008. Então, temos:

1. O seu período básico de cálculo vai de 5/7 a 4/8.
2. Os seus salários-de-contribuição são os seguintes:

Competência	Valor (R$)
Maio/07	1.000,00
Jun./07	1.000,00
Jul./07	1.000,00
Ago./07	1.000,00
Set./07	1.000,00
Out./07	1.000,00
Nov./07	1.000,00
Dez./07	1.000,00
Jan./08	1.000,00
Fev./08	1.000,00
Mar./08	1.200,00
Abr./08	1.200,00

3. Para atualizar os salários-de-contribuição do período básico de cálculo, nos valemos das tabelas divulgadas mensalmente pela previdência social. Como nosso benefício foi requerido em maio de 2008, utilizaremos a tabela divulgada naquele mês, que é a seguinte:

Tabela de atualização monetária dos salários-de-contribuição para apuração do salário-de-benefício		
MAIO/2008 (Portaria nº 150, de 13.5.2008)[43]		
	...	....
	Maio/07	1,059329
	Jun./07	1,056582
	Jul./07	1,053317
	Ago./07	1,049957
	Set./07	1,043798
	Out./07	1,041195
	Nov./07	1,038081
	Dez./07	1,033637
	Jan./08	1,023707
	Fev./08	1,016691
	Mar./08	1,011533
	Abr./08	1,006400

Após a incidência do índice de atualização sobre a respectiva competência, temos os salários-de-contribuição corrigidos:

[43] As tabelas de atualização apresentam competências anteriores a maio de 2007, mas que não interessam ao nosso cálculo; por isso, foram suprimidas.

Competência	Valor corrigido (R$)
Maio/07	1.059,32
Jun./07	1.056,58
Jul./07	1.053,31
Ago./07	1.049,95
Set./07	1.043,79
Out./07	1.041,19
Nov./07	1.038,08
Dez./07	1.033,63
Jan./08	1.023,70
Fev./08	1.016,69
Mar./08	1.213,83
Abr./08	1.207,68

4. Para calcular o salário-de-benefício do auxílio-doença, observamos o artigo 29, II, da Lei nº 8.213/91, segundo o qual este consiste na média aritmética simples dos maiores salários-de-contribuição correspondentes a 80% de todo o período contributivo. Nosso período contributivo é de 12 meses; 80% dele equivale a 9,6 meses, o qual deve ser arredondado para 9 meses, a fim de não causar prejuízo ao segurado. Assim, procedemos à média aritmética simples dos 9 maiores salários-de-contribuição:

$$SB = \frac{9.763{,}73 \text{ (soma dos 9 maiores SC)}}{9}$$

$$SB = R\$ \ 1.084{,}85$$

5. Finalmente, calculamos a renda mensal inicial que, no caso do auxílio-doença, equivale a 91% do salário-de-benefício:

$$\text{RMI (aux.-doença)} = SB \times 91\% = R\$ \ 1.084{,}85 \times 91\% = 987{,}21$$

O valor final do benefício é, então, R$ 987,21.

3.2.4 Do reajustamento do valor dos benefícios

3.2.4.1 Regras para o reajustamento dos benefícios

O artigo 201, § 4º, da Constituição Federal assegura a cláusula de preservação do valor real dos benefícios da previdência social. Preservação do valor real não confunde-se com irredutibilidade nominal. Esta última assegura que o valor expresso em unidades monetárias não será reduzido. Noutros termos: um benefício de R$ 1.000,00 não pode ser reduzido para R$ 900,00. Não é disso que se trata. A preservação do valor real significa a manutenção do poder aquisitivo. Assim, o poder aquisitivo expresso em unidades monetárias é que deve ser preservado, o que implica reajuste periódico no valor dos benefícios.

A cláusula de preservação do valor real dos benefícios é fundamental e diz respeito à própria existência do direito do beneficiário. Em época de alta inflação, sua ausência implicaria negativa do benefício.

3.2.4.2 Súmula nº 260 do TFR

Tratando do reajuste dos benefícios concedidos anteriormente à atual Constituição Federal, o Tribunal Federal de Recursos editou a Súmula 260, nestes termos:

No primeiro reajuste do benefício previdenciário, deve-se aplicar o índice integral do aumento verificado, independentemente do mês de concessão, considerado, nos reajustes subsequentes, o salário mínimo então atualizado.

Assim, o Tribunal Federal de Recursos não aceitou a sistemática de reajuste proporcional ao mês de concessão dos benefícios vigente no período anterior, determinando a aplicação do índice integral no primeiro reajuste.

A respeito da Súmula 260, o Tribunal Regional Federal da 4ª Região editou a Súmula 51:

Não se aplicam os critérios da Súmula nº 260 do extinto Tribunal Federal de Recursos aos benefícios previdenciários concedidos após a Constituição Federal de 1988.

No mesmo sentido é a jurisprudência do Superior Tribunal de Justiça:

Ementa: RECURSO ESPECIAL. PREVIDENCIÁRIO. BENEFÍCIO CONCEDIDO APÓS A CF/88. REAJUSTE. INAPLICABILIDADE DA SÚMULA Nº 260/TFR. ARTIGO 144 DA LEI Nº 8.213/91. APLICABILIDADE.

1. Todos os benefícios de prestação continuada concedidos pela Previdência Social entre 5 de outubro de 1988 e 5 de abril de 1991 devem ter sua renda mensal inicial recalculada e reajustada de acordo com as regras estabelecidas na Lei 8.213/91 (artigo 144).

2. Ao seu reajustamento, pois, aplica-se o artigo 41 da Lei 8.213/91, que determina a incidência do INPC, calculado pelo IBGE, não havendo falar, portanto, na utilização do critério de equivalência em número de salários-mínimos instituído pelo artigo 58 do ADCT, nem na incidência do Enunciado nº 260 da Súmula do extinto Tribunal Federal de Recursos. Precedentes.

3. Recurso especial provido.[44]

3.2.4.3 *Artigo 58 do ADCT*

Por outro lado, o artigo 58 do ADCT da Constituição Federal de 88 determinou:

Art. 58. Os benefícios de prestação continuada, mantidos pela previdência social na data da promulgação da Constituição, terão seus valores revistos, a fim de que seja restabelecido o poder aquisitivo, expresso em número de salários-mínimos, que tinham na data de sua concessão, obedecendo-se a esse critério de atualização até a implantação do plano de custeio e benefícios referidos no artigo seguinte.

Parágrafo único. As prestações mensais dos benefícios atualizadas de acordo com este artigo serão devidas e pagas a partir do sétimo mês a contar da promulgação da Constituição.

Com efeito, a partir de abril de 1989 até dezembro de 1991, quando foi regulamentado o plano de custeio e benefícios da previdência social, por meio do Decreto nº 357/91, vigorou a equivalência de salários-mínimos, por expressa determinação constitucional. Essa sistemática foi aplicada exclusivamente para os benefícios mantidos na data da promulgação da Constituição, aliás, como expresso na Súmula 687 do Supremo Tribunal Federal:

A revisão de que trata o art. 58 do ADCT não se aplica aos benefícios previdenciários concedidos após a promulgação da Constituição de 1988.

3.2.4.4 *Lei nº 8.213/91*

A partir de dezembro de 1991, os benefícios concedidos em período anterior à Constituição vigente seguem os critérios de reajuste da Lei nº 8.213/91.

Alterando a sistemática de cálculo da renda mensal dos benefícios, que no período anterior à Constituição de 88 determinava a correção apenas dos 24 últimos salários-de-contribuição do período básico de cálculo, o artigo 202 da Constituição Federal assegurou a correção, nos termos da lei, de todos os últimos 36 salários-de-contribuição. Essa regulamentação, entretanto, só foi efetivada pela Lei nº 8.213/91, segundo a dicção do artigo 144, nestes termos:

---

[44] STJ, REsp nº 519973, *DJ* 22 mar. 2004.

Art. 144. Até 1º de junho de 1992, todos os benefícios de prestação continuada concedidos pela Previdência Social, entre 5 de outubro de 1988 e 5 de abril de 1991, devem ter sua renda mensal inicial recalculada e reajustada, de acordo com as regras estabelecidas nesta Lei.

Parágrafo único. A renda mensal recalculada de acordo com o disposto no *caput* deste artigo, substituirá para todos os efeitos a que prevalecia até então, não sendo devido, entretanto, o pagamento de quaisquer diferenças decorrentes da aplicação deste artigo referentes às competências de outubro de 1988 a maio de 1992.

Assim, os benefícios concedidos entre 5.10.88 e 5.4.91 – período denominado de "buraco negro" – foram revistos, nos termos da lei nova, mas com efeitos financeiros somente a partir de junho de 1992.

Os benefícios concedidos a partir de 6.4.91 também foram revistos, todavia, ao contrário dos anteriores, as diferenças devidas foram integralmente pagas, nos termos do artigo 145 da Lei nº 8.213/91, o qual fixou em 5.4.91 o termo inicial dos efeitos financeiros decorrentes da aplicação da lei nova e determinou o pagamento das diferenças em 24 parcelas mensais consecutivas reajustadas nas mesmas épocas e na mesma proporção em que forem reajustados os benefícios de prestação continuada da Previdência Social. Na verdade, a data de 5.4.91 é o limite final dos prazos fixados no artigo 59 do ADCT.

Cabe registrar que, ao contrário do pensamento de muitos, nunca houve equivalência salarial relacionando custeio e benefício. Noutros termos: se o segurado contribuiu durante toda a sua vida laboral, digamos, sobre uma base de cálculo equivalente a dez salários-mínimos, não há qualquer garantia no sentido de que o seu benefício será equivalente a dez salários-mínimos, ainda mais depois da instituição do fator previdenciário, o qual considera uma série de variáveis.

Nas parcelas de natureza previdenciária, pagas em atraso, incidem juros de 1% ao mês, desde a citação, e correção monetária desde quando devidas, mesmo que em momento anterior ao ajuizamento da ação. Nesse sentido, é a posição do Superior Tribunal de Justiça:

Ementa: PREVIDENCIÁRIO. PORTARIA 714/93. INTERRUPÇÃO DA PRESCRIÇÃO. DISSÍDIO DEMONSTRADO. AÇÃO IMPETRADA ANTES DE 8.12.98. PREVIDENCIÁRIO. BENEFÍCIOS. CORREÇÃO MONETÁRIA. LEI 6.899/81.

"Os juros de mora nas ações relativas a benefícios previdenciários incidem a partir da citação válida" (Súmula 204-STJ).

Nas prestações atrasadas, de caráter eminentemente alimentar, os juros moratórios deverão ser fixados no percentual de 1% (um por cento) ao mês.

As parcelas de débitos previdenciários não prescritas e vencidas após a vigência da Lei nº 6.899/81 devem ser atualizadas monetariamente na forma prevista neste diploma legal, desde quando originada a obrigação, ainda que anterior ao ajuizamento da ação.

[...]

Precedentes.

Recurso da autarquia conhecido e parcialmente provido.

Recurso do obreiro provido.[45]

A esse respeito, a Advocacia-Geral da União editou a Súmula nº 28:

O pagamento das parcelas atrasadas de benefício previdenciário deve ocorrer sempre com correção monetária, independentemente de ocorrência de mora e de quem lhe deu causa, vez que representa mera atualização da moeda.[46]

Hoje em dia vigora a proporcionalidade no reajustamento do valor dos benefícios, de acordo com o artigo 41-A da Lei nº 8.213/91. Assim, os valores dos benefícios em manutenção serão reajustados anualmente, na mesma data de reajuste do salário-mínimo, *pro rata*, ou seja, proporcionalmente, de acordo com suas respectivas datas de início ou do seu último reajustamento, com base no Índice Nacional de Preços ao Consumidor – INPC.

Nenhum benefício reajustado poderá exceder o limite máximo do salário-de-benefício na data do reajustamento, respeitados os direitos adquiridos.

Recentemente, o Supremo Tribunal Federal entendeu que as alterações nos tetos dos benefícios previdenciários, introduzidas por emendas constitucionais, implicam reflexos nos benefícios concedidos em momento anterior às respectivas emendas.[47, 48]

---

[45] STJ, REsp nº 359990, *DJ* 13 maio 2002. No mesmo sentido: REsp nº 823228, *DJ* 1º ago. 2006.

[46] *DOU* 10 jun. 2008.

[47] STF, RE nº 564354, *DJ* 15 fev. 11. EMENTA: DIREITOS CONSTITUCIONAL E PREVIDENCIÁRIO. REVISÃO DE BENEFÍCIO. ALTERAÇÃO NO TETO DOS BENEFÍCIOS DO REGIME GERAL DE PREVIDÊNCIA. REFLEXOS NOS BENEFÍCIOS CONCEDIDOS ANTES DA ALTERAÇÃO. EMENDAS CONSTITUCIONAIS Nº 20/1998 E 41/2003. DIREITO INTERTEMPORAL: ATO JURÍDICO PERFEITO. NECESSIDADE DE INTERPRETAÇÃO DA LEI INFRACONSTITUCIONAL. AUSÊNCIA DE OFENSA AO PRINCÍPIO DA IRRETROATIVIDADE DAS LEIS. RECURSO EXTRAORDINÁRIO A QUE SE NEGA PROVIMENTO. 1. Há pelo menos duas situações jurídicas em que a atuação do Supremo Tribunal Federal como guardião da Constituição da República demanda interpretação da legislação infraconstitucional: a primeira respeita ao exercício do controle de constitucionalidade das normas, pois não se declara a constitucionalidade ou inconstitucionalidade de uma lei sem antes entendê-la; a segunda, que se dá na espécie, decorre da garantia constitucional da proteção ao ato jurídico perfeito contra lei superveniente, pois a solução de controvérsia sob essa perspectiva pressupõe sejam interpretadas as leis postas em conflito e determinados os seus alcances para se dizer da existência ou ausência da retroatividade constitucionalmente vedada. 2. Não ofende o ato jurídico perfeito a aplicação imediata do art. 14 da Emenda Constitucional nº 20/1998 e do art. 5º da Emenda Constitucional nº 41/2003 aos benefícios previdenciários limitados a teto do regime geral de previdência estabelecido antes da vigência dessas normas, de modo a que passem a observar o novo teto constitucional. 3. Negado provimento ao recurso extraordinário.

[48] Dessa forma, considerando, por exemplo, que no momento anterior à publicação da EC nº 20/98, o teto dos benefícios previdenciários era de R$ 1.081,50, mesmo que o cálculo de determinado

3.2.4.5 *Cláusula de preservação do valor real*

O artigo 201, § 4º, da Constituição Federal remete à lei a fixação de percentual de reajuste que assegure a manutenção do poder aquisitivo. O artigo 41 da Lei nº 8.213/91, em sua anterior redação, remetia a fixação desse índice para decreto presidencial. Haveria inconstitucionalidade formal no regulamento? Parece-nos que o cerne da questão diz respeito ao cumprimento da cláusula de preservação do valor real. Esse o espírito da norma constitucional. Dessa forma, resta com menor importância o veículo legislativo apto para esse mister. O que não se pode admitir é a violação à cláusula constitucional de preservação do valor real dos benefícios. Quando da apuração para fixação do percentual do reajuste do benefício, deveriam ser utilizados índices que representassem a variação de preços de produtos necessários e relevantes para a aferição da manutenção do valor de compra dos benefícios, divulgados pela Fundação Instituto Brasileiro de Geografia e Estatística – IBGE ou de instituição congênere de reconhecida notoriedade, na forma do regulamento. A redação atual do artigo 41-A da lei, entretanto, já fixa o índice adequado.

3.2.4.6 *Pagamento dos benefícios*

A Lei nº 11.665/08 deu nova redação aos §§ 2º, 3º e 4º do artigo 41-A da Lei nº 8.213/91. A partir de então, os benefícios com renda mensal superior a um salário-mínimo serão pagos do primeiro ao quinto dia útil do mês subsequente ao de sua competência e aqueles com renda mensal no valor de até um salário-mínimo serão pagos no período compreendido entre o quinto dia útil que anteceder o final do mês de sua competência e o quinto dia útil do mês subsequente, observada, em qualquer caso, a distribuição proporcional dos beneficiários por dia de pagamento. Para os fins da lei, considera-se dia útil aquele de expediente bancário com horário normal de atendimento.

Essa forma de pagamento é mais benéfica para os beneficiários, pois regra anterior determinava que o pagamento fosse realizado sempre no mês seguinte ao da sua competência.

O primeiro pagamento do benefício será efetuado até 45 dias após a data da apresentação, pelo segurado, da documentação necessária a sua concessão.

---

benefício resultasse em valor superior a este, por força do aludido limitador, o benefício era limitado ao teto. A EC nº 20/98 alterou o teto para R$ 1.200,00. De acordo com a decisão do STF, imediatamente após a promulgação da nova emenda constitucional, o benefício anterior, reduzido ao valor do teto então vigente, deve ser reajustado até o limite do novo teto. Se, em nosso exemplo, o cálculo original tivesse resultado em, digamos, R$ 1.150,00, este passará a ser o novo valor do benefício. Em outra hipótese, se o cálculo anterior tivesse resultado em R$ 1.250,00, o valor do novo benefício será de R$ 1.200,00. Note-se que, além desse reajuste do teto, os benefícios anteriores ainda sofrem a incidência do novo percentual de reajuste, aplicável a todos os benefícios em manutenção.

Nos termos do artigo 105 da Lei nº 8.213/91, a apresentação de documentação incompleta não constitui motivo para recusa do requerimento de benefício.

No passado, quando a revisão do salário-mínimo ocorria em datas diferentes da revisão dos benefícios previdenciários, aqueles beneficiários que recebiam o valor mínimo sofriam o desconto do reajuste antecipadamente concedido no momento da concessão do reajuste dos benefícios previdenciários.

Em regra, o benefício é pago diretamente ao beneficiário, mediante depósito em conta corrente ou por autorização de pagamento. Essas modalidades de pagamento, corriqueiras em grande parte dos mais de 5.500 municípios brasileiros, não permite o recebimento dos benefícios em inúmeras cidades pequenas do interior, sobretudo na região Norte e Nordeste, onde há grandes vazios urbanos. Como consequência disso, os beneficiários são obrigados a deslocarem-se para cidades que, em alguns casos, distam mais de 300 km das suas localidades de origem – realidade impensável para quem mora nos centros urbanos. Tal fato, somado à ausência absoluta de transporte público, como é comum no interior do Pará, Mato Grosso e Amazonas e, ainda pior, à impossibilidade de locomoção na época das chuvas, faz com que muitos beneficiários da previdência social permaneçam mais de dois meses sem o recebimento do benefício, a fim de ser compensativo o valor recebido em função das despesas de transporte. É realidade que reclama urgente modificação de procedimentos. Nesse sentido, foi implementado em algumas localidades do interior um programa de pagamento de benefícios em agências lotéricas. Embora positivo, é preciso a adoção de medidas mais arrojadas para a solução do problema e garantia desse direito fundamental que, muitas vezes, é devido aos mais necessitados.

A impressão digital do beneficiário incapaz de assinar, aposta na presença de servidor da previdência social, vale como assinatura para quitação de pagamento de benefício.

O beneficiário tem direito a receber demonstrativo minucioso das importâncias pagas, discriminando-se o valor da mensalidade, as diferenças eventualmente pagas com o período a que se referem e os descontos efetuados, a fim de resguardar seus direitos.

Com o objetivo de facilitar o pagamento de benefícios, a empresa, o sindicato ou a entidade de aposentados devidamente legalizada poderá, mediante convênio com a previdência social, encarregar-se, relativamente a seu empregado ou associado e respectivos dependentes, de efetuar aquele pagamento, além de processar requerimento de benefício, preparando-o e instruindo-o de maneira a ser despachado pela previdência social e submeter o requerente a exame médico, inclusive complementar, encaminhando à previdência social o respectivo laudo, para efeito de homologação e posterior concessão de benefício que depender de avaliação de incapacidade. O convênio poderá dispor sobre o reembolso das despesas da empresa, do sindicato ou da entidade de aposentados devidamente legalizada, correspondente aos serviços de pagamento de benefícios e exames médicos, ajustado por valor global conforme o número de empregados ou de associados, mediante dedução do valor das contribuições previdenciárias a serem recolhidas pela empresa.

3.2.4.6.1 Pagamento por procuração

Em caso de ausência, moléstia contagiosa ou impossibilidade de locomoção, o benefício não poderá ser pago diretamente ao beneficiário, por impossibilidade material deste, hipótese em que será pago a procurador, cujo mandato não terá prazo superior a 12 meses, devendo ser renovado ou revalidado pelos setores de benefícios do INSS a cada semestre.

O pagamento por meio de procuração, embora imprescindível a muitos segurados, é meio sistemático de perpetuação de fraudes contra a previdência social, razão pela qual deve sofrer um controle rigoroso.

O procurador do beneficiário deverá firmar, perante o INSS, termo de responsabilidade mediante o qual se comprometa a comunicar ao Instituto qualquer evento que possa anular a procuração, principalmente o óbito do outorgante, sob pena de incorrer nas sanções criminais cabíveis. Na constituição de procuradores, observar-se-á subsidiariamente o disposto no Código Civil.

O INSS apenas poderá negar-se a aceitar procuração quando se manifestar indício de inidoneidade do documento ou do mandatário, sem prejuízo, no entanto, das providências que se fizerem necessárias.

Somente será aceita a constituição de procurador com mais de uma procuração, ou procurações coletivas, nos casos de representantes credenciados de leprosários, sanatórios, asilos e outros estabelecimentos congêneres, nos casos de parentes de primeiro grau, ou, em outros casos, a critério do INSS.

Não poderão ser procuradores:

I – os servidores públicos civis ativos e os militares ativos, salvo se parentes até o segundo grau; e

II – os incapazes para os atos da vida civil, ressalvado o disposto no art. 666 do Código Civil.

O INSS deverá proceder ao recadastramento de todos aqueles que, por intermédio de procuração, recebem benefícios da previdência social.

3.2.4.6.2 Pagamento a beneficiário incapaz

O benefício devido ao segurado ou dependente civilmente incapaz será feito ao cônjuge, pai, mãe, tutor ou curador, admitindo-se, na sua falta e por período não superior a seis meses, o pagamento a herdeiro necessário, mediante termo de compromisso firmado no ato do recebimento.

O segurado e o dependente, após dezesseis anos de idade, poderão firmar recibo de benefício, independentemente da presença dos pais ou do tutor.

3.2.4.6.3 Valor não recebido em vida

Ocorrendo a morte do segurado, o valor não recebido em vida por este só será pago aos seus dependentes habilitados à pensão por morte ou, na falta deles, aos seus sucessores na forma da lei civil, independentemente de inventário ou arrolamento. Essa regra tem aplicação em sede administrativa e judicial, conforme o seguinte precedente:

> Ementa: EMBARGOS DE DIVERGÊNCIA EM RECURSO ESPECIAL. PREVIDENCIÁRIO. ART. 112 DA LEI 8.213/91. LEGITIMIDADE DE HERDEIRO PARA AJUIZAR AÇÃO PARA PERCEPÇÃO DE VALORES NÃO RECEBIDOS EM VIDA PELO SEGURADO FALECIDO. INVENTÁRIO OU ARROLAMENTO. DESNECESSIDADE.
>
> Prescreve o mencionado art. 112 da Lei nº 8.213/91, *ad litteram*: "O valor não recebido em vida pelo segurado só será pago aos seus dependentes habilitados à pensão por morte ou, na falta deles, aos seus sucessores na forma da lei civil, independentemente de inventário ou arrolamento". Como se observa, poderão os valores devidos e não pagos ao segurado falecido ser percebidos pelos seus dependentes ou sucessores, desde que, evidentemente, provada essa condição, independentemente de inventário ou arrolamento. A letra da lei é clara e, a bem da verdade, apenas ratifica regra que já estava consagrada no regime previdenciário anterior (reproduzida no art. 212 do Decreto 83.080/79).
>
> Em suma, o artigo consagra verdadeira exclusão do ingresso dos valores no espólio e introduz regra procedimental e processual específica que afasta a competência do Juízo de Sucessões, conferindo legitimação ativa ao herdeiro ou dependente para, em nome próprio e em ação própria, postular o pagamento das parcelas.
>
> De lado outro, a tese de que o mencionado artigo somente teria aplicação em sede administrativa não parece, salvo melhor juízo, procedente.
>
> Embargos rejeitados.[49]

3.2.4.6.4 Bloqueio por falta de movimentação

O artigo 166, § 3º, do Regulamento determina que, na hipótese da falta de movimentação relativo a saque em conta corrente cujos depósitos sejam decorrentes exclusivamente de pagamento de benefícios, por prazo superior a 60 dias, os valores dos benefícios remanescentes serão estornados e creditados à Conta

---

[49] STJ, EREsp nº 498864, *DJ* 2 mar. 2005.

Única do Tesouro Nacional, com a identificação de sua origem. Essa disposição tem por finalidade combater a fraude, sobretudo no recebimento de benefício previdenciário por meio de saque em conta corrente em favor de beneficiário falecido; entretanto, parece-nos que o prazo de 60 dias é demasiadamente curto, inclusive pelas razões apontadas acima, relativas aos beneficiários que residem em cidades distantes daquela do efetivo pagamento dos benefícios.

3.2.4.6.5 *Garantias e descontos dos benefícios previdenciários*

Os benefícios previdenciários têm natureza alimentar e não são sujeitos a penhora, arresto ou sequestro, sendo nula de pleno direito a sua venda ou cessão, ou a constituição de qualquer ônus sobre eles, bem como a outorga de poderes irrevogáveis ou em causa própria para o seu recebimento. Nos termos do artigo 685 do Código Civil, "conferido o mandato com a cláusula 'em causa própria', a sua revogação não terá eficácia, nem se extinguirá pela morte de qualquer das partes, ficando o mandatário dispensado de prestar contas, e podendo transferir para si os bens móveis ou imóveis objeto do mandato, obedecidas as formalidades legais".

Por outro lado, o benefício pode sofrer desconto de valor devido à previdência social ou derivado da obrigação de prestar alimentos reconhecida em sentença judicial. A Lei Previdenciária autoriza os seguintes descontos nos benefícios:

I – contribuições devidas pelo segurado à previdência social;

II – pagamento de benefício além do devido, caso onde o desconto será feito em parcelas, conforme dispuser o regulamento, salvo má-fé;

III – Imposto de Renda retido na fonte;

IV – pensão de alimentos decretada em sentença judicial;

V – mensalidades de associações e demais entidades de aposentados legalmente reconhecidas, desde que autorizadas por seus filiados;

VI – pagamento de empréstimos, financiamentos e operações de arrendamento mercantil concedidos por instituições financeiras e sociedades de arrendamento mercantil, públicas e privadas, quando expressamente autorizado pelo beneficiário, até o limite de trinta por cento do valor do benefício.

Mediante requisição da seguridade social, a empresa é obrigada a descontar, da remuneração paga aos segurados a seu serviço, a importância proveniente de dívida ou responsabilidade por eles contraída junto à seguridade social, relativa a benefícios pagos indevidamente.

3.2.4.7 *Acumulação de benefícios*

O artigo 124 da Lei nº 8.213/91 arrola as situações onde, exceto havendo direito adquirido, não é permitido o recebimento conjunto de benefícios da previdência social. São elas:

I – aposentadoria e auxílio-doença;

II – mais de uma aposentadoria;

III – aposentadoria e abono de permanência em serviço;

IV – salário-maternidade e auxílio-doença;

V – mais de um auxílio-acidente;

VI – mais de uma pensão deixada por cônjuge ou companheiro, ressalvado o direito de opção pela mais vantajosa.

Dispôs, ainda, que é vedado o recebimento conjunto do seguro-desemprego com qualquer benefício de prestação continuada da previdência social, exceto pensão por morte ou auxílio-acidente.

O artigo 2º da Lei nº 10.666/03, por sua vez, determinou que o exercício de atividade remunerada do segurado recluso em cumprimento de pena em regime fechado ou semiaberto que contribuir na condição de contribuinte individual ou facultativo não acarreta a perda do direito ao recebimento do auxílio-reclusão para seus dependentes. O segurado recluso não terá direito aos benefícios de auxílio-doença e de aposentadoria durante a percepção, pelos dependentes, do auxílio-reclusão, ainda que, nessa condição, contribua como contribuinte individual ou facultativo, permitida a opção, desde que manifestada, também, pelos dependentes, ao benefício mais vantajoso.

É permitida a acumulação dos benefícios previdenciários previstos na Lei nº 8.213/91 com o benefício de que trata a Lei nº 7.070/82, que não poderá ser reduzido em razão de eventual aquisição de capacidade laborativa ou de redução de incapacidade para o trabalho ocorrida após a sua concessão. A Lei nº 7.070/82 dispõe sobre a concessão de pensão especial, mensal, vitalícia e intransferível, aos portadores da deficiência física conhecida como "Síndrome da Talidomida".

Nos termos do artigo 168 do Decreto nº 3.048/99, salvo nos casos de aposentadoria por invalidez ou especial, o retorno do aposentado à atividade não prejudica o recebimento de sua aposentadoria, que será mantida no seu valor integral.

Carlos Alberto Pereira de Castro e João Batista Lazzari, a respeito da vedação tipificada no artigo 124 acima, observam com propriedade que:

> A proibição de acumulação de benefícios referida acima diz respeito ao Regime Geral de Previdência Social – RGPS. Nada impede que o beneficiário acumule prestações do

RGPS com prestações oriundas de outros regimes, desde que cumprindo os requisitos para o recebimento, e desde que inexista norma proibitiva para tanto.[50]

E concluem citando exemplo de Wladimir Novaes Martinez: "se a professora leciona de manhã para o Estado e, à tarde, para o Município é correto deferir-lhe benefícios correspondentes aos dois salários".

Nesse sentido, colacionamos o seguinte julgado:

> Ementa: CONSTITUCIONAL. ADMINISTRATIVO. PREVIDENCIÁRIO. CUMULAÇÃO DE BENEFÍCIO DE APOSENTADORIA POR IDADE COM APOSENTADORIA ESTATUTÁRIA. POSSIBILIDADE. LEI 9.528/97. ART. 48 DA LEI 8.213/91, REDAÇÃO ORIGINAL.
>
> 1. A alteração introduzida no artigo 48, da Lei nº 8.213, de 24 de julho de 1991, pela Medida Provisória nº 1.523, de 14 de outubro de 1996, foi objeto de reedição apenas até a Medida Provisória nº 1.596-14, de 10.11.1997, a qual, quando convertida na Lei 9.528, de 10.12.1997, preservou a redação anterior do art. 48 da Lei de Benefícios, pelo que, quanto a esse dispositivo, a alteração levada a efeito pela medida provisória perdeu eficácia *ex tunc*, é dizer, desde a edição da MP, *ex vi* do art. 62, parágrafo único, do Texto Básico, em sua redação original. Precedentes do TRF-1ª Reg: AMS nº 1998.01.00.020446-5/MG, 2ª Turma, Rel. Des. Federal Carlos Moreira Alves, *DJU*, II, de 31.10.2001, p. 625; e REO nº 1999.01.00.059759-3/MG, 1ª Turma Suplementar, Rel. Juiz Manoel José Ferreira Nunes, *DJU*, II, de 16.1.2003, p. 88.
>
> 2. "É possível a acumulação de benefícios de diversos regimes previdenciários, uma vez que a Lei 9.528/97 não convalidou dispositivo da Medida Provisória 1.523/96, que proibia tal acumulação" (AC nº 1999.01.00.036010-6/MG, 1ª Turma, Rel. Des. Federal Aloísio Palmeira Lima, *DJU*, II, de 18.10.1999, p. 188).
>
> 3. Apelação do INSS e remessa oficial improvidas.[51]

O artigo 48 da Medida Provisória nº 1.523/96, referido no julgado acima, dispunha que "a aposentadoria por idade será devida ao segurado que completar 65 anos de idade, se homem, e 60, se mulher, desde que tenha cumprido a carência exigida nesta Lei e não receba benefício de aposentadoria de qualquer outro regime previdenciário". Como dito, perdeu a eficácia com efeitos *ex tunc*.

O artigo 20, § 4º, da Lei nº 8.742/93 – LOAS dispõe que o benefício assistencial referido naquele artigo não pode ser acumulado pelo beneficiário com qualquer outro no âmbito da seguridade social ou de outro regime, salvo o da assistência médica. Sendo benefício assistencial, destina-se a suprir o mínimo vital de quem não tem qualquer fonte de renda, ou tem renda mínima, nos termos daquela lei, o que não se verifica na hipótese de percepção de benefício previdenciário.

---

[50] *Manual de direito previdenciário*, p. 479.

[51] TRF1, AMS nº 199901000551417, *DJU* 29 maio 2003.

3.2.5 Dos benefícios

3.2.5.1 Da aposentadoria por invalidez

3.2.5.1.1 Conceito

A aposentadoria por invalidez é tratada nos artigos 42 e seguintes da Lei nº 8.213/91. Será devida ao segurado que, estando ou não em gozo de auxílio-doença, for considerado incapaz e insusceptível de reabilitação para o exercício de atividade que lhe garanta a subsistência, e ser-lhe-á paga enquanto permanecer nessa condição.

3.2.5.1.2 Carência

A carência desse benefício é de 12 contribuições mensais, como regra geral. A carência é dispensada nos casos de acidente de qualquer natureza ou causa, bem como nos casos de segurado que, após filiar-se ao RGPS, for acometido de alguma das doenças ou afecções especificadas em lista elaborada pelos Ministérios da Saúde e da Previdência Social a cada três anos, de acordo com os critérios de estigma, deformação, mutilação, deficiência ou outro fator que lhe confira especificidade e gravidade que mereçam tratamento particularizado.[52]

3.2.5.1.3 Risco social

O risco social objeto desse benefício é a invalidez. A necessidade social que dá ensejo ao benefício é a incapacidade laboral permanente, decorrente da invalidez, o que impede a subsistência do segurado e será protegida pela aposentadoria por invalidez.

3.2.5.1.4 Perícia médica

A concessão de aposentadoria por invalidez dependerá da verificação da condição de incapacidade mediante exame médico-pericial a cargo da previdência social, podendo o segurado, às suas expensas, fazer-se acompanhar de médico de sua confiança.

A invalidez deve ser permanente no momento da perícia médica. Explica-se. Na oportunidade da perícia médica, a conclusão do *expert* deve ser no sentido da existência de incapacidade total e definitiva para o trabalho; entretanto, nada impede que, no futuro, o segurado volte a ter aptidão laboral, hipótese em que o benefício deve ser cancelado, daí dizer-se que o mesmo é concedido sob condição resolutiva.

A aferição da incapacidade deve ser apurada em cada caso concreto, jamais em relação ao "segurado médio".

---

[52] Já arrolamos essas doenças no item 3.2.2.1 da Terceira Parte desta obra.

O benefício não exige a incapacidade total absoluta, mas aquela que impede a continuidade do trabalho realizado pelo segurado em exame.

Daniel Pulino, em uma das mais completas obras escritas no país sobre a aposentadoria por invalidez, após discorrer sobre os reflexos da contributividade do regime previdenciário, em especial na comparação da vida contributiva do segurado com a redução da capacidade laboral que legitima a concessão desse benefício, apresenta o seguinte conteúdo jurídico da substancial incapacidade:

> Pelo que vimos até agora, temos condições de afirmar que a concessão de aposentadoria por invalidez pressupõe a ocorrência de incapacidade ou absoluta – que evidentemente se comporta no conceito dado – ou, pelo menos, ampla, substancial de trabalho, devendo-se entender que essa amplitude é tal que importa, verdadeiramente, na incapacidade de ganho do segurado, a qual só poderá ser determinada, em cada caso concreto, segundo diversos fatores pessoais do próprio segurado, tendo como norte sempre a possibilidade de ser mantido o seu nível de subsistência.[53]

Assim, se o segurado sempre trabalhou e contribuiu com base no teto de contribuição, não é viável exigir-se que passe a trabalhar em atividade que lhe permita contribuição no valor mínimo.

No sentido da necessidade de consideração das qualidades pessoais do segurado para a concessão do benefício, é o seguinte julgado:

> Ementa: PREVIDENCIÁRIO – APOSENTADORIA POR INVALIDEZ (ART. 42, *CAPUT*, DA LF 8.213/91). PRESENÇA DOS REQUISITOS. PROCEDÊNCIA.
>
> 1. A concessão da aposentadoria por invalidez está sujeita à comprovação da incapacidade laboral insusceptível de reabilitação para o exercício de atividade de subsistência.
>
> 2. Apesar de o laudo pericial atestar a incapacidade parcial da autora, a consideração de todo o conjunto probatório, evidencia a incapacidade absoluta, porque à restrição médica, para o trabalho de esforço físico, agrega-se a falta de capacitação intelectual para a assunção de atividades laborais com este último perfil.
>
> 3. Presentes os requisitos necessários é de ser deferido o benefício.
>
> 4. Apelação improvida e remessa oficial parcialmente provida.[54]

3.2.5.1.5 Doença preexistente

A doença ou lesão de que o segurado já era portador ao filiar-se ao RGPS não lhe conferirá direito à aposentadoria por invalidez, salvo quando a incapacidade

---

[53] *A aposentadoria por invalidez no direito positivo brasileiro*, p. 132.

[54] TRF3, AC nº 200103990437415, *DJU* 4 fev. 2003.

sobrevier por motivo de progressão ou agravamento dessa doença ou lesão. Nesse sentido, é a jurisprudência:

> Ementa: PREVIDENCIÁRIO. APOSENTADORIA POR INVALIDEZ. INCAPACIDADE COMPROVADA. DOENÇA PREEXISTENTE À FILIAÇÃO. AGRAVAMENTO PELO TRABALHO. CONCESSÃO DO BENEFÍCIO.
>
> 1. É devida a Aposentadoria por Invalidez ao segurado considerado total e permanentemente incapacitado para qualquer atividade laborativa que lhe garanta a subsistência.
>
> 2. Sendo tal incapacidade oriunda de moléstia adquirida na infância, é ainda imperiosa a concessão do benefício quando sobrevier por motivo de progressão ou agravamento dessa doença ou lesão. A análise dessa circunstância não é possível no Recurso Especial – Súmula 7/STJ.
>
> 3. Recurso não conhecido.[55]

3.2.5.1.6 Data de início do benefício

A aposentadoria por invalidez será devida a partir do dia imediato ao da cessação do auxílio-doença, na hipótese de o segurado estar no gozo desse benefício.

Quando a perícia médica inicial concluir pela existência de incapacidade total e definitiva para o trabalho, a aposentadoria por invalidez será devida:

a) ao segurado empregado, a contar do 16º dia do afastamento da atividade ou a partir da entrada do requerimento, se entre o afastamento e a entrada do requerimento decorrerem mais de trinta dias;
b) ao segurado empregado doméstico, trabalhador avulso, contribuinte individual, especial e facultativo, a contar da data do início da incapacidade ou da data da entrada do requerimento, se entre essas datas decorrerem mais de 30 dias.

Durante os primeiros 15 dias de afastamento da atividade por motivo de invalidez caberá à empresa pagar ao segurado empregado o salário. É o denominado período de espera.

3.2.5.1.7 Valor do benefício

A aposentadoria por invalidez, inclusive a decorrente de acidente do trabalho, consistirá numa renda mensal correspondente a 100% do salário-de-benefício.

Quando o acidentado do trabalho estiver em gozo de auxílio-doença, o valor da aposentadoria por invalidez será igual ao do auxílio-doença se este, por força de reajustamento, for superior àquela.

---

[55] STJ, REsp nº 196821, *DJ* 18 out. 1999.

3.2.5.1.8 *Grande invalidez*

Diz-se grande invalidez aquela situação onde o segurado necessita da assistência permanente de outra pessoa, em função do grau de sua incapacidade. O Decreto nº 3.048/99 arrola as seguintes situações:

1. cegueira total;
2. perda de nove dedos das mãos ou superior a esta;
3. paralisia dos dois membros superiores ou inferiores;
4. perda dos membros inferiores, acima dos pés, quando a prótese for impossível;
5. perda de uma das mãos e de dois pés, ainda que a prótese seja possível;
6. perda de um membro superior e outro inferior, quando a prótese for impossível;
7. alteração das faculdades mentais com grave perturbação da vida orgânica e social;
8. doença que exija permanência contínua no leito;
9. incapacidade permanente para as atividades da vida diária.

Os casos tipificados no regulamento não poderiam ser exaustivos, pois a grande invalidez depende da análise do caso concreto; entretanto, pelo disposto no item 9, vê-se que sua intenção não era mesmo limitar àqueles.

O enquadramento em alguma dessas situações não deixa de ser necessário:

> Ementa: PROCESSUAL CIVIL E PREVIDENCIÁRIO. RECURSO ESPECIAL. OFENSA AOS ARTIGOS 515 E 535 DO CPC. ACRÉSCIMO DO ART. 45 DA LEI 8.213/91. SITUAÇÃO NÃO ALBERGADA PELO ANEXO I DO DEC 3.048/99.
>
> I – A apelação deve ser apreciada nos limites especificados pelo recorrente (art. 515, do CPC).
>
> II – Sendo pertinentes os embargos de declaração, sua rejeição importa ofensa ao art. 535, do CPC, justificando a impetração de recurso especial com este fundamento.
>
> III – O acréscimo de 25% só é concedido ao aposentado por invalidez que necessite de assistência permanente de outrem, e esteja em uma das situações do Anexo I, do Dec. 3.048/99.
>
> IV – Recurso conhecido e provido.[56]

[56] STJ, REsp nº 257624, *DJ* 8 out. 2001.

O valor da aposentadoria por invalidez do segurado que necessitar da assistência permanente de outra pessoa será acrescido de 25%, nos seguintes termos:

a) será devido ainda que o valor da aposentadoria atinja o limite máximo legal;
b) será recalculado quando o benefício que lhe deu origem for reajustado;
c) cessará com a morte do aposentado, não sendo incorporável ao valor da pensão.

3.2.5.1.9 Cessação do benefício

O artigo 46 da Lei nº 8.213/91 determina que o aposentado por invalidez que retornar voluntariamente à atividade terá sua aposentadoria automaticamente cancelada, a partir da data do retorno. Nesse caso, presume-se a recuperação total do segurado. Mas o cancelamento não pode ser "automático", é preciso observar o devido processo legal e o direito de ampla defesa. Nesse sentido, é a jurisprudência:

> Ementa: PREVIDENCIÁRIO. CANCELAMENTO DE APOSENTADORIA POR INVALIDEZ. SEGURADO ELEITO VEREADOR. INOBSERVÂNCIA DO DEVIDO PROCESSO LEGAL.
>
> 1. O fato de o segurado titular da aposentadoria por invalidez estar exercendo mandato eletivo não enseja o cancelamento do benefício, especialmente quando não comprovada sua recuperação.
>
> 2. O ato de cancelamento do benefício sem observar os princípios do devido processo legal e da ampla defesa autorizam a impetração do mandado de segurança, por traduzir ato abusivo e ilegal.
>
> 3. Recurso especial a que se nega provimento.[57]

A legislação pretérita transformava a aposentadoria por invalidez em definitiva ao final do curso de cinco anos. Esse entendimento está superado, como demonstra o seguinte julgado:

> Ementa: RECURSO ESPECIAL. PREVIDENCIÁRIO. APOSENTADORIA POR INVALIDEZ. CESSAÇÃO. SÚMULA 217/STF. INAPLICABILIDADE.
>
> – Verificada a recuperação da capacidade de trabalho do aposentado por invalidez, não há falar em manutenção do benefício, mesmo que decorrido prazo superior a cinco anos de sua concessão.
>
> – Inaplicabilidade da Súmula nº 217/STF, cuja aplicação é restrita aos benefícios concedidos antes da Lei 3.807/60 (LOPS).
>
> – Recurso não conhecido.[58]

---

[57] STJ, REsp nº 626988, *DJ* 18 abr. 2005.

[58] STJ, REsp nº 164212, *DJ* 5 jun. 2000.

Também não há definitividade pelo fato de o segurado completar 55 anos, como determinava a redação original do artigo 101 da Lei nº 8.213/91.

O segurado em gozo de aposentadoria por invalidez está obrigado, sob pena de suspensão do benefício, a submeter-se a exame médico a cargo da previdência social, processo de reabilitação profissional por ela prescrito e custeado, e tratamento dispensado gratuitamente, exceto o cirúrgico e a transfusão de sangue, que são facultativos.

3.2.5.1.10 Reflexos trabalhistas

A aposentadoria por invalidez suspende o contrato de trabalho; logo, não gera direito à indenização. Recuperado, volta o segurado ao trabalho ou tem direito à indenização, por parte do empregador. Nesses termos, é o artigo 475 da Consolidação das Leis do Trabalho:

> "Art. 475. O empregado que for aposentado por invalidez terá suspenso o seu contrato de trabalho durante prazo fixado pelas leis de previdência social para a efetivação do benefício.
>
> § 1º Recuperando o empregado a capacidade de trabalho e sendo a aposentadoria cancelada, ser-lhe-á assegurado o direito à função que ocupava ao tempo da aposentadoria, facultado, porém, ao empregador, o direito de indenizá-lo por rescisão do contrato de trabalho, nos termos dos arts. 477 e 478, salvo na hipótese de ser ele portador de estabilidade, quando a indenização deverá ser paga na forma do art. 497.
>
> § 2º Se o empregador houver admitido substituto para o aposentado, poderá rescindir, com este, o respectivo contrato de trabalho sem indenização, desde que tenha havido ciência inequívoca da interinidade ao ser celebrado o contrato."

No mesmo sentido é o Enunciado 160 do Tribunal Superior do Trabalho:

> Aposentadoria por invalidez
>
> "Cancelada a aposentadoria por invalidez, mesmo após cinco anos, o trabalhador terá direito de retornar ao emprego, facultado, porém, ao empregador, indenizá-lo na forma da lei. Ex-prejulgado nº 37".

3.2.5.1.11 Da mensalidade de recuperação

Havendo recuperação do segurado, ele estará sujeito à mensalidade de recuperação, ou seja, terá direito de continuar recebendo a aposentadoria por invalidez durante certo tempo, com a finalidade de garantir seu retorno ao mercado de trabalho.

A mensalidade de recuperação depende da categoria do segurado e da dimensão da recuperação, se parcial ou total, nos termos do seguinte procedimento:

I – quando a recuperação total ocorrer dentro de 5 anos, contados da data do início da aposentadoria por invalidez ou do auxílio-doença que a antecedeu sem interrupção, o benefício cessará:

a) de imediato, para o segurado empregado que tiver direito a retornar à função que desempenhava na empresa quando se aposentou, na forma da legislação trabalhista, valendo como documento, para tal fim, o certificado de capacidade fornecido pela previdência social; ou

b) após tantos meses quantos forem os anos de duração do auxílio-doença ou da aposentadoria por invalidez, para os demais segurados;

II – quando a recuperação for parcial, ou ocorrer após o período do inciso I, ou ainda quando o segurado for declarado apto para o exercício de trabalho diverso do qual habitualmente exercia, a aposentadoria será mantida, sem prejuízo da volta à atividade:

a) no seu valor integral, durante 6 meses contados da data em que for verificada a recuperação da capacidade;

b) com redução de 50% no período seguinte de 6 meses;

c) com redução de 75% também por igual período de 6 meses, ao término do qual cessará definitivamente.

3.2.5.2 Da aposentadoria por idade

3.2.5.2.1 Conceito

A aposentadoria por idade é disciplinada no artigo 201, § 7º, II, da Constituição Federal, segundo o qual é assegurada aposentadoria no regime geral de previdência social, nos termos da lei, àqueles que completarem 65 anos de idade, se homem, e 60 anos de idade, se mulher, reduzido em cinco anos o limite para os trabalhadores rurais de ambos os sexos e para os que exerçam suas atividades em regime de economia familiar, nestes incluídos o produtor rural, o garimpeiro e o pescador artesanal.

A matéria é regulamentada no artigo 48 e seguintes da Lei nº 8.213/91. Em seus termos, é devida ao segurado que completar 65 anos de idade, se homem, e 60, se mulher. Tratando-se de trabalhadores rurais, respectivamente homens e mulheres, referidos na alínea *a* do inciso I, na alínea *g* do inciso V e nos incisos VI e VII do artigo 11 da mesma lei, o limite de idade é reduzido para 60 e 55 anos.

O trabalhador rural deve comprovar o efetivo exercício de atividade rural, ainda que de forma descontínua, no período imediatamente anterior ao requerimento do benefício, por tempo igual ao número de meses de contribuição correspondente à carência do benefício pretendido, computado o período a que se referem os incisos III a VIII do § 9º do artigo 11 da Lei nº 8.212/91.

Os trabalhadores rurais acima especificados que não possam comprovar o efetivo exercício de atividade rural por tempo igual ao número de meses de contribuição correspondente à carência do benefício pretendido, mas que satisfaçam essa condição, se forem considerados períodos de contribuição sob outras categorias do segurado, farão jus ao benefício ao completarem 65 anos de idade, se homem, e 60 anos, se mulher, ou seja, sem a redução de idade prevista constitucionalmente, já que não podem ser considerados trabalhadores rurais durante todo o período. Nesse caso, o cálculo da renda mensal do benefício será apurado de acordo com o disposto no inciso II do *caput* do artigo 29 da Lei nº 8.213/91, considerando-se como salário-de-contribuição mensal do período como segurado especial o limite mínimo de salário-de-contribuição da Previdência Social.

3.2.5.2.1.1 Da não ruptura do contrato de trabalho

Questão importante diz respeito ao fato de a aposentadoria extinguir ou não o contrato de trabalho, ou seja, o empregado, ao ter deferido seu pedido de aposentadoria pelo INSS, tem automaticamente extinto seu contrato de trabalho ou não?

A matéria tem relação direta com as verbas devidas em função da despedida sem justa causa, pois, extinto o contrato de trabalho, nada é devido; ao contrário, não extinto, se o empregador pretender dispensar o empregado, aquelas verbas devem ser pagas.

O Tribunal Superior do Trabalho sufragava entendimento firme no sentido da extinção, inclusive a respeito editou a Orientação Jurisprudencial nº 177 da SDI-1, segundo a qual "a aposentadoria espontânea extingue o contrato de trabalho, mesmo quando o empregado continua a trabalhar na empresa após a concessão do benefício previdenciário. Assim sendo, indevida a multa de 40% do FGTS em relação ao período anterior à aposentadoria".

A confusão, na verdade, tem origem certa: o Decreto nº 16.037/23, que criou o Conselho Nacional do Trabalho, com atribuições, inclusive, de decidir sobre questões previdenciárias, implicando uma aproximação entre Direito do Trabalho e Direito Previdenciário que apenas recentemente foi rompida – somente em 1992 o Ministério da Previdência Social foi definitivamente apartado do Ministério do Trabalho. De fato, a relação jurídica que o segurado mantém com a previdência social não se confunde com aquela outra mantida entre o empregado e o empregador. Enquanto a primeira tem fundamento no artigo 194 e seguintes da Constituição Federal, a segunda tem fundamento, sobretudo, no artigo 7º da mesma Carta. São duas relações jurídicas distintas e autônomas.

Cristiane Mussi, a esse respeito, afirma:

> Na trajetória evolutiva do Direito, observa-se a autonomia didática, legislativa e científica existente entre o Direito do Trabalho e o Direito Previdenciário. [...] A relação

jurídica previdenciária de benefício pressupõe de um lado o segurado obrigatório, ou o segurado facultativo, de outro o INSS e entre eles um objeto: o benefício previdenciário. A relação jurídica do trabalho, como não poderia ser diferente, também é formada por um sujeito ativo, um sujeito passivo e um objeto. Nessa ordem, encontramos o empregador, o empregado e entre eles a prestação de uma atividade. Essas relações se encontram em dois momentos: quando é formado o vínculo trabalhista o empregador faz a inscrição do seu empregado no INSS e quando o empregado necessita de um benefício previdenciário.[59]

Por essa razão, dentre outras, o Supremo Tribunal Federal tem decidido que a concessão de aposentadoria não implica a extinção do contrato de trabalho, conforme o seguinte julgado:

EMENTA: AÇÃO DIRETA DE INCONSTITUCIONALIDADE. ARTIGO 3º DA MEDIDA PROVISÓRIA Nº 1.596-14/97, CONVERTIDA NA LEI Nº 9.528/97, QUE ADICIONOU AO ARTIGO 453 DA CONSOLIDAÇÃO DAS LEIS DO TRABALHO UM SEGUNDO PARÁGRAFO PARA EXTINGUIR O VÍNCULO EMPREGATÍCIO QUANDO DA CONCESSÃO DA APOSENTADORIA ESPONTÂNEA. PROCEDÊNCIA DA AÇÃO. 1. A conversão da medida provisória em lei prejudica o debate jurisdicional acerca da "relevância e urgência" dessa espécie de ato normativo. 2. Os valores sociais do trabalho constituem: (a) fundamento da República Federativa do Brasil (inciso IV do artigo 1º da CF); (b) alicerce da Ordem Econômica, que tem por finalidade assegurar a todos existência digna, conforme os ditames da justiça social, e, por um dos seus princípios, a busca do pleno emprego (artigo 170, *caput* e inciso VIII); (c) base de toda a Ordem Social (artigo 193). Esse arcabouço principiológico, densificado em regras como a do inciso I do artigo 7º da Magna Carta e as do artigo 10 do ADCT/88, desvela um mandamento constitucional que perpassa toda relação de emprego, no sentido de sua desejada continuidade. 3. A Constituição Federal versa a aposentadoria como um benefício que se dá mediante o exercício regular de um direito. E o certo é que o regular exercício de um direito não é de colocar o seu titular numa situação jurídico-passiva de efeitos ainda mais drásticos do que aqueles que resultariam do cometimento de uma falta grave (sabido que, nesse caso, a ruptura do vínculo empregatício não opera automaticamente). 4. O direito à aposentadoria previdenciária, uma vez objetivamente constituído, se dá no âmago de uma relação jurídica entre o segurado do Sistema Geral de Previdência e o Instituto Nacional de Seguro Social. Às expensas, portanto, de um sistema atuarial-financeiro que é gerido por esse Instituto mesmo, e não às custas desse ou daquele empregador. 5. O Ordenamento Constitucional não autoriza o legislador ordinário a criar modalidade de rompimento automático do vínculo de emprego, em desfavor do trabalhador, na situação em que este apenas exercita o seu direito de aposentadoria espontânea, sem cometer deslize algum. 6. A mera concessão da aposentadoria voluntária ao trabalhador não tem por efeito extinguir, instantânea

[59] *Os reflexos jurídicos do recebimento do auxílio-doença no contrato de emprego*, p. 62-65.

e automaticamente, o seu vínculo de emprego. 7. Inconstitucionalidade do § 2º do artigo 453 da Consolidação das Leis do Trabalho, introduzido pela Lei nº 9.528/97.[60]

Note-se que tanto no voto vencedor do Ministro Ilmar Galvão, quanto do julgamento da medida cautelar na ADIn acima referida, como no voto vencido do Ministro Moreira Alves, estava assentada a premissa de que a aposentadoria e a relação de emprego integram relações jurídicas autônomas e independentes entre si.

O Supremo Tribunal Federal tem corroborado esse entendimento:

> RECURSO EXTRAORDINÁRIO. MATÉRIA TRABALHISTA. ART. 453 DA CLT. EXTINÇÃO DO VÍNCULO EMPREGATÍCIO PELA APOSENTADORIA VOLUNTÁRIA. IMPOSSIBILIDADE. 1. A interpretação conferida pelo Tribunal Superior do Trabalho ao art. 453 da CLT, segundo a qual a aposentadoria espontânea do empregado importa na ruptura do contrato de trabalho (Orientação Jurisprudencial nº 177 da SDI-1), viola o postulado constitucional que veda a despedida arbitrária, consagrado no art. 7º, I, da Constituição Federal. 2. Precedentes: ADI 1.721-MC, ADI 1.770-MC e RE 449.420. 3. Recurso extraordinário conhecido e provido.[61]

3.2.5.2.2 Carência

A carência da aposentadoria por idade é de 180 contribuições mensais. Para os segurados já filiados no período anterior a 24.7.91 aplica-se a tabela do artigo 142.

Importante notar que não é necessário a manutenção da qualidade de segurado para fins de concessão do benefício, como autorizado pelo artigo 3º, § 1º, da Lei nº 10.666/03, desde que o segurado conte com, no mínimo, o tempo de contribuição correspondente ao exigido para efeito de carência na data do requerimento do benefício.

Nesse sentido, já entendia a jurisprudência:

> Ementa: PREVIDENCIÁRIO. EMBARGOS DE DIVERGÊNCIA EM RECURSO ESPECIAL. APOSENTADORIA POR IDADE. TRABALHADOR URBANO. ARTIGOS 25, 48 E 142 DA LEI 8.213/91. PERDA DA QUALIDADE DE SEGURADO. IMPLEMENTAÇÃO SIMULTÂNEA. PRESCINDIBILIDADE. VERIFICAÇÃO DOS REQUISITOS NECESSÁRIOS. IDADE MÍNIMA E RECOLHIMENTO DAS CONTRIBUIÇÕES DEVIDAS. ARTIGO 102, § 1º DA LEI 8.213/91. PRECEDENTES. EMBARGOS ACOLHIDOS.
>
> I – A aposentadoria por idade, consoante os termos do artigo 48 da Lei 8.213/91, é devida ao segurado que, cumprida a carência exigida nesta lei, completar 65 anos de idade, se homem, e 60, se mulher.

---

[60] STF, ADIn nº 1721, *DJ* 28 jun. 2007.

[61] STF, RE nº463629, *DJ* 23 mar. 2007. Em seu voto, o Min. Gilmar Mendes expressamente consigna que o direito à aposentadoria e o direito à continuidade da relação de emprego são autônomos.

II – O art. 25 da Lei 8.213/91 estipula a carência de 180 (cento e oitenta) meses de contribuição para obtenção da aposentadoria por idade para o trabalhador urbano.

III – O art. 142 da Lei 8.213/91, por sua vez, estabelece regra transitória de cumprimento do período de carência, restrito aos segurados urbanos inscritos na Previdência Social até 24 de julho de 1991, data da vigência da lei, conforme tabela inserta no referido dispositivo.

IV – A perda da qualidade de segurado, após o atendimento aos requisitos da idade mínima e do recolhimento das contribuições previdenciárias devidas, não impede a concessão da aposentadoria por idade. Precedentes.

V – Ademais, os requisitos exigidos pela legislação previdenciária não precisam ser preenchidos, simultaneamente, no caso de aposentadoria por idade. Precedentes. Interpretação do artigo 102, § 1º da Lei 8.213/91.

VI – Sobre o tema, cumpre relembrar que o caráter social da norma previdenciária requer interpretação finalística, ou seja, em conformidade com os seus objetivos.

VII – Embargos acolhidos, para prevalecer o entendimento desta Eg. 3ª Seção no sentindo de não se exigir a implementação simultânea dos requisitos para a aposentadoria por idade, sendo irrelevante o fato de o trabalhador ter perdido a qualidade de segurado.[62]

3.2.5.2.3 *Risco social*

O artigo 201, I, da Constituição Federal, elegeu a idade avançada como um dos riscos sociais cobertos pela previdência social. Esse risco social implica uma determinada necessidade social: a perda ou diminuição da capacidade laboral. Exatamente essa necessidade social será protegida pelo benefício em estudo.

Miguel Horvath Júnior ensina que os sistemas de seguridade social qualificam o atingimento da idade legal para aposentadoria sob dois critérios: um, que adota a aposentadoria por idade como contraprestação ou recompensa pelos anos de atividade produtiva do segurado (ancianidade); outro, que adota a aposentadoria por idade como incapacidade presumida (senilidade). Essa presunção é absoluta, dispensando prova, e foi o critério adotado pela OIT e seguido pelo Brasil.[63]

3.2.5.2.4 *Data de início do benefício*

A aposentadoria por idade será devida:

I – ao segurado empregado, inclusive o doméstico, a partir:

a) da data do desligamento do emprego, quando requerida até essa data ou até 90 dias depois dela; ou

---

[62] STJ, EREsp nº 551997, *DJ* 11 maio 2005.

[63] Cf. *Direito previdenciário*, p. 154.

b) da data do requerimento, quando não houver desligamento do emprego ou quando for requerida após o prazo previsto na alínea anterior.

II – para os demais segurados, da data da entrada do requerimento.

3.2.5.2.5 Valor do benefício

A aposentadoria por idade consistirá numa renda mensal de 70% do salário-de-benefício, mais 1% deste, por grupo de 12 contribuições, não podendo ultrapassar 100% do salário-de-benefício.

Assim, um segurado que tiver 180 contribuições mensais, na data em que atingir a idade mínima, terá a renda mensal do benefício calculada da seguinte forma: 70% + 15% (15 resulta da divisão de 180 contribuições por 12) = 85%. O valor do benefício será igual à aplicação da alíquota de 85% sobre o seu salário-de-benefício.

3.2.5.2.6 Aposentadoria compulsória

A aposentadoria por idade pode ser requerida pela empresa, desde que o segurado empregado tenha cumprido o período de carência e completado 70 anos de idade, se do sexo masculino, ou 65 anos, se do sexo feminino, sendo compulsória, caso em que será garantida ao empregado a indenização prevista na legislação trabalhista, considerada como data da rescisão do contrato de trabalho a imediatamente anterior à do início da aposentadoria.

3.2.5.3 Da aposentadoria por tempo de contribuição

3.2.5.3.1 Conceito

A aposentadoria por tempo de serviço, antigamente denominada "aposentadoria ordinária", era devida, no regime anterior à Emenda Constitucional nº 20/98, ao homem, após 35 anos de trabalho, e à mulher, após 30 anos de trabalho, reduzido o tempo em cinco anos para o(a) professor(a) por efetivo exercício da função de magistério. Era permitida, ainda, a aposentadoria proporcional, após 30 anos de trabalho, ao homem, e após 25 anos de trabalho, à mulher.

Não havia limite mínimo de idade para a aposentadoria por tempo de serviço, integral ou proporcional.

A Emenda Constitucional nº 20/98 alterou profundamente a sistemática desse benefício previdenciário, transformando a aposentadoria por tempo de serviço em aposentadoria por tempo de contribuição.

Foi introduzida a alteração no artigo 201, § 7º, da Constituição Federal, o qual autorizou a aposentadoria após 35 anos de contribuição para o homem e 30 anos de contribuição para a mulher, reduzido esse tempo em cinco anos para o professor que comprove exclusivamente tempo de efetivo exercício das funções de magistério na educação infantil e no ensino fundamental e médio. O professor universitário, desde então, não tem mais redução no seu tempo para aposentadoria.

Para ter direito à aposentadoria com contagem de tempo especial, o professor deveria cumpri-lo integralmente em sala de aula.

Nesse sentido, a jurisprudência do Superior Tribunal de Justiça:

> DIREITO ADMINISTRATIVO. PROCESSUAL CIVIL. AGRAVO REGIMENTAL NO AGRAVO DE INSTRUMENTO. SERVIDOR PÚBLICO. PREQUESTIONAMENTO. AUSÊNCIA. APOSENTADORIA ESPECIAL. PROFESSOR. TEMPO DE SERVIÇO PRESTADO FORA DE SALA DE AULA. CONTAGEM. IMPOSSIBILIDADE. AGRAVO IMPROVIDO.
>
> [...]
>
> 2. É pacífico o entendimento de que, para efeito de aposentadoria especial de professores, não se computa o tempo de serviço prestado fora da sala de aula, orientação consolidada na Súmula 762 do STF. Precedentes do STJ. [...].[64]
>
> E do Supremo Tribunal Federal:
>
> 1. Agravo regimental em agravo de instrumento. 2. Magistério. Aposentadoria especial. Requisito. Efetivo exercício de magistério em sala de aula. Exclusão 3. O direito à aposentadoria especial dos professores só se aperfeiçoa quando cumprido totalmente o requisito temporal do efetivo exercício em função de magistério (sala de aula), excluída qualquer outra. Precedente. 4. Agravo regimental a que se nega provimento.[65]

A Lei nº 11.301/06 inovou o ordenamento jurídico, considerando função de magistério aquelas exercidas por professores e especialistas em educação no desempenho de atividades educativas quando exercidas em estabelecimento de educação básica[66] em seus diversos níveis e modalidades, incluídas, além do exercício da docência, as de direção de unidade escolar e as de coordenação e assessoramento pedagógico.

Recentemente, o Supremo Tribunal Federal julgou a ADIn nº 3772, impetrada contra as disposições da Lei nº 11.301/06, nestes termos:

> AÇÃO DIRETA DE INCONSTITUCIONALIDADE MANEJADA CONTRA O ART. 1º DA LEI FEDERAL 11.301/2006, QUE ACRESCENTOU O § 2º AO ART. 67 DA LEI 9.394/1996. CARREIRA DE MAGISTÉRIO. APOSENTADORIA ESPECIAL PARA OS EXERCENTES DE FUNÇÕES DE DIREÇÃO, COORDENAÇÃO E ASSESSORAMENTO PEDAGÓGICO. ALEGADA OFENSA AOS ARTS. 40, § 4º, E 201, § 1º, DA CONSTITUI-

---

[64] STJ, AgRg no Ag nº 996284, *DJ* 4 ago. 2008.

[65] STF, AI-AgR nº 611278, *DJ* 13 mar. 2008.

[66] Nos termos do art. 21 da Lei nº 9.394/96, a educação básica é formada pela educação infantil, ensino fundamental e ensino médio.

ÇÃO FEDERAL. INOCORRÊNCIA. AÇÃO JULGADA PARCIALMENTE PROCEDENTE, COM INTERPRETAÇÃO CONFORME. I – A função de magistério não se circunscreve apenas ao trabalho em sala de aula, abrangendo também a preparação de aulas, a correção de provas, o atendimento aos pais e alunos, a coordenação e o assessoramento pedagógico e, ainda, a direção de unidade escolar. II – As funções de direção, coordenação e assessoramento pedagógico integram a carreira do magistério, desde que exercidos, em estabelecimentos de ensino básico, por professores de carreira, excluídos os especialistas em educação, fazendo jus aqueles que as desempenham ao regime especial de aposentadoria estabelecido nos arts. 40, § 4º, e 201, § 1º, da Constituição Federal. III – Ação direta julgada parcialmente procedente, com interpretação conforme, nos termos supra.[67]

A esse respeito, o artigo 56, § 2º, do Decreto nº 3.048/99 dispõe que "considera-se função de magistério a exercida por professor, quando exercida em estabelecimento de educação básica em seus diversos níveis e modalidades, incluídas, além do exercício da docência, as funções de direção de unidade escolar e as de coordenação e assessoramento pedagógico".

A Emenda Constitucional nº 20/98 manteve a dispensa de idade mínima para a aposentadoria por tempo de contribuição.

Como não poderia deixar de ser, foi assegurada a concessão de aposentadoria e pensão, a qualquer tempo, aos segurados do regime geral de previdência social, bem como aos seus dependentes, que, até a data da publicação da Emenda Constitucional nº 20/98, tivessem cumprido os requisitos para a obtenção desses benefícios, com base nos critérios da legislação então vigente, resguardando-se os direitos adquiridos.

Tendo em vista a mudança para o novo regime, a mesma emenda constitucional fixou uma série de regras de transição para aqueles que já estavam filiados quando de sua promulgação.

Assim, o tempo de serviço considerado pela legislação vigente até então para efeito de aposentadoria será contado como tempo de contribuição, até que a lei discipline a matéria, proibida qualquer forma de contagem de tempo de contribuição fictício.

O artigo 9º da citada emenda constitucional dispõe sobre as principais regras de transição, tendo assegurado o direito de opção à aposentadoria pelas novas regras instituídas naquele momento para os segurados já filiados ao regime previdenciário.

A regra de transição é a seguinte: é assegurado o direito de aposentadoria integral ao segurado que se tenha filiado ao regime geral de previdência social,

---

[67] STF, ADIn nº 3772, *DJ* 26 mar. 2009.

até a data de publicação da Emenda, quando, cumulativamente, atender aos seguintes requisitos:

I – contar com 53 anos de idade, se homem, e 48 anos de idade, se mulher; e

II – contar tempo de contribuição igual, no mínimo, à soma de:

a) 35 anos, se homem, e 30 anos, se mulher; e

b) um período adicional de contribuição equivalente a vinte por cento do tempo que, na data da publicação da Emenda, faltaria para atingir o limite de tempo constante da alínea anterior. Esse período adicional ficou conhecido como "pedágio".

O direito de aposentadoria proporcional também foi garantido ao segurado já filiado ao regime previdenciário, desde que conte com 53 anos de idade, se homem, e 48 anos de idade, se mulher, quando atendidas as seguintes condições:

I – contar tempo de contribuição igual, no mínimo, à soma de:

a) 30 anos, se homem, e 25 anos, se mulher; e

b) um período adicional de contribuição equivalente a 40% do tempo que, na data da publicação da Emenda, faltaria para atingir o limite de tempo constante da alínea anterior. Veja-se que nessa hipótese o pedágio é bem maior.

II – o valor da aposentadoria proporcional será equivalente a 70% do valor da aposentadoria integral, acrescido de 5% por ano de contribuição que supere a soma a que se refere o inciso anterior, até o limite de 100%.

O professor que, até a data da publicação da Emenda, tenha exercido atividade de magistério e que opte por aposentar-se na forma da regra de transição referente à aposentadoria integral, terá o tempo de serviço exercido até a publicação da Emenda contado com o acréscimo de 17%, se homem, e de 20%, se mulher, desde que se aposente, exclusivamente, com tempo de efetivo exercício de atividade de magistério. Esse acréscimo fictício visa a resguardar a contagem de tempo diferenciada desses segurados.

A regra de transição relativa à aposentadoria integral restou absolutamente sem aplicação. Isso porque a ideia inicial da proposta de reforma previdenciária trazida à baila pela Emenda Constitucional nº 20/98 era conjugar os critérios de tempo de contribuição e idade mínima; entretanto, com a derrubada, no Congresso Nacional, da conjugação "e" inserida entre os incisos I e II do artigo 201, § 7º, da Constituição Federal, critérios que seriam cumulativos passaram a ser alternativos, referindo-se a aposentadorias distintas – tempo de contribuição e idade. Assim, por evidente, nenhum segurado já filiado ao regime previdenciário quando da promulgação da Emenda Constitucional nº 20/98 vai optar pelas regras de transição desvantajosas. Para que obedecer cumulativamente a idade mínima – 53/48 anos –, tempo de contribuição – 35/30 anos –, e pedágio de 20% do tempo faltante se a própria Emenda autorizou a opção pelas regras novas – apenas 35/30 anos de contribuição?

Assim, apenas têm importância as regras de transição relativas à aposentadoria proporcional por tempo de contribuição, a qual foi extinta para os novos filiados.

A aposentadoria por tempo de contribuição é regulada pelos artigos 52 e seguintes da Lei nº 8.213/91.

Importa lembrar que a Lei Complementar nº 123/06 acrescentou o § 4º ao artigo 55 da Lei nº 8.213/91, dispondo que não será computado como tempo de contribuição, para efeito de concessão de aposentadoria por tempo de contribuição, o período em que o segurado contribuinte individual ou facultativo tiver contribuído na forma do § 2º do art. 21 da Lei nº 8.212/91, salvo se tiver complementado as contribuições na forma do § 3º do mesmo artigo.

3.2.5.3.2 Carência

A carência da aposentadoria por tempo de contribuição é de 180 contribuições mensais. Para os segurados já filiados no período anterior a 24.7.91 aplica-se a tabela do artigo 142.

3.2.5.3.3 Risco social

Tormentosa é a discussão sobre a necessidade social protegida pela aposentadoria por tempo de contribuição. Veja-se que a aposentadoria por tempo de contribuição não está prevista entre os eventos tipificados no artigo 201, I, da Constituição Federal: doença, invalidez, morte e idade avançada. Este último risco social é objeto da aposentadoria por idade. Essa realidade levou Eduardo Rocha Dias e José Leandro Monteiro de Macêdo a afirmarem que "o tempo de contribuição, na verdade, não se constitui verdadeira contingência social, visto que, por si só, não diminui nem elimina a capacidade de autossustento do segurado".[68]

Fábio Zambitte Ibrahim, a seu turno, ensina:

> A aposentadoria por tempo de contribuição é um benefício que sofre constantes ataques, sendo que um número razoável de especialistas defende sua extinção. Isso decorre de conclusão de não ser este benefício tipicamente previdenciário, pois não há

[68] *Curso de direito previdenciário*, p. 269.

qualquer risco social sendo protegido – o tempo de contribuição não traz presunção de incapacidade para o trabalho.[69]

Ao comentarmos o fator previdenciário, já registramos que, além do Brasil, apenas Irã, Iraque e Equador não possuem exigência de idade mínima para aposentadoria e, de todos, o Brasil é o único que não condiciona esta ao afastamento da atividade.

Por todas essas razões, também não vislumbramos aqui nenhum risco social a ser protegido pela previdência social.

3.2.5.3.4 Data de início do benefício

A data de início da aposentadoria por tempo de contribuição será fixada da mesma forma que a da aposentadoria por idade, ou seja:

I – ao segurado empregado, inclusive o doméstico, a partir:

a) da data do desligamento do emprego, quando requerida até essa data ou até 90 dias depois dela; ou

b) da data do requerimento, quando não houver desligamento do emprego ou quando for requerida após o prazo previsto na alínea anterior.

II – para os demais segurados, da data da entrada do requerimento.

3.2.5.3.5 Valor do benefício

O valor da aposentadoria por tempo de contribuição consiste numa renda mensal calculada da seguinte forma:

a) para a mulher – 100% do salário-de-benefício aos 30 anos de contribuição;
b) para o homem – 100% do salário-de-benefício aos 35 anos de contribuição; e
c) 100% do salário-de-benefício, para o professor, aos 30 anos, e para a professora, aos 25 anos de contribuição e de efetivo exercício em função de magistério na educação infantil, no ensino fundamental ou no ensino médio.

No caso de aposentadoria proporcional, permitida somente para os filiados ao regime previdenciário no período anterior à promulgação da Emenda Constitucional nº 20/98, o valor dessa aposentadoria será equivalente a:

---

[69] *Curso de direito previdenciário*, p. 319.

a) 70% do valor do salário-de-benefício, mais 5% por ano de contribuição que supere a soma referida no artigo 9º, § 1º, II, da Emenda Constitucional nº 20/98, até o máximo de 100% do salário-de-benefício.

3.2.5.3.6 Comprovação do tempo de contribuição

O tempo de contribuição deve ser comprovado na forma estabelecida no regulamento, o qual considera, entre outros:

I – o período de exercício de atividade remunerada abrangida pela previdência social urbana e rural, ainda que anterior à sua instituição, respeitado o disposto no inciso XVII;

II – o período de contribuição efetuada por segurado depois de ter deixado de exercer atividade remunerada que o enquadrava como segurado obrigatório da previdência social;

III – o período em que o segurado esteve recebendo auxílio-doença ou aposentadoria por invalidez, entre períodos de atividade;

IV – o tempo de serviço militar, salvo se já contado para inatividade remunerada nas Forças Armadas ou auxiliares, ou para aposentadoria no serviço público federal, estadual, do Distrito Federal ou municipal, ainda que anterior à filiação ao Regime Geral de Previdência Social, nas seguintes condições:

a) obrigatório ou voluntário; e

b) alternativo, assim considerado o atribuído pelas Forças Armadas àqueles que, após alistamento, alegarem imperativo de consciência, entendendo-se como tal o decorrente de crença religiosa e de convicção filosófica ou política, para se eximirem de atividades de caráter militar;

V – o período em que a segurada esteve recebendo salário-maternidade;

VI – o período de contribuição efetuada como segurado facultativo;

VII – o período de afastamento da atividade do segurado anistiado que, em virtude de motivação exclusivamente política, foi atingido por atos de exceção, institucional ou complementar, ou abrangido pelo Decreto Legislativo nº 18, de 15 de dezembro de 1961, pelo Decreto-lei nº 864, de 12 de setembro de 1969, ou que, em virtude de pressões ostensivas ou expedientes oficiais sigilosos, tenha sido demitido ou compelido ao afastamento de atividade remunerada no período de 18 de setembro de 1946 a 5 de outubro de 1988;

VIII – o tempo de serviço público federal, estadual, do Distrito Federal ou municipal, inclusive o prestado a autarquia ou a sociedade de economia mista ou fundação instituída pelo Poder Público, regularmente certificado na forma da Lei nº 3.841, de 15 de dezembro de 1960, desde que a respectiva certidão tenha sido requerida na entidade para a qual o serviço foi prestado até 30 de setembro de 1975, véspera do início da vigência da Lei nº 6.226, de 14 de junho de 1975;

IX – o período em que o segurado esteve recebendo benefício por incapacidade por acidente do trabalho, intercalado ou não;

X – o tempo de serviço do segurado trabalhador rural anterior à competência novembro de 1991;

XI – o tempo de exercício de mandato classista junto a órgão de deliberação coletiva em que, nessa qualidade, tenha havido contribuição para a previdência social;

XII – o tempo de serviço público prestado à administração federal direta e autarquias federais, bem como às estaduais, do Distrito Federal e municipais, quando aplicada a legislação que autorizou a contagem recíproca de tempo de contribuição;

XIII – o período de licença remunerada, desde que tenha havido desconto de contribuições;

XIV – o período em que o segurado tenha sido colocado pela empresa em disponibilidade remunerada, desde que tenha havido desconto de contribuições;

XV – o tempo de serviço prestado à Justiça dos Estados, às serventias extrajudiciais e às escrivanias judiciais, desde que não tenha havido remuneração pelos cofres públicos e que a atividade não estivesse à época vinculada a regime próprio de previdência social;

XVI – o tempo de atividade patronal ou autônoma, exercida anteriormente à vigência da Lei nº 3.807, de 26 de agosto de 1960, desde que indenizado conforme o disposto no art. 122;

XVII – o período de atividade na condição de empregador rural, desde que comprovado o recolhimento de contribuições na forma da Lei nº 6.260, de 6 de novembro de 1975, com indenização do período anterior, conforme o disposto no art. 122;

XVIII – o período de atividade dos auxiliares locais de nacionalidade brasileira no exterior, amparados pela Lei nº 8.745, de 1993, anteriormente a 1º de janeiro de 1994, desde que sua situação previdenciária esteja regularizada junto ao Instituto Nacional do Seguro Social;

XIX – o tempo de exercício de mandato eletivo federal, estadual, distrital ou municipal, desde que não tenha sido contado para efeito de aposentadoria por outro regime de previdência social;

XX – o tempo de trabalho em que o segurado esteve exposto a agentes nocivos químicos, físicos, biológicos ou associação de agentes prejudiciais à saúde ou à integridade física, observado o disposto nos arts. 64 a 70; e

XXI – o tempo de contribuição efetuado pelo servidor público de que tratam as alíneas *i*, *j* e *l* do inciso I do *caput* do art. 9º e o § 2º do art. 26, com base nos arts. 8º e 9º da Lei nº 8.162, de 8 de janeiro de 1991, e no art. 2º da Lei nº 8.688, de 21 de julho de 1993.

O artigo 107 da Lei nº 8.213/91 assegura a contagem desse tempo de serviço para o cálculo do valor da renda mensal de qualquer benefício.

A averbação de tempo de serviço durante o qual o exercício da atividade não determinava filiação obrigatória ao anterior Regime de Previdência Social Urbana só será admitida mediante o recolhimento das contribuições correspondentes, nos termos do artigo 45-A da Lei nº 8212/91.

O tempo de serviço do segurado trabalhador rural, entretanto, anterior à data de início de vigência da Lei nº 8.213/91, será computado independentemente do recolhimento das contribuições a ele correspondentes, exceto para efeito de carência, conforme dispuser o regulamento.

Dessa forma, o trabalhador rural pode contar tempo de serviço anterior à Lei nº 8.213/91, independentemente do recolhimento das contribuições, para fins de concessão de aposentadoria urbana, nos termos do seguinte julgado:

Ementa: AGRAVO REGIMENTAL EM RECURSO ESPECIAL. PREVIDENCIÁRIO. AVERBAÇÃO DE TEMPO DE SERVIÇO PRESTADO EM ATIVIDADE RURAL PARA FINS DE FUTURA APOSENTADORIA URBANA POR TEMPO DE SERVIÇO NO MESMO REGIME DE PREVIDÊNCIA. SERVIDOR PÚBLICO MUNICIPAL REGIDO PELA CONSOLIDAÇÃO DAS LEIS TRABALHISTAS. CONTRIBUIÇÃO RELATIVAMENTE AO PERÍODO DE ATIVIDADE RURAL. DESNECESSIDADE. CUMPRIMENTO DO PERÍODO DE CARÊNCIA DURANTE O TEMPO DE SERVIÇO URBANO COMO SERVIDOR PÚBLICO MUNICIPAL CELETISTA. NÃO INCIDÊNCIA DE HIPÓTESE DE CONTAGEM RECÍPROCA.

1. Vigente o parágrafo 2º do artigo 55 da Lei nº 8.213/91, com redação dada pela Medida Provisória nº 1.523, de 11 de outubro de 1996, o tempo de atividade rural, anterior à edição da Lei nº 8.213/91, somente podia ser computado para fins de concessão de aposentadoria por idade e de benefícios de valor mínimo, e era vedado o aproveitamento desse tempo, sem o recolhimento das respectivas contribuições, para efeito de carência, de contagem recíproca e de averbação de tempo de serviço.

2. Convertida a Medida Provisória nº 1.523 na Lei nº 9.528/97, de 10 de dezembro de 1997, a redação original do parágrafo 2º do artigo 55 da Lei nº 8.213/91 restou integralmente restabelecida, assegurando a contagem do tempo de serviço rural para fins de concessão de aposentadoria urbana independentemente de contribuição relativamente àquele período, ao dispor que: “O tempo de serviço do segurado

trabalhador rural, anterior à data de início de vigência desta Lei, será computado independentemente do recolhimento das contribuições a ele correspondentes, exceto para efeito de carência, conforme dispuser o Regulamento." (nossos os grifos)

3. Não há, pois, mais óbice legal ao cômputo do tempo de serviço rural exercido anteriormente à edição da Lei nº 8.213/91, independentemente do recolhimento das contribuições respectivas, para a obtenção de aposentadoria urbana por tempo de serviço, se durante o período de trabalho urbano é cumprida a carência exigida no artigo 52 da Lei nº 8.213/91.

4. Da letra do artigo 201, parágrafo 9º, da Constituição Federal, tem-se que contagem recíproca é o direito à contagem de tempo de serviço prestado na atividade privada, rural ou urbana, para fins de concessão de aposentadoria no serviço público ou, vice-versa, em face da mudança de regimes de previdência – geral e estatutário –, mediante prova da efetiva contribuição no regime previdenciário anterior, não se confundindo, pois, com a hipótese em deslinde, em que o segurado sempre esteve vinculado ao mesmo regime de previdência, ou seja, ao Regime Geral de Previdência Social, por se cuidar de servidor público municipal regido pela Consolidação das Leis Trabalhistas.

5. A soma do tempo de atividade rural, para fins de concessão de aposentadoria urbana por tempo de serviço, no mesmo regime de previdência, não constitui hipótese de contagem recíproca, o que afasta a exigência do recolhimento de contribuições relativamente ao período, inserta no artigo 96, inciso IV, da Lei nº 8.213/91.

6. Em hipóteses tais, em que o segurado pretende averbar tempo em que exerceu atividade rural, para fins de futura concessão de aposentadoria urbana que, embora pelo exercício de atividade no serviço público, há de ser concedida pelo mesmo regime de previdência a que sempre foi vinculado, não é exigível o recolhimento das contribuições relativamente ao tempo de serviço rural exercido anteriormente à entrada em vigor da Lei nº 8.213/91, porque é titular de direito subjetivo à contagem do seu tempo de serviço, à luz de lei então vigente, devendo, contudo, para a obtenção futura da aposentadoria por tempo de serviço, integralizar a carência no serviço público municipal, como trabalhador urbano.

7. Agravo regimental improvido.[70]

O Tribunal tem mantido essa posição:

Previdenciário. Aposentadoria por tempo de serviço no Regime Geral de Previdência Social. Exercício de atividade rural antes da vigência da Lei nº 8.213/91. Dispensa do recolhimento das contribuições previdenciárias.

1. A Terceira Seção firmou entendimento segundo o qual, tratando-se de segurado que, mediante averbação de tempo de serviço rural anterior à vigência da Lei nº 8.213/91, visa à obtenção de aposentadoria urbana no mesmo regime de previdência, não se é de exigir o recolhimento das contribuições relativas a tal período. Deve, contudo, cumprir a carência como trabalhador urbano.

---

[70] STJ, AgRg no REsp nº 250220, *DJ* 1º jul. 2005.

2. Embargos acolhidos para não se conhecer do recurso especial, restabelecendo-se o acórdão do Tribunal de origem.[71]

Pois bem. Os julgados acima tratam da contagem do tempo do trabalhador rural exercido em momento anterior à Lei nº 8.213/91 para fins de aposentadoria urbana. Surge, daí, outra questão: o tempo de trabalho rural exercido na vigência da Lei nº 8.213/91 pode ser computado para fins de aposentadoria urbana independentemente de contribuição, especialmente aposentadoria por tempo de contribuição? É o que ocorre, por exemplo, quando o trabalhador rural deixou o campo – após julho de 1991 – e foi trabalhar na cidade.

Primeiramente, note-se que, nos termos da Súmula 272 do Superior Tribunal de Justiça,

> "o trabalhador rural, na condição de segurado especial, sujeito à contribuição obrigatória sobre a produção rural comercializada, somente faz jus à aposentadoria por tempo de serviço, se recolher contribuições facultativas".

Não se trata de aplicar essa Súmula, pois em nosso exemplo não estamos mais tratando do segurado especial e sim do trabalhador urbano.

A solução está no *caput* do artigo 55 da Lei nº 8.213/91, o qual disciplina a contagem do tempo de serviço/contribuição. Segundo este, "o tempo de serviço será comprovado na forma estabelecida no Regulamento, compreendendo, além do correspondente às atividades de qualquer das categorias de segurados de que trata o art. 11 desta Lei, mesmo que anterior à perda da qualidade de segurado [...]". Resulta evidente que o tempo de serviço correspondente à atividade do segurado especial deve ser computado, pois está previsto no artigo 11, VII, da Lei nº 8.213/91, em nada alterando essa realidade o fato de o artigo 39, I, e parágrafo único, não preverem o direito à aposentadoria por tempo de contribuição, pois, repetimos, não estamos mais frente à categoria de segurado especial e sim trabalhador urbano. Entretanto, a contribuição durante o período de carência não pode ser dispensada, pois esta, por definição, "é o número mínimo de contribuições mensais indispensáveis para que o beneficiário faça jus ao benefício", nos termos do artigo 24 da mesma lei.

Jane Berwanger leciona no mesmo sentido:

> Conforme se denota, o STJ apenas não admite computar para carência o período de segurado especial que não tenha contribuído facultativamente. Não estende essa proibição ao cômputo da atividade para completar o tempo total. Assim, não há óbice

---

[71] STJ, EREsp nº 624911, *DJ* 4 ago. 2008.

para que seja computado como tempo de contribuição. Ora, se o segurado está requerendo uma aposentadoria por tempo de contribuição, na regra permanente precisa comprovar 180 contribuições mensais para atingir o requisito carência. Mas quanto ao restante do período não há impedimento que compute tempo de atividade rural, ou seja, para completar o tempo de 30 e 35 anos, mulher e homem, respectivamente.[72]

A esse argumento poderia ser oposto outro: a Emenda Constitucional nº 20/98 reforçou o caráter contributivo do regime previdenciário, em especial quando transformou a aposentadoria por tempo de serviço em aposentadoria por tempo de contribuição, daí a impossibilidade de computar-se qualquer tempo sem a correspondente contribuição.

O argumento é cativante e – como é fácil notar ao longo deste curso – sempre enfatizamos a relevância da contributividade do regime previdenciário. Mas, é preciso anotar, eventual inconstitucionalidade passa pelos artigos 39 e 143 da Lei nº 8.213/91, o que não entendemos procedente afirmar. Se o legislador fez a opção política de dar tratamento diferenciado ao trabalhador rural e essa discriminação tem relevância constitucional, não cabe ao intérprete pretender anulá-la.

Sendo assim, o trabalhador rural que passou a contribuir como trabalhador urbano pode aproveitar o tempo de serviço rural, anterior ou posterior à Lei nº 8.213/91, para fins de aposentadoria urbana, inclusive por tempo de contribuição, desde que cumpra a carência do benefício – 180 contribuições mensais ou, se for o caso, a tabela do artigo 142.

3.2.5.3.6.1 Início de prova material

O artigo 55, § 3º, da Lei nº 8.213/91 introduziu a prova tarifada, restringindo a liberdade de apreciação, tanto para o juiz, como para o administrador, no que diz respeito à valoração da prova, não obstante a opinião de Daisson Portanova em sentido contrário:

> A nosso ver este dispositivo valeria, quando muito, para a administração, mas não para a convicção judicial, sob pena de retirar do julgador natural não só o livre convencimento, mas também sua condição manifesta pelos poderes instrutórios que lhes são outorgados pela legislação processual.[73]

Em seus termos, a comprovação do tempo de serviço, urbano ou rural, inclusive mediante justificação administrativa ou judicial, só produzirá efeito quando baseada em início de prova material, não sendo admitida prova exclusivamente

---

[72] *Desmistificando o cômputo do período de atividade rural posterior a novembro de 1991*, p. 52.

[73] BALERA, Wagner (Coordenador), *Previdência social comentada*, p. 733.

testemunhal, salvo na ocorrência de motivo de força maior ou caso fortuito, conforme disposto no regulamento. Este, por sua vez, regula a matéria em seu artigo 62, segundo o qual a prova de tempo de serviço, considerado tempo de contribuição, é feita mediante documentos que comprovem o exercício de atividade nos períodos a serem contados, devendo esses documentos ser contemporâneos dos fatos a comprovar e mencionar as datas de início e término e, quando se tratar de trabalhador avulso, a duração do trabalho e a condição em que foi prestado.

As anotações em Carteira Profissional e/ou Carteira de Trabalho e Previdência Social relativas a férias, alterações de salários e outras que demonstrem a sequência do exercício da atividade podem suprir possível falha de registro de admissão ou dispensa.

Entre outros, o regulamento admite os seguintes documentos como meio de prova:

I – o contrato individual de trabalho, a Carteira Profissional e/ou a Carteira de Trabalho e Previdência Social, a carteira de férias, a carteira sanitária, a caderneta de matrícula e a caderneta de contribuições dos extintos institutos de aposentadoria e pensões, a caderneta de inscrição pessoal visada pela Capitania dos Portos, pela Superintendência do Desenvolvimento da Pesca, pelo Departamento Nacional de Obras Contra as Secas e declarações da Receita Federal;

II – certidão de inscrição em órgão de fiscalização profissional, acompanhada do documento que prove o exercício da atividade;

III – contrato social e respectivo distrato, quando for o caso, ata de assembleia geral e registro de firma individual;

IV – contrato de arrendamento, parceria ou comodato rural;

V – certificado de sindicato ou órgão gestor de mão de obra que agrupa trabalhadores avulsos;

VI – comprovante de cadastro do Instituto Nacional de Colonização e Reforma Agrária, no caso de produtores em regime de economia familiar;

VII – bloco de notas do produtor rural; ou

VIII – declaração de sindicato de trabalhadores rurais ou colônia de pescadores, desde que homologada pelo Instituto Nacional do Seguro Social.

A relação é meramente enunciativa. Muitos outros documentos podem comprovar o tempo de serviço, tais como "o comprovante de pagamento de tributos da propriedade onde a autora exerceu as suas atividades e a carteira de sócia do sindicato dos trabalhadores rurais, onde consta a qualificação de agricultora".[74]

[74] Cf. STJ, AgRg no REsp nº 634350, *DJ* 1º jul. 2005.

Na falta de documento contemporâneo podem ser aceitos declaração do empregador ou seu preposto, atestado de empresa ainda existente, certificado ou certidão de entidade oficial dos quais constem os dados arrolados acima, desde que extraídos de registros efetivamente existentes e acessíveis à fiscalização do INSS.

Se o documento apresentado pelo segurado não atender ao previsto em lei, a prova exigida pode ser complementada por outros documentos que levem à convicção do fato a comprovar, inclusive mediante justificação administrativa. A comprovação realizada mediante justificação administrativa ou judicial só produz efeito perante a previdência social quando baseada em início de prova material. Caso contrário, haveria burla à lei.

A previdência social pode verificar diretamente na empresa a autenticidade das informações prestadas pelo segurado e, não raras vezes, o faz, em prática salutar para combater as fraudes. Para isso, dispõe o artigo 62, § 7º, do Decreto nº 3.048/99 que "a empresa colocará à disposição de servidor designado por dirigente do Instituto Nacional do Seguro Social as informações ou registros de que dispuser, relativamente a segurado a seu serviço e previamente identificado, para fins de instrução ou revisão de processo de reconhecimento de direitos e outorga de benefícios do Regime Geral de Previdência Social". Essa diligência, até pouco tempo, era realizada pelos fiscais da previdência social, os quais agiam legitimados, dentre outros, pelos artigos 195 e 200 do Código Tributário Nacional.[75] Agora, os "servidores designados" não têm iguais prerrogativas. É apenas mais um problema criado com a fusão do Fisco geral com o Fisco previdenciário.

A exigência de prova material encontrou, no início, forte resistência por parte dos operadores do Direito, mas a jurisprudência consolidou-se no sentido de sua legitimidade.

O Superior Tribunal de Justiça editou a Súmula nº 149 a esse respeito:

> "A prova exclusivamente testemunhal não basta à comprovação da atividade rurícola, para efeito da obtenção de benefício previdenciário".

O Supremo Tribunal Federal tem posição no mesmo sentido:

---

[75] Art. 195. Para os efeitos da legislação tributária, não têm aplicação quaisquer disposições legais excludentes ou limitativas do direito de examinar mercadorias, livros, arquivos, documentos, papéis e efeitos comerciais ou fiscais dos comerciantes, industriais ou produtores, ou da obrigação destes de exibi-los. Parágrafo único. Os livros obrigatórios de escrituração comercial e fiscal e os comprovantes dos lançamentos neles efetuados serão conservados até que ocorra a prescrição dos créditos tributários decorrentes das operações a que se refiram. Art. 200. As autoridades administrativas federais poderão requisitar o auxílio da força pública federal, estadual ou municipal, e reciprocamente, quando vítimas de embaraço ou desacato no exercício de suas funções, ou quando necessário à efetivação de medida prevista na legislação tributária, ainda que não se configure fato definido em lei como crime ou contravenção.

APOSENTADORIA – TEMPO DE SERVIÇO – PROVA EXCLUSIVAMENTE TESTEMUNHAL –INADMISSIBILIDADE COMO REGRA. A teor do disposto no § 3º do artigo 55 da Lei nº 8.213/91, o tempo de serviço há de ser revelado mediante início de prova documental, não sendo admitida, exceto ante motivo de força maior ou caso fortuito, a exclusivamente testemunhal. Decisão em tal sentido não vulnera os preceitos dos artigos 5º, incisos LV e LVI, 6º e 7º, inciso XXIV, da Constituição Federal.[76]

A rigidez da lei deve ser abrandada no caso dos trabalhadores volantes, conhecidos como boias-frias, pois a absoluta informalidade de suas relações de trabalho impossibilita, às vezes por completo, a produção de início de prova material. Nesse sentido, é a jurisprudência:

PROCESSO CIVIL. PREVIDENCIÁRIO. AÇÃO RESCISÓRIA. RURÍCOLA. PROVA MATERIAL. DOCUMENTO NOVO PREEXISTENTE À PROPOSITURA DA AÇÃO ORIGINÁRIA. ART. 485, VII, DO CPC. ADOÇÃO DA SOLUÇÃO *PRO MISERO*.

1. Está consolidado, no Superior Tribunal de Justiça, o entendimento de que, considerada a condição desigual experimentada pelo trabalhador volante ou boia-fria nas atividades rurais, é de se adotar a solução *pro misero* para reconhecer como razoável prova material o documento novo, ainda que preexistente à propositura da ação originária.

2. As certidões de nascimento dos filhos da autora revelam que seu marido era lavrador, constituindo razoável prova material da atividade rurícola.

3. De registrar que não se exige comprovação escrita de todo o tempo que se quer provar, servindo a documentação inicial para caracterizar o direito da autora, admitindo-se que a prova testemunhal delimite o período de carência, ainda que com maior amplitude.

4. Ação rescisória procedente.[77]

A declaração prestada em favor do segurado equivale à prova exclusivamente testemunhal, não sendo meio idôneo de comprovação do tempo de serviço:

Ementa: EMBARGOS DE DECLARAÇÃO EM RECURSO ESPECIAL. ERRO MATERIAL. TRABALHADORA DOMÉSTICA. INÍCIO DE PROVA MATERIAL. INEXISTÊNCIA.

[...]

3. "A comprovação do tempo de serviço para os efeitos desta Lei, inclusive mediante justificação administrativa ou judicial, conforme o disposto no artigo 108, só produzirá efeito quando baseada em início de prova material, não sendo admitida prova exclusi-

---

76 STF, RE nº 226772, *DJ* 6 out. 2000.

77 STJ, AR nº 3005, *DJ* 25 out. 2007.

vamente testemunhal, salvo na ocorrência de motivo de força maior ou caso fortuito, conforme disposto no Regulamento" (artigo 55, parágrafo 3º, da Lei 8.213/91).

2. O início de prova material, de acordo com a interpretação sistemática da lei, é aquele feito mediante documentos que comprovem o exercício da atividade nos períodos a serem contados, devendo ser contemporâneos dos fatos a comprovar, indicando, ainda, o período e a função exercida pelo trabalhador (REsp 280.402/SP, da minha Relatoria, in *DJ* 10.9.2001).

4. A 3ª Seção desta Corte tem firme entendimento no sentido de que a simples declaração prestada em favor do segurado, sem guardar contemporaneidade com o fato declarado, carece da condição de prova material, exteriorizando, apenas, simples testemunho escrito que, legalmente, não se mostra apto a comprovar a atividade laborativa para fins previdenciários (EREsp 205.885/SP, Relator Ministro Fernando Gonçalves, in *DJ* 30.10.2000).

5. Embargos acolhidos. Recurso especial improvido.[78]

Questão controvertida diz respeito ao valor da sentença trabalhista para fins de comprovação de tempo de serviço. Para nós, se a decisão oriunda da Justiça do Trabalho é fundamentada apenas na prova testemunhal, não pode ser aproveitada, já que equivaleria à justificação judicial. Do contrário, se é fundamentada, também, em início de prova material, vale como meio idôneo de prova. A esse respeito, veja-se o seguinte julgado:

Ementa: PROCESSUAL E PREVIDENCIÁRIO. TEMPO DE SERVIÇO. COMPROVAÇÃO. INÍCIO DE PROVA MATERIAL. SENTENÇA TRABALHISTA. NÃO VIOLAÇÃO DO ART. 472 DO CÓDIGO DE PROCESSO CIVIL. INCIDÊNCIA DO ART. 55, § 3º DA LEI 8.213/91.

A questão posta em debate restringe-se em saber se a sentença trabalhista constitui ou não início de prova material, pois as anotações na Carteira de Trabalho e Previdência Social – CTPS advieram por força desta sentença.

Neste contexto, mesmo o Instituto não tendo integrado a lide trabalhista, impõe-se considerar o resultado do julgamento proferido em sede de Justiça Trabalhista, já que se trata de uma verdadeira decisão judicial.

A jurisprudência desta Eg. Corte vem reiteradamente decidindo no sentido de que a sentença trabalhista pode ser considerada como início de prova material, sendo apta a comprovar-se o tempo de serviço prescrito no artigo 55, § 3º, da Lei 8.213/91, desde que fundamentada em elementos que demonstrem o exercício da atividade laborativa na função e nos períodos alegados, ainda que o Instituto Previdenciário não tenha integrado a respectiva lide.

Recurso especial conhecido e provido.[79]

---

[78] STJ, EDcl no REsp nº 182123, *DJ* 1º jul. 2005.

[79] STJ, REsp nº 709541, *DJ* 1º ago. 2005.

3.2.5.4 *Da aposentadoria especial*

3.2.5.4.1 *Conceito*

A aposentadoria especial é uma espécie de aposentadoria por tempo de contribuição devida ao segurado que tiver trabalhado sujeito a condições especiais que prejudiquem a saúde ou a integridade física, durante um certo período de tempo.

Para perfeita compreensão da matéria, é importante um breve lançar de olhos sobre a evolução histórica do benefício.

A aposentadoria especial foi instituída pela Lei nº 3.807/60, a qual exigia os seguintes requisitos: 50 anos de idade; 15 anos de contribuição; e 15, 20 ou 25 anos, conforme atividade profissional, em serviços considerados penosos, insalubres ou perigosos. A Lei nº 5.440-A/68 suprimiu a exigência de idade mínima. A Lei nº 5.890/73 reduziu o tempo de contribuição para cinco anos. A Lei nº 6.887/80 institui a conversão de tempo – atividade comum e especial.

A Lei nº 8.21391, em sua redação original, nos artigos 57 e 58, previu os seguintes requisitos:

- carência de 180 contribuições mensais, observada a regra de transição do artigo 142;
- 15, 20 ou 25 anos, conforme atividade profissional, sujeito a condições especiais prejudiciais à saúde ou integridade física. Classificação feita por categoria profissional;
- relação de atividades profissionais prejudiciais à saúde ou integridade física seria objeto de lei específica;
- manteve a conversão e contagem de tempo exercido alternadamente em atividade comum e especial;
- renda mensal: 85% do salário de benefício + 1% a cada grupo de 12 contribuições, observado o limite de 100%.

A Lei nº 9.032/95 instituiu novas alterações substanciais:

- renda mensal: 100% do salário-de-benefício;
- comprovação de tempo de trabalho permanente, não ocasional nem intermitente, em condições especiais que prejudiquem a saúde ou a integridade física, durante o período mínimo fixado;

- comprovação de exposição aos agentes nocivos químicos, físicos, biológicos ou associação de agentes prejudiciais à saúde ou integridade física, pelo período equivalente ao exigido para a concessão do benefício;[80]
- proíbe a conversão do tempo de trabalho de atividade comum em especial, permitida somente a conversão do tempo de atividade especial em comum;
- veda ao segurado que recebe aposentadoria especial continuar no exercício de atividade ou operações que o sujeitem aos agentes nocivos que ensejam essa aposentadoria.

De observar-se que até a Lei nº 9.032/95 o enquadramento do segurado era feito por categoria profissional ou agentes nocivos e, a partir dessa lei, passou-se a exigir a efetiva exposição aos mesmos agentes, não bastando mais a comprovação do enquadramento profissional.

A Lei nº 9.528/97, fruto da conversão da Medida Provisória nº 1.523/96, trouxe as seguintes alterações:

- a relação dos agentes nocivos passou à alçada do regulamento, deixando de ser atribuição da lei;
- determinou a comprovação da efetiva exposição do segurado aos agentes nocivos por meio do preenchimento de formulário próprio, com base em laudo técnico de condições ambientais do trabalho expedido por médico do trabalho ou engenheiro de segurança do trabalho, onde deve constar a existência de equipamento de proteção coletiva que diminua a intensidade da exposição;
- instituiu o perfil profissiográfico que equivale a uma radiografia do ambiente de trabalho. É definido como o documento histórico-laboral do trabalhador, segundo modelo instituído pelo INSS, que, entre outras informações, deve conter registros ambientais, resultados de monitoração biológica e dados administrativos. Quando da rescisão do contrato de trabalho, deve ser fornecida cópia autêntica desse documento ao segurado.

A Medida Provisória nº 1.663-10/98 revogou expressamente o § 5º do artigo 57 da Lei nº 8.213/91, vedando a conversão de atividade especial em comum.

[80] Exemplos de agentes nocivos: I – físicos: ruído, calor, frio, eletricidade, radiação; II – químicos: gases tóxicos; III – biológicos: vírus, fungos, bactérias.

A Medida Provisória nº 1.663-13/98 permitiu a conversão de atividade especial em comum até 28.5.98, conforme disposto em regulamento. Daí foi editado o Decreto nº 2.782/98, o qual permitiu a conversão mediante o cumprimento de, no mínimo, 20% do tempo em atividade especial, conforme agente nocivo constante do anexo IV do Decreto nº 2.172/97.

A Lei nº 9.711, de 20.11.98, revogou tacitamente o § 5º do artigo 57 da Lei 8.213/91 e definiu a data de 28.5.98 como limite para conversão do tempo especial em comum.

A Lei nº 9.732/98 trouxe novas alterações:

- instituiu as alíquotas adicionais de 12, 9 ou 6% para o financiamento da aposentadoria especial;
- determinou o cancelamento da aposentadoria especial para o segurado que continuar exercendo atividade sujeita aos agentes nocivos;
- determinou que os laudos técnicos referentes à efetiva exposição aos agentes nocivos sejam realizados nos termos da legislação trabalhista, nos quais deve constar a existência de equipamento de proteção, individual ou coletivo, que diminua a intensidade da exposição.

Em outra oportunidade, afirmamos que estudar Direito Previdenciário, no Brasil, significa sobreviver num campo de batalha. A interpretação das normas jurídicas referentes à aposentadoria especial, no tempo, é prova robusta do afirmado.

A aposentadoria especial era devida apenas ao segurado empregado e trabalhador avulso. A respeito, lecionam Daniel Machado da Rocha e José Paulo Baltazar Júnior:

> A prestação em comento, por força da sistemática atribuída a ela pela Lei nº 9.032/95, era devida apenas ao segurado empregado e ao avulso (na medida em que a Constituição proíbe qualquer discriminação ao trabalhador avulso no inciso XXIV do art. 7º), porquanto a partir de 29 de abril de 1995 o autônomo, o doméstico e o avulso não poderiam comprovar, em conformidade com a exigência do § 3º do artigo 57, a exposição a agentes nocivos de maneira habitual e permanente.[81]

Posteriormente, nos termos do artigo 1º da Lei nº 10.666/03, o benefício foi estendido ao cooperado filiado à cooperativa de trabalho e de produção, de tal sorte que hoje, nos termos do artigo 64 do Decreto nº 3.048/99, o benefício é devido ao segurado empregado, trabalhador avulso e contribuinte individual, este somente quando cooperado filiado a cooperativa de trabalho ou de produção.

---

[81] *Comentários à lei de benefícios da previdência social*, p. 218.

3.2.5.4.2 Carência

A carência da aposentadoria especial é de 180 contribuições mensais. Para os segurados já filiados no período anterior a 24.7.91 aplica-se a tabela do artigo 142.

3.2.5.4.3 Risco social

A necessidade social coberta por esse benefício é a incapacidade laboral decorrente de atividade que prejudica a saúde ou integridade física do segurado submetido à exposição aos agentes nocivos químicos, físicos, biológicos ou associação de agentes prejudiciais.

3.2.5.4.4 Conversão de tempo de serviço comum em especial e vice-versa

O instituto da conversão de tempo de serviço comum em especial e vice-versa é fundamental para a vida previdenciária do segurado. Por meio dele, o trabalhador que laborou por anos em atividade sujeita a tempo especial – frente de produção em mina de carvão, por exemplo – e, depois, passa a desenvolver atividade comum – inicia atividade no escritório de uma empresa –, pode converter aquele tempo especial em comum, mediante simples equação matemática que considera o tempo necessário para aposentadoria numa atividade e em outra. Por exemplo, uma mulher que trabalha em mina, em frente de produção, tem direito a aposentar-se com 15 anos de contribuição[82] – na atividade especial não há diferença de tempo para homem ou mulher. Depois, se inicia atividade sujeita a tempo comum, já vimos que tem direito a aposentar-se com 30 anos de contribuição. Supondo que ela trabalhou 7,5 anos na atividade especial, levará esse tempo para a atividade comum, convertido em 15 anos. O raciocínio é o seguinte: como ela trabalhou metade do tempo necessário para a aposentadoria especial, deve completar apenas a metade do tempo necessário para a aposentadoria comum. Se tivesse trabalhado cinco anos na atividade especial, converteria em dez anos na atividade comum, pois cinco anos equivalem a 1/3 do tempo necessário para aposentadoria naquela atividade especial e, portanto, ela adquiriu o direito de contar com 1/3 do tempo necessário para aposentadoria comum, ou seja, dez anos. O mesmo raciocínio vale na ordem inversa: se o segurado trabalhou por um determinado tempo em atividade comum e depois passou a exercer atividade especial, tem direito à conversão de tempo. Exemplo: uma segurada que trabalhou 15 anos em atividade comum e depois passa a exercer atividade sujeita a tempo especial deve trabalhar apenas metade do tempo necessário à aposentadoria especial, pois já trabalhou metade do tempo necessário para a aposentadoria comum.

---

[82] A relação dos agentes nocivos químicos, físicos, biológicos ou associação de agentes prejudiciais à saúde ou à integridade física, considerados para fins de concessão de aposentadoria especial, consta do Anexo IV do Decreto nº 3.048/99 e está arrolada mais adiante.

Se for trabalhar em mina, em frente de produção, deve trabalhar mais 7,5 anos. O raciocínio é o mesmo.

É fácil notar que o instituto da conversão de tempo tem fundamento constitucional: o princípio da igualdade, pois a ninguém é dado duvidar que a situação jurídica daquele que exerce atividade sujeita a tempo especial é diversa daquele outro que exerce atividade sujeita a tempo comum, ou, noutros termos, quem trabalha em mina, em frente de produção, não pode receber da previdência social o mesmo tratamento daquele outro, que trabalha num escritório.

Pois bem, o legislador ordinário não pensa exatamente assim, já que a possibilidade de conversão tem variado ao longo do tempo, nestes termos:

- Até a edição da Lei nº 9.032/95:

  Possibilidade de conversão de tempo comum em especial e de especial em comum.

- Após a Lei nº 9.032/95:

  Proibição de conversão de tempo de atividade comum em especial.

- Após a Lei nº 9.711/98:

  Conversão apenas de tempo de atividade especial em comum até 28.5.98, nos termos da lei.

Veja-se que a data de 28.5.98, mesmo para aqueles que consideram o artigo 57, § 5º, da Lei nº 8.213/91 revogado, é equivocada. Explica-se. A redação da Medida Provisória nº 1.663-10, de 28.5.98, na parte em que revogou expressamente o § 5º, não foi convertida na Lei nº 9.711, de 20.11.98 – daí que perdeu sua eficácia, nessa parte, desde sua edição; por isso, a Medida Provisória nº 1.663-13, de 26.8.98, não poderia permitir a conversão somente até 28.5.98, pois teve flagrante efeito retroativo.

A partir de então, houve completa vedação de conversão de tempo de atividade especial em comum e vice-versa. Veja-se o absurdo. No exemplo acima, imaginemos que a segurada, trabalhando há 14 anos numa mina, em frente de produção, deixe o emprego – por despedida imotivada ou quebra da empresa, *v. g.* Inicia, então, nova jornada profissional, agora em atividade comum. Em face da proibição de conversão de tempo de atividade especial em comum, terá que trabalhar mais 16 anos para obter o direito à aposentadoria por tempo de contribuição. Para nós, a violação ao princípio da igualdade é flagrante.

E não é só.

Dada a relevância da matéria, a aposentadoria especial tem *status* constitucional. A esse respeito, dispõe o artigo 201, § 1º, da Constituição Federal que "é vedada a adoção de requisitos e critérios diferenciados para a concessão de aposentadoria aos beneficiários do regime geral de previdência social, ressalvados os casos de atividades exercidas sob condições especiais que prejudiquem a saúde ou a integridade física". Ou seja, o legislador constituinte diferenciou esse benefício em função da maior nocividade do risco social protegido. Ora, eliminar a possibilidade de conversão de tempo significa igualar riscos sociais expressamente diferenciados pela Constituição Federal, ou seja, de flagrante inconstitucionalidade.

Em face das alterações legislativas, foi ajuizada a Ação Civil Pública nº 2000.71.00.030435-2, onde o Ministério Público Federal pleiteava a possibilidade de conversão de tempo especial em comum a qualquer tempo. A sentença julgou procedente a ação, confirmada pelo Tribunal Regional Federal da 4ª Região.[83] O INSS obteve ganho de causa no Superior Tribunal de Justiça, ao argumento da ilegitimidade do *Parquet* para tutelar causas previdenciárias. Mesmo assim, a União decidiu manter a possibilidade de conversão de tempo especial em comum, até hoje, ao argumento de que o § 5º do artigo 57 da Lei nº 8.213/91 não foi revogado. Entendimento contrário implicaria o cancelamento de dezenas de milhares de benefícios concedidos com fundamento na decisão judicial proferida na referida ação civil pública. Para isso, foi editado o Decreto nº 4.827/03, o qual alterou o artigo 70 do Decreto nº 3.048/99, nestes termos:

> Art. 70. A conversão de tempo de atividade sob condições especiais em tempo de atividade comum dar-se-á de acordo com a seguinte tabela:

TEMPO A CONVERTER	MULTIPLICADORES	
	MULHER (PARA 30)	HOMEM (PARA 35)
DE 15 ANOS	2,00	2,33
DE 20 ANOS	1,50	1,75
DE 25 ANOS	1,20	1,40

> § 1º A caracterização e a comprovação do tempo de atividade sob condições especiais obedecerá ao disposto na legislação em vigor na época da prestação do serviço.
>
> § 2º As regras de conversão de tempo de atividade sob condições especiais em tempo de atividade comum constantes deste artigo aplicam-se ao trabalho prestado em qualquer período.

---

83 TRF4, *DJ* 6 nov. 2002.

Por outro lado, na via judicial o pleito de conversão restava indeferido, em face da Súmula 16 da Turma Nacional de Uniformização de Jurisprudência dos Juizados Especiais Federais, nestes termos:

> A conversão em tempo de serviço comum, do período trabalhado em condições especiais, somente é possível relativamente à atividade exercida até 28 de maio de 1998 (art. 28 da Lei nº 9.711/98).

Essa Súmula, entretanto, publicada em 24.5.04, acabou cancelada em 24.4.09.

A jurisprudência do Superior Tribunal de Justiça trilha no sentido da possibilidade de conversão, mesmo após maio de 1998:

> PREVIDENCIÁRIO E PROCESSUAL CIVIL. RECURSO ESPECIAL. APOSENTADORIA. SERVIÇO PRESTADO EM CONDIÇÕES ESPECIAIS APÓS MAIO DE 1998. CONVERSÃO EM TEMPO COMUM. POSSIBILIDADE. ART. 60 DO DECRETO 83.080/79 E 6º DA LICC. AUSÊNCIA DE PREQUESTIONAMENTO. RECURSO ESPECIAL DESPROVIDO.
>
> [...]
>
> 2. O Trabalhador que tenha exercido atividades em condições especiais, mesmo que posteriores a maio de 1998, tem direito adquirido, protegido constitucionalmente, à conversão do tempo de serviço, de forma majorada, para fins de aposentadoria comum.[84]

3.2.5.4.5 *Data de início do benefício*

A aposentadoria especial será devida:

I – ao segurado empregado a partir:

a) da data do desligamento do emprego, quando requerida até essa data ou até 90 dias depois dela; ou

b) da data do requerimento, quando for requerida após o prazo previsto na alínea anterior.

II – para os demais segurados, da data da entrada do requerimento.

3.2.5.4.6 *Valor do benefício*

A aposentadoria especial consistirá numa renda mensal equivalente a 100% do salário-de-benefício.

---

[84] STJ, REsp nº 1067972, *DJe* 27 abr. 2009.

3.2.5.4.7 *Retorno à atividade*

Nos termos do artigo 57, § 8º, da Lei nº 8.213/91, o aposentado especial que retornar à atividade sujeita aos agentes nocivos terá seu benefício suspenso.

O processo de suspensão do benefício deve obedecer ao contraditório e ampla defesa, em qualquer caso.

A vedação diz respeito apenas à continuidade no trabalho sujeito aos agentes nocivos, não à atividade normal.

Como José Antônio Savaris, entendemos que a restrição tem suporte constitucional, na medida em que objetiva proteger a saúde do trabalhador, não configurando violação à liberdade de exercício profissional.[85]

3.2.5.4.8 *Relação dos agentes nocivos*

A relação dos agentes nocivos está prevista no Anexo IV do Decreto nº 3.048/99, nos seguintes termos:

> CLASSIFICAÇÃO DOS AGENTES NOCIVOS
>
> 1.0.0 AGENTES QUÍMICOS
>
> O que determina o direito ao benefício é a exposição do trabalhador ao agente nocivo presente no ambiente de trabalho e no processo produtivo, em nível de concentração superior aos limites de tolerância estabelecidos.
>
> O rol de agentes nocivos é exaustivo, enquanto que as atividades listadas, nas quais pode haver a exposição, é exemplificativa.
>
> 1.0.1 ARSÊNIO E SEUS COMPOSTOS 25 ANOS
>
> a) extração de arsênio e seus compostos tóxicos;
>
> b) metalurgia de minérios arsenicais;
>
> c) utilização de hidrogênio arseniado (arsina) em sínteses orgânicas e no processamento de componentes eletrônicos;
>
> d) fabricação e preparação de tintas e lacas;
>
> e) fabricação, preparação e aplicação de inseticidas, herbicidas, parasiticidas e raticidas com a utilização de compostos de arsênio;
>
> f) produção de vidros, ligas de chumbo e medicamentos com a utilização de compostos de arsênio;
>
> g) conservação e curtume de peles, tratamento e preservação da madeira com a utilização de compostos de arsênio.
>
> 1.0.2 ASBESTOS 20 ANOS

[85] Cfe. *Benefícios programáveis do regime geral da previdência social* – aposentadoria por tempo de contribuição e aposentadoria por idade, p. 108.

a) extração, processamento e manipulação de rochas amiantíferas;

b) fabricação de guarnições para freios, embreagens e materiais isolantes contendo asbestos;

c) fabricação de produtos de fibrocimento;

d) mistura, cardagem, fiação e tecelagem de fibras de asbestos.

1.0.3 BENZENO E SEUS COMPOSTOS TÓXICOS 25 ANOS

a) produção e processamento de benzeno;

b) utilização de benzeno como matéria-prima em sínteses orgânicas e na produção de derivados;

c) utilização de benzeno como insumo na extração de óleos vegetais e álcoois;

d) utilização de produtos que contenham benzeno, como colas, tintas, vernizes, produtos gráficos e solventes;

e) produção e utilização de clorobenzenos e derivados;

f) fabricação e vulcanização de artefatos de borracha;

g) fabricação e recauchutagem de pneumáticos.

1.0.4 BERÍLIO E SEUS COMPOSTOS TÓXICOS 25 ANOS

a) extração, trituração e tratamento de berílio;

b) fabricação de compostos e ligas de berílio;

c) fabricação de tubos fluorescentes e de ampolas de raio X;

d) fabricação de queim;

e) utilização do berílio na indústria aeroespacial.

1.0.5 BROMO E SEUS COMPOSTOS TÓXICOS 25 ANOS

a) fabricação e emprego do bromo e do ácido brômico.

1.0.6 CÁDMIO E SEUS COMPOSTOS TÓXICOS 25 ANOS

a) extração, tratamento e preparação de ligas de cádmio;

b) fabricação de compostos de cádmio;

c) utilização de eletrodos de cádmio em soldas;

d) utilização de cádmio no revestimento eletrolítico de metais;

e) utilização de cádmio como pigmento e estabilizador na indústria do plástico;

f) fabricação de eletrodos de baterias alcalinas de níquel-cádmio.

1.0.7 CARVÃO MINERAL E SEUS DERIVADOS 25 ANOS

a) extração, fabricação, beneficiamento e utilização de carvão mineral, piche, alcatrão, betume e breu;

b) extração, produção e utilização de óleos minerais e parafinas;

c) extração e utilização de antraceno e negro de fumo;

d) produção de coque.

1.0.8 CHUMBO E SEUS COMPOSTOS TÓXICOS 25 ANOS

a) extração e processamento de minério de chumbo;

b) metalurgia e fabricação de ligas e compostos de chumbo;

c) fabricação e reformas de acumuladores elétricos;

d) fabricação e emprego de chumbo-tetraetila e chumbo-tetrametila;

e) fabricação de tintas, esmaltes e vernizes à base de compostos de chumbo;

f) pintura com pistola empregando tintas com pigmentos de chumbo;

g) fabricação de objetos e artefatos de chumbo e suas ligas;

h) vulcanização da borracha pelo litargírio ou outros compostos de chumbo;

i) utilização de chumbo em processos de soldagem;

j) fabricação de vidro, cristal e esmalte vitrificado;

l) fabricação de pérolas artificiais;

m) fabricação e utilização de aditivos à base de chumbo para a indústria de plásticos.

1.0.9 CLORO E SEUS COMPOSTOS TÓXICOS 25 ANOS

a) fabricação e emprego de defensivos organoclorados;

b) fabricação e emprego de cloroetilaminas (mostardas nitrogenadas);

c) fabricação e manuseio de bifenis policlorados (PCB);

d) fabricação e emprego de cloreto de vinil como monômero na fabricação de policloreto de vinil (PVC) e outras resinas e como intermediário em produções químicas ou como solvente orgânico;

e) fabricação de policloroprene;

f) fabricação e emprego de clorofórmio (triclorometano) e de tetracloreto de carbono.

1.0.10 CROMO E SEUS COMPOSTOS TÓXICOS 25 ANOS

a) fabricação, emprego industrial, manipulação de cromo, ácido crômico, cromatos e bicromatos;

b) fabricação de ligas de ferro-cromo;

c) revestimento eletrolítico de metais e polimento de superfícies cromadas;

d) pintura com pistola utilizando tintas com pigmentos de cromo;

e) soldagem de aço inoxidável.

1.0.11 DISSULFETO DE CARBONO 25 ANOS

a) fabricação e utilização de dissulfeto de carbono;

b) fabricação de viscose e seda artificial (raiom);

c) fabricação e emprego de solventes, inseticidas e herbicidas contendo dissulfeto de carbono;

d) fabricação de vernizes, resinas, sais de amoníaco, de tetracloreto de carbono, de vidros óticos e produtos têxteis com uso de dissulfeto de carbono.

1.0.12 FÓSFORO E SEUS COMPOSTOS TÓXICOS 25 ANOS

a) extração e preparação de fósforo branco e seus compostos;

b) fabricação e aplicação de produtos fosforados e organofosforados (sínteses orgânicas, fertilizantes e praguicidas);

c) fabricação de munições e armamentos explosivos.

1.0.13 IODO 25 ANOS

a) fabricação e emprego industrial do iodo.

1.0.14 MANGANÊS E SEUS COMPOSTOS 25 ANOS

a) extração e beneficiamento de minérios de manganês;

b) fabricação de ligas e compostos de manganês;

c) fabricação de pilhas secas e acumuladores;

d) preparação de permanganato de potássio e de corantes;

e) fabricação de vidros especiais e cerâmicas;

f) utilização de eletrodos contendo manganês;

g) fabricação de tintas e fertilizantes.

1.0.15 MERCÚRIO E SEUS COMPOSTOS 25 ANOS

a) extração e utilização de mercúrio e fabricação de seus compostos;

b) fabricação de espoletas com fulminato de mercúrio;

c) fabricação de tintas com pigmento contendo mercúrio;

d) fabricação e manutenção de aparelhos de medição e de laboratório;

e) fabricação de lâmpadas, válvulas eletrônicas e ampolas de raio X;

f) fabricação de minuterias, acumuladores e retificadores de corrente;

g) utilização como agente catalítico e de eletrólise;

h) douração, prateamento, bronzeamento e estanhagem de espelhos e metais;

i) curtimento e feltragem do couro e conservação da madeira;

j) recuperação do mercúrio;

l) amalgamação do zinco;

m) tratamento a quente de amálgamas de metais;

n) fabricação e aplicação de fungicidas.

1.0.16 NÍQUEL E SEUS COMPOSTOS TÓXICOS 25 ANOS

a) extração e beneficiamento do níquel;

b) niquelagem de metais;

c) fabricação de acumuladores de níquel-cádmio.

1.10.17 PETRÓLEO, XISTO BETUMINOSO, GÁS NATURAL 25 ANOS
E SEUS DERIVADOS

a) extração, processamento, beneficiamento e atividades de manutenção realizadas em unidades de extração, plantas petrolíferas e petroquímicas;

b) beneficiamento e aplicação de misturas asfálticas contendo hidrocarbonetos policíclicos.

1.0.18 SÍLICA LIVRE 25 ANOS

a) extração de minérios a céu aberto;

b) beneficiamento e tratamento de produtos minerais geradores de poeiras contendo sílica livre cristalizada;

c) tratamento, decapagem e limpeza de metais e fosqueamento de vidros com jatos de areia;

d) fabricação, processamento, aplicação e recuperação de materiais refratários;

e) fabricação de mós, rebolos e de pós e pastas para polimento;

f) fabricação de vidros e cerâmicas;

g) construção de túneis;

h) desbaste e corte a seco de materiais contendo sílica.

1.0.19 OUTRAS SUBSTÂNCIAS QUÍMICAS 25 ANOS

GRUPO I – ESTIRENO; BUTADIENO-ESTIRENO; ACRILONITRILA; 1-3 BUTADIENO; CLOROPRENO; MERCAPTANOS, n-HEXANO, DIISOCIANATO DE TOLUENO (TDI); AMINAS AROMÁTICAS

a) fabricação e vulcanização de artefatos de borracha;

b) fabricação e recauchutagem de pneus.

GRUPO II – AMINAS AROMÁTICAS, AMINOBIFENILA, AURAMINA, AZATIOPRINA, BIS (CLORO METIL) ÉTER, 1-4 BUTANODIOL, DIMETANOSULFONATO (MILERAN), CICLOFOSFAMIDA, CLOROAMBUCIL, DIETILESTIL-BESTROL, ACRONITRILA, NITRONAFTILAMINA 4-DIMETIL-AMINOAZOBENZENO, BENZOPIRENO, BETA-PROPIOLACTONA, BISCLOROETILETER, BISCLOROMETIL, CLOROMETILETER, DIANIZIDINA, DICLOROBENZIDINA, DIETILSULFATO, DIMETILSULFATO, ETILENOAMINA, ETILENOTIUREIA, FENACETINA, IODETO DE METILA, ETILNITROSURÉIAS, METILENO-ORTOCLOROANILINA (MOCA), NITROSAMINA, ORTOTOLUIDINA, OXIME-TALONA, PROCARBAZINA, PROPANOSULTONA, 1-3-BUTADIENO, ÓXIDO DE ETILENO, ESTILBENZENO, DIISOCIANATO DE TOLUENO (TDI), CREOSOTO, 4-AMINODIFENIL, BENZIDINA, BETANAFTILAMINA, ESTIRENO, 1-CLORO-2, 4-NITRODIFENIL, 3-POXIPRO-PANO

a) manufatura de magenta (anilina e ortotoluidina);

b) fabricação de fibras sintéticas;

c) sínteses químicas;

d) fabricação da borracha e espumas;

e) fabricação de plásticos;

f) produção de medicamentos;

g) operações de preservação da madeira com creosoto;

h) esterilização de materiais cirúrgicos.

2.0.0 AGENTES FÍSICOS

Exposição acima dos limites de tolerância especificados ou às atividades descritas.

2.0.1 RUÍDO 25 ANOS

a) exposição a Níveis de Exposição Normalizados (NEN) superiores a 85 dB(A).

2.0.2 VIBRAÇÕES 25 ANOS

a) trabalhos com perfuratrizes e marteletes pneumáticos.

2.0.3 RADIAÇÕES IONIZANTES 25 ANOS

a) extração e beneficiamento de minerais radioativos;

b) atividades em minerações com exposição ao radônio;

c) realização de manutenção e supervisão em unidades de extração, tratamento e beneficiamento de minerais radioativos com exposição às radiações ionizantes;

d) operações com reatores nucleares ou com fontes radioativas;

e) trabalhos realizados com exposição aos raios Alfa, Beta, Gama e X, aos nêutrons e às substâncias radioativas para fins industriais, terapêuticos e diagnósticos;

f) fabricação e manipulação de produtos radioativos;

g) pesquisas e estudos com radiações ionizantes em laboratórios.

2.0.4 TEMPERATURAS ANORMAIS 25 ANOS

a) trabalhos com exposição ao calor acima dos limites de tolerância estabelecidos na NR-15, da Portaria nº 3.214/78.

2.0.5 PRESSÃO ATMOSFÉRICA ANORMAL 25 ANOS

a) trabalhos em caixões ou câmaras hiperbáricas;

b) trabalhos em tubulões ou túneis sob ar comprimido;

c) operações de mergulho com o uso de escafandros ou outros equipamentos.

3.0.0 BIOLÓGICOS

Exposição aos agentes citados unicamente nas atividades relacionadas.

3.0.1 MICRO-ORGANISMOS E PARASITAS INFECTOCONTAGIOSOS VIVOS E SUAS TOXINAS 25 ANOS

a) trabalhos em estabelecimentos de saúde em contato com pacientes portadores de doenças infectocontagiosas ou com manuseio de materiais contaminados;

b) trabalhos com animais infectados para tratamento ou para o preparo de soro, vacinas e outros produtos;

c) trabalhos em laboratórios de autópsia, de anatomia e anátomo-histologia;

d) trabalho de exumação de corpos e manipulação de resíduos de animais deteriorados;

e) trabalhos em galerias, fossas e tanques de esgoto;

f) esvaziamento de biodigestores;

g) coleta e industrialização do lixo.

4.0.0 ASSOCIAÇÃO DE AGENTES

Nas associações de agentes que estejam acima do nível de tolerância, será considerado o enquadramento relativo ao que exigir menor tempo de exposição.

4.0.1 FÍSICOS, QUÍMICOS E BIOLÓGICOS 20 ANOS

a) mineração subterrânea cujas atividades sejam exercidas afastadas das frentes de produção.

4.0.2 FÍSICOS, QUÍMICOS E BIOLÓGICOS 15 ANOS

a) trabalhos em atividades permanentes no subsolo de minerações subterrâneas em frente de produção.

Não obstante a afirmação do decreto no sentido de ser exaustivo o rol de agentes nocivos, a jurisprudência tem entendido que a relação é meramente enunciativa, como demonstra o seguinte julgado:

Ementa: PREVIDENCIÁRIO. APOSENTADORIA ESPECIAL. ATIVIDADE INSALUBRE COMPROVADA POR PERÍCIA TÉCNICA. TRABALHO EXPOSTO A RUÍDOS. ENUNCIADO SUMULAR Nº 198/TFR.

1. Antes da lei restritiva, era inexigível a comprovação da efetiva exposição a agentes nocivos, porque o reconhecimento do tempo de serviço especial era possível apenas em face do enquadramento na categoria profissional do trabalhador, à exceção do trabalho exposto a ruído e calor, que sempre exigiu medição técnica.

2. É assente na jurisprudência deste Superior Tribunal ser devida a concessão de aposentadoria especial quando a perícia médica constata a insalubridade da atividade desenvolvida pela parte segurada, mesmo que não inscrita no Regulamento da Previdência Social (verbete sumular nº 198 do extinto TFR), porque as atividades ali relacionadas são meramente exemplificativas.

3. *In casu*, o laudo técnico para aposentadoria especial foi devidamente subscrito por engenheiro de segurança do trabalho e por técnico de segurança do trabalho, o que dispensa a exigibilidade de perícia judicial.

4. Recurso especial a que se nega provimento.[86]

3.2.5.4.9 Comprovação do tempo de serviço especial

A comprovação da efetiva exposição do segurado aos agentes nocivos será feita mediante formulário, na forma estabelecida pelo INSS, emitido pela empresa ou seu preposto, com base em laudo técnico de condições ambientais do trabalho expedido por médico do trabalho ou engenheiro de segurança do trabalho nos termos da legislação trabalhista. Nesse laudo deverão constar informação sobre a existência de tecnologia de proteção coletiva ou individual que diminua a in-

---

[86] STJ, REsp nº 689195, *DJ* 22 ago. 2005.

tensidade do agente agressivo a limites de tolerância e recomendação sobre a sua adoção pelo estabelecimento respectivo.

O segurado deve comprovar o tempo de trabalho permanente em condições especiais que prejudiquem a saúde ou a integridade física, durante o período mínimo fixado, bem como a exposição aos agentes nocivos químicos, físicos, biológicos ou associação de agentes prejudiciais à saúde ou à integridade física, pelo período equivalente ao exigido para a concessão do benefício.

Considera-se trabalho permanente aquele que é exercido de forma não ocasional nem intermitente, no qual a exposição do empregado, do trabalhador avulso ou do cooperado ao agente nocivo seja indissociável da produção ou da prestação do serviço.

Não é necessária a exposição aos agentes nocivos durante toda a jornada de trabalho, nos termos do seguinte julgado:

> RECURSO ESPECIAL. PREVIDENCIÁRIO. CONVERSÃO DE TEMPO DE SERVIÇO PRESTADO EM CONDIÇÕES INSALUBRES. COMPROVAÇÃO. AGENTE NOCIVO ELETRICIDADE. RECURSO QUE DEIXA DE IMPUGNAR OS FUNDAMENTOS DO ACÓRDÃO RECORRIDO. SÚMULA Nº 283/STF.
>
> [...]
>
> 4. O tempo de trabalho permanente a que se refere o parágrafo 3º do artigo 57 da Lei nº 8.213/91 é aquele continuado, não o eventual ou intermitente, não implicando, por óbvio, obrigatoriamente, que o trabalho, na sua jornada, seja ininterrupto sob o risco.
>
> [...].[87]

É importante ressaltar que o fornecimento de equipamento de proteção individual não exclui a hipótese de exposição do trabalhador aos agentes nocivos, devendo ser considerado todo o ambiente de trabalho. Os equipamentos de proteção de trabalho, coletivos ou individuais, merecem ser analisados no caso concreto. Se efetivamente a exposição aos agentes nocivos for anulada, por completo, não há que se falar em tempo especial, simplesmente porque situação danosa inexiste para o segurado.

Tendo em vista que a exigência do laudo pericial foi introduzida pela Lei nº 9.528/97, esse requisito deve ser observado apenas a partir da vigência da referida lei. Nesse sentido, é o seguinte julgado:

> Ementa: RECURSO ESPECIAL. PREVIDENCIÁRIO. TEMPO DE SERVIÇO. ATIVIDADE INSALUBRE. CONTAGEM ESPECIAL PARA FINS DE CONCESSÃO DE APOSENTADORIA. POSSIBILIDADE. EXIGÊNCIA DE LAUDO PERICIAL. LEI Nº 9.528/97. DES-

---

[87] STJ, REsp nº 658016, *DJ* 21 nov. 2005.

NECESSIDADE EM RELAÇÃO AO SERVIÇO PRESTADO NO REGIME ANTERIOR AO DA LEI Nº 8.213/91. VIOLAÇÃO DO ARTIGO 28 DA LEI 9.711/98. INCIDÊNCIA DO ENUNCIADO Nº 284 DA SÚMULA DO STF.

1. O direito à contagem, conversão e averbação de tempo de serviço é de natureza subjetiva, enquanto relativo à realização de fato continuado, constitutivo de requisito à aquisição de direito subjetivo outro, estatutário ou previdenciário, não havendo razão legal ou doutrinária para identificar-lhe a norma legal de regência com aquela que esteja a viger somente ao tempo da produção do direito à aposentadoria de que é instrumental.

2. O tempo de serviço é regido sempre pela lei da época em que foi prestado. Dessa forma, em respeito ao direito adquirido, se o trabalhador laborou em condições adversas e a lei da época permitia a contagem de forma mais vantajosa, o tempo de serviço assim deve ser contado.

3. Sob a égide do regime anterior ao da Lei nº 8.213/91, a cada dia trabalhado em atividades enquadradas como especiais (Decretos nº 53.831/64 e 83.080/79), realizava-se o suporte fático da norma que autorizava a contagem desse tempo de serviço de forma diferenciada, de modo que o tempo de serviço convertido restou imediatamente incorporado ao patrimônio jurídico do segurado, tal como previsto na lei de regência.

4. A imposição legal da efetiva exposição aos agentes nocivos (Lei nº 9.528/97), mediante laudo pericial, só deve ser observada em relação ao tempo de serviço prestado sob a sua égide.

[...]

7. Recurso não conhecido.[88]

Em relação ao argumento, manifestado no julgado acima, no sentido de que o tempo de serviço é disciplinado pela lei em vigor no momento de sua prestação, é preciso levar em consideração a posição do Supremo Tribunal Federal de que não há direito adquirido a regime jurídico, o que por certo tempera aquele raciocínio.

A empresa que não mantiver laudo técnico atualizado com referência aos agentes nocivos existentes no ambiente de trabalho de seus trabalhadores ou que emitir documento de comprovação de efetiva exposição em desacordo com o respectivo laudo estará sujeita à penalidade prevista no artigo 133 da Lei nº 8.213/91, ou seja, multa variável de R$ 1.717,38 a R$ 171.736,10.

Por fim, os conceitos de periculosidade, insalubridade e penosidade não são encontrados na legislação previdenciária. Miguel Horvath Júnior assim os define: periculosidade, as atividades ou operações que, por sua natureza ou método de trabalho, impliquem o contato permanente com inflamáveis ou explosivos

[88] STJ, REsp nº 411309, *DJ* 22 set. 2003.

em condições de risco acentuado; insalubridade, as atividades que afetam ou causam danos à saúde; penosidade, as atividades que causam desgaste físico ou psicológico além do desgaste normal causado pelo desenvolvimento das atividades laborais.[89]

3.2.5.5 Do auxílio-doença[90]

3.2.5.5.1 Conceito

O auxílio-doença será devido ao segurado que ficar incapacitado para o seu trabalho ou para a sua atividade habitual por mais de 15 dias consecutivos. Não é devido o benefício ao segurado que se filiar ao RGPS já portador da doença ou da lesão invocada como causa para sua concessão, salvo quando a incapacidade sobrevier por motivo de progressão ou agravamento dessa doença ou lesão.[91]

O período inicial de 15 dias é denominado "período de espera". É disciplinado nos artigos 59 e seguintes da Lei nº 8.213/91.

O auxílio-doença é devido independentemente do grau de incapacidade do segurado. Nesse sentido, é o seguinte julgado:

> Ementa: RECURSO ESPECIAL. PREVIDENCIÁRIO. LEI 8.213/91. CONCESSÃO. AUXÍLIO-DOENÇA. INCAPACIDADE. TOTAL. PARCIAL.
>
> A Lei 8.213/91 não faz distinção quanto à incapacidade, se deve ser total ou parcial; assim, não é possível restringir o benefício ao segurado, deferindo-o, tão somente, quando a desventurada incapacidade for total.
>
> Recurso desprovido.[92]

E também a Súmula nº 25 da Advocacia-Geral da União:

> Será concedido auxílio-doença ao segurado considerado temporariamente incapaz para o trabalho ou sua atividade habitual, de forma total ou parcial, atendidos os demais requisitos legais, entendendo-se por incapacidade parcial aquela que permita sua reabilitação para outras atividades laborais.[93]

---

89 Cf. *Direito previdenciário*, p. 180.

90 Segundo dados do MPS, em 8/8 havia 1.338.461 benefícios de auxílio-doença em manutenção. Em 12/5, esse número chegou a 1.618.210, enquanto em 12/00 não passava de 570.000. A despesa com esse benefício evoluiu de R$ 4,44 bilhões em 2000 para 14,36 bilhões em 2007 – um crescimento extraordinário.

91 Essa doença ou lesão é denominada "doença preexistente".

92 STJ, REsp nº 699920, *DJ* 14 mar. 2005.

93 *DOU* 10 jun. 2008.

3.2.5.5.2 Carência

A carência do auxílio-doença é de 12 contribuições mensais, como regra geral. A carência é dispensada no caso de auxílio-doença proveniente de acidente de qualquer natureza ou causa, bem como nos casos de segurado que, após filiar-se ao RGPS, for acometido de alguma das doenças ou afecções especificadas em lista elaborada pelos Ministérios da Saúde e da Previdência Social a cada três anos, de acordo com os critérios de estigma, deformação, mutilação, deficiência ou outro fator que lhe confira especificidade e gravidade que mereçam tratamento particularizado.

3.2.5.5.3 Risco social

O risco social em questão é a doença, do qual decorre a necessidade social de incapacidade para o trabalho que será protegida por esse benefício. É importante não confundir a finalidade desse benefício previdenciário com a finalidade das ações de saúde. Aquele protege contra a incapacidade laboral, estas protegem contra a incapacidade clínica.

3.2.5.5.4 Data de início do benefício

O auxílio-doença será devido:

I – a contar do 16º dia do afastamento da atividade para o segurado empregado, exceto o doméstico;

II – a contar da data do início da incapacidade, para os demais segurados; ou

III – a contar da data de entrada do requerimento, quando requerido após o 30º dia do afastamento da atividade, para todos os segurados.

Durante os primeiros 15 dias consecutivos ao do afastamento da atividade por motivo de doença, incumbirá à empresa pagar ao segurado empregado o seu salário integral.[94]

Quando o acidentado não se afastar do trabalho no dia do acidente, os 15 dias de responsabilidade da empresa pela sua remuneração integral são contados a partir da data do afastamento.

Na letra do artigo 75 do Decreto nº 3.048/99, se concedido novo benefício decorrente da mesma doença dentro de 60 dias contados da cessação do benefí-

[94] Já afirmamos, no item 10.6 do Capítulo II da Segunda Parte desta obra, que sobre a remuneração paga nesses 15 dias não incide contribuição de seguridade social.

cio anterior, a empresa fica desobrigada do pagamento relativo aos 15 primeiros dias de afastamento, prorrogando-se o benefício anterior e descontando-se os dias trabalhados, se for o caso. Se o segurado empregado, por motivo de doença, afastar-se do trabalho durante 15 dias, retornando à atividade no 16 dia, e se dela voltar a se afastar dentro de 60 dias desse retorno, em decorrência da mesma doença, fará jus ao auxílio-doença a partir da data do novo afastamento. Nesta última hipótese, se o retorno à atividade tiver ocorrido antes de 15 dias do afastamento, o segurado fará jus ao auxílio-doença a partir do dia seguinte ao que completar aquele período.

O auxílio-doença será devido durante o curso de reclamação trabalhista relacionada com a rescisão do contrato de trabalho, ou após a decisão final, desde que implementadas as condições mínimas para a concessão do benefício.

A empresa que dispuser de serviço médico, próprio ou em convênio, terá a seu cargo o exame médico e o abono das faltas correspondentes ao período de espera, somente devendo encaminhar o segurado à perícia médica da previdência social quando a incapacidade ultrapassar 15 dias.

Na hipótese de o benefício ser suspenso indevidamente, o restabelecimento deve ser feito desde aquela data. Nesse sentido, o seguinte julgado:

> RECURSO ESPECIAL. PREVIDENCIÁRIO. AUXÍLIO-DOENÇA. SUSPENSÃO DO BENEFÍCIO. RESTABELECIMENTO. TERMO INICIAL. HONORÁRIOS ADVOCATÍCIOS.
>
> 1. Em tendo sido cancelado indevidamente o auxílio-doença, o termo inicial do benefício deve ser o da data em que foi suspenso o seu pagamento.
>
> [...]
>
> 4. Recurso conhecido e parcialmente provido.[95]

3.2.5.5.5 Valor do benefício

O auxílio-doença, inclusive o decorrente de acidente do trabalho, consistirá numa renda mensal correspondente a 91% do salário-de-benefício.

Em alguns casos, sobretudo em decorrência de acordo coletivo, a empresa assegura aos seus empregados licença remunerada durante o período de auxílio-doença. Nessa hipótese, a empresa fica obrigada a pagar-lhe eventual diferença entre o valor deste e a importância garantida pela licença.

Tendo em vista que, em muitas situações, o valor do auxílio-doença é superior à última remuneração do segurado, sobretudo pela correção monetária dos salários-de-contribuição e dispensa dos 20% menores na elaboração da média, o Poder Executivo pretendeu, com a edição da Medida Provisória nº 242/05,

[95] STJ, REsp nº 409678, *DJ* 19 dez. 2002.

limitar a renda mensal desse benefício e da aposentadoria por invalidez à remuneração do trabalhador, considerada em seu valor mensal, ou seu último salário-de-contribuição, no caso de remuneração variável. O Supremo Tribunal Federal, entretanto, em decisão singular do Ministro Marco Aurélio proferida na ADIn nº 3.467, nesse ponto, julgou a alteração inconstitucional, por afronta ao artigo 201, § 11, da Constituição Federal, segundo o qual "os ganhos habituais do empregado, a qualquer título, serão incorporados ao salário para efeito de contribuição previdenciária e consequente repercussão em benefícios, nos casos e na forma da lei".[96] Posteriormente, o Senado Federal rejeitou os pressupostos constitucionais de relevância e urgência da Medida Provisória nº 242/05, o que implicou o arquivamento da referida ADIn.

3.2.5.5.6 Recuperação

O segurado em gozo de auxílio-doença está obrigado, sob pena de suspensão do benefício, a submeter-se a exame médico a cargo da previdência social, processo de reabilitação profissional por ela prescrito e custeado, e tratamento dispensado gratuitamente, exceto o cirúrgico e a transfusão de sangue, que são facultativos.

O segurado em gozo de auxílio-doença, insusceptível de recuperação para sua atividade habitual, deverá submeter-se a processo de reabilitação profissional para o exercício de outra atividade. Não cessará o benefício até que seja dado como habilitado para o desempenho de nova atividade que lhe garanta a subsistência ou, quando considerado não recuperável, for aposentado por invalidez.

O Decreto nº 5.844/06 alterou o artigo 78 do Decreto nº 3.048/99, incluindo três parágrafos, nestes termos:

> Art. 78. O auxílio-doença cessa pela recuperação da capacidade para o trabalho, pela transformação em aposentadoria por invalidez ou auxílio-acidente de qualquer natureza, neste caso se resultar sequela que implique redução da capacidade para o trabalho que habitualmente exercia.
>
> § 1º O INSS poderá estabelecer, mediante avaliação médico-pericial, o prazo que entender suficiente para a recuperação da capacidade para o trabalho do segurado, dispensada nessa hipótese a realização de nova perícia.
>
> § 2º Caso o prazo concedido para a recuperação se revele insuficiente, o segurado poderá solicitar a realização de nova perícia médica, na forma estabelecida pelo Ministério da Previdência Social.
>
> § 3º O documento de concessão do auxílio-doença conterá as informações necessárias para o requerimento da nova avaliação médico-pericial.

---

96 STF, ADIn nº 3467, *DJ* 1º ago. 2005.

Com base nessa alteração, o INSS institui a COPES – Cobertura Previdenciária Estimada, conhecida como alta programada. O novo modelo pretende reduzir o número de perícias médicas,[97] as filas e, consequentemente, melhorar o atendimento, já que, na perícia inicial, o médico estipula o prazo de recuperação laboral de acordo com a doença do segurado, dispensando nova perícia para a alta – daí dizer-se alta programada.

Inúmeras ações foram ajuizadas país afora contra o novo sistema, dentre as quais 16 ações civis públicas, onde foram concedidas algumas medidas liminares. O Superior Tribunal de Justiça, entretanto, cassou todas e manteve a COPES.[98]

A questão, para nós, é de simples solução. Nenhum problema existe na prévia determinação de alta com fundamento em conhecimentos médico-científicos. A medicina, não se pode esquecer, é uma ciência. Aliás, o sistema data-certa é o mesmo em funcionamento – sem esse nome – há anos, com êxito, no âmbito interno dos Poderes Judiciário, Legislativo e Executivo da União, onde os seus agentes, na hipótese de requerimento de afastamento por motivo de doença, são submetidos a exame médico que, desde o início, fixa a data da alta. O que não pode acontecer, em hipótese alguma, é a não realização de nova perícia dentro do prazo de vigência do benefício quando o segurado, a seu juízo, a requerer, por considerar – o que é plenamente possível – que não está apto para o retorno à vida laboral.

3.2.5.5.7 Demissão no curso do auxílio-doença

Nos termos do artigo 63 da Lei nº 8.213/91, o segurado empregado em gozo de auxílio-doença será considerado pela empresa como licenciado.

No mesmo sentido dispõe o artigo 476 da CLT: Em caso de seguro-doença ou auxílio-enfermidade, o empregado é considerado em licença não remunerada, durante o prazo desse benefício.

Assim, estando o contrato de trabalho suspenso, não há possibilidade do empregador demitir sem justa causa o empregado no curso do auxílio-doença.

Tal impossibilidade, aliás, está presente desde o momento em que o empregador tem ciência da doença do empregado. E, ao demiti-lo, está sujeito à indenização por dano moral, como alerta Cristiane Mussi.[99]

Mesmo presentes as hipóteses da demissão por justa causa, com o contrato suspenso, não há possibilidade de sua ocorrência, devendo o empregador aguardar o retorno do empregado.

---

97 Segundo dados do INSS, o número de perícias foi reduzido de mais de 1 milhão para 600 mil mensais.

98 STJ, CC 64732, *DJ* 2 out. 2006.

99 *Os reflexos jurídicos do recebimento do auxílio-doença no contrato de emprego*, p. 81.

Uma exceção deve ser considerada. Por qualquer hipótese, pode o empregador desejar encerrar suas atividades. Seria legítimo impor a este aguardar pelo retorno do empregado licenciado em face de auxílio-doença?[100] Parece-nos que não. Assim, nesse caso, entendemos pela possibilidade de demissão, com o pagamento de todas as verbas rescisórias.

Cristiane Mussi arrola outra situação importante que é a do empregado que teve seu auxílio-doença indevidamente negado pelo INSS, foi dispensado sem justa causa pelo empregador e finalmente teve o reconhecimento da sua incapacidade laborativa judicialmente existente desde a época em que o contrato de trabalho estava vigente:

> Nesse caso, o empregado terá direito à reintegração no emprego. No mesmo sentido: "Rescisão contratual ocorrida durante a suspensão do contrato de trabalho – Nulidade – Reconhecido pelo INSS, após a rescisão contratual, que à época desta o empregado se encontrava incapacitado para o trabalho, sendo-lhe concedido, em consequência, o pagamento retroativo de auxílio-doença, impõe-se declarar a nulidade da dispensa, ocorrida enquanto suspenso o contrato" (TRT 3ª R, 4ª T., RO 13159/96, DJMG, Caderno V, 8.3.97, p. 6). Essa conclusão é anunciada porque se o INSS tivesse concedido o auxílio-doença como de direito pelo empregado, o contrato estaria suspenso [...] ou interrompido [...], não podendo, em consequência, ser extinto.[101]

3.2.5.6 Do salário-família

3.2.5.6.1 Conceito

Segundo o artigo 7º, XII, da Constituição Federal, com a redação dada pela Emenda Constitucional nº 20/98, são direitos dos trabalhadores urbanos e rurais, além de outros que visem à melhoria de sua condição social, o salário-família pago em razão do dependente do trabalhador de baixa renda nos termos da lei. O artigo 13 dessa Emenda Constitucional conceituou o segurado de baixa renda como aquele que tenha renda mensal bruta igual ou inferior a R$ 360,00, valores atualizados, hoje, em R$ 971,78.[102]

O salário-família é pago mensalmente em cotas por filho ou equiparado de qualquer condição, até 14 anos de idade ou inválido de qualquer idade aos seguintes segurados:

---

[100] Não são raros os benefícios de auxílio-doença em manutenção há mais de um ano.

[101] *Os reflexos jurídicos do recebimento do auxílio-doença no contrato de emprego*, p. 83.

[102] Portaria MPS/MF nº 15/13.

I – ao empregado, pela empresa, com o respectivo salário, e ao trabalhador avulso, pelo sindicato ou órgão gestor de mão de obra, mediante convênio;

II – ao empregado e trabalhador avulso aposentados por invalidez ou em gozo de auxílio-doença, pelo INSS, juntamente com o benefício;

III – ao trabalhador rural aposentado por idade aos 60 anos, se do sexo masculino, ou 55 anos, se do sexo feminino, pelo INSS, juntamente com a aposentadoria; e

IV – aos demais empregados e trabalhadores avulsos aposentados aos 65 anos de idade, se do sexo masculino, ou 60 anos, se do sexo feminino, pelo INSS, juntamente com a aposentadoria.

Os empregados domésticos estão excluídos do benefício, porque o artigo 7º, parágrafo único, da Constituição Federal não assegurou a estes sua percepção; entretanto, quando aposentados, têm direito ao benefício. Nesse sentido, o seguinte julgado:

> PREVIDENCIÁRIO. RECURSO ESPECIAL. SALÁRIO-FAMÍLIA. BENEFICIÁRIO APOSENTADO. EMPREGADO DOMÉSTICO NA ATIVA.
>
> 1. O beneficiário aposentado, ainda que tenha trabalhado, quando na ativa, como empregado doméstico, tem direito ao recebimento do salário-família.
>
> 2. Recurso não conhecido.[103]

O salário-família do trabalhador avulso independe do número de dias trabalhados no mês, devendo o seu pagamento corresponder ao valor integral da cota.

A empresa conservará durante dez anos os comprovantes dos pagamentos e as cópias das certidões correspondentes, para exame pela fiscalização da previdência social.

O pagamento do salário-família é condicionado à apresentação da certidão de nascimento do filho ou da documentação relativa ao equiparado ou ao inválido e à apresentação anual de atestado de vacinação obrigatória e de comprovação de frequência à escola do filho ou equiparado.

Quando o pai e a mãe são segurados empregados ou trabalhadores avulsos, ambos têm direito ao salário-família.

As cotas do salário-família, pagas pela empresa, deverão ser deduzidas quando do recolhimento das contribuições sobre a folha de salário.

[103] STJ, REsp nº 263810, *DJ* 5 fev. 2001.

O benefício está previsto no artigo 201 da Constituição Federal; logo, não há dúvida de sua natureza previdenciária. Está disciplinado nos artigos 65 e seguintes da Lei nº 8.213/91.

3.2.5.6.2 Carência

É um benefício livre de carência.

3.2.5.6.3 Risco social

O risco social envolvido nesse benefício é a existência de filhos ou equiparados de qualquer condição menores de 14 anos ou inválidos de qualquer idade para o segurado de baixa renda, o que acarreta a necessidade social de manutenção dos mesmos. Essa necessidade social é protegida pelo salário-família.

3.2.5.6.4 Data de início do benefício

O benefício será devido a partir da data da apresentação da certidão de nascimento do filho ou da documentação relativa ao equiparado ou inválido, estando condicionado à apresentação anual de atestado de vacinação obrigatória, até seis anos de idade, e de comprovação semestral de frequência à escola do filho ou equiparado, a partir dos sete anos de idade.

3.2.5.6.5 Valor do benefício

O valor da cota do salário-família por filho ou equiparado de qualquer condição, até 14 anos de idade ou inválido de qualquer idade, é de:

I – R$ 33,16, para o segurado com remuneração mensal não superior a R$ 645,55;

II – R$ 23,36, para o segurado com remuneração mensal superior a R$ 646,55 e igual ou inferior a R$ 971,78.

A cota do salário-família não será incorporada, para qualquer efeito, ao salário ou ao benefício.

3.2.5.7 Do salário-maternidade

3.2.5.7.1 Conceito

Salário-maternidade é o benefício previdenciário pago pelo INSS à segurada – qualquer segurada – em decorrência do nascimento de filho, com o objetivo de garantir o salário durante o seu afastamento do trabalho, com duração de 120 dias, com início no período entre 28 dias antes do parto e a data de ocorrência deste, observadas as situações e condições previstas na legislação no que concerne à proteção à maternidade.[104] Possui previsão constitucional nos artigos 7º, XVIII, e 201, II, da Carta Política. No primeiro está assegurada a licença-maternidade, no segundo, o salário-maternidade. Está disciplinado nos artigos 71 e seguintes da Lei nº 8.213/91.

Para a segurada empregada, inclusive a doméstica, observar-se-ão, no que couber, as situações e condições previstas na legislação trabalhista relativas à proteção à maternidade.

Em casos excepcionais, os períodos de repouso anterior e posterior ao parto podem ser aumentados de mais duas semanas, mediante atestado médico específico.

A Lei nº 10.421/02 garantiu o salário-maternidade à segurada que adotar ou obtiver guarda judicial para fins de adoção de criança, dependendo da idade, nestes termos:

I – até um ano completo, por 120 dias;

II – a partir de um ano até quatro anos completos, por 60 dias; ou

III – a partir de quatro anos até completar oito anos, por 30 dias.

---

[104] A Lei nº 11.770/08 instituiu o programa Empresa Cidadã, destinado a prorrogar por 60 dias a duração da licença-maternidade prevista no inciso XVIII do *caput* do art. 7º da Constituição Federal, mediante a concessão de incentivo fiscal, nestes termos: Art. 1º É instituído o Programa Empresa Cidadã, destinado a prorrogar por 60 (sessenta) dias a duração da licença-maternidade prevista no inciso XVIII do *caput* do art. 7º da Constituição Federal. § 1º A prorrogação será garantida à empregada da pessoa jurídica que aderir ao Programa, desde que a empregada a requeira até o final do primeiro mês após o parto, e concedida imediatamente após a fruição da licença-maternidade de que trata o inciso XVIII do *caput* do art. 7º da Constituição Federal. § 2º A prorrogação será garantida, na mesma proporção, também à empregada que adotar ou obtiver guarda judicial para fins de adoção de criança. Art. 2º É a administração pública, direta, indireta e fundacional, autorizada a instituir programa que garanta prorrogação da licença-maternidade para suas servidoras, nos termos do que prevê o art. 1º desta Lei. Art. 3º Durante o período de prorrogação da licença-maternidade, a empregada terá direito à sua remuneração integral, nos mesmos moldes devidos no período de percepção do salário-maternidade pago pelo regime geral de previdência social. Art. 4º No período de prorrogação da licença-maternidade de que trata esta Lei, a empregada não poderá exercer qualquer atividade remunerada e a criança não poderá ser mantida em creche ou organização similar. Parágrafo único. Em caso de descumprimento do disposto no *caput* deste artigo, a empregada perderá o direito à prorrogação. Art. 5º A pessoa jurídica tributada com base no lucro real poderá deduzir do imposto devido, em cada período de apuração, o total da remuneração integral da empregada pago nos 60 (sessenta) dias de prorrogação de sua licença-maternidade, vedada a dedução como despesa operacional. Parágrafo único. (VETADO) Art. 6º (VETADO) Art. 7º O Poder Executivo, com vistas no cumprimento do disposto no inciso II do *caput* do art. 5º e nos arts. 12 e 14 da Lei Complementar nº 101, de 4 de maio de 2000, estimará o montante da renúncia fiscal decorrente do disposto nesta Lei e o incluirá no demonstrativo a que se refere o § 6º do art. 165 da Constituição Federal, que acompanhará o projeto de lei orçamentária cuja apresentação se der após decorridos 60 (sessenta) dias da publicação desta Lei. Art. 8º Esta Lei entra em vigor na data de sua publicação, produzindo efeitos a partir do primeiro dia do exercício subsequente àquele em que for implementado o disposto no seu art. 7º.

Nessa hipótese, o salário-maternidade é devido à segurada independentemente de a mãe biológica ter recebido o mesmo benefício quando do nascimento da criança.

Em caso de aborto não criminoso, comprovado mediante atestado médico, a segurada terá direito ao salário-maternidade correspondente a duas semanas.[105]

Geraldo Arruda ensina que "são irrelevantes os fatos de a criança nascer morta ou nascer viva, vindo a falecer depois. Tanto no caso de natimorto quanto na hipótese de a criança vir a falecer após ter nascido com vida, assegura-se à gestante o direito à percepção do salário-maternidade. A ocorrência de partos múltiplos não determina o direito a mais de um salário-maternidade. Em tal situação, há uma única contingência objeto de proteção".[106,107]

Ao estudarmos os dependentes, vimos que os companheiros homossexuais enquadram-se nesse conceito, para fins previdenciários. A conclusão, inclusive, tem fundamento na jurisprudência atual do Superior Tribunal de Justiça. Em face disso, surge a questão: Na hipótese de adoção, nasce o direito à licença-adotante previdenciária? A Justiça Estadual de São Paulo, Rio Grande do Sul e Rio de Janeiro já registra casos de adoção por parte de casais homossexuais. A previdência social, conforme estudamos, não opera em função do sexo dos beneficiários, mas tem a finalidade de proteger os mesmos contra as necessidades sociais causadas pelos riscos sociais. Tratando-se do benefício em estudo, a mesma necessidade social identificada em casais heterossexuais está presente nos casais homossexuais: a incapacidade para o trabalho em função da adoção do filho. Por essa razão, entendemos que os casais homossexuais, no caso de adoção, têm direito à respectiva licença. Outro fato reforça o argumento. De acordo com a regra da contrapartida,

---

[105] Art. 93, § 5º, do Decreto nº 3.048/99.

[106] *Prática previdenciária*, p. 318.

[107] O art. 293 da IN INSS/PRES nº 45/10 reza que o salário-maternidade será pago para as seguradas empregada, trabalhadora avulsa, empregada doméstica, contribuinte individual, facultativa, especial e as em prazo de manutenção da qualidade de segurada, por ocasião do parto, ***inclusive o natimorto***, aborto não criminoso, adoção ou guarda judicial para fins de adoção, observadas as situações e condições previstas na legislação no que concerne à proteção à maternidade – o grifo é nosso. Não obstante a proteção regulamentar, o TRF4 já decidiu que "PREVIDENCIÁRIO. SALÁRIO-MATERNIDADE. ARTIGO 71 DA LEI Nº 8.213/91. HIPÓTESE DE NATIMORTO. ANALOGIA AO ABORTO NÃO CRIMINOSO. ARTIGO 93, § 5º, DO DECRETO Nº 3.048/99. PAGAMENTO PROPORCIONAL. 1. Na hipótese de nascimento sem vida, inexiste justificativa para a concessão de salário-maternidade pelo período de 120 dias, tal como previsto no artigo 71 da Lei nº 8.213/91, na medida em que a proteção à maternidade fica restrita ao aspecto do restabelecimento das condições físicas e emocionais da gestante. 2. Situação do natimorto assemelhada à de aborto não criminoso, em que, não obstante a omissão da Lei nº 8.213/91, recebe o amparo previdenciário, de acordo com o § 5º do artigo 93 do Decreto nº 3.048/99 (§ 5º Em caso de aborto não criminoso, comprovado mediante atestado médico, a segurada terá direito ao salário-maternidade correspondente a duas semanas). 3. Reconhecimento do direito ao salário-maternidade pelo período de quatorze dias. (AC nº 2009.70.99.000809-0, *DE* 01 set. 09).

nenhum benefício poderá ser criado, majorado ou estendido sem a correspondente fonte de custeio total, constituindo-se em regra de ouro do equilíbrio financeiro e atuarial do regime previdenciário. Nos casais heterossexuais, basta a mãe ostentar a qualidade de segurada para ter direito ao benefício, independentemente da contribuição do pai. Nos casais homossexuais, se um companheiro mantiver a mesma qualidade, não haverá violação alguma à aludida regra, assegurando-se o necessário equilíbrio financeiro e atuarial.

3.2.5.7.2 *Carência*

A carência do benefício varia em função da categoria da segurada:

I – para as seguradas contribuinte individual, especial e facultativa, a carência é de dez contribuições mensais. A segurada especial deverá apenas comprovar o exercício de atividade rural nos últimos dez meses imediatamente anteriores ao requerimento do benefício, mesmo que de forma descontínua. Em caso de parto antecipado, o período de carência será reduzido em número de contribuições equivalente ao número de meses em que o parto foi antecipado;

II – para as seguradas empregada, trabalhadora avulsa e empregada doméstica, não há carência.

3.2.5.7.3 *Risco social*

O risco social envolvido nesse benefício é a maternidade, o qual acarreta a necessidade social de incapacidade para o trabalho em decorrência da atenção necessária ao filho. Essa necessidade social será protegida pelo salário-maternidade. Daí a legitimidade da variação do tempo do salário-maternidade concedido à mãe adotiva em função inversa da idade do adotado, pois quanto maior a idade deste, menor a atenção necessária.

3.2.5.7.4 *Data de início do benefício*

O salário-maternidade tem início desde 28 dias antes do parto até a data deste. O início do afastamento do trabalho da segurada empregada será determinado com base em atestado médico ou certidão de nascimento do filho.

3.2.5.7.5 *Valor do benefício*

Nos termos do artigo 7º, XVIII, da Constituição Federal, é direito da trabalhadora, urbana e rural, licença à gestante, sem prejuízo do emprego e do salário, com duração de 120 dias.

O artigo 14 da Emenda Constitucional nº 20/98, por outro lado, fixou um limite máximo para o valor dos benefícios do RGPS, à época, em R$ 1.200,00.[108] Imediatamente surgiu o seguinte questionamento: a limitação constitucional, veiculada por meio de emenda, abrangeria o valor do salário-maternidade? Ou, de outra banda, caberia, a partir de então, à empresa complementar o valor que excedesse o teto?

A questão foi resolvida pelo Supremo Tribunal Federal, em julgado que restou assim ementado:

> EMENTA: DIREITO CONSTITUCIONAL, PREVIDENCIÁRIO E PROCESSUAL CIVIL. LICENÇA-GESTANTE. SALÁRIO. LIMITAÇÃO. AÇÃO DIRETA DE INCONSTITUCIONALIDADE DO ART. 14 DA EMENDA CONSTITUCIONAL Nº 20, DE 15.12.1998, E DO ART. 6º DA PORTARIA Nº 4.883, DE 16.12.1998, BAIXADA A 16.12.1998, PELO MINISTRO DE ESTADO DA PREVIDÊNCIA E ASSISTÊNCIA SOCIAL. ALEGAÇÃO DE VIOLAÇÃO AO DISPOSTO NOS ARTIGOS 3º, IV, 5º, I , 7º, XVIII, E 60, § 4º, IV, DA CONSTITUIÇÃO FEDERAL. MEDIDA CAUTELAR. 1. Portaria ministerial não pode regulamentar norma constitucional, menos ainda quando esta é autoaplicável e por isso mesmo independe de regulamentação. Se vem a ser baixada, é de ser interpretada como de eficácia apenas interna, ou seja, no âmbito da Administração Pública, no caso, da Previdência e Assistência Social, destinada somente a orientar os servidores subordinados ao Ministério. 2. E, não tendo, a norma impugnada, da Portaria, eficácia normativa externa, não está sujeita ao controle concentrado de constitucionalidade, por esta Corte, em Ação Direta de Inconstitucionalidade, conforme sua pacífica jurisprudência. 3. Precedentes do S.T.F. 4. Sendo assim, é acolhida preliminar, para não se conhecer desta A.D.I., no ponto em que impugna o art. 6º da Portaria nº 4.883, de 16.12.1998, do M.P.A.S., o qual, porém, ficará sujeito ao controle difuso de constitucionalidade e legalidade, nos órgãos judiciários competentes, e na solução de casos concretos, *interpartes*. Quanto a esse dispositivo, portanto, resulta prejudicado o requerimento de medida cautelar. 5. O Supremo Tribunal Federal já assentou o entendimento de que é admissível a Ação Direta de Inconstitucionalidade de Emenda Constitucional, quando se alega, na inicial, que esta contraria princípios imutáveis ou as chamadas cláusulas pétreas da Constituição originária (art. 60, § 4º, da C.F.). Precedente: A.D.I. nº 939 (*RTJ* 151/755). 6. No caso presente, o autor alega violação das normas contidas no art. 3º, inc. IV, no art. 5º, *caput*, e inc. I, no art. 7º, inc. XVIII, e, por via de consequência, do art. 60, § 4º, inc. IV, da C.F./88. 7. Observado o precedente, é rejeitada a 2ª preliminar, relativa à inadmissibilidade de A.D.I. contra Ementa Constitucional. Resta, portanto, conhecida a Ação, no que concerne à impugnação do art. 14 da E.C. nº 20/98. 8. O legislador brasileiro, a partir de 1932 e mais claramente desde 1974, vem tratando o problema da proteção à gestante, cada vez menos como um encargo trabalhista (do empregador) e cada vez mais como de natureza previdenciária. Essa orientação foi mantida mesmo após a Constituição de

[108] Valor fixado atualmente em R$ 4.159,00 pela Portaria MPS/MF nº 15/13.

05/10/1988, cujo art. 6º determina: a proteção à maternidade deve ser realizada "na forma desta Constituição", ou seja, nos termos previstos em seu art. 7º, XVIII: "licença à gestante, sem prejuízo do empregado e do salário, com a duração de cento e vinte dias". 9. Diante desse quadro histórico, não é de se presumir que o legislador constituinte derivado, na Emenda 20/98, mais precisamente em seu art. 14, haja pretendido a revogação, ainda que implícita, do art. 7º, XVIII, da Constituição Federal originária. Se esse tivesse sido o objetivo da norma constitucional derivada, por certo a E.C. nº 20/98 conteria referência expressa a respeito. E, à falta de norma constitucional derivada, revogadora do art. 7º, XVIII, a pura e simples aplicação do art. 14 da E.C. 20/98, de modo a torná-la insubsistente, implicará um retrocesso histórico, em matéria social-previdenciária, que não se pode presumir desejado. 10. E, na verdade, se se entender que a Previdência Social, doravante, responderá apenas por R$ 1.200,00 (hum mil e duzentos reais) por mês, durante a licença da gestante, e que o empregador responderá, sozinho, pelo restante, ficará sobremaneira, facilitada e estimulada a opção deste pelo trabalhador masculino, ao invés da mulher trabalhadora. Estará, então, propiciada a discriminação que a Constituição buscou combater, quando proibiu diferença de salários, de exercício de funções e de critérios de admissão, por motivo de sexo (art. 7º, inc. XXX, da C.F./88), proibição que, em substância, é um desdobramento do princípio da igualdade de direitos, entre homens e mulheres, previsto no inciso I do art. 5º da Constituição Federal. Estará, ainda, conclamado o empregador a oferecer à mulher trabalhadora, quaisquer que sejam suas aptidões, salário nunca superior a R$ 1.200,00, para não ter de responder pela diferença. Não é crível que o constituinte derivado, de 1998, tenha chegado a esse ponto na chamada Reforma da Previdência Social, desatento a tais consequências. Ao menos não é de se presumir que o tenha feito, sem o dizer expressamente, assumindo a grave responsabilidade. 11. Estando preenchidos os requisitos da plausibilidade jurídica da ação (*fumus boni iuris*) e do *periculum in mora*, é de ser deferida a medida cautelar. Não, porém, para se suspender a eficácia do art. 14 da E.C. nº 20/98, como, inicialmente, pretende o autor. Mas, como alternativamente pleiteado, ou seja, para lhe dar, com eficácia *ex tunc*, interpretação conforme à Constituição, no sentido de que tal norma não abrange a licença-gestante, prevista no art. 7º, inc. XVIII, da CF/88, durante a qual continuará percebendo o salário que lhe vinha sendo pago pelo empregador, que responderá também pelo *quantum* excedente a R$ 1.200,00, por mês, e o recuperará da Previdência Social, na conformidade da legislação vigente.[109]

O salário-maternidade da empregada e da trabalhadora avulsa, então, não está sujeito ao teto do RGPS.[110]

O valor do benefício varia de acordo com a categoria da segurada:

I – para a segurada empregada ou trabalhadora avulsa consistirá numa renda mensal igual a sua remuneração integral.

---

[109] STF, ADI 1946, *DJ* 14 set. 2001.

[110] Aplica-se, de qualquer sorte, o teto do STF.

Cabe à empresa pagar o salário-maternidade devido à respectiva empregada gestante, efetivando-se a compensação, quando do recolhimento das contribuições incidentes sobre a folha de salários e demais rendimentos pagos ou creditados, a qualquer título, à pessoa física que lhe preste serviço, devendo conservar durante dez anos os comprovantes dos pagamentos e os atestados correspondentes para exame pela fiscalização da previdência social.

No caso de empregos concomitantes, a segurada fará jus ao salário-maternidade relativo a cada emprego.

Nos meses de início e término do salário-maternidade da segurada empregada, o salário-maternidade será proporcional aos dias de afastamento do trabalho.

O salário-maternidade devido à trabalhadora avulsa será pago diretamente pela previdência social.

II – para a segurada empregada doméstica, em um valor correspondente ao do seu último salário-de-contribuição;

III – para a segurada especial, em um salário-mínimo;

IV – para as seguradas contribuinte individual e facultativa, em 1/12 da soma dos 12 últimos salários-de-contribuição, apurados em um período não superior a 15 meses.

Em nenhuma hipótese o salário-maternidade será inferior ao valor do salário-mínimo.

O artigo 97 do Decreto nº 3.048/99 determinava que o salário-maternidade da segurada empregada seria devido pela previdência social enquanto existisse a relação de emprego, ou seja, não seria devido à segurada desempregada. Sempre estivemos convencidos de que referida disposição não sobreviveria frente ao que dispõe o artigo 15, § 3º, da Lei nº 8.213/91, no sentido de que durante o período de graça o segurado conserva todos os seus direitos perante a Previdência Social, revelando-se, por isso, ilegal. Por essa razão, em fevereiro de 2006, oportunidade em que estávamos à frente da Consultoria Jurídica do Ministério da Previdência Social, aprovamos a NOTA/MPS/CJ nº 171/06, propondo alteração da norma regulamentar, a fim de adequar-se ao disposto na lei de regência. Referida nota, aprovada pelo Ministro da Previdência Social, deu origem ao Decreto nº 6.122/07, o qual alterou o citado artigo 97, nestes termos:

> Art. 97. O salário-maternidade da segurada empregada será devido pela previdência social enquanto existir relação de emprego, observadas as regras quanto ao pagamento desse benefício pela empresa.
>
> Parágrafo único. Durante o período de graça a que se refere o art. 13, a segurada desempregada fará jus ao recebimento do salário-maternidade nos casos de demissão

antes da gravidez, ou, durante a gestação, nas hipóteses de dispensa por justa causa ou a pedido, situações em que o benefício será pago diretamente pela previdência social.

O artigo 103 do Decreto nº 3.048/99, contra a redação expressa do artigo 18, § 2º, da Lei nº 8.213/91, dispõe que a segurada aposentada que retornar à atividade fará jus ao pagamento do salário-maternidade.

3.2.5.8 Pensão por morte

3.2.5.8.1 Conceito

A pensão por morte é o benefício da previdência social devido aos dependentes do segurado em função da morte deste. Está disciplinada nos artigos 74 e seguintes da Lei nº 8.213/91.

Não é necessário que o segurado esteja desempenhando atividade remunerada sujeita à filiação ao RGPS no momento do óbito, mas sim que mantenha aquela qualidade, nos termos do artigo 15 da Lei nº 8.213/91. Assim, pode estar desempregado, desde que cumpridas aquelas condições.

Há uma exceção a essa regra. Nos termos do artigo 102, da Lei nº 8.213/91, a perda da qualidade de segurado não prejudica o direito à aposentadoria para cuja concessão tenham sido preenchidos todos os requisitos, segundo a legislação em vigor à época em que esses requisitos foram atendidos. Assim, se o segurado preencheu os requisitos para a obtenção da aposentadoria, seus dependentes têm direito à pensão por morte, mesmo no caso do falecido ter perdido a qualidade de segurado.

Nesse sentido, é a jurisprudência:

> Ementa: PREVIDENCIÁRIO. EMBARGOS DE DIVERGÊNCIA EM RECURSO ESPECIAL. BENEFÍCIO DE PENSÃO POR MORTE. *DE CUJUS*. PERDA DA QUALIDADE DE SEGURADO. POSSIBILIDADE DE DEFERIMENTO DA PENSÃO, NOS TERMOS DO ART. 102 DA LEI Nº 8.213/91, SE RESTAR COMPROVADO O ATENDIMENTO DOS REQUISITOS PARA CONCESSÃO DE APOSENTADORIA, ANTES DA DATA DO FALECIMENTO.
>
> 1. É assegurada a concessão do benefício de pensão por morte aos dependentes do *de cujus* que, ainda que tenha perdido a qualidade de segurado, tenha preenchido os requisitos legais para a obtenção de aposentadoria, antes da data do falecimento.
>
> 2. Embargos de divergência conhecidos, porém, rejeitados.[111]

A concessão da pensão por morte não será protelada pela falta de habilitação de outro possível dependente, e qualquer inscrição ou habilitação posterior que

[111] STJ, EREsp nº 524006, *DJ* 30 mar. 2005.

importe em exclusão ou inclusão de dependente só produzirá efeito a contar da data da inscrição ou habilitação.

O cônjuge ausente não exclui do direito à pensão por morte o companheiro ou a companheira, que somente fará jus ao benefício a partir da data de sua habilitação e mediante prova de dependência econômica. O cônjuge divorciado ou separado judicialmente ou de fato que recebia pensão de alimentos concorrerá em igualdade de condições com o cônjuge, a companheira, o companheiro e o filho não emancipado, de qualquer condição, menor de 21 anos ou inválido.

O pensionista inválido está obrigado, independentemente de sua idade e sob pena de suspensão do benefício, a submeter-se a exame médico a cargo da previdência social, processo de reabilitação profissional por ela prescrito e custeado e tratamento dispensado gratuitamente, exceto o cirúrgico e a transfusão de sangue, que são facultativos.

Em face do princípio da automaticidade, a filiação dos segurados obrigatórios decorre do simples exercício de atividade remunerada, como já vimos. Por isso, o contribuinte individual é filiado desde o início de sua atividade, independentemente do recolhimento de contribuições; entretanto, não se pode esquecer que, na hipótese de prestar serviço por conta própria, é dele a obrigação de recolher as respectivas contribuições – Lei nº 8.212/91, art. 30, II. Surge então a questão: no caso de sua morte, sem a comprovação de nenhum recolhimento, seus dependentes têm direito à pensão por morte?

A matéria é tormentosa.

Defendíamos posição no sentido de responder afirmativamente à questão, ao argumento de que a relação jurídica das prestações não se confunde com aquela outra de natureza tributária. Mas também não cansamos de dizer que a seguridade social tem, sempre, dois lados. Impossível o estudo limitado às prestações ou ao custeio. A regra da contrapartida confirma esse raciocínio. Note-se que o artigo 201, *caput*, da Constituição Federal determina que sejam observados critérios que preservem o equilíbrio financeiro e atuarial no trato da previdência social, o que configura verdadeiro vetor interpretativo; por isso, entendemos hoje que a questão merece resposta negativa, pois admitir o direito à pensão implica, por certo, violar o equilíbrio financeiro e atuarial da previdência social – inclusive porque os dependentes podem realizar uma única contribuição com base no teto para terem direito à pensão no valor máximo –, além de legitimar o descumprimento da legislação previdenciária, com prejuízo para toda a sociedade, em face do princípio da solidariedade.

Nesse sentido, a seguinte decisão da Turma Nacional de Uniformização dos Juizados Especiais Federais:

> PENSÃO POR MORTE. PERDA DA QUALIDADE DE SEGURADO. CONTRIBUIÇÃO *POST MORTEM*. INSTRUÇÃO NORMATIVA 84/2002. NÃO PREENCHIMENTO DOS REQUISITOS PARA APOSENTADORIA ANTES DO ÓBITO. BENEFÍCIO INDEVIDO.

> 1 – No caso de pensão por morte de contribuinte individual, é imprescindível a contribuição anterior ao óbito, tendo em vista que o objetivo do pensionamento é cobrir justamente a imprevisibilidade. O entendimento contrário permite, indevidamente, que o dependente do segurado, após a morte deste, possa escolher o salário-de--contribuição, e por consequência o valor do benefício que pretende receber (Interpretação sistemática dos arts. 11, V, *h* e 27 da Lei 8.213/91; art. 20, parágrafo único do Decreto nº 3.048/99 e art. 30, II da Lei 8.212-91). 2 – Incidente de uniformização conhecido e improvido.[112]

O Superior Tribunal de Justiça já decidiu no mesmo sentido, qual seja, a impossibilidade de concessão de pensão por morte na hipótese de o falecido não possuir a qualidade de segurado – caso de inexistência de contribuições –, exceto se já preenchidos os requisitos para aposentadoria:

> EMBARGOS DE DIVERGÊNCIA. PREVIDENCIÁRIO. PERDA DA QUALIDADE DE SEGURADO. PENSÃO POR MORTE. SEGURADO QUE NÃO PREENCHEU OS REQUISITOS PARA A OBTENÇÃO DE APOSENTADORIA ANTES DO FALECIMENTO.
>
> 1. *"A perda da qualidade de segurado, quando ainda não preenchidos os requisitos necessários à implementação de qualquer aposentadoria, resulta na impossibilidade de concessão do benefício pensão por morte"* (AgRgEREsp nº 547.202/SP, Relator Ministro Paulo Gallotti, *in DJ* 24.4.2006).
>
> 2. A perda da qualidade de segurado constitui óbice à concessão da pensão por morte quando o *de cujus* não chegou a preencher, antes de sua morte, os requisitos para obtenção de qualquer aposentadoria concedida pela Previdência Social, tal como ocorre nas hipóteses em que, embora houvesse preenchido a carência, não contava com tempo de serviço ou com idade bastante para se aposentar.
>
> 3. Embargos de divergência acolhidos.[113]

3.2.5.8.2 Carência

A pensão por morte independe de carência.

3.2.5.8.3 Risco social

O risco social morte está arrolado no artigo 201, I, da Constituição Federal, bem como o benefício de pensão por morte no inciso V do mesmo artigo. Esse risco social implica a necessidade social de ausência dos rendimentos do segurado para a manutenção da família previdenciária – os dependentes do segurado –, o que será coberto pelo benefício em questão.

---

112 TNU, 200570950150393, *DJU* 17 mar. 2008.

113 STJ, EREsp nº 263005, *DJ* 17 mar. 2008.

3.2.5.8.4 Data de início do benefício

A pensão por morte será devida ao conjunto dos dependentes do segurado que falecer a contar da data:

I – do óbito, quando requerida:
   a) pelo dependente maior de 16 anos de idade, até 30 dias depois; e
   b) pelo dependente menor até 16 anos de idade, até 30 dias após completar essa idade;

II – do requerimento, quando requerida após o prazo previsto no inciso I; ou

III – da decisão judicial, no caso de morte presumida.

O prazo diferenciado para o menor de 16 anos decorre das disposições do Código Civil. A esse respeito, veja-se o disposto nos artigos 3º, 198 e 208 daquele Codex:

> Art. 3º São absolutamente incapazes de exercer pessoalmente os atos da vida civil:
>
> I – os menores de dezesseis anos;
>
> II – os que, por enfermidade ou deficiência mental, não tiverem o necessário discernimento para a prática desses atos;
>
> III – os que, mesmo por causa transitória, não puderem exprimir sua vontade.
>
> Art. 198. Também não corre a prescrição:
>
> I – contra os incapazes de que trata o art. 3º;
>
> Art. 208. Aplica-se à decadência o disposto nos arts. 195 e 198, inciso I.

Assim, o prazo para o menor de 16 anos tem início no dia em que completar essa idade. Para os demais, arrolados nos incisos II e III do artigo 3º acima, a prescrição e a decadência são suspensas, enquanto se verificarem aquelas condições; logo, se passados dez dias da morte do segurado, ocorrer determinado evento que impeça o dependente, por qualquer razão, de exprimir sua vontade, o prazo de 30 dias é suspenso até a cessação daquela causa.

O artigo 79 da Lei nº 8.213/91 é expresso ao afirmar que não se aplica ao pensionista menor, incapaz ou ausente, na forma da lei, o prazo de decadência de dez anos de todo e qualquer direito ou ação para a revisão do ato de concessão de benefício, previsto no artigo 103 da mesma lei.

Não havendo requerimento administrativo, mas apenas pedido em juízo, a data de início do benefício será a data da citação do INSS. Nesse sentido, o seguinte julgado:

Ementa: PREVIDENCIÁRIO. PENSÃO POR MORTE. TERMO INICIAL.

1. Na vigência do artigo 74 da Lei 8.213/91, com redação conferida pela Lei 9.528/97, o termo inicial do benefício da pensão por morte deve ser fixado na data do óbito, quando requerida até 30 dias depois deste, ou na data em que ocorreu o requerimento, quando requerida após aquele prazo.

2. Não havendo, contudo, prévio requerimento administrativo, o termo inicial do pensionamento é a data da citação da autarquia.

3. Recurso provido.[114]

A pensão poderá ser concedida, em caráter provisório, por morte presumida:

I – mediante sentença declaratória, depois de seis meses de ausência, expedida por autoridade judiciária, a contar da data da decisão; ou

II – em caso de desaparecimento do segurado por motivo de catástrofe, acidente ou desastre, a contar da data da ocorrência, mediante prova hábil.

Verificado o reaparecimento do segurado, o pagamento da pensão cessa imediatamente, ficando os dependentes desobrigados da reposição dos valores recebidos, salvo má-fé.

3.2.5.8.5 *Valor do benefício*

O valor mensal da pensão por morte será de 100% do valor da aposentadoria que o segurado recebia ou daquela a que teria direito se estivesse aposentado por invalidez na data de seu falecimento, não podendo ser inferior ao valor do salário-mínimo, nem superior ao do limite máximo do salário-de-contribuição.

Havendo mais de um pensionista, a pensão por morte será rateada entre todos em partes iguais. Reverterá em favor dos demais a parte daquele cujo direito à pensão cessar.

A parte individual da pensão extingue-se:

I – pela morte do pensionista;

II – para o filho, a pessoa a ele equiparada ou o irmão, de ambos os sexos, pela emancipação ou ao completar 21 anos de idade, salvo se for inválido;

III – para o pensionista inválido, pela cessação da invalidez.

[114] STJ, REsp nº 543737, *DJ* 17 maio 2004.

Com a extinção da parte do último pensionista a pensão extinguir-se-á. Assim, na hipótese de a pensão ser concedida aos filhos menores de 21 anos e a mãe, na medida em que aqueles completarem a idade limite, suas partes reverterão em favor dos remanescentes. Restando apenas a mãe como dependente, com sua morte, o benefício é extinto, não podendo reverter em favor dos filhos sobreviventes. Nesse sentido, o seguinte julgado:

> PREVIDENCIÁRIO. PENSÃO POR MORTE. REPASSE. IMPOSSIBILIDADE.
>
> O valor da pensão recebida por um dependente que perdeu o direito, por algum dos motivos contidos na lei, só será repassado ao(s) dependente(s) que continuar(em) na condição de pensionista(s).
>
> Recurso conhecido e provido.[115]

Veja-se que o casamento do dependente não é causa necessária de extinção do benefício. Em relação ao cônjuge sobrevivente, a pensão deixará de ser devida na hipótese de, com o novo casamento, haver melhora na sua situação econômica, como já sumulado pelo extinto Tribunal Federal de Recursos. Nesse sentido, o seguinte julgado:

> Ementa: PREVIDENCIÁRIO. PENSÃO. VIÚVA. NOVO CASAMENTO. CANCELAMENTO. SÚMULA 170-TFR.
>
> O direito à pensão por morte do marido não se extingue, com o novo casamento da viúva, se não foi oportunizado à beneficiária comprovar, por processo regular, que do casamento não resultou melhoria na situação econômico-financeira. Súmula 170-TFR.
>
> Recurso conhecido, mas desprovido.[116]

Em situações excepcionais, mesmo havendo cancelamento do benefício por decorrência de novo casamento, a pensão por morte poderá ser restabelecida, em face de separação posterior. Nesse sentido, o seguinte julgado:

> Ementa: PREVIDENCIÁRIO. PENSÃO POR MORTE. CASAMENTO DA BENEFICIÁRIA. CANCELAMENTO. POSTERIOR SEPARAÇÃO JUDICIAL. RESTABELECIMENTO DO BENEFÍCIO. NECESSIDADE. RESTABELECIMENTO. FIM SOCIAL DA NORMA.
>
> – O órgão julgador *a quo*, ao determinar o restabelecimento do benefício previdenciário da autora, fundou-se na situação de penúria da mesma, acometida de câncer maligno e desprovida de recursos financeiros.

---

[115] STJ, REsp nº 281467, *DJ* 4 fev. 2002.

[116] STJ, REsp nº 223809, *DJ* 26 mar. 2001. Eis o conteúdo da Súmula: Não se extingue a pensão previdenciária, se do novo casamento não resulta melhoria na situação econômico-financeira da viúva, de modo a tornar dispensável o benefício.

– Negar o restabelecimento da pensão à viúva que em virtude de casamento teve seu benefício cancelado, ocorrendo a separação judicial e consequente retorno da mesma ao estado anterior, significa contrariar o próprio fim social contido na legislação.

– Recurso especial não conhecido.[117]

Acerca do tema o Superior Tribunal de Justiça editou a Súmula nº 336:

A mulher que renunciou aos alimentos na separação judicial tem direito à pensão previdenciária por morte do ex-marido, comprovada a necessidade econômica superveniente.

O valor da pensão por morte variou em função do transcurso do tempo.

Assim, na vigência da Lei nº 3.807/60 era devido o percentual de 50% do valor da aposentadoria, ao qual eram somadas cotas de 10% por dependente, até o limite de 50%.

A redação original do artigo 75 da Lei nº 8.213/91 fixava o valor do benefício nestes termos:

I – constituído de uma parcela, relativa à família, de 80% do valor da aposentadoria que o segurado recebia ou a que teria direito, se estivesse aposentado na data do seu falecimento, mais tantas parcelas de 10% do valor da mesma aposentadoria quantos forem os seus dependentes, até o máximo de 2;

II – 100% do salário-de-benefício ou do salário-de-contribuição vigente no dia do acidente, o que for mais vantajoso, caso o falecimento seja consequência de acidente do trabalho.

Posteriormente, a Lei nº 9.035/95 alterou a alíquota para 100%, vigente até hoje, o que levou inúmeros pensionistas que tiveram seus benefícios concedidos no período anterior ao da vigência dessa lei a requererem a correção dos mesmos, pelo novo índice. Essa tese ficou conhecida como "cotas de pensão".

A matéria restou pacificada no Superior Tribunal de Justiça, nestes termos:

Ementa: PREVIDENCIÁRIO. EMBARGOS DE DIVERGÊNCIA. PENSÃO POR MORTE. BENEFÍCIO CONCEDIDO ANTES DA CF/88. MAJORAÇÃO DE QUOTA FAMILIAR. LEI Nº 8.213/91. APLICAÇÃO. POSSIBILIDADE. EMBARGOS ACOLHIDOS.

1. A eg. Terceira Seção, pelas Turmas que a compõem, consolidou entendimento no sentido da possibilidade de majoração da cota familiar dos benefícios de pensão por morte concedidos sob a égide da legislação pretérita.

---

117 STJ, REsp nº 321083, *DJ* 20 ago. 2001.

2. Aplica-se o art. 75 da Lei nº 8.213/91, na redação dada pela Lei nº 9.032/95, a todos os benefícios previdenciários, mesmo no tocante aos concedidos antes de sua vigência, sem que isso configure, a rigor, retroação de lei mais benéfica, mas apenas seu alcance às situações dos que se encontram em idêntico estado de fato.

3. Embargos de divergência acolhidos.[118]

O Supremo Tribunal Federal, entretanto, decidiu em sentido contrário, como demonstra o seguinte julgado:

EMENTA: RECURSO EXTRAORDINÁRIO. INTERPOSTO PELO INSTITUTO NACIONAL DO SEGURO SOCIAL (INSS), COM FUNDAMENTO NO ART. 102, III, "A", DA CONSTITUIÇÃO FEDERAL, EM FACE DE ACÓRDÃO DE TURMA RECURSAL DOS JUIZADOS ESPECIAIS FEDERAIS. BENEFÍCIO PREVIDENCIÁRIO: PENSÃO POR MORTE (LEI Nº 9.032, DE 28 DE ABRIL DE 1995). 1. No caso concreto, a recorrida é pensionista do INSS desde 04/10/1994, recebendo através do benefício nº 055.419.615-8, aproximadamente o valor de R$ 948,68. Acórdão recorrido que determinou a revisão do benefício de pensão por morte, com efeitos financeiros correspondentes à integralidade do salário de benefícios da previdência geral, a partir da vigência da Lei nº 9.032/1995. 2. Concessão do referido benefício ocorrida em momento anterior à edição da Lei nº 9.032/1995. No caso concreto, ao momento da concessão, incidia a Lei nº 8.213, de 24 de julho de 1991. [...] 4. O recorrente (INSS) alegou: i) suposta violação ao art. 5º, XXXVI, da CF (ofensa ao ato jurídico perfeito e ao direito adquirido); e ii) desrespeito ao disposto no art. 195, § 5º, da CF (impossibilidade de majoração de benefício da seguridade social sem a correspondente indicação legislativa da fonte de custeio total). [...] 7. Evolução do tratamento legislativo do benefício da pensão por morte desde a promulgação da CF/1988: arts. 201 e 202 na redação original da Constituição, edição da Lei nº 8.213/1991 (art. 75), alteração da redação do art. 75 pela Lei nº 9.032/1995, alteração redacional realizada pela Emenda Constitucional nº 20, de 15 de dezembro de 1998. 8. Levantamento da jurisprudência do STF quanto à aplicação da lei previdenciária no tempo. Consagração da aplicação do princípio tempus regit actum quanto ao momento de referência para a concessão de benefícios nas relações previdenciárias. [...] 9. Na espécie, ao reconhecer a configuração de direito adquirido, o acórdão recorrido violou frontalmente a Constituição, fazendo má aplicação dessa garantia (CF, art. 5º, XXXVI), conforme consolidado por esta Corte em diversos julgados [...] 10. De igual modo, ao estender a aplicação dos novos critérios de cálculo a todos os beneficiários sob o regime das leis anteriores, o acórdão recorrido negligenciou a imposição constitucional de que lei que majora benefício previdenciário deve, necessariamente e de modo expresso, indicar a fonte de custeio total (CF, art. 195, § 5º). [...] 11. Na espécie, o benefício da pensão por morte configura-se como direito previdenciário de perfil institucional cuja garantia corresponde à manutenção do valor real do benefício, conforme os critérios definidos

[118] STJ, EREsp nº 273866, *DJ* 14 mar. 2005.

em lei (CF, art. 201, § 4º). 12. Ausência de violação ao princípio da isonomia (CF, art. 5º, *caput*) porque, na espécie, a exigência constitucional de prévia estipulação da fonte de custeio total consiste em exigência operacional do sistema previdenciário que, dada a realidade atuarial disponível, não pode ser simplesmente ignorada. 13. O cumprimento das políticas públicas previdenciárias, exatamente por estar calcado no princípio da solidariedade (CF, art. 3º, I), deve ter como fundamento o fato de que não é possível dissociar as bases contributivas de arrecadação da prévia indicação legislativa da dotação orçamentária exigida (CF, art. 195, § 5º). [...] 14. Considerada a atuação da autarquia recorrente, aplica-se também o princípio da preservação do equilíbrio financeiro e atuarial (CF, art. 201, *caput*), o qual se demonstra em consonância com os princípios norteadores da Administração Pública (CF, art. 37). 15. Salvo disposição legislativa expressa e que atenda à prévia indicação da fonte de custeio total, o benefício previdenciário deve ser calculado na forma prevista na legislação vigente à data da sua concessão. A Lei nº 9.032/1995 somente pode ser aplicada às concessões ocorridas a partir de sua entrada em vigor. 16. No caso em apreço, aplica-se o teor do art 75 da Lei nº 8.213/1991 em sua redação ao momento da concessão do benefício à recorrida. 17. Recurso conhecido e provido para reformar o acórdão recorrido.[119]

Em função desse julgado, o Superior Tribunal de Justiça reviu seu posicionamento, com a edição da Súmula nº 340:

> A lei aplicável à concessão de pensão previdenciária por morte é aquela vigente na data do óbito do segurado.

3.2.5.9 Do auxílio-reclusão

3.2.5.9.1 Conceito

Auxílio-reclusão é o benefício previdenciário devido não ao segurado, mas a seus dependentes, enquanto aquele estiver recolhido à prisão e não receber remuneração da empresa nem estiver em gozo de auxílio-doença, de aposentadoria ou de abono de permanência em serviço.

Será devido nas mesmas condições da pensão por morte.

O requerimento do auxílio-reclusão deverá ser instruído com certidão do efetivo recolhimento à prisão, sendo obrigatória, para a manutenção do benefício, a apresentação, a cada três meses, de declaração de permanência na condição de presidiário.

O benefício será devido, apenas, durante o período em que o segurado estiver recolhido à prisão sob regime fechado ou semiaberto, pois nos demais casos poderá trabalhar fora do presídio.

---

[119] STF, RE nº 415454, *DJ* 26 out. 2007.

Por força do artigo 2º da Lei nº 10.666/03, o exercício de atividade remunerada do segurado recluso em cumprimento de pena em regime fechado ou semiaberto que contribuir na condição de contribuinte individual ou facultativo não acarreta a perda do direito ao recebimento do auxílio-reclusão para seus dependentes. Nesse caso, o segurado recluso não terá direito aos benefícios de auxílio-doença e de aposentadoria durante a percepção, pelos dependentes, do auxílio-reclusão, permitida a opção, desde que manifestada, também, pelos dependentes, ao benefício mais vantajoso.

De acordo com a nova redação do artigo 201, IV, da Constituição Federal, conferida pelo artigo 13 da Emenda Constitucional nº 20/98, apenas os dependentes dos segurados de baixa renda têm direito ao benefício. Assim, a renda mensal bruta dos segurados não pode ser superior a R$ 971,78.

Perdurou discussão na doutrina e jurisprudência sobre a renda a ser considerada para fins de concessão do benefício, se do segurado ou seu dependente. Noutros termos: o valor máximo do salário-de-contribuição de R$ 971,78 deve ser relativo à remuneração do segurado ou do dependente? Veja-se que, se for considerada a remuneração do dependente, mesmo na hipótese de o segurado ter salário-de-contribuição superior àquele limite, o benefício será devido ao dependente, desde que este tenha remuneração inferior.

A jurisprudência inclinava-se no sentido de considerar a remuneração do segurado:

> PREVIDENCIÁRIO. AUXÍLIO-RECLUSÃO. CONCESSÃO AOS DEPENDENTES DO SEGURADO DE BAIXA RENDA. DETERMINAÇÃO CONSTITUCIONAL. ARTIGO 80 DA LEI 8.213/91. REQUISITOS DA PENSÃO POR MORTE. APLICABILIDADE. PRINCÍPIO *TEMPUS REGIT ACTUM*. INCIDÊNCIA. RECOLHIMENTO À PRISÃO. LEGISLAÇÃO VIGENTE À ÉPOCA. OBEDIÊNCIA. RECURSO PROVIDO.
>
> I – A EC 20/98 determinou que o benefício auxílio-reclusão seja devido unicamente aos segurados de baixa renda.
>
> [...]
>
> V – Quando foi o segurado recolhido à prisão, não era considerado de baixa renda, não fazendo jus seus dependentes ao benefício auxílio-reclusão, em razão de Portaria posterior mais benéfica. Incide, à espécie, o princípio *tempus regit actum* [...][120]

O Supremo Tribunal Federal acabou por decidir a matéria no mesmo sentido:

> PREVIDENCIÁRIO. CONSTITUCIONAL. RECURSO EXTRAORDINÁRIO. AUXÍLIO-RECLUSÃO. ART. 201, IV, DA CONSTITUIÇÃO DA REPÚBLICA. LIMITAÇÃO DO UNIVERSO DOS CONTEMPLADOS PELO AUXÍLIO-RECLUSÃO. BENEFÍCIO RESTRITO

---

[120] STJ, REsp nº 760767, *DJ* 24 out. 2005.

AOS SEGURADOS PRESOS DE BAIXA RENDA. RESTRIÇÃO INTRODUZIDA PELA EC 20/1998. SELETIVIDADE FUNDADA NA RENDA DO SEGURADO PRESO. RECURSO EXTRAORDINÁRIO PROVIDO. I – Segundo decorre do art. 201, IV, da Constituição, a renda do segurado preso é a que deve ser utilizada como parâmetro para a concessão do benefício e não a de seus dependentes. II – Tal compreensão se extrai da redação dada ao referido dispositivo pela EC 20/1998, que restringiu o universo daqueles alcançados pelo auxílio-reclusão, a qual adotou o critério da seletividade para apurar a efetiva necessidade dos beneficiários. III – Diante disso, o art. 116 do Decreto 3.048/1999 não padece do vício da inconstitucionalidade. IV – Recurso extraordinário conhecido e provido.[121]

3.2.5.9.2 *Carência*

O auxílio-reclusão independe de carência.

3.2.5.9.3 *Risco social*

O legislador constituinte originário houve por bem apontar a prisão do segurado como risco social a ser coberto pelo regime previdenciário. Note-se que a prisão decorre de ato do próprio segurado, o que pode levar a críticas, mas a verdade é que o benefício é dirigido aos dependentes do segurado, como já foi dito, e não a este. Assim, a prisão do segurado de baixa renda provoca uma necessidade social, exatamente a falta de condições de subsistência dos dependentes por incapacidade laboral do recluso, o que será coberto por esse benefício previdenciário.

3.2.5.9.4 *Data de início do benefício*

A data de início do benefício será o momento do efetivo recolhimento do segurado à prisão, se requerido até 30 dias depois deste, ou na data do requerimento, se posterior.

No caso de fuga, o benefício será suspenso e, se houver recaptura do segurado, será restabelecido a contar da data em que esta ocorrer, desde que esteja ainda mantida a qualidade de segurado. Se houver exercício de atividade dentro do período de fuga, o mesmo será considerado para a verificação da perda ou não da qualidade de segurado.

Falecendo o segurado detido ou recluso, o auxílio-reclusão que estiver sendo pago será automaticamente convertido em pensão por morte.

O artigo 119 do Decreto nº 3.048/99 veda a concessão do auxílio-reclusão após a soltura do segurado.

---

[121] STF, RE nº 587365, *DJ* 7 maio 2009.

3.2.5.9.5 *Valor do benefício*

O benefício será devido nas mesmas condições da pensão por morte. Tendo em vista que o auxílio-reclusão não é acumulável com aposentadoria, é preciso interpretar essa disposição com ressalvas, pois o valor do benefício não será, como pode ocorrer na pensão por morte, de 100% do valor da aposentadoria que o segurado recebia, mas sim de 100% do valor a que teria direito se estivesse aposentado por invalidez na data da prisão, não podendo ser inferior ao valor do salário-mínimo, nem superior ao do limite máximo do salário-de-contribuição.

Os requisitos para a concessão do benefício são aqueles vigentes na data da prisão. Nesse sentido, o seguinte julgado:

> Ementa: PREVIDENCIÁRIO. AUXÍLIO-RECLUSÃO. TERMO INICIAL. ATO JURÍDICO PERFEITO E DIREITO ADQUIRIDO. MATÉRIAS DE ÍNDOLE CONSTITUCIONAL. APLICABILIDADE DA LEGISLAÇÃO VIGENTE. LEI Nº 9.032/95.
>
> 1. A pretensa violação aos arts. 6º da LICC, 5º, XXXVI da CF/88 é intento que refoge ao âmbito do recurso especial, porquanto encerra princípios de índole constitucional. Precedentes.
>
> 2. A concessão do benefício de auxílio-reclusão, de que trata o art. 80, da Lei nº 8.213/91, deve observar os requisitos previstos na legislação vigente ao tempo do evento ensejador do benefício, ou seja, a data da prisão. Precedentes.
>
> 3. Recurso especial não conhecido.[122]

Os dependentes do segurado têm direito ao benefício durante o período de graça, conforme o aresto a seguir:

> Ementa: PREVIDENCIÁRIO. PROCESSUAL CIVIL. CONCESSÃO DE AUXÍLIO RECLUSÃO. PERDA DE QUALIDADE DE SEGURADO. AUSÊNCIA DE COMPROVAÇÃO.
>
> – O benefício de auxílio reclusão deve ser concedido ao segurado, desde que até 12 meses após a cessação das contribuições, o segurado que deixar o exercício da atividade ou estiver suspenso ou licenciado sem remuneração, *ex vi*, do artigo 15, II, da Lei nº 8.213/91.
>
> – Na hipótese em que as instâncias ordinárias reconheceram a existência dos requisitos necessários à concessão do auxílio-reclusão, a análise da pretensão deduzida no apelo nobre importaria na reapreciação do quadro fático-probatório, incidindo o óbice da Súmula nº 7, do STJ.
>
> – Recurso especial não conhecido.[123]

---

[122] STJ, REsp nº 395816, *DJ* 2 set. 2002.

[123] STJ, REsp nº 192172, *DJ* 22 fev. 1999.

3.2.5.10 Dos pecúlios

3.2.5.10.1 Conceito

Os artigos 81 a 85 da Lei nº 8.213/91 dispunham sobre os pecúlios, mas foram revogados pelas Leis nºs 8.870/94, 9.035/95 e 9.129/95.

Pecúlios eram benefícios previdenciários de prestação única, ao contrário de outros, como aposentadoria e pensão, que são de prestação continuada, porque devidos todos os meses.

Na sistemática da redação original da Lei nº 8.213/91, eram devidos dois pecúlios:

I – ao segurado que se incapacitar para o trabalho antes de ter completado o período de carência; e

II – ao segurado aposentado por idade ou por tempo de serviço pelo RGPS que voltar a exercer atividade abrangida pelo mesmo, quando dela se afastar.

Nesses casos, o pecúlio consistia em pagamento único de valor correspondente à soma das importâncias relativas às contribuições do segurado, remuneradas de acordo com o índice de remuneração básica dos depósitos de poupança com data de aniversário no dia primeiro. Ou seja, funcionava como devolução das contribuições efetuadas em função do não aproveitamento para gozo de benefícios.

Havia ainda um terceiro "pecúlio" que na verdade não tinha essa natureza. Era devido ao segurado ou a seus dependentes, em caso de invalidez ou morte decorrente de acidente do trabalho. Nessa hipótese, o pecúlio consistia em um pagamento único de 75% do limite máximo do salário-de-contribuição, no caso de invalidez, e de 150% desse mesmo limite, no caso de morte. Vê-se, claramente, que esse último benefício não tem qualquer relação com as contribuições vertidas pelos segurados.

A revogação dos pecúlios está em sintonia com o princípio da solidariedade contributiva, estampado no *caput* do artigo 195 da Constituição Federal, pois a contribuição de cada segurado deve reverter para a manutenção de todo o sistema e não considerar a pessoa do contribuinte, individualmente. Essa conclusão é decorrência da solidariedade que informa os modernos sistemas de seguridade social.

3.2.5.11 Do auxílio-acidente

3.2.5.11.1 Conceito

Auxílio-acidente é o benefício previdenciário devido, como indenização, ao segurado empregado, exceto o doméstico, ao trabalhador avulso e ao segurado especial quando, após a consolidação das lesões decorrentes de acidente de qualquer natureza, resultar sequela definitiva que implique:

I – redução da capacidade para o trabalho que habitualmente exerciam;

II – redução da capacidade para o trabalho que habitualmente exerciam e exija maior esforço para o desempenho da mesma atividade que exerciam à época do acidente; ou

III – impossibilidade de desempenho da atividade que exerciam à época do acidente, porém permita o desempenho de outra, após processo de reabilitação profissional, nos casos indicados pela perícia médica do INSS.

O Anexo III do Decreto nº 3.048/99 arrola as situações que dão direito ao auxílio-acidente:

QUADRO Nº 1

Aparelho visual

Situações:

a) acuidade visual, após correção, igual ou inferior a 0,2 no olho acidentado;

b) acuidade visual, após correção, igual ou inferior a 0,5 em ambos os olhos, quando ambos tiverem sido acidentados;

c) acuidade visual, após correção, igual ou inferior a 0,5 no olho acidentado, quando a do outro olho for igual a 0,5 ou menos, após correção;

d) lesão da musculatura extrínseca do olho, acarretando paresia ou paralisia;

e) lesão bilateral das vias lacrimais, com ou sem fístulas, ou unilateral com fístula.

Nota 1. A acuidade visual restante é avaliada pela escala de Wecker, em décimos, e após a correção por lentes.

Nota 2. A nubécula e o leucoma são analisados em função da redução da acuidade ou do prejuízo estético que acarretam, de acordo com os quadros respectivos.

QUADRO Nº 2

Aparelho auditivo

TRAUMA ACÚSTICO

a) perda da audição no ouvido acidentado;

b) redução da audição em grau médio ou superior em ambos os ouvidos, quando os dois tiverem sido acidentados;

c) redução da audição, em grau médio ou superior, no ouvido acidentado, quando a audição do outro estiver também reduzida em grau médio ou superior.

Nota 1. A capacidade auditiva em cada ouvido é avaliada mediante audiometria apenas aérea, nas frequências de 500, 1.000, 2.000 e 3.000 Hertz.

Nota 2. A redução da audição, em cada ouvido, é avaliada pela média aritmética dos valores, em decibéis, encontrados nas frequências de 500, 1.000, 2.000 e 3.000 Hertz, segundo adaptação da classsificação de Davis & Silvermann, 1970.

Audição normal – até vinte e cinco decibéis.

Redução em grau mínimo – vinte e seis a quarenta decibéis;

Redução em grau médio – quarenta e um a setenta decibéis;

Redução em grau máximo – setenta e um a noventa decibéis;

Perda de audição – mais de noventa decibéis.

QUADRO Nº 3

Aparelho da fonação

Situação:

Perturbação da palavra em grau médio ou máximo, desde que comprovada por métodos clínicos objetivos.

QUADRO Nº 4

Prejuízo estético

Situações:

Prejuízo estético, em grau médio ou máximo, quando atingidos crânios, e/ou face, e/ou pescoço ou perda de dentes quando há também deformação da arcada dentária que impede o uso de prótese.

Nota 1. Só é considerada como prejuízo estético a lesão que determina apreciável modificação estética do segmento corpóreo atingido, acarretando aspecto desagradável, tendo-se em conta sexo, idade e profissão do acidentado.

Nota 2. A perda anatômica de membro, a redução de movimentos articulares ou a alteração da capacidade funcional de membro não são considerados como prejuízo estético, podendo, porém, ser enquadradas, se for o caso, nos quadros respectivos.

QUADRO Nº 5

Perdas de segmentos de membros

Situações:

a) perda de segmento ao nível ou acima do carpo;

b) perda de segmento do primeiro quirodáctilo, desde que atingida a falange proximal;

c) perda de segmentos de dois quirodáctilos, desde que atingida a falange proximal em pelo menos um deles;

d) perda de segmento do segundo quirodáctilo, desde que atingida a falange proximal;

e) perda de segmento de três ou mais falanges, de três ou mais quirodáctilos;

f) perda de segmento ao nível ou acima do tarso;

g) perda de segmento do primeiro pododáctilo, desde que atingida a falange proximal;

h) perda de segmento de dois pododáctilos, desde que atingida a falange proximal em ambos;

i) perda de segmento de três ou mais falanges, de três ou mais pododáctilos.

Nota: Para efeito de enquadramento, a perda parcial de parte óssea de um segmento equivale à perda do segmento. A perda parcial de partes moles sem perda de parte óssea do segmento não é considerada para efeito de enquadramento.

QUADRO Nº 6

Alterações articulares

Situações:

a) redução em grau médio ou superior dos movimentos da mandíbula;

b) redução em grau máximo dos movimentos do segmento cervical da coluna vertebral;

c) redução em grau máximo dos movimentos do segmento lombo-sacro da coluna vertebral;

d) redução em grau médio ou superior dos movimentos das articulações do ombro ou do cotovelo;

e) redução em grau médio ou superior dos movimentos de pronação e/ou de supinação do antebraço;

f) redução em grau máximo dos movimentos do primeiro e/ou do segundo quirodáctilo, desde que atingidas as articulações metacarpo-falangeana e falange-falangeana;

g) redução em grau médio ou superior dos movimentos das articulações coxo-femural e/ou joelho, e/ou tíbio-társica.

Nota 1. Os graus de redução de movimentos articulares referidos neste quadro são avaliados de acordo com os seguintes critérios:

Grau máximo: redução acima de dois terços da amplitude normal do movimento da articulação;

Grau médio: redução de mais de um terço e até dois terços da amplitude normal do movimento da articulação;

Grau mínimo: redução de até um terço da amplitude normal do movimento da articulação.

Nota 2. A redução de movimentos do cotovelo, de pronação e supinação do antebraço, punho, joelho e tíbio-társica, secundária a uma fratura de osso longo do membro, consolidada em posição viciosa e com desvio de eixo, também é enquadrada dentro dos limites estabelecidos.

QUADRO Nº 7

Encurtamento de membro inferior

Situação:

Encurtamento de mais de 4 cm (quatro centímetros).

Nota: A preexistência de lesão de bacia deve ser considerada quando da avaliação do encurtamento.

QUADRO Nº 8

Redução da força e/ou da capacidade funcional dos membros

Situações:

a) redução da força e/ou da capacidade funcional da mão, do punho, do antebraço ou de todo o membro superior em grau sofrível ou inferior da classificação de desempenho muscular;

b) redução da força e/ou da capacidade funcional do primeiro quirodáctilo em grau sofrível ou inferior;

c) redução da força e/ou da capacidade funcional do pé, da perna ou de todo o membro inferior em grau sofrível ou inferior.

Nota 1. Esta classificação se aplica a situações decorrentes de comprometimento muscular ou neurológico. Não se aplica a alterações decorrentes de lesões articulares ou de perdas anatômicas constantes dos quadros próprios.

Nota 2. Na avaliação de redução da força ou da capacidade funcional é utilizada a classificação da carta de desempenho muscular da The National Foundation for Infantile Paralysis, adotada pelas Sociedades Internacionais de Ortopedia e Traumatologia, e a seguir transcrita:

Desempenho muscular

Grau 5 – Normal – cem por cento – Amplitude completa de movimento contra a gravidade e contra grande resistência.

Grau 4 – Bom – setenta e cinco por cento – Amplitude completa de movimento contra a gravidade e contra alguma resistência.

Grau 3 – Sofrível – cinquenta por cento – Amplitude completa de movimento contra a gravidade sem opor resistência.

Grau 2 – Pobre – vinte e cinco por cento – Amplitude completa de movimento quando eliminada a gravidade.

Grau 1 – Traços – dez por cento – Evidência de leve contração. Nenhum movimento articular.

Grau 0 (zero) – zero por cento – Nenhuma evidência de contração.

Grau E ou EG – zero por cento – Espasmo ou espasmo grave.

Grau C ou CG – Contratura ou contratura grave.

Nota – O enquadramento dos casos de grau sofrível ou inferior abrange, na prática, os casos de redução em que há impossibilidade de movimento contra alguma força de resistência além da força de gravidade.

QUADRO Nº 9

Outros aparelhos e sistemas

Situações:

a) segmentectomia pulmonar que acarrete redução em grau médio ou superior da capacidade funcional respiratória; devidamente correlacionada à sua atividade laborativa;

b) perda do segmento do aparelho digestivo cuja localização ou extensão traz repercussões sobre a nutrição e o estado geral.

DOENÇAS PROFISSIONAIS E AS DO TRABALHO

As doenças profissionais e as do trabalho, que após consolidações das lesões resultem sequelas permanentes com redução da capacidade de trabalho, deverão ser enquadradas conforme o art. 104 do Decreto nº 3.048/99.

A listagem do regulamento é meramente enunciativa, como vem decidindo a jurisprudência:

> Ementa: PREVIDENCIÁRIO. AUXÍLIO-ACIDENTE. PRÉVIO EXAURIMENTO DA VIA ADMINISTRATIVA. INTERESSE PROCESSUAL OBJETIVO. REDUÇÃO DA CAPACIDADE LABORATIVA. LISTA ANEXA AO DEC. 611/92.
>
> 1. A Súmula 89 do STJ diz que não há necessidade de exaurimento da via administrativa em caso de reclamos por auxílio-acidente.
>
> 2. Concluída pericialmente a redução da capacidade laborativa, devido o auxílio-acidente, sem vez para restrições administrativas que não condizem com o espírito da norma instituidora do benefício.
>
> 3. Recurso não conhecido.[124]

O benefício é devido em decorrência de acidente de qualquer natureza; entretanto, a perda da audição, em qualquer grau, somente proporcionará a concessão do auxílio-acidente, quando, além do reconhecimento de causalidade entre o trabalho e a doença, resultar, comprovadamente, na redução ou perda da capacidade para o trabalho que habitualmente exercia. No caso de perda da audição ou disacusia, portanto, é necessário ainda comprovar o nexo de causalidade entre o trabalho e a doença, o que é dispensável nos demais. Nesse sentido, é a jurisprudência:

> AGRAVO REGIMENTAL EM AGRAVO DE INSTRUMENTO. PETIÇÃO RECURSAL DESPROVIDA DE ASSINATURA DO ADVOGADO. IMPROVIMENTO. AUXÍLIO-ACIDENTE. INEXISTÊNCIA DE PROVA DE PERDA OU REDUÇÃO DA CAPACIDADE LABORATIVA. AUSÊNCIA DE COMPROVAÇÃO DO NEXO DE CAUSALIDADE. INCIDÊNCIA DA SÚMULA Nº 7/STJ.
>
> [...]

---

124 STJ, REsp nº 238672, *DJ* 19 jun. 2000.

> 2. A concessão de auxílio-acidente depende, além da comprovação do nexo causal, da perda ou redução definitiva da capacidade laborativa.
>
> 3. Em havendo o acórdão recorrido reconhecido a inexistência de perda ou redução da capacidade laborativa e a ausência de comprovação do nexo de causalidade, a concessão do benefício acidentário, em sede de recurso especial, implicaria o reexame do acervo fático-probatório dos autos, vedado em sede de recurso especial, a teor do Enunciado nº 7 da Súmula deste Superior Tribunal de Justiça [...][125]

Não dará ensejo ao auxílio-acidente o caso:

I – que apresente danos funcionais ou redução da capacidade funcional sem repercussão na capacidade laborativa; e

II – de mudança de função, mediante readaptação profissional promovida pela empresa, como medida preventiva, em decorrência de inadequação do local de trabalho.

3.2.5.11.2 Carência

A concessão de auxílio-acidente independe de carência.

3.2.5.11.3 Risco social

O risco social envolvido nesse benefício é o acidente de qualquer natureza que, após a consolidação das lesões, resultar em sequelas que impliquem redução da capacidade para o trabalho que habitualmente exercia o segurado. Daí decorre a necessidade social de diminuição da sua capacidade de subsistência, a qual será protegida pelo benefício previdenciário em questão. Não é um benefício substitutivo do salário, mas sim complementar, pois não há supressão da capacidade laboral, mas, de outro modo, redução.

3.2.5.11.4 Data de início do benefício

O auxílio-acidente será devido a contar do dia seguinte ao da cessação do auxílio-doença, independentemente de qualquer remuneração ou rendimento auferido pelo acidentado, vedada sua acumulação com qualquer aposentadoria. O recebimento de salário ou concessão de outro benefício, exceto de aposentadoria, não prejudicará a continuidade do recebimento do auxílio-acidente.

A partir da publicação da Lei nº 9.528/97 o auxílio-acidente perdeu sua natureza vitalícia. Em compensação, a partir daí, como já vimos no estudo

---

[125] STJ, AgRg no Ag nº 567220, *DJ* 2 ago. 2004.

do artigo 31 da Lei nº 8.213/91, o valor mensal do auxílio-acidente integra o salário-de-contribuição, para fins de cálculo do salário-de-benefício de qualquer aposentadoria.

Em função dessa alteração, a cumulação de aposentadoria com auxílio-acidente somente é possível no caso de o acidente ensejador do benefício ter ocorrido no período anterior a 10.12.97, data da publicação da Lei nº 9.528/97.

Nesse sentido, é a jurisprudência:

> EMBARGOS DE DECLARAÇÃO EM AGRAVO REGIMENTAL EM RECURSO ESPECIAL. CONTRADIÇÃO. EXISTÊNCIA. PROCESSUAL CIVIL. POSSIBILIDADE JURÍDICA DO PEDIDO. PREVIDENCIÁRIO. APOSENTADORIA E AUXÍLIO-ACIDENTE. CUMULAÇÃO. DEFINIÇÃO DA LEI APLICÁVEL. DATA DO ACIDENTE.
>
> 1. Na concessão do benefício previdenciário, a lei a ser observada é a vigente ao tempo do fato que lhe determinou a incidência, da qual decorreu a sua juridicização e consequente produção do direito subjetivo à percepção do benefício. Precedentes da 3ª Seção.
>
> 2. Para se decidir a possibilidade de cumulação do auxílio-acidente com a aposentadoria, em face do advento da Lei 9.528/97, deve-se levar em consideração a lei vigente ao tempo do acidente causa da incapacidade para o trabalho, incidindo, como incide, nas hipóteses de doença profissional ou do trabalho, a norma inserta no artigo 23 da Lei 8.213/91 (REsp 373.890/SP, da minha Relatoria, in *DJ* 24.6.2002).
>
> 2. Não há falar em impossibilidade jurídica do pedido de cumulação de auxílio-acidente e aposentadoria, dependendo o acolhimento da pretensão da fixação da data do início da incapacidade laborativa para o exercício da atividade habitual (artigo 23 da Lei nº 8.213/91), no sentido de se saber se teve lugar em período anterior à vigência da Lei nº 9.528/97, em face do princípio *tempus regit actum*.
>
> 3. Embargos de declaração acolhidos, sem atribuição de efeitos infringentes.[126]

No caso de reabertura de auxílio-doença por acidente de qualquer natureza que tenha dado origem a auxílio-acidente, este será suspenso até a cessação do auxílio-doença reaberto, quando será reativado.

3.2.5.11.5 Valor do benefício

O auxílio-acidente mensal corresponderá a 50% do salário-de-benefício que deu origem ao auxílio-doença do segurado, corrigido até o mês anterior ao do início do auxílio-acidente, e será devido até a véspera de início de qualquer aposentadoria ou até a data do óbito do segurado.

---

[126] STJ, EDcl no AgRg no REsp nº 467.733, *DJ* 29 ago. 2005.

Tendo em vista que é benefício complementar e não substitutivo da remuneração mensal do segurado, pode ter valor inferior ao do salário-mínimo.

A redação original do artigo 104, § 7º, do Decreto nº 3.048/99 dispunha que "não cabe a concessão de auxílio-acidente quando o segurado estiver desempregado, podendo ser concedido o auxílio-doença previdenciário, desde que atendidas as condições inerentes à espécie". Essa disposição regulamentar contrariava expressamente o artigo 15 da Lei nº 8.213/91, o qual dispõe sobre o período de graça. Na verdade, a norma regulamentar estava de acordo com a redação original do artigo 86 da Lei nº 8.213/91, que assegurava esse benefício exclusivamente em decorrência de acidente do trabalho. Daí que o segurado desempregado não poderia, por razão lógica, sofrer acidente do trabalho. A partir da Lei nº 9.032/95, entretanto, o acidente de qualquer natureza também pode dar ensejo ao benefício.

Em face dessa realidade, na oportunidade em que dirigíamos a Consultoria Jurídica do Ministério da Previdência Social, aprovamos a NOTA/MPS/CJ nº 66/06, com vistas a garantir ao segurado no período de graça o direito ao benefício. Após a aprovação do Ministro da Pasta, finalmente em 2008 foi publicado o Decreto nº 6.722, o qual deu nova redação ao artigo 104, § 7º, do Decreto nº 3.048/99, nestes termos: "cabe a concessão de auxílio-acidente oriundo de acidente de qualquer natureza ocorrido durante o período de manutenção da qualidade de segurado, desde que atendidas às condições inerentes à espécie".

3.2.5.12 *Do abono de permanência em serviço*

3.2.5.12.1 Conceito

O abono de permanência em serviço era previsto no artigo 87 da Lei nº 8.213/91. Foi revogado pela Lei nº 8.870/94.

Fazia jus ao benefício o segurado que, tendo direito à aposentadoria por tempo de serviço, optasse pelo prosseguimento na atividade. Correspondia a um pagamento mensal equivalente a 25% dessa aposentadoria para o segurado com 35 anos ou mais de serviço e para a segurada com 30 anos ou mais de serviço. O abono de permanência em serviço era devido a contar da data de entrada do requerimento, não variava com a evolução do salário-de-contribuição do segurado, era reajustado na forma dos demais benefícios e não se incorporava, para qualquer efeito, à aposentadoria ou à pensão.

3.2.5.13 *Seguro-desemprego*

3.2.5.13.1 Conceito

O seguro-desemprego é previsto como direito dos trabalhadores urbanos e rurais, em caso de desemprego involuntário, no artigo 7º, II, da Constituição Federal.

O artigo 201, III, do mesmo Diploma, afirma sua natureza previdenciária. Esse benefício não está disciplinado na Lei nº 8.213/91, mas sim na Lei nº 7.998/90, o que não retira sua natureza de benefício previdenciário.

O benefício está inserido no âmbito do Programa de Seguro-Desemprego, o qual tem por finalidade prover assistência financeira temporária ao trabalhador desempregado em virtude de dispensa sem justa causa, inclusive a indireta, e ao trabalhador comprovadamente resgatado de regime de trabalho forçado ou da condição análoga à de escravo, o que se dá por meio do seguro-desemprego, bem como auxiliar os trabalhadores na busca de emprego, promovendo, para tanto, ações integradas de orientação, recolocação e qualificação profissional.

Terá direito à percepção do seguro-desemprego o trabalhador dispensado sem justa causa que comprove, cumulativamente:

I – ter recebido salários de pessoa jurídica ou pessoa física a ela equiparada, relativos a cada um dos seis meses imediatamente anteriores à data da dispensa;

II – ter sido empregado de pessoa jurídica ou pessoa física a ela equiparada ou ter exercido atividade legalmente reconhecida como autônoma, durante pelo menos 15 meses nos últimos 24 meses;

III – não estar em gozo de qualquer benefício previdenciário de prestação continuada, excetuado o auxílio-acidente e o auxílio suplementar, bem como o abono de permanência em serviço;

IV – não estar em gozo do auxílio-desemprego; e

V – não possuir renda própria de qualquer natureza suficiente à sua manutenção e de sua família.

3.2.5.13.2 Carência

A lei de regência denomina a carência de período aquisitivo, cuja duração será definida pelo Conselho Deliberativo do Fundo de Amparo ao Trabalhador – CODEFAT. Atualmente, a carência é de 16 meses, contados da data de dispensa que deu origem à primeira habilitação. Assim, a cada período aquisitivo de 16 meses o segurado tem direito ao seguro-desemprego.

3.2.5.13.3 Risco social

O risco social envolvido é o desemprego, o qual gera a necessidade social de falta de recursos para a subsistência do segurado que será protegida pelo benefício previdenciário em questão.

3.2.5.13.4 Data de início do benefício

Nos termos do artigo 6º da Lei nº 7.998/90, o seguro-desemprego poderá ser requerido a partir do sétimo dia subsequente à rescisão do contrato de trabalho.

3.2.5.13.5 Valor do benefício

O benefício é devido ao trabalhador desempregado por um período máximo variável de três a cinco meses, de forma contínua ou alternada, podendo ser retomado a cada novo período aquisitivo.

A determinação do período máximo observará a seguinte relação entre o número de parcelas mensais do benefício do seguro-desemprego e o tempo de serviço do trabalhador nos 36 meses que antecederam a data de dispensa que deu origem ao requerimento do seguro-desemprego:

I – três parcelas, se o trabalhador comprovar vínculo empregatício com pessoa jurídica ou pessoa física a ela equiparada, de no mínimo seis meses e no máximo onze meses, no período de referência;

II – quatro parcelas, se o trabalhador comprovar vínculo empregatício com pessoa jurídica ou pessoa física a ela equiparada, de no mínimo 12 meses e no máximo 23 meses, no período de referência;

III – cinco parcelas, se o trabalhador comprovar vínculo empregatício com pessoa jurídica ou pessoa física a ela equiparada, de no mínimo 24 meses, no período de referência.

A fração igual ou superior a 15 dias de trabalho será havida como mês integral. O período máximo poderá ser excepcionalmente prolongado em até dois meses, para grupos específicos de segurados, a critério do CODEFAT, desde que o gasto adicional representado por esse prolongamento não ultrapasse, em cada semestre, 10% do montante da Reserva Mínima de Liquidez, de que trata o § 2º do artigo 9º da Lei nº 8.019/90.

O valor do benefício tem como base o salário mensal do último vínculo empregatício, na seguinte ordem:

1. tendo o trabalhador recebido três ou mais salários mensais a contar desse último vínculo empregatício, a apuração considerará a média dos salários dos últimos três meses;
2. caso o trabalhador, em vez dos três últimos salários daquele vínculo empregatício, tenha recebido apenas dois salários mensais, a apuração considerará a média dos salários dos dois últimos meses;

3. caso o trabalhador, em vez dos três ou dois últimos salários daquele mesmo vínculo empregatício, tenha recebido apenas o último salário mensal, este será considerado, para fins de apuração.

Feita a média dos salários, aplica-se a seguinte tabela:

TABELA PARA CÁLCULO DO BENEFÍCIO SEGURO--DESEMPREGO A PARTIR DE JANEIRO/2012

Calcula-se o valor do salário médio dos últimos três meses trabalhados e aplica-se na tabela abaixo:

O valor mínimo da parcela do benefício seguro-desemprego corresponde ao salário-mínimo vigente e o valor máximo não excederá a R$ 1.163,76.

Independente de quando o trabalhador deu entrada na solicitação de seu benefício, todas as parcelas disponíveis a partir de 1º.1.12 terão como base o salário-mínimo de R$ 622,00.

Faixas de Salário Médio	Valor da Parcela
Até R$ R$ 1.026,77	Multiplica-se o salário médio por 0,8 (80%)
De R$ 1.026,78 até R$ 1.711,45	O que exceder a 1.026,77 multiplica-se por 0,5 (50%) e soma-se a 821,41
Acima de R$ 1.711,45	O valor da parcela será de R$ 1.163,76 invariavelmente

Salário-mínimo: R$ 678,00

O pagamento do benefício do seguro-desemprego será suspenso nas seguintes situações:

I – admissão do trabalhador em novo emprego;

II – início de percepção de benefício de prestação continuada da previdência social, exceto o auxílio-acidente e a pensão por morte;

III – início de percepção de auxílio-desemprego.

O benefício do seguro-desemprego será cancelado:

I – pela recusa, por parte do trabalhador desempregado, de outro emprego condizente com sua qualificação e remuneração anterior;

II – por comprovação de falsidade na prestação das informações necessárias à habilitação;

III – por comprovação de fraude visando à percepção indevida do benefício do seguro-desemprego;

IV – por morte do segurado.

3.2.6 Dos serviços

3.2.6.1 Do serviço social

Já vimos que as prestações previdenciárias são expressas em benefícios e serviços. O serviço social e a habilitação e reabilitação profissional são as formas de serviços prestados pela previdência social. Ambos independem de carência e são devidos aos segurados e dependentes.

O serviço social está previsto no artigo 88 da Lei nº 8.213/91.

Na letra do artigo 161 do Decreto nº 3.048/99, o serviço social constitui atividade auxiliar do seguro social e visa prestar ao beneficiário orientação e apoio no que concerne à solução dos problemas pessoais e familiares e à melhoria da sua inter-relação com a previdência social, para a solução de questões referentes a benefícios, bem como, quando necessário, à obtenção de outros recursos sociais da comunidade.

A missão do serviço social é esclarecer os direitos dos beneficiários a estes, bem como os meios de exercê-los, e estabelecer conjuntamente com eles o processo de solução dos problemas que emergirem da sua relação com a previdência social, tanto no âmbito interno da instituição como na dinâmica da sociedade. Deve ser dada prioridade aos segurados em benefício por incapacidade temporária e atenção especial aos aposentados e pensionistas.

Para assegurar o efetivo atendimento dos usuários serão utilizados os seguintes meios:

- intervenção técnica;
- assistência de natureza jurídica;
- ajuda material;
- recursos sociais;
- intercâmbio com empresas; e
- pesquisa social, inclusive mediante celebração de convênios, acordos ou contratos.

O serviço social terá como diretriz a participação do beneficiário na implementação e no fortalecimento da política previdenciária, em articulação com as associações e entidades de classe.

A lei também determina que o serviço social preste assessoramento técnico aos Estados e Municípios na elaboração e implantação de suas propostas de trabalho, o que não é da essência desse serviço.

3.2.6.2 Da habilitação e reabilitação profissional

A habilitação e a reabilitação profissional e social são serviços previdenciários destinados a proporcionar ao beneficiário incapacitado parcial ou totalmente para o trabalho, e às pessoas portadoras de deficiência, os meios para a (re)educação e de (re)adaptação profissional e social indicados para participar do mercado de trabalho e do contexto em que vive.

É preciso não confundir os conceitos. A habilitação profissional tem por finalidade habilitar o beneficiário, ou seja, dar capacidade profissional a quem não a possuía. A reabilitação profissional, por outro lado, tem por objetivo reabilitar o beneficiário, quer dizer, devolver a capacidade profissional a quem já a tinha, mas perdeu-a.

Esses serviços são devidos em caráter obrigatório aos segurados, inclusive aposentados e, na medida das possibilidades do INSS, que é o órgão da previdência social responsável por sua prestação, aos seus dependentes.

O processo de habilitação e de reabilitação profissional do beneficiário será desenvolvido por meio das funções básicas de:

I – avaliação do potencial laborativo;

II – orientação e acompanhamento da programação profissional;

III – articulação com a comunidade, inclusive mediante a celebração de convênio para reabilitação física restrita a segurados que cumpriram os pressupostos de elegibilidade ao programa de reabilitação profissional, com vistas ao reingresso no mercado de trabalho; e

IV – acompanhamento e pesquisa da fixação no mercado de trabalho.

A execução dessas funções dar-se-á, preferencialmente, mediante o trabalho de equipe multiprofissional especializada em medicina, serviço social, psicologia, sociologia, fisioterapia, terapia ocupacional e outras afins ao processo, sempre que possível na localidade do domicílio do beneficiário, ressalvadas as situações excepcionais em que este terá direito à reabilitação profissional fora dela.

A programação profissional será desenvolvida mediante cursos e/ou treinamentos, na comunidade, por meio de contratos, acordos e convênios com instituições e empresas públicas ou privadas. O treinamento do reabilitando, quando realizado em empresa, não estabelece qualquer vínculo empregatício ou funcional entre o reabilitando e a empresa, bem como entre estes e o INSS. Concluído o processo, não cabe ao INSS manter o segurado no mesmo emprego ou sua colocação em outro, mas apenas realizar articulação com a comunidade, com vistas ao levantamento da oferta do mercado de trabalho, ao direcionamento da programação profissional e à possibilidade de reingresso do reabilitando no mercado formal.

Quando indispensáveis ao desenvolvimento do processo de reabilitação profissional, o INSS fornecerá aos segurados, inclusive aposentados, em caráter obrigatório, prótese e órtese, seu reparo ou substituição, instrumentos de auxílio para locomoção, bem como equipamentos necessários à habilitação e à reabilitação profissional, transporte urbano e alimentação e, na medida das possibilidades do Instituto, aos seus dependentes.

Concluído o processo de habilitação ou reabilitação social e profissional, será emitido certificado individual, indicando as atividades que poderão ser exercidas pelo beneficiário, nada impedindo que este exerça outra atividade para a qual se capacitar.

A empresa com 100 ou mais empregados está obrigada a preencher de 2% a 5% dos seus cargos com beneficiários reabilitados ou pessoas portadoras de deficiência, habilitadas, na seguinte proporção:

I – até 200 empregados 2%;

II – de 201 a 500 .... 3%;

III – de 501 a 1.000 .... 4%;

IV – de 1.001 em diante .... 5%.

A dispensa de trabalhador reabilitado ou de deficiente habilitado ao final de contrato por prazo determinado de mais de 90 dias, e a imotivada, no contrato por prazo indeterminado, só poderá ocorrer após a contratação de substituto de condição semelhante.

O Ministério do Trabalho deverá gerar estatísticas sobre o total de empregados e as vagas preenchidas por reabilitados e deficientes habilitados, fornecendo-as, quando solicitadas, aos sindicatos ou entidades representativas dos empregados.

A exigência do preenchimento de percentual das vagas das empresas por beneficiários habilitados ou reabilitados tem sido objeto de uma série de recomendações do Ministério Público, em face da inobservância da legislação por parte de muitas empresas.

3.2.7 Da contagem recíproca de tempo de contribuição

Por meio da contagem recíproca de tempo de contribuição, o segurado de um regime previdenciário pode computar neste o tempo de contribuição prestado em outro e vice-versa. Assim, por exemplo, o advogado que contribuiu por determinado tempo como contribuinte individual do RGPS e, posteriormente, toma posse como promotor de justiça, em virtude de aprovação em concurso público, pode computar o tempo de contribuição anterior, no INSS, em seu novo regime, o regime próprio de previdência social do Estado ao qual estiver vinculado. O caminho inverso também é possível.

Tem fundamento no artigo 201, § 9º, da Constituição Federal:

> Art. 201, § 9º. Para efeito de aposentadoria, é assegurada a contagem recíproca do tempo de contribuição na administração pública e na atividade privada, rural e urbana, hipótese em que os diversos regimes de previdência social se compensarão financeiramente, segundo critérios estabelecidos em lei.

Importa registrar que o Supremo Tribunal Federal vislumbra na aludida norma constitucional "duas regras diversas, a primeira das quais, independe da segunda". Por isso, o direito à contagem recíproca deriva do próprio Texto Constitucional, não estando condicionado a critérios estabelecidos em lei, o que se faz necessário apenas para a compensação financeira entre os regimes.[127]

Está disciplinada nos artigos 94 e seguintes da Lei nº 8.213/91.

A contagem recíproca diz respeito ao cômputo de tempo de contribuição efetuado em regimes diversos, o que não confunde-se com a soma de tempo prestado à previdência rural e urbana de um mesmo regime. Nessa hipótese, não estamos diante de contagem recíproca, mas de simples adição de tempo de serviço prestado num mesmo regime.

A respeito do tema, veja-se o seguinte julgado:

> Ementa: PREVIDENCIÁRIO. RECURSO ESPECIAL. APOSENTADORIA POR TEMPO DE SERVIÇO. RECONHECIMENTO DE TEMPO DE SERVIÇO RURAL. POSSIBILIDADE, INDEPENDENTEMENTE DE EFETIVAS CONTRIBUIÇÕES. HIPÓTESE DIVERSA DA CONTAGEM RECÍPROCA DE TEMPO DE SERVIÇO. PRECEDENTES DO STF E DESTA CORTE. VERBETE SUMULAR Nº 83/STJ. RECURSO ESPECIAL IMPROVIDO.
>
> 1. Em relação ao trabalhador rural, o tempo de contribuição anterior à Lei 8.213/91 será computado sem que seja necessário o recolhimento das contribuições a ele correspondentes, observado o período de carência, o que não foi objeto de impugnação.

---

[127] STF, RE nº 162620, *DJ* 5 nov. 1993.

2. A contagem recíproca difere da comprovação do exercício de atividade rural para fins de aposentadoria. A referida comprovação não exige contribuição por parte do segurado rural, o qual pretende a concessão de aposentadoria urbana no mesmo regime a que sempre foi vinculado, o Regime Geral de Previdência Social.
3. O acórdão recorrido decidiu em consonância com o entendimento prevalente do STF e do Superior Tribunal de Justiça. Incidência do enunciado sumular nº 83/STJ.
4. Recurso especial conhecido, mas improvido.[128]

Para efeito de contagem recíproca é assegurado:

I – o cômputo do tempo de contribuição na administração pública, para fins de concessão de benefícios previstos no Regime Geral de Previdência Social, inclusive de aposentadoria em decorrência de tratado, convenção ou acordo internacional; e

II – para fins de emissão de certidão de tempo de contribuição, pelo INSS, para utilização no serviço público, o cômputo do tempo de contribuição na atividade privada, rural e urbana.

Na hipótese de contagem de tempo rural para fins de contagem recíproca, ou seja, aproveitamento desse tempo em regime próprio, será necessário realizar a respectiva indenização.

Nesse sentido, é a jurisprudência do Superior Tribunal de Justiça:

PREVIDENCIÁRIO. AGRAVO REGIMENTAL EM RECURSO ESPECIAL. APOSENTADORIA POR TEMPO DE SERVIÇO. SERVIDOR PÚBLICO. RURÍCOLA. CONTAGEM RECÍPROCA. AUSÊNCIA DE RECOLHIMENTO DAS CONTRIBUIÇÕES PREVIDENCIÁRIAS REFERENTES AO PERÍODO LABORADO NO CAMPO ANTES DO ADVENTO DA LEI Nº 8.213/91. NECESSIDADE. INTELIGÊNCIA DOS ARTIGOS 94 E 96, IV, DO CITADO DIPLOMA LEGAL, COM REDAÇÃO DADA PELA LEI Nº 9.528/97. AGRAVO IMPROVIDO.

1. O reconhecimento e a averbação do tempo de serviço rural exercido pelo segurado, para fins de aposentadoria urbana no mesmo regime de previdência, prescinde de recolhimento das contribuições previdenciárias referentes ao respectivo período, por força do estatuído no artigo 55, § 2º, da Lei nº 8.213/91; ao passo que, o reconhecimento e a averbação de tal atividade, com a finalidade de contagem recíproca, nos termos do disposto nos artigos 94 e 96, IV, do citado diploma legal, lhe impõe o dever de indenizar a Previdência Social, para dar ensejo à compensação entre os regimes geral e próprio, que possuem fontes de custeio apartadas.

---

128 STJ, REsp nº 726112, *DJ* 1º jul. 2005.

2. Agravo regimental improvido.[129]

A compensação financeira será feita ao regime a que o interessado estiver vinculado ao requerer o benefício pelos demais regimes, em relação aos respectivos tempos de contribuição ou de serviço. Foi disciplinada pela Lei nº 9.796/99.

Não será computado como tempo de contribuição, para efeito dos benefícios previstos em regimes próprios de previdência social, o período em que o segurado contribuinte individual ou facultativo tiver contribuído na forma do § 2º do artigo 21 da Lei nº 8.212/91, salvo se complementadas as contribuições na forma do § 3º do mesmo artigo.

A contagem recíproca não admite a conversão de tempo de contribuição exercido em atividade sujeita a condições especiais em tempo de contribuição comum, bem como a contagem de qualquer tempo de serviço fictício.

Admite-se a aplicação da contagem recíproca de tempo de contribuição no âmbito dos tratados, convenções ou acordos internacionais de previdência social.

É permitida a emissão de certidão de tempo de contribuição para períodos de contribuição posteriores à data da aposentadoria no RGPS.

Para fins de contagem recíproca, serão observadas as seguintes normas:

I – não será admitida a contagem em dobro ou em outras condições especiais;

II – é vedada a contagem de tempo de contribuição no serviço público com o de contribuição na atividade privada, quando concomitantes;

III – não será contado por um regime o tempo de contribuição utilizado para concessão de aposentadoria por outro regime;

IV – o tempo de contribuição anterior ou posterior à obrigatoriedade de filiação à previdência social somente será contado mediante observância, quanto ao período respectivo, do seguinte:

- O reconhecimento de filiação no período em que o exercício de atividade remunerada não exigia filiação obrigatória à previdência social somente será feito mediante indenização das contribuições relativas ao respectivo período.
- Caso o segurado contribuinte individual manifeste interesse em recolher contribuições relativas a período anterior à sua inscrição, a retroação da data do início das contribuições será autorizada, desde que comprovado o exercício de atividade remunerada no respectivo período.

---

[129] STJ, AgRg no REsp nº 464734, *DJ* 13 jun. 2005.

V – o tempo de contribuição do segurado trabalhador rural anterior à competência novembro de 1991 será computado para fins de contagem recíproca, desde que efetuada a respectiva indenização.

A certidão de tempo de contribuição, para fins de averbação do tempo em outros regimes de previdência, somente será expedida pelo INSS após a comprovação da quitação de todos os valores devidos, inclusive de eventuais parcelamentos de débito.

O tempo de contribuição para regime próprio de previdência social ou para o RGPS pode ser provado com certidão fornecida:

I – pelo setor competente da administração federal, estadual, do Distrito Federal e municipal, suas autarquias e fundações, relativamente ao tempo de contribuição para o respectivo regime próprio de previdência social; ou

II – pelo setor competente do INSS, relativamente ao tempo de contribuição para o RGPS.

O INSS deverá promover o levantamento do tempo de filiação ao RGPS à vista dos assentamentos internos ou das anotações na Carteira do Trabalho ou na Carteira de Trabalho e Previdência Social, ou de outros meios de prova admitidos em direito.

Na certidão de tempo de contribuição devem constar:

I – órgão expedidor;

II – nome do servidor e seu número de matrícula;

III – período de contribuição, de data a data, compreendido na certidão;

IV – fonte de informação;

V – discriminação da frequência durante o período abrangido pela certidão, indicadas as várias alterações, tais como faltas, licenças, suspensões e outras ocorrências;

VI – soma do tempo líquido;

VII – declaração expressa do servidor responsável pela certidão, indicando o tempo líquido de efetiva contribuição em dias, ou anos, meses e dias;

VIII – assinatura do responsável pela certidão, visada pelo dirigente do órgão expedidor; e

IX – indicação da lei que assegure, aos servidores do Estado, do Distrito Federal ou do Município, aposentadorias por invalidez, idade, tempo de contribuição e compulsória, e pensão por morte, com aproveitamento de tempo de contribuição prestado em atividade vinculada ao RGPS.

O INSS deverá efetuar, na Carteira de Trabalho e Previdência Social, se o interessado a possuir, a anotação seguinte:

"Certifico que nesta data foi fornecida ao portador desta, para os efeitos da Lei nº 8.213, de 24 de julho de 1991, certidão de tempo de contribuição, consignando o tempo líquido de efetiva contribuição de .... dias, correspondendo a .... anos, ... meses e .... dias, abrangendo o período de .... a ...."

É vedada a contagem de tempo de contribuição de atividade privada com a do serviço público, quando concomitantes, para fins de contagem recíproca. Caso essa contagem fosse permitida, o segurado faria jus à aposentadoria por tempo de contribuição trabalhando apenas a metade do tempo exigido.

Concedido o benefício, caberá:

I – ao INSS comunicar o fato ao órgão público emitente da certidão, para as anotações nos registros funcionais e/ou na segunda via da certidão de tempo de contribuição; e

II – ao órgão público comunicar o fato ao INSS, para efetuar os registros cabíveis.

É importante recordar que a Emenda Constitucional nº 20/98 determinou que o tempo de serviço considerado pela legislação vigente para efeito de aposentadoria, cumprido até que a lei discipline a matéria, será contado como tempo de contribuição.

Para os segurados já filiados ao RGPS ao tempo da publicação da Emenda Constitucional nº 20/98, como vimos, é garantida a aposentadoria proporcional. Em relação a estes, havendo contagem recíproca, a aposentadoria por tempo de contribuição é garantida ao segurado do sexo feminino a partir de 25 anos completos de contribuição, e, ao segurado do sexo masculino, a partir de 30 anos completos de contribuição, ressalvadas as hipóteses de redução previstas em lei.

O artigo 98 da Lei nº 8.213/91 determina que, quando a soma dos tempos de serviço ultrapassar 30 anos, se do sexo feminino, e 35 anos, se do sexo masculino, o excesso não será considerado para qualquer efeito. O Superior Tribunal de Justiça, entretanto, já deu interpretação restritiva a essa norma jurídica, como demonstra o seguinte julgado:

Ementa: PREVIDENCIÁRIO. RECURSO ESPECIAL. SEGURADO JÁ APOSENTADO NO SERVIÇO PÚBLICO COM UTILIZAÇÃO DA CONTAGEM RECÍPROCA. CONCESSÃO DE APOSENTADORIA JUNTO AO RGPS. TEMPO NÃO UTILIZADO NO INSTITUTO DA CONTAGEM RECÍPROCA. FRACIONAMENTO DE PERÍODO. POSSIBILIDADE. ART. 98 DA LEI Nº 8.213/91. INTERPRETAÇÃO RESTRITIVA.

1. A norma previdenciária não cria óbice a percepção de duas aposentadorias em regimes distintos, quando os tempos de serviços realizados em atividades concomitantes sejam computados em cada sistema de previdência, havendo a respectiva contribuição para cada um deles.

2. O art. 98 da Lei nº 8.213/91 deve ser interpretado restritivamente, dentro da sua objetividade jurídica. A vedação contida em referido dispositivo surge com vistas a reafirmar a revogação da norma inserida na Lei nº 5.890/73, que permitia o acréscimo de percentual a quem ultrapassasse o tempo de serviço máximo, bem como para impedir a utilização do tempo excedente para qualquer efeito no âmbito da aposentadoria concedida.

3. É permitido ao INSS emitir certidão de tempo de serviço para período fracionado, possibilitando ao segurado da Previdência Social levar para o regime de previdência próprio dos servidores públicos apenas o montante de tempo de serviço que lhe seja necessário para obtenção do benefício almejado naquele regime. Tal período, uma vez considerado no outro regime, não será mais contado para qualquer efeito no RGPS. O tempo não utilizado, entretanto, valerá para efeitos previdenciários junto à Previdência Social.

4. Recurso especial a que se nega provimento.[130]

O benefício resultante de contagem recíproca será concedido e pago pelo sistema a que o interessado estiver vinculado ao requerê-lo, e calculado na forma da respectiva legislação.

3.2.7.1 Desaposentação

Por meio da desaposentação, o ato de concessão do benefício de aposentadoria é desfeito com a finalidade de aproveitamento do respectivo tempo de contribuição no mesmo ou em outro regime previdenciário. Eduardo Rocha Dias e José Leandro Monteiro de Macêdo definem o instituto como "a possibilidade de o segurado do Regime Geral de Previdência Social – RGPS –, uma vez aposentado, renunciar à sua aposentadoria e contar o respectivo tempo de contribuição para outra aposentadoria mais vantajosa, no mesmo ou em outro regime".[131]

---

[130] STJ, REsp nº 687479, *DJ* 30 maio 2005.

[131] *Curso de direito previdenciário*, p. 287.

André Studart Leitão demonstra, com propriedade, a vantagem da desaposentação para o segurado:

> A desaposentação seria interessante para o segurado em duas situações: (a) quando ele pretende migrar para outro regime de previdência; e (b) quando ele pretende majorar o coeficiente de cálculo de seu benefício. [...] A desaposentação também seria uma opção interessante se o segurado pretendesse a majoração do coeficiente de sua aposentadoria. De efeito, atualmente existem, no regime geral de previdência social, quatro modalidades de aposentadoria: por idade; por invalidez; por tempo de contribuição (integral e proporcional); e especial. Dentre elas, merecem destaque a aposentadoria proporcional, que nunca terá renda mensal integral (100% do salário-de-benefício), e a aposentadoria por idade, cuja renda mensal inicial corresponderá a 70% do salário-de-benefício mais 1% por grupo de 12 contribuições. Portanto, não sendo integrais as rendas dessas aposentadorias, o beneficiário possui interesse de que as contribuições vertidas após o gozo do benefício sejam posteriormente incorporadas ao seu histórico contributivo e, consequentemente, majorado o coeficiente de cálculo de sua prestação.[132]

A divergência reina no trato da matéria, que não mereceu uma linha sequer do legislador constituinte ou ordinário. Com efeito, a única disposição sobre o assunto é o artigo 181-B do Decreto nº 3.048/99, segundo o qual "as aposentadorias por idade, tempo de contribuição e especial concedidas pela previdência social, na forma deste Regulamento, são irreversíveis e irrenunciáveis".

Daí que para André Studart Leitão a desaposentação não é possível porque:

> "a. trata-se de ato jurídico perfeito; b. o ato de concessão é ato administrativo; c. concedida a aposentadoria, está-se diante de uma relação jurídica bilateral (segurado e Previdência Social), de modo que o desfazimento do ato deveria, pelo menos, estar condicionado à aceitação de ambos; d. a segurança jurídica; e e. ausência de previsão legal expressa que acolha a desaposentação".[133]

Para Eduardo Rocha Dias e José Leandro Monteiro de Macêdo o silêncio legislativo deve ser interpretado favoravelmente ao segurado, reconhecendo-se o direito à desaposentação, sem qualquer dever de devolução dos valores recebidos pelo segurado.[134] Fábio Zambitte Ibrahim compartilha de mesma posição.[135]

Nesse sentido, é o seguinte julgado:

---

132 *Prática previdenciária*, p. 297.

133 Idem, p. 303.

134 *Curso de direito previdenciário*, p. 289.

135 *Desaposentação*, p. 61.

Ementa: Previdenciário. Aposentadoria. Direito à renúncia. Expedição de certidão de tempo de serviço. Contagem recíproca. Devolução das parcelas recebidas.
1. A aposentadoria é direito patrimonial disponível, passível de renúncia, portanto.
2. A abdicação do benefício não atinge o tempo de contribuição. Estando cancelada a aposentadoria no regime geral, tem a pessoa o direito de ver computado, no serviço público, o respectivo tempo de contribuição na atividade privada.
3. No caso, não se cogita a cumulação de benefícios, mas o fim de uma aposentadoria e o consequente início de outra.
4. O ato de renunciar a aposentadoria tem efeito *ex nunc* e não gera o dever de devolver valores, pois, enquanto perdurou a aposentadoria pelo regime geral, os pagamentos, de natureza alimentar, eram indiscutivelmente devidos.
5. Recurso especial improvido.[136]

Recentemente, o Tribunal ratificou esse entendimento:

PREVIDENCIÁRIO. APOSENTADORIA NO REGIME GERAL DA PREVIDÊNCIA SOCIAL. DIREITO DE RENÚNCIA. CABIMENTO. POSSIBILIDADE DE UTILIZAÇÃO DE CERTIDÃO DE TEMPO DE CONTRIBUIÇÃO PARA NOVA APOSENTADORIA EM REGIME DIVERSO. EFEITOS *EX NUNC*. DEVOLUÇÃO DE VALORES RECEBIDOS. DESNECESSIDADE. PRECEDENTES. CONTAGEM RECÍPROCA. COMPENSAÇÃO. INEXISTÊNCIA DE PREJUÍZO DA AUTARQUIA.
1. É firme a compreensão desta Corte de que a aposentadoria, direito patrimonial disponível, pode ser objeto de renúncia, revelando-se possível, nesses casos, a contagem do respectivo tempo de serviço para a obtenção de nova aposentadoria, ainda que por outro regime de previdência.
2. Com efeito, havendo a renúncia da aposentadoria, inexistirá a vedação legal do inciso III do art. 96 da Lei nº 8.213/1991, segundo o qual "não será contado por um sistema o tempo de serviço utilizado para concessão de aposentadoria pelo outro", uma vez que o benefício anterior deixará de existir no mundo jurídico, liberando o tempo de serviço ou de contribuição para ser contado em novo benefício.
3. No ponto da renúncia, ressalto que a matéria está preclusa, dado que a autarquia deixou de recorrer. O cerne da controvérsia está na obrigatoriedade, ou não, da restituição dos valores recebidos em virtude do benefício que se busca renunciar.
4. O Superior Tribunal de Justiça já decidiu que o ato de renunciar ao benefício tem efeitos *ex nunc* e não envolve a obrigação de devolução das parcelas recebidas, pois, enquanto aposentado, o segurado fez jus aos proventos.
5. A base de cálculo da compensação, segundo a norma do § 3º da Lei nº 9.796/1999, será o valor do benefício pago pelo regime instituidor ou a renda mensal do benefício segundo as regras da Previdência Social, o que for menor.

[136] STJ, REsp nº 692628, *DJ* 5 set. 2005.

6. Apurado o valor-base, a compensação equivalerá à multiplicação desse valor pelo percentual do tempo de contribuição ao Regime Geral utilizado no tempo de serviço total do servidor público, que dará origem à nova aposentadoria.

7. Se antes da renúncia o INSS era responsável pela manutenção do benefício de aposentadoria, cujo valor à época do ajuizamento da demanda era R$ 316,34, após, a sua responsabilidade limitar-se-á à compensação com base no percentual obtido do tempo de serviço no RGPS utilizado na contagem recíproca, por certo, em um valor inferior, inexistindo qualquer prejuízo para a autarquia.

8. Recurso especial provido.[137]

Para outros, a desaposentação é possível, mediante a devolução dos valores recebidos:

PROCESSO CIVIL. PREVIDENCIÁRIO. DESAPOSENTAÇÃO PARA APOSENTADORIA NO MESMO REGIME PREVIDENCIÁRIO. RESTITUIÇÃO DOS VALORES RECEBIDOS A TÍTULO DE APOSENTADORIA. PARCIAL PROCEDÊNCIA. SUCUMBÊNCIA RECÍPROCA.

1. Não havendo vedação constitucional ou legal, o direito à inatividade é renunciável, podendo o segurado pleitear a sua desaposentação, especialmente por ser a aposentadoria direito disponível, de nítida natureza patrimonial.

2. Entretanto, ao se conferir o direito à desaposentação para a obtenção de outro benefício do mesmo regime previdenciário, há a necessidade de restituição dos proventos recebidos em decorrência da aposentadoria renunciada.

3. Pretender a desaposentação, porém gozando das parcelas do benefício de aposentadoria até a renúncia, significa obter, por vias transversas, um "abono de permanência por tempo de serviço", violando, o § 2º do art. 18 da Lei 8.213/91, vigente na época em que pede a desaposentação.

4. Diante disso, impõe-se reconhecer o direito à desaposentação, porém com a devolução dos valores recebidos a título de aposentadoria renunciada. Deixa-se de prosseguir na análise de concessão da aposentadoria por idade, pois não havendo informação nos autos sobre o interesse em renunciar à aposentadoria em tal condição, a conclusão pela concessão do benefício se daria de forma condicional, o que é processualmente vedado (art. 460, p. único, do CPC).

5. Assim, a ação é de ser julgada procedente em parte apenas para reconhecer o direito do autor à desaposentação com a restituição dos valores recebidos da aposentadoria, devidamente atualizados, com base nos mesmos índices de correção monetária utilizados no caso de pagamento de benefícios atrasados. Indevidos juros de mora, uma vez que inexistente atraso para que o capital seja remunerado com essa parcela.

---

[137] STJ, REsp nº 557231, *DJ* 16 jun. 2008.

6. Sucumbente de forma recíproca, compensam-se reciprocamente a verba honorária. Em razão da isenção legal do INSS e da gratuidade conferida à parte autora, não há custas a serem reembolsadas.
7. Apelação provida em parte. Ação julgada parcialmente procedente.[138]

No STF, a matéria está em julgamento no RE nº 381.367.

A desaposentação tem relação direta com uma peculiaridade brasileira: a concessão da aposentadoria não estar condicionada ao afastamento do mercado de trabalho, como ocorre na grande maioria dos países do mundo.[139] Concordando ou não com a regra, não deixa de ser uma realidade que impressiona.

De qualquer sorte, nos parece que a desaposentação não é possível, sem a respectiva devolução dos valores recebidos, na hipótese de aposentadoria proporcional por tempo de contribuição, pois do contrário esse benefício perderia por completo sua natureza previdenciária, travestindo-se de *plus* salarial. Não é essa, por certo, a finalidade da previdência social.

Nos demais casos, urge a regulamentação da matéria por meio de lei, em sentido formal, sob pena de multiplicarem-se as decisões judiciais em diferentes sentidos, causando insegurança jurídica no trato do assunto.[140]

---

138 TRF3, AC nº 200103990019812, *DJ* 18 set. 2008.

139 Cf. DONADON, João. *O benefício de aposentadoria especial aos segurados do regime geral de previdência social que trabalham sujeitos a agentes nocivos* – origem, evolução e perspectivas, p. 42.

140 Dentre outros, tramita no Congresso Nacional o PL nº 7.154/02 sobre a desaposentação.

3. Do regime geral de previdência social

3.1 Dos beneficiários

3.1.1 Dos segurados

Obrigatórios:

- empregado;
- empregado doméstico;
- contribuinte individual;
- trabalhador avulso; e
- segurado especial.

Facultativos:

- maiores de 16 anos que se filiarem ao regime geral de previdência social, mediante contribuição, desde que não incluídos nas categorias de segurados obrigatórios.

3.1.2 Dos dependentes

I – o cônjuge, a companheira, o companheiro e o filho não emancipado, de qualquer condição, menor de 21 anos ou que tenha deficiência intelectual ou mental que o torne absoluta ou relativamente incapaz, assim declarado judicialmente (classe preferencial);

II – os pais;

III – o irmão não emancipado, de qualquer condição, menor de 21 anos ou inválido ou que tenha deficiência intelectual ou mental que o torne absoluta ou relativamente incapaz, assim declarado judicialmente.

Companheiros homossexuais – dependentes para fins previdenciários.

CF/88, art. 227, § 6º – os filhos, havidos ou não da relação do casamento, ou por adoção, terão os mesmos direitos e qualificações, proibidas quaisquer designações discriminatórias relativas à filiação.

Enteado e menor tutelado – equiparam-se a filho mediante declaração do segurado (desde que comprovada a dependência econômica).

Menor sob guarda – excluído da condição de equiparado a filho pela Lei nº 9.528/97 – inaplicabilidade do Estatuto da Criança e do Adolescente (Lei nº 8.069/90).

Lei nº 9.032/95 – revogação da quarta classe de dependentes (pessoa designada, menor de 21 anos ou maior de 60 anos ou inválida).

Existência de dependente de qualquer uma das classes exclui do direito às prestações os das classes seguintes.

Dependentes de uma mesma classe concorrem em igualdade de condições.

Havendo perda da condição de dependente por um dos integrantes da classe – respectiva cota é dividida pelos remanescentes da mesma classe.

3.1.3 Da manutenção da qualidade de segurado

Regime previdenciário – contributivo

Período de graça – exceção – segurado mantém sua qualidade independentemente do pagamento de contribuições (conserva todos os seus direitos perante a previdência social).

Prazos – art. 15, Lei nº 8.213/91.

3.1.4 Da filiação e da inscrição

Filiação – vínculo que se estabelece entre pessoas que contribuem para a previdência social e esta – decorre automaticamente do exercício de atividade remunerada para os segurados obrigatórios (princípio da automaticidade). Segurado facultativo – decorre da inscrição formalizada com o pagamento da primeira contribuição.

Inscrição – o ato material de registro nos cadastros da previdência social, mediante comprovação dos dados pessoais e de outros elementos necessários e úteis a sua caracterização.

Idade mínima – 16 anos (considera a legislação de regência à época da prestação do serviço).

Exercício concomitante de mais de uma atividade remunerada sujeita ao RGPS – inscrição obrigatória em relação a cada uma delas.

3.2 Das prestações em geral

3.2.1 Das espécies de prestações

Benefícios – prestações de natureza patrimonial (dinheiro)

Serviços – natureza não patrimonial.

3.2.2 Dos períodos de carência

Conceito – tempo correspondente ao número mínimo de contribuições mensais indispensáveis para que o beneficiário faça jus ao benefício, consideradas a partir do transcurso do primeiro dia dos meses de suas competências.

Havendo perda da qualidade de segurado – contribuições anteriores serão computadas depois que o segurado contar com, no mínimo, 1/3 do número de contribuições exigidas para o cumprimento da carência definida para o benefício a ser requerido.

3.2.3 Do cálculo do valor dos benefícios

3.2.4 Do reajustamento do valor dos benefícios

3.2.5 Dos benefícios

3.2.2 Dos períodos de carência

I – auxílio-doença e aposentadoria por invalidez: 12 CM;
II – aposentadoria por idade, aposentadoria por tempo de contribuição e aposentadoria especial: 180 CM;
III – salário-maternidade para as seguradas contribuintes individuais e facultativas: 10 CM.

3.2.2.1 Dispensa de carência

Independe de carência:

I – pensão por morte, auxílio-reclusão, salário-família e auxílio-acidente;

II – auxílio-doença e aposentadoria por invalidez nos casos de acidente de qualquer natureza ou causa e de doença profissional ou do trabalho, bem como nos casos de segurado que, após filiar-se ao RGPS, for acometido de alguma das doenças da tabela;

III – os benefícios concedidos na forma do inciso I do art. 39, aos segurados especiais;

IV – serviço social;

V – reabilitação profissional;

VI – salário-maternidade para as seguradas empregada, trabalhadora avulsa e empregada doméstica.

3.2.2.2 Tempo de contribuição em regime próprio

Considerado, para efeito de carência.

3.2.2.3 Contagem do período de carência

Segurado empregado e trabalhador avulso – da data de filiação ao RGPS.

Segurado empregado doméstico, contribuinte individual e facultativo – da data do efetivo recolhimento da primeira contribuição sem atraso (empregado doméstico = empregado?).

Segurado especial – a partir do efetivo exercício da atividade rural.

Considera-se presumido o recolhimento das contribuições do segurado empregado, do trabalhador avulso e, relativamente ao contribuinte individual, a partir da competência abril de 2003, as contribuições dele descontadas pela empresa. Esses três segurados, portanto, apenas devem comprovar o exercício de trabalho.

Impossibilidade de computar-se como período de carência período de gozo de benefício por incapacidade – violação à regra da contrapartida.

3.2.2.4 Segurado especial

Tratamento diferenciado – peculiar situação no meio rural.

Direito a certos benefícios previdenciários independentemente de contribuição – exigência apenas de comprovação do exercício de atividade rural por tempo igual ao período de carência.

Possibilidade de contribuir como segurado facultativo.

STJ, Súmula 272. O trabalhador rural, na condição de segurado especial, sujeito à contribuição obrigatória sobre a produção rural comercializada, somente faz jus à aposentadoria por tempo de serviço, se recolher contribuições facultativas.

3.2.2.5 Trabalhador rural (aposentadoria por idade)

Regra transitória diferenciada – art. 143, Lei nº 8.213/91 – trabalhadores rurais empregados, avulsos e contribuintes individuais descritos na norma.

Dispensa do recolhimento de contribuições – exigência apenas de comprovação do exercício de atividade rural.

3.2.3 Do cálculo do valor dos benefícios

3.2.3.1 Do salário-de-benefício (SB)

3.2.3.2 Da renda mensal do benefício

Renda mensal do benefício (RMB) – valor que será pago pela previdência social ao segurado.

Forma de cálculo – aplicação de uma alíquota sobre o salário-de-benefício (SB):

Aposentadoria especial: 100% do salário-de-benefício;

Aposentadoria por idade: 70% do salário-de-benefício + 1% por grupo de 12 contribuições mensais, até o limite de 100% do salário-de-benefício;

Aposentadoria por invalidez: 100% do salário-de-benefício;

Aposentadoria por tempo de contribuição:

Regras permanentes – aposentadoria integral:

I – para a mulher – 100% do salário-de-benefício aos trinta anos de contribuição;

II – para o homem – 100% do salário-de-benefício aos trinta e cinco anos de contribuição; e

III – 100% do salário-de-benefício, para o professor aos trinta anos, e para a professora aos vinte e cinco anos de contribuição e de efetivo exercício em função de magistério na educação infantil, no ensino fundamental ou no ensino médio;

Regras transitórias – aposentadoria proporcional:

I – para a mulher: 70% do salário-de-benefício aos 25 anos de contribuição, mais 5% por ano de contribuição que supere a soma referida no artigo 9º, § 1º, II, da Emenda Constitucional nº 20/98, até o máximo de 100% do salário-de-benefício.

II – para o homem: 70% do salário-de-benefício aos 30 anos de contribuição, mais 5% por ano de contribuição que supere a soma referida no artigo 9º, § 1º, II, da Emenda Constitucional nº 20/98, até o máximo de 100% do salário-de-benefício.

Auxílio-acidente: 50% do salário-de-benefício;

Auxílio-doença: 91% do salário-de-benefício;

Auxíio-reclusão: 100% do salário-de-benefício;

Pensão por morte: 100% do salário-de-benefício.

Nenhum benefício que substitua o salário-de-contribuição ou o rendimento do trabalho do segurado pode ter valor mensal inferior ao do salário-mínimo – benefícios não substitutivos são exceção (auxílio-acidente e salário-família).

Sujeita ao limite máximo do salário-de-contribuição – exceções: grande invalidez e salário-maternidade.

3.2.3.2.1 13º salário

Outra denominação: abono anual.

Devido ao segurado e ao dependente que, durante o ano, recebeu auxílio-doença, auxílio-acidente, aposentadoria, pensão por morte ou auxílio-reclusão.

Base – valor da renda mensal do benefício do mês de dezembro de cada ano. Proporcional ao *quantum* recebido no ano – 1/12 da remuneração devida em dezembro por mês de serviço no ano, considerando-se a fração de 15 dias ou mais como mês integral.

3.2.3.3 Calculando um benefício previdenciário

1. Delimitar o PBC – período básico de cálculo;
2. Apurar os SC – salários-de-contribuição – do PBC;
3. Atualizar os SC do PBC;
4. Calcular o SB – salário-de-benefício;
5. Calcular a RMI – renda mensal inicial.

3.2.3.1 Do salário-de-benefício (SB)

3.2.3.1.1 Regra geral

Salário-de-benefício – valor básico utilizado para cálculo da renda mensal dos benefícios, exceto o salário-família e o salário-maternidade.

Lei nº 9.876/99 – criação do fator previdenciário e alteração substancial do cálculo do SB.

Sistemática anterior:

– média aritmética simples de todos os últimos salários-de-contribuição dos meses imediatamente anteriores ao do afastamento da atividade ou da data da entrada do requerimento, até o máximo de 36, apurados em período não superior a 48 meses.

Sistemática atual:

I – aposentadorias por idade e por tempo de contribuição – média aritmética simples dos maiores salários-de-contribuição correspondentes a oitenta por cento de todo o período contributivo, multiplicada pelo fator previdenciário (fator previdenciário é facultativo para aposentadoria por idade).

II – aposentadorias por invalidez e especial, auxílio-doença e auxílio-acidente na média aritmética simples dos maiores salários-de-contribuição correspondentes a oitenta por cento de todo o período contributivo (sem aplicação do fator previdenciário).

3.2.3.1.1.1 Fator previdenciário

Considera idade, expectativa de sobrevida e o tempo de contribuição do segurado ao se aposentar.

Expectativa de sobrevida – obtida a partir da tábua completa de mortalidade construída pelo IBGE, divulgada anualmente – média nacional única para ambos os sexos.

STF – constitucional.

3.2.3.1.2 Limites do salário-de-benefício

Mínimo – um salário-mínimo

Máximo – limite máximo do salário-de-contribuição na data de início do benefício.

Regra de equilíbrio financeiro do regime previdenciário.

3.2.3.1.3 Parcelas integrantes do salário-de-benefício

Ganhos habituais do segurado empregado sobre os quais tenha incidido contribuições previdenciárias, exceto o décimo-terceiro salário.

Benefícios por incapacidade – duração deve ser contada.

3.2.3.1.4 Segurado especial

SB do segurado especial – valor equivalente ao salário-mínimo (salvo contribuição como facultativo e eventuais salários-de-contribuição sob outras categorias de segurado).

3.2.3.1.5 CNIS

Banco de dados utilizado pelo INSS com informações sobre vínculos e remunerações dos segurados para fins de cálculo do salário-de-benefício, comprovação de filiação ao RGPS, tempo de contribuição e relação de emprego.

Garantido direito ao segurado de solicitar a retificação dos dados.

Em caso de dúvida acerca da legitimidade do dado – INSS exigirá a apresentação dos documentos que serviram de base à anotação, sob pena de exclusão do período.

3.2.3.1.6 Auxílio-acidente

Valor mensal integra o salário-de-contribuição para fins de cálculo do salário-de-benefício de qualquer aposentadoria.

3.2.3.1.7 Atividades concomitantes

SB será calculado com base na soma dos salários-de-contribuição das atividades exercidas, segundo regras previstas no artigo 32 da Lei nº 8.213/91.

3.2.4 Do reajustamento do valor dos benefícios

3.2.4.1 Regras para o reajustamento dos benefícios

CF/88, art. 201, § 4º – cláusula de preservação do valor real dos benefícios da previdência social.

Preservação do valor real – diferente de irredutibilidade nominal – manutenção do poder aquisitivo – reajuste periódico no valor dos benefícios.

3.2.4.2 Súmula 260 do TFR

No primeiro reajuste do benefício previdenciário, deve-se aplicar o índice integral do aumento verificado, independentemente do mês de concessão, considerado, nos reajustes subsequentes, o salário-mínimo então atualizado.

Aplicação – reajuste dos benefícios concedidos anteriormente à atual Constituição Federal.

TRF4, Súmula 51: não se aplicam os critérios da Súmula nº 260 do extinto Tribunal Federal de Recursos aos benefícios previdenciários concedidos após a Constituição Federal de 1988.

3.2.4.3 Artigo 58 do ADCT

Os benefícios de prestação continuada, mantidos pela previdência social na data da promulgação da Constituição, terão seus valores revistos, a fim de que seja restabelecido o poder aquisitivo, expresso em número de salários-mínimos, que tinham na data de sua concessão, obedecendo-se a esse critério de atualização até a implantação do plano de custeio e benefícios referidos no artigo seguinte.

Parágrafo único. As prestações mensais dos benefícios atualizadas de acordo com este artigo serão devidas e pagas a partir do sétimo mês a contar da promulgação da Constituição.

Inaplicabilidade aos benefícios previdenciários concedidos após a promulgação da Constituição de 1988.

3.2.4.4 Lei nº 8.213/91

Correção de todos os salários-de-contribuição do período básico de cálculo.

AGU, Súmula nº 28: o pagamento das parcelas atrasadas de benefício previdenciário deve ocorrer sempre com correção monetária, independentemente de ocorrência de mora e de quem lhe deu causa, vez que representa mera atualização da moeda.

Benefícios em manutenção – proporcionalidade no reajustamento – reajuste anual, na mesma data de reajuste do salário-mínimo, *pro rata* (proporcionalmente, de acordo com suas respectivas datas de início ou do seu último reajustamento, com base no INPC).

Benefício reajustado – sujeito ao limite máximo do salário-de-benefício (respeitados os direitos adquiridos).

3.2.4 Do reajustamento do valor dos benefícios

3.2.4.5 Cláusula de preservação do valor real

CF/88, art. 201, § 4º – atribui à lei fixação de percentual de reajuste – INPC.

3.2.4.6 Pagamento dos benefícios

Benefícios com renda mensal superior a um salário-mínimo – pagamento do 1º ao 5º dia útil do mês subsequente ao de sua competência.

Benefícios com renda mensal no valor de até um salário-mínimo – pagamento no período compreendido entre o 5º dia útil que anteceder o final do mês de sua competência e o 5º dia útil do mês subsequente.

Distribuição proporcional dos beneficiários por dia de pagamento.

Primeiro pagamento do benefício – até 45 dias após a data da apresentação da documentação necessária a sua concessão.

Apresentação de documentação incompleta não constitui motivo para recusa do requerimento de benefício.

Impressão digital do beneficiário incapaz de assinar, aposta na presença de servidor da previdência social, vale como assinatura para quitação de pagamento de benefício.

Beneficiário – direito a receber demonstrativo minucioso das importâncias pagas.

3.2.4.7 Acumulação de benefícios

Salvo direito adquirido, não é permitida a acumulação dos seguintes benefícios:

I – aposentadoria e auxílio-doença;
II – mais de uma aposentadoria;
III – aposentadoria e abono de permanência em serviço;
IV – salário-maternidade e auxílio-doença;
V – mais de um auxílio-acidente;
VI – mais de uma pensão deixada por cônjuge ou companheiro, ressalvado o direito de opção pela mais vantajosa.
VII – seguro-desemprego e qualquer benefício de prestação continuada da previdência social, exceto pensão por morte ou auxílio-acidente.

Exercício de atividade remunerada do segurado recluso que contribuir na condição de contribuinte individual ou facultativo não acarreta a perda do auxílio-reclusão para seus dependentes – segurado recluso não terá direito ao auxílio-doença e aposentadoria enquanto pago o auxílio-reclusão, permitida a opção ao benefício mais vantajoso, desde que manifestada por todos.

Permitida a acumulação dos benefícios previdenciários com o benefício de pensão especial "Síndrome da Talidomida".

Salvo nos casos de aposentadoria por invalidez ou especial, o retorno do aposentado à atividade não prejudica o recebimento de sua aposentadoria.

Proibição de acumulação diz respeito aos benefícios do RGPS, não se aplicando à acumulação de benefício do RGPS com outro regime previdenciário.

Benefício do LOAS não pode ser acumulado com qualquer outro no âmbito da seguridade social ou de outro regime, salvo o da assistência médica.

3.2.4.6 Pagamento dos benefícios

- **3.2.4.6.1 Pagamento por procuração**
  - Hipótese – ausência, moléstia contagiosa ou impossibilidade de locomoção.
  - Validade – até 12 meses.
- **3.2.4.6.2 Pagamento a beneficiário incapaz**
  - Realizado ao cônjuge, pai, mãe, tutor ou curador – na sua falta, por período não superior a 6 meses, possível ao herdeiro necessário, mediante termo de compromisso firmado no ato do recebimento.
  - A partir dos 16 anos – recibo de benefício assinado pelo beneficiário, independentemente da presença dos pais ou do tutor.
- **3.2.4.6.3 Valor não recebido em vida**
  - Pago aos dependentes habilitados à pensão por morte ou, na falta deles, aos seus sucessores na forma da lei civil, independentemente de inventário ou arrolamento.
- **3.2.4.6.4 Bloqueio por falta de movimentação**
  - Decreto nº 3.048/99, art. 166, § 3º – falta de movimentação por prazo superior a 60 dias – bloqueio de pagamento.
- **3.2.4.6.5 Garantias e descontos dos benefícios previdenciários**
  - Natureza alimentar – não são sujeitos a penhora, arresto ou sequestro.
  - Nula a sua venda ou cessão, ou a constituição de qualquer ônus sobre eles, bem como a outorga de poderes irrevogáveis ou em causa própria para o seu recebimento.
  - Possibilidade de sofrer desconto de valor devido à previdência social ou derivado da obrigação de prestar alimentos reconhecida em sentença judicial.

3.2.5 Dos benefícios

- 3.2.5.1 Da aposentadoria por invalidez
- 3.2.5.2 Da aposentadoria por idade.
- 3.2.5.3 Da aposentadoria por tempo de contribuição
- 3.2.5.4 Da aposentadoria especial
- 3.2.5.5 Do auxílio-doença
- 3.2.5.6 Do salário-família
- 3.2.5.7 Do salário-maternidade

3.2.5 Dos benefícios

- 3.2.5.8 Pensão por morte
- 3.2.5.9 Do Auxílio-reclusão
- 3.2.5.10 Dos pecúlios (revogado)
- 3.2.5.11 Do auxílio-acidente
- 3.2.5.12 Do abono de permanência em serviço (revogado)
- 3.2.5.13 Seguro-desemprego

3.2.5.1 Da aposentadoria por invalidez

3.2.5.1.1 Conceito

Devida ao segurado que, estando ou não em gozo de auxílio-doença, for considerado incapaz e insusceptível de reabilitação para o exercício de atividade que lhe garanta a subsistência, e ser-lhe-á paga enquanto permanecer nesta condição.

3.2.5.1.2 Carência

12 contribuições mensais – regra geral.

Sem carência – acidente de qualquer natureza ou causa ou doença da tabela (após filiação ao RGPS).

3.2.5.1.3 Risco social

Invalidez.

3.2.5.1.4 Perícia médica

Verificação da incapacidade mediante exame médico-pericial a cargo da previdência social – direito do segurado de estar acompanhado por médico de sua confiança.

Invalidez permanente – momento da perícia médica – concedido sob condição resolutiva.

Não exige incapacidade total absoluta, mas aquela que impede a continuidade do trabalho realizado pelo segurado em exame.

3.2.5.1.5 Doença preexistente

Afasta o direito ao benefício, salvo quando a incapacidade sobrevier por motivo de progressão ou agravamento dessa doença ou lesão.

3.2.5.1.6 Data de início do benefício

Quando em gozo de auxílio-doença – dia imediato ao da cessação do auxílio-doença.

Quando não estiver em gozo de auxíio-doença:

a) se segurado empregado, a contar do décimo sexto dia do afastamento da atividade ou a partir da entrada do requerimento, se entre o afastamento e a entrada do requerimento decorrerem mais de trinta dias;

b) se segurado empregado doméstico, trabalhador avulso, contribuinte individual, especial e facultativo, a contar da data do início da incapacidade ou da data da entrada do requerimento, se entre essas datas decorrerem mais de trinta dias.

Primeiros 15 dias de afastamento – período de espera (empresa deve pagar o salário do empregado).

3.2.5.1 Da aposentadoria por invalidez

3.2.5.1.7 Valor do benefício

100% do salário-de-benefício (se o acidentado do trabalho estiver em gozo de auxílio-doença, o valor da aposentadoria por invalidez será igual ao do auxílio-doença se este, por força de reajustamento, for superior àquela).

3.2.5.1.8 Grande invalidez

Situação onde o segurado necessita da assistência permanente de outra pessoa.

1. Cegueira total.
2. Perda de nove dedos das mãos ou superior a esta.
3. Paralisia dos dois membros superiores ou inferiores.
4. Perda dos membros inferiores, acima dos pés, quando a prótese for impossível.
5. Perda de uma das mãos e de dois pés, ainda que a prótese seja possível.
6. Perda de um membro superior e outro inferior, quando a prótese for impossível.
7. Alteração das faculdades mentais com grave perturbação da vida orgânica e social.
8. Doença que exija permanência contínua no leito.
9. Incapacidade permanente para as atividades da vida diária.

Acréscimo de 25% – devido ainda que o valor da aposentadoria atinja o limite máximo legal; será recalculado quando o benefício que lhe deu origem for reajustado; cessará com a morte do aposentado, não sendo incorporável ao valor da pensão.

3.2.5.1.9 Cessação do benefício

Retorno voluntário à atividade – presume-se a recuperação total do segurado – necessidade do devido processo legal.

Não há definitividade ao final do curso de cinco anos, tampouco pelo fato do segurado completar 55 anos (redação original do artigo 101 da Lei nº 8.213/91).

Obrigação do segurado, sob pena de suspensão do benefício, a submeter-se a exame médico a cargo da previdência social, processo de reabilitação profissional por ela prescrito e custeado, e tratamento dispensado gratuitamente, exceto o cirúrgico e a transfusão de sangue, que são facultativos.

3.2.5.1.10 Reflexos trabalhistas

Suspende o contrato de trabalho – não gera direito à indenização.

Recuperado – volta ao trabalho ou tem direito à indenização, por parte do empregador.

TST, Enunciado nº 160. Aposentadoria por invalidez. Cancelada a aposentadoria por invalidez, mesmo após cinco anos, o trabalhador terá direito de retornar ao emprego, facultado, porém, ao empregador, indenizá-lo na forma da lei.

3.2.5.1.11 Da mensalidade de recuperação

Hipótese – recuperação do segurado.

Direito de continuar recebendo a aposentadoria por invalidez durante certo tempo e em certa proporção, com a finalidade de garantir seu retorno ao mercado de trabalho.

3.2.5.2 Da aposentadoria por idade

3.2.5.2.1 Conceito

Devida ao segurado que completar sessenta e cinco anos de idade, se homem, e sessenta anos de idade, se mulher, reduzido em cinco anos o limite para os trabalhadores rurais de ambos os sexos e para os que exerçam suas atividades em regime de economia familiar, nestes incluídos o produtor rural, o garimpeiro e o pescador artesanal.

Trabalhador rural – comprovação de atividade rural, ainda que de forma descontínua, no período imediatamente anterior ao requerimento do benefício, por tempo igual ao número de meses de contribuição correspondente à carência do benefício pretendido.

3.2.5.2.1.1 Da não ruptura do contrato de trabalho

STF – concessão de aposentadoria não implica a extinção do contrato de trabalho.

3.2.5.2.2 Carência

180 contribuições mensais.

Segurados já filiados no período anterior a 24.7.91 – tabela do artigo 142.

Desnecessária manutenção da qualidade de segurado para concessão do benefício (exigida a carência).

3.2.5.2.3 Risco social

Idade avançada – incapacidade presumida (senilidade).

Critério adotado pela OIT e pelo Brasil.

3.2.5.2.4 Data de início do benefício

Segurado empregado, inclusive o doméstico:

a) da data do desligamento do emprego, quando requerida até essa data ou até 90 dias depois dela; ou

b) da data do requerimento, quando não houver desligamento do emprego ou quando for requerida após o prazo previsto na alínea anterior.

Demais segurados, da data da entrada do requerimento.

3.2.5.2.5 Valor do benefício

70% do salário-de-benefício + 1% deste por grupo de 12 contribuições (máximo 100% do salário-de-benefício).

3.2.5.2.6 Aposentadoria compulsória

Possibilidade de requerimento pela empresa.

Hipótese – segurado empregado tenha cumprido o período de carência e completado 70 anos de idade, se do sexo masculino, ou 65 anos, se do sexo feminino.

Devida indenização trabalhista.

3.2.5.3 Da aposentadoria por tempo de contribuição

3.2.5.3.1 Conceito

Denominação original "aposentadoria ordinária".

Regime anterior à EC nº 20/98:

Homem – 35 anos de trabalho; mulher – 30 anos de trabalho; reduzido em 5 anos para o professor(a) por efetivo exercício da função de magistério.

Permitida aposentadoria proporcional: 30 anos de trabalho – homem; 25 anos de trabalho – mulher. Inexistência de limite mínimo de idade.

Regime da EC nº 20/98:

Alteração substancial do benefício.

Aposentadoria por tempo de serviço × aposentadoria por tempo de contribuição.

Homem – 35 anos de contribuição; mulher – 30 anos de contribuição; reduzido em 5 anos para o professor que comprove exclusivamente tempo de efetivo exercício das funções de magistério na educação infantil e no ensino fundamental e médio (professor universitário excluído do regime especial).

Lei nº 11.301/06 – STF, ADIn nº 3.772 – inclusão de atividades do professor fora de sala de aula.

Preservada dispensa de idade mínima para a aposentadoria por tempo de contribuição.

Mantida aposentadoria proporcional na regra de transição ao segurado já filiado desde que conte com 53 anos de idade, se homem, e 48 anos de idade, se mulher, quando atendidas as seguintes condições:

I – contar tempo de contribuição igual, no mínimo, à soma de:

a) trinta anos, se homem, e vinte e cinco anos, se mulher; e

b) pedágio de 40%.

II – o valor da aposentadoria proporcional será equivalente a 70% do valor da aposentadoria integral, acrescido de 5% por ano de contribuição que supere a soma a que se refere o inciso anterior, até o limite de 100%.

Extinção da aposentadoria proporcional por tempo de contribuição para os novos filiados.

3.2.5.3.2 Carência

180 contribuições mensais.

Segurados já filiados no período anterior a 24.7.91 – tabela do artigo 142.

3.2.5.3.3 Risco social

Não há risco social protegido – divergência doutrinária.

3.2.5.3.4 Data de início do benefício

I – segurado empregado, inclusive o doméstico:

a) da data do desligamento do emprego, quando requerida até essa data ou até 90 dias depois dela; ou

b) da data do requerimento, quando não houver desligamento do emprego ou quando for requerida após o prazo previsto na alínea anterior.

II – demais segurados, da data da entrada do requerimento.

3.2.5.3.5 Valor do benefício

a) para a mulher – 100% do SB aos 30 anos de contribuição;

b) para o homem – 100% do SB aos 35 anos de contribuição; e

c) 100% do SB para o professor aos 30 anos, e para a professora aos 25 anos de contribuição e de efetivo exercício em função de magistério na educação infantil, no ensino fundamental ou no ensino médio.

Aposentadoria proporcional (apenas para os filiados antes da EC nº 20/98):

a) 70% do valor do SB, mais 5% por ano de contribuição que supere a soma referida no artigo 9º, § 1º, II, da EC nº 20/98, até o máximo de 100% do SB.

3.2.5.3.6 Comprovação do tempo de contribuição

Tempo de serviço durante o qual o exercício da atividade não determinava filiação obrigatória ao anterior Regime de Previdência Social Urbana – necessidade de recolhimento das contribuições correspondentes.

Tempo de serviço do segurado trabalhador rural anterior à data de início de vigência da Lei nº 8.213/91 – computado independentemente do recolhimento das contribuições (exceto para efeito de carência).

STJ, Súmula 272. O trabalhador rural, na condição de segurado especial, sujeito à contribuição obrigatória sobre a produção rural comercializada, somente faz jus à aposentadoria por tempo de serviço, se recolher contribuições facultativas.

Possibilidade do trabalhador rural que passou a contribuir como trabalhador urbano aproveitar o tempo de serviço rural posterior à Lei nº 8.213/91 para fins de aposentadoria urbana (inclusive por tempo de contribuição) desde que cumpra a carência do benefício.

3.2.5.3.6.1 Início de prova material

Restrição à liberdade de apreciação – tanto para o juiz, como para o administrador – no que diz respeito à valoração da prova.

Comprovação do tempo de serviço, urbano ou rural, inclusive mediante justificação administrativa ou judicial, só produzirá efeito quando baseada em início de prova material, não sendo admitida prova exclusivamente testemunhal, salvo na ocorrência de motivo de força maior ou caso fortuito, conforme disposto no regulamento.

STJ, Súmula nº 149. A prova exclusivamente testemunhal não basta à comprovação da atividade rurícola, para efeito da obtenção de benefício previdenciário.

STF – mesmo sentido.

Sentença trabalhista:

- Fundamentada apenas em prova testemunhal – impossibilidade – equivalência à justificação judicial.
- Fundamentada, também, em início de prova material – meio idôneo de prova.

3.2.5.4 Da aposentadoria especial

3.2.5.4.1 Conceito

Devida ao segurado empregado, trabalhador avulso e contribuinte individual (este somente quando cooperado filiado a cooperativa de trabalho ou de produção) que tiver trabalhado sujeito a condições especiais que prejudiquem a saúde ou a integridade física, durante 15, 20 ou 25 anos.

Lei nº 8.213/91 – redação original – enquadramento por categoria profissional.

Lei nº 9.032/95 – fim do enquadramento por categoria profissional – exigência da efetiva exposição aos agentes nocivos.

Lei nº 9.528/97 – perfil profissiográfico previdenciário (PPP) – radiografia do ambiente de trabalho.

Lei nº 9.732/98 – alíquotas adicionais de 12, 9 ou 6% para o financiamento da aposentadoria especial.

3.2.5.4.2 Carência

180 contribuições mensais.

Segurados já filiados no período anterior a 24.7.91 – tabela do artigo 142.

3.2.5.4.3 Risco social

Prejuízo à saúde ou integridade física decorrente da exposição a agentes nocivos químicos, físicos, biológicos ou associação de agentes prejudiciais.

3.2.5.4.4 Conversão de tempo de serviço comum em especial e vice-versa

Hipótese – trabalho intercalado: período em atividade especial e outro em atividade comum, ou vice-versa.

Fundamento constitucional: princípio da igualdade.

Conversão ao longo do tempo:

– Até a edição da Lei nº 9.032/95: possibilidade de conversão de tempo comum em especial e de especial em comum.

– Após a Lei nº 9.032/95: proibição de conversão de tempo de atividade comum em especial.

– Após a Lei nº 9.711/98: conversão apenas de tempo de atividade especial em comum até 28.5.98.

Decreto nº 4.827/03 – conversão de tempo de atividade sob condições especiais em tempo de atividade comum será permitida ao trabalho prestado em qualquer período.

3.2.5.4 Da aposentadoria especial

3.2.5.4.5 Data de início do benefício

I – segurado empregado:

a) da data do desligamento do emprego, quando requerida até essa data ou até 90 dias depois dela; ou

b) da data do requerimento, quando for requerida após o prazo previsto na alínea anterior.

II – demais segurados, da data da entrada do requerimento.

3.2.5.4.6 Valor do benefício

100% do SB.

3.2.5.4.7 Retorno à atividade

Aposentado especial que retornar à atividade sujeita aos agentes nocivos terá seu benefício suspenso.

Obediência ao contraditório e à ampla defesa.

Proibição – continuidade no trabalho sujeito aos agentes nocivos, não à atividade normal.

3.2.5.4.8 Relação dos agentes nocivos

Anexo IV do Decreto nº 3.048/99 – relação é meramente enunciativa.

3.2.5.4.9 Comprovação do tempo de serviço especial

Efetiva exposição do segurado aos agentes nocivos – formulário próprio – laudo técnico de condições ambientais do trabalho – informação sobre a existência de tecnologia de proteção coletiva ou individual.

Exemplo de trabalho permanente em condições especiais que prejudiquem a saúde ou a integridade física (exercido de forma não ocasional nem intermitente, no qual a exposição do empregado, do trabalhador avulso ou do cooperado ao agente nocivo seja indissociável da produção ou da prestação do serviço).

Exposição aos agentes nocivos (desnecessidade de exposição durante toda a jornada de trabalho).

Fornecimento de equipamento de proteção individual não exclui o direito.

Exigência do laudo pericial a partir da Lei nº 9.528/97.

Ausência de laudo técnico atualizado – multa.

3.2.5.5 Do auxílio-doença

3.2.5.5.1 Conceito

Devido ao segurado que ficar incapacitado para o seu trabalho ou para a sua atividade habitual por mais de 15 dias consecutivos.

Doença preexistente – afasta o direito ao benefício (salvo quando a incapacidade sobrevier por motivo de progressão ou agravamento dessa doença ou lesão).

Período inicial de 15 dias – período de espera.

AGU, Súmula 25. Será concedido auxílio-doença ao segurado considerado temporariamente incapaz para o trabalho ou sua atividade habitual, de forma total ou parcial, atendidos os demais requisitos legais, entendendo-se por incapacidade parcial aquela que permita sua reabilitação para outras atividades laborais.

3.2.5.5.2 Carência

12 contribuições mensais – regra geral.

Sem carência – acidente de qualquer natureza ou causa e doença da tabela (após filiação ao RGPS).

3.2.5.5.3 Risco social

Doença.

3.2.5.5.4 Data de início do benefício

I – a contar do 16º dia do afastamento da atividade para o segurado empregado, exceto o doméstico;

II – a contar da data do início da incapacidade, para os demais segurados; ou

III – a contar da data de entrada do requerimento, quando requerido após o 30º dia do afastamento da atividade, para todos os segurados.

Primeiros 15 dias consecutivos do afastamento – empresa deve pagar ao segurado empregado o seu salário integral.

3.2.5.5.5 Valor do benefício

91% do SB.

3.2.5.5.6 Recuperação

Segurado em gozo de auxílio-doença está obrigado, sob pena de suspensão do benefício, a submeter-se a exame médico a cargo da previdência social, processo de reabilitação profissional por ela prescrito e custeado, e tratamento dispensado gratuitamente, exceto o cirúrgico e a transfusão de sangue, que são facultativos.

Decreto nº 5.844/06 – COPES – Cobertura Previdenciária Estimada (alta programada).

3.2.5.5.7 Demissão no curso do auxílio-doença

Segurado empregado em gozo de auxílio-doença será considerado pela empresa como licenciado – impossibilidade do empregador demitir sem justa causa o empregado – contrato suspenso.

3.2.5.6 Do salário-família

3.2.5.6.1 Conceito

CF/88, art. 7º, XII – salário-família pago em razão do dependente do trabalhador de baixa renda.

Pago mensalmente em cotas por filho ou equiparado de qualquer condição, até quatorze anos de idade ou inválido de qualquer idade, aos segurados:

I – empregado e trabalhador avulso;

II – ao empregado e trabalhador avulso aposentados por invalidez ou em gozo de auxílio-doença;

III – ao trabalhador rural aposentado por idade aos sessenta anos, se do sexo masculino, ou cinquenta e cinco anos, se do sexo feminino;

IV – aos demais empregados e trabalhadores avulsos aposentados aos sessenta e cinco anos de idade, se do sexo masculino, ou sessenta anos, se do sexo feminino.

Pagamento é condicionado à apresentação da certidão de nascimento do filho ou da documentação relativa ao equiparado ou ao inválido, e à apresentação anual de atestado de vacinação obrigatória e de comprovação de frequência à escola do filho ou equiparado.

3.2.5.6.2 Carência

Sem carência.

3.2.5.6.3 Risco social

Existência de filhos ou equiparados de qualquer condição menores de 14 anos ou inválidos de qualquer idade para o segurado de baixa renda.

3.2.5.6.4 Data de início do benefício

Data da apresentação dos documentos necessários.

3.2.5.6.5 Valor do benefício

Valor da cota:

I – R$ 33,16, para o segurado com remuneração mensal não superior a R$ 646,55

II – R$ 23,36, para o segurado com remuneração mensal superior a R$ 646,55 e igual ou inferior a R$ 971,78.

3.2.5.7 Do salário-maternidade

3.2.5.7.1 Conceito

Devido à segurada em decorrência do nascimento de filho (inclusive natimorto) – duração de 120 dias (casos excepcionais – períodos de repouso anterior e posterior podem ser aumentados em mais duas semanas, mediante atestado médico específico).

CF/88, art. 7º, XVIII.

Lei nº 10.421/02 – estendeu salário-maternidade à segurada adotante – independentemente da mãe biológica ter recebido o mesmo benefício quando do nascimento da criança.

Aborto não criminoso – salário-maternidade correspondente a duas semanas.

Casal homossexual – adoção – direito ao benefício.

3.2.5.7.2 Carência

I – seguradas contribuinte individual, especial e facultativa – 10 contribuições mensais (segurada especial – apenas comprovar exercício de atividade rural). Parto antecipado – redução em número de contribuições equivalente ao número de meses em que o parto foi antecipado.

II – seguradas empregada, trabalhadora avulsa e empregada doméstica – sem carência.

3.2.5.7.3 Risco social

Maternidade.

3.2.5.7.4 Data de início do benefício

Desde 28 dias antes do parto até a data deste.

3.2.5.7.5 Valor do benefício

I – para a segurada empregada ou trabalhadora avulsa consistirá numa renda mensal igual a sua remuneração integral – sem sujeição ao teto. Empregos concomitantes – salário-maternidade relativo a cada emprego.

II – para a segurada empregada doméstica, em um valor correspondente ao do seu último salário-de-contribuição;

III – para a segurada especial, em um salário-mínimo;

IV – para as seguradas contribuinte individual e facultativa, em um doze avos da soma dos doze últimos salários-de-contribuição, apurados em um período não superior a quinze meses.

Em nenhuma hipótese o salário-maternidade será inferior ao valor do salário-mínimo.

3.2.5.8 Pensão por morte

3.2.5.8.1 Conceito

Devida aos dependentes do segurado em função da morte deste.

Falecido desempregado não afasta direito dos dependentes, se aquele estivesse no período de graça.

Quando segurado preencheu os requisitos para a obtenção da aposentadoria, seus dependentes têm direito à pensão por morte, mesmo no caso do falecido ter perdido a qualidade de segurado.

3.2.5.8.2 Carência

Sem carência.

3.2.5.8.3 Risco social

Morte.

3.2.5.8.4 Data de início do benefício

I – óbito, quando requerida:

a) pelo dependente maior de dezesseis anos de idade, até trinta dias depois; e

b) pelo dependente menor até dezesseis anos de idade, até trinta dias após completar essa idade;

II – requerimento, quando requerida após o prazo previsto no inciso I; ou

III – decisão judicial, no caso de morte presumida.

Ausência de requerimento administrativo, mas apenas pedido em juízo – data de início do benefício: data da citação do INSS.

Possibilidade de concessão de pensão em caráter provisório por morte presumida.

3.2.5.8.5 Valor do benefício

100% do valor da aposentadoria que o segurado recebia ou daquela a que teria direito se estivesse aposentado por invalidez na data de seu falecimento.

Havendo mais de um pensionista – pensão será rateada entre todos em partes iguais. Reverterá em favor dos demais a parte daquele cujo direito à pensão cessar. Extinção da parte do último pensionista – pensão extinguir-se-á.

Casamento do dependente não é causa necessária de extinção do benefício.

STJ, Súmula 336. A mulher que renunciou aos alimentos na separação judicial tem direito à pensão previdenciária por morte do ex-marido, comprovada a necessidade econômica superveniente.

Cotas de pensão – STJ, Súmula 340. A lei aplicável à concessão de pensão previdenciária por morte é aquela vigente na data do óbito do segurado.

3.2.5.9 Do Auxílio-reclusão

3.2.5.9.1 Conceito

Devido não ao segurado, mas a seus dependentes, enquanto aquele estiver recolhido à prisão e não receber remuneração da empresa nem estiver em gozo de auxílio-doença, de aposentadoria ou de abono de permanência em serviço, devido nas mesmas condições da pensão por morte.

Apenas os dependentes dos segurados de baixa renda têm direito ao benefício.

Requerimento – instruído com certidão do efetivo recolhimento à prisão, manutenção do benefício – apresentação a cada três meses de declaração de permanência na condição de presidiário.

Devido apenas durante o período em que o segurado estiver recolhido à prisão sob regime fechado ou semiaberto – demais casos poderá trabalhar fora do presídio.

Exercício de atividade remunerada do segurado recluso não acarreta a perda do direito ao recebimento do auxílio-reclusão para seus dependentes.

3.2.5.9.2 Carência

Sem carência.

3.2.5.9.3 Risco social

Prisão.

3.2.5.9.4 Data de início do benefício

Efetivo recolhimento do segurado à prisão, se requerido até trinta dias depois deste, ou na data do requerimento, se posterior.

Fuga – suspensão do benefício. Recaptura – restabelecimento, desde que esteja ainda mantida a qualidade de segurado.

Falecimento do segurado detido ou recluso – conversão em pensão por morte.

3.2.5.9.5 Valor do benefício

100% do valor a que teria direito se estivesse aposentado por invalidez na data da prisão.

3.2.5.10 Dos pecúlios

3.2.5.10.1 Conceito

Benefício previdenciário de prestação única.

Revogado pelas Leis nºs 8.870/94, 9.035/95 e 9.129/95 – sintonia com o princípio da solidariedade contributiva.

3.2.5.11 Do Auxílio-acidente

3.2.5.11.1 Conceito

Devido, como indenização, ao segurado empregado, exceto o doméstico, ao trabalhador avulso e ao segurado especial quando, após a consolidação das lesões decorrentes de acidente de qualquer natureza, resultar sequela definitiva que implique redução da capacidade laboral.

Decreto nº 3.048/99, anexo III – situações que dão direito ao auxílio-acidente – listagem meramente enunciativa.

Perda da audição (disacusia) – além do reconhecimento de causalidade entre o trabalho e a doença, deve resultar na redução ou perda da capacidade para o trabalho que habitualmente exercia.

3.2.5.11.2 Carência

Sem carência.

3.2.5.11.3 Risco social

Redução da capacidade para o trabalho que habitualmente exercia o segurado.

3.2.5.11.4 Data de início do benefício

Dia seguinte ao da cessação do auxílio-doença – independentemente de qualquer remuneração auferida pelo acidentado. Recebimento de salário não prejudicará a continuidade do recebimento do auxílio-acidente.

Vedada sua acumulação com qualquer aposentadoria.

Lei nº 9.528/97 – auxílio-acidente perdeu sua natureza vitalícia.

3.2.5.11.5 Valor do benefício

50% do SB que deu origem ao auxílio-doença do segurado, corrigido até o mês anterior ao do início do auxílio-acidente e será devido até a véspera de início de qualquer aposentadoria ou até a data do óbito do segurado.

Benefício complementar – pode ter valor inferior ao do salário-mínimo.

3.2.5.12 Do abono de permanência em serviço

3.2.5.12.1 Conceito

Devido ao segurado que, tendo direito à aposentadoria por tempo de serviço, optasse pelo prosseguimento na atividade.

Lei nº 8.870/94 – revogação.

3.2.5.13 Seguro-desemprego

3.2.5.13.1 Conceito

CF/88, art. 7º, II – direito dos trabalhadores urbanos e rurais, em caso de desemprego involuntário.

Lei nº 7.998/90.

3.2.5.13.2 Carência

Denominada período aquisitivo – 16 meses.

3.2.5.13.3 Risco social

Desemprego.

3.2.5.13.4 Data de início do benefício

A partir do sétimo dia subsequente à rescisão do contrato de trabalho.

3.2.5.13.5 Valor do benefício

Período máximo variável de três a cinco meses, de forma contínua ou alternada.

Valor do benefício – tem como base o salário mensal do último vínculo empregatício.

3.2.6 Dos serviços

3.2.6.1 Do serviço social

Atividade auxiliar do seguro social – visa prestar ao beneficiário orientação e apoio no que concerne à solução dos problemas pessoais e familiares e à melhoria da sua inter-relação com a previdência social, para a solução de questões referentes a benefícios, bem como, quando necessário, à obtenção de outros recursos sociais da comunidade. Esclarecimento aos beneficiários.

Prioridade aos segurados em benefício por incapacidade temporária e atenção especial aos aposentados e pensionistas.

Independe de carência.

Devido aos segurados e dependentes.

3.2.6.2 Da habilitação e reabilitação profissional

Serviços previdenciários destinados a proporcionar ao beneficiário incapacitado parcial ou totalmente para o trabalho, e às pessoas portadoras de deficiência, os meios para a (re)educação e (re)adaptação profissional e social indicados para participar do mercado de trabalho e do contexto em que vive.

Habilitação profissional – habilitar o beneficiário (dar capacidade profissional a quem não possuía).

Reabilitação profissional – reabilitar o beneficiário (devolver a capacidade profissional a quem já tinha, mas perdeu).

Caráter obrigatório aos segurados, inclusive aposentados e, na medida das possibilidades do INSS, aos seus dependentes.

Concluído o processo de habilitação ou reabilitação social e profissional – certificado individual.

Empresa com 100 ou mais empregados – obrigada a preencher de 2% a 5% dos seus cargos com beneficiários reabilitados ou pessoas portadoras de deficiência.

3.2.7 Da contagem recíproca de tempo de contribuição

Possibilidade do segurado filiado a um regime previdenciário computar neste o tempo de contribuição prestado em outro e vice-versa.

CF/88, art. 201, § 9º. STF – duas regras diversas: 1. direito à contagem recíproca; 2. compensação financeira entre os regimes.

Não se confunde com a soma de tempo prestado à previdência rural e urbana de um mesmo regime.

Cômputo de tempo rural para fins de contagem recíproca – indenização.

Exclusão do período em que o segurado contribuinte individual ou facultativo contribuiu na forma do § 2º do art. 21 da Lei nº 8.212/91 (regime especial de contribuição).

Não admite conversão de tempo especial nem contagem de tempo fictício.

Admite-se no âmbito dos tratados, convenções ou acordos internacionais de previdência social.

Vedada a contagem de tempo na atividade privada e no serviço público, quando concomitantes.

Benefício resultante de contagem recíproca será concedido e pago pelo regime atual de filiação.

3.2.7.1 Desaposentação

Ato de concessão do benefício de aposentadoria é desfeito com a finalidade de aproveitamento do respectivo tempo de contribuição no mesmo ou em outro regime previdenciário – relação direta com uma peculiaridade brasileira: concessão da aposentadoria não está condicionada ao afastamento do mercado de trabalho.

Decreto nº 3.048/99, art. 181-B: as aposentadorias por idade, tempo de contribuição e especial concedidas pela previdência social, na forma deste Regulamento, são irreversíveis e irrenunciáveis.

Tendência jurisprudencial – possibilidade de desaposentação.

Devolução dos valores recebidos – divergência doutrinária e jurisprudencial.

Necessidade de regulamentação por meio de lei.

4 Das disposições diversas relativas às prestações e das disposições finais e transitórias

Os artigos 100 a 156 da Lei nº 8.213/91 tratam de diversas normas relativas às prestações previdenciárias. Muitas delas já foram tratadas por nós até agora. Resta analisar algumas, o que passamos a fazer.

4.1 Decadência e prescrição em matéria previdenciária

Os artigos 103, 103-A e 104 da Lei nº 8.213/91 tratam da decadência e prescrição das prestações previdenciárias.

4.1.1 Decadência contra o beneficiário

Até a publicação da Lei nº 9.528/97, fruto da conversão da Medida Provisória nº 1523-9/97, a legislação previdenciária desconhecia o instituto da decadência, eis que o artigo 103, em sua redação original, apenas tratava da prescrição. Essa

Medida Provisória fixou um prazo de decadência de dez anos, reduzido para cinco pela Medida Provisória nº 1663-15/98, convertida na Lei nº 9.711/98. Atualmente, por força da Medida Provisória nº 138/03, convertida na Lei nº 10.839/04, é de dez anos o prazo de decadência de todo e qualquer direito ou ação do segurado ou beneficiário para a revisão do ato de concessão de benefício, a contar do dia primeiro do mês seguinte ao do recebimento da primeira prestação ou, quando for o caso, do dia em que tomar conhecimento da decisão indeferitória definitiva no âmbito administrativo.

Frise-se que estamos tratando de um prazo que corre contra o beneficiário.

A decadência atinge apenas a revisão do ato de concessão do benefício – cálculo da renda mensal inicial, por exemplo – e a impugnação da decisão indeferitória definitiva no âmbito administrativo. Não havendo decisão administrativa – por falta de requerimento do beneficiário ou omissão da Administração –, não há que se falar em decadência.

Tratando-se de instituto de direito material, os prazos decadenciais não são retroativos.

O Superior Tribunal de Justiça sufragava entendimento no sentido de que o termo inicial da contagem do prazo decadencial, assim como o prescricional, mesmo para as relações jurídicas constituídas em momento anterior, deveria ser a data da publicação da respectiva lei:

> PROCESSUAL E PREVIDENCIÁRIO. RURÍCOLA EM REGIME DE ECONOMIA FAMILIAR. TEMPO DE SERVIÇO. PROVA. REVISÃO DE ATO ADMINISTRATIVO. DECADÊNCIA. ARTIGO 103 DA LEI 8.213/91.
>
> [...]
>
> II – O prazo decadencial, como o prescricional, quando inexistente norma anterior, tem seu termo inicial de contagem com a edição da norma que o previu [...][141]

Posteriormente, seu entendimento mudou:

> PROCESSO CIVIL. PREVIDENCIÁRIO. PRESCRIÇÃO E DECADÊNCIA. ART 103 DA LEI Nº 8.213/91. SUCESSIVAS MODIFICAÇÕES LEGISLATIVAS. APLICAÇÃO DA REGRA VIGENTE NA DATA DA CONCESSÃO DO BENEFÍCIO. RECURSO ESPECIAL A QUE SE NEGA PROVIMENTO.
>
> 1. A lei que institui o prazo decadencial só pode produzir efeitos após a sua vigência. Assim, a decadência deve incidir apenas em relação aos segurados que tiveram seus benefícios concedidos após a publicação da lei.

[141] STJ, REsp nº 412897, *DJ* 2 set. 2002.

2. Recurso especial improvido.[142]

Para nós, os prazos prescricionais e decadenciais atingem as relações jurídicas pretéritas, mas com início da contagem na data da publicação da lei que os instituiu.

Clóvis Juarez Kemmerich tem posição no mesmo sentido:

Isso não quer dizer que, inexistente prazo decadencial na data do nascimento do direito, sua possibilidade de exercício seja perpétua. Não, pois à "semelhança dos fatos jurídicos complexos ou de formação continuada, a prescrição e a decadência subordinam-se à lei em vigor na data do termo prescricional ou preclusivo" (BATALHA, *Direito intertemporal*, p. 241). Em outras palavras, a lei pode fixar prazo decadencial após o nascimento do direito, com efeito imediato sobre as situações em curso. Não pode, porém, haver incidência retroativa, o que se evita computando o prazo, para direitos já existentes, a partir da data de vigência da lei, conforme solução que já vem das lições de Savigny. [...] O Supremo Tribunal Federal sempre adotou essa posição. Veja-se o caso da alteração do prazo decadencial da ação rescisória, quando da entrada em vigor do CPC/73 (CC/16 = 5 anos; CPC/73 = 2 anos). Se o prazo, como algumas vezes se afirma, "nascesse" juntamente com o direito, então não se poderia aceitar que a lei nova o reduzisse e atingisse direitos nascidos antes dela. Mas não foi isso que decidiu o STF, afastando expressamente, aliás, a tese de PONTES DE MIRANDA. Além disso, os julgados do STF reproduzem, com perfeição técnica, a fórmula doutrinária para evitar o efeito retroativo: "Se o restante do prazo de decadência fixado na lei anterior for superior ao novo prazo estabelecido pela lei nova, despreza-se o período já transcorrido, para levar-se em conta, exclusivamente, o prazo da lei nova. (AR 905. No mesmo sentido: AR 956/AM, RE 92294/GO). Quando há incidência de lei nova em prazos de prescrição ou decadência em curso, não há falar em direito adquirido. (STF, RE 93698/MG, Min. Soares Munoz, *DJU* 27.2.1981, trecho do voto). A regra para os prazos diminuídos é inversa da vigorante para os prazos dilatados. Nestes, como vimos, somam-se o período da lei antiga ao saldo, ampliado pela lei nova. Quando se trata de redução, porém, não se podem misturar períodos regidos por leis diferentes: ou se conta o prazo, todo ele, pela lei antiga, ou todo, pela regra nova, a partir, porém, da vigência desta (Galeno Lacerda citado no RE 93.698-0-MG). [...]" Se a lei pode reduzir um prazo de 5 para 2 anos (STF, AR 905), pode também reduzi-lo de inexistente (perpétuo) para 5 anos (art. 103), e estar-se-á sempre falando de um novo prazo. A substituição de um prazo por outro é apenas a introdução de um prazo novo: ela não difere, em sua natureza jurídica, do estabelecimento de um prazo quando ainda inexistente. Em suma, por força da regra do efeito imediato da lei (LICC art. 6º), o art. 103, *caput*, da Lei nº 8.213/91 aplica-se a todos os pedidos de revisão, inclusive de benefícios concedidos anteriormente, mas

[142] STJ, REsp nº 240493, *DJ* 10 set. 2007.

para não operar de forma retroativa, o prazo ali estabelecido deve ser contado da sua entrada em vigor.[143]

4.1.2 Prescrição contra o beneficiário

O prazo prescricional, por outro lado, desde a publicação da Lei nº 8.213/91, sempre foi de cinco anos. Na redação atual, prescreve em cinco anos, a contar da data em que deveriam ter sido pagas, toda e qualquer ação para haver prestações vencidas ou quaisquer restituições ou diferenças devidas pela previdência social, salvo o direito dos menores, incapazes e ausentes, na forma do Código Civil.

Tendo em vista que o benefício previdenciário tem caráter alimentar, a prescrição atinge apenas as prestações anteriores ao quinquênio;[144] entretanto, é preciso considerar a Súmula nº 85 do Superior Tribunal de Justiça:

Nas relações jurídicas de trato sucessivo em que a Fazenda Pública figure como devedora, quando não tiver sido negado o próprio direito reclamado, a prescrição atinge apenas as prestações vencidas antes do quinquênio anterior à propositura da ação.

Dessa forma, negado o direito sobre o qual se funda a demanda, alguns entendem que a prescrição atinge o próprio fundo de direito. Nesse sentido, o seguinte julgado:

> RECURSO ESPECIAL. PREVIDENCIÁRIO E ADMINISTRATIVO. PENSÃO ESTATUTÁRIA. LEGITIMIDADE DO INSS. ART. 248 DO RJU. PRESCRIÇÃO QUINQUENAL. INOCORRÊNCIA.
>
> [...]
>
> IV – Com o indeferimento da pretensão administrativa atrai-se a regra da prescrição de fundo de direito, iniciando-se, a partir daí, o cômputo do prazo quinquenal, consoante o enunciado da Súmula nº 85/STJ. Dessa forma, não ocorreu, na espécie, a prescrição [...][145]

4.1.3 Decadência contra a previdência social

Tratamos agora do prazo decadencial que corre contra a previdência social.

Nessa visada, o direito da previdência social de anular os atos administrativos de que decorram efeitos favoráveis para os seus beneficiários decai em dez anos,

---

[143] Por que o prazo decadencial para pleitear a revisão de benefícios previdenciários é aplicável inclusive aos benefícios concedidos antes da sua vigência?

[144] No mesmo sentido é o artigo 219 da Lei nº 8.112/90: A pensão poderá ser requerida a qualquer tempo, prescrevendo tão somente as prestações exigíveis há mais de cinco anos.

[145] STJ, REsp nº 800330, *DJ* 15 out. 2007.

contados da data em que foram praticados, salvo comprovada má-fé. Havendo má-fé, inexiste prazo.

No caso de efeitos patrimoniais contínuos, como é da natureza dos benefícios previdenciários, de trato sucessivo, o prazo decadencial contar-se-á da percepção do primeiro pagamento.

Anteriormente à edição da Lei nº 10.839/04, não havia prazo decadencial específico para a previdência social. A redação anterior do artigo 103 da Lei nº 8.213/91 tratava apenas do prazo decadencial para o beneficiário.

A norma em questão não tem efeitos retroativos:

> Ementa: RECURSO ESPECIAL. PREVIDENCIÁRIO. REVISÃO DE ATO DE CONCESSÃO DE BENEFÍCIO. DECADÊNCIA CONTRA A ADMINISTRAÇÃO PÚBLICA. LEI Nº 10.839/04. INCIDÊNCIA RETROATIVA. IMPOSSIBILIDADE.
>
> 1. "O direito da Previdência Social de anular os atos administrativos de que decorram efeitos favoráveis para os seus beneficiários decai em dez anos, contados da data em que foram praticados, salvo comprovada má-fé" (artigo 103-A da Lei nº 8.213/91, com redação dada pela Lei nº 10.839/04).
>
> 2. A Lei nº 10.839/04 não tem incidência retroativa, de modo a impor, para os atos praticados antes da sua entrada em vigor, prazo decadencial com termo inicial na data do ato.
>
> 3. Recurso provido.[146]

Para fins de análise da decadência, considera-se exercício do direito de anular qualquer medida de autoridade administrativa que importe impugnação à validade do ato.

Por outro lado, é preciso considerar que, desde a publicação da Lei nº 9.784/99, foi instituído prazo decadencial contra a Administração em geral, aí incluída a previdência social, nos termos do artigo 54 daquela lei:

> Art. 54. O direito da Administração de anular os atos administrativos de que decorram efeitos favoráveis para os destinatários decai em cinco anos, contados da data em que foram praticados, salvo comprovada má-fé.
>
> § 1º No caso de efeitos patrimoniais contínuos, o prazo de decadência contar-se-á da percepção do primeiro pagamento.
>
> § 2º Considera-se exercício do direito de anular qualquer medida de autoridade administrativa que importe impugnação à validade do ato.

---

146 STJ, REsp nº 540904, *DJ* 1º jul. 2005.

Vejamos um exemplo. Se em 2000 o INSS concede um benefício em valor maior que o devido, por erro seu, inexistindo má-fé, em 2005 opera-se a decadência de seu direito de anular o ato, por força do artigo 54 acima referido. Não é possível, a nosso juízo, sustentar que a decadência operar-se-ia apenas em 2010, pela incidência do artigo 103-A da Lei nº 8.213/91, pois tal raciocínio implicaria dar efeito retroativo à aludida regra, em detrimento do beneficiário.

4.1.4 Prescrição relativa a acidente do trabalho

O artigo 104 da Lei nº 8.213/91 trata da prescrição das ações acidentárias.

As ações referentes à prestação por acidente do trabalho prescrevem em cinco anos, observado o prazo decadencial previsto no artigo 103 da mesma lei, contados da data:

I – do acidente, quando dele resultar a morte ou a incapacidade temporária, verificada esta em perícia médica a cargo da previdência social; ou

II – em que for reconhecida pela previdência social, a incapacidade permanente ou o agravamento das sequelas do acidente.

4.2 Justificação administrativa

A justificação administrativa está prevista no artigo 108 da Lei nº 8.213/91. É um processo administrativo que tem a finalidade de suprir a falta de documento ou produzir prova de fato de interesse dos beneficiários, perante a previdência social. Não se admite quando o fato a provar exigir registro público de casamento, de idade ou de óbito, ou de qualquer ato jurídico para o qual a lei prescreva forma especial.

Não foge a regra da exigência de início de prova material; logo, não admite a prova exclusivamente testemunhal, salvo na ocorrência de motivo de força maior ou caso fortuito, definidos pelo artigo 143, § 2º, do Decreto nº 3.048/99 da seguinte forma: caracteriza motivo de força maior ou caso fortuito a verificação de ocorrência notória, tais como incêndio, inundação ou desmoronamento, que tenha atingido a empresa na qual o segurado alegue ter trabalhado, devendo ser comprovada mediante registro da ocorrência policial feito em época própria ou apresentação de documentos contemporâneos dos fatos, e verificada a correlação entre a atividade da empresa e a profissão do segurado.

Se a empresa não estiver mais em atividade, deverá o interessado juntar prova oficial de sua existência no período que pretende comprovar.

Para o processamento de justificação administrativa, o interessado deverá apresentar requerimento expondo, clara e minuciosamente, os pontos que pretende justificar, indicando testemunhas idôneas, em número não inferior a três nem superior a seis, cujos depoimentos possam levar à convicção da veracidade do que se pretende comprovar. As testemunhas, no dia e hora marcados, serão inquiridas a respeito dos pontos que forem objeto da justificação, indo o processo concluso, a seguir, à autoridade que houver designado o processante, a quem competirá homologar ou não a justificação realizada.

A justificação administrativa será avaliada globalmente quanto à forma e ao mérito, valendo perante o Instituto Nacional do Seguro Social para os fins especificamente visados, caso considerada eficaz.

A justificação administrativa será processada sem ônus para o interessado e nos termos das instruções do Instituto Nacional do Seguro Social.

Do ato que decidir a justificação administrativa não cabe recurso.

O processo de justificação administrativa é parte de processo antecedente, vedada sua tramitação na condição de processo autônomo.

4.3 Conselho de Recursos da Previdência Social

O artigo 126 da Lei nº 8.213/91 instituiu o Conselho de Recursos da Previdência Social – CRPS, órgão administrativo que tem a competência para julgar os recursos interpostos contra as decisões do INSS nos processos de interesse dos beneficiários e contribuintes da seguridade social.

Em se tratando de processo que tenha por objeto a discussão de crédito previdenciário, ao recurso administrativo somente era dado seguimento se o recorrente, pessoa jurídica ou sócio desta, o instruísse com prova de depósito, em favor do INSS, de valor correspondente a 30% da exigência fiscal definida na decisão.

O Supremo Tribunal Federal possuía posição pacífica no sentido da constitucionalidade da exigência, como demonstra o seguinte julgado:

> EMENTA: CONSTITUCIONAL. PROCESSUAL CIVIL. RECURSO EXTRAORDINÁRIO: JULGAMENTO PELO RELATOR. CPC, art. 557, § 1º-A. POSSIBILIDADE DE JULGAMENTO IMEDIATO DE OUTRAS CAUSAS, EM QUE VERSADO O MESMO TEMA, PELOS RELATORES OU PELAS TURMAS. ADMINISTRATIVO. RECURSO ADMINISTRATIVO: MULTA. DEPÓSITO PRÉVIO. I. – Legitimidade constitucional da atribuição conferida ao Relator para arquivar, negar seguimento a pedido ou recurso e dar provimento a este ¾ RI/STF, art. 21, § 1º; Lei 8.038/90, art. 38; CPC, art. 557, *caput*, e § 1º-A ¾ desde que, mediante recurso, possam as decisões ser submetidas ao controle do Colegiado. Precedentes do STF. II. – Inocorrência de ofensa à Constituição no fato de a lei exigir o depósito prévio da multa como pressuposto de admissibilidade do recurso administrativo. III. – Precedentes do STF: ADI 1.049/DF, RE 210.246, 210.234,

> 210.369, 210.380 e 218.752, Min. Jobim p/acórdão, Plenário, 12.11.97. IV. – Voto vencido do Min. C. Velloso. V. – Agravo não provido.[147]

Entretanto, posteriormente decidiu por sua inconstitucionalidade – inclusive em relação à exigência de arrolamento de bens para o mesmo fim –, como demonstra o seguinte julgado:

> EMENTA: AÇÃO DIRETA DE INCONSTITUCIONALIDADE. ART. 32, QUE DEU NOVA REDAÇÃO AO ART. 33, § 2º, DO DECRETO 70.235/72 E ART. 33, AMBOS DA MP 1.699-41/1998. DISPOSITIVO NÃO REEDITADO NAS EDIÇÕES SUBSEQUENTES DA MEDIDA PROVISÓRIA TAMPOUCO NA LEI DE CONVERSÃO. ADITAMENTO E CONVERSÃO DA MEDIDA PROVISÓRIA NA LEI 10.522/2002. ALTERAÇÃO SUBSTANCIAL DO CONTEÚDO DA NORMA IMPUGNADA. INOCORRÊNCIA. PRESSUPOSTOS DE RELEVÂNCIA E URGÊNCIA. DEPÓSITO DE TRINTA POR CENTO DO DÉBITO EM DISCUSSÃO OU ARROLAMENTO PRÉVIO DE BENS E DIREITOS COMO CONDIÇÃO PARA A INTERPOSIÇÃO DE RECURSO ADMINISTRATIVO. PEDIDO DEFERIDO. Perda de objeto da ação direta em relação ao art. 33, *caput* e parágrafos, da MP 1.699-41/1998, em razão de o dispositivo ter sido suprimido das versões ulteriores da medida provisória e da lei de conversão. A requerente promoveu o devido aditamento após a conversão da medida provisória impugnada em lei. Rejeitada a preliminar que sustentava a prejudicialidade da ação direta em razão de, na lei de conversão, haver o depósito prévio sido substituído pelo arrolamento de bens e direitos como condição de admissibilidade do recurso administrativo. Decidiu-se que não houve, no caso, alteração substancial do conteúdo da norma, pois a nova exigência contida na lei de conversão, a exemplo do depósito, resulta em imobilização de bens. Superada a análise dos pressupostos de relevância e urgência da medida provisória com o advento da conversão desta em lei. A exigência de depósito ou arrolamento prévio de bens e direitos como condição de admissibilidade de recurso administrativo constitui obstáculo sério (e intransponível, para consideráveis parcelas da população) ao exercício do direito de petição (CF, art. 5º, XXXIV), além de caracterizar ofensa ao princípio do contraditório (CF, art. 5º, LV). A exigência de depósito ou arrolamento prévio de bens e direitos pode converter-se, na prática, em determinadas situações, em supressão do direito de recorrer, constituindo-se, assim, em nítida violação ao princípio da proporcionalidade. Ação direta julgada procedente para declarar a inconstitucionalidade do art. 32 da MP 1699-41 – posteriormente convertida na lei 10.522/2002 –, que deu nova redação ao art. 33, § 2º, do Decreto 70.235/72.[148]

Em função desse julgado, a Lei nº 11.727/08 acabou por revogar os §§ 1º e 2º do artigo 126 da Lei nº 8.213/91, onde havia exigência idêntica.

---

[147] STF, RE nº 432441, *DJ* 26 nov. 2004.

[148] STF, ADI 1976, *DJ* 18 maio 2007.

O Conselho de Recursos da Previdência Social está disciplinado nos artigos 303 e seguintes do Decreto nº 3.048/99 como órgão colegiado integrante da estrutura do Ministério da Previdência Social de controle jurisdicional das decisões do INSS, nos processos referentes a benefícios a cargo dessa Autarquia.

O seu Regimento Interno foi aprovado pela Portaria MPS nº 323/07. Compreende os seguintes órgãos:

I – 29 Juntas de Recursos, com a competência para julgar, em primeira instância, os recursos interpostos contra as decisões prolatadas pelos órgãos regionais do INSS, em matéria de benefícios a cargo dessa Autarquia;

II – quatro Câmaras de Julgamento, com sede em Brasília, com a competência para julgar, em segunda instância, os recursos interpostos contra as decisões proferidas pelas Juntas de Recursos que infringirem lei, regulamento, enunciado ou ato normativo ministerial;

III – Conselho Pleno, com a competência para uniformizar a jurisprudência previdenciária mediante a emissão de enunciados, *ad referendum* do Ministro de Estado da Previdência Social.

O CRPS é presidido por representante do Governo, com notório conhecimento da legislação previdenciária, nomeado pelo Ministro de Estado da Previdência Social, cabendo-lhe dirigir os serviços administrativos do órgão.

As Juntas e as Câmaras, presididas por representante do Governo, são compostas por quatro membros, denominados conselheiros, nomeados pelo Ministro de Estado da Previdência Social, sendo dois representantes do Governo, um das empresas e um dos trabalhadores.

A sistemática recursal, sucintamente, é a seguinte:

I – é de 30 dias o prazo para interposição de recursos e para o oferecimento de contrarrazões, contados da ciência da decisão e da interposição do recurso, respectivamente;

II – o INSS pode reformar sua decisão, deixando, no caso de reforma favorável ao interessado, de encaminhar o recurso à instância competente;

III – se o reconhecimento do direito do interessado ocorrer na fase de instrução do recurso por ele interposto contra decisão de Junta de Recursos, ainda que de alçada, ou de Câmara de Julgamento, o processo, acompanhado das razões do novo entendimento, será encaminhado à Junta de Recursos, no caso de decisão dela emanada, para fins de reexame da questão, ou à Câmara de Julgamento, se por ela proferida a decisão, para revisão do acórdão, na forma que dispuser o seu Regimento Interno.

Havendo controvérsia na aplicação de lei ou de ato normativo, entre órgãos do Ministério da Previdência Social ou entidades vinculadas, ou ocorrência de questão previdenciária de relevante interesse público ou social, poderá o órgão interessado, por intermédio de seu dirigente, solicitar ao Ministro de Estado da Previdência Social solução para a controvérsia ou questão, oportunidade em que a Procuradoria Federal Especializada junto ao INSS deverá pronunciar-se.

O artigo 126, § 3º, da Lei nº 8.213/91 dispõe que a propositura, pelo beneficiário ou contribuinte, de ação que tenha por objeto idêntico pedido sobre o qual versa o processo administrativo importa renúncia ao direito de recorrer na esfera administrativa e desistência do recurso interposto.

No mesmo sentido é o artigo 38, parágrafo único, da Lei nº 6.830/80 – LEF:

> Art. 38. A discussão judicial da Dívida Ativa da Fazenda Pública só é admissível em execução, na forma desta Lei, salvo as hipóteses de mandado de segurança, ação de repetição do indébito ou ação anulatória do ato declarativo da dívida, esta precedida do depósito preparatório do valor do débito, monetariamente corrigido e acrescido dos juros e multa de mora e demais encargos.
>
> Parágrafo Único. A propositura, pelo contribuinte, da ação prevista neste artigo importa em renúncia ao poder de recorrer na esfera administrativa e desistência do recurso acaso interposto.

Acerca deste último, já decidiu o Supremo Tribunal Federal:

> EMENTA: CONSTITUCIONAL. PROCESSUAL TRIBUTÁRIO. RECURSO ADMINISTRATIVO DESTINADO À DISCUSSÃO DA VALIDADE DE DÍVIDA ATIVA DA FAZENDA PÚBLICA. PREJUDICIALIDADE EM RAZÃO DO AJUIZAMENTO DE AÇÃO QUE TAMBÉM TENHA POR OBJETIVO DISCUTIR A VALIDADE DO MESMO CRÉDITO. ART. 38, PAR. ÚN., DA LEI 6.830/1980. O direito constitucional de petição e o princípio da legalidade não implicam a necessidade de esgotamento da via administrativa para discussão judicial da validade de crédito inscrito em Dívida Ativa da Fazenda Pública. É constitucional o art. 38, par. ún., da Lei 6.830/1980 (Lei da Execução Fiscal –LEF), que dispõe que "a propositura, pelo contribuinte, da ação prevista neste artigo [ações destinadas à discussão judicial da validade de crédito inscrito em dívida ativa] importa em renúncia ao poder de recorrer na esfera administrativa e desistência do recurso acaso interposto". Recurso extraordinário conhecido, mas ao qual se nega provimento.[149]

---

[149] STF, RE nº 233582, *DJ* 15 maio 2008.

Com a criação da Receita Federal do Brasil, o CRPS perdeu a competência para o julgamento de processos relativos a contribuições de seguridade social, nos termos dos artigos 29 e 30 da Lei nº 11.457/07:

> Art. 29. Fica transferida do Conselho de Recursos da Previdência Social para o 2º Conselho de Contribuintes do Ministério da Fazenda a competência para julgamento de recursos referentes às contribuições de que tratam os arts. 2º e 3º desta Lei.
>
> § 1º Para o exercício da competência a que se refere o *caput* deste artigo, serão instaladas no 2º Conselho de Contribuintes, na forma da regulamentação pertinente, Câmaras especializadas, observada a composição prevista na parte final do inciso VII do *caput* do art. 194 da Constituição Federal.
>
> § 2º Fica autorizado o funcionamento das Câmaras dos Conselhos de Contribuintes nas sedes das Regiões Fiscais da Secretaria da Receita Federal do Brasil.
>
> Art. 30. No prazo de 30 (trinta) dias da publicação do ato de instalação das Câmaras previstas no § 1º do art. 29 desta Lei, os processos administrativo-fiscais referentes às contribuições de que tratam os arts. 2º e 3º desta Lei que se encontrarem no Conselho de Recursos da Previdência Social serão encaminhados para o 2º Conselho de Contribuintes.
>
> Parágrafo único. Fica prorrogada a competência do Conselho de Recursos da Previdência Social durante o prazo a que se refere o *caput* deste artigo.

4.4 *Requisições de pequeno valor – RPV*

A Emenda Constitucional nº 20/98 afastou a sistemática de pagamentos devidos pela Fazenda Pública por meio de precatórios, no que diz respeito àqueles de pequeno valor, no que foi seguida pela Emenda Constitucional nº 30/00, ao conceder nova redação ao artigo 100, § 3º, da Constituição Federal, nestes termos:

> Art. 100. À exceção dos créditos de natureza alimentícia, os pagamentos devidos pela Fazenda Federal, Estadual ou Municipal, em virtude de sentença judiciária, far-se-ão exclusivamente na ordem cronológica de apresentação dos precatórios e à conta dos créditos respectivos, proibida a designação de casos ou de pessoas nas dotações orçamentárias e nos créditos adicionais abertos para este fim.
>
> § 3º O disposto no *caput* deste artigo, relativamente à expedição de precatórios, não se aplica aos pagamentos de obrigações definidas em lei como de pequeno valor que a Fazenda Federal, Estadual, Distrital ou Municipal deva fazer em virtude de sentença judicial transitada em julgado.

Regulamentando essa disposição constitucional, os artigos 17, § 1º c/c 3º, *caput*, da Lei nº 10.259/01, a qual dispôs sobre a instituição dos Juizados Especiais Cíveis e Criminais no âmbito da Justiça Federal, fixou esse valor em 60 salários-mínimos.

Assim, hoje em dia, os pagamentos devidos pela Fazenda Pública Federal – incluído o INSS – que não ultrapassarem esse valor serão liquidados por meio de RPV. Essa sistemática vigora tanto nos Juizados Especiais Federais como em relação àqueles processos que seguem o rito ordinário. Tratando-se de obrigação de pagar quantia certa no âmbito dos Juizados Especiais Federais, após o trânsito em julgado da decisão, o pagamento será efetuado no prazo de 60 dias, contados da entrega da requisição, por ordem do Juiz, à autoridade citada para a causa, na agência mais próxima da Caixa Econômica Federal ou do Banco do Brasil.

São vedados o fracionamento, repartição ou quebra do valor da execução, de modo que o pagamento se faça, em parte, por RPV e, em outra parte, mediante expedição do precatório. Não se admite a expedição de precatório complementar ou suplementar do valor pago.

Se o valor da execução ultrapassar 60 salários-mínimos, o pagamento far-se-á, sempre, por meio do precatório, sendo facultado à parte exequente a renúncia ao crédito do valor excedente, para que possa optar pelo pagamento do saldo sem o precatório, na forma de RPV.

A sistemática da RPV não obsta a interposição de embargos à execução por parte do INSS.

4.5 *Prazo para embargos à execução*

Nos termos do artigo 130 da Lei nº 8.213/91, o prazo para o INSS opor embargos à execução é de 30 dias e não aquele de 10 dias previsto no artigo 730 do Código de Processo Civil.

A jurisprudência tem considerado legítima essa modificação:

> PREVIDENCIÁRIO. PROCESSO CIVIL. EMBARGOS À EXECUÇÃO. MOVIDO PELO INSS. PRAZO. RECURSO IMPROVIDO.
>
> 1. Na execução contra o INSS, o prazo para o oferecimento de embargos à execução é de 30 dias.
>
> 2. O art. 130 da Lei nº 8.213/91, alterado pela MP nº 1.523, de 11.10.96, convertida na Lei nº 9.528/97, por ser norma de natureza especial, aplicar-se-á, em detrimento do art. 730 do CPC, às ações em que se discutem questões relacionadas aos benefícios previdenciários e tenham como representante público o INSS. [...][150]

Releva notar que o Supremo Tribunal Federal e o Superior Tribunal de Justiça firmaram jurisprudência no sentido da possibilidade de expedição de precatório referente à parcela incontroversa da execução, pois o fracionamento

[150] STJ, REsp nº 210062, *DJ* 6 ago. 2007.

do valor da execução não viola o artigo 100, § 4º, da Constituição Federal, já que não implica alteração do regime de pagamento, o qual é definido pelo valor global da execução.

Em função desse entendimento, a Advocacia-Geral da União editou a Súmula nº 31:

> É cabível a expedição de precatório referente a parcela incontroversa, em sede de execução ajuizada em face da Fazenda Pública.[151]

4.6 *Procuradoria*

A Procuradoria do INSS era integrada por Procuradores Autárquicos do próprio quadro da Autarquia. O artigo 39 da Medida Provisória nº 2.229-43/01 transformou os cargos de Procurador Autárquico em Procurador Federal.[152] Posteriormente, a Lei nº 10.480/02 criou a Procuradoria-Geral Federal, à qual ficou assegurada autonomia administrativa e financeira, vinculada à Advocacia-Geral da União.

À Procuradoria-Geral Federal compete a representação judicial e extrajudicial das autarquias e fundações públicas federais, as respectivas atividades de consultoria e assessoramento jurídicos, a apuração da liquidez e certeza dos créditos, de qualquer natureza, inerentes às suas atividades, inscrevendo-os em dívida ativa, para fins de cobrança amigável ou judicial.

Tendo em vista que a própria lei que criou a PGF determinou a manutenção, como Procuradorias Federais especializadas, dos órgãos jurídicos de autarquias e fundações de âmbito nacional, a Procuradoria do INSS foi acolhida no novo regime como Procuradoria Federal Especializada junto ao INSS, de âmbito nacional. Seus integrantes têm a denominação de Procuradores Federais e pertencem ao quadro da Advocacia-Geral da União – AGU.

O artigo 131 da Lei nº 8.213/91 tem uma importante norma dirigida à Procuradoria, segundo a qual o Ministro da Previdência Social poderá autorizar o INSS a formalizar a desistência ou abster-se de propor ações e recursos em processos judiciais sempre que a ação versar matéria sobre a qual haja declaração de inconstitucionalidade proferida pelo Supremo Tribunal Federal – STF, súmula ou jurisprudência consolidada do STF ou dos tribunais superiores, bem como disciplinar as hipóteses em que a administração previdenciária federal, relativamente

151 *DOU* 10 jun. 2008.

152 Na verdade, todos os cargos de Procurador Autárquico existentes nas 178 autarquias e fundações públicas da época – aproximadamente 4.000 – foram transformados em Procurador Federal. Desde então, não existem mais "Procuradores do INSS", "Procuradores do IBAMA", "Procuradores do INCRA" etc. Todos são Procuradores Federais. O quadro conta, hoje, com 4.320 Procuradores Federais.

aos créditos previdenciários baseados em dispositivo declarado inconstitucional por decisão definitiva do Supremo Tribunal Federal, possa:

a) abster-se de constituí-los;
b) retificar o seu valor ou declará-los extintos, de ofício, quando houverem sido constituídos anteriormente, ainda que inscritos em dívida ativa;
c) formular desistência de ações de execução fiscal já ajuizadas, bem como deixar de interpor recursos de decisões judiciais.

O artigo 132 da mesma lei, a seu turno, determina que a formalização de desistência ou transigência judiciais, por parte de Procurador da Previdência Social, será sempre precedida da anuência, por escrito, do Procurador-Geral do INSS, ou do Presidente desse órgão, quando os valores em litígio ultrapassarem os limites definidos pelo CNPS. Até que o CNPS defina esses valores, deverão ser submetidos à anuência prévia do Procurador-Geral ou do Presidente do INSS a formalização de desistência ou transigência judiciais, quando os valores, referentes a cada segurado considerado separadamente, superarem, respectivamente, 10 ou 30 vezes o teto do salário-de-benefício.

A função do Advogado Público, temos reiteradamente afirmado, não é a defesa intransigente do seu "cliente", a Administração Pública. Mas, de outra banda, o controle da legalidade de seus atos. A Lei Complementar nº 73/93 concede competência privativa para a AGU no que diz respeito às atividades de consultoria e assessoramento jurídicos ao Poder Executivo. Evidentemente, debaixo da legalidade.

Nessa esteira, o Advogado Público deve defender, com todas as suas forças, o interesse público presente no ato administrativo motivado na legalidade e opinar pela desconstituição daqueles contaminados pelo desvio de poder, não importa que implique reconhecimento do pedido ou desistência de ação, mesmo execução fiscal. Essa tarefa, entretanto, não é fácil, pois o Direito não é uma ciência exata e a segurança jurídica deve estar presente nas relações entre a Administração e os administrados. O Judiciário e o Ministério Público desconhecem essa dificuldade em função da independência funcional, presente nessas instituições. É da essência do funcionamento de ambos a divergência interpretativa que, no final das contas, será resolvida pelo Superior Tribunal de Justiça ou pelo Supremo Tribunal Federal, conforme o caso.

Na Administração Pública não é possível o administrado da cidade "x" ter acesso a um direito negado na cidade "y", por divergência de interpretação, o que é comum, por outro lado, acontecer com os jurisdicionados.

Some-se a isso, certas vezes, a instabilidade de entendimentos jurisprudenciais, como a interpretação do artigo 135 do Código Tributário Nacional, em relação à responsabilidade dos sócios. Caso extremo foi o reajuste dos benefícios de prestação continuada concedidos pelo INSS que, nos termos da Súmula nº 3 da Turma de Uniformização das Decisões das Turmas Recursais dos Juizados Especiais Federais, deveria ser efetuado com base no IGP-DI nos anos de 1997, 1999, 2000 e 2001. Com fundamento nessa Súmula e ainda levando em consideração o disposto no artigo 10, parágrafo único, da Lei nº 10.259/01, segundo o qual os representantes judiciais da União, autarquias, fundações e empresas públicas federais ficam autorizados a conciliar, transigir ou desistir, nos processos da competência dos Juizados Especiais Federais, os Procuradores do INSS sofreram forte pressão para realizarem acordos nos milhares de processos que tramitavam nesses juízos; entretanto, pouco mais tarde, o Supremo Tribunal Federal dava provimento ao RE nº 376846, interposto pelo INSS ao argumento de que o IGP-DI era inaplicável à espécie já que "melhor serve para preços no atacado, porque retrata, basicamente, a variação de preços do setor empresarial brasileiro".[153] Essa decisão implicou o cancelamento da aludida Súmula 3. Os recursos financeiros envolvidos atingiam a cifra de R$ 35 bilhões, aproximadamente 30% da despesa da previdência social no ano do julgamento, 2003.

Situação idêntica ocorreu no caso das "cotas de pensão", onde, como já vimos, após a pacificação de entendimento contrário ao INSS no âmbito do Superior Tribunal de Justiça e Juizados Especiais Federais, decidiu o Supremo Tribunal Federal a favor da previdência social. O valor envolvido na tese jurídica ultrapassa os R$ 100 bilhões.

É preciso superar, também, a velha noção – procedente em tempos passados – no sentido de que o Poder Público interpõe recursos meramente protelatórios. No âmbito da previdência social, nos últimos anos, a média do êxito nos processos julgados no Superior Tribunal de Justiça e Supremo Tribunal Federal envolvendo o INSS ultrapassa a marca de 70%, o que joga por terra aquela noção. Considerando que já exercemos o cargo de Procurador-Geral Federal, podemos afirmar, com tranquilidade, que no âmbito da Advocacia-Geral da União não há qualquer determinação superior no sentido de protelar as ações judiciais. Muitas vezes o Procurador atuante no feito se vê forçado a interpor embargos declaratórios em função da exigência de prequestionamento, o que aumenta em muito o seu trabalho, o trabalho do Judiciário e necessariamente o tempo de tramitação do feito. Em muitos casos, se não interpuser os declaratórios, corre o risco de ver o seu recurso não conhecido.

[153] Cf. STF, *DJ* 2 abr. 2004.

De tudo o que foi exposto, salta aos olhos a importância da edição de atos administrativos que uniformizem o procedimento judicial da Administração Pública.

A esse respeito, dispõe o artigo 43 da Lei Complementar nº 73/93:

> Art. 43. A Súmula da Advocacia-Geral da União tem caráter obrigatório quanto a todos os órgãos jurídicos enumerados nos arts. 2º e 17 desta lei complementar.

É preciso conciliar as Súmulas da AGU com o disposto no artigo 10, parágrafo único, da Lei nº 10.259/01, não esquecendo da autonomia – não independência – funcional dos advogados públicos que lhes é inerente por sua indispensabilidade à administração da justiça.

4.7 *Multa*

O artigo 133 da Lei nº 8.213/91 fixa multa variável no valor atualizado de R$ 1.717,38 a R$ 171.736,10 na hipótese de infração a qualquer dispositivo daquela lei para a qual não haja penalidade expressamente cominada. A autoridade que reduzir ou relevar multa já aplicada recorrerá de ofício para a autoridade hierarquicamente superior.

Os artigos 279 e seguintes do Decreto nº 3.048/99 tratam das penalidades em geral, como já tivemos a oportunidade de ver no estudo do artigo 92 da Lei nº 8.212/91.

Naquele momento, vale lembrar, registramos que o Superior Tribunal de Justiça tem decidido pela legitimidade da multa com caráter geral imposta pela Lei Previdenciária.

4.8 *Correção de valores*

A exemplo de disposição contida na Lei nº 8.212/91, o artigo 134 da Lei nº 8.213/91 determina que os valores expressos em moeda na lei serão corrigidos nas mesmas épocas e com os mesmos índices utilizados para o reajustamento dos benefícios.

4.9 *Extinção de regimes previdenciários anteriores*

O artigo 137 da Lei nº 8.213/91 extingue o Programa de Previdência Social aos Estudantes, instituído pela Lei nº 7.004/82, mantendo o pagamento dos benefícios de prestação continuada com data de início até a entrada em vigor daquela lei.

O artigo 138 do mesmo diploma extingue os regimes de previdência social instituídos pela Lei Complementar nº 11/71 e pela Lei nº 6.260/75, sendo mantidos, com valor não inferior ao do salário-mínimo, os benefícios concedidos até a vigência dessa lei.

A Lei Complementar nº 11/71 instituiu o Programa de Assistência ao Trabalhador Rural (PRORURAL), o qual era executado pelo Fundo de Assistência ao Trabalhador Rural (FUNRURAL), diretamente subordinado ao Ministro do Trabalho e Previdência Social, com personalidade jurídica de natureza autárquica.

O PRORURAL tinha como beneficiários o trabalhador rural e seus dependentes e previa os seguintes benefícios:

I – aposentadoria por velhice;
II – aposentadoria por invalidez;
III – pensão;
IV – auxílio-funeral;
V – serviço de saúde;
VI – serviço social.

A Lei nº 6.250/75 instituiu os seguintes benefícios de previdência e assistência social em favor dos empregadores rurais e seus dependentes:

I – quanto ao empregador rural:
  a) aposentadoria por invalidez;
  b) aposentadoria por velhice.
II – quanto aos dependentes do empregador rural:
  a) pensão;
  b) auxílio-funeral.
III – quanto aos benefícios em geral:
  a) serviços de saúde;
  b) readaptação profissional;
  c) serviço social.

A Constituição Federal de 1988 determinou, como já vimos, a uniformidade e equivalência dos benefícios e serviços às populações urbanas e rurais, o que implicou o fim do tratamento diferenciado.

4.10 *Regime especial do ex-combatente, do ferroviário e do anistiado político*

O artigo 149 da Lei nº 8.213/91 determina que as prestações, e o seu financiamento, referentes aos benefícios de ex-combatente e de ferroviário servidor público ou autárquico federal ou em regime especial que não optou pelo regime da Consolidação das Leis do Trabalho, na forma da Lei nº 6.184/74, bem como seus dependentes, serão objeto de legislação específica, pois não integram o RGPS.

Sobre o tema, vejam-se os seguintes julgados:

> Ementa: PENSÃO ESPECIAL. EX-COMBATENTE.
>
> – Ex-combatente para efeito de concessão da pensão especial é também aquele militar que à época (16 de setembro de 1942 a 8 de maio de 1945) foi deslocado de sua unidade para fazer o patrulhamento da costa em defesa do litoral brasileiro.
>
> – Embargos rejeitados.[154]

> Ementa: PREVIDENCIÁRIO. COMPLEMENTAÇÃO DE APOSENTADORIA. FERROVIÁRIOS. REGIME CELETISTA. INAPLICABILIDADE DO DECRETO-LEI Nº 956/69.
>
> 1. É entendimento pacífico nesta Corte que a complementação de aposentadoria instituída pelo Decreto-lei nº 956/69 não se aplica aos servidores regidos pelo regime celetista aposentados pelo Tesouro Nacional e aos que gozem de dupla aposentadoria.
>
> 2. Precedentes.
>
> 3. Recurso especial conhecido e provido.[155]

O artigo 150 da Lei nº 8.213/91 reconheceu o direito do anistiado pela Lei nº 6.683/79 à aposentadoria em regime excepcional, o qual é regulado pela Lei nº 10.559/02. O artigo 1º da lei de regência assegura os seguintes direitos ao anistiado:

I – declaração da condição de anistiado político;

II – reparação econômica, de caráter indenizatório, em prestação única ou em prestação mensal, permanente e continuada, asseguradas a readmissão ou a promoção na inatividade, nas condições estabelecidas no *caput* e nos §§ 1º e 5º do artigo 8º do Ato das Disposições Constitucionais Transitórias;

---

[154] STJ, EREsp nº 255376, *DJ* 12 maio 2003.

[155] STJ, REsp nº 433111, *DJ* 13 jun. 2005.

III – contagem, para todos os efeitos, do tempo em que o anistiado político esteve compelido ao afastamento de suas atividades profissionais, em virtude de punição ou de fundada ameaça de punição, por motivo exclusivamente político, vedada a exigência de recolhimento de quaisquer contribuições previdenciárias;

IV – conclusão do curso, em escola pública, ou, na falta, com prioridade para bolsa de estudo, a partir do período letivo interrompido, para o punido na condição de estudante, em escola pública, ou registro do respectivo diploma para os que concluíram curso em instituições de ensino no exterior, mesmo que este não tenha correspondente no Brasil, exigindo-se para isso o diploma ou certificado de conclusão do curso em instituição de reconhecido prestígio internacional; e

V – reintegração dos servidores públicos civis e dos empregados públicos punidos, por interrupção de atividade profissional em decorrência de decisão dos trabalhadores, por adesão à greve em serviço público e em atividades essenciais de interesse da segurança nacional por motivo político.

Ainda assegurou àqueles que foram afastados em processos administrativos, instalados com base na legislação de exceção, sem direito ao contraditório e à própria defesa, e impedidos de conhecer os motivos e fundamentos da decisão, a reintegração em seus cargos.

Como já decidiu o Superior Tribunal de Justiça, "para a caracterização da condição de anistiado, faz-se necessário que o ato tido como de exceção tenha motivação exclusivamente política, causando prejuízos aos seus destinatários por tal motivo. Não havendo comprovação ou qualquer indício de que o impetrante tenha sido vítima de ato de exceção por motivação política ou ideológica, não há direito líquido e certo a ser resguardado na presente via".[156]

4.11 Competência para fiscalização de obrigações não tributárias

Muitas vezes, na oportunidade do requerimento de algum benefício previdenciário, o banco de dados da previdência social, o CNIS, não reflete a realidade da vida previdenciária do beneficiário, apresentando inconsistências, sobretudo por falhas de informações, as quais podem ser de responsabilidade dos contribuintes – erro ou omissão no dever de informar os fatos geradores das contribuições e vínculos – ou mesmo dos órgãos públicos envolvidos.

---

156 Cf. STJ, MS nº 9996, *DJ* 24 ago. 2005.

Surge daí a necessidade de procedimento denominado *pesquisa externa*, onde o agente da previdência social vai a campo, em busca do esclarecimento daquela inconsistência. Essa diligência era tradicionalmente realizada pelos fiscais do INSS, os quais possuíam competência para realizar a fiscalização tributária, com todas as garantias arroladas no Código Tributário Nacional, em especial nos artigos 195 a 200:

> Art. 195. Para os efeitos da legislação tributária, não têm aplicação quaisquer disposições legais excludentes ou limitativas do direito de examinar mercadorias, livros, arquivos, documentos, papéis e efeitos comerciais ou fiscais dos comerciantes, industriais ou produtores, ou da obrigação destes de exibi-los.
>
> Parágrafo único. Os livros obrigatórios de escrituração comercial e fiscal e os comprovantes dos lançamentos neles efetuados serão conservados até que ocorra a prescrição dos créditos tributários decorrentes das operações a que se refiram.
>
> Art. 196. A autoridade administrativa que proceder ou presidir a quaisquer diligências de fiscalização lavrará os termos necessários para que se documente o início do procedimento, na forma da legislação aplicável, que fixará prazo máximo para a conclusão daquelas.
>
> Parágrafo único. Os termos a que se refere este artigo serão lavrados, sempre que possível, em um dos livros fiscais exibidos; quando lavrados em separado deles se entregará, à pessoa sujeita à fiscalização, cópia autenticada pela autoridade a que se refere este artigo.
>
> Art. 197. Mediante intimação escrita, são obrigados a prestar à autoridade administrativa todas as informações de que disponham com relação aos bens, negócios ou atividades de terceiros:
>
> I – os tabeliães, escrivães e demais serventuários de ofício;
>
> II – os bancos, casas bancárias, Caixas Econômicas e demais instituições financeiras;
>
> III – as empresas de administração de bens;
>
> IV – os corretores, leiloeiros e despachantes oficiais;
>
> V – os inventariantes;
>
> VI – os síndicos, comissários e liquidatários;
>
> VII – quaisquer outras entidades ou pessoas que a lei designe, em razão de seu cargo, ofício, função, ministério, atividade ou profissão.
>
> Parágrafo único. A obrigação prevista neste artigo não abrange a prestação de informações quanto a fatos sobre os quais o informante esteja legalmente obrigado a observar segredo em razão de cargo, ofício, função, ministério, atividade ou profissão.
>
> Art. 198. Sem prejuízo do disposto na legislação criminal, é vedada a divulgação, por parte da Fazenda Pública ou de seus servidores, de informação obtida em razão do ofício sobre a situação econômica ou financeira do sujeito passivo ou de terceiros e sobre a natureza e o estado de seus negócios ou atividades.

§ 1º Excetuam-se do disposto neste artigo, além dos casos previstos no art. 199, os seguintes:

I – requisição de autoridade judiciária no interesse da justiça;

II – solicitações de autoridade administrativa no interesse da Administração Pública, desde que seja comprovada a instauração regular de processo administrativo, no órgão ou na entidade respectiva, com o objetivo de investigar o sujeito passivo a que se refere a informação, por prática de infração administrativa.

§ 2º O intercâmbio de informação sigilosa, no âmbito da Administração Pública, será realizado mediante processo regularmente instaurado, e a entrega será feita pessoalmente à autoridade solicitante, mediante recibo, que formalize a transferência e assegure a preservação do sigilo.

§ 3º Não é vedada a divulgação de informações relativas a:

I – representações fiscais para fins penais;

II – inscrições na Dívida Ativa da Fazenda Pública;

III – parcelamento ou moratória.

Art. 199. A Fazenda Pública da União e as dos Estados, do Distrito Federal e dos Municípios prestar-se-ão mutuamente assistência para a fiscalização dos tributos respectivos e permuta de informações, na forma estabelecida, em caráter geral ou específico, por lei ou convênio.

Parágrafo único. A Fazenda Pública da União, na forma estabelecida em tratados, acordos ou convênios, poderá permutar informações com Estados estrangeiros no interesse da arrecadação e da fiscalização de tributos.

Art. 200. As autoridades administrativas federais poderão requisitar o auxílio da força pública federal, estadual ou municipal, e reciprocamente, quando vítimas de embaraço ou desacato no exercício de suas funções, ou quando necessário à efetivação de medida prevista na legislação tributária, ainda que não se configure fato definido em lei como crime ou contravenção.

Com a criação da Secretaria da Receita Federal do Brasil, a previdência social perdeu os seus fiscais, visto que estes passaram a integrar aquele quadro próprio. Essa novidade causou – e continua causando – enormes dificuldades e uma delas reside exatamente na falta de agentes para a realização da pesquisa externa, a qual é rotineira é imprescindível para a garantia dos direitos previdenciários, pois diz respeito, em muitos casos, à própria existência do direito e não apenas ao valor do beneficio previdenciário. Além disso, é instrumento fundamental no combate às fraudes. Buscando minimizar o problema, a Lei nº 11.941/09 acrescentou o artigo 125-A na Lei nº 8.213/91, dispondo sobre a competência para fiscalização de obrigações não tributárias.

Segundo a nova disposição, compete ao INSS realizar, por meio dos seus próprios agentes, quando designados, todos os atos e procedimentos necessários à verificação do atendimento das obrigações não tributárias impostas pela legislação previdenciária e à imposição da multa por seu eventual descumprimento.

A empresa está obrigada a disponibilizar a servidor designado por dirigente do INSS os documentos necessários à comprovação de vínculo empregatício, de prestação de serviços e de remuneração relativos a trabalhador previamente identificado.

Havendo discordância da empresa quanto à pesquisa externa, a mesma pode recorrer ao Conselho de Recursos da Previdência Social.

Como o agente administrativo do INSS não tem as mesmas atribuições do fiscal, a inovação deixa claro que o novo procedimento não abrange as competências atribuídas em caráter privativo aos ocupantes do cargo de Auditor-Fiscal da Receita Federal do Brasil previstas no inciso I do artigo 6º da Lei nº 10.593/02.

4. Das disposições diversas relativas às prestações e das disposições finais e transitórias

4.1 Decadência e prescrição em matéria previdenciária

4.2 Justificação administrativa

Processo administrativo – finalidade de suprir a falta de documento ou produzir prova de fato de interesse dos beneficiários, perante a previdência social.

Inadmissível quando o fato a provar exigir registro público de casamento, de idade ou de óbito, ou de qualquer ato jurídico para o qual a lei prescreva forma especial.

Exigência de início de prova material – não admite a prova exclusivamente testemunhal (salvo na ocorrência de motivo de força maior ou caso fortuito – verificação de ocorrência notória, tais como incêndio, inundação ou desmoronamento, que tenha atingido a empresa na qual o segurado alegue ter trabalhado, devendo ser comprovada mediante registro da ocorrência policial feito em época própria ou apresentação de documentos contemporâneos dos fatos, e verificada a correlação entre a atividade da empresa e a profissão do segurado).

Processamento – requerimento expondo pontos a justificar – indicação de testemunhas idôneas – juntada de documentos – decisão irrecorrível.

Parte de processo antecedente – vedada sua tramitação na condição de processo autônomo.

4.3 Conselho de Recursos da Previdência Social

Órgão administrativo do Ministério da Previdência Social – competência para julgar os recursos interpostos contra as decisões do INSS nos processos de interesse dos beneficiários da seguridade social.

Presidência – representante do Governo – notório conhecimento da legislação previdenciária – nomeado pelo Ministro de Estado da Previdência Social.

Juntas e Câmaras – presididas por representante do Governo – compostas por quatro membros (conselheiros) – nomeados pelo Ministro de Estado da Previdência Social: dois representantes do Governo, um das empresas e um dos trabalhadores.

Prazo recursal – 30 dias.

Propositura de ação que tenha por objeto idêntico pedido sobre o qual versa o processo administrativo – renúncia ao direito de recorrer na esfera administrativa e desistência do recurso interposto.

Lei nº 11.457/07 – transferência de competência para o 2º Conselho de Contribuintes do Ministério da Fazenda para julgamento de recursos referentes às contribuições previdenciárias.

4.4 Requisições de pequeno valor – RPV

EC nº 20/98 – alteração da sistemática de pagamentos de pequeno valor devidos pela Fazenda Pública (até 60 salários-mínimos).

Juizados Especiais Federais e Varas Comuns.

RPV – obrigação de pagar quantia certa, após o trânsito em julgado da decisão, no prazo de 60 dias.

Vedado o fracionamento, repartição ou quebra do valor da execução (parte por RPV, e outra parte por precatório).

Valor da execução maior que 60 salários-mínimos – pagamento por meio do precatório – facultado ao exequente renúncia ao crédito excedente para recebimento por RPV.

RPV não obsta a interposição de embargos à execução por parte do INSS.

4.5 Prazo para embargos à execução

Lei nº 8.213/91, art. 130 – 30 dias (e não 10 – art. 730 do CPC).

STF e STJ – possibilidade de expedição de precatório referente à parcela incontroversa da execução.

AGU, Súmula 31: é cabível a expedição de precatório referente à parcela incontroversa, em sede de execução ajuizada em face da Fazenda Pública.

4. Das disposições diversas relativas às prestações e das disposições finais e transitórias

4.6 Procuradoria

Histórico.

Procuradoria do INSS – integrada por Procuradores Autárquicos do próprio quadro da Autarquia.

Medida Provisória nº 2.229-43/01, art. 39 – transformação dos cargos de Procurador Autárquico em Procurador Federal.

Lei nº 10.480/02 – criação da Procuradoria-Geral Federal, vinculada à Advocacia-Geral da União – Procuradoria do INSS acolhida como Procuradoria Federal Especializada junto ao INSS, de âmbito nacional (integrantes têm a denominação de Procuradores Federais e pertencem ao quadro da Advocacia-Geral da União – AGU).

Função do Advogado Público – controle da legalidade dos atos da Administração.

4.7 Multa

Lei nº 8.213/91, art. 133 – multa variável na hipótese de infração a qualquer dispositivo daquela lei para a qual não haja penalidade expressamente cominada – regra de encerramento.

4.8 Correção de valores

Valores expressos em moeda na lei serão corrigidos nas mesmas épocas e com os mesmos índices utilizados para o reajustamento dos benefícios.

4.9 Extinção de regimes previdenciários anteriores

Lei nº 8.213/91:

– art. 137 – extinção do Programa de Previdência Social aos Estudantes, instituído pela Lei nº 7.004/82 – manutenção dos benefícios em vigor.

– art. 138 – extinção dos regimes de previdência social instituídos pela Lei Complementar nº 11/71 (PRORURAL) e pela Lei nº 6.260/75 (empregadores rurais e dependentes), sendo mantidos, com valor não inferior ao do salário-mínimo, os benefícios concedidos até a vigência desta Lei.

4.10 Regime especial do ex-combatente, do ferroviário e do anistiado político

Lei nº 8.213/91:

– art. 149 – benefícios de ex-combatente e de ferroviário servidor público ou autárquico federal ou em regime especial que não optou pelo regime da Consolidação das Leis do Trabalho, na forma da Lei nº 6.184/74, bem como seus dependentes: objeto de legislação específica – não integram o RGPS.

– art. 150 – direito do anistiado pela Lei nº 6.683/79 à aposentadoria em regime excepcional (Lei nº 10.559/02). STJ – caracterização da condição de anistiado pressupõe que o ato tido como de exceção tenha motivação exclusivamente política, causando prejuízos aos seus destinatários por tal motivo.

4.11 Competência para fiscalização de obrigações não tributárias

Pesquisa externa – agente da previdência social vai a campo em busca do esclarecimento de inconsistências cadastrais.

Regime anterior – realizado pelos fiscais da previdência social.

Criação da Secretaria da Receita Federal do Brasil – inexistência de fiscais no âmbito do INSS.

Lei nº 11.941/09 – compete ao INSS realizar, por meio dos seus próprios agentes, quando designados, todos os atos e procedimentos necessários à verificação do atendimento das obrigações não tributárias impostas pela legislação previdenciária e à imposição da multa por seu eventual descumprimento.

4.1 Decadência e prescrição em matéria previdenciária

4.1.1 Decadência contra o beneficiário

Até Lei nº 9.528/97 (MP nº 1.523-9/97) – legislação previdenciária desconhecia o instituto da decadência.

Após Lei nº 9.528/97 – prazo de decadência de dez anos.

Após Lei nº 9.711/98 (MP nº 1.663-15/98) – redução para cinco anos.

Atualmente, Lei nº 10.839/04 (MP nº 138/03) – prazo de dez anos.

Objeto – todo e qualquer direito ou ação do segurado ou beneficiário para a revisão do ato de concessão de benefício, a contar do dia primeiro do mês seguinte ao do recebimento da primeira prestação ou, quando for o caso, do dia em que tomar conhecimento da decisão indeferitória definitiva no âmbito administrativo.

Decadência atinge:

– revisão do ato de concessão do benefício (ex. cálculo da renda mensal inicial); ou

– impugnação da decisão indeferitória definitiva no âmbito administrativo.

Não havendo decisão administrativa – não há decadência.

4.1.2 Prescrição contra o beneficiário

Desde a publicação da Lei nº 8.213/91 – cinco anos.

Termo inicial – data em que deveriam ter sido pagas.

Objeto – toda e qualquer ação para haver prestações vencidas ou quaisquer restituições ou diferenças devidas pela previdência social, salvo o direito dos menores, incapazes e ausentes, na forma do Código Civil.

Benefício previdenciário – caráter alimentar – prescrição atinge apenas as prestações anteriores ao quinquênio.

4.1.3 Decadência contra a previdência social

Antes da Lei nº 10.839/04 – inexistência de prazo decadencial específico para a previdência social.

Após Lei nº 10.839/04 – dez anos, salvo comprovada má-fé. Havendo má-fé, inexiste prazo.

Termo inicial – data em que foram praticados.

Objeto – direito da previdência social de anular os atos administrativos de que decorram efeitos favoráveis para os seus beneficiários.

Efeitos patrimoniais contínuos – prazo decadencial contar-se-á da percepção do primeiro pagamento.

Exercício do direito de anular – qualquer medida de autoridade administrativa que importe impugnação à validade do ato.

Lei nº 9.784/99 – prazo decadencial contra a Administração em geral (incluída a previdência social).

Prazo – cinco anos, salvo comprovada má-fé.

Termo inicial – data em que foram praticados.

4.1.4 Prescrição relativa a acidente do trabalho

Prazo das ações acidentárias – cinco anos.

Termo inicial:

I – data do acidente, quando dele resultar a morte ou a incapacidade temporária, verificada esta em perícia médica a cargo da previdência social; ou

II – data em que for reconhecida pela previdência social a incapacidade permanente ou o agravamento das sequelas do acidente.

5 Acidente do trabalho

5.1 Conceito

O artigo 19 da Lei nº 8.213/91 define o acidente do trabalho como o que ocorre pelo exercício do trabalho a serviço da empresa ou pelo exercício do trabalho dos segurados especiais, provocando lesão corporal ou perturbação funcional que cause a morte ou a perda ou redução, permanente ou temporária, da capacidade para o trabalho.[157]

[157] O Brasil sustenta a triste 4ª colocação mundial em acidentes fatais, atrás da China, Índia e Indonésia. Segundo dados do INSS, sem contar a subnotificação, aqui ocorre 1 morte a cada 3,5 horas (8 mortes por dia, 240 por mês, 2.880 por ano) e 83 acidentes e doenças ocupacionais a cada 1 hora. Em 2009, foram 723.452 mil acidentes do trabalho registrados.

O risco social é expressamente previsto no artigo 201, § 10, da Constituição Federal, segundo o qual lei disciplinará a cobertura do risco de acidente do trabalho, a ser atendido concorrentemente pelo RGPS e pelo setor privado – não obstante a autorização constitucional, a cobertura, hoje, dá-se exclusivamente pelo INSS. O acidente do trabalho implica a necessidade social de incapacidade laboral, em seus diversos níveis.

A existência do mecanismo de proteção previdenciária não exime a empresa da adoção e uso das medidas coletivas e individuais de proteção e segurança da saúde do trabalhador, constituindo contravenção penal, punível com multa, deixar a empresa de cumprir as normas de segurança e higiene do trabalho. Também é dever da empresa prestar informações pormenorizadas sobre os riscos da operação a executar e do produto a manipular. O Ministério do Trabalho deve fiscalizar, acompanhado de sindicatos e entidades representativas de classe, o fiel cumprimento dessas normas relativas à segurança do trabalho.

Havendo negligência da empresa quanto às normas padrão de segurança e higiene do trabalho indicadas para a proteção individual e coletiva, a previdência social proporá ação regressiva contra os responsáveis.

A Lei Previdenciária considera acidente do trabalho as seguintes entidades mórbidas:

I – doença profissional, assim entendida a produzida ou desencadeada pelo exercício do trabalho peculiar a determinada atividade e constante da respectiva relação elaborada pelo Ministério Previdência Social;[158]

II – doença do trabalho, assim entendida a adquirida ou desencadeada em função de condições especiais em que o trabalho é realizado e com ele se relacione diretamente, constante da relação acima.

Não são consideradas como doença do trabalho:

a) a doença degenerativa;
b) a inerente a grupo etário;
c) a que não produza incapacidade laborativa;
d) a doença endêmica adquirida por segurado habitante de região em que ela se desenvolva, salvo comprovação de que é resultante de exposição ou contato direto determinado pela natureza do trabalho.

---

[158] A relação está no Anexo II do Decreto nº 3.048/99.

A relação de doenças profissionais e do trabalho constante no Decreto nº 3.048/99 é meramente enunciativa, pois havendo conclusão no sentido de que a doença resultou das condições especiais em que o trabalho é executado e com ele se relaciona diretamente, a previdência social deve considerá-la acidente do trabalho.

Equiparam-se também ao acidente do trabalho, para efeitos da lei:

I – o acidente ligado ao trabalho que, embora não tenha sido a causa única, haja contribuído diretamente para a morte do segurado, para redução ou perda da sua capacidade para o trabalho, ou produzido lesão que exija atenção médica para a sua recuperação;

II – o acidente sofrido pelo segurado no local e no horário do trabalho, em consequência de:

a) ato de agressão, sabotagem ou terrorismo praticado por terceiro ou companheiro de trabalho;

b) ofensa física intencional, inclusive de terceiro, por motivo de disputa relacionada ao trabalho;

c) ato de imprudência, de negligência ou de imperícia de terceiro ou de companheiro de trabalho;

d ato de pessoa privada do uso da razão;

e) desabamento, inundação, incêndio e outros casos fortuitos ou decorrentes de força maior;

III – a doença proveniente de contaminação acidental do empregado no exercício de sua atividade;

IV – o acidente sofrido pelo segurado ainda que fora do local e horário de trabalho:

a) na execução de ordem ou na realização de serviço sob a autoridade da empresa;

b) na prestação espontânea de qualquer serviço à empresa para lhe evitar prejuízo ou proporcionar proveito;

c) em viagem a serviço da empresa, inclusive para estudo quando financiada por esta dentro de seus planos para melhor capacitação da mão de obra, independentemente do meio de locomoção utilizado, inclusive veículo de propriedade do segurado;

d) no percurso da residência para o local de trabalho ou deste para aquela, qualquer que seja o meio de locomoção, inclusive veículo de propriedade do segurado.

Nos períodos destinados a refeição ou descanso, ou por ocasião da satisfação de outras necessidades fisiológicas, no local do trabalho ou durante este, o empregado é considerado no exercício do trabalho.

Não é considerada agravação ou complicação de acidente do trabalho a lesão que, resultante de acidente de outra origem, se associe ou se superponha às consequências do anterior.

5.1.1 Nexo técnico epidemiológico (NTE) e fator acidentário de prevenção (FAP)

A Lei nº 11.430/06, fruto da conversão da Medida Provisória nº 316/06, trouxe profunda alteração na legislação previdenciária relativa ao acidente do trabalho, com a introdução do nexo técnico epidemiológico, o qual pode ser conceituado como uma metodologia para relacionar acidentes do trabalho com determinadas atividades profissionais. Assim, quando a perícia médica constatar a ocorrência de uma doença diretamente relacionada à atividade profissional, considerará o evento como acidente do trabalho. Vejamos um exemplo. De acordo com a relação constante no Anexo II do Decreto nº 3.048/99, a presença de bromo no ambiente de trabalho causa sinusite crônica; logo, se for constatada essa doença no segurado, no momento da perícia médica, e o mesmo trabalhar em ambiente onde verifica-se a presença de bromo, estará caracterizado o acidente do trabalho.

Nesse sentido, dispõe o artigo 21-A da Lei nº 8.213/91:

> Art. 21-A. A perícia médica do INSS considerará caracterizada a natureza acidentária da incapacidade quando constatar ocorrência de nexo técnico epidemiológico entre o trabalho e o agravo, decorrente da relação entre a atividade da empresa e a entidade mórbida motivadora da incapacidade elencada na Classificação Internacional de Doenças – CID, em conformidade com o que dispuser o regulamento.
>
> § 1º A perícia médica do INSS deixará de aplicar o disposto neste artigo quando demonstrada a inexistência do nexo de que trata o *caput* deste artigo.
>
> § 2º A empresa poderá requerer a não aplicação do nexo técnico epidemiológico, de cuja decisão caberá recurso com efeito suspensivo, da empresa ou do segurado, ao Conselho de Recursos da Previdência Social.

A exposição de motivos daquela Medida Provisória é esclarecedora a esse respeito:

> "5. Uma outra medida proposta diz respeito à presunção de incapacidade acidentária quando for estabelecido nexo técnico epidemiológico entre o trabalho e o agravo, considerando-se o ramo de atividade da empresa e a entidade mórbida elencada

na Classificação Internacional de Doenças – CID motivadora da incapacidade, em conformidade com o que dispuser o Regulamento.

6. Atualmente, a caracterização de um benefício como acidentário decorre da emissão da Comunicação de Acidentes do Trabalho – CAT por parte da empresa. Se a empresa comunica o acidente e este gera o afastamento do segurado por mais de 15 dias, o benefício concedido pela Previdência Social é tido como acidentário. Não sendo a CAT emitida, mas havendo a necessidade de afastamento do trabalho, normalmente o benefício é tido como previdenciário (ou comum). Tal classificação é crucial para o trabalhador, tendo em vista os correspondentes efeitos. Sendo o benefício caracterizado como acidentário, durante o afastamento do trabalho o segurado faz jus ao depósito do FGTS e goza de estabilidade de 12 meses após a cessação do auxílio-doença. Sendo o benefício caracterizado como comum, tais direitos não lhe são assegurados.

7. Diante do descumprimento sistemático da regras que determinam a emissão da CAT, e da dificuldade de fiscalização por se tratar de fato individualizado, os trabalhadores acabam prejudicados nos seus direitos, em face da incorreta caracterização de seu benefício. Necessário, pois, que a Previdência Social adote um novo mecanismo que segregue os benefícios acidentários dos comuns, de forma a neutralizar os efeitos da sonegação da CAT.

8. Para atender a tal mister, e por se tratar de presunção, matéria regulada por lei e não por meio de regulamento, está-se presumindo o estabelecimento do nexo entre o trabalho e o agravo, e consequentemente o evento será considerado como acidentário, sempre que se verificar nexo técnico epidemiológico entre o ramo de atividade da empresa e a entidade mórbida relacionada na CID motivadora da incapacidade.

9. Essa metodologia está embasada na CID, que se encontra atualmente na 10ª Revisão. Em cada processo de solicitação de benefício por incapacidade junto à Previdência Social, consta obrigatoriamente o registro do diagnóstico (CID-10) identificador do problema de saúde que motivou a solicitação. Esse dado, que é exigido para a concessão de benefício por incapacidade laborativa, independentemente de sua natureza acidentária ou previdenciária, e cujo registro é de responsabilidade do médico que prestou o atendimento ao segurado, estabelece a relação intrínseca entre a incapacidade laboral e à entidade mórbida que a provocou.

10. Assim, denomina-se Nexo Técnico Epidemiológico a relação entre Classificação Nacional de Atividades Econômicas – CNAE e o agrupamento CID-10. É, na verdade, uma medida de associação estatística, que serve como um dos requisitos de causalidade entre um fator (nesse caso, pertencer a um determinado CNAE-classe) e um desfecho de saúde, mediante um agrupamento CID, como diagnóstico clínico. Por meio desse nexo, chega-se à conclusão de que pertencer a um determinado segmento econômico (CNAE-classe) constitui fator de risco para o trabalhador apresentar uma determinada patologia (agrupamento CID-10)."[159]

---

159 E.M. nº 33/MPS.

O nexo técnico epidemiológico ganha maior importância ainda se confrontado com o fator acidentário de prevenção, instituído pelo Decreto nº 6.042/07, o qual incluiu o artigo 202-A no Decreto nº 3.048/99.

Na verdade, o FAP veio regulamentar o artigo 10 da Lei nº 10.666/03, que dispõe:

> Art. 10. A alíquota de contribuição de um, dois ou três por cento, destinada ao financiamento do benefício de aposentadoria especial ou daqueles concedidos em razão do grau de incidência de incapacidade laborativa decorrente dos riscos ambientais do trabalho, poderá ser reduzida, em até cinquenta por cento, ou aumentada, em até cem por cento, conforme dispuser o regulamento, em razão do desempenho da empresa em relação à respectiva atividade econômica, apurado em conformidade com os resultados obtidos a partir dos índices de frequência, gravidade e custo, calculados segundo metodologia aprovada pelo Conselho Nacional de Previdência Social.

Assim, o desempenho da empresa em relação à sua respectiva atividade será aferido pelo FAP, o que poderá implicar diminuição ou aumento de sua contribuição para o SAT, com alíquotas de 0,5% a 6%.

O FAP consiste num multiplicador variável de 0,5 a 2,0, desprezando-se as demais casas decimais, a ser aplicado à respectiva alíquota.

Para fins da redução ou majoração, proceder-se-á à discriminação do desempenho da empresa, dentro da respectiva atividade, por distanciamento de coordenadas tridimensionais padronizadas (índices de frequência, gravidade e custo), atribuindo-se o fator máximo – 2,0 – àquelas empresas cuja soma das coordenadas for igual ou superior a seis inteiros positivos e o fator mínimo – 0,5 – àquelas cuja soma resultar inferior ou igual a seis inteiros negativos.

O FAP variará em escala contínua por intermédio de procedimento de interpolação linear simples e será aplicado às empresas cuja soma das coordenadas tridimensionais padronizadas esteja compreendida no intervalo acima, considerando-se como referência o ponto de coordenadas nulas (0; 0; 0), que corresponde ao FAP igual a um inteiro – 1,0.

Os índices de frequência, gravidade e custo serão calculados segundo metodologia aprovada pelo Conselho Nacional de Previdência Social, levando-se em conta:

I – para o índice de frequência, a quantidade de benefícios incapacitantes cujos agravos causadores da incapacidade tenham gerado benefício com significância estatística capaz de estabelecer nexo epidemiológico entre a atividade da empresa e a entidade mórbida, acrescentada da quantidade de benefícios de pensão por morte acidentária;

II – para o índice de gravidade, a somatória, expressa em dias, da duração do benefício incapacitante considerado nos termos do inciso I, tomada a expectativa de vida como parâmetro para a definição da data de cessação de auxílio-acidente e pensão por morte acidentária; e

III – para o índice de custo, a somatória do valor correspondente ao salário-de-benefício diário de cada um dos benefícios considerados no inciso I, multiplicado pela respectiva gravidade.

O Ministério da Previdência Social publicará anualmente, no *Diário Oficial da União*, sempre no mesmo mês, os índices de frequência, gravidade e custo, por atividade econômica, e disponibilizará, na Internet, o FAP por empresa, com as informações que possibilitem a esta verificar a correção dos dados utilizados na apuração do seu desempenho.

O FAP produzirá efeitos tributários a partir do primeiro dia do quarto mês subsequente ao de sua divulgação.

Para o cálculo anual do FAP, serão utilizados os dados de janeiro a dezembro de cada ano, a contar do ano de 2004, até completar o período de cinco anos, a partir do qual os dados do ano inicial serão substituídos pelos novos dados anuais incorporados.

Para as empresas constituídas após maio de 2004, o FAP será calculado a partir de 1º de janeiro do ano seguinte ao que completar dois anos de constituição, com base nos dados anuais existentes a contar do primeiro ano de sua constituição.

Veja-se que o modelo atual de contribuição para o SAT, previsto no artigo 22, II, da Lei nº 8.212/91, não considera as empresas individualmente, mas a sua atividade preponderante. Assim, uma determinada empresa de construção civil que investe muito em prevenção e, consequentemente, tem reduzido número de acidentes do trabalho, tem a mesma alíquota de contribuição para o SAT de outra que não investe nada (3%),[160] o que não é razoável. Nesse sentido, a introdução do FAP e o NTE pretende solucionar essa questão.

Mas o maior ganho com a nova sistemática será um ambiente de trabalho mais salubre para os segurados, com investimentos em prevenção e redução da carga tributária – por outro lado, não se deve esquecer que o NTE implicará a elevação do FAP, com o consequente aumento de alíquota, para as empresas com elevado número de acidentes do trabalho, em face do registro de eventos que, antes, eram omitidos.

Por fim, merece registro que no Supremo Tribunal Federal tramita a ADIn nº 3.931, impetrada pela Confederação Nacional da Indústria contra a introdução do NTE na legislação previdenciária.

---

160 O Anexo V do Decreto nº 3.048/99 enquadra a atividade de construção civil no risco máximo – 3%.

5.2 *Comunicação de acidente do trabalho – CAT*

Para fins estatísticos e epidemiológicos, a empresa deverá comunicar à previdência social o acidente de trabalho ocorrido com o segurado empregado, exceto o doméstico, e o trabalhador avulso, até o primeiro dia útil seguinte ao da ocorrência e, em caso de morte, de imediato, à autoridade competente, sob pena da multa variável entre o limite mínimo e o limite máximo do salário-de--contribuição, sucessivamente aumentada nas reincidências, aplicada e cobrada pela previdência social. O acidentado ou seus dependentes, bem como o sindicato da categoria, devem receber cópia fiel da CAT.

Inexistindo a CAT, podem formalizá-la o próprio acidentado, seus dependentes, a entidade sindical competente, o médico que o assistiu ou qualquer autoridade pública, sem observância de prazo.

O artigo 23 da Lei nº 8.213/91 dispõe que considera-se como dia do acidente, no caso de doença profissional ou do trabalho, a data do início da incapacidade laborativa para o exercício da atividade habitual, ou o dia da segregação compulsória, ou o dia em que for realizado o diagnóstico, valendo para esse efeito o que ocorrer primeiro.

5.3 *Prestações acidentárias*

As prestações acidentárias dividem-se em benefícios e serviços.

Os benefícios variam de acordo com o grau da lesão corporal ou perturbação funcional, podendo ser: pensão por morte, auxílio-doença, auxílio-acidente e aposentadoria por invalidez. Somente poderão beneficiar-se do auxílio-acidente os segurados empregados, trabalhadores avulsos e segurados especiais.

Os serviços são habilitação e reabilitação profissional.

5.4 *Estabilidade do acidentado*

O artigo 118 da Lei nº 8.213/91 garante a manutenção do contrato de trabalho na empresa ao segurado que sofreu acidente do trabalho[161] pelo prazo mínimo de 12 meses,[162] após a cessação do auxílio-doença acidentário, independentemente de percepção de auxílio-acidente.

O Tribunal Superior do Trabalho, a respeito da matéria, editou a Súmula nº 378:

---

[161] Note-se bem: acidente do trabalho e não acidente de qualquer natureza.

[162] Embora a lei refira ao prazo "mínimo" de 12 meses, na prática, esse prazo sempre é de exatamente 12 meses.

ESTABILIDADE PROVISÓRIA. ACIDENTE DO TRABALHO. ART. 118 DA LEI Nº 8.213/1991. CONSTITUCIONALIDADE. PRESSUPOSTOS (conversão das Orientações Jurisprudenciais nºs 105 e 230 da SBDI-1) – Res. 129/2005, *DJ* 20, 22 e 25.4.2005.

I – É constitucional o artigo 118 da Lei nº 8.213/1991 que assegura o direito à estabilidade provisória por período de 12 meses após a cessação do auxílio-doença ao empregado acidentado. (ex-OJ nº 105 da SBDI-1 – inserida em 01.10.1997)

II – São pressupostos para a concessão da estabilidade o afastamento superior a 15 dias e a consequente percepção do auxílio-doença acidentário, salvo se constatada, após a despedida, doença profissional que guarde relação de causalidade com a execução do contrato de emprego. (primeira parte – ex-OJ nº 230 da SB-DI-1 – inserida em 20.6.2001)

A estabilidade do acidentado foi questionada no Supremo Tribunal Federal, cuja decisão restou assim ementada:

AÇÃO DIRETA DE INCONSTITUCIONALIDADE. ARTIGO 118 DA LEI 8.213/1991. Norma que assegura ao trabalhador a manutenção de contrato de trabalho por doze meses após a cessão do auxílio-doença, independentemente de percepção de auxílio-acidente. Alegação de ofensa à reserva de lei complementar, prevista no art. 7º, I, da Constituição federal, para a disciplina da proteção da relação de emprego contra despedida arbitrária ou sem justa causa. Norma que se refere às garantias constitucionais do trabalhador em face de acidentes de trabalho e não guarda pertinência com a proteção da relação de emprego nos termos do art. 7º, I, da Constituição. Ação julgada improcedente.[163]

5.5 *Educação acidentária*

Por intermédio dos estabelecimentos de ensino, sindicatos, associações de classe, Fundação Jorge Duprat Figueiredo de Segurança e Medicina do Trabalho – FUNDACENTRO –, órgãos públicos e outros meios, serão promovidas regularmente instrução e formação com vistas a incrementar costumes e atitudes prevencionistas em matéria de acidente, especialmente do trabalho.

5.6 *Responsabilidade civil – ação regressiva acidentária*

Nos termos do art. 7º, XXII e XXVIII, da Constituição Federal, são direitos dos trabalhadores urbanos e rurais, além de outros que visem à melhoria de sua condição social: redução dos riscos inerentes ao trabalho, por meio de normas de saúde, higiene e segurança; e seguro contra acidentes de trabalho, a cargo do

[163] STF ADIn nº 639, *DJ* 21 out. 2005.

empregador, sem excluir a indenização a que este está obrigado, quando incorrer em dolo ou culpa, respectivamente.

Buscando dar máxima efetividade a essas normas constitucionais, o legislador ordinário expressamente dispôs sobre a ação regressiva acidentária e a responsabilidade civil nos artigos 120 e 121 da Lei nº 8.213/91, nesses termos:

> Art. 120. Nos casos de negligência quanto às normas padrão de segurança e higiene do trabalho indicados para a proteção individual e coletiva, a Previdência Social proporá ação regressiva contra os responsáveis.
>
> Art. 121. O pagamento, pela Previdência Social, das prestações por acidente do trabalho não exclui a responsabilidade civil da empresa ou de outrem.

A ação regressiva acidentária será ajuizada pelo INSS quando houver culpa da empresa – ou de terceiro – na modalidade de negligência a normas legais de segurança e higiene do trabalho e tem por objetivo não apenas a reparação do dano, mas o efeito pedagógico de prevenir futuros acidentes. Nesse sentido é o magistério de Fernando Maciel, para quem a ação regressiva "deve ser reconhecida não apenas como uma ação de cobrança pela qual o INSS visa ao ressarcimento dos gastos suportados por culpa dos empregadores, mas, principalmente, por representar um relevante instrumento punitivo-pedagógico de concretização da política pública de prevenção de acidentes".[164, 165]

A legislação previdenciária – art. 19, § 1º, Lei nº 8.213/91 – responsabiliza a empresa pela adoção e uso das medidas coletivas e individuais de proteção e segurança da saúde do trabalhador; por isso, não se exime da responsabilidade com a simples entrega de equipamentos de proteção, já que é responsável pela fiscalização do correto uso dos mesmos – *culpa in vigilando*. Nesse sentido:

> EMENTA: PROCESSUAL CIVIL E ADMINISTRATIVO. ACIDENTE NO TRABALHO. NEGLIGÊNCIA DA EMPRESA. FALTA DE FISCALIZAÇAO DO USO DE EQUIPAMENTO DE SEGURANÇA E NÃO OFERECIMENTO DE CONDIÇÕES SEGURAS PARA REALIZAÇÃO DE TAREFA PERIGOSA. AÇÃO REGRESSIVA DO INSS CONTRA O EMPREGADOR. CABIMENTO. ASSISTÊNCIA JUDICIÁRIA GRATUITA INDEVIDA. EMPRESA COM FINALIDADE LUCRATIVA. – A montagem de andaimes não é tarefa deixada ao arbítrio de quaisquer trabalhadores na construção civil, requerendo a assistência de um profissional habilitado e a observância de especificações técnicas. – Em se tratando de responsabilidade civil em acidente do trabalho, há uma presunção de culpa da empresa quanto à segurança do trabalhador, sendo da empregadora o ônus

---

164 *Ações regressivas acidentárias*, p. 16.

165 A Portaria AGU nº 06, de 06 jan. 11, dispõe sobre a realização de acordos ou transações nas ações regressivas acidentárias no âmbito da Procuradoria-Geral Federal.

de provar que agiu com a diligência e precaução necessárias a diminuir os riscos de lesões. Não tendo restado demonstrada a entrega de nenhum EPI (Equipamento de Proteção Individual), nem prévio treinamento dos obreiros para operar máquinas tal como aquela manuseada pela vitimada, torna-se escorreita a culpa da empresa-ré. – A errônea colocação do andaime e a não utilização efetiva dos cintos de segurança denota a falta de prevenção da empresa. – Aquele que, por ação ou omissão voluntária, negligência, ou imprudência, violar direito, ou causar prejuízo a outrem, fica obrigado a reparar o dano. Devendo, a verificação da culpa e a avaliação da responsabilidade regular-se pelo disposto nos arts. 1.518 a 1.532 e 1.537 até 1.553, todos do CC/1916. – É dever da empresa fiscalizar o cumprimento das determinações e procedimentos de segurança do trabalho. Nesse prisma, a não-adoção de precauções recomendáveis, se não constitui a causa em si do acidente, evidencia negligência da empresa que, com sua conduta omissiva, deixou de evitar o acidente, sendo responsável, pois, pela reparação do dano, inclusive em ação regressiva ajuizada pelo INSS. – A assistência judiciária gratuita destinar-se-á às pessoas jurídicas de maneira restrita, ou seja, em relação às pessoas sem fins lucrativos, bem como àquelas com fins lucrativos quando se caracterizam como microempresa. – O benefício deve limitar-se somente àquelas que não perseguem fins lucrativos e se dedicam a atividades beneficentes, filantrópicas, pias, ou morais, bem como às microempresas nitidamente familiares ou artesanais.[166]

O ajuizamento da ação regressiva acidentária tem como pressupostos a ocorrência de um acidente de trabalho; o dano, caracterizado pelo pagamento de uma prestação acidentária – benefício ou serviço – pelo INSS; e, por fim, a comprovação da negligência quanto ao cumprimento e fiscalização das normas de segurança e saúde do trabalho.

Há divergência doutrinária com relação à comprovação da culpa. Para alguns, a culpa não pode ser presumida, é preciso que seja comprovada; por isso, a simples ocorrência do acidente do trabalho não enseja, automaticamente, a procedência da ação. Para outros, é da empresa o ônus de provar que cumpriu com as normas-padrão de segurança do trabalho (nesse sentido o julgado acima).

Para demonstração da culpa a Previdência Social pode valer-se dos relatórios de causas de acidentes do trabalho emitidos pelas Superintendências Regionais do Trabalho e Emprego, provas produzidas em inquéritos policiais, ações penais,[167] ações indenizatórias movidas na Justiça do Trabalho, ações civis públicas ajuizadas pelo Ministério Público do Trabalho e outros meios de prova, principalmente perícias.

---

[166] TRF4, AC n. 1999.7100.006986-3, de 24.08.09.

[167] CC, art. 935. A responsabilidade civil é independente da criminal, não se podendo questionar mais sobre a existência do fato, ou sobre quem seja o seu autor, quando estas questões se acharem decididas no juízo criminal.

Alguns apontam a inconstitucionalidade do artigo 120 da Lei nº 8.213/91 por ofensa ao artigo 7º, XXVIII, da Constituição Federal. Os principais argumentos são:

1. A norma constitucional em epígrafe trata, sempre e sempre, de um direito 'do trabalhador' e não de um direito do INSS; por isso, não pode fundamentar o seu direito de regresso – O argumento é cativante, mas não convence, porque a disposição constitucional, ao tratar da indenização, faz expressa referência ao empregador e não ao empregado. Daí que trata de obrigação daquele e não de direito deste.
2. A expressão 'seguro' tem conteúdo próprio, abarcando todos os riscos a que estão expostos os empregadores, não sendo lícito a lei ordinária abrir exceção a essa cobertura, o que acaba por negar seu significado técnico. Some-se a isso o fato da contribuição ao SAT prever alíquotas diferenciadas em função do risco, o que abarcaria qualquer hipótese – A contribuição para o SAT, já vimos, tem natureza tributária, disciplinada em lei e não natureza de contrato de seguro; por isso, nada impede que a própria lei disponha acerca da abrangência da cobertura.

A esse argumento sobrepõe-se outro, mais interessante, segundo o qual a nova contribuição ao FAP já leva em consideração a ocorrência maior de acidentes dentro de uma mesma atividade econômica. Assim, a combinação "aumento de contribuição por meio do FAP"[168] + "ação regressiva acidentária" levaria a um *bis in idem* proibido constitucionalmente. Não nos parece assim, porque o artigo 3º do CTN é claro ao afirmar que "tributo é toda prestação pecuniária compulsória [...] que não constitua sanção de ato ilícito [...]"; logo, enquanto a ação regressiva tem uma ilicitude em seu fundamento normativo, o FAP, por expressa disposição legal, alicerça-se num ato lícito.

A perfeita compreensão do risco coberto exige a consideração de dois princípios da seguridade social: o principio da solidariedade contributiva e o princípio da equidade na forma de participação do custeio. Já vimos que de acordo com o primeiro todos devem contribuir para o financiamento da seguridade social e, nos termos do segundo, a contribuição de cada um deve dar-se na medida de suas possibilidades. Por essa razão, a contribuição ao SAT considera o risco ordinário, aquele comum a todas as empresas de determinado negócio. Daí as alíquotas diferenciadas em função da atividade preponderante. Mesmo a instituição do FAP leva em consideração o desempenho da empresa em relação à respectiva atividade econômica, mas permite aumento ou diminuição de alíquota em função dos re-

---

168 Assinale-se: aumento de contribuição para as empresas que apresentam um número de acidentes do trabalho maior do que a média de sua atividade econômica.

sultados obtidos a partir dos índices de frequência, gravidade e custo, ou seja, o comportamento acidentário da empresa dentro da sua atividade preponderante. Em nenhum momento a contribuição do SAT cobre o risco extraordinário, ou seja, aquele causado por negligência da empresa que configura um comportamento ilícito. Pretender que toda a sociedade concorra para a ilicitude de alguns significa subverter a solidariedade que informa a seguridade social e o comando da equidade na forma de participação do custeio, já que desconsidera as possibilidades individuais – negligência × risco maior × contribuição maior –, sem esquecer que o empregador negligente estará carreando para si recursos destinados a riscos comuns – e o Direito não concebe ilícitos como riscos comuns.

Foi suscitado incidente de inconstitucionalidade do referido artigo 120 no Tribunal Regional Federal da 4ª Região, o qual restou assim ementado:

> EMENTA: CONSTITUCIONAL. ARGUIÇÃO DE INCONSTITUCIONALIDADE. INEXISTÊNCIA DE INCOMPATIBILIDADE ENTRE OS ARTS. 120 DA LEI Nº 8.213/91 E 7º, XXVIII, DA CF. Inocorre a inconstitucionalidade do art. 120 da Lei nº 8.213/91 (Art. 120. Nos casos de negligência quanto às normas padrão de segurança e higiene do trabalho indicadas para a proteção individual e coletiva, a Previdência Social proporá ação regressiva contra os responsáveis.) em face da disposição constitucional do art. 7º, XXVIII, da CF (Art. 7º São direitos dos trabalhadores urbanos e rurais, além de outros que visem à melhoria de sua condição social: XXXVIII – seguro contra acidentes de trabalho, a cargo do empregador, sem excluir a indenização a que este está obrigado, quando incorrer em dolo ou culpa;), pois que, cuidando-se de prestações de natureza diversa e a título próprio, inexiste incompatibilidade entre os ditos preceitos. Interpretação conforme a Constituição. Votos vencidos que acolhiam ante a verificação da dupla responsabilidade pelo mesmo fato. Arguição rejeitada, por maioria.[169]

O Superior Tribunal de Justiça tem seguido o mesmo caminho:

> PREVIDENCIÁRIO. PROCESSUAL CIVIL. RECURSO ESPECIAL. JULGAMENTO ANTECIPADO DA LIDE. PRODUÇÃO DE PROVAS. NECESSIDADE. REEXAME PROBATÓRIO. VIOLAÇÃO AO ART. 178, § 6º, II, DO CÓDIGO CIVIL/1916. FALTA DE PERTINÊNCIA ENTRE O DISPOSITIVO LEGAL E A MATÉRIA OBJETO DO RECURSO. SÚMULA Nº 284/STF. ACIDENTE DO TRABALHO. NEGLIGÊNCIA DA EMPRESA COMPROVADA. AÇÃO REGRESSIVA. POSSIBILIDADE. ART. 120 DA LEI Nº 8.213/91. COMPROVAÇÃO DA CULPA. SÚMULA 7/STJ.
>
> ...
>
> III – Nos termos do art. 120 da Lei nº 8.213/91, no caso de acidente de trabalho em que restou comprovada a negligência da empresa quanto à adoção das normas de segurança do trabalho, cabível ação regressiva pela Previdência Social. Precedentes.

---

169 TRF4, INAC nº 1998.04.01.023654-8, *DJ* 13 nov. 2002.

[...][170]

O Supremo Tribunal Federal ainda não decidiu a questão.[171]

Nos termos do artigo 94 do Código de Processo Civil, combinado com o artigo 109, I, da Constituição Federal, a ação regressiva deverá ser ajuizada na vara federal do foro do domicílio do réu. Há quem entenda que por força do artigo 114, VI, da Constituição Federal, a Justiça do Trabalho seja competente para o julgamento da ação. Não nos parece assim, porque o fundamento da ação regressiva é uma relação previdenciária e não 'de trabalho'. Também não procede o argumento de que o foro competente seja a Justiça Estadual, pois a causa não é de acidente de trabalho e sim indenizatória.

O pedido da ação regressiva engloba tanto as parcelas vencidas (com juros e correção monetária) como as vincendas. O INSS tem pedido, para garantir o cumprimento da obrigação, a constituição de capital, nos termos do artigo 475-Q do Código de Processo Civil;[172] entretanto, a jurisprudência não tem acolhido o pedido, ao argumento de que não se trata de prestação de alimentos.[173]

A ação regressiva indenizatória prescreve em três anos, nos termos do artigo 206, § 3º, V, do Código Civil,[174] e não em cinco anos, como prevê o artigo 104 da Lei nº 8.213/91, pois não se trata de ação referente à prestação por acidente do trabalho e sim ação de reparação civil.

Nos termos do artigo 121 da Lei nº 8.213/91, o pagamento, pela previdência social, das prestações por acidente do trabalho não exclui a responsabilidade civil da empresa ou de outrem.

170 STJ, REsp nº 614847, *DJ* 22 out. 2007.

171 Sobre a matéria, tramita naquela Corte o RE nº 591.426.

172 Art. 475-Q. Quando a indenização por ato ilícito incluir prestação de alimentos, o juiz, quanto a esta parte, poderá ordenar ao devedor constituição de capital, cuja renda assegure o pagamento do valor mensal da pensão. § 1º Este capital, representado por imóveis, títulos da dívida pública ou aplicações financeiras em banco oficial, será inalienável e impenhorável enquanto durar a obrigação do devedor. § 2º O juiz poderá substituir a constituição do capital pela inclusão do beneficiário da prestação em folha de pagamento de entidade de direito público ou de empresa de direito privado de notória capacidade econômica, ou, a requerimento do devedor, por fiança bancária ou garantia real, em valor a ser arbitrado de imediato pelo juiz. § 3º Se sobrevier modificação nas condições econômicas, poderá a parte requerer, conforme as circunstâncias, redução ou aumento da prestação. § 4º Os alimentos podem ser fixados tomando por base o salário-mínimo. § 5º Cessada a obrigação de prestar alimentos, o juiz mandará liberar o capital, cessar o desconto em folha ou cancelar as garantias prestadas.

173 Nesse sentido: STJ, REsp nº 614.847, *DJ* 22 out. 2007.

174 Art. 206. Prescreve: § 3º Em três anos: V – a pretensão de reparação civil.

E não pode haver qualquer compensação entre essas duas quantias, porque de naturezas distintas, como demonstra o seguinte julgado:

> Ementa: CIVIL. AÇÃO DE INDENIZAÇÃO. ACIDENTE DE TRABALHO. RECEBIMENTO DE BENEFÍCIO PREVIDENCIÁRIO. DEDUÇÃO DO QUANTUM DEVIDO POR FORÇA DO ILÍCITO CIVIL. IMPOSSIBILIDADE. CPC, ART. 159.
>
> I. A orientação fixada no Superior Tribunal de Justiça é no sentido de que, em face da diversidade de suas origens – uma advinda de contribuições específicas ao INSS e outra devida pela prática de ilícito civil – não pode haver, no pagamento desta última, dedução de quaisquer parcelas pagas à vítima a título de benefício previdenciário.
>
> II. Precedentes do STJ.
>
> III. Recurso especial conhecido e provido, para afastar a compensação.[175]

5.7 *Exaurimento da via administrativa*

Não é necessário o exaurimento da via administrativa para ingresso em juízo, nos termos da Súmula nº 89 do Superior Tribunal de Justiça:

A ação acidentária prescinde do exaurimento da via administrativa.

Também merece registro a Súmula nº 110 do mesmo Tribunal, segundo a qual "a isenção do pagamento de honorários advocatícios, nas ações acidentárias, é restrito aos segurado".

---

[175] STJ, REsp nº 248.412, *DJ* 19 ago. 2002.

5. Acidente do trabalho

5.1 Conceito

Aquele que ocorre pelo exercício do trabalho a serviço da empresa ou pelo exercício do trabalho dos segurados especiais, provocando lesão corporal ou perturbação funcional que cause a morte ou a perda ou redução, permanente ou temporária, da capacidade para o trabalho.

Constituição Federal autoriza cobertura concorrente pelo RGPS e pelo setor privado – hoje: exclusivamente pelo INSS.

Proteção previdenciária – não exime a empresa da adoção e uso das medidas coletivas e individuais de proteção e segurança da saúde do trabalhador.

Contravenção penal – deixar a empresa de cumprir as normas de segurança e higiene do trabalho.

Considera-se acidente do trabalho: doença profissional e doença do trabalho.

Períodos destinados a refeição, descanso, satisfação de outras necessidades fisiológicas, no local do trabalho ou durante este – empregado é considerado no exercício do trabalho.

Não é considerada agravação ou complicação de acidente do trabalho a lesão que, resultante de acidente de outra origem, se associe ou se superponha às consequências do anterior.

5.1.1 Nexo técnico epidemiológico (NTE) e fator acidentário de prevenção (FAP)

Lei nº 11.430/06 (MP nº 316/06) – criação do nexo técnico epidemiológico (NTEP) – metodologia para relacionar acidentes do trabalho × determinadas atividades profissionais – Dec. nº 3.048/99, Anexo II (ex. sinusite crônica × bromo no ambiente de trabalho).

Relação entre a atividade da empresa e a doença (CID) – medida de associação estatística.

Perícia médica do INSS pode não aplicar o NTEP.

Lei nº 10.666/03, art. 10; Dec. nº 6.042/07 – fator acidentário de prevenção (FAP) – metodologia para aferir o desempenho da empresa em ocorrências de acidentes do trabalho em relação à sua respectiva atividade – possibilidade de diminuição ou aumento de sua contribuição para o SAT – alíquotas de 0,5% a 6%.

Maior ganho com a nova sistemática – ambiente de trabalho mais salubre para os segurados.

5.2 Comunicação de acidente do trabalho – CAT

Dever da empresa de comunicar à previdência social o acidente de trabalho ocorrido com o segurado empregado – exceto o doméstico e o trabalhador avulso – e, em caso de morte, à autoridade competente, sob pena da multa.

Podem formalizar a CAT o próprio acidentado, seus dependentes, a entidade sindical competente, o médico que o assistiu ou qualquer autoridade pública, sem observância de prazo.

5.3 Prestações acidentárias

Benefícios e serviços:

Benefícios – pensão por morte, auxílio-doença, auxílio-acidente (devido apenas aos empregados, avulsos e segurados especiais) e aposentadoria por invalidez.

Serviços – habilitação e reabilitação profissional.

5. Acidente do trabalho

5.4 Estabilidade do acidentado

Garantia de manutenção do contrato de trabalho na empresa do segurado que sofreu acidente do trabalho pelo prazo mínimo de doze meses, após a cessação do auxílio-doença acidentário, independentemente de percepção de auxílio-acidente.

TST, Súmula 378: ... I – É constitucional o artigo 118 da Lei nº 8.213/1991 que assegura o direito à estabilidade provisória por período de 12 meses após a cessação do auxílio-doença ao empregado acidentado. [...] II – São pressupostos para a concessão da estabilidade o afastamento superior a 15 dias e a consequente percepção do auxílio-doença acidentário, salvo se constatada, após a despedida, doença profissional que guarde relação de causalidade com a execução do contrato de emprego...

STF – estabilidade do acidentado é constitucional.

5.5 Educação acidentária

Instituições públicas e privadas devem promover regularmente instrução e formação com vistas a incrementar costumes e atitudes prevencionistas em matéria de acidente, especialmente do trabalho.

5.6 Responsabilidade civil – ação regressiva acidentária

CF/88, art. 7º, XXII e XXVIII – direitos dos trabalhadores: 1. redução dos riscos inerentes ao trabalho; 2. seguro contra acidentes de trabalho, a cargo do empregador, sem excluir a indenização a que este está obrigado, quando incorrer em dolo ou culpa.

Lei nº 8.213/91 – ação regressiva acidentária e responsabilidade civil.

Ação regressiva acidentária – ajuizada pelo INSS – culpa da empresa – ou de terceiro – na modalidade de negligência a normas legais de segurança e higiene do trabalho.

Objetivos – reparação do dano e efeito pedagógico de prevenir futuros acidentes.

Empresa – responsabilidade pela fiscalização do correto uso dos equipamentos de segurança.

Pressupostos: ocorrência de um acidente de trabalho; dano (pagamento de uma prestação acidentária); e comprovação da negligência quanto ao cumprimento e fiscalização das normas de segurança e saúde do trabalho (culpa não pode ser presumida, deve ser comprovada).

Competência – vara federal do foro do domicílio do réu.

Pedido da ação – parcelas vencidas (com juros e correção monetária) e vincendas.

Constituição de capital – jurisprudência não tem acolhido (não se trata de prestação de alimentos).

Prescrição – três anos.

Responsabilidade civil – pagamento, pela previdência social, das prestações por acidente do trabalho não exclui a responsabilidade civil da empresa ou de outrem – impossibilidade de compensação entre as duas quantias (benefício previdenciário e indenização civil).

5.7 Exaurimento da via administrativa

Desnecessidade.

STJ, Súmula 89: a ação acidentária prescinde do exaurimento da via administrativa.

Conclusão

A Constituição de 1988 destacou como objetivos fundamentais da República Federativa do Brasil construir uma sociedade livre, justa e solidária; garantir o desenvolvimento nacional; erradicar a pobreza e a marginalização e reduzir as desigualdades sociais e regionais; e promover o bem de todos, sem preconceitos de origem, raça, sexo, cor, idade e quaisquer outras formas de discriminação.

É preciso ter consciência de que nenhum – repita-se: nenhum – desses objetivos será alcançado sem a materialização de um sólido sistema de seguridade social. Não é à toa que a própria Carta Republicana aponta o bem-estar e a justiça sociais como objetivos da ordem social.

O constituinte originário construiu um moderno sistema de seguridade social, cuja consolidação, ao que parece, passa pela volta de um órgão central, como o Conselho Nacional de Seguridade Social, ou, melhor, com a criação do Ministério da Seguridade Social, o qual, além de realizar a coordenação central do sistema, teria condições para estancar o permanente desvio de recursos da seguridade social para outras áreas de governo que nada têm a ver com saúde, previdência ou assistência social, em desrespeito à determinação constitucional de orçamento próprio.

Apesar disso tudo, a proteção social no Brasil aumentou nos últimos anos e é a maior da América Latina, o que é motivo de comemoração.

Mas os problemas da seguridade social são muitos.

Independentemente do caminho a ser seguido, a conscientização dos brasileiros e, em especial, dos juristas sobre o assunto é de vital importância para a consolidação de um patrimônio que é de todos nós.

Esperamos, com nosso curso, darmos uma contribuição singela para a efetivação desses objetivos.

ANEXO

A QUESTÕES DE CONCURSOS

CESPE/2007/PROCURADOR FEDERAL

Julgue os itens a seguir, acerca do conceito, da organização e dos princípios da seguridade social.

6. Assistência social é a política social que provê o atendimento das necessidades básicas, traduzidas em proteção à família, à maternidade, à infância, à adolescência, à velhice e à pessoa portadora de deficiência, independentemente de contribuição à seguridade social.
7. A seguridade social obedece aos princípios da seletividade e da distributividade na prestação dos benefícios e serviços.

Pedro, segurado obrigatório do RGPS, era casado com Solange, brasileira e empregada na embaixada do Sudão, de quem jamais se divorciou ou se separou judicialmente. Atualmente, Pedro vive com Carla e é tutor de Sofia, com 12 anos de idade, filha de seu irmão falecido. Com referência a essa situação hipotética, julgue os itens seguintes quanto aos beneficiários do RGPS, na forma da Lei nº 8.213/1991.

8. Sofia pode figurar como dependente de Pedro, desde que essa condição seja declarada e que seja demonstrada a dependência econômica.
9. Solange é segurada obrigatória do RGPS.
10. Solange continua a ser dependente de Pedro.

A respeito do custeio do RGPS e do salário-de-contribuição, julgue os itens subsequentes.

11. Os valores do salário-de-contribuição serão reajustados na mesma época e com os mesmos índices que os do reajustamento dos benefícios de prestação continuada da previdência social.
12. Considere que Maria receba salário-maternidade. Nessa situação, não haverá desconto da contribuição previdenciária do valor desse benefício.

13. Considere que um auditor fiscal constate que determinado segurado, contratado como trabalhador avulso, preenche as condições da relação de emprego. Nessa situação, o auditor deverá ingressar, na Procuradoria do INSS, com uma ação judicial visando desconsiderar o vínculo pactuado e, consequentemente, efetuar, por decisão judicial, o enquadramento como segurado empregado.

Em relação aos benefícios de previdência social, julgue os itens que se seguem.

14. Considere que Joana seja empregada e não tenha conseguido comprovar o valor dos seus salários-de-contribuição, no período básico de cálculo. Nessa situação, mesmo que preenchidos os requisitos para a concessão do benefício, Joana não fará jus a um benefício previdenciário.
15. O contribuinte individual que trabalha por conta própria, sem relação de emprego, não faz jus à aposentadoria por tempo de contribuição.
16. O contribuinte individual e o empregado doméstico não fazem jus ao benefício de auxílio-acidente.

Acerca do período de carência, julgue os itens seguintes.

17. Considere a seguinte situação hipotética. Lucas foi empregado pelo período de 15 anos, após o qual ingressou no serviço público, no qual exerceu atividades durante 10 anos. Com o intuito de se aposentar, requereu o pagamento das contribuições devidas como contribuinte individual durante o período pretérito, para fins de carência. Nessa situação, mesmo não sendo contribuinte obrigatório no referido período, Lucas poderá contar com esse tempo de contribuição, desde que faça, agora, o referido pagamento das prestações em atraso, com juros e correção monetária.
18. A perda da qualidade de segurado não prejudica o direito à aposentadoria se todos os requisitos para a sua concessão já tiverem sido preenchidos e estiverem de acordo com a legislação em vigor à época em que esses requisitos foram atendidos.

Com base no regulamento do seguro de acidentes do trabalho e da moléstia profissional, julgue os itens a seguir.

19. Considera-se estabelecido o nexo entre o trabalho e o agravo quando se verifica nexo técnico epidemiológico entre a atividade da empresa e a entidade mórbida motivadora da incapacidade, elencada na Classificação Internacional de Doenças (CID).
20. Cabe ao empregado comunicar o acidente do trabalho à previdência social até o primeiro dia útil seguinte ao da ocorrência do acidente; em caso de morte, a empresa deverá comunicar o acidente de imediato, à autoridade competente, sob pena de multa variável, sucessivamente aumentada nas reincidências, aplicada e cobrada pela previdência social.

CESPE/2004/PROCURADOR FEDERAL

Acerca da evolução histórica e dos conceitos da seguridade social no Brasil, julgue os itens subsequentes.

171. Inspirada no plano Beveridge da Inglaterra e na doutrina norte-americana do estado do bem-estar social, a Constituição de 1946 iniciou um processo de sistematização constitucional da matéria previdenciária, inserindo pela primeira vez a expressão *seguridade social*.

172. A partir da década de 40 do século XX, teve início o processo de uniformização das políticas legislativas relacionadas à previdência. A Lei Orgânica da Previdência Social, em 1960, operou a efetiva unificação da legislação, entretanto, apenas em 1966 é que os institutos de aposentadoria e pensão foram extintos e integrados a uma organização previdenciária centralizada: o Instituto Nacional de Previdência Social (INSS).

173. O sistema de seguridade social integra ações dos poderes públicos e da sociedade. Destinado a assegurar os direitos relativos à saúde, à previdência social e à assistência social, esse sistema prevê que nenhum benefício ou serviço poderá ser criado, majorado ou estendido sem a correspondente fonte de custeio total, o que determina o seu caráter contributivo.

Quanto às normas aplicáveis aos beneficiários da previdência social, julgue os seguintes itens.

174. Os beneficiários do regime geral de previdência social (RGPS) podem ser divididos em três grupos: os segurados, os dependentes e os pensionistas.

175. Considere a seguinte situação hipotética. João, que é empregado registrado em uma indústria de pneus e segurado do RGPS, tem um filho, Carlos, que tem 23 anos de idade e é estudante universitário. Nessa situação, Carlos é segurado na qualidade de dependente de João.

176. A inscrição de dependente é promovida por meio do requerimento do benefício a que o segurado tiver direito, mediante apresentação da certidão de nascimento ou de casamento para os casos de filho ou cônjuge, respectivamente.

Julgue os itens a seguir, relacionados ao custeio do RGPS.

177. A contribuição a cargo da empresa é de 15% sobre o valor bruto da nota fiscal ou fatura de prestação de serviços, relativamente a serviços que lhes são prestados por cooperados por intermédio de cooperativas de produção.

178. A incidência da contribuição previdenciária sobre a remuneração das férias ocorre no mês a que elas se referirem, mesmo quando pagas antecipadamente na forma da legislação trabalhista.

179. A empresa contratante de serviços prestados mediante cessão de mão de obra deve reter 11% do valor bruto da nota fiscal ou fatura e recolher a importância retida até o dia dois do mês subsequente ao da emissão da nota.

Conforme entendimento jurisprudencial, essa retenção tem natureza jurídica de substituição tributária.

180. As contribuições a cargo da empresa, provenientes do faturamento e do lucro, destinadas à seguridade social, são arrecadadas, normatizadas, fiscalizadas e cobradas pela Secretaria da Receita Federal.

Com relação ao salário-de-contribuição, julgue os itens subsequentes.

181. O salário-de-contribuição limita e quantifica a base de cálculo da contribuição previdenciária e, ao mesmo tempo, apresenta a hipótese de incidência da obrigação previdenciária: o exercício de atividade remunerada por aquele que a lei define como segurado obrigatório.

182. Considere a seguinte situação hipotética. Determinada indústria fornece a seus empregados bolsas de estudo destinadas ao aperfeiçoamento, à capacitação e à qualificação de trabalhadores que tenham pelo menos 10 anos de vínculo empregatício com a empresa, mediante a participação em cursos vinculados às atividades desenvolvidas pela empresa. Nessa situação, os valores custeados pela empresa integram a base de cálculo da contribuição previdenciária.

183. Considere a seguinte situação hipotética. Uma empresa de construção civil contratou 10 pedreiros e 20 auxiliares para concluir uma obra em uma localidade muito distante da residência dos obreiros. Foi avençado que os valores correspondentes a transporte, alimentação e habitação seriam fornecidos pelo empregador. Nessa situação, os valores desembolsados pela empresa integram o salário-de-contribuição dos empregados e serão utilizados, ulteriormente, para fins de cálculo dos benefícios previdenciários.

184. O salário-de-contribuição do contribuinte individual corresponde à respectiva classe em que esse se encontra na escala de salário-base. Assim, a contribuição previdenciária a cargo de uma empresa, em relação à remuneração dos sócios-gerentes, não deve utilizar, como base de cálculo, o valor pago a título de pró-labore, mas sim a classe correspondente do salário-base em que o contribuinte estiver enquadrado.

A respeito dos benefícios do RGPS, julgue os itens a seguir.

185. A perda da qualidade de segurado implica a caducidade da proteção previdenciária, contudo, caso o trabalhador tenha contribuído, no mínimo, pelo número de meses exigidos para efeito de carência do respectivo benefício, poderá requerer a concessão de aposentadorias: especial, por tempo de contribuição e por idade.

186. Considere a seguinte situação hipotética. Sérgio, segurado da previdência social na qualidade de contribuinte individual, é eletricista e presta serviço de natureza eventual a diversas empresas, sem relação de emprego, sendo chamado para trabalhar, principalmente, em estabelecimentos de saúde, onde já conhecem a qualidade do seu serviço. Nessa situação, caso comprove que em

várias oportunidades esteve exposto a condições especiais que prejudicaram sua saúde e a sua integridade física, cumprida a carência exigida e o tempo de contribuição, conforme o caso, Sérgio fará jus a uma aposentadoria especial do INSS.

187. De acordo com a legislação previdenciária, auxílio-doença é o benefício a que o segurado tem direito quando, após a consolidação das lesões decorrentes de acidente de qualquer natureza, resultar sequela definitiva que implique redução da capacidade para o trabalho que habitualmente exercia.

Julgue os itens subsequentes, relacionados à legislação acidentária.

188. O seguro acidente de trabalho é operado, atualmente, em regime de monopólio estatal cujo atendimento é feito pelo RGPS gerido pelo INSS.

189. Entre as fontes de custeio do seguro acidente de trabalho, encontra-se o adicional de 12%, 9% ou 6%, cobrado em relação à remuneração paga aos segurados expostos a agentes nocivos químicos, físicos, biológicos ou a associação de agentes prejudiciais à saúde ou à integridade física.

190. A aposentadoria por invalidez decorrente de acidente de trabalho é devida ao acidentado que, estando ou não em gozo de auxílio-doença, foi considerado incapaz para o trabalho e insuscetível de reabilitação para o exercício de atividade que lhe garanta a subsistência.

Com relação à previdência complementar brasileira, julgue os itens a seguir.

191. As entidades de previdência complementar devem constituir reservas técnicas, provisões e fundos, de acordo com a legislação regente, a fim de cumprir as obrigações assumidas com os participantes e assistidos. A aplicação desses recursos deve observar os limites mínimos estabelecidos pelo Conselho Monetário Nacional.

192. Na formatação de um plano de benefícios, é obrigatória a previsão dos seguintes institutos: benefício proporcional diferido, portabilidade, resgate e faculdade de autopatrocínio.

193. Historicamente, as entidades fechadas de previdência complementar sempre foram acessíveis, exclusivamente, aos empregados de uma empresa ou grupo de empresas, denominados patrocinadores. De acordo com a atual legislação, também são consideradas entidades fechadas as que se organizam em razão do vínculo associativo, como é o caso dos sindicatos e entidades de classes, denominados instituidores.

194. A portabilidade não caracteriza resgate, sendo admissível, inclusive, a transferência de recursos entre as entidades abertas e as fechadas.

195. Nas entidades de previdência complementar, cada plano de benefício possui personalidade jurídica própria. Por essa razão, ao final de cada exercício, coincidente com o ano civil, devem ser elaboradas as demonstrações contábeis e as avaliações atuariais desses planos, devendo os resultados ser

encaminhados ao órgão regulador e fiscalizador e divulgados aos participantes e aos assistidos.

196. A fiscalização e o controle dos planos de benefícios das entidades fechadas de previdência complementar cujos patrocinadores sejam entidades da administração pública federal, direta ou indireta, competem ao TCU.

197. As entidades abertas de previdência complementar são constituídas unicamente sob a forma de sociedades anônimas e, por essa razão, estão sujeitas a falência, caso os recursos acumulados não sejam suficientes para o pagamento das obrigações assumidas.

Acerca dos princípios que regem a seguridade social no Brasil, julgue os itens subsequentes.

198. A universalidade da cobertura e do atendimento implica que qualquer pessoa pode participar da proteção social patrocinada pelo Estado. Em relação à previdência social, o caráter contributivo restringe essa abrangência apenas àqueles que contribuem para o sistema. Por esse motivo, foi criado o segurado facultativo, com vistas a atender ao mandamento constitucional.

199. Decorre do princípio da equidade, na forma de participação no custeio, a possibilidade de as contribuições do empregador, da empresa ou de entidade a ela equiparada poderem ter alíquotas ou bases de cálculo diferenciadas, em razão da atividade econômica ou da utilização intensiva de mão de obra.

200. A solidariedade é princípio fundamental que norteia o sistema de seguridade social, possibilitando que aqueles que têm melhores condições financeiras contribuam com uma parcela maior para o financiamento do bem-estar de toda a coletividade.

CESPE/DPU/2004

Em relação à origem, organização e evolução legislativa da seguridade social no Brasil, julgue os itens a seguir.

126. O falecimento de Leonel Brizola recordou uma das correntes ideológicas mais importantes na história brasileira: o trabalhismo, resultante da política adotada pelo governo Vargas a partir de 1930 e cujo ideário constituiu um conjunto de políticas no fortalecimento do sindicalismo, na criação da justiça do trabalho e na política previdenciária caracterizada pela organização de caixas de aposentadoria e pensão segmentadas por empresas e de natureza privada.

127. As ações propositivas de iniciativa dos poderes públicos e da sociedade que asseguram os direitos relacionados à saúde, à educação, à assistência social e à previdência constituem o conceito de seguridade social, conforme estabelecido no título da Ordem Social da Constituição Federal.

128. Cientificamente, o direito é uno, portanto, não se considera a autonomia de um ramo em relação a outro. Contudo, para fins didáticos, em relação à seguridade social, o ordenamento jurídico brasileiro e a doutrina adotaram a teoria monista, reconhecendo que o direito da seguridade social vincula-se ao direito do trabalho.

Relativamente ao financiamento da seguridade social e ao conceito de empresa para fins previdenciários, julgue os seguintes itens.

129. Os ganhos habituais sob a forma de utilidades integram o conceito de salário-de-contribuição. Por essa razão, sobre o valor pago pelas empresas a título de seguro de vida em grupo, disponível à totalidade dos empregados e dirigentes e previsto em acordo ou convenção coletiva de trabalho, incide contribuição previdenciária.

130. A principal fonte de receita de custeio da previdência social brasileira é a contribuição para o financiamento da seguridade social, tributo cobrado com base no faturamento e cuja competência para arrecadar e fiscalizar é da Secretaria de Receita Federal.

131. Considere a seguinte situação hipotética. Sebastião iniciou a construção de sua casa no início deste ano, tendo contratado pessoalmente diversos trabalhadores para a execução da obra.

Nessa situação, em relação aos segurados que lhe prestam serviços, Sebastião equipara-se a uma empresa no que concerne às obrigações previdenciárias previstas na legislação.

132. O financiamento dos benefícios decorrentes dos riscos ambientais do trabalho é feito mediante a aplicação de percentual sobre o total da remuneração paga, devida ou creditada ao segurado empregado da empresa. O enquadramento no correspondente grau de risco é feito pelo empregador para oportuna verificação pela fiscalização do INSS de acordo com a atividade preponderante da empresa, assim considerada a atividade com maior número de segurados.

133. A gratificação natalina – décimo-terceiro salário – integra o salário-de-contribuição, bem como o cálculo do salário-de-benefício, sendo devida a contribuição quando do pagamento ou crédito da última parcela ou na rescisão do contrato de trabalho.

Com relação aos segurados obrigatórios do regime geral de previdência social (RGPS), julgue os itens a seguir.

134. A inscrição de qualquer segurado no RGPS exige a idade mínima de 16 anos, contudo a prestação de serviço rural por menor de 12 a 14 anos de idade, até o advento da Lei nº 8.213/1991, devidamente comprovada, pode ser reconhecida para fins previdenciários.

135. O servidor público titular de cargo efetivo, vinculado a ente público instituidor de regime próprio de previdência social e que exerça atividade

remunerada abrangida pelo RGPS, torna-se segurado obrigatório também em relação a esse regime.

136. Considere a seguinte situação hipotética. Júlio, que é servidor público em determinado município, ocupa cargo em comissão, assim entendido aquele declarado em lei de livre nomeação e exoneração. Nessa situação, Júlio é segurado obrigatório do RGPS, na qualidade de empregado.

Julgue os itens a seguir, referentes às normas de isenção, restituição, compensação e decadência no âmbito da previdência social.

137. O INSS pode cancelar a isenção da entidade que não cumprir os requisitos determinados pela legislação. Contra tal decisão, é possível recorrer ao Conselho de Recursos da Previdência Social. Entretanto, se o motivo do cancelamento for a falta de apresentação do registro e do certificado de entidade beneficente fornecido pelo Conselho Nacional de Assistência Social, não caberá recurso.

138. Considere a seguinte situação hipotética. Durante procedimento de ação fiscal em uma empresa, realizado no início deste ano, os servidores responsáveis pelo procedimento constataram que as contribuições previdenciárias referentes aos anos de 1993 a 1998 não haviam sido recolhidas. Nessa situação, a fiscalização do INSS não poderá constituir o crédito previdenciário pelo fato de essas obrigações estarem caducas.

139. Considere a seguinte situação hipotética. Por evidente erro de cálculo, a empresa Campo Limpo Ltda. recolheu em duplicidade os valores devidos em relação à contribuição previdenciária a seu cargo, referente à competência 5/2004. Nessa situação, de acordo com a legislação vigente, a empresa poderá pleitear a restituição dos valores pagos indevidamente, em até dois anos a contar da data do pagamento indevido ou, se preferir, poderá efetuar a compensação, sem limites, com parcelas devidas da mesma espécie em relação às competências posteriores.

A respeito do plano de benefícios da previdência social e da manutenção, da perda e do restabelecimento da qualidade de segurado, julgue os itens subsequentes.

140. O tempo de serviço rural anterior à vigência da Lei nº 8.213/1991 pode ser utilizado para fins de contagem recíproca, assim entendida aquela em que se soma o tempo de atividade privada, rural ou urbana, ao tempo de serviço público estatutário, desde que sejam recolhidas as respectivas contribuições previdenciárias.

141. O fato de a previdência social pagar as prestações decorrentes de acidentes do trabalho não exclui a responsabilidade civil da empresa ou de terceiros.

142. Ao segurado que se incapacitar para o trabalho antes de ter completado o período de carência será devido um pecúlio equivalente a 5 vezes a base de cálculo da sua última contribuição.

143. Considere a seguinte situação hipotética. Cláudio tem 14 anos de idade e era filho único de João Martins. Este, que era viúvo, faleceu no último dia de 2003, época em que era segurado obrigatório do RGPS na qualidade de empregado. Nessa situação, o prazo final para Cláudio receber o benefício de pensão por morte, contado a partir da data do óbito, é de até 30 dias após completar 16 anos de idade.

144. Pedro é casado com Marília, com a qual tem quatro filhos, todos com menos de 14 anos de idade. Ambos são empregados segurados do RGPS e recolhem pelo teto do salário-de-contribuição. Nessa situação, de acordo com a legislação vigente, tanto Pedro quanto Marília poderão receber os benefícios do salário-família.

145. O contribuinte facultativo mantém a qualidade de segurado até 6 meses após a cessação das suas contribuições, vindo a perdê-la no dia seguinte ao do vencimento da contribuição relativa ao mês imediatamente posterior ao término do prazo.

CESPE/TRF5 – JUIZ FEDERAL/2004

Julgue os itens seguintes, acerca dos princípios informativos da seguridade social.

186. O postulado da universalidade da cobertura e do atendimento significa que o poder público deve organizar a seguridade social de modo a garantir os benefícios respectivos a todos os residentes no país, observadas as peculiaridades e as especificidades que, nos termos da lei, possam justificar a concessão de benefícios distintos a segurados urbanos e rurais.

187. O princípio da seletividade na prestação de serviços e benefícios corresponde à noção de que compete ao legislador – com base em critérios equitativos de solidariedade e justiça social e segundo as possibilidades econômico-financeiras do sistema – definir quais benefícios serão concedidos a determinados grupos de pessoas, em razão de especificidades que as particularizem.

188. Apesar de seu sentido objetivo, o princípio da irredutibilidade do valor dos benefícios – segundo o qual o poder aquisitivo dos benefícios não pode ser onerado – depende de lei ordinária para a sua concreção.

189. À luz dos princípios da isonomia e da equidade na forma de participação do custeio das atividades da seguridade social, ao legislador não é permitido fixar, para empresas ou entidades a elas equiparadas, alíquotas ou bases de cálculo diferenciadas em razão da atividade econômica desenvolvida.

A respeito das regras de interpretação e de eficácia das normas previdenciárias, julgue os itens a seguir.

190. Apesar das notórias dificuldades de caixa verificadas pela seguridade social – as quais inclusive têm justificado sucessivas alterações na legislação ordinária e constitucional –, a interpretação da legislação respectiva há de se conformar à diretriz teleológica fundamental da proteção aos segurados. Como

expressão desse critério, por exemplo, o direito à aposentadoria por tempo de serviço estará preservado ao segurado nas condições legalmente previstas na data do cumprimento dos requisitos correspondentes, ainda que opte ele por continuar em atividade e desde que tal condição lhe seja mais vantajosa.

191. Por aplicação do postulado da anterioridade da lei, expressão da dimensão substantiva da cláusula do devido processo legal, as normas definidoras de contribuições sociais destinadas ao custeio da seguridade social apenas terão eficácia depois de 90 dias da data da publicação das leis que as houverem instituído.

192. Embora incorporados à ordem jurídica interna com *status* de leis ordinárias, os tratados, as convenções e outros acordos internacionais de que sejam partes Estado estrangeiro ou organismo internacional e o Brasil, e que versem acerca de matéria previdenciária, serão considerados, para fins de interpretação, como leis especiais.

Considerando as regras do regime geral da previdência social (RGPS) que tratam da condição de segurado, julgue os itens subsequentes.

193. Na condição de segurado especial, podem se inscrever, facultativamente, no RGPS, entre outros, a dona de casa, o síndico de condomínio não remunerado, o estudante com 16 anos ou mais e o brasileiro que acompanha cônjuge ao exterior.

194. O estrangeiro domiciliado e contratado no Brasil para trabalhar como empregado em empresa domiciliada no exterior, cuja maioria do capital votante pertença a empresa brasileira de capital nacional, é segurado obrigatório da previdência social, na condição de empregado.

195. Os trabalhadores avulsos e eventuais são segurados obrigatórios da previdência social, equiparados ao trabalhador autônomo.

Acerca do conceito de salário-de-contribuição, julgue os itens que se seguem.

196. Todos os ganhos habituais obtidos pelo empregado que seja segurado obrigatório da previdência social devem ser computados para aferição da contribuição previdenciária correspondente, observado o limite legal, inclusive as diárias, quando essenciais para a execução do trabalho.

197. O trabalhador aposentado que retornar, espontaneamente, ao exercício de atividade alcançada pelo RGPS será considerado segurado obrigatório, estando seus rendimentos vinculados ao conceito de salário-de-contribuição, salvo se o valor da aposentadoria anteriormente alcançado estiver situado no teto máximo previsto para o benefício.

Quanto ao regime previdenciário do servidor público estatutário, julgue os seguintes itens.

198. O servidor público que for aposentado por invalidez permanente, em razão de moléstia profissional ou de doença grave, contagiosa ou incurável, especificadas em lei, terá seus proventos calculados de forma proporcional ao

tempo de contribuição, de acordo com os critérios legais, o mesmo ocorrendo com o servidor aposentado compulsoriamente aos 70 anos de idade que não preencha os requisitos para a percepção de aposentadoria integral.

199. Os proventos da aposentadoria voluntária de servidor admitido sob a égide da Emenda Constitucional nº 41/2003 serão concedidos quando ele tiver 60 anos de idade e contar 35 anos de contribuição, se homem, ou 55 anos de idade e 30 anos de contribuição, se mulher, não podendo o valor do benefício suplantar o valor percebido em atividade, atendidos, ainda, os tempos mínimos de 5 anos no cargo em que se dará a aposentadoria e de 10 anos de efetivo exercício no serviço público.

200. Os proventos da aposentadoria do servidor público serão revistos, na mesma proporção e na mesma data, sempre que se modificar a remuneração dos servidores em atividade, sendo também estendidos aos inativos quaisquer benefícios ou vantagens posteriormente concedidos aos servidores em atividade, salvo se decorrentes de transformação ou reclassificação do cargo ou função em que se deu a aposentadoria, conforme previsto em lei.

CESPE/TÉCNICO PREVIDENCIÁRIO-INSS/2003

A respeito do regime geral de previdência social (RGPS), julgue os itens de 51 a 55.

51. A inscrição é o ato pelo qual o segurado é cadastrado no RGPS, por meio de comprovação de dados pessoais e outros elementos.

52. Trabalhador avulso é aquele que presta serviços sem vínculo empregatício, de natureza urbana ou rural, a diversas empresas, com ou sem a intermediação de sindicato ou órgão gestor de mão de obra.

53. Um trabalhador que tenha sido contratado como escrevente por titular de serviços notariais em 2/1/1995 é segurado obrigatório da previdência social como empregado.

54. Se um ex-dirigente sindical, aposentado pelo RGPS, for nomeado magistrado classista temporário da justiça do trabalho, ele será segurado desse regime como empregado.

55. O proprietário de terreno urbano que realize obra de construção civil com finalidade de residência própria é equiparado a empresa para fins previdenciários.

Cláudio, contador de uma empresa atacadista, está elaborando um manual de orientação para as pessoas que o ajudam a confeccionar a folha de pagamento da empresa. A respeito dessa situação hipotética, julgue os itens de 56 a 61, correspondentes às orientações que Cláudio está redigindo para incluir no manual.

56. Sobre despesas com alimentação, habitação e transporte fornecidos pela empresa ao empregado contratado para trabalhar em localidade distante da sua residência, em canteiro de obras ou local que, por força da atividade, exija

deslocamento e estada, observadas as normas de proteção estabelecidas pelo Ministério do Trabalho e Emprego, não incide contribuição previdenciária.

57. Sobre o abono de férias – valor correspondente à conversão em dinheiro de um terço das férias –, incide contribuição previdenciária.
58. Sobre o aviso prévio trabalhado incide contribuição previdenciária.
59. Incide contribuição previdenciária sobre os valores correspondentes a adicionais de insalubridade, de periculosidade, por trabalho noturno, por tempo de serviço, por transferência de local de trabalho ou função.
60. Sobre férias normais usufruídas na vigência do contrato de trabalho, excetuado o terço constitucional, incide contribuição previdenciária.
61. Incide contribuição previdenciária sobre o saldo de salário recebido na rescisão de contrato de trabalho.

A Associação para Ajuda Juvenil (AAJ) – sociedade civil que presta serviços a seus sócios, sem finalidade lucrativa – remunera, pelos serviços prestados como empregados, uma atendente, um digitador, um zelador e uma cozinheira e, eventualmente, utiliza-se dos serviços de uma faxineira. Em face dessa situação hipotética, julgue os itens de 62 a 65, relativos à AAJ do ponto de vista da previdência social.

62. Não é empresa, pois não possui fins lucrativos.
63. Deverá descontar contribuições da remuneração da atendente e do digitador como segurados empregados.
64. Está obrigada a calcular e recolher as contribuições do zelador e da cozinheira na categoria de empregados domésticos, em razão da ausência da finalidade lucrativa.
65. Não possui obrigações previdenciárias em relação à faxineira, pois não está configurada a existência, entre esta e a AAJ, de vínculo empregatício.

Determinado município previu, por meio de lei municipal, a concessão de aposentadoria e pensão a seus servidores. Nesse município: • Aldo, servidor da Fundação de Ensino Médio (FEM), foi aprovado em concurso público, para ocupar cargo de provimento efetivo; • a professora Júlia foi contratada pela FEM pelo período de quatro meses, para substituir outra, que estava em gozo de licença-maternidade; • os servidores da Companhia Municipal de Águas (CMA) são contratados pelo regime da Consolidação das Leis do Trabalho (CLT); • Alfredo foi designado para ocupar cargo em comissão de livre nomeação e exoneração na FEM; • Adalberto, recém-empossado em cargo público, pretende contar como tempo de contribuição aquele em que frequentou curso superior. Com base nessas situações hipotéticas, julgue os itens de 66 a 71.

66. Aldo não faz parte do RGPS, pois é segurado de regime próprio de previdência.
67. A professora Júlia não é segurada do regime de previdência do município.
68. Os servidores da CMA não serão vinculados ao RGPS, pois estão amparados pelo regime próprio municipal.

69. O servidor do município que se aposentar pelo RGPS e continuar a trabalhar como prestador eventual de serviços à prefeitura sem vínculo empregatício não estará obrigado a recolher contribuições ao RGPS, visto que não poderá mais obter novo benefício de aposentadoria.

70. Alfredo não será incluído no RGPS por já estar amparado pelo regime de previdência municipal.

71. Adalberto poderá inscrever-se e recolher as contribuições ao RGPS, relativas ao período de estudante, na qualidade de segurado facultativo.

Acerca da legislação previdenciária, julgue os itens de 72 a 74.

72. Entre as várias situações cobertas pela previdência social, está a concessão do salário-família e do auxílio-reclusão para os dependentes dos segurados que recebam remuneração até o teto de contribuição do INSS.

73. A previdência tem caráter democrático e descentralizado da administração, mediante gestão tripartite, com participação dos trabalhadores, dos empregadores e do governo nos órgãos colegiados.

74. O INSS fornecerá a certidão negativa de débito em relação às contribuições previdenciárias das empresas e dos trabalhadores, acerca da comercialização da produção rural e das receitas de concursos de prognósticos.

Quanto ao financiamento da seguridade social, julgue os itens de 75 a 83.

75. As contribuições previdenciárias das empresas incidem sobre a remuneração paga, devida ou creditada aos segurados e demais pessoas físicas a seu serviço, com ou sem vínculo empregatício.

76. As contribuições a cargo da empresa, provenientes do faturamento e do lucro, destinadas à seguridade social, são arrecadadas, normatizadas, fiscalizadas e cobradas pelo INSS.

77. As contribuições sociais e outras importâncias arrecadadas pelo INSS e pagas com atraso ficam sujeitas a atualização monetária, juros de mora e multa.

78. É de 2% o limite máximo que o INSS pode cobrar a título de multa sobre contribuições previdenciárias em atraso.

79. No caso de empregado doméstico, a contribuição previdenciária do empregador é de 20% sobre a remuneração paga ao empregado, da mesma forma que ocorre com as empresas em geral.

80. A falta de recolhimento das contribuições urbanas e rurais devidas ao INSS acarreta multa variável, que será relevada caso o pagamento seja feito no mês de vencimento.

81. Se uma mulher encontra-se em gozo de salário-maternidade, então o valor do benefício que ela recebe não integra a base de cálculo das contribuições previdenciárias que o seu empregador terá de recolher ao INSS.

82. Um contribuinte individual da previdência social, sócio-gerente de uma sociedade limitada, poderá, na competência em que não auferir remuneração, contribuir como facultativo.

83. Com exceção da opção pelo recolhimento trimestral de contribuições, o segurado facultativo não pode retroagir sua filiação, estando vedado pagamento de contribuição relativa a competências anteriores à data de sua inscrição e do seu primeiro recolhimento.

João, casado com Sônia, é beneficiário da previdência social na condição de segurado. João tem um filho, José, com 20 anos de idade, de união anterior; um irmão inválido, chamado Mário, com 23 anos de idade; e um menor sob sua tutela, Luís, com seis anos de idade. Sônia tem um filho, Pedro, com 20 anos de idade, de pai falecido. Em comum, João e Sônia têm dois filhos: Josué, com cinco anos de idade, e Paulo, com 19 anos de idade, que é inválido. Mário, Luís e Pedro não possuem bens suficientes para seu sustento e educação. Com base nessa situação hipotética e considerando o plano de benefícios da previdência social, julgue os itens de 84 a 88.

84. João pode, a qualquer momento, inscrever Sônia, os filhos de ambos e seu irmão Mário na previdência social como dependentes.

85. Caso João faleça, Sônia e os filhos de ambos, em comum ou não, concorrerão para o recebimento de pensão.

86. Em caso de falecimento de João, na distribuição de cotas de pensão, Sônia receberá 50% do valor, enquanto os outros 50% serão igualmente distribuídos entre os demais dependentes.

87. A condição de dependente de Paulo prescinde de comprovação de sua dependência econômica.

88. Na hipótese de falecimento de João, caso José, após tornar-se pensionista, contraia matrimônio, sua cota de pensão reverterá em favor dos demais pensionistas.

Acerca do plano de benefícios do INSS e da manutenção, perda e restabelecimento da qualidade de segurado, julgue os itens de 89 a 96.

89. O RGPS concede as seguintes prestações aos segurados: aposentadoria (por invalidez, idade, tempo de contribuição e especial), auxílio-doença, salário-família, salário-maternidade, auxílio-acidente e reabilitação profissional.

90. Carência é o tempo correspondente ao número mínimo de contribuições mensais exigíveis para que o beneficiário tenha direito a usufruir o benefício.

91. A concessão do salário-maternidade para as seguradas contribuintes individual, empregada doméstica, especial e facultativa depende do recolhimento mínimo de dez contribuições mensais.

92. Os segurados trabalhadores avulsos deverão provar o recolhimento das contribuições para que sejam contadas para efeito de carência.

93. As aposentadorias por idade e por tempo de contribuição cuja concessão está sujeita à carência de 180 contribuições mensais terão o salário-de-benefício calculado pela média aritmética simples dos maiores salários-de-contribuição correspondentes a 80% de todo o período contributivo multiplicado pelo fator previdenciário.

94. Serão considerados, para cálculo do salário-de-benefício, os ganhos habituais do empregado sob a forma de utilidades sobre os quais tenha incidido contribuição previdenciária.

95. O salário-de-benefício é o valor básico para cálculo da renda mensal dos benefícios de aposentadoria, auxílio-doença, pensão por morte, auxílio-acidente e auxílio-reclusão.

96. Nenhum segurado poderá receber da previdência social benefício em valor superior ao limite máximo do salário-de-contribuição.

No que se refere às normas gerais de tributação e arrecadação no âmbito do INSS, julgue os itens de 97 a 110.

97. Se o proprietário de um terreno em uma capital tiver iniciado a construção de sua casa no dia 1º de março de 2003, ele deverá efetuar o cadastro específico do INSS (CEI) de sua obra na mesma oportunidade em que se dirigir à agência da previdência social para calcular as contribuições previdenciárias devidas em relação aos trabalhadores contratados para a construção.

98. Os valores incluídos em notificações fiscais de lançamento de débito, excetuados os casos das empresas vinculadas ao sistema integrado de pagamento de impostos (SIMPLES), podem ser parcelados junto ao INSS em até 72 meses, observado o número de até quatro parcelas mensais, para cada competência, a serem incluídas no parcelamento.

99. O direito de pleitear restituição ou de realizar compensação de contribuições ou de outras importâncias extingue-se em cinco anos, contados da data do pagamento ou do recolhimento indevido.

100. Cessão de mão de obra é o ato de pôr à disposição do contratante, em suas dependências ou nas de terceiros, segurados que realizem serviços contínuos, relacionados ou não com a atividade-fim da empresa, quaisquer que sejam a natureza e a forma de contratação.

101. Considere a seguinte situação hipotética. A fiscalização do INSS constatou que a empresa Limpo Ltda., que atua no ramo de prestação de serviços de vigilância, limpeza, conservação e locação de mão de obra, optou pelo SIMPLES, apesar de a lei pertinente vedar, a essa atividade de prestação de serviço, a inscrição no SIMPLES. Nessa situação, a exclusão de ofício dar-se-á mediante ato declaratório do diretor de arrecadação da diretoria colegiada do INSS, após esgotadas todas as instâncias recursais.

102. O pedido de restituição que envolver somente importâncias relativas a terceiros deverá ser formulado diretamente à entidade, cabendo ao INSS prestar as informações e(ou) realizar diligências.

103. Suponha que determinada empresa informa mensalmente ao INSS – por intermédio da guia de recolhimento do fundo de garantia por tempo de serviço e informações à previdência social (GFIP) –, na forma por ele estabelecida, dados cadastrais, todos os fatos geradores de contribuição previdenciária e outras informações de interesse daquele instituto. Nesse caso, a obrigação que está sendo cumprida é considerada acessória, pois consiste em uma obrigação de fazer, não fazer ou tolerar a determinação do INSS.

104. Considere a seguinte situação hipotética. Determinada empresa foi fiscalizada pelo INSS, tendo sido notificada a pagar um valor expressivo de contribuições previdenciárias não recolhidas na época devida. Entretanto, a diretoria da empresa não concordou com a notificação e apresentou sua defesa junto à autarquia federal previdenciária. Nessa situação, a certidão negativa de débito pode ser expedida enquanto a decisão do contencioso administrativo estiver pendente.

105. Caso uma empresa apresente ao INSS um pedido de parcelamento de débito, o deferimento do pedido ficará condicionado ao pagamento da primeira parcela. Caso esta não seja paga, proceder-se-á à inscrição da dívida confessada, exceto se já tiver sido inscrita na dívida ativa do INSS, e à sua cobrança judicial.

106. Não é permitido o parcelamento de dívidas de empresa com falência decretada.

107. O reparcelamento de débito confessado junto ao INSS poderá ocorrer uma única vez em cada processo, porém sem inclusão de novos créditos ou de saldos de outros parcelamentos, exceto quando o reparcelamento ocorrer na dívida ativa.

108. A certidão negativa de débito será exigida das empresas na licitação, na contratação com o poder público e no recebimento de benefícios ou incentivos fiscais ou creditícios concedidos por ele.

109. Ocorrendo recusa ou sonegação de qualquer documento ou informação, ou sua apresentação deficiente, o INSS pode, sem prejuízo da penalidade cabível nas esferas de sua competência, lançar, de ofício, importância que reputar devida, cabendo à empresa, ao empregador doméstico ou ao segurado o ônus da prova em contrário.

110. O titular da firma individual e os sócios das empresas por cotas de responsabilidade limitada respondem solidariamente, com seus bens pessoais, pelos débitos junto à seguridade social.

Acerca dos segurados e dos benefícios da previdência social, julgue os itens de 111 a 125.

111. O segurado empregado terá computados, no cálculo do valor da renda mensal do benefício, todos os salários-de-contribuição relativos às contribuições devidas, ainda que não tenham sido recolhidas pela empresa.

112. Mesmo quando a perícia médica inicial concluir pela incapacidade definitiva para o trabalho, a aposentadoria por invalidez deverá ser precedida de auxílio-doença.

113. O professor de ensino médio que comprovar, como tempo total para fins de aposentadoria, apenas tempo de atividade docente em sala de aula e atividades afins poderá aposentar-se com vinte e cinco anos de contribuição.

114. Considere a seguinte situação hipotética. Lucas, que é segurado da previdência social e exerce duas atividades concomitantes, como contribuinte individual e como empregado, incapacitou-se definitivamente para aquela que exerce como empregado. Nessa situação, Lucas será aposentado por invalidez em relação à atividade para a qual se incapacitou, enquanto a incapacidade não se estender à outra atividade.

115. Considere a seguinte situação hipotética. Marília, ensacadora de café, que presta serviços a diversas empresas, sem vínculo empregatício e com a intermediação do sindicato de sua categoria profissional, obteve a guarda judicial, para fins de adoção, de Fernando, que tem três anos de idade. Nessa situação, Marília terá direito ao salário-maternidade por sessenta dias.

116. Após a filiação e o primeiro recolhimento, o segurado facultativo poderá recolher contribuições em atraso, desde que não tenham decorrido doze meses da cessação dos recolhimentos.

117. O ministro de confissão religiosa é segurado obrigatório da previdência social na qualidade de empregado.

118. O fator previdenciário será calculado mediante fórmula que considere a idade, a expectativa de sobrevida e o tempo de contribuição do segurado ao se aposentar.

119. A filiação ao RGPS representa ato volitivo em relação ao trabalhador associado a cooperativa que, nessa qualidade, preste serviços a terceiros.

120. A filiação materializa a inscrição junto ao RGPS e objetiva a identificação pessoal do segurado.

121. É vedada a inscrição de segurado após sua morte, exceto em caso de segurado especial.

122. O servidor, civil ou militar, amparado por regime próprio, que venha a exercer, concomitantemente, uma ou mais atividades abrangidas pelo RGPS não precisa contribuir em relação a essas atividades, pois elas já possuem cobertura previdenciária.

123. São beneficiários do RGPS, na condição de dependentes do segurado, o cônjuge, a companheira, o companheiro e o filho não emancipado de qualquer condição, menor de 21 anos de idade ou inválido.

124. Equiparam-se aos filhos, mediante declaração escrita do segurado, comprovada a dependência econômica na forma estabelecida pela legislação, o

enteado e o menor sob guarda, desde que não possuam bens suficientes para seu sustento e educação.

125. O filho e o irmão perdem a qualidade de dependentes ao completarem 21 anos de idade, exceto se forem inválidos, ou ao serem emancipados, ainda que sejam inválidos.

CESPE/PROCURADOR FEDERAL/2002

Questão 37

A Constituição da República determina que compete ao poder público, nos termos da lei, organizar a seguridade social, com base em determinados objetivos, os quais incluem: • uniformidade e equivalência dos benefícios e serviços às populações urbanas e rurais; • seletividade e distributividade na prestação dos benefícios e serviços; • irredutibilidade do valor dos benefícios; • equidade na forma de participação no custeio; • diversidade da base de financiamento. Em face dessas considerações, julgue os itens a seguir.

1. No Brasil, teve início, durante a Era Vargas, a edição de leis que instituíam proteção previdenciária em favor tanto de trabalhadores urbanos como de trabalhadores rurais.
2. Se, atualmente, tal como ocorria antes do advento da Constituição de 1988, não houvesse norma jurídica que estabelecesse para os trabalhadores rurais a obrigação de contribuir para a previdência social, essa omissão legislativa poderia ser impugnada mediante mandado de injunção.
3. Enquanto a disposição constitucional que determina a irredutibilidade do valor dos benefícios ligados à seguridade social é norma de eficácia plena, o dispositivo que determina a diversidade da base de financiamento da seguridade é uma norma programática.
4. Se a União editasse lei ordinária fixando a renda mensal do auxílio-acidente em 60% do salário-de-benefício, essa lei seria inconstitucional porque acarretaria diminuição no valor da renda mensal do auxílio-acidente, em flagrante violação do princípio constitucional da irredutibilidade de benefícios.
5. Apesar de a Constituição da República determinar como objetivo da seguridade social a equidade na forma de participação no custeio, o acesso à saúde é universal e deve ser prestado tanto às pessoas que contribuem como às que não contribuem para a seguridade, inclusive aos estrangeiros em trânsito no país.

Questão 38

Augusto, de 65 anos de idade, é segurado obrigatório da previdência social, para a qual, na qualidade de empregado, contribuiu durante 36 anos. Há exatos dois meses, Augusto, que sempre atuou como comerciário, demitiu-se de seu último emprego, mas somente hoje ele ingressou com pedido de concessão de aposentadoria por tempo de contribuição. Elvira foi companheira de Augusto durante mais de vinte anos, mas eles não tiveram filhos em comum e não há qualquer notícia de que Augusto tenha tido filhos com outra mulher. Há um ano, o casal separou-se, tendo o Poder Judiciário determinado que Augusto deveria pagar pensão alimentícia a Elvira. Tendo em vista a situação hipotética acima descrita, julgue os itens em seguida.

1. A idade de Augusto na data do pedido de aposentadoria teria relevância para a fixação da renda mensal do benefício, caso ele solicitasse aposentadoria por idade, porém, sua idade seria irrelevante para a fixação do valor da aposentadoria por tempo de contribuição.
2. O pedido de concessão da aposentadoria de Augusto deve ser deferido, dado ter ele tempo de contribuição suficiente para lhe conferir direito a aposentar-se, sendo correto afirmar que a renda mensal de sua aposentadoria corresponderá ao valor integral do salário-de-benefício e que esse benefício lhe será devido a partir da data em que ele se desligou de seu último emprego.
3. Se Elvira, ex-companheira de Augusto, dele recebesse pensão alimentícia, ela seria sua dependente perante o regime geral de previdência e, portanto, caso ele viesse a falecer após a concessão da aposentadoria, ela teria direito ao recebimento de pensão, benefício previdenciário cuja renda mensal corresponderia ao valor da aposentadoria paga a Augusto.
4. Se, após a concessão da aposentadoria a Augusto, ele e Elvira vierem a falecer em um acidente de carro, ocorrendo comoriência, e, sete anos após o acidente, vier a ser comprovado que Bárbara, uma estudante de quinze anos, é filha de Augusto, então Bárbara terá direito de passar a receber a pensão do pai, bem como de receber as parcelas relativas aos sete anos decorridos entre a morte de Augusto e o pedido de pensão.
5. Se houvesse ocorrido um substancial aumento no salário-mínimo no dia em que Augusto pediu demissão de seu último emprego, seria possível que o salário-de-benefício relacionado à aposentadoria de Augusto fosse menor que o salário-mínimo vigente no país no momento de sua aposentadoria. Porém, a renda mensal da aposentadoria de Augusto, tal como a renda mensal de auxílio-acidente a que fizesse jus antes de sua aposentadoria, não poderia ser menor que um salário-mínimo, mesmo que ele fizesse parte de regime facultativo de previdência privada em que tivesse benefício com renda mensal maior que dois salários-mínimos.

Questão 39

Julgue os seguintes itens.

1. Considere a seguinte situação hipotética. A Sudoeste Incorporações Ltda. é uma empresa que possui débitos relativos à contribuição destinada à manutenção da seguridade social, e confessou essa dívida ao poder público, tendo realizado acordo com o Estado no sentido de fazer o pagamento parcelado do débito. Nesse caso, mesmo tendo sido deferido o parcelamento do débito, para que a empresa tivesse direito a receber do Estado o documento necessário

para que ela pudesse registrar validamente memorial de incorporação no registro de imóveis, seria necessário que ela oferecesse garantia no valor mínimo de 120% do valor total da dívida.

2. Considere a seguinte situação hipotética. Ricardo, filiado obrigatório na qualidade de empregado, sofreu ferimentos, em virtude de um acidente automobilístico, que lhe fizeram permanecer internado durante trinta dias e mantiveram-no outros sessenta dias afastado de seu emprego. Nesse caso, pode acontecer que sejam idênticos os valores dos quatro elementos seguintes: o salário recebido por Ricardo de seu empregador, o seu salário-de-contribuição, o seu salário-de-benefício relativo a auxílio-doença e a renda mensal do auxílio-doença a que ele teria direito em virtude de o referido acidente o ter incapacitado para o trabalho por período superior a quinze dias.
3. Considere a seguinte situação hipotética. Paulo, filiado obrigatório na qualidade de empregado, sofreu ferimentos, em virtude de um acidente automobilístico, que lhe fizeram permanecer internado durante trinta dias e mantiveram-no outros sessenta dias afastado de seu emprego. Nesse caso, Paulo somente teria direito a receber auxílio-acidente se, após consolidação das lesões decorrentes do referido acidente, restassem sequelas irreversíveis que implicassem redução da sua capacidade para o trabalho que habitualmente exercia. Adicionalmente, ele teria direito a receber o auxílio-acidente mesmo antes do término do auxílio-doença relacionado às lesões causadas pelo referido acidente, desde que ficasse comprovado, por perícia médica, a irreversibilidade das sequelas e sua interferência na capacidade de Paulo para o trabalho.
4. Considere a seguinte situação hipotética. Amélia ingressou no regime geral da previdência social em janeiro de 2001, quando foi contratada como empregada em uma farmácia, já estando grávida na data dessa admissão. Porém, em fevereiro de 2001, foi editada lei ordinária, fixando em dez contribuições mensais o período de carência do salário-maternidade da segurada empregada. Assim, quando, em julho de 2001, Amélia postulou a concessão do salário-maternidade, o INSS indeferiu o seu pedido, sob o argumento de que ela não tinha cumprido o período de carência estabelecido em lei. Em face dessa situação, a decisão do INSS não aplicou adequadamente o direito previdenciário, dado que a referida alteração no período de carência do salário-maternidade não contemplaria o caso de Amélia, que continuaria a ser regido pela regra vigente no momento de sua contratação, regra essa que estabelecia independer de carência a concessão de salário-maternidade tanto às seguradas empregadas quanto às seguradas contribuintes individuais.
5. O auxílio-funeral não é um benefício que faz parte do regime geral de previdência social.

CESPE/DELEGADO FEDERAL/2002

Questão 56

Alex e seu irmão Daniel constituíram a microempresa Pizzaria Dominó Ltda. (PD), uma sociedade comercial que visa atuar na produção e entrega de pizzas. Nessa pessoa jurídica, ambos os irmãos são remunerados pelas suas atividades na pizzaria, mas enquanto Daniel é simplesmente sócio cotista, Alex é o sócio-gerente. Para iniciar a produção, a microempresa alugou uma sala onde foi instalada uma cozinha industrial, sendo que, para construir os balcões da pizzaria, estabeleceram contrato de empreitada com o marceneiro Isaías. Para promover o serviço de entrega, a sociedade comprou duas motocicletas e contratou dois empregados, para proceder às entregas, Eva e Élder, tendo sido a primeira contratada por prazo indeterminado e o segundo, por prazo determinado de um ano. Em contraprestação a seu trabalho, cada um recebe um salário de R$ 500,00, além das gorjetas recebidas dos clientes, que nunca ultrapassam, se somadas, R$ 400,00 por mês para cada um. Para fins tributários e previdenciários, a PD optou pelo Sistema Integrado de Pagamento de Impostos e Contribuições das Microempresas e das Empresas de Pequeno Porte (SIMPLES), inscrevendo-se como microempresa no Cadastro Geral de Contribuintes do Ministério da Fazenda (CGC/MF). Com relação à situação hipotética apresentada acima, julgue os seguintes itens.

1. Isaías, Daniel e Élder são segurados obrigatórios do INSS, os dois primeiros na qualidade de contribuintes individuais e o último na qualidade de empregado.

2. Considerando que Eva tem como única fonte de renda o seu trabalho na PD, é correto afirmar que o seu salário-de-contribuição será a totalidade dos rendimentos auferidos durante o mês, incluindo o décimo-terceiro salário, as gorjetas recebidas dos clientes e, se for o caso, o salário-maternidade.

3. Caso Eva seja demitida e interrompa o recolhimento de contribuições previdenciárias, conservará ela a qualidade de segurada por três meses, período dentro do qual terá direito aos mesmos benefícios a que faria jus se continuasse empregada. Porém, se findo esse prazo Eva não conseguir outro emprego e desejar continuar mantendo a sua qualidade de segurada da previdência, ela terá de filiar-se como segurada facultativa.

4. Por ser optante do SIMPLES, a PD não precisaria recolher de forma específica a contribuição para financiamento da seguridade social (COFINS), pois essa contribuição está incluída entre os tributos pagos de forma unificada pelo optante do SIMPLES. Porém, a opção pelo SIMPLES não desonera a PD do dever de arrecadar e recolher ao INSS a contribuição para a seguridade social relativa a Élder.

5. Em adição à situação hipotética acima, considere que Alex, julgando excelente o trabalho prestado por Isaías à PD, convidou o marceneiro para reformar os armários da casa em que ele vive com sua família, proposta essa que foi prontamente aceita. Alex e Isaías estabeleceram, então, contrato civil de empreitada de lavor, por meio da qual Alex comprometeu-se a comprar os materiais necessários e pagar a Isaías a quantia de R$ 500,00 pela mão de obra. Nesse

caso, é incorreto afirmar que Alex enquadra-se no conceito previdenciário de empresa, pois não atua com finalidade lucrativa; porém, é correto afirmar que ele se enquadra no conceito previdenciário de empregador doméstico e que, portanto, tem a obrigação de recolher ao INSS a contribuição previdenciária respectiva.

Questão 57

Agentes públicos da Secretaria da Receita Federal (SRF) e do INSS realizaram operação conjunta de fiscalização na Viações Aéreas Matrix S. A. (VAM), com o objetivo de apurar sua situação fiscal e previdenciária. Durante a fiscalização, os agentes públicos não apenas descobriram uma série de irregularidades previdenciárias e fiscais, mas também identificaram que a situação econômico-financeira da VAM era precária, estando a empresa à beira da falência. Com relação à situação hipotética apresentada acima, julgue os itens a seguir.

1. Caso as informações prestadas pela VAM acerca da remuneração paga aos empregados não coincidam com a realidade efetivamente constatada pelos fiscais, o INSS poderá lançar, de ofício, a importância que reputar devida, cabendo à VAM o ônus da prova em contrário.
2. Se a fiscalização identificar que, nos últimos nove anos, a VAM não recolheu a contribuição a cargo da empresa, incidente sobre décimo-terceiro salário pago aos seus empregados, o INSS poderá cobrar todo o valor sonegado, corrigido monetariamente e acrescido de juros de mora e multa, pois a constituição de créditos previdenciários é sujeita a prazo prescricional de dez anos.
3. Em adição à situação hipotética proposta, considere que Luís, um dos fiscais da SRF envolvidos na fiscalização da VAM, tenha exigido R$ 10.000,00 de Sérgio, o presidente da empresa, para não tornar pública a informação de que a VAM estava próxima da falência. Nesse caso, é correto afirmar que a conduta de Luís configura crime de corrupção passiva e que, caso Luís viesse a tornar públicas as informações acerca do estado da VAM, ele cometeria crime de violação de sigilo profissional, além de violar a regra administrativa que determina que os agentes da SRF não podem divulgar informações sobre a situação econômica ou financeira das entidades, obtidas em razão do ofício, nem mesmo a outros órgãos da administração pública.
4. Não configuraria elisão fiscal o fato de a VAM reduzir fraudulentamente o valor do imposto de importação por meio de falsificação dos contratos de compra e venda de alguns aviões importados.
5. Em adição à situação hipotética acima, considere que, inicialmente, os empregados da VAM franquearam livre acesso aos fiscais, exibindo-lhes todos os documentos pedidos. Porém, quando os agentes públicos entraram na sala de Sérgio, presidente da empresa, e solicitaram que fosse examinado o conteúdo de um cofre que ali havia, Sérgio negou-se a abri-lo, argumentando que nele

estavam guardadas apenas informações acerca do seu patrimônio pessoal, bem como dados sigilosos relativos aos planos de expansão da empresa e às promoções previstas para o mês seguinte, informações essas que não tinham nenhuma relação com a matéria tributária e previdenciária e que, portanto, ele não tinha o dever de exibi-las aos fiscais. Inconformados, os agentes deram ordem expressa a Sérgio para que o cofre fosse aberto, ao que ele respondeu que os agentes poderiam solicitar a exibição de qualquer documento pertinente às suas áreas de fiscalização e esse documento lhes seria mostrado, mas reafirmou sua intenção de não abrir o cofre. Nesse caso, é correto afirmar que a recusa de Sérgio em abrir o cofre possibilita que os fiscais solicitem auxílio de agentes da Polícia Federal para garantir o devido cumprimento das suas funções, podendo os policiais prender Sérgio em flagrante delito pelo crime de desacato à autoridade.

Questão 58

Bartolomeu e Adriana, ambos segurados obrigatórios da previdência social na qualidade de contribuintes individuais, constituem uma união estável e têm dois filhos, ambos estudantes economicamente dependentes dos pais: Flávia, de doze anos de idade, e Gustavo, de dezesseis. Além dos filhos, também vive na residência do casal a mãe de Adriana, Irene, que depende economicamente da filha. Para auxiliar a família nos serviços domésticos, o casal contratou, em julho de 2000, Rosana como empregada, pagando-lhe remuneração mensal de R$ 500,00, regularmente registrada em sua carteira de trabalho e previdência social (CTPS). Adriana envolveu-se em um acidente automobilístico em agosto de 2001, tendo sofrido traumatismos múltiplos que exigiram a sua internação em hospital por três meses, mas, felizmente, os ferimentos não deixaram sequelas que limitassem quaisquer de suas atividades habituais. Na mesma semana em que ocorreu o acidente, foi requerida perante o INSS a concessão de auxílio-doença para Adriana. Findo o período de internação, Adriana voltou para casa, mas, por determinação médica, permaneceu em repouso por mais dois meses, antes de retomar suas atividades profissionais. Em face da situação hipotética apresentada, julgue os itens seguintes.

1. Considerando que Adriana era segurada da previdência social há apenas seis meses, é correto afirmar que mesmo assim ela teria o direito de receber benefício de auxílio-doença durante todo o tempo em que permaneceu impossibilitada de trabalhar, a contar da data em que ocorreu o acidente.
2. Caso Adriana viesse a falecer em virtude do acidente, os seus dependentes teriam direito ao benefício de pensão por morte, cuja renda mensal corresponderia ao valor total da aposentadoria a que Adriana teria direito se estivesse aposentada por invalidez na data de sua morte, quantia essa que deveria ser dividida igualmente entre Bartolomeu, Gustavo, Flávia e Irene.

3. Caso Rosana viesse a ser demitida sem justa causa em agosto de 2001, teria direito ao aviso-prévio e à percepção do seguro-desemprego.
4. Adicionalmente à situação hipotética apresentada, considere que, para diminuir os encargos previdenciários, Rosana acertou com seus patrões que, na CTPS, seria registrada remuneração de apenas R$ 300,00, sendo que os outros R$ 200,00 da remuneração seriam pagos informalmente, sem o recolhimento da contribuição previdenciária devida. Nessa hipótese, é correto afirmar que o registro na CTPS de salário menor que o efetivamente pago configura crime de sonegação previdenciária e que, portanto, Rosana tem direito a exigir judicialmente que Bartolomeu e Adriana promovam o recolhimento da contribuição previdenciária incidente sobre a diferença entre o salário registrado na CTPS e a remuneração efetivamente paga.
5. Ao contrário de Flávia, Gustavo tem direito a filiar-se ao regime geral de previdência social, na qualidade de segurado facultativo; porém, caso Gustavo proceda à sua filiação, o que deve ser feito mediante a inscrição na previdência social e recolhimento da primeira contribuição, ele perderá a qualidade de dependente de seus pais perante o direito previdenciário.

Questão 59

Vanessa, que tem 24 anos de idade e reside em Belo Horizonte, é professora particular de música desde janeiro de 2000, atuando nessa área como profissional autônoma, e, há seis meses, exerce a função de síndica do prédio em que mora, recebendo remuneração pelo exercício de ambas as atividades. Contudo, até o presente momento, Vanessa não se inscreveu na previdência social nem recolheu nenhuma contribuição previdenciária. Além disso, Vanessa nunca pagou imposto de renda (IR) nem o imposto sobre serviços de qualquer natureza (ISS) que incide sobre a remuneração recebida na qualidade de trabalhadora autônoma. Julgue os itens subsequentes, relativos à situação hipotética apresentada.

1. Apesar de não se ter inscrito no regime geral de previdência social, Vanessa é filiada à previdência desde o momento em que passou a exercer a atividade de professora de música e, portanto, tem o dever jurídico de recolher ao INSS as contribuições em atraso, corrigidas monetariamente, contribuições essas que têm como base de cálculo a soma das remunerações mensais recebidas em ambas as suas atividades, até o limite do salário-de-contribuição máximo definido na legislação previdenciária.
2. Caso Vanessa decida regularizar sua situação perante a previdência e, para esse fim, confesse ao INSS as suas dívidas previdenciárias, antes de iniciada qualquer ação fiscal, ela poderá saldar todos os seus débitos pagando o valor devido, corrigido monetariamente e acrescido de juros moratórios, mas sem o acréscimo de multa.
3. Se, em Belo Horizonte, houvesse lei municipal isentando os professores de música do pagamento de ISS, e essa norma houvesse sido revogada em março de

2001, então a lei revogadora não teria efeitos imediatos, cessando a isenção apenas em 1º/1/2002, uma vez que as normas que revogam isenções, diferentemente das leis que as concedem, submetem-se ao princípio constitucional tributário da anterioridade.

4. Caso Vanessa venha a recair em insolvência civil, a cobrança dos créditos tributários por ela devidos não se submeterão ao concurso de credores e terão preferência frente a todos os outros créditos, com exceção dos trabalhistas, tendo preferência inclusive frente aos créditos previdenciários e aos dotados de garantia real.

5. Caso uma lei municipal isente os professores de música de Belo Horizonte do pagamento do ISS, ocorrerá exclusão tanto do crédito tributário referente a Vanessa quanto das obrigações acessórias que a legislação municipal lhe atribuir, pois, de acordo com o princípio tributário da subsidiariedade, a dispensa da obrigação principal implica a dispensa das obrigações acessórias.

CESPE/DELEGADO FEDERAL/2004

103. Em razão de não conseguir emprego em sua cidade natal, Paulo recolheu suas economias e dirigiu-se para o estado de Rondônia, a fim de trabalhar, por 3 meses, no garimpo de diamantes, em área demarcada como reserva indígena. Ao chegar àquele estado, comprou os equipamentos necessários, contratou dois ajudantes e deu início às atividades. Nessa situação, é correto afirmar que Paulo é segurado obrigatório da previdência social, como contribuinte individual, enquanto seus ajudantes são segurados obrigatórios na condição de empregados.

104. Contratada para exercer o cargo em comissão de assessora executiva na Presidência da República, Márcia não mantém qualquer vínculo efetivo com a administração pública. Nessa situação, em razão da natureza precária da investidura no referido cargo, Márcia não se enquadra na condição de segurada obrigatória da previdência social.

Em cada um dos itens seguintes, é apresentada uma situação hipotética relativa ao conceito de salário-de-contribuição, seguida de uma assertiva a ser julgada.

105. Carlos advogava para diversas empresas na justiça do trabalho, sem manter vínculo de emprego, auferindo valores fixos mensais de cada uma delas. Nessa situação, o salário-de-contribuição de Carlos corresponde à soma de todas as remunerações percebidas, independentemente de qualquer limite.

106. Alguns sindicatos patronais e de trabalhadores firmaram convenções coletivas de trabalho que dispõem sobre a concessão mensal de pequenos reajustes salariais, da ordem de 1%, a título de antecipação do futuro reajuste devido por ocasião da data-base. Acertaram, ainda, que tais valores não seriam considerados para efeito de férias, gratificação natalina e contribuições previdenciárias. Nessa situação, em razão do *status* constitucional conferido

à negociação coletiva, não há como incidir a exação previdenciária sobre os reajustes indicados, cujos valores não podem ser qualificados como salário-de-contribuição dos trabalhadores beneficiados.

Em cada um dos itens subsequentes, é apresentada uma situação hipotética relativa a crime contra a seguridade social, seguida de uma assertiva a ser julgada com base na legislação aplicável.

107. João mantinha uma pequena granja em chácara de sua propriedade e contava com o auxílio de dois empregados, que percebiam remuneração mensal equivalente a um salário mínimo. Por exercer o negócio por conta própria e informalmente, João nunca efetuou os registros devidos nas carteiras de trabalho de seus empregados, tampouco recolheu as contribuições previdenciárias correspondentes. Nessa situação, se for flagrado pela fiscalização, João responderá pelo crime de sonegação de contribuição previdenciária, podendo o juiz restringir a pena de reclusão prevista (de um terço até a metade) ou apenas aplicar a pena de multa.

108. Como forma de otimizar suas atividades, um grande supermercado contratou os serviços de uma cooperativa de mão de obra, buscando o fornecimento de trabalhadores para as funções de empacotamento e limpeza. No entanto, por deixar de consignar nos documentos contábeis adequados os valores pagos à cooperativa, o supermercado não recolheu as contribuições previdenciárias incidentes, da ordem de 15% do valor bruto das notas fiscais respectivas. Nessa situação, os responsáveis pela conduta típica indicada responderão pelo crime de sonegação de contribuição previdenciária.

CESPE/ANALISTA PREVIDENCIÁRIO-INSS/2008

Cada um dos itens que se seguem apresenta uma situação hipotética, seguida de uma assertiva a ser julgada, acerca da legislação previdenciária brasileira.

64. Pedro trabalha em empresa que, anualmente, paga a seus empregados participação nos lucros, de acordo com lei específica. Em fevereiro de 2008, Pedro recebeu, por participação nos lucros de sua empresa referentes ao ano que passou, o equivalente a 10% de sua remuneração no mês de dezembro de 2007, incluindo 13º salário e férias. Nessa situação, o montante recebido a título de participação nos lucros integrará a base de cálculo do salário-de-contribuição de Pedro, deduzidos os valores referentes a 13º salário e férias.

65. Germano, segurado especial do regime geral, contribui para o sistema na proporção do resultado da comercialização de sua produção. Nessa situação, Germano somente terá direito à aposentadoria por contribuição caso promova, pelo prazo legal, os devidos recolhimentos na qualidade de contribuinte individual.

66. Regina é servidora pública, titular de cargo efetivo municipal. Nessa situação, caso deseje melhorar sua renda quando chegar o momento de se aposentar, Regina poderá filiar-se ao regime geral da previdência social.

67. Sérgio, segurado aposentado do regime geral, voltou à atividade depois de conseguir um emprego de vendedor, tendo passado a recolher novamente para a previdência. Nessa situação, caso sofra acidente de qualquer natureza e fique afastado do trabalho, Sérgio deverá receber auxílio-doença.

68. Para fins de obtenção de salário-maternidade, Lúcia, segurada especial, comprovou o exercício de atividade rural, de forma descontínua, nos dez meses anteriores ao início do benefício. Nessa situação, Lúcia tem direito ao salário-maternidade no valor de um salário-mínimo.

69. Antônio, segurado aposentado do regime geral, retornou ao trabalho, visto que pretendia aumentar seus rendimentos mensais. Trabalhando como vendedor, passou a recolher novamente para a previdência. Nessa situação, caso seja demitido injustamente do novo emprego, Antônio fará jus ao recebimento do seguro-desemprego cumulativamente à sua aposentadoria.

70. Lucas é beneficiário de aposentadoria especial em razão de ter trabalhado exposto a agentes nocivos durante um período que, de acordo com a lei pertinente, lhe garantiu o referido direito. Nessa situação, as despesas relativas ao pagamento da aposentadoria de Lucas devem ser custeadas com recursos arrecadados pela cobrança do seguro de acidente de trabalho.

CESPE/TÉCNICO PREVIDENCIÁRIO-INSS/2008

Em cada um dos itens subsequentes, é apresentada uma situação hipotética acerca da identificação dos segurados da previdência social, seguida de uma assertiva a ser julgada.

81. Otávio, contador, é aposentado por regime próprio de previdência social e começou a prestar serviços de contabilidade em sua residência. Dada a qualidade de seus serviços, logo foi contratado para dar expediente em uma grande empresa da cidade. Nessa situação, Otávio não é segurado do regime geral, tanto por ter pertencido a um regime próprio, quanto por ser aposentado.

82. Miguel, civil, brasileiro nato que mora há muito tempo na Suíça, foi contratado em Genebra para trabalhar na Organização Mundial de Saúde. Seu objetivo é trabalhar nessa entidade por alguns anos e retornar ao Brasil, razão pela qual optou por não se filiar ao regime próprio daquela organização. Nessa situação, Miguel é segurado obrigatório da previdência social brasileira na qualidade de contribuinte individual.

83. Claudionor tem uma pequena lavoura de feijão em seu sítio e exerce sua atividade rural apenas com o auxílio da família. Dos seus filhos, somente Aparecida trabalha fora do sítio. Embora ajude diariamente na manutenção da plantação, Aparecida também exerce atividade remunerada no grupo escolar próximo à propriedade da família. Nessa situação, Claudionor e toda a sua família são segurados especiais da previdência social.

84. Nelson ocupa cargo em comissão, de livre nomeação e exoneração, na Secretaria de Saúde de uma prefeitura que instituiu regime próprio de previdência

social. Nessa condição, apesar de trabalhar em município com regime próprio de previdência, Nelson é segurado empregado do regime geral.

85. Beatriz trabalha, em Brasília, na sucursal da Organização das Nações Unidas e não tem vinculação com regime de previdência estrangeiro. Nessa situação, Beatriz é segurada da previdência social brasileira na condição de contribuinte individual.

Ainda em relação à identificação dos segurados da previdência social, julgue os itens a seguir.

86. Para a previdência social, uma pessoa que administra a construção de uma casa, contratando pedreiros e auxiliares para edificação da obra, é considerada contribuinte individual.
87. Um síndico de condomínio que resida no condomínio que administra e receba remuneração por essa atividade é segurado da previdência social na qualidade de empregado.
88. Um cidadão belga que seja domiciliado e contratado no Brasil por empresa nacional para trabalhar como engenheiro na construção de uma rodovia em Moçambique é segurado da previdência social brasileira na qualidade de empregado.
89. Um adolescente de 14 anos de idade, menor aprendiz, contratado de acordo com a Lei nº 10.097/2000, apesar de ter menos de 16 anos de idade, que é o piso para inscrição na previdência social, é segurado empregado do regime geral.
90. Um tabelião que seja titular do cartório de registro de imóveis em determinado município é vinculado ao respectivo regime de previdência estadual, pois a atividade que exerce é controlada pelo Poder Judiciário.

Acerca de princípios da seguridade social, julgue os itens a seguir.

91. De acordo com recentes alterações constitucionais, as contribuições sociais que financiam a seguridade social somente poderão ser exigidas depois de decorridos noventa dias da publicação da lei que as houver instituído ou modificado. Essas alterações também acrescentaram, no que concerne a esse assunto, a exigência da anterioridade do exercício financeiro.
92. Pelo fato de serem concedidos independentemente de contribuição, os benefícios e serviços prestados na área de assistência social prescindem da respectiva fonte de custeio prévio.

Em cada um dos itens que se seguem, é apresentada uma situação hipotética, seguida de uma assertiva a ser julgada.

93. Ronaldo, afastado de suas atividades laborais, tem recebido auxílio-doença. Nessa situação, a condição de segurado de Ronaldo será mantida sem limite de prazo, enquanto estiver no gozo do benefício, independentemente de contribuição para a previdência social.

94. Célia, professora de uma universidade, eventualmente, presta serviços de consultoria na área de educação. Por isso, Célia é segurada empregada pela atividade de docência e contribuinte individual quando presta consultoria. Nessa situação, Célia tem uma filiação para cada atividade.

95. Fernanda foi casada com Lucas, ambos segurados da previdência social. Há muito tempo separados, resolveram formalizar o divórcio e, pelo fato de ambos trabalharem, não foi necessária a prestação de alimentos entre eles. Nessa situação, Fernanda e Lucas, após o divórcio, deixarão de ser dependentes um do outro junto à previdência social.

96. Osvaldo cumpriu pena de reclusão devido à prática de crime de fraude contra a empresa em que trabalhava. No período em que esteve na empresa, Osvaldo era segurado da previdência social. Nessa situação, Osvaldo tem direito de continuar como segurado da previdência social por até dezoito meses após o seu livramento.

97. Alzira, estudante, filiou-se facultativamente ao regime geral de previdência social, passando a contribuir regularmente. Em razão de dificuldades financeiras, Alzira deixou de efetuar esse recolhimento por oito meses. Nessa situação, Alzira não deixou de ser segurada, uma vez que a condição de segurado permanece por até doze meses após a cessação das contribuições.

Em cada um dos itens seguintes, apresenta-se uma situação hipotética referente à aplicação do conceito de salário-de-contribuição, seguida de uma assertiva a ser julgada.

98. Rodrigo trabalha na gerência comercial de uma grande rede de supermercados e visita regularmente cada uma das lojas da rede. Para atendimento a necessidades do trabalho que faz durante as viagens, Rodrigo recebe diárias que excedem, todos os meses, 50% de sua remuneração normal. Nessa situação, não incide contribuição previdenciária sobre os valores recebidos por Rodrigo a título dessas diárias.

99. Maria, segurada empregada da previdência social, encontra-se afastada de suas atividades profissionais devido ao nascimento de seu filho, mas recebe salário-maternidade. Nessa situação, apesar de ser um benefício previdenciário, o salário-maternidade que Maria recebe é considerado salário-de-contribuição para efeito de incidência.

100. Mateus trabalha em uma empresa de informática e recebe o vale-transporte junto às demais rubricas que compõem sua remuneração, que é devidamente depositada em sua conta bancária. Nessa situação, incide contribuição previdenciária sobre os valores recebidos por Mateus a título de vale-transporte.

101. Luís é vendedor em uma grande empresa que comercializa eletrodomésticos. A título de incentivo, essa empresa oferece aos empregados do setor de vendas um plano de previdência privada. Nessa situação, incide contribuição previdenciária sobre os valores pagos, pela empresa, a título de contribuição para a previdência privada, a Luís.

102. Tendo sido demitido sem justa causa da empresa em que trabalhava, Vagner recebeu o aviso prévio indenizado, entre outras rubricas. Nessa situação, não incide contribuição previdenciária sobre o valor da indenização paga, pela empresa, a Vagner.

103. Claudionor recebe da empresa onde trabalha alguns valores a título de décimo-terceiro salário. Nessa situação, os valores recebidos por Claudionor não são considerados para efeito do cálculo do salário-benefício, integrando-se apenas o cálculo do salário-de-contribuição.

104. A empresa em que Maurício trabalha paga a ele, a cada mês, um valor referente à participação nos lucros, que é apurado mensalmente. Nessa situação, incide contribuição previdenciária sobre o valor recebido mensalmente por Maurício a título de participação nos lucros.

Com relação a período de carência, julgue os itens a seguir.

105. Se uma empregada doméstica estiver devidamente inscrita na previdência social, será considerado, para efeito do início da contagem do período de carência dessa segurada, o dia em que sua carteira de trabalho tenha sido assinada.

106. Uma profissional liberal que seja segurada contribuinte individual da previdência social há três meses e esteja grávida de seis meses terá direito ao salário-maternidade, caso recolha antecipadamente as sete contribuições que faltam para completar a carência.

107. Uma segurada empregada do regime de previdência social que tenha conseguido seu primeiro emprego e, logo na primeira semana, sofra um grave acidente que determine seu afastamento do trabalho por quatro meses não terá direito ao auxílio-doença pelo fato de não ter cumprido a carência de doze contribuições.

É apresentada, em cada um dos itens que se seguem, uma situação hipotética relacionada a dependentes e a período de carência, seguida de uma assertiva a ser julgada.

108. Como ficou desempregado por mais de quatro anos, Mauro perdeu a qualidade de segurado. Recentemente, conseguiu emprego em um supermercado, mas ficou impossibilitado de receber o salário-família pelo fato de não poder contar com as contribuições anteriores para efeito de contagem do tempo de carência, que, para este benefício, é de doze meses. Nessa situação, Mauro poderá contar o prazo anterior à perda da qualidade de segurado depois de contribuir por quatro meses no novo emprego, prazo exigido pela legislação.

109. Célio, segurado empregado da previdência social, tem um filho, com 28 anos de idade, que sofre de doença degenerativa em estágio avançado, sendo, portanto, inválido. Nessa condição, o filho de Célio é considerado seu dependente, mesmo tendo idade superior a dezoito anos.

110. Paulo é, de forma comprovada, dependente economicamente de seu filho, Juliano, que, em viagem a trabalho, sofreu um acidente e veio a falecer.

Juliano à época do acidente era casado com Raquel. Nessa situação, Paulo e Raquel poderão requerer o benefício de pensão por morte, que deverá ser rateado entre ambos.

111. César, segurado da previdência social, vive com seus pais e com seu irmão, Getúlio, de 15 anos idade. Nessa situação, o falecimento de César somente determina o pagamento de benefícios previdenciários a seus pais e a seu irmão se estes comprovarem dependência econômica com relação a César.

112. Edson é menor de idade sob guarda de Coutinho, segurado da previdência social. Nessa situação, Coutinho não pode requerer o pagamento do salário-família em relação a Edson, já que este não é seu dependente.

113. Gilmar, inválido, e Solange são comprovadamente dependentes econômicos do filho Gilberto, segurado da previdência social, que, por sua vez, tem um filho. Nessa situação, Gilmar e Solange concorrem em igualdade de condições com o filho de Gilberto para efeito de recebimento eventual de benefícios.

114. Roberto, produtor rural, é segurado especial e não faz recolhimento para a previdência social como contribuinte individual. Nessa situação, para recebimento dos benefícios a que Roberto tem direito, não é necessário o recolhimento para a contagem dos prazos de carência, sendo suficiente a comprovação da atividade rural por igual período.

Julgue a assertiva que se segue a cada uma das situações hipotéticas referentes ao salário-família apresentadas em cada um dos itens subsequentes.

115. Carmen é segurada do regime geral da previdência social e está em gozo de auxílio-doença. Nessa situação, Carmen também tem direito de receber o salário-família pago diretamente pela previdência social.

116. Rubens e sua esposa Amélia têm, juntos, dois filhos, trabalham e são segurados do regime geral da previdência social, além de serem considerados trabalhadores de baixa renda. Nessa situação, o salário-família somente será pago a um dos cônjuges.

117. Dalila, que é empregada doméstica e segurada do regime geral da previdência social, tem três filhos, mas não recebe salário-família. Nessa situação, apesar de ser considerada trabalhadora de baixa renda, Dalila não tem o direito de receber esse benefício.

Em cada um dos itens subsequentes, é apresentada uma situação hipotética a respeito da aposentadoria por tempo de contribuição, seguida de uma assertiva a ser julgada.

118. Firmino foi professor do ensino fundamental durante vinte anos e trabalhou mais doze anos como gerente financeiro em uma empresa de exportação. Nessa situação, excluindo-se as regras de transição, Firmino pode requerer o benefício integral de aposentadoria por tempo de contribuição, haja vista a possibilidade de computar o tempo em sala de aula em quantidade superior ao efetivamente trabalhado, dada a natureza especial da prestação de serviço.

119. Renato era servidor municipal vinculado a regime próprio de previdência social havia 16 anos, quando resolveu trabalhar na iniciativa privada, em 1999. Nessa situação, o tempo de serviço prestado por Renato em outro regime é contado como tempo de contribuição, desde que haja a devida comprovação, certificada pelo ente público instituidor do regime próprio.

120. Durval, inscrito na previdência social na qualidade de contribuinte individual, trabalha por conta própria, recolhendo 11% do valor mínimo mensal do salário-de-contribuição. Nessa situação, para Durval fazer jus ao benefício de aposentadoria por tempo de contribuição, deverá recolher mais 9% daquele valor, acrescidos de juros.

121. Mário, segurado inscrito na previdência social desde 1972, requereu sua aposentadoria por tempo de contribuição. Nessa situação, a renda inicial da aposentadoria de Mário corresponderá à média aritmética simples dos salários-de-contribuição desde 1972, multiplicada pelo fator previdenciário.

122. Leonardo, segurado empregado, trabalhou em uma empresa cujo prédio foi destruído por um incêndio na década de 80 do século XX, situação evidenciada por meio de registro junto à autoridade policial que acompanhou os fatos. Nessa situação, Leonardo poderá comprovar, com auxílio de testemunhas, o tempo trabalhado na empresa cujo prédio foi destruído, averbando esse período em pedido de aposentadoria por tempo de contribuição.

Em cada um dos próximos itens, é apresentada uma situação hipotética a respeito do auxílio-acidente, seguida de uma assertiva a ser julgada.

123. Marcela, empregada doméstica, após ter sofrido grave acidente enquanto limpava a vidraça da casa de sua patroa, recebeu auxílio-doença por três meses. Depois desse período, foi comprovadamente constatada a redução de sua capacidade laborativa. Nessa situação, Marcela terá direito ao auxílio-acidente correspondente a 50% do valor que recebia a título de auxílio-doença.

124. Tomás, segurado empregado do regime geral da previdência social, teve sua capacidade laborativa reduzida por sequelas decorrentes de grave acidente. Nessa situação, se não tiver cumprido a carência de doze meses, Tomás não poderá receber o auxílio-acidente.

Em cada um dos itens seguintes, é apresentada uma situação hipotética acerca do salário-maternidade, seguida de uma assertiva a ser julgada.

125. Rute, professora em uma escola particular, impossibilitada de ter filhos, adotou gêmeas recém-nascidas cuja mãe falecera logo após o parto e que não tinham parentes que pudessem cuidar delas. Nessa situação, Rute terá direito a dois salários-maternidade.

126. Helena, grávida de nove meses de seu primeiro filho, trabalha em duas empresas de *telemarketing*. Nessa situação, Helena terá direito ao salário-ma-

ternidade em relação a cada uma das empresas, mesmo que a soma desses valores seja superior ao teto dos benefícios da previdência social.

127. Há oito meses, Edna, profissional liberal, fez sua inscrição na previdência social, na qualidade de contribuinte individual, passando a recolher regularmente as suas contribuições mensais. Dois meses depois da inscrição, descobriu que estava grávida de um mês, vindo seu filho a nascer, prematuramente, com sete meses. Nessa situação, não há nada que impeça Edna de receber o salário-maternidade, pois a carência do benefício será reduzida na quantidade de meses em que o parto foi antecipado.

128. Cláudia está grávida e exerce atividade rural, sendo segurada especial da previdência. Nessa situação, ela tem direito ao salário-maternidade desde que comprove o exercício da atividade rural nos últimos dez meses imediatamente anteriores à data do parto ou do requerimento do benefício, quando solicitado antes do parto, mesmo que a atividade tenha sido realizada de forma descontínua.

129. Adriana, segurada da previdência, adotou Paula, uma menina de nove anos de idade. Nessa situação, Adriana não tem direito ao salário-maternidade.

Em cada um dos itens que se seguem, apresenta-se uma situação hipotética relacionada à aposentadoria por invalidez, seguida de uma assertiva a ser julgada.

130. Moacir, aposentado por invalidez pelo regime geral de previdência social, recusa-se a submeter-se a tratamento cirúrgico por meio do qual poderá recuperar sua capacidade laborativa. Nessa situação, devido à recusa, Moacir terá seu benefício cancelado imediatamente.

131. Daniel, aposentado por invalidez, retornou à sua atividade laboral voluntariamente. Nessa situação, o benefício da aposentadoria por invalidez será cassado a partir da data desse retorno.

132. Rui sofreu grave acidente que o deixou incapaz para o trabalho, não havendo qualquer condição de reabilitação, conforme exame médico pericial realizado pela previdência social. Nessa situação, Rui não poderá receber imediatamente o benefício de aposentadoria por invalidez, pois esta somente lhe será concedida após o período de 12 meses relativo ao auxílio-doença que Rui já esteja recebendo.

133. Tomé já havia contribuído para a previdência social durante 28 anos quando foi acometido de uma doença profissional que determinou sua aposentadoria por invalidez, após ter recebido o auxílio-doença por quatro anos. Nessa situação, depois de receber por três anos a aposentadoria por invalidez, Tomé poderá requerer a conversão do benefício em aposentadoria por tempo de contribuição.

134. José perdeu a mão direita em grave acidente ocorrido na fábrica em que trabalhava, e, por isso, foi aposentado por invalidez. Nessa situação, José não tem o direito de receber o adicional de 25% pago aos segurados que necessi-

tam de assistência permanente, já que ele pode cuidar de si apenas com uma das mãos.

Em cada um dos itens que se seguem, é apresentada uma situação hipotética acerca da aposentadoria especial, seguida de uma assertiva a ser julgada.

135. Getúlio julga-se na condição de requerer aposentadoria especial. Nessa situação, ele deverá instruir seu pedido com o perfil profissiográfico previdenciário, documento emitido pela empresa em que trabalha e embasado no laudo técnico das condições ambientais do trabalho que comprove as condições para habilitação de benefícios previdenciários especiais.

136. Leandro, segurado da previdência social, recebe adicional de periculosidade da empresa em que trabalha. Nessa situação, a condição de Leandro é suficiente para que ele esteja habilitado ao recebimento de aposentadoria especial, cujo tempo de contribuição é mitigado.

137. João trabalha, há dez anos, exposto, de forma não ocasional nem intermitente, a agentes químicos nocivos. Nessa situação, João terá direito a requerer, no futuro, aposentadoria especial, sendo-lhe possível, a fim de completar a carência, converter tempo comum trabalhado anteriormente, isto é, tempo em que não esteve exposto aos agentes nocivos, em tempo de contribuição para a aposentadoria do tipo especial.

Em cada um dos itens seguintes, é apresentada uma situação hipotética relacionada à pensão por morte, seguida de uma assertiva a ser julgada.

138. Alexandre, caminhoneiro, sempre trabalhou por conta própria e jamais se inscreveu no regime geral da previdência social. Após sofrer um grave acidente, resolveu filiar-se à previdência. Seis meses depois, sofreu novo acidente e veio a falecer, deixando esposa e três filhos. Nessa situação, os filhos e a esposa de Alexandre não receberão a pensão por morte pelo fato de não ter sido cumprida a carência de 12 meses.

139. Ernani, segurado do regime geral da previdência social, faleceu, e sua esposa requereu pensão 60 dias após o óbito. Nessa situação, esse benefício será iniciado na data do requerimento apresentado pela esposa de Ernani, visto que o pedido foi feito após o prazo definido pela legislação que dá direito a esse benefício.

140. José tem 20 anos de idade e recebe a pensão decorrente do falecimento de seu pai, Silas, de quem é filho único. Nessa situação, quando José completar a idade de 21 anos, o benefício será extinto, haja vista a inexistência de outros dependentes da mesma classe.

Com relação ao auxílio-doença, julgue os próximos itens.

141. Um segurado empregado do regime geral que tenha sofrido acidente no trajeto de sua casa para o trabalho tem direito ao recebimento do auxílio--doença pela previdência social a partir do primeiro dia de afastamento do trabalho.

142. Uma segurada empregada que tenha ficado afastada do serviço durante 18 meses em virtude de um acidente de trabalho não pode ser demitida durante os primeiros doze meses após seu retorno às atividades laborais.

143. Uma segurada da previdência que esteja recebendo auxílio-doença é obrigada a submeter-se a exame pelo médico perito da previdência social e a realizar o processo de reabilitação profissional para desenvolver novas competências.

144. Uma segurada contribuinte individual que tenha sofrido algum acidente que tenha determinado sua incapacidade temporária para a atividade laboral tem direito a receber auxílio-doença, cujo termo inicial deve corresponder à data do início da incapacidade, desde que o requerimento seja apresentado junto à previdência antes de se esgotar o prazo de 30 dias.

Em cada um dos itens seguintes, é apresentada uma situação hipotética acerca do auxílio-reclusão, seguida de uma assertiva a ser julgada.

145. Fabiano, segurado do regime geral de previdência, encontra-se preso e participa de atividades laborais na prisão, fato que lhe permite manter suas contribuições para a previdência social na qualidade de contribuinte individual. Sua esposa, Catarina, recebe auxílio-reclusão, por serem, Fabiano e ela, considerados, respectivamente, segurado e dependente de baixa renda. Nessa situação, enquanto Catarina receber o auxílio-reclusão, Fabiano não terá direito a nenhum tipo de aposentadoria nem a auxílio-doença.

146. Hugo, segurado do regime geral de previdência há menos de dez anos, desempregado há seis meses, envolveu-se em atividades ilícitas, o que determinou sua prisão em flagrante. Nessa condição, caso Hugo seja casado, sua esposa faz jus ao auxílio-reclusão junto à previdência social.

Em cada um dos itens subsequentes, é apresentada uma situação hipotética que trata de cumulação de benefícios, seguida de uma assertiva a ser julgada.

147. Pedro recebe auxílio-acidente decorrente da consolidação de lesões que o deixaram com sequelas definitivas. Nessa condição, Pedro não poderá cumular o benefício que atualmente recebe com o de aposentadoria por invalidez que eventualmente venha a receber.

148. Tereza encontra-se afastada de suas atividades laborais e recebe o auxílio-doença. Nessa situação, caso engravide e tenha um filho, Tereza não poderá receber, ao mesmo tempo, o auxílio-doença e o salário-maternidade.

149. Sofia, pensionista da previdência social em decorrência da morte de seu primeiro marido, João, resolveu casar-se com Eduardo, segurado empregado. Seis meses após o casamento, Eduardo faleceu em trágico acidente. Nessa situação, Sofia poderá acumular as duas pensões, caso o total recebido não ultrapasse o teto determinado pela previdência social.

150. Fábio recebe auxílio-acidente decorrente da consolidação de lesões que o deixaram com sequelas definitivas. Nessa situação, Fábio poderá cumular o

benefício que atualmente recebe com o auxílio-doença decorrente de outro evento.

TRF4/JUIZ FEDERAL/2008

79. Dadas as assertivas abaixo, assinalar a alternativa correta.

I. No âmbito dos Juizados Especiais Federais, pacificou-se a jurisprudência no sentido de que a União é parte ilegítima para figurar no polo passivo das ações em que se pleiteia o benefício assistencial previsto no art. 20 da Lei nº 8.742/93.

II. Identificam-se em Direito Previdenciário os conceitos de seguridade e assistência social, sinonímia que se mostra enfaticamente no fato de que ambos são universalizados, com sistema contributivo e participação obrigatória da União, do patrão e do empregado.

III. Os tratados, convenções e outros acordos internacionais de que Estado estrangeiro ou organismo internacional e o Brasil sejam partes, e que versem sobre matéria previdenciária, serão interpretados como lei especial.

IV. O Direito Previdenciário admite a solução do conflito pela equidade, do que fazem exemplos decisões judiciais que asseguraram o direito da companheira à pensão por morte do segurado antes mesmo que reconhecido em lei.

(a) Estão corretas apenas as assertivas I e II.

(b) Estão corretas apenas as assertivas I, III e IV.

(c) Estão corretas apenas as assertivas II, III e IV.

(d) Estão corretas todas as assertivas.

80. Dadas as assertivas abaixo, assinalar a alternativa correta.

I. Apontando iterativa jurisprudência, inclusive do Pretório Excelso, que "não há direito adquirido a regime jurídico", o princípio *tempus regit actum* não encontra aplicação no Direito Previdenciário; assim, o segurado que já possuía o direito à aposentadoria antes da vigência da Lei nº 9.876/99 não faz jus a, nos dias de hoje, requerer o benefício sem a incidência do fator previdenciário.

II. As contribuições sociais incidentes sobre apostas feitas em concursos de prognósticos têm como contribuintes as pessoas jurídicas que promovem o recolhimento; e não os apostadores.

III. As prestações previdenciárias guardam natureza eminentemente alimentar constituindo, no mais das vezes, o meio de subsistência básica do ser humano, cuja demora no deferimento pode causar danos irreparáveis à existência digna de quem delas depende.

IV. Em razão de serem os chamados "boias-frias" trabalhadores eventuais, excluem-se ainda hoje do amparo da legislação previdenciária, mesmo quando surpreendidos pela fiscalização previdenciária em plena atividade laborativa.

(a) Está correta apenas a assertiva I.

(b) Está correta apenas a assertiva III.

(c) Estão corretas apenas as assertivas II e IV.

(d) Estão incorretas todas as assertivas.

81. Dadas as assertivas abaixo, assinalar a alternativa correta.

I. A imunidade que a Constituição Federal empresta aos templos de qualquer culto inviabiliza que ministros de confissão religiosa sejam em razão dessa mesma condição contribuintes da Previdência Social.

II. O servidor público federal ocupante de cargo em comissão que não pertença aos quadros efetivos da entidade pública sujeita-se ao Regime Geral da Previdência Social em condição idêntica à de empregado.

III. Trabalhador eventual é aquele que presta serviços a uma empresa para atender a necessidade transitória de substituição de seu pessoal regular e permanente ou o acréscimo extraordinário de serviço por período não superior a três meses.

IV. Não se admite como início de prova de trabalho rural documento de produtor rural em nome de terceiro, ainda que parente.

(a) Está correta apenas a assertiva II.

(b) Estão corretas apenas as assertivas I e IV.

(c) Estão corretas apenas as assertivas II e III.

(d) Estão incorretas todas as assertivas.

82. Dadas as assertivas abaixo, assinalar a alternativa correta.

I. Se a segurada da Previdência Social adotar recém-nascido, não poderá pleitear auxílio-natalidade, pois que, na hipótese, o evento foi previsível, não se tratando de exposição a risco eventual atuarialmente considerável.

II. A "proibição de retrocesso" é princípio absoluto, mas que tem sua aplicação apenas na jurisprudência, inibindo o juiz de interpretar em detrimento de direitos sociais, mesmo os que se situem fora da órbita do "mínimo existencial".

III. O princípio da compulsoriedade da inscrição, aliado à inexistência de vínculo empregatício, faz com que a dona de casa não se vincule à Previdência Social.

IV. Em razão do abuso verificado, acarretando renúncia fiscal de aproximadamente dois trilhões de reais a cada exercício financeiro, foi extinta por força de emenda constitucional a isenção das entidades filantrópicas pertinente à quota patronal das contribuições previdenciárias.

(a) Está correta apenas a assertiva I.

(b) Está correta apenas a assertiva IV.

(c) Estão corretas apenas as assertivas II e III.

(d) Estão incorretas todas as assertivas.

Para responder às questões 83 e 84 considere o enunciado seguinte:

Ocorrido desastre aéreo, estando determinado segurado na lista de passageiros, foi requerida pensão antes mesmo que houvesse a identificação do corpo. Seis meses após, o segurado reaparece vivo, narrando ter recebido socorro de tribo de índios isolada, o que tornou muito difícil tanto o contato com a civilização quanto a viagem de volta.

83. Dadas as assertivas abaixo, assinalar a alternativa correta.

I. Jamais poderia ser admitida presunção de morte antes de encerrado definitivamente o trabalho de identificação dos mortos no acidente.

II. A hipótese contempla morte presumida em razão de desaparecimento, figura jurídica que, em Direito Previdenciário, difere da simples ausência.

III. Em sendo o ato de concessão da pensão "ato jurídico perfeito", constituindo direito adquirido dos dependentes, o retorno do segurado é irrelevante, não guardando efeito qualquer sobre a relação de direito.

IV. Porque a relação jurídica gerada pelo requerimento da pensão previdenciária implica decidir sobre a própria existência do segurado, a ação judicial pertinente refoge à competência da Justiça Federal, pois acarreta consequências no registro civil.

(a) Está correta apenas a assertiva II.

(b) Está correta apenas a assertiva IV.

(c) Estão corretas apenas as assertivas I e III.

(d) Estão incorretas todas as assertivas.

84. Dadas as assertivas abaixo, assinalar a alternativa correta.

I. O direito brasileiro não alberga pensão por morte presumida, razão pela qual o benefício era de indeferir-se de plano.

II. Ter-se-ia de aguardar seis meses a partir da declaração de morte presumida pela autoridade judicial competente para a concessão de pensão provisória.

III. Deferir-se-ia o benefício independentemente do prazo e da declaração judicial, em razão das circunstâncias em que a morte ocorreu.

IV. Os dependentes deverão devolver aos cofres previdenciários as quantias percebidas a título de benefício, ainda que não se lhes impute má-fé.

(a) Está correta apenas a assertiva III.

(b) Estão corretas apenas as assertivas I e II.

(c) Estão corretas apenas as assertivas III e IV.

(d) Estão incorretas todas as assertivas.

85. Dadas as assertivas abaixo, assinalar a alternativa correta.

I. A lei ordinária pode valer-se de outras fontes de receita para a Seguridade Social, criando contribuição nova diversa daquelas expressamente previstas na Constituição.

II. A fórmula do fator previdenciário leva em consideração a idade do segurado e seu tempo de contribuição, mas não considera a expectativa de sobrevida, fator cuja relatividade é avessa à segurança necessária a um trabalho atuarial.

III. Ao segurado empregado que tenha cumprido todas as condições para a concessão do benefício pleiteado, mas não possa comprovar o valor dos seus salários-de-contribuição no período básico de cálculo, será concedido o benefício de valor mínimo, devendo esta renda ser recalculada, quando da apresentação de prova dos salários-de-contribuição.

IV. É assegurada a concessão do benefício de pensão por morte aos dependentes do *de cujus* que, ainda que tenha perdido a qualidade de segurado, haja preenchido os requisitos legais para a obtenção da aposentadoria antes da data do falecimento.

(a) Estão corretas apenas as assertivas I e III.

(b) Estão corretas apenas as assertivas II e IV.

(c) Estão corretas apenas as assertivas III e IV.

(d) Estão corretas apenas as assertivas I, II e III.

86. Dadas as assertivas abaixo, assinalar a alternativa correta.

I. O modelo previdenciário brasileiro comporta o sistema de repartição como base, mas admite o regime de previdência complementar, facultativo, mediante sistema de capitalização.

II. A doutrina majoritária nega à Lei Eloy Chaves a condição de marco inicial da Previdência Social no Brasil, pois que, antes da sua publicação, já havia um sistema previdenciário baseado em complexos estudos atuariais.

III. É possível que detenha a pessoa física condição de segurado obrigatório, mesmo que a prestação laboral se dê no exterior, quando a contratação tenha ocorrido no território nacional, ou em virtude de tratados ou acordos internacionais firmados pelo Brasil.

IV. Entre o trabalhador em alvarenga (embarcação utilizada para carga e descarga de navios) e o ensacador de cacau não existe diferença de tratamento previdenciário, pois que são trabalhadores avulsos.

(a) Estão corretas apenas as assertivas I e III.

(b) Estão corretas apenas as assertivas I, III e IV.

(c) Estão corretas apenas as assertivas II, III e IV.

(d) Estão corretas todas as assertivas.

87. Dadas as assertivas abaixo, assinalar a alternativa correta.

I. Na hipótese de exercício de atividades concomitantes, o salário-maternidade há de equivaler à totalidade das remunerações percebidas pela segurada empregada antes de ingressar na licença-gestante, mesmo que os respectivos valores excedam o limite do salário-de-contribuição.

II. Para que a mãe do segurado falecido faça jus à pensão previdenciária, segundo a jurisprudência majoritária, imprescindível demonstração cabal de dependência exclusiva e absoluta.

III. Cuidando-se de prestações de natureza continuada, apenas as cotas devidas no quinquênio anterior à propositura da ação é que se fazem alcançar pela prescrição.

IV. Doutrina e jurisprudência pacificaram o entendimento de que os dependentes elencados na legislação previdenciária fazem *numerus clausus*, em razão do que nenhum benefício pode ser conferido ao menor sob guarda, não contemplado na Medida Provisória nº 1.523/96.

(a) Estão corretas apenas as assertivas I e III.

(b) Estão corretas apenas as assertivas II e III.

(c) Estão corretas apenas as assertivas I, II e IV.

(d) Estão corretas apenas as assertivas I, III e IV.

88. Dadas as assertivas abaixo, assinalar a alternativa correta.

I. Atualmente, não há distinção entre homem e mulher para a condição de dependente, podendo o cônjuge-varão, em caso de morte da mulher, receber pensão, mesmo não sendo inválido.

II. O vínculo de dependência econômica é sempre estabelecido com presunção *juris tantum*, admitindo prova inequívoca em contrário.

III. Considerando-se que o critério de aposentadoria hodiernamente se faz por tempo de contribuição (e não por tempo de serviço), ainda que o trabalhador haja laborado na condição de empregado, impossível deferir-se-lhe benefício previdenciário se não constam no banco de dados da Previdência Social as prestações previdenciárias pertinentes.

IV. A expressão *seguridade social* abrange em sua semântica não apenas o seguro social propriamente dito, mas também a saúde e a assistência social.

(a) Está correta apenas a assertiva I.

(b) Está correta apenas a assertiva IV.

(c) Estão corretas apenas as assertivas I e IV.

(d) Estão corretas apenas as assertivas II, III e IV.

TRF4/JUIZ FEDERAL/2006

79. Dadas as assertivas abaixo, assinalar a alternativa correta.

I. O empregado, inclusive por empresa de trabalho temporário, o servidor público comissionado, o exercente de mandato eletivo, desde que não vinculado a regime próprio de previdência social, o doméstico, o empresário e o trabalhador autônomo são todos classificados como segurados obrigatórios da Previdência Social.

II. É segurado especial em regime de economia familiar quem trabalha em atividade rural ou urbana com os respectivos cônjuges ou companheiros e filhos maiores de 14 (quatorze) anos ou a eles equiparados, sem o auxílio habitual de terceiros.

III. Na Lei nº 8.213/91 é considerado segurado facultativo quem voluntariamente se filia ao Regime Geral de Previdência Social mediante contribuição e desde que maior de 16 (dezesseis) anos.

IV. São hoje beneficiários na legislação do Regime Geral de Previdência Social, na condição de dependentes do segurado, exclusivamente: os cônjuges e companheiros, o filho não emancipado menor de 21 (vinte e um) anos ou inválido, os pais, e o irmão não emancipado menor de 21 (vinte e um) anos ou inválido.

(a) Está correta apenas a assertiva II.

(b) Está correta apenas a assertiva III.

(c) Estão corretas apenas as assertivas I e IV.

(d) Todas as assertivas estão corretas.

80. Dadas as assertivas abaixo, assinalar a alternativa correta.

I. Segundo jurisprudência pacificada, não pode ser computado tempo de trabalho prestado em idade inferior aos 16 (dezesseis) anos de idade.

II. É admitida jurisprudencialmente como início de prova material a qualificação, como agricultor, em certidões e documentos expedidos em nome de integrantes do grupo familiar.

III. A exigência de início de prova material para contagem de tempo de serviço não admite exceções, seja por lei, seja pela jurisprudência dos tribunais superiores.

IV. Os benefícios previdenciários de valor mínimo são concedidos ao segurado especial rural independentemente do pagamento de contribuições previdenciárias relativas ao período ou da correspondente indenização.

(a) Estão corretas apenas as assertivas I e III.

(b) Estão corretas apenas as assertivas II e IV.

(c) Estão corretas apenas as assertivas III e IV.

(d) Todas as assertivas estão corretas.

81. Dadas as assertivas abaixo, assinalar a alternativa correta.

I. A contagem do tempo de serviço é regida pela legislação vigente à época do requerimento de aposentação.

II. O servidor público ex-celetista faz jus à contagem do tempo de serviço prestado em condições perigosas e insalubres, na forma da legislação vigente à época da prestação do trabalho.

III. As atividades profissionais constantes de rol legal permitem seja o trabalho considerado especial, independentemente da data em que realizado.

IV. Tratando-se de norma geradora de despesas, a delimitação dos agentes nocivos é taxativa, não admitindo verificação em concreto de novos agentes prejudiciais à saúde.

(a) Está correta apenas a assertiva II.

(b) Está correta apenas a assertiva III.

(c) Estão corretas apenas as assertivas I e IV.

(d) Todas as assertivas estão corretas.

82. Dadas as assertivas abaixo, assinalar a alternativa correta.

I. A implementação das condições exigidas em lei para a concessão de benefício previdenciário não impede seu exercício quando formulado o requerimento após perdida a condição de segurado.

II. A entrega pelo empregador dos equipamentos de proteção individual não afasta a possibilidade de reconhecimento da especialidade do labor, a menos que exista prova específica de neutralização do risco e de que o empregado usava o equipamento durante toda a jornada de trabalho.

III. Segundo a jurisprudência do Superior Tribunal de Justiça, não é possível o reconhecimento de atividade especial prestada após 28/05/1998.

IV. Com fundamento em prova documental exigida por lei, possível é o reconhecimento da atividade especial na via do mandado de segurança.

(a) Estão corretas apenas as assertivas I e III.

(b) Estão corretas apenas as assertivas I e IV.

(c) Estão corretas apenas as assertivas II e IV.

(d) Todas as assertivas estão corretas.

83. Dadas as assertivas abaixo, assinalar a alternativa correta.

I. A aposentadoria por idade do trabalhador urbano condiciona-se a dois únicos requisitos: idade mínima e carência, ainda que preenchidos em diferentes momentos no tempo.

II. Possível é a cumulação de pensão e aposentadoria rural por idade.

III. A aposentadoria por idade do professor é devida cinco anos antes da idade legalmente prevista para o trabalhador urbano.

IV. Vindo o segurado urbano a completar a idade legal (65 anos para o homem e 60 anos para a mulher), mesmo quando já perdida a condição de segurado, poderá pleitear a aposentadoria por idade se comprovar o número mínimo de contribuições exigido por lei.

(a) Estão corretas apenas as assertivas I e IV.

(b) Estão corretas apenas as assertivas II e III.

(c) Estão corretas apenas as assertivas I, II e IV.

(d) Todas as assertivas estão corretas.

84. Dadas as assertivas abaixo, assinalar a alternativa correta.

I. O período gozado de auxílio-doença não gera a perda da condição de segurado, mas tampouco é computado como tempo de serviço.

II. O auxílio-doença é benefício devido em casos de incapacidade temporária, parcial ou total, e em caso de permanente incapacidade parcial.

III. A aposentadoria por invalidez é benefício pertinente à incapacidade laboral total e permanente, verificadas inclusive as condições pessoais do segurado para o exercício de novo trabalho.

IV. A preexistência de doença à filiação ao Regime Geral de Previdência Social não interfere na concessão de aposentadoria por invalidez ou auxílio-doença, pela aplicação do princípio da solidariedade que impera no Direito Previdenciário.

(a) Está correta apenas a assertiva II.

(b) Está correta apenas a assertiva III.

(c) Estão corretas apenas as assertivas I e IV.

(d) Todas as assertivas estão corretas.

85. Dadas as assertivas abaixo, assinalar a alternativa correta.

I. O auxílio-reclusão é devido aos dependentes do segurado recolhido à prisão, que não receber remuneração da empresa ou auxílio-doença, aposentadoria ou abono de permanência em serviço, nas mesmas condições da pensão por morte.

II. Admite o Superior Tribunal de Justiça a pensão para ex-esposa quando prove dos alimentos necessitar, ainda que por ocasião do divórcio os tenha dispensado.

III. Aplicam-se de imediato as novas legislações que regulam a quota familiar de pensão, quando elevem o *quantum* dos novos benefícios em igual situação.

IV. Compete à Justiça Comum Estadual processar e julgar ação de reajuste, revisão de cálculo e restabelecimento de benefício decorrente de acidente do trabalho, em virtude do objeto da causa manter a natureza acidentária.

(a) Está correta apenas a assertiva II.

(b) Está correta apenas a assertiva III.

(c) Estão corretas apenas as assertivas I e IV.

(d) Todas as assertivas estão corretas.

86. Dadas as assertivas abaixo, assinalar a alternativa correta.

I. A constitucional preservação do valor real dos benefícios previdenciários garante a plena reposição inflacionária nas datas-base de reajustamento.

II. O fator previdenciário será calculado considerando-se a idade, a expectativa de sobrevida e o tempo de contribuição do segurado ao se aposentar, segundo a fórmula legal.

III. A constância da relação entre a quantidade de salários mínimos e o valor dos benefícios deve ser observada de abril de 1989 até 09 de dezembro de 1991, época em que o Supremo Tribunal Federal teve como implementado o Plano de Custeio de Benefícios da Previdência Social.

IV. São considerados para cálculo do salário-de-benefício os ganhos habituais do segurado empregado, a qualquer título, inclusive o décimo-terceiro salário (gratificação natalina).

(a) Está correta apenas a assertiva II.

(b) Estão corretas apenas as assertivas II e III.

(c) Estão corretas apenas as assertivas I, III e IV.

(d) Todas as assertivas estão corretas.

87. Dadas as assertivas abaixo, assinalar a alternativa correta.

I. Pode o segurado residente no interior ajuizar ação previdenciária na Comarca Estadual ou na Vara Federal de seu município, mas não junto às Varas Federais da capital do estado-membro de seu domicílio.

II. Em matéria previdenciária, aplica-se a vedação legal (Lei nº 9.494/97) quanto à concessão de tutela antecipada contra a Fazenda Pública.

III. No entendimento do Superior Tribunal de Justiça, o limite de sessenta salários mínimos para estabelecer a competência do Juizado Especial Federal deve levar em consideração a somatória das parcelas vencidas e vincendas.

IV. Em ações de natureza previdenciária, os honorários advocatícios incidem sobre o valor da condenação, nesta compreendidas as parcelas vencidas até a prolação da sentença.

(a) Está correta apenas a assertiva IV.

(b) Estão corretas apenas as assertivas I e II.

(c) Estão corretas apenas as assertivas III e IV.

(d) Todas as assertivas estão corretas.

88. Assinalar a alternativa correta.

Mário, que não possui familiares conhecidos, ingressa em 2004 com ação ordinária pleiteando a concessão de aposentadoria por invalidez, pois se encontra impossibilitado de desenvolver sua atividade profissional (pedreiro) e não tem condições de aprender novo ofício; está com artrose lombar degenerativa, em grau avançado, e tem 70 anos de idade; tendo sempre trabalhado como autônomo, mas jamais recolhendo contribuições previdenciárias.

a) Mário tem direito à postulada aposentadoria por invalidez.

b) Mário tem direito ao benefício assistencial.

c) Mário teria direito ao benefício assistencial, mas como a lide previdenciária está limitada pelo pedido expresso de aposentadoria por invalidez, nenhum benefício receberá.

d) Mário tem direito à renda mensal vitalícia.

TRF4/JUIZ FEDERAL/2004

79. Assinalar a alternativa correta.

José propõe ação contra o Instituto Nacional do Seguro Social (INSS), postulando a concessão de auxílio-doença, alegando ter sido acometido, há cerca de um mês, de doença que o incapacita temporariamente para exercer suas atividades habituais. Comprova que exerceu atividade abrangida pela Previdência Social como empregado em empresa de mudanças pelo período de 6 (seis) anos. Contudo, não exerce atividades laborais nem recolhe contribuições para a Previdência Social há 19 (dezenove) meses. Nessa perspectiva, pelos termos da Lei nº 8.213/91 (Lei Geral de Planos de Benefícios de Previdência Social), se ficar comprovada a incapacidade temporária para suas atividades habituais, José:

a) fará jus ao benefício de auxílio-doença se comprovar que as suas contribuições previdenciárias foram efetivamente recolhidas pelos empregadores nos 6 (seis) anos em que esteve empregado.

b) fará jus ao benefício de auxílio-doença se comprovar que esteve desempregado nos últimos 6 (seis) meses pelo registro no órgão competente.

c) não fará jus ao benefício de auxílio-doença se estiver capacitado para o exercício de atividades mais leves do que a atividade habitual.

d) não fará jus ao benefício de auxílio-doença em nenhuma hipótese, pois perdeu a qualidade de segurado da Previdência Social.

80. Assinalar a alternativa correta.

Em relação à carência para a concessão de benefícios da Previdência Social, pode-se afirmar que:

I. numa ação em que seja postulada a concessão de aposentadoria por invalidez, se o autor, empregado na construção civil, alegar incapacidade para o trabalho, mas não contar ainda com 12 (doze) contribuições mensais para a Previdência Social, a realização de perícia médica judicial será desnecessária, pois ele não fará jus a benefício por incapacidade em nenhuma hipótese, por falta de carência.

II. a trabalhadora, grávida de 5 (cinco) meses, que obtém o seu primeiro emprego e com isso ingressa na Previdência Social, faz jus ao respectivo salário-maternidade, independentemente de carência.

III. as contribuições pagas retroativamente pelo segurado contribuinte individual no momento de sua inscrição na Previdência Social, desde que acrescidas de juros de mora e multa devidos e que seja comprovado o efetivo exercício da atividade laboral que implique filiação obrigatória à Previdência Social, são consideradas para fins de carência.

(a) Está correta apenas a assertiva II.

(b) Está correta apenas a assertiva III.

(c) Estão corretas apenas as assertivas I e III.

(d) Estão corretas apenas as assertivas II e III.

81. Assinalar a alternativa correta.

Pedro, segurado da Previdência Social, faleceu. Tinha dois filhos menores com sua companheira, Maria. A mãe de Pedro, Dona Lorena, idosa e inválida, morava com o casal e os filhos. Em relação à pensão por morte de Pedro, pode-se afirmar que:

a) a pensão será dividida em partes iguais entre todos os dependentes, que são Maria, os filhos e Dona Lorena, esta última desde que comprove que dependia economicamente do filho falecido.

b) se Maria passar a viver maritalmente com outro homem de quem dependa economicamente enquanto seus filhos ainda forem menores, a sua parte na pensão reverterá em favor deles.

c) se, posteriormente à concessão do benefício, tomar-se conhecimento de que Pedro tinha mais um filho menor havido de uma relação com outra mulher, este menor também fará jus à pensão, mas passará a partilhar do benefício apenas a partir de sua habilitação como dependente.

d) a pensão que os dependentes fazem jus será devida a partir da data do requerimento do benefício, em qualquer hipótese, ressalvada a prescrição quinquenal das parcelas.

82. Assinalar a alternativa correta.

Em relação ao cálculo da renda mensal inicial dos benefícios de prestação continuada, pode-se afirmar que:

I. o fator previdenciário não é aplicado no cálculo do salário-de-benefício dos benefícios que apresentam alto grau de imprevisão, como o auxílio-doença.

II. se, no período básico de cálculo do benefício, o segurado tiver percebido benefício por incapacidade, a sua duração será considerada no cálculo da renda mensal inicial, considerando-se como salário-de-contribuição no período a renda mensal do benefício por incapacidade, que não pode ser inferior a um salário-mínimo.

III. no cálculo do salário-de-benefício são considerados os maiores salários-de--contribuição correspondentes a 80% do período contributivo, que, no caso de segurados que já eram filiados quando da edição da Lei nº 9.876/99 (que alterou dispositivos das Leis nºs 8.212 e 8.213), se inicia na competência de julho de 1994.

(a) Está correta apenas a assertiva I.

(b) Está correta apenas a assertiva III.

(c) Estão corretas apenas as assertivas I e III.

(d) Estão corretas apenas as assertivas II e III.

83. Assinalar a alternativa correta.

Em relação à sistemática de reajustes do benefício previdenciário no regime da Lei nº 8.213/91, pode-se afirmar que:

I. o valor do benefício reajustado não pode ultrapassar o teto de salário-de--benefício então vigente, salvo direito adquirido.

II. reajusta-se o benefício pelo mesmo índice de reajuste salarial concedido à categoria profissional a que pertence o segurado, ou do salário mínimo, no caso de segurados não empregados, proporcionalmente à data de início do benefício no caso de primeiro reajuste.

III. no primeiro reajuste do benefício, a aplicação do índice proporcional à data de início do benefício ampara-se no fato de que todos os salários-de-contribuição são corrigidos monetariamente quando do cálculo da renda mensal inicial.

a) Está correta apenas a assertiva II.

b) Está correta apenas a assertiva III.

c) Estão corretas apenas as assertivas I e II.

d) Estão corretas apenas as assertivas I e III.

84. Assinalar a alternativa correta.

Para fins de aposentadoria por tempo de contribuição no Regime Geral de Previdência Social:

I. o tempo de serviço militar pode ser computado como tempo de contribuição.

II. o tempo de serviço de trabalhador rural anterior à edição da Lei nº 8.213/91 pode ser computado como tempo de contribuição somente se o segurado comprovar o recolhimento das respectivas contribuições na época própria ou se indenizá-las.

III. o tempo em que esteve afastado do trabalho, em gozo de auxílio-doença, intercalado entre períodos de atividade, não pode ser computado como tempo de contribuição.

a) Está correta apenas a assertiva I.

b) Está correta apenas a assertiva II.

c) Estão corretas apenas as assertivas I e II.

d) Estão corretas apenas as assertivas II e III.

85. Assinalar a alternativa correta.

Donato, técnico em informática, sofreu um grave acidente de trânsito em 2003. Consolidadas as lesões, resultaram sequelas que, embora não impeçam que desenvolva a mesma atividade, reduziram significativamente a sua capacidade de trabalho. Diante deste quadro, pode-se afirmar que:

I. o direito de Donato ao auxílio-acidente depende da caracterização do acidente de trânsito como acidente do trabalho ou que possa ser equiparado a acidente do trabalho.

II. Donato não fará jus ao auxílio-acidente, independentemente de estar ou não caracterizado o acidente de trabalho, se exercer sua atividade como profissional autônomo, enquadrado como segurado contribuinte individual.

III. se fizer jus ao auxílio-acidente, os valores que receber a este título serão computados no cálculo do valor de sua futura aposentadoria, quando então cessa o auxílio-acidente.

a) Está correta apenas a assertiva I.

b) Está correta apenas a assertiva II.

c) Estão corretas apenas as assertivas I e III.

d) Estão corretas apenas as assertivas II e III.

86. Assinalar a alternativa correta.

Em relação ao segurado contribuinte individual que se aposenta por invalidez no atual regime da Lei nº 8.213/91, pode-se afirmar que:

I. pode exercer atividade remunerada sem prejuízo de sua aposentadoria, desde que a atividade seja compatível com sua incapacidade, mas fica obrigado a contribuir para a Previdência Social e desta atividade não resulta direito a nenhum benefício além daquele que já percebe.

II. deve ter o seu benefício imediatamente cancelado se, em perícia médica realizada pela autarquia previdenciária, for constatada a recuperação total da capacidade laboral.

III. fica obrigado a se submeter a exames médicos a cargo da Previdência Social enquanto estiver percebendo o benefício, independentemente da idade que possua, sob pena de suspensão da aposentadoria.

a) Está correta apenas a assertiva II.

b) Está correta apenas a assertiva III.

c) Estão corretas apenas as assertivas I e II.

d) Estão corretas apenas as assertivas II e III.

87. Assinalar a alternativa correta.

I. O aposentado por tempo de serviço pelo Regime Geral da Previdência Social, que se mantém em atividade abrangida por este regime ou a ela retorna, não fará jus a auxílio-doença se manifestar incapacidade temporária para o trabalho.

II. Pagamentos efetuados a maior pela Previdência Social ao beneficiário podem ser descontados de forma parcelada diretamente do benefício mensal, salvo má-fé.

III. A lei previdenciária veda o recebimento conjunto de aposentadoria e pensão por morte, ressalvado o direito de opção pela mais vantajosa.

a) Está correta apenas a assertiva I.

b) Estão corretas apenas as assertivas I e II.

c) Estão corretas apenas as assertivas I e III.

d) Estão corretas apenas as assertivas II e III.

88. Assinalar a alternativa correta.

Em relação à jurisprudência dominante atual do Tribunal Regional Federal da 4ª Região, pode-se afirmar que:

I. o requisito contido no art. 20, § 3º, da Lei nº 8.742/93 para a concessão de benefício assistencial a idosos e deficientes – cuja renda familiar mensal *per capita* seja inferior a ¼ (um quarto) do salário-mínimo – não pode ser aplicado por violar o preceito constitucional do art. 203, V, visto que, se a Constituição Federal prevê o benefício no valor de um salário-mínimo para a manutenção do idoso ou deficiente, este é o valor que deve ser entendido como condição para aquisição do benefício.

II. a conversão dos benefícios previdenciários em Unidade Real de Valor (URV) em março de 1994 (Plano Real) deve ter por base a média dos valores reais dos benefícios, e não os valores nominais, em cada mês do quadrimestre considerado na média (novembro e dezembro de 1993 e janeiro e fevereiro de 1994), aplicando-se a eles a variação integral do Índice de Reajuste do Salário-Mínimo (IRSM) do mês anterior.

III. no Regime Geral da Previdência Social, o reconhecimento ou não da especialidade da atividade laboral para fins de contagem de tempo de serviço faz-se à luz da legislação em vigor quando implementados os requisitos para a aposentadoria e não da lei vigente quando o serviço foi prestado.

a) Está correta apenas a assertiva II.

b) Está correta apenas a assertiva III.

c) Estão corretas apenas as assertivas I e III.

d) Todas as assertivas estão incorretas.

TRF4/JUIZ FEDERAL/2001

84. Assinalar a alternativa correta.

O segurado, que deixa de exercer atividade que implique filiação obrigatória à Previdência, mantém a qualidade de segurado independentemente do recolhimento de contribuições:

a) se retido ou recluso, somente até a data do livramento;

b) pelo prazo equivalente a 1/3 (um terço) do respectivo tempo de filiação;

c) por 12 meses após a cessação das contribuições, se não contar com mais de 120 contribuições mensais sem interrupção que acarrete a perda da qualidade de segurado, caso em que o prazo é prorrogado para até 24 meses;

d) enquanto comprovar, pelos meios previstos na lei, que está desempregado.

85. Assinalar a alternativa correta.

No atual regime previdenciário, aquele que perdeu a qualidade de segurado e, posteriormente, filiou-se novamente à Previdência:

a) pode computar as contribuições relativas à filiação anterior à Previdência para fins de carência, desde que já tenha cumprido no mínimo 1/4 (um quarto) da carência exigível para benefício e tenha sido inscrito na Previdência até 24 de julho de 1991;

b) pode computar as contribuições relativas à filiação anterior à Previdência para fins de carência, desde que já tenha cumprido 1/3 (um terço) da carência exigível para o benefício em questão;

c) tem de cumprir integralmente toda a carência exigível para benefício, não aproveitando as contribuições anteriores, tendo em vista que a perda da qualidade de segurado acarreta a perda dos direitos a ela inerentes;

d) pode somar as contribuições relativas às duas filiações sem qualquer outra condição, se se tratar de segurado empregado.

86. Assinalar a alternativa correta.

"A" inscreve-se na Previdência como contribuinte individual (trabalhador autônomo), comprovando o exercício da atividade nos últimos cinco anos e recolhendo as respectivas contribuições retroativamente. Menos de um mês depois da inscrição, é acometido de doença incapacitante. Nessas circunstâncias, "A":

a) não faz jus a benefício por incapacidade em qualquer hipótese;

b) faz jus a benefício por incapacidade em qualquer hipótese, a auxílio-doença, se a incapacidade for temporária, e a aposentadoria por invalidez, se a incapacidade for permanente;

c) por falta de carência, não faz jus a benefício por incapacidade a não ser que a doença se enquadre no rol das enfermidades que a dispensam;

d) não faz jus a qualquer benefício por incapacidade, mas tem direito à devolução das contribuições sob a forma de pecúlio.

87. Assinalar a alternativa correta.

Na condição de dependente do segurado da Previdência Social, faz jus aos benefícios sem que seja exigível prova da dependência econômica:

a) a filha solteira, independentemente da idade;

b) a mãe, desde que viúva;

c) o companheiro;

d) o irmão, desde que menor de idade.

88. Assinalar a alternativa correta.

O cálculo do fator previdenciário, elemento aplicado na apuração do valor dos benefícios instituído pela Lei 9.876/99, é elaborado a partir das seguintes variáveis:

a) o grau de insalubridade ou periculosidade da atividade, o sexo e a idade do segurado ao se aposentar;

b) a idade, o tempo de contribuição e a expectativa de sobrevida do segurado ao se aposentar;

c) a espécie de segurado, o tempo de contribuição e a idade do segurado ao se aposentar;

d) a natureza da atividade e a expectativa de sobrevida do segurado ao se aposentar.

89. Assinalar a alternativa correta.

A incapacidade laboral proveniente de doença de que o segurado já era portador quando se filiou à Previdência:

a) não enseja direito a auxílio-doença ou a aposentadoria por invalidez em nenhuma hipótese;

b) somente enseja direito a auxílio-doença ou a aposentadoria por invalidez, se o segurado comunicou à Previdência a existência da enfermidade quando da filiação;

c) enseja direito a auxílio-doença, mas não a aposentadoria por invalidez;

d) enseja direito a auxílio-doença ou a aposentadoria por invalidez, se a incapacidade for posterior à filiação, resultando do agravamento ou progressão da doença.

90. Assinalar a alternativa correta.

Os benefícios de prestação continuada, no caso de regime de economia familiar, em atividade rural:

a) são concedidos a cada um dos membros do grupo familiar que preencher os requisitos legais para a sua percepção;

b) cabem ao chefe ou ao arrimo, mas devem ser rateados proporcionalmente entre todos os componentes do grupo;

c) cabem ao chefe ou ao arrimo de família, na proporção de 50%, sendo o restante rateado entre os demais componentes do grupo;

d) cabem somente ao chefe ou arrimo de família.

91. Assinalar a alternativa correta.

A partir da Lei 9.032/95:

a) a aposentadoria especial passou a ser concedida apenas ao segurado que implemente o requisito de idade mínima de cinquenta anos;

b) a aposentadoria especial foi assegurada apenas aos trabalhadores que já haviam implementado um determinado percentual dos requisitos para sua obtenção, não sendo mais cabível sua concessão aos demais segurados;

c) o direito à aposentadoria especial passou a depender mais das condições de trabalho nocivas à saúde efetivamente enfrentadas pelo segurado e menos da categoria profissional em que ele se enquadra;

d) passou a ser autorizada a conversão de tempo de serviço comum em tempo de serviço exercido em condições especiais, para fins de concessão de aposentadoria especial, bem como a conversão do tempo de serviço exercido em condições especiais em tempo de serviço comum, para fins de concessão de aposentadoria por tempo de serviço comum.

92. Assinalar a alternativa correta.

A partir da Emenda Constitucional nº 20, de 15 de dezembro de 1998, pode-se afirmar que:

a) foi aumentada a idade exigida para a concessão de aposentadoria por idade;

b) foram abrandados os critérios a serem aplicados na comprovação do exercício de atividade rural pela mulher trabalhadora em regime de economia familiar;

c) foi instituída a aposentadoria por tempo de contribuição em substituição à aposentadoria por tempo de serviço;

d) foi extinta a aposentadoria especial.

93. Assinalar a alternativa correta.

Quanto ao benefício de pensão por morte no atual regime (Lei 8.213/91):

a) independe de carência;

b) no caso de destinação aos dependentes, para o reconhecimento do direito, é irrelevante o fato do *de cujus* não deter a qualidade de segurado à época do óbito;

c) o fato de o dependente já perceber benefício de aposentadoria por tempo de serviço ou invalidez obsta o direito à pensão;

d) havendo mais de um pensionista, a parte daquele cujo direito à pensão cessar não reverte em favor dos demais pensionistas.

TRF4/JUIZ FEDERAL/2000

84. Assinale a alternativa correta:

a) A previdência social no Brasil é organizada sob a forma de regime geral, de caráter contributivo e de filiação obrigatória, devendo ser observados critérios que preservem o equilíbrio financeiro e atuarial.

b) O sistema previdenciário oficial pode cobrir eventos de doença, invalidez, morte, idade avançada, auxílio educação e moradia.

c) É vedada a adoção, pela previdência social oficial, de critérios diferenciados para a concessão de aposentadoria aos seus beneficiários.

d) Todos os salários-de-contribuição considerados para cálculo de benefícios da previdência social oficial devem ser atualizados por índices reais de correção monetária, mesmo diversos dos previstos na lei ordinária.

85. No regime geral da Previdência Social:

a) A dependência econômica dos pais do segurado é sempre presumida.

b) A dependência econômica dos filhos do segurado é sempre presumida.

c) A dependência econômica da companheira ou do companheiro do segurado deve ser comprovada.

d) A dependência econômica do filho inválido, maior de 21 anos, é presumida.

86. Assinale a alternativa correta levando em conta a seguinte Súmula (nº 260) do extinto TFR: "*No primeiro reajuste do benefício previdenciário, deve-se aplicar o índice integral ao aumento verificado, independentemente do mês da concessão, considerado, nos reajustes subsequentes, o salário mínimo então atualizado*":

a) Aos benefícios concedidos após a vigência da Constituição Federal de 1988 não mais se aplicam os critérios da Súmula 260.

b) Os critérios contidos na Súmula 260 têm aplicação mesmo a benefícios concedidos após a vigência da Constituição Federal de 1988.

c) Os critérios contidos na Súmula 260 têm aplicação mesmo após a vigência da Constituição Federal de 1988, salvo para os segurados maiores de 50 anos.

d) A Súmula 260 tem aplicação após a criação do Superior Tribunal de Justiça, independentemente da data da concessão do benefício.

87. Assinale a alternativa correta:

a) A contagem recíproca do tempo de serviço rural e urbano foi proibida a contar da vigência da Constituição Federal de 1988.

b) A contagem recíproca do tempo de serviço rural e urbano somente foi permitida após o advento da Lei de Benefícios da Previdência Social (Lei 8.213/91).

c) A norma que prevê a reciprocidade do tempo de serviço rural e urbano prevista na Constituição Federal (artigo 202, § 2º) é autoaplicável.

d) A contagem recíproca do tempo de serviço rural e urbano somente foi permitida com o advento da regulamentação do regime geral da Previdência Social, exclusivamente para o servidor público.

88. Segundo a Constituição, a Seguridade Social deve ser organizada com base, entre outros, nos seguintes objetivos:

a) Universalidade da cobertura e do atendimento, irredutibilidade do valor dos benefícios, equidade na forma de participação no custeio, diversidade de base de financiamento, caráter democrático e descentralizado de administração, mediante gestão quadripartite.

b) Uniformidade e equivalência dos benefícios urbanos e rurais, seletividade e distributividade, irredutibilidade do valor dos benefícios, equidade na forma de participação no custeio, unicidade da base de financiamento, caráter democrático e centralizado da administração, mediante gestão pública.

c) Universalidade da cobertura e do atendimento, seletividade dos benefícios urbanos e equivalência dos benefícios rurais, redutibilidade do valor dos benefícios, diversidade de base de financiamento, caráter democrático e participativo de administração, mediante gestão partilhada.

d) Universalidade da cobertura e do atendimento seletivo, equivalência dos benefícios urbanos e rurais, distributividade, irredutibilidade do valor dos benefícios, equidade na forma de participação no custeio, caráter democrático e gestão exclusivamente governamental.

89. Assinale a alternativa correta:

a) O trabalhador rural, em regime de economia familiar, não possuindo documentos comprobatórios da atividade agrícola em nome próprio, para comprovar o tempo de serviço, poderá fazê-lo mediante a oitiva de testemunhas.

b) O trabalhador rural, em regime de economia familiar, não possuindo documentos comprobatórios da atividade agrícola em nome próprio, para comprovar o tempo de serviço, poderá fazê-lo mediante a oitiva de testemunhas e indenização das contribuições devidas pelo período de carência.

c) A trabalhadora rural, em regime de economia familiar, não possuindo documentos comprobatórios da atividade agrícola em nome próprio, para comprovar o tempo de serviço, poderá fazê-lo mediante a exibição dos documentos do chefe da comunidade familiar, complementada com prova testemunhal.

d) A trabalhadora rural, em regime de economia familiar, não possuindo documentos comprobatórios da atividade agrícola em nome próprio, para comprovar o tempo de serviço, poderá fazê-lo mediante a exibição dos documentos do cônjuge ou pai, independentemente de complementação com prova testemunhal.

90. A Emenda Constitucional 20/98:

a) Alterou a sistemática do regime geral de previdência antes vigente, quando estabeleceu valor máximo para as aposentadorias.

b) Alterou a sistemática vigente, quando extinguiu o regime previdenciário privado.

c) Alterou a sistemática vigente, quando estabeleceu o regime único da previdência social.

d) Alterou a sistemática vigente, quando extinguiu, com ressalvas, a contagem do tempo de serviço como requisito da aposentadoria previdenciária voluntária.

91. São benefícios previdenciários isentos do período de carência:

a) A aposentadoria por invalidez e a pensão por morte.

b) O auxílio-reclusão e o auxílio-acidente.

c) A aposentadoria voluntária e aposentadoria por invalidez.

d) O pecúlio e a aposentadoria por invalidez.

92. Assinale a alternativa correta:

a) O salário-de-contribuição é o salário percebido pelo empregado, excluídos os ganhos habituais sob forma de utilidades.

b) O salário-de-contribuição é o salário declarado pelo empregador.

c) O salário-de-contribuição é o salário sobre o qual incide a contribuição para a Previdência Social, observados os limites mínimo e máximo previstos em lei.

d) O salário-de-contribuição do trabalhador avulso é o seu salário-base.

93. Por força da Emenda Constitucional 20/98:

a) É proibida a contagem ficta de tempo de serviço para fins de aposentadoria, sem qualquer ressalva do direito adquirido.

b) A idade mínima para aposentadoria passou a ser de 53 anos de idade, para todos os segurados.

c) Foram extintas as aposentadorias proporcionais.

d) Aplicam-se aos magistrados e membros do Ministério Público as regras que estabelecem os requisitos gerais para aposentadoria voluntária dos servidores públicos.

CESPE/JUIZ FEDERAL – TRF5/2007

Acerca da legislação aplicável à seguridade social e sua gestão, julgue os seguintes itens.

186. Para efeito de recebimento dos benefícios assistenciais, o conceito de incapacidade para a vida independente deve ser compreendido considerando-se tanto o impedimento para as atividades elementares quanto a impossibilidade de prover o próprio sustento.

187. O Instituto Nacional do Seguro Social (INSS) é a autarquia previdenciária cuja principal atribuição é a administração do regime geral de previdência social.

188. Considere a seguinte situação hipotética. Amador ocupa cargo efetivo no serviço público de um estado da Federação e é vinculado ao regime próprio de previdência social. Nessa situação, se o referido estado ainda não tiver instituído regime de previdência complementar, Amador poderá filiar-se ao regime geral de previdência social na qualidade de segurado facultativo a fim de obter para si, mediante modestas contribuições, uma fonte a mais de receita para sua futura aposentadoria.

Julgue os itens subsequentes, relacionados ao custeio da previdência social.

189. A contribuição previdenciária sobre o valor das diárias pagas pelo empregador, quando excederem a 50% da remuneração mensal do empregado, é calculada com base na totalidade da rubrica e não apenas pela diferença que ultrapasse a metade da remuneração do segurado.

190. Os abonos de qualquer espécie ou natureza e as parcelas indenizatórias pagas pelo empregador, inclusive em razão da rescisão do contrato de trabalho, são considerados rubricas que integram o conceito de salário-de-contribuição.

191. Sobre a ajuda de custo paga pelo empregador em cinco parcelas e recebida exclusivamente em decorrência de mudança de local de trabalho do empregado incide contribuição previdenciária.

Em cada um dos itens subsequentes, é apresentada uma situação hipotética acerca das prestações da previdência social, seguida de uma assertiva a ser julgada.

192. Marcelo tem 17 anos de idade e é filho único de Selma e Antônio, divorciados e ambos segurados da previdência social na qualidade de empregados. Nessa situação, caso o pai e a mãe venham a falecer, Marcelo não terá direito a duas pensões, apesar de seus pais não morarem juntos.

193. Joana trabalha em uma indústria têxtil e, portanto, é segurada da previdência social na qualidade de empregada; além disso, ela recebe pensão por morte decorrente do falecimento de seu esposo. Nessa situação, caso fique desempregada, Joana não terá direito a seguro-desemprego, pois já recebe pensão por morte.

194. Cláudio, segurado da previdência social, morreu, e seu filho Sérgio, com 16 anos, passou a receber pensão por morte. Nessa situação, Sérgio terá direito ao recebimento da pensão somente até os 21 anos, improrrogável, independentemente de ainda estar cursando algum curso universitário.

195. Célia é aposentada pelo regime geral de previdência social e retornou à atividade na qualidade de empregada, razão pela qual passou a sujeitar-se novamente às contribuições previdenciárias. Nessa situação, apesar de voltar a contribuir, Célia não terá direito a nova aposentadoria, mas terá direito ao salário-maternidade.

196. Geraldo trabalhou em um banco durante 12 anos e foi demitido em julho de 2005. Desde essa data, não conseguiu retornar ao mercado formal de trabalho nem contribuiu para a previdência social, sobrevivendo dos recursos que recebeu na rescisão do contrato de trabalho. Nessa situação, caso venha a sofrer, em outubro de 2007, sério acidente que o incapacite por mais de 60 dias para o exercício habitual de qualquer atividade, Geraldo ainda terá, em tal oportunidade, todos os seus direitos perante a previdência social preservados, razão pela qual poderá pleitear auxílio-doença e ter seu pedido deferido.

197. Alberto é associado de uma cooperativa de produção e, nessa condição, ajustou e executou serviço à própria cooperativa. Nessa situação, Alberto é considerado segurado do regime geral de previdência social na qualidade de empregado.

198. Sérgio é titular de firma individual e trabalha com manutenção de máquinas exposto de maneira permanente, não ocasional nem intermitente, a níveis de ruído acima de 90 decibéis. Nessa situação, que é de prestação de trabalho sujeito a condições especiais que prejudicam a saúde, Sérgio terá direito, cumprida a carência exigida e demais requisitos legais, a aposentadoria especial.

Ainda com relação às prestações da previdência social, julgue os próximos itens.

199. A inscrição de companheira ou companheiro na qualidade de dependente pode ser feita inclusive se o segurado for casado.

200. O fato de o empregador deixar de repassar à previdência social as contribuições recolhidas dos contribuintes, no prazo e forma legal ou convencional, constitui crime; entretanto, mesmo que o empregador não tenha promovido o recolhimento, a administração não pode, sob o fundamento de que o empregador nada recolheu, indeferir requerimento de segurado empregado que apresente pedido de benefício.

RESPOSTAS:

CESPE/2007/PROCURADOR FEDERAL

Gabarito: 6 C; 7 C; 8 C; 9 E; 10 X; 11 C; 12 E; 13 E; 14 E; 15 E; 16 C; 17 E; 18 C; 19 C; 20 E.

CESPE/2004/PROCURADOR FEDERAL

Gabarito:

171 E; 172 X; 173 E; 174 E; 175 E; 176 C; 177 E; 178 C; 179 C; 180 C; 181 C; 182 C; 183 E; 184 E; 185 E; 186 E; 187 E; 188 C; 189 E; 190 C; 191 E; 192 C; 193 C; 194 C; 195 E; 196 E; 197 E; 198 C; 199 C; 200 C.

CESPE/2004/DPU

Gabarito:

126 E; 127 E; 128 E; 129 E; 130 E; 131 C; 132 C; 133 E; 134 C; 135 C; 136 C; 137 C; 138 E; 139 E; 140 C; 141 C; 142 E; 143 X; 144 E; 145 C.

CESPE/2004/JUIZ FEDERAL – TRF5

Gabarito:

186 E; 187 C; 188 C; 189 E; 190 C; 191 C; 192 C; 193 E; 194 C; 195 E; 196 E; 197 E; 198 E; 199 C; 200 X.

CESPE/2003/TÉCNICO PREVIDENCIÁRIO – INSS

Gabarito:

51 C; 52 E; 53 C; 54 E; 55 E; 56 C; 57 E; 58 C; 59 E; 60 E; 61 C; 62 E; 63 C; 64 E; 65 E; 66 X; 67 C; 68 E; 69 E; 70 X; 71 E; 72 E; 73 E; 74 E; 75 C; 76 E; 77 E; 78 E; 79 E; 80 E; 81 E; 82 C; 83 C; 84 E; 85 E; 86 E; 87 C; 88 C; 89 C; 90 C; 91E; 92 E; 93 E; 94 C; 95 E; 96 E; 97 E; 98 E; 99 C; 100 C; 101 E; 102 C; 103 X; 104 E; 105 C; 106 C; 107 C; 108 C; 109 C; 110 C; 111 E; 112 E; 113 E; 114 E; 115 C; 116 E; 117 E; 118 C; 119 E; 120 E; 121 C; 122 E; 123 E; 124 E; 125 E.

CESPE/2002/PROCURADOR FEDERAL

Gabarito:

37 E, E, C, E, C; 38 E, C, C, X, E; 39 E, C, E, E, C.

CESPE/2002/DELEGADO FEDERAL

Gabarito:

56 C, C, E, C, E; 57 C, E, E, C, E; 58 C, E, E, E, E; 59 C, X, E, E, E.

CESPE/2004/DELEGADO FEDERAL

Gabarito:

103 E; 104 E; 105 E; 106 E; 107 C; 108 C.

CESPE/2008/ANALISTA PREVIDENCIÁRIO

Gabarito: 64 E; 65 C; 66 E; 67 E; 68 C; 69 E; 70 E.

CESPE/2008/TÉCNICO PREVIDENCIÁRIO – INSS

Gabarito:

81 E; 82 C; 83 E; 84 X; 85 E; 86 C; 87 E; 88 C; 89 C; 90 E; 91 E; 92 E; 93 C; 94 C; 95 C; 96 E; 97 E; 98 E; 99 C; 100 C; 101 C; 102 C; 103 C; 104 C; 105 E; 106 E; 107 E; 108 E; 109 C; 110 E; 11 1E; 112 C; 113 E; 114 C; 115 X; 116 E; 117 C; 118 E; 119 C; 120 C; 121 E; 122 C; 123 E; 124 E; 125 E; 126 C; 127 C; 128 C; 129 C; 130 E; 131 C; 132 E; 133 C; 134 C; 135 C; 136 E; 137 E; 138 E; 139 E; 140 C; 141 E; 142 E; 143 C; 144 C; 145 C; 146 E; 147 C; 148 C; 149 E; 150 C.

TRF4/2008/JUIZ FEDERAL

Gabarito: 79 B; 80 B; 81 A; 82 D; 83 A; 84 A; 85 C; 86 B; 87 ANULADA; 88 C.

TRF4/2006/JUIZ FEDERAL

Gabarito:

79 Anulada; 80 B; 81 A; 82 D; 83 C; 84 B; 85 D; 86 B; 87 C; 88 B.

TRF4/2004/JUIZ FEDERAL

Gabarito:

79 B; 80 A; 81 C; 82 C; 83 D; 84 A; 85 D; 86 B; 87 B; 88 D.

TRF4/2001/JUIZ FEDERAL

Gabarito:

84 C; 85 B; 86 C; 87 C; 88 B; 89 D; 90 A; 91 C; 92 C; 93 A.

TRF4/2000/JUIZ FEDERAL

Gabarito:

84 A; 85 D; 86 A; 87 ANULADA; 88 A; 89 C; 90 D; 91 B; 92 C; 93 D.

CESPE/2007/JUIZ FEDERAL – TRF5

186 C; 187 E; 188 E; 189 C; 190 E; 191 C; 192 C; 193 E; 194 C; 195 C; 196 E; 197 E; 198 E; 199 C; 200 C.

ANEXO B Súmulas em Matéria Previdenciária

Supremo Tribunal Federal

Súmula 35

Em caso de acidente do trabalho ou de transporte, a concubina tem direito de ser indenizada pela morte do amásio, se entre eles não havia impedimento para o matrimônio.

Súmula 75

Sendo vendedora uma autarquia, a sua imunidade fiscal não compreende o imposto de transmissão *inter vivos*, que é encargo do comprador.

Súmula 128

É indevida a taxa de assistência médica e hospitalar das instituições de previdência social.

Súmula 132

Não é devida a taxa de previdência social na importação de amianto bruto ou em fibra.

Súmula 141

Não incide a taxa de previdência social sobre combustíveis.

Súmula 142

Não é devida a taxa de previdência social sobre mercadorias isentas do imposto de importação.

Súmula 196

Ainda que exerça atividade rural, o empregado de empresa industrial ou comercial é classificado de acordo com a categoria do empregador.

Súmula 198

As ausências motivadas por acidente do trabalho não são descontáveis do período aquisitivo das férias.

Súmula 217

Tem direito de retornar ao emprego, ou ser indenizado em caso de recusa do empregador, o aposentado que recupera a capacidade de trabalho dentro de cinco anos a contar da aposentadoria, que se torna definitiva após esse prazo.

Súmula 229

A indenização acidentária não exclui a do direito comum, em caso de dolo ou culpa grave do empregador.

Súmula 230

A prescrição da ação de acidente do trabalho conta-se do exame pericial que comprovar a enfermidade ou verificar a natureza da incapacidade.

Súmula 232

Em caso de acidente do trabalho são devidas diárias até doze meses, as quais não se confundem com a indenização acidentária nem com o auxílio-enfermidade.

Súmula 234

São devidos honorários de advogado em ação de acidente do trabalho julgada procedente.

Súmula 235

É competente para a ação de acidente do trabalho a justiça cível comum, inclusive em segunda instância, ainda que seja parte autarquia seguradora.

Súmula 236

Em ação de acidente do trabalho, a autarquia seguradora não tem isenção de custas.

Súmula 238

Em caso de acidente do trabalho, a multa pelo retardamento da liquidação é exigível do segurador sub-rogado, ainda que autarquia.

Súmula 240

O depósito para recorrer, em ação de acidente do trabalho, é exigível do segurador sub-rogado, ainda que autarquia.

Súmula 241

A contribuição previdenciária incide sobre o abono incorporado ao salário.

Súmula 302

Está isenta da taxa de previdência social a importação de petróleo bruto.

Súmula 311

No típico acidente do trabalho, a existência de ação judicial não exclui a multa pelo retardamento da liquidação.

Súmula 371

Ferroviário, que foi admitido como servidor autárquico, não tem direito à dupla aposentadoria.

Súmula 372

A Lei nº 2.752, de 10.4.1956, sobre dupla aposentadoria, aproveita, quando couber, a servidores aposentados antes de sua publicação.

Súmula 382

A vida em comum sob o mesmo teto, *more uxorio*, não é indispensável à caracterização do concubinato.

Súmula 439

Estão sujeitos à fiscalização tributária ou previdenciária quaisquer livros comerciais, limitado o exame aos pontos objeto da investigação.

Súmula 464

No cálculo da indenização por acidente do trabalho inclui-se, quando devido, o repouso semanal remunerado.

Súmula 466

Não é inconstitucional a inclusão de sócios e administradores de sociedades e titulares de firmas individuais como contribuintes obrigatórios da previdência social.

Súmula 467

A base do cálculo das contribuições previdenciárias, anteriormente à vigência da lei orgânica da previdência social, é o salário mínimo mensal, observados os limites da Lei nº 2.755/1956.

Súmula 501

Compete à justiça ordinária estadual o processo e o julgamento, em ambas as instâncias, das causas de acidente do trabalho, ainda que promovidas contra a união, suas autarquias, empresas públicas ou sociedades de economia mista.

Súmula 529

Subsiste a responsabilidade do empregador pela indenização decorrente de acidente do trabalho, quando o segurador, por haver entrado em liquidação, ou por outro motivo, não se encontrar em condições financeiras de efetuar, na forma da lei, o pagamento que o seguro obrigatório visava garantir.

Súmula 530

Na legislação anterior ao art. 4º da lei 4.749, de 12.8.1965, a contribuição para a previdência social não estava sujeita ao limite estabelecido no art. 69 da Lei 3.807, de 26.8.1960, sobre o 13º salário a que se refere o art. 3º da Lei 4.281, de 8.11.1963.

Súmula 552

Com a regulamentação do art. 15 da Lei 5.316/1967, pelo Decreto 71.037/1972, tornou-se exequível a exigência da exaustão da via administrativa antes do início da ação de acidente do trabalho.

Súmula 612

Ao trabalhador rural não se aplicam, por analogia, os benefícios previstos na Lei nº 6.367, DE 19.10.1976.

Súmula 613

Os dependentes de trabalhador rural não têm direito à pensão previdenciária, se o óbito ocorreu anteriormente à vigência da Lei Complementar nº 11/1971.

Súmula 620

A sentença proferida contra autarquias não está sujeita a reexame necessário, salvo quando sucumbente em execução de dívida ativa.

Súmula 644

Ao titular do cargo de procurador de autarquia não se exige a apresentação de instrumento de mandato para representá-la em juízo.

Súmula 655

A exceção prevista no art. 100, *caput*, da Constituição, em favor dos créditos de natureza alimentícia, não dispensa a expedição de precatório, limitando-se a isentá-los da observância da ordem cronológica dos precatórios decorrentes de condenações de outra natureza.

Súmula 659

É legítima a cobrança da COFINS, do PIS e do FINSOCIAL sobre as operações relativas a energia elétrica, serviços de telecomunicações, derivados de petróleo, combustíveis e minerais do país.

Súmula 669

Norma legal que altera o prazo de recolhimento da obrigação tributária não se sujeita ao princípio da anterioridade.

Súmula 687

A revisão de que trata o art. 58 do ato das disposições constitucionais transitórias não se aplica aos benefícios previdenciários concedidos após a promulgação da Constituição de 1988.

Súmula 688

É legítima a incidência da contribuição previdenciária sobre o 13º salário.

Súmula 689

O segurado pode ajuizar ação contra instituição previdenciária perante o juízo federal do seu domicílio ou nas varas federais da capital do estado-membro.

Súmula 726

Para efeito de aposentadoria especial de professores, não se computa o tempo de serviço prestado fora da sala de aula (vide observação). Observação no julgamento da ADI 3.772 (*DJE* nº 59/2009), o Supremo Tribunal Federal, em sessão plenária, por maioria, decidiu que as funções de direção, coordenação e assessoramento pedagógico integram a carreira do magistério, desde que exercidos, em estabelecimentos de ensino básico, por professores de carreira, excluídos os especialistas em educação, fazendo jus aqueles que as desempenham ao regime especial de aposentadoria estabelecido nos arts. 40, § 4º, e 201, § 1º, da Constituição Federal.

Súmula 729

A decisão na ação direta de constitucionalidade 4 não se aplica à antecipação de tutela em causa de natureza previdenciária.

Súmula 730

A imunidade tributária conferida a instituições de assistência social sem fins lucrativos pelo art. 150, VI, *c*, da Constituição, somente alcança as entidades fechadas de previdência social privada se não houver contribuição dos beneficiários.

Súmula 736

Compete à justiça do trabalho julgar as ações que tenham como causa de pedir o descumprimento de normas trabalhistas relativas à segurança, higiene e saúde dos trabalhadores.

Súmulas Vinculantes

Súmula vinculante 1

Ofende a garantia constitucional do ato jurídico perfeito a decisão que, sem ponderar as circunstâncias do caso concreto, desconsidera a validez e a eficácia de acordo constante de termo de adesão instituído pela Lei Complementar nº 110/2001.

Súmula vinculante 4

Salvo nos casos previstos na constituição, o salário mínimo não pode ser usado como indexador de base de cálculo de vantagem de servidor público ou de empregado, nem ser substituído por decisão judicial.

Súmula vinculante 8

São inconstitucionais o parágrafo único do artigo 5º do Decreto-lei nº 1.569/1977 e os artigos 45 e 46 da Lei nº 8.212/1991, que tratam de prescrição e decadência de crédito tributário.

Súmula vinculante 10

Viola a cláusula de reserva de plenário (CF, artigo 97) a decisão de órgão fracionário de tribunal que, embora não declare expressamente a inconstitucionalidade de lei ou ato normativo do poder público, afasta sua incidência, no todo ou em parte.

Súmula vinculante 13

A nomeação de cônjuge, companheiro ou parente em linha reta, colateral ou por afinidade, até o terceiro grau, inclusive, da autoridade nomeante ou de servidor da mesma pessoa jurídica investido em cargo de direção, chefia ou assessoramento, para o exercício de cargo em comissão ou de confiança ou, ainda, de função gratificada na administração pública direta e indireta em qualquer dos Poderes da União, dos Estados, do Distrito

Federal e dos Municípios, compreendido o ajuste mediante designações recíprocas, viola a Constituição Federal.

Súmula vinculante 15

O cálculo de gratificações e outras vantagens do servidor público não incide sobre o abono utilizado para se atingir o salário-mínimo.

Súmula vinculante 21

É inconstitucional a exigência de depósito ou arrolamento prévios de dinheiro ou bens para admissibilidade de recurso administrativo.

Súmula vinculante 22

A justiça do trabalho é competente para processar e julgar as ações de indenização por danos morais e patrimoniais decorrentes de acidente de trabalho propostas por empregado contra empregador, inclusive aquelas que ainda não possuíam sentença de mérito em primeiro grau quando da promulgação da emenda constitucional nº 45/04.

Súmula vinculante 28

É inconstitucional a exigência de depósito prévio como requisito de admissibilidade de ação judicial na qual se pretenda discutir a exigibilidade de crédito tributário.

Superior Tribunal de Justiça

Súmula 3

Compete ao tribunal regional federal dirimir conflito de competência verificado, na respectiva região, entre juiz federal e juiz estadual investido de jurisdição federal.

Súmula 15

Compete à justiça estadual processar e julgar os litígios decorrentes de acidente do trabalho.

Súmula 24

Aplica-se ao crime de estelionato, em que figure como vítima entidade autárquica da previdência social, a qualificadora do § 3º do art. 171 do código penal.

Súmula 32

Compete à justiça federal processar justificações judiciais destinadas a instruir pedidos perante entidades que nela têm exclusividade de foro, ressalvada a aplicação do art. 15, II, da Lei nº 5.010/66.

Súmula 44

A definição, em ato regulamentar, de grau mínimo de disacusia, não exclui, por si só, a concessão do benefício previdenciário.

Súmula 65

O cancelamento, previsto no art. 29 do Decreto-lei nº 2.303, de 21.11.86, não alcança os débitos previdenciários.

Súmula 77

A Caixa Econômica Federal é parte ilegítima para figurar no polo passivo das ações relativas às contribuições para o fundo PIS/PASEP.

Súmula 85

Nas relações jurídicas de trato sucessivo em que a fazenda pública figure como devedora, quando não tiver sido negado o próprio direito reclamado, a prescrição atinge apenas as prestações vencidas antes do quinquênio anterior à propositura da ação.

Súmula 89

A ação acidentária prescinde do exaurimento da via administrativa.

Súmula 94

A parcela relativa ao ICMS inclui-se na base de cálculo do FINSOCIAL.

Súmula 107

Compete à justiça comum estadual processar e julgar crime de estelionato praticado mediante falsificação das guias de recolhimento das contribuições previdenciárias, quando não ocorrente lesão à autarquia federal.

Súmula 110

A isenção do pagamento de honorários advocatícios, nas ações acidentárias, é restrita ao segurado.

Súmula 111

Os honorários advocatícios, nas ações previdenciárias, não incidem sobre as prestações vencidas após a sentença. (*) (*) – apreciando o projeto de súmula nº 560, na sessão de 27.9.06, a terceira seção deliberou pela modificação da súmula nº 111. Redação anterior (decisão de 6.10.1994, *DJ* 13.10.1994): Os honorários advocatícios, nas ações previdenciárias, não incidem sobre prestações vincendas.

Súmula 144

Os créditos de natureza alimentícia gozam de preferência, desvinculados os precatórios da ordem cronológica dos créditos de natureza diversa.

Súmula 146

O segurado, vítima de novo infortúnio, faz jus a um único benefício somado ao salário de contribuição vigente no dia do acidente.

Súmula 148

Os débitos relativos a benefício previdenciário, vencidos e cobrados em juízo após a vigência da Lei nº 6.899/81, devem ser corrigidos monetariamente na forma prevista nesse diploma legal.

Súmula 149

A prova exclusivamente testemunhal não basta à comprovação da atividade rurícola, para efeito da obtenção de benefício previdenciário.

Súmula 150

Compete à Justiça Federal decidir sobre a existência de interesse jurídico que justifique a presença, no processo, da união, suas autarquias ou empresas públicas.

Súmula 159

O benefício acidentário, no caso de contribuinte que perceba remuneração variável, deve ser calculado com base na média aritmética dos últimos doze meses de contribuição.

Súmula 175

Descabe o depósito prévio nas ações rescisórias propostas pelo INSS.

Súmula 179

O estabelecimento de crédito que recebe dinheiro, em depósito judicial, responde pelo pagamento da correção monetária relativa aos valores recolhidos.

Súmula 203

Não cabe recurso especial contra decisão proferida por órgão de segundo grau dos juizados especiais. (*) (*) julgando o AGRG no AG 400.076-BA, na sessão de 23.5.02, a corte especial deliberou pela alteração da súmula nº 203. Redação anterior (decisão de 4.2.1998, *DJ* 12.2.1998): não cabe recurso especial contra decisão proferida, nos limites de sua competência, por órgão de segundo grau dos juizados especiais.

Súmula 204

Os juros de mora nas ações relativas a benefícios previdenciários incidem a partir da citação válida.

Súmula 212

A compensação de créditos tributários não pode ser deferida em ação cautelar ou por medida liminar cautelar ou antecipatória. (*) (*) na sessão de 11.5.2005, a primeira seção deliberou pela alteração da súmula nº 212. Redação anterior (decisão de 23.9.1998, *DJ* 2.10.1998): a compensação de créditos tributários não pode ser deferida por medida liminar.

Súmula 213

O mandado de segurança constitui ação adequada para a declaração do direito à compensação tributária.

Súmula 242

Cabe ação declaratória para reconhecimento de tempo de serviço para fins previdenciários.

Súmula 250

É legítima a cobrança de multa fiscal de empresa em regime de concordata.

Súmula 254

A decisão do juízo federal que exclui da relação processual ente federal não pode ser reexaminada no juízo estadual.

Súmula 271

A correção monetária dos depósitos judiciais independe de ação específica contra o banco depositário.

Súmula 272

O trabalhador rural, na condição de segurado especial, sujeito à contribuição obrigatória sobre a produção rural comercializada, somente faz jus à aposentadoria por tempo de serviço, se recolher contribuição facultativa.

Súmula 278

O termo inicial do prazo prescricional, na ação de indenização, é a data em que o segurado teve ciência inequívoca da incapacidade laboral.

Súmula 279

É cabível execução por título extrajudicial contra a fazenda pública.

Súmula 289

A restituição das parcelas pagas a plano de previdência privada deve ser objeto de correção plena, por índice que recomponha a efetiva desvalorização da moeda.

Súmula 290

Nos planos de previdência privada, não cabe ao beneficiário a devolução da contribuição efetuada pelo patrocinador.

Súmula 291

A ação de cobrança de parcelas de complementação de aposentadoria pela previdência privada prescreve em cinco anos.

Súmula 302

É abusiva a cláusula contratual de plano de saúde que limita no tempo a internação hospitalar do segurado.

Súmula 304

É ilegal a decretação da prisão civil daquele que não assume expressamente o encargo de depositário judicial.

Súmula 310

O auxílio-creche não integra o salário-de-contribuição.

Súmula 314

Em execução fiscal, não localizados bens penhoráveis, suspende-se o processo por um ano, findo o qual se inicia o prazo da prescrição quinquenal intercorrente.

Súmula 317

É definitiva a execução de título extrajudicial, ainda que pendente apelação contra sentença que julgue improcedentes os embargos.

Súmula 321

O código de defesa do consumidor é aplicável à relação jurídica entre a entidade de previdência privada e seus participantes.

Súmula 325

A remessa oficial devolve ao tribunal o reexame de todas as parcelas da condenação suportadas pela fazenda pública, inclusive dos honorários de advogado.

Súmula 336

A mulher que renunciou aos alimentos na separação judicial tem direito à pensão previdenciária por morte do ex-marido, comprovada a necessidade econômica superveniente.

Súmula 340

A lei aplicável à concessão de pensão previdenciária por morte é aquela vigente na data do óbito do segurado.

Súmula 348

Compete ao superior tribunal de justiça decidir os conflitos de competência entre juizado especial federal e juízo federal, ainda que da mesma seção judiciária.

Súmula 349

Compete à justiça federal ou aos juízes com competência delegada o julgamento das execuções fiscais de contribuições devidas pelo empregador ao FGTS.

Súmula 351

A alíquota de contribuição para o Seguro de Acidente do Trabalho (SAT) é aferida pelo grau de risco desenvolvido em cada empresa, individualizada pelo seu CNPJ, ou pelo grau de risco da atividade preponderante quando houver apenas um registro.

Súmula 352

A obtenção ou a renovação do Certificado de Entidade Beneficente de Assistência Social (CEBAS) não exime a entidade do cumprimento dos requisitos legais supervenientes.

Súmula 353

As disposições do Código Tributário Nacional não se aplicam às contribuições para o FGTS.

Súmula 355

É válida a notificação do ato de exclusão do programa de recuperação fiscal (REFIS) pelo *Diário Oficial* ou pela Internet.

Súmula 360

O benefício da denúncia espontânea não se aplica aos tributos sujeitos a lançamento por homologação regularmente declarados, mas pagos a destempo.

Súmula 364

O conceito de impenhorabilidade de bem de família abrange também o imóvel pertencente a pessoas solteiras, separadas e viúvas.

Súmula 373

É ilegítima a exigência de depósito prévio para admissibilidade de recurso administrativo.

Súmula 376

Compete a turma recursal processar e julgar o mandado de segurança contra ato de juizado especial.

Súmula 393

A exceção de pré-executividade é admissível na execução fiscal relativamente às matérias conhecíveis de ofício que não demandem dilação probatória.

Súmula 392

A Fazenda Pública pode substituir a certidão de dívida ativa (CDA) até a prolação da sentença de embargos, quando se tratar de correção de erro material ou formal, vedada a modificação do sujeito passivo da execução.

Súmula 390

Nas decisões por maioria, em reexame necessário, não se admitem embargos infringentes

Súmula 378

Reconhecido o desvio de função, o servidor faz jus às diferenças salariais decorrentes.

Súmula 377

O portador de visão monocular tem direito de concorrer, em concurso público, às vagas reservadas aos deficientes.

Súmula 392

A Fazenda Pública pode substituir a certidão de dívida ativa (CDA) até a prolação da sentença de embargos, quando se tratar de correção de erro material ou formal, vedada a modificação do sujeito passivo da execução.

Súmula 393

A exceção de pré-executividade é admissível na execução fiscal relativamente às matérias conhecíveis de ofício que não demandem dilação probatória.

Súmula 406

A Fazenda Pública pode recusar a substituição do bem penhorado por precatório.

Súmula 409

Em execução fiscal, a prescrição ocorrida antes da propositura da ação pode ser decretada de ofício (art. 219, § 5º, do CPC).

Súmula 414

A citação por edital na execução fiscal é cabível quando frustradas as demais modalidades.

Súmula 416

É devida a pensão por morte aos dependentes do segurado que, apesar de ter perdido essa qualidade, preencheu os requisitos legais para a obtenção de aposentadoria até a data do seu óbito.

Súmula 423

A Contribuição para Financiamento da Seguridade Social Cofins incide sobre as receitas provenientes das operações de locação de bens móveis.

Súmula 425

A retenção da contribuição para a seguridade social pelo tomador do serviço não se aplica às empresas optantes pelo Simples.

Súmula 430

O inadimplemento da obrigação tributária pela sociedade não gera, por si só, a responsabilidade solidária do sócio-gerente.

Súmula 435

Presume-se dissolvida irregularmente a empresa que deixar de funcionar no seu domicílio fiscal, sem comunicação aos órgãos competentes, legitimando o redirecionamento da execução fiscal para o sócio-gerente.

Súmula 436

A entrega de declaração pelo contribuinte reconhecendo débito fiscal constitui o crédito tributário, dispensada qualquer outra providência por parte do fisco.

Súmula 446

Declarado e não pago o débito tributário pelo contribuinte, é legítima a recusa de expedição de certidão negativa ou positiva com efeito de negativa.

Súmula 451

É legítima a penhora da sede do estabelecimento comercial.

Súmula 452

A extinção das ações de pequeno valor é faculdade da Administração Federal, vedada a atuação judicial de ofício.

Súmula 456

É incabível a correção monetária dos salários-de-contribuição considerados no cálculo do salário-de-benefício de auxílio-doença, aposentadoria por invalidez, pensão ou auxílio-reclusão concedidos antes da vigência da CF/1988.

Súmula 458

A contribuição previdenciária incide sobre a comissão paga ao corretor de seguros.

Súmula 460

É incabível o mandado de segurança para convalidar a compensação tributária realizada pelo contribuinte.

Súmula 461

O contribuinte pode optar por receber, por meio de precatório ou por compensação, o indébito tributário certificado por sentença declaratória transitada em julgado.

BIBLIOGRAFIA

AARNIO, Aulis. *La tesis de la única respuesta correcta y el principio regulativo del razonamento jurídico*. Disponível em: <http://www.cervantesvirtual.com/servlet/SirveObras/doxa/01471734433736095354480/cuaderno8/Doxa8_01.pdf>. Acesso em: 15 maio 2005.

ALEXY, Robert. *Sistemas jurídicos, principios jurídicos y razón práctica*. Trad. Manuel Atienza. Disponível em: <http://descargas.cervantesvirtual.com/servlet/SirveObras/doxa/12471730982570739687891/cuaderno5/Doxa5_07.pdf>. Acesso em 24 maio 2005.

_______. *Constitucionalismo discursivo*. Trad. Luís Afonso Heck. 2. ed. Porto Alegre: Livraria do Advogado, 2008.

ANFIP. *Revista Análise da seguridade social* – 2007. Disponível em: <http://www.anfip.org.br/publicacoes/livros/arqs-swfs/seguri-social2007.swf>. Acesso em: 16 set. 2008.

_______. *Resultado do orçamento da Seguridade Social em 2008*. Disponível em: <http://www.anfip.org.br/arqs-swfs/resumo_oss_2008.swf>. Acesso em: 2 jun. 2009.

ARAGONÉS VIANNA, João Ernesto. *Limitações constitucionais à instituição de contribuições de seguridade social*. São Paulo: LTr, 2007.

_______. Responsabilidade dos sócios pelo recolhimento de contribuições previdenciárias. *Revista de Direito Social*, nº 9, p. 90-98, 2003.

_______. Contribuições de seguridade social. *Revista de Direito Social*, nº 15, p. 67-94, 2004.

ASSIS, Armando de Oliveira. Em busca de uma concepção moderna de "risco social". *Revista do I.A.P.I.*, São Paulo, v. 17, p. 24-36, 1975.

ATALIBA, Geraldo. *Hipótese de incidência tributária*. 6. ed. São Paulo: Malheiros, 2004.

ATIENZA, Manuel. *Los límites de la interpretación constitucional*: de nuevo sobre los casos trágicos. Disponível em: <http://descargas.cervantesvirtual.com/servlet/SirveObras/doxa/12715085352381514198846/isonomia06/isonomia06_01.pdf>. Acesso em 29 mar. 2005.

ÁVILA, Humberto. *A distinção entre princípios e regras e a redefinição do dever de proporcionalidade*. Disponível em: <http://www.direitopublico.com.br/pdf_4/DIALOGO--JURIDICO-04-JULHO-2001-HUMBERTO-AVILA.pdf>. Acesso em: 11 jul. 2005.

BACHOF, Otto. *Normas constitucionais inconstitucionais?* Trad. José Manuel M. C. da Costa. Coimbra: Almedina, 1994.

BALEEIRO, Aliomar. *Limitações constitucionais ao poder de tributar*. Atualiz. Misabel Derzi. Rio de Janeiro: Forense, 1999.

BALERA, Wagner. *A seguridade social na Constituição de 1988*. São Paulo: Revista dos Tribunais, 1989. p. 15

________. A proteção jurídica dos bens que integram o patrimônio das entidades de previdência complementar. *Revista de Direito Social*, Porto Alegre, v. 2, nº 8, p. 85-105, dez. 2002.

________. Contribuições destinadas ao custeio da seguridade social. *Cadernos de Direito Tributário*, São Paulo, nº 49, p. 110-120, 1990.

________. Contribuições sociais. *Caderno de Pesquisa Tributária*, São Paulo, nº 17, p. 311-346, 1992.

________. Da proteção social à família. *Nova Série*, São Paulo, nº 7, p. 213-241, jun. 2001.

________. *Noções preliminares de direito previdenciário*. São Paulo: Quartier Latin, 2004.

________. (Coord.). *Previdência social comentada*. São Paulo: Quartier Latin, 2008.

________. Sobre reformas e reformas previdenciárias. *Revista de Direito Social*, Porto Alegre, nº 12, p. 11-54, dez. 2003.

________. *Sistema de seguridade social*. 3. ed. São Paulo: LTr, 2003.

________. Natureza e fins da imunidade dos fundos de pensão. *Revista de Direito Tributário*, São Paulo, nº 65, p. 178-179, fev. 2001.

BALTAZAR JÚNIOR. José Paulo. *Crimes federais*. Porto Alegre: Livraria do Advogado, 2006.

BARROSO, Luís Roberto. *Interpretação e aplicação da Constituição*: fundamentos de uma dogmática constitucional transformadora. 5. ed. São Paulo: Saraiva, 2003.

________; BARCELLOS, Ana Paula de. *O começo da história*: a nova interpretação constitucional e o papel dos princípios no Direito brasileiro. Rio de Janeiro: Renovar, 2003.

BASTOS, Celso Ribeiro. *Curso de direito constitucional*. 13. ed. São Paulo: Saraiva, 1990.

________. *Curso de direito financeiro e de direito tributário*. 2. ed. São Paulo: Saraiva, 1992.

BEATTIE, Roger; McGILLIVRAY, Warren. Una estrategia riesgosa: reflexiones acerca del informe del Banco Mundial titulado envejecimiento sin crisis. *Revista Internacional de Seguridad Social*, Genebra, v. 48, nº 3, p. 7-28, abr. 1995.

BECCARIA, Cesare. *Dos delitos e das penas*. Trad. Torrieri Guimarães. São Paulo: Martin Claret, 2000.

BERWANGER, Jane Lúcia Wilhelm. *Previdência rural*: inclusão social. 2. ed. Curitiba: Juruá Editora, 2008.

BERWANGER, Jane Lúcia Wilhelm. Desmistificando o cômputo do período de atividade rural posterior a novembro de 1991. *Revista de Direito Social*, nº 34, p. 45-60, 2009.

BESERRA, Fabiano Holz. *Limites constitucionais ao arbítrio judicial*. Disponível em: <http://www.tex.pro.br/wwwroot/01de2005/limitesconstitucionaisaoarbitrio_fabiano.htm>. Acesso em: 11 jul. 2005.

______. *Ação civil pública e relações de trabalho*: tutela da moralidade e da probidade administrativa. São Paulo: Editora Método, 2008.

BOBBIO, Norberto. *Teoria do ordenamento jurídico*. Trad. Maria Celeste C. L. dos Santos. 10. ed. Brasília: Editora UnB, 1999.

BOEIRA, Alex Perozzo. *Análise da consideração de benefícios por incapacidade como período de carência*. Disponível em: <http://jus2.uol.com.br/doutrina/texto.asp?id=9591>. Acesso em: 3 ago. 2009.

BORGES, José Souto Maior. *Obrigação tributária*: uma introdução metodológica. 2. ed. São Paulo: Malheiros, 1999.

CANOTILHO, José Joaquim Gomes. *Direito constitucional*. 5. ed. Coimbra: Almedina, 1991.

CAPELLETTI, Mauro. *O controle judicial de constitucionalidade das leis no direito comparado*. Trad. Aroldo Plínio Gonçalves. 2. ed. Porto Alegre: Sérgio Antonio Fabris Editor, 1992.

CARRAZZA, Roque Antônio. *Curso de direito constitucional tributário*. 19. ed. São Paulo: Malheiros, 2004.

CARVALHO, Paulo de Barros. *Curso de direito tributário*. 16. ed. São Paulo: Saraiva, 2004.

CASSONE, Vittorio. *Direito tributário*: fundamentos constitucionais, análise dos impostos, incentivos à exportação, doutrina, prática e jurisprudência. 13. ed. São Paulo: Atlas, 2001.

CASTRO, Aldemário Araújo. *Direito tributário*. 3. ed. Brasília: Fortium, 2007.

CASTRO, Carlos Alberto Pereira de; LAZZARI, João Batista. *Manual de direito previdenciário*. 5. ed. São Paulo: LTr, 2004.

COELHO, Sacha Calmon Navarro. Estudo breve sobre contribuições sociais às luzes da Constituição de 1988. *Revista de Direito Tributário*, São Paulo, nº 60, p. 96-105, 1990.

CONSULTOR JURÍDICO. Porta errada: dinheiro da previdência financiou órgãos do governo. Disponível em: <http://conjur.estadao.com.br/static/text/26914,1>. Acesso em: 3 ago. 2005.

COSTA, José Guilherme Ferraz da. *Incentivos fiscais na Seguridade Social*. 2004. 191 p. Dissertação (Mestrado em Direito) – PUC/SP.

DELGADO, Guilherme da Costa. Política de previdência social rural. *Raízes*, nº 18, p. 46-78, 1998.

DEVEALI, Mário L. Alguns princípios básicos em matéria de previdência social. *Seguridad Social*, México, nº 4, p. 20-24, ago. 1960.

DESCARTES, René. *Discurso do método*: regras para a direção do espírito. Trad. Pietro Nassetti. São Paulo: Martin Claret, 2000.

DIAS, Eduardo Rocha; MACÊDO, José Leandro Monteiro. *Curso de direito previdenciário*. São Paulo: Método, 2008.

DINIZ, Maria Helena. *Compêndio de introdução à ciência do direito*. 19. ed. São Paulo: Saraiva, 2008.

DONADON, João. *O benefício de aposentadoria especial aos segurados do regime geral de previdência social que trabalham sujeitos a agentes nocivos* – origem, evolução e perspectivas. Disponível em: <http://www.segurancaetrabalho.com.br/download/aposenta-donadon.pdf>. Acesso em: 22 out. 2008.

DUARTE, Marina Vasques. *Direito previdenciário*. 6. ed. Porto Alegre: Verbo Jurídico, 2008.

FARAG, Cláudio. *As limitações constitucionais ao poder de tributar e sua aplicabilidade às multas fiscais*. Disponível em: <http://www1.jus.com.br/doutrina/texto.asp?id=2170>. Acesso em: 28 jul. 2005.

FERRARA, Francesco. *Interpretação e aplicação das leis*. 3. ed. Coimbra: Armênio Amado, 1978.

FERRAZ JÚNIOR, Tércio Sampaio. *Introdução ao estudo do direito*: técnica, decisão, dominação. 4. ed. São Paulo: Atlas, 2003.

FERREIRA, Sérgio de Andréa. Aspectos básicos do moderno direito das fundações de previdência suplementar. *Revista de Direito Administrativo*, Rio de Janeiro, nº 172, p. 20-36, jun. 1988.

FISCHER, Douglas. O equívoco da Súmula 62 do STJ: anotação falsa ou omissão de anotação em CTPS é crime de competência federal. *Revista de Direito Social*, nº 31, p. 29-46, 2008.

_______. *Delinquência econômica e estado social e democrático de direito*. Porto Alegre: Verbo Jurídico, 2006.

FRANÇA, Álvaro Sólon de. A importância da previdência social na economia dos municípios brasileiros e no resgate da cidadania. *Revista Conjuntura Social* – MPS, Brasília, v. 14, nº 1, p. 15-22, dez. 2003.

_______. PREVIDÊNCIA – ÂNCORA SOCIAL DO BRASIL. Disponível em: <http://carlosferreirajf.blogspot.com/2008/02/previdncia-social_19.html>. Acesso em: 15 set. 2008.

FRANCO, Afonso Arinos de Melo. *Direito constitucional*: teoria da constituição – as Constituições do Brasil. Rio de Janeiro: Forense, 1976.

GARCIA DE ENTERRÍA, Eduardo. *La Constitución como norma y el tribunal constitucional*. 3. ed. Madrid: Civitas, 1985.

GRECO, Marco Aurélio. *Contribuições*: uma figura *sui generis*. São Paulo: Dialética, 2000.

HORVATH JÚNIOR, Miguel. *Direito previdenciário*. 4. ed. São Paulo: Quartier Latin, 2004.

_______. *Dicionário analítico de previdência social*. São Paulo: Atlas, 2009.

IBRAHIM, Fábio Zambitte. *Curso de direito previdenciário*. 7. ed. Niterói: Editora Impetus, 2006.

IBRAHIM, Fábio Zambitte. *Desaposentação*: o caminho para uma melhor aposentadoria. Niterói: Impetus, 2005.

KELSEN, Hans. *Teoria pura do direito*. Trad. João Baptista Machado. 6. ed. São Paulo: Martins Fontes, 1998.

KEMMERICH, Clóvis Juarez. Disponível em: <http://www.geocities.com/kemmerichepistemology/>. Acesso em: 27 out. 2008.

_______. *Por que o prazo decadencial para pleitear a revisão de benefícios previdenciários é aplicável inclusive aos benefícios concedidos antes da sua vigência?* Disponível em: <http://geocities.com/kemmerichepistemology/103b.html>. Acesso em: 08 out. 2008.

KING, Desmond S. O estado e as estruturas sociais de bem-estar em democracias industriais avançadas. *Novos Estudos*, São Paulo, nº 22, p. 53-76, out. 1988.

LACOMBE, Américo Lourenço Masset. *Princípios constitucionais tributários*. São Paulo: Malheiros, 1996.

LEITÃO, André Studart; MEIRINHO, Augusto Grieco Sant'anna. *Prática previdenciária*: a defesa do INSS em juízo. São Paulo: Quartier Latin, 2008.

LEITE, João Antônio G. Pereira. *Curso elementar de direito previdenciário*. São Paulo: LTr, 1977.

LIGERO, Maria de los Santos Alonso. Los servicios sociales y la seguridad social. *Revista Iberoamericana de Seguridad Social*, Madrid, nº 6, p. 1491-1573, dez. 1971.

MACHADO, Hugo de Brito (Coord.). *As contribuições no sistema tributário brasileiro*. São Paulo-Fortaleza: Dialética-ICET, 2003.

_______. *Curso de direito tributário*. 18. ed. São Paulo: Malheiros, 2000.

_______. Destinação do tributo. Disponível em: <http://www.hugomachado.adv.br/artigos/destinao.html>. Acesso em: 15 jul. 2005.

MACIEL, Fernando. *Ações regressivas acidentárias*. São Paulo: LTr, 2010.

MARANHÃO, Délio. *Direito do trabalho*. 16. ed. São Paulo: FGV, 1992.

MARTINS, Sérgio Pinto. *Direito da seguridade social*. 20. ed. São Paulo: Atlas, 2004.

MAXIMILIANO, Carlos. *Hermenêutica e aplicação do direito*. 2. ed. Porto Alegre: Globo, 1933. p. 105.

MAZZONI, G. Existe um conceito jurídico de seguridade social? Tradução livre da revista italiana *I Problemi della Sicurezza Sociale*, nº 2, mar./abr. 1967.

MELLO, Celso Antônio Bandeira de. *Conteúdo jurídico do princípio da igualdade*. 3. ed. São Paulo: Malheiros, 2003.

_______. *Curso de direito administrativo brasileiro*. 5. ed. São Paulo: Malheiros, 1994.

MELLO, Marcos Bernardes de. *Teoria do fato jurídico*. São Paulo: Saraiva, 1995.

MESA-LAGO, Carmelo. *As reformas de previdência na América Latina e seus impactos nos princípios de seguridade social*. Trad. Secretaria de Políticas de Previdência Social – Brasília: Ministério da Previdência Social, 2007.

MIRANDA, Jorge. *Manual de direito constitucional*. 3. ed. Coimbra: Coimbra Editora, 1996.

MPS/Cadastro Nacional de Informações Sociais – CNIS. Disponível em: <http://www.dataprev.gov.br>. Acesso em: 26 ago. 2005.

MÜLLER, Friedrich. *Métodos de trabalho do direito constitucional*. Trad. Peter Naumann. 2. ed. São Paulo: Max Limonad, 2000.

MUSSI, Cristiane Miziara. Os reflexos jurídicos do recebimento do auxílio-doença no contrato de emprego. *Revista de Direito Social*, nº 34, p. 61-86, 2009.

NOGUEIRA, Rio. *A crise moral e financeira da previdência social*. São Paulo: DIFEL, 1985.

OLIVEIRA, Francisco de. O surgimento do antivalor: capital, força de trabalho e fundo público. *Novos Estudos*, São Paulo, nº 22, p. 8-28, out. 1988.

OLIVEIRA, Oris de. O trabalho do adolescente em curso profissionalizante. *Revista de Legislação do Trabalho*, São Paulo: LTr, nº 7, p. 904-906, jul. 1999.

PANDOLFO, Rafael. *Fundamentos do direito processual tributário*. São Paulo: Saraiva, 2005.

________. *O artigo 195, § 7º, da Constituição Federal e o minotauro lógico*. Disponível em: <http://www.revistadoutrina.trf4.jus.br/index.htm?http://www.revistadoutrina.trf4.jus.br/artigos/edicao008/rafael_pandolfo.htm>. Acesso em: 28 out. 2008.

PEREIRA JÚNIOR, Aécio. *A imunidade das entidades beneficentes de assistência social*. Disponível em: <http://www1.jus.com.br/doutrina/texto.asp?id=5649>. Acesso em: 5 jul. 2005.

________. *Evolução histórica da previdência social*. 2004. 47 p. Monografia (Mestrado em Direito) – PUC/SP.

PERSIANI, Mattia. *Diritto della previdenza sociale*. Milão: CEDAM, 1998.

PIERDONÁ, Zélia Luiza. *Contribuições para a seguridade social*. São Paulo: LTr, 2003.

PÓVOAS, Manuel Sebastião Soares. *Previdência privada*: filosofia, fundamentos técnicos, conceituação jurídica. São Paulo: FUNENSEG, 1985.

POZZOLO, Susanna. *Neoconstitucionalismo y especificidad de la interpretación constitucional*. Disponível em: <http://descargas.cervantesvirtual.com/servlet/SirveObras/doxa/23582844322570740087891/cuaderno21/volII/DOXA21Vo.II_25.pdf>. Acesso em: 29 mar. 2005.

PULINO, Daniel. *A aposentadoria por invalidez no direito positivo brasileiro*. São Paulo: LTr, 2001.

RADIOBRÁS/Agência Brasil. Brasil pode ter a década da redução da desigualdade, avaliam pesquisadores. Disponível em: <http://www.agenciabrasil.gov.br/noticias/2007/03/07/materia.2007-03-07.3279097581/view>. Acesso em: 08 abr. 2008.

ROCHA, Daniel Machado. *O direito fundamental à previdência social*: na perspectiva dos princípios constitucionais diretivos do sistema previdenciário brasileiro. Porto Alegre: Livraria do Advogado, 2004.

_______; SAVARIS, José Antônio (Coord.). *Curso de especialização em direito previdenciário*. Curitiba: Juruá Editora, 2006. v. 2.

_______; BALTAZAR JÚNIOR, José Paulo. *Comentários à lei de benefícios da previdência social*. Porto Alegre: Livraria do Advogado, 2004.

ROMANO, Santi. *Princípios de direito constitucional geral*. Trad. Maria Helena Diniz. São Paulo: Revista dos Tribunais, 1977.

SAMPAIO, Alcides da Fonseca. Contribuições sociais – a responsabilidade subsidiária das empresas – retenção de 11% – Lei 9.711. *Revista Dialética de Direito Tributário*, São Paulo, nº 96, p. 7-21, set. 2003.

SANTOS, Jerônimo Jesus dos. *Previdência privada*. 2. ed. Rio de Janeiro: Editora e Livraria Jurídica do Rio de Janeiro, 2005.

SARLET, Ingo Wolfgang. *O estado social de direito, a proibição de retrocesso e a garantia fundamental da propriedade*. Disponível em: <http://www.direitopublico.com.br/pdf_4/DIALOGO-JURIDICO-04-JULHO-2001-INGO-SARLET.pdf>. Acesso em: 11 jul. 2005.

SCHULTHESS, Walter E. A iniciativa de Estocolmo: análise do processo de reforma na América Latina. *Conjuntura Social*, Brasília, nº 10, p. 99-114, mar. 1999.

SILVA, Bruno Mattos e. *Direito de empresa*: teoria da empresa e direito societário. São Paulo: Atlas, 2007.

SILVA, José Afonso da. *Curso de direito constitucional positivo*. 18. ed. São Paulo: Malheiros, 2000.

TEIXEIRA FILHO, João de Lima. *Instituições de direito do trabalho*. São Paulo: LTr, 1995. v. 2.

UGATTI, Uendel Domingues. *O princípio constitucional da contrapartida na seguridade social*. São Paulo: LTr, 2003.

VELLOSO, Andrei Pitten. *Constituição tributária interpretada*. São Paulo: Atlas, 2007.

_______; ROCHA, Daniel Machado da; BALTAZAR JÚNIOR, José Paulo. *Comentários à lei do custeio da seguridade social*. Porto Alegre: Livraria do Advogado, 2005.

VELLUZZI, Vito. *Interpretação sistemática*: um conceito realmente útil? Disponível em: <http://descargas.cervantesvirtual.com/servlet/SirveObras/doxa/23582844322570740087891/cuaderno21/volI/Doxa21_05.pdf>. Acesso em: 29 mar. 2005.

WEINTRAUB, Arthur Bragança de Vasconcelos. *Manual de direito previdenciário privado*. São Paulo: Juarez de Oliveira, 2004.

ZIMMER JÚNIOR, Aloísio. *Curso de direito administrativo*. 2. ed. Porto Alegre: Verbo Jurídico, 2008.

Formato	17 x 24 cm
Tipografia	Charter Bt 11/14
Papel	Alta Alvura 63 g/m^2 (miolo)
	Supremo 250 g/m^2 (capa)
Número de páginas	752
Impressão	Bartira Gráfica

Cole aqui

Sim. Quero fazer parte do banco de dados seletivo da Editora Atlas para receber informações sobre lançamentos na(s) área(s) de meu interesse.

Nome: ____________________

____________ CPF: ____________ Sexo: ○ Masc. ○ Fem.

Data de Nascimento: ____________ Est. Civil: ○ Solteiro ○ Casado

End. Residencial: ____________________

Cidade: ____________ CEP: ____________

Tel. Res.: ________ Fax: ________ E-mail: ________

End. Comercial: ____________________

Cidade: ____________ CEP: ____________

Tel. Com.: ________ Fax: ________ E-mail: ________

De que forma tomou conhecimento deste livro?

□ Jornal □ Revista □ Internet □ Rádio □ TV □ Mala Direta

□ Indicação de Professores □ Outros: ____________

Remeter correspondência para o endereço: ○ Residencial ○ Comercial

Indique sua(s) área(s) de interesse:

○ Direito Civil / Processual Civil
○ Direito Penal / Processual Penal
○ Direito do Trabalho / Processual do Trabalho
○ Direito Financeiro Tributário / Processual Tributário
○ Direito Comercial
○ Direito Administrativo
○ Direito Constitucional
○ Direito Difusos e Coletivos
○ Outras Áreas ____________

Comentários

____

____

____

Corte aqui

Curso de Direito Previdenciário / Aragonés Vianna

ISR-40-2373/83

U.P.A.C Bom Retiro

DR / São Paulo

CARTA - RESPOSTA
Não é necessário selar

O selo será pago por:

atlas

01216-999 - São Paulo - SP

REMETENTE:

ENDEREÇO: